standard guide to
Cars & Prices

1990 EDITION

Staff:
Publisher John A. Gunnell
Editor James T. Lenzke
Research Editor Kenneth Buttolph
Books Manager Pat Klug

National Advisory Panel:

Terry V. Boyce
Dale "Spike" Erickson
Dean Fehrman
Jerry Heasley
Dennis S. Kirban

Robert Lichty
Robert McAtee
Don Owens
Dennis Schrimpf
Oscar Schwartz

Copyright 1990 Krause Publications, Inc.

Published by Krause Publications, Inc.
700 E. State Street
Iola, WI 54990
Telephone: 715-445-2214

INTERNATIONAL STANDARD BOOK NUMBER: 0-87341-130-7

LIBRARY of CONGRESS CATALOG NUMBER: 89-80091

Printed in the United States of America

Table of Contents

1971 Buick Riviera Sport Coupe fastback two-door hardtop

Abbreviations

Alphabetical

AACA .... Antique Automobile Club of Amer.
A/C .... Air Conditioning
Auto .... Automatic Transmission
A/W .... All-Weather
Bel Air .... Bel Air
Blk .... Black
Brgm .... Brougham
Brtz .... Biarritz
BT .... Boattail
Cabr .... Cabriolet
Cadillac .... All Cadillacs
CAI .... Cold-Air Induction
Camaro .... Chevrolet F-Body
Carb .... Carburetor
CC .... Crew Cab Pickup
Chevrolet .... All Chevrolets
CID .... Cubic Inch Displacement
Classic .... Classic
Clb .... Club as in Clb Cpe / Clb Cab
Cpe .... Coupe
Coach .... Use 2d Sed
COE .... Cab-Over-Engine Truck
Cont .... Continental
Conv .... Convertible
Corvair .... Corvair
Corvette .... Corvette (not Vette)
CS .... California Special (Mustang)
Cst/10 .... Custom 10 (Pickup)
Ctry .... Country
Cus .... Custom
DC .... Dual-Cowl
DEx .... Dual Exhausts
DeL .... Deluxe
deV .... deVille
DHC .... Drop Head Coupe
D'ly .... Delivery
DuW .... Dual Windshield
DW .... Division Window
Eldo .... Eldorado
Est .... Estate
Exec .... Executive
FBk .... Fastback
FHC .... Fixed Head Coupe
FI .... Fuel-Injected
Fml .... Formal
GS .... Buick Grand Sport
GT .... Grand Turismo
GW .... Gull-Wing
HBk .... Hatchback
H & E .... Hess & Eisenhart
Hemi .... Hemi engine
HD .... Heavy Duty
HP .... Horsepower
HT .... Hardtop
Impala .... Impala
Inc .... Incorrect
Int .... Interior
IPC .... Indy Pace Car
IROC .... Int'l Race of Champions
K .... 1,000 Miles (46K miles)
KA .... Knee-Action
KO .... Knock-Off Wheels
Lan .... Landau
LBX .... Long Box (pickup bed)
LE .... Limited-Edition
LeB .... LeBaron
LHD .... Left-Hand Drive
Limo .... Limousine
LT1 .... Chevy / Corvette Option
Ltd .... Limited
LWB .... Long-Wheelbase
Met .... Metal
Mk .... Mark (I,II,III, etc)
Mod(s) .... Modified Vehicle
MPH .... Miles Per Hour
O/D .... Overdrive
Opt .... Option(s)
Orig .... Original
OW .... Opera Window
Phae .... Phaeton

PT .... Power (Convertible) Top
PU .... Pickup Truck
Pwr .... Power
R/A .... Ram Air (Pontiac)
Rerun .... car auctioned twice
Rbt .... Runabout
Rds .... Roadster
Ret .... Retractable
RHD .... Right-Hand Drive
Riv .... Riviera
Rod .... Street Rod / Hot Rod
R/S .... Rumbleseat
R/T .... Dodge model
Saloon .... British for sedan
SC .... Super-Charged
SCI .... Rolls Silver Cloud I
SCII .... Rolls Silver Cloud II
SCCA .... Sports Car Club of Amer.
SE .... Special-Edition
Sed .... Sedan
Series 62 .... Cadillac model
Sev .... Seville
SMt(s) .... Sidemount(s)
S'net .... Sedanette
Spds .... Speedster
Spl .... Special
Spt .... Sport
Sq .... Squire
SRay .... Stingray (Corvette)
S/R .... Sunroof
SS .... Super Sport
Sta Wag .... Station Wagon
Std .... Standard
Sup .... Super
S/W .... Split-Window
SWB .... Short Wheelbase
T-bird .... Thunderbird
T-top .... T-Top Roof
T&C .... Chrysler Town & Country
Tonn .... Tonneau
Tr .... Touring
Turbo .... Turbo
Twn .... Town
Utl .... Utility
Vanden Plas .... Vanden Plas
V-4/6/8 .... V block engine
Vic .... Victoria
W .... Window as in 3W Cpe
WW .... Wire Wheels
Woodie .... Wood-body Car
Z28 .... High-Performance Camaro

Numerical

½T .... One-Half Ton Pickup
1T .... One-Ton Truck
2d .... Two-Door
2P .... Two-Passenger
2S .... Two-Seat
2V .... Two-barrel Carburetor
2x4V .... Two Four-barrel Carbs
3x2V .... Three Two-barrel Carbs / Tri-Power
3P .... Three-Passenger
3S .... Three-Seat
3W .... Three-Window
3Wheel .... Three-Wheel
4d .... Four-Door
4-Spd .... Four-Speed
4V .... Four-Valve
4W .... Four-Window
4x4 .... 4-wheel drive (not FWD)
5P .... Five-Passenger
6-cyl .... Six-cylinder
6W .... Six-Window
6P .... Six-Passenger
6-Pak .... Chrysler 3x2V Carbs
6V .... Six-Volt
8-cyl .... straight eight
8/9P .... Eight-Nine Passenger
12V 12-Volt

Introduction

The market for cars more than 10 years old is strong. Some buyers of pre-1980 cars are collectors who invest in vehicles likely to increase in value the older they get. Other buyers prefer the looks, size, performance and reliability of yesterday's better-built automobiles.

With a typical 1990 model selling for $12,000, some Americans find themselves priced out of the new-car market. Late-model used cars are pricey too, although short on distinctive looks and roominess. The old cars may use a little more gas, but they cost a lot less.

New cars and late-model used cars depreciate rapidly in value. They can't tow large trailers or mobile homes. Their high-tech engineering is expensive to maintain or repair. In contrast, well-kept old cars are mechanically simpler, but very powerful. They appreciate in value as they grow more scarce and collectible. Insuring them is cheaper, too.

Selecting a car and paying the right price for it are two considerations old car buyers face. What models did Ford offer in 1958? Which 1963 Chevy is worth the most today? What should one pay for a 1970 Chrysler Hurst 300?

The Standard Guide to Cars & Prices answers such questions. It shows most models made between 1901 and 1983. It helps to gauge what they sell for today in six different, graded conditions.

Using data originally gathered for a specialized magazine used by collectors, this book presents up-to-date market research in a convenient-sized format that's easy-to-read, easy-to-use and easy-to-store on your bookshelf.

1978 Porsche 911SC coupe

How old car prices are gathered

Thousands of old cars change hands each year. People who follow these transactions include collectors, classic car dealers and auctioneers. They can often estimate any car's value, within a plus or minus 10 percent range, with amazing accuracy.

The Standard Guide to Cars & Prices has been produced by Krause Publications of Iola, Wis., a company involved in publishing specialized magazines and books that collectors, dealers and auctioneers regularly rely on.

Figures listed in this book should be taken as "ballpark" prices. They are amounts that fall within a reasonable range of each car's value to buyers and sellers. The figures reflect what an informed buyer might pay a knowledgeable seller for his car under normal market conditions. Special cases, where nostalgia or other factors enter the picture, must be judged on an individual basis.

This guide can help you decide which old car you'd like to own and how much to pay for it based on year, make, model and condition. It provides a concensus of old car values determined by careful research.

Research sources used to compile this data include:

- Advertised asking prices
- Documented private sales
- Professional appraisers
- Auction results
- **Old Cars Price Guide** advisors
- Contact with dealers
- Contact with collectors
- Networking with value sources

1963 Studebaker Avanti sport coupe

HOW TO USE CARS & PRICES

Value estimates are listed for cars in six different states of condition. These conditions (1-6) are illustrated and explained in the **VEHICLE CONDITION SCALE** on the following three pages.

Values are for complete vehicles; not parts cars, except as noted. Modified-car values are not included, but can be estimated by figuring the cost of restoring to original condition and adjusting the figures shown here.

Appearing below is a section of chart taken from the **CARS & PRICES** value estimate listings to illustrate the following elements:

A. MAKE: The make of car, or marque name, appears in large, boldface type at the beginning of each value section.

B. DESCRIPTION: The extreme left-hand column indicates vehicle year, model name, body type, engine configuration and, in some cases, wheelbase.

C. CONDITION CODE: The six columns to the right are headed by the numbers one through six (1-6) which correspond to the conditions described in the **VEHICLE CONDITION SCALE** on the following three pages.

D. VALUE: The value estimates, in dollars, appear below their respective condition code headings and across from the vehicle descriptions.

A. MAKE

D. VALUE

B. DESCRIPTION

C. CONDITION CODE

CADILLAC

1976

Calais, V-8	6	5	4	3	2	1
4 dr Sed	200	550	1150	2100	3700	5300
Cpe	200	600	1200	2200	3850	5500
DeVille, V-8						
4 dr Sed	200	600	1200	2200	3850	5500
Cpe	200	650	1200	2300	4100	5800
Seville, V-8						
4 dr Sed	450	900	1800	4400	6150	8800
Eldorado, V-8						
Cpe	350	800	1550	3900	5450	7800
Conv	550	1550	4500	7500	10,500	15,000
Fleetwood Brougham, V-8						
NOTE: Add 15 percent for Bicent. Edit.						
4 dr Sed	200	675	1300	2600	4400	6300
Fleetwood 75, V-8						
4 dr Sed	200	675	1300	2600	4400	6300
Limo	350	725	1400	3200	4850	6900

NOTE: Add 5 percent for Talisman on Fleetwood Brougham.

VEHICLE CONDITION SCALE

Excellent

1) EXCELLENT: Restored to current maximum professional standards of quality in every area, or perfect original with components operating and appearing as new. A 95-plus point show car that is not driven.

Fine

2) FINE: Well-restored, or a combination of superior restoration and excellent original. Also, an *extremely* well-maintained original showing very minimal wear.

Very Good

3) VERY GOOD: Completely operable original or "older restoration" showing wear. Also, a good amateur restoration, all presentable and serviceable inside and out. Plus, combinations of well-done restoration and good operable components or a partially restored car with all parts necessary to complete and/or valuable NOS parts.

Good

4) GOOD: A driveable vehicle needing no or only minor work to be functional. Also, a deteriorated restoration or a very poor amateur restoration. All components may need restoration to be "excellent," but the car is mostly useable "as is."

Restorable

5) RESTORABLE: Needs *complete* restoration of body, chassis and interior. May or may not be running, but isn't weathered, wrecked or stripped to the point of being useful only for parts.

Parts Car

6) PARTS CAR: May or may not be running, but is weathered, wrecked and/or stripped to the point of being useful primarily for parts.

1959 Studebaker Silver Hawk two-door sedan

Old car owners are not alone

By John Gunnell

Thinking of buying an "old" car? You're not alone. According to **The Statistical Abstract of the United States** 26.9 percent of Americans drive cars made before 1974. Some of these folks are collectors. Others just know a good deal when they see one. Old cars can provide many miles of trouble-free driving at a remarkably low cost.

After buying an old car, chances are you'll see heads turning as you drive it down the street. Gas station attendants will ask you where you found your classic and how much you paid for it. Everyone from the mailman to the meter reader is likely to tell you about a similar car they once owned.

The attention and conversations the car generates can spark a desire to learn more about it. Questions frequently asked are basic. How many were made? What engine does it have? How much is it worth?

When you start asking these things, it's a sign you're becoming a collector. The next step is buying a book, joining a club or going to an old car show for information.

Books, clubs, shows

Hundreds of books about cars are available. They fall into two general categories: published by car manu-

(Continued Next Page)

You can learn more about vintage autos at old car shows.

NOT ALONE
(From last page)

facturers and published by other sources. There are product guides, technical manuals, histories and books with general information about the old car hobby.

When it comes to car clubs, the variety is amazing. Over 1,000 clubs exist for everything from Fords and Chevys to police cars and army trucks. Some clubs are national in scope. Others are regional or local. Look in your **Yellow Pages** to find one. Or park the car in a supermarket lot. Pretty soon, someone will stick a membership flyer under the windshield wipers.

Just about every city or town in America has a car show these days. Many are advertised in the classified pages of local newspapers in the "cars for sale" section. A show is the perfect place to meet other people with cars like the one you bought. They will tell you more about it and the hobby.

Types of collectibles

There are dozens of categories for old cars. Antique, classic, milestone, musclecar and special-interest vehicle are terms frequently heard. Definitions of these labels may vary according to club rules or motor vehicle laws in your state. In general, however, an antique vehicle is at least 25 years old. Classics and milestones are specific types of antique cars. A musclecar has a specially powerful engine. Special-interest or collector vehicles fit into a catch-all category that applies to any collectible car.

Driving old cars

Some folks spend a ton of money restoring collectible cars to like-new condition. Then, they rarely drive them — except to shows. Touring is an activity that's getting popular with owners who enjoy driving antique cars occasionally.

Of course, many late-model old cars are simply maintained well and

1928 Oakland Roadster

used for everyday transportation. Special license plates and insurance rates are available for older cars used for hobby purposes only. It's unwise (and possibly illegal) to abuse the privileges extended to hobbyists by driving such a car regularly. Vehicles used frequently should have regular license tags and insurance.

Condition counts

Original condition is a term that pops up quite a bit in the old car hobby. It seems to have a thousand different interpretations. Some people think a car that is literally junk, but has all its parts, is original. Others believe that adding new paint or re-chroming the trim makes a car non-original. To a collector, original means "just like it left the factory," in terms of both equip-

ment and condition. Such a car can either be well-preserved or correctly restored. However, the less restoration work it has seen, the more a good car will be worth to serious enthusiasts.

Low-mileage cars

The low-mileage car is the choicest collectible. This isn't measured on a miles-per-year basis. Low-mileage is low-mileage, regardless of the vintage of the car. A 1952 Hudson with 80,000 miles on its speedometer may seem almost new to the novice, until he sees one with 8,000...or 800...original miles. Then he will understand what the term "low-mileage" really means.

The bottom line is that a car has to be very exceptional, condition-

(Continued Next Page)

NOT ALONE
(From Last Page)

wise or mileage-wise, to have that extra appeal to collectors. A "good" car is actually pretty far down the scale. A "very good" one is of mid-range value. "Fine" means a car like that one year old model on the front row of your local dealership — even if it's 30 or 50 years old. "Excellent?" An excellent car is as nice as a brand new one fresh out of the dealer's make-ready shop.

This book will tell you what your favorite old car is worth if it's in restorable, good, very good, fine or excellent condition. It may also give some additional information: the original list price, series nomencla-ture, type of engine, wheelbase, historical facts and notes about factory options.

Additional info

Once you have determined your car's "ballpark" price, you may want to know more about it or about the old car hobby. A sample copy of **Old Cars Weekly** would be a great way to start learning. Each issue has stories, a calendar of events, auction results and hundreds of advertisements for cars, parts and hobby services. Samples are available by sending $1.50 to Krause Publications, 700 E. State St., Iola, WI 54990.

Postwar cars, like this 1951 Frazer, are becoming very popular. The term antique car can be used to describe any model more than 25 years old.

Up and Coming Collectibles

We are frequently asked to point out cars which, while affordably priced and readily available today, may be collectible in the future. This sort of speculation is always chancy, but we're willing to give at a try. However, bear in mind our basic philosophy of acquiring a car. That is, only buy one that you actually like. In this way, even if your hopes for value appreciation do not materialize, at very least you own a car which you can appreciate and enjoy.

With this in mind, we have selected a number of cars which are not difficult to find now and can be bought for $3,500 or less. Those which we have selected are not intended to be all of the cars which fit this description, but they are a representative sampling of the choices which are out there.

1982 Chrysler Imperial coupe

1981-'83 Chrysler Imperial coupe: This was Chrysler's short-lived attempt at reviving the prestigious Imperial name during the '80s in a large, personal luxury package. It is rare, well-built and very quiet.

1971-'78 Cadillac Eldorado coupe: The Eldorado convertible of '71-'76 has been a recognized collectible for some time now. Can the coupe be far behind? Here is all the luxury and comfort of the convertible wrapped up in a solid, closed package. These are the last of Cadillac's mammoth personal luxury cars before down-sizing.

1971-'78 Oldsmobile Toronado: Available only in coupe form, this was Oldsmobile's equivalent of the Eldorado and became that marque's final statement on large car personal luxury. The revolutionary front-drive Toronados of 1966-'70 are already increasing in value.

1976-'78 Ford Mustang Cobra II coupe: With the insertion of a 302 cid V-8 engine, the new, smaller Mustang became a lively performer. The Cobra II models also sport the "look at me" graphics so popular at the time.

1982 Ford EXP hatchback coupe

1982-'86 Ford EXP/Mercury LN7 coupes: These sister coupes brought style and flair to the economy car class. They are sprightly, economical and fun to drive (especially in turbocharged form), but are no longer in production.

1980-'81 Cadillac Seville four-door sedan: These are the "bustle-back" descendants of the new, smaller Cadillac of the mid-'70s. They retain all of the usual Cadillac amenities in a distinctive, smaller package.

1977-'80 Lincoln Versailles four-door sedan: Lincoln's answer to the Cadillac Seville, these cars pack the traditional Lincoln amenities into a pleasing, compact form.

1981-'83 AMC Eagle SX/4 liftback coupe: In highly-optioned form and equipped with four-wheel-drive, this pleasing vehicle offers outstanding luxury, economy, versatility and fun.

1971-'73 Buick Riviera sport coupe: Dramatically styled, these "boattailed" beauties have a look which is reminiscent of the early Corvette Sting Rays, but on a much larger scale. They are graceful, smooth and powerful.

1981 AMC Eagle SX/4 liftback coupe

AUBURN

1904
Model A

	6	5	4	3	2	1
Tr	800	4050	8100	13,500	18,900	27,000

1905
Model B, 2-cyl.

Tr	800	3900	7800	13,000	18,200	26,000

1906
Model C, 2-cyl.

Tr	800	3900	7800	13,000	18,200	26,000

1907
Model D, 2-cyl.

Tr	800	3900	7800	13,000	18,200	26,000

1908
Model G, 2-cyl., 24 hp

Tr	800	3900	7800	13,000	18,200	26,000

Model H, 2-cyl.

Tr	800	4050	8100	13,500	18,900	27,000

Model K, 2-cyl.

Rbt	800	4200	8400	14,000	19,600	28,000

1909
Model G, 2-cyl., 24 hp

Tr	800	4050	8100	13,500	18,900	27,000

Model H, 2cyl.

Tr	800	4200	8400	14,000	19,600	28,000

Model K

Rbt	800	4050	8100	13,500	18,900	27,000

Model B, 4-cyl., 25-30 hp

Tr	800	4050	8100	13,500	18,900	27,000

Model C, 4-cyl.

Tr	800	4350	8700	14,500	20,300	29,000

Model D, 4-cyl.

Rbt	1200	4500	9000	15,000	21,000	30,000

1910
Model G, 2-cyl., 24 hp

Tr	800	3900	7800	13,000	18,200	26,000

Model H, 2-cyl.

Tr	800	4050	8100	13,500	18,900	27,000

Model K, 2-cyl.

Rbt	800	4200	8400	14,000	19,600	28,000

Model B, 4-cyl., 25-30 hp

Tr	800	4200	8400	14,000	19,600	28,000

Model C, 4-cyl.

Tr	800	4050	8100	13,500	18,900	27,000

Model D, 4-cyl.

Rbt	800	4200	8400	14,000	19,600	28,000

Model X, 4-cyl., 35-40 hp

Tr	800	4200	8400	14,000	19,600	28,000

Model R, 4-cyl.

Tr	800	4350	8700	14,500	20,300	29,000

Model S, 4-cyl.

Rds	800	4350	8700	14,500	20,300	29,000

1911
Model G, 2-cyl., 24 hp

Tr	800	3900	7800	13,000	18,200	26,000

Model K, 2-cyl.

Rbt	800	4050	8100	13,500	18,900	27,000

Model L, 4-cyl., 25-30 hp

Tr	800	4050	8100	13,500	18,900	27,000

Model F, 4-cyl.

Tr	800	4050	8100	13,500	18,900	27,000

Model N, 4-cyl., 40 hp

Tr	800	4200	8400	14,000	19,600	28,000

Model Y, 4-cyl.

Tr	800	4050	8100	13,500	18,900	27,000

Model T, 4-cyl.

Tr	800	4050	8100	13,500	18,900	27,000

Model M, 4-cyl.

Rds	800	4200	8400	14,000	19,600	28,000

1912
Model 6-50, 6-cyl.

	6	5	4	3	2	1
Tr	800	4350	8700	14,500	20,300	29,000
Model 40H, 4-cyl., 35-40 hp						
Tr	800	4050	8100	13,500	18,900	27,000
Model 40M, 4-cyl., 35-40 hp						
Rds	800	4050	8100	13,500	18,900	27,000
Model 40N, 4-cyl., 35-40 hp						
Tr	800	4200	8400	14,000	19,600	28,000
Model 35L, 4-cyl., 30 hp						
Tr	800	3900	7800	13,000	18,200	26,000
Model 30L, 4-cyl., 30 hp						
Rds	800	4050	8100	13,500	18,900	27,000
Tr	800	3900	7800	13,000	18,200	26,000

1913
Model 33M, 4-cyl., 33 hp

	6	5	4	3	2	1
Rds	800	4200	8400	14,000	19,600	28,000
Model 33L, 4-cyl., 33 hp						
Tr	800	3900	7800	13,000	18,200	26,000
Model 40A, 4-cyl., 40 hp						
Rds	800	4200	8400	14,000	19,600	28,000
Model 40L, 4-cyl.						
Tr	800	4050	8100	13,500	18,900	27,000
Model 45, 6-cyl., 45 hp						
Tr	800	4200	8400	14,000	19,600	28,000
Model 45B, 6-cyl., 45 hp						
Rds	800	4200	8400	14,000	19,600	28,000
TwnC	800	4050	8100	13,500	18,900	27,000
Cpe	800	3900	7800	13,000	18,200	26,000
Model 50, 6-cyl., 50 hp						
Tr	800	4350	8700	14,500	20,300	29,000

1914
Model 4-40, 4-cyl., 40 hp

	6	5	4	3	2	1
Rds	800	4200	8400	14,000	19,600	28,000
Tr	800	4200	8400	14,000	19,600	28,000
Cpe	800	3900	7800	13,000	18,200	26,000
Model 4-41, 4-cyl., 40 hp						
Tr	800	4350	8700	14,500	20,300	29,000
Model 6-45, 6-cyl., 45 hp						
Rds	800	4350	8700	14,500	20,300	29,000
Tr	1200	4500	9000	15,000	21,000	30,000
Model 6-46, 6-cyl., 45 hp						
Tr	1200	4500	9000	15,000	21,000	30,000

1915
Model 4-36, 4-cyl., 36 hp

	6	5	4	3	2	1
Rds	800	4200	8400	14,000	19,600	28,000
Tr	800	4050	8100	13,500	18,900	27,000
Model 4-43, 4-cyl., 43 hp						
Rds	800	4200	8400	14,000	19,600	28,000
Tr	800	4200	8400	14,000	19,600	28,000
Model 6-40, 6-cyl., 50 hp						
Rds	800	4350	8700	14,500	20,300	29,000
Tr	800	4300	8550	14,250	19,950	28,500
Cpe	800	3900	7800	13,000	18,200	26,000
Model 6-47, 6-cyl., 47 hp						
Rds	800	4350	8700	14,500	20,300	29,000
Tr	800	4350	8700	14,500	20,300	29,000

1916
Model 4-38, 4-cyl., 38 hp

	6	5	4	3	2	1
Rds	800	4350	8700	14,500	20,300	29,000
Tr	800	4200	8400	14,000	19,600	28,000
Model 6-38						
Rds	800	4350	8700	14,500	20,300	29,000
Tr	800	4350	8700	14,500	20,300	29,000
Model 6-40, 6-cyl., 40 hp						
Rds	1200	4500	9000	15,000	21,000	30,000
Tr	1200	4500	9000	15,000	21,000	30,000
Model Union 4-36, 6-cyl., 36 hp						
Tr	800	4300	8550	14,250	19,950	28,500

1917
Model 6-39, 6-cyl., 39 hp

	6	5	4	3	2	1
Rds	1200	4500	9000	15,000	21,000	30,000
Tr	1200	4500	9000	15,000	21,000	30,000

Model 6-44, 6-cyl., 44 hp

	6	5	4	3	2	1
Rds	1200	4650	9300	15,500	21,700	31,000
Tr	1200	4500	9000	15,000	21,000	30,000

Model 4-36, 4-cyl., 36 hp

	6	5	4	3	2	1
Rds	1200	4500	9000	15,000	21,000	30,000
Tr	800	4350	8700	14,500	20,300	29,000

1918
Model 6-39, 6-cyl.

	6	5	4	3	2	1
Tr	1200	4500	9000	15,000	21,000	30,000
Rds	1200	4500	9000	15,000	21,000	30,000
Spt Tr	1200	4500	9000	15,000	21,000	30,000

Model 6-44, 6-cyl.

	6	5	4	3	2	1
Tr	1200	4500	9000	15,000	21,000	30,000
Rds	1200	4500	9000	15,000	21,000	30,000
Spt Tr	1200	4650	9300	15,500	21,700	31,000
Sed	650	2800	5700	9500	13,300	19,000

1919
Model 6-39

	6	5	4	3	2	1
Tr	1200	4500	9000	15,000	21,000	30,000
Rds	1200	4500	9000	15,000	21,000	30,000
Cpe	800	3000	6000	10,000	14,000	20,000
Sed	650	2300	5400	9000	12,600	18,000

1920
Model 6-39, 6-cyl.

	6	5	4	3	2	1
Tr	1200	4500	9000	15,000	21,000	30,000
Spt Tr	1200	4650	9300	15,500	21,700	31,000
Rds	1200	4650	9300	15,500	21,700	31,000
Sed	650	2800	5700	9500	13,300	19,000
Cpe	800	3000	6000	10,000	14,000	20,000

1921
Model 6-39

	6	5	4	3	2	1
Tr	1200	4500	9000	15,000	21,000	30,000
Spt Tr	1200	4800	9600	16,000	22,400	32,000
Rds	1200	4800	9600	16,000	22,400	32,000
Cabr	1200	4800	9600	16,000	22,400	32,000
Sed	650	2800	5700	9500	13,300	19,000
Cpe	800	3000	6000	10,000	14,000	20,000

1922
Model 6-51, 6-cyl.

	6	5	4	3	2	1
Tr	1200	4800	9600	16,000	22,400	32,000
Rds	1200	4950	9900	16,500	23,100	33,000
Spt Tr	1200	4950	9900	16,500	23,100	33,000
Sed	800	3000	6000	10,000	14,000	20,000
Cpe	800	3150	6300	10,500	14,700	21,000

1923
Model 6-43, 6-cyl.

	6	5	4	3	2	1
Tr	1200	4950	9900	16,500	23,100	33,000
Sed	650	2800	5700	9500	13,300	19,000

Model 6-63, 6-cyl.

	6	5	4	3	2	1
Tr	1200	5100	10,200	17,000	23,800	34,000
Spt Tr	1200	5250	10,500	17,500	24,500	35,000
Brgm	800	3000	6000	10,000	14,000	20,000
Sed	650	2800	5700	9500	13,300	19,000

Model 6-51, 6-cyl.

	6	5	4	3	2	1
Phae	1200	5250	10,500	17,500	24,500	35,000
Tr	1200	5100	10,200	17,000	23,800	34,000
Spt Tr	1200	5400	10,800	18,000	25,200	36,000
Brgm	800	3150	6300	10,500	14,700	21,000
Sed	800	3000	6000	10,000	14,000	20,000

1924
Model 6-43, 6-cyl.

	6	5	4	3	2	1
Tr	1200	4950	9900	16,500	23,100	33,000
Spt Tr	1200	5100	10,200	17,000	23,800	34,000
Sed	650	2800	5700	9500	13,300	19,000
Cpe	800	3000	6000	10,000	14,000	20,000
2 dr	650	2800	5700	9500	13,300	19,000

Model 6-63, 6-cyl.

	6	5	4	3	2	1
Tr	1200	5100	10,200	17,000	23,800	34,000
Spt Tr	1200	5400	10,800	18,000	25,200	36,000
Sed	800	3000	6000	10,000	14,000	20,000
Brgm	800	3150	6300	10,500	14,700	21,000

1925
Model 8-36, 8-cyl.

	6	5	4	3	2	1
Tr	1200	5850	11,700	19,500	27,300	39,000
2 dr Brgm	650	2800	5700	9500	13,300	19,000
4 dr Sed	650	2800	5700	9500	13,300	19,000
Model 6-43, 6-cyl.						
Phae	1200	5550	11,100	18,500	25,900	37,000
Spt Phae	1200	5700	11,400	19,000	26,600	38,000
Cpe	800	3150	6300	10,500	14,700	21,000
4 dr Sed	800	3000	6000	10,000	14,000	20,000
2 dr Sed	650	2800	5700	9500	13,300	19,000
Model 6-66, 6-cyl.						
Rds	1200	5550	11,100	18,500	25,900	37,000
Brgm	650	2800	5700	9500	13,300	19,000
4 dr	650	2800	5700	9500	13,300	19,000
Tr	1200	5550	11,100	18,500	25,900	37,000
Model 8-88, 8-cyl.						
Rds	1200	5550	11,100	18,500	25,900	37,000
4 dr Sed 5P	800	3000	6000	10,000	14,000	20,000
4 dr Sed 7P	800	3000	6000	10,000	14,000	20,000
Brgm	650	2800	5700	9500	13,300	19,000
Tr	1200	5550	11,100	18,500	25,900	37,000

1926
Model 4-44, 4-cyl., 42 hp

Tr	1200	5400	10,800	18,000	25,200	36,000
Rds	1200	5550	11,100	18,500	25,900	37,000
Cpe	800	3000	6000	10,000	14,000	20,000
4 dr Sed	650	2800	5700	9500	13,300	19,000
Model 6-66, 6-cyl., 48 hp						
Rds	1500	6000	12,000	20,000	28,000	40,000
Tr	1200	5850	11,700	19,500	27,300	39,000
Brgm	650	2800	5700	9500	13,300	19,000
4 dr Sed	800	3000	6000	10,000	14,000	20,000
Cpe	800	3150	6300	10,500	14,700	21,000
Model 8-88, 8-cyl., 88 hp, 129" wb						
Rds	1500	6300	12,600	21,000	29,400	42,000
Tr	1500	6150	12,300	20,500	28,700	41,000
Cpe	800	3150	6300	10,500	14,700	21,000
Brgm	800	3000	6000	10,000	14,000	20,000
5P Sed	800	3000	6000	10,000	14,000	20,000
7P Sed	800	3000	6000	10,000	14,000	20,000
Model 8-88, 8-cyl., 88 hp, 146" wb						
7P Sed	800	3150	6300	10,500	14,700	21,000

1927
Model 6-66, 6-cyl., 66 hp

Rds	1500	6450	12,900	21,500	30,100	43,000
Tr	1500	6300	12,600	21,000	29,400	42,000
Brgm	800	3000	6000	10,000	14,000	20,000
Sed	800	3150	6300	10,500	14,700	21,000
Model 8-77, 8-cyl., 77 hp						
Rds	1500	6600	13,200	22,000	30,800	44,000
Tr	1500	6450	12,900	21,500	30,100	43,000
Brgm	800	3150	6300	10,500	14,700	21,000
Sed	800	3150	6300	10,500	14,700	21,000
Model 8-88, 8-cyl., 88 hp, 129" WB						
Tr	1500	6600	13,200	22,000	30,800	44,000
Rds	1500	6750	13,500	22,500	31,500	45,000
Cpe	800	3300	6600	11,000	15,400	22,000
Brgm	800	3150	6300	10,500	14,700	21,000
Sed	800	3150	6300	10,500	14,700	21,000
Spt Sed	800	3300	6600	11,000	15,400	22,000
Model 8-88, 8-cyl., 88 hp, 146" wb						
7P Sed	800	3300	6600	11,000	15,400	22,000
Tr	1500	6750	13,500	22,500	31,500	45,000

1928
Model 6-66, 6-cyl., 66 hp

Rds	1500	6600	13,200	22,000	30,800	44,000
Cabr	1500	6450	12,900	21,500	30,100	43,000
Sed	800	3000	6000	10,000	14,000	20,000
Spt Sed	800	3150	6300	10,500	14,700	21,000
Model 8-77, 8-cyl., 77 hp						
Rds	1500	6750	13,500	22,500	31,500	45,000
Cabr	1500	6600	13,200	22,000	30,800	44,000

1928 Auburn, Model 666 Sport Sedan, 6-cyl

	6	5	4	3	2	1
Sed	800	3150	6300	10,500	14,700	21,000
Spt Sed	800	3300	6600	11,000	15,400	22,000
Model 8-88, 8-cyl., 88 hp						
Rds	1500	6900	13,800	23,000	32,200	46,000
Tr	1500	6750	13,500	22,500	31,500	45,000
Cabr	1500	6750	13,500	22,500	31,500	45,000
Sed	800	3300	6600	11,000	15,400	22,000
Spt Sed	800	3400	6900	11,500	16,100	23,000
Model 8-88, 8-cyl., 88 hp, 136" wb						
7P Sed	800	3600	7200	12,000	16,800	24,000
SECOND SERIES						
Model 76, 6-cyl.						
Rds	2000	8250	16,500	27,500	38,500	55,000
Cabr	1500	7800	15,600	26,000	36,400	52,000
Sed	800	3300	6600	11,000	15,400	22,000
Spt Sed	800	3400	6900	11,500	16,100	23,000
Model 88, 8-cyl.						
Spds	3500	14,100	28,200	57,000	74,000	94,000
Rds	2000	9300	18,600	31,000	43,400	62,000
Cabr	1500	7950	15,900	26,500	37,100	53,000
Sed	800	3300	6600	11,000	15,400	22,000
Spt Sed	800	3400	6900	11,500	16,100	23,000
Phae	1500	7050	14,100	23,500	32,900	47,000
Model 115, 8-cyl.						
Spds	3500	15,000	30,000	50,000	80,000	100,000
Rds	2000	9600	19,200	32,000	44,800	64,000
Cabr	2000	8700	17,400	29,000	40,600	58,000
Sed	800	3600	7200	12,000	16,800	24,000
Spt Sed	800	3750	7500	12,500	17,500	25,000
Phae	1500	7200	14,400	24,000	33,600	48,000
1929						
Model 76, 6-cyl.						
Rds	2000	9000	18,000	30,000	42,000	60,000
Tr	2000	8700	17,400	29,000	40,600	58,000
Cabr	1500	7950	15,900	26,500	37,100	53,000
Vic	1200	5250	10,500	17,500	24,500	35,000
Sed	800	3400	6900	11,500	16,100	23,000
Spt Sed	800	3600	7200	12,000	16,800	24,000
Model 88, 8-cyl.						
Spds	3500	18,500	33,000	55,000	88,000	110,000
Rds	2000	10,200	20,400	34,000	47,600	68,000
Tr	2000	9900	19,800	33,000	46,200	66,000
Cabr	2000	9000	18,000	30,000	42,000	60,000
Vic	1200	5850	11,700	19,500	27,300	39,000
Sed	800	3400	6900	11,500	16,100	23,000
Spt Sed	800	3600	7200	12,000	16,800	24,000
Phae	2000	8550	17,100	28,500	39,900	57,000
Model 115, 8-cyl.						
Spds	5000	24,100	42,000	68,000	98,000	126,000

	6	5	4	3	2	1
Rds	3500	12,000	24,000	40,000	60,000	80,000
Cabr	2000	9900	19,800	33,000	46,200	66,000
Vic	1500	6000	12,000	20,000	28,000	40,000
Sed	800	3600	7200	12,000	16,800	24,000
Spt Sed	800	3750	7500	12,500	17,500	25,000
Phae	2000	11,700	23,400	39,000	58,000	78,000
Model 6-80, 6-cyl.						
Tr	2000	9900	19,800	33,000	46,200	66,000
Cabr	2000	9900	19,800	33,000	46,200	66,000
Vic	1200	5250	10,500	17,500	24,500	35,000
Sed	800	3300	6600	11,000	15,400	22,000
Spt Sed	800	3400	6900	11,500	16,100	23,000
Model 8-90, 8-cyl.						
Spds	3500	17,100	31,800	53,000	85,000	106,000
Tr	2000	11,400	22,800	38,000	56,000	76,000
Cabr	2000	10,800	21,600	36,000	50,500	72,000
Phae	2000	11,700	23,400	39,000	58,000	78,000
Vic	1500	6150	12,300	20,500	28,700	41,000
Sed	800	3300	6600	11,000	15,400	22,000
Spt Sed	800	3750	7500	12,500	17,500	25,000
Model 120, 8-cyl.						
Spds	3500	17,800	32,400	54,000	86,000	108,000
Cabr	3500	12,000	24,000	40,000	60,000	80,000
Phae	3500	12,300	24,600	41,000	62,000	82,000
Vic	1500	6450	12,900	21,500	30,100	43,000
Sed	800	3600	7200	12,000	16,800	24,000
7P Sed	800	4200	8400	14,000	19,600	28,000
Spt Sed	800	4050	8100	13,500	18,900	27,000
1930						
Model 6-85, 6-cyl.						
Cabr	2000	8250	16,500	27,500	38,500	55,000
Sed	800	3300	6600	11,000	15,400	22,000
Spt Sed	800	3400	6900	11,500	16,100	23,000
Model 8-95, 8-cyl.						
Cabr	2000	9900	19,800	33,000	46,200	66,000
Phae	2000	10,500	21,000	35,000	49,000	70,000
Sed	800	3400	6900	11,500	16,100	23,000
Spt Sed	800	3600	7200	12,000	16,800	24,000
Model 125, 8-cyl.						
Cabr	2000	10,500	21,000	35,000	49,000	70,000
Phae	2000	11,400	22,800	38,000	56,000	76,000
Sed	800	3600	7200	12,000	16,800	24,000
Spt Sed	800	3750	7500	12,500	17,500	25,000
1931						
Model 8-98, 8-cyl., Standard, 127" wb						
Spds	3500	13,500	27,000	45,000	70,000	90,000
Cabr	2000	9000	18,000	30,000	42,000	60,000
Phae	2000	11,400	22,800	38,000	56,000	76,000
Cpe	800	3750	7500	12,500	17,500	25,000
2 dr Brgm	800	3400	6900	11,500	16,100	23,000
5P Sed	800	3600	7200	12,000	16,800	24,000
Model 8-98, 8-cyl., 136" wb						
7P Sed	800	3750	7500	12,500	17,500	25,000
Model 8-98A, 8-cyl., Custom, 127"wb						
Spds	3500	15,000	30,000	50,000	80,000	100,000
Cabr	2000	9900	19,800	33,000	46,200	66,000
Phae	3500	12,000	24,000	40,000	60,000	80,000
Cpe	800	3900	7800	13,000	18,200	26,000
2 dr Brgm	800	3600	7200	12,000	16,800	24,000
4 dr Sed	800	3600	7200	12,000	16,800	24,000
Model 8-98, 8-cyl., 136" wb						
7P Sed	800	3900	7800	13,000	18,200	26,000
1932						
Model 8-100, 8-cyl., Custom, 127" wb						
Spds	3500	17,100	31,800	53,000	85,000	106,000
Cabr	2000	9900	19,800	33,000	46,200	66,000
Phae	3500	12,000	24,000	40,000	60,000	80,000
Cpe	1200	4650	9300	15,500	21,700	31,000
2 dr Brgm	800	4350	8700	14,500	20,300	29,000
4 dr Sed	800	4050	8100	13,500	18,900	27,000
Model 8-100, 8-cyl., 136" wb						
7P Sed	1200	4500	9000	15,000	21,000	30,000

1932 Auburn Convertible Cpe

Model 8-100A, 8-cyl., Custom Dual Ratio, 127" wb

	6	5	4	3	2	1
Spds	3500	18,500	33,000	55,000	88,000	110,000
Cabr	2000	10,200	20,400	34,000	47,600	68,000
Phae	3500	12,300	24,600	41,000	62,000	82,000
Cpe	1200	4800	9600	16,000	22,400	32,000
2 dr Brgm	1200	4500	9000	15,000	21,000	30,000
4 dr Sed	800	4350	8700	14,500	20,300	29,000

Model 8-100A, 8-cyl., 136" wb

7P Sed	1200	4500	9000	15,000	21,000	30,000

Model 12-160, 12-cyl., Standard

Spds	5000	20,600	34,800	58,000	91,000	116,000
Cabr	3500	12,600	25,200	42,000	64,000	84,000
Phae	3500	14,700	29,400	49,000	78,000	98,000
Cpe	1200	5400	10,800	18,000	25,200	36,000
2 dr Brgm	800	4350	8700	14,500	20,300	29,000
4 dr Sed	1200	4500	9000	15,000	21,000	30,000

Model 12-160A, 12-cyl., Custom Dual Ratio

Spds	5000	22,000	36,000	60,000	93,000	120,000
Cabr	3500	16,400	31,200	52,000	83,000	104,000
Phae	3500	18,500	33,000	55,000	88,000	110,000
Cpe	1200	5700	11,400	19,000	26,600	38,000
2 dr Brgm	1200	4500	9000	15,000	21,000	30,000
4 dr Sed	1200	4650	9300	15,500	21,700	31,000

1933

Model 8-101, 8-cyl., Standard, 127" wb

Spds	3500	14,400	28,800	48,000	76,000	96,000
Cabr	2000	10,500	21,000	35,000	49,000	70,000
Phae	2000	11,400	22,800	38,000	56,000	76,000
Cpe	800	4350	8700	14,500	20,300	29,000
2 dr Brgm	800	4050	8100	13,500	18,900	27,000
4 dr Sed	800	4200	8400	14,000	19,600	28,000

Model 8-101, 8-cyl., 136" wb

7P Sed	800	4350	8700	14,500	20,300	29,000

Model 8-101A, 8-cyl., Custom Dual Ratio, 127" wb

Spds	3500	14,700	29,400	49,000	78,000	98,000
Cabr	2000	11,100	22,200	37,000	52,000	74,000
Phae	3500	12,000	24,000	40,000	60,000	80,000
Cpe	1200	4500	9000	15,000	21,000	30,000
2 dr Brgm	800	4200	8400	14,000	19,600	28,000
4 dr Sed	800	4050	8100	13,500	18,900	27,000

Model 8-101A, 8-cyl., 136" wb

7P Sed	800	4350	8700	14,500	20,300	29,000

Model 8-105, 8-cyl., Salon Dual Ratio

Spds	3500	18,500	33,000	55,000	88,000	110,000
Cabr	2000	11,100	22,200	37,000	52,000	74,000
Phae	3500	12,300	24,600	41,000	62,000	82,000
2 dr Brgm	800	4350	8700	14,500	20,300	29,000
4 dr Sed	800	4200	8400	14,000	19,600	28,000

Model 12-161, 12-cyl., Standard

	6	5	4	3	2	1
Spds	5000	20,600	34,800	58,000	91,000	116,000
Cabr	3500	12,000	24,000	40,000	60,000	80,000
Phae	3500	12,600	25,200	42,000	64,000	84,000
Cpe	1200	4650	9300	15,500	21,700	31,000
2 dr Brgm	1200	4500	9000	15,000	21,000	30,000
4 dr Sed	800	4350	8700	14,500	20,300	29,000

Model 12-161A, 12-cyl., Custom Dual Ratio

Spds	5000	22,000	36,000	60,000	93,000	120,000
Cabr	3500	12,600	25,200	42,000	64,000	84,000
Phae	3500	13,500	27,000	45,000	70,000	90,000
Cpe	1200	4950	9900	16,500	23,100	33,000
2 dr Brgm	1200	4650	9300	15,500	21,700	31,000
4 dr Sed	1200	4500	9000	15,000	21,000	30,000

Model 12-165, 12-cyl., Salon Dual Ratio

Spds	5000	24,100	42,000	68,000	98,000	126,000
Cabr	3500	16,400	31,200	52,000	83,000	104,000
Phae	3500	18,500	33,000	55,000	88,000	110,000
2 dr Brgm	1200	4800	9600	16,000	22,400	32,000
4 dr Sed	1200	4650	9300	15,500	21,700	31,000

1934

Model 652X, 6-cyl., Standard

Cabr	2000	8400	16,800	28,000	39,200	56,000
2 dr Brgm	800	3150	6300	10,500	14,700	21,000
4 dr Sed	800	3300	6600	11,000	15,400	22,000

Model 652Y, 6-cyl., Custom

Cabr	2000	8700	17,400	29,000	40,600	58,000
Phae	2000	9900	19,800	33,000	46,200	66,000
2 dr Brgm	800	3600	7200	12,000	16,800	24,000
4 dr Sed	800	3400	6900	11,500	16,100	23,000

Model 850X, 8-cyl., Standard

Cabr	2000	8700	17,400	29,000	40,600	58,000
2 dr Brgm	800	3750	7500	12,500	17,500	25,000
4 dr Sed	800	3600	7200	12,000	16,800	24,000

Model 850Y, 8-cyl., Dual Ratio

Cabr	2000	9600	19,200	32,000	44,800	64,000
Phae	2000	10,500	21,000	35,000	49,000	70,000
2 dr Brgm	800	4050	8100	13,500	18,900	27,000
4 dr Sed	800	3900	7800	13,000	18,200	26,000

Model 1250, 12-cyl., Salon Dual Ratio

Cabr	3500	16,400	31,200	52,000	83,000	104,000
Phae	3500	18,500	33,000	55,000	88,000	110,000
2 dr Brgm	800	4200	8400	14,000	19,600	28,000
4 dr Sed	800	4050	8100	13,500	18,900	27,000

1935

Model 6-653, 6-cyl., Standard

Cabr	2000	8250	16,500	27,500	38,500	55,000
Phae	2000	10,200	20,400	34,000	47,600	68,000
Cpe	650	2900	5850	9750	13,650	19,500
2 dr Brgm	800	3300	6600	11,000	15,400	22,000
4 dr Sed	800	3150	6300	10,500	14,700	21,000

Model 6-653, 6-cyl., Custom Dual Ratio

Cabr	2000	8400	16,800	28,000	39,200	56,000
Phae	2000	10,200	20,400	34,000	47,600	68,000
Cpe	650	2950	5900	9850	13,750	19,700
2 dr Brgm	800	3400	6900	11,500	16,100	23,000
4 dr Sed	800	3300	6600	11,000	15,400	22,000

Model 6-653, 6-cyl., Salon Dual Ratio

Cabr	2000	8550	17,100	28,500	39,900	57,000
Phae	2000	10,200	20,400	34,000	47,600	68,000
Cpe	800	3300	6600	11,000	15,400	22,000
2 dr Brgm	800	3600	7200	12,000	16,800	24,000
4 dr Sed	800	3400	6900	11,500	16,100	23,000

Model 8-851, 8-cyl., Standard

Cabr	2000	8700	17,400	29,000	40,600	58,000
Phae	2000	10,200	20,400	34,000	47,600	68,000
Cpe	800	3300	6600	11,000	15,400	22,000
2 dr Brgm	800	3400	6900	11,500	16,100	23,000
4 dr Sed	800	3300	6600	11,000	15,400	22,000

Model 8-851, 8-cyl., Custom Dual Ratio

Cabr	2000	8850	17,700	29,500	41,300	59,000
Phae	2000	10,800	21,600	36,000	50,500	72,000
Cpe	800	3400	6900	11,500	16,100	23,000

	6	5	4	3	2	1
2 dr Brgm	800	3600	7200	12,000	16,800	24,000
4 dr Sed	800	3400	6900	11,500	16,100	23,000
Model 8-851, 8-cyl., Salon Dual Ratio						
Cabr	2000	9600	19,200	32,000	44,800	64,000
Phae	2000	11,100	22,200	37,000	52,000	74,000
Cpe	800	3600	7200	12,000	16,800	24,000
2 dr Brgm	800	3750	7500	12,500	17,500	25,000
4 dr Sed	800	3600	7200	12,000	16,800	24,000
Model 8-851, 8-cyl., Supercharged Dual Ratio						
Spds	3500	15,000	30,000	50,000	80,000	100,000
Cabr	3500	12,600	25,200	42,000	64,000	84,000
Phae	2000	11,400	22,800	38,000	56,000	76,000
Cpe	800	4200	8400	14,000	19,600	28,000
2 dr Brgm	800	3900	7800	13,000	18,200	26,000
4 dr Sed	800	3750	7500	12,500	17,500	25,000

1936 Auburn, Model 654 4 dr Sed

1936

Model 6-654, 6-cyl., Standard	6	5	4	3	2	1
Cabr	2000	8250	16,500	27,500	38,500	55,000
Phae	2000	10,500	21,000	35,000	49,000	70,000
Cpe	800	3750	7500	12,500	17,500	25,000
2 dr Brgm	800	3600	7200	12,000	16,800	24,000
4 dr Sed	800	3400	6900	11,500	16,100	23,000
Model 6-654, 6-cyl., Custom Dual Ratio						
Cabr	2000	11,700	23,400	39,000	58,000	78,000
Phae	2000	10,800	21,600	36,000	50,500	72,000
Cpe	800	3900	7800	13,000	18,200	26,000
2 dr Brgm	800	3600	7200	12,000	16,800	24,000
4 dr Sed	800	3400	6900	11,500	16,100	23,000
Model 6-654, 6-cyl., Salon Dual Ratio						
Cabr	3500	12,000	24,000	40,000	60,000	80,000
Phae	2000	10,800	21,600	36,000	50,500	72,000
Cpe	800	4050	8100	13,500	18,900	27,000
2 dr Brgm	800	3750	7500	12,500	17,500	25,000
4 dr Sed	800	3600	7200	12,000	16,800	24,000
Model 8-852, 8-cyl., Standard						
Cabr	2000	11,700	23,400	39,000	58,000	78,000
Phae	2000	11,100	22,200	37,000	52,000	74,000
Cpe	800	3150	6300	10,500	14,700	21,000
2 dr Brgm	800	3900	7800	13,000	18,200	26,000
4 dr Sed	800	3750	7500	12,500	17,500	25,000
Model 8-852, 8-cyl., Custom Dual Ratio						
Cabr	3500	12,000	24,000	40,000	60,000	80,000
Phae	2000	11,400	22,800	38,000	56,000	76,000
Cpe	800	4200	8400	14,000	19,600	28,000
2 dr Brgm	800	4050	8100	13,500	18,900	27,000
4 dr Sed	800	3900	7800	13,000	18,200	26,000

Model 8-852, 8-cyl., Salon Dual Ratio

	6	5	4	3	2	1
Cabr	3500	12,600	25,200	42,000	64,000	84,000
Phae	2000	11,700	23,400	39,000	58,000	78,000
Cpe	800	4350	8700	14,500	20,300	29,000
2 dr Brgm	800	4200	8400	14,000	19,600	28,000
4 dr Sed	800	4050	8100	13,500	18,900	27,000

Model 8, 8-cyl., Supercharged Dual Ratio

	6	5	4	3	2	1
Spds	3500	17,100	31,800	53,000	85,000	106,000
Cabr	3500	12,900	25,800	48,200	66,000	86,000
Phae	3500	12,000	24,000	40,000	60,000	80,000
Cpe	1200	4500	9000	15,000	21,000	30,000
2 dr Brgm	800	4350	8700	14,500	20,300	29,000
4 dr Sed	800	4200	8400	14,000	19,600	28,000

AUSTIN-HEALEY

1953-1956
"100", 4-cyl., 90 hp, 90" wb

	6	5	4	3	2	1
Rds	800	3350	6750	11,250	15,750	22,500

1956
"100-6", 6-cyl., 102 hp, 92" wb

Rds	800	3100	6150	10,250	14,350	20,500

1957
"100-6", 6-cyl., 102 hp, 92" wb

Rds	800	3100	6150	10,250	14,350	20,500

1958
"100-6", 6-cyl., 117 hp, 92" wb

Rds	800	3200	6450	10,750	15,050	21,500

Sprite MK I, 4-cyl., 43 hp, 80" wb

Rds	550	1650	4650	7750	10,850	15,500

1959
"100-6", 6-cyl., 117 hp, 92" wb

Rds	800	3200	6450	10,750	15,050	21,500

Sprite MK I, 4-cyl., 43 hp, 80" wb

Rds	550	1650	4650	7750	10,850	15,500

1960
"3000" MK I, 6-cyl., 124 hp, 92" wb

Rds	650	2600	5500	9250	12,950	18,500

Sprite MK I, 4-cyl., 43 hp, 80" wb

Rds	550	1650	4650	7750	10,850	15,500

1961
"3000" MK I, 6-cyl., 124 hp, 92" wb

Rds	650	2600	5500	9250	12,950	18,500

"3000" MK II, 6-cyl., 132 hp, 92" wb

Rds	650	2900	5850	9750	13,650	19,500

Sprite MK I, 4-cyl., 43 hp, 80" wb

Rds	550	1650	4650	7750	10,850	15,500

Sprite MK II, 4-cyl., 46 hp, 80" wb

Rds	500	1200	3750	6250	8750	12,500

1962
"3000" MK II, 6-cyl., 132 hp, 92" wb

Rds	650	2900	5850	9750	13,650	19,500

Sprite MK II, 4-cyl., 46 hp, 80" wb

Conv	500	1200	3750	6250	8750	12,500

1963
"3000" MK II, 6-cyl., 132 hp, 92" wb

Conv	650	2900	5850	9750	13,650	19,500

Sprite MK II, 4-cyl., 56 hp, 80" wb

Rds	500	1200	3750	6250	8750	12,500

1964
"3000" MK II, 6-cyl., 132 hp, 92" wb

Conv	650	2900	5850	9750	13,650	19,500

"3000" MK III, 6-cyl., 150 hp, 92" wb

Conv	800	3200	6450	10,750	15,050	21,500

Sprite MK II, 4-cyl., 56 hp, 80" wb

Rds	500	1200	3750	6250	8750	12,500

Sprite MK III, 4-cyl., 59 hp, 80" wb

Conv	450	1125	3450	5750	8050	11,500

1964 Austin-Healey, 3000 MKII conv., 6-cyl.

1965
"3000" MK III, 6-cyl., 150 hp, 92" wb

	6	5	4	3	2	1
Conv	800	3200	6450	10,750	15,050	21,500
Sprite MK III, 4-cyl., 59 hp, 80" wb						
Conv	450	1125	3450	5750	8050	11,500

1966
"3000" MK III, 6-cyl., 150 hp, 92" wb

Conv	800	3200	6450	10,750	15,050	21,500
Sprite MK III, 4-cyl., 59 hp, 80" wb						
Conv	450	1125	3450	5750	8050	11,500

1967
"3000" MK III, 6-cyl., 150 hp, 92" wb

Conv	800	3200	6450	10,750	15,050	21,500
Sprite MK III, 4-cyl., 59 hp, 80" wb						
Conv	450	1125	3450	5750	8050	11,500

BMW

1952
6-cyl., 111.6" wb, 1917 cc

501 4 dr Sed	450	1025	2600	5250	7300	10,500

1953
6-cyl, 111.6" wb, 1971 cc

501 4 dr Sed	450	1025	2600	5250	7300	10,500

1954
6-cyl., 111.6" wb, 1971 cc

501 4 dr Sed	450	900	1900	4500	6300	9000
501A 4 dr Sed	450	900	1900	4500	6300	9000
501B 4 dr Sed	450	900	1900	4500	6300	9000
V-8, 111.6" wb, 2580 cc						
502/2.6 4 dr Sed	500	1300	4050	6750	9450	13,500

1955
1-cyl., 59.1" wb, 250 cc

Isetta 250 1 dr Std Sed	150	350	950	1350	2800	4000
Isetta 250 1 dr DeL Sed	150	350	950	1450	3000	4200
6-cyl., 111.6" wb, 1971 cc						
501A 4 dr Sed	450	900	1900	4500	6300	9000
501B 4 dr Sed	450	900	1900	4500	6300	9000
6-cyl., 111.6" wb, 2077 cc						
501/3 4 dr Sed	450	1125	3450	5750	8050	11,500
V-8, 111.6" wb, 2580 cc						
501 V-8 4 dr Sed	500	1300	4050	6750	9450	13,500
502/2.6 4 dr Sed	550	1500	4350	7250	10,150	14,500
V-8, 111.6" wb, 3168 cc						
502/3.2 4 dr Sed	500	1200	3750	6250	8750	12,500

1955 BMW 4 dr sedan

1956
1-cyl., 59.1" wb, 250 cc

	6	5	4	3	2	1
Isetta 250 1 dr Std Sed	150	350	950	1350	2800	4000
Isetta 250 1 dr DeL Sed	150	350	950	1450	3000	4200
6-cyl., 111.6" wb, 2077 cc						
501/3 4 dr Sed	450	900	1900	4500	6300	9000
V-8, 111.6" wb, 2580 cc						
501 V-8 4 dr Sed	450	1125	3450	5750	8050	11,500
502/2.6 4 dr Sed	450	1125	3450	5750	8050	11,500
V-8, 111.6" wb, 3168 cc						
502/3.2 4 dr Sed	500	1300	4050	6750	9450	13,500
503 Cpe	800	4000	7950	13,250	18,550	26,500
503 Conv	1200	5500	10,950	18,250	25,550	36,500
V-8, 97.6" wb, 3168 cc						
507 Rds	3500	12,600	25,200	42,000	64,000	84,000

1957 BMW roadster

1957
1-cyl., 59.1" wb, 300 cc

	6	5	4	3	2	1
Isetta 300 1 dr Std Sed	200	650	1200	2300	4100	5800
Isetta 300 1 dr DeL Sed	200	650	1200	2300	4100	5800
2-cyl., 66.9" wb, 582 cc						
600 2 dr Sed	150	400	1000	1650	3150	4500
6-cyl., 111.6" wb, 2077 cc						
501/3 4 dr Sed	450	900	1900	4500	6300	9000
V-8, 111.6" wb, 2580 cc						
501 V-8 4 dr Sed	450	1125	3450	5750	8050	11,500
502/2.6 4 dr Sed	450	1125	3450	5750	8050	11,500
V-8, 111.6" wb, 3168 cc						
502/3.2 4 dr Sed	500	1200	3750	6250	8750	12,500
502/3.2 Super 4 dr Sed	500	1300	4050	6750	9450	13,500
503 Cpe	800	4300	8550	14,250	19,950	28,500
503 Conv	1200	5800	11,550	19,250	26,950	38,500
V-8, 97.6" wb, 3168 cc						
507 Rds	3500	12,600	25,200	42,000	64,000	84,000

1958
1-cyl., 59.1" wb, 300 cc

Isetta 300 1 dr Std Sed	200	650	1250	2400	4200	6000
Isetta 300 1 dr DeL Sed	350	700	1350	2700	4500	6400
2-cyl., 66.9" wb, 582 cc						
600 2 dr Sed	150	450	1050	1750	3250	4700
6-cyl., 111.6" wb, 2077 cc						
501/3 4 dr Sed	450	900	1900	4500	6300	9000
V-8 111.6" wb, 2580 cc						
501 V-8 4 dr Sed	450	1125	3450	5750	8050	11,500
502/2.6 4 dr Sed	450	1125	3450	5750	8050	11,500
V-8, 111.6" wb, 3168 cc						
502/3.2 4 dr Sed	500	1200	3750	6250	8750	12,500
502/3.2 Super 4 dr Sed	500	1300	4050	6750	9450	13,500
503 Cpe	800	4300	8550	14,250	19,950	28,500
503 Conv	1200	5800	11,550	19,250	26,950	38,500
V-8, 97.6" wb, 3168 cc						
507 Rds	3500	12,600	25,200	42,000	64,000	84,000

1959 BMW Isetta

1959
1-cyl., 59.1" wb, 300 cc

	6	5	4	3	2	1
Isetta 300 1 dr Std Sed	200	675	1300	2500	4300	6100
Isetta 300 1 dr DeL Sed	350	700	1350	2800	4550	6500
2-cyl., 66.9" wb, 582 cc						
600 2 dr Sed	150	450	1050	1800	3300	4800
2-cyl., 83.5" wb, 697 cc						
700 Cpe	200	500	1100	1900	3500	5000
700 2 dr Sed	125	250	750	1150	2450	3500
V-8, 111.6" wb, 2580 cc						
501 V-8 4 dr Sed	450	1125	3450	5750	8050	11,500
502/2.6 4 dr Sed	450	1125	3450	5750	8050	11,500
V-8, 111.6" wb, 3168 cc						
502/3.2 4 dr Sed	500	1200	3750	6250	8750	12,500
502/3.2 Super 4 dr Sed	500	1300	4050	6750	9450	13,500
503 Cpe	800	4300	8550	14,250	19,950	28,500
503 Conv	1200	5800	11,550	19,250	26,950	38,500
V-8, 97.6" wb, 3168 cc						
507 Rds	3500	12,600	25,200	42,000	64,000	84,000

1960
1-cyl., 59.1" wb, 300 cc

Isetta 300 1 dr Std Sed	350	700	1350	2700	4500	6400
Isetta 300 1 dr DeL Sed	350	725	1400	3200	4850	6900
2-cyl., 66.9" wb, 582 cc						
600 2 dr Sed	200	500	1100	1850	3350	4900
2-cyl., 83.5" wb, 697 cc						
700 Cpe	200	500	1100	1900	3500	5000
700 2 dr Sed	125	250	750	1150	2450	3500
V-8, 111.6" wb, 2580 cc						
501 V-8 4 dr Sed	450	1125	3450	5750	8050	11,500
502/2.6 4 dr Sed	450	1125	3450	5750	8050	11,500
V-8, 111.6" wb, 3168 cc						
502/3.2 4 dr Sed	450	1025	2600	5250	7300	10,500
502/3.2 Super 4 dr Sed	500	1300	4050	6750	9450	13,500

1961
1-cyl., 59.1" wb, 300 cc

Isetta 300 1 dr Std Sed	350	725	1400	3000	4700	6700
Isetta 300 1 dr DeL Sed	350	750	1450	3300	4900	7000
2-cyl., 83.5" wb, 697 cc						
700 Cpe	200	500	1100	1900	3500	5000
700 2 dr Sed	125	250	750	1150	2450	3500
700 Luxus 2 dr Sed	150	300	900	1250	2600	3700
V-8, 111.6" wb, 2580 cc						
501 V-8 4 dr Sed	450	1125	3450	5750	8050	11,500
502/2.6 4 dr Sed	450	1125	3450	5750	8050	11,500
2600 4 dr Sed	450	1125	3450	5750	8050	11,500
2600L 4 dr Sed	450	1125	3450	5750	8050	11,500
V-8, 111.6" wb, 3168 cc						
502/3.2 4 dr Sed	450	1125	3450	5750	8050	11,500
502/3.2 Super 4 dr Sed	500	1200	3750	6250	8750	12,500
3200L 4 dr Sed	450	1125	3450	5750	8050	11,500
3200S 4 dr Sed	500	1200	3750	6250	8750	12,500

1962
1-cyl., 59.1" wb, 300 cc

Isetta 300 1 dr Std Sed	350	725	1400	3100	4800	6800
Isetta 300 1 dr DeL Sed	350	750	1450	3300	4900	7000
2-cyl., 83.5" wb, 697 cc						
700 Cpe	200	500	1100	1900	3500	5000
700CS Cpe	200	550	1150	2000	3600	5200
700 2 dr Sed	150	300	900	1250	2600	3700
2-cyl., 89.8" wb, 697 cc						
700LS Luxus 2 dr Sed	150	350	950	1450	3000	4200
4-cyl., 100.4" wb, 1499 cc						
1500 4 dr Sed	200	650	1250	2400	4200	6000
V-8, 111.6" wb, 2580 cc						
2600 4 dr Sed	450	1000	2400	5000	7000	10,000
2600L 4 dr Sed	450	1000	2400	5000	7000	10,000
V-8, 111.6" wb, 3168 cc						
3200L 4 dr Sed	450	1025	2600	5250	7300	10,500
3200S 4 dr Sed	450	1125	3450	5750	8050	11,500
3200CS Cpe	650	2600	5500	9250	12,950	18,500

1963
2-cyl., 83.5" wb, 697 cc

	6	5	4	3	2	1
700 Cpe	200	550	1150	2000	3600	5200
700 2 dr Sed	150	300	900	1250	2600	3700
700CS Spt Cpe	200	600	1200	2300	4000	5700
700 Spt Conv	450	1125	3450	5750	8050	11,500
2-cyl., 89.8" wb, 697 cc						
700LS Luxus 2 dr Sed	150	350	950	1450	3000	4200
4-cyl., 100.4" wb, 1499 cc						
1500 4 dr Sed	200	650	1250	2400	4200	6000
4-cyl., 100.4" wb, 1773 cc						
1800 4 dr Sed	350	750	1450	3300	4900	7000
6-cyl., 111.6" wb, 2580 cc						
2600L 4 dr Sed	450	900	1900	4500	6300	9000
V-8, 111.6" wb, 3680 cc						
3200S 4 dr Sed	450	1000	2400	5000	7000	10,000
3200CS Cpe	650	2200	5250	8750	12,250	17,500

1964
2-cyl., 83.5" wb, 697 cc

	6	5	4	3	2	1
700 Cpe	200	550	1150	2000	3600	5200
700 2 dr Sed	150	300	900	1250	2600	3700
700CS Cpe	200	600	1200	2300	4000	5700
700CS Conv	450	1125	3450	5750	8050	11,500
2-cyl., 89.8" wb, 697 cc						
700LS Luxus Cpe	200	675	1300	2500	4350	6200
700LS Luxus 2 dr Sed	150	400	1000	1650	3150	4500
4-cyl., 100.4" wb, 1499 cc						
1500 4 dr Sed	200	650	1250	2400	4200	6000
4-cyl., 100.4" wb, 1573 cc						
1600 4 dr Sed	350	700	1350	2800	4550	6500
4-cyl., 100.4" wb, 1773 cc						
1800 4 dr Sed	350	750	1450	3300	4900	7000
1800ti 4 dr Sed	350	775	1500	3750	5250	7500
1800ti/SA 4 dr Sed	350	775	1500	3750	5250	7500
6-cyl., 111.6" wb, 2580 cc						
2600L 4 dr Sed	450	900	1900	4500	6300	9000
V-8, 111.6" wb, 3168 cc						
3200CS Cpe	650	2200	5250	8750	12,250	17,500

1965
2-cyl., 89.8" wb, 697 cc

	6	5	4	3	2	1
700LS Luxus Cpe	200	675	1300	2500	4350	6200
700LS Luxus 2 dr Sed	150	400	1000	1650	3150	4500
4-cyl., 100.4" wb, 1573 cc						
1600 4 dr Sed	350	700	1350	2800	4550	6500
4-cyl., 100.4" wb, 1773 cc						
1800 4 dr Sed	350	825	1600	4000	5600	8000
1800ti 4 dr Sed	350	875	1700	4250	5900	8500
1800ti/SA 4 dr Sed	350	875	1700	4250	5900	8500
4-cyl., 100.4" wb, 1990 cc						
2000C Cpe	450	1125	3450	5750	8050	11,500
2000CS Cpe	500	1200	3750	6250	8750	12,500
V-8, 111.4" wb, 3168 cc						
3200CS Cpe	650	2200	5250	8750	12,250	17,500

1966
4-cyl., 98.4" wb, 1573 cc

	6	5	4	3	2	1
1600-2 2 dr Sed	350	750	1450	3300	4900	7000
4-cyl., 100.4" wb, 1573 cc						
1600 4 dr Sed	350	700	1350	2800	4550	6500
4-cyl., 100.4" wb, 1773 cc						
1800 4 dr Sed	350	750	1450	3300	4900	7000
1800ti 4 dr Sed	350	800	1550	3850	5400	7700
4-cyl., 100.4" wb, 1990 cc						
2000 4 dr Sed	350	750	1450	3500	5050	7200
2000ti 4 dr Sed	350	800	1550	3850	5400	7700
2000tilux 4 dr Sed	350	850	1650	4100	5700	8200
2000C Cpe	450	1150	3600	6000	8400	12,000
2000CS Cpe	500	1200	3750	6250	8750	12,500

1967
4-cyl., 98.4" wb, 1573 cc

	6	5	4	3	2	1
1602 2 dr Sed	350	750	1450	3300	4900	7000
1600ti 2 dr Sed	450	900	1900	4500	6300	9000
4-cyl., 91.3" wb, 1573 cc						
Glas 1600GT Cpe	450	950	2100	4750	6650	9500

4-cyl., 100.4" wb, 1773 cc

	6	5	4	3	2	1
1800 4 dr Sed	350	750	1450	3300	4900	7000
4-cyl., 100.4" wb, 1990 cc						
2000 4 dr Sed	350	750	1450	3500	5050	7200
2000ti 4 dr Sed	350	800	1550	3850	5400	7700
2000tilux 4 dr Sed	350	875	1700	4250	5900	8500
2000C Cpe	450	1150	3600	6000	8400	12,000
2000CS Cpe	500	1200	3750	6250	8750	12,500
V-8, 98.4" wb, 2982 cc						
Glas 3000 V-8 Cpe	550	1650	4650	7750	10,850	15,500

1968
4-cyl., 98.4" wb, 1573 cc

	6	5	4	3	2	1
1600 2 dr Sed	450	900	1900	4500	6300	9000
1600 Cabr	550	1500	4350	7250	10,150	14,500
4-cyl., 91.3" wb, 1573 cc						
Glas 1600 GT Cpe	450	950	2100	4750	6650	9500
4-cyl., 100.4, 1773 cc						
1800 4 dr Sed	350	750	1450	3300	4900	7000
4-cyl., 100.4" wb, 1766 cc						
1800 4 dr Sed	350	750	1450	3500	5050	7200
4-cyl., 98.4" wb, 1990 cc						
2002 2 dr Sed	450	950	2100	4750	6650	9500
2002ti 2 dr Sed	450	1000 ·	2400	5000	7000	10,000
4-cyl., 100.4" wb, 1990 cc						
2000 4 dr Sed	350	750	1450	3300	4900	7000
2000ti 4 dr Sed	350	775	1500	3750	5250	7500
2000tilux 4 dr Sed	350	875	1700	4250	5900	8500
2000C Cpe	450	1125	3450	5750	8050	11,500
2000CS Cpe	500	1200	3750	6250	8750	12,500
6-cyl., 106" wb, 2494 cc						
2500 4 dr Sed	350	775	1500	3750	5250	7500
6-cyl., 109.9" wb, 2788 cc						
2800 4 dr Sed	350	875	1700	4250	5900	8500
6-cyl., 103.3" wb, 2788 cc						
2800CS Cpe	500	1300	4050	6750	9450	13,500
V-8, 98.4" wb, 2982 cc						
Glas 3000 V-8 Cpe	500	1200	3750	6250	8750	12,500

1969
4-cyl., 98.4" wb, 1573 cc

	6	5	4	3	2	1
1600 2 dr Sed	350	825	1600	4000	5600	8000
1600 Cabr	550	1650	4650	7750	10,850	15,500
4-cyl., 100.4" wb, 1766 cc						
1800 4 dr Sed	350	750	1450	3300	4900	7000
4-cyl., 98.4" wb, 1990 cc						
2002 2 dr Sed	450	950	2100	4750	6650	9500
2002ti 2 dr Sed	450	1000	2400	5000	7000	10,000
4-cyl., 100.4" wb, 1990 cc						
2000tilux 4 dr Sed	350	775	1500	3750	5250	7500
2000C Cpe	450	1125	3450	5750	8050	11,500
2000CS Cpe	500	1200	3750	6250	8750	12,500
6-cyl., 106" wb, 2494 cc						
2500 4 dr Sed	350	750	1450	3300	4900	7000
6-cyl., 106" wb, 2788 cc						
2800 4 dr Sed	350	775	1500	3750	5250	7500
6-cyl., 103.3" wb, 2788 cc						
2800CSA Cpe	450	1125	3450	5750	8050	11,500
2800CS Cpe	500	1300	4050	6750	9450	13,500

1970
4-cyl., 98.4" wb, 1573 cc

	6	5	4	3	2	1
1600 2 dr Sed	350	875	1700	4250	5900	8500
1600 Cabr	550	1800	4950	8250	11,550	16,500
4-cyl., 100.4" wb, 1766 cc						
1800 4 dr Sed	350	750	1450	3300	4900	7000
4-cyl., 98.4" wb, 1990 cc						
2002 2 dr Sed	450	900	1900	4500	6300	9000
4-cyl., 100.4" wb, 1990 cc						
2000tilux 4 dr Sed	350	875	1700	4250	5900	8500
2000tii 4 dr Sed	450	900	1900	4500	6300	9000
6-cyl., 106" wb, 2494 cc						
2500 4 dr Sed	350	775	1500	3750	5250	7500
6-cyl., 106" wb, 2788 cc						
2800 4 dr Sed	350	875	1700	4250	5900	8500

6-cyl., 103.3" wb, 2788 cc

	6	5	4	3	2	1
2800CSA	450	1150	3600	6000	8400	12,000
2800CS Cpe	500	1300	4050	6750	9450	13,500
3.0CS Cpe	550	1800	4950	8250	11,550	16,500
3.0CSi Cpe	650	2900	5850	9750	13,650	19,500
3.0CSL Cpe	800	3350	6750	11,250	15,750	22,500
6-cyl., 103.3" wb, 3003 cc						
3.0CSL Cpe	800	3350	6750	11,250	15,750	22,500
1971						
4-cyl., 98.4" wb, 1573 cc						
1600 2 dr Sed	350	875	1700	4250	5900	8500
1600 Tr	350	875	1700	4250	5900	8500
1600 Cabr	650	2200	5250	8750	12,250	17,500
4-cyl., 100.4" wb, 1766						
1800 4 dr Sed	350	750	1450	3300	4900	7000
4-cyl., 98.4" wb, 1990 cc						
2002 2 dr Sed	450	900	1900	4500	6300	9000
2002 Cabr	800	3100	6150	10,250	14,350	20,500
2002 Targa	500	1200	3750	6250	8750	12,500
2000 Tr	450	900	1900	4500	6300	9000
2002ti 2 dr Sed	450	950	2100	4750	6650	9500
4-cyl., 100.4" wb, 1990 cc						
2000tii 4 dr Sed	450	900	1900	4500	6300	9000
6-cyl., 106" wb, 2494 cc						
2500 4 dr Sed	350	750	1450	3300	4900	7000
6-cyl., 106" wb, 2788 cc						
2800 4 dr Sed	350	775	1500	3750	5250	7500
Bavaria 4 dr Sed	350	775	1500	3750	5250	7500
6-cyl., 106" wb, 2985 cc						
3.0S 4 dr Sed	350	875	1700	4250	5900	8500
Bavaria 4 dr Sed	350	875	1700	4250	5900	8500
6-cyl., 103.3" wb, 2788 cc						
2800CSA Cpe	500	1200	3750	6250	8750	12,500
2800CS Cpe	550	1500	4350	7250	10,150	14,500
6-cyl., 103.3" wb, 2788 cc						
3.0CSA Cpe	500	1300	4050	6750	9450	13,500
3.0CS Cpe	550	1650	4650	7750	10,850	15,500
3.0CSi Cpe	650	2900	5850	9750	13,650	19,500
3.0CSL Cpe	800	3350	6750	11,250	15,750	22,500
1972						
4-cyl., 100.4" wb, 1766 cc						
1800 4 dr Sed	350	750	1450	3300	4900	7000
4-cyl., 100.4" wb, 1990 cc						
2000tii 4 dr Sed	450	900	1900	4500	6300	9000
4-cyl., 98.4" wb, 1990 cc						
2002 2 dr Sed	450	900	1900	4500	6300	9000
2002 Targa	500	1300	4050	6750	9450	13,500
2000 Tr	450	900	1900	4500	6300	9000
2002ti 2 dr Sed	450	950	2100	4750	6650	9500
2002tii 2 dr Sed	450	1025	2600	5250	7300	10,500
2002tii Tr	450	1125	3450	5750	8050	11,500
6-cyl., 106" wb, 2788 cc						
2800 4 dr Sed	350	775	1500	3750	5250	7500
Bavaria 4 dr Sed	350	775	1500	3750	5250	7500
6-cyl., 106" wb, 2985 cc						
3.0S 4 dr Sed	350	875	1700	4250	5900	8500
Bavaria	350	875	1700	4250	5900	8500
6-cyl., 103.3" wb, 2985 cc						
3.0CSA Cpe	550	1500	4350	7250	10,150	14,500
1973						
4-cyl., 98.4" wb, 1990 cc						
2002 2 dr Sed	450	900	1900	4500	6300	9000
2000 Targa	500	1300	4050	6750	9450	13,500
2002ti 2 dr Sed	450	950	2100	4750	6650	9500
2002tii 2 dr Sed	450	1025	2600	5250	7300	10,500
2002tii Tr	450	1125	3450	5750	8050	11,500
2002 Turbo	550	1800	4950	8250	11,550	16,500
6-cyl., 106" wb, 2788 cc						
2800 4 dr Sed	350	775	1500	3750	5250	7500
Bavaria 4 dr Sed	350	775	1500	3750	5250	7500
6-cyl., 106" wb, 2985 cc						
3.0S 4 dr Sed	350	875	1700	4250	5900	8500
Bavaria 4 dr Sed	350	875	1700	4250	5900	8500

6-cyl., 103.3" wb, 2985 cc

	6	5	4	3	2	1
3.0CSA Cpe	550	1500	4350	7250	10,150	14,500
3.0CS Cpe	650	2200	5250	8750	12,250	17,500
3.0CSi Cpe	650	2900	5850	9750	13,650	19,500

6-cyl., 103.3" wb, 3003 cc

	6	5	4	3	2	1
3.0CSL Cpe	800	3350	6750	11,250	15,750	22,500

6-cyl., 103.3" wb, 3153 cc

	6	5	4	3	2	1
3.0CSL Cpe	800	3500	7050	11,750	16,450	23,500

1974
4-cyl., 98.4" wb, 1990 cc

	6	5	4	3	2	1
2002 2 dr Sed	450	900	1900	4500	6300	9000
2002 Targa	550	1500	4350	7250	10,150	14,500
2000 Tr	450	900	1900	4500	6300	9000
2002ti 2 dr Sed	450	950	2100	4750	6650	9500
2002tii 2 dr Sed	450	1025	2600	5250	7300	10,500
2002tii Tr	450	1125	3450	5750	8050	11,500
2002 Turbo	550	1800	4950	8250	11,550	16,500

6-cyl., 106" wb, 2788 cc

	6	5	4	3	2	1
2800 4 dr Sed	350	775	1500	3750	5250	7500
Bavaria 4 dr Sed	350	775	1500	3750	5250	7500

6-cyl., 106" wb, 2985 cc

	6	5	4	3	2	1
3.0S 4 dr Sed	350	875	1700	4250	5900	8500
Bavaria 4 dr Sed	350	875	1700	4250	5900	8500

6-cyl., 103.3" wb, 2985 cc

	6	5	4	3	2	1
3.0CSA Cpe	550	1500	4350	7250	10,150	14,500
3.0CS Cpe	650	2200	5250	8750	12,250	17,500
3.0CSi Cpe	650	2900	5850	9750	13,650	19,500

6-cyl., 103.3" wb, 3153 cc

	6	5	4	3	2	1
3.0CSL Cpe	800	3500	7050	11,750	16,450	23,500

6-cyl., 103" wb, 2985 cc

	6	5	4	3	2	1
530i 4 dr Sed	350	875	1700	4250	5900	8500

1975
4-cyl., 98.4" wb, 1990 cc

	6	5	4	3	2	1
2002 2 dr Sed	450	950	2100	4750	6650	9500
2002 Targa	550	1650	4650	7750	10,850	15,500
2002ti 2 dr Sed	450	1000	2400	5000	7000	10,000
2002 Turbo	550	1800	4950	8250	11,550	16,500

4-cyl., 100.9" wb, 1990 cc

	6	5	4	3	2	1
320i 2 dr Sed	350	750	1450	3300	4900	7000

6-cyl., 106" wb, 2788 cc

	6	5	4	3	2	1
2800 4 dr Sed	350	775	1500	3750	5250	7500
Bavaria	350	775	1500	3750	5250	7500

6-cyl., 106" wb, 2985 cc

	6	5	4	3	2	1
3.0S 4 dr Sed	450	900	1900	4500	6300	9000
Bavaria	450	900	1900	4500	6300	9000

6-cyl., 103.3" wb, 2985 cc

	6	5	4	3	2	1
3.0CSA Cpe	550	1500	4350	7250	10,150	14,500
3.0CS Cpe	550	1800	4950	8250	11,550	16,500
3.0CSi Cpe	650	2900	5850	9750	13,650	19,500

6-cyl., 103.3" wb, 3153 cc

	6	5	4	3	2	1
3.0CSL Cpe	800	3350	6750	11,250	15,750	22,500

6-cyl., 103" wb, 2985 cc

	6	5	4	3	2	1
530i 4 dr Sed	450	900	1900	4500	6300	9000

1976
4-cyl., 100.9" wb, 1990 cc

	6	5	4	3	2	1
2002 2 dr Sed	350	775	1500	3700	5200	7400
320i 2 dr Sed	350	775	1500	3750	5250	7500

6-cyl., 106" wb, 2788 cc

	6	5	4	3	2	1
2800 4 dr Sed	350	775	1500	3750	5250	7500
Bavaria	350	775	1500	3750	5250	7500

6-cyl., 106" wb, 2985 cc

	6	5	4	3	2	1
3.0Si 4 dr Sed	450	950	2100	4750	6650	9500
Bavaria	450	950	2100	4750	6650	9500

6-cyl., 103" wb, 2985 cc

	6	5	4	3	2	1
530i 4 dr Sed	450	950	2100	4750	6650	9500

6-cyl., 103.4" wb, 2985 cc

	6	5	4	3	2	1
630CS Cpe	650	2200	5250	8750	12,250	17,500

1977
4-cyl., 100.9" wb, 1990 cc

	6	5	4	3	2	1
320i 2 dr Sed	350	875	1700	4250	5900	8500

6-cyl., 106" wb, 2788 cc

	6	5	4	3	2	1
2800 4 dr Sed	350	875	1700	4250	5900	8500
Bavaria	350	875	1700	4250	5900	8500

6-cyl., 106" wb, 2985 cc

	6	5	4	3	2	1
3.0S 4 dr Sed	450	950	2100	4750	6650	9500
Bavaria	450	950	2100	4750	6650	9500
6-cyl., 103.4" wb, 2985 cc						
530i 4 dr Sed	450	950	2100	4750	6650	9500
630CS Cpe	650	2200	5250	8750	12,250	17,500
630CSi Cpe	650	2900	5850	9750	13,650	19,500
6-cyl., 103.4" wb, 3210 cc						
633CSi Cpe	800	3100	6150	10,250	14,350	20,500
1978						
4-cyl., 100.9" wb, 2563 cc						
320i 2 dr Sed	450	900	1900	4500	6300	9000
6-cyl., 103" wb, 2788 cc						
528i 4 dr Sed	450	1025	2600	5250	7300	10,500
6-cyl., 103.4" wb, 2985 cc						
630CS Cpe	650	2600	5500	9250	12,950	18,500
630CSi Cpe	650	2900	5850	9750	13,650	19,500
6-cyl., 103.4" wb, 3210 cc						
633CSi Cpe	800	3200	6450	10,750	15,050	21,500
6-cyl., 110" wb, 2788 cc						
733i 4 dr Sed	650	2200	5250	8750	12,250	17,500
1979						
320i 2 dr Sed	450	950	2100	4750	6650	9500
528i 4 dr Sed	450	1150	3600	6000	8400	12,000
733i 4 dr Sed	650	2900	5850	9750	13,650	19,500
633Si 2 dr Cpe	800	3650	7350	12,250	17,150	24,500

BENTLEY

1946-1951
6 cyl., 120" wb, 4257 cc

4 dr Sed	800	3400	6900	11,500	16,100	23,000

1951-1952
6 cyl., 120" wb, 4566 cc
Mark VI

Std Steel Saloon	650	2600	5500	9250	12,950	18,500
Abbott						
Drophead Cpe	2000	8250	16,500	27,500	38,500	55,000
Fixed Head Cpe	800	3800	7650	12,750	17,850	25,500
Facel						
Fixed Head Cpe	1200	5400	10,800	18,000	25,200	36,000
Franay						
Sedanca Cpe	1200	5250	10,500	17,500	24,500	35,000
Drophead Cpe	2000	9000	18,000	30,000	42,000	60,000
Freestone & Webb						
Cpe	800	4400	8850	14,750	20,650	29,500
Saloon	800	3150	6300	10,500	14,700	21,000
Graber						
Cpe	1200	5700	11,400	19,000	26,600	38,000
Gurney Nutting						
Sedanca Cpe	1200	5400	10,800	18,000	25,200	36,000
Hooper						
Cpe	1200	5850	11,700	19,500	27,300	39,000
Saloon	1200	5400	10,800	18,000	25,200	36,000
Sedanca Cpe	1500	6150	12,300	20,500	28,700	41,000
H.J. Mulliner						
Drophead Cpe	3500	12,900	25,800	48,200	66,000	86,000
4 dr Saloon	800	3750	7500	12,500	17,500	25,000
2 dr Saloon	800	4350	8700	14,500	20,300	29,000
Park Ward						
Drophead Cpe	3500	12,900	25,800	48,200	66,000	86,000
Cpe	1200	4650	9300	15,500	21,700	31,000
Saloon	800	4350	8700	14,500	20,300	29,000
Radford						
Countryman	1200	4650	9300	15,500	21,700	31,000
Windovers						
2 dr Saloon	1200	4500	9000	15,000	21,000	30,000
Worlaufen						
Drophead Cpe	1500	7500	15,000	25,000	35,000	50,000
James Young						
Clubman Cpe	800	4350	8700	14,500	20,300	29,000

	6	5	4	3	2	1
Saloon	800	3900	7800	13,000	18,200	26,000
Spt Saloon	1200	4650	9300	15,500	21,700	31,000

NOTE: Deduct 30 percent for RHD.

1952-1955
6 cyl., 120" wb, 4566 cc
R Type
NOTE: Numbers produced in ( ).

	6	5	4	3	2	1
Std Steel Saloon	800	3150	6300	10,500	14,700	21,000
Abbott (16)						
Continental	2000	9900	19,800	33,000	46,200	66,000
Drophead Cpe	2000	10,500	21,000	35,000	49,000	70,000
Frankdale						
Saloon	800	3750	7500	12,500	17,500	25,000
Freestone & Webb (29)						
Saloon	800	4200	8400	14,000	19,600	28,000
Franay (2)						
Cpe	2000	8550	17,100	28,500	39,900	57,000
Hooper (41)						
4 dr Saloon	800	4050	8100	13,500	18,900	27,000
2 dr Saloon	800	4350	8700	14,500	20,300	29,000
Sedanca Cpe	1200	4800	9600	16,000	22,400	32,000
Graber (7)						
H.J. Mulliner (67)						
Drophead Cpe	2000	9900	19,800	33,000	46,200	66,000
Saloon	800	3600	7200	12,000	16,800	24,000
Radford (20)						
Countryman	1200	4950	9900	16,500	23,100	33,000
Park Ward (50)						
Fixed Head Cpe	1200	5100	10,200	17,000	23,800	34,000
Drophead Cpe	2000	9000	18,000	30,000	42,000	60,000
Saloon	800	3350	6750	11,250	15,750	22,500
James Young (69)						
Cpe	800	3900	7800	13,000	18,200	26,000
Saloon	650	2800	5700	9500	13,300	19,000
Sedanca Cpe	800	3750	7500	12,500	17,500	25,000

R Type Continental
6 cyl., 120" wb, 4566 cc (A-C series),
4887 cc (D-E series)

	6	5	4	3	2	1
Bertone						
Saloon	1200	5400	10,800	18,000	25,200	36,000
Farina						
Cpe (1)	6929			Only one made		
Franay (5)	—			value not estimable		
Graber (3)	—			value not estimable		
J.H. Mulliner						
Cpe (193)	1200	5400	10,800	18,000	25,200	36,000
Park Ward (6)						
Cpe (2)	800	3750	7500	12,500	17,500	25,000
Drophead Cpe (4)	2000	9000	18,000	30,000	42,000	60,000

NOTE: Deduct 30 percent for RHD.

1955-1959
S1 Type
6 cyl., 123" wb, 127" wb, 4887 cc

	6	5	4	3	2	1
Std Steel Saloon	800	3900	7800	13,000	18,200	26,000
LWB Saloon						
(after 1957)	800	4350	8700	14,500	20,300	29,000
Freestone & Webb						
Saloon	1200	4650	9300	15,500	21,700	31,000
Graber						
Drophead	2000	8250	16,500	27,500	38,500	55,000
Hooper						
Saloon	1200	4650	9300	15,500	21,700	31,000
H.J. Mulliner						
Saloon	1200	5400	10,800	18,000	25,200	36,000
Limo (5)	1200	5400	10,800	18,000	25,200	36,000
Park Ward						
Fixed Head Cpe	1500	6900	13,800	23,000	32,200	46,000
James Young						
Saloon	1200	4650	9300	15,500	21,700	31,000

S1 Type Continental
6 cyl., 123" wb, 4887 cc

	6	5	4	3	2	1
Franay						
Cpe	1500	7350	14,700	24,500	34,300	49,000

Graber

	6	5	4	3	2	1
Drophead	3500	12,900	25,800	48,200	66,000	86,000
Hooper						
Saloon (6)	800	3900	7800	13,000	18,200	26,000
H.J. Mulliner						
Cpe	800	3900	7800	13,000	18,200	26,000
Drophead Cpe	1500	6750	13,500	22,500	31,500	45,000
Spt Saloon	1200	5400	10,800	18,000	25,200	36,000
Flying Spur (after 1957)	1500	6000	12,000	20,000	28,000	40,000
Park Ward						
Drophead Cpe	2000	8250	16,500	27,500	38,500	55,000
Spt Saloon	1500	6150	12,300	20,500	28,700	41,000
James Young						
Saloon	800	3350	6750	11,250	15,750	22,500

NOTE: Deduct 30 percent for RHD.

1959-1962
S2 Type
V-8, 123" wb, 127" wb, 6230 cc

Std Steel Saloon	800	3750	7500	12,500	17,500	25,000
Long Wheelbase Saloon	800	4350	8700	14,500	20,300	29,000
Franay	1200	5700	11,400	19,000	26,600	38,000
Graber	1200	5700	11,400	19,000	26,600	38,000
Hooper	1200	5850	11,700	19,500	27,300	39,000
H.J. Mulliner						
Drophead Cpe (15)	3500	12,000	24,000	40,000	60,000	80,000
Park Ward						
Drophead Cpe	1500	7500	15,000	25,000	35,000	50,000
Radford						
Countryman	1200	5400	10,800	18,000	25,200	36,000
James Young						
Limo (5)	1200	5400	10,800	18,000	25,200	36,000
S2 Type Continental						
V-8, 123" wb, 6230 cc						
H.J. Mulliner						
Flying Spur	1500	7650	15,300	25,500	35,700	51,000
Park Ward						
Drophead Cpe	1500	7500	15,000	25,000	35,000	50,000
James Young						
Saloon	800	3800	7650	12,750	17,850	25,500

NOTE: Deduct 30 percent for RHD.

1962-1965
S3 Type
V-8, 123" wb, 127" wb, 6230 cc

Std Steel Saloon	800	4200	8400	14,000	19,600	28,000
Long wb Saloon	1200	5300	10,650	17,750	24,850	35,500
H.J. Mulliner						
Cpe	1200	5000	10,050	16,750	23,450	33,500
Drophead Cpe	1500	7500	15,000	25,000	35,000	50,000
Park Ward						
Cpe	1500	6900	13,800	23,000	32,200	46,000
Drophead	2000	10,500	21,000	35,000	49,000	70,000
James Young						
Limo 1 wb	1500	6900	13,800	23,000	32,200	46,000
S3 Continental						
V-8, 123" wb, 6230 cc						
H.J. Mulliner-Park Ward						
Cpe	1200	5600	11,250	18,750	26,250	37,500
Drophead	2000	9000	18,000	30,000	42,000	60,000
Flying Spur	1500	7650	15,300	25,500	35,700	51,000
James Young						
Cpe	800	4400	8850	14,750	20,650	29,500
Saloon	1200	5300	10,650	17,750	24,850	35,500

NOTE: Add 10 percent for factory sunroof.
      Deduct 30 percent for RHD.

BUICK

1904
Model B, 2-cyl.

Tr		950	value not estimable

1905
Model C, 2-cyl.

	6	5	4	3	2	1
Tr	800	3900	7800	13,000	18,200	26,000

1906
Model F & G, 2-cyl.

Tr	800	3300	6600	11,000	15,400	22,000
Rds	800	3150	6300	10,500	14,700	21,000

1907
Model F & G, 2-cyl.

Tr	800	3300	6600	11,000	15,400	22,000
Rds	800	3150	6300	10,500	14,700	21,000

Model D, S, K & H, 4-cyl.

Tr	800	3400	6900	11,500	16,100	23,000
Rds	800	3300	6600	11,000	15,400	22,000
Tr	800	3300	6600	11,000	15,400	22,000

1908
Model F & G, 2-cyl.

Tr	800	4200	8400	14,000	19,600	28,000
Rds	800	3600	7200	12,000	16,800	24,000

Model D & S, 4-cyl.

Tr	800	3600	7200	12,000	16,800	24,000
Rds	800	3750	7500	12,500	17,500	25,000

Model 10, 4-cyl.

Tr	800	3400	6900	11,500	16,100	23,000

Model 5, 4-cyl.

Tr	800	4200	8400	14,000	19,600	28,000

1909
Model G, (only 6 built in 1909).

Rds	800	4350	8700	14,500	20,300	29,000

Model F & G

Tr	800	4050	8100	13,500	18,900	27,000
Rds	800	4200	8400	14,000	19,600	28,000

Model 10, 4-cyl.

Tr	800	3900	7800	13,000	18,200	26,000
Rds	800	4050	8100	13,500	18,900	27,000

Model 16 & 17, 4-cyl.

Rds	800	4200	8400	14,000	19,600	28,000
Tr	800	4050	8100	13,500	18,900	27,000

1910
Model 6, 2-cyl.

Tr	800	4350	8700	14,500	20,300	29,000

Model F, 2-cyl.

Tr	800	3900	7800	13,000	18,200	26,000

Model 14, 2-cyl.

Rds	800	3750	7500	12,500	17,500	25,000

Model 10, 4-cyl.

Tr	800	3400	6900	11,500	16,100	23,000
Rds	800	3400	6900	11,500	16,100	23,000

Model 19, 4-cyl.

Tr	800	4350	8700	14,500	20,300	29,000

Model 16 & 17, 4-cyl.

Rds	800	4200	8400	14,000	19,600	28,000
Tr	800	4050	8100	13,500	18,900	27,000

Model 7, 4-cyl.

Tr	1200	4800	9600	16,000	22,400	32,000

Model 41, 4-cyl.

Limo	800	4050	8100	13,500	18,900	27,000

1911
Model 14, 2-cyl.

Rds	650	2000	5100	8500	11,900	17,000

Model 21, 4-cyl.

Tr	650	2300	5400	9000	12,600	18,000

Model 26 & 27, 4-cyl.

Rds	650	2800	5700	9500	13,300	19,000
Tr	650	2000	5100	8500	11,900	17,000

Model 32 & 33

Rds	650	2300	5400	9000	12,600	18,000
Tr	650	2000	5100	8500	11,900	17,000

Model 38 & 39, 4-cyl.

Rds	800	3900	7800	13,000	18,200	26,000
Tr	800	3300	6600	11,000	15,400	22,000
Limo	800	3600	7200	12,000	16,800	24,000

1912
Model 34, 35 & 36, 4-cyl.

	6	5	4	3	2	1
Rds	800	3150	6300	10,500	14,700	21,000
Tr	800	3300	6600	11,000	15,400	22,000
Model 28 & 29, 4-cyl.						
Rds	650	2300	5400	9000	12,600	18,000
Tr	650	2800	5700	9500	13,300	19,000
Model 43, 4-cyl.						
Tr	800	3400	6900	11,500	16,100	23,000

1913
Model 30 & 31, 4-cyl.

	6	5	4	3	2	1
Rds	650	2800	5700	9500	13,300	19,000
Tr	800	3000	6000	10,000	14,000	20,000
Model 40, 4-cyl.						
Tr	800	3600	7200	12,000	16,800	24,000
Model 24 & 25, 4-cyl.						
Rds	800	3400	6900	11,500	16,100	23,000
Tr	800	3600	7200	12,000	16,800	24,000

1914
Model B-24 & B-25, 4-cyl.

	6	5	4	3	2	1
Rds	800	3400	6900	11,500	16,100	23,000
Tr	800	3600	7200	12,000	16,800	24,000
Model B-36, B-37 & B-38, 4-cyl.						
Rds	800	3600	7200	12,000	16,800	24,000
Tr	800	3750	7500	12,500	17,500	25,000
Cpe	800	3150	6300	10,500	14,700	21,000
Model B-55, 6-cyl.						
7P Tr	800	3900	7800	13,000	18,200	26,000

1915
Model C-24 & C-25, 4-cyl.

	6	5	4	3	2	1
Rds	800	3400	6900	11,500	16,100	23,000
Tr	800	3600	7200	12,000	16,800	24,000
Model C-36 & C-37, 4-cyl.						
Rds	800	3600	7200	12,000	16,800	24,000
Tr	800	3750	7500	12,500	17,500	25,000
Model C-54 & C-55, 6-cyl.						
Rds	800	3750	7500	12,500	17,500	25,000
Tr	800	3900	7800	13,000	18,200	26,000

1916
Model D-54 & D-55, 6-cyl.

	6	5	4	3	2	1
Rds	800	3600	7200	12,000	16,800	24,000
Tr	800	3750	7500	12,500	17,500	25,000

1916-1917
Model D-34 & D-35, 4-cyl.

	6	5	4	3	2	1
Rds	800	3300	6600	11,000	15,400	22,000
Tr	800	3400	6900	11,500	16,100	23,000
Model D-44 & D-45, 6-cyl.						
Rds	800	3400	6900	11,500	16,100	23,000
Tr	800	3600	7200	12,000	16,800	24,000
Model D-46 & D-47, 6-cyl.						
Conv Cpe	650	2800	5700	9500	13,300	19,000
Sed	550	1550	4500	7500	10,500	15,000

1918
Model E-34 & E-35, 4-cyl.

	6	5	4	3	2	1
Rds	800	3150	6300	10,500	14,700	21,000
Tr	800	3300	6600	11,000	15,400	22,000
Model E-37, 4-cyl.						
Sed	650	2000	5100	8500	11,900	17,000
Model E-44, E-45 & E-49, 6-cyl.						
Rds	800	3400	6900	11,500	16,100	23,000
Tr	800	3600	7200	12,000	16,800	24,000
7P Tr	800	3750	7500	12,500	17,500	25,000
Model E-46, E-47 & E-50, 6-cyl.						
Conv Cpe	650	2800	5700	9500	13,300	19,000
Sed	550	1550	4500	7500	10,500	15,000
7P Sed	550	1650	4650	7750	10,850	15,500

1919
Model H-44, H-45 & H-49, 6-cyl.

	6	5	4	3	2	1
Rds	800	3400	6900	11,500	16,100	23,000
Tr	800	3600	7200	12,000	16,800	24,000
7P Tr	800	3750	7500	12,500	17,500	25,000

Model H-46, H-47 & H-50, 6-cyl.

	6	5	4	3	2	1
Cpe	550	1650	4650	7750	10,850	15,500
Sed	450	1025	2600	5250	7300	10,500
7P Sed	450	1150	3600	6000	8400	12,000

1920
Model K, 6-cyl.

	6	5	4	3	2	1
Cpe K-46	450	1075	3000	5500	7700	11,000
Sed K-47	450	950	2100	4750	6650	9500
Rds K-44	800	3150	6300	10,500	14,700	21,000
Tr K-45	800	3300	6600	11,000	15,400	22,000
7P Sed K-50	450	1025	2600	5250	7300	10,500

1921
Series 40, 6-cyl.

	6	5	4	3	2	1
Rds	800	3300	6600	11,000	15,400	22,000
Tr	800	3400	6900	11,500	16,100	23,000
7P Tr	800	3600	7200	12,000	16,800	24,000
Cpe	450	950	2100	4750	6650	9500
Sed	350	875	1700	4250	5900	8500
Ewb Cpe	450	1000	2400	5000	7000	10,000
7P Sed	450	1150	3600	6000	8400	12,000

1921-1922
Series 30, 4-cyl.

	6	5	4	3	2	1
Rds	800	3000	6000	10,000	14,000	20,000
Tr	800	3150	6300	10,500	14,700	21,000
Cpe OS	350	875	1700	4250	5900	8500
Sed	350	825	1600	4000	5600	8000

Series 40, 6-cyl.

	6	5	4	3	2	1
Rds	800	3400	6900	11,500	16,100	23,000
Tr	800	3600	7200	12,000	16,800	24,000
7P Tr	800	3750	7500	12,500	17,500	25,000
Cpe	450	1000	2400	5000	7000	10,000
Sed	350	775	1500	3750	5250	7500
Cpe	450	1075	3000	5500	7700	11,000
7P Sed	450	1075	3000	5500	7700	11,000
50 7P Limo	450	1150	3600	6000	8400	12,000

1923
Series 30, 4-cyl.

	6	5	4	3	2	1
Rds	650	2800	5700	9500	13,300	19,000
Spt Rds	800	3000	6000	10,000	14,000	20,000
Tr	800	3000	6000	10,000	14,000	20,000
Cpe	350	875	1700	4250	5900	8500
Sed	350	825	1600	4000	5600	8000
Tr Sed	350	775	1500	3750	5250	7500

Series 40, 6-cyl.

	6	5	4	3	2	1
Rds	800	3150	6300	10,500	14,700	21,000
Tr	800	3300	6600	11,000	15,400	22,000
7P Tr	800	3400	6900	11,500	16,100	23,000
Cpe	350	875	1700	4350	6050	8700
Sed	350	850	1650	4100	5700	8200

Master Series 50, 6-cyl.

	6	5	4	3	2	1
Spt Rds	800	3300	6600	11,000	15,400	22,000
Spt Tr	800	3400	6900	11,500	16,100	23,000
7P Sed	350	875	1700	4250	5900	8500

1924
Standard Series 30, 4-cyl.

	6	5	4	3	2	1
Rds	800	3150	6300	10,500	14,700	21,000
Tr	800	3300	6600	11,000	15,400	22,000
Cpe	350	875	1700	4250	5900	8500
Sed	350	825	1600	4000	5600	8000

Master Series 40, 6-cyl.

	6	5	4	3	2	1
Rds	800	3150	6300	10,500	14,700	21,000
Tr	800	3300	6600	11,000	15,400	22,000
7P Tr	800	3400	6900	11,500	16,100	23,000
Cpe	450	950	2100	4750	6650	9500
Sed	350	875	1700	4250	5900	8500
Demi Sed	350	875	1700	4350	6050	8700

Master Series 50, 6-cyl.

	6	5	4	3	2	1
Spt Rds	800	3400	6900	11,500	16,100	23,000
Spt Tr	800	3600	7200	12,000	16,800	24,000
Cabr Cpe	800	3000	6000	10,000	14,000	20,000
TwnC	550	1750	4800	8000	11,200	16,000
7P Sed	450	950	2100	4750	6650	9500

1924 Buick Sport Touring

	6	**5**	**4**	**3**	**2**	**1**
Brgm Sed	450	1000	2400	5000	7000	10,000
Limo	450	1075	3000	5500	7700	11,000
1925						
Standard Series 20, 6-cyl.						
Rds	800	3000	6000	10,000	14,000	20,000
Spt Rds	800	3150	6300	10,500	14,700	21,000
Encl Rds	800	3300	6600	11,000	15,400	22,000
Tr	800	3000	6000	10,000	14,000	20,000
Encl Tr	800	3150	6300	10,500	14,700	21,000
Bus Cpe	450	950	2100	4750	6650	9500
Cpe	450	975	2200	4850	6800	9700
Sed	450	900	1900	4500	6300	9000
Demi Sed	450	925	2000	4600	6400	9200
Master Series 40, 6-cyl.						
Rds	800	3150	6300	10,500	14,700	21,000
Encl Rds	800	3300	6600	11,000	15,400	22,000
Tr	800	3300	6600	11,000	15,400	22,000
Encl Tr	800	3400	6900	11,500	16,100	23,000
Cpe	450	1075	3000	5500	7700	11,000
2 dr Sed	450	950	2100	4750	6650	9500
Sed	450	975	2200	4850	6800	9700
Master Series 50, 6-cyl.						
Spt Rds	800	3400	6900	11,500	16,100	23,000
Spt Tr	800	3600	7200	12,000	16,800	24,000
Cabr Cpe	800	3000	6000	10,000	14,000	20,000
7P Sed	450	1000	2400	5050	7050	10,100
Limo	450	1025	2600	5200	7200	10,400
Brgm Sed	450	1025	2600	5200	7200	10,400
TwnC	550	1650	4650	7750	10,850	15,500
1926						
Standard Series, 6-cyl.						
Rds	800	3000	6000	10,000	14,000	20,000
Tr	800	3150	6300	10,500	14,700	21,000
2P Cpe	450	1075	3000	5500	7700	11,000
4P Cpe	450	1000	2400	5000	7000	10,000
2 dr Sed	450	975	2200	4850	6800	9700
Sed	450	975	2300	4950	6900	9900
Master Series, 6-cyl.						
Rds	800	3300	6600	11,000	15,400	22,000
Tr	800	3400	6900	11,500	16,100	23,000
Spt Rds	800	3400	6900	11,500	16,100	23,000
Spt Tr	800	3600	7200	12,000	16,800	24,000
4P Cpe	450	1075	3000	5500	7700	11,000
Spt Cpe	450	1150	3600	6000	8400	12,000
2 dr Sed	450	1000	2400	5000	7000	10,000
4 dr Sed	450	1025	2600	5250	7300	10,500
Brgm	450	1050	2700	5350	7450	10,700
7P Sed	450	1125	3450	5750	8050	11,500

1927
Series 115, 6-cyl.

	6	5	4	3	2	1
Rds	800	3150	6300	10,500	14,700	21,000
Tr	800	3300	6600	11,000	15,400	22,000
2P Cpe	450	1075	3000	5500	7700	11,000
4P RS Cpe	450	1150	3600	6000	8400	12,000
Spt Cpe	450	1125	3450	5750	8050	11,500
2 dr Sed	450	950	2100	4750	6650	9500
4 dr Sed	450	975	2200	4850	6800	9700
Brgm	450	1000	2400	5000	7000	10,000
Series 120, 6-cyl.						
4P Cpe	500	1200	3750	6250	8750	12,500
2 dr Sed	450	975	2200	4850	6800	9700
4 dr Sed	450	1000	2400	5000	7000	10,000
Series 128, 6-cyl.						
Spt Rds	800	3600	7200	12,000	16,800	24,000
Spt Tr	800	3750	7500	12,500	17,500	25,000
Conv	800	3150	6300	10,500	14,700	21,000
5P Cpe	450	1150	3600	6000	8400	12,000
Spt Cpe RS	500	1250	3900	6500	9100	13,000
7P Sed	450	1025	2600	5250	7300	10,500
Brgm	450	1075	3000	5500	7700	11,000

1928
Series 115, 6-cyl.

	6	5	4	3	2	1
Rds	800	3150	6300	10,500	14,700	21,000
Tr	800	3300	6600	11,000	15,400	22,000
2P Cpe	450	1075	3000	5500	7700	11,000
Spt Cpe	450	1125	3450	5750	8050	11,500
2 dr Sed	450	950	2100	4750	6650	9500
4 dr Sed	450	975	2200	4850	6800	9700
Brgm	450	1000	2400	5000	7000	10,000
Series 120, 6-cyl.						
Cpe	500	1200	3750	6250	8750	12,500
4 dr Sed	450	1000	2400	5000	7000	10,000
Brgm	450	1025	2600	5250	7300	10,500
Series 128, 6-cyl.						
Spt Rds	800	3750	7500	12,500	17,500	25,000
Spt Tr	800	3900	7800	13,000	18,200	26,000
5P Cpe	450	1150	3600	6000	8400	12,000
Spt Cpe	500	1250	3900	6500	9100	13,000
7P Sed	450	1075	3000	5500	7700	11,000
Brgm	450	1125	3450	5750	8050	11,500

1929 Buick, Series 121 roadster, 6-cyl

1929
Series 116, 6-cyl.

	6	5	4	3	2	1
Spt Tr	1200	4500	9000	15,000	21,000	30,000
Bus Cpe	500	1250	3900	6500	9100	13,000
RS Cpe	550	1550	4500	7500	10,500	15,000
2 dr Sed	450	975	2200	4850	6800	9700
4 dr Sed	450	1000	2400	5000	7000	10,000
Series 121, 6-cyl.						
Spt Rds	1200	4950	9900	16,500	23,100	33,000
Bus Cpe	500	1400	4200	7000	9800	14,000
RS Cpe	550	1750	4800	8000	11,200	16,000
4P Cpe	500	1400	4200	7000	9800	14,000
4 dr Sed	450	1025	2600	5250	7300	10,500
CC Sed	450	1050	2700	5350	7450	10,700
Series 129, 6-cyl.						
Conv	800	4200	8400	14,000	19,600	28,000
Spt Tr	1200	4650	9300	15,500	21,700	31,000
7P Tr	1200	4500	9000	15,000	21,000	30,000
5P Cpe	500	1400	4200	7000	9800	14,000
CC Sed	500	1250	3900	6500	9100	13,000
7P Sed	500	1250	3900	6500	9100	13,000
Limo	500	1400	4200	7000	9800	14,000

1930
Series 40, 6-cyl.

	6	5	4	3	2	1
Rds	1200	4500	9000	15,000	21,000	30,000
Phae	1200	4650	9300	15,500	21,700	31,000
Bus Cpe	450	1150	3600	6000	8400	12,000
RS Cpe	550	1550	4500	7500	10,500	15,000
2 dr Sed	450	1075	3000	5500	7700	11,000
4 dr Sed	450	1125	3450	5750	8050	11,500
Series 50, 6-cyl.						
4P Cpe	500	1400	4200	7000	9800	14,000
4 dr Sed	450	1150	3600	6000	8400	12,000
Series 60, 6-cyl.						
RS Rds	1200	4650	9300	15,500	21,700	31,000
7P Tr	1200	4700	9450	15,750	22,050	31,500
RS Spt Cpe	650	2000	5100	8500	11,900	17,000
5P Cpe	550	1650	4650	7750	10,850	15,500
4 dr Sed	450	1150	3600	6000	8400	12,000
7P Sed	500	1200	3750	6250	8750	12,500
Limo	500	1250	3900	6500	9100	13,000
Marquette - Series 30, 6-cyl.						
Spt Rds	800	3750	7500	12,500	17,500	25,000
Phae	800	3900	7800	13,000	18,200	26,000
Bus Cpe	450	1025	2600	5250	7300	10,500
RS Cpe	450	1075	3000	5500	7700	11,000
2 dr Sed	450	950	2100	4750	6650	9500
4 dr Sed	450	975	2200	4850	6800	9700

1931
Series 50, 8-cyl.

	6	5	4	3	2	1
Spt Rds	1200	4650	9300	15,500	21,700	31,000
Phae	1200	4700	9450	15,750	22,050	31,500
Bus Cpe	550	1750	4800	8000	11,200	16,000
RS Cpe	650	2000	5100	8500	11,900	17,000
2 dr Sed	450	1150	3600	6000	8400	12,000
4 dr Sed	500	1200	3750	6250	8750	12,500
Conv	800	4200	8400	14,000	19,600	28,000
Series 60, 8-cyl.						
Spt Rds	1200	4950	9900	16,500	23,100	33,000
Phae	1200	5000	10,050	16,750	23,450	33,500
Bus Cpe	550	1750	4800	8000	11,200	16,000
RS Cpe	650	2000	5100	8500	11,900	17,000
4 dr Sed	500	1250	3900	6500	9100	13,000
Series 80, 8-cyl.						
Cpe	650	2900	5850	9750	13,650	19,500
4 dr Sed	550	1750	4800	8000	11,200	16,000
7P Sed	500	1400	4200	7000	9800	14,000
Series 90, 8-cyl.						
Spt Rds	2000	8250	16,500	27,500	38,500	55,000
7P Tr	2000	8100	16,200	27,000	37,800	54,000
5P Cpe	800	4200	8400	14,000	19,600	28,000
RS Cpe	800	4350	8700	14,500	20,300	29,000
Conv	1500	6300	12,600	21,000	29,400	42,000

	6	5	4	3	2	1
5P Sed	650	2800	5700	9500	13,300	19,000
7P Sed	800	3000	6000	10,000	14,000	20,000
Limo	800	3300	6600	11,000	15,400	22,000
1932						
Series 50, 8-cyl						
Spt Phae	1500	6000	12,000	20,000	28,000	40,000
Conv	1200	5700	11,400	19,000	26,600	38,000
2 dr Phae	1200	5400	10,800	18,000	25,200	36,000
Bus Cpe	550	1750	4800	8000	11,200	16,000
RS Cpe	650	2000	5100	8500	11,900	17,000
Vic Cpe	500	1400	4200	7000	9800	14,000
4 dr Sed	450	1075	3000	5500	7700	11,000
Spt Sed	450	1075	3000	5500	7700	11,000
Series 60, 8-cyl.						
Spt Phae	1500	6300	12,600	21,000	29,400	42,000
Conv	1500	6000	12,000	20,000	28,000	40,000
2 dr Phae	1500	6150	12,300	20,500	28,700	41,000
Bus Cpe	650	2000	5100	8500	11,900	17,000
RS Cpe	650	2300	5400	9000	12,600	18,000
Vic Cpe	650	2200	5250	8750	12,250	17,500
4 dr Sed	450	1150	3600	6000	8400	12,000
Series 80, 8-cyl.						
Vic Cpe	650	2300	5400	9000	12,600	18,000
4 dr Sed	500	1350	4100	6800	9500	13,600
Series 90, 8-cyl.						
7P Sed	650	2800	5700	9500	13,300	19,000
Limo	800	3400	6900	11,500	16,100	23,000
Clb Sed	800	3300	6600	11,000	15,400	22,000
Spt Phae	1500	6900	13,800	23,000	32,200	46,000
2 dr Phae	1500	6750	13,500	22,500	31,500	45,000
Conv Cpe	1500	6600	13,200	22,000	30,800	44,000
RS Cpe	800	4050	8100	13,500	18,900	27,000
Vic Cpe	800	3300	6600	11,000	15,400	22,000
5P Sed	650	2000	5100	8500	11,900	17,000
1933						
Series 50, 8-cyl.						
Conv	1200	4950	9900	16,500	23,100	33,000
Bus Cpe	500	1250	3900	6500	9100	13,000
RS Spt Cpe	550	1550	4500	7500	10,500	15,000
Vic Cpe	500	1400	4200	7000	9800	14,000
4 dr Sed	450	1150	3600	6000	8400	12,000
Series 60, 8-cyl.						
Conv Cpe	1200	5250	10,500	17,500	24,500	35,000
Phae	1200	5400	10,800	18,000	25,200	36,000
Spt Cpe	550	1750	4800	8000	11,200	16,000
Vic Cpe	550	1550	4500	7500	10,500	15,000
4 dr Sed	500	1250	3900	6500	9100	13,000
Series 80, 8-cyl.						
Conv	1200	5400	10,800	18,000	25,200	36,000
Phae	1200	5550	11,100	18,500	25,900	37,000
Spt Cpe	550	1800	4950	8250	11,550	16,500
Vic	550	1750	4800	8000	11,200	16,000
4 dr Sed	500	1400	4200	7000	9800	14,000
Series 90, 8-cyl.						
Vic	800	3150	6300	10,500	14,700	21,000
5P Sed	550	1750	4800	8000	11,200	16,000
7P Sed	650	2800	5700	9500	13,300	19,000
Clb Sed	800	3000	6000	10,000	14,000	20,000
Limo	800	3150	6300	10,500	14,700	21,000
1934						
Special Series 40, 8-cyl.						
Bus Cpe	450	1075	3000	5500	7700	11,000
RS Cpe	450	1150	3600	6000	8400	12,000
2 dr Tr Sed	450	1000	2400	5000	7000	10,000
Tr Sed	450	1050	2800	5400	7500	10,800
4 dr Sed	450	1050	2700	5300	7400	10,600
Series 50, 8-cyl.						
Conv	1200	5100	10,200	17,000	23,800	34,000
Bus Cpe	450	1100	3300	5650	7900	11,300
Spt Cpe	500	1200	3800	6300	8800	12,600
Vic Cpe	500	1200	3800	6300	8800	12,600
4 dr Sed	450	1000	2400	5050	7050	10,100

Series 60, 8-cyl.

	6	5	4	3	2	1
Conv	1200	5250	10,500	17,500	24,500	35,000
Phae	1200	5100	10,200	17,000	23,800	34,000
Spt Cpe	550	1500	4350	7300	10,200	14,600
Vic	550	1500	4350	7300	10,200	14,600
4 dr Sed	450	1050	2700	5300	7400	10,600
Clb Sed	450	1050	2800	5400	7500	10,800

Series 90, 8-cyl.

	6	5	4	3	2	1
Conv	1500	6000	12,000	20,000	28,000	40,000
Phae	1500	6150	12,300	20,500	28,700	41,000
Spt Cpe	650	2400	5400	9050	12,700	18,100
5P Sed	650	2200	5300	8800	12,300	17,600
7P Sed	650	2100	5200	8650	12,100	17,300
Clb Sed	650	2400	5400	9050	12,700	18,100
Limo	800	3300	6600	11,000	15,400	22,000
Vic	800	3150	6300	10,500	14,700	21,000

1935

Special Series 40, 8-cyl.

	6	5	4	3	2	1
Conv	1200	4950	9900	16,500	23,100	33,000
Bus Cpe	450	1050	2700	5300	7400	10,600
RS Spt Cpe	450	1125	3450	5800	8100	11,600
2 dr Sed	450	1000	2400	5000	7000	10,000
2 dr Tr Sed	450	1000	2500	5100	7100	10,200
4 dr Sed	450	1000	2400	5050	7050	10,100
4 dr Tr Sed	450	1025	2500	5150	7150	10,300

Series 50, 8-cyl.

	6	5	4	3	2	1
Conv	1200	5100	10,200	17,000	23,800	34,000
Bus Cpe	450	1000	2500	5100	7100	10,200
Spt Cpe	450	1125	3450	5800	8100	11,600
Vic	450	1125	3450	5800	8100	11,600
4 dr Sed	450	1000	2400	5050	7050	10,100

Series 60, 8-cyl.

	6	5	4	3	2	1
Conv	1200	5250	10,500	17,500	24,500	35,000
Phae	1200	5100	10,200	17,000	23,800	34,000
Vic	500	1350	4100	6800	9500	13,600
4 dr Sed	450	1125	3450	5800	8100	11,600
Clb Sed	450	1125	3450	5800	8100	11,600
Spt Cpe	500	1350	4100	6800	9500	13,600

Series 90, 8-cyl.

	6	5	4	3	2	1
Conv	1200	5400	10,800	18,000	25,200	36,000
Phae	1200	5250	10,500	17,500	24,500	35,000
Spt Cpe	650	2950	5900	9800	13,700	19,600
Vic	650	2950	5900	9800	13,700	19,600
5P Sed	650	2200	5300	8800	12,300	17,600
7P Sed	550	1900	5000	8300	11,600	16,600
Limo	800	3150	6300	10,500	14,700	21,000
Clb Sed	650	2600	5550	9300	13,000	18,600

1936

Special Series 40, 8-cyl.

	6	5	4	3	2	1
Conv	1200	4500	9000	15,000	21,000	30,000
Bus Cpe	450	1125	3450	5800	8100	11,600
RS Cpe	500	1200	3800	6300	8800	12,600
2 dr Sed	450	1050	2700	5300	7400	10,600
4 dr Sed	450	1050	2700	5300	7400	10,600

Century Series 60, 8-cyl.

	6	5	4	3	2	1
Conv	1200	4800	9600	16,000	22,400	32,000
RS Cpe	550	1500	4350	7300	10,200	14,600
2 dr Sed	450	1100	3400	5700	8000	11,400
4 dr Sed	450	1125	3450	5800	8100	11,600

Roadmaster Series 80, 8-cyl.

	6	5	4	3	2	1
Phae	1200	4650	9300	15,500	21,700	31,000
4 dr Sed	550	1900	5000	8300	11,600	16,600

Limited Series 90, 8-cyl.

	6	5	4	3	2	1
4 dr Sed	650	2200	5300	8800	12,300	17,600
7P Sed	650	2600	5550	9300	13,000	18,600
Fml Sed	650	2950	5900	9800	13,700	19,600
7P Limo	800	3150	6300	10,500	14,700	21,000

1937

Special Series 40, 8-cyl.

	6	5	4	3	2	1
Conv	1200	4800	9600	16,000	22,400	32,000
Phae	1200	4950	9900	16,500	23,100	33,000
Bus Cpe	500	1200	3800	6300	8800	12,600
Spt Cpe	500	1350	4100	6800	9500	13,600

	6	5	4	3	2	1
2 dr FsBk	500	1250	3900	6550	9150	13,100
2 dr Sed	500	1225	3850	6400	8900	12,800
FsBk Sed	500	1250	3900	6550	9150	13,100
4 dr Sed	500	1250	3900	6500	9100	13,000
Century Series 60, 8-cyl.						
Conv	1200	5550	11,100	18,500	25,900	37,000
Phae	1200	5700	11,400	19,000	26,600	38,000
Spt Cpe	550	1650	4650	7800	10,900	15,600
2 dr FsBk	500	1400	4200	7050	9850	14,100
2 dr Sed	500	1350	4150	6900	9700	13,800
FsBk Sed	500	1450	4250	7100	9900	14,200
4 dr Sed	500	1400	4150	6950	9750	13,900
Roadmaster Series 80, 8-cyl.						
4 dr Sed	550	1500	4350	7300	10,200	14,600
Fml Sed	550	1650	4650	7800	10,900	15,600
Phae	1500	6000	12,000	20,000	28,000	40,000
Limited Series 90, 8-cyl.						
4 dr Sed	650	2200	5300	8800	12,300	17,600
7P Sed	650	2600	5550	9300	13,000	18,600
Fml Sed	650	2800	5700	9500	13,300	19,000
Limo	800	3750	7500	12,500	17,500	25,000

1938
Special Series 40, 8-cyl.

	6	5	4	3	2	1
Conv	1200	4950	9900	16,500	23,100	33,000
Phae	1200	5100	10,200	17,000	23,800	34,000
Bus Cpe	500	1350	4100	6800	9500	13,600
Spt Cpe	500	1400	4200	7050	9850	14,100
2 dr FsBk	500	1350	4100	6800	9500	13,600
2 dr Sed	500	1300	4050	6700	9400	13,400
FsBk Sed	500	1350	4150	6900	9700	13,800
4 dr Sed	500	1300	4050	6750	9450	13,500
Century Series 60, 8-cyl.						
Conv	1200	5700	11,400	19,000	26,600	38,000
Phae	1200	5850	11,700	19,500	27,300	39,000
Spt Cpe	550	1650	4650	7800	10,900	15,600
2 dr Sed	500	1400	4200	7050	9850	14,100
FsBk Sed	500	1450	4250	7100	9900	14,200
4 dr Sed	500	1350	4150	6900	9700	13,800
Roadmaster Series 80, 8-cyl.						
Phae	1500	6000	12,000	20,000	28,000	40,000
FsBk Sed	550	1900	5000	8300	11,600	16,600
4 dr Sed	550	1650	4650	7800	10,900	15,600
Fml Sed	650	2200	5300	8800	12,300	17,600
Limited Series 90, 8-cyl.						
4 dr Sed	800	3000	6000	10,000	14,000	20,000
7P Sed	800	3150	6300	10,500	14,700	21,000
Limo	800	3900	7800	13,000	18,200	26,000

1939
Special Series 40, 8-cyl.

	6	5	4	3	2	1
Conv	1200	5400	10,800	18,000	25,200	36,000
Phae	1200	5550	11,100	18,500	25,900	37,000
Bus Cpe	500	1300	4050	6750	9450	13,500
Spt Cpe	500	1400	4200	7000	9800	14,000
2 dr Sed	500	1200	3750	6250	8750	12,500
4 dr Sed	500	1250	3900	6500	9100	13,000
Century Series 60, 8-cyl.						
Conv	1200	5850	11,700	19,500	27,300	39,000
Phae	1500	6000	12,000	20,000	28,000	40,000
Spt Cpe	550	1750	4800	8000	11,200	16,000
2 dr Sed	500	1400	4200	7000	9800	14,000
4 dr Sed	500	1400	4200	7050	9850	14,100
Roadmaster Series 80, 8-cyl.						
Phae FsBk	1500	7050	14,100	23,500	32,900	47,000
Phae	1500	6900	13,800	23,000	32,200	46,000
FsBk Sed	650	2800	5700	9500	13,300	19,000
4 dr Sed	650	2300	5400	9000	12,600	18,000
Fml Sed	800	3000	6000	10,000	14,000	20,000
Limited Series 90, 8-cyl.						
8P Sed	800	3000	6000	10,000	14,000	20,000
4 dr Sed	650	2800	5700	9500	13,300	19,000
Limo	800	3300	6600	11,000	15,400	22,000

1940
Special Series 40, 8-cyl.

	6	5	4	3	2	1
Conv	1200	5550	11,100	18,500	25,900	37,000
Phae	1200	5700	11,400	19,000	26,600	38,000
Bus Cpe	500	1400	4200	7000	9800	14,000
Spt Cpe	550	1500	4350	7250	10,150	14,500
2 dr Sed	500	1250	3900	6500	9100	13,000
4 dr Sed	500	1300	4050	6750	9450	13,500
Super Series 50, 8-cyl.						
Conv	1200	5550	11,100	18,500	25,900	37,000
Phae	1200	5700	11,400	19,000	26,600	38,000
Cpe	500	1450	4250	7100	9900	14,200
4 dr Sed	500	1300	4050	6750	9450	13,500
Sta Wag	1200	4800	9600	16,000	22,400	32,000
Century Series 60, 8-cyl.						
Conv	1500	6000	12,000	20,000	28,000	40,000
Phae	1500	6150	12,300	20,500	28,700	41,000
Bus Cpe	550	1750	4800	8000	11,200	16,000
Spt Cpe	550	1800	4950	8250	11,550	16,500
4 dr Sed	550	1550	4500	7500	10,500	15,000
Roadmaster Series 70, 8-cyl.						
Conv	1500	6150	12,300	20,500	28,700	41,000
Phae	1500	6300	12,600	21,000	29,400	42,000
Cpe	650	2000	5100	8500	11,900	17,000
4 dr Sed	550	1750	4800	8000	11,200	16,000
Limited Series 80, 8-cyl.						
FsBk Phae	1500	7050	14,100	23,500	32,900	47,000
Phae	1500	6900	13,800	23,000	32,200	46,000
FsBk Sed	800	3300	6600	11,000	15,400	22,000
4 dr Sed	800	3400	6900	11,500	16,100	23,000
Fml Sed	800	3750	7500	12,500	17,500	25,000
Fml FsBk	800	3900	7800	13,000	18,200	26,000
Limited Series 90, 8-cyl.						
7P Sed	800	3750	7500	12,500	17,500	25,000
Fml Sed	800	3900	7800	13,000	18,200	26,000
Limo	800	4050	8100	13,500	18,900	27,000

1941 Buick 50 Series Conv Sed

1941
Special Series 40-A, 8-cyl.

Conv	1200	4650	9300	15,500	21,700	31,000
Bus Cpe	450	1175	3600	6050	8450	12,100
Spt Cpe	500	1200	3800	6300	8800	12,600
4 dr Sed	450	1175	3600	6050	8450	12,100

Special Series 40-B, 8-cyl.

	6	5	4	3	2	1
Bus Cpe	500	1200	3800	6300	8800	12,600
2 dr S'net	500	1350	4100	6800	9500	13,600
Torp Sed	500	1250	3900	6550	9150	13,100
Sta Wag	800	4050	8100	13,500	18,900	27,000

NOTE: Add 5 percent for SSE.

Super Series 50, 8-cyl.

Conv	1200	5250	10,500	17,500	24,500	35,000
Phae	1200	5550	11,100	18,500	25,900	37,000
Cpe	500	1400	4200	7050	9850	14,100
4 dr Sed	500	1350	4100	6800	9500	13,600

Century Series 60, 8-cyl.

Bus Cpe	500	1400	4200	7000	9800	14,000
2 dr S'net	550	1800	4950	8250	11,550	16,500
4 dr Sed	550	1650	4650	7750	10,850	15,500

Roadmaster Series 70, 8-cyl.

Conv	1500	6900	13,800	23,000	32,200	46,000
Phae	1500	7050	14,100	23,500	32,900	47,000
Cpe	550	1900	5000	8300	11,600	16,600
4 dr Sed	550	1650	4650	7800	10,900	15,600

Limited Series 90, 8-cyl.

7P Sed	650	2900	5850	9750	13,650	19,500
4 dr Sed	800	3000	6000	10,000	14,000	20,000
Fml Sed	800	3300	6600	11,000	15,400	22,000
Limo	800	4050	8100	13,500	18,900	27,000

1942

Special Series 40-A, 8-cyl.

Bus Cpe	450	1025	2600	5250	7300	10,500
2 dr S'net	450	1075	3000	5500	7700	11,000
3P S'net	450	1025	2600	5250	7300	10,500
Conv	800	3750	7500	12,500	17,500	25,000
4 dr Sed	450	1000	2400	5000	7000	10,000

Special Series 40-B, 8-cyl.

3P S'net	450	1025	2600	5250	7300	10,500
2 dr S'net	450	1075	3000	5500	7700	11,000
4 dr Sed	450	1125	3450	5750	8050	11,500
Sta Wag	800	3900	7800	13,000	18,200	26,000

Super Series 50, 8-cyl.

Conv	800	3900	7800	13,000	18,200	26,000
2 dr S'net	450	1175	3650	6100	8500	12,200
4 dr Sed	500	1200	3750	6250	8750	12,500

Century Series 60, 8-cyl.

2 dr S'net	500	1200	3750	6250	8750	12,500
4 dr Sed	500	1250	3900	6500	9100	13,000

Roadmaster Series 70, 8-cyl.

Conv	1200	4650	9300	15,500	21,700	31,000
2 dr S'net	500	1300	4050	6750	9450	13,500
4 dr Sed	500	1350	4150	6900	9700	13,800

Limited Series 90, 8-cyl.

8P Sed	550	1500	4350	7250	10,150	14,500
4 dr Sed	500	1300	4050	6750	9450	13,500
Fml Sed	550	1650	4650	7750	10,850	15,500
Limo	650	2600	5500	9250	12,950	18,500

1946

Special Series 40, 8-cyl.

4 dr Sed	350	800	1550	3850	5400	7700
2 dr S'net	350	800	1550	3800	5300	7600

Super Series 50, 8-cyl.

Conv	800	4050	8100	13,500	18,900	27,000
2 dr S'net	450	900	1900	4500	6300	9000
4 dr Sed	450	925	1900	4550	6350	9100
Sta Wag	800	3600	7200	12,000	16,800	24,000

Roadmaster Series 70, 8-cyl.

Conv	1200	4800	9600	16,000	22,400	32,000
2 dr S'net	450	1000	2400	5000	7000	10,000
4 dr Sed	450	1000	2400	5050	7050	10,100

1947

Special Series 40, 8-cyl.

2 dr S'net	350	875	1700	4300	6000	8600
4 dr Sed	350	875	1700	4350	6050	8700

Super Series 50, 8-cyl.

Conv	800	4050	8100	13,500	18,900	27,000
2 dr S'net	450	950	2100	4750	6650	9500

	6	5	4	3	2	1
4 dr Sed	450	975	2200	4850	6800	9700
Sta Wag	800	3750	7500	12,500	17,500	25,000
Roadmaster Series 70, 8-cyl.						
Conv	1200	4800	9600	16,000	22,400	32,000
2 dr S'net	450	1125	3450	5750	8050	11,500
4 dr Sed	450	1125	3500	5850	8200	11,700
Sta Wag	800	4050	8100	13,500	18,900	27,000

1948
Special Series 40, 8-cyl.						
2 dr S'net	350	875	1700	4300	6000	8600
4 dr Sed	350	875	1700	4350	6050	8700
Super Series 50, 8-cyl.						
Conv	800	4050	8100	13,500	18,900	27,000
2 dr S'net	450	950	2100	4750	6650	9500
4 dr Sed	450	975	2200	4850	6800	9700
Sta Wag	800	3750	7500	12,500	17,500	25,000
Roadmaster Series 70, 8-cyl.						
Conv	1200	4800	9600	16,000	22,400	32,000
2 dr S'net	450	1125	3450	5750	8050	11,500
4 dr Sed	450	1125	3500	5850	8200	11,700
Sta Wag	800	4050	8100	13,500	18,900	27,000

1949 Buick Series 70 Riviera

1949
Special Series 40, 8-cyl.						
2 dr S'net	350	875	1700	4350	6050	8700
4 dr Sed	450	900	1800	4400	6150	8800
Super Series 50, 8-cyl.						
Conv	800	4200	8400	14,000	19,600	28,000
2 dr S'net	450	1000	2400	5000	7000	10,000
4 dr Sed	450	950	2100	4750	6650	9500
Sta Wag	800	3600	7200	12,000	16,800	24,000
Roadmaster Series 70, 8-cyl.						
Conv	1200	4950	9900	16,500	23,100	33,000
2 dr Riv HdTp	800	3600	7200	12,000	16,800	24,000
2 dr S'net	500	1200	3750	6250	8750	12,500
4 dr Sed	450	1125	3450	5750	8050	11,500
Sta Wag	800	3900	7800	13,000	18,200	26,000

NOTE: Add 10 percent for sweap spear side trim on late 1949 Roadmaster models.

1950
Special Series 40, 8-cyl., 121 1/2" wb						
Bus Cpe	350	700	1350	2800	4550	6500
2 dr S'net	350	750	1450	3300	4900	7000
4 dr S'net	350	750	1450	3500	5050	7200
4 dr Tr Sed	350	750	1450	3300	4900	7000
Special DeLuxe Series 40, 8-cyl., 121 1/2" wb						
2 dr S'net	350	750	1450	3400	5000	7100
4 dr S'net	350	775	1500	3700	5200	7400
4 dr Tr Sed	350	750	1450	3500	5050	7200

Super Series 50, 8-cyl.

	6	5	4	3	2	1
Conv	800	3300	6600	11,000	15,400	22,000
2 dr Riv HdTp	450	900	1900	4500	6300	9000
2 dr S'net	350	775	1500	3700	5200	7400
4 dr Sed	350	775	1500	3600	5100	7300
Sta Wag	800	3000	6000	10,000	14,000	20,000

Roadmaster Series 70, 8-cyl.

	6	5	4	3	2	1
Conv	800	3750	7500	12,500	17,500	25,000
2 dr Riv HdTp	500	1250	3900	6500	9100	13,000
2 dr S'net	450	1000	2400	5000	7000	10,000
4 dr Sed 71	350	775	1500	3750	5250	7500
4 dr Sed 72	350	825	1600	4000	5600	8000
Sta Wag	800	3750	7500	12,500	17,500	25,000
4 dr Riviera Sed DeLuxe	450	900	1900	4500	6300	9000

1951

Special Series 40, 8-cyl., 121 1/2" wb

	6	5	4	3	2	1
Bus Cpe	350	700	1350	2800	4550	6500
Spt Cpe	350	750	1450	3300	4900	7000
2 dr Sed	200	650	1250	2400	4200	6000
4 dr Sed	200	675	1300	2500	4350	6200

Special DeLuxe Series 40, 8-cyl., 121 1/2" wb

	6	5	4	3	2	1
2 dr Riv HdTp	450	900	1900	4500	6300	9000
Conv	650	2000	5100	8500	11,900	17,000
2 dr Sed	200	675	1300	2500	4350	6200
4 dr Sed	350	700	1350	2700	4500	6400

Super Series 50, 8-cyl.

	6	5	4	3	2	1
Conv	800	3300	6600	11,000	15,400	22,000
2 dr HdTp	450	1000	2400	5000	7000	10,000
2 dr S'net	450	900	1900	4500	6300	9000
4 dr Sed	350	875	1700	4250	5900	8500
Sta Wag	650	2800	5700	9500	13,300	19,000

Roadmaster Series 70, 8-cyl.

	6	5	4	3	2	1
Conv	800	3750	7500	12,500	17,500	25,000
2 dr HdTp	450	1150	3600	6000	8400	12,000
4 dr Sed	450	1000	2400	5000	7000	10,000
Sta Wag	800	3600	7200	12,000	16,800	24,000

1952

Special Series 40, 8-cyl., 121 1/2" wb

	6	5	4	3	2	1
4 dr Sed	200	675	1300	2500	4350	6200
Spt Cpe	350	750	1450	3300	4900	7000

Special DeLuxe Series 40, 8-cyl., 121 1/2" wb

	6	5	4	3	2	1
4 dr Sed	200	675	1300	2600	4400	6300
2 dr Sed	200	675	1300	2500	4350	6200
2 dr Riv HdTp	450	950	2100	4750	6650	9500
Conv	650	2900	5850	9750	13,650	19,500

Super Series 50, 8-cyl.

	6	5	4	3	2	1
Conv	800	3350	6750	11,250	15,750	22,500
2 dr Riv HdTp	450	1000	2400	5000	7000	10,000
Sta Wag	650	2900	5850	9750	13,650	19,500
4 dr Sed	350	825	1600	4000	5600	8000

Roadmaster Series 70, 8-cyl.

	6	5	4	3	2	1
Conv	800	3800	7650	12,750	17,850	25,500
2 dr Riv HdTp	450	1150	3600	6000	8400	12,000
Sta Wag	800	3650	7350	12,250	17,150	24,500
4 dr Riv Sed	450	900	1900	4500	6300	9000

1953

Special Series 40, 8-cyl.

	6	5	4	3	2	1
4 dr Sed	200	650	1250	2400	4200	6000
2 dr Sed	200	650	1250	2400	4150	5900
2 dr Riv HdTp	350	850	1650	4100	5700	8200
Conv	800	3100	6150	10,250	14,350	20,500

Super Series 50, V-8

	6	5	4	3	2	1
2 dr Riv HdTp	450	900	1900	4500	6300	9000
Conv	800	3300	6600	11,000	15,400	22,000
Sta Wag	650	2800	5700	9500	13,300	19,000
4 dr Riv Sed	350	775	1500	3750	5250	7500

Roadmaster Series 70, V-8

	6	5	4	3	2	1
2 dr Riv HdTp	450	1150	3600	6000	8400	12,000
Skylark	1200	5250	10,500	17,500	24,500	35,000
Conv	800	4200	8400	14,000	19,600	28,000
DeL Sta Wag	800	3300	6600	11,000	15,400	22,000
4 dr Riv Sed	350	825	1600	4000	5600	8000

1954
Special Series 40, V-8

	6	5	4	3	2	1
4 dr Sed	350	700	1350	2800	4550	6500
2 dr Sed	350	700	1350	2700	4500	6400
2 dr Riv HdTp	450	1025	2600	5200	7200	10,400
Conv	800	3650	7350	12,250	17,150	24,500
Sta Wag	350	875	1700	4250	5900	8500
Century Series 60, V-8						
4 dr DeL	350	725	1400	3000	4700	6700
2 dr Riv HdTp	450	1100	3400	5700	8000	11,400
Conv	800	4000	7950	13,250	18,550	26,500
Sta Wag	450	900	1900	4500	6300	9000
Super Series 50, V-8						
4 dr Sed	350	750	1450	3300	4900	7000
2 dr Riv HdTp	450	1075	2900	5450	7600	10,900
Conv	800	3800	7650	12,750	17,850	25,500
Roadmaster Series 70, V-8						
4 dr Sed	350	775	1500	3750	5250	7500
2 dr Riv HdTp	450	1150	3550	5950	8300	11,900
Conv	1200	4900	9750	16,250	22,750	32,500
Skylark Series, V-8						
Spt Conv	1200	5500	10,950	18,250	25,550	36,500

1955
Special Series 40, V-8

4 dr Sed	350	700	1350	2700	4500	6400
4 dr Riv HdTp	450	900	1800	4450	6250	8900
2 dr Sed	350	700	1350	2800	4550	6500
2 dr Riv HdTp	450	1100	3400	5700	8000	11,400
Conv	800	3800	7650	12,750	17,850	25,500
Sta Wag	350	825	1600	4000	5600	8000
Century Series 60, V-8						
4 dr Sed	350	700	1350	2800	4550	6500
4 dr Riv HdTp	450	975	2300	4950	6900	9900
2 dr Riv HdTp	550	1650	4600	7700	10,800	15,400
Conv	800	4100	8250	13,750	19,250	27,500
Sta Wag	350	875	1700	4250	5900	8500
Super Series 50, V-8						
4 dr Sed	350	750	1450	3300	4900	7000
2 dr Riv HdTp	450	1150	3550	5950	8300	11,900
Conv	800	4000	7950	13,250	18,550	26,500
Roadmaster Series 70, V-8						
4 dr Sed	350	775	1500	3750	5250	7500
2 dr Riv HdTp	550	1800	4900	8200	11,500	16,400
Conv	1200	5200	10,350	17,250	24,150	34,500

1956 Buick Special 4-door station wagon

1956
Special Series 40, V-8

4 dr Sed	200	675	1300	2600	4400	6300
4 dr Riv HdTp	450	925	1900	4550	6350	9100
2 dr Sed	350	700	1350	2700	4500	6400
2 dr Riv HdTp	450	1150	3550	5950	8300	11,900

	6	5	4	3	2	1
Conv	800	4000	7950	13,250	18,550	26,500
Sta Wag	350	775	1500	3750	5250	7500
Century Series 60, V-8						
4 dr Riv HdTp	450	1000	2400	5050	7050	10,100
4 dr Sed	350	775	1500	3750	5250	7500
2 dr Riv HdTp	550	1800	4900	8200	11,500	16,400
Conv	800	4300	8550	14,250	19,950	28,500
Sta Wag	350	825	1600	4000	5600	8000
Super Series 50						
4 dr Sed	350	750	1450	3300	4900	7000
2 dr Riv HdTp	650	2100	5250	8700	12,200	17,400
Conv	800	4100	8250	13,750	19,250	27,500
4 dr Riv HdTp	450	1025	2600	5200	7200	10,400
Roadmaster Series 70, V-8						
4 dr Sed	350	825	1600	4000	5600	8000
4 dr Riv HdTp	500	1200	3700	6200	8700	12,400
2 dr Riv HdTp	650	2500	5500	9200	12,900	18,400
Conv	1200	5300	10,650	17,750	24,850	35,500
1957						
Special Series 40, V-8						
4 dr Sed	350	700	1350	2700	4500	6400
4 dr Riv HdTp	450	900	1800	4450	6250	8900
2 dr Sed	350	700	1350	2700	4500	6400
2 dr Riv HdTp	550	1800	4900	8200	11,500	16,400
Conv	800	4300	8550	14,250	19,950	28,500
4 dr Sta Wag	450	1025	2600	5200	7200	10,400
4 dr HdTp Wag	500	1300	4050	6700	9400	13,400
Century Series 60, V-8						
4 dr Sed	350	725	1400	3000	4700	6700
4 dr Riv HdTp	450	975	2300	4950	6900	9900
2 dr Riv HdTp	650	2500	5500	9200	12,900	18,400
Conv	1200	4600	9150	15,250	21,350	30,500
4 dr HdTp Wag	550	1650	4600	7700	10,800	15,400
Super Series 50, V-8						
4 dr Riv HdTp	450	950	2100	4700	6600	9400
2 dr Riv HdTp	650	2100	5250	8700	12,200	17,400
Conv	800	4400	8850	14,750	20,650	29,500
Roadmaster Series 70, V-8						
4 dr Riv HdTp	450	1025	2600	5200	7200	10,400
2 dr Riv HdTp	650	2900	5800	9700	13,600	19,400
Conv	1200	5600	11,250	18,750	26,250	37,500
NOTE: Add 5 percent for 75 Series.						
1958						
Special Series 40, V-8						
4 dr Sed	200	650	1250	2400	4200	6000
4 dr Riv HdTp	350	700	1350	2700	4500	6400
2 dr Sed	200	675	1300	2500	4350	6200
2 dr Riv HdTp	500	1450	4300	7200	10,100	14,400
Conv	800	3350	6750	11,250	15,750	22,500
Sta Wag	350	700	1350	2700	4500	6400
4 dr HdTp Wag	500	1200	3700	6200	8700	12,400
Century Series 60, V-8						
4 dr Sed	200	675	1300	2500	4350	6200
4 dr Riv HdTp	350	725	1400	3200	4850	6900
2 dr Riv HdTp	550	1650	4600	7700	10,800	15,400
Conv	800	3800	7650	12,750	17,850	25,500
4 dr HdTp Wag	500	1300	4050	6700	9400	13,400
Super Series 50, V-8						
4 dr Riv HdTp	350	700	1350	2700	4500	6400
2 dr Riv HdTp	550	1550	4450	7450	10,400	14,900
Roadmaster Series 75, V-8						
4 dr Riv HdTp	350	775	1500	3700	5200	7400
2 dr Riv HdTp	550	1800	4900	8200	11,500	16,400
Conv	1200	4600	9150	15,250	21,350	30,500
Limited Series 700, V-8						
4 dr Riv HdTp	450	975	2300	4950	6900	9900
2 dr Riv HdTp	550	1800	4900	8200	11,500	16,400
Conv	1200	5300	10,650	17,750	24,850	35,500
1959						
LeSabre Series 4400, V-8						
4 dr Sed	200	650	1250	2400	4150	5900
4 dr HdTp	350	700	1350	2700	4500	6400
2 dr Sed	200	650	1250	2400	4150	5900

	6	5	4	3	2	1
2 dr HdTp	350	700	1350	2900	4600	6600
Conv	800	3100	6150	10,250	14,350	20,500
Sta Wag	200	650	1250	2400	4150	5900
Invicta Series 4600, V-8						
4 dr Sed	200	675	1300	2500	4300	6100
4 dr HdTp	350	700	1350	2900	4600	6600
2 dr HdTp	350	750	1450	3300	4900	7000
Conv	800	3200	6450	10,750	15,050	21,500
Sta Wag	200	675	1300	2500	4300	6100
Electra Series 4700, V-8						
4 dr Sed	350	725	1400	3200	4850	6900
4 dr HdTp	350	775	1500	3700	5200	7400
2 dr HdTp	450	900	1800	4450	6250	8900
Electra 225 Series 4800, V-8						
4 dr Riv HdTp	350	825	1600	3950	5500	7900
4 dr HdTp	350	800	1550	3800	5300	7600
Conv	800	3500	7050	11,750	16,450	23,500

1960 Buick LeSabre Conv

1960
LeSabre Series 4400, V-8

4 dr Sed	200	650	1250	2400	4150	5900
4 dr HdTp	200	675	1300	2500	4300	6100
2 dr Sed	200	650	1250	2400	4150	5900
2 dr HdTp	350	725	1400	3200	4850	6900
Conv	800	3100	6150	10,250	14,350	20,500
Sta Wag	200	650	1250	2400	4150	5900
Invicta Series 4600, V-8						
4 dr Sed	200	675	1300	2500	4300	6100
4 dr HdTp	350	700	1350	2900	4600	6600
2 dr HdTp	350	825	1600	3950	5500	7900
Conv	800	3200	6450	10,750	15,050	21,500
Sta Wag	350	700	1350	2700	4500	6400
Electra Series 4700, V-8						
4 dr Riv HdTp	350	700	1350	2700	4500	6400
4 dr HdTp	350	725	1400	3200	4850	6900
2 dr HdTp	450	950	2100	4700	6600	9400
Electra 225 Series 4800, V-8						
4 dr Riv HdTp	350	800	1550	3800	5300	7600
4 dr HdTp	350	775	1500	3700	5200	7400
Conv	800	4100	8250	13,750	19,250	27,500

1961
Special Series 4000, V-8, 112" wb

4 dr Sed	200	550	1150	2100	3700	5300
Cpe	200	675	1300	2600	4400	6300
Sta Wag	200	550	1150	2100	3700	5300
Special DeLuxe Series 4100, V-8, 112" wb						
4 dr Sed	200	550	1150	2100	3800	5400
Skylark Cpe	350	700	1350	2700	4500	6400
Sta Wag	200	550	1150	2100	3800	5400
NOTE: Deduct 5 percent for V-6.						
LeSabre Series 4400, V-8						
4 dr Sed	200	650	1250	2400	4150	5900

	6	5	4	3	2	1
4 dr HdTp	200	675	1300	2600	4400	6300
2 dr Sed	200	675	1300	2500	4300	6100
2 dr HdTp	350	725	1400	3200	4850	6900
Conv	500	1450	4300	7200	10,100	14,400
Sta Wag	200	600	1200	2200	3850	5500
Invicta Series 4600, V-8						
4 dr HdTp	350	700	1350	2800	4550	6500
2 dr HdTp	350	775	1500	3700	5200	7400
Conv	550	1650	4600	7700	10,800	15,400
Electra Series 4700, V-8						
4 dr Sed	350	700	1350	2900	4600	6600
4 dr HdTp	350	725	1400	3200	4850	6900
2 dr HdTp	350	825	1600	3950	5500	7900
Electra 225 Series 4800, V-8						
4 dr Riv HdTp	350	750	1450	3400	5000	7100
Conv	800	3350	6750	11,250	15,750	22,500
1962						
Special Series 4000, V-6, 112.1" wb						
4 dr Sed	200	600	1200	2200	3900	5600
Cpe	350	700	1350	2700	4500	6400
Conv	450	1100	3400	5700	8000	11,400
Sta Wag	200	600	1200	2200	3900	5600
Special DeLuxe Series 4100, V-8, 112.1" wb						
4 dr Sed	200	650	1200	2300	4100	5800
Conv	500	1300	4050	6700	9400	13,400
Sta Wag	200	650	1200	2300	4100	5800
Special Skylark Series 4300, V-8, 112.1" wb						
2 dr HdTp	200	675	1300	2600	4400	6300
Conv	500	1200	3700	6200	8700	12,400
LeSabre Series 4400, V-8						
4 dr Sed	200	600	1200	2300	4000	5700
4 dr HdTp	350	700	1350	2700	4500	6400
2 dr Sed	200	650	1200	2300	4100	5800
2 dr HdTp	350	725	1400	3200	4850	6900
Invicta Series 4600, V-8						
4 dr HdTp	350	725	1400	3100	4800	6800
2 dr HdTp	350	775	1500	3700	5200	7400
Wildcat	350	875	1700	4250	5900	8500
Conv	550	1800	4900	8200	11,500	16,400
Sta Wag*	200	600	1200	2200	3850	5500

NOTE: Add 10 percent for bucket option where offered.

	6	5	4	3	2	1
Electra 225 Series 4800, V-8						
4 dr Sed	200	650	1250	2400	4200	6000
4 dr Riv HdTp	350	750	1450	3300	4900	7000
4 dr HdTp	350	775	1500	3750	5250	7500
2 dr HdTp	350	825	1600	4000	5600	8000
Conv	800	3200	6450	10,750	15,050	21,500

1963 Buick Riviera

1963
Special Series 4000, V-6, 112" wb

	6	5	4	3	2	1
4 dr Sed	200	600	1200	2200	3900	5600
Cpe	200	600	1200	2300	4000	5700
Conv	450	925	2000	4600	6400	9200
Sta Wag	200	600	1200	2200	3850	5500
Special DeLuxe Series 4100, V-6, 112" wb						
4 dr Sed	200	600	1200	2300	4000	5700

	6	5	4	3	2	1
Sta Wag	200	600	1200	2200	3900	5600
Special DeLuxe Series 4100, V-8, 112" wb						
4 dr Sed	200	650	1200	2300	4100	5800
Sta Wag	200	600	1200	2300	4000	5700
Special Skylark Series 4300, V-8, 112" wb						
2 dr HdTp	350	750	1450	3500	5050	7200
Conv	450	975	2300	4900	6850	9800
LeSabre Series 4400, V-8						
4 dr Sed	200	600	1200	2300	4000	5700
4 dr HdTp	200	650	1250	2400	4150	5900
2 dr Sed	200	600	1200	2200	3850	5500
Spt Cpe	200	650	1250	2400	4200	6000
Sta Wag	200	600	1200	2200	3900	5600
Conv	500	1200	3700	6200	8700	12,400
Invicta Series 4600, V-8						
Sta Wag	200	650	1200	2300	4100	5800
Wildcat Series 4600, V-8						
4 dr HdTp	350	700	1350	2700	4500	6400
Spt Cpe	350	825	1600	4000	5600	8000
Conv	550	1550	4500	7500	10,500	15,000
Electra 225 Series 4800, V-8						
4 dr Sed	200	550	1150	2100	3800	5400
4 dr HdTp	200	600	1200	2300	4000	5700
Spt Cpe	350	775	1500	3750	5250	7500
Conv	550	1650	4600	7700	10,800	15,400
Riviera Series 4700, V-8						
Spt Cpe	500	1300	4050	6700	9400	13,400

1964

	6	5	4	3	2	1
Special Series 4000, V-6, 115" wb						
4 dr Sed	200	500	1100	1850	3350	4900
Cpe	200	500	1100	1950	3600	5100
Conv	450	900	1800	4450	6250	8900
Sta Wag	200	500	1100	1850	3350	4900
Special Deluxe Series 4100, V-6, 115" wb						
4 dr Sed	200	500	1100	1900	3500	5000
Cpe	200	550	1150	2000	3600	5200
Sta Wag	200	500	1100	1950	3600	5100
Special Skylark Series 4300, V-6, 115" wb						
4 dr Sed	200	550	1150	2000	3600	5200
2 dr HdTp	200	600	1200	2300	4000	5700
Conv	450	1100	3400	5700	8000	11,400
Special Series 4000, V-8, 115" wb						
4 dr Sed	200	500	1100	1900	3500	5000
Cpe	200	550	1150	2000	3600	5200
Conv	450	975	2300	4950	6900	9900
Sta Wag	200	550	1150	2000	3600	5200
Special DeLuxe Series 4100, V-8, 115" wb						
4 dr Sed	200	500	1100	1950	3600	5100
Cpe	200	550	1150	2100	3800	5400
Sta Wag	200	600	1200	2200	3850	5500
Skylark Series 4300, V-8, 115" wb						
4 dr Sed	200	550	1150	2100	3700	5300
2 dr HdTp	350	725	1400	3000	4700	6700
Conv	500	1200	3700	6200	8700	12,400
Skylark Series 4200, V-8, 120" wb						
4 dr Spt Wag	200	550	1150	2100	3800	5400
4 dr Cus Spt Wag	200	600	1200	2300	4000	5700
LeSabre Series 4400, V-8						
4 dr Sed	200	550	1150	2000	3600	5200
4 dr HdTp	200	550	1150	2100	3800	5400
Spt Cpe	200	600	1200	2300	4000	5700
Conv	500	1200	3700	6200	8700	12,400
Spt Wag	200	500	1100	1950	3600	5100
Wildcat Series 4600, V-8						
4 dr Sed	200	550	1150	2100	3700	5300
4 dr HdTp	200	600	1200	2200	3850	5500
Spt Cpe	350	775	1500	3750	5250	7500
Conv	500	1400	4200	7000	9800	14,000
Electra 225 Series 4800, V-8						
4 dr Sed	200	550	1150	2100	3800	5400
4 dr HdTp	200	600	1200	2200	3900	5600
4 dr HdTp	200	600	1200	2300	4000	5700
Spt Cpe	350	750	1450	3300	4900	7000
Conv	550	1650	4600	7700	10,800	15,400

Riviera Series 4700, V-8

	6	5	4	3	2	1
Spt Cpe	500	1450	4300	7200	10,100	14,400

1965
Special, V-6, 115" wb

4 dr Sed	150	350	950	1450	3000	4200
Cpe	150	300	900	1350	2700	3900
Conv	350	825	1600	3950	5500	7900
Sta Wag	150	350	950	1450	2900	4100

Special DeLuxe, V-6, 115" wb

4 dr Sed	150	400	1000	1600	3100	4400
Sta Wag	150	350	950	1450	3000	4200

Skylark, V-6, 115" wb

4 dr Sed	150	450	1050	1750	3250	4700
Cpe	200	500	1100	1850	3350	4900
2 dr HdTp	200	650	1250	2400	4150	5900
Conv	450	1075	3000	5500	7700	11,000

Special, V-8, 115" wb

4 dr Sed	150	400	1000	1600	3100	4400
Cpe	150	350	950	1450	2900	4100
Conv	350	875	1700	4250	5900	8500
Sta Wag	150	350	950	1450	3000	4200

Special DeLuxe, V-8, 115" wb

4 dr Sed	150	450	1050	1750	3250	4700
Sta Wag	150	400	1000	1600	3100	4400

Skylark, V-8, 115" wb

4 dr Sed	200	500	1100	1850	3350	4900
Cpe	200	550	1150	2000	3600	5200
2 dr HdTp	350	725	1400	3000	4700	6700
Conv	450	1150	3600	6000	8400	12,000

NOTE: Add 20 percent for Skylark Gran Sport Series (400 CID/325hp V-8). Deduct 5 percent for V-6.

Sport Wagon, V-8, 120" wb

2S Sta Wag	150	400	1000	1550	3050	4300
3S Sta Wag	150	400	1000	1600	3100	4400

Custom Sport Wagon, V-8, 120" wb

2S Sta Wag	150	400	1000	1650	3150	4500
3S Sta Wag	150	450	1050	1700	3200	4600

LeSabre, V-8, 123" wb

4 dr Sed	150	350	950	1450	2900	4100
4 dr HdTp	150	400	1000	1550	3050	4300
2 dr HdTp	200	500	1100	1900	3500	5000

LeSabre Custom, V-8, 123" wb

4 dr Sed	150	400	1000	1550	3050	4300
4 dr HdTp	150	400	1000	1650	3150	4500
2 dr HdTp	200	550	1150	2000	3600	5200
Conv	450	1000	2400	5000	7000	10,000

Wildcat, V-8, 126" wb

4 dr Sed	150	400	1000	1600	3100	4400
4 dr HdTp	150	450	1050	1750	3250	4700
2 dr HdTp	200	600	1200	2200	3850	5500

Wildcat DeLuxe, V-8, 126" wb

4 dr Sed	150	400	1000	1650	3150	4500
4 dr HdTp	150	450	1050	1800	3300	4800
2 dr HdTp	200	600	1200	2200	3900	5600
Conv	450	1150	3600	6000	8400	12,000

Wildcat Custom, V-8, 126" wb

4 dr HdTp	200	500	1100	1900	3500	5000
2 dr HdTp	200	650	1250	2400	4200	6000
Conv	500	1250	3900	6500	9100	13,000

Electra, V-8, 126" wb

4 dr Sed	150	450	1050	1800	3300	4800
4 dr HdTp	200	500	1100	1850	3350	4900
2 dr HdTp	200	650	1250	2400	4150	5900

Electra Custom, V-8, 126" wb

4 dr Sed	150	450	1050	1800	3300	4800
4 dr HdTp	200	550	1150	2000	3600	5200
2 dr HdTp	200	650	1250	2400	4200	6000
Conv	500	1400	4200	7000	9800	14,000

Riviera, V-8, 117" wb

2 dr HdTp	500	1250	3900	6500	9100	13,000
Gran Sport 2 dr HdTp	550	1550	4500	7500	10,500	15,000

NOTE: Add 20 percent for 400.

1966 Buick Riviera, 2 dr hardtop, V-8

1966
Special, V-6, 115" wb

	6	5	4	3	2	1
4 dr Sed	150	300	900	1250	2600	3700
Cpe	125	250	750	1150	2500	3600
Conv	350	775	1500	3600	5100	7300
Sta Wag	150	300	900	1250	2600	3700
Special DeLuxe, V-6, 115" wb						
4 dr Sed	150	300	900	1250	2650	3800
Cpe	150	300	900	1250	2600	3700
2 dr HdTp	150	400	1000	1550	3050	4300
Sta Wag	150	300	900	1250	2650	3800
Skylark, V-6, 115" wb						
4 dr HdTp	150	350	950	1450	2900	4100
Cpe	150	350	950	1350	2800	4000
2 dr HdTp	150	450	1050	1800	3300	4800
Conv	450	900	1900	4500	6300	9000
Special, V-8, 115" wb						
4 dr Sed	150	350	950	1350	2800	4000
Cpe	150	300	900	1250	2650	3800
Conv	350	800	1550	3900	5450	7800
Sta Wag	150	300	900	1350	2700	3900
Special DeLuxe, V-8						
4 dr Sed	150	350	950	1350	2800	4000
Cpe	150	350	950	1450	2900	4100
2 dr HdTp	150	400	1000	1600	3100	4400
Sta Wag	150	300	900	1350	2700	3900
Skylark, V-8						
4 dr HdTp	150	400	1000	1550	3050	4300
Cpe	150	350	950	1450	3000	4200
2 dr HdTp	150	450	1050	1800	3300	4800
Conv	450	950	2100	4750	6650	9500
Skylark Gran Sport, V-8, 115" wb						
Cpe	350	725	1400	3200	4850	6900
2 dr HdTp	350	825	1600	3950	5500	7900
Conv	450	1150	3600	6000	8400	12,000
Sport Wagon, V-8, 120" wb						
2S Sta Wag	150	350	950	1450	3000	4200
3S Sta Wag	150	400	1000	1550	3050	4300
Custom 2S Sta Wag	150	400	1000	1600	3100	4400
Custom 3S Sta Wag	150	400	1000	1650	3150	4500
LeSabre, V-8, 123" wb						
4 dr Sed	150	300	900	1250	2650	3800
4 dr HdTp	150	350	950	1350	2800	4000
2 dr HdTp	150	400	1000	1550	3050	4300
LeSabre Custom, V-8, 123" wb						
4 dr Sed	150	300	900	1350	2700	3900
4 dr HdTp	150	350	950	1450	3000	4200
2 dr Hd Tp	150	400	1000	1600	3100	4400
Conv	450	1150	3600	6000	8400	12,000
Wildcat, V-8, 126" wb						
4 dr Sed	150	350	950	1350	2800	4000
4 dr HdTp	150	350	950	1450	2900	4100
2 dr HdTp	200	500	1100	1900	3500	5000

	6	5	4	3	2	1
Conv	500	1250	3900	6500	9100	13,000
Wildcat Custom, V-8, 126" wb						
4 dr Sed	150	350	950	1450	2900	4100
4 dr HdTp	150	400	1000	1550	3050	4300
2 dr HdTp	200	650	1250	2400	4200	6000
Conv	500	1400	4200	7000	9800	14,000
NOTE: Add 20 percent for Wildcat Gran Sport Series.						
Electra 225, V-8, 126" wb						
4 dr Sed	200	500	1100	1850	3350	4900
4 dr HdTp	200	500	1100	1900	3500	5000
2 dr HdTp	200	600	1200	2200	3850	5500
Electra, Custom 225, V-8						
4 dr Sed	200	500	1100	1900	3500	5000
4 dr HdTp	200	550	1150	2000	3600	5200
2 dr HdTp	200	650	1250	2400	4200	6000
Conv	550	1550	4500	7500	10,500	15,000
Riviera, V-8						
GS 2 dr HdTp	350	825	1600	4000	5600	8000
2 dr HdTp	350	750	1450	3300	4900	7000
NOTE: Add 20 percent for 400.						

1967

	6	5	4	3	2	1
Special, V-6, 115" wb						
4 dr Sed	150	300	900	1350	2700	3900
Cpe	150	300	900	1250	2650	3800
Sta Wag	150	300	900	1250	2600	3700
Special DeLuxe, V-6, 115" wb						
4 dr Sed	150	350	950	1350	2800	4000
2 dr HdTp	150	350	950	1450	2900	4100
Skylark, V-6, 115" wb						
Cpe	150	350	950	1450	2900	4100
Special, V-8, 115" wb						
4 dr Sed	150	350	950	1450	2900	4100
Cpe	150	350	950	1350	2800	4000
Sta Wag	150	300	900	1350	2700	3900
Special DeLuxe, V-8, 115" wb						
4 dr Sed	150	350	950	1450	3000	4200
2 dr HdTp	150	400	1000	1550	3050	4300
Sta Wag	150	350	950	1350	2800	4000
Skylark, V-8, 115" wb						
4 dr Sed	150	400	1000	1550	3050	4300
4 dr HdTp	150	400	1000	1600	3100	4400
Cpe	200	500	1100	1850	3350	4900
2 dr HdTp	200	550	1150	2000	3600	5200
Conv	450	900	1900	4500	6300	9000
Sport Wagon, V-8, 120" wb						
2S Sta Wag	150	350	950	1450	2900	4100
3S Sta Wag	150	350	950	1450	3000	4200
Gran Sport 340, V-8, 115" wb						
2 dr HdTp	350	850	1650	4100	5700	8200
Gran Sport 400, V-8, 115" wb						
Cpe	350	725	1400	3000	4700	6700
2 dr HdTp	350	875	1700	4350	6050	8700
Conv	450	1075	3000	5500	7700	11,000
LeSabre, V-8, 123" wb						
4 dr Sed	150	300	900	1350	2700	3900
4 dr HdTp	150	350	950	1350	2800	4000
2 dr HdTp	150	350	950	1450	2900	4100
LeSabre Custom, V-8, 123" wb						
4 dr Sed	150	350	950	1350	2800	4000
4 dr HdTp	150	350	950	1450	2900	4100
2 dr HdTp	150	350	950	1450	3000	4200
Conv	450	1000	2400	5000	7000	10,000
Wildcat, V-8, 126" wb						
4 dr Sed	150	350	950	1450	2900	4100
4 dr HdTp	150	350	950	1450	3000	4200
2 dr HdTp	200	500	1100	1900	3500	5000
Conv	450	1075	3000	5500	7700	11,000
Wildcat Custom, V-8, 126" wb						
4 dr HdTp	150	400	1000	1550	3050	4300
2 dr HdTp	200	600	1200	2200	3850	5500
Conv	450	1150	3600	6000	8400	12,000
Electra 225, V-8, 126" wb						
4 dr Sed	150	350	950	1450	3000	4200

	6	5	4	3	2	1
4 dr HdTp	150	400	1000	1600	3100	4400
2 dr HdTp	200	650	1250	2400	4150	5900
Electra 225 Custom, V-8, 126" wb						
4 dr Sed	150	450	1050	1700	3200	4600
4 dr HdTp	150	450	1050	1800	3300	4800
2 dr HdTp	200	650	1250	2400	4200	6000
Conv	500	1250	3900	6500	9100	13,000
Riviera Series, V-8						
HdTp Cpe	350	750	1450	3300	4900	7000

NOTE: Add 20 percent for 400.

1968

Special DeLuxe, V-6, 116" wb, 2 dr 112" wb

	6	5	4	3	2	1
4 dr Sed	150	300	900	1250	2600	3700
2 dr Sed	125	250	750	1150	2500	3600
Skylark, V-6, 116" wb, 2 dr 112" wb						
4 dr Sed	150	300	900	1250	2650	3800
2 dr HdTp	150	350	950	1350	2800	4000
Special DeLuxe, V-8, 116" wb, 2 dr 112" wb						
4 dr Sed	150	300	900	1250	2650	3800
2 dr Sed	150	300	900	1250	2600	3700
Sta Wag	150	300	900	1250	2650	3800
Skylark, V-8, 116" wb, 2 dr 112" wb						
4 dr Sed	150	300	900	1350	2700	3900
4 dr HdTp	150	350	950	1350	2800	4000
Skylark Custom, V-8, 116" wb, 2 dr 112" wb						
4 dr Sed	150	350	950	1350	2800	4000
4 dr HdTp	150	350	950	1450	2900	4100
2 dr HdTp	150	450	1050	1800	3300	4800
Conv	450	900	1900	4500	6300	9000
Sport Wagon, V-8, 121" wb						
2S Sta Wag	150	350	950	1450	2900	4100
3S Sta Wag	150	350	950	1450	3000	4200
Gran Sport GS 350, V-8, 112" wb						
2 dr HdTp	450	925	2000	4600	6400	9200
Gran Sport GS 400, V-8, 112" wb						
2 dr HdTp	450	975	2200	4850	6800	9700
Conv	450	1150	3600	6000	8400	12,000
LeSabre, V-8, 123" wb						
4 dr Sed	150	300	900	1250	2650	3800
4 dr HdTp	150	350	950	1350	2800	4000
2 dr HdTp	150	400	1000	1650	3150	4500
LeSabre Custom, V-8, 123" wb						
4 dr Sed	150	300	900	1350	2700	3900
4 dr HdTp	150	350	950	1450	2900	4100
2 dr HdTp	200	600	1200	2200	3850	5500
Conv	450	1000	2400	5000	7000	10,000
Wildcat, V-8, 126" wb						
4 dr Sed	150	350	950	1350	2800	4000
4 dr HdTp	150	350	950	1450	3000	4200
2 dr HdTp	200	650	1250	2400	4200	6000
Wildcat Custom, V-8, 126" wb						
4 dr HdTp	150	450	1050	1700	3200	4600
2 dr HdTp	350	700	1350	2800	4550	6500
Conv	450	1075	3000	5500	7700	11,000
Electra 225, V-8, 126" wb						
4 dr Sed	150	400	1000	1600	3100	4400
4 dr HdTp	150	450	1050	1700	3200	4600
2 dr HdTp	350	725	1400	3100	4800	6800
Electra 225 Custom, V-8, 126" wb						
4 dr Sed	150	450	1050	1700	3200	4600
4 dr HdTp	200	500	1100	1900	3500	5000
2 dr HdTp	350	750	1450	3300	4900	7000
Conv	500	1250	3900	6500	9100	13,000
Riviera Series, V-8						
HdTp Cpe	200	600	1200	2200	3850	5500

NOTE: Add 15 percent for Riviera GS.
    Add 20 percent for 400.
    Add 15 percent for Skylark GS Calif. Spl.

1969

Special DeLuxe, V-6, 116" wb, 2 dr 112" wb

	6	5	4	3	2	1
4 dr Sed	150	300	900	1250	2600	3700
2 dr Sed	125	250	750	1150	2500	3600

Skylark, V-6, 116" wb, 2 dr 112" wb

	6	5	4	3	2	1
4 dr Sed	150	300	900	1250	2650	3800
2 dr HdTp	150	300	900	1350	2700	3900

Special DeLuxe, V-8, 116" wb, 2 dr 112" wb

4 dr Sed	150	300	900	1250	2650	3800
2 dr Sed	150	300	900	1250	2600	3700
Sta Wag	150	300	900	1250	2650	3800

Skylark, V-8, 116" wb, 2 dr 112" wb

4 dr Sed	150	300	900	1350	2700	3900
2 dr HdTp	150	450	1050	1750	3250	4700

Skylark Custom, V-8, 116" wb, 2 dr 112" wb

4 dr Sed	150	350	950	1350	2800	4000
4 dr HdTp	150	350	950	1450	2900	4100
2 dr HdTp	200	600	1200	2300	4000	5700
Conv	450	1000	2400	5000	7000	10,000

Gran Sport GS 350, V-8, 112" wb

2 dr Calif GS	450	1000	2400	5000	7000	10,000
2 dr HdTp	450	1075	3000	5500	7700	11,000

Gran Sport GS 400, V-8, 112" wb

2 dr HdTp	450	1150	3600	6000	8400	12,000
Conv	550	1550	4500	7500	10,500	15,000

NOTE: Add 15 percent for Stage I option.

Sport Wagon, V-8, 121" wb

2S Sta Wag	150	350	950	1450	2900	4100
3S Sta Wag	150	350	950	1450	3000	4200

LeSabre, V-8, 123.2" wb

4 dr Sed	150	300	900	1250	2600	3700
4 dr HdTp	150	300	900	1250	2650	3800
2 dr HdTp	150	350	950	1450	2900	4100

LeSabre Custom, V-8, 123.2" wb

4 dr Sed	150	300	900	1250	2650	3800
4 dr HdTp	150	300	900	1350	2700	3900
2 dr HdTp	150	350	950	1450	3000	4200
Conv	450	1000	2400	5000	7000	10,000

Wildcat, V-8, 123.2" wb

4 dr Sed	150	350	950	1350	2800	4000
4 dr HdTp	150	350	950	1450	3000	4200
2 dr HdTp	200	500	1100	1900	3500	5000

Wildcat Custom, V-8, 123.2" wb

4 dr HdTp	150	400	1000	1600	3100	4400
2 dr HdTp	200	600	1200	2200	3850	5500
Conv	450	1150	3600	6000	8400	12,000

Electra 225, V-8, 126.2" wb

4 dr Sed	150	350	950	1450	2900	4100
4 dr HdTp	150	350	950	1450	3000	4200
2 dr HdTp	200	600	1200	2200	3850	5500

Electra 225 Custom, V-8, 126.2" wb

4 dr Sed	150	400	1000	1550	3050	4300
4 dr HdTp	150	450	1050	1700	3200	4600
2 dr HdTp	200	650	1250	2400	4200	6000
Conv	500	1250	3900	6500	9100	13,000

Riviera Series, V-8

Cpe HdTp	350	750	1450	3300	4900	7000
GS Cpe	350	775	1500	3750	5250	7500

NOTE: Add 20 percent for 400.

1970

Skylark, V-6, 116" wb, 2 dr 112" wb

4 dr Sed	150	300	900	1250	2650	3800
2 dr Sed	150	300	900	1250	2600	3700

Skylark 350, V-6, 116" wb, 2 dr 112" wb

4 dr Sed	150	300	900	1350	2700	3900
2 dr HdTp	150	350	950	1450	2900	4100

Skylark, V-8, 116" wb, 2 dr 112" wb

4 dr Sed	150	300	900	1350	2700	3900
2 dr Sed	150	300	900	1250	2650	3800

Skylark 350, V-8, 116" wb, 2 dr 112.2" wb

4 dr Sed	150	350	950	1350	2800	4000
2 dr HdTp	200	600	1200	2200	3850	5500

Skylark Custom, V-8, 116" wb, 2 dr 112" wb

4 dr Sed	150	350	950	1450	2900	4100
4 dr HdTp	150	350	950	1450	3000	4200
2 dr HdTp	200	650	1250	2400	4200	6000
Conv	450	1075	3000	5500	7700	11,000

Gran Sport GS, V-8, 112" wb

	6	5	4	3	2	1
2 dr HdTp	450	1150	3600	6000	8400	12,000
Gran Sport GS 455, V-8, 112" wb						
2 dr HdTp	500	1250	3900	6500	9100	13,000
Conv	500	1400	4200	7000	9800	14,000
NOTE: Add 15 percent for Stage I option.						
GSX, V-8, 112" wb						
2 dr HdTp	500	1400	4200	7000	9800	14,000
Sport Wagon, V-8, 116" wb						
2S Sta Wag	150	350	950	1450	3000	4200
LeSabre, V-8, 124" wb						
4 dr Sed	150	300	900	1350	2700	3900
4 dr HdTp	150	350	950	1450	2900	4100
2 dr HdTp	200	500	1100	1900	3500	5000
LeSabre Custom, V-8, 124" wb						
4 dr Sed	150	350	950	1350	2800	4000
4 dr HdTp	150	350	950	1450	3000	4200
2 dr HdTp	200	600	1200	2200	3850	5500
Conv	450	950	2100	4750	6650	9500
LeSabre Custom 455, V-8, 124" wb						
4 dr Sed	150	350	950	1450	3000	4200
4 dr HdTp	150	400	1000	1650	3150	4500
2 dr HdTp	200	650	1200	2300	4100	5800
Estate Wagon, V-8, 124" wb						
2S Sta Wag	150	350	950	1450	3000	4200
3S Sta Wag	150	400	1000	1550	3050	4300
Wildcat Custom, V-8, 124" wb						
4 dr HdTp	150	400	1000	1600	3100	4400
2 dr HdTp	200	650	1250	2400	4200	6000
Conv	450	1075	3000	5500	7700	11,000
Electra 225, V-8, 127" wb						
4 dr Sed	150	400	1000	1550	3050	4300
4 dr HdTp	150	450	1050	1750	3250	4700
2 dr HdTp	200	650	1250	2400	4200	6000
Electra Custom 225, V-8, 127" wb						
4 dr Sed	150	400	1000	1600	3100	4400
4 dr HdTp	200	500	1100	1850	3350	4900
2 dr HdTp	350	700	1350	2800	4550	6500
Conv	500	1400	4200	7000	9800	14,000
Riviera Series, V-8						
HdTp Cpe	200	600	1200	2200	3850	5500
GS Cpe	200	650	1250	2400	4200	6000
NOTE: Add 40 percent for 455.						
1971						
Skylark, V-6, 116" wb, 2 dr 112" wb						
4 dr Sed	125	200	600	1100	2250	3200
2 dr Sed	125	200	600	1100	2200	3100
2 dr HdTp	125	250	750	1150	2500	3600
Skylark, V-8, 116" wb, 2 dr 112" wb						
4 dr Sed	150	350	950	1450	2900	4100
2 dr Sed	150	350	950	1350	2800	4000
2 dr HdTp	150	400	1000	1650	3150	4500
Skylark Custom, V-8						
4 dr Sed	150	400	1000	1550	3050	4300
4 dr HdTp	150	400	1000	1650	3150	4500
2 dr HdTp	200	500	1100	1900	3500	5000
Conv	450	950	2100	4750	6650	9500
Gran Sport						
2 dr HdTp	450	1075	3000	5500	7700	11,000
Conv	500	1250	3900	6500	9100	13,000
NOTE: Add 40 percent for GS Stage I & GS-455 options.						
Add 50 percent for GS X option.						
Sport Wagon, V-8, 116" wb						
Sta Wag	125	250	750	1150	2450	3500
LeSabre, V-8, 124" wb						
4 dr Sed	100	175	525	1050	2100	3000
4 dr HdTp	125	200	600	1100	2200	3100
2 dr HdTp	125	200	600	1100	2250	3200
LeSabre Custom, V-8						
4 dr Sed	125	200	600	1100	2200	3100
4 dr HdTp	125	200	600	1100	2250	3200
2 dr HdTp	125	250	750	1150	2450	3500
Conv	350	825	1600	4000	5600	8000

Centurion, V-8

	6	5	4	3	2	1
4 dr HdTp	125	200	600	1100	2300	3300
2 dr HdTp	150	300	900	1250	2600	3700
Conv	350	875	1700	4250	5900	8500
Electra 225, V-8, 127" wb						
4 dr HdTp	125	250	750	1150	2400	3400
2 dr HdTp	150	300	900	1250	2650	3800
Electra Custom 225, V-8						
4 dr HdTp	125	250	750	1150	2450	3500
2 dr HdTp	150	300	900	1350	2700	3900
Wagons, V-8						
2S	125	200	600	1100	2300	3300
3S	125	250	750	1150	2400	3400
Riviera, V-8						
2 dr HdTp	200	500	1100	1900	3500	5000

NOTE: Add 40 percent for 455.

1972 Buick Rivera, G.S. sport coupe, V-8

1972
Skylark, V-8, 116" wb, 2 dr 112" wb

	6	5	4	3	2	1
4 dr Sed	125	200	600	1100	2250	3200
2 dr Sed	125	200	600	1100	2200	3100
2 dr HdTp	125	250	750	1150	2450	3500
Skylark 350, V-8, 116" wb, 2 dr 112" wb						
4 dr Sed	125	250	750	1150	2400	3400
2 dr HdTp	150	400	1000	1650	3150	4500
Skylark Custom, V-8						
4 dr Sed	125	200	600	1100	2300	3300
4 dr HdTp	125	250	750	1150	2450	3500
2 dr HdTp	200	500	1100	1900	3500	5000
Conv	450	900	1900	4500	6300	9000
Gran Sport, 350, V-8						
2 dr HdTp	450	1150	3600	6000	8400	12,000
Conv	500	1400	4200	7000	9800	14,000

NOTE: Add 40 percent for Stage I & GS-455 options.
Add 50 percent for GS X option.
Add 5 percent for folding sun roof.

Sport Wagon, V-8, 116" wb

	6	5	4	3	2	1
2S Sta Wag	125	250	750	1150	2400	3400
LeSabre						
4 dr Sed	125	200	600	1100	2300	3300
4 dr HdTp	125	250	750	1150	2450	3500
2 dr HdTp	150	300	900	1250	2600	3700
LeSabre Custom, V-8						
4 dr Sed	125	250	750	1150	2400	3400
4 dr HdTp	125	250	750	1150	2500	3600
2 dr HdTp	150	300	900	1350	2700	3900
Conv	350	750	1450	3300	4900	7000
Centurion, V-8						
4 dr HdTp	150	300	900	1250	2650	3800
2 dr HdTp	150	350	950	1450	2900	4100

	6	5	4	3	2	1
Conv	350	825	1600	4000	5600	8000
Estate Wagon, V-8, 124" wb						
2S Sta Wag	125	250	750	1150	2450	3500
3S Sta Wag	125	250	750	1150	2500	3600
Electra 225, V-8, 127" wb						
4 dr HdTp	150	300	900	1350	2700	3900
2 dr HdTp	150	350	950	1450	3000	4200
Electra Custom 225, V-8						
4 dr HdTp	150	350	950	1350	2800	4000
2 dr HdTp	150	400	1000	1650	3150	4500
Riviera, V-8						
2 dr HdTp	200	500	1100	1900	3500	5000
Wagons						
2S	125	200	600	1100	2300	3300
4S	125	250	750	1150	2400	3400

NOTE: Add 40 percent for 455.

1973
Apollo, 6-cyl., 111" wb

	6	5	4	3	2	1
4 dr Sed	125	200	600	1100	2250	3200
2 dr Sed	125	250	750	1150	2400	3400
Hatchback	125	250	750	1150	2500	3600
Apollo, V-8						
4 dr Sed	125	200	600	1100	2300	3300
2 dr Sed	125	250	750	1150	2450	3500
Hatchback	150	300	900	1250	2600	3700
Century, V-8, 116" wb, 2 dr 112" wb						
Cpe	125	250	750	1150	2500	3600
4 dr Sed	125	250	750	1150	2450	3500
3S Sta Wag	125	250	750	1150	2400	3400
Century Luxus, V-8						
4 dr HdTp	125	250	750	1150	2500	3600
Cpe	150	300	900	1250	2600	3700
4 dr Wag 3S	125	250	750	1150	2450	3500
Century Regal, V-8						
2 dr HdTp	150	400	1000	1650	3150	4500

NOTE: Add 25 percent for Stage I.

LeSabre, V-8, 124" wb

	6	5	4	3	2	1
4 dr Sed	125	200	600	1100	2200	3100
4 dr HdTp	125	200	600	1100	2250	3200
2 dr HdTp	125	250	750	1150	2450	3500
LeSabre Custom, V-8						
4 dr Sed	125	200	600	1100	2250	3200
4 dr HdTp	125	200	600	1100	2300	3300
2 dr HdTp	150	300	900	1250	2650	3800
Est Wag 3S	125	200	600	1100	2250	3200
Centurion, V-8						
4 dr HdTp	125	200	600	1100	2300	3300
2 dr HdTp	150	300	900	1250	2650	3800
Conv	350	725	1400	3100	4800	6800
Electra 225, V-8, 127" wb						
4 dr HdTp	125	200	600	1100	2300	3300
2 dr HdTp	125	250	750	1150	2400	3400
Electra Custom 225, V-8						
4 dr HdTp	125	250	750	1150	2400	3400
2 dr HdTp	125	250	750	1150	2450	3500
Riviera, V-8						
2 dr HdTp	150	400	1000	1650	3150	4500

1974
Apollo, 6-cyl., 111" wb

	6	5	4	3	2	1
4 dr Sed	125	200	600	1100	2200	3100
2 dr Sed	125	200	600	1100	2200	3100
Hatchback	125	200	600	1100	2250	3200
Apollo, V-8, 111" wb						
4 dr Sed	125	200	600	1100	2250	3200
2 dr Sed	125	200	600	1100	2250	3200
Hatchback	125	200	600	1100	2300	3300
Century, V-8						
Cpe	125	250	750	1150	2500	3600
4 dr HdTp	125	250	750	1150	2450	3500
4 dr Sta Wag	125	250	750	1150	2450	3500
Century Luxus, V-8, 112" wb						
2 dr HdTp	125	250	750	1150	2450	3500
4 dr HdTp	125	250	750	1150	2400	3400

	6	5	4	3	2	1
4 dr Sta Wag	125	200	600	1100	2250	3200
Gran Sport, V-8						
Cpe	150	350	950	1350	2800	4000
Century Regal, V-8, 112" wb						
2 dr HdTp	150	350	950	1450	2900	4100
4 dr HdTp	150	300	900	1250	2650	3800
LeSabre						
4 dr Sed	100	150	450	1000	1900	2700
4 dr HdTp	100	175	525	1050	1950	2800
2 dr HdTp	100	175	525	1050	2050	2900
LeSabre, V-8, 123" wb						
4 dr Sed	125	200	600	1100	2200	3100
4 dr HdTp	125	200	600	1100	2250	3200
2 dr HdTp	125	250	750	1150	2400	3400
LeSabre Luxus, V-8, 123" wb						
4 dr Sed	125	200	600	1100	2250	3200
4 dr HdTp	125	200	600	1100	2300	3300
2 dr HdTp	125	250	750	1150	2450	3500
2 dr Conv	200	650	1250	2400	4200	6000
Estate Wagon, V-8						
4 dr Sta Wag	125	200	600	1100	2300	3300
Electra 225, V-8						
2 dr HdTp	125	250	750	1150	2500	3600
4 dr HdTp	125	250	750	1150	2400	3400
Electra 225 Custom, V-8						
2 dr HdTp	150	300	900	1250	2650	3800
4 dr HdTp	125	250	750	1150	2450	3500
Electra Limited, V-8						
2 dr HdTp	150	300	900	1350	2700	3900
4 dr HdTp	125	250	750	1150	2500	3600
Riviera, V-8						
2 dr HdTp	150	350	950	1350	2800	4000

NOTES: Deduct 5 percent for Apollo V-8.
Add 10 percent for Apollo GSX.
Add 10 percent for Century Grand Sport.
Add 15 percent for Century GS-455.
Add 20 percent for GS-455 Stage I.
Add 5 percent for sunroof.
Add 15 percent for Riviera GS or Stage I.

1975
Skyhawk, V-6

	6	5	4	3	2	1
2 dr Hatch 'S'	125	200	600	1100	2300	3300
2 dr Hatch	125	200	600	1100	2300	3300
Apollo, V-8						
4 dr Sed	125	200	600	1100	2250	3200
4 dr 'SR' Sed	125	200	600	1100	2300	3300
Skylark, V-8						
Cpe	125	250	750	1150	2400	3400
2 dr Hatch	125	250	750	1150	2450	3500
'SR' Cpe	125	250	750	1150	2450	3500
2 dr 'SR' Hatch	100	150	450	1000	1800	2600
Century, V-8						
4 dr Sed	125	200	600	1100	2200	3100
Cpe	125	200	600	1100	2200	3100
4 dr Cus Sed	125	250	750	1150	2400	3400
Cus Cpe	125	250	750	1150	2450	3500
2S Sta Wag	125	200	600	1100	2200	3100
3S Sta Wag	125	200	600	1100	2250	3200
Regal, V-8						
4 dr Sed	125	200	600	1100	2300	3300
Cpe	125	250	750	1150	2400	3400
LeSabre, V-8						
4 dr Sed	100	175	525	1050	1950	2800
4 dr HdTp	100	175	525	1050	2050	2900
Cpe	100	175	525	1050	2100	3000
LeSabre Custom, V-8						
4 dr Sed	100	175	525	1050	2100	3000
4 dr HdTp	100	175	525	1050	2100	3000
Cpe	125	200	600	1100	2200	3100
Conv	350	700	1350	2800	4550	6500
Estate Wagon, V-8						
2S Sta Wag	125	200	600	1100	2250	3200
3S Sta Wag	125	250	750	1150	2400	3400

Electra 225 Custom, V-8

	6	5	4	3	2	1
4 dr HdTp	125	250	750	1150	2400	3400
Cpe	125	250	750	1150	2500	3600

Electra 225 Limited, V-8

4 dr HdTp	125	250	750	1150	2450	3500
Cpe	150	300	900	1250	2650	3800

Riviera, V-8

2 dr HdTp	150	350	950	1350	2800	4000

NOTE: Add 15 percent for Park Avenue DeLuxe.
Add 5 percent for Park Avenue, Century, GS or Riviera GS options.
Add 5 percent for Apollo/Skylark V-8.

1976 Buick Skylark S/R coupe

1976

Skyhawk, V-6						
2 dr Hatch	125	250	750	1150	2400	3400
Skylark S, V-8						
Cpe	125	250	750	1150	2500	3600
Skylark, V-8						
4 dr Sed	125	250	750	1150	2500	3600
Cpe	150	300	900	1250	2600	3700
2 dr Hatch	150	300	900	1250	2650	3800
Skylark SR, V-8						
4 dr Sed	150	300	900	1250	2600	3700
Cpe	150	300	900	1250	2650	3800
2 dr Hatch	150	300	900	1350	2700	3900
Century Special, V-6						
2 dr	125	250	750	1150	2450	3500
Century, V-8						
4 dr	150	350	950	1350	2800	4000
2 dr	150	300	900	1250	2600	3700
Century Custom, V-8						
4 dr	150	300	900	1250	2600	3700
2 dr	150	300	900	1250	2650	3800
2S Sta Wag	125	250	750	1150	2500	3600
3S Sta Wag	150	300	900	1250	2600	3700
Regal, V-8						
4 dr	150	300	900	1250	2600	3700
2 dr	150	300	900	1250	2650	3800
LeSabre, V-6						
4 dr Sed	125	200	600	1100	2250	3200
4 dr HdTp	125	250	750	1150	2450	3500
Cpe	125	250	750	1150	2500	3600
LeSabre Custom, V-8						
4 dr	125	250	750	1150	2500	3600
4 dr HdTp	150	300	900	1250	2600	3700
Cpe	150	300	900	1250	2650	3800
Estate, V-8						
2S Sta Wag	125	250	750	1150	2400	3400

	6	**5**	**4**	**3**	**2**	**1**
3S Sta Wag	125	250	750	1150	2450	3500
Electra 225, V-8						
4 dr HdTp	150	300	900	1250	2650	3800
Cpe	150	300	900	1350	2700	3900
Electra 225 Custom, V-8						
4 dr HdTp	150	350	950	1350	2800	4000
Cpe	150	350	950	1450	3000	4200
Riviera, V-8						
2 dr Spt Cpe	150	400	1000	1650	3150	4500

NOTE: Deduct 5 percent for 6 cylinder.

1977
Skyhawk, V-6

	6	**5**	**4**	**3**	**2**	**1**
2 dr Hatch	100	150	450	1000	1750	2500
Skylark S, V-8						
Cpe	100	150	450	1000	1900	2700
Skylark, V-8						
4 dr Sed	100	150	450	1000	1900	2700
Cpe	100	175	525	1050	1950	2800
2 dr Hatch	100	175	525	1050	2050	2900
Skylark SR, V-8						
4 dr Sed	100	175	525	1050	1950	2800
Cpe	100	175	525	1050	2050	2900
2 dr Hatch	100	175	525	1050	2100	3000
Century, V-8						
4 dr Sed	125	250	750	1150	2450	3500
Cpe	125	250	750	1150	2500	3600
Century Custom, V-8						
4 dr Sed	125	250	750	1150	2500	3600
Cpe	150	300	900	1250	2600	3700
2S Sta Wag	125	250	750	1150	2400	3400
3S Sta Wag	125	250	750	1150	2450	3500
Regal, V-8						
4 dr Sed	150	300	900	1250	2650	3800
Cpe	150	300	900	1350	2700	3900
LeSabre, V-8						
4 dr Sed	125	250	750	1150	2500	3600
Cpe	150	300	900	1250	2600	3700
LeSabre Custom, V-8						
4 dr Sed	150	300	900	1250	2600	3700
Cpe	150	300	900	1250	2650	3800
Spt Cpe	150	300	900	1350	2700	3900
Electra 225, V-8						
4 dr Sed	150	300	900	1350	2700	3900
Cpe	150	350	950	1350	2800	4000
Electra 225 Limited, V-8						
4 dr Sed	150	350	950	1450	2900	4100
Cpe	150	400	1000	1550	3050	4300
Riviera, V-8						
Cpe	150	400	1000	1600	3100	4400

NOTE: Deduct 5 percent for V-6.

1978
Skyhawk

	6	**5**	**4**	**3**	**2**	**1**
2 dr 'S' Hatch	125	200	600	1100	2250	3200
2 dr Hatch	125	250	750	1150	2400	3400
Skylark						
'S' Cpe	125	200	600	1100	2300	3300
4 dr Sed	125	250	750	1150	2400	3400
Cpe	125	250	750	1150	2400	3400
2 dr Hatch	125	250	750	1150	2450	3500
Skylark Custom						
4 dr Sed	125	250	750	1150	2400	3400
Cpe	125	250	750	1150	2450	3500
2 dr Hatch	125	250	750	1150	2500	3600
Century Special						
4 dr Sed	125	250	750	1150	2450	3500
Cpe	125	250	750	1150	2500	3600
Sta Wag	125	250	750	1150	2400	3400
Century Custom						
4 dr Sed	125	250	750	1150	2500	3600
Cpe	150	300	900	1250	2600	3700
Sta Wag	125	250	750	1150	2450	3500
Century Sport						
Cpe	150	300	900	1350	2700	3900

Century Limited

	6	5	4	3	2	1
4 dr Sed	150	300	900	1250	2650	3800
Cpe	150	300	900	1350	2700	3900
Regal						
Cpe	150	300	900	1250	2600	3700
Spt Cpe	150	300	900	1250	2650	3800
Regal Limited						
Cpe	150	350	950	1350	2800	4000
LeSabre						
4 dr Sed	150	300	900	1250	2600	3700
Cpe	150	300	900	1250	2650	3800
Spt Turbo Cpe	150	350	950	1450	2900	4100
LeSabre Custom						
4 dr Sed	150	300	900	1250	2650	3800
Cpe	150	300	900	1350	2700	3900
Estate Wagon						
Sta Wag	150	300	900	1250	2600	3700
Electra 225						
4 dr Sed	150	300	900	1350	2700	3900
Cpe	150	350	950	1450	3000	4200
Electra Limited						
4 dr Sed	150	350	950	1350	2800	4000
Cpe	150	400	1000	1650	3150	4500
Electra Park Avenue						
4 dr Sed	150	350	950	1450	3000	4200
Cpe	150	450	1050	1800	3300	4800
Riviera						
Cpe	200	600	1200	2200	3850	5500

1979
Skyhawk, V-6

	6	5	4	3	2	1
2 dr Hatch	125	250	750	1150	2450	3500
2 dr 'S' Hatch	125	250	750	1150	2400	3400
Skylark 'S', V-8						
'S' Cpe	125	200	600	1100	2300	3300
Skylark, V-8						
4 dr Sed	125	250	750	1150	2450	3500
Cpe	125	250	750	1150	2450	3500
Hatch	125	250	750	1150	2500	3600
Skylark Custom, V-8						
4 dr Sed	125	250	750	1150	2500	3600
Cpe	125	250	750	1150	2500	3600
NOTE: Deduct 5 percent for 6 cyl.						
Century Special, V-8						
4 dr Sed	125	250	750	1150	2500	3600
Cpe	125	250	750	1150	2450	3500
Sta Wag	125	250	750	1150	2500	3600
Century Custom, V-8						
4 dr Sed	150	300	900	1250	2600	3700
Cpe	125	250	750	1150	2500	3600
Sta Wag	150	300	900	1250	2600	3700
Century Sport, V-8						
Cpe	150	350	950	1350	2800	4000
Century Limited, V-8						
4 dr Sed	150	300	900	1350	2700	3900
NOTE: Deduct 7 percent for 6-cyl.						
Regal, V-6						
Cpe	150	300	900	1350	2700	3900
Regal Sport Turbo, V-6						
Cpe	150	400	1000	1600	3100	4400
Regal, V-8						
Cpe	150	350	950	1350	2800	4000
Regal Limited, V-8 & V-6						
V-6 Cpe	150	300	900	1350	2700	3900
V-8 Cpe	150	350	950	1450	3000	4200
LeSabre, V-8						
4 dr Sed	150	300	900	1350	2700	3900
Cpe	150	300	900	1250	2650	3800
LeSabre Limited, V-8						
4 dr Sed	150	350	950	1350	2800	4000
Cpe	150	300	900	1350	2700	3900
NOTE: Deduct 7 percent for V-6.						
LeSabre Sport Turbo, V-6						
Cpe	150	400	1000	1650	3150	4500

LeSabre Estate Wagon

	6	5	4	3	2	1
Sta Wag	150	350	950	1350	2800	4000
Electra 225, V-8						
4 dr Sed	150	350	950	1450	2900	4100
Cpe	150	400	1000	1550	3050	4300
Electra Limited, V-8						
4 dr Sed	150	400	1000	1550	3050	4300
Cpe	150	450	1050	1700	3200	4600
Electra Park Avenue, V-8						
4 dr Sed	150	450	1050	1700	3200	4600
Cpe	200	500	1100	1850	3350	4900
Riviera, V-8						
Cpe 'S'	200	600	1200	2300	4000	5700

NOTE: Deduct 10 percent for V-6.

1980

Skyhawk, V-6

	6	5	4	3	2	1
2 dr Hatch S	150	300	900	1250	2600	3700
2 dr Hatch	150	300	900	1250	2650	3800
Skylark, V-6						
4 dr Sed	150	300	900	1250	2650	3800
2 dr Cpe	150	300	900	1350	2700	3900
4 dr Sed Limited	150	300	900	1350	2700	3900
2 dr Cpe Limited	150	350	950	1350	2800	4000
4 dr Sed Spt	150	350	950	1450	2900	4100
2 dr Cpe Spt	150	350	950	1450	3000	4200

NOTE: Deduct 10 percent for 4-cyl.

Century, V-8

	6	5	4	3	2	1
4 dr Sed	125	250	750	1150	2500	3600
2 dr Cpe	150	300	900	1250	2650	3800
4 dr Sta Wag Est	150	300	900	1250	2600	3700
2 dr Cpe Spt	150	300	900	1350	2700	3900

NOTE: Deduct 12 percent for V-6.

Regal, V-8

	6	5	4	3	2	1
2 dr Cpe	150	300	900	1350	2700	3900
2 dr Cpe Limited	150	350	950	1350	2800	4000

NOTE: Deduct 12 percent for V-6.

Regal Turbo, V-6

	6	5	4	3	2	1
2 dr Cpe	200	600	1200	2200	3850	5500
LeSabre, V-8						
4 dr Sed	150	350	950	1450	2900	4100
2 dr Cpe	150	350	950	1450	3000	4200
4 dr Sed Limited	150	400	1000	1550	3050	4300
2 dr Cpe Limited	150	400	1000	1600	3100	4400
4 dr Sta Wag Est	150	400	1000	1550	3050	4300
LeSabre Turbo, V-6						
2 dr Cpe Spt	200	500	1100	1850	3350	4900
Electra, V-8						
4 dr Sed Limited	150	450	1050	1700	3200	4600
2 dr Cpe Limited	150	450	1050	1750	3250	4700
4 dr Sed Park Ave	150	450	1050	1750	3250	4700
2 dr Cpe Park Ave	150	450	1050	1800	3300	4800
4 dr Sta Wag Est	200	500	1100	1850	3350	4900
Riviera S Turbo, V-6						
2 dr Cpe	200	675	1300	2500	4350	6200
Riviera, V-8						
2 dr Cpe	350	725	1400	3000	4700	6700

1981

Skylark, V-6

	6	5	4	3	2	1
4 dr Sed	150	300	900	1350	2700	3900
2 dr Cpe	150	350	950	1350	2800	4000
4 dr Sed Limited	150	350	950	1350	2800	4000
2 dr Cpe Limited	150	350	950	1450	2900	4100
4 dr Sed Sport	150	350	950	1450	3000	4200
2 dr Cpe Sport	150	400	1000	1550	3050	4300

NOTE: Deduct 10 percent for 4-cyl.

Century, V-8

	6	5	4	3	2	1
4 dr Sed	150	300	900	1250	2600	3700
4 dr Sta Wag	150	300	900	1250	2650	3800
4 dr Sed Limited	150	300	900	1250	2650	3800
4 dr Sta Wag Est	150	300	900	1350	2700	3900

NOTE: Deduct 12 percent for V-6.

Regal, V-8

	6	5	4	3	2	1
2 dr Cpe	150	300	900	1350	2700	3900

	6	5	4	3	2	1
2 dr Cpe Limited	150	350	950	1350	2800	4000
NOTE: Deduct 12 percent for V-6.						
Regal Turbo, V-6						
2 dr Cpe Sport	200	600	1200	2200	3900	5600
LeSabre, V-8						
4 dr Sed	150	350	950	1450	3000	4200
2 dr Cpe	150	400	1000	1550	3050	4300
4 dr Sed Limited	150	400	1000	1550	3050	4300
2 dr Cpe Limited	150	400	1000	1600	3100	4400
4 dr Sta Wag Est	150	400	1000	1650	3150	4500
NOTE: Deduct 12 percent for V-6 except Estate Wag.						
Electra, V-8						
4 dr Sed Limited	150	400	1000	1600	3100	4400
2 dr Cpe Limited	150	400	1000	1650	3150	4500
4 dr Sed Park Ave	150	450	1050	1700	3200	4600
2 dr Cpe Park Ave	150	450	1050	1750	3250	4700
4 dr Sta Wag Est	150	450	1050	1750	3250	4700
NOTE: Deduct 15 percent for V-6 except Estate Wag.						
Riviera, V-8						
2 dr Cpe	350	725	1400	3100	4800	6800
Riviera, V-6						
2 dr Cpe	200	650	1250	2400	4200	6000
2 dr Cpe Turbo T Type	200	675	1300	2600	4400	6300

1982
Skyhawk, 4-cyl.

	6	5	4	3	2	1
4 dr Sed Cus	150	300	900	1250	2650	3800
2 dr Cpe Cus	150	300	900	1350	2700	3900
4 dr Sed Limited	150	300	900	1350	2700	3900
2 dr Cpe Limited	150	350	950	1350	2800	4000
Skylark, V-6						
4 dr Sed	150	350	950	1350	2800	4000
2 dr Cpe	150	350	950	1450	2900	4100
4 dr Sed Limited	150	350	950	1450	3000	4200
2 dr Cpe Limited	150	400	1000	1550	3050	4300
4 dr Sed Sport	150	400	1000	1600	3100	4400
2 dr Cpe Sport	150	400	1000	1650	3150	4500
NOTE: Deduct 10 percent for 4-cyl.						
Regal, V-6						
4 dr Sed	150	400	1000	1600	3100	4400
2 dr Cpe	150	400	1000	1650	3150	4500
2 dr Cpe Turbo	200	600	1200	2200	3850	5500
4 dr Sed Limited	150	450	1050	1750	3250	4700
2 dr Cpe Limited	150	450	1050	1800	3300	4800
4 dr Sta Wag	150	450	1050	1800	3300	4800
Century, V-6						
4 dr Sed Cus	150	450	1050	1700	3200	4600
2 dr Cpe Cus	150	450	1050	1750	3250	4700
4 dr Sed Limited	200	500	1100	1850	3350	4900
2 dr Cpe Limited	200	500	1100	1900	3500	5000
NOTE: Deduct 10 percent for 4-cyl.						
LeSabre, V-8						
4 dr Sed Cus	150	450	1050	1800	3300	4800
2 dr Cpe Cus	200	500	1100	1850	3350	4900
4 dr Sed Limited	200	500	1100	1850	3350	4900
2 dr Cpe Limited	200	500	1100	1900	3500	5000
4 dr Sta Wag Est	200	500	1100	1900	3500	5000
NOTE: Deduct 12 percent for V-6 except Estate Wag.						
Electra, V-8						
4 dr Sed Limited	200	500	1100	1850	3350	4900
2 dr Cpe Limited	200	500	1100	1950	3600	5100
4 dr Sed Park Ave	200	550	1150	2000	3600	5200
2 dr Cpe Park Ave	200	550	1150	2100	3800	5400
4 dr Sta Wag Est	200	550	1150	2100	3800	5400
NOTE: Deduct 15 percent for V-6 except Estate Wag.						
Riviera, V-6						
2 dr Cpe	350	700	1350	2800	4550	6500
2 dr Cpe T Type	350	725	1400	3100	4800	6800
2 dr Conv	650	2000	5100	8500	11,900	17,000
Riviera, V-8						
2 dr Cpe	350	750	1450	3300	4900	7000
2 dr Conv	650	2300	5400	9000	12,600	18,000

1983
Skyhawk, 4-cyl.

	6	5	4	3	2	1
4 dr Sed Cus	150	300	900	1350	2700	3900
2 dr Cpe Cus	150	350	950	1350	2800	4000
4 dr Sta Wag Cus	150	350	950	1350	2800	4000
4 dr Sed Limited	150	350	950	1450	3000	4200
2 dr Cpe Limited	150	400	1000	1550	3050	4300
4 dr Sta Wag Limited	150	400	1000	1550	3050	4300
2 dr Cpe T Type	200	500	1100	1850	3350	4900

Skylark, V-6

	6	5	4	3	2	1
4 dr Sed Cus	150	350	950	1450	2900	4100
2 dr Cpe Cus	150	350	950	1450	3000	4200
4 dr Sed Limited	150	350	950	1450	3000	4200
2 dr Cpe Limited	150	400	1000	1550	3050	4300
2 dr Cpe T Type	200	500	1100	1950	3600	5100

NOTE: Deduct 10 percent for 4-cyl. except T Type.

Century, V-6

	6	5	4	3	2	1
4 dr Sed Cus	150	350	950	1450	3000	4200
2 dr Cpe Cus	150	400	1000	1550	3050	4300
4 dr Sed Limited	150	400	1000	1550	3050	4300
2 dr Cpe Limited	150	400	1000	1600	3100	4400
4 dr Sed T Type	200	500	1100	1900	3500	5000
2 dr Cpe T Type	200	600	1200	2200	3850	5500

NOTE: Deduct 12 percent for 4-cyl. except T Type.

Regal, V-6

	6	5	4	3	2	1
4 dr Sed	150	400	1000	1550	3050	4300
2 dr Cpe	150	400	1000	1600	3100	4400
4 dr Sed Limited	150	400	1000	1650	3150	4500
2 dr Cpe Limited	150	450	1050	1700	3200	4600
4 dr Sed T Type	200	650	1200	2300	4100	5800
2 dr Cpe T Type	200	675	1300	2500	4350	6200
4 dr Sta Wag	150	450	1050	1750	3250	4700

LeSabre, V-8

	6	5	4	3	2	1
4 dr Sed Cus	200	500	1100	1900	3500	5000
2 dr Cpe Cus	200	500	1100	1950	3600	5100
4 dr Sed Limited	200	550	1150	2000	3600	5200
2 dr Cpe Limited	200	550	1150	2100	3700	5300
4 dr Sta Wag	200	550	1150	2100	3700	5300

NOTE: Deduct 12 percent for V-6 except Estate.

Electra, V-8

	6	5	4	3	2	1
4 dr Sed Limited	200	550	1150	2000	3600	5200
2 dr Cpe Limited	200	550	1150	2100	3700	5300
4 dr Sed Park Ave	200	550	1150	2100	3800	5400
2 dr Cpe Park Ave	200	600	1200	2200	3850	5500
4 dr Sta Wag Est	200	600	1200	2200	3850	5500

NOTE: Deduct 15 percent for V-6.

Riviera, V-6

	6	5	4	3	2	1
2 dr Cpe	350	700	1350	2800	4550	6500
2 dr Conv	650	2000	5100	8500	11,900	17,000
2 dr T Type	350	775	1500	3750	5250	7500

Riviera, V-8

	6	5	4	3	2	1
2 dr Cpe	350	750	1450	3300	4900	7000
2 dr Conv	650	2300	5400	9000	12,600	18,000

CADILLAC

1903
Model A, 1-cyl.

	6	5	4	3	2	1
Rbt	800	4200	8400	14,000	19,600	28,000
Ton Rbt	800	4350	8700	14,500	20,300	29,000

1904
Model A, 1-cyl.

	6	5	4	3	2	1
Rbt	800	4050	8100	13,500	18,900	27,000
Ton Rbt	800	4200	8400	14,000	19,600	28,000

Model B, 1-cyl.

1905
Models B-E

	6	5	4	3	2	1
Rbt	800	4000	7950	13,250	18,550	26,500
Ton Rbt	800	4050	8100	13,500	18,900	27,000

Model D, 4-cyl.

	6	5	4	3	2	1
Rbt	800	4350	8700	14,500	20,300	29,000

	6	5	4	3	2	1
Ton Rbt	1200	4500	9000	15,000	21,000	30,000

1906
Model K-M, 1-cyl.

	6	5	4	3	2	1
Rbt	800	3750	7500	12,500	17,500	25,000
Tr	800	3900	7800	13,000	18,200	26,000

Model H, 4-cyl.

Rbt	800	3900	7800	13,000	18,200	26,000
Tr	800	4050	8100	13,500	18,900	27,000

Model L, 4-cyl.

7P Tr	800	4350	8700	14,500	20,300	29,000
Limo	800	4050	8100	13,500	18,900	27,000

1907
Model G, 4-cyl. 20 hp.

Rbt	800	3600	7200	12,000	16,800	24,000
Tr	800	3750	7500	12,500	17,500	25,000
Limo	800	3400	6900	11,500	16,100	23,000

Model H, 4-cyl. 30 hp.

Tr	800	4050	8100	13,500	18,900	27,000
Limo	800	3300	6600	11,000	15,400	22,000

Model K-M, 1-cyl.

Rbt	800	3400	6900	11,500	16,100	23,000
Tr	800	3600	7200	12,000	16,800	24,000

1908
Model G, 4-cyl. 25 hp.

Rbt	800	3000	6000	10,000	14,000	20,000
Tr	800	3150	6300	10,500	14,700	21,000

Model H, 4-cyl. 30 hp.

Rbt	800	3300	6600	11,000	15,400	22,000
Tr	800	3150	6300	10,500	14,700	21,000
Cpe	800	3000	6000	10,000	14,000	20,000
Limo	650	2800	5700	9500	13,300	19,000

Model S-T, 1-cyl.

Rbt	650	2800	5700	9500	13,300	19,000
Tr	800	3000	6000	10,000	14,000	20,000
Cpe	650	2000	5100	8500	11,900	17,000

1909
Model 30, 4-cyl.

Rds	800	3000	6000	10,000	14,000	20,000
demi T.C.	650	2800	5700	9500	13,300	19,000
Tr	800	3150	6300	10,500	14,700	21,000

Model T, 1-cyl.

Tr	500	1200	3750	6250	8750	12,500

1910
Model 30, 4-cyl.

Rds	800	4200	8400	14,000	19,600	28,000
demi-T.C.	800	3600	7200	12,000	16,800	24,000
Tr	1200	4800	9600	16,000	22,400	32,000
Limo	800	3150	6300	10,500	14,700	21,000

1911
Model 30, 4-cyl.

Rds	800	4050	8100	13,500	18,900	27,000
demi-T.C.	1200	5100	10,200	17,000	23,800	34,000
Tr	1200	5250	10,500	17,500	24,500	35,000
Cpe	800	4200	8400	14,000	19,600	28,000
Limo	1200	4650	9300	15,500	21,700	31,000

1912
Model 30, 4-cyl.

Rds	1200	4950	9900	16,500	23,100	33,000
4P Phae	1200	4950	9900	16,500	23,100	33,000
5P Tr	1200	5850	11,700	19,500	27,300	39,000
Cpe	800	4050	8100	13,500	18,900	27,000
Limo	800	4350	8700	14,500	20,300	29,000

1913
Model 30, 4-cyl.

Rds	1200	4650	9300	15,500	21,700	31,000
Phae	1200	4950	9900	16,500	23,100	33,000
Torp	1200	4650	9300	15,500	21,700	31,000
5P Tr	1200	5250	10,500	17,500	24,500	35,000
6P Tr	1200	5550	11,100	18,500	25,900	37,000
Cpe	800	3900	7800	13,000	18,200	26,000
Limo	800	4200	8400	14,000	19,600	28,000

1912 Cadillac, Touring

1914
Model 30, 4-cyl.

	6	5	4	3	2	1
Rds	1200	5100	10,200	17,000	23,800	34,000
Phae	1200	5200	10,350	17,250	24,150	34,500
5P Tr	1200	5100	10,200	17,000	23,800	34,000
7P Tr	1200	5200	10,350	17,250	24,150	34,500
Lan Cpe	800	4000	7950	13,250	18,550	26,500
Encl dr Limo	800	4200	8400	14,000	19,600	28,000
Limo	800	4350	8700	14,500	20,300	29,000

1915
Model 51, V-8

	6	5	4	3	2	1
Rds	1200	5400	10,800	18,000	25,200	36,000
Sal Tr	1200	5550	11,100	18,500	25,900	37,000
7P Tr	1200	5400	10,800	18,000	25,200	36,000
3P Cpe	800	3900	7800	13,000	18,200	26,000
Sed Brgm	800	3900	7800	13,000	18,200	26,000
7P Limo	1200	4500	9000	15,000	21,000	30,000
Berl Limo	1200	4800	9600	16,000	22,400	32,000

1916
Model 53 V-8

	6	5	4	3	2	1
Rds	1200	5400	10,800	18,000	25,200	36,000
5P Tr	1200	5550	11,100	18,500	25,900	37,000
7P Tr	1200	5700	11,400	19,000	26,600	38,000
3P Cpe	800	3900	7800	13,000	18,200	26,000
Sed Brgm	800	3900	7800	13,000	18,200	26,000
7P Limo	800	4400	8850	14,750	20,650	29,500
Berl Limo	1200	4650	9300	15,500	21,700	31,000

1917
Model 55, V-8

	6	5	4	3	2	1
Rds	1200	5250	10,500	17,500	24,500	35,000
Clb Rds	1200	5400	10,800	18,000	25,200	36,000
Conv	1200	5100	10,200	17,000	23,800	34,000
Cpe	800	3800	7650	12,750	17,850	25,500
Vic	800	3900	7800	13,000	18,200	26,000
Brgm	800	3800	7650	12,750	17,850	25,500
Limo	800	4350	8700	14,500	20,300	29,000
Imp Limo	1200	4500	9000	15,000	21,000	30,000
7P Lan'let	1200	4650	9300	15,500	21,700	31,000

1918-19
Type 57, V-8

	6	5	4	3	2	1
Rds	1200	5250	10,500	17,500	24,500	35,000
Phae	1200	5400	10,800	18,000	25,200	36,000
Tr	1200	5100	10,200	17,000	23,800	34,000
Conv Vic	1200	4950	9900	16,500	23,100	33,000
Brgm	800	3800	7650	12,750	17,850	25,500
Limo	800	3400	6900	11,500	16,100	23,000
Twn Limo	800	3400	6900	11,500	16,100	23,000
Lan'let	800	3600	7200	12,000	16,800	24,000
Twn Lan'let	800	4200	8400	14,000	19,600	28,000

	6	5	4	3	2	1
Imp Limo	800	4050	8100	13,500	18,900	27,000

1920-1921
Type 59, V-8

	6	5	4	3	2	1
Rds	1200	5100	10,200	17,000	23,800	34,000
Phae	1200	5250	10,500	17,500	24,500	35,000
Tr	1200	4950	9900	16,500	23,100	33,000
Vic	800	3800	7650	12,750	17,850	25,500
Sed	800	3300	6600	11,000	15,400	22,000
Cpe	800	3350	6750	11,250	15,750	22,500
Sub	800	3400	6900	11,500	16,100	23,000
Limo	800	3800	7650	12,750	17,850	25,500
Twn Brgm	800	4100	8250	13,750	19,250	27,500
Imp Limo	800	4000	7950	13,250	18,550	26,500

NOTE: Coupe and Town Brougham dropped for 1921.

1922-1923
Type 61, V-8

	6	5	4	3	2	1
Rds	1200	4950	9900	16,500	23,100	33,000
Phae	1200	5100	10,200	17,000	23,800	34,000
Tr	1200	4950	9900	16,500	23,100	33,000
Cpe	800	3900	7800	13,000	18,200	26,000
Vic	800	4000	7950	13,250	18,550	26,500
5P Cpe	800	3600	7200	12,000	16,800	24,000
Sed	800	3500	7050	11,750	16,450	23,500
Sub	800	4200	8400	14,000	19,600	28,000
7P Limo	800	4300	8550	14,250	19,950	28,500
Imp Limo	800	4350	8700	14,500	20,300	29,000
Lan'let Sed	800	4400	8850	14,750	20,650	29,500

1924-1925
V-63, V-8

	6	5	4	3	2	1
Rds	1500	6300	12,600	21,000	29,400	42,000
Phae	1500	6750	13,500	22,500	31,500	45,000
Tr	1500	6150	12,300	20,500	28,700	41,000
Vic	1200	4650	9300	15,500	21,700	31,000
Cpe	1200	4500	9000	15,000	21,000	30,000
Limo	800	4300	8550	14,250	19,950	28,500
Twn Brgm	800	4350	8700	14,500	20,300	29,000
Imp Sed	800	4200	8400	14,000	19,600	28,000

Custom models, (V-8 introduced Oct., 1924)

	6	5	4	3	2	1
Cpe	800	4350	8700	14,500	20,300	29,000
5P Cpe	1200	4500	9000	15,000	21,000	30,000
5P Sed	800	4400	8850	14,750	20,650	29,500
Sub	800	4350	8700	14,500	20,300	29,000
Imp Sub	800	4400	8850	14,750	20,650	29,500

Other models, V-8

	6	5	4	3	2	1
7P Sed	800	4350	8700	14,500	20,300	29,000
Vic	800	4400	8850	14,750	20,650	29,500
Lan Sed	1200	4500	9000	15,000	21,000	30,000
2 dr Sed	800	3900	7800	13,000	18,200	26,000
8P Imp Sed	800	4050	8100	13,500	18,900	27,000

(All Custom and post-Dec. 1924 models have scrolled radiators).

1926-1927
Series 314, V-8

	6	5	4	3	2	1
Cpe	1200	5850	11,700	19,500	27,300	39,000
Vic	1500	6000	12,000	20,000	28,000	40,000
5P Brgm	1200	5850	11,700	19,500	27,300	39,000
5P Sed	1200	4650	9300	15,500	21,700	31,000
7P Sed	1200	4800	9600	16,000	22,400	32,000
Imp Sed	1200	4650	9300	15,500	21,700	31,000

Custom Line, V-8

	6	5	4	3	2	1
Rds	3500	13,500	27,000	45,000	70,000	90,000
Tr	3500	13,500	27,000	45,000	70,000	90,000
Phae	3500	13,800	27,600	46,000	73,500	92,000
Cpe	1500	7650	15,300	25,500	35,700	51,000
Sed	1500	6300	12,600	21,000	29,400	42,000
Sub	1500	6450	12,900	21,500	30,100	43,000
Imp Sed	1500	7350	14,700	24,500	34,300	49,000

1927
Series 314 Std., V-8, 132" wb

	6	5	4	3	2	1
Spt Cpe	1500	7200	14,400	24,000	33,600	48,000
Cpe	1500	6750	13,500	22,500	31,500	45,000
Sed	1200	5550	11,100	18,500	25,900	37,000
Spt Sed	1200	5700	11,400	19,000	26,600	38,000
Brgm	1200	5400	10,800	18,000	25,200	36,000

	6	5	4	3	2	1
Imp	1200	5700	11,400	19,000	26,600	38,000
Std. Series, V-8, 132" wb						
7P Sed	1200	5400	10,800	18,000	25,200	36,000
Custom, 132" wb						
RS Rds	3500	12,900	25,800	48,200	66,000	86,000
RS Conv	2000	10,500	21,000	35,000	49,000	70,000
Phae	3500	13,800	27,600	46,000	73,500	92,000
Spt Phae	3500	14,400	28,800	48,000	76,000	96,000
Tr	3500	13,500	27,000	45,000	70,000	90,000
Conv	2000	10,200	20,400	34,000	47,600	68,000
Cpe	1500	7500	15,000	25,000	35,000	50,000
5P Sed	1200	5850	11,700	19,500	27,300	39,000
Sub	1500	6000	12,000	20,000	28,000	40,000
Imp Sed	1500	6150	12,300	20,500	28,700	41,000
Brn Twn Cabr	1500	6150	12,300	20,500	28,700	41,000
Wilby Twn Cabr	1500	6750	13,500	22,500	31,500	45,000
Fleetwood Bodies						
Limo Brgm	1500	7200	14,400	24,000	33,600	48,000
Twn Cabr	1500	7500	15,000	25,000	35,000	50,000
Trans Twn Cabr	1500	7800	15,600	26,000	36,400	52,000
Coll Twn Cabr	1500	7950	15,900	26,500	37,100	53,000
Vic	1500	6900	13,800	23,000	32,200	46,000

1928
Fisher Custom Line, V-8, 140" wb

	6	5	4	3	2	1
Rds	3500	13,500	27,000	45,000	70,000	90,000
Tr	3500	13,200	26,400	44,000	68,000	88,000
Phae	3500	13,500	27,000	45,000	70,000	90,000
Spt Phae	3500	13,800	27,600	46,000	73,500	92,000
Conv RS	3500	12,000	24,000	40,000	60,000	80,000
2P Cpe	1500	6900	13,800	23,000	32,200	46,000
5P Cpe	1500	6600	13,200	22,000	30,800	44,000
Twn Sed	1500	6150	12,300	20,500	28,700	41,000
Sed	1500	6000	12,000	20,000	28,000	40,000
7P Sed	1500	6150	12,300	20,500	28,700	41,000
5P Imp Sed	1500	6300	12,600	21,000	29,400	42,000
Imp Cabr	2000	8850	17,700	29,500	41,300	59,000
7P Imp Sed	2000	9600	19,200	32,000	44,800	64,000
7P Imp Cabr	2000	9900	19,800	33,000	46,200	66,000

Fisher Fleetwood Line, V-8, 140" wb

	6	5	4	3	2	1
Sed	1500	6300	12,600	21,000	29,400	42,000
5P Cabr	2000	10,500	21,000	35,000	49,000	70,000
5P Imp Cabr	2000	10,800	21,600	36,000	50,500	72,000
7P Sed	1500	6600	13,200	22,000	30,800	44,000
7P Cabr	2000	10,500	21,000	35,000	49,000	70,000
7P Imp Cabr	2000	10,800	21,600	36,000	50,500	72,000
Trans Twn Cabr	2000	11,100	22,200	37,000	52,000	74,000
Trans Limo Brgm	2000	11,400	22,800	38,000	56,000	76,000

1929
Series 341-B, V-8, 140" wb

	6	5	4	3	2	1
Rds	3500	13,800	27,600	46,000	73,500	92,000
Phae	3500	13,500	27,000	45,000	70,000	90,000
Spt Phae	3500	13,800	27,600	46,000	73,500	92,000
Tr	3500	13,200	26,400	44,000	68,000	88,000
Conv	3500	12,900	25,800	48,200	66,000	86,000
2P Cpe	2000	9000	18,000	30,000	42,000	60,000
5P Cpe	2000	9300	18,600	31,000	43,400	62,000
5P Sed	1500	7500	15,000	25,000	35,000	50,000
7P Sed	1500	7350	14,700	24,500	34,300	49,000
Twn Sed	1500	7650	15,300	25,500	35,700	51,000
7P Imp Sed	1500	7800	15,600	26,000	36,400	52,000

Fleetwood Custom Line, V-8, 140" wb

	6	5	4	3	2	1
Sed	1500	7650	15,300	25,500	35,700	51,000
Sed Cabr	3500	12,600	25,200	42,000	64,000	84,000
5P Imp Sed	2000	8100	16,200	27,000	37,800	54,000
7P Imp Sed	2000	8250	16,500	27,500	38,500	55,000
Trans Twn Cabr	3500	12,000	24,000	40,000	60,000	80,000
Trans Limo Brgm	3500	12,000	24,000	40,000	60,000	80,000
Clb Cabr	3500	12,000	24,000	40,000	60,000	80,000
A/W Phae	5000	24,100	42,000	68,000	98,000	126,000
A/W State Imp	5000	25,500	45,000	73,000	100,000	130,000

1930 Cadillac, V-16 Roadster

1930
Series 353, V-8, 140" wb
Fisher Custom Line

	6	5	4	3	2	1
Conv	3500	13,500	27,000	45,000	70,000	90,000
2P Cpe	3500	12,000	24,000	40,000	60,000	80,000
Twn Sed	1500	7500	15,000	25,000	35,000	50,000
Sed	1500	7800	15,600	26,000	36,400	52,000
7P Sed	1500	7950	15,900	26,500	37,100	53,000
7P Imp Sed	2000	8100	16,200	27,000	37,800	54,000
5P Cpe	1500	7500	15,000	25,000	35,000	50,000

Fleetwood Line, V-8

	6	5	4	3	2	1
Rds	6000	31,100	58,000	88,000	114,000	150,000
5P Sed	2000	8250	16,500	27,500	38,500	55,000
Sed Cabr	3500	14,400	28,800	48,000	76,000	96,000
5P Imp	2000	8400	16,800	28,000	39,200	56,000
7P Sed	2000	8250	16,500	27,500	38,500	55,000
7P Imp	2000	8550	17,100	28,500	39,900	57,000
Trans Cabr	3500	14,700	29,400	49,000	78,000	98,000
Trans Limo Brgm	3500	14,400	28,800	48,000	76,000	96,000
Clb Cabr	3500	15,000	30,000	50,000	80,000	100,000
A/W Phae	5000	29,500	55,000	84,000	110,000	140,000
A/W State Imp	6000	30,300	57,000	86,000	112,000	145,000

Fleetwood Custom Line, V-16, 148" wb

	6	5	4	3	2	1
Rds	10,000	55,000	97,000	152,000	193,000	275,000
Phae	10,000	54,000	95,000	149,000	189,000	270,000

"Flat Windshield" Models

	6	5	4	3	2	1
A/W Phae	10,000	53,000	93,000	146,000	186,000	265,000
Conv	8000	45,000	79,000	124,000	158,000	225,000
Cpe	3500	15,000	30,000	50,000	80,000	100,000
Clb Sed	3500	14,400	28,800	48,000	76,000	96,000
5P OS Sed	3500	14,400	28,800	48,000	76,000	96,000
5P Sed Cabr	3500	18,500	33,000	55,000	88,000	110,000
Imp Cabr	3500	18,500	33,000	55,000	88,000	110,000
7P Sed	3500	14,400	28,800	48,000	76,000	96,000
7P Imp Sed	3500	15,000	30,000	50,000	80,000	100,000
Twn Cabr 4212	5000	20,600	34,800	58,000	91,000	116,000
Twn Cabr 4220	5000	20,600	34,800	58,000	91,000	116,000
Twn Cabr 4225	5000	20,600	34,800	58,000	91,000	116,000
Limo Brgm	3500	15,000	30,000	50,000	80,000	100,000
Twn Brgm 05	3500	15,000	30,000	50,000	80,000	100,000

"Cane-bodied" Model

	6	5	4	3	2	1
Twn Brgm	3500	18,500	33,000	55,000	88,000	110,000

Madam X Models

	6	5	4	3	2	1
A/W Phae	10,000	54,000	95,000	149,000	189,000	270,000

	6	5	4	3	2	1
Conv	8000	46,000	81,000	127,000	161,000	230,000
Cpe	3500	15,000	30,000	50,000	80,000	100,000
5P OS Imp	3500	15,000	30,000	50,000	80,000	100,000
5P Imp	3500	13,500	27,000	45,000	70,000	90,000
Twn Cabr 4312	3500	18,500	33,000	55,000	88,000	110,000
Twn Cabr 4320	3500	18,500	33,000	55,000	88,000	110,000
Twn Cabr 4325	3500	18,500	33,000	55,000	88,000	110,000
Limo Brgm	3500	15,000	30,000	50,000	80,000	100,000

1931
Series 355, V-8, 134" wb
Fisher Bodies

	6	5	4	3	2	1
Rds	6000	31,900	59,000	90,000	116,000	155,000
Phae	6000	31,100	58,000	88,000	114,000	150,000
2P Cpe	3500	12,000	24,000	40,000	60,000	80,000
5P Cpe	3500	12,300	24,600	41,000	62,000	82,000
Sed	2000	8250	16,500	27,500	38,500	55,000
Twn Sed	2000	8550	17,100	28,500	39,900	57,000
7P Sed	2000	8700	17,400	29,000	40,600	58,000
Imp Limo	2000	9000	18,000	30,000	42,000	60,000

Fleetwood Bodies V-8

	6	5	4	3	2	1
Rds	6000	30,300	57,000	86,000	112,000	145,000
Conv	5000	22,000	36,000	60,000	93,000	120,000
Phae	6000	30,300	57,000	86,000	112,000	145,000
A/W Phae	6000	30,300	57,000	86,000	112,000	145,000

Series 370, V-12, 140" wb

	6	5	4	3	2	1
Rds	6000	35,100	63,000	98,000	124,000	175,000
Phae	6000	34,300	62,000	96,000	122,000	170,000
Conv	6000	32,700	60,000	92,000	118,000	160,000
A/W Phae	6000	35,100	63,000	98,000	124,000	175,000
2P Cpe	2000	11,400	22,800	38,000	56,000	76,000
5P Cpe	2000	11,700	23,400	39,000	58,000	78,000
Sed	2000	9000	18,000	30,000	42,000	60,000
Twn Sed	2000	9300	18,600	31,000	43,400	62,000

Series 370, V-12, 143" wb

	6	5	4	3	2	1
7P Sed	2000	9900	19,800	33,000	46,200	66,000
Imp Sed	2000	10,800	21,600	36,000	50,500	72,000

Series V-16, 148" wb

	6	5	4	3	2	1
2P Rds	12,000	60,000	105,000	165,000	210,000	300,000
Phae	12,250	62,000	109,000	171,000	217,000	310,000
A/W Phae	12,000	61,000	107,000	168,000	214,000	305,000
4476 Cpe	3500	14,100	28,200	57,000	74,000	94,000
4276 Cpe	3500	14,400	28,800	48,000	76,000	96,000
5P Cpe	3500	14,100	28,200	57,000	74,000	94,000
Conv	8000	45,000	79,000	124,000	158,000	225,000
4361 Clb Sed	3500	14,100	28,200	57,000	74,000	94,000
4161 Clb Sed	3500	14,100	28,200	57,000	74,000	94,000
4330 Imp	3500	14,100	28,200	57,000	74,000	94,000
4330 Sed	3500	12,000	24,000	40,000	60,000	80,000
4130 Sed	3500	12,300	24,600	41,000	62,000	82,000
4130 Imp	3500	12,300	24,600	41,000	62,000	82,000
4335 Sed Cabr	3500	17,100	31,800	53,000	85,000	106,000
4355 Imp Cabr	3500	18,500	33,000	55,000	88,000	110,000
4155 Sed Cabr	3500	18,500	33,000	55,000	88,000	110,000
4155 Imp Cabr	5000	20,600	34,800	58,000	91,000	116,000
4375 Sed	3500	12,000	24,000	40,000	60,000	80,000
4175 Sed	3500	12,300	24,600	41,000	62,000	82,000
4375 Imp	3500	12,300	24,600	41,000	62,000	82,000
4175 Imp	3500	12,600	25,200	42,000	64,000	84,000
4312 Twn Cabr	3500	18,500	33,000	55,000	88,000	110,000
4320 Twn Cabr	3500	18,500	33,000	55,000	88,000	110,000
4220 Twn Cabr	5000	24,100	42,000	68,000	98,000	126,000
4325 Twn Cabr	3500	18,500	33,000	55,000	88,000	110,000
4225 Twn Cabr	5000	24,100	42,000	68,000	98,000	126,000
4391 Limo Brgm	3500	18,500	33,000	55,000	88,000	110,000
4291 Limo Brgm	5000	24,100	42,000	68,000	98,000	126,000
4264 Twn Brgm	5000	25,500	45,000	73,000	100,000	130,000
4264B Twn Brgm C/N	5000	29,500	55,000	84,000	110,000	140,000

1932
Series 355B, V-8, 134" wb

	6	5	4	3	2	1
Rds	3500	14,400	28,800	48,000	76,000	96,000
Conv	3500	14,100	28,200	57,000	74,000	94,000
2P Cpe	2000	9000	18,000	30,000	42,000	60,000
Sed	1500	7500	15,000	25,000	35,000	50,000

Fisher Line, 140" wb

	6	5	4	3	2	1
Std Phae	3500	14,400	28,800	48,000	76,000	96,000
D W Phae	3500	17,100	31,800	53,000	85,000	106,000
D C Spt Phae	3500	18,500	33,000	55,000	88,000	110,000
A/W Phae	3500	17,100	31,800	53,000	85,000	106,000
Cpe	2000	9900	19,800	33,000	46,200	66,000
Spec Sed	1500	7800	15,600	26,000	36,400	52,000
Twn Sed	1500	7950	15,900	26,500	37,100	53,000
Imp Sed	2000	8250	16,500	27,500	38,500	55,000
Fleetwood Bodies, 140" wb						
Sed	2000	8250	16,500	27,500	38,500	55,000
Twn Cpe	2000	9900	19,800	33,000	46,200	66,000
7P Sed	2000	9000	18,000	30,000	42,000	60,000
7P Limo	2000	9900	19,800	33,000	46,200	66,000
5P Twn Car	2000	10,800	21,600	36,000	50,500	72,000
Twn Cabr	2000	10,800	21,600	36,000	50,500	72,000
Limo Brgm	2000	10,500	21,000	35,000	49,000	70,000
Series 370-B, V-12, 134" wb						
Rds	6000	33,500	61,000	94,000	120,000	165,000
Conv	5000	24,100	42,000	68,000	98,000	126,000
2P Cpe	2000	9900	19,800	33,000	46,200	66,000
Std Sed	1500	7650	15,300	25,500	35,700	51,000
Series 370-B, V-12, 140" wb						
Fisher Bodies						
Std Phae	6000	31,900	59,000	90,000	116,000	155,000
Spec Phae	6000	32,700	60,000	92,000	118,000	160,000
Spt Phae	6000	33,500	61,000	94,000	120,000	165,000
A/W Phae	6000	32,700	60,000	92,000	118,000	160,000
5P Cpe	2000	11,100	22,200	37,000	52,000	74,000
Spec Sed	2000	10,800	21,600	36,000	50,500	72,000
Twn Sed	2000	9300	18,600	31,000	43,400	62,000
7P Sed	2000	9600	19,200	32,000	44,800	64,000
7P Imp	2000	9900	19,800	33,000	46,200	66,000
Series 370-B, V-12, 140" wb						
Fleetwood Bodies						
Tr	6000	33,500	61,000	94,000	120,000	165,000
Conv	6000	34,300	62,000	96,000	122,000	170,000
Sed	2000	9900	19,800	33,000	46,200	66,000
Twn Cpe	2000	11,100	22,200	37,000	52,000	74,000
7P Sed	2000	9600	19,200	32,000	44,800	64,000
Limo	2000	9600	19,200	32,000	44,800	64,000
5P Twn Cabr	5000	22,000	36,000	60,000	93,000	120,000
7P Twn Cabr	5000	20,600	34,800	58,000	91,000	116,000
Limo Brgm	3500	15,000	30,000	50,000	80,000	100,000
Series 452-B, V-16, 143" wb						
Fisher Bodies						
Rds	8000	40,000	70,000	110,000	140,000	200,000
Conv	6000	39,000	69,000	108,000	137,000	195,000
Cpe	3500	15,000	30,000	50,000	80,000	100,000
Std Sed	2000	9900	19,800	33,000	46,200	66,000
Series 452-B, V-16, 149" wb						
Fisher Bodies						
Std Phae	8000	41,000	72,000	113,000	144,000	205,000
Spec Phae	8000	43,000	76,000	119,000	151,000	215,000
Spt Phae	8000	45,000	79,000	124,000	158,000	225,000
A/W Phae	8000	43,000	76,000	119,000	151,000	215,000
Fleetwood Bodies, V-16						
5P Sed	2000	10,800	21,600	36,000	50,500	72,000
Imp Limo	2000	11,400	22,800	38,000	56,000	76,000
Twn Cpe	2000	11,700	23,400	39,000	58,000	78,000
7P Sed	2000	11,100	22,200	37,000	52,000	74,000
7P Twn Cabr	3500	17,100	31,800	53,000	85,000	106,000
5P Twn Cabr	3500	18,500	33,000	55,000	88,000	110,000
Limo Brgm	3500	18,500	33,000	55,000	88,000	110,000
1933						
Series 355C, V-8, 134" wb						
Fisher Bodies						
Rds	3500	18,500	33,000	55,000	88,000	110,000
Conv	3500	14,400	28,800	48,000	76,000	96,000
Cpe	2000	8550	17,100	28,500	39,900	57,000
Series 355C, V-8, 140" wb						
Fisher Bodies						
Phae	3500	17,100	31,800	53,000	85,000	106,000

	6	5	4	3	2	1
A/W Phae	3500	15,000	30,000	50,000	80,000	100,000
5P Cpe	2000	8700	17,400	29,000	40,600	58,000
Sed	2000	8250	16,500	27,500	38,500	55,000
Twn Sed	2000	8400	16,800	28,000	39,200	56,000
7P Sed	2000	8550	17,100	28,500	39,900	57,000
Imp Sed	2000	9000	18,000	30,000	42,000	60,000
Series 355C, V-8, 140" wb						
Fleetwood Line						
5P Sed	2000	8550	17,100	28,500	39,900	57,000
7P Sed	2000	8700	17,400	29,000	40,600	58,000
Limo	2000	9000	18,000	30,000	42,000	60,000
5P Twn Cabr	3500	13,500	27,000	45,000	70,000	90,000
7P Twn Cabr	3500	13,800	27,600	46,000	73,500	92,000
Limo Brgm	2000	10,500	21,000	35,000	49,000	70,000
Series 370C, V-12, 134" wb						
Fisher Bodies						
Rds	5000	25,500	45,000	73,000	100,000	130,000
Conv	3500	17,100	31,800	53,000	85,000	106,000
Cpe	2000	11,400	22,800	38,000	56,000	76,000
Series, 370C, V-12, 140" wb						
Fisher Bodies						
Phae	5000	20,600	34,800	58,000	91,000	116,000
A/W Phae	3500	18,500	33,000	55,000	88,000	110,000
5P Cpe	3500	12,000	24,000	40,000	60,000	80,000
Sed	2000	10,200	20,400	34,000	47,600	68,000
Twn Sed	2000	10,500	21,000	35,000	49,000	70,000
7P Sed	2000	10,200	20,400	34,000	47,600	68,000
Imp Sed	2000	10,800	21,600	36,000	50,500	72,000
Series 370C, V-12, 140" wb						
Fleetwood Line						
Sed	2000	10,800	21,600	36,000	50,500	72,000
7P Sed	2000	10,800	21,600	36,000	50,500	72,000
Limo	2000	11,100	22,200	37,000	52,000	74,000
5P Twn Cabr	3500	15,000	30,000	50,000	80,000	100,000
7P Twn Cabr	3500	15,000	30,000	50,000	80,000	100,000
7P Limo Brgm	3500	12,000	24,000	40,000	60,000	80,000
Series 452-C V-16, 154" wb						
Dual Cowl Spt Phae	8000	40,000	70,000	110,000	140,000	200,000
Fleetwood Bodies, 149" wb						
Conv	6000	35,100	63,000	98,000	124,000	175,000
A/W Phae	6000	35,900	64,000	100,000	126,000	180,000
Sed	3500	12,300	24,600	41,000	62,000	82,000
7P Sed	3500	12,300	24,600	41,000	62,000	82,000
Twn Cab	6000	31,100	58,000	88,000	114,000	150,000
7P Twn Cab	6000	31,100	58,000	88,000	114,000	150,000
7P Limo	3500	14,400	28,800	48,000	76,000	96,000
Limo Brgm	3500	15,000	30,000	50,000	80,000	100,000
5P Twn Cpe	3500	12,900	25,800	48,200	66,000	86,000
Imp Cab	5000	20,600	34,800	58,000	91,000	116,000

1934
Series 355D, V-8, 128" wb
Fisher Bodies

	6	5	4	3	2	1
Conv	2000	11,400	22,800	38,000	56,000	76,000
Conv Sed	3500	12,000	24,000	40,000	60,000	80,000
2P Cpe	1500	7500	15,000	25,000	35,000	50,000
Twn Cpe	1500	7200	14,400	24,000	33,600	48,000
Sed	1500	6300	12,600	21,000	29,400	42,000
Twn Sed	1500	6300	12,600	21,000	29,400	42,000
Series 355D, V-8, 136" wb						
Fisher Bodies						
Conv	3500	12,000	24,000	40,000	60,000	80,000
Conv Sed	3500	12,900	25,800	48,200	66,000	86,000
Cpe	1500	7800	15,600	26,000	36,400	52,000
Sed	1500	6450	12,900	21,500	30,100	43,000
Twn Sed	1500	6450	12,900	21,500	30,100	43,000
7P Sed	1500	6600	13,200	22,000	30,800	44,000
Imp Sed	1500	6750	13,500	22,500	31,500	45,000

1934
Series 355D, V-8, 146" wb
Fleetwood bodies with straight windshield

	6	5	4	3	2	1
Sed	1500	6750	13,500	22,500	31,500	45,000
Twn Sed	1500	6750	13,500	22,500	31,500	45,000
7P Sed	1500	6900	13,800	23,000	32,200	46,000

	6	5	4	3	2	1
7P Limo	2000	8250	16,500	27,500	38,500	55,000
Imp Cab	3500	13,500	27,000	45,000	70,000	90,000
7P Imp Cab	3500	13,800	27,600	46,000	73,500	92,000
Series 355D, V-8, 146" wb						
Fleetwood bodies with modified "V" windshield						
Conv	3500	12,300	24,600	41,000	62,000	82,000
Aero Cpe	2000	11,400	22,800	38,000	56,000	76,000
Cpe	2000	9900	19,800	33,000	46,200	66,000
Spl Sed	1500	6750	13,500	22,500	31,500	45,000
Spl Twn Sed	1500	6750	13,500	22,500	31,500	45,000
Conv Sed Div	3500	13,500	27,000	45,000	70,000	90,000
7P Spl Sed	1500	6750	13,500	22,500	31,500	45,000
Spl Limo	1500	7050	14,100	23,500	32,900	47,000
Sp Twn Cab	3500	13,200	26,400	44,000	68,000	88,000
7P Twn Cab	3500	12,900	25,800	48,200	66,000	86,000
5P Spl Imp Cab	3500	13,500	27,000	45,000	70,000	90,000
7P Spl Imp Cab	3500	13,500	27,000	45,000	70,000	90,000
Limo Brgm	2000	9000	18,000	30,000	42,000	60,000
1934						
Series 370D, V-12, 146" wb						
Fleetwood bodies with straight windshield						
Sed	1500	7200	14,400	24,000	33,600	48,000
Twn Sed	1500	7350	14,700	24,500	34,300	49,000
7P	1500	7500	15,000	25,000	35,000	50,000
7P Limo	1500	7650	15,300	25,500	35,700	51,000
5P Imp Cab	3500	14,400	28,800	48,000	76,000	96,000
7P Imp Cab	3500	14,100	28,200	57,000	74,000	94,000
Series 370D, V-12, 146" wb						
Fleetwood bodies with modified "V" windshield						
Conv	3500	13,500	27,000	45,000	70,000	90,000
Aero Cpe	6000	30,300	57,000	86,000	112,000	145,000
RS Cpe	2000	10,500	21,000	35,000	49,000	70,000
Spl Sed	1500	7200	14,400	24,000	33,600	48,000
Spl Twn Sed	1500	7350	14,700	24,500	34,300	49,000
Conv Sed	3500	15,000	30,000	50,000	80,000	100,000
7P Spl Sed	1500	7500	15,000	25,000	35,000	50,000
Spec Limo	1500	7650	15,300	25,500	35,700	51,000
5P Twn Cab	3500	15,000	30,000	50,000	80,000	100,000
7P Twn Cab	3500	14,700	29,400	49,000	78,000	98,000
5P Spl Imp Cab	3500	17,100	31,800	53,000	85,000	106,000
7P Spl Imp Cab	3500	15,000	30,000	50,000	80,000	100,000
Series 452D, V-16, 154" wb						
Fleetwood bodies with straight windshield						
Sed	2000	9900	19,800	33,000	46,200	66,000
Twn Sed	2000	10,200	20,400	34,000	47,600	68,000
7P Sed	2000	10,500	21,000	35,000	49,000	70,000
Limo	2000	10,500	21,000	35,000	49,000	70,000
5P Imp Cab	3500	15,000	30,000	50,000	80,000	100,000
Series 452D, V-16, 154" wb						
Fleetwood bodies with modified "V" windshield						
4P Conv	6000	31,100	58,000	88,000	114,000	150,000
Aero Cpe	5000	25,500	45,000	73,000	100,000	130,000
RS Cpe	3500	12,000	24,000	40,000	60,000	80,000
Spl Sed	2000	11,400	22,800	38,000	56,000	76,000
Spl Twn Sed	2000	11,400	22,800	38,000	56,000	76,000
Conv Sed	6000	31,900	59,000	90,000	116,000	155,000
7P Spl Sed	2000	11,400	22,800	38,000	56,000	76,000
Spl Limo	2000	11,700	23,400	39,000	58,000	78,000
5P Twn Cab	5000	22,000	36,000	60,000	93,000	120,000
7P Twn Cab	5000	20,600	34,800	58,000	91,000	116,000
5P Spl Imp Cab	5000	24,100	42,000	68,000	98,000	126,000
7P Spl Imp Cab	5000	22,000	36,000	60,000	93,000	120,000
Limo Brgm	3500	12,000	24,000	40,000	60,000	80,000
1935						
Series 355E, V-8, 128" wb						
Fisher Bodies						
RS Conv	2000	10,800	21,600	36,000	50,500	72,000
Conv Sed	2000	10,500	21,000	35,000	49,000	70,000
RS Cpe	2000	9000	18,000	30,000	42,000	60,000
5P Twn Cpe	2000	8250	16,500	27,500	38,500	55,000
Sed	1500	6900	13,800	23,000	32,200	46,000
Twn Sed	1500	7050	14,100	23,500	32,900	47,000

Series 355E, V-8, 136" wb
Fisher Bodies

	6	5	4	3	2	1
RS Conv	2000	11,400	22,800	38,000	56,000	76,000
Conv Sed	2000	11,100	22,200	37,000	52,000	74,000
RS Cpe	2000	8550	17,100	28,500	39,900	57,000
Sed	1500	7050	14,100	23,500	32,900	47,000
Twn Sed	1500	7200	14,400	24,000	33,600	48,000
7P Sed	2000	8250	16,500	27,500	38,500	55,000
Imp Sed	2000	9000	18,000	30,000	42,000	60,000

Series 355E, V-8, 146" wb
Fleetwood bodies with straight windshield

	6	5	4	3	2	1
Sed	1500	7350	14,700	24,500	34,300	49,000
Twn Sed	1500	7500	15,000	25,000	35,000	50,000
7P Sed	1500	7650	15,300	25,500	35,700	51,000
Limo	1500	7800	15,600	26,000	36,400	52,000
5P Imp Cabr	3500	12,900	25,800	48,200	66,000	86,000
7P Imp Cabr	3500	12,600	25,200	42,000	64,000	84,000

Series 355E, V-8, 146" wb
Fleetwood bodies with modified "V" windshield

	6	5	4	3	2	1
4P Conv	3500	12,000	24,000	40,000	60,000	80,000
4P Cpe	2000	9000	18,000	30,000	42,000	60,000
Spec Sed	1500	7500	15,000	25,000	35,000	50,000
Spec Twn Sed	1500	7650	15,300	25,500	35,700	51,000
Conv Sed	3500	12,300	24,600	41,000	62,000	82,000
7P Spec Sed	1500	7650	15,300	25,500	35,700	51,000
Spec Limo	2000	8250	16,500	27,500	38,500	55,000
5P Twn Cabr	2000	11,400	22,800	38,000	56,000	76,000
7P Twn Cabr	2000	11,100	22,200	37,000	52,000	74,000
5P Imp Cabr	2000	11,700	23,400	39,000	58,000	78,000
7P Imp Cabr	2000	11,400	22,800	38,000	56,000	76,000
Limo Brgm	2000	9000	18,000	30,000	42,000	60,000

Series 370E, V-12, 146" wb
Fleetwood bodies with straight windshield

	6	5	4	3	2	1
Sed	2000	8550	17,100	28,500	39,900	57,000
Twn Sed	2000	8700	17,400	29,000	40,600	58,000
7P Sed	2000	8850	17,700	29,500	41,300	59,000
Limo	2000	9300	18,600	31,000	43,400	62,000
5P Imp Cabr	3500	12,900	25,800	48,200	66,000	86,000
7P Imp Cabr	3500	12,600	25,200	42,000	64,000	84,000

Series 370E, V-12, 146" wb
Fleetwood bodies with modified "V" windshield

	6	5	4	3	2	1
Conv	3500	13,500	27,000	45,000	70,000	90,000
4P Cpe	2000	10,500	21,000	35,000	49,000	70,000
Spec Sed	2000	9000	18,000	30,000	42,000	60,000
Spec Twn Sed	2000	9300	18,600	31,000	43,400	62,000
Conv Sed	3500	13,200	26,400	44,000	68,000	88,000
7P Spec Sed	2000	9300	18,600	31,000	43,400	62,000
7P Spec Limo	2000	9900	19,800	33,000	46,200	66,000
7P Twn Cabr	3500	13,500	27,000	45,000	70,000	90,000
5P Twn Cabr	3500	13,500	27,000	45,000	70,000	90,000
5P Spec Imp Cabr	3500	14,400	28,800	48,000	76,000	96,000
7P Spec Imp Cabr	3500	14,100	28,200	57,000	74,000	94,000
Limo Brgm	3500	12,000	24,000	40,000	60,000	80,000

Series 452E, V-16, 154" wb
Fleetwood bodies with straight windshield

	6	5	4	3	2	1
Sed	2000	11,700	23,400	39,000	58,000	78,000
Twn Sed	2000	11,700	23,400	39,000	58,000	78,000
7P Sed	3500	12,000	24,000	40,000	60,000	80,000
7P Limo	3500	12,300	24,600	41,000	62,000	82,000
5P Imp Cabr	3500	14,400	28,800	48,000	76,000	96,000
7P Imp Cabr	3500	14,100	28,200	57,000	74,000	94,000

Series 452D, V-16, 154" wb
Fleetwood bodies with modified "V" windshield

	6	5	4	3	2	1
2-4P Cpe	5000	27,900	51,000	79,000	106,000	136,000
4P Cpe	5000	24,100	42,000	68,000	98,000	126,000
Spec Sed	3500	12,000	24,000	40,000	60,000	80,000
Spec Twn Sed	3500	12,300	24,600	41,000	62,000	82,000
7P Spec Sed	3500	12,600	25,200	42,000	64,000	84,000
Spec Limo	3500	12,900	25,800	48,200	66,000	86,000
5P Twn Cabr	6000	35,100	63,000	98,000	124,000	175,000
7P Twn Cab	6000	34,300	62,000	96,000	122,000	170,000
5P Spec Imp Cabr	6000	37,000	65,000	102,000	130,000	185,000
7P Spec Imp Cabr	6000	35,900	64,000	100,000	126,000	180,000
Limo Brgm	3500	18,500	33,000	55,000	88,000	110,000

	6	5	4	3	2	1
5P Conv	6000	38,000	67,000	105,000	133,000	190,000
Conv Sed	6000	37,000	65,000	102,000	130,000	185,000
1936						
Series 60, V-8, 121" wb						
Conv	2000	9900	19,800	33,000	46,200	66,000
2P Cpe	1200	4800	9600	16,000	22,400	32,000
Tr Sed	800	3900	7800	13,000	18,200	26,000
Series 70, V-8, 131" wb, Fleetwood bodies						
Conv	2000	10,500	21,000	35,000	49,000	70,000
2P Cpe	1200	4950	9900	16,500	23,100	33,000
Conv Sed	2000	10,800	21,600	36,000	50,500	72,000
Tr Sed	1200	4500	9000	15,000	21,000	30,000
Series 75, V-8, 138" wb, Fleetwood bodies						
Sed	1500	6000	12,000	20,000	28,000	40,000
Tr Sed	1500	6150	12,300	20,500	28,700	41,000
Conv Sed	2000	11,400	22,800	38,000	56,000	76,000
Fml Sed	1500	6000	12,000	20,000	28,000	40,000
Twn Sed	1500	6150	12,300	20,500	28,700	41,000
7P Sed	1500	6300	12,600	21,000	29,400	42,000
7P Tr Sed	1500	6750	13,500	22,500	31,500	45,000
Imp Sed	1500	6900	13,800	23,000	32,200	46,000
Imp Tr Sed	1500	7050	14,100	23,500	32,900	47,000
Twn Car	1500	7500	15,000	25,000	35,000	50,000
Series 80, V-12, 131" wb, Fleetwood bodies						
Conv	2000	11,400	22,800	38,000	56,000	76,000
Conv Sed	2000	11,100	22,200	37,000	52,000	74,000
Cpe	1500	6000	12,000	20,000	28,000	40,000
Tr Sed	1500	6300	12,600	21,000	29,400	42,000
Series 85, V-12, 138" wb, Fleetwood bodies						
Sed	1500	6750	13,500	22,500	31,500	45,000
Tr Sed	1500	6750	13,500	22,500	31,500	45,000
Conv Sed	2000	11,700	23,400	39,000	58,000	78,000
Fml Sed	1500	7050	14,100	23,500	32,900	47,000
Twn Sed	1500	7200	14,400	24,000	33,600	48,000
7P Sed	1500	7350	14,700	24,500	34,300	49,000
7P Tr Sed	1500	7500	15,000	25,000	35,000	50,000
Imp Sed	1500	7800	15,600	26,000	36,400	52,000
Imp Tr Sed	1500	7950	15,900	26,500	37,100	53,000
Twn Car	2000	8250	16,500	27,500	38,500	55,000
Series 90, V-16, 154" wb, Fleetwood bodies						
2P Conv	5000	26,300	47,000	75,000	102,000	132,000
Conv Sed	5000	27,900	51,000	79,000	106,000	136,000
2P Cpe	3500	15,000	30,000	50,000	80,000	100,000
Aero Cpe	3500	17,100	31,800	53,000	85,000	106,000
Sed	3500	12,000	24,000	40,000	60,000	80,000
Twn Sed	3500	12,300	24,600	41,000	62,000	82,000
7P Sed	3500	12,600	25,200	42,000	64,000	84,000
5P Imp Cabr	5000	25,500	45,000	73,000	100,000	130,000
7P Imp Cabr	5000	26,300	47,000	75,000	102,000	132,000
Imp Sed	5000	27,900	51,000	79,000	106,000	136,000
Twn Cabr	5000	28,700	53,000	81,000	108,000	138,000
Twn Lan	3500	17,800	32,400	54,000	86,000	108,000
5P Conv	5000	25,500	45,000	73,000	100,000	130,000
1937						
Series 60, V-8, 124" wb						
Conv	2000	8250	16,500	27,500	38,500	55,000
Conv Sed	2000	8550	17,100	28,500	39,900	57,000
2P Cpe	1200	5250	10,500	17,500	24,500	35,000
Tr Sed	1200	4500	9000	15,000	21,000	30,000
Series 65, V-8, 131" wb						
Tr Sed	1200	4800	9600	16,000	22,400	32,000
Series 70, V-8, 131" wb, Fleetwood bodies						
Conv	2000	8550	17,100	28,500	39,900	57,000
Conv Sed	2000	9000	18,000	30,000	42,000	60,000
Spt Cpe	1200	5700	11,400	19,000	26,600	38,000
Tr Sed	1200	5100	10,200	17,000	23,800	34,000
Series 75, V-8, 138" wb, Fleetwood bodies						
Tr Sed	1200	5550	11,100	18,500	25,900	37,000
Twn Sed	1200	5700	11,400	19,000	26,600	38,000
Conv Sed	2000	9900	19,800	33,000	46,200	66,000
Fml Sed	1500	6000	12,000	20,000	28,000	40,000
Spec Tr Sed	1500	6150	12,300	20,500	28,700	41,000
Spec Imp Tr Sed	1500	6300	12,600	21,000	29,400	42,000

	6	**5**	**4**	**3**	**2**	**1**
7P Tr Sed	1500	6450	12,900	21,500	30,100	43,000
7P Imp	1500	6300	12,600	21,000	29,400	42,000
Bus Tr Sed	1500	6150	12,300	20,500	28,700	41,000
Bus Imp	1500	7500	15,000	25,000	35,000	50,000
Twn Carb	2000	10,500	21,000	35,000	49,000	70,000
Series 85, V-12, 138" wb, Fleetwood bodies						
Tr Sed	1500	6300	12,600	21,000	29,400	42,000
Twn Sed	1500	6450	12,900	21,500	30,100	43,000
Conv Sed	2000	10,500	21,000	35,000	49,000	70,000
7P Tr Sed	1500	6750	13,500	22,500	31,500	45,000
Imp Tr Sed	1500	7500	15,000	25,000	35,000	50,000
Twn Car	2000	10,800	21,600	36,000	50,500	72,000
Series 90, V-16, 154" wb, Fleetwood bodies						
2P Conv	6000	30,300	57,000	86,000	112,000	145,000
5P Conv	5000	29,500	55,000	84,000	110,000	140,000
Conv Sed	6000	30,300	57,000	86,000	112,000	145,000
Cpe	3500	18,500	33,000	55,000	88,000	110,000
Twn Sed	3500	12,900	25,800	48,200	66,000	86,000
7P Sed	3500	13,200	26,400	44,000	68,000	88,000
Limo	3500	13,500	27,000	45,000	70,000	90,000
5P Imp Cabr	5000	29,500	55,000	84,000	110,000	140,000
5P Twn Cabr	6000	30,300	57,000	86,000	112,000	145,000
7P Imp Cabr	6000	30,300	57,000	86,000	112,000	145,000
7P Twn Cabr	6000	31,100	58,000	88,000	114,000	150,000
Aero Cpe	3500	18,500	33,000	55,000	88,000	110,000
Limo Brgm	3500	15,000	30,000	50,000	80,000	100,000
Fml Sed	3500	17,100	31,800	53,000	85,000	106,000
1938						
Series 60, V-8, 124" wb						
Conv	2000	8250	16,500	27,500	38,500	55,000
Conv Sed	2000	8550	17,100	28,500	39,900	57,000
2P Cpe	1200	5550	11,100	18,500	25,900	37,000
Tr Sed	1200	5400	10,800	18,000	25,200	36,000
Series 60 Special, V-8, 127" wb						
Tr Sed	1500	6000	12,000	20,000	28,000	40,000
Series 65, V-8, 132" wb						
Tr Sed	1200	5550	11,100	18,500	25,900	37,000
Div Tr Sed	1500	6300	12,600	21,000	29,400	42,000
Conv Sed	2000	9900	19,800	33,000	46,200	66,000
Series 75, V-8, 141" wb, Fleetwood bodies						
Conv	2000	9900	19,800	33,000	46,200	66,000
Conv Sed	2000	10,200	20,400	34,000	47,600	68,000
2P Cpe	1500	7050	14,100	23,500	32,900	47,000
5P Cpe	1500	6750	13,500	22,500	31,500	45,000
Tr Sed	1500	6300	12,600	21,000	29,400	42,000
Div Tr Sed	1500	6750	13,500	22,500	31,500	45,000
Twn Sed	1500	6600	13,200	22,000	30,800	44,000
Fml Sed	1500	6750	13,500	22,500	31,500	45,000
7P Fml Sed	1500	7050	14,100	23,500	32,900	47,000
7P Tr Sed	1500	6750	13,500	22,500	31,500	45,000
Imp Tr Sed	1500	6900	13,800	23,000	32,200	46,000
8P Tr Sed	1500	6750	13,500	22,500	31,500	45,000
8P Imp Tr Sed	1500	6900	13,800	23,000	32,200	46,000
Twn C	2000	9000	18,000	30,000	42,000	60,000
Series 90, V-16, 141" wb, Fleetwood bodies						
Conv	3500	12,900	25,800	48,200	66,000	86,000
Conv Sed Trk	3500	12,900	25,800	48,200	66,000	86,000
2P Cpe	2000	9000	18,000	30,000	42,000	60,000
5P Cpe	2000	9600	19,200	32,000	44,800	64,000
Tr Sed	2000	9300	18,600	31,000	43,400	62,000
Twn Sed	2000	9600	19,200	32,000	44,800	64,000
Div Tr Sed	2000	10,500	21,000	35,000	49,000	70,000
7P Tr Sed	2000	10,500	21,000	35,000	49,000	70,000
Imp Tr Sed	2000	10,500	21,000	35,000	49,000	70,000
Fml Sed	2000	10,500	21,000	35,000	49,000	70,000
Fml Sed Trk	2000	10,500	21,000	35,000	49,000	70,000
TwnC	3500	12,000	24,000	40,000	60,000	80,000
1939						
Series 61, V-8, 126" wb						
Conv	2000	8100	16,200	27,000	37,800	54,000
Conv Sed	2000	8400	16,800	28,000	39,200	56,000
Cpe	1200	4500	9000	15,000	21,000	30,000
Tr Sed	800	4050	8100	13,500	18,900	27,000

1939 Cadillac 60 Special 4-door touring sedan

Series 60 Special, V-8, 127" wb, Fleetwood

	6	5	4	3	2	1
Sed	800	4350	8700	14,500	20,300	29,000
SR Sed	1200	4500	9000	15,000	21,000	30,000
SR Imp Sed	1200	4800	9600	16,000	22,400	32,000
Series 75, V-8, 141" wb, Fleetwood bodies						
Conv	2000	8850	17,700	29,500	41,300	59,000
Conv Sed Trk	2000	9000	18,000	30,000	42,000	60,000
4P Cpe	1200	5250	10,500	17,500	24,500	35,000
5P Cpe	1200	5400	10,800	18,000	25,200	36,000
Tr Sed	1200	4950	9900	16,500	23,100	33,000
Div Tr Sed	1200	5100	10,200	17,000	23,800	34,000
Twn Sed Trk	1200	5250	10,500	17,500	24,500	35,000
Fml Sed Trk	1200	5400	10,800	18,000	25,200	36,000
7P Fml Sed Trk	1200	5400	10,800	18,000	25,200	36,000
7P Tr Sed	1200	5250	10,500	17,500	24,500	35,000
7P Tr Imp Sed	1200	5400	10,800	18,000	25,200	36,000
Bus Tr Sed	1200	5250	10,500	17,500	24,500	35,000
8P Tr Imp Sed	1200	5400	10,800	18,000	25,200	36,000
Twn Car Trk	1200	5550	11,100	18,500	25,900	37,000
Series 90, V-16, 141" wb, Fleetwood bodies						
Conv	3500	15,000	30,000	50,000	80,000	100,000
Conv Sed	3500	17,100	31,800	53,000	85,000	106,000
4P Cpe	2000	10,500	21,000	35,000	49,000	70,000
5P Cpe	2000	9900	19,800	33,000	46,200	66,000
5P Tr Sed	2000	8550	17,100	28,500	39,900	57,000
Twn Sed Trk	2000	8700	17,400	29,000	40,600	58,000
Div Tr Sed	2000	9000	18,000	30,000	42,000	60,000
7P Tr Sed	2000	9300	18,600	31,000	43,400	62,000
7P Imp Tr Sed	2000	9600	19,200	32,000	44,800	64,000
Fml Sed Trk	2000	9900	19,800	33,000	46,200	66,000
7P Fml Sed Trk	2000	9900	19,800	33,000	46,200	66,000
Twn Car Trk	2000	10,500	21,000	35,000	49,000	70,000
1940						
Series 62, V-8, 129" wb						
Conv	1500	7500	15,000	25,000	35,000	50,000
Conv Sed	1500	7800	15,600	26,000	36,400	52,000
Cpe	1200	4650	9300	15,500	21,700	31,000
Sed	800	4050	8100	13,500	18,900	27,000
Series 60 Special, V-8, 127" wb, Fleetwood						
Sed	1200	5550	11,100	18,500	25,900	37,000
SR Sed	1200	5850	11,700	19,500	27,300	39,000
Imp Sed	1200	5850	11,700	19,500	27,300	39,000
SR Imp Sed	1500	6000	12,000	20,000	28,000	40,000
MB Twn Car	1500	6150	12,300	20,500	28,700	41,000
LB Twn Car	1500	6150	12,300	20,500	28,700	41,000
Series 72, V-8, 138" wb, Fleetwood						
Sed	1200	5250	10,500	17,500	24,500	35,000
4P Imp Sed	1200	5400	10,800	18,000	25,200	36,000
7P Sed	1200	5550	11,100	18,500	25,900	37,000
7P Bus Sed	1200	5250	10,500	17,500	24,500	35,000
7P Imp Sed	1200	5550	11,100	18,500	25,900	37,000

	6	5	4	3	2	1
7P Fml Sed	1200	5700	11,400	19,000	26,600	38,000
7P Bus Imp	1200	5400	10,800	18,000	25,200	36,000
5P Fml Sed	1200	5850	11,700	19,500	27,300	39,000
Series 75, V-8, 141" wb, Fleetwood						
Conv	2000	9300	18,600	31,000	43,400	62,000
Conv Sed	2000	9600	19,200	32,000	44,800	64,000
2P Cpe	1500	6750	13,500	22,500	31,500	45,000
5P Cpe	1500	6600	13,200	22,000	30,800	44,000
Sed	1500	6300	12,600	21,000	29,400	42,000
5P Imp Sed	1500	6600	13,200	22,000	30,800	44,000
7P Sed	1500	6450	12,900	21,500	30,100	43,000
7P Imp Sed	1500	6750	13,500	22,500	31,500	45,000
5P Fml Sed	1500	6750	13,500	22,500	31,500	45,000
7P Fml Sed	1500	6900	13,800	23,000	32,200	46,000
Twn Sed	1500	7200	14,400	24,000	33,600	48,000
Twn Car	1500	7500	15,000	25,000	35,000	50,000
Series 90, V-16, 141" wb, Fleetwood						
Conv	3500	14,400	28,800	48,000	76,000	96,000
Conv Sed	3500	14,400	28,800	48,000	76,000	96,000
2P Cpe	2000	8400	16,800	28,000	39,200	56,000
5P Cpe	2000	8100	16,200	27,000	37,800	54,000
Sed	1500	7800	15,600	26,000	36,400	52,000
7P Sed	1500	7950	15,900	26,500	37,100	53,000
7P Imp Sed	2000	8100	16,200	27,000	37,800	54,000
5P Fml Sed	2000	8550	17,100	28,500	39,900	57,000
7P Fml Sed	2000	8700	17,400	29,000	40,600	58,000
5P Twn Sed	2000	8700	17,400	29,000	40,600	58,000
7P Twn Car	2000	9000	18,000	30,000	42,000	60,000

1941

	6	5	4	3	2	1
Series 61, V-8, 126" wb						
Cpe	800	3300	6600	11,000	15,400	22,000
DeL Cpe	800	3400	6900	11,500	16,100	23,000
Sed	800	3150	6300	10,500	14,700	21,000
DeL Sed	800	3300	6600	11,000	15,400	22,000
Series 62, V-8, 126" wb						
Conv	1500	7950	15,900	26,500	37,100	53,000
Conv Sed	2000	8100	16,200	27,000	37,800	54,000
Cpe	800	4050	8100	13,500	18,900	27,000
DeL Cpe	800	4200	8400	14,000	19,600	28,000
Sed	800	3400	6900	11,500	16,100	23,000
DeL Sed	800	3600	7200	12,000	16,800	24,000
Series 63, V-8, 126" wb						
Sed	800	3750	7500	12,500	17,500	25,000
Series 60 Special, V-8, 126" wb, Fleetwood						
Sed	1200	4800	9600	16,000	22,400	32,000
SR Sed	1200	4950	9900	16,500	23,100	33,000
Series 67, V-8, 138" wb						
5P Sed	800	3400	6900	11,500	16,100	23,000
Imp Sed	800	3600	7200	12,000	16,800	24,000
7P Sed	800	3400	6900	11,500	16,100	23,000
7P Imp Sed	800	3750	7500	12,500	17,500	25,000
Series 75, V-8, 136-1/2" wb, Fleetwood						
5P Sed	800	3600	7200	12,000	16,800	24,000
5P Imp Sed	800	3800	7650	12,750	17,850	25,500
7P Sed	800	3800	7650	12,750	17,850	25,500
9P Bus Sed	800	3750	7500	12,500	17,500	25,000
7P Imp Sed	800	3900	7800	13,000	18,200	26,000
Bus Imp Sed	800	3600	7200	12,000	16,800	24,000
5P Fml Sed	800	3900	7800	13,000	18,200	26,000
7P Fml Sed	800	3900	7800	13,000	18,200	26,000

1942

	6	5	4	3	2	1
Series 61, V-8, 126" wb						
Cpe	800	3000	6000	10,000	14,000	20,000
Sed	650	2800	5700	9500	13,300	19,000
Series 62, V-8, 129" wb						
DeL Clb Cpe	800	3300	6600	11,000	15,400	22,000
Clb Cpe	800	3150	6300	10,500	14,700	21,000
DeL Conv Cpe	1200	5400	10,800	18,000	25,200	36,000
Sed	650	2800	5700	9500	13,300	19,000
DeL Sed	800	3000	6000	10,000	14,000	20,000
Series 63, V-8, 126" wb						
Sed	800	3000	6000	10,000	14,000	20,000

Series 60 Special, V-8, 133" wb, Fleetwood

	6	5	4	3	2	1
Sed	800	3750	7500	12,500	17,500	25,000
Imp Sed	800	3900	7800	13,000	18,200	26,000
Series 67, V-8, 139" wb						
5P 4 dr Sed	800	3000	6000	10,000	14,000	20,000
5P 4 dr Sed Div	800	3400	6900	11,500	16,100	23,000
7P 4 dr Sed	800	3150	6300	10,500	14,700	21,000
7P 4 dr Sed Imp	800	3400	6900	11,500	16,100	23,000
Series 75, V-8, 136" wb, Fleetwood						
5P Imp	800	3400	6900	11,500	16,100	23,000
5P Imp Sed	800	3600	7200	12,000	16,800	24,000
7P Sed	800	3400	6900	11,500	16,100	23,000
9P Bus Sed	800	3400	6900	11,500	16,100	23,000
7P Imp Sed	800	3750	7500	12,500	17,500	25,000
9P Bus Imp	800	3600	7200	12,000	16,800	24,000
5P Fml Sed	800	3900	7800	13,000	18,200	26,000
7P Fml Sed	800	4050	8100	13,500	18,900	27,000
1946						
Series 61, V-8, 126" wb						
Clb Cpe	650	2800	5700	9500	13,300	19,000
5P Sed	650	2300	5400	9000	12,600	18,000
Series 62, V-8, 129" wb						
Conv	1200	5250	10,500	17,500	24,500	35,000
Clb Cpe	800	3000	6000	10,000	14,000	20,000
5P Sed	650	2800	5700	9500	13,300	19,000
Series 60 Special, V-8, 133" wb, Fleetwood						
6P Sed	800	3150	6300	10,500	14,700	21,000
Series 75, V-8, 136" wb, Fleetwood						
5P Sed	800	3400	6900	11,500	16,100	23,000
7P Sed	800	3600	7200	12,000	16,800	24,000
Imp Sed	800	3750	7500	12,500	17,500	25,000
9P Bus Sed	800	3600	7200	12,000	16,800	24,000
Imp Bus Sed	800	3750	7500	12,500	17,500	25,000
1947						
Series 61, V-8, 126" wb						
Clb Cpe	650	2800	5700	9500	13,300	19,000
5P Sed	650	2300	5400	9000	12,600	18,000
Series 62, V-8, 129" wb						
Conv	1200	5250	10,500	17,500	24,500	35,000
Clb Cpe	800	3000	6000	10,000	14,000	20,000
5P Sed	650	2800	5700	9500	13,300	19,000
Series 60 Special, V-8, 133" wb, Fleetwood						
6P Sed	800	3150	6300	10,500	14,700	21,000
Series 75, V-8, 136" wb, Fleetwood						
5P Sed	800	3400	6900	11,500	16,100	23,000
7P Sed	800	3600	7200	12,000	16,800	24,000
7P Imp Sed	800	4200	8400	14,000	19,600	28,000
9P Bus Sed	800	3600	7200	12,000	16,800	24,000
9P Bus Imp	800	3900	7800	13,000	18,200	26,000
1948						
Series 61, V-8, 126" wb						
Clb Cpe	800	3000	6000	10,000	14,000	20,000
5P Sed	650	2800	5700	9500	13,300	19,000
Series 62, V-8, 126" wb						
Conv	1200	5550	11,100	18,500	25,900	37,000
Clb Cpe	800	3150	6300	10,500	14,700	21,000
5P Sed	800	3000	6000	10,000	14,000	20,000
Series 60 Special, V-8, 133" wb, Fleetwood						
5P Sed	800	3300	6600	11,000	15,400	22,000
Series 75, V-8, 136" wb, Fleetwood						
5P Sed	800	3400	6900	11,500	16,100	23,000
7P Sed	800	3600	7200	12,000	16,800	24,000
7P Imp Sed	800	4200	8400	14,000	19,600	28,000
9P Bus Sed	800	3600	7200	12,000	16,800	24,000
9P Bus Imp	800	3900	7800	13,000	18,200	26,000
1949						
Series 61, V-8, 126" wb						
Clb Cpe	800	3150	6300	10,500	14,700	21,000
5P Sed	800	3000	6000	10,000	14,000	20,000
Series 62, V-8, 126" wb						
5P Sed	800	3150	6300	10,500	14,700	21,000
Clb Cpe	800	3300	6600	11,000	15,400	22,000
Cpe DeV	1200	4500	9000	15,000	21,000	30,000

1949 Cadillac, Series 62 4 dr sedan

	6	5	4	3	2	1
Conv	1200	5850	11,700	19,500	27,300	39,000
Series 60 Special, V-8, 133" wb, Fleetwood						
5P Sed	800	3400	6900	11,500	16,100	23,000
Series 75, V-8, 136" wb, Fleetwood						
5P Sed	800	3600	7200	12,000	16,800	24,000
7P Sed	800	3750	7500	12,500	17,500	25,000
7P Imp Sed	800	4350	8700	14,500	20,300	29,000
9P Bus Sed	800	3750	7500	12,500	17,500	25,000
9P Bus Imp	800	4050	8100	13,500	18,900	27,000
1950						
Series 61, V-8, 122" wb						
5P Sed	650	2000	5100	8500	11,900	17,000
HdTp Cpe	650	2800	5700	9500	13,300	19,000
Series 62, V-8, 126" wb						
5P Sed	650	2300	5400	9000	12,600	18,000
HdTp Cpe	800	3000	6000	10,000	14,000	20,000
Cpe DeV	800	3300	6600	11,000	15,400	22,000
Conv	1200	5600	11,250	18,750	26,250	37,500
Series 60 Special, V-8, 130" wb, Fleetwood						
5P Sed	800	3000	6000	10,000	14,000	20,000
Series 75, V-8, 146- 3/4" wb, Fleetwood						
7P Sed	800	3400	6900	11,500	16,100	23,000
7P Imp	800	3750	7500	12,500	17,500	25,000
1951						
Series 61, V-8						
5P Sed	650	2000	5100	8500	11,900	17,000
HdTp Cpe	650	2800	5700	9500	13,300	19,000
Series 62, V-8						
5P Sed	650	2300	5400	9000	12,600	18,000
HdTp Cpe	800	3000	6000	10,000	14,000	20,000
Cpe DeV	800	3400	6900	11,500	16,100	23,000
Conv	1200	5800	11,550	19,250	26,950	38,500
Series 60-S, V-8						
Sed	800	3000	6000	10,000	14,000	20,000
Series 75 Fleetwood						
8P Sed	800	3400	6900	11,500	16,100	23,000
8P Imp	800	3750	7500	12,500	17,500	25,000
1952						
Series 62, V-8						
Sed	650	2300	5400	9000	12,600	18,000
HdTp	800	3000	6000	10,000	14,000	20,000
Cpe DeV	800	3600	7200	12,000	16,800	24,000
Conv	1200	5850	11,700	19,500	27,300	39,000
Series 60-S, V-8						
Sed	800	3600	7200	12,000	16,800	24,000
Series 75, V-8, Fleetwood						
Sed	800	3750	7500	12,500	17,500	25,000
Imp Sed	800	3900	7800	13,000	18,200	26,000
1953						
Series 62, V-8						
Sed	650	2300	5400	9000	12,600	18,000
HdTp	800	3500	7050	11,750	16,450	23,500

	6	5	4	3	2	1
Cpe DeV	800	3750	7500	12,500	17,500	25,000
Conv	1500	6150	12,300	20,500	28,700	41,000
Eldo Conv	2000	10,500	21,000	35,000	49,000	70,000
Series 60-S, V-8						
Sed	800	3750	7500	12,500	17,500	25,000
Series 75, V-8, Fleetwood						
7P Sed	800	3900	7800	13,000	18,200	26,000
Imp Sed	800	4050	8100	13,500	18,900	27,000
1954						
Series 62, V-8						
Sed	650	2800	5700	9500	13,300	19,000
2 dr HdTp	800	3750	7500	12,500	17,500	25,000
Cpe DeV	1200	4500	9000	15,000	21,000	30,000
Conv	1500	7500	15,000	25,000	35,000	50,000
Eldo Conv	2000	11,400	22,800	38,000	56,000	76,000
Series 60-S, V-8						
Sed	800	3750	7500	12,500	17,500	25,000
Series 75, V-8, Fleetwood						
7P Sed	800	3900	7800	13,000	18,200	26,000
7P Imp Sed	800	4050	8100	13,500	18,900	27,000
1955						
Series 62, V-8						
Sed	650	2800	5700	9500	13,300	19,000
2 dr HdTp	800	3900	7800	13,000	18,200	26,000
Cpe DeV	1200	4500	9000	15,000	21,000	30,000
Conv	1500	7350	14,700	24,500	34,300	49,000
Eldo Conv	2000	8250	16,500	27,500	38,500	55,000
Series 60-S, V-8						
Sed	800	3750	7500	12,500	17,500	25,000
Series 75, V-8, Fleetwood						
7P Sed	800	3900	7800	13,000	18,200	26,000
7P Imp Sed	800	4050	8100	13,500	18,900	27,000

1956 Cadillac, Coupe DeVille

1956						
Series 62, V-8						
Sed	650	2800	5700	9500	13,300	19,000
2 dr HdTp	800	4050	8100	13,500	18,900	27,000
Sed DeV	800	3300	6600	11,000	15,400	22,000
Cpe DeV	1200	4650	9300	15,500	21,700	31,000
Conv	1500	7500	15,000	25,000	35,000	50,000
Eldo Cpe	1500	6000	12,000	20,000	28,000	40,000
Biarritz Conv	2000	8250	16,500	27,500	38,500	55,000
Series 60-S, V-8						
Sed	800	3900	7800	13,000	18,200	26,000
Series 75, V-8, Fleetwood						
7P Sed	800	4050	8100	13,500	18,900	27,000
7P Imp Sed	800	4200	8400	14,000	19,600	28,000
1957						
Series 62, V-8						
4 dr Sed	500	1250	3900	6500	9100	13,000
Cpe	800	3000	6000	10,000	14,000	20,000

	6	5	4	3	2	1
Cpe DeV	800	3150	6300	10,500	14,700	21,000
Sed DeV	650	2000	5100	8500	11,900	17,000
Conv	1500	6000	12,000	20,000	28,000	40,000
Eldorado, V-8						
Seville	1200	4500	9000	15,000	21,000	30,000
Biarritz Conv	1500	6750	13,500	22,500	31,500	45,000
Fleetwood 60 Special, V-8						
Sed	650	2000	5100	8500	11,900	17,000
Eldorado Brougham, V-8						
Sed	1200	5100	10,200	17,000	23,800	34,000
Series 75						
8P Sed	650	2800	5700	9500	13,300	19,000
8P Imp Sed	800	3000	6000	10,000	14,000	20,000
1958						
Series 62, V-8						
4 dr Sed Sh Dk	500	1200	3750	6250	8750	12,500
6W Sed	500	1250	3900	6500	9100	13,000
4 dr Sed DeV	500	1300	4050	6750	9450	13,500
Cpe	650	2300	5400	9000	12,600	18,000
Cpe DeV	800	3150	6300	10,500	14,700	21,000
Conv	1200	5250	10,500	17,500	24,500	35,000
Eldorado, V-8						
Seville	1200	4500	9000	15,000	21,000	30,000
Biarritz Conv	1500	6750	13,500	22,500	31,500	45,000
Fleetwood 60 Special, V-8						
Sed	650	2000	5100	8500	11,900	17,000
Eldorado Brougham, V-8						
Sed	1200	4800	9600	16,000	22,400	32,000
Series 75						
8P Sed	650	2300	5400	9000	12,600	18,000
8P Imp Sed	800	3000	6000	10,000	14,000	20,000
1959						
Series 62, V-8						
4W Sed	650	2000	5100	8500	11,900	17,000
6W Sed	550	1750	4800	8000	11,200	16,000
2 dr HdTp	800	4200	8400	14,000	19,600	28,000
Conv	3500	12,000	24,000	40,000	60,000	80,000
Cpe DeV	1200	5700	11,400	19,000	26,600	38,000
4W Sed DeV	800	3000	6000	10,000	14,000	20,000
6W Sedan	800	3150	6300	10,500	14,700	21,000
Series Eldorado, V-8						
Brgm	1200	4950	9900	16,500	23,100	33,000
Seville	1500	6750	13,500	22,500	31,500	45,000
Biarritz Conv	3500	13,500	27,000	45,000	70,000	90,000
Fleetwood 60 Special, V-8						
6P Sed	800	4350	8700	14,500	20,300	29,000
Fleetwood Series 75, V-8						
9P Sed	1200	4650	9300	15,500	21,700	31,000
Limo	1200	4950	9900	16,500	23,100	33,000
1960						
Series 62, V-8						
4W Sed	550	1750	4800	8000	11,200	16,000
6W Sed	550	1550	4500	7500	10,500	15,000
2 dr HdTp	800	3750	7500	12,500	17,500	25,000
Conv	2000	9900	19,800	33,000	46,200	66,000
Series 62 DeVille, V-8						
4W Sed	650	2300	5400	9000	12,600	18,000
6W Sed	650	2000	5100	8500	11,900	17,000
Cpe	1200	4500	9000	15,000	21,000	30,000
Eldorado Series, V-8						
Brgm	1200	4950	9900	16,500	23,100	33,000
Seville	1500	6600	13,200	22,000	30,800	44,000
Biarritz Conv	3500	12,000	24,000	40,000	60,000	80,000
Fleetwood 60 Special, V-8						
6P Sed	800	4050	8100	13,500	18,900	27,000
Fleetwood Series 75, V-8						
9P Sed	800	4350	8700	14,500	20,300	29,000
Limo	1200	4650	9300	15,500	21,700	31,000
1961						
Series 62, V-8						
4W Sed	450	1025	2600	5250	7300	10,500
6W Sed	450	1025	2600	5200	7200	10,400

	6	5	4	3	2	1
2 dr HdTp	500	1200	3750	6250	8750	12,500
Conv	1200	5250	10,500	17,500	24,500	35,000
Series 62 DeVille, V-8						
4W Sed	450	1050	2700	5350	7450	10,700
6W Sed	450	1050	2700	5300	7400	10,600
Sh Dk Sed	450	1025	2600	5250	7300	10,500
Cpe	500	1300	4050	6750	9450	13,500
Eldorado Series, V-8						
Biarritz Conv	1500	7050	14,100	23,500	32,900	47,000
Fleetwood 60 Special, V-8						
6P Sed	550	1550	4500	7500	10,500	15,000
Fleetwood Series 75, V-8						
9P Sed	550	1750	4800	8000	11,200	16,000
9P Limo	650	2300	5400	9000	12,600	18,000
1962						
Series 62, V-8						
4W Sed	450	1050	2700	5350	7450	10,700
6W Sed	450	1025	2600	5250	7300	10,500
Twn Sed	450	1025	2600	5250	7300	10,500
HdTp	500	1250	3900	6500	9100	13,000
Conv	1200	5400	10,800	18,000	25,200	36,000
Series 62 DeVille, V-8						
4W Sed	450	1100	3200	5600	7800	11,200
6W Sed	450	1075	3100	5550	7750	11,100
Pk Ave	450	1075	3000	5500	7700	11,000
Cpe	550	1550	4500	7500	10,500	15,000
Eldorado Series, V-8						
Biarritz Conv	1500	7350	14,700	24,500	34,300	49,000
Fleetwood 60 Special, V-8						
6P Sed	550	1750	4800	8000	11,200	16,000
Fleetwood 75 Series, V-8						
9P Sed	650	2000	5100	8500	11,900	17,000
9P Limo	650	2800	5700	9500	13,300	19,000
1963						
Series 62, V-8						
4W Sed	350	800	1550	3900	5450	7800
6W Sed	350	800	1550	3800	5300	7600
2 dr HdTp	450	950	2100	4750	6650	9500
Conv	800	3900	7800	13,000	18,200	26,000
Series 62 DeVille, V-8						
4W Sed	350	825	1600	4050	5650	8100
6W Sed	350	825	1600	4000	5600	8000
Pk Ave	350	825	1600	3950	5500	7900
Cpe	450	1025	2600	5250	7300	10,500
Eldorado Series, V-8						
Biarritz Conv	1200	5100	10,200	17,000	23,800	34,000
Fleetwood 60 Special, V-8						
6P Sed	450	1025	2600	5250	7300	10,500
Fleetwood 75 Series, V-8						
9P Sed	450	1025	2600	5250	7300	10,500
9P Limo	450	1125	3450	5750	8050	11,500
1964						
Series 62, V-8						
4W Sed	350	825	1600	4000	5600	8000
6W Sed	350	800	1550	3900	5450	7800
2 dr HdTp	450	975	2200	4850	6800	9700
Series 62 DeVille, V-8						
4W Sed	350	850	1650	4100	5700	8200
6W Sed	350	825	1600	4000	5600	8000
2 dr HdTp	450	1050	2700	5350	7450	10,700
Conv	800	4200	8400	14,000	19,600	28,000
Eldorado Series, V-8						
Conv	1200	5250	10,500	17,500	24,500	35,000
Fleetwood 60 Special, V-8						
6P Sed	450	1025	2600	5250	7300	10,500
Fleetwood 75 Series, V-8						
9P Sed	450	1025	2600	5250	7300	10,500
9P Limo	450	1125	3450	5750	8050	11,500
1965						
Calais Series, V-8						
4 dr Sed	350	800	1550	3900	5450	7800
4 dr HdTp	350	825	1600	3950	5500	7900
2 dr HdTp	350	850	1650	4100	5700	8200

DeVille Series, V-8

	6	5	4	3	2	1
6P Sed	350	825	1600	4000	5600	8000
4 dr HdTp	350	850	1650	4200	5850	8400
2 dr HdTp	450	925	2000	4600	6400	9200
Conv	650	2800	5700	9500	13,300	19,000
Fleetwood 60 Special, V-8						
6P Sed	350	875	1700	4250	5900	8500
Brgm Sed	450	900	1900	4500	6300	9000
Fleetwood Eldorado, V-8						
Conv	800	3400	6900	11,500	16,100	23,000
Fleetwood 75 Series, V-8						
9P Sed	450	900	1900	4500	6300	9000
9P Limo	450	950	2100	4750	6650	9500

1966 Cadillac, Convertible

1966
Calais Series, V-8

Sed	350	825	1600	3950	5500	7900
4 dr HdTp	350	825	1600	4000	5600	8000
2 dr HdTp	350	875	1700	4250	5900	8500
DeVille Series, V-8						
Sed	350	825	1600	4000	5600	8000
4 dr HdTp	350	850	1650	4100	5700	8200
2 dr HdTp	450	900	1900	4500	6300	9000
Conv	800	3000	6000	10,000	14,000	20,000
Eldorado, V-8						
Conv	800	3600	7200	12,000	16,800	24,000
Fleetwood Brougham, V-8						
Sed	450	900	1900	4500	6300	9000
Sixty Special, V-8						
Sed	350	875	1700	4350	6050	8700
Seventy Five, V-8						
Sed	450	950	2100	4750	6650	9500
Limo	450	1000	2400	5000	7000	10,000

1967
Calais, V-8, 129.5" wb

4 dr HdTp	350	825	1600	4000	5600	8000
2 dr HdTp	350	875	1700	4250	5900	8500
DeVille, V-8, 129.5" wb						
4 dr HdTp	350	875	1700	4250	5900	8500
2 dr HdTp	450	950	2100	4750	6650	9500
Conv	650	2300	5400	9000	12,600	18,000
Fleetwood Eldorado, V-8, 120" wb						
2 dr HdTp	450	900	1900	4500	6300	9000
Sixty-Special, V-8, 133" wb						
Sed	350	875	1700	4250	5900	8500
Fleetwood Brougham, V-8, 133" wv						
Sed	450	900	1900	4500	6300	9000
Seventy-Five Series, V-8, 149.8" wb						
Sed	450	900	1900	4500	6300	9000
Limo	450	950	2100	4750	6650	9500

1968
Calais, V-8, 129.5" wb

	6	5	4	3	2	1
4 dr HdTp	350	825	1600	4050	5650	8100
2 dr HdTp	350	875	1700	4250	5900	8500
DeVille, V-8 129.5 wb						
4 dr	350	850	1650	4100	5700	8200
4 dr HdTp	350	875	1700	4250	5900	8500
2 dr HdTp	450	950	2100	4750	6650	9500
Conv	650	2300	5400	9000	12,600	18,000
Fleetwood Eldorado, V-8, 120" wb						
2 dr HdTp	450	950	2100	4750	6650	9500
Sixty-Special, V-8, 133" wb						
Sed	350	875	1700	4250	5900	8500
Fleetwood Brougham, V-8, 133" wb						
Sed	450	900	1900	4500	6300	9000
Series 75, V-8, 149.8" wb						
Sed	450	900	1900	4500	6300	9000
Limo	450	950	2100	4750	6650	9500
1969						
Calais, V-8, 129.5" wb						
4 dr HdTp	200	550	1150	2100	3700	5300
2 dr HdTp	200	650	1250	2400	4200	6000
DeVille, V-8, 129.5" wb						
4 dr Sed	200	600	1200	2200	3850	5500
4 dr HdTp	200	650	1200	2300	4100	5800
2 dr HdTp	350	700	1350	2800	4550	6500
Conv	550	1550	4500	7500	10,500	15,000
Fleetwood Eldorado, V-8, 129.5" wb						
2 dr HdTp	350	750	1450	3300	4900	7000
Sixty-Special, V-8, 133" wb						
Sed	200	675	1300	2600	4400	6300
Brgm	350	700	1350	2900	4600	6600
Series 75, V-8, 149.8" wb						
Sed	350	700	1350	2900	4600	6600
Limo	350	725	1400	3100	4800	6800
1970						
Calais, V-8, 129.5" wb						
4 dr HdTp	200	600	1200	2200	3850	5500
2 dr HdTp	200	650	1250	2400	4200	6000
DeVille, V-8, 129.5" wb						
4 dr Sed	200	600	1200	2200	3900	5600
4 dr HdTp	200	650	1250	2400	4150	5900
2 dr HdTp	350	700	1350	2800	4550	6500
Conv	550	1550	4500	7500	10,500	15,000
Fleetwood Eldorado, V-8, 120" wb						
2 dr HdTp	350	725	1400	3100	4800	6800
Sixty-Special, V-8, 133" wb						
Sed	200	675	1300	2600	4400	6300
Brgm	350	700	1350	2800	4550	6500
Series 75, V-8, 149.8" wb						
Sed	350	700	1350	2800	4550	6500
Limo	350	725	1400	3200	4850	6900
1971						
Calais						
4 dr HdTp	200	550	1150	2100	3700	5300
2 dr HdTp	200	650	1250	2400	4200	6000
DeVille						
4 dr HdTp	200	600	1200	2300	4000	5700
2 dr HdTp	350	700	1350	2800	4550	6500
Fleetwood 60 Special						
Brgm	350	700	1350	2800	4550	6500
Fleetwood 75						
9P Sed	200	675	1300	2500	4350	6200
Limo	350	725	1400	3100	4800	6800
Fleetwood Eldorado						
2 dr HdTp	200	650	1200	2300	4100	5800
Conv	450	1150	3600	6000	8400	12,000
1972						
Calais						
4 dr HdTp	200	550	1150	2100	3800	5400
2 dr HdTp	200	650	1250	2400	4200	6000
DeVille						
4 dr HdTp	200	650	1200	2300	4100	5800

	6	5	4	3	2	1
2 dr HdTp	350	700	1350	2800	4550	6500
Fleetwood 60 Special						
Brgm	350	700	1350	2800	4550	6500
Fleetwood 75						
9P Sed	200	675	1300	2600	4400	6300
Limo	350	725	1400	3200	4850	6900
Fleetwood Eldorado						
2 dr HdTp	350	700	1350	2800	4550	6500
Conv	450	1150	3600	6000	8400	12,000

1973

Calais V8						
2 dr HdTp	200	600	1200	2200	3850	5500
4 dr HdTp	200	550	1150	2100	3700	5300
DeVille V8						
2 dr HdTp	200	650	1250	2400	4200	6000
4 dr HdTp	200	600	1200	2200	3850	5500
Fleetwood 60S V8						
4 dr Brgm Sed	200	650	1250	2400	4150	5900
Fleetwood Eldorado V8						
2 dr HdTp	200	650	1200	2300	4100	5800
Conv	450	1150	3600	6000	8400	12,000
Fleetwood 75 V8						
4 dr Sed	200	675	1300	2600	4400	6300
Limo	350	725	1400	3200	4850	6900

1974

Calais V-8						
2 dr HdTp	200	550	1150	2100	3700	5300
4 dr HdTp	200	600	1200	2200	3850	5500
DeVille V-8						
2 dr HdTp	200	600	1200	2200	3850	5500
4 dr HdTp	200	650	1250	2400	4200	6000
Fleetwood Brougham V-8						
4 dr Sed	200	650	1200	2300	4100	5800
Fleetwood Eldorado V-8						
2 dr HdTp	200	600	1200	2300	4000	5700
Conv	500	1250	3900	6500	9100	13,000
Fleetwood 75 V-8						
4 dr Sed	200	675	1300	2600	4400	6300
Limo	350	725	1400	3200	4850	6900

NOTES: Add 20 percent for Talisman Brougham.
Add 10 percent for padded top on Series 75.
Add 10 percent for sun roof on DeVille/60/Eldorado.

1975

Calais V-8						
2 dr HdTp	200	550	1150	2000	3600	5200
4 dr HdTp	150	450	1050	1800	3300	4800
DeVille V-8						
2 dr HdTp	200	550	1150	2100	3800	5400
4 dr HdTp	200	500	1100	1900	3500	5000
Fleetwood Brougham V-8						
4 dr Sed	200	600	1200	2200	3850	5500
Fleetwood Eldorado V-8						
2 dr HdTp	200	650	1200	2300	4100	5800
Conv	500	1400	4200	7000	9800	14,000
Fleetwood 75 V-8						
4 dr Sed	200	675	1300	2600	4400	6300
Limo	350	725	1400	3200	4850	6900

1976

Calais, V-8						
4 dr Sed	200	550	1150	2100	3700	5300
Cpe	200	600	1200	2200	3850	5500
DeVille, V-8						
4 dr Sed	200	600	1200	2200	3850	5500
Cpe	200	650	1200	2300	4100	5800
Seville, V-8						
4 dr Sed	450	900	1800	4400	6150	8800
Eldorado, V-8						
Cpe	350	800	1550	3900	5450	7800
Conv	550	1550	4500	7500	10,500	15,000
Fleetwood Brougham, V-8						
NOTE: Add 15 percent for Bicent. Edit.						
4 dr Sed	200	675	1300	2600	4400	6300

Fleetwood 75, V-8

	6	5	4	3	2	1
4 dr Sed	200	675	1300	2600	4400	6300
Limo	350	725	1400	3200	4850	6900

NOTE: Add 5 percent for Talisman on Fleetwood Brougham.

1977 Cadillac Eldorado coupe

1977
DeVille, V-8

4 dr Sed	200	600	1200	2200	3850	5500
Cpe	200	650	1250	2400	4200	6000

Seville, V-8

4 dr Sed	350	700	1350	2800	4550	6500

Eldorado, V-8

Cpe	350	775	1500	3750	5250	7500

Fleetwood Brougham, V-8

4 dr Sed	350	700	1350	2800	4550	6500

Fleetwood 75, V-8

4 dr Sed	350	725	1400	3000	4700	6700
Limo	350	725	1400	3200	4850	6900

NOTE: Add 10 percent for Biarritz.

1978
Seville

4 dr Sed	350	700	1350	2900	4600	6600

DeVille

4 dr Sed	150	450	1050	1700	3200	4600
Cpe	150	450	1050	1750	3250	4700

Eldorado

Cpe	350	825	1600	4000	5600	8000

Fleetwood Brougham

4 dr Sed	200	550	1150	2000	3600	5200

Fleetwood Limo

4 dr	350	725	1400	3000	4700	6700
4 dr Formal	350	725	1400	3200	4850	6900

NOTE: Add 10 percent for Biarritz.

1979
Seville, V-8

4 dr Sed	350	750	1450	3300	4900	7000

DeVille, V-8

4 dr Sed	200	550	1150	2000	3600	5200
Cpe	200	600	1200	2200	3850	5500

Eldorado, V-8

Cpe	350	750	1450	3300	4900	7000

Fleetwood Brougham, V-8

4 dr Sed	200	600	1200	2200	3850	5500

Fleetwood Limo

4 dr Sed	350	725	1400	3000	4700	6700
4 dr Formal Sed	350	725	1400	3200	4850	6900

NOTES: Deduct 12 percent for diesel.
Add 10 percent for Biarritz.

1980
Seville, V-8

4 dr Sed	350	700	1350	2700	4500	6400

DeVille, V-8

4 dr Sed	200	550	1150	2100	3800	5400

	6	5	4	3	2	1
2 dr Cpe	200	600	1200	2200	3850	5500
Eldorado, V-8						
2 dr Cpe	350	775	1500	3750	5250	7500
Fleetwood Brougham, V-8						
4 dr Sed	200	650	1250	2400	4150	5900
2 dr Cpe	200	650	1250	2400	4200	6000
Fleetwood, V-8						
4 dr Limo	350	725	1400	3200	4850	6900
4 dr Formal	350	750	1450	3400	5000	7100
1981						
Seville, V-8						
4 dr Sed	350	700	1350	2800	4550	6500
DeVille, V-8						
4 dr Sed	200	600	1200	2200	3850	5500
2 dr Cpe	200	600	1200	2200	3900	5600
Eldorado, V-8						
2 dr Cpe	350	825	1600	4000	5600	8000
Fleetwood Brougham, V-8						
4 dr Sed	200	650	1250	2400	4200	6000
2 dr Cpe	200	675	1300	2500	4300	6100
Fleetwood, V-8						
4 dr Limo	350	750	1450	3300	4900	7000
4 dr Formal	350	750	1450	3500	5050	7200
1982						
Cimarron, 4-cyl.						
4 dr Sed	200	550	1150	2000	3600	5200
Seville, V-8						
4 dr Sed	350	700	1350	2900	4600	6600
DeVille, V-8						
4 dr Sed	200	600	1200	2300	4000	5700
2 dr Cpe	200	650	1200	2300	4100	5800
Eldorado, V-8						
2 dr Cpe	350	875	1700	4250	5900	8500
Fleetwood Brougham, V-8						
4 dr Sed	200	675	1300	2500	4350	6200
2 dr Cpe	200	675	1300	2600	4400	6300
Fleetwood, V-8						
4 dr Limo	350	750	1450	3500	5050	7200
4 dr Formal	350	775	1500	3700	5200	7400
1983						
Cimarron, 4-cyl.						
4 dr Sed	200	600	1200	2200	3850	5500
Seville, V-8						
4 dr Sed	350	725	1400	3000	4700	6700
DeVille, V-8						
4 dr Sed	200	650	1250	2400	4150	5900
2 dr Cpe	200	650	1250	2400	4200	6000
Eldorado, V-8						
2 dr Cpe	450	900	1900	4500	6300	9000
Fleetwood Brougham, V-8						
4 dr Sed	350	700	1350	2700	4500	6400
2 dr Cpe	350	700	1350	2800	4550	6500
Fleetwood, V-8						
4 dr Limo	350	775	1500	3700	5200	7400
4 dr Formal	350	800	1550	3800	5300	7600

LaSALLE

	6	5	4	3	2	1
1927						
Series 303, V-8, 125" wb						
RS Rds	3500	12,900	25,800	48,200	66,000	86,000
Phae	3500	13,200	26,400	44,000	68,000	88,000
Spt Phae	3500	13,500	27,000	45,000	70,000	90,000
2P Conv Cpe	3500	12,000	24,000	40,000	60,000	80,000
RS Cpe	1500	6300	12,600	21,000	29,400	42,000
4P Vic	1500	6000	12,000	20,000	28,000	40,000
Sed	1200	4650	9300	15,500	21,700	31,000
Twn Sed	1200	4950	9900	16,500	23,100	33,000
Series 303, V-8, 134" wb						
Imp Sed	1200	5400	10,800	18,000	25,200	36,000
7P Sed	1200	5400	10,800	18,000	25,200	36,000
7P Imp Sed	1200	5550	11,100	18,500	25,900	37,000

1928
Series 303, V-8, 125" wb

	6	5	4	3	2	1
Rds	3500	12,900	25,800	48,200	66,000	86,000
Phae	3500	13,200	26,400	44,000	68,000	88,000
Spt Phae	3500	13,500	27,000	45,000	70,000	90,000
Conv	3500	12,000	24,000	40,000	60,000	80,000
Bus Cpe	1500	6150	12,300	20,500	28,700	41,000
RS Cpe	1500	6300	12,600	21,000	29,400	42,000
Vic	1500	6000	12,000	20,000	28,000	40,000
5P Sed	1200	5550	11,100	18,500	25,900	37,000
Fam Sed	1200	5250	10,500	17,500	24,500	35,000
Twn Sed	1200	5400	10,800	18,000	25,200	36,000
Series 303, V-8, 134" wb						
5P Cpe	1500	6750	13,500	22,500	31,500	45,000
Cabr Sed	2000	11,400	22,800	38,000	56,000	76,000
Imp Sed	1500	6750	13,500	22,500	31,500	45,000
7P Sed	1500	6750	13,500	22,500	31,500	45,000
Fam Sed	1500	6900	13,800	23,000	32,200	46,000
Imp Fam Sed	1500	7050	14,100	23,500	32,900	47,000
Series 303, V-8, 125" wb						
Fleetwood Line						
Bus Cpe	1500	7050	14,100	23,500	32,900	47,000
Sed	1200	5550	11,100	18,500	25,900	37,000
Twn Cabr	2000	11,700	23,400	39,000	58,000	78,000
Trans Twn Cabr	3500	12,000	24,000	40,000	60,000	80,000
1929						
Series 328, V-8, 125" wb						
Rds	3500	14,400	28,800	48,000	76,000	96,000
Phae	3500	14,700	29,400	49,000	78,000	98,000
Spt Phae	3500	14,700	29,400	49,000	78,000	98,000
Trans FW Twn Cabr	3500	14,400	28,800	48,000	76,000	96,000
Series 328, V-8, 134" wb						
Conv	3500	12,300	24,600	41,000	62,000	82,000
RS Cpe	1500	7500	15,000	25,000	35,000	50,000
5P Cpe	1500	7050	14,100	23,500	32,900	47,000
Sed	1500	6750	13,500	22,500	31,500	45,000
Fam Sed	1500	6750	13,500	22,500	31,500	45,000
Twn Sed	1500	6900	13,800	23,000	32,200	46,000
7P Sed	1500	6900	13,800	23,000	32,200	46,000
7P Imp Sed	1500	7050	14,100	23,500	32,900	47,000
Conv Lan Cabr	3500	12,900	25,800	48,200	66,000	86,000
FW Trans Twn Cabr 1	3500	13,500	27,000	45,000	70,000	90,000
1930						
Series 340, V-8, 134" wb						
Fisher Line						
Conv	3500	14,400	28,800	48,000	76,000	96,000
RS Cpe	2000	8250	16,500	27,500	38,500	55,000
Cpe	1500	7500	15,000	25,000	35,000	50,000
Sed	1500	6750	13,500	22,500	31,500	45,000
Imp Sed	1500	6900	13,800	23,000	32,200	46,000
7P Sed	1500	7050	14,100	23,500	32,900	47,000
7P Imp Sed	1500	7500	15,000	25,000	35,000	50,000
Series 340, V-8, 134" wb						
Fleetwood Line						
RS Rds	3500	18,500	33,000	55,000	88,000	110,000
Fleetcliffe						
Phae	3500	18,500	33,000	55,000	88,000	110,000
7P Tr	3500	15,000	30,000	50,000	80,000	100,000
Fleetlands						
A/W Phae	5000	20,600	34,800	58,000	91,000	116,000
Fleetway						
S'net Cabr 4081	3500	14,400	28,800	48,000	76,000	96,000
Fleetwind						
S'net Cabr 4082	3500	15,000	30,000	50,000	80,000	100,000
1931						
Series 345A, V-8, 134" wb						
Fisher Line						
RS Cpe	2000	9000	18,000	30,000	42,000	60,000
Cpe	2000	8550	17,100	28,500	39,900	57,000
Sed	1500	6900	13,800	23,000	32,200	46,000
Twn Sed	1500	6900	13,800	23,000	32,200	46,000
7P Sed	1500	6900	13,800	23,000	32,200	46,000
7P Imp Sed	1500	7050	14,100	23,500	32,900	47,000

1931 LaSalle, Fleetwood Roadster

Series 345A, V-8, 134" wb
Fleetwood Line

	6	5	4	3	2	1
RS Rds	3500	18,500	33,000	55,000	88,000	110,000
Conv	3500	13,500	27,000	45,000	70,000	90,000
Tr	3500	15,000	30,000	50,000	80,000	100,000
A/W Phae	5000	20,600	34,800	58,000	91,000	116,000
S'net Cabr 4081	3500	15,000	30,000	50,000	80,000	100,000
S'net Cabr 4082	3500	17,100	31,800	53,000	85,000	106,000
1932						
Series 345B, V-8, 130" wb						
Conv	3500	14,400	28,800	48,000	76,000	96,000
RS Cpe	2000	8250	16,500	27,500	38,500	55,000
Twn Cpe	1500	7500	15,000	25,000	35,000	50,000
Sed	1500	6000	12,000	20,000	28,000	40,000
Series 345B, V-8, 136" wb						
7P Sed	1500	6000	12,000	20,000	28,000	40,000
7P Imp Sed	1500	6300	12,600	21,000	29,400	42,000
7P Twn Sed	1500	6300	12,600	21,000	29,400	42,000
1933						
Series 345C, V-8, 130" wb						
Conv	2000	11,400	22,800	38,000	56,000	76,000
RS Cpe	1500	6750	13,500	22,500	31,500	45,000
Twn Cpe	1500	6300	12,600	21,000	29,400	42,000
Sed	1200	5700	11,400	19,000	26,600	38,000
Series 345C, V-8, 136" wb						
Twn Sed	1500	6450	12,900	21,500	30,100	43,000
Sed	1500	6150	12,300	20,500	28,700	41,000
7P Imp Sed	1500	6450	12,900	21,500	30,100	43,000
1934						
Series 350, 8 cyl., 119" wb						
Conv	2000	10,500	21,000	35,000	49,000	70,000
Cpe	1200	5700	11,400	19,000	26,600	38,000
Clb Sed	1200	4650	9300	15,500	21,700	31,000
Sed	1200	4500	9000	15,000	21,000	30,000
1935						
Series 50, 8 cyl., 120 wb						
Conv	2000	10,200	20,400	34,000	47,600	68,000
Cpe	1200	5250	10,500	17,500	24,500	35,000
2 dr Sed	800	3900	7800	13,000	18,200	26,000
4 dr Sed	800	4050	8100	13,500	18,900	27,000
1936						
Series 50, 8 Cyl., 120" wb, LaSalle						
Conv	1500	7500	15,000	25,000	35,000	50,000
RS Cpe	800	4200	8400	14,000	19,600	28,000
2 dr Sed	800	3000	6000	10,000	14,000	20,000
4 dr Sed	800	3150	6300	10,500	14,700	21,000
1937						
Series 50, V-8 124" wb, LaSalle						
Conv	2000	8250	16,500	27,500	38,500	55,000
Conv Sed	2000	8550	17,100	28,500	39,900	57,000
4P Cpe	800	3900	7800	13,000	18,200	26,000

	6	5	4	3	2	1
2 dr Sed	800	3600	7200	12,000	16,800	24,000
4 dr Sed	800	3750	7500	12,500	17,500	25,000

1938
Series 50, V-8, 124" wb, LaSalle

	6	5	4	3	2	1
Conv	2000	8550	17,100	28,500	39,900	57,000
Conv Sed	2000	8700	17,400	29,000	40,600	58,000
4P Cpe	800	3900	7800	13,000	18,200	26,000
2 dr Sed	800	3600	7200	12,000	16,800	24,000
4 dr Sed	800	3750	7500	12,500	17,500	25,000

1939
Series 50, V-8, 120" wb

	6	5	4	3	2	1
Conv	2000	8250	16,500	27,500	38,500	55,000
Conv Sed	2000	8400	16,800	28,000	39,200	56,000
Cpe	1200	4500	9000	15,000	21,000	30,000
2 dr Sed	650	2800	5700	9500	13,300	19,000
2 dr SR Sed	800	3000	6000	10,000	14,000	20,000
4 dr Sed	800	3000	6000	10,000	14,000	20,000
4 dr SR Sed	800	3150	6300	10,500	14,700	21,000

1940
Series 50, V-8, 123" wb

	6	5	4	3	2	1
Conv	2000	8250	16,500	27,500	38,500	55,000
Conv Sed	2000	8400	16,800	28,000	39,200	56,000
Cpe	1200	4500	9000	15,000	21,000	30,000
2 dr Sed	650	2800	5700	9500	13,300	19,000
2 dr SR Sed	800	3000	6000	10,000	14,000	20,000
4 dr Sed	800	3000	6000	10,000	14,000	20,000
4 dr SR Sed	800	3150	6300	10,500	14,700	21,000

"Special" Series 52 LaSalle
V-8, 123" wb

	6	5	4	3	2	1
Conv	2000	8400	16,800	28,000	39,200	56,000
Conv Sed	2000	8550	17,100	28,500	39,900	57,000
Cpe	1200	4650	9300	15,500	21,700	31,000
4 dr Sed	800	3300	6600	11,000	15,400	22,000

CHECKER

1960
Checker Superba Std.

	6	5	4	3	2	1
Sed	350	700	1350	2800	4550	6500
Sta Wag	350	700	1350	2700	4500	6400

Checker Superba Spl.

	6	5	4	3	2	1
Sed	350	700	1350	2900	4600	6600
Sta Wag	350	700	1350	2800	4550	6500

1961
Checker Superba

	6	5	4	3	2	1
Sed	350	700	1350	2800	4550	6500
Sta Wag	350	700	1350	2700	4500	6400

Checker Marathon

	6	5	4	3	2	1
Sed	350	700	1350	2900	4600	6600
Sta Wag	350	700	1350	2800	4550	6500

1962
Checker Superba

	6	5	4	3	2	1
Sed	350	700	1350	2800	4550	6500
Sta Wag	350	700	1350	2700	4500	6400

Checker Marathon

	6	5	4	3	2	1
Sed	350	700	1350	2900	4600	6600
Sta Wag	350	700	1350	2800	4550	6500

1963
Checker Superba

	6	5	4	3	2	1
Sed	350	700	1350	2900	4600	6600
Sta Wag	350	700	1350	2800	4550	6500

Checker Marathon

	6	5	4	3	2	1
Sed	350	700	1350	2900	4600	6600
Sta Wag	350	700	1350	2700	4500	6400
Limo	350	750	1450	3300	4900	7000

1964
Checker Marathon

	6	5	4	3	2	1
Sed	350	700	1350	2800	4550	6500
Sta Wag	350	700	1350	2700	4500	6400
Limo	350	750	1450	3400	5000	7100
Aerobus	350	725	1400	3000	4700	6700

1965 Checker, Marathon station wagon, 6-cyl

1965
Marathon Series

	6	5	4	3	2	1
Sed	350	700	1350	2700	4500	6400
DeL Sed	350	700	1350	2800	4550	6500
Sta Wag	200	675	1300	2600	4400	6300
Limo	350	750	1450	3300	4900	7000

1966
Marathon Series

Sed	350	700	1350	2700	4500	6400
DeL Sed	350	700	1350	2800	4550	6500
Sta Wag	200	675	1300	2600	4400	6300
Limo	350	750	1450	3300	4900	7000

1967
Marathon Series

Sed	350	700	1350	2700	4500	6400
Sta Wag	350	700	1350	2800	4550	6500

1968
Marathon Series

Sed	350	700	1350	2700	4500	6400
Sta Wag	200	675	1300	2600	4400	6300
DeL Sed	350	700	1350	2800	4550	6500

1969
Marathon Series

Sed	350	700	1350	2700	4500	6400
Sta Wag	200	675	1300	2600	4400	6300

DeLuxe Series

Sed	350	700	1350	2800	4550	6500
Limo	350	750	1450	3300	4900	7000

1970
Marathon Series

Sed	350	700	1350	2700	4500	6400
Sta Wag	200	675	1300	2600	4400	6300

DeLuxe Series

Sed	350	700	1350	2800	4550	6500
Limo	350	750	1450	3300	4900	7000

1971
Marathon Series

Sed	200	650	1250	2400	4200	6000
Sta Wag	200	650	1250	2400	4150	5900

DeLuxe Series

Sed	200	675	1300	2500	4350	6200
Limo	350	750	1450	3300	4900	7000

NOTE: Add 5 percent for V8.

1972
Marathon Series

Sed	200	650	1250	2400	4200	6000
Sta Wag	200	650	1250	2400	4150	5900

DeLuxe Series

	6	5	4	3	2	1
Sed	150	400	1000	1650	3150	4500

NOTE: Add 5 percent for V8.

1973
Marathon Series

Sed	200	650	1250	2400	4150	5900
Sta Wag	200	650	1200	2300	4100	5800

DeLuxe Series

Sed	200	650	1250	2400	4200	6000

NOTE: Add 5 percent for V8.

1974
Marathon Series

Sed	200	650	1250	2400	4150	5900
Sta Wag	200	650	1200	2300	4100	5800

DeLuxe Series

Sed	200	650	1250	2400	4200	6000

NOTE: Add 5 percent for V8.

1975
Marathon Series

Sed	200	650	1250	2400	4150	5900
Sta Wag	200	650	1200	2300	4100	5800

DeLuxe

Sed	200	650	1250	2400	4200	6000

CHEVROLET

1912
Classic Series, 6-cyl.

Tr	1200	4650	9300	15,500	21,700	31,000

1913
Classic Series, 6-cyl.

Tr	800	4300	8550	14,250	19,950	28,500

1914 Chevrolet roadster

1914
Series H2 & H4, 4-cyl.

	6	5	4	3	2	1
Rds	650	2300	5400	9000	12,600	18,000
Tr	650	2600	5500	9250	12,950	18,500
Series C, 6-cyl.						
Tr	800	3300	6600	11,000	15,400	22,000
Series L, 6-cyl.						
Tr	800	3150	6300	10,500	14,700	21,000
1915						
Series H2 & H4, 4-cyl.						
Rds	550	1750	4800	8000	11,200	16,000
Tr	650	2300	5400	9000	12,600	18,000
Series H3, 4-cyl.						
2P Rds	650	2800	5700	9500	13,300	19,000
Series L, 6-cyl.						
Tr	800	3000	6000	10,000	14,000	20,000
1916						
Series 490, 4-cyl.						
Tr	650	2000	5100	8500	11,900	17,000
Series H2, 4-cyl.						
Rds	550	1800	4950	8250	11,550	16,500
Torp Rds	650	2300	5400	9000	12,600	18,000
Series H4, 4-cyl.						
Tr	650	2800	5700	9500	13,300	19,000
1917						
Series F2 & F5, 4-cyl.						
Rds	650	2000	5100	8500	11,900	17,000
Tr	650	2300	5400	9000	12,600	18,000
Series 490, 4-cyl.						
Rds	550	1750	4800	8000	11,200	16,000
Tr	550	1750	4800	8000	11,200	16,000
HdTp Tr	650	2000	5100	8500	11,900	17,000
Series D2 & D5, V-8						
Rds	800	3000	6000	10,000	14,000	20,000
Tr	800	3150	6300	10,500	14,700	21,000
1918						
Series 490, 4-cyl.						
Tr	650	2000	5100	8500	11,900	17,000
Rds	550	1750	4800	8000	11,200	16,000
Cpe	350	750	1450	3300	4900	7000
Sed	200	650	1250	2400	4200	6000
Series FA, 4-cyl.						
Rds	650	2000	5100	8500	11,900	17,000
Tr	650	2300	5400	9000	12,600	18,000
Sed	350	750	1450	3300	4900	7000
Series D, V-8						
4P Rds	800	3600	7200	12,000	16,800	24,000
Tr	800	3750	7500	12,500	17,500	25,000
1919						
Series 490, 4-cyl.						
Rds	500	1400	4200	7000	9800	14,000
Tr	550	1550	4500	7500	10,500	15,000
Sed	200	650	1250	2400	4200	6000
Cpe	350	700	1350	2800	4550	6500
Series FB, 4-cyl.						
Rds	550	1750	4800	8000	11,200	16,000
Tr	650	2000	5100	8500	11,900	17,000
Cpe	350	825	1600	4000	5600	8000
2 dr Sed	350	775	1500	3750	5250	7500
4 dr Sed	350	750	1450	3300	4900	7000
1920						
Series 490, 4-cyl.						
Rds	500	1400	4200	7000	9800	14,000
Tr	550	1550	4500	7500	10,500	15,000
Sed	350	775	1500	3750	5250	7500
Cpe	350	825	1600	4000	5600	8000
Series FB, 4-cyl.						
Rds	550	1750	4800	8000	11,200	16,000
Tr	650	2000	5100	8500	11,900	17,000
Sed	350	875	1700	4250	5900	8500
Cpe	450	900	1900	4500	6300	9000

*NOTE: Factory prices reduced during the year due to economic depression.

	6	5	4	3	2	1
Cpe	100	150	450	1000	1750	2500

1921
Series 490, 4-cyl.

Rds	650	2300	5400	9000	12,600	18,000
Tr	650	2300	5400	9000	12,600	18,000
Cpe	350	825	1600	4000	5600	8000
C-D Sed	350	875	1700	4250	5900	8500

Series FB, 4-cyl.

Rds	650	2300	5400	9000	12,600	18,000
Tr	650	2800	5700	9500	13,300	19,000
Cpe	350	875	1700	4250	5900	8500
4 dr Sed	350	875	1700	4250	5900	8500

1922
Series 490, 4-cyl.

Rds	650	2300	5400	9000	12,600	18,000
Tr	650	2800	5700	9500	13,300	19,000
Cpe	350	825	1600	4000	5600	8000
Utl Cpe	200	600	1200	2200	3850	5500
Sed	350	875	1700	4250	5900	8500

Series FB, 4-cyl.

Rds	650	2300	5400	9000	12,600	18,000
Tr	650	2800	5700	9500	13,300	19,000
Sed	350	875	1700	4250	5900	8500
Cpe	450	900	1900	4500	6300	9000

1923
Superior B, 4-cyl.

Rds	650	2300	5400	9000	12,600	18,000
Tr	650	2800	5700	9500	13,300	19,000
Sed	350	750	1450	3300	4900	7000
2 dr Sed	350	750	1450	3300	4900	7000
Utl Cpe	350	775	1500	3750	5250	7500
DeL Tr	450	1075	3000	5500	7700	11,000

1924
Superior, 4-cyl.

Rds	650	2300	5400	9000	12,600	18,000
Tr	650	2800	5700	9500	13,300	19,000
DeL Tr	650	2900	5850	9750	13,650	19,500
Sed	200	650	1250	2400	4200	6000
DeL Sed	200	675	1300	2600	4400	6300
2P Cpe	350	700	1350	2800	4550	6500
4P Cpe	200	650	1250	2400	4200	6000
DeL Cpe	350	725	1400	3000	4700	6700
2 dr Sed	200	650	1250	2400	4200	6000

1925
Superior K, 4-cyl.

Rds	800	3600	7200	12,000	16,800	24,000
Tr	800	3750	7500	12,500	17,500	25,000
Cpe	350	750	1450	3300	4900	7000
Sed	350	700	1350	2800	4550	6500
2 dr Sed	350	700	1350	2700	4500	6400

1926
Superior V, 4-cyl.

Rds	800	3600	7200	12,000	16,800	24,000
Tr	800	3750	7500	12,500	17,500	25,000
Cpe	350	750	1450	3300	4900	7000
Sed	350	700	1350	2800	4550	6500
2 dr Sed	350	700	1350	2700	4500	6400
Lan Sed	350	825	1600	4000	5600	8000

1927
Model AA, 4-cyl.

Rds	800	3750	7500	12,500	17,500	25,000
Tr	800	3900	7800	13,000	18,200	26,000
Utl Cpe	350	725	1400	3000	4700	6700
2 dr Sed	350	725	1400	3100	4800	6800
Sed	350	750	1450	3300	4900	7000
Lan Sed	350	775	1500	3600	5100	7300
Cabr	650	2300	5400	9000	12,600	18,000
Imp Lan	550	1750	4800	8000	11,200	16,000

1928
Model AB, 4-cyl.

Rds	800	3750	7500	12,500	17,500	25,000
Tr	800	3900	7800	13,000	18,200	26,000

	6	5	4	3	2	1
Utl Cpe	350	775	1500	3600	5100	7300
Sed	350	775	1500	3750	5250	7500
2 dr Sed	350	750	1450	3300	4900	7000
Cabr	650	2300	5400	9000	12,600	18,000
Imp Lan	550	1750	4800	8000	11,200	16,000
Conv Cabr	800	3150	6300	10,500	14,700	21,000

1929
Model AC, 6-cyl.

Rds	800	4200	8400	14,000	19,600	28,000
Tr	800	4350	8700	14,500	20,300	29,000
Cpe	550	1750	4800	8000	11,200	16,000
Spt Cpe	650	2000	5100	8500	11,900	17,000
Sed	550	1500	4350	7250	10,150	14,500
Imp Sed	550	1550	4500	7500	10,500	15,000
Conv Lan	800	3300	6600	11,000	15,400	22,000
2 dr Sed	500	1400	4200	7000	9800	14,000
Conv Cabr	800	3400	6900	11,500	16,100	23,000

1930
Model AD, 6-cyl.

Rds	800	4350	8700	14,500	20,300	29,000
Spt Rds	1200	4500	9000	15,000	21,000	30,000
Phae	1200	4500	9000	15,000	21,000	30,000
2 dr Sed	500	1400	4200	7000	9800	14,000
Cpe	550	1750	4800	8000	11,200	16,000
Spt Cpe	650	2000	5100	8500	11,900	17,000
Clb Sed	550	1650	4650	7750	10,850	15,500
Spec Sed	550	1550	4500	7500	10,500	15,000
Sed	550	1500	4350	7250	10,150	14,500
Con Lan	800	3300	6600	11,000	15,400	22,000

1931
Model AE, 6-cyl.

Rds	1200	4500	9000	15,000	21,000	30,000
Spt Rds	1200	4800	9600	16,000	22,400	32,000
Cabr	800	4350	8700	14,500	20,300	29,000
Phae	1200	4500	9000	15,000	21,000	30,000
2 dr Sed	550	1550	4500	7500	10,500	15,000
5P Cpe	650	2000	5100	8500	11,900	17,000
5W Cpe	650	2300	5400	9000	12,600	18,000
Spt Cpe	800	3000	6000	10,000	14,000	20,000
Cpe	650	2800	5700	9500	13,300	19,000
DeL 2 dr Sed	550	1750	4800	8000	11,200	16,000
Sed	550	1650	4650	7750	10,850	15,500
Spec Sed	550	1800	4950	8250	11,550	16,500
Lan Phae	1200	4650	9300	15,500	21,700	31,000

1932
Model BA Standard, 6-cyl.

Rds	1200	4950	9900	16,500	23,100	33,000
Phae	1200	4950	9900	16,500	23,100	33,000
Lan Phae	1200	4800	9600	16,000	22,400	32,000
3W Cpe	800	3000	6000	10,000	14,000	20,000
5W Cpe	800	3150	6300	10,500	14,700	21,000
Spt Cpe	800	3300	6600	11,000	15,400	22,000
2 dr Sed	550	1750	4800	8000	11,200	16,000
Sed	650	2000	5100	8500	11,900	17,000
5P Cpe	800	3150	6300	10,500	14,700	21,000

Model BA DeLuxe, 6-cyl.

Spt Rds	1200	5100	10,200	17,000	23,800	34,000
Lan Phae	1200	4950	9900	16,500	23,100	33,000
Cabr	1200	4800	9600	16,000	22,400	32,000
3W Bus Cpe	800	3150	6300	10,500	14,700	21,000
5W Cpe	800	3300	6600	11,000	15,400	22,000
Spt Cpe	800	3400	6900	11,500	16,100	23,000
2 dr Sed	650	2000	5100	8500	11,900	17,000
Sed	650	2300	5400	9000	12,600	18,000
Spec Sed	650	2800	5700	9500	13,300	19,000
5P Cpe	800	3300	6600	11,000	15,400	22,000

1933
Mercury, 6-cyl.

2P Cpe	450	1025	2600	5250	7300	10,500
RS Cpe	450	1125	3450	5750	8050	11,500
2 dr Sed	350	875	1700	4250	5900	8500

Master Eagle, 6-cyl.

Spt Rds	800	4400	8850	14,750	20,650	29,500

1933 Chevrolet Standard Roadster

	6	**5**	**4**	**3**	**2**	**1**
Phae	1200	4600	9150	15,250	21,350	30,500
2P Cpe	450	1075	3000	5500	7700	11,000
Spt Cpe	450	1150	3600	6000	8400	12,000
2 dr Sed	450	900	1800	4400	6150	8800
2 dr Trk Sed	450	900	1900	4500	6300	9000
Sed	450	900	1900	4500	6300	9000
Conv	800	3200	6450	10,750	15,050	21,500

1934
Standard, 6-cyl.

Sed	350	875	1700	4250	5900	8500
Spt Rds	800	4000	7950	13,250	18,550	26,500
Phae	800	4100	8250	13,750	19,250	27,500
Cpe	450	1025	2600	5250	7300	10,500
2 dr Sed	350	850	1650	4200	5850	8400

Master, 6-cyl.

Spt Rds	800	4100	8250	13,750	19,250	27,500
Bus Cpe	450	1075	3000	5500	7700	11,000
Spt Cpe	450	1125	3450	5750	8050	11,500
2 dr Sed	450	925	1900	4550	6350	9100
Twn Sed	450	925	2000	4600	6400	9200
Sed	450	950	2100	4700	6600	9400
Conv	800	3650	7350	12,250	17,150	24,500

1935
Standard, 6-cyl.

Rds	800	3500	7050	11,750	16,450	23,500
Phae	800	3800	7650	12,750	17,850	25,500
Cpe	450	1025	2600	5250	7300	10,500
2 dr Sed	350	875	1700	4250	5900	8500
Sed	450	900	1800	4400	6150	8800

Master, 6-cyl.

5W Cpe	450	1075	3000	5500	7700	11,000
Spt Cpe	450	1125	3450	5750	8050	11,500
2 dr Sed	350	875	1700	4350	6050	8700
Sed	450	900	1900	4500	6300	9000
Spt Sed	450	925	2000	4600	6400	9200
Twn Sed	450	900	1800	4400	6150	8800

NOTE: (Knee-action models: add $20 to factory prices and 25 percent to current values).

1936
Standard, 6-cyl.

Cpe	450	1025	2600	5250	7300	10,500

	6	5	4	3	2	1
Sed	350	875	1700	4250	5900	8500
Spt Sed	450	900	1800	4400	6150	8800
2 dr Sed	350	850	1650	4200	5850	8400
Cpe P.U.	450	1000	2400	5000	7000	10,000
Conv	550	1650	4650	7750	10,850	15,500
Master, 6-cyl.						
5W Cpe	450	1075	3000	5500	7700	11,000
Spt Cpe	450	1125	3450	5750	8050	11,500
2 dr Sed	350	875	1700	4350	6050	8700
Twn Sed	450	900	1800	4400	6150	8800
Sed	450	900	1800	4450	6250	8900
Spt Sed	450	900	1900	4500	6300	9000

NOTE: (Knee-action models: add $20 to factory prices and $200 to current values).

1937
Master, 6-cyl.

	6	5	4	3	2	1
Conv	800	4000	7950	13,250	18,550	26,500
Cpe	450	975	2200	4850	6800	9700
Cpe P.U.	450	1025	2500	5150	7150	10,300
2 dr Sed	350	875	1700	4350	6050	8700
2 dr Twn Sed	450	900	1800	4400	6150	8800
4 dr Trk Sed	450	900	1800	4450	6250	8900
4 dr Spt Sed	450	900	1900	4500	6300	9000
Master DeLuxe, 6-cyl.						
Cpe	450	1025	2500	5150	7150	10,300
Spt Cpe	450	1025	2600	5250	7300	10,500
2 dr Sed	450	900	1800	4450	6250	8900
2 dr Twn Sed	450	900	1900	4500	6300	9000
4 dr Trk Sed	450	900	1900	4500	6300	9000
4 dr Spt Sed	450	925	1900	4550	6350	9100

1938
Master, 6-cyl.

	6	5	4	3	2	1
Conv	800	4100	8250	13,750	19,250	27,500
Cpe	450	975	2200	4850	6800	9700
Cpe P.U.	450	1025	2500	5150	7150	10,300
2 dr Sed	450	900	1800	4450	6250	8900
2 dr Twn Sed	450	900	1900	4500	6300	9000
4 dr Sed	450	900	1900	4500	6300	9000
4 dr Spt Sed	450	925	2000	4600	6400	9200
Master DeLuxe, 6-cyl.						
Cpe	450	1025	2600	5250	7300	10,500
Spt Cpe	450	1050	2700	5350	7450	10,700
2 dr Sed	450	900	1900	4500	6300	9000
2 dr Twn Sed	450	925	1900	4550	6350	9100
4 dr Sed	450	925	1900	4550	6350	9100
4 dr Spt Sed	450	925	2000	4600	6400	9200

1939
Master 85, 6-cyl.

	6	5	4	3	2	1
Cpe	450	975	2300	4900	6850	9800
2 dr Sed	450	925	2000	4600	6400	9200
2 dr Twn Sed	450	925	2000	4650	6500	9300
4 dr Sed	450	925	2000	4650	6500	9300
4 dr Spt Sed	450	950	2100	4700	6600	9400
Sta Wag	500	1400	4200	7000	9800	14,000
Master DeLuxe, 6-cyl.						
Cpe	450	1025	2500	5150	7150	10,300
Spt Cpe	450	1025	2600	5250	7300	10,500
2 dr Sed	450	1000	2500	5100	7100	10,200
2 dr Twn Sed	450	1025	2500	5150	7150	10,300
4 dr Sed	450	1025	2500	5150	7150	10,300
4 dr Spt Sed	450	1025	2600	5200	7200	10,400
Sta Wag	550	1550	4450	7450	10,400	14,900

1940
Master 85, 6-cyl.

	6	5	4	3	2	1
Cpe	450	1000	2400	5000	7000	10,000
Twn Sed	450	900	1900	4500	6300	9000
Spt Sed	450	950	2100	4750	6650	9500
Sta Wag	550	1750	4800	8000	11,200	16,000
Master DeLuxe, 6-cyl.						
Cpe	450	1025	2600	5250	7300	10,500
Spt Cpe	450	1075	3000	5500	7700	11,000
2 dr Sed	450	1000	2400	5000	7000	10,000
Spt Sed	450	975	2200	4850	6800	9700

Special DeLuxe, 6-cyl.

	6	5	4	3	2	1
Cpe	450	1075	3000	5500	7700	11,000
Spt Cpe	450	1125	3450	5750	8050	11,500
2 dr Sed	450	1025	2600	5250	7300	10,500
Spt Sed	450	1000	2500	5100	7100	10,200
Conv	800	3750	7500	12,500	17,500	25,000
Sta Wag	800	3150	6300	10,500	14,700	21,000

1941 Chevrolet Special DeLuxe Convertible

1941
Master DeLuxe, 6-cyl.

	6	5	4	3	2	1
2P Cpe	450	1000	2400	5000	7000	10,000
4P Cpe	450	1025	2600	5250	7300	10,500
Twn Sed	450	900	1900	4500	6300	9000
Spt Sed	450	925	2000	4650	6500	9300

Special DeLuxe, 6-cyl.

	6	5	4	3	2	1
2P Cpe	450	1025	2500	5150	7150	10,300
4P Cpe	450	1050	2700	5350	7450	10,700
Twn Sed	450	925	2000	4650	6500	9300
Spt Sed	450	950	2100	4750	6650	9500
Flt Sed	450	1000	2400	5000	7000	10,000
Conv	800	4200	8400	14,000	19,600	28,000
Sta Wag	800	3600	7200	12,000	16,800	24,000
Cpe P.U.	450	1150	3600	6000	8400	12,000

1942
Master DeLuxe, 6-cyl.

	6	5	4	3	2	1
2P Cpe	350	875	1700	4250	5900	8500
4P Cpe	350	875	1700	4350	6050	8700
Cpe P.U.	350	875	1700	4300	6000	8600
Twn Sed	350	775	1500	3750	5250	7500
Spt Sed	350	800	1550	3850	5400	7700

Special DeLuxe, 6-cyl.

	6	5	4	3	2	1
2P Cpe	450	900	1800	4400	6150	8800
5P Cpe	450	900	1900	4500	6300	9000
Twn Sed	350	800	1550	3900	5450	7800
Spt Sed	350	825	1600	4000	5600	8000
Conv	800	3900	7800	13,000	18,200	26,000
Sta Wag	800	3150	6300	10,500	14,700	21,000

Fleetline, 6-cyl.

	6	5	4	3	2	1
2 dr Aero	450	900	1900	4500	6300	9000
4 dr Spt Mstr	350	875	1700	4350	6050	8700

1946
Stylemaster, 6-cyl.

	6	5	4	3	2	1
Bus Cpe	350	850	1650	4150	5800	8300

	6	**5**	**4**	**3**	**2**	**1**
Spt Cpe	350	875	1700	4250	5900	8500
Twn Sed	350	775	1500	3750	5250	7500
Spt Sed	350	800	1550	3850	5400	7700
Fleetmaster, 6-cyl.						
Spt Cpe	450	900	1900	4500	6300	9000
Twn Sed	350	800	1550	3850	5400	7700
Spt Sed	350	800	1550	3900	5450	7800
Conv	800	3750	7500	12,500	17,500	25,000
Sta Wag	800	3000	6000	10,000	14,000	20,000
Fleetline						
2 dr Aero	450	900	1800	4400	6150	8800
4 dr Spt Mstr	350	875	1700	4300	6000	8600
1947						
Stylemaster, 6-cyl.						
Bus Cpe	350	850	1650	4200	5850	8400
Spt Cpe	350	875	1700	4250	5900	8500
Twn Sed	350	800	1550	3850	5400	7700
Spt Sed	350	825	1600	3950	5500	7900
Fleetmaster, 6-cyl.						
Spt Cpe	450	900	1800	4400	6150	8800
Twn Sed	350	800	1550	3900	5450	7800
Spt Sed	350	825	1600	4000	5600	8000
Conv	800	3750	7500	12,500	17,500	25,000
Sta Wag	800	3000	6000	10,000	14,000	20,000
Fleetline, 6-cyl.						
2 dr Aero	450	900	1800	4400	6150	8800
4 dr Spt Mstr	350	875	1700	4300	6000	8600

1948 Chevrolet Fleetline Aerosedan

1948						
Stylemaster, 6-cyl.						
Bus Cpe	350	850	1650	4200	5850	8400
Spt Cpe	350	875	1700	4250	5900	8500
Twn Sed	350	800	1550	3850	5400	7700
Spt Sed	350	800	1550	3900	5450	7800
Fleetmaster, 6-cyl.						
Spt Cpe	450	900	1800	4400	6150	8800
Twn Sed	350	800	1550	3900	5450	7800
Spt Sed	350	825	1600	4000	5600	8000
Conv	800	3750	7500	12,500	17,500	25,000
Sta Wag	800	3150	6300	10,500	14,700	21,000
Fleetline, 6-cyl.						
2 dr Aero	450	900	1900	4500	6300	9000

	6	5	4	3	2	1
4 dr Spt Mstr	350	875	1700	4350	6050	8700
1949						
Styleline Special, 6-cyl.						
Bus Cpe	350	750	1450	3300	4900	7000
Spt Cpe	350	775	1500	3750	5250	7500
2 dr Sed	350	700	1350	2700	4500	6400
Sed	350	700	1350	2800	4550	6500
Fleetline Special, 6-cyl.						
2 dr Sed	350	700	1350	2900	4600	6600
4 dr Sed	350	725	1400	3000	4700	6700
Styleline DeLuxe, 6-cyl.						
Spt Cpe	350	825	1600	4000	5600	8000
2 dr Sed	350	725	1400	3000	4700	6700
Sed	350	725	1400	3100	4800	6800
Conv	800	3300	6600	11,000	15,400	22,000
Mtl Sta Wag	450	1000	2400	5000	7000	10,000
Woodie	500	1400	4200	7000	9800	14,000
Fleetline DeLuxe, 6-cyl.						
2 dr Sed	350	725	1400	3200	4850	6900
Sed	350	750	1450	3300	4900	7000
1950						
Styleline Special, 6-cyl.						
Bus Cpe	350	750	1450	3300	4900	7000
Spt Cpe	350	775	1500	3750	5250	7500
2 dr Sed	350	700	1350	2700	4500	6400
Sed	350	700	1350	2800	4550	6500
Fleetline Special, 6-cyl.						
2 dr Sed	350	700	1350	2900	4600	6600
4 dr Sed	350	725	1400	3000	4700	6700
Styleline DeLuxe, 6-cyl.						
Spt Cpe	350	825	1600	4000	5600	8000
2 dr Sed	350	725	1400	3000	4700	6700
Sed	350	725	1400	3100	4800	6800
2 dr HdTp Bel Air	450	1000	2400	5000	7000	10,000
Conv	800	3400	6900	11,500	16,100	23,000
Mtl Sta Wag	450	1000	2400	5000	7000	10,000
Fleetline DeLuxe, 6-cyl.						
2 dr Sed	350	725	1400	3200	4850	6900
4 dr Sed	350	750	1450	3300	4900	7000
1951						
Styleline Special, 6-cyl.						
Bus Cpe	350	750	1450	3300	4900	7000
Spt Cpe	350	775	1500	3750	5250	7500
2 dr Sed	350	700	1350	2900	4600	6600
Sed	350	725	1400	3000	4700	6700
Fleetline Special, 6-cyl.						
2 dr Sed	350	725	1400	3000	4700	6700
4 dr Sed	350	725	1400	3100	4800	6800
Styleline DeLuxe, 6-cyl.						
Spt Cpe	350	825	1600	4000	5600	8000
2 dr Sed	350	725	1400	3200	4850	6900
Sed	350	750	1450	3300	4900	7000
2 dr HdTp Bel Air	450	1075	3000	5500	7700	11,000
Conv	800	3600	7200	12,000	16,800	24,000
Sta Wag	450	1000	2400	5000	7000	10,000
Fleetline DeLuxe, 6-cyl.						
2 dr Sed	350	750	1450	3400	5000	7100
4 dr Sed	350	750	1450	3500	5050	7200
1952						
Styleline Special, 6-cyl.						
Bus Cpe	350	750	1450	3300	4900	7000
Spt Cpe	350	775	1500	3750	5250	7500
2 dr Sed	350	700	1350	2900	4600	6600
Sed	350	725	1400	3000	4700	6700
Styleline DeLuxe, 6-cyl.						
Spt Cpe	350	825	1600	4000	5600	8000
2 dr Sed	350	725	1400	3200	4850	6900
Sed	350	750	1450	3300	4900	7000
2 dr HdTp Bel Air	450	1150	3600	6000	8400	12,000
Conv	800	3750	7500	12,500	17,500	25,000
Sta Wag	450	1000	2400	5000	7000	10,000
Fleetline DeLuxe, 6-cyl.						
2 dr Sed	350	750	1450	3500	5050	7200

1953
Special 150, 6-cyl.

	6	5	4	3	2	1
Bus Cpe	350	700	1350	2700	4500	6400
Clb Cpe	350	700	1350	2800	4550	6500
2 dr Sed	200	650	1250	2400	4200	6000
Sed	200	675	1300	2500	4300	6100
Sta Wag	350	825	1600	3950	5500	7900
DeLuxe 210, 6-cyl.						
Clb Cpe	350	775	1500	3750	5250	7500
2 dr Sed	350	725	1400	3200	4850	6900
Sed	350	750	1450	3300	4900	7000
2 dr HdTp	450	1075	3000	5500	7700	11,000
Conv	800	3400	6900	11,500	16,100	23,000
Sta Wag	350	875	1700	4250	5900	8500
210 Townsman Sta Wag	450	950	2100	4750	6650	9500
Bel Air						
2 dr Sed	350	775	1500	3700	5200	7400
Sed	350	775	1500	3750	5250	7500
2 dr HdTp	450	1150	3600	6000	8400	12,000
Conv	800	4050	8100	13,500	18,900	27,000

1954 Chevrolet, Bel Air station wagon, 6-cyl

1954
Special 150, 6-cyl.

Utl Sed	200	650	1250	2400	4150	5900
2 dr Sed	200	650	1250	2400	4200	6000
Sed	200	675	1300	2500	4300	6100
Sta Wag	350	825	1600	3950	5500	7900
Special 210, 6-cyl.						
2 dr Sed	350	725	1400	3200	4850	6900
Del Ray	450	900	1900	4500	6300	9000
Sed	350	750	1450	3300	4900	7000
Sta Wag	350	875	1700	4250	5900	8500
Bel Air, 6-cyl.						
2 dr Sed	350	775	1500	3700	5200	7400
Sed	350	775	1500	3750	5250	7500
2 dr HdTp	450	1150	3600	6000	8400	12,000
Conv	800	4050	8100	13,500	18,900	27,000
Sta Wag	450	1000	2400	5000	7000	10,000

1955
Model 150, V-8

Utl Sed	350	725	1400	3200	4850	6900
2 dr Sed	350	775	1500	3600	5100	7300
Sed	350	775	1500	3700	5200	7400
Sta Wag	350	850	1650	4200	5850	8400
Model 210, V-8						
2 dr Sed	350	875	1700	4250	5900	8500

	6	5	4	3	2	1
Del Ray	500	1250	3900	6500	9100	13,000
Sed	350	875	1700	4300	6000	8600
2 dr HdTp	650	2800	5700	9500	13,300	19,000
2 dr Sta Wag	450	900	1900	4500	6300	9000
4 dr Sta Wag	350	875	1700	4300	6000	8600
Bel Air, V-8						
2 dr Sed	450	1000	2400	5000	7000	10,000
Sed	450	1000	2500	5100	7100	10,200
2 dr HdTp	800	4350	8700	14,500	20,300	29,000
Conv	1200	5700	11,400	19,000	26,600	38,000
Nomad	800	4050	8100	13,500	18,900	27,000
4 dr Sta Wag	500	1400	4200	7000	9800	14,000

NOTE: Add 10 percent for factory air; 15 percent for "Power-Pak".
Deduct 5 percent for 6-cyl.

1956 Chevrolet, Bel Air station wagon

1956
Model 150, V-8

	6	5	4	3	2	1
Utl Sed	350	725	1400	3200	4850	6900
2 dr Sed	350	750	1450	3500	5050	7200
Sed	350	775	1500	3600	5100	7300
Sta Wag	350	825	1600	3950	5500	7900
Model 210, V-8						
2 dr Sed	350	875	1700	4250	5900	8500
Del Ray	450	1150	3600	6000	8400	12,000
Sed	350	875	1700	4350	6050	8700
4 dr HdTp	450	925	2000	4600	6400	9200
2 dr HdTp	650	2300	5400	9000	12,600	18,000
2 dr Sta Wag	450	1000	2500	5100	7100	10,200
4 dr Sta Wag	450	1000	2400	5000	7000	10,000
9P Sta Wag	450	1000	2500	5100	7100	10,200
Bel Air, V-8						
2 dr Sed	450	925	2000	4650	6500	9300
Sed	450	950	2100	4700	6600	9400
4 dr HdTp	500	1250	3900	6500	9100	13,000
2 dr HdTp	800	4050	8100	13,500	18,900	27,000
Conv	1200	5250	10,500	17,500	24,500	35,000
Nomad	800	3600	7200	12,000	16,800	24,000
4 dr Sta Wag	550	1550	4500	7500	10,500	15,000

NOTE: Add 10 percent for factory air; 15 percent for "Power-Pak".
Deduct 5 percent for 6-cyl.

1957
Model 150, V-8

	6	5	4	3	2	1
Utl Sed	350	725	1400	3200	4850	6900
2 dr Sed	350	750	1450	3500	5050	7200
Sed	350	775	1500	3600	5100	7300
2 dr Sta Wag	350	825	1600	3950	5500	7900
Model 210, V-8						
2 dr Sed	350	875	1700	4350	6050	8700
Del Ray	500	1250	3900	6500	9100	13,000

	6	5	4	3	2	1
Sed	450	900	1800	4400	6150	8800
4 dr HdTp	450	950	2100	4750	6650	9500
2 dr HdTp	650	2800	5700	9500	13,300	19,000
2 dr Sta Wag	450	975	2200	4850	6800	9700
4 dr Sta Wag	450	975	2300	4950	6900	9900
9P Sta Wag	450	1000	2400	5000	7000	10,000
Bel Air, V-8						
2 dr Sed	450	1000	2400	5000	7000	10,000
Sed	450	1000	2400	5050	7050	10,100
4 dr HdTp	550	1750	4800	8000	11,200	16,000
2 dr HdTp	800	4350	8700	14,500	20,300	29,000
Conv	1500	6600	13,200	22,000	30,800	44,000
Nomad	800	3900	7800	13,000	18,200	26,000
4 dr Sta Wag	550	1550	4500	7500	10,500	15,000

NOTE: Add 10 percent for factory air; 15 percent for "Power-Pak" and 20 percent for F.I.
Deduct 5 percent for 6-cyl.

1958 Chevrolet Impala Convertible

1958

Del-Ray, V-8	6	5	4	3	2	1
Utl Sed	200	550	1150	2100	3700	5300
2 dr Sed	200	600	1200	2200	3850	5500
Sed	200	600	1200	2200	3850	5500
Biscayne, V-8						
2 dr Sed	200	600	1200	2300	4000	5700
Sed	200	600	1200	2200	3900	5600
Bel Air, V-8						
2 dr Sed	350	875	1700	4250	5900	8500
Sed	350	875	1700	4300	6000	8600
4 dr HdTp	450	900	1900	4500	6300	9000
2 dr HdTp	550	1550	4500	7500	10,500	15,000
Impala	1200	4500	9000	15,000	21,000	30,000
Imp Conv	1500	6750	13,500	22,500	31,500	45,000
Station Wagons, V-8						
2 dr Yeo	350	700	1350	2800	4550	6500
4 dr Yeo	350	700	1350	2700	4500	6400
6P Brk	350	725	1400	3200	4850	6900
9P Brk	350	750	1450	3300	4900	7000
4 dr Nomad	450	1000	2400	5000	7000	10,000

NOTE: Add 20 percent for speed options and 10 percent for factory air.
Deduct 5 percent for 6-cyl.

1959

Biscayne, V-8	6	5	4	3	2	1
Utl Sed	200	500	1100	1900	3500	5000
2 dr Sed	200	550	1150	2000	3600	5200
Sed	200	550	1150	2100	3700	5300
Bel Air, V-8						
2 dr Sed	200	600	1200	2300	4000	5700
Sed	200	650	1200	2300	4100	5800
4 dr HdTp	200	650	1250	2400	4200	6000

Impala, V-8

	6	5	4	3	2	1
Sed	200	650	1250	2400	4200	6000
4 dr HdTp	350	850	1650	4150	5800	8300
2 dr HdTp	800	3000	6000	10,000	14,000	20,000
Conv	800	4200	8400	14,000	19,600	28,000
Station Wagons, V-8						
Brkwd	200	650	1200	2300	4100	5800
Park	200	650	1250	2400	4200	6000
King	200	675	1300	2600	4400	6300
4 dr Nomad	350	700	1350	2900	4600	6600

NOTE: Add 20 percent for speed options and 10 percent for factory air.
    Add 5 percent for 4-speed transmission.
    Deduct 5 percent for 6-cyl.

1960
Biscayne, V-8

	6	5	4	3	2	1
Utl Sed	150	450	1050	1800	3300	4800
2 dr Sed	200	500	1100	1950	3600	5100
Sed	200	550	1150	2000	3600	5200
Biscayne Fleetmaster, V-8						
2 dr Sed	200	550	1150	2100	3700	5300
Sed	200	550	1150	2100	3800	5400
Bel Air, V-8						
2 dr Sed	200	650	1200	2300	4100	5800
Sed	200	650	1250	2400	4150	5900
4 dr HdTp	200	675	1300	2600	4400	6300
2 dr HdTp	350	825	1600	4000	5600	8000
Impala, V-8						
Sed	200	675	1300	2600	4400	6300
4 dr HdTp	350	800	1550	3900	5450	7800
2 dr HdTp	550	1750	4800	8000	11,200	16,000
Conv	800	4050	8100	13,500	18,900	27,000
Station Wagons, V-8						
Brkwd	200	650	1200	2300	4100	5800
4 dr King	200	650	1250	2400	4150	5900
4 dr Park	200	650	1250	2400	4200	6000
4 dr Nomad	200	675	1300	2500	4300	6100

NOTE: Add 20 percent for speed options and 10 percent for factory air.
    Deduct 5 percent for 6-cyl.

1961
Biscayne, V-8

	6	5	4	3	2	1
Utl Sed	200	500	1100	1850	3350	4900
2 dr Sed	200	600	1200	2200	3850	5500
Sed	200	500	1100	1950	3600	5100
Bel Air, V-8						
2 dr Sed	200	600	1200	2300	4000	5700
Sed	200	600	1200	2200	3900	5600
4 dr HdTp	350	750	1450	3300	4900	7000
2 dr HdTp	500	1250	3900	6500	9100	13,000
Impala, V-8						
2 dr Sed	200	650	1250	2400	4200	6000
Sed	200	675	1300	2500	4300	6100
4 dr HdTp	350	775	1500	3750	5250	7500
2 dr HdTp*	500	1400	4200	7000	9800	14,000
Conv*	800	3150	6300	10,500	14,700	21,000
Station Wagons, V-8						
Brkwd	200	600	1200	2200	3850	5500
Park	200	650	1200	2300	4100	5800
Nomad	350	750	1450	3300	4900	7000

NOTE: Add 20 percent for speed options and 10 percent for factory air.
    *Add 25 percent for Super Sport option.
    Deduct 5 percent for 6-cyl.

1962
Chevy II, 4 & 6-cyl.

	6	5	4	3	2	1
2 dr Sed	200	500	1100	1900	3500	5000
Sed	200	500	1100	1850	3350	4900
2 dr HdTp	350	825	1600	4000	5600	8000
Conv	450	975	2200	4850	6800	9700
Sta Wag	200	550	1150	2100	3700	5300
Biscayne, V-8						
2 dr Sed	200	550	1150	2100	3800	5400
Sed	200	600	1200	2200	3850	5500
Sta Wag	200	550	1150	2100	3700	5300

Bel Air, V-8

	6	5	4	3	2	1
2 dr Sed	200	600	1200	2200	3900	5600
Sed	200	600	1200	2300	4000	5700
2 dr HdTp	450	1075	3000	5500	7700	11,000
Sta Wag	200	550	1150	2100	3800	5400
Impala, V-8						
Sed	200	650	1250	2400	4200	6000
4 dr HdTp	350	750	1450	3300	4900	7000
2 dr HdTp*	550	1550	4500	7500	10,500	15,000
Conv*	800	3300	6600	11,000	15,400	22,000
Sta Wag	200	650	1250	2400	4200	6000

*NOTE: Add 20 percent for Super Sport option.
Add 20 percent for speed options and 10 percent for factory air.
Deduct 5 percent for 6-cyl.

1963
Chevy II and Nova, 4 & 6-cyl.

	6	5	4	3	2	1
Sed	200	500	1100	1900	3500	5000
2 dr HdTp*	350	825	1600	4000	5600	8000
Conv*	450	1000	2400	5000	7000	10,000
Sta Wag	200	550	1150	2100	3800	5400

*NOTE: Add 15 percent for Super Sport option.
Biscayne, V-8

2 dr Sed	200	500	1100	1900	3500	5000
Sed	150	450	1050	1800	3300	4800
Sta Wag	200	500	1100	1850	3350	4900
Bel Air, V-8						
2 dr Sed	200	550	1150	2100	3800	5400
Sed	200	600	1200	2200	3850	5500
Sta Wag	200	550	1150	2100	3700	5300
Impala, V-8						
Sed	200	650	1250	2400	4200	6000
4 dr HdTp	350	825	1600	4000	5600	8000
2 dr HdTp*	550	1750	4800	8000	11,200	16,000
Conv*	800	3300	6600	11,000	15,400	22,000
Sta Wag	200	650	1250	2400	4200	6000

NOTE: Add 20 percent for speed options and 10 percent for factory air.
Add 20 percent for Super Sport option.
Deduct 5 percent for 6-cyl.

1964 Chevrolet Impala SS 2-door hardtop

1964
Chevy II and Nova, 4 & 6-cyl.

	6	5	4	3	2	1
2 dr Sed	150	450	1050	1800	3300	4800
Sed	200	500	1100	1850	3350	4900
2 dr HdTp	350	825	1600	4000	5600	8000
Sta Wag	200	550	1150	2000	3600	5200
Nova Super Sport Series, 6-cyl.						
2 dr HdTp	450	950	2100	4750	6650	9500
Chevelle						
2 dr Sed	150	300	900	1250	2650	3800
Sed	150	300	900	1250	2650	3800
2 dr Sta Wag	150	400	1000	1600	3100	4400

	6	5	4	3	2	1
4 dr Sta Wag	150	400	1000	1550	3050	4300
Malibu Series, V-8						
Sed	150	450	1050	1800	3300	4800
2 dr HdTp*	500	1250	3900	6500	9100	13,000
Conv*	800	3300	6600	11,000	15,400	22,000
2 dr Sta Wag	200	600	1200	2200	3850	5500
4 dr Sta Wag	200	500	1100	1900	3500	5000

NOTE: Add 15 percent for Super Sport option.
Deduct 5 percent for 6-cyl.

Biscayne, V-8						
2 dr Sed	200	500	1100	1900	3500	5000
Sed	200	500	1100	1950	3600	5100
Sta Wag	200	550	1150	2000	3600	5200
Bel Air, V-8						
2 dr Sed	200	550	1150	2100	3800	5400
Sed	200	600	1200	2200	3850	5500
Sta Wag	200	550	1150	2100	3800	5400
Impala, V-8						
Sed	350	700	1350	2700	4500	6400
4 dr HdTp	350	825	1600	4000	5600	8000
2 dr HdTp*	550	1750	4800	8000	11,200	16,000
Conv*	800	3400	6900	11,500	16,100	23,000
Sta Wag	200	650	1250	2400	4200	6000

***NOTE:** Add 20 percent for Super Sport option.
Add 20 percent for speed options and 10 percent for factory air.
Deduct 5 percent for 6-cyl.

1965
Chevy II, V-8

	6	5	4	3	2	1
Sed	150	450	1050	1700	3200	4600
2 dr Sed	150	400	1000	1650	3150	4500
Sta Wag	150	400	1000	1600	3100	4400
Nova Series, V-8						
Sed	150	450	1050	1750	3250	4700
2 dr HdTp	350	825	1600	4000	5600	8000
Sta Wag	150	450	1050	1750	3250	4700
Nova Super Sport, V-8						
Spt Cpe	450	1000	2400	5000	7000	10,000
Chevelle						
2 dr Sed	150	400	1000	1600	3100	4400
Sed	150	400	1000	1650	3150	4500
2 dr Sta Wag	200	500	1100	1900	3500	5000
Sta Wag	150	400	1000	1650	3150	4500
Malibu, V-8						
Sed	150	450	1050	1800	3300	4800
2 dr HdTp	450	1075	3000	5500	7700	11,000
Conv	650	2300	5400	9000	12,600	18,000
Sta Wag	150	450	1050	1750	3250	4700
Malibu Super Sport, V-8						
2 dr HdTp	550	1550	4500	7500	10,500	15,000
Conv	800	3400	6900	11,500	16,100	23,000

NOTE: Add 65 percent for RPO Z16 SS-396 option.

Biscayne, V-8						
2 dr Sed	150	400	1000	1600	3100	4400
Sed	150	400	1000	1650	3150	4500
Sta Wag	150	400	1000	1650	3150	4500
Bel Air, V-8						
2 dr Sed	150	450	1050	1800	3300	4800
Sed	200	500	1100	1850	3350	4900
Sta Wag	200	500	1100	1850	3350	4900
Impala, V-8						
Sed	200	650	1250	2400	4200	6000
4 dr HdTp*	350	775	1500	3750	5250	7500
2 dr HdTp	450	1000	2400	5000	7000	10,000
Conv	800	3000	6000	10,000	14,000	20,000
Sta Wag	200	600	1200	2200	3850	5500

NOTE: Add 20 percent for speed options and 10 percent for factory air.
Deduct 5 percent for 6-cyl.
Add 15 percent for Caprice models.

Impala Super Sport, V-8						
2 dr HdTp	500	1250	3900	6500	9100	13,000
Conv	800	3300	6600	11,000	15,400	22,000

1966
Chevy II Series 100

	6	5	4	3	2	1
2 dr Sed	150	450	1050	1700	3200	4600

	6	5	4	3	2	1
Sed	150	450	1050	1750	3250	4700
Sta Wag	150	450	1050	1750	3250	4700
Nova Series, V-8						
2 dr HdTp	350	750	1450	3300	4900	7000
Sed	150	450	1050	1800	3300	4800
Sta Wag	150	450	1050	1800	3300	4800
Nova Super Sport						
2 dr HdTp	350	825	1600	4000	5600	8000
Chevelle						
2 dr Sed	150	400	1000	1600	3100	4400
Sed	150	400	1000	1650	3150	4500
Sta Wag	150	400	1000	1650	3150	4500
Malibu, V-8						
Sed	150	450	1050	1800	3300	4800
4 dr HdTp	200	500	1100	1900	3500	5000
2 dr HdTp	450	1150	3600	6000	8400	12,000
Conv	800	3000	6000	10,000	14,000	20,000
Sta Wag	200	500	1100	1900	3500	5000
Super Sport, '396' V-8						
2 dr HdTp	650	2300	5400	9000	12,600	18,000
Conv	800	3600	7200	12,000	16,800	24,000
NOTE: Deduct 5 percent for 6-cyl. Chevelle.						
Biscayne, V-8						
2 dr Sed	200	500	1100	1850	3350	4900
Sed	150	450	1050	1700	3200	4600
Sta Wag	150	450	1050	1700	3200	4600
Bel Air, V-8						
2 dr Sed	200	500	1100	1900	3500	5000
Sed	150	450	1050	1750	3250	4700
3S Wag	150	450	1050	1750	3250	4700
Impala, V-8						
Sed	200	600	1200	2200	3850	5500
4 dr HdTp	350	750	1450	3300	4900	7000
2 dr HdTp	500	1250	3900	6500	9100	13,000
Conv	800	3150	6300	10,500	14,700	21,000
Sta Wag	200	650	1250	2400	4200	6000
Impala Super Sport, V-8						
2 dr HdTp	550	1750	4800	8000	11,200	16,000
Conv	800	3600	7200	12,000	16,800	24,000
Caprice, V-8						
4 dr HdTp	350	875	1700	4250	5900	8500
Cpe	550	1550	4500	7500	10,500	15,000
Sta Wag	350	725	1400	3000	4700	6700
1967						
Chevy II, 100, V-8, 110" wb						
2 dr Sed	150	400	1000	1550	3050	4300
4 dr Sed	150	400	1000	1600	3100	4400
Sta Wag	150	400	1000	1600	3100	4400
Chevy II Nova, V-8, 110" wb						
4 dr Sed	150	400	1000	1650	3150	4500
2 dr HdTp	350	875	1700	4250	5900	8500
Sta Wag	150	400	1000	1650	3150	4500
Chevy II Nova SS, V-8, 110" wb						
2 dr HdTp	450	950	2100	4750	6650	9500
Chevelle 300, V-8, 115" wb						
2 dr Sed	150	400	1000	1600	3100	4400
4 dr Sed	150	400	1000	1650	3150	4500
Chevelle 300 DeLuxe, V-8, 115" wb						
2 dr Sed	150	450	1050	1750	3250	4700
4 dr Sed	150	450	1050	1800	3300	4800
Sta Wag	200	500	1100	1900	3500	5000
Chevelle Malibu, V-8, 115" wb						
4 dr Sed	200	500	1100	1900	3500	5000
4 dr HdTp	200	650	1250	2400	4200	6000
2 dr HdTp	450	1000	2400	5000	7000	10,000
Conv	500	1400	4200	7000	9800	14,000
Sta Wag	200	600	1200	2200	3850	5500
Chevelle Concours, V-8, 115" wb						
Sta Wag	200	600	1200	2200	3900	5600
Chevelle Super Sport 396, 115" wb						
2 dr HdTp	650	2300	5400	9000	12,600	18,000
Conv	800	3000	6000	10,000	14,000	20,000
Biscayne, V-8, 119" wb						
2 dr Sed	200	500	1100	1900	3500	5000

	6	5	4	3	2	1
4 dr Sed	200	500	1100	1950	3600	5100
Sta Wag	200	500	1100	1950	3600	5100
Bel Air, V-8, 119" wb						
2 dr Sed	200	650	1250	2400	4200	6000
4 dr Sed	200	600	1200	2200	3900	5600
3S Sta Wag	200	600	1200	2200	3900	5600
Impala, V-8, 119" wb						
4 dr Sed	200	650	1250	2400	4200	6000
4 dr HdTp	350	700	1350	2800	4550	6500
2 dr HdTp	450	1000	2400	5000	7000	10,000
Conv	650	2300	5400	9000	12,600	18,000
3S Sta Wag	200	600	1200	2200	3850	5500
Impala SS, V-8, 119" wb						
2 dr HdTp	450	1150	3600	6000	8400	12,000
Conv	800	3000	6000	10,000	14,000	20,000
Caprice, V-8, 119" wb						
2 dr HdTp	500	1250	3900	6500	9100	13,000
4 dr HdTp	350	825	1600	4000	5600	8000
3S Sta Wag	350	750	1450	3300	4900	7000

NOTE: Add 40 percent for SS-427 in all series.
Add 30 percent for SS-396 option.

1967 Camaro, RS/SS convertible, V-8

Camaro

Indy Pace Car	650	2300	5400	9000	12,600	18,000
Cpe	550	1550	4500	7500	10,500	15,000
Conv	650	2300	5400	9000	12,600	18,000
Z-28	800	3000	6000	10,000	14,000	20,000

NOTE: Deduct 5 percent for Six, (except Z-28).
Add 20 percent for Rally Sport and/or Super Sport options.
Add 30 percent for the 375 horsepower 396, (L78 option).

1968

Nova Four

Cpe	200	500	1100	1900	3500	5000
Sed	150	400	1000	1650	3150	4500

NOTE: Only 1,270 Nova 4's were built in 1968.

Nova Six

Cpe	200	600	1200	2200	3850	5500
Sed	150	450	1050	1750	3250	4700

NOTE: Add 20 percent for "SS" equipment pkg.
Add 30 percent for 427 CID engine.

Chevelle 300

2 dr Sed	150	300	900	1350	2700	3900
Sta Wag	150	350	950	1350	2800	4000

Chevelle 300 DeLuxe

Sed	150	350	950	1350	2800	4000

	6	5	4	3	2	1
4 dr HdTp	150	400	1000	1550	3050	4300
Cpe	150	350	950	1350	2800	4000
Sta Wag	150	300	900	1350	2700	3900
Chevelle Malibu						
Sed	150	350	950	1450	2900	4100
4 dr HdTp	150	400	1000	1650	3150	4500
2 dr HdTp	450	900	1900	4500	6300	9000
Conv	500	1250	3900	6500	9100	13,000
Sta Wag	150	400	1000	1650	3150	4500
Chevelle Concours Estate						
Sta Wag	150	300	900	1350	2700	3900
Chevelle SS-396						
2 dr HdTp	550	1750	4800	8000	11,200	16,000
Conv	650	2300	5400	9000	12,600	18,000
Biscayne						
2 dr Sed	150	350	950	1350	2800	4000
Sed	150	300	900	1350	2700	3900
Sta Wag	150	350	950	1450	2900	4100
Bel Air						
2 dr Sed	150	350	950	1450	2900	4100
Sed	150	350	950	1350	2800	4000
2S Sta Wag	150	350	950	1450	3000	4200
3S Sta Wag	150	400	1000	1550	3050	4300
Impala						
Sed	150	400	1000	1650	3150	4500
4 dr HdTp	200	600	1200	2200	3850	5500
2 dr HdTp	350	775	1500	3750	5250	7500
Cus Cpe	350	825	1600	4000	5600	8000
Conv	650	2000	5100	8500	11,900	17,000
2S Sta Wag	150	400	1000	1550	3050	4300
3S Sta Wag	150	400	1000	1600	3100	4400
Caprice						
4 dr HdTp	350	700	1350	2800	4550	6500
2 dr HdTp	450	900	1900	4500	6300	9000
2S Sta Wag	200	600	1200	2200	3850	5500
3S Sta Wag	200	650	1250	2400	4200	6000
Chevelle 300						

NOTE: Only 1,270 Nova 4's were built in 1968.

	6	5	4	3	2	1
Camaro						
Cpe	500	1400	4200	7000	9800	14,000
Conv	650	2300	5400	9000	12,600	18,000
Z-28	650	2800	5700	9500	13,300	19,000

NOTE: Deduct 5 percent for Six, (except Z-28).
  Add 30 percent for Rally Sport and/or Super Sport options.
  Add 30 percent for the 375 HP 396, (L78 option).

1969
Nova Four

	6	5	4	3	2	1
Cpe	150	400	1000	1550	3050	4300
Sed	150	350	950	1450	3000	4200
Nova Six						
Cpe	150	400	1000	1600	3100	4400
Sed	150	400	1000	1550	3050	4300
Chevy II, Nova V-8						
Cpe	150	400	1000	1650	3150	4500
Sed	150	400	1000	1600	3100	4400

NOTES: Add 30 percent for Nova SS.
  Add 30 percent for Impala "SS".
  Add 30 percent for other "SS" equipment pkgs.

Chevelle 300 DeLuxe

	6	5	4	3	2	1
Sed	150	350	950	1350	2800	4000
2 dr HdTp	350	700	1350	2800	4550	6500
Cpe	150	400	1000	1650	3150	4500
Nomad	150	450	1050	1750	3250	4700
Dual Nomad	200	500	1100	1900	3500	5000
GB Wag	150	400	1000	1650	3150	4500
GB Dual Wag-6P	150	400	1000	1650	3150	4500
GB Dual Wag-9P	150	450	1050	1700	3200	4600
Chevelle Malibu, V-8						
Sed	150	400	1000	1650	3150	4500
4 dr HdTp	200	500	1100	1900	3500	5000
2 dr HdTp	450	1075	3000	5500	7700	11,000
Conv	500	1250	3900	6500	9100	13,000
Estate-9P	150	350	950	1450	2900	4100

	6	5	4	3	2	1
Estate-6P	150	350	950	1350	2800	4000

NOTE: Add 10 percent for Concours 4-dr hardtop.
    Add 40 percent for SS 396 engine option.

Biscayne

	6	5	4	3	2	1
2 dr Sed	150	350	950	1350	2800	4000
Sed	150	300	900	1350	2700	3900
Sta Wag	150	300	900	1350	2700	3900

Bel Air

	6	5	4	3	2	1
2 dr Sed	150	400	1000	1650	3150	4500
Sed	150	350	950	1350	2800	4000
Sta Wag-6P	150	350	950	1350	2800	4000
Sta Wag-9P	150	350	950	1450	2900	4100

Impala, V-8

	6	5	4	3	2	1
Sed	150	400	1000	1650	3150	4500
4 dr HdTp	200	600	1200	2200	3850	5500
2 dr HdTp	350	750	1450	3300	4900	7000
2 dr Cus Cpe	350	750	1450	3500	5050	7200
Conv	500	1250	3900	6500	9100	13,000
Sta Wag-6P	150	350	950	1450	2900	4100
Sta Wag-9P	150	350	950	1450	3000	4200

NOTE: Add 30 percent for Impala SS 427 option.

Caprice, V-8

	6	5	4	3	2	1
4 dr HdTp	350	700	1350	2800	4550	6500
Cus Cpe	350	825	1600	4000	5600	8000
Sta Wag-6P	150	400	1000	1650	3150	4500
Sta Wag-9P	150	450	1050	1750	3250	4700

Camaro

	6	5	4	3	2	1
Spt Cpe	450	1150	3600	6000	8400	12,000
Conv	500	1400	4200	7000	9800	14,000
Z-28	650	2000	5100	8500	11,900	17,000
Pace Car	550	1750	4800	8000	11,200	16,000
ZL-1*	800	3300	6600	11,000	15,400	22,000

NOTE: Deduct 5 percent for Six, (except Z-28 and ZL-1).
    Add 30 percent for Rally Sport and/or Super Sport options.
    Add 30 percent for the 375 HP 396, (L78 option).
    Add 30 percent for the 375 HP 396, (L89 option-aluminum heads).
*The specially trimmed coupe with the aluminum block 427.

1970

Nova Four

	6	5	4	3	2	1
Cpe	150	350	950	1350	2800	4000
Sed	150	300	900	1350	2700	3900

Nova Six

	6	5	4	3	2	1
Cpe	150	350	950	1450	2900	4100
Sed	150	350	950	1350	2800	4000

Nova, V-8

	6	5	4	3	2	1
Cpe	150	350	950	1450	3000	4200
Sed	150	350	950	1450	2900	4100

Chevelle

	6	5	4	3	2	1
Cpe	200	650	1200	2300	4100	5800
Sed	150	400	1000	1650	3150	4500
Nomad	200	500	1100	1900	3500	5000

Greenbrier

	6	5	4	3	2	1
Sta Wag-6P	150	400	1000	1650	3150	4500
Sta Wag-8P	150	400	1000	1650	3150	4500

Malibu, V-8

	6	5	4	3	2	1
Sed	150	450	1050	1700	3200	4600
4 dr HdTp	200	500	1100	1900	3500	5000
2 dr HdTp	450	1075	3000	5500	7700	11,000
Conv	500	1400	4200	7000	9800	14,000
Concours	200	600	1200	2200	3850	5500
Estate	200	600	1200	2200	3900	5600

NOTE: Add 40 percent for SS 396-454 engine option.

Monte Carlo

	6	5	4	3	2	1
2 dr HdTp	450	1075	3000	5500	7700	11,000

Biscayne

	6	5	4	3	2	1
Sed	150	300	900	1250	2600	3700
Sta Wag	150	300	900	1250	2650	3800

Bel Air

	6	5	4	3	2	1
Sed	150	350	950	1450	2900	4100
Sta Wag-6P	150	350	950	1350	2800	4000
Sta Wag-9P	150	350	950	1450	2900	4100

Impala, V-8

	6	5	4	3	2	1
Sed	150	400	1000	1650	3150	4500

1970 Chevrolet, Monte Carlo 2-dr coupe, V-8

	6	5	4	3	2	1
4 dr HdTp	200	600	1200	2200	3850	5500
Spt Cpe	350	700	1350	2800	4550	6500
Cus Cpe	350	725	1400	3000	4700	6700
Conv	450	1075	3000	5500	7700	11,000
Sta Wag-6P	150	400	1000	1650	3150	4500
Sta Wag-9P	150	450	1050	1700	3200	4600
Caprice, V-8						
4 dr HdTp	350	700	1350	2800	4550	6500
Cus Cpe	350	775	1500	3750	5250	7500
Sta Wag-6P	150	450	1050	1800	3300	4800
Sta Wag-9P	200	500	1100	1850	3350	4900

NOTE: Add 30 percent for SS 454 option.

Camaro						
Cpe	450	1150	3600	6000	8400	12,000
Z-28	550	1750	4800	8000	11,200	16,000
Sup Spt	500	1400	4200	7000	9800	14,000
Rally Spt	500	1400	4200	7000	9800	14,000

NOTE: Deduct 5 percent for Six, (except Z-28).
Add 30 percent for Rally Sport and/or Super Sport options.
Add 30 percent for the 375 horsepower 396, (L78 option).

1971 Chevrolet Caprice coupe

1971
Vega

	6	5	4	3	2	1
2 dr	125	250	750	1150	2450	3500
Hatchback	125	250	750	1150	2500	3600
Kammback	150	300	900	1250	2600	3700

NOTE: Add 5 percent for GT.
Nova
4 dr	125	250	750	1150	2450	3500
2 dr	150	300	900	1250	2600	3700

NOTE: Add 20 percent for SS.
Chevelle
2 dr HdTp	450	900	1900	4500	6300	9000
2 dr Malibu HdTp	450	1075	3000	5500	7700	11,000
Malibu Conv	550	1550	4500	7500	10,500	15,000
Est Wag	150	400	1000	1650	3150	4500

NOTE: Add 30 percent for SS 396 option.
　　　　Add 40 percent for SS 454 option.
Monte Carlo
2 dr HdTp	450	1150	3600	6000	8400	12,000

Biscayne, V-8, 121" wb
4 dr Sed	125	200	600	1100	2300	3300

Bel Air, V-8, 121" wb
4 dr Sed	150	350	950	1350	2800	4000

Impala, V-8, 121" wb
4 dr Sed	150	350	950	1450	3000	4200
4 dr HdTp	150	400	1000	1650	3150	4500
2 dr HdTp	200	650	1250	2400	4200	6000
2 dr HdTp Cust	350	700	1350	2800	4550	6500
Conv	450	1075	3000	5500	7700	11,000

Caprice, V-8, 121" wb
4 dr HdTp	350	700	1350	2800	4550	6500
2 dr HdTp	350	750	1450	3300	4900	7000

Station Wags, V-8, 125" wb
Brookwood 2-S	125	250	750	1150	2400	3400
Townsman 3-S	150	300	900	1250	2600	3700
Kingswood 3-S	150	300	900	1350	2700	3900
Estate 3-S	150	350	950	1450	2900	4100

NOTE: Add 40 percent for SS 454 option.
Camaro
Cpe	450	1075	3000	5500	7700	11,000
Z-28	500	1400	4200	7000	9800	14,000

NOTE: Add 10 percent for V-8, (except Z-28).
　　　　Add 30 percent for Rally Sport and/or Super Sport options.
1972
Vega
2 dr	125	250	750	1150	2450	3500
Hatchback	125	250	750	1150	2500	3600
Kammback	150	300	900	1250	2600	3700

NOTE: Add 15 percent for GT.
Nova
4 dr	150	300	900	1250	2600	3700
2 dr	150	300	900	1250	2650	3800

NOTE: Add 30 percent for SS.
Chevelle
Malibu Spt Cpe	450	1150	3600	6000	8400	12,000
Malibu Conv	550	1750	4800	8000	11,200	16,000
Est Wag	150	450	1050	1700	3200	4600

NOTE: Add 30 percent for 396 option.
　　　　Add 40 percent for SS 454 option.
Monte Carlo
2 dr HdTp	500	1250	3900	6500	9100	13,000

Biscayne, V-8, 121" wb
4 dr Sed	125	200	600	1100	2300	3300

Bel Air, V-8, 121" wb
4 dr Sed	125	250	750	1150	2400	3400

Impala, V-8, 121" wb
4 dr Sed	150	350	950	1350	2800	4000
4 dr HdTp	150	400	1000	1650	3150	4500
2 dr HdTp Custom	200	600	1200	2200	3850	5500
2 dr HdTp	200	500	1100	1900	3500	5000
Conv	450	1075	3000	5500	7700	11,000

Caprice, V-8, 121" wb
4 dr Sed	150	350	950	1450	3000	4200

	6	5	4	3	2	1
4 dr HdTp	200	500	1100	1900	3500	5000
2 dr HdTp	200	650	1250	2400	4200	6000
Station Wagons, V-8, 125" wb						
Brookwood 2-S	125	250	750	1150	2400	3400
Townsman 3-S	150	300	900	1250	2600	3700
Kingswood 3-S	150	350	950	1350	2800	4000
Estate 3-S	150	350	950	1450	2900	4100

NOTE: Add 40 percent for 454 option.
　　　Add 30 percent for 402 option.

Camaro						
Cpe	450	1075	3000	5500	7700	11,000
Z-28	500	1400	4200	7000	9800	14,000

NOTE: Add 10 percent for V-8, (except Z-28).
　　　Add 30 percent for Rally Sport and/or Super Sport options.

1973

Vega						
2 dr	125	250	750	1150	2500	3600
Hatchback	150	300	900	1250	2600	3700
Sta Wag	150	300	900	1250	2650	3800
Nova Custom V8						
Cpe	150	300	900	1350	2700	3900
4 dr	150	300	900	1250	2650	3800
Hatchback	150	350	950	1350	2800	4000
Chevelle Malibu V8						
Cpe	150	350	950	1450	2900	4100
4 dr	150	350	950	1350	2800	4000

NOTE: Add 15 percent for SS option.

Laguna V8						
4 dr	150	350	950	1450	2900	4100
Cpe	350	700	1350	2800	4550	6500
DeL Sta Wag 3S	125	250	750	1150	2450	3500
Malibu Sta Wag 3S	125	250	750	1150	2500	3600
Malibu Est 3S	150	300	900	1250	2600	3700
Laguna 3S	150	350	950	1350	2800	4000
Laguna Est 3S	150	350	950	1450	3000	4200
Monte Carlo V8						
Cpe	200	600	1200	2200	3850	5500
Cpe Landau	200	650	1250	2400	4200	6000
Bel Air						
4 dr	150	350	950	1450	2900	4100
Bel Air 2S	150	300	900	1350	2700	3900
Bel Air 3S	150	350	950	1350	2800	4000
Impala V8						
Cpe Sport	200	500	1100	1900	3500	5000
Cpe Custom	200	600	1200	2200	3850	5500
4 dr	150	350	950	1450	3000	4200
4 dr HdTp	150	400	1000	1650	3150	4500
Impala 3S Wag	150	400	1000	1600	3100	4400
Caprice Classic V8						
Cpe	200	650	1250	2400	4200	6000
4 dr	150	400	1000	1550	3050	4300
4 dr HdTp	150	450	1050	1750	3250	4700
Conv	450	1075	3000	5500	7700	11,000
Caprice Est 3S	150	400	1000	1650	3150	4500
Camaro						
Cpe	450	1000	2400	5000	7000	10,000
Z-28	500	1250	3900	6500	9100	13,000

NOTE: Add 20 percent for V-8, (except Z-28).

1974

Vega						
Cpe	150	300	900	1250	2600	3700
Hatch	150	300	900	1250	2650	3800
Sta Wag	150	300	900	1350	2700	3900
Nova						
Cpe	150	300	900	1350	2700	3900
Hatch	150	350	950	1450	2900	4100
Sed	150	300	900	1350	2700	3900
Nova Custom						
Cpe	150	350	950	1350	2800	4000
Hatch	150	350	950	1450	2900	4100
Sed	150	350	950	1350	2800	4000
Malibu						
Col Cpe	150	400	1000	1650	3150	4500

	6	5	4	3	2	1
Col Sed	150	350	950	1450	2900	4100
Sta Wag	150	300	900	1250	2600	3700
Malibu Classic						
Col Cpe	150	450	1050	1750	3250	4700
Lan Cpe	150	400	1000	1600	3100	4400
Col Sed	150	350	950	1450	2900	4100
Sta Wag	125	250	750	1150	2500	3600
Malibu Classic Estate						
Sta Wag	150	350	950	1450	2900	4100
Laguna						
Type S3	350	775	1500	3750	5250	7500
Monte Carlo						
'S' Cpe	200	500	1100	1900	3500	5000
Landau	200	600	1200	2200	3850	5500
Bel Air						
Sed	150	350	950	1350	2800	4000
Sta Wag	150	350	950	1350	2800	4000
Impala						
Sed	150	400	1000	1550	3050	4300
HdTp Sed	150	400	1000	1600	3100	4400
Spt Cpe	200	500	1100	1900	3500	5000
Cus Cpe	200	600	1200	2200	3850	5500
Sta Wag	150	350	950	1450	2900	4100
Caprice Classic						
Sed	150	400	1000	1600	3100	4400
HdTp Sed	150	450	1050	1750	3250	4700
Cus Cpe	200	650	1250	2400	4200	6000
Conv	450	1075	3000	5500	7700	11,000
Sta Wag	150	400	1000	1650	3150	4500

NOTES: Add 15 percent for Nova SS package.
Add 12 percent for Malibu with canopy roof.
Add 30 percent for 454 V-8.
Add 15 percent for Nova with 185 horsepower V-8.
Add 25 percent for Impala 'Spirit of America' Sport Cpupe.

Camaro						
Cpe	450	900	1900	4500	6300	9000
LT Cpe	450	1000	2400	5000	7000	10,000
Z-28						
Cpe	450	1075	3000	5500	7700	11,000

NOTE: Add 30 percent for Z-28 with four-speed and 185 horsepower V-8.

1975
Vega

	6	5	4	3	2	1
Cpe	125	200	600	1100	2250	3200
Hatch	125	200	600	1100	2300	3300
Lux Cpe	125	250	750	1150	2400	3400
Sta Wag	125	250	750	1150	2400	3400
Estate	125	250	750	1150	2450	3500
Cosworth	350	825	1600	4000	5600	8000
Nova						
'S' Cpe	125	250	750	1150	2500	3600
Cpe	125	250	750	1150	2500	3600
Hatch	150	300	900	1250	2600	3700
Sed	150	300	900	1250	2600	3700
Nova Custom						
Cpe	150	300	900	1250	2600	3700
Hatch	150	300	900	1250	2650	3800
Sed	150	300	900	1250	2600	3700
Nova LN, V-8						
4 dr	150	300	900	1250	2650	3800
Cpe	150	300	900	1350	2700	3900
Monza						
2 plus 2	150	350	950	1350	2800	4000
Twn Cpe	150	300	900	1250	2600	3700
Malibu						
Col Cpe	150	350	950	1350	2800	4000
Col Sed	125	250	750	1150	2450	3500
Sta Wag	125	250	750	1150	2500	3600
Malibu Classic						
Col Cpe	150	400	1000	1650	3150	4500
Landau	150	450	1050	1750	3250	4700
Col Sed	150	300	900	1250	2600	3700
Sta Wag	125	250	750	1150	2500	3600
Estate Wag	150	300	900	1250	2600	3700

Laguna

	6	5	4	3	2	1
Type S3 2 dr	350	775	1500	3750	5250	7500
Monte Carlo						
'S' Cpe	200	500	1100	1900	3500	5000
Landau	200	600	1200	2200	3850	5500
Bel Air						
Sed	125	250	750	1150	2500	3600
Sta Wag	125	250	750	1150	2450	3500
Impala						
Sed	150	300	900	1250	2650	3800
4 dr HdTp	150	300	900	1350	2700	3900
Spt Cpe	150	400	1000	1650	3150	4500
Cus Cpe	150	450	1050	1700	3200	4600
Landau	200	500	1100	1900	3500	5000
Sta Wag	150	300	900	1350	2700	3900
Caprice Classic						
Sed	150	300	900	1350	2700	3900
4 dr HdTp	150	350	950	1350	2800	4000
Cus Cpe	200	500	1100	1900	3500	5000
Landau	200	600	1200	2200	3850	5500
Conv	550	1550	4500	7500	10,500	15,000
Sta Wag	150	350	950	1350	2800	4000

NOTES: Add 10 percent for Nova SS.
Add 10 percent for SS option on Chevelle wagon.
Add 20 percent for Monte Carlo or Laguna 454.
Add 15 percent for canopy top options.
Add 10 percent for Monza V-8.

Camaro

	6	5	4	3	2	1
Cpe	350	750	1450	3300	4900	7000
Type LT	350	825	1600	4000	5600	8000

NOTE: Add 20 percent for Camaro R/S.

1976

	6	5	4	3	2	1
Chevette, 4-cyl.						
2 dr Scooter	125	200	600	1100	2250	3200
2 dr Hatch	125	250	750	1150	2400	3400
Vega, 4-cyl.						
2 dr	100	175	525	1050	2100	3000
2 dr Hatch	125	200	600	1100	2200	3100
Cosworth Hatch	350	825	1600	4000	5600	8000
Sta Wag	125	200	600	1100	2250	3200
Est Sta Wag	125	200	600	1100	2300	3300
Nova, V-8						
Cpe	125	250	750	1150	2400	3400
2 dr Hatch	125	250	750	1150	2450	3500
4 dr Sed	125	200	600	1100	2300	3300
Nova Concours, V-8						
Cpe	125	250	750	1150	2450	3500
2 dr Hatch	125	250	750	1150	2500	3600
4 dr Sed	125	250	750	1150	2400	3400
Monza, 4-cyl.						
Twn Cpe	125	250	750	1150	2400	3400
2 dr Hatch	125	250	750	1150	2400	3400
Malibu, V-8						
2 dr	125	250	750	1150	2450	3500
4 dr Sed	125	250	750	1150	2400	3400
2S Sta Wag ES	100	175	525	1050	2050	2900
3S Sta Wag ES	125	200	600	1100	2200	3100
Malibu Classic, V-8						
2 dr	150	350	950	1350	2800	4000
Landau Cpe	150	350	950	1450	3000	4200
4 dr Sed	125	250	750	1150	2450	3500
Laguna Type S-3, V-8						
Cpe	150	400	1000	1650	3150	4500
Monte Carlo, V-8						
Cpe	200	500	1100	1900	3500	5000
Landau Cpe	200	600	1200	2200	3850	5500
Impala, V-8						
4 dr Sed	125	200	600	1100	2300	3300
4 dr Spt Sed	125	250	750	1150	2400	3400
Cus Cpe	150	350	950	1350	2800	4000
2S Sta Wag	125	250	750	1150	2400	3400
3S Sta Wag	125	250	750	1150	2450	3500
Caprice Classic, V-8						
4 dr Sed	125	250	750	1150	2450	3500

	6	5	4	3	2	1
4 dr Spt Sed	125	250	750	1150	2500	3600
Cpe	150	350	950	1450	3000	4200
Landau Cpe	150	400	1000	1650	3150	4500
2S Sta Wag	125	250	750	1150	2450	3500
3S Sta Wag	125	250	750	1150	2500	3600
Camaro						
Cpe	200	650	1250	2400	4200	6000
Cpe LT	350	750	1450	3300	4900	7000
1977						
Chevette, 4-cyl.						
2 dr Hatch	100	175	525	1050	2050	2900
Vega, 4-cyl.						
Spt Cpe	100	150	450	1000	1800	2600
2 dr Hatch	100	150	450	1000	1900	2700
Sta Wag	100	175	525	1050	1950	2800
Est Wag	100	175	525	1050	2050	2900
Nova, V-8						
Cpe	125	250	750	1150	2450	3500
2 dr Hatch	125	250	750	1150	2500	3600
4 dr Sed	125	250	750	1150	2400	3400
Nova Concours, V-8						
Cpe	125	250	750	1150	2500	3600
2 dr Hatch	150	300	900	1250	2600	3700
4 dr Sed	125	250	750	1150	2450	3500
Monza, 4-cyl.						
Twn Cpe	125	250	750	1150	2450	3500
2 dr Hatch	125	250	750	1150	2450	3500
Malibu, V-8						
Cpe	125	250	750	1150	2400	3400
4 dr Sed	125	250	750	1150	2450	3500
2S Sta Wag	125	200	600	1100	2200	3100
3S Sta Wag	125	200	600	1100	2250	3200
Malibu Classic, V-8						
Cpe	125	250	750	1150	2450	3500
Landau Cpe	150	350	950	1350	2800	4000
4 dr Sed	125	250	750	1150	2500	3600
2S Sta Wag	125	200	600	1100	2300	3300
3S Sta Wag	125	250	750	1150	2400	3400
Monte Carlo, V-8						
Cpe	200	500	1100	1900	3500	5000
Landau Cpe	200	600	1200	2200	3850	5500
Impala, V-8						
Cpe	150	350	950	1350	2800	4000
4 dr Sed	125	250	750	1150	2450	3500
2S Sta Wag	125	250	750	1150	2450	3500
3S Sta Wag	125	250	750	1150	2500	3600
Caprice Classic, V-8						
Cpe	150	350	950	1450	3000	4200
4 dr Sed	150	300	900	1250	2600	3700
2S Sta Wag	125	250	750	1150	2500	3600
3S Sta Wag	150	300	900	1250	2600	3700
Camaro						
Spt Cpe	350	750	1450	3300	4900	7000
Spt Cpe LT	350	775	1500	3750	5250	7500
Spt Cpe Z28	350	825	1600	4000	5600	8000
1978						
Chevette						
2 dr Scooter	100	175	525	1050	1950	2800
2 dr Hatch	100	175	525	1050	1950	2800
4 dr Hatch	100	175	525	1050	2050	2900
Nova						
Cpe	125	250	750	1150	2400	3400
2 dr Hatch	125	250	750	1150	2400	3400
4 dr Sed	125	200	600	1100	2300	3300
Nova Custom						
Cpe	125	250	750	1150	2450	3500
4 dr Sed	125	250	750	1150	2400	3400
Monza						
Cpe 2 plus 2	125	250	750	1150	2500	3600
'S' Cpe	125	250	750	1150	2450	3500
Cpe	125	250	750	1150	2400	3400
Sta Wag	125	200	600	1100	2200	3100
Est Wag	125	200	600	1100	2250	3200

	6	5	4	3	2	1
Spt Cpe 2 plus 2	150	350	950	1350	2800	4000
Spt Cpe	150	300	900	1250	2650	3800
Malibu						
Spt Cpe	125	250	750	1150	2500	3600
4 dr Sed	125	250	750	1150	2450	3500
Sta Wag	125	250	750	1150	2450	3500
Malibu Classic						
Spt Cpe	150	300	900	1250	2600	3700
4 dr Sed	125	250	750	1150	2500	3600
Sta Wag	125	250	750	1150	2500	3600
Monte Carlo						
Cpe	150	450	1050	1750	3250	4700
Impala						
Cpe	150	350	950	1350	2800	4000
4 dr Sed	150	300	900	1250	2600	3700
Sta Wag	150	300	900	1250	2600	3700
Caprice Classic						
Cpe	150	400	1000	1550	3050	4300
4 dr Sed	150	350	950	1350	2800	4000
Sta Wag	150	350	950	1350	2800	4000
Camaro						
Cpe	200	650	1250	2400	4200	6000
LT Cpe	350	700	1350	2800	4550	6500
Z-28 Cpe	350	750	1450	3300	4900	7000
1979						
Chevette, 4-cyl.						
4 dr Hatch	100	175	525	1050	2050	2900
2 dr Hatch	100	175	525	1050	2050	2900
2 dr Scooter	100	175	525	1050	1950	2800
Nova, V-8						
4 dr Sed	125	250	750	1150	2400	3400
2 dr Sed	100	200	600	1100	2300	3300
2 dr Hatch	125	250	750	1150	2450	3500
Nova Custom, V-8						
4 dr Sed	125	250	750	1150	2450	3500
2 dr Sed	125	250	750	1150	2400	3400
NOTE: Deduct 5 percent for 6-cyl.						
Monza, 4-cyl.						
2 dr 2 plus 2 Hatch	150	300	900	1250	2600	3700
2 dr	125	250	750	1150	2500	3600
Sta Wag	125	200	600	1100	2250	3200
2 dr Spt 2 plus 2 Hatch	150	300	900	1250	2650	3800
Malibu, V-8						
4 dr Sed	125	250	750	1150	2500	3600
Spt Cpe	150	300	900	1250	2650	3800
Sta Wag	150	300	900	1250	2600	3700
Malibu Classic, V-8						
4 dr Sed	150	300	900	1250	2600	3700
Spt Cpe	150	300	900	1350	2700	3900
Landau Cpe	150	350	950	1350	2800	4000
Sta Wag	150	300	900	1250	2650	3800
NOTE: Deduct 5 percent for 6-cyl.						
Monte Carlo, V-8						
Spt Cpe	200	500	1100	1900	3500	5000
Landau Cpe	200	600	1200	2200	3850	5500
NOTE: Deduct 10 percent for 6-cyl.						
Impala, V-8						
4 dr Sed	150	300	900	1250	2650	3800
2 dr Sed	150	300	900	1250	2600	3700
Landau Cpe	150	300	900	1350	2700	3900
2S Sta Wag	150	300	900	1250	2600	3700
3S Sta Wag	150	300	900	1250	2650	3800
Caprice Classic, V-8						
4 dr Sed	150	350	950	1350	2800	4000
2 dr Sed	150	350	950	1450	2900	4100
Landau Cpe	150	350	950	1450	3000	4200
2S Sta Wag	150	350	950	1450	2900	4100
3S Sta Wag	150	350	950	1450	3000	4200
NOTE: Deduct 15 percent for 6-cyl.						
Camaro, V-8						
Spt Cpe	200	650	1200	2300	4100	5800
Rally Cpe	350	700	1350	2700	4500	6400
Berlinetta Cpe	350	700	1350	2900	4600	6600

	6	5	4	3	2	1
Z-28 Cpe	350	725	1400	3200	4850	6900

NOTE: Deduct 20 percent for 6-cyl.

1980
Chevette, 4-cyl.

	6	5	4	3	2	1
2 dr Hatch Scooter	125	200	600	1100	2250	3200
2 dr Hatch	125	200	600	1100	2300	3300
4 dr Hatch	125	250	750	1150	2400	3400

Citation, 6-cyl.

	6	5	4	3	2	1
4 dr Hatch	125	250	750	1150	2450	3500
2 dr Hatch	125	250	750	1150	2400	3400
2 dr Cpe	125	250	750	1150	2500	3600
2 dr Cpe Clb	150	300	900	1250	2600	3700

NOTE: Deduct 10 percent for 4-cyl.
Monza, 4-cyl.

	6	5	4	3	2	1
2 dr Hatch 2 plus 2	125	250	750	1150	2400	3400
2 dr Hatch Spt 2 plus 2	125	250	750	1150	2500	3600
2 dr Cpe	125	250	750	1150	2450	3500

NOTE: Add 10 percent for V-6.
Malibu, V-8

	6	5	4	3	2	1
4 dr Sed	125	250	750	1150	2500	3600
2 dr Cpe Spt	150	300	900	1250	2650	3800
4 dr Sta Wag	150	300	900	1250	2600	3700

NOTE: Deduct 10 percent for V-6.
Malibu Classic, V-8

	6	5	4	3	2	1
4 dr Sed	150	300	900	1250	2600	3700
2 dr Cpe Spt	150	300	900	1350	2700	3900
2 dr Cpe Lan	150	350	950	1350	2800	4000
4 dr Sta Wag	150	300	900	1250	2650	3800

NOTE: Deduct 10 percent for 6-cyl.
Camaro, 6-cyl.

	6	5	4	3	2	1
2 dr Cpe Spt	200	675	1300	2500	4300	6100
2 dr Cpe RS	200	675	1300	2600	4400	6300
2 dr Cpe Berlinetta	350	700	1350	2700	4500	6400

Camaro, V-8

	6	5	4	3	2	1
2 dr Cpe Spt	350	700	1350	2800	4550	6500
2 dr Cpe RS	350	725	1400	3000	4700	6700
2 dr Cpe Berlinetta	350	725	1400	3100	4800	6800
2 dr Cpe Z28	350	750	1450	3300	4900	7000

Monte Carlo, 6-cyl.

	6	5	4	3	2	1
2 dr Cpe Spt	200	550	1150	2100	3800	5400
2 dr Cpe Lan	200	600	1200	2200	3850	5500

Monte Carlo, V-8

	6	5	4	3	2	1
2 dr Cpe Spt	200	650	1200	2300	4100	5800
2 dr Cpe Lan	200	650	1250	2400	4150	5900

Impala, V-8

	6	5	4	3	2	1
4 dr Sed	150	300	900	1350	2700	3900
2 dr Cpe	150	350	950	1350	2800	4000
4 dr Sta Wag 2S	150	350	950	1350	2800	4000
4 dr Sta Wag 3S	150	350	950	1450	2900	4100

NOTE: Deduct 12 percent for 6-cyl. sedan and coupe only.

Caprice Classic, V-8

	6	5	4	3	2	1
4 dr Sed	150	350	950	1350	2800	4000
2 dr Cpe	150	350	950	1450	3000	4200
2 dr Cpe Lan	150	400	1000	1600	3100	4400
4 dr Sta Wag 2S	150	350	950	1450	2900	4100
4 dr Sta Wag 3S	150	350	950	1450	3000	4200

Corvette, V-8

	6	5	4	3	2	1
2 dr Cpe	800	3600	7200	12,000	16,800	24,000

1981
Chevette, 4-cyl.

	6	5	4	3	2	1
2 dr Hatch Scooter	125	200	600	1100	2300	3300
2 dr Hatch	125	250	750	1150	2400	3400
4 dr Hatch	125	250	750	1150	2450	3500

Citation, 6-cyl.

	6	5	4	3	2	1
4 dr Hatch	125	250	750	1150	2500	3600
2 dr Hatch	125	250	750	1150	2450	3500

NOTE: Deduct 10 percent for 4-cyl.
Malibu, V-8

	6	5	4	3	2	1
4 dr Sed Spt	150	300	900	1250	2600	3700
2 dr Cpe Spt	150	300	900	1250	2650	3800
4 dr Sta Wag	150	300	900	1250	2650	3800

NOTE: Deduct 10 percent for 6-cyl.

Malibu Classic, V-8

	6	5	4	3	2	1
4 dr Sed Spt	150	300	900	1250	2650	3800
2 dr Cpe Spt	150	300	900	1350	2700	3900
2 dr Cpe Lan	150	350	950	1350	2800	4000
4 dr Sta Wag	150	300	900	1350	2700	3900
Camaro, 6-cyl.						
2 dr Cpe Spt	200	675	1300	2500	4350	6200
2 dr Cpe Berlinetta	350	700	1350	2700	4500	6400
Camaro, V-8						
2 dr Cpe Spt	350	700	1350	2900	4600	6600
2 dr Cpe Berlinetta	350	725	1400	3100	4800	6800
2 dr Cpe Z28	350	750	1450	3500	5050	7200
Monte Carlo, 6-cyl.						
2 dr Cpe Spt	200	600	1200	2200	3850	5500
2 dr Cpe Lan	200	600	1200	2200	3900	5600
Monte Carlo, V-8						
2 dr Cpe Spt	200	650	1250	2400	4150	5900
2 dr Cpe Lan	200	650	1250	2400	4200	6000
Impala, V-8						
4 dr Sed	150	350	950	1350	2800	4000
2 dr Cpe	150	350	950	1450	2900	4100
4 dr Sta Wag 2S	150	350	950	1450	2900	4100
4 dr Sta Wag 3S	150	350	950	1450	3000	4200

NOTE: Deduct 12 percent for 6-cyl. on sedan and coupe only.

Caprice Classic, V-8

	6	5	4	3	2	1
4 dr Sed	150	350	950	1450	3000	4200
2 dr Cpe	150	400	1000	1550	3050	4300
2 dr Cpe Lan	150	400	1000	1650	3150	4500
4 dr Sta Wag 2S	150	400	1000	1550	3050	4300
4 dr Sta Wag 3S	150	400	1000	1600	3100	4400

NOTE: Deduct 15 percent for 6-cyl. coupe and sedan only.

Corvette, V-8

	6	5	4	3	2	1
2 dr Cpe	800	3750	7500	12,500	17,500	25,000

1982

Chevette, 4-cyl.

	6	5	4	3	2	1
2 dr Hatch Scooter	125	250	750	1150	2400	3400
4 dr Hatch Scooter	125	250	750	1150	2450	3500
2 dr Hatch	125	250	750	1150	2450	3500
4 dr Hatch	125	250	750	1150	2500	3600
Cavalier, 4-cyl.						
4 dr Sed Cadet	150	300	900	1250	2600	3700
2 dr Cpe Cadet	150	300	900	1250	2650	3800
4 dr Sta Wag Cadet	150	300	900	1250	2650	3800
4 dr Sed	150	300	900	1250	2650	3800
2 dr Cpe	150	300	900	1350	2700	3900
2 dr Hatch	150	300	900	1350	2700	3900
4 dr Sta Wag	150	350	950	1350	2800	4000
4 dr Sed CL	150	350	950	1350	2800	4000
2 dr Cpe CL	150	350	950	1450	2900	4100
2 dr Hatch CL	150	350	950	1450	3000	4200
4 dr Sta Wag CL	150	350	950	1450	3000	4200
Citation, 6-cyl.						
4 dr Hatch	150	300	900	1250	2650	3800
2 dr Hatch	150	300	900	1250	2600	3700
2 dr Cpe	150	300	900	1250	2650	3800

NOTE: Deduct 10 percent for 4-cyl.

Malibu, V-8

	6	5	4	3	2	1
4 dr Sed	150	350	950	1450	2900	4100
4 dr Sta Wag	150	350	950	1450	3000	4200

NOTE: Deduct 10 percent for 6-cyl.

Celebrity, 6-cyl.

	6	5	4	3	2	1
4 dr Sed	150	350	950	1450	3000	4200
2 dr Cpe	150	400	1000	1550	3050	4300

NOTE: Deduct 10 percent for 6-cyl.

Camaro, 6-cyl.

	6	5	4	3	2	1
2 dr Cpe Spt	200	675	1300	2600	4400	6300
2 dr Cpe Berlinetta	350	700	1350	2800	4550	6500
Camaro, V-8						
2 dr Cpe Spt	350	725	1400	3000	4700	6700
2 dr Cpe Berlinetta	350	725	1400	3200	4850	6900
2 dr Cpe Z28	350	775	1500	3700	5200	7400
Monte Carlo, 6-cyl.						
2 dr Cpe Spt	200	600	1200	2300	4000	5700

Monte Carlo, V-8

	6	5	4	3	2	1
2 dr Cpe Spt	200	675	1300	2500	4300	6100
Impala, V-8						
4 dr Sed	150	400	1000	1600	3100	4400
4 dr Sta Wag 2S	150	400	1000	1600	3100	4400
4 dr Sta Wag 3S	150	400	1000	1650	3150	4500

NOTE: Deduct 12 percent for 6-cyl. on sedan only.

Caprice Classic, V-8						
4 dr Sed	150	450	1050	1700	3200	4600
2 dr Spt Cpe	150	450	1050	1750	3250	4700
4 dr Sta Wag 3S	150	450	1050	1750	3250	4700

NOTE: Deduct 15 percent for 6-cyl. coupe and sedan only.

Corvette, V-8						
2 dr Cpe	800	3750	7500	12,500	17,500	25,000
2 dr Hatch	800	3900	7800	13,000	18,200	26,000

1983

Chevette, 4-cyl.						
2 dr Hatch Scooter	125	250	750	1150	2450	3500
4 dr Hatch Scooter	125	250	750	1150	2500	3600
2 dr Hatch	125	250	750	1150	2500	3600
4 dr Hatch	150	300	900	1250	2600	3700
Cavalier, 4-cyl.						
4 dr Sed	150	300	900	1350	2700	3900
2 dr Cpe	150	350	950	1350	2800	4000
4 dr Sta Wag	150	350	950	1350	2800	4000
4 dr Sed CS	150	350	950	1350	2800	4000
2 dr Cpe CS	150	350	950	1450	2900	4100
2 dr Hatch CS	150	350	950	1450	3000	4200
4 dr Sta Wag CS	150	350	950	1450	3000	4200
Citation, 6-cyl.						
4 dr Hatch	150	300	900	1350	2700	3900
2 dr Hatch	150	300	900	1250	2650	3800
2 dr Cpe	150	300	900	1350	2700	3900

NOTE: Deduct 10 percent for 4-cyl.

Malibu, V-8						
4 dr Sed	150	350	950	1450	3000	4200
4 dr Sta Wag	150	400	1000	1550	3050	4300

NOTE: Deduct 10 percent for 6-cyl.

Celebrity, V-6						
4 dr Sed	150	400	1000	1550	3050	4300
2 dr Cpe	150	400	1000	1600	3100	4400

NOTE: Deduct 10 percent for 4-cyl.

Camaro, 6-cyl.						
2 dr Cpe Spt	350	700	1350	2700	4500	6400
2 dr Cpe Berlinetta	350	700	1350	2900	4600	6600
Camaro, V-8						
2 dr Cpe Spt	350	725	1400	3100	4800	6800
2 dr Cpe Berlinetta	350	750	1450	3300	4900	7000
2 dr Cpe Z28	350	775	1500	3750	5250	7500
Monte Carlo, 6-cyl.						
2 dr Cpe Spt	200	650	1200	2300	4100	5800
Monte Carlo, V-8						
2 dr Cpe Spt	200	675	1300	2500	4350	6200
Impala, V-8						
4 dr Sed	150	400	1000	1650	3150	4500

NOTE: Deduct 12 percent for 6-cyl.

Caprice Classic, V-8						
4 dr Sed	150	450	1050	1750	3250	4700
4 dr Sta Wag	150	450	1050	1750	3250	4700

NOTE: Deduct 15 percent for 6-cyl.

CORVAIR

1960

Standard, 6-cyl.						
Sed	150	400	1000	1600	3100	4400
Cpe	200	500	1100	1900	3500	5000
DeLuxe, 6-cyl.						
Sed	150	400	1000	1650	3150	4500
Cpe	200	550	1150	2100	3800	5400
Monza, 6-cyl.						
Cpe	350	775	1500	3700	5200	7400

1961
Series 500, 6-cyl.

	6	5	4	3	2	1
Sed	150	400	1000	1600	3100	4400
Cpe	200	500	1100	1850	3350	4900
Sta Wag	150	450	1050	1800	3300	4800
Series 700, 6-cyl.						
Sed	150	450	1050	1750	3250	4700
Cpe	200	500	1100	1950	3600	5100
Sta Wag	200	500	1100	1900	3500	5000
Monza, 6-cyl.						
Sed	200	500	1100	1850	3350	4900
Cpe	350	725	1400	3200	4850	6900
Greenbrier, 6-cyl.						
Spt Wag	200	500	1100	1850	3350	4900

1962
Series 500, 6-cyl.

	6	5	4	3	2	1
Cpe	150	450	1050	1750	3250	4700
Series 700, 6-cyl.						
Sed	150	400	1000	1650	3150	4500
Cpe	200	550	1150	2000	3600	5200
Sta Wag	200	500	1100	1900	3500	5000
Series 900 Monza, 6-cyl.						
Sed	200	500	1100	1850	3350	4900
Cpe	350	700	1350	2700	4500	6400
Conv	350	800	1550	3800	5300	7600
Sta Wag	200	550	1150	2100	3800	5400
Monza Spyder, 6-cyl.						
Cpe	350	725	1400	3200	4850	6900
Conv	450	950	2100	4700	6600	9400
Greenbrier, 6-cyl.						
Sta Wag	200	500	1100	1950	3600	5100

1963
Series 500, 6-cyl.

	6	5	4	3	2	1
Cpe	200	500	1100	1850	3350	4900
Series 700, 6-cyl.						
Sed	200	500	1100	1850	3350	4900
Cpe	200	550	1150	2100	3800	5400
Series 900 Monza, 6-cyl.						
Sed	200	550	1150	2100	3800	5400
Cpe	350	725	1400	3200	4850	6900
Conv	350	875	1700	4300	6000	8600
Greenbrier, 6-cyl.						
Spt Wag	200	500	1100	1950	3600	5100
Monza Spyder, 6-cyl.						
Cpe	350	775	1500	3700	5200	7400
Conv	450	975	2300	4950	6900	9900

1964 Chevrolet Corvair Monza coupe

1964
Series 500, 6-cyl.

	6	5	4	3	2	1
Cpe	200	500	1100	1950	3600	5100
Series 700, 6-cyl.						
Sed	200	500	1100	1850	3350	4900

Series 900 Monza, 6-cyl.

	6	5	4	3	2	1
Sed	200	550	1150	2000	3600	5200
Cpe	350	725	1400	3200	4850	6900
Conv	450	1000	2400	5050	7050	10,100
Monza Spyder, 6-cyl.						
Cpe	350	775	1500	3700	5200	7400
Conv	450	1075	2900	5450	7600	10,900
Greenbrier, 6-cyl.						
Spt Wag	200	550	1150	2100	3800	5400
1965						
Series 500, 6-cyl.						
4 dr HdTp	150	400	1000	1550	3050	4300
2 dr HdTp	200	500	1100	1950	3600	5100
Monza Series, 6-cyl.						
4 dr HdTp	200	500	1100	1950	3600	5100
2 dr HdTp	350	750	1450	3400	5000	7100
Conv	450	925	1900	4550	6350	9100
Corsa Series, 6-cyl.						
2 dr HdTp	350	750	1450	3400	5000	7100
Conv	450	975	2300	4950	6900	9900
Greenbrier, 6-cyl.						
Spt Wag	200	550	1150	2100	3800	5400
1966						
Series 500, 6-cyl.						
4 dr HdTp	150	400	1000	1600	3100	4400
2 dr HdTp	200	500	1100	1950	3600	5100
Monza Series, 6-cyl.						
4 dr HdTp	200	550	1150	2000	3600	5200
2 dr HdTp	350	750	1450	3400	5000	7100
Conv	450	925	1900	4550	6350	9100
Corsa Series, 6-cyl.						
2 dr HdTp	350	800	1550	3800	5300	7600
Conv	450	975	2300	4950	6900	9900
1967						
Series 500, 6-cyl.						
2 dr HdTp	200	500	1100	1950	3600	5100
4 dr HdTp	150	400	1000	1600	3100	4400
Monza, 6-cyl.						
4 dr HdTp	200	550	1150	2000	3600	5200
2 dr HdTp	350	750	1450	3400	5000	7100
Conv	450	950	2100	4700	6600	9400
1968						
Series 500, 6-cyl.						
2 dr HdTp	200	500	1100	1950	3600	5100
Monza, 6-cyl.						
2 dr HdTp	350	800	1550	3800	5300	7600
Conv	450	925	1900	4550	6350	9100
1969						
Series 500, 6-cyl.						
2 dr HdTp	200	650	1250	2400	4150	5900
Monza						
2 dr HdTp	350	850	1650	4200	5850	8400
Conv	450	975	2300	4950	6900	9900

CORVETTE

1953						
6-cyl. Conv	1500	6900	13,800	23,000	32,200	46,000
1954						
(Add $1800 & up for access. HdTp.)						
6-cyl. Conv	1500	6750	13,500	22,500	31,500	45,000
1955						
(Add $1800 & up for access. HdTp.)						
6-cyl. Conv	1500	6750	13,500	22,500	31,500	45,000
8-cyl. Conv	1500	7500	15,000	25,000	35,000	50,000
1956						
NOTE: All post 1956 Corvettes are V-8 powered.						
(Add $1900 & up for removable HdTp).						
Conv	1500	7950	15,900	26,500	37,100	53,000

Add 30 percent for two 4 barrel carbs.

1956 Corvette

C. Picciotti/G. Davis

1957
(Add $1900 for HdTp; 30 percent for F.I.)
(Add 30 percent for two 4 barrel carbs.)

	6	5	4	3	2	1
Conv	2000	8250	16,500	27,500	38,500	55,000

1958
(Add $1900 for HdTp; 30 percent for F.I.)
(Add 30 percent for two 4 barrel carbs.)

Conv	1500	6750	13,500	22,500	31,500	45,000

1959
(Add $1900 for HdTp; 30 percent for F.I.)
(Add 30 percent for two 4 barrel carbs.)

Conv	1500	6300	12,600	21,000	29,400	42,000

1960
(Add $1900 for HdTp; 30 percent for F.I.)
(Add 30 percent for two 4 barrel carbs.)

Conv	1500	6450	12,900	21,500	30,100	43,000

1961
(Add $2000 for HdTp; 30 percent for F.I.)
(Add 30 percent for two 4 barrel carbs.)

Conv	1500	6300	12,600	21,000	29,400	42,000

1962
(Add $2000 for HdTp; 30 percent for F.I.)

Conv	1500	6750	13,500	22,500	31,500	45,000

1963
(Add 30 percent for F.I.; $6000 for A/C. $3500 for knock off wheels.)
(Add 15 percent for hardtop.)

Spt Cpe	1500	6300	12,600	21,000	29,400	42,000
Conv	1500	7050	14,100	23,500	32,900	47,000
Grand Sport			value not estimable			

1964
(Add 30 percent for F.I.; $6000 for A/C. $3500 for knock off wheels.)
(Add 15 percent for hardtop.)

Spt Cpe	1500	6000	12,000	20,000	28,000	40,000
Conv	1500	6900	13,800	23,000	32,200	46,000

1965
(Add 30 percent for F.I., $5500 for A/C).
(Add $3500 for knock off wheels; 60 percent for 396 engine.)
(Add 15 percent for hardtop.)

Spt Cpe	1500	6000	12,000	20,000	28,000	40,000
Conv	1500	6750	13,500	22,500	31,500	45,000

1966
(Add $5500 for A/C, 30 percent for 427 engine - 390 hp, 60 percent for 427 engine - 425 hp. $3500 for knock off wheels.)
(Add 15 percent for hardtop.)

Spt Cpe	1500	6000	12,000	20,000	28,000	40,000
Conv	1500	6750	13,500	22,500	31,500	45,000

1967
(Add $5500 for A/C. L88 & L89 option not estimable. 30 percent for 427 engine - 390 hp. Add 40 percent for 427 engine - 400 hp, 80 percent for 427 engine - 435 hp. $4500 for aluminum wheels.)
(Add 15 percent for hardtop.)

Spt Cpe	1500	7200	14,400	24,000	33,600	48,000
Conv	1500	7800	15,600	26,000	36,400	52,000

1966 Corvette, "427" Rdst

1968
(Add 50 percent for 427 engine - 435 hp. L88 & L89 option not estimable.)

	6	5	4	3	2	1
Spt Cpe	800	4200	8400	14,000	19,600	28,000
Conv	1200	5100	10,200	17,000	23,800	34,000

1969
(Add 50 percent for 427 engine - 435 hp. L88 & L89 option not estimable.)

Spt Cpe	800	4050	8100	13,500	18,900	27,000
Conv	1200	4950	9900	16,500	23,100	33,000

1970
(Add 30 percent for LT-1 option.)

Spt Cpe	800	4050	8100	13,500	18,900	27,000
Conv	1200	4950	9900	16,500	23,100	33,000

1971
(Add 30 percent for LT-1 option. Add 30 percent for LS 6 option.)

Spt Cpe	800	3900	7800	13,000	18,200	26,000
Conv	1200	4800	9600	16,000	22,400	32,000

1972
(Add 30 percent for LT-1 option).

Spt Cpe	800	3900	7800	13,000	18,200	26,000
Conv	1200	4800	9600	16,000	22,400	32,000

1973

Spt Cpe	800	4050	8100	13,500	18,900	27,000
Conv	1200	4800	9600	16,000	22,400	32,000

1974

Spt Cpe	800	3600	7200	12,000	16,800	24,000
Conv	1200	4500	9000	15,000	21,000	30,000

1975 Corvette

C. Picciotti / G. Davis

1975

	6	5	4	3	2	1
Spt Cpe	800	3600	7200	12,000	16,800	24,000
Conv	1200	4500	9000	15,000	21,000	30,000

1976

Cpe	800	3900	7800	13,000	18,200	26,000

1977

Cpe	800	4050	8100	13,500	18,900	27,000

1978

Cpe	800	4200	8400	14,000	19,600	28,000

Note: Add 10 percent for pace car or anniversary model.
Add 20 percent for L82 engine option.

1979

Spt Cpe	800	4050	8100	13,500	18,900	27,000

CHEVY TRUCKS

1928
Series National AB

Rds w/Slip-in Pickup Box	450	1000	2400	5000	7000	10,000
Rds w/Panel Carrier	450	1150	3600	6000	8400	12,000
Pickup Express	450	975	2200	4850	6800	9700
Canopy Dly	450	1075	3000	5500	7700	11,000
Screenside Dly	450	1075	3000	5500	7700	11,000
Panel Dly	450	1025	2600	5250	7300	10,500
Sed Dly	450	1075	3000	5500	7700	11,000
Henney Hearse	350	825	1600	4000	5600	8000
Henney Amb	350	875	1700	4250	5900	8500

Series LO/LP

Open Exp Dly	450	1025	2600	5250	7300	10,500
Canopy Exp	450	1075	3000	5500	7700	11,000
Screenside Exp	450	1075	3000	5500	7700	11,000
Panel Dly	450	1000	2400	5000	7000	10,000
Platform Stake	350	800	1550	3850	5400	7700
Dump Body	350	825	1600	4000	5600	8000
Peddler's Wag	450	950	2100	4750	6650	9500
Tow Truck	450	1000	2400	5000	7000	10,000
Tank Truck	450	1000	2400	5000	7000	10,000

1929
International Series AC

Rds w/Slip-in Cargo Box	450	1150	3600	6000	8400	12,000
Rds w/Panel Carrier	450	1150	3600	6000	8400	12,000
Open Exp	450	1000	2400	5000	7000	10,000
Canopy Exp	450	1075	3000	5500	7700	11,000
Sed Dly	450	1125	3450	5750	8050	11,500
Screenside Exp	450	1075	3000	5500	7700	11,000
Panel Dly	450	1075	3000	5500	7700	11,000
Amb Panel Dly	500	1250	3900	6500	9100	13,000

1930

Rds Pickup	500	1200	3750	6250	8750	12,500
Pickup Exp	450	1075	3000	5500	7700	11,000
Panel Dly	450	1075	3000	5500	7700	11,000
DeL Panel Dly	500	1250	3900	6500	9100	13,000
Sed Dly	500	1300	4050	6750	9450	13,500
DeL Sed Dly	500	1400	4200	7000	9800	14,000
Canopy Exp	450	1150	3600	6000	8400	12,000
Screenside Exp	450	1150	3600	6000	8400	12,000

1931

Open Cab Pickup	450	1150	3600	6000	8400	12,000
Closed Cab Pickup	450	1000	2400	5000	7000	10,000
Panel Dly	450	1075	3000	5500	7700	11,000
Canopy Dly (curtains)	450	1150	3600	6000	8400	12,000
Canopy Dly (screens)	450	1150	3600	6000	8400	12,000
Sed Dly	500	1300	4050	6750	9450	13,500
DeL Sta Wag	500	1250	3900	6500	9100	13,000

NOTE: Add 5 percent for Deluxe 1/2-ton models.

1932

Open Cab Pickup	500	1250	3900	6500	9100	13,000
Closed Cab Pickup	450	1075	3000	5500	7700	11,000

	6	5	4	3	2	1
Canopied Exp	500	1200	3750	6250	8750	12,500
Screenside Exp	500	1200	3750	6250	8750	12,500
Panel Dly	450	1125	3450	5750	8050	11,500
Spec Panel Dly	500	1200	3750	6250	8750	12,500
Sed Dly	500	1400	4200	7000	9800	14,000
Spec Sed Dly	550	1550	4500	7500	10,500	15,000

NOTE: Add 5 percent for Special Equipment on models other than those noted as "Specials" above.
Add 2 percent for Canopy Tops on both pickups.

1933

	6	5	4	3	2	1
Sed Dly	450	1150	3600	6000	8400	12,000
Spec Sed Dly	500	1300	4050	6750	9450	13,500
Closed Cab Pickup	450	1000	2400	5000	7000	10,000
Panel Dly	450	1000	2400	5000	7000	10,000
Spec Panel Dly	450	1075	3000	5500	7700	11,000
Canopy Exp	450	950	2100	4750	6650	9500
Spec Canopy Exp	450	1075	3000	5500	7700	11,000
Screenside Exp	450	1075	3000	5500	7700	11,000

NOTE: Add 2 percent for canopied pickups.

1934

	6	5	4	3	2	1
Closed Cab Pickup	450	1075	3000	5500	7700	11,000
Canopied Pickup	450	1025	2600	5250	7300	10,500
Canopied Exp (curtains)	450	1075	3000	5500	7700	11,000
Canopied Exp (screens)	450	1075	3000	5500	7700	11,000
Panel Dly	450	1000	2400	5000	7000	10,000
Sed Dly	450	1150	3600	6000	8400	12,000

NOTE: Add 5 percent for "Special" models.

1935

Series EB

	6	5	4	3	2	1
Closed Cab Pickup	450	1075	3000	5500	7700	11,000
Spec Pickup	450	1075	3000	5500	7700	11,000
Canopy Top Pickup	450	1025	2600	5250	7300	10,500
Panel Dly	450	950	2100	4750	6650	9500
Spec Panel Dly	450	1000	2400	5000	7000	10,000
Canopy (curtains)	450	1075	3000	5500	7700	11,000
Canopy (screens)	450	1075	3000	5500	7700	11,000

Series EC

	6	5	4	3	2	1
Sed Dly	450	1150	3600	6000	8400	12,000
Sub	450	1075	3000	5500	7700	11,000

1936

Series FC

	6	5	4	3	2	1
Sed Dly	450	1125	3450	5750	8050	11,500

Series FB 1/2 T

	6	5	4	3	2	1
Pickup	450	1075	3000	5500	7700	11,000
Panel Del	450	1000	2400	5000	7000	10,000
Sub	450	1025	2600	5250	7300	10,500

1937

Series GB

	6	5	4	3	2	1
Sed Dly	450	1150	3600	6000	8400	12,000

Series GC

	6	5	4	3	2	1
Pickup	450	1075	3000	5500	7700	11,000
Panel	350	825	1600	4000	5600	8000
Canopy Exp	450	1025	2600	5250	7300	10,500
Carryall Sub	450	1025	2600	5250	7300	10,500

Series GD

	6	5	4	3	2	1
Pickup	450	950	2100	4750	6650	9500
Stake	350	725	1400	3000	4700	6700

Series GE

	6	5	4	3	2	1
Pickup	350	825	1600	4000	5600	8000
Stake	200	675	1300	2500	4300	6100

1938

Series HB

	6	5	4	3	2	1
Cpe Pickup	450	1000	2400	5000	7000	10,000
Sed Dly	450	1150	3600	6000	8400	12,000

Series HC

	6	5	4	3	2	1
Pickup	450	1075	3000	5500	7700	11,000
Panel	450	1000	2400	5000	7000	10,000
Canopy Exp	450	1075	3000	5500	7700	11,000
Sub	450	1125	3450	5750	8050	11,500

Series HD

	6	5	4	3	2	1
Pickup	350	825	1600	4000	5600	8000
Stake	350	725	1400	3100	4800	6800
Panel	350	800	1550	3850	5400	7700

Series HE

	6	5	4	3	2	1
Pickup	350	750	1450	3300	4900	7000
Stake	350	700	1350	2800	4550	6500
Panel	350	700	1350	2900	4600	6600

1939
Series JB

Cpe Pickup	450	1000	2400	5000	7000	10,000
Sed Dly	450	1150	3600	6000	8400	12,000

Series JC

Pickup	450	1075	3000	5500	7700	11,000
Panel	450	900	1900	4500	6300	9000
Canopy Exp	450	1000	2400	5000	7000	10,000
Sub	450	1025	2600	5250	7300	10,500

Series JD

Pickup	350	875	1700	4250	5900	8500
Stake	350	725	1400	3100	4800	6800
Panel	350	825	1600	3950	5500	7900

Series VA

Panel	350	700	1350	2900	4600	6600

1940
Series KB

Sed Dly	500	1200	3750	6250	8750	12,500
Cpe Pickup	450	1025	2600	5250	7300	10,500

Series KH

Sed Dly	500	1250	3900	6500	9100	13,000
Cpe Pickup	450	1075	3000	5500	7700	11,000

Series KC

Pickup	450	1075	3000	5500	7700	11,000
Panel	450	900	1900	4500	6300	9000
Canopy Exp	450	1025	2600	5250	7300	10,500
Sub	450	1075	3000	5500	7700	11,000

Series KP

Panel	200	675	1300	2600	4400	6300

Series KD

Pickup	350	800	1550	3900	5450	7800
Platform	350	725	1400	3100	4800	6800
Stake	350	725	1400	3200	4850	6900
Panel	350	825	1600	3950	5500	7900

Series KF

Panel	350	775	1500	3600	5100	7300
Platform	200	675	1300	2600	4400	6300
Stake	350	700	1350	2700	4500	6400

Series WA

Open Exp	350	825	1600	4000	5600	8000
Panel	350	700	1350	2900	4600	6600
Canopy	350	775	1500	3750	5250	7500

1941
Series AG

Sed Dly	500	1200	3750	6250	8750	12,500
Cpe Pickup	450	950	2100	4750	6650	9500

Series AJ

Panel Dly	350	750	1450	3300	4900	7000

Series AK

Pickup	450	1125	3450	5750	8050	11,500
Panel Dly	450	950	2100	4750	6650	9500
Canopy	450	1000	2400	5000	7000	10,000
Sub	450	1025	2600	5250	7300	10,500

Series AL

Pickup	350	875	1700	4250	5900	8500
Platform	350	725	1400	3200	4850	6900
Stake	350	750	1450	3300	4900	7000
Panel Dly	350	825	1600	4000	5600	8000

Series AN

Panel Dly	350	775	1500	3750	5250	7500
Platform	350	700	1350	2700	4500	6400
Stake	350	700	1350	2800	4550	6500
Express	350	775	1500	3700	5200	7400
Panel Dly	350	750	1450	3300	4900	7000

Series YR

Canopy	350	775	1500	3750	5250	7500

1942
Series BG

Sed Dly	450	1150	3600	6000	8400	12,000

	6	5	4	3	2	1
Cpe Pickup	450	925	2000	4600	6400	9200
Series BJ						
Double-Dty Pkg Dly	350	775	1500	3750	5250	7500
Series BK						
Pickup	450	900	1900	4500	6300	9000
Canopy	350	850	1650	4200	5850	8400
Sub	350	875	1700	4250	5900	8500
Series BL						
Pickup	350	825	1600	4000	5600	8000
Platform	350	725	1400	3200	4850	6900
Stake	350	750	1450	3300	4900	7000
Panel Dly	350	825	1600	4000	5600	8000
Series BN						
Panel Dly	350	775	1500	3700	5200	7400
1944-1946						
Series DJ						
Sed Dly	450	1150	3600	6000	8400	12,000
Series BK/CK						
Pickup	450	1075	3000	5500	7700	11,000
Panel	450	900	1800	4400	6150	8800
Sub	450	900	1900	4500	6300	9000
Canopy	450	900	1900	4500	6300	9000
1946						
Series DJ						
Sed Dly	500	1200	3750	6250	8750	12,500
Series DP						
Pickup	450	1075	3000	5500	7700	11,000
Panel	350	875	1700	4300	6000	8600
Canopy	450	900	1900	4500	6300	9000
Sub	450	900	1900	4500	6300	9000
Series DR						
Pickup	350	875	1700	4250	5900	8500
Panel	350	825	1600	3950	5500	7900
Platform	350	725	1400	3100	4800	6800
Stake	350	725	1400	3200	4850	6900
Series DS						
Exp	350	775	1500	3600	5100	7300
Panel	350	750	1450	3300	4900	7000
Canopy Exp	350	750	1450	3500	5050	7200
1947						
Series 1500						
Sed Dly	500	1225	3850	6400	8900	12,800
Series 3100						
Pickup	450	1100	3200	5600	7800	11,200
Panel	350	775	1500	3750	5250	7500
Canopy Exp	350	825	1600	4000	5600	8000
Sub	350	825	1600	4000	5600	8000
Series 3600						
Pickup	350	775	1500	3750	5250	7500
Platform	350	700	1350	2900	4600	6600
Stake	350	700	1350	2900	4600	6600
Series 3800						
Pickup	350	750	1450	3300	4900	7000
Panel	350	725	1400	3000	4700	6700
Canopy Exp	350	750	1450	3300	4900	7000
Platform	350	700	1350	2700	4500	6400
Stake	350	700	1350	2800	4550	6500

NOTE: Deduct 5 percent for painted bumper and grille.

1948						
Series 1500						
Sed Dly	500	1250	3900	6500	9100	13,000
Series 3100						
Pickup	450	1150	3600	6000	8400	12,000
Panel	450	900	1900	4500	6300	9000
Canopy Exp	450	1000	2400	5000	7000	10,000
Sub	450	1000	2400	5000	7000	10,000
Series 3600						
Pickup	450	900	1900	4500	6300	9000
Platform	350	825	1600	4000	5600	8000
Stake	350	825	1600	4050	5650	8100
Series 3800						
Pickup	350	875	1700	4250	5900	8500

	6	5	4	3	2	1
Panel	350	825	1600	4050	5650	8100
Canopy Exp	350	875	1700	4250	5900	8500
Platform	350	800	1550	3900	5450	7800
Stake	350	825	1600	3950	5500	7900
1949						
Series 1500						
Sed Dly	500	1250	3900	6500	9100	13,000
Series 3100						
Pickup	450	1150	3600	6000	8400	12,000
Panel Dly	350	875	1700	4300	6000	8600
Canopy Exp	450	950	2100	4750	6650	9500
Sub Carryall	450	950	2100	4750	6650	9500
Cantrell Sta Wag	550	1550	4500	7500	10,500	15,000
Olsen Kurbside Van	200	650	1250	2400	4200	6000
Series 3600/3700						
Pickup	450	900	1900	4500	6300	9000
Platform	350	825	1600	4000	5600	8000
Stake Bed	350	825	1600	4050	5650	8100
Series 3800/3900						
Pickup	350	875	1700	4250	5900	8500
Panel Dly	350	825	1600	4050	5650	8100
Canopy Exp	350	875	1700	4250	5900	8500
Platform	350	800	1550	3900	5450	7800
Stake Bed	350	825	1600	3950	5500	7900

NOTE: Deduct 5 percent for painted bumper and grille.

1950						
Series 1500						
Sed Dly	500	1250	3900	6500	9100	13,000
Series 3100						
Pickup	450	1150	3600	6000	8400	12,000
Panel Dly	350	875	1700	4300	6000	8600
Sub Carryall	450	950	2100	4750	6650	9500
Canopy Exp	450	950	2100	4750	6650	9500
Series 3600/3700						
Pickup	450	900	1900	4500	6300	9000
Platform	350	825	1600	4000	5600	8000
Stake Bed	350	825	1600	4050	5650	8100
Series 3800/3900						
Pickup	350	875	1700	4250	5900	8500
Panel Dly	350	825	1600	4050	5650	8100
Platform	350	800	1550	3900	5450	7800
Stake Bed	350	825	1600	3950	5500	7900

NOTE: Deduct 5 percent for painted bumper and grille.

1951 Chevrolet 3100 pickup truck

1951
Series 1500

	6	5	4	3	2	1
Sed Dly	500	1300	4050	6750	9450	13,500
Series 3100						
Pickup	450	1150	3600	6000	8400	12,000
Panel Dly	350	875	1700	4300	6000	8600
Sub Carryall	450	950	2100	4750	6650	9500
Canopy Exp	450	950	2100	4750	6650	9500
Series 3600/3700						
Pickup	450	900	1900	4500	6300	9000
Platform	350	825	1600	4000	5600	8000
Stake Bed	350	825	1600	4050	5650	8100
Series 3800/3900						
Pickup	350	875	1700	4250	5900	8500
Panel Dly	350	825	1600	4050	5650	8100
Platform	350	800	1550	3900	5450	7800
Stake Bed	350	825	1600	3950	5500	7900

NOTE: Deduct 5 percent for painted bumper and grille.

1952
Series 1500

	6	5	4	3	2	1
Sed Dly	500	1300	4050	6750	9450	13,500
Series 3100						
Pickup	450	1150	3600	6000	8400	12,000
Panel Dly	350	875	1700	4300	6000	8600
Sub Carryall	450	950	2100	4750	6650	9500
Canopy Exp	450	950	2100	4750	6650	9500
Series 3600/3700						
Pickup	450	900	1900	4500	6300	9000
Platform	350	825	1600	4000	5600	8000
Stake Bed	350	825	1600	4050	5650	8100
Series 3800/3900						
Pickup	350	875	1700	4250	5900	8500
Panel Dly	350	825	1600	4050	5650	8100
Platform	350	800	1550	3900	5450	7800
Stake Bed	350	825	1600	3950	5500	7900

NOTE: Deduct 5 percent for painted bumper and grille.

1953
Series 1500

	6	5	4	3	2	1
Sed Dly	500	1300	4050	6750	9450	13,500
Series 3100						
Pickup	450	1150	3600	6000	8400	12,000
Panel Dly	350	875	1700	4300	6000	8600
Sub Carryall	450	950	2100	4750	6650	9500
Canopy Exp	450	950	2100	4750	6650	9500
Series 3600/3700						
Pickup	450	900	1900	4500	6300	9000
Platform	350	825	1600	4000	5600	8000
Stake Bed	350	825	1600	4050	5650	8100
Series 3800/3900						
Pickup	350	875	1700	4250	5900	8500
Panel Dly	350	825	1600	4050	5650	8100
Platform	350	800	1550	3900	5450	7800
Stake Bed	350	825	1600	3950	5500	7900

NOTE: Deduct 5 percent for painted bumper and grille.

1954
Series 1500

	6	5	4	3	2	1
Sed Dly	500	1400	4200	7000	9800	14,000
Series 3100						
Pickup	450	1150	3600	6000	8400	12,000
Panel	350	875	1700	4350	6050	8700
Sub	450	900	1800	4450	6250	8900
Canopy	450	950	2100	4750	6650	9500
Series 3600						
Pickup	450	900	1900	4500	6300	9000
Platform	350	825	1600	4050	5650	8100
Stake	350	850	1650	4100	5700	8200
Series 3800						
Pickup	350	875	1700	4250	5900	8500
Panel	350	825	1600	4050	5650	8100
Canopy	450	900	1900	4500	6300	9000
Platform	350	825	1600	4000	5600	8000
Stake	350	825	1600	4050	5650	8100

1954 Chevrolet, Stylemaster sedan delivery, 6-cyl

1955
First Series
Series 3100

	6	5	4	3	2	1
Pickup	450	1150	3600	6000	8400	12,000
Panel	350	875	1700	4350	6050	8700
Sub	450	950	2100	4750	6650	9500
Canopy	450	950	2100	4750	6650	9500
Series 3600						
Pickup	450	900	1900	4500	6300	9000
Platform	350	825	1600	4050	5650	8100
Stake	350	850	1650	4100	5700	8200
Series 3800						
Pickup	350	875	1700	4250	5900	8500
Panel	350	825	1600	4050	5650	8100
Canopy	450	900	1900	4500	6300	9000
Platform	350	825	1600	4000	5600	8000
Stake	350	825	1600	4050	5650	8100
Second Series						
Series 1500						
Sed Dly	500	1400	4200	7000	9800	14,000
Series 3100						
Pickup	500	1250	3900	6500	9100	13,000
Cus Cab Pickup	500	1400	4200	7000	9800	14,000
Panel Dly	450	975	2300	4950	6900	9900
Sub	450	1025	2600	5250	7300	10,500
Cameo Carrier	650	2300	5400	9000	12,600	18,000
Cantrell Sta Wag	500	1400	4200	7000	9800	14,000
Series 3400/3500/3700						
Walk-In Dly Van	350	750	1450	3300	4900	7000
School Bus	200	650	1250	2400	4200	6000
Series 3200						
Pickup (long box)	350	850	1650	4200	5850	8400
Series 3600						
Pickup	350	825	1600	4000	5600	8000
Cus Cab Pickup	350	875	1700	4250	5900	8500
Platform	350	750	1450	3300	4900	7000
Platform & Stake	350	775	1500	3750	5250	7500
Cantrell Sta Wag	500	1200	3750	6250	8750	12,500
Series 3800						
Pickup	350	800	1550	3850	5400	7700
Panel Dly	350	875	1700	4250	5900	8500
Platform	350	700	1350	2700	4500	6400
Platform & Stake	350	725	1400	3000	4700	6700

NOTE: 1955-up prices based on top of the line models.
Deduct 20 percent for 6-cyl.

1956
Series 1500

	6	5	4	3	2	1
Sed Dly	500	1350	4150	6900	9700	13,800

Series 3100

	6	5	4	3	2	1
Pickup	500	1200	3750	6250	8750	12,500
Cus Cab Pickup	500	1250	3900	6500	9100	13,000
Panel Dly	450	1000	2400	5000	7000	10,000
Sub	450	1075	3000	5500	7700	11,000
Cameo Carrier	650	2000	5100	8500	11,900	17,000
Cantrell Sta Wag	550	1550	4500	7500	10,500	15,000
Series 3400/3500/3700						
Walk-In Dly Van	350	750	1450	3300	4900	7000
School Bus	200	650	1250	2400	4200	6000
Series 3200						
Pickup (long box)	350	850	1650	4200	5850	8400
Series 3600						
Pickup	350	825	1600	4000	5600	8000
Cus Cab Pickup	350	875	1700	4250	5900	8500
Platform	350	750	1450	3300	4900	7000
Platform & Stake	350	775	1500	3700	5200	7400
Cantrell Sta Wag	500	1250	3900	6500	9100	13,000
Series 3800						
Pickup	350	800	1550	3850	5400	7700
Panel Dly	350	875	1700	4250	5900	8500
Platform	350	700	1350	2700	4500	6400
Platform & Stake	350	725	1400	3000	4700	6700

NOTE: 1955-up prices based on top of the line models.
Deduct 20 percent for 6-cyl.

1957

Series 1500

	6	5	4	3	2	1
Sed Dly	550	1650	4650	7750	10,850	15,500
Series 3100						
Pickup	500	1250	3900	6500	9100	13,000
Cus Cab Pickup	500	1300	4050	6750	9450	13,500
Panel Dly	450	1000	2400	5000	7000	10,000
Sub	450	1150	3600	6000	8400	12,000
Cameo	650	2600	5500	9250	12,950	18,500
Cantrell Sta Wag	550	1650	4650	7750	10,850	15,500
Series 3400/3500/3700						
Walk-In Dly Van	350	750	1450	3300	4900	7000
School Bus	200	650	1250	2400	4200	6000
Series 3200						
Pickup (long box)	350	850	1650	4200	5850	8400
Series 3600						
Pickup	350	825	1600	4000	5600	8000
Cus Cab Pickup	350	875	1700	4250	5900	8500
Platform	350	750	1450	3300	4900	7000
Platform & Stake	350	775	1500	3700	5200	7400
Cantrell Sta Wag	500	1250	3900	6500	9100	13,000
Series 3800						
Pickup	350	825	1600	4000	5600	8000
Panel Dly	350	875	1700	4250	5900	8500
Platform	350	700	1350	2700	4500	6400
Platform & Stake	350	725	1400	3000	4700	6700

NOTE: 1955-up prices based on top of the line models.
Deduct 20 percent for 6-cyl.

1958

Series 1100

	6	5	4	3	2	1
Sed Dly	450	1150	3600	6000	8400	12,000
Series 3100						
Stepside Pickup	450	900	1900	4500	6300	9000
Fleetside Pickup	450	925	1900	4550	6350	9100
Cameo Pickup	550	1650	4650	7750	10,850	15,500
Panel	350	850	1650	4200	5850	8400
Sub	350	875	1700	4350	6050	8700
Series 3200						
Stepside (long box)	350	850	1650	4200	5850	8400
Fleetside (long box)	350	875	1700	4300	6000	8600
Series 3400/3500						
Step Van (104" w.b.)	350	825	1600	4000	5600	8000
Step Van (125" w.b.)	350	850	1650	4100	5700	8200
Series 3600						
Stepside Pickup	350	825	1600	4000	5600	8000
Fleetside Pickup	350	850	1650	4150	5800	8300
Stake	350	750	1450	3300	4900	7000
Series 3700						
Step Van (137" w.b.)	350	800	1550	3800	5300	7600

Series 3800

	6	5	4	3	2	1
Pickup	350	775	1500	3700	5200	7400
Panel	350	750	1450	3500	5050	7200
Stake	350	750	1450	3300	4900	7000

NOTE: 1955-up prices based on top of the line models.
Deduct 20 percent for 6-cyl.

1959
Series 1100

Sed Dly	450	1125	3450	5750	8050	11,500
El Camino	450	1150	3600	6000	8400	12,000

Series 3100

Stepside Pickup	450	900	1900	4500	6300	9000
Fleetside Pickup	450	925	1900	4550	6350	9100
Cameo Pickup	550	1550	4500	7500	10,500	15,000
Panel	350	850	1650	4200	5850	8400
Sub	350	875	1700	4300	6000	8600

Series 3200

Stepside Pickup	350	850	1650	4200	5850	8400
Fleetside Pickup	350	875	1700	4300	6000	8600

Series 3400/3500

Panel (104" w.b.)	350	825	1600	3950	5500	7900
Panel (125" w.b.)	350	825	1600	4000	5600	8000

Series 3600

Stepside Pickup	350	825	1600	3950	5500	7900
Fleetside Pickup	350	825	1600	4050	5650	8100

Series 3700

Panel (137" w.b.)	350	800	1550	3800	5300	7600

Series 3800

Pickup	350	775	1500	3700	5200	7400
Panel	350	750	1450	3300	4900	7000
Stake	350	725	1400	3200	4850	6900

NOTE: 1955-up prices based on top of the line models.
Deduct 20 percent for 6-cyl.

1960
Series 1100

Sed Dly	450	1150	3500	5900	8250	11,800
El Camino	450	1175	3650	6100	8500	12,200

Series C14 - (1/2 Ton)

Stepside Pickup	450	900	1900	4500	6300	9000
Fleetside Pickup	450	925	1900	4550	6350	9100
Panel	350	850	1650	4200	5850	8400
Sub	350	875	1700	4350	6050	8700

Series C15 "Long Box" - (1/2 Ton)

Stepside Pickup	350	850	1650	4200	5850	8400
Fleetside Pickup	350	875	1700	4300	6000	8600

Series C25 - (3/4 Ton)

Stepside Pickup	350	850	1650	4200	5850	8400
Fleetside Pickup	350	875	1700	4300	6000	8600
8-ft. Stake	350	725	1400	3200	4850	6900

Series C36 - (1 Ton)

Stepside	350	775	1500	3700	5200	7400
Panel	350	750	1450	3300	4900	7000
9-ft. Stake	350	725	1400	3200	4850	6900

Step Vans

Walk-In Dly (104" wb)	350	825	1600	3950	5500	7900
Walk-In Dly (125" wb)	350	825	1600	4000	5600	8000
Walk-In Dly (137" wb)	350	800	1550	3800	5300	7600

NOTE: 1955-up prices based on top of the line models.
Add 5 percent for 4x4.
Deduct 20 percent for 6-cyl.

1961
Corvair Series 95

Loadside	200	650	1200	2300	4100	5800
Rampside	200	675	1300	2500	4300	6100

Corvan Series

Corvan Panel	200	650	1250	2400	4200	6000
Greenbriar Sportvan	350	700	1350	2800	4550	6500

Fleetside Pickups

C10 P.U. (short box)	450	975	2300	4900	6850	9800
C10 P.U. (long box)	450	975	2200	4850	6800	9700
K10 P.U. (short box)	450	950	2200	4800	6700	9600
K10 P.U. (long box)	450	950	2100	4750	6650	9500
C20 P.U. (long box)	350	850	1650	4200	5850	8400

	6	5	4	3	2	1
K20 P.U. (long box)	350	825	1600	4050	5650	8100

NOTE: C is conventional drive model. K is four-wheel drive (4x4) model. 10 is the 1/2-ton series. 30 is the one-ton series. Short box is 6-1/2 ft. bed. Long box is 8 ft. bed.

Stepside Pickups

	6	5	4	3	2	1
C10 P.U. (short box)	450	975	2200	4850	6800	9700
C10 P.U. (long box)	450	950	2200	4800	6700	9600
K10 P.U. (short box)	450	950	2100	4750	6650	9500
K10 P.U. (long box)	450	950	2100	4700	6600	9400
C20 P.U. (long box)	350	850	1650	4150	5800	8300
K20 P.U. (long box)	350	825	1600	4000	5600	8000
C30 P.U. (8-1/2 ft.)	350	825	1600	3950	5500	7900

Step Vans

	6	5	4	3	2	1
P10 Walk-In	200	650	1200	2300	4100	5800
P20 Walk-In	200	650	1250	2400	4150	5900
P30 Walk-In	200	650	1250	2400	4200	6000

Panel/Suburban/Stake-Bed

	6	5	4	3	2	1
C10 Panel	200	600	1200	2300	4000	5700
C10 Sub	350	725	1400	3200	4850	6900
C20 Panel	200	550	1150	2100	3800	5400
C20 Sub	350	725	1400	3000	4700	6700
C20 Stake	200	550	1150	2100	3800	5400
C30 Panel (10-1/2 ft.)	200	600	1200	2200	3850	5500
C30 Stake	200	600	1200	2200	3850	5500

NOTE: 1955-up prices based on top of the line models.

1962

Corvair Series 95

	6	5	4	3	2	1
Loadside	200	650	1200	2300	4100	5800
Rampside	200	675	1300	2500	4300	6100

Corvan Series

	6	5	4	3	2	1
Corvan Panel Van	200	600	1200	2300	4000	5700
Greenbriar Sportvan	350	700	1350	2800	4550	6500

Fleetside Pickups

	6	5	4	3	2	1
C10 P.U. (short box)	450	975	2300	4900	6850	9800
C10 P.U. (long box)	450	975	2200	4850	6800	9700
K10 P.U. (short box)	450	950	2200	4800	6700	9600
K10 P.U. (long box)	450	950	2100	4750	6650	9500
C20 P.U. (long box)	350	850	1650	4200	5850	8400
K20 P.U. (long box)	350	825	1600	4050	5650	8100

NOTES: C is 4x2 model. K is four-wheel drive (4x4) model. 10 is the 1/2-ton series. 20 is the 3/4-ton series. 30 is the one-ton series. Short box has 6-1/2 ft. box. Long box has 8 ft. box.

Stepside Pickups

	6	5	4	3	2	1
C10 P.U. (short box)	450	975	2200	4850	6800	9700
C10 P.U. (long box)	450	950	2200	4800	6700	9600
K10 P.U. (short box)	450	950	2100	4750	6650	9500
K10 P.U. (long box)	450	950	2100	4700	6600	9400
C20 P.U. (long box)	350	850	1650	4150	5800	8300
K20 P.U. (long box)	350	825	1600	4000	5600	8000
C30 P.U. (8-1/2 ft.)	350	825	1600	3950	5500	7900

Step Vans

	6	5	4	3	2	1
P10 Walk-In	200	650	1200	2300	4100	5800
P20 Walk-In	200	650	1250	2400	4150	5900
P30 Walk-In	200	650	1250	2400	4200	6000

Panel/Suburban/Stake-Bed

	6	5	4	3	2	1
C10 Panel	200	600	1200	2300	4000	5700
C10 Sub	350	725	1400	3200	4850	6900
K10 Panel	200	550	1150	2100	3800	5400
K10 Sub	350	725	1400	3000	4700	6700
C20 Stake	200	550	1150	2100	3800	5400
C30 Panel (10-1/2 ft.)	200	600	1200	2200	3850	5500
C30 Stake	200	600	1200	2200	3850	5500

NOTE: 1955-up prices based on top of the line models.

1963

Corvair Series 95

	6	5	4	3	2	1
Loadside	200	650	1200	2300	4100	5800
Rampside	200	675	1300	2500	4300	6100

Corvan Series

	6	5	4	3	2	1
Corvan Panel Van	200	600	1200	2300	4000	5700
Greenbriar Sportvan	350	700	1350	2900	4600	6600

Fleetside Pickups

	6	5	4	3	2	1
C10 P.U. (short box)	450	975	2300	4900	6850	9800
C10 P.U. (long box)	450	975	2200	4850	6800	9700
K10 P.U. (short box)	450	950	2200	4800	6700	9600
K10 P.U. (long box)	450	950	2100	4750	6650	9500

	6	5	4	3	2	1
C20 P.U. (long box)	350	850	1650	4200	5850	8400
K20 P.U. (long box)	350	825	1600	4050	5650	8100

NOTES: C is conventional drive model. K is four-wheel drive (4x4) model. 10 is 1/2-ton series. 20 is 3/4-ton series. 30 is the one-ton series. Short box is 6-1/2 ft. bed. Long box is 8 ft. bed.

Stepside Pickups

	6	5	4	3	2	1
C10 P.U. (short box)	450	975	2200	4850	6800	9700
C10 P.U. (long box)	450	950	2200	4800	6700	9600
K10 P.U. (short box)	450	950	2100	4750	6650	9500
K10 P.U. (long box)	450	950	2100	4700	6600	9400
C20 P.U. (long box)	350	850	1650	4150	5800	8300
K20 P.U. (long box)	350	825	1600	4000	5600	8000
C30 P.U. (8-1/2 ft.)	350	825	1600	3950	5500	7900

Step Vans

	6	5	4	3	2	1
P10 Walk-In	200	650	1200	2300	4100	5800
P20 Walk-In	200	650	1250	2400	4150	5900
P30 Walk-In	200	650	1250	2400	4200	6000

Panel/Suburban/Stake-Bed

	6	5	4	3	2	1
C10 Panel	200	600	1200	2300	4000	5700
C10 Sub	350	725	1400	3200	4850	6900
K10 Panel	200	550	1150	2100	3800	5400
K10 Sub	350	725	1400	3000	4700	6700
C20 Stake	200	550	1150	2100	3800	5400
C30 Panel (10-1/2 ft.)	200	600	1200	2200	3850	5500
C30 Stake	200	600	1200	2200	3850	5500

NOTE: 1955-up prices based on top of the line models.

1964

El Camino

	6	5	4	3	2	1
Spt Pickup	450	1075	3000	5500	7700	11,000
Cus Spt Pickup	450	1125	3450	5750	8050	11,500

Corvair Series 95

	6	5	4	3	2	1
Loadside	200	650	1200	2300	4100	5800
Rampside	200	675	1300	2500	4300	6100

Corvan Series

	6	5	4	3	2	1
Panel Van	200	600	1200	2300	4000	5700
Greenbriar Sportvan	350	725	1400	3000	4700	6700

Fleetside Pickups

	6	5	4	3	2	1
C10 P.U. (short box)	450	975	2300	4900	6850	9800
C10 P.U. (long box)	450	975	2200	4850	6800	9700
K10 P.U. (short box)	450	950	2200	4800	6700	9600
K10 P.U. (long box)	450	950	2100	4750	6650	9500
C20 P.U. (long box)	350	850	1650	4200	5850	8400
K20 P.U. (long box)	350	825	1600	4050	5650	8100

NOTES: C is conventional drive model. K is four-wheel drive (4x4) model. 10 is 1/2-ton series. 20 is 3/4-ton series. 30 is one-ton series. Short box is 6-1/2 ft. Long box is 8 ft. bed.

Stepside Pickups

	6	5	4	3	2	1
C10 P.U. (short box)	450	975	2200	4850	6800	9700
C10 P.U. (long box)	450	950	2200	4800	6700	9600
K10 P.U. (short box)	450	950	2100	4750	6650	9500
K10 P.U. (long box)	450	950	2100	4700	6600	9400
C20 P.U. (long box)	350	850	1650	4150	5800	8300
C30 P.U. (8-1/2 ft.)	350	825	1600	3950	5500	7900

G10 Chevy Van Series

	6	5	4	3	2	1
Panel Van	200	675	1300	2500	4300	6100

Step Van Series

	6	5	4	3	2	1
P10 Walk-In	200	650	1200	2300	4100	5800
P20 Walk-In	200	650	1250	2400	4150	5900
P30 Walk-In	200	650	1250	2400	4200	6000

Panel/Suburban/Stake-Bed

	6	5	4	3	2	1
C10 Panel	200	600	1200	2300	4000	5700
C10 Sub	350	725	1400	3200	4850	6900
K10 Panel	200	550	1150	2100	3800	5400
K10 Sub	350	725	1400	3000	4700	6700
C20 Stake	200	550	1150	2100	3800	5400
C30 Panel (10-1/2 ft.)	200	600	1200	2200	3850	5500
C30 Stake	200	600	1200	2200	3850	5500

NOTE: 1955-up prices based on top of the line models.

1965

Corvair

	6	5	4	3	2	1
Greenbriar Spt Van	350	725	1400	3100	4800	6800

El Camino

	6	5	4	3	2	1
Spt Pickup	450	1075	3000	5500	7700	11,000
Cus Spt Pickup	450	1125	3450	5750	8050	11,500

Fleetside Pickups

	6	5	4	3	2	1
C10 P.U. (short box)	450	975	2300	4900	6850	9800
C10 P.U. (long box)	450	975	2200	4850	6800	9700
K10 P.U. (short box)	450	950	2200	4800	6700	9600
K10 P.U. (long box)	450	950	2100	4750	6650	9500
C20 P.U. (long box)	350	850	1650	4200	5850	8400
K20 P.U. (long box)	350	825	1600	4050	5650	8100

NOTES: C is conventional drive model. K is four-wheel drive (4x4) model. 10 is 1/2-ton series. 20 is 3/4-ton series. 30 is one-ton series. Short box is 6-1/2 ft. Long box is 8 ft. bed.

Stepside Pickups

	6	5	4	3	2	1
C10 P.U. (short box)	450	975	2200	4850	6800	9700
C10 P.U. (long box)	450	950	2200	4800	6700	9600
K10 P.U. (short box)	450	950	2100	4750	6650	9500
K10 P.U. (long box)	450	950	2100	4700	6600	9400
C20 P.U. (long box)	350	850	1650	4150	5800	8300
C30 P.U. (8-1/2 ft.)	350	825	1600	3950	5500	7900

G12 Chevy Van Series

	6	5	4	3	2	1
Panel Van	200	650	1250	2400	4150	5900
Spt Van	200	650	1250	2400	4200	6000
Cus Spt Van	200	675	1300	2500	4300	6100
DeL Spt Van	200	675	1300	2500	4350	6200

Step Van Series

	6	5	4	3	2	1
P10 Panel	200	650	1200	2300	4100	5800
P20 Panel	200	650	1250	2400	4150	5900
P30 Panel	200	650	1250	2400	4200	6000

Panel/Suburban/Stake-Bed

	6	5	4	3	2	1
C10 Panel	200	600	1200	2300	4000	5700
C10 Sub	350	725	1400	3200	4850	6900
K10 Panel	200	550	1150	2100	3800	5400
K10 Sub	350	725	1400	3000	4700	6700
C20 Stake	200	550	1150	2100	3800	5400
C30 Panel	200	600	1200	2200	3850	5500
C30 Stake	200	600	1200	2200	3850	5500

NOTE: 1955-up prices based on top of the line models.

1966

El Camino

	6	5	4	3	2	1
Spt Pickup	450	1000	2400	5000	7000	10,000
Cus Spt Pickup	450	1025	2600	5250	7300	10,500

Fleetside Pickup Series C10/C20

	6	5	4	3	2	1
C14 P.U. (short box)	450	975	2300	4900	6850	9800
C15 P.U. (long box)	450	975	2200	4850	6800	9700
K14 P.U. (short box)	450	950	2200	4800	6700	9600
K15 P.U. (long box)	450	950	2100	4750	6650	9500
C25 P.U. (long box)	350	850	1650	4200	5850	8400
K25 P.U. (long box)	350	825	1600	4050	5650	8100

NOTES: C is conventional drive model. K is four-wheel drive (4x4) model. 14 is 1/2-ton short box (6-1/2 ft. bed). 15 is 1/2-ton long box (8 ft. bed). 25 is 3/4-ton. 36 is one-ton.

Stepside Pickup Series C10/C20/C30

	6	5	4	3	2	1
C14 P.U. (short box)	450	975	2200	4850	6800	9700
C15 P.U. (long box)	450	950	2200	4800	6700	9600
K14 P.U. (short box)	450	950	2100	4750	6650	9500
K15 P.U. (long box)	450	950	2100	4700	6600	9400
C25 P.U. (long box)	350	850	1650	4150	5800	8300
K25 P.U. (long box)	350	825	1600	4000	5600	8000
1-Ton P.U. (8-1/2 ft.)	350	825	1600	3950	5500	7900

Chevy Van Series

	6	5	4	3	2	1
G12 Panel Van	200	650	1250	2400	4150	5900
G12 Sportvan	200	650	1250	2400	4200	6000
G12 Cus Sportvan	200	675	1300	2500	4300	6100
G12 DeL Sportvan	200	675	1300	2500	4350	6200

1967

El Camino Series

	6	5	4	3	2	1
Spt Pickup	450	1000	2400	5000	7000	10,000
Cus Spt Pickup	450	1025	2600	5250	7300	10,500

Fleetside Pickups

	6	5	4	3	2	1
C10 P.U. (short box)	450	1075	3000	5500	7700	11,000
C10 P.U. (long box)	450	1000	2400	5000	7000	10,000
K10 P.U. (short box)	450	975	2200	4850	6800	9700
K10 P.U. (long box)	450	950	2100	4750	6650	9500
C20 P.U. (long box)	450	900	1800	4400	6150	8800
C20 P.U. (8-1/2 ft.)	350	875	1700	4350	6050	8700
K20 P.U. (long box)	350	875	1700	4350	6050	8700
K20 P.U. (8-1/2 ft.)	350	875	1700	4300	6000	8600

	6	5	4	3	2	1
C30 P.U. (8-1/2 ft.)	350	800	1550	3900	5450	7800

NOTES: C is conventional drive model. K is four-wheel drive (4x4) model. 10 is 1/2-ton series. 20 is 3/4-ton series. 30 is one-ton series. Short box is 6-1/2 ft. bed. Long box is 8 ft. bed.

Stepside Pickups

	6	5	4	3	2	1
C10 P.U. (short box)	450	1000	2400	5000	7000	10,000
C10 P.U. (long box)	450	950	2200	4800	6700	9600
C20 P.U. (long box)	350	875	1700	4350	6050	8700
K20 P.U. (long box)	350	875	1700	4300	6000	8600
C30 P.U. (8-1/2 ft.)	350	800	1550	3900	5450	7800

Chevy Van Series

	6	5	4	3	2	1
G10 Panel Van	200	650	1200	2300	4100	5800
G10 Sportvan	200	650	1250	2400	4200	6000
G10 Cus Sportvan	200	675	1300	2600	4400	6300
G10 DeL Sportvan	350	700	1350	2900	4600	6600
G20 Panel Van	200	600	1200	2200	3900	5600
G20 Sportvan	200	650	1200	2300	4100	5800
G20 Cus Sportvan	200	650	1250	2400	4200	6000
G20 DeL Sportvan	200	675	1300	2600	4400	6300

Step Van Series (Code P)

	6	5	4	3	2	1
P10 Steel Panel	200	650	1200	2300	4100	5800
P20 Steel Panel	200	600	1200	2300	4000	5700
P30 Steel Panel	200	600	1200	2200	3900	5600

Panel/Suburbans/Stakes

	6	5	4	3	2	1
C10 Panel	200	650	1250	2400	4200	6000
C10 Sub	350	775	1500	3600	5100	7300
C20 Stake	200	675	1300	2500	4350	6200
C20 Panel	200	650	1200	2300	4100	5800
C20 Sub	200	675	1300	2600	4400	6300
C30 Stake	200	675	1300	2600	4400	6300

NOTES: 1955-up prices based on top of the line models.
Add 5 percent for 4x4.

1968

El Camino Series

	6	5	4	3	2	1
Spt Pickup	450	1000	2400	5000	7000	10,000
Cus Spt Pickup	450	1025	2600	5250	7300	10,500

NOTE: Add 15 percent for SS-396 option.

Fleetside Pickups

	6	5	4	3	2	1
C10 P.U. (short box)	450	1075	3000	5500	7700	11,000
C10 P.U. (long box)	450	1000	2400	5000	7000	10,000
K10 P.U. (short box)	450	975	2200	4850	6800	9700
K10 P.U. (long box)	450	950	2100	4750	6650	9500
C20 P.U. (long box)	450	900	1800	4400	6150	8800
C20 P.U. (8-1/2 ft.)	350	875	1700	4350	6050	8700
K20 P.U. (long box)	350	875	1700	4350	6050	8700
K20 P.U. (8-1/2 ft.)	350	875	1700	4300	6000	8600

NOTES: C is conventional drive model. K is four-wheel drive (4x4) model. 10 is 1/2-ton series. 20 is 3/4-ton series. 30 is one-ton series. Short box is 6-1/2 ft. bed. Long box is 8 ft. bed.

Stepside Pickups

	6	5	4	3	2	1
C10 P.U. (short box)	450	1000	2400	5000	7000	10,000
C10 P.U. (long box)	450	950	2200	4800	6700	9600
K10 P.U. (short box)	450	950	2100	4750	6650	9500
K10 P.U. (long box)	450	950	2100	4700	6600	9400
C20 P.U. (long box)	350	875	1700	4350	6050	8700
K20 P.U. (long box)	350	875	1700	4300	6000	8600
C30 P.U. (8-1/2 ft.)	350	800	1550	3900	5450	7800

Chevy Van Series

	6	5	4	3	2	1
G10 Panel Van	200	650	1200	2300	4100	5800
G10 Sportvan	200	650	1250	2400	4200	6000
G10 Cus Sportvan	200	675	1300	2600	4400	6300
G10 DeL Sportvan	350	700	1350	2900	4600	6600
G20 Panel Van	200	600	1200	2200	3900	5600
G20 Sportvan	200	650	1200	2300	4100	5800
G20 Cus Sportvan	200	650	1250	2400	4200	6000
G20 DeL Sportvan	200	675	1300	2600	4400	6300

Step Van Series

	6	5	4	3	2	1
P10 Panel	200	650	1200	2300	4100	5800
P20 Panel	200	600	1200	2300	4000	5700
P30 Panel	200	600	1200	2200	3900	5600

Panel/Suburban/Stake-Bed

	6	5	4	3	2	1
C10 Panel	200	650	1250	2400	4200	6000
C10 Sub	350	775	1500	3600	5100	7300
C20 Stake	200	650	1200	2300	4100	5800

NOTE: 1955-up prices based on top of the line models.

1969
El Camino Series

	6	5	4	3	2	1
Spt Pickup	450	1075	3000	5500	.7700	11,000
Cus Spt Pickup	450	1125	3450	5750	8050	11,500

NOTE: Add 15 percent for SS-396 option.

Blazer Series - (4x4)

	6	5	4	3	2	1
Blazer	450	1000	2400	5000	7000	10,000

Fleetside Series

	6	5	4	3	2	1
C10 P.U. (short box)	450	1150	3600	6000	8400	12,000
C10 P.U. (long box)	450	1125	3450	5750	8050	11,500
K10 P.U. (short box)	450	1000	2400	5000	7000	10,000
K10 P.U. (long box)	450	975	2300	4900	6850	9800
C20 P.U. (long box)	450	900	1800	4400	6150	8800
C20 P.U. (long horn)	350	875	1700	4300	6000	8600
K20 P.U. (long box)	450	950	2200	4800	6700	9600
K20 P.U. (long horn)	450	975	2200	4850	6800	9700
C30 P.U. (long horn)	350	800	1550	3900	5450	7800

NOTES: C is conventional drive model. K is four-wheel drive (4x4) model. 10 is 1/2-ton series. 20 is 3/4-ton series. 30 is one-ton series. Short box pickups have 6-1/2 ft. bed and 115" w.b. Long box pickups have 8 ft. bed and 127" w.b. Long horn pickups have 8-1/2 to 9 ft. bed and 133" w.b.

Stepside Series

	6	5	4	3	2	1
C10 P.U. (short box)	450	1075	3000	5500	7700	11,000
C10 P.U. (long box)	450	1025	2600	5250	7300	10,500
K10 P.U. (short box)	450	975	2300	4950	6900	9900
K10 P.U. (long box)	450	975	2200	4850	6800	9700
C20 P.U. (long box)	450	975	2300	4900	6850	9800
C20 P.U. (long horn)	450	975	2200	4850	6800	9700
K20 P.U. (long box)	450	975	2200	4850	6800	9700
K20 P.U. (long horn)	450	950	2200	4800	6700	9600
C30 P.U. (long horn)	350	800	1550	3900	5450	7800

Chevy Van Series G10 - (1/2 Ton) - (90" w.b.)

	6	5	4	3	2	1
Panel Van	200	650	1250	2400	4200	6000
Sportvan	350	700	1350	2900	4600	6600
Cus Sportvan	350	700	1350	2800	4550	6500
DeL Sportvan	350	725	1400	3000	4700	6700

Chevy Van Series G20 - (3/4 Ton) - (108" w.b.)

	6	5	4	3	2	1
Panel Van	200	650	1200	2300	4100	5800
Sportvan	350	700	1350	2700	4500	6400
Cus Sportvan	200	675	1300	2600	4400	6300
DeL Sportvan	350	700	1350	2800	4550	6500

Series P10 - (102" w.b.)

	6	5	4	3	2	1
1/2-Ton Panel	200	650	1200	2300	4100	5800

Series P30 (Step Van)

	6	5	4	3	2	1
1-Ton Panel	200	650	1250	2400	4200	6000

Panel/Suburban Series C10/K10 - (115" w.b.)

	6	5	4	3	2	1
C10 Panel	350	800	1550	3900	5450	7800
C10 Sub	450	925	2000	4650	6500	9300
K10 Panel	350	800	1550	3800	5300	7600
K10 Sub	450	925	1900	4550	6350	9100

Panel/Suburban Series C20/K20 - (127" w.b.)

	6	5	4	3	2	1
C20 Panel	350	800	1550	3800	5300	7600
C20 Sub	350	850	1650	4150	5800	8300
K20 Panel	350	775	1500	3700	5200	7400
K20 Sub	350	825	1600	4050	5650	8100

NOTE: 1955-up prices based on top of the line models.

1970
El Camino Series

	6	5	4	3	2	1
Spt Pickup	450	1075	3000	5500	7700	11,000
Cus Spt Pickup	450	1125	3450	5750	8050	11,500

NOTE: Add 15 percent for SS-396 option.

Blazer Series K10 - (4x4)

	6	5	4	3	2	1
Blazer	450	900	1900	4500	6300	9000

Fleetside Pickups

	6	5	4	3	2	1
C10 P.U. (short box)	450	1125	3450	5750	8050	11,500
C10 P.U. (long box)	450	1075	3000	5500	7700	11,000
K10 P.U. (short box)	450	1000	2400	5000	7000	10,000
K10 P.U. (long box)	450	975	2300	4900	6850	9800
C20 P.U. (long box)	450	900	1800	4400	6150	8800
C20 P.U. (long horn)	350	875	1700	4300	6000	8600
K20 P.U. (long box)	450	950	2200	4800	6700	9600
K20 P.U. (long horn)	450	975	2200	4850	6800	9700

	6	5	4	3	2	1
C30 P.U. (long horn)	350	800	1550	3900	5450	7800

NOTES: C is conventional drive model. K is four-wheel drive (4x4) model. 10 is 1/2-ton series. 20 is 3/4-ton series. 30 is one-ton series. Short box pickups have 6-1/2 ft. bed and 115" w.b. Long box pickups have 8 ft. bed and 127" w.b. Long horn pickups have 8-1/2 to 9 ft. bed and 133" w.b.

Stepside Pickups

	6	5	4	3	2	1
C10 P.U. (short box)	450	1125	3450	5750	8050	11,500
C10 P.U. (long box)	450	1075	3000	5500	7700	11,000
K10 P.U. (short box)	450	975	2300	4950	6900	9900
K10 P.U. (long box)	450	975	2200	4850	6800	9700
C20 P.U. (long box)	450	975	2300	4900	6850	9800
K20 P.U. (long box)	450	975	2200	4850	6800	9700
C30 P.U. (long horn)	350	800	1550	3900	5450	7800

Chevy Van Series G10 - (1/2 Ton) - (90" w.b.)

	6	5	4	3	2	1
Panel Van	200	650	1250	2400	4200	6000
Sportvan	350	700	1350	2900	4600	6600
Cus Sportvan	350	700	1350	2800	4550	6500
DeL Sportvan	350	725	1400	3000	4700	6700

Chevy Van Series G20 - (3/4 Ton) - (108" w.b.)

	6	5	4	3	2	1
Panel Van	200	650	1200	2300	4100	5800
Sportvan	350	700	1350	2700	4500	6400
Cus Sportvan	200	675	1300	2600	4400	6300
DeL Sportvan	350	700	1350	2800	4550	6500

Series P10 - (102" w.b.)

	6	5	4	3	2	1
Step Van	200	650	1200	2300	4100	5800

1971

Vega Panel Series

	6	5	4	3	2	1
Panel Exp	150	450	1050	1700	3200	4600

El Camino (V-8)

	6	5	4	3	2	1
Spt Pickup	450	1075	3000	5500	7700	11,000
Cus Spt Pickup	450	1125	3450	5750	8050	11,500

Blazer Series K10 (4x4)

	6	5	4	3	2	1
Blazer	450	925	2000	4600	6400	9200

Fleetside Pickups

	6	5	4	3	2	1
C10 P.U. (short box)	450	1150	3600	6000	8400	12,000
C10 P.U. (long box)	450	1125	3450	5750	8050	11,500
K10 P.U. (short box)	450	1025	2600	5250	7300	10,500
K10 P.U. (long box)	450	1025	2500	5150	7150	10,300
C20 P.U. (long box)	450	975	2300	4900	6850	9800
C20 P.U. (long horn)	450	950	2100	4750	6650	9500
K20 P.U. (long box)	450	950	2200	4800	6700	9600
K20 P.U. (long horn)	450	975	2200	4850	6800	9700
C30 P.U. (long horn)	350	800	1550	3900	5450	7800

NOTE: See notes for 1969-1970 model nomenclature.

Stepside Pickups

	6	5	4	3	2	1
C10 P.U. (short box)	450	1125	3450	5750	8050	11,500
C10 P.U. (long box)	450	1075	3000	5500	7700	11,000
K10 P.U. (short box)	450	1050	2700	5300	7400	10,600
K10 P.U. (long box)	450	1025	2500	5150	7150	10,300
C20 P.U. (long box)	450	1025	2500	5150	7150	10,300
K20 P.U. (long box)	450	1000	2500	5100	7100	10,200
C30 P.U. (long horn)	450	925	2000	4650	6500	9300

Chevy Van Series G10 - (1/2 Ton) - (110" w.b.)

	6	5	4	3	2	1
Panel Van	350	750	1450	3300	4900	7000
Sportvan	350	775	1500	3600	5100	7300
Beauville	350	800	1550	3900	5450	7800

Chevy Van Series G20 - (3/4 Ton) - (110" w.b.)

	6	5	4	3	2	1
Panel Van	350	700	1350	2800	4550	6500
Sportvan	350	750	1450	3400	5000	7100
Beauville	350	775	1500	3600	5100	7300

Chevy Van Series G30 - (1 Ton) - (110" w.b.)

	6	5	4	3	2	1
Panel Van	200	675	1300	2600	4400	6300
Sportvan	350	700	1350	2800	4550	6500
Beauville	350	725	1400	3100	4800	6800

Step Vans

	6	5	4	3	2	1
P10 Step Van	200	650	1250	2400	4200	6000
P20 Step Van	200	675	1300	2500	4300	6100
P30 Step Van	200	675	1300	2500	4350	6200

Panels/Suburbans/Stakes

	6	5	4	3	2	1
C10 Sub	450	900	1800	4400	6150	8800
K10 Sub	350	850	1650	4150	5800	8300
C20 Sub	350	850	1650	4150	5800	8300
K20 Sub	350	800	1550	3900	5450	7800
C20 Stake	350	725	1400	3100	4800	6800

	6	5	4	3	2	1
C30 Stake	350	725	1400	3100	4800	6800

NOTE: 1955-up prices based on top of the line models.

1972
Vega (1/2 Ton)

	6	5	4	3	2	1
Panel Express	150	400	1000	1650	3150	4500

LUV Pickup (1/2 Ton)

	6	5	4	3	2	1
Pickup	150	450	1050	1750	3250	4700

El Camino (V-8)

	6	5	4	3	2	1
Spt Pickup	450	1125	3450	5750	8050	11,500
Cus Spt Pickup	450	1150	3600	6000	8400	12,000

Blazer (4x4)

	6	5	4	3	2	1
C10 Blazer	450	900	1800	4400	6150	8800
K10 Blazer	450	925	2000	4650	6500	9300

Fleetside Pickups

	6	5	4	3	2	1
C10 P.U. (short box)	500	1200	3750	6250	8750	12,500
C10 P.U. (long box)	450	1150	3600	6000	8400	12,000
K10 P.U. (short box)	450	1050	2800	5400	7500	10,800
K10 P.U. (long box)	450	1025	2600	5250	7300	10,500
C20 P.U. (short box)	450	975	2300	4900	6850	9800
C20 P.U. (long box)	450	1000	2400	5000	7000	10,000
K20 P.U. (short box)	450	950	2200	4800	6700	9600
K20 P.U. (long box)	450	975	2200	4850	6800	9700
C30 P.U. (long horn)	350	800	1550	3900	5450	7800

Stepside Pickup

	6	5	4	3	2	1
C10 P.U. (short box)	450	1150	3600	6000	8400	12,000
C10 P.U. (long box)	450	1125	3450	5750	8050	11,500
K10 P.U. (short box)	450	1050	2800	5400	7500	10,800
K10 P.U. (long box)	450	1025	2600	5250	7300	10,500
C20 P.U. (long box)	450	1050	2800	5400	7500	10,800
K20 P.U. (long box)	450	1025	2500	5150	7150	10,300
C30 P.U. (long horn)	450	925	2000	4650	6500	9300

Chevy Van

	6	5	4	3	2	1
G10 Panel Van	350	750	1450	3300	4900	7000
G10 Sportvan	350	775	1500	3600	5100	7300
G10 Beauville	350	800	1550	3900	5450	7800
G20 Panel Van	350	725	1400	3100	4800	6800
G20 Sportvan	350	750	1450	3300	4900	7000
G20 Beauville	350	775	1500	3600	5100	7300

Step Van

	6	5	4	3	2	1
P10 Step Van	200	650	1200	2300	4100	5800
P20 Step Van	200	600	1200	2200	3900	5600
P30 Step Van	200	550	1150	2100	3800	5400

Suburban

	6	5	4	3	2	1
C10 Sub	450	900	1800	4400	6150	8800
K10 Sub	350	850	1650	4150	5800	8300
C20 Sub	350	850	1650	4150	5800	8300
K20 Sub	350	800	1550	3900	5450	7800

Stake Bed

	6	5	4	3	2	1
C20 Stake	350	725	1400	3100	4800	6800
C30 Stake	350	725	1400	3100	4800	6800

NOTE: 1955-up prices based on top of the line models.

1973
Vega

	6	5	4	3	2	1
Panel	100	175	525	1050	2100	3000

LUV

	6	5	4	3	2	1
Pickup	125	200	600	1100	2300	3300

El Camino

	6	5	4	3	2	1
Pickup	200	600	1200	2200	3850	5500
Cus Pickup	200	650	1250	2400	4200	6000

Blazer K10

	6	5	4	3	2	1
Blazer 2WD	200	650	1250	2400	4200	6000
Blazer 4WD	350	750	1450	3300	4900	7000

C10 (1/2 Ton)

	6	5	4	3	2	1
Stepside (short box)	350	775	1500	3750	5250	7500
Stepside (long box)	350	750	1450	3300	4900	7000
Fleetside (short box)	350	825	1600	4000	5600	8000
Fleetside (long box)	350	775	1500	3750	5250	7500
Sub	200	650	1250	2400	4200	6000

K10 4WD (1/2 Ton)

	6	5	4	3	2	1
Stepside (short box)	200	600	1200	2300	4000	5700
Stepside (long box)	200	650	1200	2300	4100	5800
Fleetside (short box)	200	650	1250	2400	4150	5900
Fleetside (long box)	200	650	1250	2400	4200	6000

	6	**5**	**4**	**3**	**2**	**1**
Sub	200	650	1200	2300	4100	5800
C20 (3/4 Ton)						
Stepside (long box)	200	600	1200	2200	3850	5500
Fleetside (long box)	200	600	1200	2300	4000	5700
6P (long box)	200	550	1150	2100	3700	5300
Sub	200	600	1200	2200	3900	5600
K20 4WD (3/4 Ton)						
Stepside (long box)	200	650	1200	2300	4100	5800
Fleetside (long box)	200	650	1250	2400	4150	5900
6P (long box)	200	600	1200	2200	3850	5500
Sub	200	650	1200	2300	4100	5800
C30 (1 Ton)						
Stepside (long box)	200	550	1150	2100	3700	5300
Fleetside (long box)	200	600	1200	2200	3850	5500
6P (long box)	200	550	1150	2000	3600	5200
Series CG Panels & Vans (1/2 Ton)						
Panel	150	400	1000	1650	3150	4500
Sportvan	200	600	1200	2200	3850	5500
Beauville Van	200	600	1200	2300	4000	5700
Series CG Panels & Vans (3/4 Ton)						
Panel	150	400	1000	1550	3050	4300
Sportvan	200	550	1150	2100	3700	5300
Beauville Van	200	600	1200	2200	3850	5500
Series CG Panels & Vans (1 Ton)						
Panel	150	350	950	1450	2900	4100
Sportvan	200	500	1100	1950	3600	5100
Beauville Van	200	550	1150	2100	3700	5300
Series P10/P20/P30 Panels						
P10 Panel	150	350	950	1350	2800	4000
P20 Panel	150	300	900	1350	2700	3900
P30 Panel	150	300	900	1250	2650	3800

NOTE: 1955-up prices based on top of the line models.

1974
Vega
	6	**5**	**4**	**3**	**2**	**1**
Panel	100	175	525	1050	2100	3000
LUV						
Pickup	125	200	600	1100	2300	3300
El Camino						
Pickup	200	600	1200	2200	3850	5500
Cus Pickup	200	650	1250	2400	4200	6000
Blazer K10						
Blazer 2WD	200	650	1250	2400	4200	6000
Blazer 4WD	350	750	1450	3300	4900	7000
C10 (1/2 Ton)						
Stepside (short box)	200	650	1250	2400	4150	5900
Stepside (long box)	200	650	1250	2400	4200	6000
Fleetside (short box)	200	675	1300	2500	4300	6100
Fleetside (long box)	200	675	1300	2500	4350	6200
Sub	200	650	1250	2400	4200	6000
K10 4x4 (1/2 Ton)						
Stepside (short box)	200	600	1200	2300	4000	5700
Stepside (long box)	200	650	1200	2300	4100	5800
Fleetside (short box)	200	650	1250	2400	4150	5900
Fleetside (long box)	200	650	1250	2400	4200	6000
Sub	200	650	1200	2300	4100	5800
C20 (3/4 Ton)						
Stepside (long box)	200	600	1200	2200	3850	5500
Fleetside (long box)	200	600	1200	2300	4000	5700
6P (long box)	200	550	1150	2100	3700	5300
Sub	200	600	1200	2200	3900	5600
K20 4x4 (3/4 Ton)						
Stepside (long box)	200	650	1200	2300	4100	5800
Fleetside (long box)	200	650	1250	2400	4150	5900
6P (long box)	200	600	1200	2200	3850	5500
Sub	200	650	1200	2300	4100	5800
C30 (1 Ton)						
Stepside (long box)	200	550	1150	2100	3700	5300
Fleetside (long box)	200	600	1200	2200	3850	5500
6P (long box)	200	550	1150	2000	3600	5200
Series CG Panels/Vans (1/2 Ton)						
Panel	150	400	1000	1650	3150	4500
Sportvan	200	600	1200	2200	3850	5500
Beauville Van	200	600	1200	2300	4000	5700

Series CG Panels/Vans (3/4 Ton)

	6	5	4	3	2	1
Panel	150	400	1000	1550	3050	4300
Sportvan	200	550	1150	2100	3700	5300
Beauville Van	200	600	1200	2200	3850	5500
Series CG Panels/Vans (1 Ton)						
Panel	150	350	950	1450	2900	4100
Sportvan	200	500	1100	1950	3600	5100
Beauville Van	200	550	1150	2100	3700	5300
Series P10/P20/P30 Step Van						
P10 Panel	150	350	950	1350	2800	4000
P20 Panel	150	300	900	1350	2700	3900
P30 Panel	150	300	900	1250	2650	3800

NOTE: 1955-up prices based on top of the line models.

1975
Vega

Panel	100	175	525	1050	2100	3000
LUV						
Pickup	125	200	600	1100	2300	3300
El Camino						
Pickup	200	600	1200	2200	3850	5500
Cus Pickup	200	650	1250	2400	4200	6000
Blazer K10						
Blazer 4x2	200	650	1250	2400	4200	6000
Blazer 4x4	350	750	1450	3300	4900	7000
C10 (1/2 Ton)						
Stepside (short box)	200	650	1250	2400	4150	5900
Stepside (long box)	200	650	1250	2400	4200	6000
Fleetside (short box)	200	675	1300	2500	4300	6100
Fleetside (long box)	200	675	1300	2500	4350	6200
Sub	200	650	1250	2400	4200	6000
K10 4x4 (1/2 Ton)						
Stepside (short box)	200	600	1200	2300	4000	5700
Stepside (long box)	200	650	1200	2300	4100	5800
Fleetside (short box)	200	650	1250	2400	4150	5900
Fleetside (long box)	200	650	1250	2400	4200	6000
Sub	200	650	1200	2300	4100	5800
C20 (3/4 Ton)						
Stepside (long box)	200	600	1200	2200	3850	5500
Fleetside (long box)	200	600	1200	2300	4000	5700
6P (long box)	200	550	1150	2100	3700	5300
Sub	200	600	1200	2200	3900	5600
K20 4x4 (3/4 Ton)						
Stepside (long box)	200	650	1200	2300	4100	5800
Fleetside (long box)	200	650	1250	2400	4150	5900
6P (long box)	200	600	1200	2200	3850	5500
Sub	200	650	1200	2300	4100	5800
C30 (1 Ton)						
Stepside (long box)	200	550	1150	2100	3700	5300
Fleetside (long box)	200	600	1200	2200	3850	5500
6P (long box)	200	550	1150	2000	3600	5200
Panels/Vans (1/2 Ton)						
Panel	150	400	1000	1650	3150	4500
Sportvan	200	600	1200	2200	3850	5500
Beauville Van	200	600	1200	2300	4000	5700
Panels/Vans (3/4 Ton)						
Panel	150	400	1000	1550	3050	4300
Sportvan	200	550	1150	2100	3700	5300
Beauville Van	200	600	1200	2200	3850	5500
Panels/Vans (1 Ton)						
Panel	150	350	950	1450	2900	4100
Sportvan	200	500	1100	1950	3600	5100
Beauville Van	200	550	1150	2100	3700	5300
Step Vans						
P10 Panel	150	350	950	1350	2800	4000
P20 Panel	150	300	900	1350	2700	3900
P30 Panel	150	300	900	1250	2650	3800

NOTE: 1955-up prices based on top of the line models.

1976
LUV

Pickup	125	200	600	1100	2300	3300
El Camino						
Pickup	200	600	1200	2200	3850	5500
Cus Pickup	200	650	1250	2400	4200	6000

Blazer K10

	6	5	4	3	2	1
Blazer 4x2	200	650	1250	2400	4200	6000
Blazer 4x4	350	750	1450	3300	4900	7000
C10 (1/2 Ton)						
Stepside (short box)	200	650	1250	2400	4150	5900
Stepside (long box)	200	650	1250	2400	4200	6000
Fleetside (short box)	200	675	1300	2500	4300	6100
Fleetside (long box)	200	675	1300	2500	4350	6200
Sub	200	650	1250	2400	4200	6000
K10 4x4 (1/2 Ton)						
Stepside (short box)	200	600	1200	2300	4000	5700
Stepside (long box)	200	650	1200	2300	4100	5800
Fleetside (short box)	200	650	1250	2400	4150	5900
Fleetside (long box)	200	650	1250	2400	4200	6000
Sub	200	650	1200	2300	4100	5800
C20 (3/4 Ton)						
Stepside (long box)	200	600	1200	2200	3850	5500
Fleetside (long box)	200	600	1200	2300	4000	5700
6P (long box)	200	550	1150	2100	3700	5300
Sub	200	600	1200	2200	3900	5600
K20 4x4 (3/4 Ton)						
Stepside (long box)	200	650	1200	2300	4100	5800
Fleetside (long box)	200	650	1250	2400	4150	5900
6P (long box)	200	600	1200	2200	3850	5500
Sub	200	650	1200	2300	4100	5800
C30 (1 Ton)						
Stepside (long box)	200	550	1150	2100	3700	5300
Fleetside (long box)	200	600	1200	2200	3850	5500
6P (long box)	200	550	1150	2000	3600	5200
Panels/Vans (1/2 Ton)						
Panel	150	400	1000	1650	3150	4500
Sportvan	200	600	1200	2200	3850	5500
Beauville Van	200	600	1200	2300	4000	5700
Panels/Vans (3/4 Ton)						
Panel	150	400	1000	1550	3050	4300
Sportvan	200	550	1150	2100	3700	5300
Beauville Van	200	600	1200	2200	3850	5500
Panels/Vans (1 Ton)						
Panel	150	350	950	1450	2900	4100
Sport Van	200	500	1100	1950	3600	5100
Beauville Van	200	550	1150	2100	3700	5300
Series P10/P20/P30 Step Vans						
P10 Steel Panel	150	350	950	1350	2800	4000
P20 Steel Panel	150	300	900	1350	2700	3900
P30 Steel Panel	150	300	900	1250	2650	3800

NOTE: 1955-up prices based on top of the line models.

1977
LUV

	6	5	4	3	2	1
Pickup	100	150	450	1000	1900	2700
El Camino						
Pickup	200	550	1150	2000	3600	5200
Cus Pickup	200	600	1200	2300	4000	5700
Sup Spt Pickup	350	725	1400	3200	4850	6900
Blazer						
4x4 Blazer	350	725	1400	3000	4700	6700
Chevy Van 10						
Panel	150	350	950	1450	3000	4200
Sportvan	200	550	1150	2000	3600	5200
Beauville Sportvan	200	600	1200	2200	3850	5500
Chevy Van 20						
Panel	150	350	950	1350	2800	4000
Sportvan	200	500	1100	1900	3500	5000
Beauville Sportvan	200	550	1150	2000	3600	5200
Chevy Van 30						
Panel	150	300	900	1350	2700	3900
Sportvan	200	500	1100	1850	3350	4900
Beauville Sportvan	200	500	1100	1950	3600	5100
Cube Van	150	300	900	1250	2650	3800
Series P10/P20/P30 Step Van						
Van	125	250	750	1150	2500	3600
Van	125	250	750	1150	2450	3500
Van	125	200	600	1100	2250	3200

C10

	6	**5**	**4**	**3**	**2**	**1**
Stepside (short box)	200	600	1200	2200	3850	5500
Fleetside (short box)	200	600	1200	2200	3900	5600
Stepside (long box)	200	600	1200	2200	3900	5600
Fleetside (long box)	200	600	1200	2300	4000	5700
Sub	200	650	1200	2300	4100	5800
C20						
Stepside Pickup	200	550	1150	2000	3600	5200
Fleetside Pickup	200	550	1150	2100	3800	5400
Bonus Cab Pickup	200	550	1150	2100	3700	5300
Crew Cab Pickup	200	550	1150	2000	3600	5200
Sub	200	550	1150	2100	3800	5400
C30						
Stepside Pickup	200	500	1100	1900	3500	5000
Fleetside Pickup	200	550	1150	2000	3600	5200
Bonus Cab Pickup	200	500	1100	1950	3600	5100
Crew Cab Pickup	200	500	1100	1900	3500	5000

NOTES: 1955-up prices based on top of the line models.
Add 5 percent for 4x4 Pickups & Suburbans.

1978
LUV

Pickup	100	150	450	1000	1900	2700
Long Box	100	175	525	1050	1950	2800
El Camino - (V-8)						
Pickup	200	550	1150	2000	3600	5200
Sup Spt Pickup	200	600	1200	2300	4000	5700
Blazer - (V-8)						
4x4 Blazer	350	725	1400	3000	4700	6700
Chevy Van 10						
Panel	150	350	950	1450	3000	4200
Sportvan	200	550	1150	2000	3600	5200
Beauville Sportvan	200	600	1200	2200	3850	5500
Chevy Van 20						
Panel	150	350	950	1350	2800	4000
Sportvan	200	500	1100	1900	3500	5000
Beauville Sportvan	200	550	1150	2000	3600	5200
Chevy Van 30						
Panel	150	300	900	1350	2700	3900
Sportvan	200	500	1100	1850	3350	4900
Beauville Sportvan	200	500	1100	1950	3600	5100
Hi-Cube	150	300	900	1250	2650	3800
Series P10/P20/P30 Step Van						
Van	125	250	750	1150	2500	3600
Van	125	250	750	1150	2450	3500
Van	125	200	600	1100	2250	3200
C10						
Stepside (short box)	200	600	1200	2200	3850	5500
Fleetside (short box)	200	600	1200	2200	3900	5600
Stepside (long box)	200	600	1200	2200	3900	5600
Fleetside (long box)	200	600	1200	2300	4000	5700
Sub	200	650	1200	2300	4100	5800
C20						
Stepside Pickup	200	550	1150	2000	3600	5200
Fleetside Pickup	200	550	1150	2100	3800	5400
Bonus Cab Pickup	200	550	1150	2100	3700	5300
Crew Cab Pickup	200	550	1150	2000	3600	5200
Sub	200	550	1150	2100	3800	5400
C30						
Stepside Pickup	200	500	1100	1900	3500	5000
Fleetside Pickup	200	550	1150	2000	3600	5200
Bonus Cab Pickup	200	500	1100	1950	3600	5100
Crew Cab Pickup	200	500	1100	1900	3500	5000
Big Dooley	200	600	1200	2300	4000	5700

NOTES: 1955-up prices based on top of the line models.
Add 5 percent for 4x4 models.

1979
LUV

Pickup	100	150	450	1000	1900	2700
Long Bed	100	175	525	1050	1950	2800
El Camino - (V-8)						
Pickup	200	550	1150	2000	3600	5200
Cus Pickup	200	600	1200	2300	4000	5700
Sup Spt	200	650	1200	2300	4100	5800

Blazer - (V-8)

	6	5	4	3	2	1
4x4 Blazer	350	725	1400	3000	4700	6700
Chevy Van 10						
Panel	150	350	950	1450	3000	4200
Sportvan	200	550	1150	2000	3600	5200
Beauville Sportvan	200	600	1200	2200	3850	5500
Chevy Van 20						
Panel	150	350	950	1350	2800	4000
Sportvan	200	500	1100	1900	3500	5000
Beauville Sportvan	200	550	1150	2000	3600	5200
Caravan	200	600	1200	2300	4000	5700
Chevy Van 30						
Panel	150	300	900	1350	2700	3900
Sportvan	200	500	1100	1850	3350	4900
Beauville Sportvan	200	500	1100	1950	3600	5100
Hi-Cube Van	150	300	900	1250	2650	3800
Series P10/P20/P30 Step Van						
Van	125	250	750	1150	2500	3600
Van	125	250	750	1150	2450	3500
Van	125	200	600	1100	2250	3200
C10 - (V-8)						
Stepside (short box)	200	600	1200	2200	3850	5500
Fleetside (short box)	200	600	1200	2200	3900	5600
Stepside (long box)	200	600	1200	2200	3900	5600
Fleetside (long box)	200	600	1200	2300	4000	5700
Sub	200	650	1200	2300	4100	5800
C20 - (V-8)						
Stepside Pickup	200	550	1150	2000	3600	5200
Fleetside Pickup	200	550	1150	2100	3800	5400
Bonus Cab Pickup	200	550	1150	2100	3700	5300
Crew Cab Pickup	200	550	1150	2000	3600	5200
Sub	200	550	1150	2100	3800	5400
C30 - (V-8)						
Stepside Pickup	200	500	1100	1900	3500	5000
Fleetside Pickup	200	550	1150	2000	3600	5200
Bonus Cab Pickup	200	500	1100	1950	3600	5100
Crew Cab Pickup	200	500	1100	1900	3500	5000
Big Dooley	200	650	1200	2300	4100	5800

NOTES: 1955-up prices based on top of the line models.
  Add 5 percent for 4x4 models.

CHRYSLER

1924
Model B, 6-cyl., 112.75" wb

Rds	650	2300	5400	9000	12,600	18,000
Phae	650	2800	5700	9500	13,300	19,000
Tr	650	2000	5100	8500	11,900	17,000
RS Cpe	450	1000	2400	5000	7000	10,000
4 dr Sed	450	975	2300	4900	6850	9800
Brgm	450	975	2300	4950	6900	9900
Imp Sed	450	1000	2400	5000	7000	10,000
Crw Imp	450	1025	2500	5150	7150	10,300
TwnC	500	1400	4200	7000	9800	14,000

1925
Model B-70, 6-cyl., 112.75" wb

Rds	650	2300	5400	9000	12,600	18,000
Phae	650	2800	5700	9500	13,300	19,000
Tr	650	2000	5100	8500	11,900	17,000
Roy Cpe	450	1075	3000	5500	7700	11,000
4 dr Sed	450	975	2300	4900	6850	9800
Brgm	450	975	2300	4950	6900	9900
Imp Sed	450	1000	2400	5000	7000	10,000
Crw Imp	450	1025	2500	5150	7150	10,300
TwnC	500	1400	4200	7000	9800	14,000

1926
Series 58, 4-cyl., 109" wb

Rds	650	2000	5100	8500	11,900	17,000
Tr	550	1750	4800	8000	11,200	16,000
Clb Cpe	350	825	1600	4000	5600	8000
2 dr Sed	350	750	1450	3500	5050	7200

	6	5	4	3	2	1
4 dr Sed	350	700	1350	2900	4600	6600
Series 60, 6-cyl., 109" wb						
Introduced: May, 1926.						
Rds	650	2000	5100	8500	11,900	17,000
Tr	550	1750	4800	8000	11,200	16,000
Cpe	350	875	1700	4250	5900	8500
2 dr Sed	350	800	1550	3900	5450	7800
Lthr Tr Sed	350	825	1600	4000	5600	8000
4 dr Sed	350	800	1550	3800	5300	7600
Lan Sed	350	800	1550	3900	5450	7800
Series G-70, 6-cyl., 112.75" wb						
Rds	650	2300	5400	9000	12,600	18,000
Phae	650	2800	5700	9500	13,300	19,000
Roy Cpe	450	950	2100	4750	6650	9500
2 dr Sed	350	825	1600	4000	5600	8000
Lthr Trm Sed	350	875	1700	4250	5900	8500
Brgm	450	950	2100	4750	6650	9500
4 dr Sed	350	875	1700	4250	5900	8500
Roy Sed	450	975	2200	4850	6800	9700
Crw Sed	450	975	2300	4950	6900	9900
Series E-80 Imperial, 6-cyl., 120" wb						
RS Rds	800	3750	7500	12,500	17,500	25,000
Phae	800	3900	7800	13,000	18,200	26,000
Cpe	450	1150	3600	6000	8400	12,000
5P Sed	450	1075	3000	5500	7700	11,000
7P Sed	450	1150	3600	6000	8400	12,000
Berl	500	1200	3750	6250	8750	12,500
1927						
Series I-50, 4-cyl., 106" wb						
2P Rds	650	2800	5700	9500	13,300	19,000
RS Rds	800	3000	6000	10,000	14,000	20,000
Tr	650	2800	5700	9500	13,300	19,000
Cpe	350	875	1700	4250	5900	8500
2 dr Sed	350	775	1500	3750	5250	7500
Lthr Trm Sed	350	825	1600	4000	5600	8000
4 dr Sed	350	775	1500	3600	5100	7300
Lan Sed	350	775	1500	3750	5250	7500
Series H-60, 6-cyl., 109" wb						
2P Rds	800	3300	6600	11,000	15,400	22,000
RS Rds	800	3400	6900	11,500	16,100	23,000
Tr	800	3300	6600	11,000	15,400	22,000
2P Cpe	450	900	1900	4500	6300	9000
RS Cpe	450	950	2100	4750	6650	9500
2 dr Sed	350	825	1600	4050	5650	8100
Lthr Trm Sed	350	875	1700	4250	5900	8500
4 dr Sed	350	750	1450	3400	5000	7100
Series 'Finer' 70, 6-cyl., 112.75" wb						
RS Rds	800	3300	6600	11,000	15,400	22,000
Phae	800	3400	6900	11,500	16,100	23,000
Spt Phae	800	3600	7200	12,000	16,800	24,000
Cus Spt Phae	800	3750	7500	12,500	17,500	25,000
RS Cabr	800	3150	6300	10,500	14,700	21,000
2P Cpe	450	900	1900	4500	6300	9000
RS Cpe	450	950	2100	4750	6650	9500
4P Cpe	450	900	1800	4450	6250	8900
Brgm	350	875	1700	4300	6000	8600
Lan Brgm	350	875	1700	4350	6050	8700
Roy Sed	450	900	1800	4400	6150	8800
Crw Sed	450	900	1800	4450	6250	8900
1927-Early 1928						
Series E-80 Imperial, 6-cyl., 120" & 127" wb						
RS Rds	800	4200	8400	14,000	19,600	28,000
Spt Rds	800	4350	8700	14,500	20,300	29,000
5P Phae	800	4350	8700	14,500	20,300	29,000
Spt Phae	1200	4500	9000	15,000	21,000	30,000
7P Phae	800	4200	8400	14,000	19,600	28,000
RS Cabr	800	4050	8100	13,500	18,900	27,000
Bus Cpe	500	1400	4200	7000	9800	14,000
4P Cpe	500	1400	4200	7000	9800	14,000
5P Cpe	450	1150	3600	6000	8400	12,000
Std Sed	450	1000	2400	5050	7050	10,100
4 dr Sed	450	1000	2400	5000	7000	10,000
Lan Sed	450	1075	3000	5500	7700	11,000

	6	5	4	3	2	1
7P Sed	450	1100	3200	5600	7800	11,200
Limo	500	1250	3900	6500	9100	13,000
TwnC	550	1800	4950	8250	11,550	16,500

1928
Series 52, 4-cyl., 106" wb

	6	5	4	3	2	1
RS Rds	800	3750	7500	12,500	17,500	25,000
Tr	800	3600	7200	12,000	16,800	24,000
Clb Cpe	350	875	1700	4250	5900	8500
DeL Cpe	450	900	1900	4500	6300	9000
2 dr Sed	350	825	1600	4000	5600	8000
4 dr Sed	350	825	1600	4000	5600	8000
DeL Sed	350	800	1550	3850	5400	7700

Series 62, 6-cyl., 109" wb

	6	5	4	3	2	1
RS Rds	800	3900	7800	13,000	18,200	26,000
Tr	800	3750	7500	12,500	17,500	25,000
Bus Cpe	350	875	1700	4250	5900	8500
RS Cpe	450	950	2100	4750	6650	9500
2 dr Sed	350	825	1600	4000	5600	8000
4 dr Sed	350	800	1550	3900	5450	7800
Lan Sed	350	825	1600	4050	5650	8100

Series 72, 6-cyl., 120.5" wb

	6	5	4	3	2	1
RS Rds	800	3900	7800	13,000	18,200	26,000
Spt Rds	800	4200	8400	14,000	19,600	28,000
Conv	800	3600	7200	12,000	16,800	24,000
RS Cpe	450	1075	3000	5500	7700	11,000
4P Cpe	450	1000	2400	5000	7000	10,000
CC Sed	450	1000	2400	5000	7000	10,000
Roy Sed	350	875	1700	4250	5900	8500
Crw Sed	450	900	1900	4500	6300	9000
Twn Sed	450	975	2300	4900	6850	9800
LeB Imp Twn Cabr	550	1750	4800	8000	11,200	16,000

Series 80 L Imperial, 6-cyl., 136" wb

	6	5	4	3	2	1
RS Rds	800	4350	8700	14,500	20,300	29,000
Sed	450	1000	2400	5000	7000	10,000
Twn Sed	450	1000	2400	5050	7050	10,100
7P Sed	450	1000	2400	5000	7000	10,000
Limo	450	1150	3600	6000	8400	12,000

Series 80 L Imperial, 6-cyl., 136" wb, Custom Bodies

	6	5	4	3	2	1
LeB DC Phae	2000	9300	18,600	31,000	43,400	62,000
LeB CC Conv Sed	2000	8250	16,500	27,500	38,500	55,000
LeB RS Conv	1500	7800	15,600	26,000	36,400	52,000
LeB Clb Cpe	800	3900	7800	13,000	18,200	26,000
LeB Twn Cpe	800	3750	7500	12,500	17,500	25,000
LeB Lan Limo	1500	7350	14,700	24,500	34,300	49,000
Der Conv Sed	2000	8250	16,500	27,500	38,500	55,000
Dtrch Conv. Sed	2000	9000	18,000	30,000	42,000	60,000
Dtrch 4P Phae	2000	9300	18,600	31,000	43,400	62,000
Dtrch 7P Phae	2000	9300	18,600	31,000	43,400	62,000
Dtrch Sed	1200	5250	10,500	17,500	24,500	35,000
Lke Phae	1500	7500	15,000	25,000	35,000	50,000

1929
Series 65, 6-cyl.), 112.75" wb

	6	5	4	3	2	1
RS Rds	800	4400	8850	14,750	20,650	29,500
Tr	1200	4600	9150	15,250	21,350	30,500
Bus Cpe	500	1300	4050	6750	9450	13,500
RS Cpe	500	1400	4200	7000	9800	14,000
2 dr Sed	450	1000	2400	5000	7000	10,000
4 dr Sed	450	1000	2400	5000	7000	10,000

Series 75, 6-cyl.

	6	5	4	3	2	1
RS Rds	1200	5000	10,050	16,750	23,450	33,500
5P Phae	1200	5200	10,350	17,250	24,150	34,500
DC Phae	1200	5500	10,950	18,250	25,550	36,500
7P Phae	1200	5000	10,050	16,750	23,450	33,500
RS Conv	1200	4900	9750	16,250	22,750	32,500
Conv Sed	1200	4700	9450	15,750	22,050	31,500
RS Cpe	550	1500	4350	7250	10,150	14,500
Cpe	500	1400	4200	7000	9800	14,000
Roy Sed	450	1025	2600	5250	7300	10,500
Crw Sed	450	1075	3000	5500	7700	11,000
Twn Sed	450	1125	3450	5750	8050	11,500

1929-30
Series 80 L Imperial, 6-cyl., 136" wb

	6	5	4	3	2	1
RS Rds	2000	9300	18,600	31,000	43,400	62,000

	6	5	4	3	2	1
Lke DC Spt Phae	2000	10,800	21,600	36,000	50,500	72,000
Lke 7P Phae	2000	10,500	21,000	35,000	49,000	70,000
Lke Conv Sed	2000	10,200	20,400	34,000	47,600	68,000
Lke RS Conv	2000	8400	16,800	28,000	39,200	56,000
2P Cpe	650	2900	5850	9750	13,650	19,500
RS Cpe	800	3650	7350	12,250	17,150	24,500
4 dr Sed	550	1500	4350	7250	10,150	14,500
Twn Sed	650	2000	5100	8500	11,900	17,000
7P Sed	550	1750	4800	8000	11,200	16,000
Limo	800	3300	6600	11,000	15,400	22,000

1930 Chrysler Series 70 4 dr sedan

1930-1931 (through December)
Series Six, 6-cyl, 109" wb
(Continued through Dec. 1930).

	6	5	4	3	2	1
RS Rds	800	4000	7950	13,250	18,550	26,500
Tr	800	3800	7650	12,750	17,850	25,500
RS Conv	800	3650	7350	12,250	17,150	24,500
Bus Cpe	450	1075	3000	5500	7700	11,000
Roy Cpe	500	1250	3900	6500	9100	13,000
Roy Sed	450	1000	2400	5000	7000	10,000

1930-1931
Series 66, 6-cyl, 112 3/4" wb
(Continued through May 1931).

	6	5	4	3	2	1
RS Rds	800	4400	8850	14,750	20,650	29,500
Phae	1200	4600	9150	15,250	21,350	30,500
Bus Cpe	450	1125	3450	5750	8050	11,500
Roy Cpe	450	1150	3600	6000	8400	12,000
Brgm	450	1000	2400	5000	7000	10,000
Roy Sed	450	1025	2600	5250	7300	10,500

Series 70, 6 cyl, 116 1/2" wb
(Continued through Feb. 1931).

	6	5	4	3	2	1
RS Rds	1200	5000	10,050	16,750	23,450	33,500
RS Conv	1200	4600	9150	15,250	21,350	30,500
Phae	1200	5200	10,350	17,250	24,150	34,500
Bus Cpe	450	1150	3600	6000	8400	12,000
Roy Cpe	500	1200	3750	6250	8750	12,500
Brgm	450	1025	2600	5250	7300	10,500
Roy Sed	450	1075	3000	5500	7700	11,000

Series 77, 6-cyl., 124.5" wb

	6	5	4	3	2	1
RS Rds	1500	6900	13,800	23,000	32,200	46,000
DC Phae	1500	6100	12,150	20,250	28,350	40,500
RS Conv	1200	5300	10,650	17,750	24,850	35,500
Bus Cpe	500	1200	3750	6250	8750	12,500
Roy RS Cpe	500	1300	4050	6750	9450	13,500
Crw Cpe	500	1200	3750	6250	8750	12,500
Roy Sed	450	1075	3000	5500	7700	11,000
Crw Sed	450	1125	3450	5750	8050	11,500

1931-1932
New Series Six, CM, 6-cyl., 116 wb
(Produced Jan. – Dec. 1931).

	6	5	4	3	2	1
RS Rds	1200	5200	10,350	17,250	24,150	34,500

	6	5	4	3	2	1
Tr	1200	5000	10,050	16,750	23,450	33,500
RS Conv	1200	4900	9750	16,250	22,750	32,500
Bus Cpe	500	1250	3900	6500	9100	13,000
Roy Cpe	500	1400	4200	7000	9800	14,000
Roy Sed	450	1150	3600	6000	8400	12,000
Series 70, 6-cyl, 116 1/2" wb						
Bus Cpe	500	1400	4200	7000	9800	14,000
Roy Cpe	550	1550	4500	7500	10,500	15,000
Brgm	500	1200	3750	6250	8750	12,500
Roy Sed	500	1250	3900	6500	9100	13,000
First Series, CD, 8--cyl., 80 hp, 124" wb						
(Built 7/17/30 -- 1/31).						
RS Rds	1200	5600	11,250	18,750	26,250	37,500
Spt Rds	1500	6100	12,150	20,250	28,350	40,500
Conv	1200	5500	10,950	18,250	25,550	36,500
Cpe	550	1550	4500	7500	10,500	15,000
Spec Cpe	550	1750	4800	8000	11,200	16,000
Roy Sed	500	1400	4200	7000	9800	14,000
Spec Roy Sed	550	1550	4500	7500	10,500	15,000
Second Series, CD, 8-cyl., 88 hp, 124" wb						
(Built 2/2/31 -- 5/18/31).						
RS Spt Rds	2000	8250	16,500	27,500	38,500	55,000
Lke DC Phae	1500	7800	15,600	26,000	36,400	52,000
RS Conv	1500	6750	13,500	22,500	31,500	45,000
Roy Cpe	650	2800	5700	9500	13,300	19,000
Spec Roy Cpe	800	3300	6600	11,000	15,400	22,000
Roy Sed	550	1750	4800	8000	11,200	16,000
2nd Series CD						
Spec Roy Sed	650	2000	5100	8500	11,900	17,000
DeLuxe Series, CD, 8-cyl., 100 hp, 124" wb						
(Built 5/19/31 -- 11/31).						
RS Rds	1500	7500	15,000	25,000	35,000	50,000
Lke DC Phae	1500	7200	14,400	24,000	33,600	48,000
RS Conv	1500	6750	13,500	22,500	31,500	45,000
RS Cpe	800	3000	6000	10,000	14,000	20,000
Roy Cpe	650	2800	5700	9500	13,300	19,000
4 dr Sed	500	1400	4200	7000	9800	14,000
Imperial, CG, 8-cyl., 125 hp, 145" wb						
(Built July 17, 1930 thru Dec. 1931).						
Standard Line						
CC Sed	1500	6900	13,800	23,000	32,200	46,000
5P Sed	1200	4600	9150	15,250	21,350	30,500
7P Sed	1200	4600	9150	15,250	21,350	30,500
Limo	1200	5100	10,200	17,000	23,800	34,000
Custom Line						
LeB RS Rds	14,000	70,000	122,500	192,500	245,000	350,000
LeB DC Phae	13,500	69,000	120,750	189,750	241,500	345,000
LeB Conv Sed	13,500	68,000	119,000	187,000	238,000	340,000
Conv Sed (LeBaron)	13,500	68,000	119,000	187,000	238,000	340,000
LeB RS Cpe	3500	14,400	28,800	48,000	76,000	96,000
Wths Conv Vic	12,250	62,000	109,000	171,000	217,000	310,000
LeB Conv Spds	12,000	60,000	105,000	165,000	210,000	300,000
1932						
Second Series, CI, 6-cyl., 116-1/2" wb, 82 hp						
(Begun 1/1/32).						
RS Rds	1200	4600	9150	15,250	21,350	30,500
Phae	800	4400	8850	14,750	20,650	29,500
RS Conv	800	4300	8550	14,250	19,950	28,500
Conv Sed	800	4400	8850	14,750	20,650	29,500
Bus Cpe	500	1400	4200	7000	9800	14,000
RS Cpe	550	1550	4500	7500	10,500	15,000
4 dr Sed	450	1025	2600	5250	7300	10,500
Series CP, 8-cyl., 125" wb, 100 hp						
(Began 1/1/32).						
RS Conv	1200	5000	10,050	16,750	23,450	33,500
Conv Sed	1200	5200	10,350	17,250	24,150	34,500
RS Cpe	550	1750	4800	8000	11,200	16,000
Cpe	550	1550	4500	7500	10,500	15,000
4 dr Sed	500	1400	4200	7000	9800	14,000
LeB TwnC	800	3350	6750	11,250	15,750	22,500
Imperial Series, CH, 8-cyl., 135" wb, 125 hp						
(Began 1/1/32).						
Standard Line						
Conv Sed	8000	46,000	81,000	127,000	161,000	230,000

	6	5	4	3	2	1
RS Cpe	2000	9900	19,800	33,000	46,200	66,000
4 dr Sed	1500	6750	13,500	22,500	31,500	45,000

Imperial Series, CL, 8-cyl., 146" wb, 125 hp
(Began 1/1/32).
Custom Line -- LeBaron bodies

	6	5	4	3	2	1
RS Conv	12,000	60,000	105,000	165,000	210,000	300,000
DC Phae	13,500	68,000	119,000	187,000	238,000	340,000
Conv Sed	13,000	66,000	115,500	181,500	231,000	330,000

1933
Series CO, 6-cyl., 116.5" wb

	6	5	4	3	2	1
RS Conv	800	3000	6000	10,000	14,000	20,000
Conv Sed	800	3300	6600	11,000	15,400	22,000
Bus Cpe	500	1250	3900	6500	9100	13,000
RS Cpe	550	1550	4500	7500	10,500	15,000
Brgm	450	1150	3600	6000	8400	12,000
4 dr Sed	450	1075	3000	5500	7700	11,000

Royal Series CT, 8-cyl., 119.5 wb

	6	5	4	3	2	1
RS Conv	1200	4500	9000	15,000	21,000	30,000
Conv Sed	1200	4800	9600	16,000	22,400	32,000
Bus Cpe	500	1400	4200	7000	9800	14,000
RS Cpe	550	1750	4800	8000	11,200	16,000
4 dr Sed	450	1150	3600	6000	8400	12,000
7P Sed	500	1250	3900	6500	9100	13,000

Imperial Series CQ, 8-cyl., 126" wb

	6	5	4	3	2	1
RS Conv	1500	6000	12,000	20,000	28,000	40,000
Conv Sed	1500	6300	12,600	21,000	29,400	42,000
RS Cpe	800	3800	7650	12,750	17,850	25,500
5P Cpe	800	3600	7200	12,000	16,800	24,000
4 dr Sed	800	3500	7050	11,750	16,450	23,500

Imperial Custom, Series CL, 8-cyl., 146" wb

	6	5	4	3	2	1
RS Conv	10,000	59,000	104,000	163,000	207,000	295,000
WS Phae	12,250	62,000	109,000	171,000	217,000	310,000
CC Sed	2000	9900	19,800	33,000	46,200	66,000

1934
Series CA, 6-cyl., 117" wb

	6	5	4	3	2	1
RS Conv	1200	5700	11,400	19,000	26,600	38,000
Bus Cpe	500	1250	3900	6500	9100	13,000
RS Cpe	500	1400	4200	7000	9800	14,000
Brgm	450	1150	3600	6000	8400	12,000
4 dr Sed	450	1075	3000	5500	7700	11,000

Series CB, 6-cyl., 121" wb

	6	5	4	3	2	1
Conv Sed	1500	6000	12,000	20,000	28,000	40,000
CC Sed	500	1350	4150	6900	9700	13,800

Airflow, Series CU, 8-cyl., 123" wb

	6	5	4	3	2	1
Cpe	800	3650	7350	12,250	17,150	24,500
Brgm	800	3750	7500	12,500	17,500	25,000
4 dr Sed	800	3400	6900	11,500	16,100	23,000
Twn Sed	800	3600	7200	12,000	16,800	24,000

Imperial Airflow, Series CV, 8-cyl., 128" wb

	6	5	4	3	2	1
Cpe	800	4050	8100	13,500	18,900	27,000
4 dr Sed	800	3600	7200	12,000	16,800	24,000
Twn Sed	800	3900	7800	13,000	18,200	26,000

Imperial Custom Airflow, Series CX, 8-cyl., 137.5" wb

	6	5	4	3	2	1
4 dr Sed	1200	4650	9300	15,500	21,700	31,000
Twn Sed	1200	4650	9300	15,500	21,700	31,000
Limo	1200	5400	10,800	18,000	25,200	36,000
Twn Limo	1500	6600	13,200	22,000	30,800	44,000

Imperial Custom Airflow, Series CW, 8-cyl., 146.5" wb

	6	5	4	3	2	1
4 dr Sed	2000	8550	17,100	28,500	39,900	57,000
Twn Sed	2000	9600	19,200	32,000	44,800	64,000
Limo	2000	9900	19,800	33,000	46,200	66,000

1935
Airstream Series C-6, 6-cyl., 118" wb

	6	5	4	3	2	1
RS Conv	1200	5250	10,500	17,500	24,500	35,000
Bus Cpe	450	1150	3600	6000	8400	12,000
RS Cpe	500	1250	3900	6500	9100	13,000
Tr Brgm	450	1075	3000	5500	7700	11,000
4 dr Sed	450	1000	2400	5000	7000	10,000
Tr Sed	450	1000	2400	5000	7000	10,000

Airstream Series C-Z, 8-cyl., 121" wb

	6	5	4	3	2	1
Bus Cpe	500	1250	3900	6500	9100	13,000
RS Cpe	500	1400	4200	7000	9800	14,000
Tr Brgm	450	1150	3600	6000	8400	12,000

	6	5	4	3	2	1
4 dr Sed	450	1075	3000	5500	7700	11,000
Tr Sed	450	1075	3000	5500	7700	11,000
Airstream DeLuxe Series C-1, 121" wb						
RS Conv	1200	5700	11,400	19,000	26,600	38,000
Bus Cpe	500	1400	4200	7000	9800	14,000
RS Cpe	550	1550	4500	7500	10,500	15,000
Tr Brgm	500	1300	4050	6750	9450	13,500
4 dr Sed	450	1125	3450	5750	8050	11,500
Tr Sed	450	1125	3450	5750	8050	11,500
Airstream DeLuxe, Series C-1, 8-cyl., 133" wb						
Trav Sed	500	1200	3750	6250	8750	12,500
7P Sed	500	1200	3750	6250	8750	12,500

1935 Chrysler, C-1 Airflow sedan, 6-cyl.

Airflow Series C-1, 8-cyl., 123" wb						
Bus Cpe	800	3750	7500	12,500	17,500	25,000
Cpe	800	3900	7800	13,000	18,200	26,000
4 dr Sed	800	3750	7500	12,500	17,500	25,000
Imperial Airflow Series C-2, 8-cyl., 128" wb						
Cpe	800	4050	8100	13,500	18,900	27,000
4 dr Sed	800	3900	7800	13,000	18,200	26,000
Imperial Custom Airflow Series C-3, 8-cyl., 137" wb						
4 dr Sed	1200	4500	9000	15,000	21,000	30,000
Twn Sed	1200	4650	9300	15,500	21,700	31,000
Sed Limo	1500	6150	12,300	20,500	28,700	41,000
Twn Limo	1500	6600	13,200	22,000	30,800	44,000
Imperial Custom Airflow Series C-W, 8-cyl., 146.5" wb						
4 dr Sed	2000	9600	19,200	32,000	44,800	64,000
Sed Limo	2000	10,500	21,000	35,000	49,000	70,000
Twn Limo	2000	10,800	21,600	36,000	50,500	72,000
1936						
Airstream Series C-7, 6-cyl., 118" wb						
RS Conv	1200	4800	9600	16,000	22,400	32,000
Conv Sed	1200	4950	9900	16,500	23,100	33,000
Bus Cpe	450	1150	3600	6000	8400	12,000
RS Cpe	500	1250	3900	6500	9100	13,000
Tr Brgm	450	1075	3000	5500	7700	11,000
Tr Sed	450	1125	3450	5750	8050	11,500
Airstream DeLuxe Series C-8, 8-cyl., 121" wb						
RS Conv	1200	5250	10,500	17,500	24,500	35,000
Conv Sed	1200	5550	11,100	18,500	25,900	37,000
Bus Cpe	500	1250	3900	6500	9100	13,000
RS Cpe	500	1400	4200	7000	9800	14,000
Tr Brgm	450	1150	3600	6000	8400	12,000

	6	5	4	3	2	1
Tr Sed	500	1200	3750	6250	8750	12,500
Airstream DeLuxe, 8-cyl., 133" wb						
Trav Sed	500	1200	3750	6250	8750	12,500
4 dr Sed	500	1200	3750	6250	8750	12,500
Sed Limo	500	1300	4050	6750	9450	13,500
LeB Twn Sed	550	1500	4350	7250	10,150	14,500
Airflow, 8-cyl., 123" wb						
Cpe	800	3600	7200	12,000	16,800	24,000
4 dr Sed	800	3400	6900	11,500	16,100	23,000
Imperial Airflow, 8-cyl., 128" wb						
Cpe	800	3750	7500	12,500	17,500	25,000
4 dr Sed	800	3600	7200	12,000	16,800	24,000
Imperial Custom Airflow, 8-cyl., 137" wb						
4 dr Sed	800	3900	7800	13,000	18,200	26,000
Sed Limo	1200	4500	9000	15,000	21,000	30,000
Imperial Custom Airflow, 8-cyl., 146.5" wb						
8P Sed	1500	7800	15,600	26,000	36,400	52,000
Sed Limo	2000	8100	16,200	27,000	37,800	54,000

1937
Royal, 6-cyl., 116" wb

	6	5	4	3	2	1
RS Conv	1200	4500	9000	15,000	21,000	30,000
Conv Sed	1200	4950	9900	16,500	23,100	33,000
Bus Cpe	450	1075	3000	5500	7700	11,000
RS Cpe	450	1150	3600	6000	8400	12,000
Brgm	450	900	1900	4500	6300	9000
Tr Brgm	450	950	2100	4750	6650	9500
4 dr Sed	350	875	1700	4250	5900	8500
Tr Sed	450	900	1900	4500	6300	9000
Royal, 6-cyl., 133" wb						
4 dr Sed	450	950	2100	4750	6650	9500
Sed Limo	450	1000	2400	5000	7000	10,000
Der TwnC	800	3750	7500	12,500	17,500	25,000
Airflow, 8-cyl., 128" wb						
Cpe	800	3750	7500	12,500	17,500	25,000
4 dr Sed	800	3600	7200	12,000	16,800	24,000
Imperial, 8-cyl., 121" wb						
RS Conv	1200	5250	10,500	17,500	24,500	35,000
Conv Sed	1200	5550	11,100	18,500	25,900	37,000
Bus Cpe	550	1750	4800	8000	11,200	16,000
RS Cpe	650	2000	5100	8500	11,900	17,000
Tr Brgm	550	1550	4500	7500	10,500	15,000
Tr Sed	550	1650	4650	7750	10,850	15,500
Imperial Custom, 8-cyl., 140" wb						
5P Sed	1200	4650	9300	15,500	21,700	31,000
7P Sed	1200	4950	9900	16,500	23,100	33,000
Sed Limo	1500	6900	13,800	23,000	32,200	46,000
Twn Limo	1500	6900	13,800	23,000	32,200	46,000
Custom Built Models						
Der Fml Conv Twn Car	3500	15,000	30,000	50,000	80,000	100,000
Der Conv Vic	3500	14,400	28,800	48,000	76,000	96,000

1938
Royal (6-cyl.) 119" wb

	6	5	4	3	2	1
RS Conv	800	4350	8700	14,500	20,300	29,000
Conv Sed	1200	4500	9000	15,000	21,000	30,000
Bus Cpe	450	1075	3000	5500	7700	11,000
RS Cpe	450	1150	3600	6000	8400	12,000
Brgm	450	1000	2400	5000	7000	10,000
Tr Brgm	450	1025	2600	5250	7300	10,500
4 dr Sed	450	950	2100	4750	6650	9500
Tr Sed	450	1000	2400	5000	7000	10,000
Royal, 6-cyl., 136" wb						
7P Sed	450	1075	3000	5500	7700	11,000
7P Limo Sed	450	1150	3600	6000	8400	12,000
Imperial, 8-cyl., 125" wb						
Rs Conv	1200	4500	9000	15,000	21,000	30,000
Conv Sed	1200	4800	9600	16,000	22,400	32,000
Bus Cpe	500	1250	3900	6500	9100	13,000
RS Cpe	500	1400	4200	7000	9800	14,000
Tr Brgm	450	1075	3000	5500	7700	11,000
Tr Sed	450	1125	3450	5750	8050	11,500
New York Special, 8-cyl., 125" wb						
Tr Sed	450	1150	3600	6000	8400	12,000

Imperial Custom, 8-cyl., 144" wb

	6	5	4	3	2	1
5P Sed	450	1125	3450	5750	8050	11,500
4 dr Sed	450	1075	3000	5500	7700	11,000
Limo Sed	550	1550	4500	7500	10,500	15,000
Derham customs on C-20 chassis						
Twn Sed	800	3300	6600	11,000	15,400	22,000
Twn Limo	800	4050	8100	13,500	18,900	27,000
Conv Vic	2000	11,400	22,800	38,000	56,000	76,000
Conv Sed	2000	11,700	23,400	39,000	58,000	78,000
1939						
Royal, 6-cyl., 119" wb						
Cpe	450	1000	2400	5000	7000	10,000
Vic Cpe	450	1025	2600	5250	7300	10,500
Brgm	450	900	1900	4500	6300	9000
4 dr Sed	450	950	2100	4750	6650	9500
Royal, 6-cyl., 136" wb						
7P Sed	450	1025	2600	5250	7300	10,500
Limo	450	1075	3000	5500	7700	11,000
Royal Windsor, 6-cyl., 119" wb						
Cpe	450	1075	3000	5500	7700	11,000
Vic Cpe	450	1125	3450	5750	8050	11,500
Clb Cpe	450	1125	3450	5750	8050	11,500
4 dr Sed	450	900	1900	4500	6300	9000
Imperial, 8-cyl., 125" wb						
Cpe	450	1150	3600	6000	8400	12,000
Vic Cpe	500	1200	3750	6250	8750	12,500
Brgm	450	1000	2400	5000	7000	10,000
4 dr Sed	450	1025	2600	5250	7300	10,500
New Yorker, 8-cyl., 125" wb						
Cpe	500	1200	3750	6250	8750	12,500
Vic Cpe	500	1250	3900	6500	9100	13,000
Clb Cpe	500	1250	3900	6500	9100	13,000
4 dr Sed	450	1075	3000	5500	7700	11,000
Saratoga, 8-cyl., 125" wb						
Clb Cpe	500	1300	4050	6750	9450	13,500
4 dr Sed	450	1125	3450	5750	8050	11,500
Imperial Custom, 8-cyl., 144" wb						
5P Sed	450	1150	3600	6000	8400	12,000
7P Sed	500	1250	3900	6500	9100	13,000
Limo	500	1400	4200	7000	9800	14,000
Special Derham customs on C-24 chassis						
7P Tr	800	3900	7800	13,000	18,200	26,000
Conv Sed	2000	9900	19,800	33,000	46,200	66,000
Conv TwnC	2000	10,200	20,400	34,000	47,600	68,000
1940						
Royal, 6-cyl., 122.5" wb						
3P Cpe	450	950	2100	4750	6650	9500
6P Cpe	450	1000	2400	5000	7000	10,000
Vic Sed	350	875	1700	4250	5900	8500
4 dr Sed	350	875	1700	4350	6050	8700
Royal, 6-cyl., 139.5" wb						
8P Sed	450	900	1900	4500	6300	9000
8P Limo	450	950	2100	4750	6650	9500
Royal Windsor, 6-cyl., 122.5 wb						
Conv Cpe	800	3750	7500	12,500	17,500	25,000
3P Cpe	450	1000	2400	5000	7000	10,000
6P Cpe	450	1000	2400	5000	7000	10,000
2 dr Vic Sed	350	875	1700	4250	5900	8500
4 dr Sed	450	900	1900	4500	6300	9000
Royal Windsor, 6-cyl., 139.5 wb						
8P Sed	450	1000	2400	5000	7000	10,000
8P Limo	450	1075	3000	5500	7700	11,000
Traveler, 8-cyl., 128" wb						
3P Cpe	450	1000	2400	5000	7000	10,000
6P Cpe	450	1025	2600	5250	7300	10,500
2 dr Vic Sed	450	950	2100	4750	6650	9500
4 dr Sed	450	1000	2400	5000	7000	10,000
New Yorker, 8-cyl., 128.5" wb						
Conv Cpe	800	4200	8400	14,000	19,600	28,000
3P Cpe	450	1075	3000	5500	7700	11,000
6P Cpe	450	1125	3450	5750	8050	11,500
2 dr Vic Sed	450	1000	2400	5000	7000	10,000
4 dr Sed	450	1025	2600	5250	7300	10,500

	6	5	4	3	2	1
Fml Sed Div	450	1075	3000	5500	7700	11,000
Saratoga, 8-cyl., 128.5" wb						
4 dr Sed	450	1075	3000	5500	7700	11,000
Fml Sed Div	450	1150	3600	6000	8400	12,000
TwnC Der	800	3300	6600	11,000	15,400	22,000
Crown Imperial, 8-cyl., 145.5" wb						
6P Sed	650	2000	5100	8500	11,900	17,000
6P Twn Limo	800	3600	7200	12,000	16,800	24,000
8P Twn Limo	800	3600	7200	12,000	16,800	24,000
8P Sed	800	3300	6600	11,000	15,400	22,000
8P Sed Limo	800	3600	7200	12,000	16,800	24,000
8P Limo	800	3750	7500	12,500	17,500	25,000
Parade Phae	12,000	60,000	105,000	165,000	210,000	300,000
Nwpt Parade	12,000	60,000	105,000	165,000	210,000	300,000
Thunderbolt	12,000	60,000	105,000	165,000	210,000	300,000

1941

	6	5	4	3	2	1
Royal, 6-cyl., 121.5" wb						
3P Cpe	450	950	2100	4750	6650	9500
6P Clb Cpe	450	1000	2400	5000	7000	10,000
2 dr Brgm	350	875	1700	4250	5900	8500
4 dr Sed	450	900	1900	4500	6300	9000
Twn Sed	450	950	2100	4750	6650	9500
Royal, 6-cyl., 121.5" wb						
Twn & Ctry Wag	800	3750	7500	12,500	17,500	25,000
Royal, 6-cyl., 139.5" wb						
8P Sed	450	1000	2400	5000	7000	10,000
8P Limo Sed	450	1075	3000	5500	7700	11,000
Windsor, 6-cyl., 121.5" wb						
Conv Cpe	800	4050	8100	13,500	18,900	27,000
3P Cpe	450	1000	2400	5000	7000	10,000
6P Clb Cpe	450	1025	2600	5250	7300	10,500
2 dr Brgm	450	900	1900	4500	6300	9000
4 dr Sed	450	950	2100	4750	6650	9500
Twn Sed	450	1000	2400	5000	7000	10,000
Windsor, 6-cyl., 139.5" wb						
8P Sed	450	1075	3000	5500	7700	11,000
8P Sed Limo	450	1150	3600	6000	8400	12,000
Saratoga, 8-cyl., 127.5" wb						
3P Cpe	450	1075	3000	5500	7700	11,000
6P Clb Cpe	450	1125	3450	5750	8050	11,500
2 dr Brgm	450	950	2100	4750	6650	9500
4 dr Sed	450	1000	2400	5000	7000	10,000
Twn Sed	450	1025	2600	5250	7300	10,500
New Yorker, 8-cyl., 127.5" wb						
Conv Cpe	800	4350	8700	14,500	20,300	29,000
3P Cpe	450	1150	3600	6000	8400	12,000
6P Cpe	500	1200	3750	6250	8750	12,500
2 dr Brgm	450	1000	2400	5000	7000	10,000
4 dr Sed	450	1000	2500	5100	7100	10,200
Twn Sed	450	1075	3000	5500	7700	11,000
6P Sed	450	1150	3600	6000	8400	12,000
8P Sed	500	1250	3900	6500	9100	13,000
Sedan Limo 8P	500	1400	4200	7000	9800	14,000
8P Limo	550	1550	4500	7500	10,500	15,000
Laudalet Limo	800	3300	6600	11,000	15,400	22,000
LeB Twn Limo	800	3750	7500	12,500	17,500	25,000
New Yorker Special/Crown Imperial, 8-cyl., 127.5" wb						
Twn Sed	800	3600	7200	12,000	16,800	24,000
C-33 series.						

1942

	6	5	4	3	2	1
Royal, 6-cyl., 121.5" wb						
3P Cpe	450	900	1800	4400	6150	8800
6P Clb Cpe	450	925	2000	4650	6500	9300
2 dr Brgm	350	775	1500	3600	5100	7300
4 dr Sed	350	775	1500	3600	5100	7300
Twn Sed	450	900	1800	4400	6150	8800
Royal, 6-cyl., 139.5" wb						
8P Sed	350	850	1650	4150	5800	8300
8P Limo	450	900	1800	4400	6150	8800
Windsor, 6-cyl., 121.5" wb						
Conv Cpe	800	3400	6900	11,500	16,100	23,000
3P Cpe	450	925	2000	4650	6500	9300
6P Cpe	450	975	2300	4900	6850	9800

	6	5	4	3	2	1
2 dr Brgm	350	800	1550	3900	5450	7800
4 dr Sed	350	800	1550	3900	5450	7800
Twn Sed	350	850	1650	4150	5800	8300
6P T&C Wag	800	3150	6300	10,500	14,700	21,000
9P T&C Wag	800	3300	6600	11,000	15,400	22,000
Windsor, 6-cyl., 139.5" wb						
8P Sed	450	900	1800	4400	6150	8800
8P Limo	450	925	2000	4650	6500	9300
Saratoga, 8-cyl., 127.5" wb						
3P Cpe	450	1025	2500	5150	7150	10,300
6P Cpe	450	1025	2500	5150	7150	10,300
2 dr Brgm	350	850	1650	4150	5800	8300
4 dr Sed	350	850	1650	4150	5800	8300
Twn Sed	450	975	2300	4900	6850	9800
New Yorker, 8-cyl., 127.5" wb						
Conv Cpe	800	3750	7500	12,500	17,500	25,000
3P Cpe	450	1025	2500	5150	7150	10,300
6P Cpe	450	1050	2800	5400	7500	10,800
2 dr Brgm	450	900	1800	4400	6150	8800
4 dr Sed	450	900	1800	4400	6150	8800
Twn Sed	450	1025	2500	5150	7150	10,300
Der Conv Cpe	800	4050	8100	13,500	18,900	27,000
Crown Imperial, 8-cyl., 145.5" wb						
6P Sed	450	1000	2400	5000	7000	10,000
8P Sed	450	1075	3000	5500	7700	11,000
8P Sed Limo	450	1150	3600	6000	8400	12,000
Derham Customs						
Conv Sed	800	3900	7800	13,000	18,200	26,000
TwnC	550	1700	4700	7900	11,100	15,800
Fml TwnC	550	1800	4900	8150	11,400	16,300
1946						
Royal Series, 6-cyl., 121.5" wb						
3P Cpe	450	925	2000	4650	6500	9300
6P Cpe	450	975	2300	4900	6850	9800
2 dr Brgm	350	800	1550	3900	5450	7800
4 dr Sed	350	800	1550	3900	5450	7800
Royal, Series C-38S, 6-cyl., 139.5" wb						
8P Sed	350	850	1650	4150	5800	8300
Sed Limo	350	850	1650	4150	5800	8300
Windsor Series, 6-cyl., 121.5" wb						
Conv Cpe	800	3750	7500	12,500	17,500	25,000
3P Cpe	450	925	2000	4650	6500	9300
6P Cpe	450	975	2300	4900	6850	9800
2 dr Brgm	350	775	1500	3600	5100	7300
4 dr Sed	350	800	1550	3900	5450	7800
Windsor Series, 6-cyl., 121.5" wb						
8P Sed	350	850	1650	4150	5800	8300
8P Sed Limo	450	900	1800	4400	6150	8800
Saratoga Series, 8-cyl., 127.5" wb						
3P Cpe	450	950	2100	4750	6650	9500
6P Cpe	450	950	2200	4800	6700	9600
2 dr Brgm	350	750	1450	3500	5050	7200
4 dr Sed	350	800	1550	3800	5300	7600
New Yorker Series, 8-cyl., 127.5" wb						
Conv Cpe	800	4050	8100	13,500	18,900	27,000
3P Cpe	450	950	2200	4800	6700	9600
6P Cpe	450	975	2300	4900	6850	9800
2 dr Brgm	350	775	1500	3600	5100	7300
4 dr Sed	350	800	1550	3900	5450	7800
Town & Country						
Conv	2000	9000	18,000	30,000	42,000	60,000
4 dr Sed	1200	4800	9600	16,000	22,400	32,000
Crown Imperial, 8-cyl., 145.5" wb						
Limo	450	1150	3600	6000	8400	12,000
4 dr Sed	450	1075	3000	5500	7700	11,000
1947						
Royal Series, 6-cyl., 121.5" wb						
Cpe	450	925	2000	4650	6500	9300
Clb Cpe	450	950	2100	4750	6650	9500
Brgm	350	775	1500	3600	5100	7300
4 dr Sed	350	775	1500	3700	5200	7400
Royal Series, 6-cyl., 139.5" wb						
4 dr Sed	350	850	1650	4150	5800	8300

	6	5	4	3	2	1
Limo	450	900	1800	4400	6150	8800
Windsor Series, 6-cyl., 121.5" wb						
Cpe	450	950	2100	4750	6650	9500
Clb Cpe	450	950	2200	4800	6700	9600
Conv	800	3750	7500	12,500	17,500	25,000
Brgm	350	800	1550	3900	5450	7800
Windsor Series, 6-cyl., 139.5" wb						
4 dr Sed	350	850	1650	4150	5800	8300
Limo	450	900	1800	4400	6150	8800
Saratoga Series, 8-cyl., 127.5" wb						
Cpe	450	975	2200	4850	6800	9700
Clb Cpe	450	975	2300	4900	6850	9800
Brgm	350	850	1650	4150	5800	8300
4 dr Sed	350	850	1650	4200	5850	8400
New Yorker, 8-cyl., 127.5" wb						
Cpe	450	975	2300	4900	6850	9800
Clb Cpe	450	1025	2500	5150	7150	10,300
Conv	800	4050	8100	13,500	18,900	27,000
Brgm	350	875	1700	4300	6000	8600
4 dr Sed	450	900	1800	4400	6150	8800
Town & Country						
Conv	2000	9600	19,200	32,000	44,800	64,000
4 dr Sed	1200	4800	9600	16,000	22,400	32,000
Crown Imperial, 8-cyl., 145.5" wb						
Limo	450	1150	3600	6000	8400	12,000
4 dr Sed	450	1075	3000	5500	7700	11,000

1948

Royal Series, 6-cyl., 121.5" wb	6	5	4	3	2	1
4 dr Sed	350	775	1500	3750	5250	7500
2 dr Sed	350	775	1500	3600	5100	7300
Clb Cpe	450	950	2100	4700	6600	9400
Cpe	450	925	2000	4650	6500	9300
Royal Series, 6-cyl., 139.5" wb						
4 dr Sed	350	850	1650	4100	5700	8200
Limo	350	850	1650	4150	5800	8300
Windsor Series, 6-cyl., 121.5" wb						
4 dr Sed	350	800	1550	3800	5300	7600
Trav Sed	350	800	1550	3900	5450	7800
2 dr Sed	350	775	1500	3750	5250	7500
Clb Cpe	450	950	2200	4800	6700	9600
Cpe	450	950	2100	4750	6650	9500
Conv	800	3750	7500	12,500	17,500	25,000
Windsor Series, 6-cyl., 139.5" wb						
4 dr Sed	450	900	1800	4400	6150	8800
Limo	450	925	2000	4650	6500	9300
Saratoga Series, 8-cyl., 127.5" wb						
4 dr Sed	350	850	1650	4150	5800	8300
2 dr Sed	350	850	1650	4100	5700	8200
Clb Cpe	450	975	2200	4850	6800	9700
3P Cpe	450	950	2200	4800	6700	9600
New Yorker, 8-cyl., 127.5" wb						
4 dr Sed	450	900	1800	4400	6150	8800
2 dr Sed	350	875	1700	4350	6050	8700
Clb Cpe	450	1025	2500	5150	7150	10,300
Cpe	450	1000	2400	5000	7000	10,000
Conv	800	4050	8100	13,500	18,900	27,000
Town & Country						
Conv	2000	9900	19,800	33,000	46,200	66,000
4 dr Sed	1200	4950	9900	16,500	23,100	33,000
Imperial C-40						
Limo	450	1150	3600	6000	8400	12,000
8P Sed	450	1075	3000	5500	7700	11,000

1949

First Series 1949 is the same as 1948

Royal - Second Series, 6-cyl., 125.5" wb	6	5	4	3	2	1
4 dr Sed	350	800	1550	3800	5300	7600
Clb Cpe	350	875	1700	4250	5900	8500
Sta Wag	450	1175	3700	6150	8600	12,300
Royal - Second Series, 6-cyl., 139.5" wb						
4 dr Sed	350	850	1650	4200	5850	8400
Windsor - Second Series, 6-cyl., 125.5" wb						
4 dr Sed	350	875	1700	4350	6050	8700
Clb Cpe	350	875	1700	4300	6000	8600

	6	5	4	3	2	1
Conv	550	1900	5050	8400	11,750	16,800
Windsor - Second Series, 6-cyl., 139.5" wb						
4 dr Sed	350	875	1700	4250	5900	8500
Limo	450	900	1800	4400	6150	8800
Saratoga - Second Series, 8-cyl., 131.5" wb						
4 dr Sed	350	825	1600	4000	5600	8000
Clb Cpe	450	900	1800	4400	6150	8800
New Yorker - Second Series, 8-cyl., 131.5" wb						
4 dr Sed	450	900	1900	4500	6300	9000
Clb Cpe	450	925	2000	4650	6500	9300
Conv	800	3300	6600	11,000	15,400	22,000
Town & Country - Second Series, 8-cyl., 131.5" wb						
Conv	1500	6300	12,600	21,000	29,400	42,000
Imperial - Second Series, 8-cyl., 131.5" wb						
Sed - Der	450	975	2300	4900	6850	9800
Crown Imperial, 8-cyl., 145.5" wb						
8P Sed	450	1075	3000	5500	7700	11,000
Limo	450	1150	3600	6000	8400	12,000
1950						
Royal Series, 6-cyl., 125.5" wb						
4 dr Sed	350	775	1500	3600	5100	7300
Clb Cpe	350	825	1600	3950	5500	7900
T&C Sta Wag	350	850	1650	4150	5800	8300
Sta Wag	550	1600	4600	7650	10,700	15,300
Royal Series, 6-cyl., 139.5" wb						
4 dr Sed	350	775	1500	3750	5250	7500
Windsor Series, 6-cyl., 125.5" wb						
4 dr Sed	350	775	1500	3700	5200	7400
Trav Sed	350	800	1550	3800	5300	7600
Clb Cpe	350	850	1650	4150	5800	8300
HdTp	450	1025	2500	5150	7150	10,300
Conv	650	2000	5100	8500	11,900	17,000
Windsor Series, 6-cyl., 139.5" wb						
4 dr Sed	350	850	1650	4150	5800	8300
Limo	450	900	1900	4500	6300	9000
Saratoga, 8-cyl., 131.5" wb						
4 dr Sed	350	800	1550	3800	5300	7600
Clb Cpe	350	875	1700	4300	6000	8600
New Yorker, 8-cyl., 131.5" wb						
4 dr Sed	450	900	1800	4400	6150	8800
Clb Cpe	450	900	1900	4500	6300	9000
HdTp	450	1025	2500	5150	7150	10,300
Conv	800	3000	6000	10,000	14,000	20,000
Town & Country, 8-cyl., 131.5" wb						
HdTp	1200	4800	9600	16,000	22,400	32,000
Crown Imperial, 8-cyl., 145.5" wb						
4 dr Sed	450	1000	2400	5000	7000	10,000
Limo	450	1075	3000	5500	7700	11,000
1951						
Windsor Series, 6-cyl., 125.5" wb						
4 dr Sed	350	775	1500	3600	5100	7300
Clb Cpe	350	775	1500	3750	5250	7500
T&C Sta Wag	450	1050	2800	5400	7500	10,800
Windsor Series, 6-cyl., 139.5" wb						
4 dr Sed	350	775	1500	3750	5250	7500
Windsor DeLuxe, 6-cyl., 125.5" wb						
4 dr Sed	350	775	1500	3750	5250	7500
Trav Sed	350	800	1550	3850	5400	7700
Clb Cpe	350	850	1650	4150	5800	8300
HdTp	450	1025	2500	5150	7150	10,300
Conv	650	2300	5400	9000	12,600	18,000
Windsor DeLuxe, 6-cyl., 139.5" wb						
4 dr Sed	350	825	1600	4000	5600	8000
Limo	350	875	1700	4250	5900	8500
Saratoga, 8-cyl., 125.5" wb						
4 dr Sed	350	800	1550	3900	5450	7800
Clb Cpe	350	850	1650	4150	5800	8300
T&C Sta Wag	500	1250	3900	6500	9100	13,000
Saratoga, 8-cyl., 139.5" wb						
4 dr Sed	450	1000	2400	5000	7000	10,000
Limo	450	1075	3000	5500	7700	11,000
New Yorker, 8-cyl., 131.5" wb						
4 dr Sed	350	850	1650	4150	5800	8300

	6	5	4	3	2	1
Clb Cpe	450	900	1800	4400	6150	8800
HdTp	450	1150	3600	6000	8400	12,000
Conv	800	3000	6000	10,000	14,000	20,000
T&C Sta Wag	500	1300	4050	6750	9450	13,500
Imperial, 8-cyl., 131.5" wb						
4 dr Sed	450	900	1800	4400	6150	8800
Clb Cpe	450	925	2000	4650	6500	9300
HdTp	450	1050	2800	5400	7500	10,800
Conv	800	3150	6300	10,500	14,700	21,000
Crown Imperial, 8-cyl., 145.5" wb						
4 dr Sed	450	1000	2400	5000	7000	10,000
Limo	450	1075	3000	5500	7700	11,000
1952						
Windsor, 6-cyl., 125.5" wb						
4 dr Sed	350	775	1500	3600	5100	7300
Clb Cpe	350	800	1550	3900	5450	7800
T&C Sta Wag	500	1250	3900	6500	9100	13,000
Windsor, 6-cyl., 139.5" wb						
4 dr Sed	350	800	1550	3800	5300	7600
Windsor DeLuxe, 6-cyl., 125.5" wb						
4 dr Sed	350	800	1550	3800	5300	7600
HdTp	450	900	1800	4400	6150	8800
Conv	650	2000	5100	8500	11,900	17,000
Saratoga, 8-cyl., 125.5" wb						
4 dr Sed	350	800	1550	3900	5450	7800
Clb Cpe	350	850	1650	4150	5800	8300
T&C Sta Wag	500	1300	4050	6750	9450	13,500
Saratoga, 8-cyl., 139.5" wb						
4 dr Sed	350	850	1650	4150	5800	8300
New Yorker, 8-cyl., 131.5" wb						
4 dr Sed	350	850	1650	4150	5800	8300
HdTp	450	1150	3600	6000	8400	12,000
Conv	800	3000	6000	10,000	14,000	20,000
Imperial, 8-cyl., 131.5" wb						
4 dr Sed	350	875	1700	4250	5900	8500
Clb Cpe	450	900	1800	4400	6150	8800
HdTp	500	1250	3900	6500	9100	13,000
Crown Imperial, 8-cyl., 145.5" wb						
4 dr Sed	450	1000	2400	5000	7000	10,000
Limo	450	1075	3000	5500	7700	11,000
4 dr Sed	350	725	1400	3100	4800	6800
Clb Cpe	350	775	1500	3600	5100	7300
T&C Sta Wag	450	1075	3000	5500	7700	11,000
Windsor Series, 6-cyl., 139.5" wb						
4 dr Sed	350	750	1450	3400	5000	7100
Windsor DeLuxe Series, 6-cyl., 125.5" wb						
4 dr Sed	350	775	1500	3600	5100	7300
HdTp	350	850	1650	4150	5800	8300
Conv	550	1550	4500	7500	10,500	15,000
New Yorker, 8-cyl., 125.5" wb						
4 dr Sed	350	800	1550	3900	5450	7800
Clb Cpe	350	850	1650	4150	5800	8300
HdTp	450	925	2000	4650	6500	9300
T&C Sta Wag	450	1150	3600	6000	8400	12,000
New Yorker, 8-cyl., 139.5" wb						
4 dr Sed	350	850	1650	4150	5800	8300
New Yorker Deluxe, 8-cyl., 125.5" wb						
4 dr Sed	350	825	1600	4050	5650	8100
Clb Cpe	350	875	1700	4300	6000	8600
HdTp	450	975	2300	4900	6850	9800
Conv	650	2000	5100	8500	11,900	17,000
Custom Imperial Series, 8-cyl., 133.5" wb						
4 dr Sed	350	875	1700	4250	5900	8500
Twn Limo	450	900	1800	4400	6150	8800
Custom Imperial, 8-cyl., 131.5" wb						
HdTp	500	1400	4200	7000	9800	14,000
Crown Imperial, 8-cyl., 145.5" wb						
4 dr Sed	450	1000	2400	5000	7000	10,000
Limo	450	1075	3000	5500	7700	11,000
1954						
Windsor DeLuxe Series, 6-cyl., 125.5" wb						
4 dr Sed	350	725	1400	3100	4800	6800
Clb Cpe	350	775	1500	3600	5100	7300

1954 Chrysler New Yorker convertible

	6	5	4	3	2	1
HdTp	350	850	1650	4150	5800	8300
Conv	550	1750	4800	8000	11,200	16,000
T&C Sta Wag	450	1075	3000	5500	7700	11,000
Windsor DeLuxe Series, 6-cyl., 139.5" wb						
4 dr Sed	350	775	1500	3600	5100	7300
New Yorker Series, 8-cyl., 125.5" wb						
4 dr Sed	350	800	1550	3900	5450	7800
Clb Cpe	350	875	1700	4250	5900	8500
HdTp	500	1250	3900	6500	9100	13,000
T&C Sta Wag	450	1150	3600	6000	8400	12,000
New Yorker Series, 8-cyl., 139.5" wb						
4 dr Sed	350	850	1650	4150	5800	8300
New Yorker DeLuxe Series, 8-cyl., 125.5" wb						
4 dr Sed	350	850	1650	4150	5800	8300
Clb Cpe	450	900	1900	4500	6300	9000
HdTp	500	1300	4050	6750	9450	13,500
Conv	650	2300	5400	9000	12,600	18,000
Custom Imperial Line, 8-cyl., 133.5" wb						
4 dr Sed	350	850	1650	4150	5800	8300
Limo	450	900	1800	4400	6150	8800
Custom Imperial Line, 8-cyl., 131" wb						
2 dr HdTp Newpt	450	1125	3450	5750	8050	11,500
Crown Imperial Line, 8-cyl., 145.5" wb						
4 dr Sed	450	1000	2400	5000	7000	10,000
Limo	450	1075	3000	5500	7700	11,000
1955						
Windsor DeLuxe Series, V-8, 126" wb						
4 dr Sed	350	750	1450	3300	4900	7000
2 dr HdTp Nassau	450	900	1900	4500	6300	9000
2 dr HdTp Newport	450	950	2100	4750	6650	9500
Conv	550	1750	4800	8000	11,200	16,000
T&C Sta Wag	450	950	2100	4750	6650	9500
New Yorker Deluxe Series, V-8, 126" wb						
4 dr Sed	350	775	1500	3750	5250	7500
2 dr HdTp Newport	450	1075	3000	5500	7700	11,000
2 dr HdTp St Regis	450	1150	3600	6000	8400	12,000
Conv	650	2000	5100	8500	11,900	17,000
T&C Sta Wag	450	900	1900	4500	6300	9000
300 Series, V-8, 126" wb						
Spt Cpe	800	3600	7200	12,000	16,800	24,000
Imperial Series, V-8						
4 dr Sed	350	800	1550	3850	5400	7700
2 dr HdTp Newport	450	1125	3450	5750	8050	11,500
Crown Imperial Series, V-8						
8P 4 dr Sed	450	1075	3000	5500	7700	11,000
8P Limo	450	1150	3600	6000	8400	12,000
1956						
Windsor Series, V-8						
4 dr Sed	350	750	1450	3500	5050	7200
4 dr HdTp	350	800	1550	3850	5400	7700
2 dr HdTp Nassau	450	950	2100	4750	6650	9500

	6	5	4	3	2	1
2 dr HdTp Newport	450	1000	2400	5000	7000	10,000
Conv	550	1750	4800	8000	11,200	16,000
T&C Sta Wag	350	825	1600	4000	5600	8000
New Yorker Series, V-8						
4 dr Sed	350	775	1500	3750	5250	7500
4 dr HdTp	350	875	1700	4250	5900	8500
2 dr HdTp Newport	450	1000	2400	5000	7000	10,000
2 dr HdTp St Regis	450	1025	2600	5250	7300	10,500
Conv	650	2000	5100	8500	11,900	17,000
T&C Sta Wag	350	875	1700	4250	5900	8500
300 Letter Series "B", V-8						
2 dr HdTp	800	3400	6900	11,500	16,100	23,000
Imperial Line, V-8						
4 dr Sed	350	875	1700	4250	5900	8500
4 dr HdTp S Hamp	450	900	1900	4500	6300	9000
2 dr HdTp S Hamp	450	1075	3000	5500	7700	11,000
Crown Imperial Line, V-8						
8P 4 dr Sed	450	1075	3000	5500	7700	11,000
8P Limo	450	1150	3600	6000	8400	12,000
1957						
Windsor Series, V-8						
4 dr Sed	200	675	1300	2600	4400	6300
4 dr HdTp	350	750	1450	3300	4900	7000
2 dr HdTp	350	875	1700	4250	5900	8500
T&C Sta Wag	350	700	1350	2800	4550	6500
Saratoga Series, V-8						
4 dr Sed	350	700	1350	2800	4550	6500
4 dr HdTp	350	750	1450	3500	5050	7200
2 dr HdTp	450	900	1900	4500	6300	9000
New Yorker Series, V-8						
4 dr Sed	350	725	1400	3000	4700	6700
4 dr HdTp	350	775	1500	3600	5100	7300
2 dr HdTp	450	1025	2600	5250	7300	10,500
Conv	500	1400	4200	7000	9800	14,000
T&C Sta Wag	350	750	1450	3300	4900	7000
300 Letter Series "C", V-8						
2 dr HdTp	800	3300	6600	11,000	15,400	22,000
Conv	800	4200	8400	14,000	19,600	28,000
Imperial Line, V-8						
4 dr Sed	350	750	1450	3500	5050	7200
4 dr HdTp S Hamp	350	825	1600	4000	5600	8000
2 dr HdTp S Hamp	450	1075	3000	5500	7700	11,000
Crown Imperial Line, V-8						
4 dr Sed	350	775	1500	3750	5250	7500
4 dr HdTp S Hamp	350	875	1700	4250	5900	8500
2 dr HdTp S Hamp	450	1150	3600	6000	8400	12,000
Conv	550	1750	4800	8000	11,200	16,000
Imperial Lebaron Line, V-8						
4 dr Sed	450	950	2100	4750	6650	9500
4 dr HdTp S Hamp	450	1000	2400	5000	7000	10,000
Crown Imperial Ghia, V-8						
8P Limo	500	1250	3900	6500	9100	13,000
1958						
Windsor Series, V-8						
4 dr Sed	200	675	1300	2600	4400	6300
4 dr HdTp	350	775	1500	3750	5250	7500
2 dr HdTp	350	825	1600	4000	5600	8000
T&C Sta Wag	350	700	1350	2800	4550	6500
T&C Sta Wag	350	725	1400	3000	4700	6700
Saratoga Series, V-8						
4 dr Sed	350	700	1350	2800	4550	6500
4 dr HdTp	350	750	1450	3500	5050	7200
2 dr HdTp	350	875	1700	4250	5900	8500
New Yorker Series, V-8						
4 dr Sed	350	725	1400	3000	4700	6700
4 dr HdTp	350	775	1500	3600	5100	7300
2 dr HdTp	450	900	1900	4500	6300	9000
Conv	550	1550	4500	7500	10,500	15,000
6P T&C Sta Wag	350	750	1450	3300	4900	7000
9P T&C Sta Wag	350	750	1450	3500	5050	7200
300 Letter Series "D"						
2 dr HdTp	800	3000	6000	10,000	14,000	20,000

	6	5	4	3	2	1
Conv	800	3900	7800	13,000	18,200	26,000

NOTE: Add 20 percent for EFI.

Imperial Line, V-8

	6	5	4	3	2	1
4 dr Sed	350	750	1450	3500	5050	7200
4 dr HdTp S Hamp	350	875	1700	4250	5900	8500
2 dr HdTp S Hamp	450	1000	2400	5000	7000	10,000

Crown Imperial Line, V-8

	6	5	4	3	2	1
4 dr Sed	350	775	1500	3750	5250	7500
4 dr HdTp S Hamp	350	800	1550	3900	5450	7800
2 dr HdTp S Hamp	450	1025	2600	5250	7300	10,500
Conv	550	1750	4800	8000	11,200	16,000

Imperial Lebaron Line, V-8

	6	5	4	3	2	1
4 dr Sed	350	850	1650	4150	5800	8300
4 dr HdTp S Hamp	350	875	1700	4350	6050	8700

Crown Imperial Ghia, V-8

	6	5	4	3	2	1
Limo	500	1200	3750	6250	8750	12,500

1959 Chrysler Imperial Crown 2 dr hardtop

1959

Windsor Series, V-8

	6	5	4	3	2	1
4 dr Sed	200	650	1250	2400	4200	6000
4 dr HdTp	200	675	1300	2500	4350	6200
2 dr HdTp	350	700	1350	2800	4550	6500
Conv	500	1250	3900	6500	9100	13,000

Town & Country Series, V-8

	6	5	4	3	2	1
6P Sta Wag	200	600	1200	2200	3850	5500
9P Sta Wag	200	600	1200	2200	3900	5600

Saratoga Series, V-8

	6	5	4	3	2	1
4 dr Sed	200	675	1300	2500	4300	6100
4 dr HdTp	200	675	1300	2600	4400	6300
2 dr HdTp	350	750	1450	3300	4900	7000

New Yorker Series, V-8

	6	5	4	3	2	1
4 dr Sed	200	675	1300	2500	4350	6200
4 dr HdTp	350	700	1350	2700	4500	6400
2 dr HdTp	350	775	1500	3750	5250	7500
Conv	500	1400	4200	7000	9800	14,000

Town & Country, V-8

	6	5	4	3	2	1
6P Sta Wag	200	650	1250	2400	4200	6000
9P Sta Wag	200	675	1300	2500	4300	6100

300 Letter Series "E", V-8

	6	5	4	3	2	1
2 dr HdTp	800	3000	6000	10,000	14,000	20,000
Conv	800	3750	7500	12,500	17,500	25,000

Imperial Custom Line, V-8

	6	5	4	3	2	1
Sed	350	775	1500	3750	5250	7500
4 dr HdTp S Hamp	350	825	1600	4000	5600	8000
2 dr HdTp S Hamp	450	950	2100	4750	6650	9500

Crown Imperial Line, V-8

	6	5	4	3	2	1
4 dr Sed	350	800	1550	3800	5300	7600
4 dr HdTp S Hamp	350	825	1600	4050	5650	8100
2 dr HdTp S Hamp	450	1000	2400	5000	7000	10,000
Conv	650	2000	5100	8500	11,900	17,000

Imperial LeBaron Line, V-8

	6	5	4	3	2	1
4 dr Sed	450	900	1800	4400	6150	8800
4 dr HdTp S Hamp	450	900	1900	4500	6300	9000

Crown Imperial Ghia, V-8

	6	5	4	3	2	1
Limo	500	1200	3750	6250	8750	12,500

1960
Windsor Series, V-8

4 dr Sed	200	600	1200	2200	3850	5500
4 dr HdTp	200	600	1200	2300	4000	5700
2 dr HdTp	200	650	1250	2400	4200	6000
Conv	450	1075	3000	5500	7700	11,000

Town & Country Series, V-8

9P Sta Wag	200	600	1200	2200	3850	5500
6P Sta Wag	200	600	1200	2200	3850	5500

Saratoga Series, V-8

4 dr Sed	200	600	1200	2300	4000	5700
4 dr HdTp	200	650	1250	2400	4150	5900
2 dr HdTp	350	700	1350	2800	4550	6500

New Yorker Series, V-8

4 dr Sed	200	650	1250	2400	4150	5900
4 dr HdTp	200	675	1300	2500	4300	6100
2 dr HdTp	350	750	1450	3300	4900	7000
Conv	450	1150	3600	6000	8400	12,000

Town & Country Series, V-8, 126" wb

9P Sta Wag	350	725	1400	3000	4700	6700
6P Sta Wag	350	725	1400	3000	4700	6700

300 Letter Series "F", V-8

2 dr HdTp	800	3000	6000	10,000	14,000	20,000
Conv	800	3750	7500	12,500	17,500	25,000

NOTE: Add 50 percent for 4 speed trans. short Ram engine.

Custom Imperial Line, V-8

4 dr Sed	350	700	1350	2800	4550	6500
4 dr HdTp S Hamp	350	775	1500	3750	5250	7500
2 dr HdTp S Hamp	350	875	1700	4250	5900	8500

Crown Imperial Line, V-8

4 dr Sed	350	725	1400	3000	4700	6700
4 dr HdTp S Hamp	350	750	1450	3300	4900	7000
2 dr HdTp S Hamp	450	900	1900	4500	6300	9000
Conv	550	1550	4500	7500	10,500	15,000

Imperial LeBaron Line

4 dr Sed	350	750	1450	3300	4900	7000
4 dr HdTp S Hamp	350	775	1500	3750	5250	7500

Crown Imperial Ghia, V-8

Limo	500	1200	3750	6250	8750	12,500

1961
Newport Series, V-8

4 dr Sed	150	350	950	1450	2900	4100
4 dr HdTp	150	400	1000	1550	3050	4300
2 dr HdTp	150	450	1050	1750	3250	4700
Conv	450	900	1900	4500	6300	9000
9P Sta Wag	150	350	950	1450	2900	4100
6P Sta Wag	150	350	950	1450	2900	4100

Windsor Series, V-8

4 dr Sed	150	400	1000	1550	3050	4300
4 dr HdTp	150	400	1000	1650	3150	4500
2 dr HdTp	200	500	1100	1850	3350	4900

New Yorker Series, V-8

4 dr Sed	150	400	1000	1650	3150	4500
4 dr HdTp	150	450	1050	1750	3250	4700
2 dr HdTp	200	550	1150	2000	3600	5200
Conv	450	1000	2400	5000	7000	10,000
9P Sta Wag	150	400	1000	1650	3150	4500
6P Sta Wag	150	400	1000	1650	3150	4500

300 Letter Series "G", V-8

2 dr HdTp	650	2300	5400	9000	12,600	18,000
Conv	800	3600	7200	12,000	16,800	24,000

Custom Imperial Line, V-8

4 dr HdTp S Hamp	200	550	1150	2100	3800	5400
2 dr HdTp S Hamp	200	650	1250	2400	4150	5900

Crown Imperial Line, V-8

4 dr HdTp S Hamp	200	600	1200	2200	3850	5500
2 dr HdTp S Hamp	200	650	1250	2400	4200	6000
Conv	550	1550	4500	7500	10,500	15,000

Imperial Lebaron Line, V-8

4 dr HdTp S Hamp	350	700	1350	2700	4500	6400

Crown Imperial Ghia, V-8

Limo	500	1250	3900	6500	9100	13,000

1962
Newport Series, V-8

	6	5	4	3	2	1
4 dr Sed	150	350	950	1450	2900	4100
4 dr HdTp	150	400	1000	1550	3050	4300
2 dr HdTp	200	600	1200	2200	3900	5600
Conv	450	900	1900	4500	6300	9000
9P HdTp Wag	200	600	1200	2200	3850	5500
6P HdTp Wag	200	550	1150	2100	3800	5400
300 Series						
4 dr HdTp	200	600	1200	2200	3850	5500
2 dr HdTp	350	775	1500	3750	5250	7500
Conv	450	1150	3600	6000	8400	12,000
300 Letter Series "H", V-8						
2 dr HdTp	650	2800	5700	9500	13,300	19,000
Conv	800	3600	7200	12,000	16,800	24,000
New Yorker Series, V-8						
4 dr Sed	150	400	1000	1650	3150	4500
4 dr HdTp	150	450	1050	1750	3250	4700
9P HdTp Wag	200	600	1200	2200	3850	5500
6P HdTp Wag	200	600	1200	2200	3850	5500
Custom Imperial Line, V-8						
4 dr HdTp S Hamp	200	650	1250	2400	4200	6000
2 dr HdTp S Hamp	350	750	1450	3300	4900	7000
Crown Imperial Line, V-8						
4 dr HdTp S Hamp	350	700	1350	2800	4550	6500
2 dr HdTp S Hamp	350	775	1500	3750	5250	7500
Conv	550	1500	4350	7250	10,150	14,500
Imperial Lebaron Line, V-8						
4 dr HdTp S Hamp	350	750	1450	3300	4900	7000

1963
Newport Series, V-8

	6	5	4	3	2	1
4 dr Sed	150	300	900	1350	2700	3900
4 dr HdTp	150	350	950	1450	2900	4100
2 dr HdTp	150	400	1000	1650	3150	4500
Conv	450	900	1900	4500	6300	9000
9P Sta Wag	150	300	900	1350	2700	3900
6P Sta Wag	150	300	900	1350	2700	3900
300 Series, "383" V-8						
4 dr HdTp	200	600	1200	2200	3850	5500
2 dr HdTp	350	700	1350	2800	4550	6500
Conv	450	1075	3000	5500	7700	11,000
300 "Pacesetter" Series, "383" V-8						
2 dr HdTp	350	750	1450	3300	4900	7000
Conv	500	1250	3900	6500	9100	13,000
300 Letter Series "J", "413" V-8						
2 dr HdTp	550	1550	4500	7500	10,500	15,000
New Yorker Series, V-8						
4 dr Sed	150	400	1000	1550	3050	4300
4 dr HdTp	150	400	1000	1650	3150	4500
4 dr HdTp Salon	150	450	1050	1700	3200	4600
9P HdTp Wag	150	400	1000	1550	3050	4300
6P HdTp Wag	150	400	1000	1550	3050	4300
Custom Imperial Line, V-8						
4 dr HdTp S Hamp	150	400	1000	1650	3150	4500
2 dr HdTp S Hamp	200	500	1100	1900	3500	5000
Crown Imperial Line, V-8						
4 dr HdTp S Hamp	200	500	1100	1900	3500	5000
2 dr HdTp S Hamp	350	750	1450	3300	4900	7000
Conv	550	1550	4500	7500	10,500	15,000
Imperial Lebaron Line, V-8						
4 dr HdTp S Hamp	200	600	1200	2200	3850	5500
Crown Imperial Ghia, V-8						
8P 4 dr Sed	450	1025	2500	5150	7150	10,300
8P Limo	450	1100	3300	5650	7900	11,300

1964
Newport Series, V-8

	6	5	4	3	2	1
4 dr Sed	125	250	750	1150	2400	3400
4 dr HdTp	125	250	750	1150	2500	3600
2 dr HdTp	150	350	950	1350	2800	4000
Conv	350	875	1700	4250	5900	8500
Town & Country Series, V-8						
9P Sta Wag	125	250	750	1150	2400	3400
6P Sta Wag	125	250	750	1150	2400	3400

300 Series

	6	5	4	3	2	1
4 dr HdTp	150	400	1000	1650	3150	4500
2 dr HdTp	200	650	1250	2400	4200	6000
Conv	450	1075	3000	5500	7700	11,000
300 Letter Series "K", V-8						
2 dr HdTp	550	1750	4800	8000	11,200	16,000
Conv	800	3300	6600	11,000	15,400	22,000
New Yorker Series, V-8						
4 dr Sed	150	300	900	1250	2650	3800
4 dr HdTp	200	500	1100	1900	3500	5000
4 dr HdTp Salon	200	550	1150	2000	3600	5200
Town & Country Series, V-8						
9P HdTp Wag	200	500	1100	1850	3350	4900
6P HdTp Wag	200	500	1100	1850	3350	4900
Imperial Crown, V-8						
4 dr HdTp	200	600	1200	2200	3850	5500
2 dr HdTp	200	650	1250	2400	4200	6000
Conv	550	1550	4500	7500	10,500	15,000
Imperial Lebaron, V-8						
4 dr HdTp	200	675	1300	2600	4400	6300
Crown Imperial Ghia, V-8						
Limo	450	1075	3000	5500	7700	11,000

1965
Newport Series, V-8

	6	5	4	3	2	1
4 dr Sed	125	250	750	1150	2450	3500
6W 4 dr Sed	125	250	750	1150	2450	3500
4 dr HdTp	150	300	900	1250	2650	3800
2 dr HdTp	150	350	950	1450	3000	4200
Conv	350	875	1700	4250	5900	8500
Town & Country Series, V-8						
9P HdTp Wag	150	350	950	1350	2800	4000
6P HdTp Wag	150	350	950	1350	2800	4000
300 Series						
4 dr HdTp	150	400	1000	1550	3050	4300
2 dr HdTp	200	600	1200	2200	3850	5500
Conv	450	1000	2400	5000	7000	10,000
300 Letter Series "L", V-8						
2 dr HdTp	450	1150	3600	6000	8400	12,000
Conv	650	2000	5100	8500	11,900	17,000
New Yorker Series, V-8						
6W 4 dr Sed	150	350	950	1350	2800	4000
4 dr HdTp	150	400	1000	1550	3050	4300
2 dr HdTp	200	500	1100	1900	3500	5000
Town & Country Series, V-8						
9P HdTp Wag	150	400	1000	1650	3150	4500
6P HdTp Wag	150	400	1000	1650	3150	4500
Crown Imperial Line, V-8						
4 dr HdTp	150	400	1000	1650	3150	4500
2 dr HdTp	200	500	1100	1900	3500	5000
Conv	500	1400	4200	7000	9800	14,000
Imperial Lebaron Line, V-8						
4 dr HdTp	350	700	1350	2800	4550	6500
Crown Imperial Ghia, V-8						
Limo	450	1000	2400	5000	7000	10,000

1966
Newport Series, V-8

	6	5	4	3	2	1
4 dr Sed	150	350	950	1350	2800	4000
6W 4 dr Sed	150	350	950	1350	2800	4000
4 dr HdTp	150	350	950	1450	3000	4200
2 dr HdTp	150	450	1050	1750	3250	4700
Conv	350	875	1700	4250	5900	8500
Town & Country Series, V-8						
9P Sta Wag	150	350	950	1350	2800	4000
6P Sta Wag	150	350	950	1350	2800	4000
Chrysler 300, V-8						
4 dr HdTp	200	500	1100	1900	3500	5000
2 dr HdTp	350	750	1450	3300	4900	7000
Conv	450	1150	3600	6000	8400	12,000
New Yorker, V-8						
6W 4 dr Sed	150	400	1000	1650	3150	4500
4 dr HdTp	150	450	1050	1800	3300	4800
2 dr HdTp	200	550	1150	2100	3700	5300

Imperial, V-8

	6	5	4	3	2	1
4 dr HdTp	150	450	1050	1800	3300	4800
2 dr HdTp	200	650	1250	2400	4200	6000
Conv	500	1400	4200	7000	9800	14,000
Imperial Lebaron, V-8						
4 dr HdTp	350	725	1400	3100	4800	6800

1967

Newport, V-8, 124" wb

4 dr Sed	150	350	950	1450	2900	4100
4 dr HdTp	150	400	1000	1600	3100	4400
2 dr HdTp	150	450	1050	1800	3300	4800
Conv	450	900	1900	4500	6300	9000
Sta Wag	150	350	950	1450	2900	4100

Newport Custom, V-8, 124" wb

4 dr Sed	150	350	950	1450	3000	4200
4 dr HdTp	150	400	1000	1650	3150	4500
2 dr HdTp	200	500	1100	1850	3350	4900

300, V-8, 124" wb

2 dr HdTp	200	600	1200	2200	3850	5500
4 dr HdTp	200	500	1100	1900	3500	5000
Conv	450	1150	3600	6000	8400	12,000

New Yorker, V-8, 124" wb

4 dr Sed	150	400	1000	1550	3050	4300
2 dr HdTp	200	600	1200	2200	3850	5500
4 dr HdTp	200	500	1100	1900	3500	5000

Imperial, V-8, 127" wb

4 dr Sed	200	550	1150	2000	3600	5200
Conv	550	1550	4500	7500	10,500	15,000

Imperial Crown

4 dr HdTp	200	600	1200	2200	3850	5500
2 dr HdTp	350	750	1450	3300	4900	7000

Imperial Lebaron

4 dr HdTp	200	650	1200	2300	4100	5800

1968

Newport, V-8, 124" wb

2 dr HdTp	200	500	1100	1850	3350	4900
4 dr Sed	150	350	950	1450	3000	4200
4 dr HdTp	150	400	1000	1650	3150	4500
Conv	450	900	1900	4500	6300	9000

Newport Custom, V-8, 124" wb

4 dr Sed	150	400	1000	1550	3050	4300
4 dr HdTp	150	450	1050	1700	3200	4600
2 dr HdTp	200	500	1100	1900	3500	5000

300, V-8, 124" wb

4 dr HdTp	200	500	1100	1900	3500	5000
2 dr HdTp	350	700	1350	2800	4550	6500
Conv	450	1150	3600	6000	8400	12,000

Town & Country, V-8, 122" wb

Sta Wag	150	400	1000	1550	3050	4300

New Yorker, V-8, 124" wb

4 dr Sed	150	400	1000	1650	3150	4500
4 dr HdTp	200	600	1200	2200	3850	5500
2 dr HdTp	200	650	1250	2400	4200	6000

Imperial, V-8, 127" wb

4 dr Sed	200	550	1150	2100	3700	5300
4 dr HdTp	200	650	1250	2400	4200	6000
2 dr HdTp	350	825	1600	4000	5600	8000
Conv	550	1650	4650	7750	10,850	15,500

Imperial LeBaron

4 dr HdTp	350	700	1350	2800	4550	6500

1969

Newport, V-8, 124" wb

4 dr Sed	125	200	600	1100	2250	3200
4 dr HdTp	125	250	750	1150	2400	3400
2 dr HdTp	150	300	900	1250	2600	3700
Conv	350	825	1600	4000	5600	8000

Newport Custom, V-8, 124" wb

4 dr Sed	125	200	600	1100	2300	3300
4 dr HdTp	125	250	750	1150	2450	3500
2 dr HdTp	150	300	900	1250	2650	3800

300, V-8, 124" wb

2 dr HdTp	200	500	1100	1900	3500	5000
4 dr HdTp	150	400	1000	1650	3150	4500

	6	5	4	3	2	1
Conv	450	900	1900	4500	6300	9000
New Yorker, V-8, 124" wb						
4 dr Sed	125	250	750	1150	2450	3500
4 dr HdTp	150	300	900	1250	2600	3700
2 dr HdTp	150	350	950	1350	2800	4000
Town & Country, V-8, 122" wb						
Sta Wag	125	250	750	1150	2450	3500
Imperial Crown, V-8, 127" wb						
4 dr Sed	150	300	900	1250	2650	3800
4 dr HdTp	150	350	950	1350	2800	4000
2 dr HdTp	150	350	950	1450	3000	4200
Imperial LeBaron						
4 dr HdTp	150	350	950	1450	3000	4200
2 dr HdTp	150	400	1000	1600	3100	4400
1970						
Newport, V-8, 124" wb						
4 dr Sed	150	300	900	1250	2600	3700
4 dr HdTp	150	300	900	1350	2700	3900
2 dr HdTp	150	350	950	1450	2900	4100
Conv	350	775	1500	3750	5250	7500
Newport Custom						
4 dr Sed	150	300	900	1350	2700	3900
4 dr HdTp	150	350	950	1450	2900	4100
2 dr HdTp	150	350	950	1450	3000	4200
300, V-8, 124" wb						
4 dr HdTp	150	400	1000	1650	3150	4500
2 dr HdTp	200	500	1100	1900	3500	5000
2 dr HdTp Hurst	350	775	1500	3750	5250	7500
Conv	450	1000	2400	5000	7000	10,000
New Yorker, V-8, 124" wb						
4 dr Sed	150	350	950	1350	2800	4000
4 dr HdTp	150	350	950	1450	2900	4100
2 dr HdTp	150	400	1000	1600	3100	4400
Town & Country, V-8, 122" wb						
Sta Wag	150	350	950	1450	2900	4100
Imperial Crown, V-8, 127" wb						
4 dr HdTp	150	400	1000	1600	3100	4400
2 dr HdTp	150	450	1050	1700	3200	4600
Imperial LeBaron, V-8, 127" wb						
4 dr HdTp	150	400	1000	1650	3150	4500
2 dr HdTp	150	450	1050	1750	3250	4700
1971						
Newport Royal, V-8, 124" wb						
4 dr Sed	150	300	900	1250	2650	3800
4 dr HdTp	150	300	900	1350	2700	3900
2 dr HdTp	150	350	950	1350	2800	4000
Newport, V-8, 124" wb						
4 dr Sed	150	300	900	1350	2700	3900
4 dr HdTp	150	350	950	1350	2800	4000
2 dr HdTp	150	350	950	1450	2900	4100
Newport Custom						
4 dr Sed	150	350	950	1350	2800	4000
4 dr HdTp	150	350	950	1450	2900	4100
2 dr HdTp	150	350	950	1450	3000	4200
300						
4 dr HdTp	150	350	950	1450	3000	4200
2 dr HdTp	150	400	1000	1600	3100	4400
New Yorker						
4 dr Sed	150	350	950	1450	2900	4100
4 dr HdTp	150	350	950	1450	3000	4200
2 dr HdTp	150	400	1000	1550	3050	4300
Town & Country						
Sta Wag	150	300	900	1350	2700	3900
Imperial						
4 dr HdTp	150	400	1000	1650	3150	4500
2 dr HdTp	150	450	1050	1750	3250	4700
1972						
Newport Royal						
4 dr Sed	125	250	750	1150	2400	3400
4 dr HdTp	125	250	750	1150	2450	3500
2 dr HdTp	125	250	750	1150	2500	3600
Newport Custom						
4 dr Sed	125	250	750	1150	2450	3500

	6	5	4	3	2	1
4 dr HdTp	125	250	750	1150	2500	3600
2 dr HdTp	150	300	900	1250	2650	3800
New Yorker Brougham						
4 dr Sed	150	300	900	1350	2700	3900
4 dr HdTp	150	350	950	1350	2800	4000
2 dr HdTp	150	350	950	1450	2900	4100
Town & Country						
Sta Wag	150	300	900	1250	2650	3800
Imperial						
4 dr HdTp	150	400	1000	1550	3050	4300
2 dr HdTp	150	400	1000	1650	3150	4500

1973
Newport, V-8, 124" wb

	6	5	4	3	2	1
4 dr Sed	125	200	600	1100	2300	3300
4 dr Sed	125	250	750	1150	2450	3500
2 dr HdTp	125	250	750	1150	2500	3600
Newport Custom V-8						
4 dr	125	250	750	1150	2450	3500
2 dr HdTp	150	300	900	1250	2600	3700
4 dr HdTp	125	250	750	1150	2500	3600
New Yorker Brgm V-8						
4 dr	125	250	750	1150	2500	3600
2 dr HdTp	150	300	900	1250	2650	3800
4 dr HdTp	150	300	900	1250	2600	3700
Town & Country V-8						
Sta Wag 3S	125	200	600	1100	2300	3300
Imperial LeBaron V-8						
2 dr HdTp	150	400	1000	1550	3050	4300
4 dr HdTp	150	350	950	1450	3000	4200

1974
Newport V-8

	6	5	4	3	2	1
4 dr	125	250	750	1150	2400	3400
2 dr HdTp	150	300	900	1250	2650	3800
4 dr HdTp	125	250	750	1150	2450	3500
Newport Custom V-8						
4 dr	125	250	750	1150	2500	3600
2 dr HdTp	150	350	950	1350	2800	4000
4 dr HdTp	150	300	900	1250	2600	3700
New Yorker V-8						
4 dr	150	300	900	1250	2600	3700
4 dr HdTp	150	350	950	1450	3000	4200
New Yorker Brgm V-8						
4 dr	150	300	900	1350	2700	3900
2 dr HdTp	150	350	950	1450	3000	4200
4 dr HdTp	150	350	950	1350	2800	4000
Town & Country V-8						
3S Sta Wag	150	300	900	1350	2700	3900
Imperial LeBaron						
HdTp	150	400	1000	1600	3100	4400
4 dr HdTp	150	400	1000	1550	3050	4300

NOTE: Add 20 percent for Crown Coupe package (Orig. price $542).

1975
Cordoba V-8

	6	5	4	3	2	1
2 dr HdTp	150	400	1000	1650	3150	4500
Newport V-8						
2 dr HdTp	125	250	750	1150	2450	3500
4 dr	125	250	750	1150	2400	3400
4 dr HdTp	125	250	750	1150	2450	3500
Newport Custom V-8						
2 dr HdTp	125	250	750	1150	2500	3600
4 dr	125	250	750	1150	2450	3500
4 dr HdTp	125	250	750	1150	2500	3600
New Yorker Brgm V-8						
2 dr HdTp	150	300	900	1250	2650	3800
4 dr	125	250	750	1150	2500	3600
4 dr HdTp	150	300	900	1250	2650	3800
Town & Country V-8						
3S Sta Wag	125	250	750	1150	2500	3600
Imperial LeBaron						
HdTp	150	350	950	1450	2900	4100
4 dr HdTp	150	350	950	1350	2800	4000

NOTE: Add 20 percent for Crown Coupe package (Orig. price $569).

1976
Cordoba, V-8

	6	5	4	3	2	1
2 dr HdTp	200	500	1100	1900	3500	5000
Newport, V-8						
4 dr Sed	125	250	750	1150	2450	3500
2 dr HdTp	150	300	900	1350	2700	3900
4 dr HdTp	150	300	900	1250	2600	3700
Newport Custom, V-8						
4 dr Sed	125	250	750	1150	2500	3600
2 dr HdTp	150	350	950	1350	2800	4000
4 dr HdTp	150	300	900	1250	2650	3800
Town & Country, V-8						
2S Sta Wag	125	250	750	1150	2500	3600
3S Sta Wag	150	300	900	1250	2600	3700
New Yorker Brougham, V-8						
2 dr HdTp	150	350	950	1450	3000	4200
4 dr HdTp	150	300	900	1250	2650	3800

1977 Chrysler Cordoba

1977
LeBaron, V-8

4 dr Sed	150	300	900	1250	2650	3800
Cpe	150	350	950	1350	2800	4000
LeBaron Medallion, V-8						
4 dr Sed	150	350	950	1350	2800	4000
Cpe	150	350	950	1450	3000	4200
Cordoba, V-8						
2 dr HdTp	200	500	1100	1900	3500	5000
Newport, V-8						
4 dr Sed	125	250	750	1150	2500	3600
2 dr HdTp	150	350	950	1350	2800	4000
4 dr HdTp	150	300	900	1250	2650	3800
Town & Country, V-8						
2S Sta Wag	150	300	900	1250	2600	3700
3S Sta Wag	150	300	900	1250	2650	3800
New Yorker Brougham, V-8						
2 dr HdTp	150	400	1000	1650	3150	4500
4 dr HdTp	150	300	900	1350	2700	3900

1978
LeBaron

4 dr 'S' Sed	125	250	750	1150	2400	3400
'S' Cpe	125	250	750	1150	2450	3500
4 dr Sed	125	250	750	1150	2450	3500
Cpe	125	250	750	1150	2500	3600
Town & Country						
Sta Wag	125	250	750	1150	2450	3500
LeBaron Medallion						
4 dr Sed	125	250	750	1150	2500	3600
Cpe	150	300	900	1250	2600	3700
Cordoba						
Cpe	200	500	1100	1900	3500	5000

Newport

	6	5	4	3	2	1
4 dr	150	300	900	1250	2600	3700
2 dr	150	300	900	1250	2650	3800
New Yorker Brougham						
4 dr	150	300	900	1350	2700	3900
2 dr	150	350	950	1350	2800	4000
1979						
LeBaron, V-8						
4 dr Sed	125	250	750	1150	2450	3500
Cpe	125	250	750	1150	2500	3600
LeBaron Salon, V-8						
4 dr Sed	125	250	750	1150	2500	3600
Cpe	150	300	900	1250	2600	3700
LeBaron Medallion, V-8						
4 dr Sed	150	300	900	1250	2650	3800
Cpe	150	300	900	1350	2700	3900
LeBaron Town & Country						
Sta Wag	150	300	900	1250	2650	3800
NOTE: Deduct 5 percent for 6-cyl.						
Cordoba, V-8						
Cpe	200	500	1100	1850	3350	4900
NOTE: Add 20 percent for 300 option.						
Newport, V-8						
4 dr Sed	150	300	900	1350	2700	3900
NOTE: Deduct 7 percent for 6-cyl.						
New Yorker, V-8						
4 dr Sed	150	350	950	1450	2900	4100
1980						
LeBaron, V-8						
4 dr Sed Spl 6-cyl	125	250	750	1150	2450	3500
4 dr Sed	125	250	750	1150	2500	3600
2 dr Cpe	150	300	900	1250	2650	3800
4 dr Sta Wag	150	300	900	1350	2700	3900
4 dr Sed Salon	150	300	900	1250	2600	3700
2 dr Cpe Salon	150	300	900	1250	2650	3800
4 dr Sta Wag T&C	150	350	950	1350	2800	4000
4 dr Sed Medallion	150	300	900	1350	2700	3900
2 dr Cpe Medallion	150	350	950	1350	2800	4000
Cordoba, V-8						
2 dr Cpe Specialty	200	650	1250	2400	4200	6000
2 dr Cpe Spl Crown	350	700	1350	2800	4550	6500
2 dr Cpe Spl LS	200	650	1250	2400	4150	5900
NOTE: Deduct 12 percent for 6-cyl.						
Newport, V-8						
4 dr Sed	150	400	1000	1550	3050	4300
New Yorker, V-8						
4 dr Sed	150	400	1000	1650	3150	4500
1981						
LeBaron, V-8						
4 dr Sed Spl	150	300	900	1250	2600	3700
2 dr Cpe Spl	150	300	900	1250	2650	3800
4 dr Sta Wag	150	350	950	1350	2800	4000
4 dr Sed Salon	150	300	900	1350	2700	3900
2 dr Cpe Salon	150	350	950	1350	2800	4000
4 dr Sta Wag T&C	150	350	950	1450	2900	4100
4 dr Sed Medallion	150	350	950	1350	2800	4000
2 dr Cpe Medallion	150	350	950	1450	2900	4100
NOTE: Deduct 12 percent for 6-cyl.						
Cordoba, V-8						
2 dr Cpe Specialty LS	200	650	1250	2400	4200	6000
2 dr Cpe Specialty	200	675	1300	2500	4300	6100
NOTE: Deduct 12 percent for 6-cyl.						
Newport, V-8						
4 dr Sed	150	400	1000	1600	3100	4400
NOTE: Deduct 10 percent for 6-cyl.						
New Yorker, V-8						
4 dr Sed	150	450	1050	1700	3200	4600
Imperial, V-8						
2 dr Cpe	200	650	1250	2400	4200	6000
1982						
LeBaron, 4-cyl.						
4 dr Sed	150	350	950	1350	2800	4000
2 dr Cpe Specialty	150	350	950	1350	2800	4000

	6	5	4	3	2	1
2 dr Conv	200	550	1150	2100	3800	5400
4 dr Sed Medallion	150	350	950	1450	2900	4100
2 dr Cpe Specialty Medallion	150	350	950	1450	2900	4100
2 dr Conv Medallion	200	600	1200	2200	3850	5500
4 dr Sta Wag T&C	150	400	1000	1600	3100	4400
Cordoba, V-8						
2 dr Cpe Specialty LS	200	675	1300	2500	4300	6100
2 dr Cpe Specialty	200	675	1300	2500	4350	6200
NOTE: Deduct 12 percent for 6-cyl.						
New Yorker, V-8						
4 dr Sed	150	450	1050	1750	3250	4700
NOTE: Deduct 11 percent for 6-cyl.						
Imperial, V-8						
2 dr Cpe Luxury	200	650	1250	2400	4200	6000
1983						
LeBaron, 4-cyl.						
4 dr Sed	150	350	950	1450	2900	4100
2 dr Cpe	150	350	950	1450	2900	4100
4 dr Limo	200	500	1100	1850	3350	4900
4 dr Sta Wag T&C	150	400	1000	1650	3150	4500
2 dr Conv	200	600	1200	2200	3850	5500
E Class, 4-cyl.						
4 dr Sed	150	400	1000	1650	3150	4500
Cordoba, V-8						
2 dr Cpe	200	675	1300	2600	4400	6300
NOTE: Deduct 12 percent for 6-cyl.						
New Yorker, 4-cyl.						
4 dr Sed	150	450	1050	1800	3300	4800
New Yorker Fifth Avenue, V-8						
4 dr Sed	200	500	1100	1850	3350	4900
4 dr Sed Luxury	200	500	1100	1900	3500	5000
NOTE: Deduct 12 percent for 6-cyl.						
Imperial, V-8						
2 dr Cpe	200	650	1250	2400	4200	6000

CORD

1930 Cord L-29 roadster (IMSC)

1930
Series L-29, 8-cyl., 137.5" wb

4P Cab	3500	19,200	33,600	56,000	89,000	112,000
5P Brgm	2000	10,800	21,600	36,000	50,500	72,000
5P Sed	2000	10,500	21,000	35,000	49,000	70,000
Sed Phae	6000	30,300	57,000	86,000	112,000	145,000

1931
Series L-29, 8-cyl., 137.5" wb

	6	5	4	3	2	1
2-4P Cabr	5000	20,600	34,800	58,000	91,000	116,000
5P Brgm	2000	11,100	22,200	37,000	52,000	74,000
5P Sed	2000	10,800	21,600	36,000	50,500	72,000
Sed Phae	6000	30,300	57,000	86,000	112,000	145,000

1932
Series L-29, 8-cyl., 137.5" wb

2-4P Cabr	5000	20,600	34,800	58,000	91,000	116,000
5P Brgm	2000	11,100	22,200	37,000	52,000	74,000
5P Sed	2000	10,800	21,600	36,000	50,500	72,000
Sed Phae	6000	30,300	57,000	86,000	112,000	145,000

1933-34-35
(Not Manufacturing)

1936 Cord Sportsman convertible

1936
Model 810, 8-cyl., 125" wb

Phae	3500	15,700	30,600	51,000	81,000	102,000
Sportsman	3500	16,400	31,200	52,000	83,000	104,000
West Sed	1500	7500	15,000	25,000	35,000	50,000
Bev Sed	1500	7800	15,600	26,000	36,400	52,000

1937
Model 812, 8-cyl., 125" wb

Phae	3500	15,700	30,600	51,000	81,000	102,000
Sportsman	3500	16,400	31,200	52,000	83,000	104,000
West Sed	1500	7500	15,000	25,000	35,000	50,000
Bev Sed	1500	7800	15,600	26,000	36,400	52,000

Model 812, 8-cyl., 132" wb

Cus Bev	1500	7950	15,900	26,500	37,100	53,000
Cus Berline	2000	8100	16,200	27,000	37,800	54,000

NOTE: Add $2000 for supercharged models;
factory prices for supercharged Cords.

CROSLEY

1939
2-cyl., 80" wb

Conv	125	250	750	1150	2450	3500

1940
2-cyl., 80" wb

Conv	125	250	750	1150	2450	3500
Sed	125	200	600	1100	2250	3200
Sta Wag	125	250	750	1150	2500	3600

1941
2-cyl., 80" wb

Conv	125	250	750	1150	2450	3500

	6	5	4	3	2	1
Sed	125	200	600	1100	2250	3200
Sta Wag	125	250	750	1150	2500	3600
1942						
4-cyl., 80" wb						
Conv	125	250	750	1150	2400	3400
Sed	125	200	600	1100	2250	3200
Sta Wag	125	250	750	1150	2450	3500
1946-47-48						
4-cyl., 80" wb						
Conv	150	350	950	1350	2800	4000
Sed	125	250	750	1150	2450	3500
Sta Wag	150	300	900	1250	2650	3800

*NOTE: Factory prices are for 1948.

1949 Crosley, 2 dr station wagon, 4-cyl

1949						
4-cyl., 80" wb						
Conv	150	350	950	1350	2800	4000
Sed	125	250	750	1150	2450	3500
Sta Wag	150	300	900	1250	2650	3800
1950						
Standard, 4-cyl., 80" wb						
Conv	150	350	950	1350	2800	4000
Sed	125	250	750	1150	2450	3500
Sta Wag	150	300	900	1250	2650	3800
Super, 4-cyl., 80" wb						
Conv.	150	350	950	1450	2900	4100
Sed	125	250	750	1150	2500	3600
Sta Wag	150	300	900	1350	2700	3900
Hot Shot, 4-cyl., 85" wb						
Rdst	150	400	1000	1650	3150	4500
1951						
Standard, 4-cyl., 80" wb						
Cpe	125	250	750	1150	2450	3500
Sta Wag	150	300	900	1250	2650	3800
Super, 4-cyl., 80" wb						
Conv	150	350	950	1350	2800	4000
Sed	150	300	900	1250	2600	3700
Sta Wag	150	300	900	1350	2700	3900
Hot Shot, 4-cyl., 85" wb						
Rdst	150	450	1050	1750	3250	4700
1952						
Standard, 4-cyl., 80" wb						
Cpe	125	250	750	1150	2450	3500
Sta Wag	150	300	900	1250	2650	3800
Super, 4-cyl., 80" wb						
Conv	150	350	950	1450	2900	4100

	6	5	4	3	2	1
Sed	125	250	750	1150	2500	3600
Sta Wag	150	300	900	1350	2700	3900
Hot Shot, 4-cyl., 85" wb						
Rdst	150	450	1050	1750	3250	4700
CROSLEY TRUCKS						
1942						
4-cyl., 80" wb						
Parkway Dely	125	250	750	1150	2500	3600
Pickup Dely	125	250	750	1150	2500	3600
Panel Dely	150	300	900	1250	2600	3700
1946-47-48						
4-cyl., 80" wb						
Spt Utility	125	200	600	1100	2300	3300
Pickup	125	250	750	1150	2400	3400
Panel	125	250	750	1150	2450	3500
NOTE: Factory prices are for 1948.						
1949						
4-cyl., 80" wb						
Pickup	125	250	750	1150	2450	3500
Panel	125	250	750	1150	2500	3600
1950						
4-cyl., 80" wb						
Pickup	125	250	750	1150	2450	3500
Panel	125	250	750	1150	2500	3600
1951						
4-cyl., 80" wb						
Pickup	125	250	750	1150	2450	3500
Panel	125	250	750	1150	2500	3600
1952						
4-cyl., 80" wb						
Pickup	125	250	750	1150	2500	3600
Panel	150	300	900	1250	2600	3700

DATSUN

	6	5	4	3	2	1
1960						
4-cyl., 87.4" wb, 1189 cc						
Fairlady Rdst SPL 212	350	700	1350	2800	4550	6500
1961-1962						
4-cyl., 86.6" wb, 1189 cc						
Fairlady Rdst SPL 213	350	700	1350	2800	4550	6500
1963-1965						
4-cyl., 89.8" wb, 1488 cc						
1500 Rdst SPL 310	350	700	1350	2800	4550	6500
1966						
4-cyl., 89.8" wb, 1595 cc						
1600 Rdst SPL 311	200	675	1300	2500	4350	6200
1967						
4-cyl., 89.8" wb, 1595 cc						
1600 Rdst SPL 311, Early model	200	675	1300	2500	4350	6200
2000 Rdst SRL 311, Late model	350	725	1400	3000	4700	6700
1968						
4-cyl., 95.3" wb, 1595 cc						
4 dr Sed 510	100	175	525	1050	2100	3000
4-cyl., 89.8" wb, 1595 cc						
1600 Rdst SPL 311	200	650	1250	2400	4200	6000
4-cyl., 89.8" wb, 1982 cc						
2000 Rdst SRL 311	350	750	1450	3300	4900	7000
1969						
4-cyl., 95.3" wb, 1595 cc						
2 dr Sed 510	125	200	600	1100	2250	3200
4 dr Sed 510	100	175	525	1050	2100	3000
4-cyl., 89.8" wb, 1595 cc						
1600 Rdst SPL 311	200	550	1150	2000	3600	5200
4-cyl., 89.8" wb, 1982 cc						
2000 Rdst SRL 311	350	750	1450	3500	5050	7200

1970 Datsun 240Z two-door coupe

1970
4-cyl., 95.3" wb, 1595 cc

	6	5	4	3	2	1
2 dr Sed 510	125	200	600	1100	2300	3300
4 dr Sed 510	125	200	600	1100	2200	3100
4-cyl., 89.8" wb, 1595 cc						
1600 Rdst SPL 311	200	650	1200	2300	4100	5800
4-cyl., 89.8" wb, 1982 cc						
2000 Rdst SRL 311	350	700	1350	2800	4550	6500
6-cyl., 90.7" wb, 2393 cc						
240Z 2 dr Cpe	350	825	1600	4000	5600	8000
1971						
4-cyl., 95.3" wb, 1595 cc						
2 dr Sed 510	125	200	600	1100	2250	3200
4 dr Sed 510	100	175	525	1050	2100	3000
6-cyl., 90.7" wb, 2393 cc						
240Z 2 dr Cpe	350	750	1450	3300	4900	7000
1972						
4-cyl., 95.3" wb, 1595 cc						
2 dr Sed 510	125	200	600	1100	2250	3200
4 dr Sed 510	125	200	600	1100	2250	3200
6-cyl., 90.7" wb, 2393 cc						
240Z 2 dr Cpe	350	750	1450	3300	4900	7000
1973						
4-cyl., 95.3" wb, 1595 cc						
2 dr Sed 510	125	200	600	1100	2250	3200
6-cyl., 90.7" wb, 2393 cc						
240Z 2 dr Cpe	200	650	1250	2400	4200	6000
1974						
6-cyl., 90.7" wb, 2565 cc						
260Z 2 dr Cpe	200	650	1250	2400	4200	6000
6-cyl., 102.6" wb, 2565 cc						
260Z 2 dr Cpe 2 plus 2	200	675	1300	2500	4350	6200
1975						
6-cyl., 90.7" wb, 2565 cc						
260Z 2 dr Cpe	350	750	1450	3300	4900	7000
6-cyl., 102.6" wb, 2565 cc						
260Z 2 dr Cpe 2 plus 2	350	750	1450	3500	5050	7200
6-cyl., 90.7" wb, 2753 cc						
280Z 2 dr Cpe	350	775	1500	3750	5250	7500
6-cyl., 102.6" wb, 2753 cc						
280Z 2 dr Cpe 2 plus 2	350	775	1500	3750	5250	7500
1976						
6-cyl., 90.7" wb, 2753 cc						
280Z 2 dr Cpe	350	825	1600	4000	5600	8000
6-cyl., 102.6" wb, 2753 cc						
280Z 2 dr Cpe 2 plus 2	350	850	1650	4100	5700	8200
1977						
6-cyl., 104.3" wb, 2393 cc						
4 dr Sed 810	100	175	525	1050	2100	3000
6-cyl., 90.7" wb, 2753 cc						
280Z 2 dr Cpe	350	825	1600	4000	5600	8000
6-cyl., 102.6" wb, 2753 cc						
280Z 2 dr Cpe 2 plus 2	350	850	1650	4100	5700	8200

DATSUN/NISSAN

1978
4-cyl., 92.1" wb, 1952 cc

	6	5	4	3	2	1
200SX Cpe	150	300	900	1250	2650	3800
6-cyl., 90.7" wb, 149 hp						
280Z Cpe	350	825	1600	4000	5600	8000
Cpe 2 plus 2	350	850	1650	4100	5700	8200
1979						
4-cyl., 92.1" wb, 1952 cc						
200SX Cpe	150	300	900	1250	2650	3800
280ZX Cpe	350	875	1700	4250	5900	8500
280ZX Cpe 2 plus 2	350	875	1700	4300	6000	8600

DESOTO

1929
Model K, 6-cyl.

Rds	800	4100	8250	13,750	19,250	27,500
Phae	800	4300	8550	14,250	19,950	28,500
Bus Cpe	450	950	2100	4750	6650	9500
DeL Cpe	450	1000	2400	5000	7000	10,000
2 dr Sed	350	875	1700	4350	6050	8700
4 dr Sed	350	875	1700	4350	6050	8700
DeL Sed	450	900	1900	4500	6300	9000
1930						
Model CK, 6-cyl.						
Rds	800	4000	7950	13,250	18,550	26,500
Tr	800	4100	8250	13,750	19,250	27,500
Bus Cpe	450	900	1900	4500	6300	9000
DeL Cpe	450	950	2100	4750	6650	9500
2 dr Sed	350	825	1600	4000	5600	8000
Sed	350	875	1700	4250	5900	8500
Model CF, 8-cyl.						
Rds	800	4100	8250	13,750	19,250	27,500
Phae	800	4300	8550	14,250	19,950	28,500
Bus Cpe	450	950	2100	4750	6650	9500
DeL Cpe	450	1000	2400	5000	7000	10,000
Sed	450	950	2100	4750	6650	9500
DeL Sed	450	1000	2400	5000	7000	10,000
Conv	800	4000	7950	13,250	18,550	26,500

1931 DeSoto, Model SA roadster, 6-cyl

1931
Model SA, 6-cyl.

	6	5	4	3	2	1
Rds	800	4100	8250	13,750	19,250	27,500
Phae	800	4300	8550	14,250	19,950	28,500
Cpe	350	825	1600	4000	5600	8000
DeL Cpe	450	950	2100	4750	6650	9500
2 dr Sed	350	825	1600	3950	5500	7900
Sed	350	825	1600	3950	5500	7900
DeL Sed	350	875	1700	4250	5900	8500
Conv	800	4000	7950	13,250	18,550	26,500
Model CF, 8-cyl.						
Rds	800	4300	8550	14,250	19,950	28,500
Bus Cpe	450	1000	2400	5000	7000	10,000
DeL Cpe	450	1025	2600	5200	7200	10,400
Sed	450	975	2300	4900	6850	9800
DeL Sed	450	1000	2400	5000	7000	10,000
Conv	800	4100	8250	13,750	19,250	27,500

1932
SA, 6-cyl., 109" wb

	6	5	4	3	2	1
Phae	800	4400	8850	14,750	20,650	29,500
Rds	800	4300	8550	14,250	19,950	28,500
Cpe	450	1025	2600	5250	7300	10,500
DeL Cpe	450	1025	2600	5250	7300	10,500
Conv	800	4100	8250	13,750	19,250	27,500
2 dr Sed	350	825	1600	4000	5600	8000
Sed	350	850	1650	4100	5700	8200
DeL Sed	350	875	1700	4250	5900	8500
SC, 6-cyl., 112" wb						
2 dr Conv Sed	800	4100	8250	13,750	19,250	27,500
Rds	800	4300	8550	14,250	19,950	28,500
Phae	800	4400	8850	14,750	20,650	29,500
Conv	800	4000	7950	13,250	18,550	26,500
Bus Cpe	450	1025	2600	5250	7300	10,500
RS Cpe	450	1125	3450	5750	8050	11,500
Sed	350	825	1600	4000	5600	8000
DeL Sed	350	875	1700	4300	6000	8600
CF, 8-cyl., 114" wb						
Rds	800	4400	8850	14,750	20,650	29,500
Bus Cpe	450	1075	3000	5500	7700	11,000
DeL Cpe	450	1150	3600	6000	8400	12,000
Brgm	350	825	1600	4000	5600	8000
Sed	350	875	1700	4250	5900	8500
DeL Sed	350	875	1700	4350	6050	8700

1933
SD, 6-cyl.

	6	5	4	3	2	1
Conv	800	3800	7650	12,750	17,850	25,500
2 dr Conv Sed	800	4100	8250	13,750	19,250	27,500
2P Cpe	450	900	1800	4400	6150	8800
RS Cpe	450	1025	2600	5250	7300	10,500
DeL Cpe	450	1025	2600	5250	7300	10,500
2 dr Std Brgm	350	875	1700	4350	6050	8700
Cus Brgm	450	900	1900	4500	6300	9000
Sed	350	875	1700	4250	5900	8500
Cus Sed	450	900	1800	4400	6150	8800

1934
Airflow SE, 6-cyl.

	6	5	4	3	2	1
Cpe	450	1025	2600	5250	7300	10,500
Brgm	450	1075	3000	5500	7700	11,000
Sed	450	900	1900	4500	6300	9000
Twn Sed	450	1125	3450	5750	8050	11,500

1935
Airstream, 6-cyl.

	6	5	4	3	2	1
Bus Cpe	350	775	1500	3600	5100	7300
Cpe	350	800	1550	3900	5450	7800
Conv	800	3750	7500	12,500	17,500	25,000
2 dr Sed	200	650	1250	2400	4150	5900
2 dr Tr Sed	200	675	1300	2500	4300	6100
Sed	350	700	1350	2700	4500	6400
Tr Sed	350	700	1350	2800	4550	6500
Airflow, 6-cyl.						
Bus Cpe	450	1025	2500	5150	7150	10,300
Cpe	450	1050	2800	5400	7500	10,800
Sed	450	900	1800	4400	6150	8800

	6	**5**	**4**	**3**	**2**	**1**
Twn Sed	450	1100	3300	5650	7900	11,300
1936						
DeLuxe Airstream S-1, 6-cyl.						
Bus Cpe	350	725	1400	3200	4850	6900
Tr Brgm	350	725	1400	3100	4800	6800
Tr Sed	350	750	1450	3400	5000	7100
Custom Airstream S-1, 6-cyl.						
Bus Cpe	350	750	1450	3300	4900	7000
Cpe	350	775	1500	3600	5100	7300
Conv	800	4050	8100	13,500	18,900	27,000
Tr Brgm	350	750	1450	3500	5050	7200
Tr Sed	350	775	1500	3700	5200	7400
Conv Sed	800	4200	8400	14,000	19,600	28,000
Trv Sed	350	800	1550	3850	5400	7700
7P Sed	350	800	1550	3900	5450	7800
Airflow III S-2, 6-cyl.						
Cpe	450	975	2300	4900	6850	9800
Sed	350	875	1700	4250	5900	8500
1937						
S-3, 6-cyl.						
Conv	800	4200	8400	14,000	19,600	28,000
Conv Sed	800	4350	8700	14,500	20,300	29,000
Bus Cpe	350	725	1400	3100	4800	6800
Cpe	350	775	1500	3600	5100	7300
Brgm	350	700	1350	2700	4500	6400
Tr Brgm	350	700	1350	2800	4550	6500
Sed	350	700	1350	2900	4600	6600
Tr Sed	350	725	1400	3000	4700	6700
7P Sed	350	725	1400	3100	4800	6800
Limo	450	925	1900	4550	6350	9100
1938						
S-5, 6-cyl.						
Conv	800	4200	8400	14,000	19,600	28,000
Conv Sed	800	4350	8700	14,500	20,300	29,000
Bus Cpe	350	725	1400	3200	4850	6900
Cpe	350	775	1500	3700	5200	7400
Tr Brgm	350	725	1400	3100	4800	6800
Sed	350	750	1450	3300	4900	7000
Tr Sed	350	725	1400	3200	4850	6900
7P Sed	350	850	1650	4150	5800	8300
Limo	450	950	2200	4800	6700	9600
1939						
S-6 DeLuxe, 6-cyl.						
Bus Cpe	350	775	1500	3600	5100	7300
Cpe	350	775	1500	3750	5250	7500
Tr Sed	350	725	1400	3100	4800	6800
Tr Sed	350	725	1400	3200	4850	6900
Limo	350	800	1550	3850	5400	7700
S-6 Custom, 6-cyl.						
Cpe	350	725	1400	3200	4850	6900
Custom Cpe	350	750	1450	3300	4900	7000
Custom Clb Cpe	350	850	1650	4150	5800	8300
2 dr Tr Sed	350	775	1500	3750	5250	7500
Tr Sed	350	800	1550	3800	5300	7600
7P Sed	350	800	1550	3850	5400	7700
Limo	450	950	2200	4800	6700	9600
1940						
S-7 DeLuxe, 6-cyl.						
Bus Cpe	350	800	1550	3900	5450	7800
Cpe	350	850	1650	4150	5800	8300
2 dr Tr Sed	350	725	1400	3000	4700	6700
4 dr Tr Sed	350	725	1400	3200	4850	6900
7P Sed	350	850	1650	4200	5850	8400
S-7 Custom, 6-cyl.						
Conv	800	3900	7800	13,000	18,200	26,000
2P Cpe	350	750	1450	3300	4900	7000
Clb Cpe	350	750	1450	3400	5000	7100
2 dr Sed	350	750	1450	3300	4900	7000
Sed	350	750	1450	3400	5000	7100
7P Sed	450	900	1800	4400	6150	8800
Limo	450	925	2000	4650	6500	9300

1941
S-8 DeLuxe, 6-cyl.

	6	5	4	3	2	1
Bus Cpe	350	800	1550	3900	5450	7800
Cpe	350	850	1650	4150	5800	8300
2 dr Sed	350	725	1400	3200	4850	6900
Sed	350	750	1450	3400	5000	7100
7P Sed	350	875	1700	4350	6050	8700

S-8 Custom, 6-cyl.

Conv	800	4050	8100	13,500	18,900	27,000
Cpe	350	850	1650	4150	5800	8300
Clb Cpe	450	900	1800	4400	6150	8800
2 dr Brgm	350	775	1500	3600	5100	7300
4 dr Sed	350	775	1500	3600	5100	7300
Twn Sed	350	775	1500	3750	5250	7500
Limo	450	975	2300	4900	6850	9800
7P Sed	350	850	1650	4150	5800	8300

1942
S-10 DeLuxe, 6-cyl.

Bus Cpe	350	775	1500	3750	5250	7500
Cpe	350	800	1550	3900	5450	7800
2 dr Sed	350	750	1450	3400	5000	7100
Sed	350	750	1450	3400	5000	7100
Twn Sed	350	775	1500	3600	5100	7300
7P Sed	450	950	2200	4800	6700	9600

S-10 Custom, 6-cyl.

Conv	800	3900	7800	13,000	18,200	26,000
Cpe	350	850	1650	4150	5800	8300
Clb Cpe	450	900	1800	4400	6150	8800
Brgm	350	825	1600	3950	5500	7900
4 dr Sed	350	825	1600	4000	5600	8000
Twn Sed	350	825	1600	4050	5650	8100
7P Sed	450	1000	2400	5000	7000	10,000
Limo	450	1000	2400	5050	7050	10,100

1946
S-11 DeLuxe, 6-cyl.

Cpe	350	750	1450	3300	4900	7000
Clb Cpe	350	775	1500	3600	5100	7300
2 dr Sed	200	650	1250	2400	4200	6000
Sed	200	675	1300	2600	4400	6300

S-11 Custom, 6-cyl.

Conv	800	3400	6900	11,500	16,100	23,000
Clb Cpe	350	800	1550	3900	5450	7800
2 dr Sed	200	675	1300	2600	4400	6300
Sed	200	675	1300	2600	4400	6300
7P Sed	350	750	1450	3300	4900	7000
Limo	350	775	1500	3600	5100	7300
Sub	450	925	2000	4650	6500	9300

1947
S-11 DeLuxe, 6-cyl.

Cpe	350	750	1450	3300	4900	7000
Clb Cpe	350	775	1500	3600	5100	7300
2 dr Sed	200	650	1250	2400	4200	6000
Sed	200	675	1300	2600	4400	6300

S-11 Custom, 6-cyl.

Conv	800	3400	6900	11,500	16,100	23,000
Clb Cpe	350	800	1550	3900	5450	7800
2 dr Sed	200	675	1300	2600	4400	6300
Sed	200	675	1300	2600	4400	6300
7P Sed	350	750	1450	3300	4900	7000
Limo	350	775	1500	3600	5100	7300
Sub	450	925	2000	4650	6500	9300

1948
S-11 DeLuxe, 6-cyl.

Cpe	350	750	1450	3300	4900	7000
Clb Cpe	350	775	1500	3600	5100	7300
2 dr Sed	200	650	1250	2400	4200	6000
Sed	200	675	1300	2600	4400	6300

S-11 Custom, 6-cyl.

Conv	800	3400	6900	11,500	16,100	23,000
Clb Cpe	350	800	1550	3900	5450	7800
2 dr Sed	200	675	1300	2600	4400	6300
Sed	200	675	1300	2600	4400	6300
7P Sed	350	750	1450	3300	4900	7000

	6	**5**	**4**	**3**	**2**	**1**
Limo	350	775	1500	3600	5100	7300
Sub	450	925	2000	4650	6500	9300

1949

First series values same as 1947-48

SECOND SERIES
S-13 DeLuxe, 6-cyl.

Clb Cpe	350	700	1350	2800	4550	6500
Sed	200	675	1300	2600	4400	6300
C-A Sed	200	675	1300	2500	4350	6200
Sta Wag	450	1175	3700	6150	8600	12,300

S-13 Custom, 6-cyl.

Conv	650	2600	5500	9250	12,950	18,500
Clb Cpe	350	725	1400	3100	4800	6800
Sed	200	675	1300	2500	4300	6100
8P Sed	350	700	1350	2700	4500	6400
Sub	350	800	1550	3900	5450	7800

1950
S-14 DeLuxe, 6-cyl.

Clb Cpe	200	675	1300	2500	4350	6200
Sed	200	650	1250	2400	4200	6000
C-A Sed	350	700	1350	2700	4500	6400
8P Sed	350	725	1400	3200	4850	6900

S-14 Custom, 6-cyl.

Conv	650	2200	5250	8750	12,250	17,500
Sptman 2 dr HdTp	450	900	1800	4400	6150	8800
Clb Cpe	200	675	1300	2600	4400	6300
Sed	200	675	1300	2500	4300	6100
6P Sta Wag	450	1175	3700	6150	8600	12,300
Stl Sta Wag	450	925	2000	4650	6500	9300
8P Sed	350	725	1400	3100	4800	6800
Sub Sed	350	775	1500	3600	5100	7300

1951
DeLuxe, 6-cyl., 125.5" wb

Sed	200	650	1200	2300	4100	5800
Clb Cpe	200	650	1250	2400	4150	5900
C-A Sed	200	675	1300	2500	4300	6100

DeLuxe, 6-cyl., 139.5" wb

Sed	200	675	1300	2500	4350	6200

Custom, 6-cyl., 125.5" wb

Sed	200	650	1200	2300	4100	5800
Clb Cpe	200	650	1250	2400	4200	6000
Sptman 2 dr HdTp	350	850	1650	4150	5800	8300
Conv	650	2200	5250	8750	12,250	17,500
Sta Wag	450	900	1800	4400	6150	8800

Custom, 6-cyl., 139.5" wb

Sed	200	650	1200	2300	4100	5800
Sub	200	675	1300	2500	4300	6100

1952
DeLuxe, 6-cyl., 125.5" wb

Sed	200	650	1200	2300	4100	5800
Clb Cpe	200	650	1250	2400	4150	5900
C-A Sed	200	675	1300	2500	4300	6100

DeLuxe, 6-cyl., 139.5" wb

Sed	200	675	1300	2500	4350	6200

Custom, 6-cyl., 125.5" wb

Sed	200	650	1200	2300	4100	5800
Clb Cpe	200	650	1250	2400	4200	6000
Sptman 2 dr HdTp	350	875	1700	4250	5900	8500
Conv	650	2200	5250	8750	12,250	17,500
Sta Wag	350	775	1500	3600	5100	7300

Custom, 6-cyl., 139.5" wb

Sed	200	650	1250	2400	4200	6000
Sub	200	675	1300	2600	4400	6300

Firedome, V-8, 125.5" wb

Sed	200	675	1300	2500	4350	6200
Clb Cpe	350	700	1350	2700	4500	6400
Sptman 2 dr HdTp	450	950	2100	4750	6650	9500
Conv	650	2600	5500	9250	12,950	18,500
Sta Wag	350	875	1700	4250	5900	8500

Firedome, V-8, 139.5" wb

8P Sed	350	725	1400	3100	4800	6800

1953 DeSoto Powermaster Sportsman

1953
Powermaster Six, 6-cyl., 125.5" wb

	6	5	4	3	2	1
Sed	200	675	1300	2500	4300	6100
Clb Cpe	200	675	1300	2600	4400	6300
Sptman 2 dr HdTp	350	825	1600	4000	5600	8000
Sta Wag	350	725	1400	3100	4800	6800
Powermaster Six, 6-cyl., 139.5" wb						
Sed	200	675	1300	2600	4400	6300
Firedome, V-8, 125.5" wb						
Sed	350	700	1350	2900	4600	6600
Clb Cpe	350	725	1400	3100	4800	6800
Sptman 2 dr HdTp	450	900	1900	4500	6300	9000
Conv	650	2200	5250	8750	12,250	17,500
Sta Wag	350	775	1500	3600	5100	7300
Firedome, V-8, 139.5" wb						
Sed	350	700	1350	2900	4600	6600

1954
Powermaster Six, 6-cyl., 125.5" wb

Sed	200	675	1300	2500	4350	6200
Clb Cpe	200	675	1300	2600	4400	6300
Sta Wag	350	700	1350	2900	4600	6600
Powermaster Six, 6-cyl., 139.5" wb						
Sed	200	650	1250	2400	4200	6000
Firedome, V-8, 125.5" wb						
Sed	350	700	1350	2900	4600	6600
Clb Cpe	350	725	1400	3100	4800	6800
Sptman 2 dr HdTp	450	1025	2600	5250	7300	10,500
Conv	650	2600	5500	9250	12,950	18,500
Sta Wag	350	750	1450	3300	4900	7000
Firedome, V-8, 139.5" wb						
Sed	350	700	1350	2800	4550	6500

1955
Firedome, V-8

Sed	200	650	1250	2400	4150	5900
2 dr HdTp	450	900	1900	4500	6300	9000
Sptman 2 dr HdTp	450	1150	3600	6000	8400	12,000
Conv	800	3000	6000	10,000	14,000	20,000
Sta Wag	350	725	1400	3200	4850	6900
Fireflite, V-8						
Sed	200	675	1300	2500	4300	6100
Sptman 2 dr HdTp	500	1250	3900	6500	9100	13,000
Conv	800	3300	6600	11,000	15,400	22,000

1956
Firedome, V-8

Sed	200	650	1250	2400	4150	5900

	6	5	4	3	2	1
4 dr HdTp Sev	350	700	1350	2800	4550	6500
4 dr HdTp Sptman	350	750	1450	3300	4900	7000
2 dr HdTp Sev	450	900	1900	4500	6300	9000
2 dr HdTp Sptman	450	1075	3000	5500	7700	11,000
Conv	650	2800	5700	9500	13,300	19,000
Sta Wag	350	775	1500	3700	5200	7400
Fireflite, V-8						
Sed	200	675	1300	2500	4300	6100
4 dr HdTp Sptman	350	825	1600	4000	5600	8000
2 dr HdTp Sptman	450	1150	3600	6000	8400	12,000
Conv	800	3150	6300	10,500	14,700	21,000
Conv Pace Car	800	3600	7200	12,000	16,800	24,000
Adventurer						
HdTp	450	1150	3600	6000	8400	12,000
1957						
Firesweep, V 8, 122" wb						
Sed	150	400	1000	1600	3100	4400
4 dr HdTp Sptman	200	650	1250	2400	4200	6000
2 dr HdTp Sptman	350	750	1450	3300	4900	7000
2S Sta Wag	150	400	1000	1600	3100	4400
3S Sta Wag	150	400	1000	1650	3150	4500
Firedome, V-8, 126" wb						
Sed	150	450	1050	1700	3200	4600
4 dr HdTp Sptman	200	675	1300	2500	4350	6200
2 dr HdTp Sptman	350	775	1500	3750	5250	7500
Conv	550	1750	4800	8000	11,200	16,000
Fireflite, V-8, 126" wb						
Sed	150	450	1050	1700	3200	4600
4 dr HdTp Sptman	350	700	1350	2800	4550	6500
2 dr HdTp Sptman	350	825	1600	4000	5600	8000
Conv	650	2300	5400	9000	12,600	18,000
2S Sta Wag	150	400	1000	1650	3150	4500
3S Sta Wag	150	450	1050	1700	3200	4600
Fireflite Adventurer, 126" wb						
2 dr HdTp	350	875	1700	4250	5900	8500
Conv	800	3000	6000	10,000	14,000	20,000

NOTE: A DeSoto Fireflite convertible placed the Indy 500 this year.

1958 DeSoto Firesweep station wagon

1958
Firesweep, V-8

Sed	150	400	1000	1600	3100	4400
4 dr HdTp Sptman	200	650	1250	2400	4200	6000
2 dr HdTp Sptman	350	750	1450	3300	4900	7000
Conv	550	1750	4800	8000	11,200	16,000
2S Sta Wag	150	400	1000	1600	3100	4400
3S Sta Wag	150	400	1000	1650	3150	4500
Firedome, V-8						
Sed	150	450	1050	1700	3200	4600

	6	5	4	3	2	1
4 dr HdTp Sptman	200	675	1300	2600	4400	6300
2 dr HdTp Sptman	350	775	1500	3750	5250	7500
Conv	650	2300	5400	9000	12,600	18,000
Fireflite, V-8						
Sed	150	450	1050	1800	3300	4800
4 dr HdTp Sptman	350	700	1350	2800	4550	6500
2 dr HdTp Sptman	350	825	1600	4000	5600	8000
Conv	800	3000	6000	10,000	14,000	20,000
2S Sta Wag	150	450	1050	1800	3300	4800
3S Sta Wag	200	500	1100	1850	3350	4900
Adventurer, V-8						
2 dr HdTp	450	900	1900	4500	6300	9000
Conv	800	3300	6600	11,000	15,400	22,000
1959						
Firesweep, V-8						
Sed	150	350	950	1350	2800	4000
4 dr HdTp Sptman	200	500	1100	1900	3500	5000
2 dr HdTp Sptman	200	650	1250	2400	4200	6000
Conv	500	1400	4200	7000	9800	14,000
2S Sta Wag	150	350	950	1450	2900	4100
3S Sta Wag	150	350	950	1450	3000	4200
Firedome, V-8						
Sed	150	350	950	1450	2900	4100
4 dr HdTp Sptman	200	550	1150	2000	3600	5200
2 dr HdTp Sptman	350	700	1350	2800	4550	6500
Conv	550	1550	4500	7500	10,500	15,000
Fireflite, V-8						
Sed	150	400	1000	1550	3050	4300
4 dr HdTp Sptman	350	700	1350	2800	4550	6500
2 dr HdTp Sptman	350	775	1500	3750	5250	7500
Conv	550	1750	4800	8000	11,200	16,000
2S Sta Wag	150	400	1000	1550	3050	4300
3S Sta Wag	150	400	1000	1600	3100	4400
Adventurer, V-8						
Conv	650	2000	5100	8500	11,900	17,000
2 dr HdTp	350	825	1600	4000	5600	8000
1960						
Fireflite, V-8						
Sed	150	400	1000	1650	3150	4500
2 dr HdTp	350	700	1350	2800	4550	6500
4 dr HdTp	200	550	1150	2000	3600	5200
Adventurer, V-8						
Sed	150	450	1050	1750	3250	4700
2 dr HdTp	350	750	1450	3300	4900	7000
4 dr HdTp	200	600	1200	2200	3850	5500
1961						
Fireflite, V-8						
2 dr HdTp	350	775	1500	3750	5250	7500
4 dr HdTp	200	650	1250	2400	4200	6000

DE TOMASO

1967-1971
V-8, 98.4" wb, 302 cid

	6	5	4	3	2	1
Mangusta 2 dr Cpe	1500	7800	15,600	26,000	36,400	52,000

*NOTE: Factory price listed is for year 1969.

1971-1974
V-8, 99" wb, 351 cid

	6	5	4	3	2	1
Pantera 2 dr Cpe	1500	7500	15,000	25,000	35,000	50,000

*NOTE: Factory price listed is for year 1972.

1975-1978
V-8, 99" wb, 351 cid

	6	5	4	3	2	1
Pantera 2 dr Cpe	1500	7350	14,700	24,500	34,300	49,000

NOTES: After 1974 the Pantera was not "officially" available in the U.S.
Add 5 percent for GTS models.

DODGE

1914
4-cyl., 110" wb
(Serial #1-249)

	6	5	4	3	2	1
Tr	450	1000	2400	5000	7000	10,000

1915
4-cyl., 110" wb

	6	5	4	3	2	1
Rds	350	875	1700	4250	5900	8500
Tr	350	825	1600	4000	5600	8000

1916
4-cyl., 110" wb

	6	5	4	3	2	1
Rds	450	900	1900	4500	6300	9000
W.T. Rds	450	950	2100	4750	6650	9500
Tr	350	875	1700	4250	5900	8500
W.T. Tr	450	900	1900	4500	6300	9000

1917
4-cyl., 114" wb

	6	5	4	3	2	1
Rds	450	900	1900	4500	6300	9000
W.T. Rds	450	950	2100	4750	6650	9500
Tr	450	900	1900	4500	6300	9000
W.T. Tr	450	900	1900	4500	6300	9000
Cpe	200	650	1250	2400	4200	6000
C.D. Sed	350	700	1350	2800	4550	6500

1918
4-cyl., 114" wb

	6	5	4	3	2	1
Rds	450	950	2100	4750	6650	9500
W.T. Rds	450	1000	2400	5000	7000	10,000
Tr	350	875	1700	4250	5900	8500
WT Tr	350	875	1700	4350	6050	8700
Cpe	200	600	1200	2200	3850	5500
Sed	350	700	1350	2800	4550	6500

1919
4-cyl., 114" wb

	6	5	4	3	2	1
Rds	450	900	1900	4500	6300	9000
Tr	450	900	1900	4500	6300	9000
Cpe	200	600	1200	2200	3850	5500
Rex Cpe	200	650	1250	2400	4200	6000
Rex Sed	350	700	1350	2700	4500	6400
4 dr Sed	350	700	1350	2800	4550	6500
Dep Hk	200	650	1250	2400	4200	6000
Sed Dely	350	750	1450	3300	4900	7000

1920
4-cyl., 114" wb

	6	5	4	3	2	1
Rds	450	900	1900	4500	6300	9000
Tr	350	775	1500	3750	5250	7500
Cpe	200	650	1250	2400	4200	6000
Sed	200	600	1200	2200	3850	5500

1921
4-cyl., 114" wb

	6	5	4	3	2	1
Rds	450	950	2100	4750	6650	9500
Tr	450	900	1900	4500	6300	9000
Cpe	200	500	1100	1900	3500	5000
Sed	150	400	1000	1650	3150	4500

1922
1st series, 4-cyl., 114" wb, (low hood models)

	6	5	4	3	2	1
Rds	450	900	1900	4500	6300	9000
Tr	350	875	1700	4250	5900	8500
Cpe	200	550	1150	2000	3600	5200
Sed	200	500	1100	1900	3500	5000

2nd series, 4-cyl., 114" wb, (high hood models)

	6	5	4	3	2	1
Rds	350	875	1700	4350	6050	8700
Tr	350	850	1650	4200	5850	8400
Bus Cpe	200	600	1200	2200	3850	5500
Bus Sed	200	500	1100	1950	3600	5100
Sed	200	500	1100	1900	3500	5000

1923
4-cyl., 114" wb

	6	5	4	3	2	1
Rds	350	875	1700	4350	6050	8700
Tr	350	850	1650	4200	5850	8400

	6	5	4	3	2	1
Bus Cpe	200	550	1150	2100	3700	5300
Bus Sed	200	550	1150	2000	3600	5200
Sed	200	500	1100	1900	3500	5000
1924						
4-cyl., 116" wb						
Rds	450	975	2300	4900	6850	9800
Tr	450	925	2000	4600	6400	9200
Bus Cpe	200	650	1250	2400	4200	6000
4P Cpe	200	675	1300	2500	4350	6200
Bus Sed	200	650	1250	2400	4200	6000
Sed	200	650	1250	2400	4150	5900
Special Series (deluxe equip.-introduced Jan. 1924)						
Rds	450	1000	2400	5000	7000	10,000
Tr	450	950	2100	4750	6650	9500
Bus Cpe	200	650	1250	2400	4200	6000
4P Cpe	350	700	1350	2800	4550	6500
Bus Sed	200	650	1250	2400	4200	6000
Sed	200	675	1300	2500	4300	6100
1925						
4-cyl., 116" wb						
Rds	450	950	2100	4750	6650	9500
Spec Rds	450	1000	2400	5000	7000	10,000
Tr	450	950	2100	4750	6650	9500
Spec Tr	450	950	2100	4700	6600	9400
Bus Cpe	200	675	1300	2500	4300	6100
Spec Bus Cpe	200	675	1300	2500	4350	6200
4P Cpe	350	700	1350	2700	4500	6400
Sp Cpe	350	700	1350	2800	4550	6500
Bus Sed	200	650	1250	2400	4200	6000
Spec Bus Sed	200	675	1300	2500	4300	6100
Sed	200	675	1300	2500	4350	6200
Spec Sed	200	675	1300	2600	4400	6300
2 dr Sed	200	650	1250	2400	4200	6000
Spec 2 dr Sed	200	675	1300	2500	4300	6100
1926						
4-cyl., 116" wb						
Rds	450	950	2100	4750	6650	9500
Spec Rds	450	1000	2400	5000	7000	10,000
Spt Rds	450	1000	2400	5000	7000	10,000
Tr	450	950	2100	4750	6650	9500
Spec Tr	450	1000	2400	5000	7000	10,000
Spt Tr	450	1000	2400	5000	7000	10,000
Cpe	200	650	1250	2400	4200	6000
Spec Cpe	350	700	1350	2800	4550	6500
2 dr Sed	200	650	1200	2300	4100	5800
2 dr Spec Sed	200	650	1250	2400	4200	6000
Bus Sed	200	600	1200	2300	4000	5700
Spec Bus Sed	200	675	1300	2500	4300	6100
Sed	200	650	1200	2300	4100	5800
Spec Sed	200	650	1250	2400	4200	6000
Del Sed	200	675	1300	2500	4300	6100
1927-28						
4-cyl., 116" wb						
Rds	450	1125	3450	5750	8050	11,500
Spec Rds	450	1150	3600	6000	8400	12,000
Spt Rds	500	1200	3750	6250	8750	12,500
Cabr	450	1075	3000	5500	7700	11,000
Tr	450	1075	3000	5500	7700	11,000
Spec Tr	450	1125	3450	5750	8050	11,500
Spt Tr	450	1150	3600	6000	8400	12,000
Cpe	200	675	1300	2500	4300	6100
Spec Cpe	350	700	1350	2800	4550	6500
Sed	200	650	1250	2400	4200	6000
Spec Sed	200	675	1300	2500	4300	6100
DeL Sed	200	675	1300	2500	4350	6200
A-P Sed	350	700	1350	2800	4550	6500
1928						
'Fast Four', 4-cyl., 108" wb						
Cabr	450	1000	2400	5000	7000	10,000
Cpe	200	675	1300	2500	4350	6200
Sed	200	650	1250	2400	4200	6000
DeL Sed	200	675	1300	2500	4300	6100

	6	5	4	3	2	1
Standard Series, 6-cyl., 110" wb						
Cabr	450	1125	3450	5750	8050	11,500
Cpe	350	750	1450	3300	4900	7000
Sed	350	700	1350	2800	4550	6500
DeL Sed	350	725	1400	3200	4850	6900
Victory Series, 6-cyl., 112" wb						
Tr	650	2000	5100	8500	11,900	17,000
Cpe	350	775	1500	3750	5250	7500
RS Cpe	350	825	1600	4000	5600	8000
Brgm	350	775	1500	3750	5250	7500
Sed	350	750	1450	3300	4900	7000
DeL Sed	350	775	1500	3750	5250	7500
Series 2249, Standard 6-cyl., 116" wb						
Cabr	650	2000	5100	8500	11,900	17,000
RS Cpe	350	775	1500	3700	5200	7400
Sed	350	700	1350	2800	4550	6500
DeL Sed	350	750	1450	3300	4900	7000
Series 2251, Senior 6-cyl., 116" wb						
Cabr	650	2800	5700	9500	13,300	19,000
Spt Cabr	800	3000	6000	10,000	14,000	20,000
RS Cpe	350	775	1500	3750	5250	7500
Spt Cpe	350	825	1600	4000	5600	8000
Sed	350	750	1450	3300	4900	7000
Spt Sed	350	775	1500	3750	5250	7500
1929						
Standard Series, 6-cyl., 110" wb						
Bus Cpe	450	950	2100	4750	6650	9500
Cpe	450	1000	2400	5000	7000	10,000
Sed	350	875	1700	4250	5900	8500
DeL Sed	450	900	1900	4500	6300	9000
Spt DeL Sed	450	950	2100	4750	6650	9500
A-P Sed	450	975	2200	4850	6800	9700
Victory Series, 6-cyl., 112" wb						
Rds	800	3800	7650	12,750	17,850	25,500
Spt Rds	800	4000	7950	13,250	18,550	26,500
Tr	800	4000	7950	13,250	18,550	26,500
Spt Tr	800	4100	8250	13,750	19,250	27,500
Cpe	450	950	2100	4750	6650	9500
DeL Cpe	450	1000	2400	5000	7000	10,000
Sed	350	825	1600	4000	5600	8000
Spt Sed	350	875	1700	4250	5900	8500
Standard Series DA, 6-cyl., 63 hp, 112" wb						
(Introduced Jan. 1, 1929).						
Rds	800	4000	7950	13,250	18,550	26,500
Spt Rds	800	4100	8250	13,750	19,250	27,500
Phae	800	4300	8550	14,250	19,950	28,500
Spt Phae	800	4400	8850	14,750	20,650	29,500
Bus Cpe	450	1000	2400	5000	7000	10,000
DeL RS Cpe	450	1025	2600	5250	7300	10,500
Vic	450	950	2100	4750	6650	9500
Brgm	350	825	1600	4000	5600	8000
Sed	350	775	1500	3750	5250	7500
DeL Sed	350	800	1550	3900	5450	7800
DeL Spt Sed	350	825	1600	4000	5600	8000
Senior Series, 6-cyl., 120" wb						
Rds	800	4100	8250	13,750	19,250	27,500
2P Cpe	450	1025	2600	5250	7300	10,500
RS Spt Cpe	450	1125	3450	5750	8050	11,500
Vic Brgm	450	1025	2600	5250	7300	10,500
Sed	450	950	2100	4750	6650	9500
Spt Sed	450	1000	2400	5000	7000	10,000
Lan Sed	450	1025	2600	5250	7300	10,500
Spt Lan Sed	450	1075	2900	5450	7600	10,900
1930						
Series DA, 6-cyl., 112" wb						
Rds	800	4400	8850	14,750	20,650	29,500
Phae	1200	4600	9150	15,250	21,350	30,500
Bus Cpe	450	900	1900	4500	6300	9000
DeL Cpe	450	950	2100	4750	6650	9500
Vic	450	975	2200	4850	6800	9700
Brgm	350	825	1600	4000	5600	8000
2 dr Sed	350	800	1550	3850	5400	7700
Sed	350	800	1550	3900	5450	7800

	6	5	4	3	2	1
DeL Sed	350	825	1600	4000	5600	8000
RS Rds	1200	4600	9150	15,250	21,350	30,500
RS Cpe	450	1025	2600	5250	7300	10,500
Lan Sed	350	875	1700	4250	5900	8500

Series DD, 6-cyl., 109" wb
(Introduced Jan. 1, 1930).

	6	5	4	3	2	1
RS Rds	800	4300	8550	14,250	19,950	28,500
Phae	800	4400	8850	14,750	20,650	29,500
RS Conv	800	4100	8250	13,750	19,250	27,500
Bus Cpe	450	950	2100	4750	6650	9500
RS Cpe	450	1000	2400	5000	7000	10,000
Sed	350	775	1500	3750	5250	7500

Series DC, 8-cyl., 114" wb
(Introduced Jan. 1, 1930).

	6	5	4	3	2	1
Rds	800	4400	8850	14,750	20,650	29,500
RS Conv	800	4300	8550	14,250	19,950	28,500
Phae	1200	4600	9150	15,250	21,350	30,500
Bus Cpe	450	1000	2400	5000	7000	10,000
RS Cpe	450	1025	2600	5250	7300	10,500
Sed	350	825	1600	4000	5600	8000

1931
Series DH, 6-cyl., 114" wb
(Introduced Dec. 1, 1930).

	6	5	4	3	2	1
Rds	1200	4500	9000	15,000	21,000	30,000
RS Conv	800	4350	8700	14,500	20,300	29,000
Bus Cpe	450	1000	2400	5000	7000	10,000
RS Cpe	450	1025	2600	5250	7300	10,500
Sed	350	775	1500	3750	5250	7500

Series DG, 8-cyl., 118.3" wb
(Introduced Jan. 1, 1931).

	6	5	4	3	2	1
RS Rds	1200	5100	10,200	17,000	23,800	34,000
RS Conv	1200	4950	9900	16,500	23,100	33,000
Phae	1200	5100	10,200	17,000	23,800	34,000
RS Cpe	450	1025	2600	5250	7300	10,500
Sed	350	875	1700	4250	5900	8500
5P Cpe	450	1025	2600	5250	7300	10,500

1932
Series DL, 6-cyl., 114.3" wb
(Introduced Jan. 1, 1932).

	6	5	4	3	2	1
RS Conv	800	4200	8400	14,000	19,600	28,000
Bus Cpe	450	950	2100	4750	6650	9500
RS Cpe	450	1025	2600	5250	7300	10,500
Sed	350	875	1700	4250	5900	8500

Series DK, 8-cyl., 122" wb
(Introduced Jan. 1, 1932).

	6	5	4	3	2	1
Conv	800	4350	8700	14,500	20,300	29,000
Conv Sed	1200	4800	9600	16,000	22,400	32,000
RS Cpe	450	1025	2600	5250	7300	10,500
5P Cpe	450	1000	2400	5000	7000	10,000
Sed	450	900	1900	4500	6300	9000

1933
Series DP, 6-cyl., 111.3" wb

	6	5	4	3	2	1
RS Conv	1200	4800	9600	16,000	22,400	32,000
Bus Cpe	350	875	1700	4250	5900	8500
RS Cpe	450	950	2100	4750	6650	9500
Sed	350	700	1350	2800	4550	6500
Brgm	350	725	1400	3000	4700	6700
DeL Brgm	350	750	1450	3300	4900	7000

NOTE: Second Series DP introduced April 5, 1933 increasing WB from 111" to 115" included in above.

Series DO, 8-cyl., 122" wb

	6	5	4	3	2	1
RS Conv	1200	5250	10,500	17,500	24,500	35,000
Conv Sed	1200	5400	10,800	18,000	25,200	36,000
RS Cpe	450	1025	2600	5250	7300	10,500
Cpe	450	1000	2400	5000	7000	10,000
Sed	450	950	2100	4750	6650	9500

1934
DeLuxe Series DR, 6-cyl., 117" wb

	6	5	4	3	2	1
RS Conv	1200	4650	9300	15,500	21,700	31,000
Bus Cpe	350	875	1700	4250	5900	8500
RS Cpe	450	900	1900	4500	6300	9000
2 dr Sed	350	700	1350	2700	4500	6400
Sed	200	675	1300	2500	4350	6200

Series DS, 6-cyl., 121" wb

	6	5	4	3	2	1
Conv Sed	1200	4950	9900	16,500	23,100	33,000
Brgm	350	775	1500	3750	5250	7500

DeLuxe Series DRXX, 6-cyl., 117" wb
(Introduced June 2, 1934).

	6	5	4	3	2	1
Conv	1200	4650	9300	15,500	21,700	31,000
Bus Cpe	350	875	1700	4250	5900	8500
Cpe	450	900	1900	4500	6300	9000
2 dr Sed	200	650	1250	2400	4200	6000
Sed	200	650	1250	2400	4200	6000

1935
Series DU, 6-cyl., 116" wb - 128" wb, (*)

	6	5	4	3	2	1
RS Conv	800	4200	8400	14,000	19,600	28,000
Cpe	450	900	1800	4400	6150	8800
RS Cpe	450	925	2000	4650	6500	9300
2 dr Sed	350	700	1350	2900	4600	6600
2 dr Tr Sed	350	725	1400	3000	4700	6700
Sed	350	725	1400	3100	4800	6800
Tr Sed	350	725	1400	3200	4850	6900
Car Sed (*)	350	850	1650	4150	5800	8300
7P Sed (*)	450	900	1800	4400	6150	8800

1936
Series D2, 6-cyl., 116" wb - 128" wb, (*)

	6	5	4	3	2	1
RS Conv	800	4200	8400	14,000	19,600	28,000
Conv Sed	800	4350	8700	14,500	20,300	29,000
2P Cpe	350	850	1650	4150	5800	8300
RS Cpe	450	925	2000	4650	6500	9300
2 dr Sed	350	775	1500	3600	5100	7300
2 dr Tr Sed	350	775	1500	3750	5250	7500
Sed	350	775	1500	3700	5200	7400
Tr Sed	350	800	1550	3800	5300	7600
7P Sed (*)	350	800	1550	3900	5450	7800

1937
Series D5, 6-cyl., 115" wb - 132" wb, (*)

	6	5	4	3	2	1
RS Conv	800	3750	7500	12,500	17,500	25,000
Conv Sed	800	3900	7800	13,000	18,200	26,000
Bus Cpe	450	900	1800	4400	6150	8800
RS Cpe	450	925	2000	4650	6500	9300
2 dr Sed	200	675	1300	2600	4400	6300
2 dr Tr Sed	350	700	1350	2800	4550	6500
Sed	350	700	1350	2900	4600	6600
Tr Sed	350	725	1400	3100	4800	6800
7P Sed (*)	350	800	1550	3900	5450	7800
Limo (*)	350	825	1600	4000	5600	8000

1938
Series D8, 6-cyl., 115" wb - 132" wb, (*)

	6	5	4	3	2	1
Conv Cpe	800	3750	7500	12,500	17,500	25,000
Conv Sed	800	3900	7800	13,000	18,200	26,000
Bus Cpe	350	800	1550	3900	5450	7800
Cpe 2-4	350	850	1650	4150	5800	8300
2 dr Sed	350	700	1350	2800	4550	6500
2 dr Tr Sed	350	725	1400	3000	4700	6700
Sed	350	725	1400	3200	4850	6900
Tr Sed	350	750	1450	3400	5000	7100
Sta Wag	450	925	2000	4650	6500	9300
7P Sed (*)	350	825	1600	3950	5500	7900
Limo	350	850	1650	4150	5800	8300

1939
Special Series D11S, 6-cyl., 117" wb

	6	5	4	3	2	1
Cpe	450	900	1800	4400	6150	8800
2 dr Sed	350	725	1400	3100	4800	6800
Sed	350	750	1450	3300	4900	7000

DeLuxe Series D11, 6-cyl., 117" wb - 134" wb, (*)

	6	5	4	3	2	1
Cpe	450	900	1900	4500	6300	9000
A/S Cpe	450	925	2000	4650	6500	9300
Twn Cpe	450	975	2300	4900	6850	9800
2 dr Sed	350	750	1450	3300	4900	7000
Sed	350	750	1450	3500	5050	7200
Ewb Sed (*)	450	925	2000	4650	6500	9300
Limo (*)	450	950	2100	4750	6650	9500

1940
Special Series D17, 6-cyl., 119.5" wb

	6	5	4	3	2	1
Cpe	350	850	1650	4150	5800	8300

1939 Dodge, 4 dr sedan, 6-cyl.

	6	5	4	3	2	1
2 dr Sed	350	700	1350	2800	4550	6500
Sed	350	725	1400	3000	4700	6700
DeLuxe Series D14, 6-cyl., 119.5" wb - 139.5" wb, (*)						
Conv	800	3750	7500	12,500	17,500	25,000
Cpe	350	875	1700	4250	5900	8500
4P Cpe	350	850	1650	4150	5800	8300
2 dr Sed	350	750	1450	3300	4900	7000
Sed	350	775	1500	3600	5100	7300
Ewb Sed (*)	350	775	1500	3600	5100	7300
Limo (*)	350	825	1600	3950	5500	7900

1941 Dodge 4 dr sedan

1941
DeLuxe Series D19, 6-cyl., 119.5" wb

Cpe	350	800	1550	3900	5450	7800
2 dr Sed	350	725	1400	3100	4800	6800
Sed	350	750	1450	3300	4900	7000
Custom Series D19, 6-cyl., 119.5" wb - 137.5" wb, (*)						
Conv	800	3900	7800	13,000	18,200	26,000
Clb Cpe	350	850	1650	4150	5800	8300
Brgm	350	750	1450	3500	5050	7200
Sed	350	750	1450	3400	5000	7100

	6	5	4	3	2	1
Twn Sed	350	775	1500	3600	5100	7300
7P Sed (*)	350	850	1650	4150	5800	8300
Limo (*)	450	900	1800	4400	6150	8800

1942
DeLuxe Series D22, 6-cyl., 119.5" wb

Cpe	350	800	1550	3900	5450	7800
Clb Cpe	350	850	1650	4150	5800	8300
2 dr Sed	350	700	1350	2800	4550	6500
Sed	350	725	1400	3100	4800	6800

Custom Series D22, 6-cyl., 119.5" wb - 137.5" wb, (*)

Conv	800	3600	7200	12,000	16,800	24,000
Clb Cpe	350	850	1650	4150	5800	8300
Brgm	350	825	1600	4000	5600	8000
Sed	350	800	1550	3900	5450	7800
Twn Sed	350	825	1600	3950	5500	7900
7P Sed (*)	350	850	1650	4150	5800	8300
Limo (*)	450	950	2200	4800	6700	9600

1946
DeLuxe Series D24, 6-cyl., 119.5" wb

Cpe	350	775	1500	3600	5100	7300
2 dr Sed	350	725	1400	3000	4700	6700
4 dr Sed	350	725	1400	3100	4800	6800

Custom Series D24, 6-cyl., 119.5" wb - 137.5" wb, (*)

Conv	800	3300	6600	11,000	15,400	22,000
Clb Cpe	350	800	1550	3900	5450	7800
Sed	350	750	1450	3300	4900	7000
Twn Sed	350	750	1450	3400	5000	7100
7P Sed (*)	350	800	1550	3900	5450	7800

1947
DeLuxe Series D24, 6-cyl., 119.5" wb

Cpe	350	775	1500	3600	5100	7300
2 dr Sed	350	725	1400	3000	4700	6700
4 dr Sed	350	725	1400	3100	4800	6800

Custom Series D24, 6-cyl., 119.5" wb - 137.5" wb, (*)

Conv	800	3300	6600	11,000	15,400	22,000
Clb Cpe	350	800	1550	3900	5450	7800
Sed	350	750	1450	3300	4900	7000
Twn Sed	350	750	1450	3400	5000	7100
7P Sed (*)	350	800	1550	3900	5450	7800

1948
DeLuxe Series D24, 6-cyl., 119.5" wb

Cpe	350	775	1500	3600	5100	7300
2 dr Sed	350	725	1400	3000	4700	6700
4 dr Sed	350	725	1400	3100	4800	6800

Custom Series D24, 6-cyl., 119.5" wb - 137.5" wb, (*)

Conv	800	3300	6600	11,000	15,400	22,000
Clb Cpe	350	800	1550	3900	5450	7800
Sed	350	750	1450	3300	4900	7000
Twn Sed	350	750	1450	3400	5000	7100
7P Sed (*)	350	800	1550	3900	5450	7800

1949
First Series 1949 is the same as 1948
Second Series
Series D29 Wayfarer, 6-cyl., 115" wb

Rds	500	1350	4150	6900	9700	13,800
Bus Cpe	350	725	1400	3100	4800	6800
2 dr Sed	200	675	1300	2600	4400	6300

Series D30 Meadowbrook, 6-cyl., 123.5" wb

Sed	350	700	1350	2800	4550	6500

Series D30 Coronet, 6-cyl., 123.5" wb - 137.5" wb, (*)

Conv	800	3000	6000	10,000	14,000	20,000
Clb Cpe	350	775	1500	3600	5100	7300
Sed	350	725	1400	3100	4800	6800
Twn Sed	350	750	1450	3300	4900	7000
Sta Wag	450	1150	3500	5900	8250	11,800
8P Sed (*)	350	825	1600	4000	5600	8000

1950
Series D33 Wayfarer, 6-cyl., 115" wb

Rds	650	2600	5500	9250	12,950	18,500
Cpe	350	750	1450	3300	4900	7000
2 dr Sed	200	675	1300	2600	4400	6300

Series D34 Meadowbrook, 6-cyl., 123.5" wb

Sed	350	700	1350	2800	4550	6500

Series D34 Coronet, 123.5" wb - 137.5" wb, (*)

	6	5	4	3	2	1
Conv	650	2800	5700	9500	13,300	19,000
Clb Cpe	350	775	1500	3600	5100	7300
Dipl 2 dr HdTp	450	900	1900	4500	6300	9000
Sed	350	725	1400	3000	4700	6700
Twn Sed	350	725	1400	3200	4850	6900
Sta Wag	450	1150	3500	5900	8250	11,800
Mtl Sta Wag	450	1000	2400	5000	7000	10,000
8P Sed (*)	350	825	1600	4050	5650	8100

1951
Wayfarer Series D41, 6-cyl., 115" wb

	6	5	4	3	2	1
2 dr Sed	200	675	1300	2600	4400	6300
Cpe	350	725	1400	3200	4850	6900
Rds	650	2800	5700	9500	13,300	19,000

Meadowbrook Series D42, 6-cyl., 123.5" wb

	6	5	4	3	2	1
Sed	350	700	1350	2800	4550	6500

Coronet Series D42, 6-cyl., 123.5" wb - 137.5" wb, (*)

	6	5	4	3	2	1
4 dr Sed	350	700	1350	2900	4600	6600
Clb Cpe	350	775	1500	3600	5100	7300
Dipl 2 dr HdTp	350	875	1700	4250	5900	8500
Conv	650	2300	5400	9000	12,600	18,000
Mtl Sta Wag	450	975	2300	4900	6850	9800
8P Sed (*)	350	775	1500	3600	5100	7300

1952
Wayfarer Series D41, 6-cyl., 115" wb

	6	5	4	3	2	1
2 dr Sed	350	700	1350	2800	4550	6500
Cpe	350	725	1400	3100	4800	6800

Meadowbrook Series D42, 6-cyl., 123.5" wb

	6	5	4	3	2	1
Sed	200	675	1300	2600	4400	6300

Coronet Series D42, 6-cyl., 123.5" wb

	6	5	4	3	2	1
Sed	350	700	1350	2900	4600	6600
Clb Cpe	350	775	1500	3600	5100	7300
Dipl 2 dr HdTp	350	875	1700	4250	5900	8500
Conv	650	2300	5400	9000	12,600	18,000
Mtl Sta Wag	450	975	2300	4900	6850	9800
8P Sed	350	775	1500	3600	5100	7300

1953
Meadowbrook Special, 6-cyl., disc 4/53

	6	5	4	3	2	1
Sed	200	675	1300	2600	4400	6300
Clb Cpe	350	700	1350	2800	4550	6500

Series D46 Meadowbrook, 6-cyl., 119" wb

	6	5	4	3	2	1
Sed	350	700	1350	2800	4550	6500
Clb Cpe	350	700	1350	2900	4600	6600
Sub	200	675	1300	2600	4400	6300

Coronet, 6-cyl., 119" wb

	6	5	4	3	2	1
Sed	350	725	1400	3000	4700	6700
Clb Cpe	350	725	1400	3100	4800	6800

Series D44 Coronet, V-8, 119" wb

	6	5	4	3	2	1
Sed	350	750	1450	3300	4900	7000
Clb Cpe	350	750	1450	3400	5000	7100

Series D48 Coronet, V-8, 119" wb - 114" wb, (*)

	6	5	4	3	2	1
Dipl 2 dr HdTp	450	900	1900	4500	6300	9000
Conv	650	2000	5100	8500	11,900	17,000
Sta Wag (*)	350	800	1550	3900	5450	7800

1954 Dodge, Royal 4 dr sedan, V8

1954

Series D51-1 Meadowbrook, 6-cyl., 119" wb

	6	5	4	3	2	1
Sed	350	725	1400	3000	4700	6700
Clb Cpe	350	725	1400	3100	4800	6800

Series D51-2 Coronet, 6-cyl., 119" wb

Sed	350	725	1400	3200	4850	6900
Clb Cpe	350	750	1450	3300	4900	7000

Series D52 Coronet, 6-cyl., 114" wb

2 dr Sub	350	750	1450	3500	5050	7200
6P Sta Wag	350	775	1500	3600	5100	7300
8P Sta Wag	350	775	1500	3700	5200	7400

Series D50-1 Meadowbrook, V-8, 119" wb

Sed	350	725	1400	3100	4800	6800
Clb Cpe	350	750	1450	3300	4900	7000

Series D50-2 Coronet, V-8, 119" wb

Sed	350	775	1500	3600	5100	7300
Clb Cpe	350	775	1500	3750	5250	7500

Series D53-2 Coronet, V-8, 114" wb

Sub	350	775	1500	3600	5100	7300
2S Sta Wag	350	775	1500	3700	5200	7400
3S Sta Wag	350	775	1500	3750	5250	7500

Series D50-3 Royal, V-8, 119" wb

Sed	350	800	1550	3900	5450	7800
Clb Cpe	350	825	1600	3950	5500	7900

Series D53-3 Royal, V-8, 114" wb

HdTp	450	950	2100	4750	6650	9500
Conv	650	2300	5400	9000	12,600	18,000
Pace Car Replica	800	3000	6000	10,000	14,000	20,000

1955

Coronet, V-8, 120" wb

Sed	350	725	1400	3100	4800	6800
2 dr Sed	350	725	1400	3000	4700	6700
Clb Sed	350	725	1400	3200	4850	6900
HdTp	350	875	1700	4250	5900	8500
2 dr Sub	350	700	1350	2800	4550	6500
6P Sta Wag	350	725	1400	3000	4700	6700
8P Sta Wag	350	725	1400	3100	4800	6800

NOTE: Deduct 5 percent for 6-cyl. models.

Royal, V-8, 120" wb

Sed	350	725	1400	3100	4800	6800
2 dr HdTp	450	900	1900	4500	6300	9000
6P Sta Wag	350	725	1400	3100	4800	6800
8P Sta Wag	350	725	1400	3200	4850	6900

Custom Royal, V-8, 120" wb

Sed	350	750	1450	3400	5000	7100
4 dr Lancer	350	875	1700	4250	5900	8500
2 dr HdTp	450	1000	2400	5000	7000	10,000
Conv	650	2800	5700	9500	13,300	19,000

NOTE: Deduct 5 percent for 6-cyl. models.
        Add 5 percent for La-Femme.

1956

Coronet, V-8, 120" wb

Sed	350	700	1350	2800	4550	6500
4 dr HdTp	350	750	1450	3300	4900	7000
Clb Sed	200	650	1250	2400	4200	6000
2 dr HdTp	350	875	1700	4250	5900	8500
Conv	650	2800	5700	9500	13,300	19,000
2 dr Sub	200	650	1250	2400	4200	6000
6P Sta Wag	200	675	1300	2500	4350	6200
8P Sta Wag	350	700	1350	2700	4500	6400

NOTE: Deduct 5 percent for 6-cyl. models.

Royal, V-8, 120" wb

Sed	350	800	1550	3800	5300	7600
4 dr HdTp	350	825	1600	4000	5600	8000
2 dr HdTp	450	950	2100	4750	6650	9500
2 dr Sub	200	675	1300	2500	4350	6200
6P Sta Wag	350	700	1350	2700	4500	6400
8P Sta Wag	350	700	1350	2900	4600	6600

Custom Royal, V-8, 120" wb

Sed	350	800	1550	3850	5400	7700
4 dr HdTp	350	875	1700	4300	6000	8600
2 dr HdTp	450	1150	3600	6000	8400	12,000

	6	5	4	3	2	1
Conv	800	3000	6000	10,000	14,000	20,000

NOTE: Add 20 percent for D500 option.
       Add 10 percent for Golden Lancer.
       Add 5 percent for La-Femme or Texan options.

1957

Coronet, V-8, 122" wb

	6	5	4	3	2	1
Sed	200	600	1200	2200	3850	5500
4 dr HdTp	200	650	1250	2400	4200	6000
2 dr Sed	200	600	1200	2200	3850	-5500
2 dr HdTp	350	875	1700	4250	5900	8500

NOTE: Deduct 5 percent for 6-cyl. models.

Coronet Lancer

	6	5	4	3	2	1
Conv	650	2000	5100	8500	11,900	17,000

Royal, V-8, 122" wb

	6	5	4	3	2	1
Sed	200	600	1200	2300	4000	5700
4 dr HdTp	200	675	1300	2500	4350	6200
2 dr HdTp	450	950	2100	4750	6650	9500

Royal Lancer

	6	5	4	3	2	1
Conv	800	3000	6000	10,000	14,000	20,000

Custom Royal, V-8, 122" wb

	6	5	4	3	2	1
4 dr Sed	200	650	1250	2400	4200	6000
4 dr HdTp	350	700	1350	2900	4600	6600
2 dr HdTp	450	1000	2400	5000	7000	10,000
6P Sta Wag	200	650	1250	2400	4200	6000
9P Sta Wag	200	675	1300	2500	4300	6100
2 dr Sub	200	650	1250	2400	4200	6000

NOTE: Add 20 percent for D500 option.

Custom Royal Lancer

	6	5	4	3	2	1
Conv	800	3150	6300	10,500	14,700	21,000

1958 Dodge Custom Royal Lancer, 2 dr hardtop

1958

Coronet, V-8, 122" wb

	6	5	4	3	2	1
4 dr Sed	200	600	1200	2200	3900	5600
4 dr HdTp	350	700	1350	2900	4600	6600
2 dr Sed	200	600	1200	2200	3900	5600
2 dr HdTp	350	825	1600	4000	5600	8000
Conv	550	1750	4800	8000	11,200	16,000

NOTE: Deduct 5 percent for 6-cyl. models.

Royal

	6	5	4	3	2	1
4 dr Sed	200	650	1250	2400	4200	6000
4 dr HdTp	350	750	1450	3300	4900	7000
2 dr HdTp	350	875	1700	4250	5900	8500

Custom Royal

NOTE: Add 20 percent for D500 option and 30 percent for E.F.I. Super D500.
       Add 20 percent for Regal Lancer.

	6	5	4	3	2	1
4 dr Sed	350	700	1350	2900	4600	6600
4 dr HdTp	350	800	1550	3800	5300	7600
2 dr HdTp	450	1000	2400	5000	7000	10,000
Conv	650	2000	5100	8500	11,900	17,000
6P Sta Wag	200	600	1200	2200	3900	5600
9P Sta Wag	200	600	1200	2300	4000	5700
6P Cus Wag	200	600	1200	2200	3900	5600
9P Cus Wag	200	600	1200	2300	4000	5700

	6	5	4	3	2	1
2 dr Sub	200	600	1200	2300	4000	5700

1959
Eight cylinder models
Coronet

4 dr Sed	200	600	1200	2200	3900	5600
4 dr HdTp	200	675	1300	2500	4350	6200
2 dr Sed	200	600	1200	2200	3900	5600
2 dr HdTp	350	775	1500	3750	5250	7500
Conv	550	1550	4500	7500	10,500	15,000

NOTE: Deduct 10 percent for 6-cyl. models.

Royal

4 dr Sed	200	600	1200	2300	4000	5700
4 dr HdTp	350	700	1350	2900	4600	6600
2 dr HdTp	350	825	1600	4000	5600	8000

NOTE: Add 20 percent for D500 option.

Custom Royal

4 dr Sed	200	650	1250	2400	4150	5900
4 dr HdTp	350	750	1450	3300	4900	7000
2 dr HdTp	350	875	1700	4250	5900	8500
Conv	550	1750	4800	8000	11,200	16,000

Sierra

6P Sta Wag	200	600	1200	2200	3900	5600
9P Sta Wag	200	600	1200	2300	4000	5700
6P Cus Wag	200	600	1200	2200	3900	5600
9P Cus Wag	200	600	1200	2300	4000	5700

1960
Dart Series

Seneca, V-8, 118" wb

4 dr Sed	200	550	1150	2000	3600	5200
2 dr Sed	200	500	1100	1950	3600	5100
Sta Wag	200	500	1100	1950	3600	5100

Pioneer, V-8, 118" wb

4 dr Sed	200	550	1150	2100	3700	5300
2 dr Sed	200	550	1150	2000	3600	5200
2 dr HdTp	350	750	1450	3300	4900	7000
9P Sta Wag	200	500	1100	1950	3600	5100
6P Sta Wag	200	550	1150	2000	3600	5200

Phoenix, V-8, 118" wb

4 dr Sed	200	600	1200	2200	3850	5500
4 dr HdTp	200	600	1200	2200	3900	5600
2 dr HdTp	350	725	1400	3100	4800	6800
Conv	450	1075	3000	5500	7700	11,000

Dodge Series

Matador

4 dr Sed	200	600	1200	2200	3900	5600
4 dr HdTp	200	600	1200	2300	4000	5700
2 dr HdTp	350	750	1450	3300	4900	7000
9P Sta Wag	200	550	1150	2000	3600	5200
6P Sta Wag	200	550	1150	2100	3700	5300

Polara

4 dr Sed	200	600	1200	2200	3900	5600
4 dr HdTp	200	600	1200	2300	4000	5700
2 dr HdTp	350	775	1500	3750	5250	7500
Conv	450	1150	3600	6000	8400	12,000
9P Sta Wag	200	600	1200	2200	3850	5500
6P Sta Wag	200	600	1200	2200	3900	5600

NOTE: Deduct 5 percent for 6-cyl. models.
Add 20 percent for D500 option.

1961
Lancer, 6-cyl., 106.5" wb

Sed	200	550	1150	2100	3700	5300
HdTp	200	600	1200	2200	3900	5600
Spt Cpe	350	700	1350	2700	4500	6400

Lancer 770

Sta Wag	200	500	1100	1950	3600	5100

Dart Series

Seneca, V-8, 118" wb

4 dr Sed	200	550	1150	2000	3600	5200
2 dr Sed	200	500	1100	1950	3600	5100
Sta Wag	200	500	1100	1950	3600	5100

Pioneer, V-8, 118" wb

4 dr Sed	200	550	1150	2100	3700	5300
2 dr Sed	200	500	1100	1950	3600	5100

	6	5	4	3	2	1
2 dr HdTp	200	650	1250	2400	4200	6000
9P Sta Wag	200	550	1150	2100	3800	5400
6P Sta Wag	200	550	1150	2000	3600	5200
Phoenix, V-8, 118" wb						
4 dr Sed	200	550	1150	2100	3700	5300
4 dr HdTp	200	600	1200	2200	3850	5500
2 dr HdTp	350	700	1350	2800	4550	6500
Conv	450	1000	2400	5000	7000	10,000
Polara						
4 dr Sed	200	600	1200	2300	4000	5700
4 dr HdTp	200	650	1250	2400	4200	6000
2 dr HdTp	350	750	1450	3300	4900	7000
Conv	450	1075	3000	5500	7700	11,000
9P Sta Wag	200	550	1150	2100	3700	5300
6P Sta Wag	200	550	1150	2000	3600	5200

NOTE: Deduct 5 percent for 6-cyl. models.
Add 20 percent for D500 option.
Add 30 percent for Ram Charger "413".

1962
Lancer, 6-cyl., 106.5" wb

	6	5	4	3	2	1
4 dr Sed	150	450	1050	1750	3250	4700
2 dr Sed	150	450	1050	1800	3300	4800
4 dr Sta Wag	150	450	1050	1750	3250	4700
Lancer 770, 6-cyl., 106.5" wb						
4 dr Sed	200	500	1100	1900	3500	5000
2 dr Sed	200	500	1100	1850	3350	4900
Sta Wag	150	450	1050	1800	3300	4800
GT Cpe	350	750	1450	3300	4900	7000

Dart Series

Dart, V-8, 116" wb

	6	5	4	3	2	1
4 dr Sed	200	500	1100	1950	3600	5100
2 dr Sed	200	500	1100	1900	3500	5000
2 dr HdTp	200	600	1200	2200	3850	5500
9P Sta Wag	200	500	1100	1900	3500	5000
6P Sta Wag	200	500	1100	1850	3350	4900
Dart 440, V-8, 116" wb						
4 dr Sed	200	550	1150	2000	3600	5200
4 dr HdTp	200	550	1150	2100	3700	5300
2 dr HdTp	200	650	1250	2400	4200	6000
Conv	350	875	1700	4250	5900	8500
9P Sta Wag	200	500	1100	1950	3600	5100
6P Sta Wag	200	500	1100	1900	3500	5000
Polara, V-8, 116" wb						
4 dr HdTp	200	600	1200	2200	3850	5500
2 dr HdTp	200	650	1250	2400	4200	6000
Conv	450	900	1900	4500	6300	9000
Custom 880, V-8, 122" wb						
4 dr Sed	200	550	1150	2100	3700	5300
4 dr HdTp	200	600	1200	2200	3850	5500
2 dr HdTp	350	700	1350	2800	4550	6500
Conv	450	950	2100	4750	6650	9500
9P Sta Wag	200	500	1100	1850	3350	4900
6P Sta Wag	200	500	1100	1950	3600	5100

NOTE: Deduct 5 percent for 6-cyl. models.
Add 40 percent for Ram Charger "413".

1963
Dart 170, 6-cyl., 111" wb

	6	5	4	3	2	1
4 dr Sed	150	350	950	1450	3000	4200
2 dr Sed	150	350	950	1450	2900	4100
Sta Wag	150	350	950	1450	3000	4200
Dart 270, 6-cyl., 111" wb						
4 dr Sed	150	400	1000	1550	3050	4300
2 dr Sed	150	350	950	1450	3000	4200
Conv	350	700	1350	2900	4600	6600
Sta Wag	150	400	1000	1550	3050	4300
Dart GT						
HdTp	350	775	1500	3750	5250	7500
Conv	350	875	1700	4250	5900	8500
Dodge, V-8, 119" wb						
4 dr Sed	150	450	1050	1700	3200	4600
2 dr Sed	150	450	1050	1750	3250	4700
2 dr HdTp	200	600	1200	2200	3850	5500
9P Sta Wag	150	400	1000	1650	3150	4500

	6	5	4	3	2	1
6P Sta Wag	150	400	1000	1600	3100	4400
Polara 500, 318 CID V-8, 119" wb						
4 dr Sed	200	500	1100	1850	3350	4900
4 dr HdTp	200	550	1150	2100	3800	5400
2 dr HdTp	350	700	1350	2800	4550	6500
Conv	450	900	1900	4500	6300	9000
Polara 500, 383 CID V-8, 122" wb						
2 dr HdTp	350	775	1500	3750	5250	7500
Conv	450	950	2100	4750	6650	9500
880, V-8, 122" wb						
4 dr Sed	200	550	1150	2100	3800	5400
4 dr HdTp	200	650	1250	2400	4200	6000
2 dr HdTp	350	700	1350	2800	4550	6500
Conv	450	900	1900	4500	6300	9000
9P Sta Wag	200	500	1100	1900	3500	5000
6P Sta Wag	150	450	1050	1800	3300	4800

NOTE: Deduct 5 percent for 6-cyl. models.
Add 50 percent for Ram Charger 426.

1964

Dart 170, 6-cyl., 111" wb						
4 dr Sed	150	350	950	1450	3000	4200
2 dr Sed	150	350	950	1450	2900	4100
Sta Wag	150	350	950	1450	3000	4200
Dart 270, 6-cyl., 106" wb						
4 dr Sed	150	400	1000	1550	3050	4300
2 dr Sed	150	350	950	1450	3000	4200
Conv	350	775	1500	3700	5200	7400
Sta Wag	150	400	1000	1550	3050	4300
Dart GT						
HdTp	350	775	1500	3750	5250	7500
Conv	450	950	2100	4750	6650	9500
Dodge, V-8, 119" wb						
4 dr Sed	150	450	1050	1700	3200	4600
2 dr Sed	150	450	1050	1750	3250	4700
2 dr HdTp	200	650	1250	2400	4200	6000
9P Sta Wag	150	400	1000	1650	3150	4500
6P Sta Wag	150	400	1000	1600	3100	4400
Polara, V-8, 119" wb						
4 dr Sed	200	500	1100	1850	3350	4900
4 dr HdTp	200	550	1150	2100	3800	5400
2 dr HdTp	350	700	1350	2800	4550	6500
Conv	450	950	2100	4750	6650	9500
880, V-8, 122" wb						
4 dr Sed	200	500	1100	1950	3600	5100
4 dr HdTp	200	600	1200	2200	3900	5600
2 dr HdTp	350	750	1450	3300	4900	7000
Conv	450	975	2300	4900	6850	9800
9P Sta Wag	200	500	1100	1900	3500	5000
6P Sta Wag	200	500	1100	1850	3350	4900

NOTE: Add 40 percent for 426 wedge and 40 percent
for 415 hp Hemi and 50 percent for 425 hp Hemi.
Add 20 percent for Polara 500 option.
Deduct 5 percent for 6-cyl. models.

1965

Dart, V8, 106" wb						
4 dr Sed	150	350	950	1450	3000	4200
2 dr Sed	150	350	950	1450	2900	4100
Sta Wag	150	350	950	1450	3000	4200
Dart 270, V-8, 106" wb						
4 dr Sed	150	400	1000	1550	3050	4300
2 dr Sed	150	350	950	1450	3000	4200
HdTp	200	650	1250	2400	4200	6000
Conv	350	700	1350	2900	4600	6600
Sta Wag	150	400	1000	1550	3050	4300
Dart GT						
HdTp	350	825	1600	4000	5600	8000
Conv	450	900	1900	4500	6300	9000
Coronet, V-8, 117" wb						
4 dr Sed	150	300	900	1350	2700	3900
2 dr Sed	150	300	900	1250	2650	3800
Coronet AW2-L, V-8, 117" wb						
4 dr Sed	150	350	950	1450	2900	4100
2 dr Sed	150	350	950	1350	2800	4000

	6	5	4	3	2	1
Sta Wag	150	350	950	1450	2900	4100
Coronet AW2-H 440, V-8, 117" wb						
4 dr Sed	150	350	950	1450	3000	4200
2 dr HdTp	350	825	1600	4000	5600	8000
Conv	450	950	2100	4750	6650	9500
9P Sta Wag	150	350	950	1450	2900	4100
6P Sta Wag	150	350	950	1350	2800	4000
Coronet 500 AW2-P, V-8, 117" wb						
2 dr HdTp	350	875	1700	4250	5900	8500
Conv	450	1000	2400	5000	7000	10,000
Polara, V-8, 121" wb						
4 dr Sed	150	350	950	1450	3000	4200
4 dr HdTp	150	400	1000	1600	3100	4400
2 dr HdTp	350	700	1350	2800	4550	6500
Conv	450	1000	2400	5000	7000	10,000
9P Sta Wag	150	350	950	1450	2900	4100
6P Sta Wag	150	350	950	1350	2800	4000
Custom 880, V-8, 121" wb						
4 dr Sed	150	400	1000	1550	3050	4300
4 dr HdTp	200	500	1100	1900	3500	5000
2 dr HdTp	350	750	1450	3300	4900	7000
Conv	450	1000	2400	5000	7000	10,000
9P Sta Wag	150	400	1000	1550	3050	4300
6P Sta Wag	150	350	950	1450	3000	4200
Monaco, V-8, 121" wb						
2 dr HdTp	350	750	1450	3300	4900	7000

NOTE: Deduct 5 percent for 6-cyl. models.
Add 40 percent for 426 wedge and 50 percent
for 415 hp Hemi and 50 percent for 425 hp Hemi.

1966

	6	5	4	3	2	1
Dart, 6-cyl., 111" wb						
4 dr Sed	150	350	950	1450	3000	4200
2 dr Sed	150	350	950	1450	2900	4100
Sta Wag	150	350	950	1450	3000	4200
Dart 270, V-8, 111" wb						
4 dr Sed	150	400	1000	1550	3050	4300
2 dr Sed	150	350	950	1450	3000	4200
2 dr HdTp	350	700	1350	2800	4550	6500
Conv	350	825	1600	4000	5600	8000
Sta Wag	150	400	1000	1550	3050	4300
Dart GT, V-8, 111" wb						
2 dr HdTp	350	775	1500	3750	5250	7500
Conv	450	950	2100	4750	6650	9500
Coronet, V-8, 117" wb						
4 dr Sed	150	350	950	1350	2800	4000
2 dr Sed	150	300	900	1350	2700	3900
Coronet DeLuxe, V-8, 117" wb						
4 dr Sed	150	350	950	1450	3000	4200
2 dr Sed	150	350	950	1450	2900	4100
Sta Wag	150	350	950	1450	3000	4200
Coronet 440, V-8, 117" wb						
4 dr Sed	150	400	1000	1550	3050	4300
2 dr HdTp	350	875	1700	4250	5900	8500
Conv	450	1075	3000	5500	7700	11,000
Sta Wag	150	400	1000	1550	3050	4300
Coronet 500, V-8, 117" wb						
Sed	150	400	1000	1550	3050	4300
HdTp	450	900	1900	4500	6300	9000
Conv	450	1150	3600	6000	8400	12,000

NOTE: Deduct 5 percent for all Dodge 6-cyl.

	6	5	4	3	2	1
Polara, V-8, 121" wb						
4 dr Sed	150	400	1000	1600	3100	4400
4 dr HdTp	200	500	1100	1850	3350	4900
2 dr HdTp	350	700	1350	2800	4550	6500
Conv	450	900	1900	4500	6300	9000
Sta Wag	150	350	950	1450	3000	4200
Monaco, V-8, 121" wb						
4 dr Sed	200	550	1150	2100	3800	5400
4 dr HdTp	200	650	1250	2400	4200	6000
2 dr HdTp	350	700	1350	2900	4600	6600
Sta Wag	200	550	1150	2100	3800	5400
Monaco 500						
2 dr Hdtp	350	750	1450	3400	5000	7100

Charger, 117" wb

	6	5	4	3	2	1
2 dr HdTp	550	1550	4500	7500	10,500	15,000

NOTE: Add 50 percent for 426 Hemi.
Add 60 percent for 425 hp 426 Hemi.

1967 Dodge Monaco 4 dr hardtop

1967
Dart, 6-cyl., 111" wb

	6	5	4	3	2	1
4 dr Sed	150	350	950	1450	3000	4200
2 dr Sed	150	350	950	1450	2900	4100
Dart 270, 6-cyl., 111" wb						
4 dr	150	400	1000	1550	3050	4300
2 dr Hdtp	200	500	1100	1900	3500	5000
Dart GT, V-8						
2 dr HdTp	450	950	2100	4750	6650	9500
Conv	450	1025	2600	5250	7300	10,500
Coronet DeLuxe, V-8, 117" wb						
4 dr Sed	150	350	950	1450	3000	4200
2 dr Sed	150	350	950	1450	2900	4100
Sta Wag	150	350	950	1450	3000	4200
Coronet 440, V-8, 117" wb						
4 dr Sed	150	400	1000	1550	3050	4300
2 dr HdTp	350	875	1700	4250	5900	8500
Conv	450	1000	2400	5050	7050	10,100
Sta Wag	150	400	1000	1550	3050	4300
Coronet 500, V-8, 117" wb						
4 dr Sed	150	400	1000	1600	3100	4400
2 dr HdTp	450	950	2100	4750	6650	9500
Conv	450	1075	3000	5500	7700	11,000
Coronet RT, V-8, 117" wb						
2 dr HdTp	550	1750	4800	8000	11,200	16,000
Conv	650	2000	5100	8500	11,900	17,000
Charger, V-8, 117 " wb						
2 dr HdTp	550	1550	4500	7500	10,500	15,000
Polara, V-8, 122" wb						
4 dr Sed	150	450	1050	1800	3300	4800
4 dr HdTp	200	500	1100	1900	3500	5000
2 dr HdTp	200	600	1200	2200	3850	5500
Conv	350	875	1700	4300	6000	8600
Sta Wag	150	350	950	1450	3000	4200
Polara 500, V-8, 122" wb						
2 dr HdTp	350	700	1350	2800	4550	6500
Conv	450	950	2100	4750	6650	9500
Monaco, V-8, 122" wb						
4 dr Sed	200	600	1200	2200	3850	5500
4 dr HdTp	200	600	1200	2200	3900	5600
2 dr HdTp	350	725	1400	3100	4800	6800
Sta Wag	200	600	1200	2200	3850	5500
Monaco 500, V-8, 122" wb						
2 dr HdTp	350	775	1500	3750	5250	7500

NOTE: Add 50 percent for 426 Hemi and 40 percent for 440 Magnum.

1968
Dart, 6-cyl., 111" wb

	6	5	4	3	2	1
4 dr Sed	150	400	1000	1550	3050	4300
2 dr Sed	150	350	950	1450	3000	4200
Dart, V-8, 111" wb						
4 dr Sed	150	400	1000	1600	3100	4400
2 dr HdTp	200	650	1250	2400	4200	6000
Dart GT						
2 dr HdTp	450	900	1900	4500	6300	9000
Conv	450	1025	2600	5250	7300	10,500
Dart GTS						
2 dr HdTp	500	1400	4200	7000	9800	14,000
Conv	550	1750	4800	8000	11,200	16,000
Coronet DeLuxe, V-8, 117" wb						
4 dr Sed	150	350	950	1450	3000	4200
2 dr Sed	150	350	950	1450	2900	4100
Sta Wag	150	350	950	1450	3000	4200
Coronet 440						
2 dr Sed	150	400	1000	1550	3050	4300
2 dr HdTp	350	825	1600	4000	5600	8000
4 dr Sed	150	400	1000	1600	3100	4400
Sta Wag	150	400	1000	1650	3150	4500
Coronet 500						
2 dr HdTp	450	1125	3450	5750	8050	11,500
Conv	500	1400	4200	7000	9800	14,000
Sta Wag	150	450	1050	1700	3200	4600
4 dr Sed	150	450	1050	1700	3200	4600
Coronet Super Bee, V-8, 117" wb						
2 dr Cpe	650	2300	5400	9000	12,600	18,000
Coronet R/T						
2 dr HdTp	650	2800	5700	9500	13,300	19,000
Conv	800	3150	6300	10,500	14,700	21,000
Charger						
2 dr HdTp	650	2800	5700	9500	13,300	19,000
Charger R/T						
2 dr HdTp	800	3000	6000	10,000	14,000	20,000
Polara, V-8, 122" wb						
4 dr Sed	150	400	1000	1550	3050	4300
2 dr HdTp	200	550	1150	2100	3800	5400
4 dr HdTp	200	600	1200	2200	3850	5500
Conv	450	1000	2400	5000	7000	10,000
Sta Wag	150	400	1000	1550	3050	4300
Polara 500						
2 dr HdTp	350	700	1350	2800	4550	6500
Conv	450	1075	3000	5500	7700	11,000
Monaco						
2 dr HdTp	350	700	1350	2800	4550	6500
4 dr HdTp	200	550	1150	2100	3800	5400
4 dr Sed	150	400	1000	1650	3150	4500
Sta Wag	150	400	1000	1650	3150	4500
Monaco 500						
2 dr HdTp	350	750	1450	3300	4900	7000

NOTE: Add 50 percent for 426 Hemi and 40 percent for 440 Magnum.

1969
Dart V-8

2 dr HdTp	125	250	750	1150	2450	3500
4 dr Sed	150	400	1000	1550	3050	4300
Dart Swinger						
2 dr HdTp	200	550	1150	2100	3700	5300
Dart Custom, V-8, 111" wb						
4 dr Sed	150	400	1000	1600	3100	4400
2 dr HdTp	350	700	1350	2800	4550	6500
Dart GT						
2 dr HdTp	450	1125	3450	5750	8050	11,500
Conv	500	1300	4050	6750	9450	13,500
Dart GTS						
2 dr HdTp	500	1400	4200	7000	9800	14,000
Conv	550	1750	4800	8000	11,200	16,000
Coronet DeLuxe, V-8, 117" wb						
4 dr	150	350	950	1450	3000	4200
2 dr	150	350	950	1450	2900	4100
Sta Wag	150	350	950	1450	3000	4200

Coronet 440

	6	5	4	3	2	1
2 dr Sed	150	350	950	1450	3000	4200
2 dr HdTp	450	900	1900	4500	6300	9000
4 dr Sed	150	400	1000	1550	3050	4300
Sta Wag	150	400	1000	1550	3050	4300
Coronet 500						
2 dr HdTp	450	1000	2400	5000	7000	10,000
Conv	450	1150	3600	6000	8400	12,000
Sta Wag	150	400	1000	1600	3100	4400
4 dr Sed	150	400	1000	1650	3150	4500
Coronet Super Bee, V-8						
2 dr HdTp	800	3000	6000	10,000	14,000	20,000
2 dr Cpe	650	2000	5100	8500	11,900	17,000
NOTE: Add 25 percent for Super Bee six pack.						
Coronet R/T						
2 dr HdTp	800	3150	6300	10,500	14,700	21,000
Conv	800	3400	6900	11,500	16,100	23,000
Charger						
2 dr HdTp	800	3000	6000	10,000	14,000	20,000
Charger 500						
2 dr HdTp	800	3600	7200	12,000	16,800	24,000
Charger R/T						
2 dr HdTp	800	3150	6300	10,500	14,700	21,000
Charger Daytona						
2 dr HdTp	1500	7500	15,000	25,000	35,000	50,000
Polara V-8						
4 dr Sed	150	350	950	1450	2900	4100
2 dr HdTp	200	500	1100	1900	3500	5000
4 dr HdTp	150	400	1000	1550	3050	4300
Conv	350	875	1700	4250	5900	8500
Sta Wag	150	350	950	1350	2800	4000
Polara 500						
2 dr HdTp	200	600	1200	2200	3850	5500
Conv	450	900	1900	4500	6300	9000
Monaco						
2 dr HdTp	200	600	1200	2300	4000	5700
4 dr HdTp	150	450	1050	1800	3300	4800
4 dr Sed	150	350	950	1450	3000	4200
Sta Wag	150	350	950	1450	2900	4100
NOTE: Add 50 percent for 426 Hemi and 40 percent for 440 Magnum.						
Add 25 percent for 3 x 2 BBL.						

1970

Dart, V-8, 111" wb						
4 dr Sed	150	400	1000	1550	3050	4300
2 dr Swinger HdTp	200	500	1100	1950	3600	5100
Dart Custom						
4 dr Sed	150	400	1000	1600	3100	4400
2 dr HdTp	200	600	1200	2200	3850	5500
Dart Swinger						
2 dr HdTp	350	700	1350	2800	4550	6500
Challenger, V-8, 110" wb						
2 dr HdTp	550	1750	4800	8000	11,200	16,000
2 dr Formal HdTp	650	2000	5100	8500	11,900	17,000
Conv	800	3300	6600	11,000	15,400	22,000
Challenger R/T						
2 dr HdTp	650	2300	5400	9000	12,600	18,000
2 dr Formal HdTp	650	2800	5700	9500	13,300	19,000
Conv	800	3600	7200	12,000	16,800	24,000
Challenger T/A						
2 dr Cpe	800	3150	6300	10,500	14,700	21,000
Coronet, V-8, 117" wb						
4 dr Sed	150	350	950	1450	3000	4200
2 dr Sed	150	400	1000	1550	3050	4300
Sta Wag	150	350	950	1450	3000	4200
Coronet 440						
2 dr HdTp	350	875	1700	4250	5900	8500
4 dr Sed	150	400	1000	1650	3150	4500
2 dr Sed	150	400	1000	1650	3150	4500
Sta Wag	150	400	1000	1550	3050	4300
Coronet 500						
4 dr Sed	200	500	1100	1900	3500	5000
2 dr HdTp	450	1000	2400	5000	7000	10,000
Conv	500	1400	4200	7000	9800	14,000

	6	5	4	3	2	1
Sta Wag	150	400	1000	1600	3100	4400
Coronet Super Bee						
2 dr Cpe	650	2300	5400	9000	12,600	18,000
2 dr HdTp	800	3000	6000	10,000	14,000	20,000
Coronet R/T						
2 dr HdTp	800	3150	6300	10,500	14,700	21,000
Conv	800	3400	6900	11,500	16,100	23,000
Charger						
2 dr HdTp	650	2800	5700	9500	13,300	19,000
2 dr 500 HdTp	800	3150	6300	10,500	14,700	21,000
2 dr R/T HdTp	800	3300	6600	11,000	15,400	22,000
Polara, V-8, 122" wb						
2 dr HdTp	200	600	1200	2200	3850	5500
4 dr HdTp	150	400	1000	1650	3150	4500
Conv	350	875	1700	4250	5900	8500
4 dr Sed	150	400	1000	1600	3100	4400
Polara Custom						
4 dr Sed	150	400	1000	1650	3150	4500
2 dr HdTp	200	650	1250	2400	4200	6000
4 dr HdTp	150	350	950	1450	3000	4200
Monaco						
4 dr Sed	150	400	1000	1600	3100	4400
2 dr HdTp	200	600	1200	2200	3850	5500
4 dr HdTp	150	450	1050	1700	3200	4600
Sta Wag	150	400	1000	1650	3150	4500

NOTE: Add 50 percent for Hemi and 30 percent for 440 Magnum.
Add 10 percent for 3 x 2 BBL.

1971

	6	5	4	3	2	1
Demon						
Cpe	150	350	950	1350	2800	4000
340 Cpe	150	400	1000	1550	3050	4300
Dart						
4 dr Custom Sed	150	300	900	1250	2650	3800
Swinger						
2 dr HdTp	200	650	1250	2400	4200	6000
Challenger						
2 dr HdTp	550	1550	4500	7500	10,500	15,000
Conv	800	3000	6000	10,000	14,000	20,000
2 dr RT HdTp	650	2300	5400	9000	12,600	18,000
Coronet Brougham						
4 dr Sed	125	200	600	1100	2200	3100
Sta Wag	125	200	600	1100	2200	3100
Charger						
2 dr 500 HdTp	650	2000	5100	8500	11,900	17,000
2 dr HdTp	550	1550	4500	7500	10,500	15,000
Super Bee	650	2300	5400	9000	12,600	18,000
2 dr RT HdTp	550	1750	4800	8000	11,200	16,000
2 dr SE HdTp	550	1550	4500	7500	10,500	15,000
Polara Brougham						
4 dr HdTp	125	200	600	1100	2250	3200
2 dr HdTp	125	200	600	1100	2300	3300
Monaco						
4 dr HdTp	125	200	600	1100	2300	3300
2 dr HdTp	125	250	750	1150	2400	3400
Sta Wag	125	200	600	1100	2300	3300

NOTE: Add 50 percent for Hemi and 30 percent for 440 Magnum.
Add 10 percent for 3 x 2 BBL.

1972

	6	5	4	3	2	1
Dart						
4 dr Sed	150	300	900	1350	2700	3900
Demon 340	350	775	1500	3750	5250	7500
Swinger						
2 dr HdTp	200	600	1200	2200	3850	5500
Challenger						
2 dr HdTp	500	1400	4200	7000	9800	14,000
2 dr Rallye HdTp	550	1750	4800	8000	11,200	16,000
Coronet						
4 dr Sed	125	200	600	1100	2250	3200
Sta Wag	125	200	600	1100	2200	3100
Charger						
2 dr Sed	450	950	2100	4750	6650	9500
2 dr HdTp	450	1075	3000	5500	7700	11,000
2 dr SE HdTp	500	1250	3900	6500	9100	13,000

NOTE: Add 5 percent for Rallye.

1972 Dodge Monaco 2 dr hardtop

Polara Custom	6	5	4	3	2	1
4 dr HdTp	125	200	600	1100	2300	3300
2 dr HdTp	150	350	950	1350	2800	4000
Monaco						
4 dr HdTp	125	250	750	1150	2400	3400
2 dr HdTp	150	350	950	1450	3000	4200
Sta Wag	125	250	750	1150	2400	3400

NOTE: Add 10 percent for 3 x 2 BBL.

1973						
Dart						
Sed	125	250	750	1150	2500	3600
Dart Sport						
Cpe	150	350	950	1450	2900	4100
Dart Sport '340'						
Cpe	150	400	1000	1650	3150	4500
Dart Custom						
Sed	150	300	900	1250	2600	3700
Swinger						
HdTp	150	450	1050	1750	3250	4700
Spl HdTp	150	450	1050	1700	3200	4600
Challenger						
HdTp Cpe	450	1075	3000	5500	7700	11,000
Rallye	450	1150	3600	6000	8400	12,000
Coronet						
Sed	125	200	600	1100	2200	3100
Sta Wag	125	200	600	1100	2250	3200
Coronet Custom						
Sed	125	250	750	1150	2400	3400
Sta Wag	125	250	750	1150	2450	3500
Crestwood						
Sta Wag-6P	125	250	750	1150	2500	3600
Sta Wag-9P	150	300	900	1250	2600	3700
Charger						
Cpe	350	750	1450	3400	5000	7100
HdTp	350	825	1600	4000	5600	8000
'SE' HdTp	350	850	1650	4100	5700	8200
Rallye	350	875	1700	4250	5900	8500
Polara						
Sed	125	200	600	1100	2250	3200
HdTp Cpe	125	250	750	1150	2500	3600
Sta Wag	125	200	600	1100	2250	3200
Polara Custom						
Sed	125	250	750	1150	2400	3400
HdTp Cpe	150	300	900	1250	2650	3800
HdTp Sed	150	300	900	1250	2600	3700
Sta Wag	125	250	750	1150	2400	3400

Monaco

	6	5	4	3	2	1
Sed	125	250	750	1150	2450	3500
Brgm Sed	125	250	750	1150	2500	3600
HdTp Sed	150	300	900	1250	2600	3700
Brgm HdTp Sed	150	300	900	1350	2700	3900
HdTp Cpe	150	350	950	1450	2900	4100
Sta Wag	125	250	750	1150	2450	3500

1974
Dart
| Sed | 150 | 300 | 900 | 1250 | 2600 | 3700 |
| Spe Cpe | 150 | 350 | 950 | 1450 | 3000 | 4200 |

Dart Sport '360'
| Cpe | 150 | 450 | 1050 | 1700 | 3200 | 4600 |

Dart Special Edition
| HdTp Cpe | 150 | 350 | 950 | 1450 | 2900 | 4100 |
| Sed | 150 | 300 | 900 | 1350 | 2700 | 3900 |

Dart Custom
| Sed | 150 | 300 | 900 | 1250 | 2650 | 3800 |

Swinger
| HdTp Cpe | 150 | 300 | 900 | 1350 | 2700 | 3900 |

Swinger Special
| HdTp Cpe | 150 | 350 | 950 | 1350 | 2800 | 4000 |

Challenger
| HdTp Cpe | 450 | 1025 | 2600 | 5250 | 7300 | 10,500 |

Coronet
| Sta Wag | 125 | 250 | 750 | 1150 | 2450 | 3500 |
| Sta Wag | 125 | 200 | 600 | 1100 | 2300 | 3300 |

Coronet Custom
| Sed | 125 | 250 | 750 | 1150 | 2400 | 3400 |
| Sta Wag | 125 | 250 | 750 | 1150 | 2400 | 3400 |

Coronet Crestwood
| Sta Wag | 125 | 250 | 750 | 1150 | 2500 | 3600 |

Coronet Charger
Cpe	200	600	1200	2200	3900	5600
HdTp	350	700	1350	2800	4550	6500
'SE' HdTp	350	750	1450	3300	4900	7000

Monaco
Sed	125	200	600	1100	2300	3300
HdTp Cpe	125	250	750	1150	2450	3500
Sta Wag	125	200	600	1100	2300	3300

Monaco Custom
Sed	125	250	750	1150	2450	3500
HdTp Cpe	150	300	900	1250	2650	3800
HdTp Sed	150	300	900	1250	2600	3700
Sta Wag	125	250	750	1150	2450	3500

Monaco Brougham
Sed	125	250	750	1150	2500	3600
HdTp Cpe	150	300	900	1350	2700	3900
HdTp Sed	150	300	900	1250	2650	3800
Sta Wag	125	250	750	1150	2500	3600

1975
Dart
| Sed | 125 | 200 | 600 | 1100 | 2250 | 3200 |

Dart Sport
| Cpe | 125 | 250 | 750 | 1150 | 2500 | 3600 |

Swinger
| HdTp Cpe | 150 | 300 | 900 | 1250 | 2650 | 3800 |
| Spl HdTp | 125 | 200 | 600 | 1100 | 2300 | 3300 |

Dart Custom
| Sed | 150 | 300 | 900 | 1250 | 2650 | 3800 |
| '360' Cpe | 150 | 450 | 1050 | 1700 | 3200 | 4600 |

Dart S.E.
| HdTp Cpe | 150 | 350 | 950 | 1450 | 2900 | 4100 |
| Sed | 125 | 250 | 750 | 1150 | 2500 | 3600 |

Coronet
HdTp Cpe	150	300	900	1250	2650	3800
Sed	125	200	600	1100	2250	3200
Sta Wag	125	250	750	1150	2400	3400

Coronet Custom
HdTp Cpe	150	350	950	1350	2800	4000
Sed	125	200	600	1100	2300	3300
Sta Wag	125	250	750	1150	2400	3400

Coronet Brougham

	6	5	4	3	2	1
HdTp Cpe	150	350	950	1450	2900	4100
Crestwood						
Sta Wag	125	250	750	1150	2500	3600
Charger S.E.						
HdTp Cpe	150	450	1050	1800	3300	4800
Monaco						
HdTp Cpe	150	350	950	1450	3000	4200
Sed	125	200	600	1100	2300	3300
Sta Wag	125	250	750	1150	2400	3400
Royal Monaco						
HdTp Cpe	150	400	1000	1600	3100	4400
Sed	125	250	750	1150	2450	3500
HdTp Sed	150	350	950	1450	2900	4100
Sta Wag	125	250	750	1150	2450	3500
Royal Monaco Brougham						
Cpe	150	400	1000	1650	3150	4500
Sed	125	250	750	1150	2500	3600
HdTp Sed	150	350	950	1450	3000	4200
Sta Wag	125	250	750	1150	2500	3600

1976

Colt, 4-cyl.						
4 dr Sed	125	200	600	1100	2200	3100
Cpe	125	200	600	1100	2250	3200
2 dr Carousel HdTp	125	250	750	1150	2450	3500
Sta Wag	125	200	600	1100	2250	3200
2 dr HdTp GT	125	250	750	1150	2400	3400
Dart Sport, 6-cyl.						
Spt Cpe	125	250	750	1150	2400	3400
Dart Swinger Special, 6-cyl.						
2 dr HdTp	125	250	750	1150	2450	3500
Dart, 6-cyl.						
4 dr Sed	125	200	600	1100	2300	3300
Swinger	125	250	750	1150	2400	3400
2 dr HdTp	125	250	750	1150	2500	3600
Aspen, V-8						
4 dr Sed	125	250	750	1150	2400	3400
Spt Cpe	125	250	750	1150	2500	3600
Sta Wag	125	250	750	1150	2450	3500
Aspen Custom, V-8						
4 dr Sed	125	250	750	1150	2450	3500
Spt Cpe	150	300	900	1250	2600	3700
Aspen Special Edition, V-8						
4 dr Sed	125	250	750	1150	2500	3600
Spt Cpe	150	300	900	1250	2650	3800
Sta Wag	150	300	900	1250	2600	3700
Coronet, V-8						
4 dr Sed	125	250	750	1150	2400	3400
2S Sta Wag	125	200	600	1100	2300	3300
3S Sta Wag	125	250	750	1150	2400	3400
Coronet Brougham, V-8						
4 dr Sed	125	250	750	1150	2450	3500
Crestwood, V-8						
2S Sta Wag	125	250	750	1150	2400	3400
3S Sta Wag	125	250	750	1150	2450	3500
Charger, V-8						
2 dr HdTp	150	450	1050	1750	3250	4700
2 dr HdTp Spt	150	450	1050	1800	3300	4800
Charger Special Edition, V-8						
2 dr HdTp	200	500	1100	1850	3350	4900
Monaco, V-8						
4 dr Sed	150	300	900	1350	2700	3900
Sta Wag	150	300	900	1250	2600	3700
Royal Monaco, V-8						
4 dr Sed	150	350	950	1350	2800	4000
2 dr HdTp	150	350	950	1450	3000	4200
2S Sta Wag	150	350	950	1350	2800	4000
3S Sta Wag	150	350	950	1450	2900	4100
Royal Monaco Brougham, V-8						
4 dr Sed	125	250	750	1150	2500	3600
2 dr HdTp	150	350	950	1450	3000	4200
Sta Wag	150	350	950	1450	2900	4100

1977 Dodge Charger Daytona

1977
Colt, 4-cyl.

	6	5	4	3	2	1
4 dr Sed	125	200	600	1100	2250	3200
Cpe	125	200	600	1100	2300	3300
Cus Cpe	125	250	750	1150	2400	3400
2 dr Carousel HdTp	125	250	750	1150	2500	3600
Sta Wag	125	200	600	1100	2300	3300
2 dr HdTp GT	125	250	750	1150	2450	3500
Aspen, V-8						
4 dr Sed	125	250	750	1150	2450	3500
Spt Cpe	150	300	900	1250	2600	3700
Sta Wag	125	250	750	1150	2400	3400
Aspen Custom, V-8						
4 dr Sed	125	250	750	1150	2500	3600
Spt Cpe	150	300	900	1250	2650	3800
Aspen Special Edition, V-8						
4 dr Sed	150	300	900	1250	2600	3700
Spt Cpe	150	350	950	1350	2800	4000
Sta Wag	150	300	900	1250	2650	3800
Monaco, V-8						
4 dr Sed	125	250	750	1150	2450	3500
2 dr HdTp	150	300	900	1250	2650	3800
2S Sta Wag	125	250	750	1150	2400	3400
3S Sta Wag	125	250	750	1150	2450	3500
Monaco Brougham, V-8						
4 dr Sed	150	300	900	1250	2600	3700
2 dr HdTp	150	350	950	1350	2800	4000
Monaco Crestwood, V-8						
2S Sta Wag	125	250	750	1150	2400	3400
3S Sta Wag	125	250	750	1150	2450	3500
Charger Special Edition, V-8						
2 dr HdTp	200	500	1100	1950	3600	5100
Diplomat, V-8						
4 dr Sed	150	350	950	1450	3000	4200
Cpe	150	400	1000	1600	3100	4400
Diplomat Medallion, V-8						
4 dr Sed	150	400	1000	1600	3100	4400
Cpe	150	450	1050	1700	3200	4600
Royal Monaco, V-8						
4 dr Sed	150	400	1000	1550	3050	4300
2 dr HdTp	150	400	1000	1650	3150	4500
Sta Wag	150	400	1000	1600	3100	4400
Royal Monaco Brougham, V-8						
4 dr Sed	150	300	900	1250	2600	3700
2 dr HdTp	150	400	1000	1550	3050	4300
2S Sta Wag	150	350	950	1450	2900	4100
3S Sta Wag	150	350	950	1450	3000	4200

1978
Omni

4 dr Hatch	125	200	600	1100	2300	3300
Colt						
4 dr Sed	125	200	600	1100	2250	3200
Cpe	125	200	600	1100	2300	3300
Cus Cpe	125	250	750	1150	2400	3400

	6	5	4	3	2	1
Sta Wag	125	200	600	1100	2250	3200
Aspen						
4 dr Sed	125	250	750	1150	2450	3500
Cpe	125	250	750	1150	2500	3600
Sta Wag	125	250	750	1150	2450	3500
Monaco						
4 dr Sed	125	250	750	1150	2500	3600
2 dr	150	300	900	1250	2600	3700
3S Sta Wag	150	300	900	1250	2600	3700
2S Sta Wag	125	250	750	1150	2500	3600
Monaco Brougham						
4 dr Sed	150	300	900	1250	2600	3700
2 dr	150	300	900	1250	2650	3800
3S Sta Wag	150	300	900	1250	2650	3800
2S Sta Wag	150	300	900	1250	2600	3700
Charger SE						
2 dr	200	550	1150	2000	3600	5200
Magnum XE						
Cpe	200	550	1150	2100	3700	5300
Challenger						
Cpe	200	600	1200	2200	3900	5600
Diplomat						
4 dr 'S' Sed	150	300	900	1350	2700	3900
'S' Cpe	150	350	950	1350	2800	4000
4 dr Sed	150	350	950	1350	2800	4000
Cpe	150	350	950	1450	2900	4100
Sta Wag	150	350	950	1350	2800	4000
Diplomat Medallion						
4 dr Sed	150	350	950	1450	2900	4100
Cpe	150	350	950	1450	3000	4200
1979						
Omni, 4-cyl.						
4 dr Hatch	125	200	600	1100	2250	3200
2 dr Hatch	125	200	600	1100	2300	3300
Colt, 4-cyl.						
2 dr Hatch	125	200	600	1100	2200	3100
2 dr Cus Hatch	125	200	600	1100	2250	3200
Cpe	125	200	600	1100	2300	3300
4 dr Sed	125	200	600	1100	2250	3200
Sta Wag	125	200	600	1100	2300	3300
Aspen, V-8						
4 dr Sed	125	250	750	1150	2500	3600
Cpe	150	300	900	1250	2600	3700
Sta Wag	125	250	750	1150	2500	3600
NOTE: Deduct 5 percent for 6-cyl.						
Magnum XE, V-8						
2 dr	200	600	1200	2200	3850	5500
Challenger, 4-cyl.						
Cpe	200	600	1200	2300	4000	5700
Diplomat, V-8						
4 dr Sed	150	300	900	1350	2700	3900
Cpe	150	350	950	1350	2800	4000
Diplomat Salon, V-8						
4 dr Sed	150	350	950	1350	2800	4000
Cpe	150	350	950	1450	2900	4100
Sta Wag	150	350	950	1350	2800	4000
Diplomat Medallion, V-8						
4 dr Sed	150	350	950	1450	3000	4200
Cpe	150	400	1000	1550	3050	4300
NOTE: Deduct 5 percent for 6-cyl.						
St. Regis, V-8						
4 dr Sed	150	400	1000	1600	3100	4400
NOTE: Deduct 5 percent for 6-cyl.						
1980						
Omni, 4-cyl.						
4 dr Hatch	125	250	750	1150	2450	3500
2 dr Hatch 2 plus 2 024	150	300	900	1350	2700	3900
Colt, 4-cyl.						
2 dr Hatch	125	250	750	1150	2400	3400
2 dr Hatch Cus	125	250	750	1150	2450	3500
4 dr Sta Wag	125	250	750	1150	2500	3600
Aspen, 6-cyl.						
4 dr Sed Spl	150	300	900	1250	2650	3800

	6	5	4	3	2	1
2 dr Cpe Spl	150	300	900	1350	2700	3900
Aspen, V-8						
4 dr Sed	150	350	950	1350	2800	4000
2 dr Cpe	150	350	950	1450	2900	4100
4 dr Sta Wag	150	350	950	1450	2900	4100
NOTE: Deduct 10 percent for 6-cyl.						
Challenger						
2 dr Cpe	150	450	1050	1700	3200	4600
Diplomat, V-8						
4 dr Sed	125	250	750	1150	2450	3500
2 dr Cpe	125	250	750	1150	2500	3600
4 dr Sta Wag	150	300	900	1250	2650	3800
4 dr Sed Salon	125	250	750	1150	2500	3600
2 dr Cpe Salon	150	300	900	1250	2600	3700
4 dr Sta Wag Salon	150	300	900	1350	2700	3900
4 dr Sed Medallion	150	300	900	1250	2600	3700
2 dr Cpe Medallion	150	300	900	1250	2650	3800
NOTE: Deduct 10 percent for 6-cyl.						
Mirada, V-8						
2 dr Cpe Specialty S	200	650	1250	2400	4150	5900
2 dr Cpe Specialty	200	675	1300	2500	4300	6100
NOTE: Deduct 12 percent for 6-cyl.						
St. Regis, V-8						
4 dr Sed	150	350	950	1450	2900	4100
NOTE: Deduct 12 percent for 6-cyl.						
1981						
Omni, 4-cyl.						
4 dr Hatch Miser	125	250	750	1150	2500	3600
2 dr Hatch 024 Miser	150	300	900	1350	2700	3900
4 dr Hatch	150	300	900	1250	2650	3800
2 dr Hatch 024	150	350	950	1450	2900	4100
Colt, 4-cyl.						
2 dr Hatch	125	250	750	1150	2450	3500
2 dr Hatch DeL	125	250	750	1150	2500	3600
2 dr Hatch Cus	150	300	900	1250	2600	3700
Aries, 4-cyl.						
4 dr Sed	125	250	750	1150	2500	3600
2 dr Sed	150	300	900	1250	2600	3700
4 dr Sed Cus	150	300	900	1250	2600	3700
2 dr Sed Cus	150	300	900	1250	2650	3800
4 dr Sta Wag Cus	150	350	950	1350	2800	4000
4 dr Sed SE	150	300	900	1350	2700	3900
2 dr Sed SE	150	350	950	1350	2800	4000
4 dr Sta Wag SE	150	350	950	1450	3000	4200
Challenger, 4-cyl.						
2 dr Cpe	150	400	1000	1650	3150	4500
Diplomat, V-8						
4 dr Sed Spt	125	250	750	1150	2500	3600
2 dr Cpe Spt	150	300	900	1250	2600	3700
4 dr Sed Salon	150	300	900	1250	2600	3700
2 dr Cpe Salon	150	300	900	1250	2650	3800
4 dr Sed Medallion	150	300	900	1350	2700	3900
2 dr Cpe Medallion	150	350	950	1350	2800	4000
4 dr Sta Wag	150	350	950	1450	2900	4100
NOTE: Deduct 10 percent for 6-cyl.						
Mirada, V-8						
2 dr Cpe	200	650	1250	2400	4200	6000
NOTE: Deduct 12 percent for 6-cyl.						
St. Regis, V-8						
4 dr Sed	150	350	950	1450	3000	4200
NOTE: Deduct 12 percent for 6-cyl.						
1982						
Colt, 4-cyl.						
2 dr Hatch	150	300	900	1250	2600	3700
4 dr Hatch	150	300	900	1250	2650	3800
2 dr Hatch DeL	150	300	900	1350	2700	3900
2 dr Hatch Cus	150	350	950	1350	2800	4000
4 dr Hatch Cus	150	300	900	1350	2700	3900
Omni, 4-cyl.						
4 dr Hatch Miser	150	300	900	1250	2600	3700
2 dr Hatch 024 Miser	150	350	950	1350	2800	4000
4 dr Hatch Cus	150	300	900	1250	2650	3800
2 dr Hatch 024 Cus	150	350	950	1450	3000	4200

	6	5	4	3	2	1
4 dr Hatch Euro	150	400	1000	1550	3050	4300
2 dr Hatch 024 Charger	150	400	1000	1650	3150	4500
Aries, 4-cyl.						
4 dr Sed	150	300	900	1250	2650	3800
2 dr Cpe	150	350	950	1350	2800	4000
4 dr Sed Cus	150	350	950	1350	2800	4000
2 dr Cpe Cus	150	350	950	1450	2900	4100
4 dr Sta Wag Cus	150	350	950	1450	3000	4200
4 dr Sed SE	150	300	900	1350	2700	3900
2 dr Cpe SE	150	350	950	1450	3000	4200
4 dr Sta Wag SE	150	400	1000	1600	3100	4400
400, 4-cyl.						
2 dr Cpe Specialty	150	350	950	1350	2800	4000
4 dr Sed	150	350	950	1450	2900	4100
2 dr Cpe Specialty LS	150	350	950	1450	3000	4200
4 dr Sed LS	150	400	1000	1550	3050	4300
2 dr Conv	200	550	1150	2100	3700	5300
Challenger, 4-cyl.						
2 dr Cpe	150	450	1050	1750	3250	4700
Diplomat, V-8						
4 dr Sed	150	350	950	1450	2900	4100
4 dr Sed Medallion	150	400	1000	1550	3050	4300
NOTE: Deduct 10 percent for 6-cyl.						
Mirada, V-8						
2 dr Cpe Specialty	200	675	1300	2500	4300	6100
NOTE: Deduct 12 percent for 6-cyl.						
1983						
Colt, 4-cyl.						
4 dr Hatch	150	300	900	1250	2650	3800
2 dr Hatch	150	300	900	1350	2700	3900
2 dr Hatch DeL	150	350	950	1350	2800	4000
4 dr Hatch Cus	150	300	900	1350	2700	3900
2 dr Hatch Cus	150	350	950	1450	3000	4200
Omni, 4-cyl.						
4 dr Hatch	150	350	950	1350	2800	4000
4 dr Hatch Cus	150	400	1000	1550	3050	4300
Charger, 4-cyl.						
2 dr Hatch	150	400	1000	1600	3100	4400
2 dr Hatch 2 plus 2	150	450	1050	1700	3200	4600
2 dr Hatch Shelby	200	600	1200	2200	3850	5500
Aries, 4-cyl.						
4 dr Sed	150	300	900	1350	2700	3900
2 dr Sed	150	300	900	1250	2650	3800
4 dr Sta Wag Cus	150	400	1000	1550	3050	4300
4 dr Sed SE	150	350	950	1350	2800	4000
2 dr Sed SE	150	300	900	1350	2700	3900
4 dr Sta Wag SE	150	400	1000	1650	3150	4500
Challenger, 4-cyl.						
2 dr Cpe	150	450	1050	1800	3300	4800
400, 4-cyl.						
4 dr Sed	150	350	950	1450	3000	4200
2 dr Cpe	150	350	950	1450	2900	4100
2 dr Conv	200	550	1150	2100	3800	5400
600, 4-cyl.						
4 dr Sed	150	400	1000	1600	3100	4400
4 dr Sed ES	150	450	1050	1700	3200	4600
Diplomat, V-8						
4 dr Sed	150	350	950	1450	3000	4200
4 dr Sed Medallion	150	400	1000	1600	3100	4400
NOTE: Deduct 10 percent for 6-cyl.						
Mirada, V-8						
2 dr Cpe Specialty	200	675	1300	2500	4350	6200
NOTE: Deduct 12 percent for 6-cyl.						

EDSEL

1958						
Ranger Series, V-8, 118" wb						
Sed	200	650	1250	2400	4200	6000
4 dr HdTp	350	750	1450	3300	4900	7000
2 dr Sed	200	650	1250	2400	4200	6000
2 dr HdTp	350	825	1600	4000	5600	8000

1958 Edsel

Pacer Series, V-8, 118" wb

	6	5	4	3	2	1
Sed	350	700	1350	2800	4550	6500
4 dr HdTp	350	775	1500	3750	5250	7500
2 dr HdTp	450	950	2100	4750	6650	9500
Conv	650	2800	5700	9500	13,300	19,000

Corsair Series, V-8, 124" wb

4 dr HdTp	350	825	1600	4000	5600	8000
2 dr HdTp	450	1000	2400	5000	7000	10,000

Citation Series, V-8, 124" wb

4 dr HdTp	350	875	1700	4250	5900	8500
2 dr HdTp	500	1250	3900	6500	9100	13,000
Conv	800	3600	7200	12,000	16,800	24,000

NOTE: Deduct 5 percent for 6 cyl.

Station Wagons, V-8

Vill	200	600	1200	2200	3850	5500
Ber	200	650	1250	2400	4200	6000
9P Vill	200	600	1200	2200	3850	5500
9P Ber	200	650	1250	2400	4200	6000
Rdup	200	500	1100	1900	3500	5000

1959
Ranger Series, V-8, 120" wb

Sed	200	650	1250	2400	4200	6000
4 dr HdTp	350	700	1350	2800	4550	6500
2 dr Sed	200	650	1250	2400	4200	6000
2 dr HdTp	350	825	1600	4000	5600	8000

Corsair Series, V-8, 120" wb

Sed	350	700	1350	2800	4550	6500
4 dr HdTp	350	750	1450	3300	4900	7000
2 dr HdTp	350	825	1600	4000	5600	8000
Conv	650	2000	5100	8500	11,900	17,000

Station Wagons, V-8, 118" wb

Vill	350	700	1350	2800	4550	6500
9P Vill	350	750	1450	3300	4900	7000

NOTE: Deduct 5 percent for 6 cyl.

1960
Ranger Series, V-8, 120" wb

Sed	200	650	1250	2400	4200	6000
4 dr HdTp	350	750	1450	3300	4900	7000
2 dr Sed	200	650	1250	2400	4200	6000
2 dr HdTp	450	1150	3600	6000	8400	12,000
Conv	800	3400	6900	11,500	16,100	23,000

Station Wagons, V-8, 120" wb

9P Vill	350	750	1450	3300	4900	7000
6P Vill	350	725	1400	3200	4850	6900

NOTE: Deduct 5 percent for 6 cyl.

FORD

Model A
1903, 2-cyl., Ser. No. 1-670, 8 hp
1904, 2-cyl., Ser. No. 671-1708, 10 hp

	6	5	4	3	2	1
Rbt	800	3750	7500	12,500	17,500	25,000
Rbt W/ton	800	4100	8250	13,750	19,250	27,500

Model B
10 hp, 4-cyl.

| Tr | 2000 | | | | Value inestimable | |

Model C
10 hp, 2-cyl., Ser. No. 1709-2700

Rbt	800	3750	7500	12,500	17,500	25,000
Rbt W/ton	800	4100	8250	13,750	19,250	27,500
Dr's Mdl	800	3750	7500	12,500	17,500	25,000

Model F
16 hp, 2-cyl., (Produced 1904-05-06)

| Tr | 800 | 3000 | 6000 | 10,000 | 14,000 | 20,000 |

Model K
40 hp, 6-cyl., (Produced 1905-06-07-08)

Tr	2000	10,500	21,000	35,000	49,000	70,000
Rds	2000	10,500	21,000	35,000	49,000	70,000

Model N
18 hp, 4-cyl., (Produced 1906-07-08)

| Rbt | 500 | 1400 | 4200 | 7000 | 9800 | 14,000 |

Model R
4-cyl., (Produced 1907-08)

| Rbt | 500 | 1400 | 4200 | 7000 | 9800 | 14,000 |

Model S
4-cyl.

| Rbt | 500 | 1400 | 4200 | 7000 | 9800 | 14,000 |

1908
Model T, 4-cyl., 2 levers, 2 foot pedals (1,000 produced)

| Tr | 800 | 3000 | 6000 | 10,000 | 14,000 | 20,000 |

1909
Model T, 4-cyl.

Rbt	650	2300	5400	9000	12,600	18,000
Tr	650	2000	5100	8500	11,900	17,000
Trbt	650	2800	5700	9500	13,300	19,000
Cpe	650	2000	5100	8500	11,900	17,000
TwnC	800	3300	6600	11,000	15,400	22,000
Lan'let	650	2800	5700	9500	13,300	19,000

1910
Model T, 4-cyl.

Rbt	500	1400	4200	7000	9800	14,000
Tr	550	1500	4350	7250	10,150	14,500
Cpe	550	1550	4500	7500	10,500	15,000
TwnC	650	2000	5100	8500	11,900	17,000
C'ml Rds	550	1550	4500	7500	10,500	15,000

1911
Model T, 4-cyl.

Rbt	550	1750	4800	8000	11,200	16,000
Tor Rds	550	1750	4800	8000	11,200	16,000
Tr	650	2800	5700	9500	13,300	19,000
Trbt	650	2300	5400	9000	12,600	18,000
Cpe	550	1550	4500	7500	10,500	15,000
TwnC	650	2800	5700	9500	13,300	19,000
C'ml Rds	500	1250	3900	6500	9100	13,000
Dely Van	500	1250	3900	6500	9100	13,000

1912
Model T, 4-cyl.

Rds	550	1550	4500	7500	10,500	15,000
Tor Rds	550	1750	4800	8000	11,200	16,000
Tr	650	2000	5100	8500	11,900	17,000
TwnC	650	2300	5400	9000	12,600	18,000
Dely Van	500	1400	4200	7000	9800	14,000
C'ml Rds	500	1250	3900	6500	9100	13,000

1913
Model T, 4-cyl.

| Rds | 550 | 1550 | 4500 | 7500 | 10,500 | 15,000 |

	6	5	4	3	2	1
Tr	650	2000	5100	8500	11,900	17,000
TwnC	550	1750	4800	8000	11,200	16,000

1914
Model T, 4-cyl.

	6	5	4	3	2	1
Rds	500	1400	4200	7000	9800	14,000
Tr	550	1550	4500	7500	10,500	15,000
TwnC	650	2000	5100	8500	11,900	17,000
Cpe	450	1000	2400	5000	7000	10,000

1915 & early 1916
Model T, 4-cyl., (brass rad.)

	6	5	4	3	2	1
Rds	500	1400	4200	7000	9800	14,000
Tr	550	1550	4500	7500	10,500	15,000
Conv Cpe	650	2000	5100	8500	11,900	17,000
Ctr dr Sed	450	1150	3600	6000	8400	12,000
TwnC	550	1550	4500	7500	10,500	15,000

1916
Model T, 4-cyl., (steel rad.)

	6	5	4	3	2	1
Rds	500	1250	3900	6500	9100	13,000
Tr	450	1150	3600	6000	8400	12,000
Conv Cpe	450	1000	2400	5000	7000	10,000
Ctr dr Sed	450	950	2100	4750	6650	9500
TwnC	450	1150	3600	6000	8400	12,000

1917
Model T, 4-cyl.

	6	5	4	3	2	1
Rds	450	1075	3000	5500	7700	11,000
Tr	450	1150	3600	6000	8400	12,000
Conv Cpe	450	1000	2400	5000	7000	10,000
TwnC	450	1125	3450	5750	8050	11,500
Ctr dr Sed	450	900	1900	4500	6300	9000
Cpe	350	700	1350	2800	4550	6500

1918
Model T, 4-cyl.

	6	5	4	3	2	1
Rds	450	1075	3000	5500	7700	11,000
Tr	450	1150	3600	6000	8400	12,000
Cpe	350	700	1350	2800	4550	6500
TwnC	450	1075	3000	5500	7700	11,000
Ctr dr Sed	350	875	1700	4250	5900	8500

1919
Model T, 4-cyl.

	6	5	4	3	2	1
Rds	450	1000	2400	5000	7000	10,000
Tr	450	1025	2600	5250	7300	10,500
Cpe	200	650	1250	2400	4200	6000
TwnC	450	1150	3600	6000	8400	12,000
Ctr dr Sed	350	825	1600	4000	5600	8000

1920-1921
Model T, 4-cyl.

	6	5	4	3	2	1
Rds	450	1000	2400	5000	7000	10,000
Tr	450	1025	2600	5250	7300	10,500
Cpe	350	700	1350	2800	4550	6500
Ctr dr Sed	350	875	1700	4250	5900	8500

1922-1923
Model T, 4-cyl.

	6	5	4	3	2	1
Rds	450	1000	2400	5000	7000	10,000
'22 Tr	450	1075	3000	5500	7700	11,000
'23 Tr	450	1025	2600	5250	7300	10,500
Cpe	200	650	1250	2400	4200	6000
4 dr Sed	200	600	1200	2200	3850	5500
2 dr Sed	200	550	1150	2100	3700	5300

1924
Model T, 4-cyl.

	6	5	4	3	2	1
Rds	450	1000	2400	5000	7000	10,000
Tr	450	1025	2600	5250	7300	10,500
Cpe	350	700	1350	2800	4550	6500
4 dr Sed	200	600	1200	2200	3850	5500
2 dr Sed	200	600	1200	2300	4000	5700
Rds PU	450	900	1900	4500	6300	9000

1925
Model T, 4-cyl.

	6	5	4	3	2	1
Rds	450	1000	2400	5000	7000	10,000
Tr	450	1025	2600	5250	7300	10,500
Cpe	350	700	1350	2800	4550	6500
2 dr	200	600	1200	2200	3850	5500

1924 Ford, Model T cpe

	6	5	4	3	2	1
4 dr	200	650	1250	2400	4200	6000
1926						
Model T, 4-cyl.						
Rds	450	1075	3000	5500	7700	11,000
Tr	450	1150	3600	6000	8400	12,000
Cpe	350	700	1350	2800	4550	6500
2 dr	350	700	1350	2800	4550	6500
4 dr	200	600	1200	2200	3850	5500
1927						
Model T, 4-cyl.						
Rds	450	1075	3000	5500	7700	11,000
Tr	450	1150	3600	6000	8400	12,000
Cpe	350	700	1350	2800	4550	6500
2 dr	200	600	1200	2200	3850	5500
4 dr	200	650	1200	2300	4100	5800
1928						
Model A, 4-cyl.						
(Add 20 percent avg for early 'AR' features)						
Rds	650	2800	5700	9500	13,300	19,000
Phae	800	3000	6000	10,000	14,000	20,000
Cpe	450	1000	2400	5000	7000	10,000
Spec Cpe	450	1125	3450	5750	8050	11,500
Bus Cpe	450	1150	3600	6000	8400	12,000
Spt Cpe	500	1250	3900	6500	9100	13,000
2 dr	350	775	1500	3750	5250	7500
4 dr	350	825	1600	4000	5600	8000
1929						
Model A, 4-cyl.						
Rds	650	2800	5700	9500	13,300	19,000
Phae	800	3000	6000	10,000	14,000	20,000
Cabr	650	2300	5400	9000	12,600	18,000
Cpe	450	1000	2400	5000	7000	10,000
Bus Cpe	450	975	2200	4850	6800	9700
Spec Cpe	450	1150	3600	6000	8400	12,000
Spt Cpe	500	1250	3900	6500	9100	13,000
2 dr Sed	450	950	2100	4750	6650	9500
3W 4 dr Sed	450	1000	2400	5000	7000	10,000

1929 Ford, Model A, 4 dr

	6	5	4	3	2	1
5W 4 dr Sed	450	950	2100	4750	6650	9500
DeL 4 dr Sed	450	900	1900	4500	6300	9000
Twn Sed	450	1150	3600	6000	8400	12,000
Taxi	550	1550	4500	7500	10,500	15,000
TwnC	800	3750	7500	12,500	17,500	25,000
Sta Wag	550	1750	4800	8000	11,200	16,000

1930
Model A, 4-cyl.

Rds	800	3000	6000	10,000	14,000	20,000
DeL Rds	800	3150	6300	10,500	14,700	21,000
Phae	800	3400	6900	11,500	16,100	23,000
DeL Phae	800	3600	7200	12,000	16,800	24,000
Cabr	800	3000	6000	10,000	14,000	20,000
Cpe	450	1000	2400	5000	7000	10,000
DeL Cpe	450	1125	3450	5750	8050	11,500
Spt Cpe	500	1250	3900	6500	9100	13,000
Std 2 dr	350	875	1700	4250	5900	8500
DeL 2 dr	450	950	2100	4750	6650	9500
3W 4 dr	450	900	1900	4500	6300	9000
5W 4 dr	350	875	1700	4250	5900	8500
DeL 4 dr	450	1150	3600	6000	8400	12,000
Twn Sed	450	1075	3000	5500	7700	11,000
Vic	550	1750	4800	8000	11,200	16,000

1931
Model A, 4-cyl.

Rds	800	3000	6000	10,000	14,000	20,000
DeL Rds	800	3150	6300	10,500	14,700	21,000
Phae	800	3400	6900	11,500	16,100	23,000
DeL Phae	800	3600	7200	12,000	16,800	24,000
Cabr	800	3000	6000	10,000	14,000	20,000
SW Cabr	800	3150	6300	10,500	14,700	21,000
Conv Sed	800	3750	7500	12,500	17,500	25,000
Cpe	450	1150	3600	6000	8400	12,000
DeL Cpe	500	1200	3750	6250	8750	12,500
Spt Cpe	500	1250	3900	6500	9100	13,000
Tudor	350	875	1700	4250	5900	8500
DeL Tudor	450	900	1900	4500	6300	9000
Fordor	450	1075	3000	5500	7700	11,000
DeL Fordor	450	1150	3600	6000	8400	12,000
Twn Sed	500	1200	3750	6250	8750	12,500
Vic	550	1750	4800	8000	11,200	16,000
Sta Wag	500	1400	4200	7000	9800	14,000

1932
Model B, 4-cyl.

Rds	800	3600	7200	12,000	16,800	24,000

	6	5	4	3	2	1
Phae	800	3900	7800	13,000	18,200	26,000
Cabr	800	3400	6900	11,500	16,100	23,000
Conv Sed	800	3600	7200	12,000	16,800	24,000
Cpe	550	1550	4500	7500	10,500	15,000
Spt Cpe	550	1750	4800	8000	11,200	16,000
Tudor	450	1150	3600	6000	8400	12,000
Fordor	450	1075	3000	5500	7700	11,000
Vic	800	3300	6600	11,000	15,400	22,000
Sta Wag	800	3150	6300	10,500	14,700	21,000
Model 18, V-8						
Rds	800	4350	8700	14,500	20,300	29,000
DeL Rds	800	4350	8700	14,500	20,300	29,000
Phae	800	4200	8400	14,000	19,600	28,000
DeL Phae	800	4350	8700	14,500	20,300	29,000
Cabr	800	3600	7200	12,000	16,800	24,000
Conv Sed	800	3750	7500	12,500	17,500	25,000
Cpe	550	1750	4800	8000	11,200	16,000
DeL Cpe	650	2000	5100	8500	11,900	17,000
Spt Cpe	650	2300	5400	9000	12,600	18,000
Tudor	500	1400	4200	7000	9800	14,000
DeL Tudor	550	1550	4500	7500	10,500	15,000
Fordor	500	1250	3900	6500	9100	13,000
DeL Fordor	500	1400	4200	7000	9800	14,000
Vic	800	3300	6600	11,000	15,400	22,000
Sta Wag	800	3600	7200	12,000	16,800	24,000
1933						
Model 40, V-8						
Phae	800	4050	8100	13,500	18,900	27,000
DeL Phae	800	4200	8400	14,000	19,600	28,000
Rds	800	4050	8100	13,500	18,900	27,000
DeL Rds	800	4200	8400	14,000	19,600	28,000
3W Cpe	500	1250	3900	6500	9100	13,000
3W DeL Cpe	500	1400	4200	7000	9800	14,000
5W Cpe	500	1250	3900	6500	9100	13,000
5W DeL Cpe	500	1400	4200	7000	9800	14,000
Cabr	800	3150	6300	10,500	14,700	21,000
Tudor	500	1250	3900	6500	9100	13,000
DeL Tudor	500	1400	4200	7000	9800	14,000
Fordor	450	1075	3000	5500	7700	11,000
DeL Fordor	450	1150	3600	6000	8400	12,000
Vic	650	2300	5400	9000	12,600	18,000
Sta Wag	800	3300	6600	11,000	15,400	22,000
Model 40, 4-cyl.						
(All models deduct 20 percent avg from V-8 models)						
1934						
Model 40, V-8						
Rds	800	4050	8100	13,500	18,900	27,000
Phae	800	4050	8100	13,500	18,900	27,000
Cabr	800	3750	7500	12,500	17,500	25,000
SW Cpe	450	1150	3600	6000	8400	12,000
DeL 3W Cpe	500	1400	4200	7000	9800	14,000
DeL 5W Cpe	500	1250	3900	6500	9100	13,000
Tudor	450	1075	3000	5500	7700	11,000
DeL Tudor	450	1150	3600	6000	8400	12,000
Fordor	450	1000	2400	5000	7000	10,000
DeL Fordor	450	1075	3000	5500	7700	11,000
Vic	650	2300	5400	9000	12,600	18,000
Sta Wag	800	3300	6600	11,000	15,400	22,000
1935						
Model 48, V-8						
Phae	800	4200	8400	14,000	19,600	28,000
Rds	800	4050	8100	13,500	18,900	27,000
Cabr	800	3600	7200	12,000	16,800	24,000
Conv Sed	800	3750	7500	12,500	17,500	25,000
DeL 3W Cpe	550	1750	4800	8000	11,200	16,000
5W Cpe	500	1400	4200	7000	9800	14,000
DeL 5W Cpe	550	1550	4500	7500	10,500	15,000
Tudor	450	900	1900	4500	6300	9000
DeL Tudor	450	950	2100	4750	6650	9500
Fordor	450	900	1900	4500	6300	9000
DeL Fordor	450	950	2100	4750	6650	9500
Sta Wag	800	3150	6300	10,500	14,700	21,000
C'ham TwnC	800	3400	6900	11,500	16,100	23,000

1936
Model 68, V-8

	6	5	4	3	2	1
Rds	800	4050	8100	13,500	18,900	27,000
Phae	800	4200	8400	14,000	19,600	28,000
Cabr	800	3600	7200	12,000	16,800	24,000
Clb Cabr	800	3750	7500	12,500	17,500	25,000
Conv Trk Sed	800	3900	7800	13,000	18,200	26,000
Conv Sed	800	3750	7500	12,500	17,500	25,000
3W Cpe	550	1750	4800	8000	11,200	16,000
5W Cpe	500	1400	4200	7000	9800	14,000
DeL 5W Cpe	550	1550	4500	7500	10,500	15,000
Tudor	450	900	1900	4500	6300	9000
Tudor Tr Sed	450	950	2100	4750	6650	9500
DeL Tudor	450	950	2100	4750	6650	9500
DeL Tr Sed	450	1000	2400	5000	7000	10,000
Fordor	450	950	2100	4750	6650	9500
Fordor Tr Sed	450	1000	2400	5000	7000	10,000
DeL Fordor	450	1075	3000	5500	7700	11,000
Sta Wag	800	3300	6600	11,000	15,400	22,000

1937
Model 74, V-8, 60-hp

Tudor	450	900	1900	4500	6300	9000
Tudor Tr Sed	450	950	2100	4750	6650	9500
Fordor	450	900	1900	4500	6300	9000
Fordor Tr Sed	450	950	2100	4750	6650	9500
Cpe	450	1075	3000	5500	7700	11,000
Cpe PU	450	1150	3600	6000	8400	12,000

V-8 DeLuxe

Sta Wag	550	1550	4500	7500	10,500	15,000

Model 78, V-8, 85-hp

Rds	800	3300	6600	11,000	15,400	22,000
Phae	800	3400	6900	11,500	16,100	23,000
Cabr	800	3400	6900	11,500	16,100	23,000
Clb Cabr	800	3600	7200	12,000	16,800	24,000
Conv Sed	800	3750	7500	12,500	17,500	25,000
Cpe	450	1150	3600	6000	8400	12,000
Clb Cpe	500	1250	3900	6500	9100	13,000
Tudor	450	950	2100	4750	6650	9500
Tudor Tr Sed	450	1000	2400	5000	7000	10,000
Fordor	450	950	2100	4750	6650	9500
Fordor Tr Sed	450	1000	2400	5000	7000	10,000
Sta Wag	800	3000	6000	10,000	14,000	20,000

1938
Model 81A Standard, V-8

Cpe	450	1075	3000	5500	7700	11,000
2 dr	350	875	1700	4250	5900	8500
4 dr	350	875	1700	4250	5900	8500
Sta Wag	650	2800	5700	9500	13,300	19,000

Model 81A DeLuxe, V-8

Phae	800	4050	8100	13,500	18,900	27,000
Conv	800	3900	7800	13,000	18,200	26,000
Clb Conv	800	4050	8100	13,500	18,900	27,000
Conv Sed	800	4200	8400	14,000	19,600	28,000
Cpe	450	1150	3600	6000	8400	12,000
Clb Cpe	500	1250	3900	6500	9100	13,000
2 dr	450	900	1900	4500	6300	9000
4 dr	450	900	1900	4500	6300	9000

NOTE: Deduct 10 percent avg. for 60 hp 82A Cord.

1939
Model 922A Standard, V-8

Cpe	450	1075	3000	5500	7700	11,000
2 dr	450	900	1900	4500	6300	9000
4 dr	450	900	1900	4500	6300	9000
Sta Wag	800	3000	6000	10,000	14,000	20,000

Model 91A DeLuxe, V-8

Conv	1200	5100	10,200	17,000	23,800	34,000
Conv Sed	1200	5250	10,500	17,500	24,500	35,000
Cpe	450	1150	3600	6000	8400	12,000
Tudor	450	950	2100	4750	6650	9500
Fordor	450	950	2100	4750	6650	9500
Sta Wag	800	3150	6300	10,500	14,700	21,000

NOTE: Deduct 10 percent avg. for V-60 hp models.

1940 Ford, DeLuxe convertible coupe, V-8

1940
Model 022A, V-8

	6	5	4	3	2	1
Conv	1200	5250	10,500	17,500	24,500	35,000
Cpe	500	1400	4200	7000	9800	14,000
DeL Cpe	550	1550	4500	7500	10,500	15,000
Tudor	450	900	1900	4500	6300	9000
DeL Tudor	450	950	2100	4750	6650	9500
Fordor	450	900	1900	4500	6300	9000
DeL Fordor	450	950	2100	4750	6650	9500
Sta Wag	800	3300	6600	11,000	15,400	22,000

NOTE: Deduct 10 percent avg. for V-8, 60 hp models.

1941
Model 11A Special, V-8

Cpe	350	875	1700	4250	5900	8500
Tudor	350	775	1500	3750	5250	7500
Fordor	350	775	1500	3750	5250	7500
DeLuxe						
3P Cpe	450	950	2100	4750	6650	9500
4P Cpe	450	1000	2400	5000	7000	10,000
Tudor	350	825	1600	4000	5600	8000
Fordor	350	825	1600	4000	5600	8000
Sta Wag	800	3900	7800	13,000	18,200	26,000
Super DeLuxe						
Conv	1200	5250	10,500	17,500	24,500	35,000
3P Cpe	450	1000	2400	5000	7000	10,000
4P Cpe	450	1075	3000	5500	7700	11,000
5P Cpe	450	1075	3000	5500	7700	11,000
Tudor	350	875	1700	4250	5900	8500
Fordor	350	875	1700	4250	5900	8500
Sta Wag	800	4200	8400	14,000	19,600	28,000

NOTE: Deduct 10 percent average for 6-cyl.

1942
Model 2GA Special, 6-cyl.

3P Cpe	350	825	1600	4000	5600	8000
Tudor	350	700	1350	2800	4550	6500
Fordor	350	700	1350	2800	4550	6500
Model 21A DeLuxe, V-8						
Cpe	350	875	1700	4250	5900	8500
5P Cpe	350	875	1700	4350	6050	8700
Tudor	350	750	1450	3300	4900	7000
Fordor	350	750	1450	3300	4900	7000
Super DeLuxe						
Conv	800	4200	8400	14,000	19,600	28,000
3P Cpe	450	900	1900	4500	6300	9000
5P Cpe	450	950	2100	4700	6600	9400
Tudor	350	775	1500	3750	5250	7500
Fordor	350	775	1500	3750	5250	7500

	6	5	4	3	2	1
Sta Wag	800	4350	8700	14,500	20,300	29,000

NOTE: Deduct 10 percent avg. for 6-cyl.

1946
Series 69A DeLuxe, V-8

	6	5	4	3	2	1
Cpe	350	875	1700	4250	5900	8500
Tudor	350	750	1450	3300	4900	7000
Fordor	350	750	1450	3300	4900	7000

Super DeLuxe

	6	5	4	3	2	1
Conv	800	4200	8400	14,000	19,600	28,000
Sptman Conv	2000	8850	17,700	29,500	41,300	59,000
3P Cpe	450	900	1900	4500	6300	9000
5P Cpe	450	925	2000	4600	6400	9200
Tudor	350	775	1500	3750	5250	7500
Fordor	350	775	1500	3750	5250	7500
Sta Wag	800	4200	8400	14,000	19,600	28,000

NOTE: Deduct 5 percent avg. for 6-cyl.

1947
Model 79A DeLuxe, V-8

	6	5	4	3	2	1
3P Cpe	450	950	2100	4750	6650	9500
Tudor	350	750	1450	3300	4900	7000
Fordor	350	750	1450	3300	4900	7000

Super DeLuxe

	6	5	4	3	2	1
Conv	800	4350	8700	14,500	20,300	29,000
Sptman Conv	2000	8850	17,700	29,500	41,300	59,000
3P Cpe	450	1000	2400	5000	7000	10,000
5P Cpe	450	1000	2400	5000	7000	10,000
2 dr Sed	350	775	1500	3750	5250	7500
4 dr Sed	350	775	1500	3750	5250	7500
Sta Wag	1200	4500	9000	15,000	21,000	30,000

NOTE: Deduct 5 percent average for 6-cyl.

1948
Model 89A DeLuxe, V-8

	6	5	4	3	2	1
3P Cpe	450	950	2100	4750	6650	9500
2 dr Sed	350	750	1450	3300	4900	7000
Sed	350	750	1450	3300	4900	7000

Model 89A Super DeLuxe, V-8

	6	5	4	3	2	1
Conv	800	4350	8700	14,500	20,300	29,000
Sptman Conv	2000	8850	17,700	29,500	41,300	59,000
3P Cpe	450	1000	2400	5000	7000	10,000
5P Cpe	450	1000	2400	5000	7000	10,000
2 dr Sed	350	775	1500	3750	5250	7500
4 dr Sed	350	775	1500	3750	5250	7500
Sta Wag	1200	4500	9000	15,000	21,000	30,000

NOTE: Deduct 5 percent avg. for 6-cyl.

1949
Model 8BA DeLuxe, V-8

	6	5	4	3	2	1
Cpe	350	750	1450	3500	5050	7200
Clb Cpe	350	775	1500	3700	5200	7400
2 dr Sed	350	725	1400	3000	4700	6700
4 dr Sed	350	725	1400	3200	4850	6900

Custom

	6	5	4	3	2	1
Conv	800	3150	6300	10,500	14,700	21,000
Clb Cpe	350	875	1700	4350	6050	8700
2 dr Sed	350	750	1450	3500	5050	7200
4 dr Sed	350	775	1500	3700	5200	7400
Sta Wag	800	3000	6000	10,000	14,000	20,000

NOTE: Deduct 5 percent avg. for 6-cyl.

1950
DeLuxe, V-8, 114" wb

	6	5	4	3	2	1
4 dr Sed	350	725	1400	3200	4850	6900
2 dr Sed	350	725	1400	3000	4700	6700
Bus Cpe	350	775	1500	3600	5100	7300

Custom DeLuxe, V-8, 114" wb

	6	5	4	3	2	1
4 dr Sed	350	775	1500	3700	5200	7400
2 dr Sed	350	750	1450	3500	5050	7200
Crest	450	1000	2500	5100	7100	10,200
Conv	800	3150	6300	10,500	14,700	21,000
Sta Wag	800	3000	6000	10,000	14,000	20,000
Clb Cpe	450	925	2000	4600	6400	9200

NOTE: Deduct 5 percent average for 6-cyl.

1951 Ford, Country Squire

1951
DeLuxe, V-8, 114" wb

	6	5	4	3	2	1
4 dr Sed	350	725	1400	3000	4700	6700
2 dr Sed	350	700	1350	2800	4550	6500
Bus Cpe	350	800	1550	3850	5400	7700
Custom DeLuxe, V-8, 114" wb						
4 dr Sed	350	725	1400	3200	4850	6900
2 dr Sed	350	725	1400	3000	4700	6700
Crest	450	925	2000	4600	6400	9200
Clb Cpe	350	875	1700	4350	6050	8700
2 dr HdTp	450	975	2200	4850	6800	9700
Conv	800	3150	6300	10,500	14,700	21,000
Sta Wag	800	3000	6000	10,000	14,000	20,000

NOTE: Deduct 5 percent average for 6-cyl.

1952
Mainline, V-8, 115" wb

4 dr Sed	200	600	1200	2200	3900	5600
2 dr Sed	200	600	1200	2200	3850	5500
Bus Cpe	350	700	1350	2800	4550	6500
Sta Wag	350	700	1350	2700	4500	6400
Customline, V-8, 115" wb						
4 dr Sed	350	725	1400	3100	4800	6800
2 dr Sed	350	725	1400	3000	4700	6700
Clb Cpe	350	775	1500	3750	5250	7500
Ctry Sed	350	750	1450	3300	4900	7000
Crestline, V-8, 115" wb						
2 dr HdTp	450	950	2100	4750	6650	9500
Conv	550	1750	4800	8000	11,200	16,000
Sta Wag	350	825	1600	4000	5600	8000

NOTE: Deduct 5 percent average for 6-cyl.

1953
Mainline, V-8, 115" wb

4 dr Sed	200	550	1150	2100	3800	5400
2 dr Sed	200	550	1150	2100	3700	5300
Bus Cpe	350	700	1350	2800	4550	6500
Sta Wag	200	675	1300	2600	4400	6300
Customline, V-8, 115" wb						
4 dr Sed	350	725	1400	3200	4850	6900
2 dr Sed	350	700	1350	2900	4600	6600
Clb Cpe	350	750	1450	3500	5050	7200
Sta Wag	350	700	1350	2800	4550	6500
Crestline, 8-cyl., 115" wb						
2 dr HdTp	450	950	2100	4750	6650	9500
Conv	550	1750	4800	8000	11,200	16,000

	6	**5**	**4**	**3**	**2**	**1**
Sta Wag	350	825	1600	4000	5600	8000

NOTE: Deduct 5 percent average for 6-cyl.
   Add 50 percent for Indy Pace Car replica convertible.

1954 Ford, Crestline 4 dr

1954
Mainline, 8-cyl., 115.5" wb

	6	5	4	3	2	1
4 dr Sed	200	600	1200	2200	3850	5500
2 dr Sed	200	550	1150	2100	3800	5400
Bus Cpe	350	700	1350	2800	4550	6500
Sta Wag	200	675	1300	2500	4300	6100

Customline, V-8, 115.5" wb

4 dr Sed	350	725	1400	3100	4800	6800
2 dr Sed	350	725	1400	3000	4700	6700
Clb Cpe	350	750	1450	3400	5000	7100
Sta Wag	350	725	1400	3100	4800	6800

Crestline, V-8, 115.5" wb

4 dr Sed	350	750	1450	3300	4900	7000
Sky Cpe	500	1300	4050	6750	9450	13,500
2 dr HdTp	450	1025	2600	5250	7300	10,500
Conv	650	2300	5400	9000	12,600	18,000
Sta Wag	350	875	1700	4250	5900	8500

NOTE: Deduct 5 percent average for 6-cyl.

1955
Mainline, V-8, 115.5" wb

4 dr Sed	200	650	1200	2300	4100	5800
Bus Cpe	200	600	1200	2200	3900	5600
2 dr Sed	200	600	1200	2300	4000	5700

Customline, V-8, 115.5" wb

4 dr Sed	200	675	1300	2500	4300	6100
2 dr Sed	200	650	1250	2400	4200	6000

Fairlane, V-8, 115.5" wb

4 dr Sed	350	775	1500	3700	5200	7400
2 dr Sed	350	750	1450	3500	5050	7200
2 dr HdTp	500	1350	4100	6800	9500	13,600
Crn Vic	800	3000	6000	10,000	14,000	20,000
Crn Vic Plexi-top	800	3750	7500	12,500	17,500	25,000
Conv	1200	4800	9600	16,000	22,400	32,000

Station Wagon, V-8, 115.5" wb

Ran Wag	350	725	1400	3000	4700	6700
Ctry Sed	350	750	1450	3500	5050	7200
Ctry Sq	450	1000	2400	5000	7000	10,000

NOTE: Deduct 5 percent average for 6-cyl.
Thunderbird, 102" wb

Conv	1500	6000	12,000	20,000	28,000	40,000

NOTE: Add $1800 for hardtop.

1956
Mainline, V-8, 115.5" wb

4 dr Sed	200	650	1250	2400	4150	5900

	6	5	4	3	2	1
2 dr Sed	200	650	1200	2300	4100	5800
Bus Sed	200	600	1200	2300	4000	5700
Customline, V-8, 115.5" wb						
4 dr Sed	200	675	1300	2600	4400	6300
2 dr Sed	200	675	1300	2500	4350	6200
Vic	450	1050	2700	5350	7450	10,700
Fairlane, V-8, 115.5" wb						
4 dr Sed	350	725	1400	3000	4700	6700
4 dr Vic	350	850	1650	4100	5700	8200
2 dr Sed	350	700	1350	2900	4600	6600
2 dr HdTp	650	2200	5300	8800	12,300	17,600
Crn Vic	800	3300	6600	11,000	15,400	22,000
Crn Vic Plexi-top	800	3900	7800	13,000	18,200	26,000
Conv	1200	5100	10,200	17,000	23,800	34,000
Station Wagons, V-8, 115.5" wb						
Ran Wag	350	725	1400	3000	4700	6700
Parklane	450	975	2200	4850	6800	9700
Ctry Sed	350	800	1550	3850	5400	7700
Ctry Sq	450	1075	3000	5500	7700	11,000

NOTE: Deduct 5 percent average for 6-cyl.
    Add 10 percent for "T-Bird Special" V-8.

Thunderbird						
Conv	1500	6900	13,800	23,000	32,200	46,000

NOTE: Add $1800 for hardtop.

1957 Ford Thunderbird

1957

Custom, V-8, 116" wb	6	5	4	3	2	1
Sed	200	650	1250	2400	4150	5900
2 dr Sed	200	650	1200	2300	4100	5800
Bus Cpe	200	600	1200	2200	3900	5600
Custom 300, V-8, 116" wb						
4 dr Sed	200	675	1300	2500	4300	6100
2 dr Sed	200	650	1250	2400	4200	6000
Fairlane, V-8, 118" wb						
4 dr Sed	350	700	1350	2700	4500	6400
4 dr Vic HdTp	350	725	1400	3200	4850	6900
2 dr Sed	200	675	1300	2600	4400	6300
2 dr Vic HdTp	350	800	1550	3850	5400	7700
Fairlane 500, V-8, 118" wb						
4 dr Sed	350	725	1400	3000	4700	6700
4 dr Vic HdTp	350	750	1450	3500	5050	7200
2 dr Sed	350	700	1350	2900	4600	6600
2 dr Vic HdTp	450	925	1900	4550	6350	9100
Conv	800	3600	7200	12,000	16,800	24,000
Sky HdTp Conv	1200	4800	9600	16,000	22,400	32,000
Station Wagons, 8-cyl., 116" wb						
Ctry Sed	200	675	1300	2500	4350	6200
Ctry Sq	350	875	1700	4250	5900	8500
Ran Wag	350	700	1350	2800	4550	6500

	6	**5**	**4**	**3**	**2**	**1**
DeL Rio Ran	350	750	1450	3300	4900	7000

NOTE: Deduct 5 percent average for 6-cyl.
  Add 10 percent for "T-Bird Special" V-8 (code E).
  Add 20 percent for Supercharged V-8 (code F).

Thunderbird, 102" wb

Conv	1500	7200	14,400	24,000	33,600	48,000

NOTE: Add $1800 for hardtop.
  Add 20 percent for super charged model.

1958 Ford, Fairlane 500 Skyliner

1958

Custom 300, V-8, 116.03" wb

4 dr Sed	200	650	1200	2300	4100	5800
2 dr Sed	200	600	1200	2300	4000	5700
Bus Cpe	200	550	1150	2000	3600	5200

Fairlane, V-8, 116.03" wb

4 dr Sed	200	650	1250	2400	4150	5900
4 dr HdTp	200	675	1300	2500	4350	6200
2 dr Sed	200	650	1200	2300	4100	5800
2 dr HdTp	350	875	1700	4350	6050	8700

Fairlane 500, V-8, 118.04" wb

4 dr Sed	350	700	1350	2700	4500	6400
4 dr HdTp	350	725	1400	3100	4800	6800
2 dr Sed	200	675	1300	2500	4350	6200
2 dr HdTp	450	925	2000	4600	6400	9200
Sun Conv	800	3300	6600	11,000	15,400	22,000
Sky HdTp Conv	800	3900	7800	13,000	18,200	26,000

Station Wagons, V-8, 116.03" wb

Ctry Sed	350	750	1450	3400	5000	7100
Ctry Sq	350	850	1650	4150	5800	8300
4 dr Ran	200	675	1300	2500	4350	6200
2 dr Ran	350	700	1350	2700	4500	6400
DeL Rio Ran	350	725	1400	3100	4800	6800

NOTE: Deduct 5 percent average for 6-cyl.

Thunderbird

2 dr HdTp	650	2300	5400	9000	12,600	18,000
Conv	800	4200	8400	14,000	19,600	28,000

1959

Custom 300, V-8, 118" wb

Sed	200	550	1150	2000	3600	5200
2 dr Sed	200	675	1300	2500	4300	6100
Bus Cpe	200	650	1250	2400	4200	6000

Fairlane, V-8, 118" wb

4 dr Sed	200	550	1150	2100	3700	5300
2 dr Sed	200	550	1150	2000	3600	5200

Fairlane 500, V-8, 118" wb

4 dr Sed	200	600	1200	2200	3850	5500
4 dr HdTp	200	600	1200	2300	4000	5700
2 dr Sed	200	550	1150	2100	3800	5400

	6	5	4	3	2	1
2 dr HdTp	350	775	1500	3750	5250	7500
Sun Conv	800	3400	6900	11,500	16,100	23,000
Sky HdTp Conv	800	4200	8400	14,000	19,600	28,000
Galaxie, V-8, 118" wb						
4 dr Sed	200	600	1200	2300	4000	5700
4 dr HdTp	200	650	1250	2400	4200	6000
2 dr Sed	200	600	1200	2200	3900	5600
2 dr HdTp	350	825	1600	4000	5600	8000
Sun Conv	800	3400	6900	11,500	16,100	23,000
Sky HdTp Conv	800	4200	8400	14,000	19,600	28,000
Station Wagons, V-8, 118" wb						
4 dr Ran	200	500	1100	1950	3600	5100
Ctry Sed	200	600	1200	2200	3850	5500
Ctry Sq	350	775	1500	3750	5250	7500
2 dr Ran	200	500	1100	1900	3500	5000
DeL Rio Ran	350	825	1600	4000	5600	8000
NOTE: Deduct 5 percent average for 6-cyl.						
Thunderbird						
2 dr HdTp	650	2300	5400	9000	12,600	18,000
Conv	800	4200	8400	14,000	19,600	28,000

1960
Falcon, 6-cyl., 109.5" wb

	6	5	4	3	2	1
4 dr Sed	200	550	1150	2000	3600	5200
2 dr Sed	200	500	1100	1950	3600	5100
4 dr Sta Wag	200	550	1150	2100	3700	5300
2 dr Sta Wag	200	550	1150	2000	3600	5200
Fairlane, V-8, 119" wb						
Sed	200	550	1150	2000	3600	5200
2 dr Sed	200	500	1100	1950	3600	5100
Bus Cpe	200	500	1100	1900	3500	5000
Fairlane 500, V-8, 119" wb						
4 dr Sed	200	550	1150	2100	3800	5400
2 dr Sed	200	550	1150	2100	3700	5300
Galaxie, V-8, 119" wb						
4 dr Sed	200	650	1200	2300	4100	5800
4 dr HdTp	200	650	1250	2400	4200	6000
2 dr HdTp	450	900	1900	4500	6300	9000
2 dr Sed	200	600	1200	2300	4000	5700
Galaxie Special, V-8, 119" wb						
2 dr HdTp	450	1075	3000	5500	7700	11,000
Sun Conv	650	2000	5100	8500	11,900	17,000
Station Wagons, V-8, 119" wb						
4 dr Ran	200	500	1100	1950	3600	5100
2 dr Ran	200	500	1100	1900	3500	5000
Ctry Sed	200	550	1150	2000	3600	5200
Ctry Sq	200	650	1250	2400	4200	6000
NOTE: Deduct 5 percent average for 6-cyl.						
Thunderbird, 113" wb						
SR HdTp	650	2800	5700	9500	13,300	19,000
2 dr HdTp	650	2000	5100	8500	11,900	17,000
Conv	800	4050	8100	13,500	18,900	27,000

1961
Falcon, 6-cyl., 109.5" wb

	6	5	4	3	2	1
4 dr Sed	200	550	1150	2100	3700	5300
2 dr Sed	200	550	1150	2000	3600	5200
Futura	350	775	1500	3750	5250	7500
4 dr Sta Wag	200	550	1150	2100	3700	5300
2 dr Sta Wag	200	550	1150	2000	3600	5200
Fairlane, V-8, 119" wb						
4 dr Sed	200	550	1150	2100	3800	5400
2 dr Sed	200	550	1150	2100	3700	5300
Galaxie, V-8, 119" wb						
4 dr Sed	200	600	1200	2200	3850	5500
4 dr Vic HdTp	200	650	1250	2400	4200	6000
2 dr Sed	200	550	1150	2100	3800	5400
2 dr Vic HdTp	200	675	1300	2500	4350	6200
2 dr Star HdTp	450	1000	2400	5000	7000	10,000
Sun Conv	550	1550	4500	7500	10,500	15,000
Station Wagons, V-8, 119" wb						
4 dr Ran	200	500	1100	1950	3600	5100
2 dr Ran	200	550	1150	2000	3600	5200
6P Ctry Sed	200	550	1150	2100	3700	5300
Ctry Sq	200	650	1200	2300	4100	5800

Thunderbird, 113" wb

	6	5	4	3	2	1
2 dr HdTp	500	1250	3900	6500	9100	13,000
Conv	800	3900	7800	13,000	18,200	26,000

NOTE: Deduct 5 percent average for 6-cyl.

1962 Ford Falcon 4 dr

1962

	6	5	4	3	2	1
Falcon, 6-cyl., 109.5" wb						
4 dr Sed	200	500	1100	1900	3500	5000
2 dr	200	500	1100	1850	3350	4900
Fut Spt Cpe	350	875	1700	4250	5900	8500
Sq Wag	200	600	1200	2200	3850	5500
Falcon Station Bus, 6-cyl., 109.5" wb						
Sta Bus	150	450	1050	1800	3300	4800
Clb Wag	200	500	1100	1850	3350	4900
DeL Wag	200	500	1100	1900	3500	5000
Fairlane, V-8, 115.5" wb						
4 dr Sed	200	500	1100	1850	3350	4900
2 dr Sed	150	450	1050	1800	3300	4800
Spt Sed	200	550	1150	2100	3800	5400
Galaxie 500, V-8, 119" wb						
4 dr Sed	200	500	1100	1950	3600	5100
4 dr HdTp	200	550	1150	2100	3700	5300
2 dr Sed	200	500	1100	1900	3500	5000
2 dr HdTp	350	775	1500	3750	5250	7500
Conv	500	1250	3900	6500	9100	13,000
Galaxie 500 XL, V-8, 119" wb						
2 dr HdTp	450	950	2100	4750	6650	9500
Conv	500	1400	4200	7000	9800	14,000
Station Wagons, V-8, 119" wb						
Ranch	150	450	1050	1800	3300	4800
Ctry Sed	200	500	1100	1850	3350	4900
Ctry Sq	200	500	1100	1900	3500	5000

NOTE: Add 30 percent for 406 V-8.
Deduct 5 percent for 6-cyl.

1962 Ford Thunderbird Spt Rds

Thunderbird

	6	5	4	3	2	1
2 dr HdTp	500	1250	3900	6500	9100	13,000
2 dr Lan HdTp	500	1400	4200	7000	9800	14,000
Conv	800	4050	8100	13,500	18,900	27,000
Spt Rds	1200	5250	10,500	17,500	24,500	35,000

1963
Falcon, 6-cyl., 109.5" wb

4 dr Sed	200	550	1150	2000	3600	5200
2 dr Sed	200	500	1100	1950	3600	5100
2 dr Spt Sed	200	600	1200	2200	3900	5600
2 dr HdTp	350	875	1700	4250	5900	8500
2 dr Spt HdTp	450	950	2100	4750	6650	9500
Conv	450	1025	2600	5250	7300	10,500
Spt Conv	450	1125	3450	5750	8050	11,500
Squire Wag	200	600	1200	2200	3850	5500
4 dr Sta Wag	200	500	1100	1850	3350	4900
2 dr Sta Wag	150	450	1050	1800	3300	4800

Station Buses, 6-cyl., 90" wb

Sta Bus	150	450	1050	1800	3300	4800
Clb Wag	200	500	1100	1850	3350	4900
DeL Clb Wag	200	500	1100	1900	3500	5000

Sprint, V-8, 109.5" wb

HdTp	450	1075	3000	5500	7700	11,000
Conv	500	1250	3900	6500	9100	13,000

Fairlane, V-8, 115.5" wb

4 dr Sed	200	500	1100	1850	3350	4900
2 dr Sed	150	450	1050	1800	3300	4800
2 dr HdTp	200	550	1150	2100	3700	5300
Spt Cpe	350	700	1350	2800	4550	6500
Sq Wag	200	500	1100	1850	3350	4900
Cus Ran	150	450	1050	1800	3300	4800

NOTE: Add 20 percent for 271 hp V-8.
Ford 300, V-8, 119" wb

Sed	200	500	1100	1900	3500	5000
2 dr Sed	200	500	1100	1850	3350	4900

Galaxie 500, V-8, 119" wb

Sed	200	500	1100	1950	3600	5100
4 dr HdTp	200	500	1100	1900	3500	5000
2 dr Sed	200	500	1100	1900	3500	5000
2 dr HdTp	450	950	2100	4750	6650	9500
FsBk	450	1075	3000	5500	7700	11,000
Conv	500	1200	3800	6300	8800	12,600

Galaxie 500 XL, V-8, 119" wb

4 dr HdTp	350	700	1350	2800	4550	6500
2 dr HdTp	450	975	2300	4900	6850	9800
FsBk	450	1125	3450	5750	8050	11,500
Conv	550	1550	4500	7500	10,500	15,000

Station Wagons, V-8, 119" wb

Squire	200	500	1100	1950	3600	5100
Ctry Sed	200	550	1150	2000	3600	5200

NOTE: Add 30 percent for 406 & add 40 percent for 427.
Deduct 5 percent average for 6-cyl.
Thunderbird, 113.2 wb

2 dr HdTp	500	1250	3900	6500	9100	13,000
2 dr Lan HdTp	500	1400	4200	7000	9800	14,000
Conv	800	4050	8100	13,500	18,900	27,000
Spt Rds	1200	5100	10,200	17,000	23,800	34,000

NOTE: Add 5 percent for Monaco option.

1964
NOTE: Add 5 percent for V-8 except Sprint.
Falcon, 6-cyl., 109.5" wb

4 dr Sed	200	500	1100	1900	3500	5000
2 dr Sed	200	500	1100	1850	3350	4900
2 dr HdTp	200	650	1250	2400	4200	6000
2 dr Spt HdTp	350	825	1600	4000	5600	8000
Conv	450	950	2100	4750	6650	9500
Spt Conv	450	1025	2600	5250	7300	10,500
Squire Wag	200	600	1200	2200	3850	5500
DeL Wag	150	400	1000	1650	3150	4500
4 dr Sta	150	400	1000	1650	3150	4500
2 dr Sta	150	400	1000	1650	3150	4500

Station Bus, 6-cyl., 90" wb

Sta Bus	150	400	1000	1650	3150	4500

1964 Ford Falcon Sprint conv

	6	5	4	3	2	1
Clb Wag	150	450	1050	1700	3200	4600
DeL Clb	150	450	1050	1800	3300	4800
Sprint, V-8, 109.5" wb						
2 dr HdTp	450	950	2100	4750	6650	9500
Conv	450	1150	3600	6000	8400	12,000
Fairlane, V-8, 115.5" wb						
Sed	200	550	1150	2000	3600	5200
2 dr Sed	200	500	1100	1950	3600	5100
HdTp	350	750	1450	3400	5000	7100
2 dr Spt HdTp	350	825	1600	4050	5650	8100
Ran Cus	200	675	1300	2500	4300	6100
NOTE: Add 20 percent for 271 hp V-8.						
Custom, V-8, 119" wb						
Sed	200	550	1150	2000	3600	5200
2 dr Sed	200	500	1100	1950	3600	5100
Custom 500, V-8, 119" wb						
Sed	200	550	1150	2100	3700	5300
2 dr Sed	200	550	1150	2000	3600	5200
Galaxie 500, V-8, 119" wb						
Sed	200	600	1200	2200	3850	5500
4 dr HdTp	200	600	1200	2200	3850	5500
2 dr Sed	200	550	1150	2100	3800	5400
2 dr HdTp	350	875	1700	4250	5900	8500
Conv	500	1400	4200	7000	9800	14,000
Galaxie 500XL, V-8, 119" wb						
4 dr HdTp	350	700	1350	2800	4550	6500
2 dr HdTp	450	1150	3600	6000	8400	12,000
Conv	650	2000	5100	8500	11,900	17,000
Station Wagons, V-8, 119" wb						
Ctry Sq	200	550	1150	2100	3800	5400
Ctry Sed	200	550	1150	2100	3700	5300
NOTE: Add 40 percent for 427 V-8.						
Thunderbird, 113.2" wb						
2 dr HdTp	450	1150	3600	6000	8400	12,000
2 dr Lan HdTp	500	1250	3900	6500	9100	13,000
Conv	800	3600	7200	12,000	16,800	24,000
NOTE: Add 25 percent for Tonneau convertible option.						
1965						
Falcon, 6-cyl., 109.5" wb						
4 dr Sed	150	450	1050	1800	3300	4800
2 dr Sed	150	450	1050	1750	3250	4700
2 dr HdTp	200	650	1250	2400	4200	6000
Conv	450	950	2100	4750	6650	9500
Squire Wag	200	500	1100	1900	3500	5000
DeL Wag	150	450	1050	1750	3250	4700
4 dr Sta	150	450	1050	1750	3250	4700
2 dr Sta	150	450	1050	1700	3200	4600
Sprint V-8, 109.5" wb						
2 dr HdTp	450	900	1900	4500	6300	9000
Conv	450	1150	3600	6000	8400	12,000

1965 Ford, Galaxie 4 dr

Falcon Station Buses, 6-cyl., 90" wb

	6	5	4	3	2	1
Sta Bus	200	500	1100	1850	3350	4900
Clb Wag	200	500	1100	1950	3600	5100
DeL Wag	200	550	1150	2100	3700	5300
Fairlane, V-8, 116" wb						
Sed	200	500	1100	1950	3600	5100
2 dr Sed	200	500	1100	1900	3500	5000
2 dr HdTp	200	600	1200	2200	3900	5600
2 dr Spt HdTp	200	675	1300	2600	4400	6300
Sta Wag	150	450	1050	1750	3250	4700

NOTE: Add 10 percent for 271 hp V-8.
Add 50 percent for 427 Thunderbolt.

Custom, V-8, 119" wb						
Sed	150	450	1050	1800	3300	4800
2 dr Sed	150	450	1050	1750	3250	4700
Custom 500, V-8, 119" wb						
Sed	200	500	1100	1850	3350	4900
2 dr Sed	150	450	1050	1800	3300	4800
Galaxie 500, V-8, 119" wb						
Sed	200	500	1100	1900	3500	5000
4 dr HdTp	200	550	1150	2000	3600	5200
2 dr HdTp	350	700	1350	2900	4600	6600
Conv	450	1000	2400	5000	7000	10,000
Galaxie 500 XL, V-8, 119" wb						
2 dr HdTp	350	750	1450	3300	4900	7000
Conv	450	1075	3000	5500	7700	11,000
Galaxie 500 LTD, V-8, 119" wb						
4 dr HdTp	200	600	1200	2200	3900	5600
2 dr HdTp	350	775	1500	3750	5250	7500
Station Wagons, V-8, 119" wb						
9P Ctry Sq	200	550	1150	2000	3600	5200
9P Ctry Sed	200	500	1100	1900	3500	5000
Ran	150	450	1050	1800	3300	4800

NOTE: Add 40 percent for 427 V-8.

Thunderbird						
2 dr HdTp	450	1075	3000	5500	7700	11,000
2 dr Lan HdTp	450	1150	3600	6000	8400	12,000
Conv	800	3300	6600	11,000	15,400	22,000

NOTE: Add 5 Special Landau option.

1966
NOTE: Add 5 percent for V-8.

Falcon, 6-cyl., 110.9" wb

Sed	150	450	1050	1800	3300	4800
Clb Cpe	150	450	1050	1750	3250	4700
Spt Cpe	200	500	1100	1950	3600	5100
6P Wag	150	450	1050	1750	3250	4700
Squire Wag	200	500	1100	1900	3500	5000
Falcon Station Bus, 6-cyl., 90" wb						
Clb Wag	150	450	1050	1700	3200	4600
Cus Clb Wag	150	450	1050	1750	3250	4700
DeL Clb Wag	150	450	1050	1800	3300	4800

1966 Ford Fairlane GT convertible

Fairlane, V-8, 116" wb

	6	5	4	3	2	1
Sed	200	500	1100	1850	3350	4900
Clb Cpe	150	450	1050	1800	3300	4800
2 dr HdTp Cpe	200	500	1100	1950	3600	5100
Conv	350	800	1550	3800	5300	7600
Fairlane 500 XL, V-8, 116" wb						
2 dr HdTp	350	700	1350	2800	4550	6500
Conv	450	900	1900	4500	6300	9000
Fairlane 500 GT, V-8, 116" wb						
2 dr HdTp	350	750	1450	3300	4900	7000
Conv	450	1000	2400	5000	7000	10,000
Station Wagons, V-8, 113" wb						
6P DeL	150	450	1050	1800	3300	4800
Squire	200	500	1100	1850	3350	4900
Custom, V-8, 119" wb						
Sed	200	500	1100	1900	3500	5000
2 dr Sed	200	500	1100	1850	3350	4900
Galaxie 500, V-8, 119" wb						
Sed	200	500	1100	1950	3600	5100
4 dr HdTp	200	550	1150	2100	3700	5300
2 dr HdTp	200	675	1300	2600	4400	6300
Conv	350	875	1700	4250	5900	8500
Galaxie 500, XL, V-8, 119" wb						
2 dr HdTp	350	775	1500	3750	5250	7500
Conv	450	1000	2400	5000	7000	10,000
Ford LTD, V-8, 119" wb						
4 dr HdTp	200	550	1150	2100	3700	5300
2 dr HdTp	350	700	1350	2900	4600	6600
Galaxie 500 7-litre, V-8, 119" wb						
2 dr HdTp	350	825	1600	4050	5650	8100
Conv	450	1000	2400	5000	7000	10,000
Station Wagons, V-8, 119" wb						
Ran Wag	150	450	1050	1800	3300	4800
Ctry Sed	200	500	1100	1900	3500	5000
Ctry Sq	200	550	1150	2000	3600	5200
Thunderbird, 113" wb						
2 dr HdTp Cpe	450	1075	3000	5500	7700	11,000
2 dr Twn Lan	450	1150	3600	6000	8400	12,000
2 dr HdTp Twn	450	1125	3450	5750	8050	11,500
Conv	800	3300	6600	11,000	15,400	22,000

NOTE: Add 40 percent for 427 or 428 engine option.

1967

Falcon, 6-cyl, 111" wb

	6	5	4	3	2	1
4 dr	150	450	1050	1800	3300	4800
2 dr	150	450	1050	1750	3250	4700
Sta Wag	150	450	1050	1800	3300	4800

Futura

	6	5	4	3	2	1
Sed	200	500	1100	1850	3350	4900
Clb Cpe	150	450	1050	1800	3300	4800
2 dr HdTp	200	500	1100	1950	3600	5100
Fairlane						
4 dr Sed	150	450	1050	1800	3300	4800
Cpe	150	450	1050	1750	3250	4700
Fairlane 500, V-8, 116" wb						
4 dr Sed	200	500	1100	1850	3350	4900
Cpe	150	450	1050	1800	3300	4800
2 dr HdTp	200	650	1200	2300	4100	5800
Conv	450	900	1900	4500	6300	9000
Wagon	150	450	1050	1800	3300	4800
Fairlane 500 XL V-8						
2 dr HdTp	200	675	1300	2500	4300	6100
Conv	450	1000	2400	5000	7000	10,000
2 dr GT HdTp	350	750	1450	3400	5000	7100
Conv GT	450	1075	3000	5500	7700	11,000
Fairlane Wagons						
Sta Wag	150	450	1050	1800	3300	4800
500 Wag	200	500	1100	1850	3350	4900
Squire	200	500	1100	1950	3600	5100
Ford Custom						
4 dr Sed	150	450	1050	1800	3300	4800
2 dr Sed	150	450	1050	1750	3250	4700
Ford Custom 500						
4 dr Sed	200	500	1100	1850	3350	4900
2 dr Sed	150	450	1050	1800	3300	4800
Galaxie 500, V-8, 119" wb						
4 dr Sed	200	500	1100	1950	3600	5100
4 dr HdTp	200	550	1150	2100	3700	5300
2 dr HdTp	350	725	1400	3100	4800	6800
Conv	450	1000	2400	5000	7000	10,000
Galaxie 500 XL						
2 dr HdTp	350	825	1600	4050	5650	8100
Conv	450	1075	3000	5500	7700	11,000
LTD, V-8, 119" wb						
4 dr HdTp	200	650	1200	2300	4100	5800
2 dr HdTp	200	675	1300	2600	4400	6300
Wagons						
Ranch	150	450	1050	1700	3200	4600
Ctry Sq	200	500	1100	1900	3500	5000
Ctry Sed	150	450	1050	1750	3250	4700
Thunderbird, 115" wb						
4 dr Lan	200	650	1200	2300	4100	5800
2 dr Lan	350	775	1500	3600	5100	7300
2 dr HdTp	350	750	1450	3400	5000	7100

NOTE: Add 5 percent for V-8.
NOTE: Add 40 percent for 427 or 428 engine option.

1968
NOTE: Add 5 percent for V-8.

Standard Falcon						
Sed	150	400	1000	1650	3150	4500
2 dr Sed	150	400	1000	1600	3100	4400
Sta Wag	150	400	1000	1550	3050	4300
Falcon Futura, 6-cyl, 110.0" wb						
Sed	150	450	1050	1700	3200	4600
2 dr Sed	150	400	1000	1650	3150	4500
Spt Cpe	150	450	1050	1800	3300	4800
Sta Wag	150	400	1000	1550	3050	4300
Fairlane						
4 dr Sed	150	450	1050	1700	3200	4600
2 dr HdTp	200	550	1150	2100	3700	5300
Sta Wag	150	400	1000	1600	3100	4400
Fairlane 500, V-8, 116" wb						
4 dr Sed	150	450	1050	1750	3250	4700
2 dr HdTp	200	600	1200	2200	3850	5500
2 dr FsBk	350	700	1350	2800	4550	6500
Conv	350	775	1500	3600	5100	7300
Sta Wag	150	400	1000	1550	3050	4300
Torino, V-8, 116" wb						
4 dr Sed	150	400	1000	1550	3050	4300
2 dr HdTp	200	500	1100	1900	3500	5000

	6	5	4	3	2	1
Wagon	150	400	1000	1550	3050	4300
Torino GT V-8						
2 dr HdTp	350	700	1350	2800	4550	6500
FsBk	350	775	1500	3750	5250	7500
Conv	350	875	1700	4300	6000	8600
Custom						
4 dr Sed	150	400	1000	1650	3150	4500
2 dr Sed	150	400	1000	1600	3100	4400
Custom 500						
4 dr Sed	150	450	1050	1700	3200	4600
2 dr Sed	150	400	1000	1650	3150	4500
Galaxie 500, V-8, 119" wb						
4 dr Sed	150	450	1050	1750	3250	4700
4 dr HdTp	150	450	1050	1800	3300	4800
2 dr HdTp	200	650	1200	2300	4100	5800
FsBk	350	800	1550	3800	5300	7600
Conv	350	875	1700	4300	6000	8600
XL						
Fsbk	350	825	1600	4050	5650	8100
Conv	450	950	2200	4800	6700	9600
LTD						
4 dr Sed	150	450	1050	1800	3300	4800
4 dr HdTp	200	500	1100	1950	3600	5100
2 dr HdTp	200	550	1150	2100	3700	5300
Ranch Wag						
Std Wag	150	400	1000	1550	3050	4300
500 Wag	150	400	1000	1600	3100	4400
DeL 500 Wag	150	400	1000	1650	3150	4500
Country Sedan						
Std Wag	150	450	1050	1700	3200	4600
DeL Wag	150	450	1050	1750	3250	4700
Country Squire						
Sta Wag	150	450	1050	1750	3250	4700
DeL Wag	150	450	1050	1800	3300	4800

NOTE: Add 40 percent for 427 or 428 engine option.
Add 50 percent for 429 engine option.

	6	5	4	3	2	1
Thunderbird, 115" wb						
HdTp	350	750	1450	3400	5000	7100
Lan Cpe	350	775	1500	3600	5100	7300
Lan Sed	200	650	1200	2300	4100	5800

1969 Ford Falcon Futura Spt Cpe

1969
NOTE: Add 10 percent for V-8.
Falcon Futura, 6-cyl, 111" wb

	6	5	4	3	2	1
Spt Cpe	150	350	950	1450	2900	4100
2 dr	150	300	900	1250	2600	3700

Fairlane 500, V-8, 116" wb

	6	5	4	3	2	1
4 dr	125	250	750	1150	2500	3600
2 dr HdTp	150	300	900	1250	2650	3800
FsBk	200	550	1150	2000	3600	5200
Conv	350	775	1500	3750	5250	7500
Wagon	150	300	900	1250	2600	3700
Torino, V-8, 116" wb						
4 dr	150	300	900	1250	2600	3700
2 dr HdTp	150	400	1000	1650	3150	4500
Torino GT V-8						
2 dr HdTp	200	600	1200	2200	3850	5500
FsBk	350	750	1450	3300	4900	7000
Conv	350	875	1700	4250	5900	8500
Cobra						
2 dr HdTp	450	950	2100	4750	6650	9500
FsBk	450	1000	2400	5000	7000	10,000
Galaxie 500, V-8, 121" wb						
4 dr	150	350	950	1450	3000	4200
2 dr HdTp	150	450	1050	1750	3250	4700
FsBk	350	700	1350	2800	4550	6500
Conv	350	825	1600	4000	5600	8000
XL						
FsBk	350	750	1450	3300	4900	7000
Conv	350	875	1700	4250	5900	8500
LTD						
4 dr HdTp	150	350	950	1450	3000	4200
2 dr HdTp	150	450	1050	1750	3250	4700

NOTE: Add 40 percent for 428 engine option.
Add 50 percent for 429 engine option.

Thunderbird, 117.2" wb						
4 dr Lan	200	550	1150	2100	3700	5300
2 dr Lan	350	725	1400	3000	4700	6700
2 dr HdTp	350	700	1350	2800	4550	6500
1970						
Falcon, 6-cyl, 110" wb						
4 dr Sed	150	300	900	1350	2700	3900
2 dr Sed	150	300	900	1250	2650	3800
Sta Wag	150	300	900	1250	2650	3800
1970-1/2 Falcon, 6-cyl, 117" wb						
4 dr Sed	150	350	950	1350	2800	4000
2 dr Sed	150	300	900	1350	2700	3900
Sta Wag	150	300	900	1350	2700	3900
Futura, 6-cyl, 110" wb						
4 dr Sed	150	350	950	1450	2900	4100
2 dr Sed	150	350	950	1350	2800	4000
Sta Wag	150	350	950	1350	2800	4000

NOTE: Add 10 percent for V-8.

Maverick						
2 dr	150	300	900	1250	2600	3700
Fairlane 500, V-8, 117" wb						
4 dr Sed	150	350	950	1450	3000	4200
2 dr HdTp	150	400	1000	1550	3050	4300
Sta Wag	150	350	950	1450	3000	4200
Torino, V-8, 117" wb						
4 dr Sed	150	350	950	1450	3000	4200
4 dr HdTp	150	400	1000	1550	3050	4300
2 dr HdTp	200	650	1250	2400	4200	6000
2 dr HdTp Sports Roof	350	700	1350	2800	4550	6500
Sta Wag	150	350	950	1450	3000	4200
Torino Brougham, V-8, 117" wb						
4 dr HdTp	150	400	1000	1550	3050	4300
2 dr HdTp	200	650	1250	2400	4150	5900
Sta Wag	150	400	1000	1550	3050	4300
Torino GT, V-8, 117" wb						
2 dr HdTp	350	700	1350	2800	4550	6500
Conv	350	825	1600	4000	5600	8000
Cobra, V-8, 117" wb						
2 dr HdTp	450	1000	2400	5000	7000	10,000
Custom, V-8, 121" wb						
4 dr Sed	150	350	950	1350	2800	4000
Sta Wag	150	350	950	1350	2800	4000
Custom 500, V-8, 121" wb						
4 dr Sed	150	350	950	1450	2900	4100
Sta Wag	150	350	950	1450	2900	4100

Galaxie 500, V-8, 121" wb

	6	5	4	3	2	1
4 dr Sed	150	350	950	1450	3000	4200
4 dr HdTp	150	400	1000	1550	3050	4300
2 dr HdTp	150	450	1050	1750	3250	4700
Sta Wag	150	350	950	1450	3000	4200
2 dr FsBk HdTp	200	650	1250	2400	4200	6000
XL, V-8, 121" wb						
2 dr FsBk HdTp	350	700	1350	2800	4550	6500
Conv	350	875	1700	4250	5900	8500
LTD, V-8, 121" wb						
4 dr Sed	150	400	1000	1550	3050	4300
4 dr HdTp	150	400	1000	1650	3150	4500
2 dr HdTp	150	450	1050	1700	3200	4600
Sta Wag	150	350	950	1450	3000	4200
LTD Brougham, V-8, 121" wb						
4 dr Sed	150	400	1000	1600	3100	4400
4 dr HdTp	150	450	1050	1700	3200	4600
2 dr HdTp	200	550	1150	2000	3600	5200

NOTE: Add 40 percent for 428 engine option.
Add 50 percent for 429 engine option.

Thunderbird, 117" wb

	6	5	4	3	2	1
4 dr Lan	200	550	1150	2100	3700	5300
2 dr Lan	200	550	1150	2100	3800	5400
2 dr HdTp	200	550	1150	2000	3600	5200

1971
Pinto

	6	5	4	3	2	1
Rbt	150	300	900	1250	2600	3700
Maverick						
2 dr	150	300	900	1250	2600	3700
4 dr	150	300	900	1250	2650	3800
Grabber	150	300	900	1350	2700	3900
Torino, V-8, 114" wb, Sta Wag 117" wb						
4 dr Sed	150	300	900	1350	2700	3900
2 dr HdTp	150	350	950	1450	2900	4100
Sta Wag	150	300	900	1250	2650	3800
Torino 500, V-8, 114" wb, Sta Wag 117" wb						
4 dr Sed	150	350	950	1350	2800	4000
4 dr HdTp	150	350	950	1450	2900	4100
2 dr HdTp Formal Roof	350	700	1350	2700	4500	6400
2 dr HdTp Sports Roof	350	725	1400	3200	4850	6900
Sta Wag	150	300	900	1250	2600	3700
4 dr HdTp Brougham	150	350	950	1450	2900	4100
2 dr HdTp Brougham	200	500	1100	1950	3600	5100
Squire Sta Wag	125	250	750	1150	2500	3600
2 dr HdTp Cobra	350	875	1700	4250	5900	8500
2 dr HdTp GT	350	825	1600	4000	5600	8000
Conv	450	900	1900	4500	6300	9000
Custom, V-8, 121" wb						
4 dr Sed	125	250	750	1150	2500	3600
Sta Wag	125	250	750	1150	2500	3600
Custom 500, V-8, 121" wb						
4 dr Sed	150	300	900	1250	2600	3700
Sta Wag	150	300	900	1250	2600	3700
Galaxie 500, V-8, 121" wb						
4 dr Sed	150	300	900	1250	2650	3800
4 dr HdTp	150	350	950	1350	2800	4000
2 dr HdTp	150	400	1000	1600	3100	4400
Sta Wag	150	300	900	1250	2650	3800
LTD						
4 dr	150	300	900	1350	2700	3900
4 dr HdTp	150	350	950	1450	2900	4100
2 dr HdTp	200	500	1100	1850	3350	4900
Conv	350	775	1500	3750	5250	7500
Ctry Sq	150	300	900	1350	2700	3900
LTD Brougham, V-8, 121" wb						
4 dr Sed	150	350	950	1450	2900	4100
4 dr HdTp	150	400	1000	1600	3100	4400
2 dr HdTp	200	500	1100	1850	3350	4900

NOTE: Add 40 percent for 429 engine option.

Thunderbird

	6	5	4	3	2	1
4 dr HdTp	200	500	1100	1850	3350	4900
2 dr HdTp	200	500	1100	1950	3600	5100
2 dr Lan HdTp	200	550	1150	2000	3600	5200

1971 Ford Thunderbird Landau

1972
Pinto

	6	5	4	3	2	1
2 dr	125	250	750	1150	2400	3400
3 dr	125	250	750	1150	2450	3500
Wagon	125	250	750	1150	2500	3600
Maverick						
4 dr	125	250	750	1150	2400	3400
2 dr	125	250	750	1150	2450	3500
Grabber	150	300	900	1350	2700	3900
NOTE: Deduct 20 percent for 6-cyl.						
Torino, V-8, 118" wb, 2 dr 114" wb						
4 dr Sed	125	250	750	1150	2400	3400
2 dr HdTp	125	250	750	1150	2450	3500
Sta Wag	125	250	750	1150	2400	3400
Gran Torino						
4 dr	125	250	750	1150	2450	3500
2 dr HdTp	200	500	1100	1850	3350	4900
Custom, V-8, 121" wb						
4 dr Sed	125	250	750	1150	2500	3600
Sta Wag	125	250	750	1150	2500	3600
Custom 500, V-8, 121" wb						
4 dr Sed	150	300	900	1250	2600	3700
Sta Wag	150	300	900	1250	2600	3700
Galaxie 500, V-8, 121" wb						
4 dr Sed	150	300	900	1250	2650	3800
4 dr HdTp	150	350	950	1350	2800	4000
2 dr HdTp	150	400	1000	1600	3100	4400
Sta Wag	150	300	900	1250	2650	3800

1972 Ford, LTD 2 dr HdTp

LTD, V-8, 121" wb						
4 dr Sed	150	300	900	1350	2700	3900
4 dr HdTp	150	350	950	1450	3000	4200

	6	5	4	3	2	1
2 dr HdTp	150	450	1050	1700	3200	4600
Conv	350	825	1600	4000	5600	8000
Sta Wag	150	300	900	1350	2700	3900
LTD Brougham, V-8, 121" wb						
4 dr Sed	150	350	950	1350	2800	4000
4 dr HdTp	150	400	1000	1600	3100	4400
2 dr HdTp	200	500	1100	1850	3350	4900
NOTE: Add 40 percent for 429 engine option.						
Add 30 percent for 460 engine option.						
Thunderbird						
2 dr HdTp	200	550	1150	2100	3800	5400
1973						
Pinto, 4-cyl.						
2 dr	125	250	750	1150	2450	3500
Rbt	125	250	750	1150	2500	3600
Sta Wag	150	300	900	1250	2600	3700
Maverick V8						
2 dr	125	250	750	1150	2500	3600
4 dr	150	300	900	1250	2600	3700
2 dr Grabber	150	350	950	1450	3000	4200
Torino V8						
4 dr	125	250	750	1150	2400	3400
2 dr HdTp	150	300	900	1250	2600	3700
Sta Wag	125	250	750	1150	2500	3600
Gran Torino V8						
4 dr	125	250	750	1150	2450	3500
2 dr HdTp	150	350	950	1450	3000	4200
Sta Wag	150	300	900	1250	2600	3700
Gran Torino Sport V8						
2 dr SR HdTp	200	550	1150	2100	3800	5400
2 dr FR HdTp	200	550	1150	2100	3800	5400
Sq Wag	150	300	900	1350	2700	3900
Gran Torino Brgm V8						
4 dr	125	250	750	1150	2500	3600
2 dr HdTp	200	500	1100	1850	3350	4900
Custom 500 V8						
4 dr	125	250	750	1150	2500	3600
Sta Wag	150	300	900	1250	2600	3700
Galaxie 500 V8						
4 dr	150	300	900	1250	2600	3700
2 dr HdTp	150	400	1000	1600	3100	4400
4 dr HdTp	150	300	900	1250	2650	3800
Sta Wag	150	300	900	1250	2600	3700
LTD V8						
4 dr	150	300	900	1250	2650	3800
2 dr HdTp	150	450	1050	1700	3200	4600
4 dr HdTp	150	300	900	1350	2700	3900
Sta Wag	150	300	900	1250	2650	3800
LTD Brgm V8						
4 dr	150	300	900	1350	2700	3900
2 dr HdTp	200	500	1100	1850	3350	4900
4 dr HdTp	150	350	950	1350	2800	4000

NOTE: Add 30 percent for 429 engine option.
Add 30 percent for 460 engine option.

1973 Ford Thunderbird

Thunderbird

	6	5	4	3	2	1
2 dr HdTp	200	500	1100	1850	3350	4900

1974
Pinto

Cpe	125	250	750	1150	2500	3600
Htchbk	150	300	900	1250	2600	3700
Sta Wag	125	250	750	1150	2500	3600
Maverick, V-8						
Cpe	125	250	750	1150	2500	3600
Sed	150	300	900	1250	2600	3700
Grabber	150	300	900	1250	2650	3800
Torino, V-8						
4 dr Sed	125	250	750	1150	2500	3600
HdTp	150	300	900	1350	2700	3900
Sta Wag	125	250	750	1150	2450	3500
Gran Torino, V-8						
4 dr Sed	125	250	750	1150	2500	3600
2 dr HdTp	150	350	950	1350	2800	4000
Sta Wag	125	250	750	1150	2500	3600
Gran Torino Sport, V-8						
2 dr HdTp	150	350	950	1450	3000	4200
Gran Torino Brgm, V-8						
4 dr Sed	150	300	900	1250	2650	3800
Cpe	150	300	900	1350	2700	3900
Gran Torino Elite, V-8						
2 dr HdTp	150	400	1000	1600	3100	4400
Gran Torino Squire, V-8						
Sta Wag	150	300	900	1250	2600	3700
Custom 500						
4 dr Sed	125	250	750	1150	2450	3500
Sta Wag	125	250	750	1150	2450	3500
Galaxie 500, V-8						
4 dr Sed	125	250	750	1150	2500	3600
2 dr HdTp	150	300	900	1250	2650	3800
4 dr HdTp	150	300	900	1250	2600	3700
Sta Wag	125	250	750	1150	2500	3600
LTD, V-8						
2 dr HdTp	150	300	900	1350	2700	3900
4 dr Sed	150	300	900	1250	2600	3700
4 dr HdTp	150	300	900	1250	2650	3800
Sta Wag	150	300	900	1250	2600	3700
Ltd Brgm, V-8						
4 dr Sed	150	300	900	1250	2600	3700
2 dr HdTp	150	300	900	1350	2700	3900
4 dr HdTp	150	300	900	1250	2650	3800

NOTE: Add 30 percent for 460 engine option.

Thunderbird

HdTp	200	500	1100	1900	3500	5000

1975
Pinto

Cpe	125	200	600	1100	2300	3300
Htchbk	125	250	750	1150	2400	3400
Sta Wag	125	200	600	1100	2300	3300
Maverick						
Cpe	125	250	750	1150	2400	3400
4 dr Sed	125	250	750	1150	2450	3500
Grabber	125	250	750	1150	2450	3500
Torino						
o/w Cpe	125	200	600	1100	2200	3100
4 dr Sed	100	175	525	1050	2100	3000
Sta Wag	125	200	600	1100	2200	3100
Gran Torino						
o/w Cpe	125	200	600	1100	2250	3200
4 dr Sed	125	200	600	1100	2250	3200
Sta Wag	125	200	600	1100	2250	3200
Gran Torino Brougham						
o/w Cpe	125	200	600	1100	2300	3300
4 dr Sed	125	200	600	1100	2250	3200
Gran Torino Sport						
2 dr HdTp	125	250	750	1150	2400	3400
Torino Squire						
Sta Wag	125	200	600	1100	2300	3300

Elite

	6	5	4	3	2	1
2 dr HdTp	125	250	750	1150	2450	3500
Granada						
Cpe	125	200	600	1100	2300	3300
4 dr Sed	100	150	450	1000	1750	2500
Ghia Cpe	125	250	750	1150	2500	3600
Ghia Sed	125	250	750	1150	2450	3500
Custom 500						
4 dr Sed	125	200	600	1100	2200	3100
Sta Wag	125	200	600	1100	2200	3100
LTD						
o/w Cpe	125	200	600	1100	2300	3300
4 dr Sed	125	200	600	1100	2250	3200
LTD Brougham						
o/w Cpe	125	250	750	1150	2400	3400
4 dr Sed	125	200	600	1100	2300	3300
LTD Landau						
o/w Cpe	125	250	750	1150	2450	3500
4 dr Sed	125	250	750	1150	2400	3400
LTD Station Wagon						
Sta Wag	125	200	600	1100	2250	3200
Ctry Squire	125	200	600	1100	2300	3300
NOTE: Add 30 percent for 460 engine option.						
Thunderbird						
HdTp	150	450	1050	1750	3250	4700
1976						
Pinto, 4-cyl.						
2 dr Sed	125	250	750	1150	2450	3500
2 dr Rbt	125	250	750	1150	2500	3600
Sta Wag	150	300	900	1250	2600	3700
Squire Wag	150	300	900	1250	2650	3800
NOTE: Add 10 percent for V-6.						
Maverick, V-8						
4 dr Sed	125	250	750	1150	2400	3400
2 dr Sed	125	200	600	1100	2300	3300
NOTE: Deduct 5 percent for 6-cyl.						
Torino, V-8						
4 dr Sed	125	250	750	1150	2450	3500
2 dr HdTp	125	250	750	1150	2500	3600
Gran Torino, V-8						
4 dr Sed	125	250	750	1150	2500	3600
2 dr HdTp	150	300	900	1250	2600	3700
Gran Torino Brougham, V-8						
4 dr Sed	150	300	900	1250	2600	3700
2 dr HdTp	150	300	900	1250	2650	3800
Station Wagons, V-8						
2S Torino	125	250	750	1150	2450	3500
2S Gran Torino	125	250	750	1150	2500	3600
2S Gran Torino Squire	150	300	900	1250	2600	3700
Granada, V-8						
4 dr Sed	125	200	600	1100	2250	3200
2 dr Sed	125	200	600	1100	2300	3300
Granada Ghia, V-8						
4 dr Sed	125	200	600	1100	2300	3300
2 dr Sed	125	250	750	1150	2400	3400
Elite, V-8						
2 dr HdTp	150	300	900	1250	2600	3700
Custom, V-8						
4 dr Sed	125	250	750	1150	2400	3400
LTD, V-8						
4 dr Sed	125	250	750	1150	2500	3600
2 dr Sed	150	300	900	1250	2650	3800
LTD Brougham V-8						
4 dr Sed	150	300	900	1250	2650	3800
2 dr Sed	150	350	950	1350	2800	4000
LTD Landau, V-8						
4 dr Sed	150	350	950	1350	2800	4000
2 dr Sed	150	350	950	1450	3000	4200
Station Wagons, V-8						
Ranch Wag	125	250	750	1150	2500	3600
LTD Wag	150	300	900	1250	2650	3800
Ctry Squire Wag	150	350	950	1350	2800	4000
Thunderbird						
2 dr HdTp	150	450	1050	1800	3300	4800

1977
Pinto, 4-cyl.

	6	5	4	3	2	1
2 dr Sed	125	250	750	1150	2500	3600
2 dr Rbt	150	300	900	1250	2600	3700
Sta Wag	150	300	900	1250	2650	3800
Squire Wag	150	300	900	1350	2700	3900

NOTE: Add 5 percent for V-6.

Maverick, V-8

	6	5	4	3	2	1
4 dr Sed	125	250	750	1150	2450	3500
2 dr Sed	125	250	750	1150	2400	3400

NOTE: Deduct 5 percent for 6-cyl.

Granada, V-8

	6	5	4	3	2	1
4 dr Sed	125	200	600	1100	2250	3200
2 dr Sed	125	200	600	1100	2300	3300

Granada Ghia, V-8

	6	5	4	3	2	1
4 dr Sed	125	250	750	1150	2400	3400
2 dr Sed	125	250	750	1150	2450	3500

LTD II "S", V-8

	6	5	4	3	2	1
4 dr Sed	125	200	600	1100	2300	3300
2 dr Sed	125	250	750	1150	2400	3400

LTD II, V-8

	6	5	4	3	2	1
4 dr Sed	125	250	750	1150	2400	3400
2 dr Sed	125	250	750	1150	2450	3500

LTD II Brougham, V-8

	6	5	4	3	2	1
4 dr Sed	125	250	750	1150	2500	3600
2 dr Sed	150	300	900	1250	2600	3700

Station Wagons, V-8

	6	5	4	3	2	1
2S LTD II	125	250	750	1150	2450	3500
3S LTD II	125	250	750	1150	2500	3600
3S LTD II Squire	150	300	900	1250	2650	3800

LTD, V-8

	6	5	4	3	2	1
4 dr Sed	150	300	900	1250	2600	3700
2 dr Sed	150	300	900	1250	2650	3800

LTD Landau, V-8

	6	5	4	3	2	1
4 dr Sed	150	300	900	1350	2700	3900
2 dr Sed	150	350	950	1350	2800	4000

Station Wagons, V-8

	6	5	4	3	2	1
2S LTD	150	300	900	1250	2650	3800
3S LTD	150	300	900	1350	2700	3900
3S Ctry Squire	150	350	950	1350	2800	4000

Thunderbird

	6	5	4	3	2	1
2 dr	150	450	1050	1700	3200	4600
2 dr Landau	150	450	1050	1750	3250	4700

1978
Fiesta

	6	5	4	3	2	1
Hatch	100	175	525	1050	1950	2800

Pinto

	6	5	4	3	2	1
2 dr	100	175	525	1050	2050	2900
3 dr Rbt	125	250	750	1150	2500	3600
Sta Wag	150	300	900	1250	2600	3700

Fairmont

	6	5	4	3	2	1
4 dr Sed	125	200	600	1100	2200	3100
2 dr Sed	100	175	525	1050	2100	3000
Cpe Futura	125	250	750	1150	2450	3500
Sta Wag	125	200	600	1100	2250	3200

Granada

	6	5	4	3	2	1
4 dr Sed	125	200	600	1100	2250	3200
2 dr Sed	125	200	600	1100	2200	3100

LTD II 'S'

	6	5	4	3	2	1
4 dr	125	200	600	1100	2200	3100
2 dr	100	175	525	1050	2100	3000

LTD II

	6	5	4	3	2	1
4 dr	125	200	600	1100	2250	3200
2 dr	125	200	600	1100	2200	3100

LTD II Brougham

	6	5	4	3	2	1
4 dr	125	200	600	1100	2300	3300
2 dr	125	200	600	1100	2250	3200

LTD

	6	5	4	3	2	1
4 dr	125	250	750	1150	2500	3600
2 dr	150	300	900	1250	2600	3700
2S Sta Wag	125	250	750	1150	2450	3500

LTD Landau

	6	5	4	3	2	1
4 dr	150	300	900	1250	2650	3800

	6	5	4	3	2	1
2 dr	150	300	900	1350	2700	3900
Thunderbird						
2 dr	200	500	1100	1900	3500	5000
2 dr Town Landau	200	650	1250	2400	4200	6000
2 dr Diamond Jubilee	350	750	1450	3300	4900	7000
1979						
Fiesta, 4-cyl.						
3 dr Hatch	100	175	525	1050	2050	2900
Pinto, V-6						
2 dr Sed	125	200	600	1100	2200	3100
Rbt	125	250	750	1150	2500	3600
Sta Wag	125	250	750	1150	2500	3600
Squire Wag	150	300	900	1250	2600	3700
NOTE: Deduct 5 percent for 4-cyl.						
Fairmont, 6-cyl.						
4 dr Sed	125	200	600	1100	2250	3200
2 dr Sed	125	200	600	1100	2200	3100
Cpe	125	250	750	1150	2500	3600
Sta Wag	125	200	600	1100	2300	3300
Squire Wag	125	250	750	1150	2400	3400
NOTE: Deduct 5 percent for 4-cyl.						
Add 5 percent for V-8.						
Granada, V-8						
4 dr Sed	125	200	600	1100	2300	3300
2 dr Sed	125	200	600	1100	2250	3200
NOTE: Deduct 5 percent for 6-cyl.						
LTD II, V-8						
4 dr Sed	125	200	600	1100	2250	3200
2 dr Sed	125	200	600	1100	2200	3100
LTD II Brougham, V-8						
4 dr Sed	125	200	600	1100	2300	3300
2 dr Sed	125	200	600	1100	2250	3200
LTD, V-8						
4 dr Sed	125	250	750	1150	2500	3600
2 dr Sed	125	250	750	1150	2400	3400
2S Sta Wag	125	250	750	1150	2450	3500
3S Sta Wag	125	250	750	1150	2500	3600
2S Squire Wag	150	300	900	1250	2600	3700
3S Squire Wag	150	300	900	1250	2650	3800
LTD Landau						
4 dr Sed	150	300	900	1250	2650	3800
2 dr Sed	125	250	750	1150	2500	3600
Thunderbird, V-8						
2 dr	150	400	1000	1650	3150	4500
2 dr Landau	150	450	1050	1750	3250	4700
2 dr Heritage	200	500	1100	1900	3500	5000
1980						
Fiesta, 4-cyl.						
2 dr Hatch	125	200	600	1100	2200	3100
Pinto, 4-cyl.						
2 dr Cpe Pony	125	200	600	1100	2250	3200
2 dr Sta Wag Pony	125	250	750	1150	2400	3400
2 dr Cpe	125	200	600	1100	2300	3300
2 dr Hatch	125	250	750	1150	2400	3400
2 dr Sta Wag	125	250	750	1150	2450	3500
2 dr Sta Wag Squire	125	250	750	1150	2500	3600
Fairmont, 6-cyl.						
4 dr Sed	125	250	750	1150	2400	3400
2 dr Sed	125	200	600	1100	2300	3300
4 dr Sed Futura	125	250	750	1150	2500	3600
2 dr Cpe Futura	150	350	950	1450	2900	4100
4 dr Sta Wag	150	300	900	1250	2650	3800
NOTES: Deduct 10 percent for 4-cyl.						
Add 12 percent for V-8.						
Granada, V-8						
4 dr Sed	150	300	900	1350	2700	3900
2 dr Sed	150	300	900	1250	2650	3800
4 dr Sed Ghia	150	350	950	1450	2900	4100
2 dr Sed Ghia	150	350	950	1350	2800	4000
4 dr Sed ESS	150	350	950	1450	3000	4200
2 dr Sed ESS	150	350	950	1450	2900	4100
NOTE: Deduct 10 percent for 6-cyl.						

LTD, V-8

	6	5	4	3	2	1
4 dr Sed S	150	350	950	1450	3000	4200
4 dr Sta Wag S 3S	150	400	1000	1600	3100	4400
4 dr Sta Wag S 2S	150	400	1000	1550	3050	4300
4 dr Sed	150	400	1000	1550	3050	4300
2 dr Sed	150	350	950	1450	3000	4200
4 dr Sta Wag 3S	150	400	1000	1650	3150	4500
4 dr Sta Wag 2S	150	400	1000	1600	3100	4400
4 dr Sta Wag CS 3S	150	450	1050	1750	3250	4700
4 dr Sta Wag CS 2S	150	450	1050	1700	3200	4600
LTD Crown Victoria, V-8						
4 dr Sed	150	450	1050	1700	3200	4600
2 dr Sed	150	400	1000	1650	3150	4500
Thunderbird, V-8						
2 dr Cpe	200	600	1200	2200	3850	5500
2 dr Cpe Twn Lan	200	650	1200	2300	4100	5800
2 dr Cpe Silver Anniv	200	650	1250	2400	4200	6000

1981
Escort, 4-cyl.

	6	5	4	3	2	1
2 dr Hatch	125	200	600	1100	2250	3200
4 dr Hatch	125	200	600	1100	2300	3300
2 dr Hatch L	125	200	600	1100	2300	3300
4 dr Hatch L	125	250	750	1150	2400	3400
2 dr Hatch GL	125	250	750	1150	2400	3400
4 dr Hatch GL	125	250	750	1150	2450	3500
2 dr Hatch GLX	125	250	750	1150	2450	3500
4 dr Hatch GLX	125	250	750	1150	2500	3600
2 dr Hatch SS	125	250	750	1150	2500	3600
4 dr Hatch SS	150	300	900	1250	2600	3700
Fairmont, 6-cyl.						
2 dr Sed S	125	250	750	1150	2400	3400
4 dr Sed	125	250	750	1150	2450	3500
2 dr Sed	125	250	750	1150	2450	3500
4 dr Futura	125	250	750	1150	2500	3600
2 dr Cpe Futura	150	350	950	1450	3000	4200
4 dr Sta Wag	150	300	900	1350	2700	3900
4 dr Sta Wag Futura	150	350	950	1350	2800	4000

NOTES: Deduct 10 percent for 4-cyl.
Add 12 percent for V-8.

Granada, 6-cyl.

	6	5	4	3	2	1
4 dr Sed L	150	300	900	1250	2650	3800
2 dr Sed L	150	300	900	1250	2600	3700
4 dr Sed GL	150	300	900	1350	2700	3900
2 dr Sed GL	150	300	900	1250	2650	3800
4 dr Sed GLX	150	350	950	1350	2800	4000
2 dr Sed GLX	150	300	900	1350	2700	3900

NOTES: Deduct 10 percent for 4-cyl.
Add 12 percent for V-8.

LTD, V-8

	6	5	4	3	2	1
4 dr Sed S	150	400	1000	1550	3050	4300
4 dr Sta Wag S 3S	150	400	1000	1650	3150	4500
4 dr Sta Wag S 2S	150	400	1000	1600	3100	4400
4 dr Sed	150	400	1000	1600	3100	4400
2 dr Sed	150	400	1000	1550	3050	4300
4 dr Sta Wag 3S	150	450	1050	1700	3200	4600
4 dr Sta Wag 2S	150	400	1000	1650	3150	4500
4 dr Sta Wag CS 3S	150	450	1050	1800	3300	4800
4 dr Sta Wag CS 2S	150	450	1050	1750	3250	4700
LTD Crown Victoria, V-8						
4 dr Sed	150	450	1050	1800	3300	4800
2 dr Sed	150	450	1050	1750	3250	4700
Thunderbird, V-8						
2 dr Cpe	200	600	1200	2200	3900	5600
2 dr Cpe Twn Lan	200	650	1200	2300	4100	5800
2 dr Cpe Heritage	200	650	1250	2400	4150	5900

NOTE: Deduct 15 percent for 6-cyl.

1982
Escort, 4-cyl.

	6	5	4	3	2	1
2 dr Hatch	125	200	600	1100	2300	3300
4 dr Hatch	125	250	750	1150	2400	3400
2 dr Hatch L	125	250	750	1150	2400	3400
4 dr Hatch L	125	250	750	1150	2450	3500
4 dr Sta Wag L	125	250	750	1150	2500	3600

	6	5	4	3	2	1
2 dr Hatch GL	125	250	750	1150	2450	3500
4 dr Hatch GL	125	250	750	1150	2500	3600
4 dr Sta Wag GL	150	300	900	1250	2600	3700
2 dr Hatch GLX	125	250	750	1150	2500	3600
4 dr Hatch GLX	150	300	900	1250	2600	3700
4 dr Sta Wag GLX	150	300	900	1250	2650	3800
2 dr Hatch GT	150	300	900	1350	2700	3900
EXP, 4-cyl.						
2 dr Cpe	150	400	1000	1650	3150	4500
Fairmont Futura, 4-cyl.						
4 dr Sed	100	175	525	1050	2100	3000
2 dr Sed	100	175	525	1050	2050	2900
2 dr Cpe Futura	125	200	600	1100	2300	3300
Fairmont Futura, 6-cyl.						
4 dr Sed	150	300	900	1250	2600	3700
2 dr Cpe Futura	150	400	1000	1550	3050	4300
Granada, 6-cyl.						
4 dr Sed L	150	300	900	1350	2700	3900
2 dr Sed L	150	300	900	1250	2650	3800
4 dr Sed GL	150	350	950	1350	2800	4000
2 dr Sed GL	150	300	900	1350	2700	3900
4 dr Sed GLX	150	350	950	1450	2900	4100
2 dr Sed GLX	150	350	950	1350	2800	4000
NOTE: Deduct 10 percent for 4-cyl.						
Granada Wagon, 6-cyl.						
4 dr Sta Wag L	150	350	950	1450	3000	4200
4 dr Sta Wag GL	150	400	1000	1550	3050	4300
LTD, V-8						
4 dr Sed S	150	400	1000	1600	3100	4400
4 dr Sed	150	400	1000	1650	3150	4500
2 dr Sed	150	400	1000	1600	3100	4400
LTD Crown Victoria, V-8						
4 dr Sed	200	500	1100	1850	3350	4900
2 dr Sed	150	450	1050	1800	3300	4800
LTD Station Wagon, V-8						
4 dr Sta Wag S 2S	150	400	1000	1650	3150	4500
4 dr Sta Wag S 3S	150	450	1050	1700	3200	4600
4 dr Sta Wag 2S	150	450	1050	1700	3200	4600
4 dr Sta Wag 3S	150	450	1050	1750	3250	4700
4 dr Sta Wag CS 2S	150	450	1050	1800	3300	4800
4 dr Sta Wag CS 3S	200	500	1100	1850	3350	4900
Thunderbird, V-8						
2 dr Cpe	200	650	1200	2300	4100	5800
2 dr Cpe Twn Lan	200	650	1250	2400	4200	6000
2 dr Cpe Heritage	200	675	1300	2500	4350	6200
NOTE: Deduct 15 percent for V-6.						
1983						
Escort, 4-cyl.						
2 dr Hatch L	125	250	750	1150	2400	3400
4 dr Hatch L	125	250	750	1150	2450	3500
4 dr Sta Wag L	125	250	750	1150	2500	3600
2 dr Hatch GL	125	250	750	1150	2450	3500
4 dr Hatch GL	125	250	750	1150	2500	3600
4 dr Sta Wag GL	150	300	900	1250	2600	3700
2 dr Hatch GLX	125	250	750	1150	2500	3600
4 dr Hatch GLX	150	300	900	1250	2600	3700
4 dr Sta Wag GLX	150	300	900	1250	2650	3800
2 dr Hatch GT	150	300	900	1250	2600	3700
EXP, 4-cyl.						
2 dr Cpe	150	400	1000	1650	3150	4500
Fairmont Futura, 4-cyl.						
4 dr Sed S	125	250	750	1150	2400	3400
2 dr Sed S	125	200	600	1100	2300	3300
4 dr Sed	125	250	750	1150	2450	3500
2 dr Sed	125	250	750	1150	2400	3400
2 dr Cpe	150	300	900	1250	2650	3800
Fairmont Futura, 6-cyl.						
4 dr Sed	150	300	900	1250	2600	3700
2 dr Sed	125	250	750	1150	2500	3600
2 dr Cpe	150	400	1000	1550	3050	4300
LTD, 4-cyl.						
4 dr Sed	150	350	950	1450	2900	4100
4 dr Sed Brgm	150	400	1000	1550	3050	4300

LTD, 6-cyl.

	6	5	4	3	2	1
4 dr Sed	150	350	950	1450	3000	4200
4 dr Sed Brgm	150	400	1000	1600	3100	4400
4 dr Sta Wag	150	450	1050	1700	3200	4600
LTD Crown Victoria, V-8						
4 dr Sed	200	500	1100	1900	3500	5000
2 dr Sed	200	500	1100	1850	3350	4900
4 dr Sta Wag 2S	200	500	1100	1950	3600	5100
4 dr Sta Wag 3S	200	550	1150	2000	3600	5200
Thunderbird, 4-cyl. Turbo						
2 dr Cpe	350	750	1450	3300	4900	7000
Thunderbird, V-8						
2 dr Cpe	350	775	1500	3750	5250	7500
2 dr Cpe Heritage	350	800	1550	3900	5450	7800

NOTE: Deduct 15 percent for V-6.

MUSTANG

1964 Ford Mustang 2 dr hardtop, V-8

1964

2 dr HdTp	450	1150	3600	6000	8400	12,000
Conv	650	2800	5700	9500	13,300	19,000

NOTE: Deduct 10 percent for 6-cyl.
   Add 20 percent for Challenger Code "K" V-8.
   First Mustang introduced April 17, 1964 at N.Y. World's Fair.

1965

2 dr HdTp	450	1150	3600	6000	8400	12,000
Conv	650	2800	5700	9500	13,300	19,000
FsBk	550	1550	4500	7500	10,500	15,000

NOTE: Add 30 percent for 271 hp Hi-perf engine.
   Add 10 percent for "GT" Package.
   Add 10 percent for original "pony interior".
   Deduct 10 percent for 6-cyl.

1965 Shelby GT

GT-350	1200	4500	9000	15,000	21,000	30,000

1966

2 dr HdTp	450	1075	3000	5500	7700	11,000
Conv	650	2300	5400	9000	12,600	18,000
FsBk	500	1250	3900	6500	9100	13,000

NOTE: Same as 1965.

1966 Shelby GT

GT-350	800	3750	7500	12,500	17,500	25,000
GT-350H	800	4050	8100	13,500	18,900	27,000
GT-350 Conv	1200	4800	9600	16,000	22,400	32,000

1967

2 dr HdTp	450	1075	3000	5500	7700	11,000
Conv	650	2000	5100	8500	11,900	17,000

	6	5	4	3	2	1
FsBk	500	1250	3900	6500	9100	13,000

NOTES: Same as 1964-65, plus;
    Add 10 percent for 390 cid V-8 (code "Z").
    Deduct 10 percent for 6-cyl.

1967 Shelby GT

	6	5	4	3	2	1
GT-350	800	3750	7500	12,500	17,500	25,000
GT-500	800	4050	8100	13,500	18,900	27,000

1968

	6	5	4	3	2	1
2 dr HdTp	450	1150	3600	6000	8400	12,000
Conv	650	2300	5400	9000	12,600	18,000
FsBk	500	1400	4200	7000	9800	14,000

NOTES: Same as 1964-67, plus;
    Add 10 percent for GT-390.
    Add 30 percent for 427 cid V-8 (code "W").
    Add 20 percent for 428 cid V-8 (code "Q").
    Add 15 percent for "California Special" trim.

1968 Shelby GT

	6	5	4	3	2	1
350 Conv	800	4050	8100	13,500	18,900	27,000
350 FsBk	800	3300	6600	11,000	15,400	22,000
500 Conv	1200	4800	9600	16,000	22,400	32,000
500 FsBk	800	4050	8100	13,500	18,900	27,000

NOTE: Add 20 percent for KR models.

1969 Ford Mustang Grande hardtop, V-8

1969

	6	5	4	3	2	1
2 dr HdTp	450	1000	2400	5000	7000	10,000
Conv	500	1250	3900	6500	9100	13,000
FsBk	450	1000	2400	5000	7000	10,000

NOTE: Deduct 10 percent for 6-cyl.

	6	5	4	3	2	1
Mach I	500	1400	4200	7000	9800	14,000
Boss 302	650	2800	5700	9500	13,300	19,000
Boss 429	1200	5700	11,400	19,000	26,600	38,000
Grande	500	1400	4200	7000	9800	14,000

NOTES: Same as 1968; plus;
    Add 30 percent for Cobra Jet V-8.
    Add 40 percent for "Super Cobra Jet" engine.

1969 Shelby GT

	6	5	4	3	2	1
350 Conv	800	4050	8100	13,500	18,900	27,000
350 FsBk	800	3750	7500	12,500	17,500	25,000
500 Conv	1200	4500	9000	15,000	21,000	30,000
500 FsBk	800	3900	7800	13,000	18,200	26,000

1970

	6	5	4	3	2	1
2 dr HdTp	450	1150	3600	6000	8400	12,000
Conv	500	1250	3900	6500	9100	13,000
FsBk	450	1150	3600	6000	8400	12,000
Mach I	500	1250	3900	6500	9100	13,000
Boss 302	800	3000	6000	10,000	14,000	20,000
Boss 429	1200	5700	11,400	19,000	26,600	38,000
Grande	500	1400	4200	7000	9800	14,000

NOTE: Add 30 percent for Cobra Jet V-8.
    Add 40 percent for "Super Cobra Jet".
    Deduct 10 percent for 6-cyl.

1970 Shelby GT

	6	5	4	3	2	1
350 Conv	800	3900	7800	13,000	18,200	26,000
350 FsBk	800	3400	6900	11,500	16,100	23,000
500 Conv	800	4050	8100	13,500	18,900	27,000
500 FsBk	800	3750	7500	12,500	17,500	25,000

1971 Ford Mustang, Boss 351 fastback, V-8

1971

	6	5	4	3	2	1
2 dr HdTp	350	775	1500	3750	5250	7500
Grande	450	900	1900	4500	6300	9000
Conv	500	1250	3900	6500	9100	13,000
FsBk	350	875	1700	4250	5900	8500
Mach I	450	1000	2400	5000	7000	10,000
Boss 351	650	2300	5400	9000	12,600	18,000

NOTE: Same as 1970.
       Deduct 10 percent for 6-cyl.

1972

	6	5	4	3	2	1
2 dr HdTp	350	775	1500	3750	5250	7500
Grande	450	900	1900	4500	6300	9000
FsBk	350	875	1700	4250	5900	8500
Mach I	450	1025	2600	5250	7300	10,500
Conv	500	1250	3900	6500	9100	13,000

NOTE: Add 5 percent for engine and decor options.
       Deduct 10 percent for 6-cyl.

1973

	6	5	4	3	2	1
2 dr HdTp	350	700	1350	2800	4550	6500
Grande	350	750	1450	3300	4900	7000
FsBk	350	775	1500	3750	5250	7500
Mach I	450	1025	2600	5250	7300	10,500
Conv	450	1150	3600	6000	8400	12,000

NOTE: Add 10 percent for engine and decor options.

1974

Mustang Four

	6	5	4	3	2	1
HdTp Cpe	150	350	950	1350	2800	4000
FsBk	150	350	950	1450	2900	4100
Ghia	150	350	950	1450	3000	4200

Mustang Six

	6	5	4	3	2	1
HdTp Cpe	150	350	950	1350	2800	4000
FsBk	150	350	950	1450	2900	4100
Ghia	150	350	950	1450	3000	4200

Mach I Six

	6	5	4	3	2	1
FsBk	200	500	1100	1900	3500	5000

1975

Mustang

	6	5	4	3	2	1
HdTp Cpe	150	350	950	1350	2800	4000
FsBk	150	350	950	1450	2900	4100
Ghia	150	350	950	1450	3000	4200

Mustang Six

	6	5	4	3	2	1
HdTp Cpe	150	350	950	1450	2900	4100
FsBk	150	350	950	1450	3000	4200
Ghia	150	400	1000	1550	3050	4300
Mach I	150	400	1000	1650	3150	4500

Mustang, V-8

	6	5	4	3	2	1
HdTp Cpe	150	350	950	1450	2900	4100
FsBk Cpe	150	350	950	1450	3000	4200
Ghia	150	400	1000	1650	3150	4500
Mach I	200	500	1100	1900	3500	5000

1976
Mustang II, V-6

	6	5	4	3	2	1
2 dr	150	300	900	1350	2700	3900
3 dr 2 plus 2	150	350	950	1450	2900	4100
2 dr Ghia	150	400	1000	1550	3050	4300

NOTE: Deduct 10 percent for 4-cyl.
Add 20 percent for V-8.
Add 15 percent for Cobra II.

Mach I, V-6

	6	5	4	3	2	1
3 dr	200	500	1100	1900	3500	5000

1977 Ford Mustang II, Cobra II

1977
Mustang II, V-6

	6	5	4	3	2	1
2 dr	150	350	950	1350	2800	4000
3 dr 2 plus 2	150	350	950	1450	3000	4200
2 dr Ghia	150	400	1000	1600	3100	4400

NOTE: Deduct 10 percent for 4-cyl.
Add 15 percent for Corba II option.
Add 20 percent for V-8.

Mach I, V-6

	6	5	4	3	2	1
2 dr	200	500	1100	1900	3500	5000

1978
Mustang II

	6	5	4	3	2	1
Cpe	150	350	950	1450	2900	4100
3 dr 2 plus 2	150	400	1000	1550	3050	4300
Cpe Ghia	150	400	1000	1600	3100	4400

Mach I, V-6

	6	5	4	3	2	1
Cpe	200	500	1100	1900	3500	5000

NOTE: Add 20 percent for V-8.
Add 15 percent for Cobra II option.
Add 30 percent for King Cobra option.

1979
Mustang, V-6

	6	5	4	3	2	1
2 dr Sed	150	350	950	1450	3000	4200
3 dr Sed	150	400	1000	1550	3050	4300
2 dr Ghia Sed	150	400	1000	1650	3150	4500
3 dr Ghia Sed	150	450	1050	1700	3200	4600

1980
Mustang, 6-cyl.

	6	5	4	3	2	1
2 dr Cpe	150	400	1000	1550	3050	4300
2 dr Hatch	150	400	1000	1600	3100	4400
2 dr Cpe Ghia	150	450	1050	1700	3200	4600
2 dr Hatch Ghia	150	450	1050	1750	3250	4700

NOTES: Deduct 11 percent for 4-cyl.
Add 15 percent for V-8.

1981
Mustang, 6-cyl.

2 dr Cpe S	150	400	1000	1600	3100	4400
2 dr Cpe	150	450	1050	1700	3200	4600
2 dr Hatch	150	450	1050	1750	3250	4700
2 dr Cpe Ghia	150	450	1050	1750	3250	4700
2 dr Hatch Ghia	150	450	1050	1800	3300	4800

NOTES: Deduct 11 percent for 4-cyl.
Add 15 percent for V-8.

1982
Mustang, 4-cyl.

2 dr Cpe L	150	350	950	1350	2800	4000
2 dr Cpe GL	150	350	950	1450	2900	4100
2 dr Hatch GL	150	350	950	1450	3000	4200
2 dr Cpe GLX	150	400	1000	1600	3100	4400
2 dr Hatch GLX	150	400	1000	1650	3150	4500

Mustang, 6-cyl.

2 dr Cpe L	150	400	1000	1600	3100	4400
2 dr Cpe GL	150	400	1000	1650	3150	4500
2 dr Hatch GL	150	450	1050	1700	3200	4600
2 dr Cpe GLX	150	450	1050	1800	3300	4800
2 dr Hatch GLX	200	500	1100	1850	3350	4900

Mustang, V-8

2 dr Hatch GT	200	550	1150	2000	3600	5200

1983
Mustang, 4-cyl.

2 dr Cpe L	150	350	950	1450	2900	4100
2 dr Cpe GL	150	350	950	1450	3000	4200
2 dr Hatch GL	150	400	1000	1600	3100	4400
2 dr Cpe GLX	150	400	1000	1650	3150	4500
2 dr Hatch GLX	150	450	1050	1700	3200	4600

Mustang, 6-cyl.

2 dr Cpe GL	150	450	1050	1700	3200	4600
2 dr Hatch GL	150	450	1050	1750	3250	4700
2 dr Cpe GLX	200	500	1100	1850	3350	4900
2 dr Hatch GLX	200	500	1100	1900	3500	5000
2 dr Conv GLX	200	650	1250	2400	4200	6000

Mustang, V-8

2 dr Hatch GT	350	700	1350	2800	4550	6500
2 dr Conv GT	350	775	1500	3750	5250	7500

FORD TRUCKS

1929
Model A - (103" w.b.)

Sed Dly	450	1150	3600	6000	8400	12,000
Open Cab Pickup	450	1075	3000	5500	7700	11,000
Closed Cab Pickup	350	700	1350	2800	4550	6500
Panel	200	675	1300	2500	4350	6200

1930
Model A - (103" w.b.)

Town Car Dly	800	3400	6900	11,500	16,100	23,000
DeL Dly	800	3000	6000	10,000	14,000	20,000
Open Cab Pickup	450	1025	2600	5250	7300	10,500
Closed Cab Pickup	350	750	1450	3300	4900	7000
Panel Dly	350	700	1350	2800	4550	6500

1931
Model A - (103" w.b.)

Town Car Dly	800	3400	6900	11,500	16,100	23,000
DeL Dly	800	3000	6000	10,000	14,000	20,000
Open Cab Pickup	450	1025	2600	5250	7300	10,500
Closed Cab Pickup	350	750	1450	3300	4900	7000

	6	5	4	3	2	1
Drop Floor Panel	350	700	1350	2900	4600	6600
Panel	350	700	1350	2800	4550	6500
DeL Panel	350	725	1400	3100	4800	6800
1932						
(106" w.b.)						
Sed Dly	650	2300	5400	9000	12,600	18,000
Open Cab Pickup	450	1075	3000	5500	7700	11,000
Closed Cab Pickup	350	725	1400	3000	4700	6700
Panel	350	725	1400	3100	4800	6800
DeL Panel	350	750	1450	3300	4900	7000
1933						
(112" w.b.)						
Sed Dly	500	1400	4200	7000	9800	14,000
Closed Cab Pickup	200	675	1300	2500	4350	6200
Panel	350	750	1450	3300	4900	7000
DeL Panel	350	775	1500	3750	5250	7500

NOTE: Add 45 percent to closed cab pickup prices for an open cab version.

	6	5	4	3	2	1
1934						
(112" w.b.)						
Sed Dly	550	1500	4350	7250	10,150	14,500
Closed Cab Pickup	350	700	1350	2800	4550	6500
Panel	350	750	1450	3300	4900	7000
DeL Panel	350	775	1500	3750	5250	7500

NOTE: Add 45 percent to closed cab pickup prices for an open cab version.

	6	5	4	3	2	1
1935						
(112" w.b.)						
Sed Dly	500	1200	3750	6250	8750	12,500
Pickup	200	650	1250	2400	4200	6000
Panel	200	650	1200	2300	4100	5800
DeL Panel	200	650	1250	2400	4200	6000
1936						
(112" w.b.)						
Sed Dly	500	1200	3750	6250	8750	12,500
Pickup	200	650	1250	2400	4200	6000
Panel	200	650	1200	2300	4100	5800
DeL Panel	200	650	1250	2400	4200	6000
1937						
(112" w.b.)						
Sed Dly	450	1075	3000	5500	7700	11,000
Pickup	200	650	1200	2300	4100	5800
Panel	200	600	1200	2200	3900	5600
(122" w.b.)						
Stake	200	600	1200	2200	3850	5500
Platform	200	550	1150	2000	3600	5200

1938 Ford 1/2 ton pickup truck, V-8

1938
(112" w.b.)

	6	5	4	3	2	1
Sed Dly	450	1075	3000	5500	7700	11,000
Platform	200	550	1150	2100	3700	5300
Stake	200	600	1200	2200	3900	5600
Panel	200	650	1200	2300	4100	5800
Pickup	200	650	1200	2300	4100	5800
(122" w.b.)						
Platform	200	550	1150	2000	3600	5200
Stake	200	600	1200	2200	3850	5500
Panel	200	600	1200	2200	3900	5600
Pickup	200	600	1200	2300	4000	5700

1939
(112" w.b.) - (1/2 Ton)

	6	5	4	3	2	1
Sed Dly	450	1150	3600	6000	8400	12,000
Pickup	200	650	1200	2300	4100	5800
Panel	200	650	1200	2300	4100	5800
Stake	200	600	1200	2200	3850	5500
(122" w.b.) - (3/4 Ton and 1 Ton)						
Pickup	200	600	1200	2200	3850	5500
Panel	200	600	1200	2200	3850	5500
Stake	200	550	1150	2000	3600	5200

1940
(122" w.b.) - (1/2 Ton)

	6	5	4	3	2	1
Sed Dly	500	1400	4200	7000	9800	14,000
Pickup	350	700	1350	2800	4550	6500
Panel	350	700	1350	2800	4550	6500
Stake	200	675	1300	2500	4350	6200
(122" w.b.) - (3/4 Ton)						
Pickup	200	650	1250	2400	4200	6000
Panel	200	650	1250	2400	4200	6000
Stake	200	600	1200	2300	4000	5700
(122" w.b.) - (1 Ton)						
Pickup	200	650	1200	2300	4100	5800
Panel	200	650	1200	2300	4100	5800
Stake	200	600	1200	2200	3850	5500

1941
(122" w.b.) - (1/2 Ton)

	6	5	4	3	2	1
Sed Dly	500	1400	4200	7000	9800	14,000
Pickup	350	700	1350	2800	4550	6500
Panel	350	700	1350	2800	4550	6500
Stake	200	675	1300	2500	4350	6200
(122" w.b.) - (3/4 Ton)						
Pickup	200	650	1250	2400	4200	6000
Panel	200	650	1250	2400	4200	6000
Stake	200	600	1200	2300	4000	5700
(122" w.b.) - (1 Ton)						
Pickup	200	650	1200	2300	4100	5800
Panel	200	650	1200	2300	4100	5800
Stake	200	600	1200	2200	3850	5500

1942
(114" w.b.) - (1/2 Ton)

	6	5	4	3	2	1
Sed Dly	500	1250	3900	6500	9100	13,000
Pickup	350	700	1350	2800	4550	6500
Panel	200	675	1300	2600	4400	6300
Stake	200	650	1200	2300	4100	5800
(122" w.b.) - (3/4 Ton)						
Pickup	200	650	1250	2400	4200	6000
Panel	200	650	1200	2300	4100	5800
Stake	200	600	1200	2200	3900	5600

1944
(114" w.b.) - (1/2 Ton)

	6	5	4	3	2	1
Pickup	350	700	1350	2800	4550	6500
Panel	200	675	1300	2600	4400	6300
Stake	200	650	1200	2300	4100	5800
(122" w.b.) - (3/4 Ton)						
Pickup	200	650	1250	2400	4200	6000
Panel	200	650	1200	2300	4100	5800
Stake	200	600	1200	2200	3900	5600

1945
(114" w.b.) - (1/2 Ton)

	6	5	4	3	2	1
Pickup	350	700	1350	2800	4550	6500

	6	5	4	3	2	1
Panel	200	675	1300	2600	4400	6300
Stake	200	650	1200	2300	4100	5800
(122" w.b.) - (3/4 Ton)						
Pickup	200	650	1250	2400	4200	6000
Panel	200	650	1200	2300	4100	5800
Stake	200	600	1200	2200	3900	5600
1946						
(114" w.b.) - (1/2 Ton)						
Sed Dly	500	1250	3900	6500	9100	13,000
Pickup	350	700	1350	2800	4550	6500
Panel	200	675	1300	2600	4400	6300
Stake	200	650	1200	2300	4100	5800
(122" w.b.) - (3/4 Ton)						
Pickup	200	650	1250	2400	4200	6000
Panel	200	650	1200	2300	4100	5800
Stake	200	600	1200	2200	3900	5600
1947						
(114" w.b.) - (1/2 Ton)						
Sed Dly	500	1250	3900	6500	9100	13,000
Pickup	350	700	1350	2800	4550	6500
Panel	200	675	1300	2600	4400	6300
Stake	200	650	1200	2300	4100	5800
(122" w.b.) - (3/4 Ton)						
Pickup	200	650	1250	2400	4200	6000
Panel	200	650	1200	2300	4100	5800
Stake	200	600	1200	2200	3900	5600
1948						
F-1 - (1/2 Ton)						
Pickup	350	750	1450	3400	5000	7100
Panel	350	750	1450	3300	4900	7000
Stake	350	700	1350	2800	4550	6500
F-2 - (3/4 Ton)						
Pickup	350	700	1350	2800	4550	6500
Panel	350	700	1350	2700	4500	6400
Stake	200	650	1250	2400	4150	5900
F-3 - (1 Ton)						
Pickup	200	675	1300	2600	4400	6300
Panel	200	675	1300	2500	4350	6200
Stake	200	600	1200	2300	4000	5700
1949						
F-1 - (1/2 Ton)						
Pickup	350	750	1450	3400	5000	7100
Panel	350	750	1450	3300	4900	7000
Stake	350	700	1350	2800	4550	6500
F-2 - (3/4 Ton)						
Pickup	350	700	1350	2800	4550	6500
Panel	350	700	1350	2700	4500	6400
Stake	200	650	1250	2400	4150	5900
F-3 - (1 Ton)						
Pickup	200	675	1300	2600	4400	6300
Panel	200	675	1300	2500	4350	6200
Stake	200	600	1200	2300	4000	5700
1950						
F-1 - (1/2 Ton)						
Pickup	350	750	1450	3400	5000	7100
Panel	350	750	1450	3300	4900	7000
Stake	350	700	1350	2800	4550	6500
F-2 (3/4 Ton)						
Pickup	350	700	1350	2800	4550	6500
Panel	350	700	1350	2700	4500	6400
Stake	200	650	1250	2400	4150	5900
F-3 - (1 Ton)						
Pickup	200	675	1300	2600	4400	6300
Panel	200	675	1300	2500	4350	6200
Stake	200	600	1200	2300	4000	5700
1951						
F-1 - (1/2 Ton)						
Pickup	350	750	1450	3500	5050	7200
Panel	350	750	1450	3400	5000	7100
Stake	350	700	1350	2900	4600	6600
F-2 - (3/4 Ton)						
Pickup	350	700	1350	2900	4600	6600
Panel	350	700	1350	2800	4550	6500

	6	**5**	**4**	**3**	**2**	**1**
Stake	200	650	1250	2400	4200	6000
F-3 - (1 Ton)						
Pickup	350	700	1350	2700	4500	6400
Panel	200	675	1300	2600	4400	6300
Stake	200	650	1200	2300	4100	5800
1952						
Courier						
Sed Dly	350	775	1500	3750	5250	7500
F-2 - (1/2 Ton)						
Pickup	350	750	1450	3500	5050	7200
Panel	350	750	1450	3400	5000	7100
Stake	350	700	1350	2900	4600	6600
F-2 - (3/4 Ton)						
Pickup	350	700	1350	2900	4600	6600
Panel	350	700	1350	2800	4550	6500
Stake	200	650	1250	2400	4200	6000
F-3 - (1 Ton)						
Pickup	350	700	1350	2700	4500	6400
Panel	200	675	1300	2600	4400	6300
Stake	200	650	1200	2300	4100	5800
1953						
Courier						
Sed Dly	350	775	1500	3750	5250	7500
F-100 - (1/2 Ton)						
Pickup	350	750	1450	3500	5050	7200
Panel	350	750	1450	3400	5000	7100
Stake	350	700	1350	2900	4600	6600
F-250 - (3/4 Ton)						
Pickup	350	700	1350	2900	4600	6600
Stake	200	650	1250	2400	4200	6000
F-350 - (1 Ton)						
Pickup	350	700	1350	2700	4500	6400
Stake	200	650	1200	2300	4100	5800
1954						
Courier						
Sed Dly	350	800	1550	3800	5300	7600
F-100 - (1/2 Ton)						
Pickup	350	775	1500	3600	5100	7300
Panel	350	750	1450	3500	5050	7200
Stake	350	725	1400	3000	4700	6700
F-250 - (3/4 Ton)						
Pickup	350	725	1400	3000	4700	6700
Stake	200	675	1300	2500	4300	6100
F-350 - (1 Ton)						
Pickup	350	700	1350	2800	4550	6500
Stake	200	650	1250	2400	4150	5900
1955						
Courier						
Sed Dly	350	800	1550	3900	5450	7800
F-100 - (1/2 Ton)						
Pickup	350	775	1500	3600	5100	7300
Panel	350	750	1450	3500	5050	7200
Stake	350	725	1400	3000	4700	6700
F-250 - (3/4 Ton)						
Pickup	350	725	1400	3000	4700	6700
Stake	200	675	1300	2500	4300	6100
F-350 - (1 Ton)						
Pickup	350	700	1350	2800	4550	6500
Stake	200	650	1250	2400	4150	5900
1956						
Courier						
Sed Dly	350	825	1600	3950	5500	7900
F-100 - (1/2 Ton)						
Pickup	350	775	1500	3700	5200	7400
Panel	350	775	1500	3600	5100	7300
Stake	350	725	1400	3100	4800	6800
F-250 - (3/4 Ton)						
Pickup	350	725	1400	3100	4800	6800
Stake	200	675	1300	2500	4350	6200
F-350 - (1 Ton)						
Pickup	350	700	1350	2900	4600	6600
Stake	200	650	1250	2400	4200	6000

1957
Courier

	6	5	4	3	2	1
Sed Dly	350	750	1450	3300	4900	7000
Ranchero						
Pickup	350	775	1500	3750	5250	7500
Cus Pickup	350	800	1550	3900	5450	7800
F-100 - (1/2 Ton)						
Flareside Pickup	350	700	1350	2700	4500	6400
Styleside Pickup	350	725	1400	3000	4700	6700
Panel	200	675	1300	2500	4350	6200
Stake	200	650	1250	2400	4200	6000
F-250 - (3/4 Ton)						
Flareside Pickup	200	600	1200	2200	3850	5500
Styleside Pickup	200	600	1200	2300	4000	5700
Stake	200	600	1200	2300	4000	5700
F-350 - (1 Ton)						
Flareside Pickup	200	550	1150	2100	3800	5400
Styleside Pickup	200	600	1200	2200	3900	5600
Stake	200	600	1200	2200	3850	5500

1958
Courier

	6	5	4	3	2	1
Sed Dly	350	750	1450	3300	4900	7000
Ranchero						
Pickup	350	775	1500	3750	5250	7500
Cus Pickup	350	800	1550	3900	5450	7800
F-100 - (1/2 Ton)						
Flareside Pickup	350	700	1350	2700	4500	6400
Styleside Pickup	350	725	1400	3000	4700	6700
Panel	200	675	1300	2500	4350	6200
Stake	200	650	1250	2400	4200	6000
F-250 - (3/4 Ton)						
Flareside Pickup	200	600	1200	2200	3850	5500
Styleside Pickup	200	600	1200	2300	4000	5700
Stake	200	600	1200	2300	4000	5700
F-350 - (1 Ton)						
Flareside Pickup	200	550	1150	2100	3800	5400
Styleside Pickup	200	600	1200	2200	3900	5600
Stake	200	600	1200	2200	3850	5500

1959
Courier

	6	5	4	3	2	1
Sed Dly	150	350	950	1350	2800	4000
Ranchero						
Pickup	350	775	1500	3750	5250	7500
Cus Pickup	350	800	1550	3900	5450	7800
F-100 - (1/2 Ton)						
Flareside Pickup	350	700	1350	2700	4500	6400
Styleside Pickup	350	725	1400	3000	4700	6700
Panel	200	675	1300	2500	4350	6200
Stake	200	650	1250	2400	4200	6000

1960
Courier

	6	5	4	3	2	1
Sed Dly	150	300	900	1350	2700	3900
Ranchero (Falcon)						
Pickup	200	500	1100	1900	3500	5000
F-100 - (1/2 Ton)						
Flareside Pickup	350	700	1350	2700	4500	6400
Styleside Pickup	350	725	1400	3000	4700	6700
Panel	200	675	1300	2500	4350	6200
Stake	200	650	1250	2400	4200	6000
F-250 - (3/4 Ton)						
Flareside Pickup	200	600	1200	2200	3850	5500
Styleside Pickup	200	600	1200	2300	4000	5700
Stake	200	600	1200	2300	4000	5700
F-350 - (1 Ton)						
Flareside Pickup	200	550	1150	2100	3800	5400
Styleside Pickup	200	600	1200	2200	3900	5600
Stake	200	600	1200	2200	3850	5500

NOTES: 1955-up prices based on top of the line models.
Add 5 percent for 4x4.

1961
Falcon

	6	5	4	3	2	1
Sed Dly	200	550	1150	2000	3600	5200
Ranchero	200	550	1150	2100	3800	5400

1961 Ford Falcon Ranchero pickup, 6-cyl

Econoline

	6	5	4	3	2	1
Pickup	150	300	900	1350	2700	3900
Van	125	200	600	1100	2300	3300
Sta Bus	150	300	900	1250	2600	3700
F-100 - (1/2 Ton)						
Flareside Pickup	350	700	1350	2700	4500	6400
Styleside Pickup	350	725	1400	3000	4700	6700
Panel	200	675	1300	2500	4350	6200
Stake	200	650	1250	2400	4200	6000
F-250 - (3/4 Ton)						
Flareside Pickup	200	600	1200	2200	3850	5500
Styleside Pickup	200	600	1200	2300	4000	5700
Stake	200	600	1200	2300	4000	5700
F-350 - (1 Ton)						
Flareside Pickup	200	550	1150	2100	3800	5400
Styleside Pickup	200	600	1200	2200	3900	5600
Stake	200	600	1200	2200	3850	5500

NOTE: 1955-up prices based on top of the line models.
      Add 5 percent for 4x4.

1962
Falcon

	6	5	4	3	2	1
Sed Dly	200	550	1150	2000	3600	5200
Ranchero	200	550	1150	2100	3800	5400
Econoline						
Pickup	150	300	900	1350	2700	3900
Van	125	200	600	1100	2300	3300
Sta Bus	150	300	900	1250	2600	3700
F-100 - (1/2 Ton)						
Flareside Pickup	350	700	1350	2700	4500	6400
Styleside Pickup	350	725	1400	3000	4700	6700
Panel	200	675	1300	2500	4350	6200
Stake	200	650	1250	2400	4200	6000
F-250 - (3/4 Ton)						
Flareside Pickup	200	600	1200	2200	3850	5500
Styleside Pickup	200	600	1200	2300	4000	5700
Stake	200	600	1200	2300	4000	5700
F-350 - (1 Ton)						
Flareside Pickup	200	550	1150	2100	3800	5400
Styleside Pickup	200	600	1200	2200	3900	5600
Stake	200	600	1200	2200	3850	5500

NOTES: 1955-up prices based on top of the line models.
       Add 5 percent for 4x4.

1963
Falcon

	6	5	4	3	2	1
Sed Dly	200	550	1150	2000	3600	5200
Ranchero	200	550	1150	2100	3800	5400

Econoline

	6	5	4	3	2	1
Pickup	150	300	900	1350	2700	3900
Van	125	200	600	1100	2300	3300
Sta Bus	150	300	900	1250	2600	3700
F-100 - (1/2 Ton)						
Flareside Pickup	350	700	1350	2700	4500	6400
Styleside Pickup	350	725	1400	3000	4700	6700
Panel	200	675	1300	2500	4350	6200
Stake	200	650	1250	2400	4200	6000
F-250 - (3/4 Ton)						
Flareside Pickup	200	600	1200	2200	3850	5500
Styleside Pickup	200	600	1200	2300	4000	5700
Stake	200	600	1200	2300	4000	5700
F-350 - (1 Ton)						
Flareside Pickup	200	550	1150	2100	3800	5400
Styleside Pickup	200	600	1200	2200	3900	5600
Stake	200	600	1200	2200	3850	5500

NOTES: 1955-up prices based on top of the line models.
Add 5 percent for 4x4.

1964
Falcon

Sed Dly	200	500	1100	1850	3350	4900
Ranchero	200	500	1100	1950	3600	5100

Econoline

Pickup	150	300	900	1350	2700	3900
Van	125	200	600	1100	2300	3300
Sta Bus	150	300	900	1250	2600	3700
F-100 - (1/2 Ton)						
Flareside Pickup	350	700	1350	2700	4500	6400
Styleside Pickup	350	725	1400	3000	4700	6700
Panel	200	675	1300	2500	4350	6200
Stake	200	650	1250	2400	4200	6000
F-250 - (3/4 Ton)						
Flareside Pickup	200	600	1200	2200	3850	5500
Styleside Pickup	200	600	1200	2300	4000	5700
Stake	200	600	1200	2300	4000	5700
F-350 - (1 Ton)						
Flareside Pickup	200	550	1150	2100	3800	5400
Styleside Pickup	200	600	1200	2200	3900	5600
Stake	200	600	1200	2200	3850	5500

NOTE: Add 5 percent for 4x4.

1965
Falcon

Sed Dly	200	500	1100	1850	3350	4900
Ranchero	200	500	1100	1950	3600	5100

Econoline

Pickup	150	300	900	1350	2700	3900
Van	125	200	600	1100	2300	3300
Sta Bus	150	300	900	1250	2600	3700
F-100 - (1/2 Ton)						
Flareside Pickup	350	700	1350	2700	4500	6400
Styleside Pickup	350	725	1400	3000	4700	6700
Panel	200	675	1300	2500	4350	6200
Stake	200	650	1250	2400	4200	6000
F-250 - (3/4 Ton)						
Flareside Pickup	200	600	1200	2200	3850	5500
Styleside Pickup	200	600	1200	2300	4000	5700
Stake	200	600	1200	2300	4000	5700
F-350 - (1 Ton)						
Flareside Pickup	200	550	1150	2100	3800	5400
Styleside Pickup	200	600	1200	2200	3900	5600
Stake	200	600	1200	2200	3850	5500

NOTE: Add 5 percent for 4x4.

1966
Ranchero

Pickup	200	500	1100	1900	3500	5000
Cus Pickup	200	550	1150	2000	3600	5200

Bronco

Rds	200	675	1300	2500	4350	6200
Sports Utl	350	700	1350	2800	4550	6500
Wagon	350	700	1350	2800	4550	6500

Econoline

Pickup	150	300	900	1350	2700	3900

	6	5	4	3	2	1
Van	125	250	750	1150	2400	3400
Panel Van	125	200	600	1100	2300	3300
Club Wag	150	300	900	1250	2600	3700
Cus Club Wag	150	300	900	1350	2700	3900
DeL Club Wag	150	350	950	1450	2900	4100
F-100 - (1/2 Ton)						
Flareside Pickup	350	700	1350	2700	4500	6400
Styleside Pickup	350	725	1400	3000	4700	6700
Panel	200	675	1300	2500	4350	6200
Stake	200	650	1250	2400	4200	6000
F-250 - (3/4 Ton)						
Flareside Pickup	200	600	1200	2200	3850	5500
Styleside Pickup	200	600	1200	2300	4000	5700
Stake	200	600	1200	2300	4000	5700
F-350 - (1 Ton)						
Flareside Pickup	200	550	1150	2100	3800	5400
Styleside Pickup	200	600	1200	2200	3900	5600
Stake	200	600	1200	2200	3850	5500

NOTE: Add 5 percent for 4x4.

1967
Ranchero
Fairlane 500	200	500	1100	1900	3500	5000
Fairlane 500 XL	200	550	1150	2000	3600	5200
Bronco						
Rds	200	675	1300	2500	4350	6200
Sports Utl	350	700	1350	2800	4550	6500
Panel Van	125	200	600	1100	2300	3300
Club Wag	150	300	900	1250	2600	3700
Cus Club Wag	150	300	900	1350	2700	3900
DeL Club Wag	150	350	950	1450	2900	4100
F-100 - (1/2 Ton)						
Flareside Pickup	350	700	1350	2700	4500	6400
Styleside Pickup	350	725	1400	3000	4700	6700
Panel	200	675	1300	2500	4350	6200
Stake	200	650	1250	2400	4200	6000
F-250 - (3/4 Ton)						
Flareside Pickup	200	600	1200	2200	3850	5500
Styleside Pickup	200	600	1200	2300	4000	5700
Stake	200	600	1200	2300	4000	5700
F-350 - (1 Ton)						
Flareside Pickup	200	550	1150	2100	3800	5400
Styleside Pickup	200	600	1200	2200	3900	5600
Stake	200	600	1200	2200	3850	5500

NOTE: Add 5 percent for 4WD.

1968
Ranchero
Fairlane Pickup	200	500	1100	1900	3500	5000
Fairlane GT P.U.	200	550	1150	2000	3600	5200
Bronco						
Rds	200	675	1300	2500	4350	6200
Sports Utl	350	700	1350	2800	4550	6500
Wag	350	700	1350	2800	4550	6500
Econoline						
Van	125	250	750	1150	2400	3400
Panel Van	125	200	600	1100	2300	3300
Club Wag	150	300	900	1250	2600	3700
Cus Club Wag	150	300	900	1350	2700	3900
DeL Club Wag	150	350	950	1450	2900	4100
F-100 - (1/2 Ton)						
Flareside Pickup	350	700	1350	2700	4500	6400
Styleside Pickup	350	725	1400	3000	4700	6700
Panel	200	675	1300	2500	4350	6200
Stake	200	650	1250	2400	4200	6000
F-250 - (3/4 Ton)						
Flareside Pickup	200	600	1200	2200	3850	5500
Styleside Pickup	200	600	1200	2300	4000	5700
Stake	200	600	1200	2300	4000	5700
F-350 - (1 Ton)						
Flareside Pickup	200	550	1150	2100	3800	5400
Styleside Pickup	200	600	1200	2200	3900	5600
Stake	200	600	1200	2200	3850	5500

NOTE: Add 5 percent for 4WD.

1969
Ranchero

	6	5	4	3	2	1
Fairlane Pickup	200	500	1100	1900	3500	5000
Fairlane GT P.U.	200	550	1150	2000	3600	5200
Bronco						
Pickup	200	675	1300	2500	4350	6200
Wag	350	700	1350	2800	4550	6500
Econoline						
Van	125	250	750	1150	2400	3400
Panel Van	125	200	600	1100	2300	3300
Club Wag	150	300	900	1250	2600	3700
Cus Club Wag	150	300	900	1350	2700	3900
DeL Club Wag	150	350	950	1450	2900	4100
F-100 - (1/2 Ton)						
Flareside Pickup	350	700	1350	2700	4500	6400
Styleside Pickup	350	725	1400	3000	4700	6700
F-250 - (3/4 Ton)						
Flareside Pickup	200	600	1200	2200	3850	5500
Styleside Pickup	200	600	1200	2300	4000	5700
Stake	200	600	1200	2300	4000	5700
F-350 - (1 Ton)						
Flareside Pickup	200	550	1150	2100	3800	5400
Styleside Pickup	200	600	1200	2200	3900	5600
Stake	200	600	1200	2200	3850	5500

NOTE: Add 5 percent for 4x4.

1970
Ranchero

Pickup	200	600	1200	2200	3850	5500
GT Pickup	200	650	1200	2300	4100	5800
500 Pickup	200	675	1300	2500	4300	6100
Squire Pickup	350	700	1350	2700	4500	6400
Bronco						
Pickup	200	675	1300	2500	4350	6200
Wag	350	700	1350	2800	4550	6500
Econoline E-100						
Cargo Van	125	250	750	1150	2400	3400
Window Van	125	250	750	1150	2500	3600
Display Van	150	300	900	1250	2650	3800
Cus Wag	150	400	1000	1550	3050	4300
Chateau Wag	150	400	1000	1650	3150	4500
Econoline E-200						
Cargo Van	125	200	600	1100	2250	3200
Window Van	125	250	750	1150	2400	3400
Display Van	125	250	750	1150	2500	3600
Econoline E-300						
Cargo Van	125	200	600	1100	2200	3100
Window Van	125	200	600	1100	2300	3300
Display Van	125	250	750	1150	2450	3500
F-100 - (1/2 Ton)						
Flareside Pickup	350	725	1400	3000	4700	6700
Styleside Pickup	350	750	1450	3300	4900	7000
F-250 - (3/4 Ton)						
Flareside Pickup	350	700	1350	2700	4500	6400
Styleside Pickup	350	700	1350	2900	4600	6600
Stake	200	650	1250	2400	4200	6000
Crew Cab Pickup	200	650	1250	2400	4200	6000
F-350 - (1 Ton)						
Flareside Pickup	200	650	1200	2300	4100	5800
Stake	200	600	1200	2300	4000	5700
Crew Cab Pickup	200	600	1200	2300	4000	5700

1971
Ranchero

Pickup	200	600	1200	2200	3850	5500
GT Pickup	200	650	1200	2300	4100	5800
500 Pickup	200	675	1300	2500	4300	6100
Squire Pickup	350	700	1350	2700	4500	6400
Bronco						
Pickup	200	675	1300	2500	4350	6200
Wag	350	700	1350	2800	4550	6500
Econoline E-100						
Cargo Van	125	250	750	1150	2400	3400
Window Van	125	250	750	1150	2500	3600
Display Van	150	300	900	1250	2650	3800

	6	5	4	3	2	1
Cus Wag	150	400	1000	1550	3050	4300
Chateau Wag	150	400	1000	1650	3150	4500
Econoline E-200						
Cargo Van	125	200	600	1100	2250	3200
Window Van	125	250	750	1150	2400	3400
Display Van	125	250	750	1150	2500	3600
Econoline E-300						
Cargo Van	125	200	600	1100	2200	3100
Window Van	125	200	600	1100	2300	3300
Display Van	125	250	750	1150	2450	3500
F-100 - (1/2 Ton)						
Flareside Pickup	350	725	1400	3000	4700	6700
Styleside Pickup	350	750	1450	3300	4900	7000
F-250 - (3/4 Ton)						
Flareside Pickup	350	700	1350	2700	4500	6400
Styleside Pickup	350	700	1350	2900	4600	6600
Stake	200	650	1250	2400	4200	6000
Crew Cab Pickup	200	650	1250	2400	4200	6000
F-350 - (1 Ton)						
Flareside Pickup	200	650	1200	2300	4100	5800
Stake	200	600	1200	2300	4000	5700
Crew Cab Pickup	200	600	1200	2300	4000	5700

NOTE: Add 5 percent for 4x4.

1972
Courier
Pickup	125	250	750	1150	2450	3500
Ranchero						
GT Pickup	200	650	1200	2300	4100	5800
500 Pickup	200	675	1300	2500	4300	6100
Squire Pickup	350	700	1350	2700	4500	6400
Bronco						
Pickup	200	675	1300	2500	4350	6200
Wag	350	700	1350	2800	4550	6500
Econoline E-100						
Cargo Van	125	250	750	1150	2400	3400
Window Van	125	250	750	1150	2500	3600
Display Van	150	300	900	1250	2650	3800
Cus Wag	150	400	1000	1550	3050	4300
Chateau Wag	150	400	1000	1650	3150	4500
Econoline E-200						
Cargo Van	125	200	600	1100	2250	3200
Window Van	125	250	750	1150	2400	3400
Display Van	125	250	750	1150	2500	3600
Econoline E-300						
Cargo Van	125	200	600	1100	2200	3100
Window Van	125	200	600	1100	2300	3300
Display Van	125	250	750	1150	2450	3500
F-100 - (1/2 Ton)						
Flareside Pickup	350	725	1400	3000	4700	6700
Styleside Pickup	350	750	1450	3300	4900	7000
F-250 - (3/4 Ton)						
Flareside Pickup	350	700	1350	2700	4500	6400
Styleside Pickup	350	700	1350	2900	4600	6600
Stake	200	650	1250	2400	4200	6000
Crew Cab Pickup	200	650	1250	2400	4200	6000
F-350 - (1 Ton)						
Flareside Pickup	200	650	1200	2300	4100	5800
Stake	200	600	1200	2300	4000	5700
Crew Cab Pickup	200	600	1200	2300	4000	5700

NOTE: Add 5 percent for 4x4.

1973
Courier
Pickup	100	175	525	1050	2100	3000
Ranchero						
GT Pickup	200	550	1150	2100	3700	5300
500 Pickup	200	600	1200	2200	3900	5600
Squire Pickup	200	650	1250	2400	4150	5900
Bronco						
Pickup	200	600	1200	2300	4000	5700
Wag	200	650	1250	2400	4200	6000
Econoline E-100						
Cargo Van	100	175	525	1050	2050	2900
Window Van	125	200	600	1100	2200	3100
Display Van	125	200	600	1100	2300	3300

	6	5	4	3	2	1
Cus Wag	150	300	900	1250	2650	3800
Chateau Wag	150	350	950	1350	2800	4000
Econoline E-200						
Cargo Van	100	150	450	1000	1900	2700
Window Van	100	175	525	1050	2050	2900
Display Van	125	200	600	1100	2200	3100
Econoline E-300						
Cargo Van	100	150	450	1000	1800	2600
Window Van	100	175	525	1050	1950	2800
Display Van	100	175	525	1050	2100	3000
F-100 - (1/2 Ton)						
Flareside Pickup	200	675	1300	2500	4350	6200
Styleside Pickup	350	700	1350	2800	4550	6500
F-250 - (3/4 Ton)						
Flareside Pickup	200	650	1250	2400	4150	5900
Styleside Pickup	200	675	1300	2500	4300	6100
Stake	200	600	1200	2200	3850	5500
Crew Cab Pickup	200	600	1200	2200	3850	5500
F-350 - (1 Ton)						
Flareside Pickup	200	550	1150	2100	3700	5300
Stake	200	550	1150	2000	3600	5200
Crew Cab Pickup	200	550	1150	2000	3600	5200
1974						
Courier						
Pickup	100	175	525	1050	2100	3000
Ranchero						
500 Pickup	200	600	1200	2200	3850	5500
GT Pickup	200	600	1200	2300	4000	5700
Squire Pickup	200	650	1250	2400	4150	5900
Bronco						
Wag	200	600	1200	2300	4000	5700
Econoline E-100						
Cargo Van	100	175	525	1050	2050	2900
Window Van	125	200	600	1100	2200	3100
Display Van	125	200	600	1100	2300	3300
Club Wag	150	300	900	1250	2650	3800
Cus Club Wag	150	350	950	1350	2800	4000
Chateau Club Wag	150	350	950	1450	3000	4200
Econoline E-200						
Cargo Van	100	150	450	1000	1900	2700
Window Van	100	175	525	1050	2050	2900
Display Van	125	200	600	1100	2200	3100
Econoline E-300						
Cargo Van	100	150	450	1000	1800	2600
Window Van	100	175	525	1050	1950	2800
Display Van	100	175	525	1050	2100	3000
F-100 - (1/2 Ton)						
Flareside Pickup	150	450	1050	1800	3300	4800
Styleside Pickup	200	500	1100	1850	3350	4900
Super Cab Pickup	200	500	1100	1900	3500	5000
F-250 - (3/4 Ton)						
Flareside Pickup	150	450	1050	1700	3200	4600
Styleside Pickup	150	450	1050	1750	3250	4700
Super Cab	150	450	1050	1800	3300	4800
F-350 - (1 Ton)						
Pickup	150	450	1050	1700	3200	4600
Crew Cab Pickup	150	400	1000	1600	3100	4400
Stake	150	350	950	1450	3000	4200
NOTE: Add 5 percent for 4x4.						
1975						
Courier						
Pickup	100	175	525	1050	2100	3000
Ranchero						
500 Pickup	200	600	1200	2200	3850	5500
GT Pickup	200	600	1200	2300	4000	5700
Squire Pickup	200	650	1250	2400	4150	5900
Bronco						
Wag	200	600	1200	2300	4000	5700
Econoline E-100						
Cargo Van	100	175	525	1050	2050	2900
Window Van	125	200	600	1100	2200	3100
Display Van	125	200	600	1100	2300	3300
Club Wag	150	300	900	1250	2650	3800
Cus Club Wag	150	350	950	1350	2800	4000

	6	5	4	3	2	1
Chateau Club Wag	150	350	950	1450	3000	4200
Econoline E-200						
Cargo Van	100	150	450	1000	1900	2700
Window Van	100	175	525	1050	2050	2900
Display Van	125	200	600	1100	2200	3100
Econoline E-300						
Cargo Van	100	150	450	1000	1800	2600
Window Van	100	175	525	1050	1950	2800
Display Van	100	175	525	1050	2100	3000
F-100 - (1/2 Ton)						
Flareside Pickup	150	450	1050	1800	3300	4800
Styleside Pickup	200	500	1100	1850	3350	4900
Sup Cab Pickup	200	500	1100	1900	3500	5000
F-250 - (3/4 Ton)						
Flareside Pickup	150	450	1050	1700	3200	4600
Styleside Pickup	150	450	1050	1750	3250	4700
Sup Cab	150	450	1050	1800	3300	4800
F-350 - (1 Ton)						
Pickup	150	450	1050	1700	3200	4600
Crew Cab Pickup	150	400	1000	1600	3100	4400
Stake	150	350	950	1450	3000	4200
1976						
Courier						
Pickup	100	175	525	1050	2100	3000
Ranchero						
500 Pickup	200	600	1200	2200	3850	5500
GT Pickup	200	600	1200	2300	4000	5700
Squire Pickup	200	650	1250	2400	4150	5900
Bronco						
Wag	200	600	1200	2300	4000	5700
Econoline E-100						
Cargo Van	100	175	525	1050	2050	2900
Window Van	125	200	600	1100	2200	3100
Display Van	125	200	600	1100	2300	3300
Club Wag	150	300	900	1250	2650	3800
Cus Club Wag	150	350	950	1350	2800	4000
Chateau Club Wag	150	350	950	1450	3000	4200
Econoline E-200						
Cargo Van	100	150	450	1000	1900	2700
Window Van	100	175	525	1050	2050	2900
Display Van	125	200	600	1100	2200	3100
Econoline E-300						
Cargo Van	100	150	450	1000	1800	2600
Window Van	100	175	525	1050	1950	2800
Display Van	100	175	525	1050	2100	3000
F-100 - (1/2 Ton)						
Flareside Pickup	150	450	1050	1800	3300	4800
Styleside Pickup	200	500	1100	1850	3350	4900
Sup Cab Pickup	200	500	1100	1900	3500	5000
F-250 - (3/4 Ton)						
Flareside Pickup	150	450	1050	1700	3200	4600
Styleside Pickup	150	450	1050	1750	3250	4700
Sup Cab	150	450	1050	1800	3300	4800
F-350 - (1 Ton)						
Pickup	150	450	1050	1700	3200	4600
Crew Cab Pickup	150	400	1000	1600	3100	4400
Stake	150	350	950	1450	3000	4200
1977						
Courier						
Pickup	100	175	525	1050	2100	3000
Ranchero						
500 Pickup	200	600	1200	2200	3850	5500
GT Pickup	200	600	1200	2300	4000	5700
Squire Pickup	200	650	1250	2400	4150	5900
Bronco						
Wag	200	600	1200	2300	4000	5700
Econoline E-100						
Cargo Van	100	175	525	1050	2050	2900
Window Van	125	200	600	1100	2200	3100
Display Van	125	200	600	1100	2300	3300
Club Wag	150	300	900	1250	2650	3800
Cus Club Wag	150	350	950	1350	2800	4000
Chateau Club Wag	150	350	950	1450	3000	4200

Econoline E-200

	6	5	4	3	2	1
Cargo Van	100	150	450	1000	1900	2700
Window Van	100	175	525	1050	2050	2900
Display Van	125	200	600	1100	2200	3100
Econoline E-300						
Cargo Van	100	150	450	1000	1800	2600
Window Van	100	175	525	1050	1950	2800
Display Van	100	175	525	1050	2100	3000
F-100 - (1/2 Ton)						
Flareside Pickup	150	450	1050	1800	3300	4800
Styleside Pickup	200	500	1100	1850	3350	4900
Sup Cab Pickup	200	500	1100	1900	3500	5000
F-250 - (3/4 Ton)						
Flareside Pickup	150	450	1050	1700	3200	4600
Styleside Pickup	150	450	1050	1750	3250	4700
Sup Cab	150	450	1050	1800	3300	4800
F-350 - (1 Ton)						
Pickup	150	450	1050	1700	3200	4600
Crew Cab Pickup	150	400	1000	1600	3100	4400
Stake	150	350	950	1450	3000	4200

1978
Courier

	6	5	4	3	2	1
Pickup	100	175	525	1050	2100	3000
Ranchero						
500 Pickup	200	600	1200	2200	3850	5500
GT Pickup	200	600	1200	2300	4000	5700
Squire Pickup	200	650	1250	2400	4150	5900
Bronco						
Wag	200	650	1250	2400	4150	5900
Econoline E-100						
Cargo Van	100	175	525	1050	2050	2900
Window Van	125	200	600	1100	2200	3100
Display Van	125	200	600	1100	2300	3300
Club Wag	150	300	900	1250	2650	3800
Cus Club Wag	150	350	950	1350	2800	4000
Chateau Club Wag	150	350	950	1450	3000	4200
Econoline E-200						
Cargo Van	100	150	450	1000	1900	2700
Window Van	100	175	525	1050	2050	2900
Display Van	125	200	600	1100	2200	3100
Econoline E-300						
Cargo Van	100	150	450	1000	1800	2600
Window Van	100	175	525	1050	1950	2800
Display Van	100	175	525	1050	2100	3000
F-100 - (1/2 Ton)						
Flareside Pickup	200	500	1100	1850	3350	4900
Styleside Pickup	200	500	1100	1900	3500	5000
Sup Cab Pickup	200	500	1100	1950	3600	5100
F-250 - (3/4 Ton)						
Flareside Pickup	150	450	1050	1750	3250	4700
Styleside Pickup	150	450	1050	1800	3300	4800
Sup Cab Pickup	200	500	1100	1850	3350	4900
F-350 - (1 Ton)						
Pickup	150	450	1050	1700	3200	4600
Crew Cab Pickup	150	400	1000	1600	3100	4400
Stake	150	350	950	1450	3000	4200

1979
Courier

	6	5	4	3	2	1
Pickup	100	175	525	1050	2100	3000
Ranchero						
500 Pickup	200	600	1200	2200	3850	5500
GT Pickup	200	600	1200	2300	4000	5700
Squire Pickup	200	650	1250	2400	4150	5900
Bronco						
Wag	200	650	1250	2400	4150	5900
Econoline E-100						
Cargo Van	100	175	525	1050	2050	2900
Window Van	125	200	600	1100	2200	3100
Display Van	125	200	600	1100	2300	3300
Club Wag	150	300	900	1250	2650	3800
Cus Club Wag	150	350	950	1350	2800	4000
Chateau Club Wag	150	350	950	1450	3000	4200

Econoline E-200

	6	5	4	3	2	1
Cargo Van	100	150	450	1000	1900	2700
Window Van	100	175	525	1050	2050	2900
Display Van	125	200	600	1100	2200	3100
Econoline E-300						
Cargo Van	100	150	450	1000	1800	2600
Window Van	100	175	525	1050	1950	2800
Display Van	100	175	525	1050	2100	3000
F-100 - (1/2 Ton)						
Flareside Pickup	200	500	1100	1850	3350	4900
Styleside Pickup	200	500	1100	1900	3500	5000
Sup Cab Pickup	200	500	1100	1950	3600	5100
F-250 - (3/4 Ton)						
Flareside Pickup	150	450	1050	1750	3250	4700
Styleside Pickup	150	450	1050	1800	3300	4800
Sup Cab Pickup	200	500	1100	1850	3350	4900
F-350 - (1 Ton)						
Pickup	150	450	1050	1700	3200	4600
Crew Cab Pickup	150	400	1000	1600	3100	4400
Stake	150	350	950	1450	3000	4200

FRANKLIN

1903
Four, 10 hp, 72" wb

Rbt	1200	4800	9600	16,000	22,400	32,000

1904
Type A, 4-cyl., 12 hp, 82" wb

2/4P Light Rbt	1200	4650	9300	15,500	21,700	31,000

Type B, 4-cyl., 12 hp, 82" wb

4P Light Ton	1200	4650	9300	15,500	21,700	31,000

Type C, 4-cyl., 30 hp, 110" wb

5P Side Entrance Ton	1200	4650	9300	15,500	21,700	31,000

Type D, 4-cyl., 20 hp, 100" wb

5P Light Tr	1200	4500	9000	15,000	21,000	30,000

Type E, 4-cyl., 12 hp, 74" wb

2P Gentleman's Rbt	800	4350	8700	14,500	20,300	29,000

Type F, 4-cyl., 12 hp, 82" wb

4P Light Ton	1200	4500	9000	15,000	21,000	30,000

1905
Type A, 4-cyl., 12 hp, 80" wb

Rbt	800	4050	8100	13,500	18,900	27,000
Detachable Ton	800	4200	8400	14,000	19,600	28,000

Type B, 4-cyl., 12 hp, 80" wb

Tr	800	4200	8400	14,000	19,600	28,000

Type C, 4-cyl., 30 hp, 107" wb

Tr	1200	4650	9300	15,500	21,700	31,000

Type D, 4-cyl., 20 hp, 100" wb

Tr	1200	4500	9000	15,000	21,000	30,000

Type E, 4-cyl., 12 hp, 80" wb

Rbt	800	4050	8100	13,500	18,900	27,000

1906
Type E, 4-cyl., 12 hp, 81-1/2" wb

2P Rbt	800	3750	7500	12,500	17,500	25,000

Type G, 4-cyl., 12 hp, 88" wb

5P Tr	800	3900	7800	13,000	18,200	26,000

Type D, 4-cyl., 20 hp, 100" wb

5P Tr	800	4050	8100	13,500	18,900	27,000
5P Limo (115" wb)	800	3150	6300	10,500	14,700	21,000

Type H, 6-cyl., 30 hp, 114" wb

5P Tr	800	4200	8400	14,000	19,600	28,000

1907
Model G, 4-cyl., 12 hp, 90" wb

2P Rbt	800	4350	8700	14,500	20,300	29,000
4P Tr	1200	4500	9000	15,000	21,000	30,000

Model D, 4-cyl., 20 hp, 105" wb

5P Tr	1200	4650	9300	15,500	21,700	31,000
2P Rbt	1200	4500	9000	15,000	21,000	30,000
5P Lan'let	800	3750	7500	12,500	17,500	25,000

Model H, 6-cyl., 30 hp, 127" wb

7P Tr	1200	4800	9600	16,000	22,400	32,000

	6	5	4	3	2	1
2P Rbt	1200	4650	9300	15,500	21,700	31,000
5P Limo	800	3900	7800	13,000	18,200	26,000
1908						
Model G, 4-cyl., 16 hp, 90" wb						
Tr	800	4200	8400	14,000	19,600	28,000
Rbt	800	4350	8700	14,500	20,300	29,000
Brgm	800	3150	6300	10,500	14,700	21,000
Lan'let	800	3300	6600	11,000	15,400	22,000
Model D, 4-cyl., 28 hp, 105" wb						
Tr	800	4350	8700	14,500	20,300	29,000
Surrey-Seat Rbt	800	4200	8400	14,000	19,600	28,000
Lan'let	800	3400	6900	11,500	16,100	23,000
Model H, 6-cyl., 42 hp, 127" wb						
Tr	1200	4650	9300	15,500	21,700	31,000
Limo	800	4050	8100	13,500	18,900	27,000
Rbt	1200	4500	9000	15,000	21,000	30,000
1909						
Model G, 4-cyl., 18 hp, 91-1/2" wb						
4P Tr	800	4200	8400	14,000	19,600	28,000
4P Cape Top Tr	800	4350	8700	14,500	20,300	29,000
Brgm	800	3150	6300	10,500	14,700	21,000
Lan'let	800	3300	6600	11,000	15,400	22,000
Model D, 4-cyl., 28 hp, 106" wb						
5P Tr	800	4350	8700	14,500	20,300	29,000
5P Cape Top Tr	1200	4500	9000	15,000	21,000	30,000
Rbt, Single Rumble	1200	4650	9300	15,500	21,700	31,000
Rbt, Double Rumble	1200	4800	9600	16,000	22,400	32,000
Lan'let	800	3400	6900	11,500	16,100	23,000
Model H, 6-cyl., 42 hp, 127" wb						
7P Tr	1200	4500	9000	15,000	21,000	30,000
7P Cape Top Tr	1200	4650	9300	15,500	21,700	31,000
Limo	800	4200	8400	14,000	19,600	28,000
1910						
Model G, 4-cyl., 18 hp, 91-1/2" wb						
5P Tr	1200	4950	9900	16,500	23,100	33,000
4P Rbt	1200	4800	9600	16,000	22,400	32,000
2P Rbt	1200	4650	9300	15,500	21,700	31,000
Model K, 4-cyl., 18 hp, 91-1/2" wb						
Twn Car	1200	4500	9000	15,000	21,000	30,000
Taxicab	800	4200	8400	14,000	19,600	28,000
Model D, 4-cyl., 28 hp, 106" wb						
5P Tr	1200	5100	10,200	17,000	23,800	34,000
4P Surrey	1200	4500	9000	15,000	21,000	30,000
6P Limo(111-1/2"wb)	800	4200	8400	14,000	19,600	28,000
Lan'let						
6P (111-1/2"wb)	800	4350	8700	14,500	20,300	29,000
Model H, 6-cyl., 42 hp, 127" wb						
7P Tr	1200	5250	10,500	17,500	24,500	35,000
4P Surrey	1200	4650	9300	15,500	21,700	31,000
7P Limo	800	4350	8700	14,500	20,300	29,000
1911						
Model G, 4-cyl., 18 hp, 100" wb						
5P Tr	1200	4800	9600	16,000	22,400	32,000
Torp Phae (108" wb)	1200	4950	9900	16,500	23,100	33,000
Model M, 4-cyl., 25 hp, 108" wb						
5P Tr	1200	4950	9900	16,500	23,100	33,000
7P Limo	800	4050	8100	13,500	18,900	27,000
7P Lan'let	800	4200	8400	14,000	19,600	28,000
Model D, 6-cyl., 38 hp, 123" wb						
4P Torp Phae	1200	5250	10,500	17,500	24,500	35,000
5P Tr	1200	5100	10,200	17,000	23,800	34,000
6P Limo	800	4200	8400	14,000	19,600	28,000
6P Lan'let	800	4350	8700	14,500	20,300	29,000
Model H, 6-cyl., 48 hp, 133" wb						
7P Tr	1200	5250	10,500	17,500	24,500	35,000
Torp Phae (126" wb)	1200	5400	10,800	18,000	25,200	36,000
1912						
Model G, 4-cyl., 18 hp, 100" wb						
Rbt	1200	4800	9600	16,000	22,400	32,000
Model G, 4-cyl., 25 hp, 103" wb						
Tr	1200	4800	9600	16,000	22,400	32,000
Model M, 6-cyl., 30 hp, 116" wb						
Tr	1200	4950	9900	16,500	23,100	33,000

	6	5	4	3	2	1
Torp Phae	1200	5250	10,500	17,500	24,500	35,000
Rds	1200	5100	10,200	17,000	23,800	34,000
Model K-6, 4-cyl., 18 hp, 100" wb						
Taxicab	800	4200	8400	14,000	19,600	28,000
Model D, 6-cyl., 38 hp, 123" wb						
Tr	1200	5100	10,200	17,000	23,800	34,000
Torp Phae	1200	5400	10,800	18,000	25,200	36,000
Model H, 6-cyl., 38 hp, 126" wb						
Tr	1200	5250	10,500	17,500	24,500	35,000
Limo	1200	4650	9300	15,500	21,700	31,000
1913						
Model G, 4-cyl., 18 hp, 100" wb						
2P Rbt	1200	4650	9300	15,500	21,700	31,000
Model G, 4-cyl., 25 hp, 103" wb						
5P Tr	1200	4650	9300	15,500	21,700	31,000
Model M, 6-cyl., 30 hp, 116" wb						
5P Little Six Tr	1200	4800	9600	16,000	22,400	32,000
2P Little Six Vic	1200	4500	9000	15,000	21,000	30,000
Model D, 6-cyl., 38 hp, 123" wb						
5P Tr	1200	5100	10,200	17,000	23,800	34,000
4P Torp Phae	1200	5250	10,500	17,500	24,500	35,000
Model H, 4-cyl., 38 hp, 126" wb						
7P Tr	1200	5250	10,500	17,500	24,500	35,000
7P Limo	1200	4650	9300	15,500	21,700	31,000
1914						
Model Six-30, 6-cyl., 31.6 hp, 120" wb						
5P Tr	1200	4650	9300	15,500	21,700	31,000
Rds	1200	4950	9900	16,500	23,100	33,000
Cpe	800	4050	8100	13,500	18,900	27,000
Sed	800	3900	7800	13,000	18,200	26,000
Limo	800	4350	8700	14,500	20,300	29,000
Berlin	1200	4650	9300	15,500	21,700	31,000
1915						
Model Six-30, 6-cyl., 31.6 hp, 120" wb						
2P Rds	1200	5100	10,200	17,000	23,800	34,000
5P Tr	1200	4950	9900	16,500	23,100	33,000
Cpe	800	4050	8100	13,500	18,900	27,000
Sed	800	3900	7800	13,000	18,200	26,000
Berlin	1200	4650	9300	15,500	21,700	31,000
1916						
Model Six-30, 6-cyl., 31.6 hp, 120" wb						
5P Tr	1200	5100	10,200	17,000	23,800	34,000
3P Rds	1200	5250	10,500	17,500	24,500	35,000
5P Sed	800	4050	8100	13,500	18,900	27,000
4P Doctor's Car	800	4200	8400	14,000	19,600	28,000
7P Berlin	1200	4800	9600	16,000	22,400	32,000
1917						
Series 9, 6-cyl., 25.35 hp, 115" wb						
5P Tr	1200	5250	10,500	17,500	24,500	35,000
4P Rds	1200	5400	10,800	18,000	25,200	36,000
2P Rbt	1200	4650	9300	15,500	21,700	31,000
7P Limo	800	4050	8100	13,500	18,900	27,000
5P Sed	800	4350	8700	14,500	20,300	29,000
7P Twn Car	800	4350	8700	14,500	20,300	29,000
4P Brgm	1200	4800	9600	16,000	22,400	32,000
4P Cabr	1200	5100	10,200	17,000	23,800	34,000
1918						
Series 9, 6-cyl., 25.35 hp, 115" wb						
5P Tr	1200	5250	10,500	17,500	24,500	35,000
2P Rds	1200	5400	10,800	18,000	25,200	36,000
4P Rds	1200	5550	11,100	18,500	25,900	37,000
Sed	800	4050	8100	13,500	18,900	27,000
Brgm	800	4200	8400	14,000	19,600	28,000
Limo	800	4200	8400	14,000	19,600	28,000
Twn Car	800	4350	8700	14,500	20,300	29,000
Cabr	1200	4800	9600	16,000	22,400	32,000
1919						
Series 9, 6-cyl., 25.35 hp, 115" wb						
5P Tr	1200	5250	10,500	17,500	24,500	35,000
Rbt	1200	5250	10,500	17,500	24,500	35,000
4P Rds	1200	5550	11,100	18,500	25,900	37,000
Brgm	800	4200	8400	14,000	19,600	28,000

	6	5	4	3	2	1
Sed	800	4050	8100	13,500	18,900	27,000
Limo	800	4350	8700	14,500	20,300	29,000

1920
Model 9-B, 6-cyl., 25.3 hp, 115" wb

	6	5	4	3	2	1
5P Tr	1200	5250	10,500	17,500	24,500	35,000
4P Rds	1200	5400	10,800	18,000	25,200	36,000
2P Rds	1200	5250	10,500	17,500	24,500	35,000
5P Sed	800	4050	8100	13,500	18,900	27,000
4P Brgm	800	4200	8400	14,000	19,600	28,000

1921
Model 9-B, 6-cyl., 25 hp, 115" wb

	6	5	4	3	2	1
2P Rbt	1200	5250	10,500	17,500	24,500	35,000
4P Rds	1200	5400	10,800	18,000	25,200	36,000
5P Tr	1200	5250	10,500	17,500	24,500	35,000
2P Conv Rbt	1200	5400	10,800	18,000	25,200	36,000
5P Conv Tr	1200	5550	11,100	18,500	25,900	37,000
4P Brgm	800	4200	8400	14,000	19,600	28,000
5P Sed	800	3900	7800	13,000	18,200	26,000

1922
Model 9-B, 6-cyl., 25 hp, 115" wb

	6	5	4	3	2	1
2P Rds	1200	5250	10,500	17,500	24,500	35,000
5P Tr	1200	5100	10,200	17,000	23,800	34,000
2P Demi Cpe	800	4350	8700	14,500	20,300	29,000
5P Demi Cpe	800	4050	8100	13,500	18,900	27,000
4P Brgm	800	4200	8400	14,000	19,600	28,000
5P Sed	800	3900	7800	13,000	18,200	26,000
5P Limo	800	4200	8400	14,000	19,600	28,000

1923
Model 10, 6-cyl., 25 hp, 115" wb

	6	5	4	3	2	1
5P Tr	1200	4650	9300	15,500	21,700	31,000
2P Rds	1200	4950	9900	16,500	23,100	33,000
5P Demi Sed	800	4200	8400	14,000	19,600	28,000
4P Brgm	800	4350	8700	14,500	20,300	29,000
4P Cpe	800	4350	8700	14,500	20,300	29,000
5P Sed	800	3900	7800	13,000	18,200	26,000
5P Tr Limo	800	4350	8700	14,500	20,300	29,000

1924
Model 10-B, 6-cyl., 25 hp, 115" wb

	6	5	4	3	2	1
5P Tr	1200	4650	9300	15,500	21,700	31,000
5P Demi Sed	800	4200	8400	14,000	19,600	28,000
4P Cpe	800	4350	8700	14,500	20,300	29,000
5P Brgm	800	4200	8400	14,000	19,600	28,000
5P Sed	800	3900	7800	13,000	18,200	26,000
Tr Limo	800	4350	8700	14,500	20,300	29,000

1925
Model 10-C, 6-cyl., 32 hp, 115" wb

	6	5	4	3	2	1
5P Tr	1200	4650	9300	15,500	21,700	31,000
5P Demi Sed	800	4200	8400	14,000	19,600	28,000
4P Cpe	800	4350	8700	14,500	20,300	29,000
4P Brgm	800	4200	8400	14,000	19,600	28,000
5P Sed	800	3900	7800	13,000	18,200	26,000

NOTE: Series II introduced spring of 1925.

1926
Model 11-A, 6-cyl., 32 hp, 119" wb

	6	5	4	3	2	1
5P Sed	800	3900	7800	13,000	18,200	26,000
5P Spt Sed	800	4000	7950	13,250	18,550	26,500
4P Cpe	800	4200	8400	14,000	19,600	28,000
5P Encl Dr Limo	800	4350	8700	14,500	20,300	29,000
4P Cabr	1200	4650	9300	15,500	21,700	31,000
5P Tr	1200	4800	9600	16,000	22,400	32,000
2P Spt Rbt	1200	4950	9900	16,500	23,100	33,000
5P Cpe Rumble	800	4400	8850	14,750	20,650	29,500

1927
Model 11-B, 6-cyl., 32 hp, 119" wb

	6	5	4	3	2	1
4P Vic	800	4350	8700	14,500	20,300	29,000
2P Spt Cpe	800	4400	8850	14,750	20,650	29,500
4P Tandem Spt	1200	4800	9600	16,000	22,400	32,000
5P Sed	800	4050	8100	13,500	18,900	27,000
5P Spt Sed	800	4100	8250	13,750	19,250	27,500
3P Cpe	800	4350	8700	14,500	20,300	29,000
5P Encl Dr Limo	1200	4800	9600	16,000	22,400	32,000
5P Cabr	1500	6900	13,800	23,000	32,200	46,000

	6	5	4	3	2	1
5P Tr	1500	6450	12,900	21,500	30,100	43,000
2P Spt Rbt	1500	7200	14,400	24,000	33,600	48,000
5P Cpe Rumble	1200	4950	9900	16,500	23,100	33,000
1928						
Airman, 6-cyl., 46 hp, 119" wb						
3P Cpe	1200	4500	9000	15,000	21,000	30,000
4P Vic	1200	4600	9150	15,250	21,350	30,500
5P Sed	800	4200	8400	14,000	19,600	28,000
5P Oxford Sed	800	4300	8550	14,250	19,950	28,500
5P Spt Sed	800	4350	8700	14,500	20,300	29,000
3/5P Conv	1500	7200	14,400	24,000	33,600	48,000
Airman, 6-cyl., 46 hp, 119" wb						
Spt Rbt	1500	7350	14,700	24,500	34,300	49,000
Spt Tr	1500	7200	14,400	24,000	33,600	48,000
7P Sed	800	4050	8100	13,500	18,900	27,000
Oxford Sed	800	4200	8400	14,000	19,600	28,000
7P Tr	1500	6900	13,800	23,000	32,200	46,000
7P Limo	800	4350	8700	14,500	20,300	29,000
1929						
Model 130, 6-cyl., 46 hp, 120" wb						
3/5P Cpe	1200	4500	9000	15,000	21,000	30,000
5P Sed	800	4050	8100	13,500	18,900	27,000
Model 135, 6-cyl., 60 hp, 125" wb						
3P Cpe	1200	4600	9150	15,250	21,350	30,500
5P Sed	800	4100	8250	13,750	19,250	27,500
3/5P Conv Cpe	1500	6150	12,300	20,500	28,700	41,000
4P Vic Brgm	800	4350	8700	14,500	20,300	29,000
5P Oxford Sed	800	4200	8400	14,000	19,600	28,000
5P Spt Sed	800	4350	8700	14,500	20,300	29,000
Model 137, 6-cyl., 60 hp, 132" wb						
5P Spt Tr	1500	7050	14,100	23,500	32,900	47,000
4P Spt Rbt	1500	7350	14,700	24,500	34,300	49,000
7P Tr	1500	6300	12,600	21,000	29,400	42,000
7P Sed	800	4350	8700	14,500	20,300	29,000
7P Oxford Sed	1200	4500	9000	15,000	21,000	30,000
7P Limo	1200	4650	9300	15,500	21,700	31,000
1930						
Model 145, 6-cyl., 87 hp, 125" wb						
Sed	800	4050	8100	13,500	18,900	27,000
Cpe	1200	4500	9000	15,000	21,000	30,000
Club Sed	800	4200	8400	14,000	19,600	28,000
DeL Sed	800	4300	8550	14,250	19,950	28,500
Vic Brgm	800	4350	8700	14,500	20,300	29,000
Conv Cpe	1500	6900	13,800	23,000	32,200	46,000
Tr Sed	800	4200	8400	14,000	19,600	28,000
Pursuit	800	4200	8400	14,000	19,600	28,000
Model 147, 6-cyl., 87 hp, 132" wb						
Rds	1500	7950	15,900	26,500	37,100	53,000
Pirate Tr	1500	7200	14,400	24,000	33,600	48,000
Pirate Phae	1500	7350	14,700	24,500	34,300	49,000
5P Sed	800	4350	8700	14,500	20,300	29,000
7P Sed	800	4400	8850	14,750	20,650	29,500
Limo	1200	4500	9000	15,000	21,000	30,000
Sed Limo	1200	4650	9300	15,500	21,700	31,000
Spds	2000	8250	16,500	27,500	38,500	55,000
Conv Spds	2000	8400	16,800	28,000	39,200	56,000
Deauville Sed	1500	6450	12,900	21,500	30,100	43,000
Twn Car	1200	4950	9900	16,500	23,100	33,000
Cabr	1200	5550	11,100	18,500	25,900	37,000
Conv Sed	1500	7500	15,000	25,000	35,000	50,000
1931						
Series 15, 6-cyl., 100 hp, 125" wb						
Pursuit	800	4200	8400	14,000	19,600	28,000
5P Sed	800	4050	8100	13,500	18,900	27,000
Cpe	1200	4500	9000	15,000	21,000	30,000
Oxford Sed	800	4100	8250	13,750	19,250	27,500
Vic Brgm	800	4350	8700	14,500	20,300	29,000
Conv Cpe	1500	7350	14,700	24,500	34,300	49,000
Twn Sed	1200	4500	9000	15,000	21,000	30,000
Series 15, 6-cyl., 100 hp, 132" wb						
Rds	2000	9600	19,200	32,000	44,800	64,000
7P Sed	1200	4500	9000	15,000	21,000	30,000
Spt Salon	1200	4650	9300	15,500	21,700	31,000

	6	5	4	3	2	1
Limo	1200	4950	9900	16,500	23,100	33,000

Series 15 DeLuxe, 6-cyl., 100 hp, 132" wb

	6	5	4	3	2	1
5P Tr	2000	9300	18,600	31,000	43,400	62,000
7P Tr	2000	9000	18,000	30,000	42,000	60,000
Spds	2000	10,200	20,400	34,000	47,600	68,000
5P Sed	1200	4650	9300	15,500	21,700	31,000
Club Sed	1200	4800	9600	16,000	22,400	32,000
Conv Cpe	2000	9000	18,000	30,000	42,000	60,000
Twn Sed	1200	4950	9900	16,500	23,100	33,000
7P Sed	1200	4650	9300	15,500	21,700	31,000
Limo	1200	5100	10,200	17,000	23,800	34,000

1932
Airman, 6-cyl., 100 hp, 132" wb

	6	5	4	3	2	1
Spds	2000	8850	17,700	29,500	41,300	59,000
5P Sed	800	4350	8700	14,500	20,300	29,000
Cpe	1200	4500	9000	15,000	21,000	30,000
Club Sed	800	4400	8850	14,750	20,650	29,500
Vic Brgm	1200	4500	9000	15,000	21,000	30,000
Conv Cpe	1500	7650	15,300	25,500	35,700	51,000
7P Sed	1200	4500	9000	15,000	21,000	30,000
Limo	1200	4650	9300	15,500	21,700	31,000
Sed Oxford	800	4350	8700	14,500	20,300	29,000

1933
Olympic, 6-cyl., 100 hp, 118" wb

	6	5	4	3	2	1
5P Sed	800	3300	6600	11,000	15,400	22,000
4P Cpe	800	3600	7200	12,000	16,800	24,000
4P Conv Cpe	1200	5700	11,400	19,000	26,600	38,000

Airman, 6-cyl., 100 hp, 132" wb

	6	5	4	3	2	1
4P Spds	1500	7650	15,300	25,500	35,700	51,000
5P Sed	800	3750	7500	12,500	17,500	25,000
5P Cpe	800	4050	8100	13,500	18,900	27,000
5P Club Sed	800	3900	7800	13,000	18,200	26,000
5P Vic Brgm	800	4050	8100	13,500	18,900	27,000
7P Sed	800	3600	7200	12,000	16,800	24,000
6P Oxford Sed	800	3750	7500	12,500	17,500	25,000
7P Limo	800	3900	7800	13,000	18,200	26,000

Twelve, V-12, 150 hp, 144" wb

	6	5	4	3	2	1
5P Sed	1500	6750	13,500	22,500	31,500	45,000
5P Club Brgm	1500	7050	14,100	23,500	32,900	47,000
7P Sed	1500	6000	12,000	20,000	28,000	40,000
7P Limo	1500	7500	15,000	25,000	35,000	50,000

1934
Olympic, 6-cyl., 100 hp, 118" wb

	6	5	4	3	2	1
Sed	800	3300	6600	11,000	15,400	22,000
Cpe	800	3600	7200	12,000	16,800	24,000
Conv Cpe	1200	5700	11,400	19,000	26,600	38,000

Airman, 6-cyl., 100 hp, 132" wb

	6	5	4	3	2	1
Sed	800	3750	7500	12,500	17,500	25,000
Club Sed	800	3900	7800	13,000	18,200	26,000
Sed	800	3800	7650	12,750	17,850	25,500
Oxford Sed	800	4000	7950	13,250	18,550	26,500
Limo	1200	4650	9300	15,500	21,700	31,000

Twelve, V-12, 150 hp, 144" wb

	6	5	4	3	2	1
Sed	1500	6750	13,500	22,500	31,500	45,000
Club Brgm	1500	7050	14,100	23,500	32,900	47,000
Sed	1500	6000	12,000	20,000	28,000	40,000
Limo	1500	7500	15,000	25,000	35,000	50,000

HUDSON

1909
Model 20, 4-cyl.

	6	5	4	3	2	1
Rds	550	1550	4500	7500	10,500	15,000

1910
Model 20, 4-cyl.

	6	5	4	3	2	1
Rds	500	1400	4200	7000	9800	14,000
Tr	500	1400	4200	7000	9800	14,000

1911
Model 33, 4-cyl.

	6	5	4	3	2	1
Rds	500	1200	3750	6250	8750	12,500

	6	5	4	3	2	1
Tor Rds	500	1300	4050	6750	9450	13,500
Pony Ton	500	1300	4050	6750	9450	13,500
Tr	450	1150	3600	6000	8400	12,000

1912
Model 33, 4-cyl.

	6	5	4	3	2	1
Rds	550	1550	4500	7500	10,500	15,000
Tor Rds	500	1400	4200	7000	9800	14,000
Tr	800	3150	6300	10,500	14,700	21,000
Cpe	550	1900	5000	8350	11,700	16,700
Limo	650	2300	5400	9000	12,600	18,000

1913
Model 37, 4-cyl.

	6	5	4	3	2	1
Rds	550	1650	4650	7750	10,850	15,500
Tor Rds	550	1750	4800	8000	11,200	16,000
Tr	650	2000	5100	8500	11,900	17,000
Cpe	500	1400	4200	7000	9800	14,000
Limo	550	1900	5000	8350	11,700	16,700

Model 54, 6-cyl.

	6	5	4	3	2	1
2P Rds	550	1650	4650	7750	10,850	15,500
5P Rds	550	1750	4800	8000	11,200	16,000
Tor Rds	550	1800	4950	8250	11,550	16,500
Tr	650	2000	5100	8500	11,900	17,000
7P Tr	650	2200	5250	8750	12,250	17,500
Cpe	550	1650	4650	7750	10,850	15,500
Limo	650	2000	5100	8500	11,900	17,000

1914
Model 40, 6-cyl.

	6	5	4	3	2	1
Rbt	500	1250	3900	6500	9100	13,000
Tr	500	1400	4200	7000	9800	14,000
Cabr	500	1300	4050	6750	9450	13,500

Model 54, 6-cyl.

	6	5	4	3	2	1
7P Tr	550	1650	4650	7750	10,850	15,500

1915 Hudson touring

1915
Model 40, 6-cyl.

	6	5	4	3	2	1
Rds	550	1750	4800	8000	11,200	16,000
Phae	550	1800	4950	8250	11,550	16,500
Tr	550	1550	4500	7500	10,500	15,000
Cabr	500	1200	3750	6250	8750	12,500
Cpe	450	1025	2600	5250	7300	10,500
Limo	450	1125	3450	5750	8050	11,500
Lan Limo	450	1150	3600	6000	8400	12,000

Model 54, 6-cyl.

	6	5	4	3	2	1
Phae	650	2200	5250	8750	12,250	17,500
7P Tr	650	2000	5100	8500	11,900	17,000
Sed	450	1150	3600	6000	8400	12,000
Limo	500	1400	4200	7000	9800	14,000
1916						
Super Six, 6-cyl.						
Rds	550	1550	4500	7500	10,500	15,000
Cabr	550	1650	4650	7750	10,850	15,500
Phae	550	1750	4800	8000	11,200	16,000
Tr Sed	450	1075	3000	5500	7700	11,000
TwnC	450	1100	3300	5650	7900	11,300
Model 54, 6-cyl.						
7P Phae	550	1550	4500	7500	10,500	15,000
1917						
Super Six, 6-cyl.						
Rds	500	1200	3750	6250	8750	12,500
Cabr	500	1250	3900	6500	9100	13,000
7P Phae	500	1200	3750	6250	8750	12,500
Tr Sed	450	1000	2400	5000	7000	10,000
TwnC	500	1200	3750	6250	8750	12,500
Twn Lan	500	1250	3900	6500	9100	13,000
Limo Lan	500	1200	3750	6250	8750	12,500
1918						
Super Six, 6-cyl.						
Rds	500	1250	3900	6500	9100	13,000
Cabr	500	1300	4050	6750	9450	13,500
4P Phae	450	1150	3600	6000	8400	12,000
5P Phae	500	1200	3750	6250	8750	12,500
4P Cpe	450	900	1900	4500	6300	9000
Tr Sed	450	950	2100	4750	6650	9500
Sed	450	950	2100	4750	6650	9500
Tr Limo	450	1150	3600	6000	8400	12,000
TwnC	450	1150	3600	6000	8400	12,000
Limo	450	1150	3600	6000	8400	12,000
Twn Limo	500	1200	3750	6250	8750	12,500
Limo Lan	450	1150	3600	6000	8400	12,000
F F Lan	500	1200	3750	6250	8750	12,500
1919						
Super Six Series O, 6-cyl.						
Cabr	450	1150	3600	6000	8400	12,000
4P Phae	500	1200	3750	6250	8750	12,500
7P Phae	500	1250	3900	6500	9100	13,000
4P Cpe	350	875	1700	4250	5900	8500
Sed	350	775	1500	3750	5250	7500
Tr Limo	450	950	2100	4750	6650	9500
TwnC	450	1075	3000	5500	7700	11,000
Twn Lan	450	1125	3450	5750	8050	11,500
Limo Lan	450	1150	3600	6000	8400	12,000
1920						
Super Six Series 10-12, 6-cyl.						
4P Phae	500	1200	3750	6250	8750	12,500
7P Phae	450	1150	3600	6000	8400	12,000
Cabr	500	1250	3900	6500	9100	13,000
Cpe	350	875	1700	4250	5900	8500
Sed	350	775	1500	3750	5250	7500
Tr Limo	450	900	1900	4500	6300	9000
Limo	450	950	2100	4750	6650	9500
1921						
Super Six, 6-cyl.						
4P Phae	500	1200	3750	6250	8750	12,500
7P Phae	450	1150	3600	6000	8400	12,000
Cabr	500	1250	3900	6500	9100	13,000
4P Cpe	350	875	1700	4250	5900	8500
Sed	350	825	1600	4000	5600	8000
Tr Limo	450	900	1900	4500	6300	9000
Limo	450	950	2100	4750	6650	9500
1922						
Super Six, 6-cyl.						
Spds	500	1250	3900	6500	9100	13,000
Phae	500	1300	4050	6750	9450	13,500
Cabr	500	1400	4200	7000	9800	14,000

	6	5	4	3	2	1
Cpe	350	800	1550	3850	5400	7700
2 dr Sed	350	775	1500	3750	5250	7500
Sed	350	750	1450	3400	5000	7100
Tr Limo	450	900	1900	4500	6300	9000
Limo	450	950	2100	4750	6650	9500
1923						
Super Six, 6-cyl.						
Spds	500	1400	4200	7000	9800	14,000
Phae	500	1250	3900	6500	9100	13,000
2 dr Sed	350	775	1500	3750	5250	7500
Sed	350	825	1600	4000	5600	8000
7P Sed	350	875	1700	4250	5900	8500
Cpe	450	900	1900	4500	6300	9000
1924						
Super Six, 6-cyl.						
Spds	500	1300	4050	6750	9450	13,500
Phae	500	1250	3900	6500	9100	13,000
2 dr Sed	350	775	1500	3750	5250	7500
Sed	350	825	1600	4050	5650	8100
7P Sed	350	875	1700	4250	5900	8500
1925						
Super Six, 6-cyl.						
Spds	500	1400	4200	7000	9800	14,000
Phae	500	1300	4050	6750	9450	13,500
2 dr Sed	350	775	1500	3750	5250	7500
Brgm	450	900	1900	4500	6300	9000
Sed	350	775	1500	3750	5250	7500
7P Sed	350	825	1600	4000	5600	8000
1926						
Super Six, 6-cyl.						
Phae	650	2800	5700	9500	13,300	19,000
2 dr Sed	350	875	1700	4250	5900	8500
Brgm	450	1025	2600	5250	7300	10,500
7P Sed	450	900	1900	4500	6300	9000
1927						
Standard Six, 6-cyl.						
Phae	650	2900	5850	9750	13,650	19,500
2 dr Sed	350	850	1650	4100	5700	8200
Spec 2 dr Sed	350	875	1700	4250	5900	8500
Brgm	450	950	2100	4750	6650	9500
7P Sed	450	950	2100	4750	6650	9500
Super Six						
Cus Rds	1200	5400	10,800	18,000	25,200	36,000
Cus Phae	1200	5550	11,100	18,500	25,900	37,000
2 dr Sed	450	950	2100	4750	6650	9500
Sed	450	1075	3000	5500	7700	11,000
Cus Brgm	650	2200	5250	8750	12,250	17,500
Cus Sed	650	2300	5400	9000	12,600	18,000
1928						
First Series, 6-cyl., (Start June, 1927)						
Std 2 dr Sed	350	850	1650	4100	5700	8200
Std Sed	350	850	1650	4200	5850	8400
2 dr Sed	350	875	1700	4350	6050	8700
Sed	450	950	2100	4750	6650	9500
Rds	800	3400	6900	11,500	16,100	23,000
Cus Phae	800	3900	7800	13,000	18,200	26,000
Cus Brgm	550	1800	4950	8250	11,550	16,500
Cus Sed	650	2200	5250	8750	12,250	17,500
Second Series, 6-cyl., (Start Jan. 1928)						
2 dr Sed	450	900	1900	4500	6300	9000
Sed	450	950	2100	4750	6650	9500
RS Cpe	500	1300	4050	6750	9450	13,500
Rds	800	3500	7050	11,750	16,450	23,500
Ewb Sed	350	875	1700	4350	6050	8700
Lan Sed	450	900	1900	4500	6300	9000
Vic	450	925	2000	4600	6400	9200
7P Sed	450	950	2100	4750	6650	9500
1929						
Series Greater Hudson, 6-cyl., 122" wb						
RS Rds	1200	5250	10,500	17,500	24,500	35,000
Phae	1200	5550	11,100	18,500	25,900	37,000
Cpe	500	1400	4200	7000	9800	14,000
2 dr Sed	450	1000	2400	5000	7000	10,000

	6	5	4	3	2	1
Conv	1200	4800	9600	16,000	22,400	32,000
Vic	450	1025	2600	5250	7300	10,500
Sed	450	1000	2400	5000	7000	10,000
Twn Sed	450	1025	2600	5250	7300	10,500
Lan Sed	450	1025	2600	5250	7300	10,500
Series Greater Hudson, 6-cyl., 139" wb						
Spt Sed	650	2900	5850	9750	13,650	19,500
7P Sed	800	3400	6900	11,500	16,100	23,000
Limo	800	3750	7500	12,500	17,500	25,000
DC Phae	1500	6750	13,500	22,500	31,500	45,000

1930

Great Eight, 8-cyl., 119" wb

	6	5	4	3	2	1
Rds	1500	6000	12,000	20,000	28,000	40,000
Phae	1500	6300	12,600	21,000	29,400	42,000
RS Cpe	800	3000	6000	10,000	14,000	20,000
2 dr Sed	450	1000	2400	5000	7000	10,000
Sed	450	1025	2600	5250	7300	10,500
Conv Sed	1500	6450	12,900	21,500	30,100	43,000
Great Eight, 8-cyl., 126" wb						
Phae	1500	6750	13,500	22,500	31,500	45,000
Tr Sed	500	1200	3750	6250	8750	12,500
7P Sed	500	1400	4200	7000	9800	14,000
Brgm	450	1125	3450	5750	8050	11,500

1931

Greater Eight, 8-cyl., 119" wb

	6	5	4	3	2	1
Rds	1500	6750	13,500	22,500	31,500	45,000
Phae	1500	7050	14,100	23,500	32,900	47,000
Cpe	450	1150	3600	6000	8400	12,000
Special Cpe	500	1250	3900	6500	9100	13,000
RS Cpe	500	1200	3750	6250	8750	12,500
2 dr Sed	450	900	1900	4500	6300	9000
Sed	450	950	2100	4750	6650	9500
Twn Sed	450	900	1800	4400	6150	8800
Great Eight, l.w.b., 8-cyl., 126" wb						
Spt Phae	1500	7500	15,000	25,000	35,000	50,000
Brgm	500	1250	3900	6500	9100	13,000
Fam Sed	450	1125	3450	5750	8050	11,500
7P Sed	500	1250	3900	6500	9100	13,000
Clb Sed	450	1125	3450	5750	8050	11,500
Tr Sed	450	1000	2400	5000	7000	10,000
Special Sed	450	1075	3000	5500	7700	11,000

1932

(Standard) Greater, 8-cyl., 119" wb

	6	5	4	3	2	1
2P Cpe	450	950	2100	4750	6650	9500
4P Cpe	450	1000	2400	5000	7000	10,000
Spec Cpe	500	1250	3900	6500	9100	13,000
Conv	1200	4800	9600	16,000	22,400	32,000
2 dr Sed	450	1000	2400	5000	7000	10,000
5P Sed	450	1025	2600	5250	7300	10,500
Twn Sed	450	1000	2400	5000	7000	10,000
(Sterling) Series, 8-cyl., 132" wb						
Spec Sed	450	1075	3000	5500	7700	11,000
Sub	450	1025	2600	5250	7300	10,500
Major Series, 8-cyl., 132" wb						
Phae	1200	4650	9300	15,500	21,700	31,000
Tr Sed	450	1150	3500	5900	8250	11,800
Clb Sed	500	1200	3750	6250	8750	12,500
Brgm	500	1300	4050	6750	9450	13,500
7P Sed	450	1125	3450	5750	8050	11,500

1933

Pacemaker Super Six, 6-cyl., 113" wb

	6	5	4	3	2	1
Conv	800	3750	7500	12,500	17,500	25,000
Phae	800	3900	7800	13,000	18,200	26,000
Bus Cpe	350	775	1500	3750	5250	7500
RS Cpe	350	825	1600	4000	5600	8000
2 dr Sed	350	750	1450	3300	4900	7000
Sed	350	775	1500	3750	5250	7500
Pacemaker Standard, 8-cyl., 119" wb						
Conv	800	4050	8100	13,500	18,900	27,000
RS Cpe	450	900	1900	4500	6300	9000
2 dr Sed	350	775	1500	3750	5250	7500
Sed	450	950	2100	4750	6650	9500

Pacemaker Major, 8-cyl., 132" wb

	6	5	4	3	2	1
Phae	800	4350	8700	14,500	20,300	29,000
Tr Sed	350	825	1600	4000	5600	8000
Brgm	350	850	1650	4100	5700	8200
Clb Sed	350	875	1700	4250	5900	8500
7P Sed	350	850	1650	4150	5800	8300

1934
Special, 8-cyl., 116" wb

Conv	1200	4500	9000	15,000	21,000	30,000
Bus Cpe	350	750	1450	3500	5050	7200
Cpe	350	775	1500	3750	5250	7500
RS Cpe	350	825	1600	4000	5600	8000
Comp Vic	350	800	1550	3850	5400	7700
2 dr Sed	350	775	1500	3750	5250	7500
Sed	350	750	1450	3300	4900	7000
Comp Sed	350	825	1600	4000	5600	8000

DeLuxe Series, 8-cyl., 116" wb

2P Cpe	350	775	1500	3700	5200	7400
RS Cpe	350	825	1600	3950	5500	7900
Comp Vic	350	875	1700	4250	5900	8500
2 dr Sed	350	800	1550	3900	5450	7800
Sed	350	750	1450	3500	5050	7200
Comp Sed	350	775	1500	3750	5250	7500

Challenger Series, 8-cyl., 116" wb

2P Cpe	350	775	1500	3750	5250	7500
RS Cpe	350	825	1600	4000	5600	8000
Conv	1200	4800	9600	16,000	22,400	32,000
2 dr Sed	350	775	1500	3750	5250	7500
Sed	350	800	1550	3850	5400	7700

Major Series, 8-cyl., 123" wb
(Special)

Tr Sed	350	875	1700	4250	5900	8500
Comp Trs	350	875	1700	4350	6050	8700

(DeLuxe)

Clb Sed	450	900	1800	4400	6150	8800
Brgm	350	875	1700	4300	6000	8600
Comp Clb Sed	350	875	1700	4250	5900	8500

1935
Big Six, 6-cyl., 116" wb

Conv	1200	4950	9900	16,500	23,100	33,000
Cpe	350	875	1700	4250	5900	8500
RS Cpe	450	900	1900	4500	6300	9000
Tr Brgm	350	750	1450	3300	4900	7000
2 dr Sed	350	700	1350	2800	4550	6500
Sed	350	750	1450	3300	4900	7000
Sub Sed	350	775	1500	3700	5200	7400

Eight Special, 8-cyl., 117" wb

Conv	1200	5100	10,200	17,000	23,800	34,000
Cpe	350	800	1550	3850	5400	7700
RS Cpe	350	875	1700	4250	5900	8500
Tr Brgm	350	750	1450	3500	5050	7200
2 dr Sed	350	750	1450	3400	5000	7100
Sed	350	800	1550	3800	5300	7600
Sub Sed	350	800	1550	3850	5400	7700

Eight DeLuxe
Eight Special, 8-cyl., 124" wb

Brgm	350	800	1550	3800	5300	7600
Tr Brgm	350	800	1550	3850	5400	7700
Clb Sed	350	750	1450	3300	4900	7000
Sub Sed	350	775	1500	3750	5250	7500

Eight DeLuxe, 8-cyl., 117" wb

2P Cpe	350	800	1550	3900	5450	7800
RS Cpe	350	875	1700	4300	6000	8600
Conv	1200	5250	10,500	17,500	24,500	35,000
Tr Brgm	350	775	1500	3600	5100	7300
2 dr Sed	350	750	1450	3500	5050	7200
4 dr Sed	350	800	1550	3850	5400	7700
Sub Sed	350	800	1550	3900	5450	7800

Eight Custom, 8-cyl., 124" wb

Brgm	350	800	1550	3850	5400	7700
Tr Brgm	350	800	1550	3900	5450	7800
Sed	350	775	1500	3750	5250	7500
Sub Sed	350	800	1550	3900	5450	7800

Late Special, 8-cyl., 124" wb

	6	5	4	3	2	1
Brgm	350	750	1450	3500	5050	7200
Tr Brgm	350	775	1500	3600	5100	7300
Club Sed	350	750	1450	3400	5000	7100
Sub Sed	350	800	1550	3900	5450	7800

Late DeLuxe, 8-cyl., 124" wb

Brgm	350	775	1500	3600	5100	7300
Tr Brgm	350	775	1500	3700	5200	7400
Club Sed	350	750	1450	3500	5050	7200
Sub Sed	350	825	1600	3950	5500	7900

1936

Custom Six, 6-cyl., 120" wb

Conv	1200	4800	9600	16,000	22,400	32,000
Cpe	350	775	1500	3750	5250	7500
RS Cpe	350	825	1600	4000	5600	8000
Brgm	350	750	1450	3300	4900	7000
Tr Brgm	350	750	1450	3400	5000	7100
Sed	350	750	1450	3300	4900	7000
Tr Sed	350	775	1500	3750	5250	7500

DeLuxe Eight, Series 64, 8-cyl., 120" wb

Conv	1200	5250	10,500	17,500	24,500	35,000
Cpe	350	800	1550	3850	5400	7700
RS Cpe	350	850	1650	4200	5850	8400
Brgm	350	750	1450	3500	5050	7200
Tr Brgm	350	750	1450	3500	5050	7200

DeLuxe Eight, Series 66, 8-cyl., 127" wb

Sed	350	800	1550	3850	5400	7700
Tr Sed	350	825	1600	4000	5600	8000

Custom Eight, Series 65, 120" wb

2P Cpe	350	800	1550	3900	5450	7800
RS Cpe	350	875	1700	4250	5900	8500
Conv	1200	5250	10,500	17,500	24,500	35,000
Brgm	350	775	1500	3600	5100	7300
Tr Brgm	350	775	1500	3700	5200	7400

Custom Eight, Series 67, 127" wb

Sed	350	800	1550	3800	5300	7600
Tr Sed	350	800	1550	3850	5400	7700

1937

Custom Six, Series 73, 6-cyl., 122" wb

Conv	1200	5100	10,200	17,000	23,800	34,000
Conv Brgm	1200	5250	10,500	17,500	24,500	35,000
Bus Cpe	350	700	1350	2800	4550	6500
3P Cpe	350	750	1450	3300	4900	7000
Vic Cpe	350	775	1500	3750	5250	7500
2 dr Brgm	350	700	1350	2800	4550	6500
2 dr Tr Brgm	350	725	1400	3000	4700	6700
Sed	350	750	1450	3300	4900	7000
Tr Sed	350	750	1450	3400	5000	7100

DeLuxe Eight, Series 74, 8-cyl., 122" wb

Cpe	350	825	1600	4000	5600	8000
Vic Cpe	350	875	1700	4250	5900	8500
Conv	1200	5100	10,200	17,000	23,800	34,000
2 dr Brgm	350	800	1550	3800	5300	7600
2 dr Tr Brgm	350	800	1550	3850	5400	7700
Sed	350	800	1550	3850	5400	7700
Tr Sed	350	800	1550	3900	5450	7800
Conv Brgm	1200	4500	9000	15,000	21,000	30,000

DeLuxe Eight, Series 76, 8-cyl., 129" wb

Sed	450	900	1900	4500	6300	9000
Tr Sed	450	950	2100	4750	6650	9500

Custom Eight, Series 75, 8-cyl., 122" wb

Cpe	350	825	1600	4000	5600	8000
Vic Cpe	350	850	1650	4100	5700	8200
Conv Cpe	1200	5250	10,500	17,500	24,500	35,000
2 dr Brgm	350	800	1550	3900	5450	7800
2 dr Tr Brgm	350	825	1600	4000	5600	8000
Sed	350	800	1550	3900	5450	7800
Tr Sed	350	825	1600	3950	5500	7900
Conv Brgm	1200	5400	10,800	18,000	25,200	36,000

Custom Eight, Series 77, 8-cyl., 129" wb

Sed	350	825	1600	4000	5600	8000
Tr Sed	350	850	1650	4100	5700	8200

1938
Standard Series 89, 6-cyl., 112" wb

	6	5	4	3	2	1
Conv	1200	5100	10,200	17,000	23,800	34,000
Conv Brgm	1200	5250	10,500	17,500	24,500	35,000
3P Cpe	200	550	1150	2100	3800	5400
Vic Cpe	350	700	1350	2700	4500	6400
Brgm	350	700	1350	2700	4500	6400
Tr Brgm	350	700	1350	2800	4550	6500
Sed	350	700	1350	2900	4600	6600
Tr Sed	350	725	1400	3000	4700	6700

Utility Series 89, 6-cyl., 112" wb

Cpe	200	500	1100	1850	3350	4900
2 dr Sed	150	450	1050	1800	3300	4800
2 dr Tr Sed	200	500	1100	1850	3350	4900

DeLuxe Series 89, 6-cyl., 112" wb

Conv	1200	5250	10,500	17,500	24,500	35,000
Conv Brgm	1200	5400	10,800	18,000	25,200	36,000
3P Cpe	350	750	1450	3500	5050	7200
Vic Cpe	350	775	1500	3750	5250	7500
Brgm	350	725	1400	3200	4850	6900
Tr Brgm	350	700	1350	2900	4600	6600
Sed	350	725	1400	3000	4700	6700
Tr Sed	350	725	1400	3100	4800	6800

Custom Series 83, 6-cyl., 122" wb

Conv	1200	5400	10,800	18,000	25,200	36,000
Conv Brgm	1200	5550	11,100	18,500	25,900	37,000
3P Cpe	350	825	1600	4000	5600	8000
Vic Cpe	350	875	1700	4250	5900	8500
Brgm	350	775	1500	3700	5200	7400
Tr Brgm	350	750	1450	3500	5050	7200
Sed	350	725	1400	3100	4800	6800
Tr Sed	350	725	1400	3200	4850	6900

DeLuxe Series 84, 8-cyl., 122" wb

Conv	1200	5400	10,800	18,000	25,200	36,000
Conv Brgm	1200	5550	11,100	18,500	25,900	37,000
3P Cpe	350	825	1600	4000	5600	8000
Vic Cpe	350	875	1700	4250	5900	8500
Brgm	350	825	1600	3950	5500	7900
Tr Brgm	350	725	1400	3200	4850	6900
Tr Sed	350	750	1450	3300	4900	7000

Custom Series 85, 8-cyl., 122" wb

3P Cpe	350	875	1700	4250	5900	8500
Vic Cpe	450	900	1900	4500	6300	9000
Brgm	350	850	1650	4200	5850	8400
Tr Brgm	450	900	1800	4450	6250	8900
Sed	350	750	1450	3400	5000	7100
Tr Sed	350	775	1500	3600	5100	7300

Country Club Series 87, 8-cyl., 129" wb

Sed	350	750	1450	3400	5000	7100
Tr Sed	350	775	1500	3600	5100	7300

1939
DeLuxe Series 112, 6-cyl., 112" wb

Conv	1200	5250	10,500	17,500	24,500	35,000
Conv Brgm	1200	5400	10,800	18,000	25,200	36,000
Trav Cpe	350	775	1500	3700	5200	7400
Utl Cpe	350	775	1500	3600	5100	7300
3P Cpe	350	775	1500	3700	5200	7400
Vic Cpe	350	800	1550	3800	5300	7600
2 dr Utl Sed	350	700	1350	2800	4550	6500
Tr Brgm	350	725	1400	3200	4850	6900
Tr Sed	350	750	1450	3300	4900	7000
Sta Wag	450	900	1800	4450	6250	8900

Pacemaker Series 91, 6-cyl., 118" wb

3P Cpe	350	775	1500	3750	5250	7500
Vic Cpe	350	800	1550	3850	5400	7700
Tr Brgm	350	750	1450	3400	5000	7100
Tr Sed	350	750	1450	3400	5000	7100

Series 92, 6-cyl., 118" wb

Conv	1200	5700	11,400	19,000	26,600	38,000
Conv Brgm	1200	5850	11,700	19,500	27,300	39,000
3P Cpe	350	800	1550	3800	5300	7600
Vic Cpe	350	800	1550	3900	5450	7800
Tr Brgm	350	775	1500	3600	5100	7300
Tr Sed	350	750	1450	3500	5050	7200

Country Club Series 93, 6-cyl., 122" wb

	6	5	4	3	2	1
Conv	1200	5850	11,700	19,500	27,300	39,000
Conv Brgm	1500	6000	12,000	20,000	28,000	40,000
3P Cpe	350	800	1550	3900	5450	7800
Vic Cpe	350	825	1600	4000	5600	8000
Tr Brgm	350	775	1500	3750	5250	7500
Tr Sed	350	775	1500	3600	5100	7300

Big Boy Series 96, 6-cyl., 129" wb

6P Sed	350	800	1550	3800	5300	7600
7P Sed	350	825	1600	3950	5500	7900

Country Club Series 95, 8-cyl., 122" wb

Conv	1500	6000	12,000	20,000	28,000	40,000
Conv Brgm	1500	6150	12,300	20,500	28,700	41,000
3P Cpe	350	825	1600	4000	5600	8000
Vic Cpe	350	850	1650	4100	5700	8200
Tr Brgm	350	825	1600	3950	5500	7900
Tr Sed	350	775	1500	3700	5200	7400

Custom Series 97, 8-cyl., 129" wb

5P Tr Sed	350	825	1600	3950	5500	7900
7P Sed	350	850	1650	4200	5850	8400

1940

Traveler Series 40-T, 6-cyl., 113" wb

Cpe	350	775	1500	3700	5200	7400
Vic Cpe	350	825	1600	3950	5500	7900
2 dr Tr Sed	350	725	1400	3200	4850	6900
4 dr Tr Sed	350	725	1400	3200	4850	6900

DeLuxe Series, 40-P, 6-cyl., 113" wb

Conv 6 Pass	800	4350	8700	14,500	20,300	29,000
Cpe	350	800	1550	3800	5300	7600
Vic Cpe	350	825	1600	4000	5600	8000
2 dr Tr Sed	350	750	1450	3300	4900	7000
4 dr Sed	350	750	1450	3400	5000	7100

Super Series 41, 6-cyl., 118" wb

Conv 5 Pass	1200	4500	9000	15,000	21,000	30,000
Conv 6 Pass	1200	4650	9300	15,500	21,700	31,000
Cpe	350	800	1550	3900	5450	7800
Vic Cpe	350	825	1600	4050	5650	8100
2 dr Tr Sed	350	750	1450	3400	5000	7100
4 dr Tr Sed	350	750	1450	3500	5050	7200

Country Club Series 43, 6-cyl., 125" wb

6P Sed	350	750	1450	3500	5050	7200
7P Sed	350	775	1500	3700	5200	7400

Series 44, 8-cyl., 118" wb

Conv 5 Pass	1200	4650	9300	15,500	21,700	31,000
Conv 6 Pass	1200	4800	9600	16,000	22,400	32,000
Cpe	350	825	1600	4000	5600	8000
Vic Cpe	350	850	1650	4200	5850	8400
2 dr Tr Sed	350	750	1450	3500	5050	7200
4 dr Tr Sed	350	775	1500	3600	5100	7300

DeLuxe Series 45, 8-cyl., 118" wb

2 dr Tr Sed	350	775	1500	3600	5100	7300
4 dr Tr Sed	350	775	1500	3700	5200	7400

Country Club Eight Series 47, 8-cyl., 125" wb

Tr Sed	350	800	1550	3800	5300	7600
7P Sed	350	825	1600	3950	5500	7900

Big Boy Series 48, 6-cyl., 125" wb

C-A Sed	350	775	1500	3750	5250	7500
7P Sed	350	800	1550	3800	5300	7600

1941

Utility Series 10-C, 6-cyl., 116" wb

Cpe	350	750	1450	3300	4900	7000
2 dr Sed	350	725	1400	3000	4700	6700

Traveler Series 10-T, 6-cyl., 116" wb

Cpe	350	750	1450	3400	5000	7100
Clb Cpe	350	750	1450	3500	5050	7200
2 dr Sed	350	750	1450	3300	4900	7000
4 dr Sed	350	750	1450	3300	4900	7000

DeLuxe Series 10-P, 6-cyl., 116" wb

Conv	1200	4500	9000	15,000	21,000	30,000
Cpe	350	725	1400	3100	4800	6800
Clb Cpe	350	725	1400	3200	4850	6900
2 dr Sed	350	725	1400	3000	4700	6700
4 dr Sed	350	725	1400	3100	4800	6800

Super Series 11, 6-cyl., 121" wb

	6	5	4	3	2	1
Conv	1200	4800	9600	16,000	22,400	32,000
Cpe	350	725	1400	3200	4850	6900
Clb Cpe	350	750	1450	3400	5000	7100
2 dr Sed	350	700	1350	2900	4600	6600
4 dr Sed	350	725	1400	3000	4700	6700
Sta Wag	450	950	2100	4700	6600	9400

Commodore Series 12, 6-cyl., 121" wb

Conv	1200	4950	9900	16,500	23,100	33,000
Cpe	350	750	1450	3300	4900	7000
Clb Cpe	350	750	1450	3500	5050	7200
2 dr Sed	350	725	1400	3000	4700	6700
Sed	350	725	1400	3100	4800	6800

Commodore Series 14, 8-cyl., 121" wb

Conv	1200	5100	10,200	17,000	23,800	34,000
Cpe	350	750	1450	3500	5050	7200
Clb Cpe	350	775	1500	3700	5200	7400
2 dr Sed	350	725	1400	3200	4850	6900
Sed	350	750	1450	3300	4900	7000
Sta Wag	450	950	2100	4700	6600	9400

Commodore Custom Series 15, 8-cyl., 121" wb

Cpe	350	825	1600	3950	5500	7900
Clb Cpe	350	850	1650	4200	5850	8400

Commodore Custom Series 17, 8-cyl., 128" wb

Sed	350	775	1500	3700	5200	7400
7P Sed	350	825	1600	3950	5500	7900

Big Boy Series 18, 6-cyl., 128" wb

C-A Sed	350	750	1450	3500	5050	7200
7P Sed	350	775	1500	3700	5200	7400

1942

Traveler Series 20-T, 6-cyl., 116" wb

Cpe	350	750	1450	3500	5050	7200
Clb Cpe	350	775	1500	3700	5200	7400
2 dr Sed	350	750	1450	3400	5000	7100
4 dr Sed	350	750	1450	3500	5050	7200

DeLuxe Series 20-P, 6-cyl., 116" wb

Conv	800	4200	8400	14,000	19,600	28,000
Cpe	350	775	1500	3700	5200	7400
Clb Cpe	350	825	1600	3950	5500	7900
2 dr Sed	350	750	1450	3500	5050	7200
4 dr Sed	350	775	1500	3700	5200	7400

Super Series 21, 6-cyl., 121" wb

Conv	800	4350	8700	14,500	20,300	29,000
Cpe	350	800	1550	3850	5400	7700
Clb Cpe	350	825	1600	4050	5650	8100
2 dr Sed	350	775	1500	3600	5100	7300
Sed	350	800	1550	3800	5300	7600
Sta Wag	450	975	2300	4950	6900	9900

Commodore Series 22, 6-cyl., 121" wb

Conv	1200	4500	9000	15,000	21,000	30,000
Cpe	350	775	1500	3750	5250	7500
Clb Cpe	350	800	1550	3900	5450	7800
2 dr Sed	350	775	1500	3700	5200	7400
Sed	350	775	1500	3750	5250	7500

Commodore Series 24, 8-cyl., 121" wb

Conv	1200	4650	9300	15,500	21,700	31,000
Cpe	350	800	1550	3900	5450	7800
Clb Cpe	350	825	1600	4000	5600	8000
2 dr Sed	350	800	1550	3800	5300	7600
Sed	350	800	1550	3850	5400	7700

Commodore Custom Series 25, 8-cyl., 121" wb

Clb Cpe	350	825	1600	4000	5600	8000

Commodore Series 27, 8-cyl., 128" wb

Sed	350	800	1550	3850	5400	7700

1946

Super Series 51, 6-cyl., 121" wb

Conv	800	3750	7500	12,500	17,500	25,000
Cpe	350	825	1600	3950	5500	7900
Clb Cpe	350	825	1600	4000	5600	8000
2 dr Sed	350	700	1350	2900	4600	6600
Sed	350	775	1500	3700	5200	7400

Commodore Series 52, 6-cyl., 121" wb

Clb Cpe	350	825	1600	3950	5500	7900
Sed	350	775	1500	3700	5200	7400

1946 Hudson Commodore Eight 4 dr

Super Series 53, 8-cyl., 121" wb

	6	5	4	3	2	1
Clb Cpe	350	825	1600	4050	5650	8100
Sed	350	800	1550	3850	5400	7700

Commodore Custom Series 54, 8-cyl., 121" wb

	6	5	4	3	2	1
Conv	800	4050	8100	13,500	18,900	27,000
Clb Cpe	350	850	1650	4150	5800	8300
Sed	350	825	1600	3950	5500	7900

Commercial Pickup, Series 57, 6-cyl., 128" wb

	6	5	4	3	2	1
	350	850	1650	4200	5850	8400

1947

Super Series 171, 6-cyl., 121" wb

	6	5	4	3	2	1
Conv	800	3750	7500	12,500	17,500	25,000
Cpe	350	825	1600	3950	5500	7900
Clb Cpe	350	825	1600	4000	5600	8000
2 dr Sed	350	700	1350	2900	4600	6600
Sed	350	725	1400	3200	4850	6900

Commodore Series 172, 6-cyl., 121" wb

	6	5	4	3	2	1
Clb Cpe	350	825	1600	4050	5650	8100
Sed	350	775	1500	3700	5200	7400

Super Series 173, 8-cyl., 121" wb

	6	5	4	3	2	1
Clb Cpe	350	850	1650	4100	5700	8200
Sed	350	800	1550	3850	5400	7700

Commodore Series 174, 8-cyl., 121" wb

	6	5	4	3	2	1
Conv	800	4050	8100	13,500	18,900	27,000
Clb Cpe	350	850	1650	4150	5800	8300
Sed	350	800	1550	3900	5450	7800

Commercial Pickup, Series 171, 6-cyl., 128" wb

	6	5	4	3	2	1
	350	850	1650	4200	5850	8400

1948

Super Series 481, 6-cyl., 124" wb

	6	5	4	3	2	1
Conv	800	4050	8100	13,500	18,900	27,000
Cpe	350	775	1500	3750	5250	7500
Clb Cpe	350	800	1550	3900	5450	7800
2 dr Sed	350	750	1450	3300	4900	7000
Sed	350	725	1400	3200	4850	6900

Commodore Series 482, 6-cyl., 124" wb

	6	5	4	3	2	1
Conv	800	4200	8400	14,000	19,600	28,000
Clb Cpe	350	800	1550	3850	5400	7700
Sed	350	775	1500	3600	5100	7300

Super Series 483, 8-cyl., 124" wb

	6	5	4	3	2	1
Clb Cpe	350	800	1550	3900	5450	7800
Sed	350	775	1500	3700	5200	7400

Commodore Series 484, 8-cyl., 124" wb

	6	5	4	3	2	1
Conv	800	4350	8700	14,500	20,300	29,000

	6	5	4	3	2	1
Clb Cpe	350	850	1650	4200	5850	8400
Sed	350	825	1600	4050	5650	8100

1949
Super Series 491, 6-cyl., 124" wb

	6	5	4	3	2	1
Sed	350	775	1500	3600	5100	7300
Conv	800	4200	8400	14,000	19,600	28,000
Cpe	350	775	1500	3750	5250	7500
Clb Cpe	350	800	1550	3850	5400	7700
2 dr Sed	350	750	1450	3500	5050	7200

Commodore Series 492, 6-cyl., 124" wb

	6	5	4	3	2	1
Conv	800	4350	8700	14,500	20,300	29,000
Clb Cpe	350	800	1550	3900	5450	7800
Sed	350	775	1500	3750	5250	7500

Super Series 493, 8-cyl., 124" wb

	6	5	4	3	2	1
Clb Cpe	350	825	1600	3950	5500	7900
2 dr Sed	350	775	1500	3600	5100	7300
Sed	350	800	1550	3800	5300	7600

Commodore Series 494, 8-cyl., 124" wb

	6	5	4	3	2	1
Conv	1200	4500	9000	15,000	21,000	30,000
Clb Cpe	350	850	1650	4200	5850	8400
Sed	350	825	1600	4050	5650	8100

1950
Pacemaker Series 500, 6-cyl., 119" wb

	6	5	4	3	2	1
Conv	800	3900	7800	13,000	18,200	26,000
Bus Cpe	350	775	1500	3700	5200	7400
Clb Cpe	350	800	1550	3850	5400	7700
2 dr Sed	350	775	1500	3600	5100	7300
Sed	350	750	1450	3400	5000	7100

DeLuxe Series 50A, 6-cyl., 119" wb

	6	5	4	3	2	1
Conv	800	4050	8100	13,500	18,900	27,000
Clb Cpe	350	800	1550	3900	5450	7800
2 dr Sed	350	800	1550	3850	5400	7700
Sed	350	775	1500	3750	5250	7500

Super Six Series 501, 6-cyl., 124" wb

	6	5	4	3	2	1
Conv	800	4200	8400	14,000	19,600	28,000
Clb Cpe	350	825	1600	3950	5500	7900
2 dr Sed	350	800	1550	3900	5450	7800
Sed	350	800	1550	3800	5300	7600

Commodore Series 502, 6-cyl., 124" wb

	6	5	4	3	2	1
Conv	800	4350	8700	14,500	20,300	29,000
Clb Cpe	350	850	1650	4200	5850	8400
Sed	350	825	1600	4050	5650	8100

Super Series 503, 8-cyl., 124" wb

	6	5	4	3	2	1
Clb Cpe	350	850	1650	4150	5800	8300
2 dr Sed	350	825	1600	3950	5500	7900
Sed	350	825	1600	4000	5600	8000

Commodore Series 504, 8-cyl., 124" wb

	6	5	4	3	2	1
Conv	1200	4500	9000	15,000	21,000	30,000
Clb Cpe	350	875	1700	4250	5900	8500
Sed	350	850	1650	4100	5700	8200

1951 Hudson Hornet Conv

1951
Pacemaker Custom Series 4A, 6-cyl., 119" wb

	6	5	4	3	2	1
Conv	800	3750	7500	12,500	17,500	25,000

	6	5	4	3	2	1
Cpe	350	825	1600	3950	5500	7900
Clb Cpe	350	825	1600	4050	5650	8100
2 dr Sed	350	800	1550	3850	5400	7700
Sed	350	800	1550	3900	5450	7800
Super Custom Series 5A, 6-cyl., 124" wb						
Conv	800	3900	7800	13,000	18,200	26,000
Clb Cpe	350	850	1650	4100	5700	8200
2 dr Sed	350	800	1550	3900	5450	7800
Sed	350	825	1600	4000	5600	8000
Hlywd	450	1000	2400	5000	7000	10,000
Commodore Custom Series 6A, 6-cyl., 124" wb						
Conv	800	4050	8100	13,500	18,900	27,000
Clb Cpe	350	850	1650	4200	5850	8400
Sed	350	825	1600	4050	5650	8100
Hlywd	450	1025	2600	5250	7300	10,500
Hornet Series 7A, 6-cyl., 124" wb						
Conv	800	4350	8700	14,500	20,300	29,000
Clb Cpe	350	875	1700	4300	6000	8600
Sed	350	850	1650	4200	5850	8400
Hlywd	450	1075	3000	5500	7700	11,000
Commodore Custom Series 8A, 8-cyl., 124" wb						
Conv	1200	4650	9300	15,500	21,700	31,000
Clb Cpe	450	900	1800	4400	6150	8800
Sed	350	875	1700	4300	6000	8600
Hlywd	450	1125	3450	5750	8050	11,500
1952						
Pacemaker Series 4B, 6-cyl., 119" wb						
Cpe	350	800	1550	3850	5400	7700
Clb Cpe	350	800	1550	3900	5450	7800
2 dr Sed	350	775	1500	3750	5250	7500
Sed	350	800	1550	3800	5300	7600
Wasp Series 5B, 6-cyl., 119" wb						
Conv	800	3750	7500	12,500	17,500	25,000
Hlywd	450	900	1900	4500	6300	9000
Clb Cpe	350	825	1600	3950	5500	7900
2 dr Sed	350	800	1550	3800	5300	7600
Sed	350	800	1550	3850	5400	7700
Commodore Series 6B, 6-cyl., 124" wb						
Conv	800	3900	7800	13,000	18,200	26,000
Hlywd	450	1000	2400	5000	7000	10,000
Clb Cpe	350	850	1650	4100	5700	8200
Sed	350	825	1600	3950	5500	7900
Hornet Series 7B, 6-cyl., 124" wb						
Conv	800	4050	8100	13,500	18,900	27,000
Hlywd	450	1025	2600	5250	7300	10,500
Clb Cpe	350	850	1650	4200	5850	8400
Sed	350	825	1600	4050	5650	8100
Commodore Series 8B, 8-cyl., 124" wb						
Conv	800	4200	8400	14,000	19,600	28,000
Hlywd	450	1075	3000	5500	7700	11,000
Clb Cpe	350	850	1650	4200	5850	8400
Sed	350	825	1600	4050	5650	8100
1953						
Jet Series 1C, 6-cyl., 105" wb						
4 dr Sed	200	650	1250	2400	4200	6000
Super Jet Series 2C, 6-cyl., 105" wb						
2 dr Clb Sed	350	700	1350	2900	4600	6600
4 dr Sed	350	700	1350	2800	4550	6500
Wasp Series 4C, 6-cyl., 119" wb						
Clb Cpe	350	800	1550	3900	5450	7800
2 dr Sed	350	775	1500	3750	5250	7500
Sed	350	800	1550	3800	5300	7600
Super Wasp Series 5C, 6-cyl., 119" wb						
Conv	800	3750	7500	12,500	17,500	25,000
Hlywd	450	900	1900	4500	6300	9000
Clb Cpe	350	825	1600	3950	5500	7900
2 dr Sed	350	800	1550	3800	5300	7600
4 dr Sed	350	800	1550	3850	5400	7700
Hornet Series 7C, 6-cyl., 124" wb						
Conv	800	3900	7800	13,000	18,200	26,000
Clb Cpe	350	875	1700	4250	5900	8500
Sed	350	825	1600	3950	5500	7900
Hlywd	450	1000	2400	5000	7000	10,000

1954
Jet Series 1D, 6-cyl., 105" wb

	6	5	4	3	2	1
2 dr Utl Sed	200	650	1250	2400	4200	6000
2 dr Clb Sed	200	675	1300	2500	4350	6200
4 dr Sed	200	675	1300	2500	4300	6100
Super Jet Series 2D, 6-cyl., 105" wb						
2 dr Clb Sed	350	700	1350	2800	4550	6500
4 dr Sed	350	700	1350	2900	4600	6600
Jet Liner Series 3D, 6-cyl., 105" wb						
2 dr Clb Sed	350	725	1400	3000	4700	6700
4 dr Sed	350	725	1400	3200	4850	6900
Wasp Series 4D, 6-cyl., 119" wb						
Clb Cpe	350	700	1350	2800	4550	6500
Clb Sed	200	675	1300	2600	4400	6300
Sed	350	700	1350	2700	4500	6400
Super Wasp Series 5D, 6-cyl., 119" wb						
Conv	800	3600	7200	12,000	16,800	24,000
Hlywd	450	950	2100	4750	6650	9500
Clb Cpe	350	750	1450	3300	4900	7000
Clb Sed	350	725	1400	3100	4800	6800
Sed	350	725	1400	3200	4850	6900
Hornet Special Series 6D, 6-cyl., 124" wb						
Clb Cpe	350	800	1550	3800	5300	7600
Clb Sed	350	750	1450	3400	5000	7100
Sed	350	775	1500	3700	5200	7400
Hornet Series 7D, 6-cyl., 124" wb						
Brgm Conv	800	3750	7500	12,500	17,500	25,000
Hlywd	450	1000	2400	5000	7000	10,000
Clb Cpe	350	800	1550	3900	5450	7800
Sed	350	800	1550	3800	5300	7600
Italia, 6-cyl.						
2 dr	800	3750	7500	12,500	17,500	25,000

1955
Super Wasp, 6-cyl., 114" wb

	6	5	4	3	2	1
Sed	200	650	1250	2400	4200	6000
Custom Wasp, 6-cyl., 114" wb						
Hlywd	350	750	1450	3300	4900	7000
Sed	200	675	1300	2500	4300	6100
Hornet Super, 6-cyl., 121" wb						
Sed	350	700	1350	2700	4500	6400
Hornet Custom, 6-cyl., 121" wb						
Hlywd	350	775	1500	3700	5200	7400
Sed	350	725	1400	3000	4700	6700
Italia, 6-cyl.						
2 dr	800	3750	7500	12,500	17,500	25,000

NOTE: Add 5 percent for V-8.
For Hudson Rambler prices see AMC.

1956
Super Wasp, 6-cyl., 114" wb

	6	5	4	3	2	1
Sed	200	600	1200	2200	3900	5600
Super Hornet, 6-cyl., 121" wb						
Sed	200	675	1300	2500	4350	6200
Custom Hornet, 6-cyl., 121" wb						
Hlywd	350	825	1600	4000	5600	8000
Sed	350	750	1450	3300	4900	7000
Hornet Super Special, 8-cyl., 114" wb						
Hlywd	350	875	1700	4250	5900	8500
Sed	350	750	1450	3500	5050	7200
Hornet Custom, 8-cyl., 121" wb						
Hlywd	450	950	2100	4750	6650	9500
Sed	350	775	1500	3750	5250	7500

NOTE: For Hudson Rambler prices see AMC.

1957
Hornet Super, 8-cyl., 121" wb

	6	5	4	3	2	1
Hlywd	450	900	1900	4500	6300	9000
Sed	350	825	1600	4000	5600	8000
Hornet Custom, 8-cyl., 121" wb						
Hlywd	450	950	2100	4700	6600	9400
Sed	350	850	1650	4200	5850	8400

NOTE: For Hudson Rambler prices see AMC.

ESSEX

1919
Model A (4-cyl.)

	6	5	4	3	2	1
Rds	450	1150	3600	6000	8400	12,000
Tr	450	1125	3450	5750	8050	11,500
Sed	450	950	2100	4750	6650	9500
1920						
4-cyl.						
Rds	450	1150	3600	6000	8400	12,000
Tr	450	1125	3450	5750	8050	11,500
Sed	450	950	2100	4750	6650	9500
1921						
4-cyl.						
Rdst	500	1200	3750	6250	8750	12,500
Tr	450	1075	3000	5500	7700	11,000
Cabr	450	1150	3600	6000	8400	12,000
2 dr Sed	350	725	1400	3000	4700	6700
Sed	350	725	1400	3100	4800	6800
1922						
4-cyl.						
Tr	450	1075	3000	5500	7700	11,000
Cabr	450	1150	3600	6000	8400	12,000
2 dr Sed	350	725	1400	3000	4700	6700
Sed	350	725	1400	3100	4800	6800
1923						
4-cyl.						
Cabr	450	1150	3600	6000	8400	12,000
Phae	450	1075	3000	5500	7700	11,000
2 dr Sed	350	725	1400	3000	4700	6700
1924						
Six, 6-cyl.						
Tr	450	1150	3600	6000	8400	12,000
2 dr Sed	350	750	1450	3300	4900	7000
1925						
Six, 6-cyl.						
Tr	450	1150	3600	6000	8400	12,000
2 dr Sed	350	725	1400	3100	4800	6800
1926						
Six, 6-cyl.						
Tr	500	1250	3900	6500	9100	13,000
2 dr Sed	350	775	1500	3750	5250	7500
4 dr Sed	350	800	1550	3800	5300	7600
1927						
Six, 6-cyl.						
Tr	550	1550	4500	7500	10,500	15,000
2 dr Sed	200	650	1250	2400	4200	6000
Sed	200	675	1300	2500	4350	6200
Super Six, 6-cyl.						
BT Spds	800	3750	7500	12,500	17,500	25,000
Tr	550	1550	4500	7500	10,500	15,000
4P Spds	800	3150	6300	10,500	14,700	21,000
Cpe	350	775	1500	3750	5250	7500
2 dr Sed	350	700	1350	2800	4550	6500
Sed	350	700	1350	2900	4600	6600
DeL Sed	350	750	1450	3300	4900	7000
1928						
First Series, 6-cyl.						
BT Spds	800	3350	6750	11,250	15,750	22,500
4P Spds	800	3200	6450	10,750	15,050	21,500
Cpe	350	775	1500	3700	5200	7400
2 dr Sed	350	700	1350	2900	4600	6600
Sed	350	725	1400	3100	4800	6800
Second Series, 6-cyl.						
Spt Rds	800	3500	7050	11,750	16,450	23,500
Phae	800	3350	6750	11,250	15,750	22,500
2P Cpe	350	825	1600	3950	5500	7900
RS Cpe	350	850	1650	4100	5700	8200
2 dr Sed	350	700	1350	2900	4600	6600
Sed	350	725	1400	3100	4800	6800

1929
Challenger Series, 6-cyl.

	6	5	4	3	2	1
Rds	1200	4800	9600	16,000	22,400	32,000
Phae	1200	4650	9300	15,500	21,700	31,000
2P Cpe	350	800	1550	3850	5400	7700
4P Cpe	350	825	1600	3950	5500	7900
2 dr Sed	350	725	1400	3200	4850	6900
Sed	350	775	1500	3700	5200	7400
RS Rds	1200	4950	9900	16,500	23,100	33,000
Phae	1200	4800	9600	16,000	22,400	32,000
Conv	1200	4500	9000	15,000	21,000	30,000
RS Cpe	450	975	2300	4950	6900	9900
Twn Sed	350	825	1600	4050	5650	8100
DeL Sed	350	850	1650	4150	5800	8300

1930
First Series, Standard, 6-cyl.

Rds	1200	5400	10,800	18,000	25,200	36,000
Conv	1200	4800	9600	16,000	22,400	32,000
Phae	1200	4950	9900	16,500	23,100	33,000
2P Cpe	350	775	1500	3700	5200	7400
RS Cpe	350	825	1600	3950	5500	7900
2 dr Sed	350	750	1450	3500	5050	7200
Std Sed	350	775	1500	3600	5100	7300
Twn Sed	350	775	1500	3700	5200	7400

Second Series, Standard, 6-cyl.

RS Rds	1200	5700	11,400	19,000	26,600	38,000
Phae	1200	5550	11,100	18,500	25,900	37,000
Sun Sed	500	1300	4050	6700	9400	13,400
Tr	1200	5250	10,500	17,500	24,500	35,000
2P Cpe	350	775	1500	3700	5200	7400
RS Cpe	350	850	1650	4200	5850	8400
2 dr Sed	200	650	1250	2400	4150	5900
Sed	200	675	1300	2500	4300	6100
Twn Sed	350	725	1400	3200	4850	6900
DeL Sed	350	775	1500	3700	5200	7400
4 dr Brgm	350	825	1600	3950	5500	7900

1931
Standard, 6-cyl.

BT Rds	1500	7650	15,300	25,500	35,700	51,000
Phae	1200	5100	10,200	17,000	23,800	34,000
RS Cpe	450	1100	3400	5700	8000	11,400
2P Cpe	450	1025	2600	5200	7200	10,400
Sed	350	775	1500	3700	5200	7400
2 dr Sed	350	775	1500	3600	5100	7300
Tr Sed	350	775	1500	3750	5250	7500

1932
Pacemaker, 6-cyl.

Conv	1200	4650	9300	15,500	21,700	31,000
Phae	1200	4950	9900	16,500	23,100	33,000
2P Cpe	450	975	2300	4950	6900	9900
RS Cpe	450	1075	2900	5450	7600	10,900
2 dr Sed	450	950	2100	4700	6600	9400
Sed	450	950	2100	4750	6650	9500

TERRAPLANE

1933
Six, 6-cyl., 106" wb

Rds	1200	4650	9300	15,500	21,700	31,000
Phae	1200	4800	9600	16,000	22,400	32,000
2P Cpe	450	900	1800	4450	6250	8900
RS Cpe	450	950	2100	4700	6600	9400
2 dr Sed	350	850	1650	4200	5850	8400
Sed	350	875	1700	4300	6000	8600

Special Six, 6-cyl., 113" wb

Spt Rds	1200	4800	9600	16,000	22,400	32,000
Phae	1200	4950	9900	16,500	23,100	33,000
Conv	1200	4500	9000	15,000	21,000	30,000
Bus Cpe	450	925	2000	4650	6500	9300
RS Cpe	450	950	2200	4800	6700	9600
2 dr Sed	350	875	1700	4300	6000	8600

	6	5	4	3	2	1
Sed	450	900	1800	4400	6150	8800
DeLuxe Six, 6-cyl., 113" wb						
Conv	1200	4650	9300	15,500	21,700	31,000
2P Cpe	450	950	2100	4750	6650	9500
RS Cpe	450	975	2300	4950	6900	9900
2 dr Sed	350	875	1700	4350	6050	8700
Sed	450	900	1800	4450	6250	8900
Terraplane, 8-cyl.						
2P Rds	1200	4800	9600	16,000	22,400	32,000
RS Rds	1200	4950	9900	16,500	23,100	33,000
2P Cpe	450	975	2300	4900	6850	9800
RS Cpe	450	1025	2500	5150	7150	10,300
Conv	1200	4500	9000	15,000	21,000	30,000
2 dr Sed	450	900	1800	4400	6150	8800
Sed	450	900	1800	4450	6250	8900
Terraplane DeLuxe Eight, 8-cyl.						
Conv	1200	4650	9300	15,500	21,700	31,000
2P Cpe	450	975	2300	4950	6900	9900
RS Cpe	450	1025	2600	5200	7200	10,400
2 dr Sed	450	900	1800	4400	6150	8800
Sed	450	900	1800	4450	6250	8900
1934						
Terraplane Challenger KS, 6-cyl., 112" wb						
2P Cpe	350	775	1500	3700	5200	7400
RS Cpe	350	850	1650	4200	5850	8400
2 dr Sed	350	725	1400	3000	4700	6700
Sed	350	725	1400	3200	4850	6900
Major Line KU, 6-cyl.						
2P Cpe	350	775	1500	3750	5250	7500
RS Cpe	350	875	1700	4250	5900	8500
Conv	1200	4500	9000	15,000	21,000	30,000
Comp Vic	350	775	1500	3750	5250	7500
2 dr Sed	350	725	1400	3100	4800	6800
Sed	350	750	1450	3400	5000	7100
Comp Sed	350	775	1500	3600	5100	7300
Special Line K, 8-cyl.						
2P Cpe	350	800	1550	3900	5450	7800
RS Cpe	450	900	1800	4400	6150	8800
Conv	1200	4650	9300	15,500	21,700	31,000
Comp Vic	350	800	1550	3800	5300	7600
2 dr Sed	350	725	1400	3200	4850	6900
Sed	350	750	1450	3400	5000	7100
Comp Sed	350	775	1500	3600	5100	7300
1935						
Special G, 6-cyl.						
2P Cpe	350	775	1500	3700	5200	7400
RS Cpe	350	800	1550	3850	5400	7700
Tr Brgm	350	750	1450	3500	5050	7200
2 dr Sed	350	750	1450	3400	5000	7100
Sed	350	750	1450	3500	5050	7200
Sub Sed	350	775	1500	3600	5100	7300
DeLuxe GU, 6-cyl., Big Six						
2P Cpe	350	775	1500	3750	5250	7500
RS Cpe	350	825	1600	3950	5500	7900
Conv	800	4200	8400	14,000	19,600	28,000
Tr Brgm	350	750	1450	3500	5050	7200
2 dr Sed	350	725	1400	3200	4850	6900
Sed	350	750	1450	3400	5000	7100
Sub Sed	350	775	1500	3600	5100	7300
1936						
DeLuxe 61, 6-cyl.						
Conv	800	4200	8400	14,000	19,600	28,000
2P Cpe	350	700	1350	2700	4500	6400
RS Cpe	350	775	1500	3700	5200	7400
Brgm	200	675	1300	2500	4300	6100
Tr Brgm	350	700	1350	2700	4500	6400
Sed	200	675	1300	2500	4350	6200
Tr Sed	200	675	1300	2600	4400	6300
Custom 62, 6-cyl.						
Conv	800	4350	8700	14,500	20,300	29,000
2P Cpe	350	700	1350	2900	4600	6600
RS Cpe	350	825	1600	3950	5500	7900
Brgm	350	700	1350	2700	4500	6400

	6	5	4	3	2	1
Tr Brgm	350	700	1350	2900	4600	6600
Sed	350	700	1350	2700	4500	6400
Tr Sed	350	700	1350	2700	4500	6400

1937
DeLuxe 71, 6-cyl.

Bus Cpe	200	650	1250	2400	4150	5900
3P Cpe	200	675	1300	2500	4300	6100
Vic Cpe	350	700	1350	2700	4500	6400
Conv	800	4050	8100	13,500	18,900	27,000
Brgm	200	650	1250	2400	4200	6000

1938
Terraplane Utility Series 80, 6-cyl., 117" wb

3P Cpe	200	550	1150	2100	3800	5400
2 dr Sed	200	500	1100	1950	3600	5100
Twn Sed	200	550	1150	2000	3600	5200
Sed	200	500	1100	1950	3600	5100
Tr Sed	200	550	1150	2000	3600	5200
Sta Wag	450	900	1800	4450	6250	8900

Terraplane Deluxe Series 81, 6-cyl., 117" wb

3P Conv	800	4050	8100	13,500	18,900	27,000
Conv Brgm	800	4200	8400	14,000	19,600	28,000
3P Cpe	200	600	1200	2200	3900	5600
Vic Cpe	200	650	1250	2400	4150	5900
Brgm	200	550	1150	2100	3700	5300
Tr Brgm	200	500	1100	1950	3600	5100
Sed	200	550	1150	2000	3600	5200
Tr Sed	200	550	1150	2100	3700	5300

Terraplane Super Series 82, 6-cyl., 117" wb

Conv	800	4200	8400	14,000	19,600	28,000
Conv Brgm	800	4050	8100	13,500	18,900	27,000
Vic Cpe	200	675	1300	2500	4300	6100
Brgm	200	550	1150	2100	3800	5400
Tr Brgm	200	550	1150	2000	3600	5200
Sed	200	550	1150	2100	3700	5300
Tr Sed	200	550	1150	2100	3800	5400

HUDSON TRUCKS

1929
Dover Series

Panel Dly	450	900	1900	4500	6300	9000
Screenside Dly	350	875	1700	4250	5900	8500
Canopy Exp	450	900	1800	4400	6150	8800
Flareboard P.U.	450	950	2100	4750	6650	9500
Bed Rail P.U.	450	1150	3600	6000	8400	12,000
Sed Dly	450	1000	2400	5000	7000	10,000
Mail Truck w/sl. doors	800	3000	6000	10,000	14,000	20,000

NOTE: The Dover mail truck in Harrah's 1986 auction sold for $26,000, but the Harrah's sales tended to inflate values based on the fact that William F. Harrah owned the vehicles.

1930
Essex Commercial Car Series

Panel Dly	450	900	1900	4500	6300	9000
Pickup	450	950	2100	4750	6650	9500
Screenside Exp	350	875	1700	4250	5900	8500
Canopy Exp	350	850	1650	4100	5700	8200
Sed Dly	450	1000	2400	5000	7000	10,000

NOTE: Add 30 percent for original dealer side rail (service truck) pickup conversions.

1931
Essex Commercial Car Series

Panel Dly	450	900	1900	4500	6300	9000
Pickup	450	950	2100	4750	6650	9500
Screenside Exp	350	875	1700	4250	5900	8500
Canopy Exp	350	850	1650	4100	5700	8200
Sed Dly	450	1000	2400	5000	7000	10,000

NOTE: Add 30 percent for original dealer side rail (service truck) pickup conversions.

1933
Essex-Terraplane Series

Sed Dly	450	900	1900	4500	6300	9000
Panel Dly	350	850	1650	4150	5800	8300
DeL Panel Dly	350	875	1700	4250	5900	8500

	6	5	4	3	2	1
Pickup Exp	350	850	1650	4100	5700	8200
Screenside Dly	350	825	1600	4000	5600	8000
Canopy Dly	350	800	1550	3850	5400	7700
Mail Dly Van	550	1550	4500	7500	10,500	15,000
1934						
Terraplane Series						
Cab Pickup	350	875	1700	4250	5900	8500
Utl Coach	200	650	1250	2400	4200	6000
Sed Dly	450	900	1900	4500	6300	9000
Comp Sed Taxicab	350	750	1450	3300	4900	7000
Cantrell Sta Wag	500	1250	3900	6500	9100	13,000
Cotton Sta Wag	450	1150	3600	6000	8400	12,000
1935						
Terraplane Series GU						
Cab Pickup	350	875	1700	4250	5900	8500
Utl Coach	200	650	1250	2400	4200	6000
Sed Dly	450	900	1900	4500	6300	9000
Com Sta Wag	500	1250	3900	6500	9100	13,000
Taxicab	350	750	1450	3300	4900	7000
1936						
Terraplane Series 61						
Cab Pickup	350	825	1600	4000	5600	8000
Utl Coach	200	600	1200	2200	3850	5500
Cus Panel Dly	350	875	1700	4250	5900	8500
Cus Sta Wag	450	1150	3600	6000	8400	12,000
Taxicab	200	650	1250	2400	4200	6000
1937						
Terraplane Series 70 - (1/2 Ton)						
Utl Coach	200	550	1150	2100	3800	5400
Utl Cpe Pickup	350	800	1550	3850	5400	7700
Terraplane Series 70 - (3/4 Ton)						
Cab Pickup	350	775	1500	3750	5250	7500
Panel Dly	350	800	1550	3900	5450	7800
Sta Wag	450	1125	3450	5750	8050	11,500
"Big Boy" Series 78 - (3/4 Ton)						
Cab Pickup	350	750	1450	3300	4900	7000
Cus Panel Dly	350	775	1500	3750	5250	7500
Big Boy Taxicab	200	650	1250	2400	4200	6000
1938						
Hudson-Terraplane Series 80						
Cab Pickup	350	700	1350	2800	4550	6500
Cus Panel Dly	350	775	1500	3750	5250	7500
Utl Cpe	150	450	1050	1800	3300	4800
Utl Coach	200	550	1150	2100	3800	5400
Utl Tr Coach	150	400	1000	1650	3150	4500
Sta Wag	450	1125	3450	5750	8050	11,500
Hudson "Big Boy" Series 88						
Cab Pickup	350	750	1450	3300	4900	7000
Cus Panel Dly	350	775	1500	3750	5250	7500
Hudson 112 Series 89						
Cab Pickup	350	700	1350	2800	4550	6500
Panel Dly	350	750	1450	3300	4900	7000
Utl Cpe	150	400	1000	1650	3150	4500
Utl Coach	200	500	1100	1900	3500	5000
Utl Tr Coach	200	550	1150	2100	3800	5400
1939						
Hudson 112 Series						
(Trucks)						
Pickup	350	700	1350	2800	4550	6500
Cus Panel	350	750	1450	3300	4900	7000
(Business Cars)						
Utl Coach	200	500	1100	1900	3500	5000
Utl Cpe	200	600	1200	2200	3850	5500
Sta Wag	500	1250	3900	6500	9100	13,000
Hudson "Big Boy" Series						
Pickup	350	750	1450	3300	4900	7000
Cus Panel	350	775	1500	3750	5250	7500
Taxicab (86 hp)	200	500	1100	1900	3500	5000
7P Partition Taxicab	200	600	1200	2200	3850	5500
Hudson Pacemaker Series						
Cus Panel	350	800	1550	3900	5450	7800

1940
Hudson Six Series

	6	5	4	3	2	1
Pickup	350	700	1350	2800	4550	6500
Panel Dly	350	750	1450	3300	4900	7000
Traveler Line						
Utl Coach	200	500	1100	1900	3500	5000
Utl Cpe	200	600	1200	2200	3850	5500
Sta Wag	500	1250	3900	6500	9100	13,000
Taxicab	200	500	1100	1900	3500	5000
"Big Boy" Series						
Pickup	350	750	1450	3300	4900	7000
Panel Dly	350	775	1500	3750	5250	7500
9P Carryall Sed	200	600	1200	2200	3850	5500
7P Sed	200	500	1100	1900	3500	5000

1941
Hudson Six Series

Pickup	350	700	1350	2800	4550	6500
All-Purpose Dly	350	825	1600	4000	5600	8000
Traveler Line						
Utl Cpe	200	600	1200	2200	3850	5500
Utl Coach	200	500	1100	1900	3500	5000
"Big Boy" Series						
Pickup	350	750	1450	3300	4900	7000
9P Carryall Sed	200	600	1200	2200	3850	5500
Taxicab	200	500	1100	1900	3500	5000

1942
Traveler Series

Utl Cpe	200	600	1200	2200	3850	5500
Utl Coach	200	500	1100	1900	3500	5000
Hudson Six Series						
Pickup	350	700	1350	2800	4550	6500
Hudson "Big Boy" Series						
Pickup	350	750	1450	3300	4900	7000

1946
Cab Pickup Series

Cab Pickup	350	750	1450	3300	4900	7000

1947
Series 178

Pickup	350	750	1450	3300	4900	7000

JAGUAR

1946-1948
3-5 Litre, 6-cyl., 125 hp, 120" wb

Conv Cpe	2000	9300	18,600	31,000	43,400	62,000
Saloon	800	3800	7650	12,750	17,850	25,500

1949
Mark V, 6-cyl., 125 hp, 120" wb

Conv Cpe	2000	9300	18,600	31,000	43,400	62,000
Saloon	800	3800	7650	12,750	17,850	25,500

1950
Mark V, 6-cyl., 160 hp, 120" wb

Saloon	800	3650	7350	12,250	17,150	24,500
Conv Cpe	2000	9300	18,600	31,000	43,400	62,000
XK-120, 6-cyl., 160 hp, 102" wb						
Rds	1500	7650	15,300	25,500	35,700	51,000

NOTE: Some X-120 models delivered as early as 1949 models, use 1950 prices.

1951
Mark VII, 6-cyl., 160 hp, 120" wb

Saloon	650	2200	5250	8750	12,250	17,500
XK-120, 6-cyl., 160 hp, 102" wb						
Rds	1500	7650	15,300	25,500	35,700	51,000
Cpe	1200	5300	10,650	17,750	24,850	35,500

1952
Mark VII, 6-cyl., 160 hp, 120" wb, (twin-cam)

Std Sed	550	1800	4950	8250	11,550	16,500
DeL Sed	650	2200	5250	8750	12,250	17,500
XK-120S (modified), 160 hp, 102" wb						
Rds	2000	8400	16,800	28,000	39,200	56,000

1951 Jaguar, XK-120 drophead coupe, 6-cyl.

	6	5	4	3	2	1
Cpe	1500	6900	13,800	23,000	32,200	46,000
XK-120, 6-cyl., 160 hp, 102" wb						
Rds	1500	7650	15,300	25,500	35,700	51,000
Cpe	1500	6100	12,150	20,250	28,350	40,500
1953						
Mark VII, 6-cyl., 160 hp, 120" wb						
Std Sed	550	1800	4950	8250	11,550	16,500
XK-120S, 6-cyl., 160 hp, 102" wb						
Rds	2000	8100	16,200	27,000	37,800	54,000
Cpe	1500	6100	12,150	20,250	28,350	40,500
Conv	1500	7650	15,300	25,500	35,700	51,000
XK-120, 6-cyl., 160 hp, 102" wb						
Rds	1500	7650	15,300	25,500	35,700	51,000
Cpe	1200	5300	10,650	17,750	24,850	35,500
Conv	1500	6900	13,800	23,000	32,200	46,000
1954						
Mark VII, 6-cyl., 160 hp, 120" wb						
Sed	800	3100	6150	10,250	14,350	20,500
XK-120S (modified), 6-cyl., 102" wb						
Rds	2000	8400	16,800	28,000	39,200	56,000
Cpe	1500	6100	12,150	20,250	28,350	40,500
Conv	1500	7650	15,300	25,500	35,700	51,000
XK-120, 6-cyl., 160 hp, 102" wb						
Rds	1500	7650	15,300	25,500	35,700	51,000
Cpe	1200	5300	10,650	17,750	24,850	35,500
Conv	1500	6900	13,800	23,000	32,200	46,000
1955						
Mark VII M, 6-cyl., 190 hp, 120" wb						
Saloon	650	2600	5500	9250	12,950	18,500
XK-140, 6-cyl., 190 hp, 102" wb						
Cpe	1200	5200	10,350	17,250	24,150	34,500
Rds	1500	7500	15,000	25,000	35,000	50,000
Conv	1500	6750	13,500	22,500	31,500	45,000
XK-140M, 6-cyl., 190 hp, 102" wb						
Cpe	1200	5900	11,850	19,750	27,650	39,500
Rds	2000	8400	16,800	28,000	39,200	56,000
Conv	1500	7500	15,000	25,000	35,000	50,000
XK-140MC, 6-cyl., 210 hp, 102" wb						
Cpe	1500	6750	13,500	22,500	31,500	45,000
Rds	2000	9300	18,600	31,000	43,400	62,000
Conv	2000	8250	16,500	27,500	38,500	55,000
1956						
Mark VII M, 6-cyl., 190 hp, 120" wb						
Saloon	650	2200	5250	8750	12,250	17,500
XK-140, 6-cyl., 190 hp, 102" wb						
Cpe	1200	5200	10,350	17,250	24,150	34,500
Rds	1500	7500	15,000	25,000	35,000	50,000

	6	5	4	3	2	1
Conv	1500	6750	13,500	22,500	31,500	45,000
XK-140M, 6-cyl., 190 hp, 102" wb						
Cpe	1200	5900	11,850	19,750	27,650	39,500
Rds	2000	8400	16,800	28,000	39,200	56,000
Conv	1500	7500	15,000	25,000	35,000	50,000
XK-140MC, 6-cyl., 210 hp, 102" wb						
Cpe	1500	6750	13,500	22,500	31,500	45,000
Rds	2000	9300	18,600	31,000	43,400	62,000
Conv	2000	8250	16,500	27,500	38,500	55,000
2.4 Litre, 6-cyl., 112 hp, 108" wb						
Sed	650	2600	5500	9250	12,950	18,500
3.4 Litre, 6-cyl., 210 hp, 108" wb						
Sed	650	2900	5850	9750	13,650	19,500
Mark VIII, 6-cyl., 210 hp, 120" wb						
Lux Sed	800	3200	6450	10,750	15,050	21,500

NOTE: 3.4 Litre available 1957 only; Mark VIII luxury sedan available 1957 only.

1957

	6	5	4	3	2	1
Mark VIII, 6-cyl., 210 hp, 102" wb						
Saloon	650	2600	5500	9250	12,950	18,500
XK-140						
Cpe	1200	5200	10,350	17,250	24,150	34,500
Rds	1500	7500	15,000	25,000	35,000	50,000
Conv	1500	6750	13,500	22,500	31,500	45,000
XK-150, 6-cyl., 190 hp, 102" wb						
Cpe	800	4400	8850	14,750	20,650	29,500
Rds	1500	6750	13,500	22,500	31,500	45,000
2.4 Litre, 6-cyl., 112 hp, 108" wb						
Sed	550	1800	4950	8250	11,550	16,500
3.4 Litre, 6-cyl., 210 hp, 108" wb						
Sed	650	2600	5500	9250	12,950	18,500

1958

	6	5	4	3	2	1
3.4 Litre, 6-cyl., 210 hp, 108" wb						
Sed	650	2600	5500	9250	12,950	18,500
XK-150, 6-cyl., 190 hp, 120" wb						
Cpe	800	4400	8850	14,750	20,650	29,500
Rds	1500	6750	13,500	22,500	31,500	45,000
Conv	1500	6100	12,150	20,250	28,350	40,500
XK-150S, 6-cyl., 250 hp, 102" wb						
Rds	2000	9300	18,600	31,000	43,400	62,000
Mark VIII, 6-cyl., 210 hp, 120" wb						
Saloon	550	1800	4950	8250	11,550	16,500

1959-60

	6	5	4	3	2	1
XK-150, 6-cyl., 210 hp, 102" wb						
Cpe	800	4400	8850	14,750	20,650	29,500
Rds	1500	6750	13,500	22,500	31,500	45,000
Conv	1500	6100	12,150	20,250	28,350	40,500
XK-150SE, 6-cyl., 210 hp, 102" wb						
Cpe	1200	5300	10,650	17,750	24,850	35,500
Rds	2000	9300	18,600	31,000	43,400	62,000
Conv	1500	7050	14,100	23,500	32,900	47,000
XK-150S, 6-cyl., 250 hp, 102" wb						
Rds	2000	9300	18,600	31,000	43,400	62,000
3.4 Litre, 6-cyl., 210 hp, 108" wb						
Sed	650	2200	5250	8750	12,250	17,500
Mark IX, 6-cyl., 220 hp, 120" wb						
Sed	800	3100	6150	10,250	14,350	20,500

NOTE: Some factory prices increase for 1960.

1961

	6	5	4	3	2	1
XK-150, 6-cyl., 210 hp, 102" wb						
Cpe	1200	4600	9150	15,250	21,350	30,500
Conv	1200	5800	11,550	19,250	26,950	38,500
XKE, 6-cyl., 265 hp, 96" wb						
Rds	1500	7650	15,300	25,500	35,700	51,000
Cpe	1500	6100	12,150	20,250	28,350	40,500
3.4 Litre, 6-cyl., 265 hp, 108" wb						
Sed	650	2600	5500	9250	12,950	18,500
Mark IX, 6-cyl., 265 hp, 120" wb						
Sed	800	3350	6750	11,250	15,750	22,500

1962

	6	5	4	3	2	1
XKE, 6-cyl., 265 hp, 96" wb						
Rds	1500	7650	15,300	25,500	35,700	51,000
Cpe	1500	6100	12,150	20,250	28,350	40,500

3.4 Litre Mark II, 6-cyl., 265 hp, 108" wb

	6	5	4	3	2	1
Sed	650	2600	5500	9250	12,950	18,500
Mark X, 6-cyl., 265 hp, 120" wb						
Sed	800	3350	6750	11,250	15,750	22,500

1963

XKE, 6-cyl., 265 hp, 96" wb

Rds	2000	8250	16,500	27,500	38,500	55,000
Cpe	1500	6750	13,500	22,500	31,500	45,000

3.8 Litre Mark II, 6-cyl., 265 hp, 108" wb

Sed	650	2600	5500	9250	12,950	18,500
Mark X, 6-cyl., 265 hp, 120" wb						
Sed	800	3350	6750	11,250	15,750	22,500

1964

XKE, 6-cyl., 265 hp, 96" wb

Rds	2000	8550	17,100	28,500	39,900	57,000
Cpe	1500	7050	14,100	23,500	32,900	47,000

Model 3.8 Liter Mk. II, 6-cyl., 108" wb

4 dr Sed	650	2600	5500	9250	12,950	18,500
Model Mark X, 6-cyl., 265 hp, 120" wb						
4 dr Sed	800	3350	6750	11,250	15,750	22,500

1965

XKE 4.2, 6-cyl., 265 hp, 96" wb

Rds	2000	8550	17,100	28,500	39,900	57,000
Cpe	1500	7050	14,100	23,500	32,900	47,000

Model 4.2

4 dr Sed	650	2600	5500	9250	12,950	18,500

Model 3.8

4 dr Sed	650	2600	5500	9250	12,950	18,500
Mk II Sed	650	2600	5500	9250	12,950	18,500

1966

XKE 4.2, 6-cyl., 265 hp, 96" wb

Rds	2000	8850	17,700	29,500	41,300	59,000
Cpe	1500	7350	14,700	24,500	34,300	49,000

Model 4.2

4 dr Sed	550	1800	4950	8250	11,550	16,500

Model Mk II 3.8

4 dr Sed	650	2600	5500	9250	12,950	18,500
4 dr Sed S	650	2900	5850	9750	13,650	19,500

1967

XKE 4.2, 6-cyl., 265 hp, 96" wb

Rds	2000	8850	17,700	29,500	41,300	59,000
Cpe	1500	7350	14,700	24,500	34,300	49,000
Cpe 2 plus 2	1500	6300	12,600	21,000	29,400	42,000

340, 6-cyl., 225 hp, 108" wb

4 dr Sed	650	2200	5250	8750	12,250	17,500

420, 6-cyl., 255 hp, 108" wb

4 dr Sed	650	2600	5500	9250	12,950	18,500

420 G, 6-cyl., 245 hp, 107" wb

4 dr Sed	650	2900	5850	9750	13,650	19,500

1968

Model XKE 4.2, 245 hp, 96" wb

Rdst	2000	8550	17,100	28,500	39,900	57,000
Cpe	1500	7050	14,100	23,500	32,900	47,000
Cpe 2 plus 2	1200	5900	11,850	19,750	27,650	39,500

1969

Model XKE, 246 hp, 96" wb

Rdst	2000	8550	17,100	28,500	39,900	57,000
Cpe	1500	7050	14,100	23,500	32,900	47,000
Cpe 2 plus 2	1200	5900	11,850	19,750	27,650	39,500

Model XJ, 246 hp, 96" wb

4 dr Sed	650	2600	5500	9250	12,950	18,500

1970

Model XKE, 246 hp, 96" wb

Rdst	2000	8550	17,100	28,500	39,900	57,000
Cpe	1500	7050	14,100	23,500	32,900	47,000
Cpe 2 plus 2	1200	5900	11,850	19,750	27,650	39,500

Model XJ, 246 hp, 96" wb

4 dr Sed	550	1800	4950	8250	11,550	16,500

1971

Model XKE, 246 hp, 96" wb

Rdst	2000	8550	17,100	28,500	39,900	57,000
Cpe	1500	7050	14,100	23,500	32,900	47,000

	6	**5**	**4**	**3**	**2**	**1**
Cpe V-12 2 plus 2	1500	6900	13,800	23,000	32,200	46,000
Conv V-12	2000	10,200	20,400	34,000	47,600	68,000
Model XJ, 246 hp, 96" wb						
4 dr Sed	550	1650	4650	7750	10,850	15,500
1972						
Model XKE V-12, 272 hp, 105" wb						
Rdst	2000	10,200	20,400	34,000	47,600	68,000
Cpe 2 plus 2	1500	6900	13,800	23,000	32,200	46,000
Model XJ6, 186 hp, 108.9" wb						
4 dr Sed	550	1500	4350	7250	10,150	14,500
1973						
Model XKE V-12, 272 hp, 105" wb						
Rdst	2000	10,200	20,400	34,000	47,600	68,000
Cpe 2 plus 2	1500	6900	13,800	23,000	32,200	46,000
Model XJ, 186hp, 108.9" wb						
4 dr XJ6	550	1500	4350	7250	10,150	14,500
4 dr XJ12	800	3100	6150	10,250	14,350	20,500
1974						
Model XKE V-12, 272 hp, 105" wb						
Rdst	2000	10,500	21,000	35,000	49,000	70,000
Model XJ						
4 dr XJ6	550	1500	4350	7250	10,150	14,500
4 dr XJ6 LWB	550	1650	4650	7750	10,850	15,500
4 dr XJ12L	800	3100	6150	10,250	14,350	20,500

1975 Jaguar XJ6C

1975						
Model XJ6						
Cpe C	800	3100	6150	10,250	14,350	20,500
4 dr Sed L	550	1800	4950	8250	11,550	16,500
Model XJ12						
Cpe C	800	3350	6750	11,250	15,750	22,500
4 dr Sed L	650	2600	5500	9250	12,950	18,500
1976						
Model XJ6						
Cpe C	800	3350	6750	11,250	15,750	22,500
4 dr Sed L	550	1800	4950	8250	11,550	16,500
Model XJ12						
Cpe C	800	3650	7350	12,250	17,150	24,500
4 dr Sed L	650	2600	5500	9250	12,950	18,500
Model XJS						
Cpe 2 plus 2	800	3200	6450	10,750	15,050	21,500
1977						
Model XJ6						
Cpe	800	3800	7650	12,750	17,850	25,500
4 dr Sed L	550	1800	4950	8250	11,550	16,500
Model XJ12L						
4 dr Sed	650	2600	5500	9250	12,950	18,500
Model XJS						
Cpe 2 plus 2 GT	800	3200	6450	10,750	15,050	21,500
1978						
Model XJ6L						
4 dr Sed	650	2200	5250	8750	12,250	17,500

Model XJ12L	6	5	4	3	2	1
4 dr Sed	800	3100	6150	10,250	14,350	20,500
Model XJS						
Cpe	800	3350	6750	11,250	15,750	22,500
1979						
Model XJ6						
4 dr Sed	650	2200	5250	8750	12,250	17,500
4 dr Sed Series III	650	2600	5500	9250	12,950	18,500
Model XJ12						
4 dr Sed	800	3100	6150	10,250	14,350	20,500
Model XJS						
Cpe	800	3650	7350	12,250	17,150	24,500

KAISER

	6	5	4	3	2	1
1947						
Special, 6-cyl.						
Sed	350	700	1350	2800	4550	6500
Custom, 6-cyl.						
Sed	350	725	1400	3100	4800	6800
1948						
Special, 6-cyl.						
Sed	350	700	1350	2800	4550	6500
Custom, 6-cyl.						
Sed	350	725	1400	3100	4800	6800
1949						
Special, 6-cyl.						
4 dr Sed	350	775	1500	3600	5100	7300
Traveler, 6-cyl.						
4 dr Sed	350	775	1500	3750	5250	7500
DeLuxe, 6-cyl.						
4 dr Sed	350	800	1550	3900	5450	7800
Conv	800	3300	6600	11,000	15,400	22,000
Vagabond, 6-cyl.						
4 dr Sed	350	825	1600	4000	5600	8000
Virginian, 6-cyl.						
4 dr Sed HdTp	550	1550	4500	7500	10,500	15,000
1950						
Special, 6-cyl.						
4 dr Sed	350	775	1500	3600	5100	7300
Traveler, 6-cyl.						
4 dr Sed	350	775	1500	3750	5250	7500
DeLuxe, 6-cyl.						
4 dr Sed	350	800	1550	3900	5450	7800
Conv	800	3000	6000	10,000	14,000	20,000
Vagabond, 6-cyl.						
4 dr Sed	350	825	1600	4000	5600	8000
Virginian, 6-cyl.						
4 dr Sed HdTp	500	1250	3900	6500	9100	13,000
1951						
Special, 6-cyl.						
4 dr Sed	350	750	1450	3300	4900	7000
4 dr Trav Sed	350	775	1500	3600	5100	7300
2 dr Sed	350	750	1450	3300	4900	7000
2 dr Trav Sed	350	775	1500	3600	5100	7300
Bus Cpe	350	775	1500	3750	5250	7500
DeLuxe						
4 dr Sed	350	775	1500	3600	5100	7300
4 dr Trav Sed	350	775	1500	3750	5250	7500
2 dr Sed	350	775	1500	3600	5100	7300
2 dr Trav Sed	350	775	1500	3750	5250	7500
Clb Cpe	350	800	1550	3900	5450	7800
1952						
Kaiser DeLuxe, 6-cyl.						
4 dr Sed	350	750	1450	3300	4900	7000
Trav Sed	350	750	1450	3400	5000	7100
2 dr Sed	350	750	1450	3300	4900	7000
2 dr Trav	350	750	1450	3400	5000	7100
Bus Cpe	350	775	1500	3750	5250	7500

Kaiser Manhattan, 6-cyl.

	6	5	4	3	2	1
4 dr Sed	350	775	1500	3600	5100	7300
2 dr Sed	350	775	1500	3600	5100	7300
Clb Cpe	350	800	1550	3900	5450	7800
Virginian, 6-cyl.						
4 dr Sed	350	775	1500	3700	5200	7400
2 dr Sed	350	775	1500	3700	5200	7400
Clb Cpe	350	825	1600	3950	5500	7900

1953

Carolina, 6-cyl.	6	5	4	3	2	1
2 dr Sed	350	775	1500	3600	5100	7300
4 dr Sed	350	775	1500	3600	5100	7300
Deluxe						
Clb Sed	350	775	1500	3750	5250	7500
Trav Sed	350	800	1550	3800	5300	7600
4 dr Sed	350	775	1500	3750	5250	7500
Manhattan, 6-cyl.						
Clb Sed	350	800	1550	3850	5400	7700
4 dr Sed	350	800	1550	3850	5400	7700
Dragon 4 dr Sed, 6-cyl.						
4 dr Sed	450	900	1900	4500	6300	9000

1954 Kaiser Manhattan, 4 dr

1954

Special, 6-cyl.
(Add 5 percent for late Special).

	6	5	4	3	2	1
4 dr Sed	350	800	1550	3850	5400	7700
Clb Sed	350	800	1550	3850	5400	7700
Manhattan, 6-cyl.						
4 dr Sed	450	900	1800	4400	6150	8800
Clb Sed	450	900	1800	4400	6150	8800

1954 Kaiser Darrin

Kaiser Darrin Spts Car, 6-cyl.

	6	5	4	3	2	1
Spt Car	800	3750	7500	12,500	17,500	25,000
1955						
Manhattan, 6-cyl.						
4 dr Sed	450	900	1900	4500	6300	9000
Clb Sed	450	900	1900	4500	6300	9000

FRAZER

1947						
Sed	350	725	1400	3100	4800	6800
Manhattan, 6-cyl.						
Sed	350	750	1450	3400	5000	7100
1948						
Sed	350	725	1400	3100	4800	6800
Manhattan, 6-cyl.						
Sed	350	750	1450	3400	5000	7100
1949-1950						
Sed	350	775	1500	3750	5250	7500
Manhattan, 6-cyl.						
Sed	350	800	1550	3850	5400	7700
Conv	800	3300	6600	11,000	15,400	22,000
1951						
Manhattan, 6-cyl.						
Sed	350	725	1400	3100	4800	6800
Vag	350	750	1450	3300	4900	7000
4 dr Sed HdTp	550	1500	4350	7250	10,150	14,500
4 dr Del Sed HdTp	550	1550	4500	7500	10,500	15,000
Conv	800	3350	6750	11,250	15,750	22,500
Del Conv Sed	800	3400	6900	11,500	16,100	23,000

HENRY J

1951						
Four						
2 dr Sed	350	700	1350	2900	4600	6600
DeLuxe six						
2 dr Sed	350	725	1400	3100	4800	6800
1952						
Vagabond (4 cyl.)						
2 dr Sed	350	725	1400	3200	4850	6900
Vagabond (6 cyl.)						
2 dr Sed	350	750	1450	3400	5000	7100
Corsair (4 cyl.)						
2 dr Sed	350	775	1500	3600	5100	7300
Corsair (6 cyl.)						
2 dr Sed	350	775	1500	3750	5250	7500
Allstate						
4 Cyl	350	775	1500	3700	5200	7400
DeL Six	350	800	1550	3800	5300	7600
1953						
Corsair (4 cyl.)						
2 dr Sed	350	775	1500	3600	5100	7300
Corsair (6 cyl.)						
DeL 2 dr Sed	350	775	1500	3750	5250	7500
Allstate						
4 Cyl	350	775	1500	3750	5250	7500
DeL Six	350	800	1550	3850	5400	7700
1954						
Corsair (4 cyl.)						
2 dr	350	775	1500	3700	5200	7400
Corsair Deluxe (6 cyl.)						
2 dr	350	800	1550	3800	5300	7600

LAMBORGHINI

1964-1966
V-12, 99.5" wb, 3464/3929 cc
350/400 GT

	6	5	4	3	2	1
Cpe	3500	13,500	27,000	45,000	70,000	90,000

*NOTE: Factory price listed is for year 1966.

1966-1968
V-12, 99.5" wb, 3929 cc
400 GT 2 plus 2

2 plus 2 Cpe	3500	12,900	25,800	48,200	66,000	86,000

1966-1969
V-12, 97.5" wb, 3929 cc
P400 Miura

Cpe	3500	15,000	30,000	50,000	80,000	100,000

1969-1971
V-12, 97.7" wb, 3929 cc
P400 Miura S

Cpe	3500	18,500	33,000	55,000	88,000	110,000

*NOTE: Factory price listed is for year 1969.

1971-1972
V-12, 97.7" wb, 3929 cc
P400 Miura SV

Cpe	5000	20,600	34,800	58,000	91,000	116,000

1968-1978
V-12, 99.5" wb, 3929 cc
Espada

2 plus 2 Cpe	3500	12,900	25,800	48,200	66,000	86,000

*NOTE: Factory price listed is for year 1979.

1968-1969
V-12, 99.5" wb, 3929 cc
400 GT Islero, Islero S

2 plus 2 Cpe	3500	12,000	24,000	40,000	60,000	80,000

1970-1973
V-12, 92.8" wb, 3929 cc
400 GT Jarama

2 plus 2 Cpe	3500	12,000	24,000	40,000	60,000	80,000

*NOTE: Factory price listed is for year 1972.

1973-1976
V-12, 92.8" wb, 3929 cc
400 GTS Jarama

2 plus 2 Cpe	3500	12,300	24,600	41,000	62,000	82,000

*NOTE: Factory price listed is for year 1975.

1972-1976
V-8, 95.5" wb, 2462 cc
P 250 Urraco

2 plus 2 Cpe	3500	12,300	24,600	41,000	62,000	82,000

1975-1977
V-8, 95.5" wb, 1994 cc
P 200 Urraco

2 plus 2 Cpe	3500	12,000	24,000	40,000	60,000	80,000

*NOTE: Factory price listed is for year 1975.

1976-1978
V-8, 95.5" wb, 2995.8 cc
Silhouette

Targa Conv	3500	13,500	27,000	45,000	70,000	90,000

1975-1979
V-8, 95.5" wb, 2995.8 cc
P 300 Urraco

2 plus 2 Cpe	3500	12,900	25,800	48,200	66,000	86,000

*NOTE: Factory price listed is for year 1977.

1973-1978
V-12, 95.5" wb, 3929 cc
LP 400 Countach

Cpe	5000	22,000	36,000	60,000	93,000	120,000

*NOTE: Factory price listed is for year 1976.

1978-Present
V-12, 95.5" wb, 3929 cc
LP 400S Countach

Cpe	5000	25,500	45,000	73,000	100,000	130,000

1982-Present
V-12, 95.5" wb, 4754 cc
LP 5000 Countach

	6	5	4	3	2	1
Cpe	6000	30,300	57,000	86,000	112,000	145,000

1982-Present
V-8, 95.5" wb, 3485 cc
P 350 Jalpa

Targa Conv	3500	17,100	31,800	53,000	85,000	106,000

LINCOLN

1920
Lincoln, V-8, 130" - 136" wb

	6	5	4	3	2	1
3P Rds	1500	7650	15,300	25,500	35,700	51,000
5P Phae	2000	8100	16,200	27,000	37,800	54,000
7P Tr	1500	7800	15,600	26,000	36,400	52,000
4P Cpe	1200	5850	11,700	19,500	27,300	39,000
5P Sed	1200	5700	11,400	19,000	26,600	38,000
Sub Sed	1200	5700	11,400	19,000	26,600	38,000
7P TwnC	1500	6000	12,000	20,000	28,000	40,000

1921
Lincoln, V-8, 130" - 136" wb

3P Rds	1500	7500	15,000	25,000	35,000	50,000
5P Phae	1500	7800	15,600	26,000	36,400	52,000
7P Tr	1500	7650	15,300	25,500	35,700	51,000
4P Cpe	1200	5850	11,700	19,500	27,300	39,000
4P Sed	1200	5550	11,100	18,500	25,900	37,000
5P Sed	1200	5700	11,400	19,000	26,600	38,000
Sub Sed	1200	5700	11,400	19,000	26,600	38,000
TwnC	1500	6000	12,000	20,000	28,000	40,000

1922
Lincoln, V-8, 130" wb

3P Rds	1500	7950	15,900	26,500	37,100	53,000
5P Phae	1500	7650	15,300	25,500	35,700	51,000
7P Tr	1500	7500	15,000	25,000	35,000	50,000
Conv Tr	1500	7650	15,300	25,500	35,700	51,000
4P Cpe	1500	6000	12,000	20,000	28,000	40,000
5P Sed	1200	5850	11,700	19,500	27,300	39,000

Lincoln, V-8, 136" wb

Spt Rds	1500	7800	15,600	26,000	36,400	52,000
DeL Phae	1500	7950	15,900	26,500	37,100	53,000
DeL Tr	1500	7650	15,300	25,500	35,700	51,000
Std Sed	1500	6000	12,000	20,000	28,000	40,000
Jud Sed	1500	6150	12,300	20,500	28,700	41,000
FW Sed	1500	6150	12,300	20,500	28,700	41,000
York Sed	1500	6150	12,300	20,500	28,700	41,000
4P Jud Sed	1500	6300	12,600	21,000	29,400	42,000
7P Jud Limo	1500	6750	13,500	22,500	31,500	45,000
Sub Limo	1500	7050	14,100	23,500	32,900	47,000
TwnC	1500	7200	14,400	24,000	33,600	48,000
FW Limo	1500	7500	15,000	25,000	35,000	50,000
Std Limo	1500	7200	14,400	24,000	33,600	48,000
FW Cabr	2000	8250	16,500	27,500	38,500	55,000
FW Coll Cabr	2000	9000	18,000	30,000	42,000	60,000
FW Lan'let	1500	7500	15,000	25,000	35,000	50,000
FW TwnC	1500	7800	15,600	26,000	36,400	52,000
Holbrk Cabr	2000	8250	16,500	27,500	38,500	55,000
Brn TwnC	1500	7500	15,000	25,000	35,000	50,000
Brn OD Limo	1500	7800	15,600	26,000	36,400	52,000

1923
Model L, V-8

Tr	1500	7500	15,000	25,000	35,000	50,000
Phae	1500	7650	15,300	25,500	35,700	51,000
Rds	1500	7500	15,000	25,000	35,000	50,000
Cpe	1500	6300	12,600	21,000	29,400	42,000
5P Sed	1500	6150	12,300	20,500	28,700	41,000
7P Sed	1500	6300	12,600	21,000	29,400	42,000
Limo	1500	7050	14,100	23,500	32,900	47,000
OD Limo	1500	7200	14,400	24,000	33,600	48,000
TwnC	1500	7350	14,700	24,500	34,300	49,000

	6	5	4	3	2	1
4P Sed	1500	6000	12,000	20,000	28,000	40,000
Berl	1500	6150	12,300	20,500	28,700	41,000
FW Cabr	1500	7350	14,700	24,500	34,300	49,000
FW Limo	1500	7200	14,400	24,000	33,600	48,000
FW TwnC	1500	7350	14,700	24,500	34,300	49,000
Jud Cpe	1500	6300	12,600	21,000	29,400	42,000
Brn TwnC	1500	7350	14,700	24,500	34,300	49,000
Brn OD Limo	1500	7500	15,000	25,000	35,000	50,000
Jud 2W Berl	1500	6300	12,600	21,000	29,400	42,000
Jud 3W Berl	1500	6300	12,600	21,000	29,400	42,000
Holbrk Cabr	2000	8250	16,500	27,500	38,500	55,000

1924
V-8

Tr	1500	7500	15,000	25,000	35,000	50,000
Phae	1500	7650	15,300	25,500	35,700	51,000
Rds	1500	7800	15,600	26,000	36,400	52,000
Cpe	1500	6450	12,900	21,500	30,100	43,000
5P Sed	1500	6150	12,300	20,500	28,700	41,000
7P Sed	1500	6000	12,000	20,000	28,000	40,000
Limo	1500	6300	12,600	21,000	29,400	42,000
4P Sed	1500	6000	12,000	20,000	28,000	40,000
TwnC	1500	6750	13,500	22,500	31,500	45,000
Twn Limo	1500	7050	14,100	23,500	32,900	47,000
FW Limo	1500	6900	13,800	23,000	32,200	46,000
Jud Cpe	1500	6150	12,300	20,500	28,700	41,000
Jud Berl	1500	6300	12,600	21,000	29,400	42,000
Brn Cabr	1500	7350	14,700	24,500	34,300	49,000
Brn Cpe	1500	6300	12,600	21,000	29,400	42,000
Brn OD Limo	1500	7050	14,100	23,500	32,900	47,000
Leb Sed	1500	7200	14,400	24,000	33,600	48,000

1925
Model L, V-8

Tr	1500	7950	15,900	26,500	37,100	53,000
Spt Tr	2000	8550	17,100	28,500	39,900	57,000
Phae	2000	8100	16,200	27,000	37,800	54,000
Rds	1500	7950	15,900	26,500	37,100	53,000
Cpe	1500	6600	13,200	22,000	30,800	44,000
4P Sed	1200	5850	11,700	19,500	27,300	39,000
5P Sed	1200	5700	11,400	19,000	26,600	38,000
7P Sed	1200	5700	11,400	19,000	26,600	38,000
Limo	1500	6600	13,200	22,000	30,800	44,000
FW Limo	1500	6750	13,500	22,500	31,500	45,000
Jud Cpe	1500	6000	12,000	20,000	28,000	40,000
Jud Berl	1500	6150	12,300	20,500	28,700	41,000
Brn Cabr	2000	8100	16,200	27,000	37,800	54,000
FW Coll Clb Rds	1500	7950	15,900	26,500	37,100	53,000
FW Sed	1500	7200	14,400	24,000	33,600	48,000
FW Brgm	1500	7350	14,700	24,500	34,300	49,000
FW Cabr	1500	7800	15,600	26,000	36,400	52,000
Jud 3W Berl	1500	7350	14,700	24,500	34,300	49,000
Jud 4P Cpe	1500	7350	14,700	24,500	34,300	49,000
Jud Brgm	1500	7200	14,400	24,000	33,600	48,000
Mur OD Limo	1500	7800	15,600	26,000	36,400	52,000
Holbrk Brgm	1500	7500	15,000	25,000	35,000	50,000
Holbrk Coll	1500	7650	15,300	25,500	35,700	51,000
Brn OD Limo	1500	7650	15,300	25,500	35,700	51,000
Brn Spt Phae	2000	8550	17,100	28,500	39,900	57,000
Brn Lan Sed	1500	7650	15,300	25,500	35,700	51,000
Brn TwnC	1500	7800	15,600	26,000	36,400	52,000
Brn Pan Brgm	1500	7650	15,300	25,500	35,700	51,000
Hume Limo	1500	7950	15,900	26,500	37,100	53,000
Hume Cpe	1500	7350	14,700	24,500	34,300	49,000
5P Leb Sed	1500	7800	15,600	26,000	36,400	52,000
4P Leb Sed	1500	7500	15,000	25,000	35,000	50,000
Leb DC Phae	2000	10,500	21,000	35,000	49,000	70,000
Leb Clb Rds	2000	9000	18,000	30,000	42,000	60,000
Leb Limo	1500	7500	15,000	25,000	35,000	50,000
Leb Brgm	1500	7650	15,300	25,500	35,700	51,000
Leb Twn Brgm	1500	7800	15,600	26,000	36,400	52,000
Leb Cabr	2000	8250	16,500	27,500	38,500	55,000
Leb Coll Spt Cabr	2000	9000	18,000	30,000	42,000	60,000
Lke Cabr	2000	8700	17,400	29,000	40,600	58,000
Dtrch Coll Cabr	2000	8850	17,700	29,500	41,300	59,000

1926
Model L, V-8

	6	5	4	3	2	1
Tr	2000	8550	17,100	28,500	39,900	57,000
Spt Tr	2000	9300	18,600	31,000	43,400	62,000
Phae	2000	9000	18,000	30,000	42,000	60,000
Rds	2000	8700	17,400	29,000	40,600	58,000
Cpe	1200	5850	11,700	19,500	27,300	39,000
4P Sed	1200	5700	11,400	19,000	26,600	38,000
5P Sed	1200	5700	11,400	19,000	26,600	38,000
7P Sed	1200	5550	11,100	18,500	25,900	37,000
Limo	1500	6000	12,000	20,000	28,000	40,000
FW Limo	1500	6150	12,300	20,500	28,700	41,000
Jud Cpe	1500	7050	14,100	23,500	32,900	47,000
Jud Berl	1500	6900	13,800	23,000	32,200	46,000
Brn Cabr	2000	8400	16,800	28,000	39,200	56,000
Holbrk Coll Cabr	2000	8550	17,100	28,500	39,900	57,000
Hume Limo	1500	6900	13,800	23,000	32,200	46,000
W'by Limo	1500	6900	13,800	23,000	32,200	46,000
W'by Lan'let	1500	7050	14,100	23,500	32,900	47,000
Dtrch Sed	1500	6600	13,200	22,000	30,800	44,000
Dtrch Coll Cabr	2000	8700	17,400	29,000	40,600	58,000
Dtrch Brgm	1500	7200	14,400	24,000	33,600	48,000
Dtrch Cpe Rds	2000	8550	17,100	28,500	39,900	57,000
Jud 3W Berl	1500	6750	13,500	22,500	31,500	45,000
Jud Brgm	1500	6600	13,200	22,000	30,800	44,000
Brn Phae	2000	8400	16,800	28,000	39,200	56,000
Brn Sed	1500	6450	12,900	21,500	30,100	43,000
Brn Brgm	1500	6600	13,200	22,000	30,800	44,000
Brn Semi-Coll Cabr	2000	8400	16,800	28,000	39,200	56,000
Leb 2W Sed	1500	6450	12,900	21,500	30,100	43,000
Leb 3W Sed	1500	6450	12,900	21,500	30,100	43,000
Leb Cpe	1500	6750	13,500	22,500	31,500	45,000
Leb Spt Cabr	2000	8550	17,100	28,500	39,900	57,000
Leb A-W Cabr	2000	8250	16,500	27,500	38,500	55,000
Leb Limo	1500	7050	14,100	23,500	32,900	47,000
Leb Clb Rds	2000	8700	17,400	29,000	40,600	58,000
Lke Rds	2000	9000	18,000	30,000	42,000	60,000
Lke Semi-Coll Cabr	2000	8250	16,500	27,500	38,500	55,000
Lke Cabr	2000	8700	17,400	29,000	40,600	58,000
Leb Conv Phae	2000	9000	18,000	30,000	42,000	60,000
Leb Conv	2000	9000	18,000	30,000	42,000	60,000

1927
Model L, V-8

	6	5	4	3	2	1
Spt Rds	2000	11,100	22,200	37,000	52,000	74,000
Spt Tr	2000	10,800	21,600	36,000	50,500	72,000
Phae	2000	11,400	22,800	38,000	56,000	76,000
Cpe	1500	6750	13,500	22,500	31,500	45,000
2W Sed	1500	6300	12,600	21,000	29,400	42,000
3W Sed	1500	6150	12,300	20,500	28,700	41,000
Sed	1500	6000	12,000	20,000	28,000	40,000
FW Limo	1500	7200	14,400	24,000	33,600	48,000
Jud Cpe	1500	7050	14,100	23,500	32,900	47,000
Brn Cabr	2000	10,800	21,600	36,000	50,500	72,000
Holbrk Cabr	2000	11,400	22,800	38,000	56,000	76,000
Brn Brgm	2000	8400	16,800	28,000	39,200	56,000
Dtrch Conv Sed	2000	11,700	23,400	39,000	58,000	78,000
Dtrch Conv Vic	2000	11,700	23,400	39,000	58,000	78,000
Brn Conv	2000	11,100	22,200	37,000	52,000	74,000
Brn Semi-Coll Cabr	2000	11,400	22,800	38,000	56,000	76,000
Holbrk Coll Cabr	2000	11,700	23,400	39,000	58,000	78,000
Leb A-W Cabr	2000	11,700	23,400	39,000	58,000	78,000
Leb A-W Brgm	2000	11,700	23,400	39,000	58,000	78,000
W'by Semi-Coll Cabr	2000	11,400	22,800	38,000	56,000	76,000
Jud Brgm	2000	8400	16,800	28,000	39,200	56,000
Clb Rds	2000	9000	18,000	30,000	42,000	60,000
Jud 2W Berl	1500	6750	13,500	22,500	31,500	45,000
Jud 3W Berl	1500	6750	13,500	22,500	31,500	45,000
7P E d Limo	1500	7350	14,700	24,500	34,300	49,000
Leb Spt Cabr	2000	11,700	23,400	39,000	58,000	78,000
W'by Lan'let	2000	10,800	21,600	36,000	50,500	72,000
W'by Limo	1500	7500	15,000	25,000	35,000	50,000
Leb Cpe	1500	7200	14,400	24,000	33,600	48,000
Der Spt Sed	1500	7050	14,100	23,500	32,900	47,000
Lke Conv Sed	2000	11,700	23,400	39,000	58,000	78,000

	6	5	4	3	2	1
Dtrch Cpe Rds	2000	11,400	22,800	38,000	56,000	76,000
Dtrch Spt Phae	2000	11,700	23,400	39,000	58,000	78,000

1928
Model L, V-8

	6	5	4	3	2	1
164 Spt Tr	3500	12,900	25,800	48,200	66,000	86,000
163 Lke Spt Phae	3500	13,500	27,000	45,000	70,000	90,000
151 Lke Spt Rds	3500	13,200	26,400	44,000	68,000	88,000
154 Clb Rds	3500	12,600	25,200	42,000	64,000	84,000
156 Cpe	2000	8100	16,200	27,000	37,800	54,000
144A 2W Sed	1500	7650	15,300	25,500	35,700	51,000
144B Sed	1500	7650	15,300	25,500	35,700	51,000
152 Sed	1500	7500	15,000	25,000	35,000	50,000
147A Sed	1500	7500	15,000	25,000	35,000	50,000
147B Limo	2000	8100	16,200	27,000	37,800	54,000
161 Jud Berl	2000	8400	16,800	28,000	39,200	56,000
161C Jud Berl	2000	8400	16,800	28,000	39,200	56,000
Jud Cpe	2000	9000	18,000	30,000	42,000	60,000
159 Brn Cabr	3500	12,900	25,800	48,200	66,000	86,000
145 Brn Brgm	2000	10,800	21,600	36,000	50,500	72,000
155A Hlbrk Coll Cabr	3500	13,500	27,000	45,000	70,000	90,000
155 Leb Spt Cabr	3500	15,000	30,000	50,000	80,000	100,000
157 W'by Lan'let Berl	3500	13,500	27,000	45,000	70,000	90,000
160 W'by Limo	3500	14,400	28,800	48,000	76,000	96,000
162A Leb A-W Cabr	3500	13,800	27,600	46,000	73,500	92,000
162 Leb A-W Lan'let	3500	13,200	26,400	44,000	68,000	88,000
Jud Spt Cpe	3500	12,300	24,600	41,000	62,000	82,000
Leb Cpe	3500	12,900	25,800	48,200	66,000	86,000
Dtrch Conv Vic	3500	14,400	28,800	48,000	76,000	96,000
Dtrch Cpe Rds	3500	14,700	29,400	49,000	78,000	98,000
Dtrch Conv Sed	3500	15,000	30,000	50,000	80,000	100,000
Holbrk Cabr	3500	14,700	29,400	49,000	78,000	98,000
W'by Spt Sed	1500	7800	15,600	26,000	36,400	52,000
Der Spt Sed	1500	7800	15,600	26,000	36,400	52,000
Brn Spt Conv	3500	13,200	26,400	44,000	68,000	88,000

1929 Lincoln Dual Cowl Phaeton

1929
Model L, V-8
Standard Line

	6	5	4	3	2	1
Lke Spt Rds	3500	14,400	28,800	48,000	76,000	96,000
Clb Rds	3500	14,100	28,200	57,000	74,000	94,000
Lke Spt Phae	3500	18,500	33,000	55,000	88,000	110,000
Lke TWS Spt Phae	5000	22,000	36,000	60,000	93,000	120,000
Lke Spt Phae TC & WS	5000	24,100	42,000	68,000	98,000	126,000
Lke Spt Tr	3500	17,100	31,800	53,000	85,000	106,000
Lke Clb Rds	5000	20,600	34,800	58,000	91,000	116,000
4P Cpe	2000	8250	16,500	27,500	38,500	55,000
Twn Sed	2000	8100	16,200	27,000	37,800	54,000
5P Sed	1500	7800	15,600	26,000	36,400	52,000

	6	5	4	3	2	1
7P Sed	1500	7950	15,900	26,500	37,100	53,000
7P Limo	2000	8400	16,800	28,000	39,200	56,000
2W Jud Berl	2000	8700	17,400	29,000	40,600	58,000
3W Jud Berl	2000	8550	17,100	28,500	39,900	57,000
Brn A-W Brgm	3500	13,500	27,000	45,000	70,000	90,000
Brn Cabr	3500	14,100	28,200	57,000	74,000	94,000
Brn Non-Coll Cabr	3500	13,500	27,000	45,000	70,000	90,000
Holbrk Coll Cabr	3500	15,000	30,000	50,000	80,000	100,000
Leb A-W Cabr	3500	18,500	33,000	55,000	88,000	110,000
Leb Semi-Coll Cabr	3500	13,500	27,000	45,000	70,000	90,000
Leb Coll Cabr	3500	15,000	30,000	50,000	80,000	100,000
W'by Lan'let	2000	11,400	22,800	38,000	56,000	76,000
W'by Limo	2000	10,800	21,600	36,000	50,500	72,000
Dtrch Cpe	2000	10,200	20,400	34,000	47,600	68,000
Dtrch Sed	2000	10,200	20,400	34,000	47,600	68,000
Dtrch Conv	3500	14,400	28,800	48,000	76,000	96,000
Leb Spt Sed	2000	10,500	21,000	35,000	49,000	70,000
Leb Aero Phae	3500	14,400	28,800	48,000	76,000	96,000
Leb Sal Cabr	3500	14,100	28,200	57,000	74,000	94,000
Brn Spt Conv	3500	14,400	28,800	48,000	76,000	96,000
Dtrch Conv Sed	3500	15,000	30,000	50,000	80,000	100,000
Dtrch Conv Vic	3500	18,500	33,000	55,000	88,000	110,000

1930
Model L, V-8
Standard Line

	6	5	4	3	2	1
Conv Rds	3500	14,400	28,800	48,000	76,000	96,000
5P Lke Spt Phae	5000	20,600	34,800	58,000	91,000	116,000
5P Lke Spt Phae TC & WS	5000	24,100	42,000	68,000	98,000	126,000
7P Lke Spt Phae	3500	18,500	33,000	55,000	88,000	110,000
Lke Rds	5000	20,600	34,800	58,000	91,000	116,000
4P Cpe	2000	8250	16,500	27,500	38,500	55,000
Twn Sed	2000	8100	16,200	27,000	37,800	54,000
5P Sed	1500	7950	15,900	26,500	37,100	53,000
7P Sed	1500	7800	15,600	26,000	36,400	52,000
7P Limo	2000	9000	18,000	30,000	42,000	60,000

Custom Line

	6	5	4	3	2	1
Jud Cpe	2000	8700	17,400	29,000	40,600	58,000
2W Jud Berl	2000	9900	19,800	33,000	46,200	66,000
3W Jud Berl	2000	9900	19,800	33,000	46,200	66,000
Brn A-W Cabr	3500	12,000	24,000	40,000	60,000	80,000
Brn Non-Coll Cabr	2000	10,200	20,400	34,000	47,600	68,000
Leb A-W Cabr	3500	18,500	33,000	55,000	88,000	110,000
Leb Semi-Coll Cabr	3500	14,400	28,800	48,000	76,000	96,000
W'by Limo	2000	9900	19,800	33,000	46,200	66,000
Dtrch Cpe	2000	9300	18,600	31,000	43,400	62,000
Dtrch Sed	2000	9300	18,600	31,000	43,400	62,000
2W W'by Twn Sed	2000	9300	18,600	31,000	43,400	62,000
3W W'by Twn Sed	2000	9600	19,200	32,000	44,800	64,000
W'by Pan Brgm	2000	10,200	20,400	34,000	47,600	68,000
Leb Cpe	2000	9300	18,600	31,000	43,400	62,000
Leb Conv Rds	3500	14,400	28,800	48,000	76,000	96,000
Leb Spt Sed	2000	11,400	22,800	38,000	56,000	76,000
Der Spt Conv	3500	14,700	29,400	49,000	78,000	98,000
Der Conv Phae	3500	15,000	30,000	50,000	80,000	100,000
Brn Semi-Coll Cabr	3500	14,400	28,800	48,000	76,000	96,000
Dtrch Conv Cpe	3500	15,000	30,000	50,000	80,000	100,000
Dtrch Conv Sed	3500	18,500	33,000	55,000	88,000	110,000
Wolf Conv Sed	3500	18,500	33,000	55,000	88,000	110,000

1931
Model K, V-8
Type 201, V-8, 145" wb

	6	5	4	3	2	1
202B Spt Phae	5000	22,000	36,000	60,000	93,000	120,000
202A Spt Phae	5000	24,100	42,000	68,000	98,000	126,000
203 Spt Tr	5000	20,600	34,800	58,000	91,000	116,000
214 Conv Rds	3500	18,500	33,000	55,000	88,000	110,000
206 Cpe	1500	7500	15,000	25,000	35,000	50,000
204 Twn Sed	1500	7200	14,400	24,000	33,600	48,000
205 Sed	1500	7350	14,700	24,500	34,300	49,000
207A Sed	1500	7350	14,700	24,500	34,300	49,000
207B Limo	1500	7800	15,600	26,000	36,400	52,000
212 Conv Phae	5000	20,600	34,800	58,000	91,000	116,000
210 Conv Cpe	3500	18,500	33,000	55,000	88,000	110,000

	6	5	4	3	2	1
211 Conv Sed	5000	20,600	34,800	58,000	91,000	116,000
216 W'by Pan Brgm	2000	9900	19,800	33,000	46,200	66,000
213A Jud Berl	2000	9000	18,000	30,000	42,000	60,000
213B Jud Berl	2000	9000	18,000	30,000	42,000	60,000
Jud Cpe	2000	8850	17,700	29,500	41,300	59,000
Brn Cabr	3500	18,500	33,000	55,000	88,000	110,000
Leb Cabr	3500	18,500	33,000	55,000	88,000	110,000
W'by Limo	2000	9900	19,800	33,000	46,200	66,000
Lke Spt Rds	5000	20,600	34,800	58,000	91,000	116,000
Der Conv Sed	5000	24,100	42,000	68,000	98,000	126,000
Leb Conv Rds	5000	22,000	36,000	60,000	93,000	120,000
Mur DC Phae	5000	25,500	45,000	73,000	100,000	130,000
Dtrch Conv Sed	5000	25,500	45,000	73,000	100,000	130,000
Dtrch Conv Cpe	5000	24,800	44,000	70,000	99,000	128,000
Wtrhs Conv Vic	5000	25,500	45,000	73,000	100,000	130,000

1932 Lincoln, 4 dr Conv sed

1932
Model KA, V-8, 8-cyl., 136" wb

Rds	3500	15,000	30,000	50,000	80,000	100,000
Phae	3500	18,500	33,000	55,000	88,000	110,000
Twn Sed	2000	8250	16,500	27,500	38,500	55,000
Sed	1500	7800	15,600	26,000	36,400	52,000
Cpe	2000	8550	17,100	28,500	39,900	57,000
Vic	2000	8400	16,800	28,000	39,200	56,000
7P Sed	2000	8250	16,500	27,500	38,500	55,000
Limo	2000	9000	18,000	30,000	42,000	60,000

Model KB, V-12
Standard, 12-cyl., 145" wb

Phae	5000	20,600	34,800	58,000	91,000	116,000
Spt Phae	5000	22,000	36,000	60,000	93,000	120,000
Cpe	2000	8700	17,400	29,000	40,600	58,000
2W Tr Sed	2000	8400	16,800	28,000	39,200	56,000
3W Tr Sed	2000	8100	16,200	27,000	37,800	54,000
5P Sed	2000	8550	17,100	28,500	39,900	57,000
7P Sed	2000	8700	17,400	29,000	40,600	58,000
Limo	2000	9300	18,600	31,000	43,400	62,000

Custom, 145" wb

Leb Conv Cpe	5000	29,500	55,000	84,000	110,000	140,000
2P Dtrch Cpe	2000	10,800	21,600	36,000	50,500	72,000
4P Dtrch Cpe	2000	10,500	21,000	35,000	49,000	70,000
Jud Cpe	2000	11,100	22,200	37,000	52,000	74,000
Jud Berl	2000	9900	19,800	33,000	46,200	66,000
W'by Limo	2000	10,200	20,400	34,000	47,600	68,000
Wtrhs Conv Vic	6000	30,300	57,000	86,000	112,000	145,000
Dtrch Conv Sed	6000	31,100	58,000	88,000	114,000	150,000
W'by Twn Brgm	3500	12,000	24,000	40,000	60,000	80,000

	6	5	4	3	2	1
Brn Brgm	2000	11,700	23,400	39,000	58,000	78,000
Brn Non-Coll Cabr	3500	13,500	27,000	45,000	70,000	90,000
Brn Semi-Coll Cabr	5000	24,100	42,000	68,000	98,000	126,000
Leb Twn Cabr	6000	30,300	57,000	86,000	112,000	145,000
Dtrch Spt Berl	3500	18,500	33,000	55,000	88,000	110,000
5P Rlstn TwnC	5000	24,100	42,000	68,000	98,000	126,000
7P Rlstn TwnC	5000	24,100	42,000	68,000	98,000	126,000
Brn Phae	6000	31,100	58,000	88,000	114,000	150,000
Brn dbl-entry Spt Sed						
	3500	14,400	28,800	48,000	76,000	96,000
Brn A-W Brgm	5000	29,500	55,000	84,000	110,000	140,000
Brn Clb Sed	3500	13,200	26,400	44,000	68,000	88,000
Mur Conv Rds	6800		value not estimable			

1933
Model KA, V-12, 12-cyl., 136" wb

	6	5	4	3	2	1
512B Cpe	2000	8550	17,100	28,500	39,900	57,000
512A RS Cpe	2000	9000	18,000	30,000	42,000	60,000
513A Conv Rds	3500	15,000	30,000	50,000	80,000	100,000
514 Twn Sed	1500	7650	15,300	25,500	35,700	51,000
515 Sed	1500	7500	15,000	25,000	35,000	50,000
516 Cpe	2000	8700	17,400	29,000	40,600	58,000
517 Sed	1500	7500	15,000	25,000	35,000	50,000
517B Limo	2000	8250	16,500	27,500	38,500	55,000
518A DC Phae	5000	27,900	51,000	79,000	106,000	136,000
518B Phae	5000	24,100	42,000	68,000	98,000	126,000
519 7P Tr	5000	22,000	36,000	60,000	93,000	120,000
520B RS Rds	3500	18,500	33,000	55,000	88,000	110,000
520A Rds	3500	17,100	31,800	53,000	85,000	106,000

Model KB, V-8
12-cyl., 145" wb

	6	5	4	3	2	1
252A DC Phae	6000	30,300	57,000	86,000	112,000	145,000
252B Phae	5000	29,500	55,000	84,000	110,000	140,000
253 7P Tr	5000	27,900	51,000	79,000	106,000	136,000
Twn Sed	2000	8250	16,500	27,500	38,500	55,000
255 5P Sed	2000	8400	16,800	28,000	39,200	56,000
256 5P Cpe	2000	9000	18,000	30,000	42,000	60,000
257 7P Sed	2000	8250	16,500	27,500	38,500	55,000
257B Limo	2000	9300	18,600	31,000	43,400	62,000
258C Brn Semi-Coll Cabr						
	5000	24,100	42,000	68,000	98,000	126,000
258d Brn Non-Coll Cabr						
	3500	18,500	33,000	55,000	88,000	110,000
259 Brn Brgm	2000	11,400	22,800	38,000	56,000	76,000
260 Brn Conv Cpe	8000	40,000	70,000	110,000	140,000	200,000
Dtrch Conv Sed	8000	41,000	72,000	113,000	144,000	205,000
2P Dtrch Cpe	2000	11,400	22,800	38,000	56,000	76,000
4P Dtrch Cpe	2000	11,400	22,800	38,000	56,000	76,000
Jud Berl	2000	9900	19,800	33,000	46,200	66,000
2P Jud Cpe	2000	10,500	21,000	35,000	49,000	70,000
4P Jud Cpe	2000	10,500	21,000	35,000	49,000	70,000
Jud Limo	2000	10,800	21,600	36,000	50,500	72,000
Leb Conv Rds	6000	33,500	61,000	94,000	120,000	165,000
W'by Limo	2000	10,800	21,600	36,000	50,500	72,000
W'by Brgm	2000	11,400	22,800	38,000	56,000	76,000

1934
Series K, V-12
12-cyl., 136" wb

	6	5	4	3	2	1
4P Conv Rds	3500	15,000	30,000	50,000	80,000	100,000
4P Twn Sed	1500	7800	15,600	26,000	36,400	52,000
5P Sed	1500	7650	15,300	25,500	35,700	51,000
5P Cpe	2000	9000	18,000	30,000	42,000	60,000
7P Sed	2000	8100	16,200	27,000	37,800	54,000
7P Limo	2000	9300	18,600	31,000	43,400	62,000
2P Cpe	2000	9300	18,600	31,000	43,400	62,000
5P Conv Phae	5000	22,000	36,000	60,000	93,000	120,000
4P Cpe	2000	8250	16,500	27,500	38,500	55,000

V-12, 145" wb

	6	5	4	3	2	1
Tr	3500	14,400	28,800	48,000	76,000	96,000
Sed	2000	8400	16,800	28,000	39,200	56,000
Limo	2000	9000	18,000	30,000	42,000	60,000
2W Jud Berl	2000	10,200	20,400	34,000	47,600	68,000
3W Jud Berl	2000	9900	19,800	33,000	46,200	66,000
Jud Sed Limo	2000	9300	18,600	31,000	43,400	62,000

	6	5	4	3	2	1
Brn Brgm	2000	9900	19,800	33,000	46,200	66,000
Brn Semi-Coll Cabr	3500	12,900	25,800	48,200	66,000	86,000
Brn Conv Cpe	5000	24,100	42,000	68,000	98,000	126,000
W'by Limo	2000	9000	18,000	30,000	42,000	60,000
Leb Rds	5000	25,500	45,000	73,000	100,000	130,000
Dtrch Conv Sed	5000	27,900	51,000	79,000	106,000	136,000
Brn Conv Vic	5000	29,500	55,000	84,000	110,000	140,000
Leb Cpe	2000	9900	19,800	33,000	46,200	66,000
Dtrch Conv Rds	5000	25,500	45,000	73,000	100,000	130,000
W'by Spt Sed	2000	9000	18,000	30,000	42,000	60,000
Leb Conv Cpe	5000	25,500	45,000	73,000	100,000	130,000
Brn Conv Sed	5000	27,900	51,000	79,000	106,000	136,000
Brn Cus Phae	5000	29,500	55,000	84,000	110,000	140,000
Brwstr Non-Coll Cabr	3500	15,000	30,000	50,000	80,000	100,000

1935
Series K, V-12
V-12, 136" wb

	6	5	4	3	2	1
Leb Conv Rds	5000	22,700	38,000	64,000	95,000	122,000
Leb Cpe	2000	9000	18,000	30,000	42,000	60,000
Cpe	2000	8700	17,400	29,000	40,600	58,000
Brn Conv Vic	5000	24,100	42,000	68,000	98,000	126,000
2W Sed	1500	7800	15,600	26,000	36,400	52,000
3W Sed	1500	7650	15,300	25,500	35,700	51,000
Leb Conv Phae	5000	25,500	45,000	73,000	100,000	130,000

V-12, 145" wb

	6	5	4	3	2	1
7P Tr	5000	22,000	36,000	60,000	93,000	120,000
7P Sed	1500	7950	15,900	26,500	37,100	53,000
7P Limo	2000	9000	18,000	30,000	42,000	60,000
Leb Conv Sed	5000	27,900	51,000	79,000	106,000	136,000
Brn Semi-Coll Cabr	3500	15,000	30,000	50,000	80,000	100,000
Brn Non-Coll Cabr	3500	14,400	28,800	48,000	76,000	96,000
Brn Brgm	2000	9000	18,000	30,000	42,000	60,000
W'by Limo	2000	9300	18,600	31,000	43,400	62,000
W'by Spt Sed	2000	9000	18,000	30,000	42,000	60,000
2W Jud Berl	2000	9300	18,600	31,000	43,400	62,000
3W Jud Berl	2000	9000	18,000	30,000	42,000	60,000
Jud Sed Limo	2000	9600	19,200	32,000	44,800	64,000

1936
Zephyr, V-12, 122" wb

	6	5	4	3	2	1
4 dr Sed	1200	4800	9600	16,000	22,400	32,000
2 dr Sed	1200	4950	9900	16,500	23,100	33,000

12-cyl., 136" wb

	6	5	4	3	2	1
Leb Rds Cabr	3500	13,500	27,000	45,000	70,000	90,000
2P Leb Cpe	1500	7500	15,000	25,000	35,000	50,000
5P Cpe	1500	7200	14,400	24,000	33,600	48,000
Brn Conv Vic	3500	14,400	28,800	48,000	76,000	96,000
2W Sed	1500	6150	12,300	20,500	28,700	41,000
3W Sed	1500	6000	12,000	20,000	28,000	40,000
Leb Conv Sed	3500	15,000	30,000	50,000	80,000	100,000

V-12, 145" wb

	6	5	4	3	2	1
7P Tr	3500	15,000	30,000	50,000	80,000	100,000
7P Sed	1500	7500	15,000	25,000	35,000	50,000
7P Limo	2000	8250	16,500	27,500	38,500	55,000
Leb Conv Sed W/part	3500	17,100	31,800	53,000	85,000	106,000
Brn Semi-Coll Cabr	3500	14,400	28,800	48,000	76,000	96,000
Brn Non-Coll Cabr	2000	11,400	22,800	38,000	56,000	76,000
Brn Brgm	1500	7950	15,900	26,500	37,100	53,000
W'by Limo	2000	8550	17,100	28,500	39,900	57,000
W'by Spt Sed	2000	8100	16,200	27,000	37,800	54,000
Jud 2W Berl	2000	8400	16,800	28,000	39,200	56,000
Jud 3W Berl	2000	8550	17,100	28,500	39,900	57,000
Jud Limo	2000	8700	17,400	29,000	40,600	58,000

1937
Zephyr, V-12

	6	5	4	3	2	1
3P Cpe	1200	5100	10,200	17,000	23,800	34,000
2 dr Sed	1200	4650	9300	15,500	21,700	31,000
4 dr Sed	1200	4500	9000	15,000	21,000	30,000
Twn Sed	1200	4650	9300	15,500	21,700	31,000
Conv Sed	2000	8250	16,500	27,500	38,500	55,000

Series K, V-12
V-12, 136" wb

	6	5	4	3	2	1
Leb Conv Rds	3500	12,900	25,800	48,200	66,000	86,000
Leb Cpe	1500	7500	15,000	25,000	35,000	50,000

	6	5	4	3	2	1
W'by Cpe	1500	7800	15,600	26,000	36,400	52,000
Brn Conv Vic	3500	13,500	27,000	45,000	70,000	90,000
2W Sed	1500	6300	12,600	21,000	29,400	42,000
3W Sed	1500	6150	12,300	20,500	28,700	41,000
V-12, 145" wb						
7P Sed	1500	6900	13,800	23,000	32,200	46,000
7P Limo	1500	7200	14,400	24,000	33,600	48,000
Leb Conv Sed	3500	13,800	27,600	46,000	73,500	92,000
Leb Conv Sed W/part	3500	14,400	28,800	48,000	76,000	96,000
Brn Semi-Coll Cabr	3500	12,900	25,800	48,200	66,000	86,000
Brn Non-Coll Cabr	2000	10,500	21,000	35,000	49,000	70,000
Brn Brgm	2000	8550	17,100	28,500	39,900	57,000
Brn Tr Cabr	3500	13,500	27,000	45,000	70,000	90,000
Jud 2W Berl	2000	8250	16,500	27,500	38,500	55,000
Jud 3W Berl	2000	8250	16,500	27,500	38,500	55,000
Jud Limo	2000	9000	18,000	30,000	42,000	60,000
W'by Tr	2000	9900	19,800	33,000	46,200	66,000
W'by Limo	2000	9000	18,000	30,000	42,000	60,000
W'by Spt Sed	2000	8250	16,500	27,500	38,500	55,000
W'by Cpe	2000	8550	17,100	28,500	39,900	57,000
W'by Pan Brgm	2000	8700	17,400	29,000	40,600	58,000
Jud Cpe	2000	8550	17,100	28,500	39,900	57,000
1938						
Zephyr, V-12						
3P Cpe	1200	5250	10,500	17,500	24,500	35,000
3P Conv Cpe	1500	7500	15,000	25,000	35,000	50,000
4 dr Sed	800	3750	7500	12,500	17,500	25,000
2 dr Sed	800	3900	7800	13,000	18,200	26,000
Conv Sed	2000	8250	16,500	27,500	38,500	55,000
Twn Sed	800	4200	8400	14,000	19,600	28,000
Series K, V-12						
V-12, 136" wb						
Leb Conv Rds	3500	12,900	25,800	48,200	66,000	86,000
Leb Cpe	1500	7200	14,400	24,000	33,600	48,000
W'by Cpe	1500	7350	14,700	24,500	34,300	49,000
2W Sed	1500	6300	12,600	21,000	29,400	42,000
3W Sed	1500	6150	12,300	20,500	28,700	41,000
Brn Conv Vic	3500	13,200	26,400	44,000	68,000	88,000
V-12, 145" wb						
7P Sed	1500	6600	13,200	22,000	30,800	44,000
Sed Limo	1500	6750	13,500	22,500	31,500	45,000
Leb Conv Sed	3500	14,400	28,800	48,000	76,000	96,000
Leb Conv Sed W/part	3500	15,000	30,000	50,000	80,000	100,000
Jud 2W Berl	1500	6900	13,800	23,000	32,200	46,000
Jud 3W Berl	1500	7050	14,100	23,500	32,900	47,000
Jud Limo	1500	7500	15,000	25,000	35,000	50,000
Brn Tr Cabr	3500	14,700	29,400	49,000	78,000	98,000
W'by Tr	2000	9900	19,800	33,000	46,200	66,000
W'by Spt Sed	1500	7500	15,000	25,000	35,000	50,000
Brn Non-Coll Cabr	2000	9600	19,200	32,000	44,800	64,000
Brn Semi-Coll Cabr	3500	12,900	25,800	48,200	66,000	86,000
Brn Brgm	1500	7500	15,000	25,000	35,000	50,000
W'by Pan Brgm	1500	7650	15,300	25,500	35,700	51,000
W'by Limo	1500	7500	15,000	25,000	35,000	50,000
1939						
Zephyr, V-12						
3P Cpe	1200	4500	9000	15,000	21,000	30,000
Conv Cpe	1500	7500	15,000	25,000	35,000	50,000
2 dr Sed	800	3600	7200	12,000	16,800	24,000
5P Sed	800	3750	7500	12,500	17,500	25,000
Conv Sed	2000	8250	16,500	27,500	38,500	55,000
Twn Sed	800	3900	7800	13,000	18,200	26,000
Series K, V-12						
V-12, 136" wb						
Leb Conv Rds	2000	11,400	22,800	38,000	56,000	76,000
Leb Cpe	1500	7200	14,400	24,000	33,600	48,000
W'by Cpe	1500	7350	14,700	24,500	34,300	49,000
2W Sed	1500	6600	13,200	22,000	30,800	44,000
3W Sed	1500	6600	13,200	22,000	30,800	44,000
Brn Conv Vic	2000	11,400	22,800	38,000	56,000	76,000
V-12, 145" wb						
Jud 2W Berl	1500	6900	13,800	23,000	32,200	46,000
Jud 3W Berl	1500	6750	13,500	22,500	31,500	45,000

	6	5	4	3	2	1
Jud Limo	1500	7200	14,400	24,000	33,600	48,000
Brn Tr Cabr	2000	9900	19,800	33,000	46,200	66,000
7P Sed	1500	6900	13,800	23,000	32,200	46,000
7P Limo	1500	7350	14,700	24,500	34,300	49,000
Leb Conv Sed	3500	14,400	28,800	48,000	76,000	96,000
Leb Conv Sed W/part	3500	15,000	30,000	50,000	80,000	100,000
W'by Spt Sed	1500	7500	15,000	25,000	35,000	50,000
V-12, 145" wb, 6 wheels						
Brn Non-Coll Cabr	3500	12,900	25,800	48,200	66,000	86,000
Brn Semi-Coll Cabr	3500	14,400	28,800	48,000	76,000	96,000
Brn Brgm	1500	7050	14,100	23,500	32,900	47,000
W'by Limo	1500	7500	15,000	25,000	35,000	50,000

1940 Lincoln Continental Conv

1940
Zephyr, V-12
3P Cpe	800	4200	8400	14,000	19,600	28,000
OS Cpe	800	4350	8700	14,500	20,300	29,000
Clb Cpe	1200	4500	9000	15,000	21,000	30,000
Conv Clb Cpe	1500	7200	14,400	24,000	33,600	48,000
6P Sed	800	3750	7500	12,500	17,500	25,000
Twn Limo	1200	5250	10,500	17,500	24,500	35,000
Cont Clb Cpe	2000	8400	16,800	28,000	39,200	56,000
Cont Conv Cabr	2000	9900	19,800	33,000	46,200	66,000

Series K, V-12
Available on special request, black emblems rather than blue.

1941
Zephyr, V-12
3P Cpe	800	4200	8400	14,000	19,600	28,000
OS Cpe	800	4350	8700	14,500	20,300	29,000
Clb Cpe	1200	4500	9000	15,000	21,000	30,000
Conv Cpe	1500	6750	13,500	22,500	31,500	45,000
Cont Cpe	2000	8400	16,800	28,000	39,200	56,000
Cont Conv Cabr	2000	9900	19,800	33,000	46,200	66,000
6P Sed	800	3750	7500	12,500	17,500	25,000
Cus Sed	800	3900	7800	13,000	18,200	26,000
8P Limo	1200	4800	9600	16,000	22,400	32,000

1942
Zephyr, V-12
3P Cpe	650	2000	5100	8500	11,900	17,000
Clb Cpe	650	2300	5400	9000	12,600	18,000
Conv Clb Cpe	1500	7050	14,100	23,500	32,900	47,000
Cont Cpe	2000	8250	16,500	27,500	38,500	55,000
Cont Conv Cabr	2000	9900	19,800	33,000	46,200	66,000
6P Sed	550	1750	4800	8000	11,200	16,000
Cus Sed	650	2000	5100	8500	11,900	17,000
8P Limo	1200	4500	9000	15,000	21,000	30,000

1946
V-12, 125" wb
Clb Cpe	650	2000	5100	8500	11,900	17,000
Conv	1500	6900	13,800	23,000	32,200	46,000
4 dr Sed	550	1750	4800	8000	11,200	16,000

	6	5	4	3	2	1
Cont Cpe	2000	8100	16,200	27,000	37,800	54,000
Cont Conv	2000	9600	19,200	32,000	44,800	64,000

1947
V-12, 125" wb

	6	5	4	3	2	1
Clb Cpe	650	2000	5100	8500	11,900	17,000
Conv	1500	7050	14,100	23,500	32,900	47,000
4 dr Sed	550	1750	4800	8000	11,200	16,000
Cont Cpe	2000	8100	16,200	27,000	37,800	54,000
Cont Conv	2000	9600	19,200	32,000	44,800	64,000

1948 Lincoln-Continental cabriolet

1948
8th Series, V-12, 125" wb

	6	5	4	3	2	1
Clb Cpe	650	2000	5100	8500	11,900	17,000
Conv	1500	7050	14,100	23,500	32,900	47,000
4 dr Sed	550	1750	4800	8000	11,200	16,000
Cont Cpe	2000	8100	16,200	27,000	37,800	54,000
Cont Conv	2000	9600	19,200	32,000	44,800	64,000

1949
Model 9-EL, V-8, 121" wb

	6	5	4	3	2	1
Spt Sed	450	950	2200	4800	6700	9600
Cpe	450	1050	2700	5300	7400	10,600
Conv	650	2200	5300	8850	12,350	17,700

Cosmopolitan, V-8, 125" wb

	6	5	4	3	2	1
Twn Sed	450	1000	2400	5050	7050	10,100
Spt Sed	450	1000	2500	5100	7100	10,200
Cpe	450	1075	3100	5550	7750	11,100
Conv	800	3150	6300	10,500	14,700	21,000

1950
Model OEL, V-8, 121" wb

	6	5	4	3	2	1
Spt Sed	450	950	2200	4800	6700	9600
Cpe	450	1050	2700	5300	7400	10,600
Lido Cpe	500	1200	3800	6300	8800	12,600

Cosmopolitan, V-8, 125" wb

	6	5	4	3	2	1
Spt Sed	450	1000	2500	5100	7100	10,200
Cpe	450	1075	3100	5550	7750	11,100
Capri	450	1125	3450	5800	8100	11,600
Conv	800	3150	6300	10,500	14,700	21,000

1951
Model Del, V-8, 121" wb

	6	5	4	3	2	1
Spt Sed	450	975	2300	4900	6850	9800
Cpe	450	1075	3100	5550	7750	11,100
Lido Cpe	500	1350	4100	6800	9500	13,600

Cosmopolitan, V-8, 125" wb

	6	5	4	3	2	1
Spt Sed	450	1000	2400	5050	7050	10,100
Cpe	450	1125	3450	5800	8100	11,600
Capri	450	1050	2700	5300	7400	10,600

	6	5	4	3	2	1
Conv	800	3300	6600	11,000	15,400	22,000

1952
Model 2H, V-8, 123" wb
Cosmopolitan

4 dr Sed	450	975	2300	4900	6850	9800
2 dr HdTp	450	1125	3450	5800	8100	11,600

Capri, V-8, 123" wb

4 dr Sed	450	1000	2400	5050	7050	10,100
2 dr HdTp	500	1200	3800	6300	8800	12,600
Conv	800	3600	7200	12,000	16,800	24,000

1953 Lincoln Capri two-door hardtop

1953
Model BH, V-8, 123" wb
Cosmopolitan

4 dr Sed	450	975	2300	4900	6850	9800
2 dr HdTp	450	1125	3450	5800	8100	11,600

Capri, V-8, 123" wb

4 dr Sed	450	1000	2400	5050	7050	10,100
2 dr HdTp	500	1200	3800	6300	8800	12,600
Conv	800	3600	7200	12,000	16,800	24,000

1954
V-8, 123" wb

4 dr Sed	450	975	2200	4850	6800	9700
2 dr HdTp	450	1100	3300	5650	7900	11,300

Capri, V-8, 123" wb

4 dr Sed	450	1000	2400	5000	7000	10,000
2 dr HdTp	450	1175	3700	6150	8600	12,300
Conv	800	3400	6900	11,500	16,100	23,000

1955
V-8, 123" wb

4 dr Sed	450	950	2200	4800	6700	9600
HdTp	450	1175	3600	6050	8450	12,100

Capri, V-8, 123" wb

4 dr Sed	450	1000	2400	5050	7050	10,100
2 dr HdTp	500	1200	3800	6300	8800	12,600
Conv	800	3600	7200	12,000	16,800	24,000

1956
Capri, V-8, 126" wb

4 dr Sed	450	975	2300	4900	6850	9800
2 dr HdTp	500	1250	3900	6500	9100	13,000

Premiere, V-8, 126" wb

4 dr Sed	450	1025	2500	5150	7150	10,300
2 dr HdTp	500	1400	4200	7000	9800	14,000
Conv	800	3900	7800	13,000	18,200	26,000

Lincoln Continental Mark II, V-8, 126" wb

2 dr HdTp	1200	4650	9300	15,500	21,700	31,000

1957
Capri, V-8, 126" wb

4 dr Sed	350	775	1500	3700	5200	7400

	6	5	4	3	2	1
4 dr HdTp	350	800	1550	3800	5300	7600
2 dr HdTp	450	1150	3600	6000	8400	12,000
Premiere, V-8, 126" wb						
4 dr Sed	350	800	1550	3800	5300	7600
4 dr HdTp	350	825	1600	4050	5650	8100
2 dr HdTp	500	1250	3900	6500	9100	13,000
Conv	800	4200	8400	14,000	19,600	28,000
Lincoln Continental, V-8, 126" wb						
2 dr HdTp	1200	4650	9300	15,500	21,700	31,000
1958						
Lincoln Capri, V-8, 131" wb						
4 dr Sed	350	725	1400	3000	4700	6700
4 dr HdTp	350	725	1400	3100	4800	6800
2 dr HdTp	350	750	1450	3400	5000	7100
Lincoln Premiere, V-8, 131" wb						
4 dr Sed	350	725	1400	3100	4800	6800
4 dr HdTp	350	725	1400	3200	4850	6900
2 dr HdTp	350	775	1500	3600	5100	7300
Lincoln Continental Mark III, V-8, 131" wb						
4 dr Sed	350	850	1650	4100	5700	8200
4 dr HdTp	350	850	1650	4150	5800	8300
2 dr HdTp	450	1000	2400	5000	7000	10,000
Conv	800	4200	8400	14,000	19,600	28,000
1959						
Capri, V-8, 131" wb						
4 dr Sed	350	725	1400	3200	4850	6900
4 dr HdTp	350	775	1500	3700	5200	7400
2 dr HdTp	350	775	1500	3750	5250	7500
Premiere, V-8, 131" wb						
4 dr Sed	350	750	1450	3500	5050	7200
4 dr HdTp	350	775	1500	3750	5250	7500
2 dr HdTp	350	850	1650	4150	5800	8300
Continental Mark IV, V-8, 131" wb						
4 dr Sed	350	850	1650	4150	5800	8300
4 dr HdTp	350	850	1650	4200	5850	8400
2 dr HdTp	450	950	2100	4750	6650	9500
Conv	800	4350	8700	14,500	20,300	29,000
TwnC	450	900	1900	4500	6300	9000
Limo	450	950	2100	4750	6650	9500
1960						
Lincoln, V-8, 131" wb						
4 dr Sed	350	750	1450	3400	5000	7100
4 dr HdTp	350	775	1500	3750	5250	7500
2 dr HdTp	350	800	1550	3800	5300	7600
Premiere, V-8, 131" wb						
4 dr Sed	350	775	1500	3600	5100	7300
4 dr HdTp	350	800	1550	3850	5400	7700
2 dr HdTp	350	825	1600	4050	5650	8100
Continental Mark V, V-8, 131" wb						
4 dr Sed	350	850	1650	4100	5700	8200
4 dr HdTp	350	875	1700	4250	5900	8500
2 dr HdTp	450	1000	2400	5000	7000	10,000
Conv	1200	4500	9000	15,000	21,000	30,000
TwnC	450	925	2000	4600	6400	9200
Limo	350	875	1700	4350	6050	8700
1961						
Lincoln Continental, V-8, 123" wb						
4 dr Sed	350	825	1600	3950	5500	7900
4 dr Conv	500	1400	4200	7050	9850	14,100
1962						
Lincoln Continental, V-8, 123" wb						
4 dr Sed	350	800	1550	3850	5400	7700
4 dr Conv	500	1250	3900	6550	9150	13,100
1963						
Lincoln Continental, V-8, 123" wb						
4 dr Sed	350	800	1550	3800	5300	7600
4 dr Conv	500	1250	3900	6550	9150	13,100
Exec Limo	450	1025	2500	5150	7150	10,300
1964						
Lincoln Continental, V-8, 126" wb						
4 dr Sed	350	800	1550	3800	5300	7600
4 dr Conv	500	1350	4100	6800	9500	13,600

	6	**5**	**4**	**3**	**2**	**1**
Exec Limo	450	1025	2500	5150	7150	10,300

1965
Lincoln Continental, V-8, 126" wb

4 dr Sed	350	775	1500	3750	5250	7500
4 dr Conv	500	1200	3800	6300	8800	12,600
Exec Limo	450	1025	2500	5150	7150	10,300

1966 Lincoln Continental, 4 dr convertible, V8

1966
Lincoln Continental, V-8, 126" wb

4 dr Sed	350	775	1500	3750	5250	7500
2 dr HdTp	350	825	1600	3950	5500	7900
4 dr Conv	450	1175	3600	6050	8450	12,100

1967
Lincoln Continental, V-8, 126" wb

4 dr Sed	350	800	1550	3850	5400	7700
2 dr HdTp	350	825	1600	4000	5600	8000
4 dr Conv	450	1175	3600	6050	8450	12,100

1968
Lincoln Continental, V-8, 126" wb

4 dr Sed	350	750	1450	3400	5000	7100
2 dr HdTp	350	775	1500	3750	5250	7500

Continental Mark III, V-8, 117" wb

2 dr HdTp	450	1025	2600	5250	7300	10,500

1969
Lincoln Continental, V-8, 126" wb

4 dr Sed	350	725	1400	3200	4850	6900
2 dr HdTp	350	750	1450	3500	5050	7200

Continental Mark III, V-8, 117" wb

2 dr HdTp	450	1025	2600	5250	7300	10,500

1970 Lincoln Continental, 2 dr HdTp

1970
Lincoln Continental

4 dr Sed	350	725	1400	3200	4850	6900
2 dr HdTp	350	775	1500	3600	5100	7300

Continental Mark III, V-8, 117" wb

	6	5	4	3	2	1
2 dr HdTp	450	1025	2600	5250	7300	10,500

1971

Continental

4 dr Sed	350	700	1350	2800	4550	6500
2 dr	350	700	1350	2900	4600	6600

Mark III

2 dr	450	1000	2400	5000	7000	10,000

1972

Continental

4 dr Sed	350	700	1350	2900	4600	6600
2 dr	350	725	1400	3000	4700	6700

Mark IV

2 dr	450	950	2100	4750	6650	9500

1973

Continental V-8

2 dr HdTp	350	700	1350	2800	4550	6500
4 dr HdTp	350	700	1350	2700	4500	6400

Mark IV V-8

2 dr HdTp	450	950	2100	4750	6650	9500

1974

Continental, V-8

4 dr Sed	200	675	1300	2500	4350	6200
2 dr Cpe	200	675	1300	2600	4400	6300

Mark IV, V-8

2 dr HdTp	450	900	1900	4500	6300	9000

1975

Continental, V-8

4 dr Sed	200	675	1300	2500	4300	6100
2 dr Cpe	200	650	1250	2400	4150	5900

Mark IV, V-8

2 dr HdTp	350	775	1500	3700	5200	7400

1976

Continental, V-8

4 dr Sed	350	700	1350	2900	4600	6600
Cpe	350	725	1400	3100	4800	6800

Mark IV, V-8

Cpe	350	875	1700	4250	5900	8500

1977

Versailles, V-8

4 dr Sed	350	850	1650	4100	5700	8200

Continental, V-8

4 dr Sed	350	725	1400	3100	4800	6800
Cpe	350	750	1450	3300	4900	7000

Mark V, V-8

Cpe	350	875	1700	4250	5900	8500

1978

Versailles

4 dr Sed	200	650	1250	2400	4200	6000

Continental

4 dr Sed	150	450	1050	1750	3250	4700
Cpe	200	500	1100	1850	3350	4900

Mark V

Cpe	350	725	1400	3000	4700	6700

NOTE: Add 10 percent for diamond jubilee.
Add 5 percent for Collector Series.
Add 5 percent for Designer Series.

1979

Versailles, V-8

4 dr Sed	200	650	1250	2400	4200	6000

Continental, V-8

4 dr Sed	200	500	1100	1900	3500	5000
Cpe	200	550	1150	2000	3600	5200

Mark V, V-8

Cpe	350	725	1400	3000	4700	6700

NOTE: Add 5 percent for Collector Series.

1980

Versailles, V-8

4 dr Sed	200	675	1300	2500	4300	6100

Continental, V-8

4 dr Sed	200	650	1250	2400	4200	6000
2 dr Cpe	200	675	1300	2500	4350	6200

Mark VI, V-8

	6	5	4	3	2	1
4 dr Sed	350	750	1450	3300	4900	7000
2 dr Cpe	350	750	1450	3500	5050	7200
1981						
Town Car, V-8						
4 dr Sed	200	650	1200	2300	4100	5800
2 dr Cpe	200	650	1250	2400	4150	5900
Mark VI						
4 dr Sed	200	600	1200	2300	4000	5700
2 dr Cpe	200	650	1200	2300	4100	5800
1982						
Town Car, V-8						
4 dr Sed	350	700	1350	2800	4550	6500
Mark VI, V-8						
4 dr Sed	200	675	1300	2500	4300	6100
2 dr Cpe	200	675	1300	2500	4350	6200
Continental, V-8						
4 dr Sed	450	900	1900	4500	6300	9000
1983						
Town Car, V-8						
4 dr Sed	350	725	1400	3100	4800	6800
Mark VI, V-8						
4 dr Sed	200	675	1300	2500	4300	6100
2 dr Cpe	200	675	1300	2500	4350	6200
Continental, V-8						
4 dr Sed	450	900	1900	4500	6300	9000

MG

1947-48						
MG-TC, 4-cyl., 94" wb						
Rds	800	3500	7050	11,750	16,450	23,500
1949						
MG-TC, 4-cyl., 94" wb						
Rds	800	3500	7050	11,750	16,450	23,500
1950						
MG-TD, 4-cyl., 54.4 hp, 94" wb						
Rds	800	3100	6150	10,250	14,350	20,500
1951						
MG-TD, 4-cyl., 54.4 hp, 94" wb						
Rds	800	3100	6150	10,250	14,350	20,500
Mark II, 4-cyl., 54.4 hp, 94" wb						
Rds	800	3350	6750	11,250	15,750	22,500

1952 MG Roadster

1952						
MG-TD, 4-cyl., 54.4 hp, 94" wb						
Rds	800	3100	6150	10,250	14,350	20,500

Mark II, 4-cyl., 62 hp, 94" wb

	6	5	4	3	2	1
Rds	800	3350	6750	11,250	15,750	22,500

1953
MG-TD, 4-cyl., 54.4 hp, 94" wb

Rds	800	3200	6450	10,750	15,050	21,500

MG-TDC, 4-cyl., 62 hp, 94" wb

Rds	800	3350	6750	11,250	15,750	22,500

1954
MG-TF, 4-cyl., 57 hp, 94" wb

Rds	800	3100	6150	10,250	14,350	20,500

1955
MG-TF, 4-cyl., 68 hp, 94" wb

Rds	800	3100	6150	10,250	14,350	20,500

1956
MG-'A', 4-cyl., 68 hp, 94" wb

1500 Rds	550	1500	4350	7250	10,150	14,500

1957
MG-'A', 4-cyl., 68 hp, 94" wb

1500 Rds	550	1500	4350	7250	10,150	14,500

1958
MG-'A', 4-cyl., 72 hp, 94" wb

1500 Cpe	550	1550	4500	7500	10,500	15,000
1500 Rds	550	1500	4350	7250	10,150	14,500

1959-60
MG-'A', 4-cyl., 72 hp, 94" wb

1600 Rds	550	1500	4350	7250	10,150	14,500
1600 Cpe	550	1550	4500	7500	10,500	15,000

MG-'A', Twin-Cam, 4-cyl., 107 hp, 94" wb

Rds	550	1500	4350	7250	10,150	14,500
Cpe	550	1550	4500	7500	10,500	15,000

1961
MG-'A', 4-cyl., 79 hp, 94" wb

1600 Rds	500	1400	4200	7000	9800	14,000
1600 Cpe	500	1450	4250	7100	9900	14,200
1600 MK II Rds	550	1500	4350	7250	10,150	14,500
1600 MK II Cpe	550	1550	4500	7500	10,500	15,000

1962
MG-Midget, 4-cyl., 80" wb, 50 hp

Rds	350	700	1350	2800	4550	6500

MG-'A', 4-cyl., 90 hp, 94" wb

1600 MK II Rds	500	1400	4200	7000	9800	14,000
1600 MK II Cpe	550	1650	4650	7750	10,850	15,500

1963
MG-Midget, 4-cyl., 56 hp, 80" wb

Rds	350	700	1350	2800	4550	6500

MG-B, 4-cyl., 95 hp, 91" wb

Rds	350	875	1700	4250	5900	8500

1964
MG-Midget, 4-cyl., 56 hp, 80" wb

Rds	350	700	1350	2800	4550	6500

MG-B, 4-cyl., 95 hp, 91" wb

Rds	350	875	1700	4250	5900	8500

1965
MG-Midget Mark II, 4-cyl., 59 hp, 80" wb

Rds	350	700	1350	2800	4550	6500

MG-B, 4-cyl., 95 hp, 91" wb

Rds	350	875	1700	4250	5900	8500

1966
MG-Midget Mark III, 4-cyl., 59 hp, 80" wb

Rds	350	700	1350	2800	4550	6500

MG-B, 4-cyl., 95 hp, 91" wb

Rds	350	775	1500	3750	5250	7500

1100 Sport, 4-cyl., 58 hp, 93.5" wb

2 dr Sed	150	400	1000	1650	3150	4500
4 dr Sed	150	450	1050	1700	3200	4600

1967
MG Midget Mark III, 4-cyl., 59 hp, 80" wb

Rds	350	700	1350	2800	4550	6500

MGB, 4-cyl., 98 hp, 91" wb

Rds	350	775	1500	3750	5250	7500
GT Cpe	350	825	1600	4000	5600	8000

1100 Sport, 4-cyl., 58 hp, 93.5" wb

	6	5	4	3	2	1
2 dr Sed	150	400	1000	1650	3150	4500
4 dr Sed	150	450	1050	1700	3200	4600

1968
MG Midget, 4-cyl., 65 hp, 80" wb

Rds	350	800	1550	3850	5400	7700

MGB, 4-cyl., 98 hp, 91" wb

Conv	350	800	1550	3850	5400	7700
Cpe GT	350	775	1500	3750	5250	7500

1969
MG Midget MK III, 4-cyl., 65 hp, 80" wb

Rds	350	775	1500	3750	5250	7500
Rds 'B'	350	800	1550	3850	5400	7700

MGB/GT, Mark II, 4-cyl., 98 hp, 91" wb

Cpe	350	800	1550	3850	5400	7700

MG-C, 6-cyl., 145 hp, 91" wb

Rds	350	875	1700	4250	5900	8500
Cpe GT	350	775	1500	3750	5250	7500

1970
MG Midget, 4-cyl., 65 hp, 80" wb

Rds	350	700	1350	2800	4550	6500

MGB-MGB/GT, 4-cyl., 78.5 hp, 91" wb

Rds	350	800	1550	3800	5300	7600
Cpe GT	350	775	1500	3600	5100	7300

NOTE: Add 10 percent for wire wheels.
Add 5 percent for overdrive.

1971
MG Midget, 4-cyl., 65 hp, 80" wb

Rds	350	700	1350	2800	4550	6500

MGB-MBG/GT, 4-cyl., 78.5 hp, 91" wb

Rds	350	800	1550	3800	5300	7600
Cpe GT	350	775	1500	3600	5100	7300

NOTE: Add 10 percent for wire wheels.
Add 5 percent for overdrive.

1972 MG, Midget roadster, 4-cyl.

1972
MG Midget, 4-cyl., 54.5 hp, 80" wb

Conv	350	700	1350	2800	4550	6500

MGB-MGB/GT, 4-cyl., 78.5 hp, 91" wb

Conv	350	800	1550	3850	5400	7700
Cpe GT	350	775	1500	3600	5100	7300

NOTE: Add 10 percent for wire wheels.
Add 5 percent for overdrive.

1973
MG Midget, 4-cyl., 54.5 hp, 80" wb

	6	5	4	3	2	1
Conv	350	700	1350	2800	4550	6500
MGB-MGB/GT, 4-cyl., 78.5 hp, 91" wb						
Conv	350	800	1550	3850	5400	7700
Cpe GT	350	775	1500	3600	5100	7300

NOTE: Add 10 percent for wire wheels.
      Add 5 percent for overdrive.

1974
MG Midget, 4-cyl., 54.5 hp, 80" wb

Conv	350	700	1350	2900	4600	6600
MG-B, 4-cyl., 78.5 hp, 91" wb						
Conv	350	800	1550	3900	5450	7800
Cpe GT	350	775	1500	3750	5250	7500
Interim MG-B, 4-cyl., 62.9 hp, 91.125" wb						
Conv	350	750	1450	3300	4900	7000
Cpe GT	350	700	1350	2900	4600	6600

NOTE: Add 10 percent for wire wheels.
      Add 5 percent for overdrive.

1975
MG Midget, 4-cyl., 50 hp, 80" wb

Conv	200	600	1200	2200	3850	5500
MGB, 4-cyl., 62.9 hp, 91.125" wb						
Conv	350	700	1350	2800	4550	6500

NOTE: Add 10 percent for wire wheels.
      Add 5 percent for overdrive.

1976
MG Midget, 4-cyl., 50 hp, 80" wb

Conv	200	650	1250	2400	4150	5900
MGB, 4-cyl., 62.5 hp, 91.13" wb						
Conv	350	725	1400	3000	4700	6700

NOTE: Add 10 percent for wire wheels.
      Add 5 percent for overdrive.

1977
MG Midget, 4-cyl., 50 hp, 80" wb

Conv	200	650	1250	2400	4200	6000
MGB, 4-cyl., 62.5 hp, 91.13" wb						
Conv	350	750	1450	3300	4900	7000

NOTE: Add 10 percent for wire wheels.
      Add 5 percent for overdrive.

MERCEDES-BENZ

1951

Sed	500	1200	3750	6250	8750	12,500

1952

300 Clb Cpe	3500	13,200	26,400	44,000	68,000	88,000
220 Cabr	1500	7650	15,300	25,500	35,700	51,000
300 Cabr	6000	30,300	57,000	86,000	112,000	145,000
300 Rds	6000	31,900	59,000	90,000	116,000	155,000
300 Sed	1200	5300	10,650	17,750	24,850	35,500
300S Cpe	2000	10,800	21,600	36,000	50,500	72,000

1953

180 Sed	450	1125	3450	5750	8050	11,500
300 Conv Sed	5000	21,300	35,400	59,000	92,000	118,000
300 Cabr	6000	30,300	57,000	86,000	112,000	145,000
300 Rds	6000	31,900	59,000	90,000	116,000	155,000
300 Cpe	3500	13,200	26,400	44,000	68,000	88,000
220 Cabr	1500	7650	15,300	25,500	35,700	51,000

1954

220 A Cabr	1500	7650	15,300	25,500	35,700	51,000
300 B Conv Sed	5000	21,300	35,400	59,000	92,000	118,000
300S Cabr	6000	30,300	57,000	86,000	112,000	145,000
300S Rds	6000	31,900	59,000	90,000	116,000	155,000
300S Cpe	3500	13,200	26,400	44,000	68,000	88,000
300SL GW	10,000	52,000	91,000	143,000	182,000	260,000
300 B Saloon	1500	6100	12,150	20,250	28,350	40,500

1955
Model 190-SL

190SL Rds	1200	5300	10,650	17,750	24,850	35,500

NOTE: Add 10 percent for removable hardtop.

	6	5	4	3	2	1
300SL GW	10,000	52,000	91,000	143,000	182,000	260,000
300SC Cpe	5000	24,800	44,000	70,000	99,000	128,000
300SC Rds	6000	35,900	64,000	100,000	126,000	180,000
300SC Cabr	6000	34,300	62,000	96,000	122,000	170,000
300 Sed	1500	7650	15,300	25,500	35,700	51,000
300 Conv Sed	6000	31,900	59,000	90,000	116,000	155,000

1956
	6	5	4	3	2	1
180 4 dr Sed	350	825	1600	4000	5600	8000
180D 4 dr Sed	350	850	1650	4100	5700	8200
190 4 dr Sed	450	900	1900	4500	6300	9000
190SL Rds	1200	5300	10,650	17,750	24,850	35,500

NOTE: Add 10 percent for removable hardtop.

	6	5	4	3	2	1
219 4 dr Sed	500	1200	3750	6250	8750	12,500
220S 4 dr Sed	550	1650	4650	7750	10,850	15,500
220S Cpe	800	3800	7650	12,750	17,850	25,500
220S Cabr	1500	7650	15,300	25,500	35,700	51,000
300 4 dr Sed	1200	5300	10,650	17,750	24,850	35,500
300S Cpe	5000	24,800	44,000	70,000	99,000	128,000
300S Cabr	6000	34,300	62,000	96,000	122,000	170,000
300S Rds	6000	35,900	64,000	100,000	126,000	180,000
300SL GW Cpe	10,000	52,000	91,000	143,000	182,000	260,000

1957
	6	5	4	3	2	1
180 4 dr Sed	350	825	1600	4000	5600	8000
180D 4 dr Sed	350	850	1650	4100	5700	8200
190 4 dr Sed	450	900	1900	4500	6300	9000
190SL Rdst	1200	5300	10,650	17,750	24,850	35,500

NOTE: Add 10 percent for removable hardtop.

	6	5	4	3	2	1
219 4 dr Sed	450	1025	2600	5250	7300	10,500
220S 4 dr Sed	500	1300	4050	6750	9450	13,500
220S Cpe	800	4300	8550	14,250	19,950	28,500
220S Cabr	1500	7650	15,300	25,500	35,700	51,000
300 4 dr Sed	1200	5800	11,550	19,250	26,950	38,500
300S Cpe	3500	13,800	27,600	46,000	73,500	92,000
300S Rdst	6000	31,900	59,000	90,000	116,000	155,000
300S Cabr	6000	35,900	64,000	100,000	126,000	180,000
300SL GW Cpe	10,000	52,000	91,000	143,000	182,000	260,000
300SL Rdst	6000	37,000	65,000	102,000	130,000	185,000

NOTE: Add 5 percent for removable hardtop.

1958
	6	5	4	3	2	1
180a 4 dr Sed	350	825	1600	4000	5600	8000
180D 4 dr Sed	350	850	1650	4100	5700	8200
190 4 dr Sed	450	900	1900	4500	6300	9000
190SL Rdst	1200	5300	10,650	17,750	24,850	35,500

NOTE: Add 10 percent for removable hardtop.

	6	5	4	3	2	1
219 4 dr Sed	450	1025	2600	5250	7300	10,500
220S 4 dr Sed	500	1300	4050	6750	9450	13,500
220S Cpe	800	3500	7050	11,750	16,450	23,500
220S Cabr	1500	7650	15,300	25,500	35,700	51,000
220SE Cpe	800	4400	8850	14,750	20,650	29,500
220SE Cabr	1500	6900	13,800	23,000	32,200	46,000
300d 4 dr Sed	1200	4900	9750	16,250	22,750	32,500
300SL Rdst	6000	37,000	65,000	102,000	130,000	185,000

NOTE: Add 5 percent for removable hardtop.

1959-60
	6	5	4	3	2	1
180a 4 dr Sed	350	775	1500	3750	5250	7500
180D 4 dr Sed	350	825	1600	4000	5600	8000
190 4 dr Sed	450	900	1900	4500	6300	9000
190SL Rdst	1200	5300	10,650	17,750	24,850	35,500

NOTE: Add 10 percent for removable hardtop.

	6	5	4	3	2	1
219 4 dr Sed	450	1025	2600	5250	7300	10,500
220S 4 dr Sed	500	1300	4050	6750	9450	13,500
220S Cpe	800	3500	7050	11,750	16,450	23,500
220S Cabr	1500	7650	15,300	25,500	35,700	51,000
220SE Cpe	800	4400	8850	14,750	20,650	29,500
220SE Cabr	1500	7950	15,900	26,500	37,100	53,000
300 4 dr HdTp	1500	7650	15,300	25,500	35,700	51,000
300SL Rdst	6000	37,000	65,000	102,000	130,000	185,000

NOTE: Add 5 percent for removable hardtop.

1960
Fin Body
	6	5	4	3	2	1
180 4 dr Sed	350	700	1350	2800	4550	6500

1959 Mercedes 300 SL Roadster

	6	5	4	3	2	1
180D 4 dr Sed	350	775	1500	3750	5250	7500
190 4 dr Sed	350	750	1450	3300	4900	7000
190D 4 dr Sed	350	825	1600	4000	5600	8000
190SL Rdst	1200	5300	10,650	17,750	24,850	35,500
190SL Cpe	800	3800	7650	12,750	17,850	25,500
190SL Cpe/Rds	800	4400	8850	14,750	20,650	29,500
220 4 dr Sed	500	1200	3750	6250	8750	12,500
220S 4 dr Sed	550	1500	4350	7250	10,150	14,500
220SE 4 dr Sed	550	1650	4650	7750	10,850	15,500
220SE Cpe	800	3800	7650	12,750	17,850	25,500
220SE Cabr	1500	7650	15,300	25,500	35,700	51,000
220SEb Cpe	1200	4600	9150	15,250	21,350	30,500
220SEb Cabr	1500	6900	13,800	23,000	32,200	46,000
300 4 dr HdTp	1500	7650	15,300	25,500	35,700	51,000
300 4 dr Cabr	3500	15,700	30,600	51,000	81,000	102,000
300SL Rdst	6000	37,000	65,000	102,000	130,000	185,000

NOTE: Add 5 percent for removable hardtop.

1961

	6	5	4	3	2	1
180 4 dr Sed	200	650	1250	2400	4200	6000
180D 4 dr Sed	350	750	1450	3300	4900	7000
190 4 dr Sed	350	700	1350	2800	4550	6500
190D 4 dr Sed	350	825	1600	4000	5600	8000
190SL Rdst	1200	5300	10,650	17,750	24,850	35,500
190SL Cpe	800	3800	7650	12,750	17,850	25,500
190SL Rds	1200	5300	10,650	17,750	24,850	35,500
220 4 dr Sed	500	1200	3750	6250	8750	12,500
220S 4 dr Sed	550	1500	4350	7250	10,150	14,500
220SE 4 dr Sed	550	1800	4950	8250	11,550	16,500
220SE Cpe	800	3100	6150	10,250	14,350	20,500
220SE Cabr	1500	7350	14,700	24,500	34,300	49,000
220SEb Cpe	800	4300	8550	14,250	19,950	28,500
220SEb Cabr	1500	6600	13,200	22,000	30,800	44,000
300 4 dr HdTp	1500	7650	15,300	25,500	35,700	51,000
300 4 dr Cabr	3500	15,700	30,600	51,000	81,000	102,000
300SL Rdst	6000	37,000	65,000	102,000	130,000	185,000

NOTE: Add 5 percent for removable hardtop.

1962

	6	5	4	3	2	1
180c 4 dr Sed	200	600	1200	2200	3850	5500
180Dc 4 dr Sed	350	700	1350	2800	4550	6500
190c 4 dr Sed	200	650	1250	2400	4200	6000
190Dc 4 dr Sed	350	750	1450	3300	4900	7000
190SL Rdst	1200	5300	10,650	17,750	24,850	35,500

NOTE: Add 10 percent for removable hardtop.

	6	5	4	3	2	1
220 4 dr Sed	450	1000	2400	5000	7000	10,000
220S 4 dr Sed	450	1125	3450	5750	8050	11,500
220SE 4 dr Sed	500	1300	4050	6750	9450	13,500
220SEb Cpe	800	3350	6750	11,250	15,750	22,500
220SEb Cabr	1500	7350	14,700	24,500	34,300	49,000
300 4 dr HdTp	1500	7650	15,300	25,500	35,700	51,000
300 4 dr Cabr	3500	15,700	30,600	51,000	81,000	102,000

1960 Mercedes-Benz 190SL roadster

	6	5	4	3	2	1
300SL Rdst	6000	37,000	65,000	102,000	130,000	185,000

NOTE: Add 5 percent for removable hardtop.

1963

	6	5	4	3	2	1
180Dc 4 dr Sed	350	700	1350	2800	4550	6500
190c 4 dr Sed	200	650	1250	2400	4200	6000
190Dc 4 dr Sed	350	750	1450	3300	4900	7000
190SL Rdst	1200	5300	10,650	17,750	24,850	35,500

NOTE: Add 10 percent for removable hardtop.

	6	5	4	3	2	1
220 4 dr Sed	450	1000	2400	5000	7000	10,000
220S 4 dr Sed	450	1075	3000	5500	7700	11,000
220SE 4 dr Sed	500	1200	3750	6250	8750	12,500
220SEb Cpe	800	3100	6150	10,250	14,350	20,500
220SEb Cabr	1500	7350	14,700	24,500	34,300	49,000
300SE 4 dr Sed	800	4300	8550	14,250	19,950	28,500
300SE Cpe	1200	5300	10,650	17,750	24,850	35,500
300SE Cabr	3500	13,200	26,400	44,000	68,000	88,000
300 4 dr HdTp	1200	5300	10,650	17,750	24,850	35,500
300SL Rdst	6000	37,000	65,000	102,000	130,000	185,000

NOTE: Add 5 percent for removable hardtop.

1964

	6	5	4	3	2	1
190c 4 dr Sed	200	600	1200	2200	3850	5500
190Dc 4 dr Sed	350	700	1350	2800	4550	6500
220 4 dr Sed	450	1000	2400	5000	7000	10,000
220S 4 dr Sed	450	1075	3000	5500	7700	11,000
220SE 4 dr Sed	500	1250	3900	6500	9100	13,000
220SEb Cpe	650	2600	5500	9250	12,950	18,500
220SEb Cabr	1200	5300	10,650	17,750	24,850	35,500
230SL Cpe/Rds	1500	6900	13,800	23,000	32,200	46,000
300SE 4 dr Sed	650	2200	5250	8750	12,250	17,500
300SE 4 dr Sed(112)	800	3100	6150	10,250	14,350	20,500
300SE Cpe	1200	4600	9150	15,250	21,350	30,500
300SE Cabr	3500	12,300	24,600	41,000	62,000	82,000

1965

	6	5	4	3	2	1
190c 4 dr Sed	200	600	1200	2200	3850	5500
190Dc 4 dr Sed	350	700	1350	2800	4550	6500
220b 4 dr Sed	450	1000	2400	5000	7000	10,000
220Sb 4 dr Sed	450	1075	3000	5500	7700	11,000
220SEb 4 dr Sed	500	1250	3900	6500	9100	13,000
220SEb Cpe	550	1650	4650	7750	10,850	15,500
220SEb Cabr	1500	6900	13,800	23,000	32,200	46,000
230SL Cpe/Rds	800	3350	6750	11,250	15,750	22,500
250SE Cpe	650	2200	5250	8750	12,250	17,500

	6	5	4	3	2	1
250SE Cabr	1200	5300	10,650	17,750	24,850	35,500
300SE 4 dr Sed	550	1500	4350	7250	10,150	14,500
300SEL 4 dr Sed	550	1800	4950	8250	11,550	16,500
300SE Cpe	800	3100	6150	10,250	14,350	20,500
300SE Cabr	2000	10,800	21,600	36,000	50,500	72,000
600 4 dr Sed	1500	6100	12,150	20,250	28,350	40,500
600 Limo	1500	7650	15,300	25,500	35,700	51,000
1966						
200 4 dr Sed	200	600	1200	2200	3850	5500
200D 4 dr Sed	350	700	1350	2800	4550	6500
230 4 dr Sed	200	650	1250	2400	4200	6000
230S 4 dr Sed	200	675	1300	2500	4350	6200
230SL Cpe/Rds	800	3350	6750	11,250	15,750	22,500
250SE Cpe	650	2200	5250	8750	12,250	17,500
250SE Cabr	1200	5300	10,650	17,750	24,850	35,500
250S 4 dr Sed	350	700	1350	2800	4550	6500
250SE 4 dr Sed	350	750	1450	3300	4900	7000
300SE Cpe	800	3100	6150	10,250	14,350	20,500
300SE Cabr	2000	10,800	21,600	36,000	50,500	72,000
600 4 dr Sed	1500	6100	12,150	20,250	28,350	40,500
600 Limo	1500	7650	15,300	25,500	35,700	51,000
1967						
200 4 dr Sed	200	600	1200	2200	3850	5500
200D 4 dr Sed	350	700	1350	2800	4550	6500
230 4 dr Sed	200	650	1250	2400	4200	6000
230S 4 dr Sed	200	675	1300	2500	4350	6200
230SL Cpe/Rds	800	3350	6750	11,250	15,750	22,500
250S 4 dr Sed	350	700	1350	2800	4550	6500
250SE 4 dr Sed	350	750	1450	3300	4900	7000
250SE Cpe	650	2200	5250	8750	12,250	17,500
250SE Cabr	1200	4900	9750	16,250	22,750	32,500
250SL Cpe/Rds	1200	4600	9150	15,250	21,350	30,500
280SE Cpe	650	2600	5500	9250	12,950	18,500
280SE Cabr	1500	6100	12,150	20,250	28,350	40,500
300SE Cpe	800	3350	6750	11,250	15,750	22,500
300SE Cabr	1500	7650	15,300	25,500	35,700	51,000
300SE 4 dr Sed	650	2900	5850	9750	13,650	19,500
300SEL 4 dr Sed	800	3350	6750	11,250	15,750	22,500
600 4 dr Sed	1500	6100	12,150	20,250	28,350	40,500
600 Limo	1500	7650	15,300	25,500	35,700	51,000
1968						
220/8 4 dr Sed	200	600	1200	2200	3850	5500
220D/8 4 dr Sed	350	700	1350	2800	4550	6500
230/8 4 dr Sed	200	650	1250	2400	4200	6000
250/8 4 dr Sed	350	700	1350	2900	4600	6600
280/8 4 dr Sed	350	700	1350	2800	4550	6500
280SE/8 4 dr Sed	350	750	1450	3300	4900	7000
280SEL/8 4 dr Sed	350	775	1500	3750	5250	7500
280SE Cpe	650	2600	5500	9250	12,950	18,500
280SE Cabr	1500	6100	12,150	20,250	28,350	40,500
280SL Cpe/Rds	1200	5800	11,550	19,250	26,950	38,500
300SEL/8 4dr Sed	800	3800	7650	12,750	17,850	25,500
600 4dr Sed	1500	6100	12,150	20,250	28,350	40,500
600 Limo	1500	7650	15,300	25,500	35,700	51,000
1969						
220/8 4 dr Sed	200	600	1200	2200	3850	5500
220D/8 4 dr Sed	350	700	1350	2800	4550	6500
230/8 4 dr Sed	200	650	1250	2400	4200	6000
250/8 4 dr Sed	200	675	1300	2500	4350	6200
280S/8 4 dr Sed	350	700	1350	2800	4550	6500
280SE/8 4 dr Sed	350	750	1450	3300	4900	7000
280SEL/8 4 dr Sed	350	775	1500	3750	5250	7500
280SE 3.5 Cpe	650	2200	5250	8750	12,250	17,500
280SE 3.5 Cabr	1500	6100	12,150	20,250	28,350	40,500
280SL Cpe/Rds	1200	5800	11,550	19,250	26,950	38,500
300SEL/8 4 dr Sed	650	2600	5500	9250	12,950	18,500
300SEL/8 4 dr Sed	800	3350	6750	11,250	15,750	22,500
600 4 dr Sed	1500	6100	12,150	20,250	28,350	40,500
600 Limo	1500	7650	15,300	25,500	35,700	51,000
1970						
220/8 4 dr Sed	200	600	1200	2200	3850	5500
220D/8 4 dr Sed	350	700	1350	2800	4550	6500
250/8 4 dr Sed	200	675	1300	2500	4350	6200

	6	5	4	3	2	1
250C/8 Cpe	350	825	1600	4000	5600	8000
280S/8 4 dr Sed	350	700	1350	2800	4550	6500
280SE/8 4 dr Sed	350	750	1450	3300	4900	7000
280SEL/8 4 dr Sed	350	775	1500	3750	5250	7500
280SE 3.5 Cpe	800	3350	6750	11,250	15,750	22,500
280SE 3.5 Cabr	1500	6100	12,150	20,250	28,350	40,500
280SL Cpe/Rds	1500	6100	12,150	20,250	28,350	40,500
300SEL/8 4 dr Sed	650	2600	5500	9250	12,950	18,500
600 4 dr Sed	1500	6100	12,150	20,250	28,350	40,500
600 Limo	1500	7650	15,300	25,500	35,700	51,000
1971						
220/8 4 dr Sed	200	600	1200	2200	3850	5500
220D/8 4 dr Sed	350	700	1350	2800	4550	6500
250/8 4 dr Sed	200	650	1250	2400	4200	6000
250C/8 Cpe	350	825	1600	4000	5600	8000
280S/8 4 dr Sed	200	650	1250	2400	4200	6000
280SE/8 4 dr Sed	350	700	1350	2800	4550	6500
280SEL/8 4 dr Sed	350	750	1450	3300	4900	7000
280SE 3.5 Cpe	800	3350	6750	11,250	15,750	22,500
280SE 3.5 Cabr	1500	6100	12,150	20,250	28,350	40,500
280SL Cpe/Rdst	1500	6100	12,150	20,250	28,350	40,500
300SEL/8 4 dr Sed	650	2900	5850	9750	13,650	19,500
600 4 dr Sed	1500	6100	12,150	20,250	28,350	40,500
600 4 dr Limo	2000	8400	16,800	28,000	39,200	56,000
1972						
220/8 4 dr Sed	200	600	1200	2200	3850	5500
220D/8 4 dr Sed	350	700	1350	2800	4550	6500
250/8 4 dr Sed	200	650	1250	2400	4200	6000
250C/8 Cpe	450	900	1900	4500	6300	9000
280SE 4 dr Sed	350	875	1700	4250	5900	8500
280SE 3.5 Cpe	650	2200	5250	8750	12,250	17,500
280SE 3.5 Cabr	1200	5300	10,650	17,750	24,850	35,500
280SEL 4 dr Sed	350	875	1700	4250	5900	8500
300SEL 4 dr Sed	800	3100	6150	10,250	14,350	20,500
350SL Cpe/Rds	1500	6100	12,150	20,250	28,350	40,500
600 4 dr Sed	1500	6100	12,150	20,250	28,350	40,500
600 Limo	2000	8400	16,800	28,000	39,200	56,000
1973						
220 4 dr Sed	200	650	1250	2400	4200	6000
220D 4 dr Sed	350	750	1450	3300	4900	7000
280 4 dr Sed	350	750	1450	3500	5050	7200
280C Cpe	450	1025	2600	5250	7300	10,500
280SE 4 dr Sed	350	875	1700	4350	6050	8700
280SEL 4 dr Sed	450	900	1800	4450	6250	8900
300SEL 4 dr Sed	800	3350	6750	11,250	15,750	22,500
450SE 4 dr Sed	500	1200	3750	6250	8750	12,500
450SEL 4 dr Sed	550	1500	4350	7250	10,150	14,500
450SL Cpe/Rdst	1500	6100	12,150	20,250	28,350	40,500
450SLC Cpe	1200	4600	9150	15,250	21,350	30,500
1974						
230 4 dr Sed	350	700	1350	2800	4550	6500
240D 4 dr Sed	350	825	1600	4000	5600	8000
280 4 dr Sed	350	775	1500	3750	5250	7500
280C Cpe	450	950	2100	4750	6650	9500
450SE 4 dr Sed	550	1500	4350	7250	10,150	14,500
450SEL 4 dr Sed	650	2000	5100	8500	11,900	17,000
450SL Cpe/Rdst	1500	6100	12,150	20,250	28,350	40,500
450SLC Cpe	1200	4600	9150	15,250	21,350	30,500
1975						
230 4 dr Sed	350	775	1500	3750	5250	7500
240D 4 dr Sed	450	1125	3450	5750	8050	11,500
300D 4 dr Sed	450	1000	2400	5000	7000	10,000
280 4 dr Sed	350	875	1700	4250	5900	8500
280C Cpe	450	1000	2400	5000	7000	10,000
280S 4 dr Sed	450	1075	3000	5500	7700	11,000
450SE 4 dr Sed	500	1300	4050	6750	9450	13,500
450SEL 4 dr Sed	550	1650	4650	7750	10,850	15,500
450SL Cpe/Rds	1500	6100	12,150	20,250	28,350	40,500
450SLC Cpe	1200	4600	9150	15,250	21,350	30,500
1976						
230 4 dr Sed	450	900	1900	4500	6300	9000
240D 4 dr Sed	450	1000	2400	5000	7000	10,000
300D 4 dr Sed	450	1125	3450	5750	8050	11,500

	6	5	4	3	2	1
280 4 dr Sed	450	950	2100	4700	6600	9400
280C Cpe	550	1500	4350	7250	10,150	14,500
280S 4 dr Sed	500	1200	3750	6250	8750	12,500
450SE 4 dr Sed	550	1750	4800	8000	11,200	16,000
450SEL 4 dr Sed	650	2200	5250	8750	12,250	17,500
450SL Cpe/Rds	1500	6100	12,150	20,250	28,350	40,500
450SLC Cpe	1200	4600	9150	15,250	21,350	30,500
1977						
230 4 dr Sed	450	950	2100	4750	6650	9500
240D 4 dr Sed	450	1025	2600	5250	7300	10,500
300D 4 dr Sed	550	1500	4350	7250	10,150	14,500
280E 4 dr Sed	450	1125	3450	5750	8050	11,500
280SE 4 dr Sed	550	1650	4650	7750	10,850	15,500
450SEL 4 dr Sed	800	3100	6150	10,250	14,350	20,500
450SL Cpe/Rds	1500	6100	12,150	20,250	28,350	40,500
450SLC Cpe	1200	4600	9150	15,250	21,350	30,500
1978						
230 4 dr Sed	450	1075	3000	5500	7700	11,000
240D 4 dr Sed	450	1125	3450	5750	8050	11,500
300D 4 dr Sed	500	1200	3750	6250	8750	12,500
300CD Cpe	500	1300	4050	6750	9450	13,500
300SD 4 dr Sed	550	1800	4950	8250	11,550	16,500
280E 4 dr Sed	500	1200	3750	6250	8750	12,500
280CE Cpe	550	1800	4950	8250	11,550	16,500
280SE 4 dr Sed	550	1800	4950	8250	11,550	16,500
450SEL 4 dr Sed	800	3200	6450	10,750	15,050	21,500
450SL Cpe/Rds	1500	6100	12,150	20,250	28,350	40,500
450SLC Cpe	1200	4900	9750	16,250	22,750	32,500
6.9L 4 dr Sed	1200	4600	9150	15,250	21,350	30,500
1979						
240D 4 dr Sed	450	1125	3450	5750	8050	11,500
300D 4 dr Sed	500	1200	3750	6250	8750	12,500
300CD Cpe	550	1500	4350	7250	10,150	14,500
300TD SW	550	1550	4500	7500	10,500	15,000
300SD 4 dr Sed	650	2000	5100	8500	11,900	17,000
280E 4 dr Sed	500	1300	4050	6750	9450	13,500
280CE Cpe	550	1800	4950	8250	11,550	16,500
280SE 4 dr Sed	650	2200	5250	8750	12,250	17,500
450SEL 4 dr Sed	800	3350	6750	11,250	15,750	22,500
450SL Cpe/Rds	1500	6100	12,150	20,250	28,350	40,500
450SLC Cpe	1200	4900	9750	16,250	22,750	32,500
6.9L 4 dr Sed	1200	4900	9750	16,250	22,750	32,500

MERCURY

1939
Series 99A, V-8, 116" wb

Conv	1200	4950	9900	16,500	23,100	33,000
Cpe	500	1300	4000	6650	9300	13,300
2 dr Sed	450	925	2000	4600	6400	9200
4 dr Sed	450	925	2000	4650	6500	9300

1940
Series O9A, V-8, 116" wb

Conv	1200	4800	9600	16,000	22,400	32,000
Conv Sed	800	4300	8550	14,250	19,950	28,500
Cpe	500	1250	3900	6500	9100	13,000
2 dr Sed	450	925	2000	4650	6500	9300
4 dr Sed	450	950	2100	4700	6600	9400

1941
Series 19A, V-8, 118" wb

Conv	1200	4650	9300	15,500	21,700	31,000
Bus Cpe	450	900	1800	4400	6150	8800
5P Cpe	450	925	2000	4650	6500	9300
6P Cpe	450	975	2300	4900	6850	9800
2 dr Sed	450	900	1800	4400	6150	8800
4 dr Sed	450	900	1900	4500	6300	9000
Sta Wag	800	4200	8400	14,000	19,600	28,000

1942
Series 29A, V-8, 118" wb

Conv	800	4350	8700	14,500	20,300	29,000

1940 Mercury, convertible, V8

	6	5	4	3	2	1
Bus Cpe	450	925	2000	4600	6400	9200
6P Cpe	450	950	2200	4800	6700	9600
2 dr Sed	350	850	1650	4150	5800	8300
4 dr Sed	350	850	1650	4200	5850	8400
Sta Wag	800	3900	7800	13,000	18,200	26,000

NOTE: Add 10 percent for liquamatic drive models.

1946
Series 69M, V-8, 118" wb

	6	5	4	3	2	1
Conv	800	4350	8700	14,500	20,300	29,000
6P Cpe	450	925	1900	4550	6350	9100
2 dr Sed	350	850	1650	4100	5700	8200
4 dr Sed	350	825	1600	4000	5600	8000
Sta Wag	800	3750	7500	12,500	17,500	25,000
Sptsman Conv	2000	9000	18,000	30,000	42,000	60,000

1947
Series 79M, V-8, 118" wb

	6	5	4	3	2	1
Conv	800	4350	8700	14,500	20,300	29,000
6P Cpe	450	925	1900	4550	6350	9100
2 dr Sed	350	850	1650	4100	5700	8200
4 dr Sed	350	825	1600	4000	5600	8000
Sta Wag	800	3750	7500	12,500	17,500	25,000
Sptsman Conv	2000	9000	18,000	30,000	42,000	60,000

1948
Series 89M, V-8, 118" wb

	6	5	4	3	2	1
Conv	1200	4500	9000	15,000	21,000	30,000
Cpe	450	925	1900	4550	6350	9100
2 dr Sed	350	850	1650	4100	5700	8200
4 dr Sed	350	825	1600	4000	5600	8000
Sta Wag	800	3750	7500	12,500	17,500	25,000

1949
Series 9CM, V-8, 118" wb

	6	5	4	3	2	1
Conv	800	3300	6600	11,000	15,400	22,000
Cpe	450	900	1900	4500	6300	9000
4 dr Sed	350	800	1550	3850	5400	7700
Sta Wag	800	3150	6300	10,500	14,700	21,000

1950
Series OCM, V-8, 118" wb

	6	5	4	3	2	1
Conv	800	3400	6900	11,500	16,100	23,000
Cpe	450	900	1900	4500	6300	9000
Clb Cpe	450	925	1900	4550	6350	9100
Mon Cpe	450	950	2100	4750	6650	9500
4 dr Sed	350	800	1550	3900	5450	7800
Sta Wag	800	3200	6450	10,750	15,050	21,500

1951
Mercury, V-8, 118" wb

	6	5	4	3	2	1
4 dr Sed	350	775	1500	3750	5250	7500

	6	5	4	3	2	1
Cpe	450	900	1900	4500	6300	9000
Conv	800	3600	7200	12,000	16,800	24,000
Sta Wag	800	3300	6600	11,000	15,400	22,000
Monterey, V-8, 118" wb						
Clth Cpe	450	1025	2600	5250	7300	10,500
Lthr Cpe	450	1075	3000	5500	7700	11,000

1952 Mercury Monterey Conv

1952
Mercury Custom, V-8, 118" wb

4 dr Sed	200	650	1250	2400	4200	6000
2 dr Sed	200	650	1250	2400	4150	5900
2 dr HdTp	450	900	1900	4500	6300	9000
Sta Wag	350	825	1600	4000	5600	8000
Mercury Monterey, V-8, 118" wb						
4 dr Sed	350	750	1450	3300	4900	7000
2 dr HdTp	450	1000	2400	5000	7000	10,000
Conv	650	2800	5700	9500	13,300	19,000

1953
Mercury Custom, V-8, 118" wb

4 dr Sed	200	675	1300	2500	4300	6100
2 dr Sed	200	650	1250	2400	4200	6000
2 dr HdTp	450	900	1900	4500	6300	9000
Monterey Special Custom, V-8, 118" wb						
4 dr Sed	350	750	1450	3400	5000	7100
2 dr HdTp	450	1000	2400	5000	7000	10,000
Conv	650	2800	5700	9500	13,300	19,000
Sta Wag	350	825	1600	4000	5600	8000

1954
Mercury Custom, V-8, 118" wb

4 dr Sed	350	700	1350	2700	4500	6400
2 dr Sed	200	675	1300	2600	4400	6300
2 dr HdTp	450	1100	3300	5650	7900	11,300
Monterey Special Custom, V-8, 118" wb						
4 dr Sed	350	775	1500	3700	5200	7400
SV Cpe	550	1800	4900	8150	11,400	16,300
2 dr HdTp	450	1175	3700	6150	8600	12,300
Conv	800	3100	6150	10,250	14,350	20,500
Sta Wag	450	900	1800	4400	6150	8800

NOTE: Overhead valve V-8 introduced.

1955
Custom Series, V-8, 119" wb

4 dr Sed	350	700	1350	2700	4500	6400
2 dr Sed	200	675	1300	2600	4400	6300
2 dr HdTp	500	1450	4250	7150	10,000	14,300
Sta Wag	350	775	1500	3600	5100	7300
Monterey Series, V-8, 119" wb						
4 dr Sed	350	800	1550	3850	5400	7700
2 dr HdTp	550	1600	4600	7650	10,700	15,300
Sta Wag	350	800	1550	3900	5450	7800
Montclair Series, V-8, 119" wb						
4 dr Sed	350	850	1650	4150	5800	8300

	6	5	4	3	2	1
2 dr HdTp	550	1800	4900	8150	11,400	16,300
2 dr HdTp SV	800	3500	7050	11,750	16,450	23,500
Conv	1200	4600	9150	15,250	21,350	30,500

1956 Mercury Monterey, 2 dr HdTp

1956
Medalist Series, V-8, 119" wb

	6	5	4	3	2	1
4 dr Sed	200	650	1250	2400	4200	6000
2 dr Sed	200	650	1250	2400	4150	5900
2 dr HdTp	450	1150	3500	5900	8250	11,800

Custom Series, V-8, 119" wb

4 dr Sed	350	700	1350	2800	4550	6500
2 dr Sed	350	700	1350	2700	4500	6400
2 dr HdTp	500	1225	3850	6400	8900	12,800
4 dr HdTp	450	1025	2500	5150	7150	10,300
Conv	800	4300	8550	14,250	19,950	28,500
4 dr Sta Wag	350	775	1500	3600	5100	7300
2 dr Sta Wag	350	800	1550	3900	5450	7800

Monterey Series, V-8, 119" wb

4 dr Sed	350	775	1500	3600	5100	7300
4 dr Spt Sed	350	775	1500	3750	5250	7500
2 dr HdTp	500	1450	4250	7150	10,000	14,300
4 dr HdTp	450	1025	2500	5150	7150	10,300
4 dr Sta Wag	350	850	1650	4150	5800	8300

Montclair Series, V-8, 119" wb

4 dr Spt Sed	350	775	1500	3750	5250	7500
2 dr HdTp	550	1800	4900	8150	11,400	16,300
4 dr HdTp	450	1050	2800	5400	7500	10,800
Conv	1200	4600	9150	15,250	21,350	30,500

1957
Monterey Series, V-8, 122" wb

4 dr Sed	350	700	1350	2700	4500	6400
4 dr HdTp	350	775	1500	3600	5100	7300
2 dr Sed	200	675	1300	2600	4400	6300
2 dr HdTp	450	1100	3300	5650	7900	11,300
Conv	650	2500	5450	9150	12,800	18,300

Montclair Series, V-8, 122" wb

4 dr Sed	350	700	1350	2800	4550	6500
4 dr HdTp	350	850	1650	4150	5800	8300
2 dr HdTp	500	1300	4000	6650	9300	13,300
Conv	800	3100	6150	10,250	14,350	20,500

Turnpike Cruiser, V-8, 122" wb

4 dr HdTp	450	1100	3300	5650	7900	11,300
2 dr HdTp	550	1800	4900	8150	11,400	16,300
Conv	800	3800	7650	12,750	17,850	25,500

Station Wagons, V-8, 122" wb

Com	350	800	1550	3900	5450	7800
Col	350	850	1650	4150	5800	8300
2 dr Com	350	800	1550	3900	5450	7800
Voy	350	850	1650	4150	5800	8300

1958
Mercury, V-8, 122" wb

4 dr Sed	200	675	1300	2500	4300	6100

	6	5	4	3	2	1
2 dr Sed	200	650	1250	2400	4200	6000
Monterey, V-8, 122" wb						
4 dr Sed	200	675	1300	2500	4350	6200
4 dr HdTp	350	725	1400	3100	4800	6800
2 dr Sed	200	675	1300	2500	4300	6100
2 dr HdTp	450	1050	2800	5400	7500	10,800
Conv	550	1800	4900	8150	11,400	16,300
Montclair, V-8, 122" wb						
4 dr Sed	200	675	1300	2600	4400	6300
4 dr HdTp	350	775	1500	3600	5100	7300
2 dr HdTp	450	1150	3500	5900	8250	11,800
Conv	650	2500	5450	9150	12,800	18,300
Turnpike Cruiser, V-8, 122" wb						
4 dr HdTp	450	1025	2500	5150	7150	10,300
2 dr HdTp	500	1450	4250	7150	10,000	14,300
Station Wagons, V-8, 122" wb						
Com	350	700	1350	2900	4600	6600
Col	350	750	1450	3400	5000	7100
2 dr Com	350	725	1400	3000	4700	6700
2 dr Voy	350	725	1400	3200	4850	6900
Parklane, V-8, 125" wb						
4 dr HdTp	450	1025	2500	5150	7150	10,300
2 dr HdTp	450	1100	3300	5650	7900	11,300
Conv	800	3200	6450	10,750	15,050	21,500

1959

Monterey, V-8, 126" wb						
4 dr Sed	200	675	1300	2500	4350	6200
4 dr HdTp	350	725	1400	3100	4800	6800
2 dr Sed	200	675	1300	2500	4300	6100
2 dr HdTp	450	925	2000	4650	6500	9300
Conv	550	1600	4600	7650	10,700	15,300
Montclair, V-8, 126" wb						
4 dr Sed	350	700	1350	2700	4500	6400
4 dr HdTp	350	775	1500	3600	5100	7300
2 dr HdTp	450	975	2300	4900	6850	9800
Parklane, V-8, 128" wb						
4 dr HdTp	450	925	2000	4650	6500	9300
2 dr HdTp	450	1100	3300	5650	7900	11,300
Conv	650	2500	5450	9150	12,800	18,300
Country Cruiser Station Wagons, V-8, 126" wb						
Com	350	725	1400	3100	4800	6800
Col Pk	350	800	1550	3900	5450	7800
Voy	350	775	1500	3600	5100	7300
2 dr Com	350	725	1400	3100	4800	6800

1960

Comet, 6-cyl., 114" wb						
4 dr Sed	350	700	1350	2700	4500	6400
2 dr Sed	200	675	1300	2600	4400	6300
4 dr Sta Wag	200	675	1300	2500	4350	6200
2 dr Sta Wag	200	675	1300	2500	4350	6200
Monterey, V-8, 126" wb						
4 dr Sed	200	675	1300	2500	4300	6100
4 dr HdTp	200	675	1300	2600	4400	6300
2 dr Sed	200	650	1250	2400	4200	6000
2 dr HdTp	350	775	1500	3600	5100	7300
Conv	550	1600	4600	7650	10,700	15,300
Country Cruiser Station Wagons, V-8, 126" wb						
Com	200	650	1250	2400	4150	5900
Montclair, V-8, 126" wb						
4 dr Sed	200	675	1300	2500	4350	6200
4 dr HdTp	350	725	1400	3100	4800	6800
2 dr HdTp	350	850	1650	4150	5800	8300
Country Cruiser Station Wagons, V-8, 126" wb						
Col Pk	350	775	1500	3600	5100	7300
Parklane, V-8, 126" wb						
4 dr HdTp	350	775	1500	3600	5100	7300
2 dr HdTp	450	1100	3300	5650	7900	11,300
Conv	650	2500	5450	9150	12,800	18,300

1961

Comet, 6-cyl., 114" wb						
4 dr Sed	200	550	1150	2100	3800	5400
2 dr Sed	200	550	1150	2100	3700	5300
S-22 Cpe	350	750	1450	3300	4900	7000

	6	5	4	3	2	1
4 dr Sta Wag	200	550	1150	2100	3800	5400
2 dr Sta Wag	200	550	1150	2100	3700	5300
Meteor 600, V-8, 120" wb						
4 dr Sed	200	550	1150	2100	3700	5300
2 dr Sed	200	550	1150	2000	3600	5200
Meteor 800, V-8, 120" wb						
4 dr Sed	200	600	1200	2200	3850	5500
4 dr HdTp	200	600	1200	2200	3900	5600
2 dr Sed	200	550	1150	2100	3800	5400
2 dr HdTp	200	600	1200	2200	3900	5600
Monterey, V-8, 120" wb						
4 dr Sed	200	650	1250	2400	4150	5900
4 dr HdTp	200	650	1250	2400	4200	6000
2 dr HdTp	350	700	1350	2800	4550	6500
Conv	450	900	1900	4500	6300	9000
Station Wagon, V-8, 120" wb						
Col Pk	200	650	1200	2300	4100	5800
Com	200	600	1200	2300	4000	5700

1962
Comet, 6-cyl.
(Add 10 percent for Custom line)

	6	5	4	3	2	1
4 dr Sed	200	550	1150	2100	3800	5400
2 dr Sed	200	550	1150	2100	3700	5300
4 dr Sta Wag	200	550	1150	2100	3700	5300
2 dr Sta Wag	200	550	1150	2100	3800	5400
S-22 Cpe	350	750	1450	3300	4900	7000
Vill Sta Wag	200	600	1200	2200	3850	5500

Meteor, 8-cyl.
(Deduct 10 percent for 6-cyl. Add 10 percent for Custom line).

4 dr Sed	200	600	1200	2200	3850	5500
2 dr Sed	200	550	1150	2100	3800	5400
S-33 Cpe	200	675	1300	2500	4350	6200

Monterey, V-8
(Add 10 percent for Custom line)

4 dr Sed	200	600	1200	2200	3900	5600
4 dr HdTp Sed	200	600	1200	2300	4000	5700
2 dr Sed	200	550	1150	2100	3800	5400
2 dr HdTp	200	650	1250	2400	4200	6000
Sta Wag	200	600	1200	2200	3850	5500

Custom S-55 Sport Series, V-8

2 dr HdTp	350	775	1500	3750	5250	7500
Conv	450	1000	2400	5000	7000	10,000

NOTE: Add 30 percent for 406.

1963
Comet, 6-cyl.
(Add 10 percent for Custom line)

4 dr Sed	200	550	1150	2100	3800	5400
2 dr Sed	200	550	1150	2100	3700	5300
Cus HdTp	350	750	1450	3300	4900	7000
Cus Conv	450	900	1900	4500	6300	9000
S-22 Cpe	350	775	1500	3750	5250	7500
S-22 HdTp	350	825	1600	4000	5600	8000
S-22 Conv	450	1000	2400	5000	7000	10,000
4 dr Sta Wag	200	550	1150	2100	3700	5300
2 dr Sta Wag	200	550	1150	2100	3700	5300
Vill Sta Wag	200	600	1200	2300	4000	5700

Meteor, V-8
(Deduct 10 percent for 6-cyl. Add 10 percent for Custom line).

4 dr Sed	200	600	1200	2200	3850	5500
2 dr Sed	200	550	1150	2100	3800	5400
Sta Wag	200	550	1150	2100	3700	5300
Cus HdTp	200	650	1250	2400	4200	6000
S-33 HdTp	350	775	1500	3750	5250	7500

Monterey, V-8
(Add 10 percent for Custom line)

4 dr Sed	200	600	1200	2300	4000	5700
4 dr HdTp	200	650	1250	2400	4200	6000
2 dr Sed	200	600	1200	2200	3900	5600
2 dr HdTp	200	675	1300	2500	4300	6100
Cus Conv	350	750	1450	3500	5050	7200
S-55 2 dr HdTp	350	825	1600	4000	5600	8000
S-55 Conv	450	1000	2400	5000	7000	10,000
Maraud FsBk	350	775	1500	3750	5250	7500

	6	5	4	3	2	1
Mar S-55 FsBk	450	900	1900	4500	6300	9000
Col Pk	200	650	1250	2400	4200	6000

NOTES: Add 30 percent for 406.
Add 40 percent for 427.

1964 Mercury, Montclair 4 dr fastback sedan, V8

1964

Comet, 6-cyl., 114" wb

	6	5	4	3	2	1
4 dr Sed	200	500	1100	1900	3500	5000
2 dr Sed	200	500	1100	1850	3350	4900
Sta Wag	150	450	1050	1800	3300	4800

Comet 404, 6-cyl., 114" wb

	6	5	4	3	2	1
4 dr Sed	200	500	1100	1950	3600	5100
2 dr Sed	200	500	1100	1900	3500	5000
2 dr HdTp	200	650	1250	2400	4200	6000
Conv	350	825	1600	4000	5600	8000
DeL Wag	150	450	1050	1800	3300	4800
Sta Wag	150	450	1050	1750	3250	4700

Comet Caliente, V-8 cyl., 114" wb

	6	5	4	3	2	1
4 dr Sed	200	550	1150	2000	3600	5200
2 dr HdTp	350	775	1500	3750	5250	7500
Conv	450	950	2100	4750	6650	9500

Comet Cyclone, V-8 cyl., 114" wb

	6	5	4	3	2	1
2 dr HdTp	350	875	1700	4250	5900	8500

NOTE: Deduct 25 percent for 6-cyl. Caliente.

Monterey, V-8

	6	5	4	3	2	1
4 dr Sed	200	500	1100	1850	3350	4900
4 dr HdTp	200	500	1100	1950	3600	5100
2 dr Sed	150	450	1050	1800	3300	4800
2 dr HdTp	200	550	1150	2100	3700	5300
FsBk	200	650	1200	2300	4100	5800
Conv	350	875	1700	4250	5900	8500

Montclair, V-8, 120" wb

	6	5	4	3	2	1
4 dr Sed	200	500	1100	1900	3500	5000
4 dr HdTp	200	550	1150	2100	3700	5300
2 dr HdTp	200	650	1250	2400	4200	6000
FsBk	350	725	1400	3000	4700	6700

Parklane, V-8, 120" wb

	6	5	4	3	2	1
4 dr Sed	200	550	1150	2000	3600	5200
4 dr HdTp	200	600	1200	2200	3850	5500
4 dr FsBk	200	650	1250	2400	4200	6000
2 dr HdTp	350	750	1450	3300	4900	7000
2 dr FsBk	350	775	1500	3750	5250	7500
Conv	450	1000	2400	5000	7000	10,000

Station Wagon, V-8, 120" wb

	6	5	4	3	2	1
Col Pk	200	550	1150	2100	3800	5400
Com	200	550	1150	2100	3700	5300

NOTES: Add 10 percent for Marauder.
Add 40 percent for 427 Super Marauder.

1965

Comet 202, V-8, 114" wb
(Deduct 20 percent for 6 cyl.)

	6	5	4	3	2	1
4 dr Sed	200	500	1100	1950	3600	5100
2 dr Sed	200	500	1100	1900	3500	5000
Sta Wag	200	500	1100	1950	3600	5100

Comet 404

	6	5	4	3	2	1
4 dr Sed	200	550	1150	2000	3600	5200
2 dr Sed	200	500	1100	1950	3600	5100
Vill Wag	200	550	1150	2000	3600	5200
Sta Wag	200	500	1100	1950	3600	5100
Comet Caliente, V-8, 114" wb						
(Deduct 20 percent for 6 cyl.)						
4 dr Sed	200	550	1150	2100	3700	5300
2 dr HdTp	350	700	1350	2800	4550	6500
Conv	350	875	1700	4250	5900	8500
Comet Cyclone, V-8, 114" wb						
2 dr HdTp	350	825	1600	4000	5600	8000
Monterey, V-8, 123" wb						
4 dr Sed	200	600	1200	2200	3850	5500
4 dr HdTp	200	650	1200	2300	4100	5800
Brzwy	200	650	1250	2400	4150	5900
2 dr Sed	200	550	1150	2100	3800	5400
2 dr HdTp	200	650	1250	2400	4200	6000
Conv	350	875	1700	4250	5900	8500
Montclair, V-8, 123" wb						
Brzwy	200	650	1250	2400	4200	6000
4 dr HdTp	200	650	1250	2400	4150	5900
2 dr HdTp	200	675	1300	2500	4300	6100
Parklane, V-8, 123" wb						
Brzwy	200	675	1300	2500	4350	6200
4 dr HdTp	200	650	1250	2400	4200	6000
2 dr HdTp	350	700	1350	2800	4550	6500
Conv	450	900	1900	4500	6300	9000
Station Wagon, V-8, 119" wb						
Col Pk	200	550	1150	2100	3700	5300
Com	200	500	1100	1950	3600	5100

NOTE: Add 20 percent for 427 CI engine.

1966

Comet Capri, V8, 116" wb

	6	5	4	3	2	1
4 dr Sed	200	550	1150	2000	3600	5200
2 dr HdTp	200	650	1200	2300	4100	5800
Sta Wag	200	550	1150	2100	3700	5300
Comet Caliente, V8, 116" wb						
4 dr Sed	200	550	1150	2100	3700	5300
2 dr HdTp	350	775	1500	3750	5250	7500
Conv	350	875	1700	4250	5900	8500
Comet Cyclone, V8, 116" wb						
2 dr HdTp	350	825	1600	4000	5600	8000
Conv	450	950	2100	4750	6650	9500
Comet Cyclone GT/GTA, V8, 116" wb						
2 dr HdTp	350	875	1700	4250	5900	8500
Conv	450	1025	2600	5250	7300	10,500
Comet 202, V8, 116" wb						
4 dr Sed	200	500	1100	1900	3500	5000
2 dr Sed	200	550	1150	2000	3600	5200
Sta Wag	200	500	1100	1900	3500	5000
Monterey, V-8, 123" wb						
4 dr Sed	200	550	1150	2100	3700	5300
4 dr Brzwy Sed	200	550	1150	2100	3800	5400
4 dr HdTp	200	550	1150	2100	3700	5300
2 dr Sed	200	550	1150	2100	3700	5300
2 dr HdTp FsBk	200	600	1200	2200	3900	5600
Conv	350	750	1450	3300	4900	7000
Montclair, V-8, 123" wb						
4 dr Sed	200	550	1150	2100	3700	5300
4 dr HdTp	200	550	1150	2100	3800	5400
2 dr HdTp	200	600	1200	2200	3900	5600
Parklane, V-8, 123" wb						
4 dr Brzwy Sed	200	550	1150	2100	3800	5400
4 dr HdTp	200	600	1200	2200	3900	5600
2 dr HdTp	200	650	1200	2300	4100	5800
Conv	350	825	1600	4000	5600	8000
S-55, V-8, 123" wb						
2 dr HdTp	350	775	1500	3750	5250	7500
Conv	450	950	2100	4750	6650	9500
Station Wagons, V-8, 123" wb						
Comm	200	550	1150	2100	3700	5300

	6	5	4	3	2	1
Col Pk	200	600	1200	2200	3850	5500

NOTE: Add 18 percent for 410 CI engine.
Add 20 percent for 428 CI engine.

1967

Comet 202, V-8, 116" wb

	6	5	4	3	2	1
2 dr Sed	200	550	1150	2100	3700	5300
4 dr Sed	200	550	1150	2100	3800	5400
Capri, V-8, 116" wb						
2 dr HdTp	200	600	1200	2300	4000	5700
4 dr Sdn	200	550	1150	2100	3700	5300
Caliante, V-8, 116" wb						
4 dr Sed	200	650	1200	2300	4100	5800
2 dr HdTp	350	750	1450	3300	4900	7000
Conv	450	900	1900	4500	6300	9000
Cyclone, V-8, 116" wb						
2 dr HdTp	350	750	1450	3300	4900	7000
Conv	350	875	1700	4250	5900	8500
Station Wagons, V-8, 113" wb						
Voyager	200	550	1150	2100	3700	5300
Villager	200	550	1150	2100	3800	5400
Cougar, V-8, 11" wb						
2 dr HdTp	350	825	1600	4000	5600	8000
X-R7 HdTp	450	900	1900	4500	6300	9000
Monterey, V-8, 123" wb						
4 dr Sed	200	550	1150	2100	3700	5300
4 dr Brzwy	200	550	1150	2100	3800	5400
Conv	350	725	1400	3100	4800	6800
2 dr HdTp	200	600	1200	2200	3900	5600
4 dr HdTp	200	550	1150	2100	3800	5400
4 dr HdTp	200	550	1150	2100	3800	5400
Montclair, V-8, 123" wb						
4 dr Sed	200	550	1150	2100	3800	5400
4 dr Brzwy	200	600	1200	2200	3850	5500
2 dr HdTp	200	600	1200	2300	4000	5700
4 dr HdTp	200	600	1200	2200	3850	5500
Parklane, V-8, 123" wb						
4 dr Brzwy	200	600	1200	2200	3900	5600
Conv	350	775	1500	3750	5250	7500
2 dr HdTp	200	650	1200	2300	4100	5800
4 dr HdTp	200	650	1250	2400	4150	5900
Brougham, V-8, 123" wb						
4 dr Brzwy	200	650	1200	2300	4100	5800
4 dr HdTp	200	600	1200	2300	4000	5700
Marquis, V-8, 123" wb						
2 dr HdTp	200	675	1300	2600	4400	6300
Station Wagons, 119" wb						
Commuter	200	550	1150	2100	3700	5300
Col Park	200	550	1150	2100	3800	5400

NOTES: Add 10 percent for GT option.
Add 15 percent for S-55 performance package.
Add 30 percent for 427 C.I. engine.
Add 40 percent for 428 cubic inch V-8.

1968

Comet, V-8

	6	5	4	3	2	1
2 dr Hdtp	200	500	1100	1900	3500	5000
Montego, V-8						
4 dr Sed	150	350	950	1450	3000	4200
2 dr HdTp	150	400	1000	1650	3150	4500
Montego MX						
Sta Wag	150	400	1000	1550	3050	4300
Sed	150	400	1000	1550	3050	4300
2 dr HdTp	200	500	1100	1900	3500	5000
Conv	350	700	1350	2800	4550	6500
Cyclone, V-8						
Fsbk Cpe	350	825	1600	4000	5600	8000
2 dr HdTp	350	775	1500	3750	5250	7500
Cougar, V-8						
HdTp Cpe	350	825	1600	4000	5600	8000
XR-7 Cpe	450	900	1900	4500	6300	9000
Monterey, V-8						
4 dr Sed	150	400	1000	1550	3050	4300
Conv	350	750	1450	3300	4900	7000
2 dr HdTp	150	400	1000	1650	3150	4500

	6	5	4	3	2	1
4 dr HdTp	150	400	1000	1550	3050	4300
Montclair, V-8						
4 dr Sed	150	400	1000	1600	3100	4400
2 dr HdTp	150	450	1050	1750	3250	4700
4 dr HdTp	150	400	1000	1650	3150	4500
Parklane, V-8						
4 dr Sed	150	400	1000	1650	3150	4500
Conv	350	775	1500	3750	5250	7500
2 dr HdTp	150	450	1050	1800	3300	4800
4 dr HdTp	150	450	1050	1700	3200	4600
Marquis, V-8						
2 dr HdTp	200	500	1100	1900	3500	5000
Station Wagons, V-8						
Commuter	150	350	950	1350	2800	4000
Col Pk	150	350	950	1450	2900	4100

NOTES: Deduct 5 percent for six-cylinder engine.
    Add 5 percent for Brougham package.
    Add 10 percent for Cyclone GT or Cougar GT-E packages.
    Add 5 percent for 'yacht paneling'.
    Add 30 percent for '427'.
    Add 40 percent for 428.

1969

	6	5	4	3	2	1
Comet, 6-cyl.						
2 dr HdTp	150	450	1050	1700	3200	4600
Montego, 6-cyl.						
Sed	150	300	900	1250	2650	3800
2 dr HdTp	150	350	950	1350	2800	4000
Montego MX, V8						
Sed	150	300	900	1350	2700	3900
2 dr HdTp	200	500	1100	1900	3500	5000
Conv	350	700	1350	2800	4550	6500
Sta Wag	150	300	900	1250	2650	3800
Cyclone, V-8						
2 dr HdTp	350	750	1450	3300	4900	7000
Cyclone CJ, V-8						
2 dr HdTp	350	825	1600	4000	5600	8000
Cougar, V-8						
2 dr HdTp	350	825	1600	4000	5600	8000
Conv	450	950	2100	4750	6650	9500
XR-7	350	875	1700	4250	5900	8500
XR-7 Conv	450	1000	2400	5000	7000	10,000

NOTE: Add 20 percent for Eliminator option.

	6	5	4	3	2	1
Monterey, V-8						
Sed	150	300	900	1250	2650	3800
4 dr HdTp	150	300	900	1350	2700	3900
2 dr HdTp	150	350	950	1450	3000	4200
Conv	150	450	1050	1800	3300	4800
Sta Wag	150	300	900	1250	2650	3800
Marauder, V-8						
2 dr HdTp	200	600	1200	2200	3850	5500
X-100 HdTp	350	775	1500	3750	5250	7500
Marquis, V-8						
Sed	150	300	900	1350	2700	3900
4 dr HdTp	150	350	950	1350	2800	4000
2 dr HdTp	150	400	1000	1650	3150	4500
Conv	200	600	1200	2200	3850	5500
Sta Wag	150	300	900	1350	2700	3900
Marquis Brgm, V-8						
Sed	150	350	950	1350	2800	4000
4 dr HdTp	150	350	950	1450	3000	4200
2 dr HdTp	150	400	1000	1600	3100	4400

NOTES: Add 10 percent for Montego/Comet V-8.
    Add 15 percent for GT option.
    Add 10 percent for bucket seats (except Cougar).
    Add 10 percent for bench seats (Cougar only).
    Add 30 percent for 'CJ' 428 V-8.
    Add 40 percent for 429.

1970

	6	5	4	3	2	1
Montego						
4 dr	150	300	900	1350	2700	3900
2 dr	150	350	950	1350	2800	4000
Montego MX, V-8						
4 dr	150	400	1000	1550	3050	4300

	6	5	4	3	2	1
2 dr HdTp	150	400	1000	1550	3050	4300
Sta Wag	150	350	950	1350	2800	4000
Montego MX Brgm, V-8						
4 dr	150	350	950	1450	3000	4200
4 dr HdTp	150	400	1000	1550	3050	4300
2 dr HdTp	150	450	1050	1800	3300	4800
Vill Sta Wag	150	350	950	1450	2900	4100
Cyclone, V-8						
2 dr HdTp	350	750	1450	3300	4900	7000
Cyclone GT, V-8						
2 dr HdTp	350	825	1600	4000	5600	8000
Cyclone Spoiler, V-8						
2 dr HdTp	450	900	1900	4500	6300	9000
Cougar, V-8						
2 dr HdTp	350	825	1600	4000	5600	8000
Conv	450	950	2100	4750	6650	9500
Cougar XR-7, V-8						
2 dr HdTp	350	875	1700	4250	5900	8500
Conv	450	1025	2600	5250	7300	10,500
NOTE: Add 20 percent for Eliminator option.						
Monterey, V-8						
4 dr	150	300	900	1350	2700	3900
4 dr HdTp	150	350	950	1350	2800	4000
2 dr HdTp	150	350	950	1450	2900	4100
Conv	200	650	1250	2400	4200	6000
Sta Wag	150	350	950	1350	2800	4000
Monterey Custom, V-8						
4 dr	150	350	950	1350	2800	4000
4 dr HdTp	150	350	950	1450	2900	4100
2 dr HdTp	150	350	950	1450	3000	4200
Marauder, V-8						
2 dr HdTp	200	650	1250	2400	4200	6000
Marauder X-100, V-8						
2 dr HdTp	350	750	1450	3300	4900	7000
Marquis, V-8						
4 dr	150	350	950	1450	2900	4100
4 dr HdTp	150	350	950	1450	3000	4200
2 dr HdTp	150	400	1000	1600	3100	4400
Conv	350	750	1450	3300	4900	7000
Sta Wag	150	350	950	1450	2900	4100
Col Pk	150	350	950	1450	3000	4200
Marquis Brgm, V-8						
4 dr	150	350	950	1450	3000	4200
4 dr HdTp	150	400	1000	1550	3050	4300
2 dr HdTp	200	500	1100	1900	3500	5000
NOTE: Add 40 percent for any 429 engine option.						
1971						
Comet, V-8						
4 dr	125	200	600	1100	2200	3100
2 dr	125	200	600	1100	2250	3200
2 dr GT	150	300	900	1250	2650	3800
Montego, V-8						
4 dr	100	175	525	1050	2100	3000
2 dr HdTp	125	250	750	1150	2400	3400
Montego MX						
4 dr	125	200	600	1100	2200	3100
2 dr HdTp	150	300	900	1250	2600	3700
Sta Wag	125	200	600	1100	2200	3100
Montego MX Brgm						
4 dr	125	200	600	1100	2250	3200
4 dr HdTp	125	250	750	1150	2400	3400
2 dr HdTp	150	300	900	1350	2700	3900
Villager Sta Wag	125	200	600	1100	2250	3200
Cyclone, V-8						
2 dr HdTp	200	600	1200	2200	3850	5500
Cyclone GT, V-8						
2 dr HdTp	350	700	1350	2800	4550	6500
Cyclone Spoiler, V-8						
2 dr HdTp	350	750	1450	3300	4900	7000
Cougar, V-8						
2 dr HdTp	350	700	1350	2800	4550	6500
Conv	350	775	1500	3750	5250	7500
Cougar XR-7, V-8						
2 dr HdTp	350	775	1500	3750	5250	7500

	6	5	4	3	2	1
Conv	350	875	1700	4250	5900	8500
Monterey, V-8						
4 dr	100	175	525	1050	2100	3000
4 dr HdTp	125	200	600	1100	2200	3100
2 dr HdTp	125	200	600	1100	2250	3200
Sta Wag	100	175	525	1050	2100	3000
Monterey Custom, V-8						
4 dr	125	200	600	1100	2200	3100
4 dr HdTp	125	200	600	1100	2250	3200
2 dr HdTp	125	200	600	1100	2300	3300
Marquis, V-8						
4 dr	125	200	600	1100	2200	3100
4 dr HdTp	125	200	600	1100	2250	3200
2 dr HdTp	125	200	600	1100	2300	3300
Sta Wag	100	175	525	1050	2100	3000
Marquis Brgm						
4 dr	125	200	600	1100	2250	3200
4 dr HdTp	125	200	600	1100	2300	3300
2 dr HdTp	125	250	750	1150	2400	3400
Col Pk	125	200	600	1100	2250	3200
NOTE: Add 40 percent for 429.						
1972						
Comet, V-8						
4 dr	125	200	600	1100	2200	3100
2 dr	125	250	750	1150	2450	3500
Montego, V-8						
4 dr	100	175	525	1050	2100	3000
2 dr HdTp	125	250	750	1150	2400	3400
Montego MX, V-8						
4 dr	125	200	600	1100	2250	3200
2 dr HdTp	150	300	900	1350	2700	3900
Sta Wag	125	200	600	1100	2250	3200
Montego Brgm, V-8						
4 dr	125	200	600	1100	2300	3300
2 dr HdTp	150	350	950	1350	2800	4000
Sta Wag	125	200	600	1100	2300	3300
Montego GT, V-8						
2 dr HdTp Fsbk	150	400	1000	1650	3150	4500
Cougar, V-8						
2 dr HdTp	350	700	1350	2800	4550	6500
Conv	350	825	1600	4000	5600	8000
Cougar XR-7, V-8						
2 dr HdTp	350	775	1500	3750	5250	7500
Conv	450	900	1900	4500	6300	9000
Monterey, V-8						
4 dr	125	200	600	1100	2300	3300
4 dr HdTp	125	250	750	1150	2400	3400
2 dr HdTp	125	250	750	1150	2500	3600
Sta Wag	125	200	600	1100	2300	3300
Monterey Custom, V-8						
4 dr	125	250	750	1150	2400	3400
4 dr HdTp	125	250	750	1150	2450	3500
2 dr HdTp	150	350	950	1350	2800	4000
Marquis, V-8						
4 dr	125	250	750	1150	2450	3500
4 dr HdTp	125	250	750	1150	2500	3600
2 dr HdTp	150	400	1000	1650	3150	4500
Sta Wag	125	250	750	1150	2450	3500
Marquis Brgm, V-8						
4 dr	125	250	750	1150	2500	3600
4 dr HdTp	150	300	900	1250	2600	3700
2 dr HdTp	150	450	1050	1800	3300	4800
Col Pk	125	250	750	1150	2500	3600
1973						
Comet, V-8						
4 dr	125	200	600	1100	2200	3100
2 dr	125	250	750	1150	2450	3500
Montego, V-8						
4 dr	100	175	525	1050	2100	3000
2 dr HdTp	150	300	900	1250	2650	3800
Montego MX, V-8						
4 dr	125	200	600	1100	2200	3100
2 dr HdTp	150	350	950	1350	2800	4000

Montego MX Brgm, V-8

	6	5	4	3	2	1
4 dr	125	200	600	1100	2250	3200
2 dr HdTp	150	350	950	1450	3000	4200
Montego GT, V-8						
2 dr HdTp	200	500	1100	1900	3500	5000
Montego MX						
Village Wag	125	200	600	1100	2250	3200
Cougar, V-8						
2 dr HdTp	350	700	1350	2800	4550	6500
Conv	350	775	1500	3750	5250	7500
Cougar XR-7, V-8						
2 dr HdTp	350	750	1450	3300	4900	7000
Conv	350	825	1600	4000	5600	8000
Monterey, V-8						
4 dr	100	175	525	1050	2100	3000
2 dr HdTp	125	200	600	1100	2200	3100
Monterey Custom, V-8						
4 dr	125	200	600	1100	2200	3100
2 dr HdTp	125	250	750	1150	2450	3500
Marquis, V-8						
4 dr	125	200	600	1100	2300	3300
4 dr HdTp	125	250	750	1150	2400	3400
2 dr HdTp	150	300	900	1250	2600	3700
Marquis Brgm, V-8						
4 dr	125	250	750	1150	2400	3400
4 dr HdTp	125	250	750	1150	2450	3500
2 dr HdTp	150	300	900	1350	2700	3900
Station Wagon, V-8						
Monterey	125	200	600	1100	2300	3300
Marquis	125	250	750	1150	2400	3400
Col Pk	125	250	750	1150	2450	3500

1974
Comet, V-8

	6	5	4	3	2	1
4 dr	125	200	600	1100	2200	3100
2 dr	125	250	750	1150	2450	3500
Montego, V-8						
4 dr	125	200	600	1100	2250	3200
2 dr HdTp	125	250	750	1150	2500	3600
Montego MX, V-8						
4 dr	125	200	600	1100	2300	3300
2 dr HdTp	150	300	900	1250	2600	3700
Montego MX Brgm, V-8						
4 dr	125	250	750	1150	2400	3400
2 dr HdTp	150	300	900	1350	2700	3900
Villager	125	250	750	1150	2400	3400
Cougar, V-8						
2 dr	150	400	1000	1650	3150	4500
Monterey, V-8						
4 dr	125	200	600	1100	2200	3100
2 dr HdTp	125	250	750	1150	2450	3500
Monterey Custom, V-8						
4 dr	125	200	600	1100	2250	3200
2 dr HdTp	150	300	900	1250	2650	3800
Marquis, V-8						
4 dr	125	200	600	1100	2300	3300
4 dr HdTp	125	250	750	1150	2400	3400
2 dr HdTp	150	350	950	1450	2900	4100
Marquis Brgm, V-8						
4 dr	125	250	750	1150	2400	3400
4 dr HdTp	125	250	750	1150	2450	3500
2 dr HdTp	150	400	1000	1600	3100	4400
Station Wagons, V-8						
Monterey	125	250	750	1150	2450	3500
Marquis	125	250	750	1150	2500	3600
Col Pk	150	300	900	1250	2600	3700

1975
Bobcat 4-cyl.

	6	5	4	3	2	1
Htchbk	125	250	750	1150	2500	3600
Sta Wag	125	250	750	1150	2450	3500
Comet, V-8						
4 dr	125	200	600	1100	2200	3100
2 dr	125	200	600	1100	2250	3200

1975 Mercury, Grand Marquis 4 dr sedan

Monarch, V-8

	6	5	4	3	2	1
4 dr	125	250	750	1150	2400	3400
2 dr	125	250	750	1150	2450	3500
Monarch Ghia, V-8						
4 dr	125	250	750	1150	2450	3500
2 dr	125	250	750	1150	2500	3600
Monarch Grand Ghia, V-8						
4 dr	150	300	900	1250	2600	3700
Montego, V-8						
4 dr	125	200	600	1100	2300	3300
2 dr	125	250	750	1150	2400	3400
Montego MX, V-8						
4 dr	125	250	750	1150	2400	3400
2 dr	125	250	750	1150	2450	3500
Montego Brgm, V-8						
4 dr	125	250	750	1150	2450	3500
2 dr	125	250	750	1150	2500	3600
Station Wagons, V-8						
Villager	125	250	750	1150	2400	3400
Cougar, V-8						
2 dr HdTp	125	250	750	1150	2500	3600
Marquis, V-8						
4 dr	125	250	750	1150	2400	3400
2 dr	125	250	750	1150	2450	3500
Marquis Brgm, V-8						
4 dr	125	250	750	1150	2450	3500
2 dr	125	250	750	1150	2500	3600
Grand Marquis, V-8						
4 dr	125	250	750	1150	2500	3600
2 dr	150	300	900	1250	2600	3700
Station Wagons, V-8						
Marquis	150	300	900	1250	2600	3700
Col Pk	150	300	900	1250	2650	3800
1976						
Bobcat, 4-cyl.						
3 dr	125	250	750	1150	2500	3600
Sta Wag	150	300	900	1250	2600	3700
Comet, V-8						
4 dr Sed	125	250	750	1150	2450	3500
2 dr Sed	125	250	750	1150	2400	3400
Monarch, V-8						
4 dr Sed	125	200	600	1100	2300	3300
2 dr Sed	125	250	750	1150	2400	3400
Monarch Ghia, V-8						
4 dr Sed	125	250	750	1150	2450	3500
2 dr Sed	125	250	750	1150	2500	3600
Monarch Grand Ghia, V-8						
4 dr Sed	150	300	900	1350	2700	3900
Montego, V-8						
4 dr Sed	125	250	750	1150	2500	3600

	6	**5**	**4**	**3**	**2**	**1**
Cpe	150	300	900	1250	2600	3700
Montego MX, V-8						
4 dr Sed	150	300	900	1250	2650	3800
Cpe	150	300	900	1350	2700	3900
Montego Brougham, V-8						
4 dr Sed	150	350	950	1350	2800	4000
Cpe	150	350	950	1450	2900	4100
Station Wagons, V-8						
Montego MX	150	300	900	1250	2600	3700
Montego Vill	150	300	900	1250	2650	3800
Cougar XR7, V-8						
2 dr HdTp	150	300	900	1250	2650	3800
Marquis, V-8						
4 dr Sed	125	250	750	1150	2500	3600
Cpe	150	300	900	1250	2600	3700
Marquis Brougham, V-8						
4 dr Sed	150	300	900	1250	2650	3800
Cpe	150	300	900	1350	2700	3900
Grand Marquis, V-8						
4 dr Sed	150	350	950	1350	2800	4000
Cpe	150	350	950	1450	2900	4100
Station Wagons, V-8						
Marquis	150	300	900	1250	2650	3800
Col Pk	150	300	900	1350	2700	3900
1977						
Bobcat, 4-cyl.						
3 dr	150	300	900	1250	2600	3700
Sta Wag	150	300	900	1250	2650	3800
Vill Wag	150	300	900	1350	2700	3900
NOTE: Add 5 percent for V-6.						
Comet, V-8						
4 dr Sed	125	250	750	1150	2500	3600
2 dr Sed	150	300	900	1250	2600	3700
Monarch, V-8						
4 dr Sed	125	250	750	1150	2400	3400
2 dr Sed	125	250	750	1150	2450	3500
Monarch Ghia, V-8						
4 dr Sed	125	250	750	1150	2500	3600
2 dr Sed	150	300	900	1250	2600	3700
Cougar, V-8						
4 dr Sed	150	300	900	1250	2650	3800
2 dr Sed	150	300	900	1350	2700	3900
Cougar Brougham, V-8						
4 dr Sed	150	300	900	1350	2700	3900
2 dr Sed	150	350	950	1350	2800	4000
Cougar XR7, V-8						
2 dr	150	350	950	1450	3000	4200
Station Wagons, V-8						
Cougar	150	300	900	1250	2650	3800
Vill	150	300	900	1350	2700	3900
Marquis, V-8						
4 dr Sed	150	300	900	1350	2700	3900
2 dr Sed	150	350	950	1350	2800	4000
Marquis Brougham, V-8						
4 dr Sed	150	300	900	1350	2700	3900
2 dr Sed	150	350	950	1350	2800	4000
Grand Marquis, V-8						
4 dr HdTp	150	350	950	1450	2900	4100
2 dr HdTp	150	350	950	1450	3000	4200
Station Wagons, V-8						
2S Marquis	150	300	900	1350	2700	3900
3S Marquis	150	350	950	1350	2800	4000
1978						
Bobcat						
3 dr Rbt	125	250	750	1150	2500	3600
Sta Wag	150	300	900	1250	2600	3700
Zephyr						
4 dr Sed	125	200	600	1100	2300	3300
2 dr Sed	125	200	600	1100	2250	3200
Cpe	125	250	750	1150	2450	3500
Sta Wag	125	250	750	1150	2400	3400
Monarch						
4 dr Sed	125	200	600	1100	2300	3300

	6	**5**	**4**	**3**	**2**	**1**
2 dr Sed	125	250	750	1150	2400	3400
Cougar						
4 dr	125	250	750	1150	2450	3500
2 dr	125	250	750	1150	2500	3600
Cougar XR7						
2 dr	150	350	950	1450	2900	4100
Marquis						
4 dr	150	300	900	1250	2650	3800
2 dr	150	300	900	1350	2700	3900
Sta Wag	150	300	900	1250	2650	3800
Marquis Brougham						
4 dr	150	300	900	1350	2700	3900
2 dr	150	350	950	1350	2800	4000
Grand Marquis						
4 dr	150	350	950	1450	2900	4100
2 dr	150	350	950	1450	3000	4200

1979
Bobcat, 4-cyl.

	6	**5**	**4**	**3**	**2**	**1**
3 dr Rbt	150	300	900	1250	2600	3700
Wag	125	250	750	1150	2500	3600
Villager Wag	150	300	900	1250	2600	3700
Capri, 4-cyl.						
Cpe	150	300	900	1250	2650	3800
Ghia Cpe	150	350	950	1350	2800	4000

NOTES: Add 5 percent for 6-cyl.
   Add 8 percent for V-8.

Zephyr, 6-cyl.

4 dr Sed	125	250	750	1150	2400	3400
Cpe	125	250	750	1150	2500	3600
Spt Cpe	150	300	900	1250	2650	3800
Sta Wag	125	250	750	1150	2450	3500

NOTE: Add 5 percent for V-8.

Monarch, V-8

4 dr Sed	125	250	750	1150	2400	3400
Cpe	125	250	750	1150	2500	3600

NOTE: Deduct 5 percent for 6-cyl.

Cougar, V-8

4 dr Sed	125	250	750	1150	2500	3600
2 dr	150	300	900	1250	2600	3700
2 dr XR7	150	350	950	1450	2900	4100

Marquis, V-8

4 dr	150	300	900	1250	2650	3800
2 dr	150	300	900	1350	2700	3900

Marquis Brougham, V-8

4 dr	150	300	900	1350	2700	3900
2 dr	150	350	950	1350	2800	4000

Grand Marquis, V-8

4 dr	150	350	950	1350	2800	4000
2 dr	150	350	950	1450	2900	4100

Station Wagons, V-8

3S Marquis	150	300	900	1250	2650	3800
3S Colony Park	150	350	950	1350	2800	4000

1980
Bobcat, 4-cyl.

	6	**5**	**4**	**3**	**2**	**1**
2 dr Hatch	125	250	750	1150	2450	3500
2 dr Sta Wag	125	250	750	1150	2500	3600
2 dr Sta Wag Villager	150	300	900	1250	2650	3800
Capri, 6-cyl.						
2 dr Hatch	150	450	1050	1750	3250	4700
2 dr Hatch Ghia	200	500	1100	1900	3500	5000

NOTE: Deduct 10 percent for 4-cyl.

Zephyr, 6-cyl.

4 dr Sed	125	250	750	1150	2450	3500
2 dr Sed	125	250	750	1150	2400	3400
2 dr Cpe Z-7	150	350	950	1450	3000	4200
4 dr Sta Wag	150	300	900	1350	2700	3900

NOTE: Deduct 10 percent for 4-cyl.

Monarch, V-8

4 dr Sed	150	350	950	1450	3000	4200
2 dr Cpe	150	350	950	1450	2900	4100

NOTE: Deduct 10 percent for 4-cyl.

Cougar XR7, V-8

2 dr Cpe	200	650	1200	2300	4100	5800

Marquis, V-8

	6	5	4	3	2	1
4 dr Sed	150	400	1000	1600	3100	4400
2 dr Sed	150	400	1000	1550	3050	4300
Marquis Brougham, V-8						
4 dr Sed	150	450	1050	1700	3200	4600
2 dr Sed	150	400	1000	1650	3150	4500
Grand Marquis, V-8						
4 dr Sed	150	450	1050	1750	3250	4700
2 dr Sed	150	450	1050	1700	3200	4600
4 dr Sta Wag 2S	150	450	1050	1750	3250	4700
4 dr Sta Wag 3S	150	450	1050	1800	3300	4800
4 dr Sta Wag CP 2S	200	500	1100	1850	3350	4900
4 dr Sta Wag CP 3S	200	500	1100	1900	3500	5000

1981
Lynx, 4-cyl.

	6	5	4	3	2	1
2 dr Hatch	125	200	600	1100	2300	3300
2 dr Hatch L	125	250	750	1150	2400	3400
4 dr Hatch L	125	250	750	1150	2450	3500
2 dr Hatch GL	125	250	750	1150	2450	3500
4 dr Hatch GL	125	250	750	1150	2500	3600
2 dr Hatch GS	125	250	750	1150	2500	3600
4 dr Hatch GS	150	300	900	1250	2600	3700
2 dr Hatch RS	150	300	900	1250	2600	3700
4 dr Hatch RS	150	300	900	1250	2650	3800
2 dr Hatch LS	150	300	900	1250	2650	3800

Zephyr, 6-cyl.

	6	5	4	3	2	1
4 dr Sed S	125	250	750	1150	2450	3500
4 dr Sed	125	250	750	1150	2500	3600
2 dr Sed	125	250	750	1150	2450	3500
2 dr Cpe Z-7	150	400	1000	1550	3050	4300
4 dr Sta Wag	150	350	950	1350	2800	4000

NOTE: Deduct 10 percent for 4-cyl.

Capri, 6-cyl.

	6	5	4	3	2	1
2 dr Hatch	200	500	1100	1900	3500	5000
2 dr Hatch GS	200	550	1150	2000	3600	5200

NOTE: Deduct 10 percent for 4-cyl.

Cougar, 6-cyl.

	6	5	4	3	2	1
4 dr Sed	150	350	950	1450	3000	4200
2 dr Sed	150	350	950	1450	2900	4100

NOTE: Deduct 10 percent for 4-cyl.

Cougar XR7, V-8

	6	5	4	3	2	1
2 dr Cpe	200	650	1250	2400	4150	5900

NOTE: Deduct 12 percent for 6-cyl.

Marquis, V-8

	6	5	4	3	2	1
4 dr Sed	150	400	1000	1600	3100	4400

Marquis Brougham, V-8

	6	5	4	3	2	1
4 dr Sed	150	450	1050	1700	3200	4600
2 dr Sed	150	400	1000	1650	3150	4500

Grand Marquis, V-8

	6	5	4	3	2	1
4 dr Sed	150	450	1050	1800	3300	4800
2 dr Sed	150	450	1050	1750	3250	4700
4 dr Sta Wag 2S	150	450	1050	1800	3300	4800
4 dr Sta Wag 3S	200	500	1100	1850	3350	4900
4 dr Sta Wag CP 2S	200	500	1100	1900	3500	5000
4 dr Sta Wag CP 3S	200	500	1100	1950	3600	5100

1982
Lynx, 4-cyl.

	6	5	4	3	2	1
2 dr Hatch	125	250	750	1150	2400	3400
4 dr Hatch	125	250	750	1150	2450	3500
2 dr Hatch L	125	250	750	1150	2450	3500
4 dr Hatch L	125	250	750	1150	2500	3600
4 dr Sta Wag L	150	300	900	1250	2600	3700
2 dr Hatch GL	125	250	750	1150	2500	3600
4 dr Hatch GL	150	300	900	1250	2600	3700
4 dr Sta Wag GL	150	300	900	1250	2650	3800
2 dr Hatch GS	150	300	900	1250	2600	3700
4 dr Hatch GS	150	300	900	1250	2650	3800
4 dr Sta Wag GS	150	300	900	1350	2700	3900
2 dr Hatch LS	150	300	900	1250	2650	3800
4 dr Hatch LS	150	300	900	1350	2700	3900
4 dr Sta Wag LS	150	350	950	1350	2800	4000
2 dr Hatch RS	150	300	900	1350	2700	3900

LN7, 4-cyl.

	6	5	4	3	2	1
2 dr Hatch	150	450	1050	1700	3200	4600

Zephyr, 6-cyl.

4 dr Sed	150	300	900	1250	2600	3700
2 dr Cpe Z-7	150	400	1000	1550	3050	4300
4 dr Sed GS	150	300	900	1250	2650	3800
2 dr Cpe Z-7 GS	150	400	1000	1650	3150	4500

Capri, 4-cyl.

2 dr Hatch	150	450	1050	1750	3250	4700
2 dr Hatch L	150	450	1050	1800	3300	4800
2 dr Hatch GS	200	500	1100	1900	3500	5000

Capri, 6-cyl.

2 dr Hatch L	200	550	1150	2100	3700	5300
2 dr Hatch GS	200	600	1200	2200	3850	5500

Capri, V-8

2 dr Hatch RS	200	600	1200	2200	3900	5600

Cougar, 6-cyl.

4 dr Sed GS	150	350	950	1350	2800	4000
2 dr Sed GS	150	300	900	1350	2700	3900
4 dr Sta Wag GS	150	350	950	1450	3000	4200
4 dr Sed LS	150	350	950	1450	2900	4100
2 dr Sed LS	150	350	950	1350	2800	4000

Cougar XR7, V-8

2 dr Cpe	200	650	1250	2400	4200	6000
2 dr Cpe LS	200	675	1300	2500	4350	6200

NOTE: Deduct 10 percent for 6-cyl.

Marquis, V-8

4 dr Sed	150	400	1000	1650	3150	4500

Marquis Brougham, V-8

4 dr Sed	150	450	1050	1750	3250	4700
2 dr Cpe	150	450	1050	1700	3200	4600

Grand Marquis, V-8

4 dr Sed	200	500	1100	1850	3350	4900
2 dr Cpe	150	450	1050	1800	3300	4800
4 dr Sta Wag 2S	200	500	1100	1850	3350	4900
4 dr Sta Wag 3S	200	500	1100	1900	3500	5000
4 dr Sta Wag CP 2S	200	500	1100	1950	3600	5100
4 dr Sta Wag CP 3S	200	550	1150	2000	3600	5200

1983

Lynx, 4-cyl.

2 dr Hatch L	125	250	750	1150	2500	3600
4 dr Hatch L	150	300	900	1250	2600	3700
4 dr Sta Wag L	150	300	900	1250	2650	3800
2 dr Hatch GS	150	300	900	1250	2600	3700
4 dr Hatch GS	150	300	900	1250	2650	3800
4 dr Sta Wag GS	150	300	900	1350	2700	3900
2 dr Hatch LS	150	300	900	1250	2650	3800
4 dr Hatch LS	150	300	900	1350	2700	3900
4 dr Sta Wag LS	150	350	950	1350	2800	4000
2 dr Hatch RS	150	300	900	1350	2700	3900
4 dr Hatch LTS	150	350	950	1350	2800	4000

LN7, 4-cyl.

2 dr Hatch	150	450	1050	1750	3250	4700
2 dr Hatch Sport	150	450	1050	1800	3300	4800
2 dr Hatch Grand Sport	200	500	1100	1900	3500	5000
2 dr Hatch RS	200	550	1150	2000	3600	5200

Zephyr, V-6

4 dr Sed	150	300	900	1250	2650	3800
2 dr Cpe Z-7	150	400	1000	1600	3100	4400
4 dr Sed GS	150	300	900	1350	2700	3900
2 dr Cpe Z-7 GS	150	450	1050	1700	3200	4600

NOTE: Deduct 10 percent for 4-cyl.

Capri, 4-cyl.

2 dr Hatch	150	450	1050	1800	3300	4800
2 dr Hatch H-L	200	500	1100	1850	3350	4900
2 dr Hatch GS	200	500	1100	1950	3600	5100

Capri, 6-cyl.

2 dr Hatch L	200	550	1150	2100	3800	5400
2 dr Hatch GS	200	600	1200	2200	3900	5600

Capri, V-8

2 dr Hatch RS	200	650	1200	2300	4100	5800

Cougar, V-8

2 dr Cpe	350	750	1450	3300	4900	7000

	6	5	4	3	2	1
2 dr Cpe LS	350	750	1450	3500	5050	7200
NOTE: Deduct 15 percent for V-6.						
Marquis, 4-cyl.						
4 dr Sed	150	350	950	1450	3000	4200
4 dr Brougham	150	400	1000	1600	3100	4400
Marquis, 6-cyl.						
4 dr Sed	150	400	1000	1600	3100	4400
4 dr Sta Wag	150	450	1050	1750	3250	4700
4 dr Sed Brgm	150	450	1050	1800	3300	4800
4 dr Sta Wag Brgm	200	500	1100	1900	3500	5000
Grand Marquis, V-8						
4 dr Sed	200	550	1150	2000	3600	5200
2 dr Cpe	200	500	1100	1950	3600	5100
4 dr Sed LS	200	550	1150	2100	3800	5400
2 dr Cpe LS	200	550	1150	2100	3700	5300
4 dr Sta Wag 2S	200	600	1200	2200	3850	5500
4 dr Sta Wag 3S	200	600	1200	2200	3900	5600

METROPOLITAN

1954 Metropolitan Conv

1954
Series E, (Nash), 4-cyl., 85" wb, 42 hp

HdTp	150	350	950	1350	2800	4000
Conv	150	400	1000	1650	3150	4500

1955
Series A & B, (Nash), 4-cyl., 85" wb, 42 hp

HdTp	150	350	950	1350	2800	4000
Conv	150	400	1000	1650	3150	4500

Series A & B, (Hudson), 4-cyl., 85" wb, 42 hp

HdTp	150	350	950	1350	2800	4000
Conv	150	400	1000	1650	3150	4500

1956
Series 1500, (Nash), 4-cyl., 85" wb, 52 hp

HdTp	150	350	950	1350	2800	4000
Conv	150	400	1000	1650	3150	4500

Series A, (Nash), 4-cyl., 85" wb, 42 hp

HdTp	150	300	900	1250	2650	3800
Conv	150	400	1000	1550	3050	4300

Series 1500, (Hudson), 4-cyl., 85" wb, 52 hp

HdTp	150	350	950	1350	2800	4000
Conv	150	400	1000	1650	3150	4500

Series A, (Hudson), 4-cyl., 85" wb, 42 hp

	6	5	4	3	2	1
HdTp	150	300	900	1250	2650	3800
Conv	150	400	1000	1550	3050	4300

1957
Series 1500, (Nash), 4-cyl., 85" wb, 52 hp

	6	5	4	3	2	1
HdTp	150	350	950	1350	2800	4000
Conv	150	400	1000	1650	3150	4500

Series A-85, (Nash), 4-cyl., 85" wb, 42 hp

	6	5	4	3	2	1
HdTp	150	300	900	1250	2650	3800
Conv	150	400	1000	1550	3050	4300

1958
Series 1500, (AMC), 4-cyl., 85" wb, 55 hp

	6	5	4	3	2	1
HdTp	150	350	950	1350	2800	4000
Conv	150	400	1000	1650	3150	4500

1959
Series 1500, (AMC), 4-cyl., 85" wb, 55 hp

	6	5	4	3	2	1
HdTp	150	400	1000	1650	3150	4500
Conv	200	500	1100	1900	3500	5000

1960
Series 1500, (AMC), 4-cyl., 85" wb, 55 hp

	6	5	4	3	2	1
HdTp	150	400	1000	1650	3150	4500
Conv	200	500	1100	1900	3500	5000

1961
Series 1500, (AMC), 4-cyl., 85" wb, 55 hp

	6	5	4	3	2	1
HdTp	150	400	1000	1650	3150	4500
Conv	200	500	1100	1900	3500	5000

1962 Nash Metropolitan, 4-cyl

1962
Series 1500, (AMC), 4-cyl., 85" wb, 55 hp

	6	5	4	3	2	1
HdTp	150	400	1000	1650	3150	4500
Conv	200	500	1100	1900	3500	5000

RAMBLER

1902
One cylinder, 4 hp

	6	5	4	3	2	1
2P Rbt	800	3300	6600	11,000	15,400	22,000

1903
One cylinder, 6 hp

	6	5	4	3	2	1
2/4P Lt Tr	800	3150	6300	10,500	14,700	21,000

1904
Model E, 1-cyl., 7 hp, 78" wb

	6	5	4	3	2	1
Rbt	650	2000	5100	8500	11,900	17,000
Model G, 1-cyl., 7 hp, 81" wb						
Rbt	650	2200	5250	8750	12,250	17,500
Model H, 1-cyl., 7 hp, 81" wb						
Tonneau	650	2200	5250	8750	12,250	17,500
Model J, 2-cyl., 16 hp, 84" wb						
Rbt	650	2300	5400	9000	12,600	18,000
Model K, 2-cyl., 16 hp, 84" wb						
Tonneau	650	2300	5400	9000	12,600	18,000
Model L, 2-cyl., 16 hp, 84" wb						
Canopy Ton	650	2600	5500	9250	12,950	18,500

1905
Model G, 1-cyl., 8 hp, 81" wb

	6	5	4	3	2	1
Rbt	650	2000	5100	8500	11,900	17,000
Model H, 1-cyl., 8 hp, 81" wb						
Tr	650	2000	5100	8500	11,900	17,000
Type One, 2-cyl., 18 hp, 90" wb						
Tr	650	2300	5400	9000	12,600	18,000
Type Two, 2-cyl., 20 hp, 100" wb						
Surrey	650	2800	5700	9500	13,300	19,000
Limo	800	3300	6600	11,000	15,400	22,000

1906
Model 17, 2-cyl., 10/12 hp, 88" wb

	6	5	4	3	2	1
2P Rbt	550	1750	4800	8000	11,200	16,000
Type One, 2-cyl., 18/20 hp, 90" wb						
5P Surrey	650	2000	5100	8500	11,900	17,000
Type Two, 2-cyl., 20 hp, 100" wb						
5P Surrey	650	2200	5250	8750	12,250	17,500
Type Three, 2-cyl., 18/20 hp, 96" wb						
5P Surrey	650	2300	5400	9000	12,600	18,000
Model 14, 4-cyl., 25 hp, 106" wb						
5P Tr	650	2600	5500	9250	12,950	18,500
Model 15, 4-cyl., 35/40 hp, 112" wb						
5P Tr	650	2800	5700	9500	13,300	19,000
Model 16, 4-cyl., 35/40 hp, 112" wb						
5P Limo	650	2900	5850	9750	13,650	19,500

1907
Model 27, 2-cyl., 14/16 hp, 90" wb

	6	5	4	3	2	1
2P Rbt	550	1750	4800	8000	11,200	16,000
Model 22, 2-cyl., 20/22 hp, 100" wb						
2P Rbt	550	1800	4950	8250	11,550	16,500
Model 21, 2-cyl., 20/22 hp, 100" wb						
5P Tr	650	2000	5100	8500	11,900	17,000
Model 24, 4-cyl., 25/30 hp, 108" wb						
5P Tr	650	2200	5250	8750	12,250	17,500
Model 25, 4-cyl., 35/40 hp, 112" wb						
5P Tr	650	2300	5400	9000	12,600	18,000

1908
Model 31, 2-cyl., 22 hp, 106" wb

	6	5	4	3	2	1
Det Tonneau	650	2300	5400	9000	12,600	18,000
Model 34, 4-cyl., 32 hp, 112" wb						
3P Rds	650	2600	5500	9250	12,950	18,500
5P Tr	650	2800	5700	9500	13,300	19,000

1909
Model 47, 2-cyl., 22 hp, 106" wb

	6	5	4	3	2	1
2P Rbt	650	2300	5400	9000	12,600	18,000
Model 41, 2-cyl., 22 hp, 106" wb						
5P Tr	650	2800	5700	9500	13,300	19,000
Model 44, 4-cyl., 34 hp, 112" wb						
5P Tr	800	3000	6000	10,000	14,000	20,000
4P C.C. Tr	800	3000	6000	10,000	14,000	20,000
Model 45, 4-cyl., 45 hp, 123" wb						
7P Tr	800	3900	7800	13,000	18,200	26,000
4P C.C. Tr	800	3900	7800	13,000	18,200	26,000
3P Rds	800	3750	7500	12,500	17,500	25,000

1910
Model 53, 4-cyl., 34 hp, 109" wb

	6	5	4	3	2	1
Tr	800	3600	7200	12,000	16,800	24,000
Model 54, 4-cyl., 45 hp, 117" wb						
Tr	800	3900	7800	13,000	18,200	26,000

Model 55, 4-cyl., 45 hp, 123" wb	6	5	4	3	2	1
Tr	800	4200	8400	14,000	19,600	28,000
Limo	650	2800	5700	9500	13,300	19,000
1911						
Model 63, 4-cyl., 34 hp, 112" wb						
Tr	800	3750	7500	12,500	17,500	25,000
Rds	800	3600	7200	12,000	16,800	24,000
Cpe	550	1750	4800	8000	11,200	16,000
Twn Car	650	2300	5400	9000	12,600	18,000
Model 64, 4-cyl., 34 hp, 120" wb						
Tr	800	4050	8100	13,500	18,900	27,000
Toy Ton	800	4050	8100	13,500	18,900	27,000
Lan'let	650	2800	5700	9500	13,300	19,000
Model 65, 4-cyl., 34 hp, 128" wb						
Tr	800	4200	8400	14,000	19,600	28,000
Toy Ton	800	4200	8400	14,000	19,600	28,000
Limo	800	3000	6000	10,000	14,000	20,000
1912						
Four, 38 hp, 120" wb						
5P CrCtry Tr	800	4200	8400	14,000	19,600	28,000
4P Sub Ctry Club	800	4200	8400	14,000	19,600	28,000
2P Rds	800	4050	8100	13,500	18,900	27,000
4P Sed	550	1750	4800	8000	11,200	16,000
7P Gotham Limo	650	2800	5700	9500	13,300	19,000
Four, 50 hp, 120" wb						
Ctry Club	1200	4800	9600	16,000	22,400	32,000
Valkyrie	1200	4800	9600	16,000	22,400	32,000
Four, 50 hp, 128" wb						
Morraine Tr	1200	5250	10,500	17,500	24,500	35,000
Metropolitan	1200	5400	10,800	18,000	25,200	36,000
Greyhound	1200	5400	10,800	18,000	25,200	36,000
Knickerbocker	1200	5850	11,700	19,500	27,300	39,000
1913						
Four, 42 hp, 120" wb						
2/3P CrCtry Rds	1200	4500	9000	15,000	21,000	30,000
4/5P CrCtry Tr	1200	4650	9300	15,500	21,700	31,000
4P Inside Drive Cpe	650	2800	5700	9500	13,300	19,000
7P Gotham Limo	800	3300	6600	11,000	15,400	22,000

JEFFERY

1914						
Four, 40 hp, 116" wb						
5P Tr	550	1750	4800	8000	11,200	16,000
5P Sed	450	1075	3000	5500	7700	11,000
Four, 27 hp, 120" wb						
2P Rds	650	2300	5400	9000	12,600	18,000
4P/5P/7P Tr	650	2000	5100	8500	11,900	17,000
Six, 48 hp, 128" wb						
5P Tr	800	3000	6000	10,000	14,000	20,000
6P Tr	650	2800	5700	9500	13,300	19,000
7P Limo	550	1750	4800	8000	11,200	16,000
1915						
Four, 40 hp, 116" wb						
5P Tr	650	2800	5700	9500	13,300	19,000
2P Rds	800	3000	6000	10,000	14,000	20,000
2P All-Weather	800	3150	6300	10,500	14,700	21,000
7P Limo	650	2000	5100	8500	11,900	17,000
4P Sed	500	1250	3900	6500	9100	13,000
Chesterfield Six, 48 hp, 122" wb						
5P Tr	800	3150	6300	10,500	14,700	21,000
2P Rds	800	3300	6600	11,000	15,400	22,000
2P All-Weather	800	3400	6900	11,500	16,100	23,000
1916						
Four, 40 hp, 116" wb						
7P Tr	800	3300	6600	11,000	15,400	22,000
5P Tr	800	3400	6900	11,500	16,100	23,000
7P Sed	500	1250	3900	6500	9100	13,000
5P Sed	450	1150	3600	6000	8400	12,000
3P Rds	800	3600	7200	12,000	16,800	24,000

Chesterfield Six, 48 hp, 122" wb

	6	5	4	3	2	1
5P Tr	800	4050	8100	13,500	18,900	27,000

1917
Model 472, 4-cyl., 40 hp, 116" wb

7P Tr	800	3150	6300	10,500	14,700	21,000
2P Rds	800	3300	6600	11,000	15,400	22,000
7P Sed	450	1150	3600	6000	8400	12,000

Model 671, 6-cyl., 48 hp, 125" wb

7P Tr	800	3400	6900	11,500	16,100	23,000
3P Rds	800	3600	7200	12,000	16,800	24,000
5P Sed	500	1250	3900	6500	9100	13,000

NASH

1918
Series 680, 6-cyl.

7P Tr	500	1250	3900	6500	9100	13,000
5P Tr	500	1250	3900	6500	9100	13,000
4P Rds	500	1400	4200	7000	9800	14,000
7P Tr	500	1250	3900	6500	9100	13,000
Sed	450	900	1900	4500	6300	9000
Cpe	450	925	2000	4600	6400	9200

1919
Series 680, 6-cyl.

Rds	450	1150	3600	6000	8400	12,000
Spt	500	1250	3900	6500	9100	13,000
5P Tr	450	1150	3600	6000	8400	12,000
7P Tr	500	1250	3900	6500	9100	13,000
4P Rds	500	1250	3900	6500	9100	13,000
Sed	350	825	1600	4000	5600	8000
Cpe	350	875	1700	4250	5900	8500

1920
Series 680, 6-cyl.

5P Tr	500	1250	3900	6500	9100	13,000
Rds	450	1150	3600	6000	8400	12,000
7P Tr	500	1400	4200	7000	9800	14,000
Cpe	350	875	1700	4250	5900	8500
Sed	350	825	1600	4000	5600	8000
Spt	350	875	1700	4350	6050	8700

1921
Series 680, 6-cyl.

5P Tr	450	1075	3000	5500	7700	11,000
Rds	450	1150	3600	6000	8400	12,000
Spt	500	1250	3900	6500	9100	13,000
Tr	450	1150	3600	6000	8400	12,000
Cpe	350	875	1700	4250	5900	8500
Sed	350	750	1450	3300	4900	7000

Series 40, 4-cyl.

Tr	450	1000	2400	5000	7000	10,000
Rds	450	1025	2600	5250	7300	10,500
Cpe	350	725	1400	3100	4800	6800
Sed	350	700	1350	2800	4550	6500
Cabr	450	1000	2400	5000	7000	10,000

1922
Series 680, 6-cyl.

5P Tr	450	1075	3000	5500	7700	11,000
7P Tr	450	1150	3600	6000	8400	12,000
7P Sed	350	825	1600	4000	5600	8000
Cpe	350	775	1500	3750	5250	7500
Rds	500	1200	3750	6250	8750	12,500
Spt	500	1250	3900	6500	9100	13,000
5P Sed	350	750	1450	3300	4900	7000

Series 40, 4-cyl.

Tr	450	1025	2600	5250	7300	10,500
Rds	450	1075	3000	5500	7700	11,000
Cpe	350	750	1450	3300	4900	7000
Sed	350	700	1350	2800	4550	6500
Cabr	450	1000	2400	5000	7000	10,000
Ca'ole	350	800	1550	3900	5450	7800

1923
Series 690, 6-cyl., 121" wb

	6	5	4	3	2	1
Rds	450	1150	3600	6000	8400	12,000
Tr	500	1250	3900	6500	9100	13,000
Spt	500	1400	4200	7000	9800	14,000
Sed	350	800	1550	3900	5450	7800
Cpe	350	825	1600	4000	5600	8000
Series 690, 6-cyl., 127" wb						
Tr	500	1250	3900	6500	9100	13,000
Sed	350	825	1600	4000	5600	8000
Cpe	350	875	1700	4250	5900	8500
Series 40, 4-cyl.						
Tr	450	1075	3000	5500	7700	11,000
Rds	450	1150	3600	6000	8400	12,000
Spt	500	1250	3900	6500	9100	13,000
Ca'ole	500	1300	4050	6750	9450	13,500
Sed	350	750	1450	3500	5050	7200

1924
Series 690, 6-cyl., 121" wb

	6	5	4	3	2	1
Rds	450	1150	3600	6000	8400	12,000
Tr	450	1075	3000	5500	7700	11,000
Spec DeL	350	700	1350	2800	4550	6500
Cpe	350	700	1350	2800	4550	6500
Spec Sed	200	650	1250	2400	4200	6000
Series 690, 6-cyl., 127" wb						
7P Tr	500	1250	3900	6500	9100	13,000
7P Sed	350	750	1450	3300	4900	7000
Vic	350	725	1400	3200	4850	6900
4 cyl.						
Tr	500	1250	3900	6500	9100	13,000
Rds	500	1300	4050	6750	9450	13,500
Cab	500	1350	4100	6850	9600	13,700
5P Sed	350	700	1350	2800	4550	6500
Sed	200	650	1250	2400	4200	6000
Spt	500	1400	4200	7000	9800	14,000
Cpe	350	700	1350	2700	4500	6400

1925
Advanced models, 6-cyl.

	6	5	4	3	2	1
Tr	500	1200	3700	6200	8700	12,400
7P Tr	500	1300	4050	6700	9400	13,400
4 dr Sed	350	750	1450	3400	5000	7100
Vic Cpe	350	850	1650	4200	5850	8400
7P Sed	350	775	1500	3700	5200	7400
Rds	500	1450	4300	7200	10,100	14,400
Cpe	350	775	1500	3700	5200	7400
2 dr Sed	350	700	1350	2700	4500	6400
Special models, 6-cyl.						
Tr	500	1200	3700	6200	8700	12,400
4 dr Sed	200	650	1250	2400	4150	5900
Rds	500	1300	4050	6700	9400	13,400
2 dr Sed	200	650	1250	2400	4150	5900
Light six, (formerly Ajax), 6-cyl.						
Tr	450	1025	2600	5200	7200	10,400
Sed	200	550	1150	2100	3800	5400

1926
Advanced models, 6-cyl.

	6	5	4	3	2	1
5P Tr	500	1450	4300	7200	10,100	14,400
7P Tr	550	1650	4600	7700	10,800	15,400
2 dr Sed	350	725	1400	3200	4850	6900
4 dr Sed	350	750	1450	3500	5050	7200
7P Sed	350	775	1500	3700	5200	7400
4 dr Cpe	350	750	1450	3500	5050	7200
Rds	550	1650	4600	7700	10,800	15,400
Vic Cpe	350	850	1650	4200	5850	8400
Special models, 6-cyl.						
Rds	500	1400	4150	6950	9750	13,900
2 dr Sed	350	700	1350	2700	4500	6400
7P Sed	350	750	1450	3400	5000	7100
Cpe	350	725	1400	3200	4850	6900
4 dr Sed	350	750	1450	3300	4900	7000
Spec Rds	500	1450	4300	7200	10,100	14,400
Light six						
Tr	450	1050	2700	5300	7400	10,600

	6	5	4	3	2	1
Sed	200	550	1150	2100	3800	5400
1927						
Standard, 6-cyl.						
Tr	450	1075	2900	5450	7600	10,900
Cpe	350	750	1450	3400	5000	7100
2 dr Sed	200	675	1300	2500	4350	6200
4 dr Sed	200	675	1300	2600	4400	6300
DeL Sed	350	700	1350	2700	4500	6400
Special, 6-cyl.						
	(Begin September 1926)					
Rds	550	1550	4450	7450	10,400	14,900
Tr	500	1300	4050	6700	9400	13,400
Cpe	450	925	2000	4600	6400	9200
2 dr Sed	350	875	1700	4300	6000	8600
4 dr Sed	450	900	1900	4500	6300	9000
	(Begin January 1927)					
Cav Sed	450	925	2000	4600	6400	9200
4 dr Sed	450	900	1900	4500	6300	9000
RS Cab	500	1450	4300	7200	10,100	14,400
RS Rds	550	1650	4600	7700	10,800	15,400
Advanced, 6-cyl.						
	(Begin August 1926)					
Rds	550	1650	4600	7700	10,800	15,400
5P Tr	550	1700	4750	7950	11,150	15,900
7P Tr	550	1800	4900	8200	11,500	16,400
Cpe	450	975	2300	4950	6900	9900
Vic	450	950	2100	4700	6600	9400
2 dr Sed	350	850	1650	4100	5700	8200
4 dr Sed	350	850	1650	4200	5850	8400
7P Sed	450	900	1800	4400	6150	8800
	(Begin January 1927)					
RS Cpe	450	1025	2600	5200	7200	10,400
Spec Sed	450	900	1800	4400	6150	8800
Amb Sed	450	925	2000	4600	6400	9200
1928						
Standard, 6-cyl.						
Tr	550	1650	4600	7700	10,800	15,400
Cpe	350	750	1450	3400	5000	7100
Conv Cabr	550	1700	4750	7950	11,150	15,900
2 dr Sed	350	725	1400	3100	4800	6800
4 dr Sed	350	750	1450	3500	5050	7200
Lan Sed	350	750	1450	3500	5050	7200
Special, 6-cyl.						
Tr	650	2100	5250	8700	12,200	17,400
RS Rds	650	2100	5250	8700	12,200	17,400
Cpe	450	950	2100	4700	6600	9400
Conv Cabr	550	1800	4900	8200	11,500	16,400
Vic	350	875	1700	4350	6050	8700
2 dr Sed	350	875	1700	4300	6000	8600
4 dr Sed	450	900	1800	4400	6150	8800
4 dr Cpe	450	925	2000	4600	6400	9200
Advanced, 6-cyl.						
Spt Tr	650	2900	5800	9700	13,600	19,400
Tr	650	2500	5500	9200	12,900	18,400
RS Rds	650	2500	5500	9200	12,900	18,400
Cpe	450	950	2100	4700	6600	9400
Vic	450	950	2100	4750	6650	9500
2 dr Sed	350	850	1650	4150	5800	8300
4 dr Sed	350	875	1700	4300	6000	8600
4 dr Cpe	450	975	2300	4950	6900	9900
7P Sed	450	950	2100	4700	6600	9400
1929						
Standard, 6-cyl.						
Sed	350	750	1450	3500	5050	7200
Tr	500	1450	4300	7200	10,100	14,400
Cabr	500	1300	4050	6700	9400	13,400
2 dr Sed	350	750	1450	3500	5050	7200
2P Cpe	350	750	1450	3400	5000	7100
4P Cpe	350	775	1500	3700	5200	7400
Lan Sed	350	725	1400	3200	4850	6900
Special, 6-cyl.						
2 dr Sed	350	775	1500	3700	5200	7400
2P Cpe	350	825	1600	3950	5500	7900

	6	5	4	3	2	1
4P Cpe	350	850	1650	4200	5850	8400
Rds	650	2900	5800	9700	13,600	19,400
Sed	350	825	1600	3950	5500	7900
Cabr	650	2500	5500	9200	12,900	18,400
Vic	350	850	1650	4200	5850	8400
Advanced, 6-cyl.						
Cpe	450	950	2100	4750	6650	9500
Cabr	650	2900	5800	9700	13,600	19,400
2 dr Sed	350	850	1650	4200	5850	8400
7P Sed	450	950	2100	4700	6600	9400
Amb Sed	450	975	2300	4950	6900	9900
4 dr Sed	350	875	1700	4350	6050	8700
1930						
Single, 6-cyl.						
Rds	650	2500	5500	9200	12,900	18,400
Tr	550	1650	4600	7700	10,800	15,400
2P Cpe	350	700	1350	2700	4500	6400
2 dr Sed	350	750	1450	3300	4900	7000
4P Cpe	350	850	1650	4200	5850	8400
Cabr	550	1650	4600	7700	10,800	15,400
4 dr Sed	350	750	1450	3400	5000	7100
DeL Sed	350	775	1500	3600	5100	7300
Lan'let	350	825	1600	3950	5500	7900
Twin-Ign, 6-cyl.						
Rds	800	3350	6750	11,250	15,750	22,500
7P Tr	800	3650	7350	12,250	17,150	24,500
5P Tr	800	3500	7050	11,750	16,450	23,500
2P Cpe	350	825	1600	3950	5500	7900
4P Cpe	350	850	1650	4200	5850	8400
2 dr Sed	350	825	1600	3950	5500	7900
Cabr	800	3200	6450	10,750	15,050	21,500
Vic	500	1200	3700	6200	8700	12,400
4 dr Sed	350	850	1650	4200	5850	8400
7P Sed	350	875	1700	4350	6050	8700
Twin-Ign, 8-cyl.						
2 dr Sed	350	850	1650	4200	5850	8400
2P Cpe	450	950	2100	4700	6600	9400
4P Cpe	450	1025	2600	5200	7200	10,400
Vic	550	1800	4900	8200	11,500	16,400
Cabr	800	4400	8850	14,750	20,650	29,500
Sed	450	900	1800	4450	6250	8900
Amb Sed	450	1025	2600	5200	7200	10,400
7P Sed	450	1025	2600	5200	7200	10,400
7P Limo	450	1100	3400	5700	8000	11,400
1931						
Series 660, 6-cyl.						
5P Tr	500	1450	4300	7200	10,100	14,400
2P Cpe	350	725	1400	3200	4850	6900
4P Cpe	350	775	1500	3700	5200	7400
2 dr Sed	350	725	1400	3200	4850	6900
4 dr Sed	350	775	1500	3700	5200	7400
Series 870, 8-cyl.						
2P Cpe	450	900	1800	4450	6250	8900
4P Cpe	350	850	1650	4200	5850	8400
Conv Sed	1200	5250	10,500	17,500	24,500	35,000
2 dr Sed	350	825	1600	3950	5500	7900
Spec Sed	350	850	1650	4200	5850	8400
Series 880 (Twin-Ign 8-cyl.)						
2P Cpe	450	950	2100	4700	6600	9400
4P Cpe	450	975	2300	4950	6900	9900
Conv Sed	1500	6000	12,000	20,000	28,000	40,000
Sed	450	950	2100	4700	6600	9400
Twn Sed	450	975	2300	4950	6900	9900
Series 890 (Twin-Ign 8-cyl.)						
7P Tr	1200	5400	10,800	18,000	25,200	36,000
2P Cpe	800	3150	6300	10,500	14,700	21,000
4P Cpe	800	3300	6600	11,000	15,400	22,000
Cabr	1500	6000	12,000	20,000	28,000	40,000
Vic	550	1550	4500	7500	10,500	15,000
2 dr Sed	550	1550	4500	7500	10,500	15,000
Amb Sed	550	1750	4800	8000	11,200	16,000
7P Sed	650	2000	5100	8500	11,900	17,000
7P Limo	650	2800	5700	9500	13,300	19,000

1932
Series 960, 6-cyl.

	6	5	4	3	2	1
5P Tr	800	4050	8100	13,500	18,900	27,000
2P Cpe	450	900	1900	4500	6300	9000
4P Cpe	450	950	2100	4750	6650	9500
2 dr Sed	350	750	1450	3300	4900	7000
4 dr Sed	350	825	1600	4000	5600	8000
Series 970, 8-cyl., 116.5" wb						
2P Cpe	450	1075	3000	5500	7700	11,000
4P Cpe	450	1150	3600	6000	8400	12,000
Conv Sed	1500	6300	12,600	21,000	29,400	42,000
2 dr Sed	450	900	1900	4500	6300	9000
Spec Sed	450	1000	2400	5000	7000	10,000
Series 980 (Twin-Ign, 8-cyl.), 121" wb						
2P Cpe	800	3600	7200	12,000	16,800	24,000
4P Cpe	800	3750	7500	12,500	17,500	25,000
Conv Sed	1500	6750	13,500	22,500	31,500	45,000
Sed	800	3150	6300	10,500	14,700	21,000
Twn Sed	800	3300	6600	11,000	15,400	22,000
Series 990 (Twin-Ign, 8-cyl.), 124"-133" wb						
7P Tr	1500	6450	12,900	21,500	30,100	43,000
2P Cpe	800	3900	7800	13,000	18,200	26,000
4P Cpe	800	4050	8100	13,500	18,900	27,000
Cabr	1500	6000	12,000	20,000	28,000	40,000
Vic	800	3750	7500	12,500	17,500	25,000
2 dr Sed	800	3300	6600	11,000	15,400	22,000
Spec Sed	800	3600	7200	12,000	16,800	24,000
Amb Sed	800	3750	7500	12,500	17,500	25,000
7P Sed	800	3600	7200	12,000	16,800	24,000
Limo	800	3900	7800	13,000	18,200	26,000

1933
Standard Series
(Deduct 20 percent on value; $100 on factory prices for 6-cyl.)

Rds	800	3000	6000	10,000	14,000	20,000
2P Cpe	350	775	1500	3750	5250	7500
4P Cpe	450	900	1900	4500	6300	9000
4 dr Sed	350	825	1600	4000	5600	8000
Twn Sed	350	875	1700	4250	5900	8500
Special Series, 8-cyl.						
Rds	800	3750	7500	12,500	17,500	25,000
2P Cpe	450	900	1900	4500	6300	9000
4P Cpe	450	950	2100	4750	6650	9500
4 dr Sed	450	900	1900	4500	6300	9000
Conv Sed	1200	5700	11,400	19,000	26,600	38,000
Twn Sed	450	925	2000	4650	6500	9300
Advanced Series, 8-cyl.						
Cabr	800	3400	6900	11,500	16,100	23,000
2P Cpe	450	975	2200	4850	6800	9700
4P Cpe	450	950	2100	4750	6650	9500
4 dr Sed	450	925	2000	4600	6400	9200
Conv Sed	1200	5850	11,700	19,500	27,300	39,000
Vic	450	1000	2400	5000	7000	10,000
Ambassador Series, 8-cyl.						
Cabr	1200	5400	10,800	18,000	25,200	36,000
Cpe	500	1250	3900	6500	9100	13,000
4 dr Sed	450	1150	3600	6000	8400	12,000
Conv Sed	1500	6300	12,600	21,000	29,400	42,000
Vic	800	4050	8100	13,500	18,900	27,000
142" Brgm	800	3600	7200	12,000	16,800	24,000
142" Sed	800	3300	6600	11,000	15,400	22,000
142" Limo	800	3750	7500	12,500	17,500	25,000

1934
Big Six, 6-cyl.

Bus Cpe	350	775	1500	3750	5250	7500
Cpe	350	875	1700	4250	5900	8500
Brgm	350	825	1600	4000	5600	8000
2 dr Sed	350	750	1450	3300	4900	7000
Twn Sed	350	775	1500	3750	5250	7500
Tr Sed	350	775	1500	3700	5200	7400
Advanced, 8-cyl.						
Bus Cpe	350	825	1600	4000	5600	8000
Cpe	350	875	1700	4350	6050	8700
Brgm	450	900	1900	4500	6300	9000

	6	5	4	3	2	1
2 dr Sed	350	775	1500	3750	5250	7500
Twn Sed	350	875	1700	4250	5900	8500
Tr Sed	350	825	1600	4000	5600	8000
Ambassador, 8-cyl.						
Brgm	350	875	1700	4250	5900	8500
2 dr Sed	350	825	1600	4000	5600	8000
Tr Sed	350	850	1650	4100	5700	8200
7P Sed	450	900	1900	4500	6300	9000
Limo	450	950	2100	4750	6650	9500
Lafayette, 6-cyl.						
2 dr Sed	350	700	1350	2800	4550	6500
Twn Sed	350	700	1350	2900	4600	6600
Brgm	350	725	1400	3100	4800	6800
Spec Cpe	350	825	1600	4000	5600	8000
Spec 4P Cpe	350	875	1700	4250	5900	8500
Spec Tr Sed	350	750	1450	3300	4900	7000
Spec Sed	350	750	1450	3500	5050	7200
Brgm	350	775	1500	3750	5250	7500

1935
Lafayette, 6-cyl.

	6	5	4	3	2	1
Bus Cpe	350	725	1400	3200	4850	6900
2 dr Sed	350	725	1400	3000	4700	6700
Brgm	350	750	1450	3300	4900	7000
Tr Sed	350	725	1400	3100	4800	6800
Twn Sed	350	725	1400	3200	4850	6900
Spec Cpe	350	875	1700	4250	5900	8500
Spec 6W Sed	350	775	1500	3750	5250	7500
6W Brgm	350	800	1550	3800	5300	7600
Advanced, 6-cyl.						
Vic	350	825	1600	3950	5500	7900
6W Sed	350	725	1400	3200	4850	6900
Advanced, 8-cyl.						
Vic	350	825	1600	4050	5650	8100
6W Sed	350	750	1450	3500	5050	7200
Ambassador, 8-cyl.						
Vic	450	950	2100	4750	6650	9500
6W Sed	350	875	1700	4250	5900	8500

1936
Lafayette, 6-cyl.

	6	5	4	3	2	1
Bus Cpe	350	700	1350	2800	4550	6500
Cpe	350	725	1400	3200	4850	6900
Cabr	550	1800	4950	8250	11,550	16,500
Sed	350	700	1350	2800	4550	6500
Vic	350	700	1350	2900	4600	6600
Tr Sed	200	650	1200	2300	4100	5800
400 Series, 6-cyl.						
Bus Cpe	200	650	1250	2400	4150	5900
Cpe	350	700	1350	2800	4550	6500
Vic	350	725	1400	3200	4850	6900
Tr Vic	350	725	1400	3000	4700	6700
Sed	350	700	1350	2900	4600	6600
Tr Sed	350	700	1350	2800	4550	6500
Spec Bus Cpe	350	700	1350	2800	4550	6500
Spec Cpe	350	700	1350	2900	4600	6600
Spec Spt Cabr	650	2600	5500	9250	12,950	18,500
Spec Vic	350	725	1400	3200	4850	6900
Spec Tr Vic	350	725	1400	3200	4850	6900
Spec Sed	350	700	1350	2900	4600	6600
Spec Tr Sed	350	700	1350	2800	4550	6500
Ambassador Series, 6-cyl.						
Vic	350	775	1500	3750	5250	7500
Tr Sed	350	700	1350	2800	4550	6500
Ambassador Series, 8-cyl.						
Tr Sed	350	775	1500	3750	5250	7500

1937
Lafayette 400, 6-cyl.

	6	5	4	3	2	1
Bus Cpe	200	600	1200	2200	3850	5500
Cpe	200	600	1200	2200	3900	5600
A-P Cpe	200	600	1200	2200	3850	5500
Cabr	550	1650	4650	7750	10,850	15,500
Vic Sed	200	600	1200	2200	3850	5500
Tr Sed	200	600	1200	2200	3900	5600

Ambassador, 6-cyl.

	6	5	4	3	2	1
Bus Cpe	350	700	1350	2800	4550	6500
Cpe	350	725	1400	3000	4700	6700
A-P Cpe	200	675	1300	2500	4300	6100
Cabr	550	1800	4950	8250	11,550	16,500
Vic Sed	200	650	1250	2400	4150	5900
Tr Sed	350	700	1350	2800	4550	6500

Ambassador, 8-cyl.

Bus Cpe	350	725	1400	3000	4700	6700
Cpe	350	725	1400	3200	4850	6900
A-P Cpe	350	725	1400	3000	4700	6700
Cabr	650	2600	5500	9250	12,950	18,500
Vic Sed	350	700	1350	2800	4550	6500
Tr Sed	350	775	1500	3750	5250	7500

1938
Lafayette
Master, 6-cyl.

Bus Cpe	200	500	1100	1850	3350	4900
Vic	200	500	1100	1950	3600	5100
Tr Sed	200	500	1100	1900	3500	5000

DeLuxe, 6-cyl.

Bus Cpe	200	600	1200	2200	3850	5500
A-P Cpe	200	650	1250	2400	4200	6000
Cabr	550	1650	4650	7750	10,850	15,500
Vic	200	600	1200	2200	3850	5500
Tr Sed	200	600	1200	2200	3900	5600

Ambassador, 6-cyl.

Bus Cpe	350	700	1350	2800	4550	6500
A-P Cpe	350	750	1450	3300	4900	7000
Cabr	500	1400	4150	6950	9750	13,900
Vic	200	650	1250	2400	4150	5900
Tr Sed	350	700	1350	2800	4550	6500

Ambassador, 8-cyl.

Bus Cpe	350	725	1400	3000	4700	6700
A-P Cpe	350	725	1400	3100	4800	6800
Cabr	650	2200	5250	8750	12,250	17,500
Vic	200	675	1300	2600	4400	6300
Tr Sed	350	725	1400	3200	4850	6900

1939
Lafayette, 6-cyl.
(Add 10 percent for DeLuxe)

Bus Cpe	200	600	1200	2200	3850	5500
2 dr Sed	200	500	1100	1900	3500	5000
4 dr Sed	200	550	1150	2100	3700	5300
Tr Sed	200	500	1100	1950	3600	5100
A-P Cpe	150	450	1050	1750	3250	4700
A-P Cabr	650	2600	5500	9250	12,950	18,500
Tr Sed	200	500	1100	1950	3600	5100

Ambassador, 6-cyl.

Bus Cpe	350	700	1350	2900	4600	6600
A-P Cpe	350	725	1400	3200	4850	6900
A-P Cabr	800	3100	6150	10,250	14,350	20,500
2 dr Sed	200	600	1200	2300	4000	5700
4 dr Sed	200	650	1200	2300	4100	5800
Tr Sed	200	650	1250	2400	4150	5900

Ambassador, 8-cyl.

Bus Cpe	350	725	1400	3200	4850	6900
A-P Cpe	350	750	1450	3400	5000	7100
A-P Cabr	800	3800	7650	12,750	17,850	25,500
2 dr Sed	350	700	1350	2800	4550	6500
4 dr Sed	350	700	1350	2800	4550	6500
Tr Sed	350	700	1350	2800	4550	6500

1940
DeLuxe Lafayette, 6-cyl.

Bus Cpe	350	700	1350	2800	4550	6500
A-P Cpe	350	700	1350	2900	4600	6600
A-P Cabr	800	3100	6150	10,250	14,350	20,500
2 dr FsBk	200	675	1300	2500	4350	6200
4 dr FsBk	350	700	1350	2800	4550	6500
Trk Sed	200	675	1300	2600	4400	6300

Ambassador, 6-cyl.

Bus Cpe	350	700	1350	2900	4600	6600
A-P Cpe	350	725	1400	3100	4800	6800

	6	5	4	3	2	1
A-P Cabr	800	3800	7650	12,750	17,850	25,500
2 dr FsBk	350	700	1350	2900	4600	6600
4 dr FsBk	350	725	1400	3000	4700	6700
Trk Sed	350	725	1400	3100	4800	6800
Ambassador, 8-cyl.						
Bus Cpe	350	775	1500	3750	5250	7500
A-P Cpe	350	775	1500	3750	5250	7500
A-P Cabr	800	4300	8550	14,250	19,950	28,500
2 dr FsBk	350	725	1400	3200	4850	6900
4 dr FsBk	350	750	1450	3300	4900	7000
Trk Sed	350	750	1450	3400	5000	7100

1941
Ambassador 600, 6-cyl.

	6	5	4	3	2	1
Bus Cpe	200	650	1250	2400	4150	5900
2 dr FsBk	200	600	1200	2200	3900	5600
4 dr FsBk	200	600	1200	2300	4000	5700
DeL Bus Cpe	200	675	1300	2500	4300	6100
DeL Brgm	350	700	1350	2800	4550	6500
DeL 2 dr FsBk	200	650	1250	2400	4200	6000
DeL 4 dr FsBk	200	650	1250	2400	4150	5900
Tr Sed	200	675	1300	2500	4300	6100
Ambassador, 6-cyl.						
Bus Cpe	350	700	1350	2900	4600	6600
Spec Bus Cpe	350	700	1350	2800	4550	6500
A-P Cab	500	1450	4300	7200	10,100	14,400
Brgm	350	725	1400	3100	4800	6800
Spec Sed	350	700	1350	2800	4550	6500
Spec FsBk	350	700	1350	2800	4550	6500
DeL FsBk	350	700	1350	2900	4600	6600
Tr Sed	350	725	1400	3200	4850	6900
Ambassador, 8-cyl.						
A-P Cabr	800	4300	8550	14,250	19,950	28,500
DeL Brgm	350	750	1450	3400	5000	7100
Spec FsBk	350	725	1400	3200	4850	6900
DeL FsBk	350	750	1450	3300	4900	7000
Tr Sed	350	775	1500	3750	5250	7500

1942
Ambassador 600, 6-cyl.

	6	5	4	3	2	1
Bus Cpe	200	675	1300	2500	4350	6200
Brgm	350	700	1350	2900	4600	6600
2 dr SS	350	700	1350	2800	4550	6500
4 dr SS	350	725	1400	3000	4700	6700
Tr Sed	350	700	1350	2800	4550	6500
Ambassador, 6-cyl.						
Bus Cpe	350	700	1350	2800	4550	6500
Brgm	350	725	1400	3100	4800	6800
2 dr SS	350	700	1350	2900	4600	6600
4 dr SS	350	725	1400	3000	4700	6700
Tr Sed	350	725	1400	3100	4800	6800
Ambassador, 8-cyl.						
Bus Cpe	350	725	1400	3200	4850	6900
Brgm	350	750	1450	3300	4900	7000
2 dr SS	350	725	1400	3100	4800	6800
4 dr SS	350	725	1400	3200	4850	6900
Tr Sed	350	750	1450	3300	4900	7000

1946
600, 6-cyl.

	6	5	4	3	2	1
Brgm	200	500	1100	1950	3600	5100
Sed	200	500	1100	1900	3500	5000
Trk Sed	200	550	1150	2100	3700	5300
Ambassador, 6-cyl.						
Brgm	200	600	1200	2200	3850	5500
4 dr Sed	200	600	1200	2200	3850	5500
Trk Sed	200	600	1200	2200	3900	5600
Sub Sed	650	2600	5500	9250	12,950	18,500

1947
600, 6-cyl.

	6	5	4	3	2	1
Brgm	200	550	1150	2000	3600	5200
4 dr Sed	200	500	1100	1950	3600	5100
Trk Sed	200	600	1200	2200	3850	5500
Ambassador, 6-cyl.						
Brgm	200	600	1200	2200	3850	5500
4 dr Sed	200	600	1200	2200	3900	5600

1946 Nash, "600" 4 dr sedan, 6-cyl

	6	**5**	**4**	**3**	**2**	**1**
Trk Sed	200	600	1200	2300	4000	5700
Sub Sed	650	2600	5500	9250	12,950	18,500
1948						
600, 6-cyl.						
DeL Bus Cpe	200	600	1200	2200	3900	5600
Sup Sed	200	600	1200	2200	3850	5500
Sup Trk Sed	200	600	1200	2200	3850	5500
Sup Brgm	200	600	1200	2300	4000	5700
Cus Sed	200	650	1250	2400	4150	5900
Cus Trk Sed	200	675	1300	2500	4300	6100
Cus Brgm	200	650	1250	2400	4200	6000
Ambassador, 6-cyl.						
Sed	200	675	1300	2500	4350	6200
Trk Sed	200	675	1300	2600	4400	6300
Brgm	200	675	1300	2500	4300	6100
Sub Sed	650	2900	5850	9750	13,650	19,500
Custom Ambassador, 6-cyl.						
Sed	350	700	1350	2800	4550	6500
Trk Sed	350	700	1350	2900	4600	6600
Brgm	350	700	1350	2800	4550	6500
Cabr	800	3200	6450	10,750	15,050	21,500
1949						
600 Super, 6-cyl.						
Sed	200	600	1200	2200	3900	5600
2 dr Sed	200	600	1200	2200	3900	5600
Brgm	200	600	1200	2200	3900	5600
600 Super Special, 6-cyl.						
Sed	200	675	1300	2500	4300	6100
2 dr Sed	200	650	1250	2400	4150	5900
Brgm	200	600	1200	2300	4000	5700
600 Custom, 6-cyl.						
Sed	200	650	1200	2300	4100	5800
2 dr Sed	200	600	1200	2300	4000	5700
Brgm	200	650	1200	2300	4100	5800
Ambassador Super, 6-cyl.						
Sed	200	650	1250	2400	4200	6000
2 dr Sed	200	650	1250	2400	4150	5900
Brgm	200	650	1250	2400	4200	6000

1949 Nash Ambassador, 4 dr sed

Ambassador Super Special, 6-cyl.

	6	5	4	3	2	1
Sed	200	675	1300	2500	4300	6100
2 dr Sed	200	650	1250	2400	4200	6000
Brgm	200	675	1300	2500	4300	6100
Ambassador Custom, 6-cyl.						
Sed	200	675	1300	2500	4350	6200
2 dr Sed	200	675	1300	2500	4300	6100
Brgm	200	675	1300	2500	4350	6200
1950						
Rambler Custom, 6-cyl.						
Conv Lan	200	650	1250	2400	4200	6000
Sta Wag	200	500	1100	1900	3500	5000
Nash Super Statesman, 6-cyl.						
DeL Cpe	200	675	1300	2500	4300	6100
Sed	200	600	1200	2200	3900	5600
2 dr Sed	200	600	1200	2200	3900	5600
Clb Cpe	350	700	1350	2900	4600	6600
Nash Custom Statesman, 6-cyl.						
Sed	200	600	1200	2200	3900	5600
2 dr Sed	200	600	1200	2300	4000	5700
Clb Cpe	200	650	1200	2300	4100	5800
Ambassador, 6-cyl.						
Sed	200	600	1200	2300	4000	5700
2 dr Sed	200	650	1200	2300	4100	5800
Clb Cpe	200	650	1250	2400	4150	5900
Ambassador Custom, 6-cyl.						
Sed	200	650	1200	2300	4100	5800
2 dr Sed	200	650	1250	2400	4150	5900
Clb Cpe	200	650	1250	2400	4200	6000
1951						
Rambler, 6-cyl.						
Utl Wag	200	500	1100	1950	3600	5100
Cus Clb Sed	200	550	1150	2000	3600	5200
Cus Conv Sed	350	700	1350	2800	4550	6500
Cus Sta Wag	200	550	1150	2000	3600	5200
Nash Statesman, 6-cyl.						
DeL Bus Cpe	200	600	1200	2300	4000	5700
Sup Sed	200	650	1200	2300	4100	5800
2 dr Sup	200	600	1200	2300	4000	5700
Sup Cpe	200	650	1200	2300	4100	5800
Cus Cpe	200	675	1300	2500	4300	6100
Cus 2 dr	200	650	1250	2400	4150	5900
Ambassador, 6-cyl.						
Sup Sed	200	650	1250	2400	4150	5900

	6	5	4	3	2	1
2 dr Sup	200	650	1200	2300	4100	5800
Sup Cpe	200	650	1250	2400	4150	5900
Cus Sed	200	675	1300	2500	4300	6100
2 dr Cus	200	675	1300	2500	4350	6200
Cus Cpe	200	675	1300	2600	4400	6300
Nash-Healy						
Spt Car	650	2900	5850	9750	13,650	19,500
1952						
Rambler, 6-cyl.						
Utl Wag	200	500	1100	1900	3500	5000
Cus Clb Sed	200	550	1150	2100	3700	5300
Cus Sta Wag	200	500	1100	1950	3600	5100
Cus Conv Sed	350	750	1450	3300	4900	7000
Nash Statesman, 6-cyl.						
(Add 10 percent for Custom)						
2 dr Sed	200	600	1200	2300	4000	5700
Sed	200	600	1200	2200	3900	5600
Cus Ctry Clb	350	750	1450	3300	4900	7000
Ambassador, 6-cyl.						
(Add 10 percent for Custom)						
2 dr Sed	200	650	1250	2400	4200	6000
Sed	200	650	1250	2400	4150	5900
Ctry Clb	350	775	1500	3750	5250	7500
Nash-Healey, 6-cyl.						
Spt Car	800	3100	6150	10,250	14,350	20,500
1953						
Rambler, 6-cyl.						
Utl Wag	200	500	1100	1900	3500	5000
Cus Clb Sed	200	550	1150	2000	3600	5200
Cus Conv Sed	350	750	1450	3300	4900	7000
Cus Sta Wag	200	500	1100	1900	3500	5000
Nash Statesman, 6-cyl.						
(Add 10 percent for Custom)						
2 dr Sed	200	600	1200	2300	4000	5700
Sed	200	600	1200	2200	3900	5600
Cus Ctry Clb	350	750	1450	3300	4900	7000
Ambassador, 6-cyl.						
(Add 10 percent for Custom)						
2 dr Sed	200	650	1250	2400	4200	6000
Sed	200	650	1250	2400	4150	5900
Cus Ctry Clb	350	775	1500	3750	5250	7500
Nash-Healey						
Spt Car	800	3100	6150	10,250	14,350	20,500

1954 Nash Statesman, 2 dr sed

	6	5	4	3	2	1
1954						
Rambler, 6-cyl.						
DeL Clb Sed	200	500	1100	1900	3500	5000
Sup Clb Sed	200	500	1100	1950	3600	5100

	6	5	4	3	2	1
Ctry Clb Sed	200	550	1150	2000	3600	5200
Utl Wag	200	550	1150	2000	3600	5200
Sup 108" Sed	200	500	1100	1900	3500	5000
Cus Ctry Clb	350	700	1350	2800	4550	6500
Cus Conv Sed	350	775	1500	3750	5250	7500
Cus Sta Wag	150	450	1050	1800	3300	4800
Cus 108" Sed	200	500	1100	1900	3500	5000
Cus 108" Wag	200	550	1150	2000	3600	5200
Nash Statesman, 6-cyl.						
Sup Sed	200	650	1250	2400	4200	6000
2 dr Sup Sed	200	675	1300	2500	4300	6100
Cus Sed	200	675	1300	2500	4350	6200
Cus Ctry Clb	350	775	1500	3750	5250	7500
Nash Ambassador, 6-cyl.						
(Add 5 percent for LeMans option).						
Sup Sed	200	675	1300	2500	4350	6200
2 dr Sup Sed	200	675	1300	2600	4400	6300
Cus Sed	350	700	1350	2800	4550	6500
Cus Ctry Clb	350	825	1600	4000	5600	8000
Nash-Healey						
Spt Car	800	3100	6150	10,250	14,350	20,500
1955						
Rambler, 6-cyl.						
DeL Clb Sed	200	500	1100	1950	3600	5100
DeL Bus Sed	200	500	1100	1900	3500	5000
DeL 108" Sed	200	500	1100	1900	3500	5000
Sup Clb Sed	200	500	1100	1950	3600	5100
Utl Wag	200	550	1150	2000	3600	5200
Sup 108" Sed	200	500	1100	1950	3600	5100
Sup 108" Crs Ctry	200	550	1150	2000	3600	5200
Cus Ctry Clb	350	700	1350	2700	4500	6400
Cus 108" Sed	200	550	1150	2000	3600	5200
Cus 108" Crs Ctry	200	550	1150	2100	3700	5300
Nash Statesman, 6-cyl.						
Sup Sed	200	600	1200	2200	3850	5500
Cus Sed	200	600	1200	2200	3900	5600
Cus Ctry Clb	350	725	1400	3200	4850	6900
Nash Ambassador, 6-cyl.						
Sup Sed	200	600	1200	2200	3900	5600
Cus Sed	200	600	1200	2300	4000	5700
Cus Ctry Clb	350	775	1500	3700	5200	7400
Nash Ambassador, 8-cyl.						
Sup Sed	200	600	1200	2300	4000	5700
Cus Sed	200	650	1250	2400	4150	5900
Cus Ctry Clb	350	825	1600	3950	5500	7900
1956						
Rambler, 6-cyl.						
DeL Sed	200	500	1100	1850	3350	4900
Sup Sed	200	500	1100	1900	3500	5000
Sup Crs Ctry	200	550	1150	2100	3700	5300
Cus Sed	200	500	1100	1850	3350	4900
Cus HdTp	200	600	1200	2200	3900	5600
Cus Crs Ctry	200	650	1250	2400	4150	5900
HdTp Wag	200	600	1200	2200	3850	5500
Nash Statesman, 6-cyl.						
Sup Sed	200	550	1150	2100	3800	5400
Nash Ambassador, 6-cyl.						
Sup Sed	200	600	1200	2200	3900	5600
Nash Ambassador, 8-cyl.						
Sup Sed	200	600	1200	2300	4000	5700
Cus Sed	200	650	1200	2300	4100	5800
Cus HdTp	350	825	1600	3950	5500	7900
1957						
Rambler, 6-cyl.						
DeL Sed	200	500	1100	1900	3500	5000
Sup Sed	200	550	1150	2000	3600	5200
Sup HdTp	200	600	1200	2200	3900	5600
Sup Crs Ctry	200	600	1200	2200	3850	5500
Cus Sed	200	500	1100	1950	3600	5100
Cus Crs Ctry	200	600	1200	2300	4000	5700
Rambler, 8-cyl.						
Sup Sed	200	550	1150	2000	3600	5200
Sup Crs Ctry Wag	200	600	1200	2300	4000	5700

	6	5	4	3	2	1
Cus Sed	200	550	1150	2100	3700	5300
Cus HdTp	200	650	1250	2400	4200	6000
Cus Crs Ctry Wag	200	650	1250	2400	4150	5900
Cus Crs Ctry HdTp	200	675	1300	2500	4300	6100
Rebel, 8-cyl.						
4 dr HdTp	350	700	1350	2800	4550	6500
Nash Ambassador, 8-cyl.						
Sup Sed	200	600	1200	2300	4000	5700
Sup HdTp	200	650	1250	2400	4200	6000
Cus Sed	200	650	1250	2400	4150	5900
Cus HdTp	350	825	1600	4050	5650	8100

AMC

1958 Rambler American, 2 dr sed

1958
American, 6-cyl.

	6	5	4	3	2	1
2 dr DeL	200	500	1100	1950	3600	5100
2 dr Super	200	550	1150	2000	3600	5200
Rambler DeLuxe, 6-cyl.						
4 dr	200	550	1150	2000	3600	5200
Sta Wag	200	550	1150	2100	3700	5300
Rambler Super						
4 dr	200	550	1150	2100	3700	5300
4 dr HdTp	200	550	1150	2100	3800	5400
Sta Wag	200	550	1150	2100	3800	5400
Rambler Custom						
4 dr	200	600	1200	2200	3850	5500
Sta Wag	200	600	1200	2200	3900	5600
Rebel DeLuxe, V8						
4 dr	200	600	1200	2200	3850	5500
Rebel Super						
4 dr	200	600	1200	2300	4000	5700
Sta Wag	200	600	1200	2300	4000	5700
Rebel Custom						
4 dr	200	650	1250	2400	4200	6000
4 dr HdTp	200	675	1300	2500	4300	6100
Sta Wag	200	650	1250	2400	4200	6000
Ambassador Super, V8						
4 dr	200	650	1250	2400	4200	6000
Sta Wag	200	675	1300	2500	4300	6100
Ambassador Custom						
4 dr	200	675	1300	2500	4350	6200
4 dr HdTp	200	675	1300	2600	4400	6300
Sta Wag	200	675	1300	2500	4350	6200

	6	5	4	3	2	1
4 dr HdTp Wag	350	700	1350	2700	4500	6400

1959
American DeLuxe, 6-cyl.

2 dr Sed	200	550	1150	2000	3600	5200
Sta Wag	200	550	1150	2100	3700	5300

American Super, 6-cyl.

2 dr Sed	200	550	1150	2100	3700	5300
Sta Wag	200	550	1150	2100	3800	5400

Rambler DeLuxe, 6-cyl.

4 dr Sed	200	550	1150	2000	3600	5200
Sta Wag	200	500	1100	1850	3350	4900

Rambler Super, 6-cyl.

4 dr Sed	200	500	1100	1850	3350	4900
4 dr HdTp	200	500	1100	1900	3500	5000
Sta Wag	200	550	1150	2100	3800	5400

Rambler Custom, 6-cyl.

4 dr Sed	200	600	1200	2300	4000	5700
4 dr HdTp	200	650	1250	2400	4150	5900
Sta Wag	200	600	1200	2200	3850	5500

Rebel Super V-8

4 dr Sed	200	600	1200	2200	3850	5500
Sta Wag	200	600	1200	2200	3900	5600

Rebel Custom, V-8

4 dr Sed	200	600	1200	2200	3900	5600
4 dr HdTp	200	600	1200	2300	4000	5700
Sta Wag	200	600	1200	2300	4000	5700

Ambassador Super, V-8

4 dr Sed	200	600	1200	2300	4000	5700
Sta Wag	200	650	1200	2300	4100	5800

Ambassador Custom, V-8

4 dr Sed	200	650	1200	2300	4100	5800
4 dr Hdtp	200	650	1250	2400	4150	5900
Sta Wag	200	650	1250	2400	4150	5900
HdTp Sta Wag	200	650	1250	2400	4200	6000

1960
American DeLuxe, 6-cyl.

2 dr Sed	200	500	1100	1900	3500	5000
4 dr Sed	200	500	1100	1850	3350	4900
Sta Wag	200	500	1100	1950	3600	5100

American Super, 6-cyl.

2 dr Sed	200	500	1100	1900	3500	5000
4 dr Sed	200	500	1100	1950	3600	5100
Sta Wag	200	550	1150	2000	3600	5200

American Custom, 6-cyl.

2 dr Sed	200	500	1100	1900	3500	5000
4 dr Sed	200	500	1100	1850	3350	4900
Sta Wag	200	500	1100	1950	3600	5100

Rambler DeLuxe, 6-cyl.

4 dr Sed	200	500	1100	1850	3350	4900
Sta Wag	200	500	1100	1850	3350	4900

Rambler Super, 6-cyl.

4 dr Sed	200	500	1100	1900	3500	5000
6P Sta Wag	200	500	1100	1900	3500	5000
8P Sta Wag	200	500	1100	1950	3600	5100

Rambler Custom, 6-cyl.

4 dr Sed	200	500	1100	1950	3600	5100
4 dr HdTp	200	550	1150	2000	3600	5200
6P Sta Wag	200	500	1100	1950	3600	5100
8P Sta Wag	200	550	1150	2000	3600	5200

Rebel Super, V-8

Sed	200	550	1150	2100	3700	5300
6P Sta Wag	200	550	1150	2000	3600	5200
8P Sta Wag	200	550	1150	2100	3700	5300

Rebel Custom, V-8

Sed	200	550	1150	2100	3800	5400
4 dr HdTp	200	600	1200	2200	3850	5500
6P Sta Wag	200	550	1150	2100	3800	5400
8P Sta Wag	200	600	1200	2200	3850	5500

Ambassador Super, V-8

Sed	200	600	1200	2200	3900	5600
6P Sta Wag	200	600	1200	2200	3850	5500
8P Sta Wag	200	600	1200	2200	3900	5600

Ambassador Custom, V-8

Sed	200	600	1200	2300	4000	5700

	6	5	4	3	2	1
4 dr HdTp	200	650	1200	2300	4100	5800
6P Sta Wag	200	600	1200	2300	4000	5700
HdTp Sta Wag	200	650	1250	2400	4200	6000
8P Sta Wag	200	650	1250	2400	4150	5900

1961
American

	6	5	4	3	2	1
DeL Sed	150	400	1000	1600	3100	4400
2 dr DeL Sed	150	400	1000	1650	3150	4500
4 dr DeL Sta Wag	150	450	1050	1700	3200	4600
2 dr DeL Sta Wag	150	400	1000	1650	3150	4500
4 dr Sup Sed	150	400	1000	1650	3150	4500
2 dr Sup Sed	150	450	1050	1700	3200	4600
4 dr Sup Sta Wag	150	450	1050	1750	3250	4700
2 dr Sup Sta Wag	150	450	1050	1700	3200	4600
4 dr Cus Sed	150	450	1050	1700	3200	4600
2 dr Cus Sed	150	450	1050	1750	3250	4700
Cus Conv	200	600	1200	2300	4000	5700
4 dr Cus Sta Wag	150	450	1050	1750	3250	4700
2 dr Cus Sta Wag	150	450	1050	1800	3300	4800
400 Sed	150	450	1050	1750	3250	4700
400 Conv	200	500	1100	1950	3600	5100

Rambler Classic

	6	5	4	3	2	1
DeL Sed	150	400	1000	1650	3150	4500
DeL Sta Wag	150	450	1050	1700	3200	4600
Sup Sed	150	450	1050	1700	3200	4600
Sup Sta Wag	150	450	1050	1750	3250	4700
Cus Sed	150	450	1050	1750	3250	4700
Cus Sta Wag	150	450	1050	1800	3300	4800
400 Sed	150	450	1050	1800	3300	4800

NOTE: Add 5 percent for V-8.
Ambassador

	6	5	4	3	2	1
DeL Sed	150	450	1050	1700	3200	4600
Sup Sed	150	450	1050	1750	3250	4700
5 dr Sup Sta Wag	150	450	1050	1800	3300	4800
4 dr Sup Sta Wag	150	450	1050	1750	3250	4700
Cus Sed	150	450	1050	1800	3300	4800
5 dr Cus Sta Wag	200	500	1100	1900	3500	5000
4 dr Cus Sta Wag	200	500	1100	1850	3350	4900
400 Sed	200	500	1100	1850	3350	4900

1962
American

	6	5	4	3	2	1
DeL Sed	150	350	950	1350	2800	4000
2 dr DeL Sed	150	350	950	1350	2800	4000
4 dr DeL Sta Wag	150	350	950	1450	2900	4100
2 dr DeL Sta Wag	150	350	950	1350	2800	4000
Cus Sed	150	350	950	1450	2900	4100
2 dr Cus Sed	150	350	950	1450	2900	4100
4 dr Cus Sta Wag	150	350	950	1450	3000	4200
2 dr Cus Sta Wag	150	350	950	1450	2900	4100
4 dr 400	150	350	950	1450	2900	4100
2 dr 400	150	350	950	1450	3000	4200
400 Conv	200	650	1250	2400	4200	6000
400 Sta Wag	150	400	1000	1650	3150	4500

Classic

	6	5	4	3	2	1
DeL Sed	150	350	950	1350	2800	4000
2 dr DeL	150	350	950	1450	2900	4100
DeL Sta Wag	150	350	950	1450	3000	4200
Cus Sed	150	400	1000	1550	3050	4300
2 dr Cus	150	400	1000	1600	3100	4400
4 dr Cus Sta Wag	150	400	1000	1550	3050	4300
5 dr Cus Sta Wag	150	400	1000	1600	3100	4400
400 Sed	150	400	1000	1600	3100	4400
2 dr 400	150	400	1000	1650	3150	4500
400 Sta Wag	150	450	1050	1700	3200	4600

NOTE: Add 5 percent for V-8.
Ambassador

	6	5	4	3	2	1
4 dr Cus Sed	150	350	950	1450	3000	4200
2 dr Cus Sed	150	400	1000	1550	3050	4300
Cus Sta Wag	150	450	1050	1750	3250	4700
4 dr 400 Sed	150	400	1000	1650	3150	4500
2 dr 400 Sed	150	450	1050	1700	3200	4600
4 dr 400 Sta Wag	150	450	1050	1750	3250	4700
5 dr 400 Sta Wag	150	450	1050	1800	3300	4800

1963
American

	6	5	4	3	2	1
4 dr 220 Sed	125	250	750	1150	2500	3600
2 dr 220 Sed	150	300	900	1250	2600	3700
220 Bus Sed	125	250	750	1150	2450	3500
220 Sta Wag	150	300	900	1250	2600	3700
2 dr 220 Sta Wag	125	250	750	1150	2500	3600
330 Sed	150	300	900	1250	2600	3700
2 dr 330 Sed	125	250	750	1150	2500	3600
330 Sta Wag	150	300	900	1250	2600	3700
330 2 dr Sta Wag	150	300	900	1250	2650	3800
440 Sed	150	300	900	1350	2700	3900
2 dr 440 Sed	150	350	950	1350	2800	4000
440 HdTp	150	400	1000	1550	3050	4300
440-H HdTp	150	450	1050	1800	3300	4800
440 Conv	200	600	1200	2200	3850	5500
440 Sta Wag	150	300	900	1350	2700	3900
Classic						
550 Sed	125	250	750	1150	2450	3500
2 dr 550 Sed	125	250	750	1150	2500	3600
550 Sta Wag	125	250	750	1150	2450	3500
660 Sed	125	250	750	1150	2450	3500
2 dr 660 Sed	125	250	750	1150	2500	3600
660 Sta Wag	150	300	900	1250	2600	3700
770 Sed	150	300	900	1350	2700	3900
2 dr 770 Sed	150	300	900	1250	2650	3800
770 Sta Wag	150	300	900	1250	2600	3700

NOTE: Add 5 percent for V-8 models.

Ambassador

	6	5	4	3	2	1
800 Sed	150	300	900	1250	2650	3800
2 dr 800 Sed	150	300	900	1350	2700	3900
800 Sta Wag	150	350	950	1350	2800	4000
880 Sed	150	300	900	1350	2700	3900
2 dr 880 Sed	150	350	950	1350	2800	4000
880 Sta Wag	150	350	950	1450	2900	4100
990 Sed	150	350	950	1350	2800	4000
2 dr 990 Sed	150	350	950	1450	2900	4100
5 dr 990 Sta Wag	150	350	950	1450	3000	4200
4 dr 990 Sta Wag	150	350	950	1350	2800	4000

1964
American

	6	5	4	3	2	1
220 Sed	125	250	750	1150	2500	3600
2 dr 220	150	300	900	1250	2600	3700
220 Sta Wag	150	300	900	1250	2650	3800
330 Sed	150	300	900	1250	2650	3800
2 dr 330	150	300	900	1350	2700	3900
330 Sta Wag	150	300	900	1350	2700	3900
440 Sed	150	300	900	1250	2650	3800
440 HdTp	150	400	1000	1550	3050	4300
440-H HdTp	150	400	1000	1650	3150	4500
Conv	200	500	1100	1950	3600	5100
Classic						
550 Sed	125	250	750	1150	2450	3500
2 dr 550	125	250	750	1150	2500	3600
550 Sta Wag	150	300	900	1250	2600	3700
660 Sed	125	250	750	1150	2500	3600
2 dr 660	150	300	900	1250	2600	3700
660 Sta Wag	150	300	900	1250	2650	3800
770 Sed	150	300	900	1250	2600	3700
2 dr 770	150	300	900	1250	2650	3800
770 Hdtp	150	400	1000	1550	3050	4300
770 Typhoon	150	450	1050	1750	3250	4700
770 Sta Wag	150	300	900	1250	2650	3800

NOTE: Add 5 percent for V-8 models.

Ambassador

	6	5	4	3	2	1
Sed	150	400	1000	1550	3050	4300
HdTp	150	400	1000	1650	3150	4500
990H	200	500	1100	1900	3500	5000
Sta Wag	150	350	950	1350	2800	4000

1965
American

	6	5	4	3	2	1
220 Sed	150	300	900	1250	2600	3700
2 dr 220	150	300	900	1250	2650	3800

	6	**5**	**4**	**3**	**2**	**1**
220 Sta Wag	150	300	900	1250	2650	3800
330 Sed	150	300	900	1250	2650	3800
2 dr 330	150	350	950	1350	2800	4000
330 Sta Wag	150	350	950	1450	2900	4100
440 Sed	150	350	950	1350	2800	4000
440 HdTp	150	450	1050	1800	3300	4800
440-H HdTp	200	500	1100	1850	3350	4900
Conv	200	550	1150	2000	3600	5200
Classic						
550 Sed	125	250	750	1150	2500	3600
2 dr 550	150	300	900	1250	2600	3700
550 Sta Wag	150	300	900	1250	2600	3700
660 Sed	150	300	900	1350	2700	3900
2 dr 660	150	350	950	1350	2800	4000
660 Sta Wag	150	350	950	1450	2900	4100
770 Sed	150	300	900	1350	2700	3900
770 HdTp	150	350	950	1450	3000	4200
770-H HdTp	150	350	950	1450	3000	4200
770 Conv	150	450	1050	1800	3300	4800
770 Sta Wag	150	300	900	1350	2700	3900
NOTE: Add 5 percent for V-8 models.						
Marlin						
FstBk	150	400	1000	1600	3100	4400
Ambassador						
880 Sed	150	350	950	1350	2800	4000
2 dr 880	150	350	950	1450	2900	4100
880 Sta Wag	150	350	950	1450	3000	4200
990 Sed	150	350	950	1450	2900	4100
990 HdTp	150	400	1000	1550	3050	4300
990-H HdTp	150	400	1000	1600	3100	4400
Conv	200	500	1100	1900	3500	5000
Sta Wag	125	200	600	1100	2300	3300
Marlin, V-8						
FstBk	200	500	1100	1850	3350	4900

1966 Rambler Rebel, 2 dr HdTp

1966
American

220 Sed	125	250	750	1150	2450	3500
220 2 dr Sed	125	250	750	1150	2500	3600
220 Wag	150	300	900	1250	2600	3700
440 Sed	150	300	900	1250	2650	3800
440 2 dr Sed	150	300	900	1350	2700	3900
440 Conv	150	400	1000	1650	3150	4500
440 Wag	150	300	900	1250	2600	3700
440 HdTp	150	350	950	1350	2800	4000
Rogue	150	350	950	1450	3000	4200
Classic						
550 Sed	125	250	750	1150	2500	3600
550 2 dr Sed	125	250	750	1150	2500	3600
550 Sta Wag	150	300	900	1250	2600	3700
770 Sed	150	300	900	1250	2650	3800
770 HdTp	150	300	900	1250	2600	3700

	6	5	4	3	2	1
770 Conv	150	450	1050	1700	3200	4600
770 Sta Wag	150	300	900	1250	2600	3700
Rebel						
2 dr HdTp	150	300	900	1350	2700	3900
Marlin						
FsBk Cpe	150	450	1050	1700	3200	4600
Ambassador						
880 Sed	150	300	900	1350	2700	3900
880 2 dr Sed	150	350	950	1350	2800	4000
880 Sta Wag	150	350	950	1450	3000	4200
990 Sed	150	350	950	1450	2900	4100
990 HdTp	125	250	750	1150	2500	3600
990 Conv	200	500	1100	1900	3500	5000
990 Sta Wag	125	250	750	1150	2450	3500
DPL (Diplomat)						
DPL HdTp	150	400	1000	1650	3150	4500
1967						
American 220						
Sed	125	250	750	1150	2450	3500
2 dr Sed	125	250	750	1150	2450	3500
Sta Wag	125	250	750	1150	2450	3500
American 440						
Sed	125	250	750	1150	2500	3600
2 dr Sed	125	250	750	1150	2500	3600
HdTp	150	300	900	1250	2600	3700
Sta Wag	125	250	750	1150	2450	3500
American Rouge						
HdTp	150	400	1000	1650	3150	4500
Conv	200	675	1300	2500	4350	6200
Rebel 550						
Sed	125	250	750	1150	2450	3500
2 dr Sed	125	250	750	1150	2450	3500
Sta Wag	125	250	750	1150	2450	3500
Rebel 770						
Sed	125	250	750	1150	2500	3600
HdTp	150	300	900	1250	2600	3700
Sta Wag	125	250	750	1150	2450	3500
Rebel SST						
HdTp	150	350	950	1350	2800	4000
Conv	200	600	1200	2200	3850	5500
Rambler Marlin						
FsBk Cpe	200	500	1100	1950	3600	5100
Ambassador 880						
Sed	125	250	750	1150	2500	3600
2 dr Sed	125	250	750	1150	2500	3600
Sta Wag	150	300	900	1250	2600	3700
Ambassador 990						
Sed	150	350	950	1350	2800	4000
HdTp	150	350	950	1450	3000	4200
Sta Wag	150	350	950	1450	2900	4100
Ambassador DPL						
HdTp	150	450	1050	1700	3200	4600
Conv	200	650	1250	2400	4200	6000
1968						
American 220						
Sed	150	300	900	1250	2600	3700
2 dr Sed	150	300	900	1250	2600	3700
American 440						
Sed	150	300	900	1250	2650	3800
Sta Wag	150	300	900	1250	2600	3700
Rogue						
HdTp	150	400	1000	1650	3150	4500
Rebel 550						
Sed	150	300	900	1250	2600	3700
Conv	150	450	1050	1750	3250	4700
Sta Wag	125	250	750	1150	2450	3500
HdTp	150	350	950	1350	2800	4000
Rebel 770						
Sed	150	300	900	1250	2600	3700
Sta Wag	125	250	750	1150	2500	3600
HdTp	150	300	900	1250	2650	3800
Rebel SST						
Conv	200	600	1200	2200	3850	5500

	6	5	4	3	2	1
HdTp	150	350	950	1350	2800	4000
Ambassador						
Sed	150	300	900	1250	2650	3800
HdTp	150	350	950	1450	3000	4200
Ambassador DPL						
Sed	150	350	950	1350	2800	4000
HdTp	150	400	1000	1600	3100	4400
Sta Wag	150	350	950	1350	2800	4000
Ambassador SST						
Sed	150	350	950	1350	2800	4000
HdTp	150	450	1050	1750	3250	4700
Javelin						
FsBk	200	500	1100	1850	3350	4900
Javelin SST						
FsBk	200	500	1100	1950	3600	5100
AMX						
FsBk	450	900	1900	4500	6300	9000
1969						
Rambler						
Sed	125	250	750	1150	2500	3600
2 dr Sed	125	250	750	1150	2500	3600
Rambler 440						
Sed	150	300	900	1250	2600	3700
2 dr Sed	150	300	900	1250	2600	3700
Rambler Rouge						
HdTp	150	300	900	1350	2700	3900
Rambler Hurst S/C						
HdTp	200	600	1200	2200	3850	5500
Rebel						
Sed	125	250	750	1150	2450	3500
HdTp	150	300	900	1250	2600	3700
Sta Wag	125	250	750	1150	2500	3600
Rebel SST						
Sed	150	300	900	1250	2600	3700
HdTp	150	300	900	1250	2650	3800
Sta Wag	150	300	900	1250	2600	3700
AMX						
FsBk Cpe	450	950	2100	4750	6650	9500
Javelin						
FsBk Cpe	200	500	1100	1900	3500	5000
Javelin SST						
FsBk Cpe	200	550	1150	2000	3600	5200
Ambassador						
Sed	150	300	900	1250	2650	3800
Ambassador DPL						
Sed	150	350	950	1350	2800	4000
Sta Wag	150	350	950	1350	2800	4000
HdTp	150	350	950	1450	3000	4200
Ambassador SST						
Sed	150	300	900	1250	2650	3800
HdTp	150	400	1000	1550	3050	4300
1970						
Hornet						
Sed	125	250	750	1150	2450	3500
2 dr Sed	125	250	750	1150	2450	3500
Hornet SST						
Sed	125	250	750	1150	2500	3600
2 dr Sed	125	250	750	1150	2500	3600
Rebel						
Sed	150	300	900	1250	2600	3700
HdTp	150	400	1000	1650	3150	4500
Sta Wag	150	350	950	1450	2900	4100
Rebel SST						
Sed	150	300	900	1250	2650	3800
HdTp	200	500	1100	1900	3500	5000
Sta Wag	150	300	900	1250	2600	3700
Rebel 'Machine'						
HdTp	350	750	1450	3300	4900	7000
AMX						
FsBk Cpe	450	950	2100	4750	6650	9500
Gremlin						
2 dr Comm	150	300	900	1250	2650	3800
2 dr Sed	150	300	900	1350	2700	3900

Javelin

	6	5	4	3	2	1
FsBk Cpe	200	500	1100	1900	3500	5000
Javelin SST						
FsBk Cpe	200	600	1200	2200	3850	5500
'Trans Am'						
FsBk Cpe	350	700	1350	2800	4550	6500
'Mark Donahue'						
FsBk Cpe	200	650	1250	2400	4200	6000
Ambassador						
Sed	150	300	900	1250	2650	3800
Ambassador DPL						
Sed	150	300	900	1350	2700	3900
HdTp	150	350	950	1350	2800	4000
Sta Wag	150	300	900	1250	2650	3800
Ambassador SST						
Sed	150	350	950	1350	2800	4000
HdTp	150	350	950	1450	2900	4100
Sta Wag	150	300	900	1350	2700	3900
1971						
Gremlin						
2 dr Sed	125	250	750	1150	2450	3500
Sed	125	250	750	1150	2450	3500
Hornet						
2 dr Sed	125	250	750	1150	2500	3600
Sed	125	250	750	1150	2500	3600
Hornet SST						
2 dr Sed	125	250	750	1150	2450	3500
Sed	125	250	750	1150	2450	3500
Hornet SC/360						
HdTp	200	550	1150	2000	3600	5200
Javelin						
HdTp	150	350	950	1450	3000	4200
SST HdTp	150	450	1050	1750	3250	4700
Javelin AMX						
HdTp	200	500	1100	1900	3500	5000
Matador						
Sed	125	250	750	1150	2450	3500
HdTp	150	300	900	1250	2600	3700
Sta Wag	125	250	750	1150	2500	3600
Ambassador DPL						
Sed	125	250	750	1150	2500	3600
Ambassador SST						
Sed	150	300	900	1250	2600	3700
HdTp	150	300	900	1350	2700	3900
Sta Wag	150	300	900	1250	2650	3800

NOTE: Add 10 percent to Ambassador SST for Broughams.

1972						
Hornet SST						
2 dr Sed	125	250	750	1150	2450	3500
Sed	125	250	750	1150	2500	3600
Sta Wag	150	300	900	1250	2600	3700
Gucci	150	400	1000	1650	3150	4500
DeL Wag	150	300	900	1250	2650	3800
'X' Wag	150	300	900	1250	2600	3700
Matador						
Sed	150	300	900	1250	2600	3700
HdTp	150	300	900	1350	2700	3900
Sta Wag	150	300	900	1250	2650	3800
Gremlin						
2 dr Sed	125	250	750	1150	2500	3600
'X' Sed	125	250	750	1150	2500	3600
Javelin						
SST	150	350	950	1350	2800	4000
AMX	150	350	950	1450	3000	4200
Go '360'	150	450	1050	1700	3200	4600
Go '401'	200	500	1100	1900	3500	5000
Cardin	150	350	950	1450	3000	4200
Ambassador SST						
Sed	150	300	900	1250	2600	3700
HdTp	150	300	900	1350	2700	3900
Sta Wag	150	300	900	1250	2650	3800
Ambassador Brougham						

NOTE: Add 10 percent to SST prices for Brougham.

Gremlin V8

	6	5	4	3	2	1
2 dr	150	350	950	1450	2900	4100
Hornet V8						
2 dr	150	300	900	1350	2700	3900
4 dr	150	300	900	1250	2650	3800
2 dr Hatchback	150	350	950	1350	2800	4000
Sta Wag	150	300	900	1350	2700	3900
Javelin V8						
2 dr HdTp	150	350	950	1450	2900	4100
AMX V8						
2 dr HdTp	200	550	1150	2000	3600	5200
Matador V8						
4 dr Sed	150	300	900	1250	2600	3700
2 dr HdTp	150	300	900	1250	2650	3800
Sta Wag	150	300	900	1250	2600	3700
Ambassador Brgm V8						
4 dr Sed	150	300	900	1250	2650	3800
2 dr HdTp	125	200	600	1100	2300	3300
Sta Wag	150	300	900	1250	2650	3800

1973
Gremlin V8

2 dr	150	350	950	1450	2900	4100
Hornet V8						
2 dr	150	300	900	1350	2700	3900
4 dr	150	300	900	1250	2650	3800
2 dr Hatchback	150	350	950	1350	2800	4000
Sta Wag	150	300	900	1350	2700	3900
Javelin V8						
2 dr HdTp	150	350	950	1450	2900	4100
AMX V8						
2 dr HdTp	200	500	1100	1900	3500	5000
Matador V8						
4 dr Sed	150	300	900	1250	2600	3700
2 dr HdTp	150	300	900	1250	2650	3800
Sta Wag	150	300	900	1250	2600	3700
Ambassador Brgm V8						
4 dr Sed	150	300	900	1250	2650	3800
2 dr HdTp	150	300	900	1350	2700	3900
Sta Wag	150	300	900	1250	2650	3800

1974
Gremlin

2 dr Sed	150	300	900	1250	2600	3700
Hornet						
Sed	125	250	750	1150	2400	3400
2 dr Sed	125	250	750	1150	2450	3500
Hatch	125	250	750	1150	2500	3600
Sta Wag	125	250	750	1150	2450	3500
Javelin						
FsBk	150	300	900	1250	2650	3800
Javelin AMX						
FsBk	150	400	1000	1650	3150	4500
Matador						
Sed	125	200	600	1100	2250	3200
2 dr Sed	125	250	750	1150	2500	3600
Sta Wag	125	200	600	1100	2300	3300
Matador Brougham						
Cpe	150	300	900	1250	2600	3700
Matador 'X'						
Cpe	150	300	900	1250	2650	3800
Ambassador Brougham						
Sed	125	200	600	1100	2300	3300
Sta Wag	125	250	750	1150	2400	3400

NOTE: Add 10 percent for Oleg Cassini coupe.
Add 12 percent for 'Go-Package'.

1975
Gremlin

2 dr Sed	150	300	900	1250	2650	3800
Hornet						
Sed	125	250	750	1150	2450	3500
2 dr Sed	125	250	750	1150	2400	3400
Hatch	125	250	750	1150	2450	3500
Sta Wag	125	250	750	1150	2450	3500

Pacer

	6	5	4	3	2	1
2 dr Sed	150	300	900	1350	2700	3900
Matador						
Sed	125	250	750	1150	2400	3400
Cpe	125	250	750	1150	2500	3600
Sta Wag	125	250	750	1150	2450	3500

1976
Gremlin, V-8

	6	5	4	3	2	1
2 dr Sed	125	250	750	1150	2450	3500
Cus 2 dr Sed	150	300	900	1250	2650	3800
Hornet, V-8						
4 dr Sed	125	200	600	1100	2200	3100
2 dr Sed	100	175	525	1050	2100	3000
2 dr Hatch	125	200	600	1100	2250	3200
4 dr Sptabt	125	200	600	1100	2300	3300
Pacer, 6-cyl.						
2 dr Sed	125	250	750	1150	2450	3500
Matador, V-8						
4 dr Sed	100	175	525	1050	2100	3000
Cpe	125	200	600	1100	2250	3200
Sta Wag	125	200	600	1100	2200	3100

NOTE: Deduct 5 percent for 6 cylinder.

1977 Pacer Sta Wag

1977
Gremlin, V-8

	6	5	4	3	2	1
2 dr Sed	150	300	900	1250	2600	3700
Cus 2 dr Sed	150	300	900	1250	2650	3800
Hornet, V-8						
4 dr Sed	125	200	600	1100	2250	3200
2 dr Sed	125	200	600	1100	2200	3100
2 dr Hatch	125	200	600	1100	2300	3300
Sta Wag	125	250	750	1150	2400	3400
Pacer, 6-cyl.						
2 dr Sed	125	250	750	1150	2500	3600
Sta Wag	150	300	900	1250	2600	3700
Matador, V-8						
4 dr Sed	125	200	600	1100	2200	3100
Cpe	125	200	600	1100	2300	3300
Sta Wag	125	200	600	1100	2250	3200

NOTE: Deduct 5 percent for 6 cylinder.
              Add 10 percent for AMX package.
1978
Gremlin

	6	5	4	3	2	1
2 dr Sed	125	250	750	1150	2400	3400
Cus 2 dr Sed	125	250	750	1150	2450	3500
Concord						
4 dr Sed	100	175	525	1050	2050	2900
2 dr Sed	100	175	525	1050	1950	2800
2 dr Hatch	100	175	525	1050	2100	3000
Sta Wag	125	200	600	1100	2200	3100

Pacer

	6	5	4	3	2	1
2 dr Hatch	125	200	600	1100	2300	3300
Sta Wag	125	250	750	1150	2400	3400
AMX						
2 dr Hatch	125	250	750	1150	2500	3600
Matador						
4 dr Sed	100	175	525	1050	1950	2800
Cpe	100	175	525	1050	2100	3000
Sta Wag	100	175	525	1050	2050	2900

1979

	6	5	4	3	2	1
Spirit, 6-cyl.						
2 dr Hatch	125	250	750	1150	2450	3500
2 dr Sed	125	250	750	1150	2400	3400
Spirit DL, 6-cyl.						
2 dr Hatch	125	250	750	1150	2500	3600
2 dr Sed	125	250	750	1150	2450	3500
Spirit Limited, 6-cyl.						
2 dr Hatch	150	300	900	1250	2600	3700
2 dr Sed	125	250	750	1150	2500	3600
NOTE: Deduct 5 percent for 4-cyl.						
Concord, V-8						
4 dr Sed	125	200	600	1100	2200	3100
2 dr Sed	100	175	525	1050	2100	3000
2 dr Hatch	125	200	600	1100	2250	3200
4 dr Sta Wag	125	200	600	1100	2250	3200
Concord DL, V-8						
4 dr Sed	125	200	600	1100	2250	3200
2 dr Sed	125	200	600	1100	2200	3100
2 dr Hatch	125	200	600	1100	2300	3300
4 dr Sta Wag	125	200	600	1100	2300	3300
Concord Limited, V-8						
4 dr Sed	125	200	600	1100	2300	3300
2 dr Sed	125	200	600	1100	2250	3200
4 dr Sta Wag	125	250	750	1150	2400	3400
NOTE: Deduct 5 percent for 6-cyl.						
Pacer DL, V-8						
2 dr Hatch	125	250	750	1150	2400	3400
2 dr Sta Wag	125	250	750	1150	2450	3500
Pacer Limited, V-8						
2 dr Hatch	125	250	750	1150	2450	3500
2 dr Sta Wag	125	250	750	1150	2500	3600
NOTE: Deduct 5 percent for 6-cyl.						
AMX, V-8						
2 dr Hatch	150	300	900	1250	2600	3700
NOTE: Deduct 7 percent for 6-cyl.						

1980

	6	5	4	3	2	1
Spirit, 6-cyl.						
2 dr Hatch	150	350	950	1350	2800	4000
2 dr Cpe	150	300	900	1350	2700	3900
2 dr Hatch DL	150	350	950	1450	2900	4100
2 dr Cpe DL	150	350	950	1350	2800	4000
2 dr Hatch Limited	150	400	1000	1550	3050	4300
2 dr Cpe Limited	150	350	950	1450	3000	4200
NOTE: Deduct 10 percent for 4-cyl.						
Concord, 6-cyl.						
4 dr Sed	125	250	750	1150	2500	3600
2 dr Cpe	125	250	750	1150	2450	3500
4 dr Sta Wag	150	300	900	1250	2600	3700
4 dr Sed DL	150	300	900	1250	2600	3700
2 dr Cpe DL	125	250	750	1150	2500	3600
4 dr Sta Wag DL	150	300	900	1250	2650	3800
4 dr Sed Limited	150	300	900	1350	2700	3900
2 dr Cpe Limited	150	300	900	1250	2650	3800
4 dr Sta Wag Limited	150	300	900	1350	2700	3900
Pacer, 6-cyl.						
2 dr Hatch DL	125	250	750	1150	2500	3600
2 dr Sta Wag DL	150	300	900	1250	2600	3700
2 dr Hatch Limited	150	300	900	1250	2650	3800
2 dr Sta Wag Limited	150	300	900	1350	2700	3900
AMX, 6-cyl.						
2 dr Hatch	150	350	950	1450	3000	4200
Eagle 4WD, 6-cyl.						
4 dr Sed	200	500	1100	1900	3500	5000

	6	5	4	3	2	1
2 dr Cpe	200	500	1100	1850	3350	4900
4 dr Sta Wag	200	550	1150	2000	3600	5200
4 dr Sed Limited	200	550	1150	2000	3600	5200
2 dr Cpe Limited	200	500	1100	1950	3600	5100
4 dr Sta Wag Limited	200	550	1150	2100	3700	5300

1981
Spirit, 4-cyl.

	6	5	4	3	2	1
2 dr Hatch	150	300	900	1250	2600	3700
2 dr Cpe	125	250	750	1150	2500	3600
2 dr Hatch DL	150	300	900	1350	2700	3900
2 dr Cpe DL	150	300	900	1250	2650	3800

Spirit, 6-cyl.

	6	5	4	3	2	1
2 dr Hatch	150	350	950	1450	2900	4100
2 dr Cpe	150	350	950	1350	2800	4000
2 dr Hatch DL	150	400	1000	1550	3050	4300
2 dr Cpe DL	150	350	950	1450	3000	4200

Concord, 6-cyl.

	6	5	4	3	2	1
4 dr Sed	150	300	900	1250	2600	3700
2 dr Cpe	125	250	750	1150	2500	3600
4 dr Sta Wag	150	300	900	1250	2650	3800
4 dr Sed DL	150	300	900	1250	2650	3800
2 dr Cpe DL	150	300	900	1250	2600	3700
4 dr Sta Wag DL	150	300	900	1350	2700	3900
4 dr Sed Limited	150	300	900	1350	2700	3900
2 dr Cpe Limited	150	300	900	1250	2650	3800
4 dr Sta Wag Limited	150	350	950	1350	2800	4000

NOTE: Deduct 12 percent for 4-cyl.

Eagle 50 4WD, 4-cyl.

	6	5	4	3	2	1
2 dr Hatch SX4	150	450	1050	1800	3300	4800
2 dr Hatchback	150	450	1050	1750	3250	4700
2 dr Hatch SX4 DL	200	500	1100	1900	3500	5000
2 dr Hatchback DL	200	500	1100	1850	3350	4900

Eagle 50 4WD, 6-cyl.

	6	5	4	3	2	1
2 dr Hatch SX4	200	550	1150	2000	3600	5200
2 dr Hatchback	200	500	1100	1950	3600	5100
2 dr Hatch SX4 DL	200	550	1150	2100	3800	5400
2 dr Hatchback DL	200	550	1150	2100	3700	5300

1982
Spirit, 6-cyl.

	6	5	4	3	2	1
2 dr Hatch	150	350	950	1450	3000	4200
2 dr Cpe	150	350	950	1450	2900	4100
2 dr Hatch DL	150	400	1000	1600	3100	4400
2 dr Cpe DL	150	400	1000	1550	3050	4300

NOTE: Deduct 10 percent for 4-cyl.

Concord, 6-cyl.

	6	5	4	3	2	1
4 dr Sed	150	300	900	1250	2650	3800
2 dr Cpe	150	300	900	1250	2600	3700
4 dr Sta Wag	150	300	900	1350	2700	3900
4 dr Sed DL	150	300	900	1350	2700	3900
2 dr Cpe DL	150	300	900	1250	2650	3800
4 dr Sta Wag DL	150	350	950	1350	2800	4000
4 dr Sed Limited	150	350	950	1350	2800	4000
2 dr Cpe Limited	150	300	900	1350	2700	3900
4 dr Sta Wag Limited	150	350	950	1450	2900	4100

NOTE: Deduct 12 percent for 4-cyl.

Eagle 50 4WD, 4-cyl.

	6	5	4	3	2	1
2 dr Hatch SX4	200	500	1100	1850	3350	4900
2 dr Hatchback	150	450	1050	1800	3300	4800
2 dr Hatch SX4 DL	200	500	1100	1950	3600	5100
2 dr Hatchback DL	200	500	1100	1900	3500	5000

Eagle 50 4WD, 6-cyl.

	6	5	4	3	2	1
2 dr Hatch SX4	200	550	1150	2100	3700	5300
2 dr Hatchback	200	550	1150	2000	3600	5200
2 dr Hatch SX4 DL	200	600	1200	2200	3850	5500
2 dr Hatchback DL	200	550	1150	2100	3800	5400

Eagle 30 4WD, 4-cyl.

	6	5	4	3	2	1
4 dr Sed	150	450	1050	1750	3250	4700
2 dr Cpe	150	450	1050	1700	3200	4600
4 dr Sta Wag	150	450	1050	1800	3300	4800
4 dr Sed Limited	150	450	1050	1800	3300	4800
2 dr Cpe Limited	150	450	1050	1750	3250	4700
4 dr Sta Wag Limited	200	500	1100	1900	3500	5000

Eagle 30 4WD, 6-cyl.

	6	5	4	3	2	1
4 dr Sed	200	500	1100	1950	3600	5100
2 dr Cpe	200	500	1100	1900	3500	5000
4 dr Sta Wag	200	550	1150	2100	3700	5300
4 dr Sed Limited	200	550	1150	2100	3700	5300
2 dr Cpe Limited	200	550	1150	2000	3600	5200
4 dr Sta Wag Limited	200	600	1200	2200	3850	5500

1983
Spirit, 6-cyl.

	6	5	4	3	2	1
2 dr Hatch DL	150	400	1000	1550	3050	4300
2 dr Hatch GT	150	400	1000	1600	3100	4400

Concord, 6-cyl.

4 dr Sed	150	300	900	1350	2700	3900
4 dr Sta Wag	150	350	950	1350	2800	4000
4 dr Sed DL	150	350	950	1350	2800	4000
4 dr Sta Wag DL	150	350	950	1450	2900	4100
4 dr Sta Wag Limited	150	400	1000	1550	3050	4300

Alliance, 4-cyl.

2 dr Sed	125	250	750	1150	2500	3600
4 dr Sed L	150	300	900	1250	2600	3700
2 dr Sed L	150	300	900	1250	2600	3700
4 dr Sed DL	150	300	900	1250	2650	3800
2 dr Sed DL	150	300	900	1250	2650	3800
4 dr Sed Limited	150	300	900	1350	2700	3900

Eagle 50 4WD, 4-cyl.

2 dr Hatch SX4	200	500	1100	1900	3500	5000
2 dr Hatch SX4 DL	200	550	1150	2000	3600	5200

Eagle 50 4WD, 6-cyl.

2 dr Hatch SX4	200	550	1150	2100	3800	5400
2 dr Hatch SX4 DL	200	600	1200	2200	3900	5600

Eagle 30 4WD, 4-cyl.

4 dr Sed	150	450	1050	1800	3300	4800
4 dr Sta Wag	200	500	1100	1900	3500	5000
4 dr Sta Wag Limited	200	550	1150	2000	3600	5200

Eagle 30 4WD, 6-cyl.

4 dr Sed	200	550	1150	2000	3600	5200
4 dr Sta Wag	200	550	1150	2100	3800	5400
4 dr Sta Wag Limited	200	600	1200	2200	3900	5600

OLDSMOBILE

1901
Curved dash 1 cyl.

	6	5	4	3	2	1
Rbt	800	3750	7500	12,500	17,500	25,000

1902
Curved Dash, 1-cyl.

Rbt	800	3600	7200	12,000	16,800	24,000

1903
Curved Dash, 1-cyl.

Rbt	800	3600	7200	12,000	16,800	24,000

1904
Curved Dash, 1-cyl.

Rbt	800	3600	7200	12,000	16,800	24,000

French Front, 1-cyl., 7 hp

Rbt	800	3300	6600	11,000	15,400	22,000

Light Tonneau, 1-cyl., 10 hp

Ton	800	3150	6300	10,500	14,700	21,000

1905
Curved Dash, 1-cyl.

Rbt	800	3600	7200	12,000	16,800	24,000

French Front, 1-cyl., 7 hp

Rbt	800	3300	6600	11,000	15,400	22,000

Touring Car, 2-cyl.

Tr	800	3150	6300	10,500	14,700	21,000

1906
Straight Dash B, 1-cyl.

Rbt	650	2000	5100	8500	11,900	17,000

Curved Dash B, 1-cyl.

Rbt	800	3150	6300	10,500	14,700	21,000

	6	**5**	**4**	**3**	**2**	**1**
Model L, 2-cyl.						
Tr	650	2800	5700	9500	13,300	19,000
Model S, 4-cyl.						
Tr	800	3300	6600	11,000	15,400	22,000
1907						
Straight Dash F, 2-cyl.						
Rbt	650	2000	5100	8500	11,900	17,000
Model H, 4-cyl.						
Fly Rds	800	3150	6300	10,500	14,700	21,000
Model A, 4-cyl.						
Pal Tr	800	3600	7200	12,000	16,800	24,000
Limo	800	3400	6900	11,500	16,100	23,000
1908						
Model X, 4-cyl.						
Tr	800	3150	6300	10,500	14,700	21,000
Model M-MR, 4-cyl.						
Rds	800	3300	6600	11,000	15,400	22,000
Tr	800	3150	6300	10,500	14,700	21,000
Model Z, 6-cyl.						
Tr	1200	4650	9300	15,500	21,700	31,000
1909						
Model D, 4-cyl.						
Tr	800	3150	6300	10,500	14,700	21,000
Limo	800	3300	6600	11,000	15,400	22,000
Lan	800	3150	6300	10,500	14,700	21,000
Model DR, 4-cyl.						
Rds	800	3400	6900	11,500	16,100	23,000
Cpe	800	3300	6600	11,000	15,400	22,000
Model X, 4-cyl.						
Rbt	800	3150	6300	10,500	14,700	21,000
Model Z, 6-cyl.						
Rbt	800	4350	8700	14,500	20,300	29,000
Tr	1200	4500	9000	15,000	21,000	30,000

1910 Oldsmobile Limited Touring

1910
Special, 4-cyl.

	6	5	4	3	2	1
Rbt	800	3150	6300	10,500	14,700	21,000
Tr	800	3400	6900	11,500	16,100	23,000
Limo	800	3750	7500	12,500	17,500	25,000
Limited, 6-cyl.						
Rbt	2000	9000	18,000	30,000	42,000	60,000
Tr	3500	12,900	25,800	48,200	66,000	86,000
Limo	1500	7800	15,600	26,000	36,400	52,000

1911
Special, 4-cyl.

	6	5	4	3	2	1
Rbt	800	3150	6300	10,500	14,700	21,000
Tr	800	3400	6900	11,500	16,100	23,000
Limo	800	3300	6600	11,000	15,400	22,000
Autocrat, 4-cyl.						
Rbt	800	3300	6600	11,000	15,400	22,000
Tr	800	3400	6900	11,500	16,100	23,000
Limo	800	3400	6900	11,500	16,100	23,000
Limited, 6-cyl.						
Rbt	2000	9000	18,000	30,000	42,000	60,000
Tr	3500	12,900	25,800	48,200	66,000	86,000
Limo	1500	7500	15,000	25,000	35,000	50,000

1912
Autocrat, 4-cyl., 40 hp

	6	5	4	3	2	1
Rds	800	3000	6000	10,000	14,000	20,000
Tr	800	3150	6300	10,500	14,700	21,000
Limo	800	3300	6600	11,000	15,400	22,000
Despatch, 4-cyl., 26 hp						
Rds	650	2800	5700	9500	13,300	19,000
Tr	800	3000	6000	10,000	14,000	20,000
Cpe	650	2800	5700	9500	13,300	19,000
Defender, 4-cyl., 35 hp						
2P Tr	800	3000	6000	10,000	14,000	20,000
4P Tr	800	3000	6000	10,000	14,000	20,000
2P Rds	650	2800	5700	9500	13,300	19,000
3P Cpe	800	3000	6000	10,000	14,000	20,000
5P Cpe	650	2800	5700	9500	13,300	19,000
Limited, 6-cyl.						
Rds	2000	8250	16,500	27,500	38,500	55,000
Tr	3500	12,900	25,800	48,200	66,000	86,000
Limo	1500	6750	13,500	22,500	31,500	45,000

1913
Light Six, 6-cyl.

	6	5	4	3	2	1
4P Tr	800	3150	6300	10,500	14,700	21,000
Phae	800	3300	6600	11,000	15,400	22,000
7P Tr	650	2300	5400	9000	12,600	18,000
Limo	800	3000	6000	10,000	14,000	20,000
6-cyl., 60 hp						
Tr	800	3400	6900	11,500	16,100	23,000
4-cyl., 35 hp						
Tr	650	2000	5100	8500	11,900	17,000

1914
Model 54, 6-cyl.

	6	5	4	3	2	1
Phae	800	3300	6600	11,000	15,400	22,000
5P Tr	800	3000	6000	10,000	14,000	20,000
7P Tr	800	3750	7500	12,500	17,500	25,000
Limo	800	3000	6000	10,000	14,000	20,000
Model 42, 4-cyl.						
5P Tr	650	2000	5100	8500	11,900	17,000

1915
Model 42, 4-cyl.

	6	5	4	3	2	1
Rds	450	1075	3000	5500	7700	11,000
Tr	450	1150	3600	6000	8400	12,000
Model 55, 6-cyl.						
Tr	800	3150	6300	10,500	14,700	21,000

1916
Model 43, 4-cyl.

	6	5	4	3	2	1
Rds	450	950	2100	4750	6650	9500
5P Tr	450	1000	2400	5000	7000	10,000
Model 44, V-8						
Rds	550	1550	4500	7500	10,500	15,000
Tr	550	1650	4650	7750	10,850	15,500

	6	**5**	**4**	**3**	**2**	**1**
Sed	350	875	1700	4250	5900	8500
Cabr	550	1550	4500	7500	10,500	15,000

1917
Model 37, 6-cyl.

Tr	500	1400	4200	7000	9800	14,000
Rds	500	1250	3900	6500	9100	13,000
Cabr	500	1300	4050	6750	9450	13,500
Sed	450	900	1900	4500	6300	9000

Model 45, V-8

5P Tr	550	1750	4800	8000	11,200	16,000
7P Tr	650	2000	5100	8500	11,900	17,000
Conv Sed	650	2000	5100	8500	11,900	17,000
Rds	550	1550	4500	7500	10,500	15,000

Model 44-B, V-8

Rds	550	1750	4800	8000	11,200	16,000
Tr	550	1550	4500	7500	10,500	15,000

1918
Model 37, 6-cyl.

Rds	500	1250	3900	6500	9100	13,000
Tr	500	1300	4050	6750	9450	13,500
Cabr	500	1300	4050	6750	9450	13,500
Cpe	450	1075	3000	5500	7700	11,000
Sed	450	1000	2400	5000	7000	10,000

Model 45-A, V-8

5P Tr	550	1750	4800	8000	11,200	16,000
7P Tr	550	1750	4800	8000	11,200	16,000
Rds	550	1550	4500	7500	10,500	15,000
Spt	500	1400	4200	7000	9800	14,000
Cabr	550	1550	4500	7500	10,500	15,000
Sed	450	1000	2400	5000	7000	10,000

1919
Model 37-A, 6-cyl.

Rds	500	1250	3900	6500	9100	13,000
Tr	500	1400	4200	7000	9800	14,000
Sed	450	1000	2400	5000	7000	10,000
Cpe	450	1000	2500	5100	7100	10,200

Model 45-A, V-8

Rds	500	1200	3750	6250	8750	12,500
Tr	500	1250	3900	6500	9100	13,000

Model 45-B, V-8

4P Tr	500	1300	4050	6750	9450	13,500
7P Tr	550	1500	4350	7250	10,150	14,500

1920
Model 37-A, 6-cyl.

Rds	500	1250	3900	6500	9100	13,000
Tr	500	1400	4200	7000	9800	14,000

Model 37-B, 6-cyl.

Cpe	450	1000	2400	5000	7000	10,000
Sed	450	1000	2400	5000	7000	10,000

Model 45-B, V-8

4P Tr	550	1500	4350	7250	10,150	14,500
5P Tr	500	1400	4200	7000	9800	14,000
7P Sed	350	825	1600	4000	5600	8000

1921
Model 37, 6-cyl.

Rds	450	1150	3600	6000	8400	12,000
Tr	500	1200	3750	6250	8750	12,500
Cpe	350	825	1600	4000	5600	8000
Sed	350	875	1700	4250	5900	8500

Model 43-A, 4-cyl.

Rds	450	1075	3000	5500	7700	11,000
Tr	450	1000	2400	5000	7000	10,000
Cpe	350	750	1450	3300	4900	7000

Model 46, V-8

4P Tr	550	1500	4350	7250	10,150	14,500
Tr	500	1400	4200	7000	9800	14,000
7P Sed	350	825	1600	4000	5600	8000

Model 47, V-8

Spt Tr	550	1550	4500	7500	10,500	15,000
4P Cpe	350	750	1450	3300	4900	7000
5P Sed	450	1000	2400	5000	7000	10,000

1922
Model 46, V-8

	6	5	4	3	2	1
Spt Tr	550	1750	4800	8000	11,200	16,000
4P Tr	550	1550	4500	7500	10,500	15,000
7P Tr	550	1550	4500	7500	10,500	15,000
7P Sed	450	1000	2400	5000	7000	10,000
Model 47, V-8						
Rds	550	1550	4500	7500	10,500	15,000
Tr	550	1750	4800	8000	11,200	16,000
4P Spt	550	1500	4350	7250	10,150	14,500
4P Cpe	450	1000	2400	5000	7000	10,000
5P Sed	350	825	1600	4000	5600	8000

1923 Oldsmobile, Model 47 Spt Tr

1923
Model M30-A, 6-cyl.

Rds	500	1400	4200	7000	9800	14,000
Tr	550	1550	4500	7500	10,500	15,000
Cpe	350	775	1500	3750	5250	7500
Sed	350	700	1350	2800	4550	6500
Spt Tr	500	1400	4200	7000	9800	14,000
Model 43-A, 4-cyl.						
Rds	500	1250	3900	6500	9100	13,000
Tr	500	1400	4200	7000	9800	14,000
Cpe	350	750	1450	3300	4900	7000
Sed	200	650	1250	2400	4200	6000
Brgm	350	700	1350	2800	4550	6500
Cal Tp Sed	350	775	1500	3750	5250	7500
Model 47, V-8						
4P Tr	550	1750	4800	8000	11,200	16,000
5P Tr	550	1750	4800	8000	11,200	16,000
Rds	650	2000	5100	8500	11,900	17,000
Sed	350	750	1450	3300	4900	7000
Cpe	350	775	1500	3750	5250	7500
Spt Tr	650	2200	5250	8750	12,250	17,500

1924
Model 30-B, 6-cyl.

Rds	550	1550	4500	7500	10,500	15,000
Tr	550	1750	4800	8000	11,200	16,000
Spt Rds	550	1750	4800	8000	11,200	16,000
Spt Tr	650	2000	5100	8500	11,900	17,000
Cpe	350	825	1600	4000	5600	8000
Sed	350	750	1450	3300	4900	7000
2 dr Sed	350	700	1350	2800	4550	6500
DeL Sed	350	750	1450	3300	4900	7000

1925
Series 30-C, 6-cyl.

Rds	550	1550	4500	7500	10,500	15,000
Tr	550	1750	4800	8000	11,200	16,000
Spt Rds	550	1750	4800	8000	11,200	16,000
Spt Tr	650	2000	5100	8500	11,900	17,000

	6	5	4	3	2	1
Cpe	350	750	1450	3300	4900	7000
Sed	350	700	1350	2800	4550	6500
DeL Sed	350	725	1400	3100	4800	6800
DeL 2 dr	200	650	1250	2400	4200	6000

1926
Model 30-D, 6-cyl.

	6	5	4	3	2	1
DeL Rds	650	2300	5400	9000	12,600	18,000
Tr	650	2000	5100	8500	11,900	17,000
DeL Tr	650	2200	5250	8750	12,250	17,500
Cpe	350	825	1600	4000	5600	8000
DeL Cpe	350	875	1700	4250	5900	8500
2 dr Sed	200	600	1200	2200	3850	5500
DeL 2 dr Sed	200	650	1250	2400	4200	6000
Sed	200	650	1250	2400	4200	6000
DeL Sed	350	700	1350	2800	4550	6500
Lan Sed	500	1250	3900	6500	9100	13,000

1927
Series 30-E, 6-cyl.

	6	5	4	3	2	1
DeL Rds	500	1400	4200	7000	9800	14,000
Tr	500	1250	3900	6500	9100	13,000
DeL Tr	500	1400	4200	7000	9800	14,000
Cpe	350	825	1600	4000	5600	8000
DeL Cpe	350	875	1700	4250	5900	8500
Spt Cpe	450	900	1900	4500	6300	9000
2 dr Sed	350	700	1350	2800	4550	6500
DeL 2 dr Sed	350	750	1450	3300	4900	7000
Sed	350	750	1450	3300	4900	7000
DeL Sed	350	775	1500	3750	5250	7500
Lan	450	1075	3000	5500	7700	11,000

1928
Model F-28, 6-cyl.

	6	5	4	3	2	1
Rds	500	1250	3900	6500	9100	13,000
DeL Rds	500	1400	4200	7000	9800	14,000
Tr	500	1400	4200	7000	9800	14,000
DeL Tr	550	1550	4500	7500	10,500	15,000
Cpe	350	775	1500	3750	5250	7500
Spec Cpe	350	825	1600	4000	5600	8000
Spt Cpe	350	875	1700	4250	5900	8500
DeL Spt Cpe	450	900	1900	4500	6300	9000
2 dr Sed	200	650	1250	2400	4200	6000
Sed	350	750	1450	3300	4900	7000
DeL Sed	350	750	1450	3500	5050	7200
Lan	450	1000	2400	5000	7000	10,000
DeL Lan	450	1075	3000	5500	7700	11,000

1929
Model F-29, 6-cyl.

	6	5	4	3	2	1
Rds	800	3300	6600	11,000	15,400	22,000
Conv	650	2800	5700	9500	13,300	19,000
Tr	800	3000	6000	10,000	14,000	20,000
Cpe	450	900	1900	4500	6300	9000
2 dr Sed	200	675	1300	2600	4400	6300
Sed	200	675	1300	2600	4400	6300
Spt Cpe	450	950	2100	4750	6650	9500
Lan	350	775	1500	3750	5250	7500

1929
Viking, V-8

	6	5	4	3	2	1
Conv Cpe	800	3750	7500	12,500	17,500	25,000
Sed	800	3000	6000	10,000	14,000	20,000
CC Sed	500	1400	4200	7000	9800	14,000

1930
Model F-30, 6-cyl.

	6	5	4	3	2	1
Conv	800	3300	6600	11,000	15,400	22,000
Tr	800	3400	6900	11,500	16,100	23,000
Cpe	450	1000	2400	5000	7000	10,000
Spt Cpe	450	1000	2400	5000	7000	10,000
2 dr Sed	350	825	1600	4000	5600	8000
Sed	350	875	1700	4250	5900	8500
Pat Sed	450	900	1900	4500	6300	9000

1930
Viking, V-8

	6	5	4	3	2	1
Conv Cpe	800	4050	8100	13,500	18,900	27,000
Sed	450	1150	3600	6000	8400	12,000

1930 Oldsmobile, 4 dr sed

	6	5	4	3	2	1
CC Sed	500	1250	3900	6500	9100	13,000

1931
Model F-31, 6-cyl.

Conv	800	3900	7800	13,000	18,200	26,000
Cpe	500	1200	3750	6250	8750	12,500
Spt Cpe	500	1250	3900	6500	9100	13,000
2 dr Sed	450	1000	2400	5000	7000	10,000
Sed	450	1000	2400	5000	7000	10,000
Pat Sed	450	1025	2600	5250	7300	10,500

1932
Model F-32, 6-cyl.

Conv	800	4350	8700	14,500	20,300	29,000
Cpe	500	1250	3900	6500	9100	13,000
Spt Cpe	500	1400	4200	7000	9800	14,000
2 dr Sed	450	1000	2400	5000	7000	10,000
Sed	450	1075	3000	5500	7700	11,000
Pat Sed	450	1125	3450	5750	8050	11,500

Model L-32, 8-cyl.

Conv	1200	4800	9600	16,000	22,400	32,000
Cpe	500	1400	4200	7000	9800	14,000
Spt Cpe	550	1550	4500	7500	10,500	15,000
2 dr Sed	450	1075	3000	5500	7700	11,000
Sed	450	1125	3450	5750	8050	11,500
Pat Sed	450	1150	3600	6000	8400	12,000

1933
Model F-33, 6-cyl.

Conv	800	3900	7800	13,000	18,200	26,000
Bus Cpe	450	950	2100	4750	6650	9500
Spt Cpe	450	1000	2400	5000	7000	10,000
5P Cpe	450	1000	2400	5000	7000	10,000
Tr Cpe	450	950	2100	4750	6650	9500
Sed	450	925	2000	4600	6400	9200
Trk Sed	450	950	2100	4750	6650	9500

Model L-33, 8-cyl.

Conv	800	4050	8100	13,500	18,900	27,000
Bus Cpe	450	1000	2400	5000	7000	10,000
Spt Cpe	450	1025	2600	5250	7300	10,500
5P Cpe	450	1000	2400	5000	7000	10,000
Sed	450	950	2100	4750	6650	9500
Trk Sed	450	1000	2400	5000	7000	10,000

1934
Model F-34, 6-cyl.

Bus Cpe	450	950	2100	4750	6650	9500
Spt Cpe	450	1000	2400	5000	7000	10,000
5P Cpe	350	875	1700	4250	5900	8500
SB Sed	350	825	1600	4000	5600	8000
Trk Sed	350	850	1650	4150	5800	8300

Model L-34, 8-cyl.

	6	5	4	3	2	1
Conv	800	4350	8700	14,500	20,300	29,000
Bus Cpe	450	1025	2500	5150	7150	10,300
Spt Cpe	450	1050	2800	5400	7500	10,800
5P Cpe	450	1000	2400	5000	7000	10,000
Tr Cpe	450	1000	2400	5000	7000	10,000
Sed	450	1000	2400	5000	7000	10,000
Trk Sed	450	1025	2500	5150	7150	10,300

1935 Oldsmobile, Bus Cpe

1935
F-35, 6-cyl.

	6	5	4	3	2	1
Conv	800	3900	7800	13,000	18,200	26,000
Clb Cpe	350	875	1700	4350	6050	8700
Bus Cpe	350	850	1650	4200	5850	8400
Spt Cpe	450	900	1800	4450	6250	8900
Tr Cpe	350	850	1650	4150	5800	8300
Sed	350	750	1450	3400	5000	7100
Trk Sed	350	750	1450	3500	5050	7200

L-35, 8-cyl.

	6	5	4	3	2	1
Conv	800	4200	8400	14,000	19,600	28,000
Clb Cpe	450	900	1800	4450	6250	8900
Bus Cpe	350	875	1700	4300	6000	8600
Spt Cpe	450	950	2100	4700	6600	9400
2 dr Sed	350	750	1450	3500	5050	7200
2 dr Trk Sed	350	775	1500	3700	5200	7400
Sed	350	775	1500	3700	5200	7400
Trk Sed	350	800	1550	3800	5300	7600

1936
F-36, 6-cyl.

	6	5	4	3	2	1
Conv	800	3900	7800	13,000	18,200	26,000
Bus Cpe	450	900	1900	4500	6300	9000
Spt Cpe	450	1000	2400	5000	7000	10,000
2 dr Sed	350	775	1500	3600	5100	7300
2 dr Trk Sed	350	775	1500	3750	5250	7500
Sed	350	800	1550	3800	5300	7600
Trk Sed	350	800	1550	3850	5400	7700

L-36, 8-cyl.

	6	5	4	3	2	1
Conv	800	4200	8400	14,000	19,600	28,000
Bus Cpe	450	950	2100	4750	6650	9500
Spt Cpe	450	1025	2600	5250	7300	10,500
2 dr Sed	350	800	1550	3850	5400	7700
2 dr Trk Sed	350	825	1600	4000	5600	8000
Sed	350	850	1650	4100	5700	8200
Trk Sed	350	850	1650	4200	5850	8400

1937
F-37, 6-cyl.

	6	5	4	3	2	1
Conv	1200	4650	9300	15,500	21,700	31,000
Bus Cpe	450	900	1800	4450	6250	8900
Clb Cpe	450	950	2100	4750	6650	9500

	6	5	4	3	2	1
2 dr Sed	350	850	1650	4200	5850	8400
2 dr Trk Sed	350	875	1700	4300	6000	8600
Sed	350	850	1650	4200	5850	8400
Trk Sed	350	875	1700	4350	6050	8700
L-37, 8-cyl.						
Conv	1200	4950	9900	16,500	23,100	33,000
Bus Cpe	450	950	2100	4700	6600	9400
Clb Cpe	450	975	2200	4850	6800	9700
2 dr Sed	350	875	1700	4350	6050	8700
2 dr Trk Sed	450	900	1800	4400	6150	8800
Sed	350	875	1700	4350	6050	8700
Trk Sed	450	900	1800	4450	6250	8900
1938						
F-38, 6-cyl.						
Conv	1200	4800	9600	16,000	22,400	32,000
Bus Cpe	450	950	2100	4700	6600	9400
Clb Cpe	450	950	2100	4700	6600	9400
2 dr Sed	350	875	1700	4250	5900	8500
2 dr Tr Sed	450	900	1900	4500	6300	9000
Sed	450	900	1800	4450	6250	8900
Tr Sed	450	900	1900	4500	6300	9000
L-38, 8-cyl.						
Conv	1200	5100	10,200	17,000	23,800	34,000
Bus Cpe	450	950	2100	4700	6600	9400
Clb Cpe	450	975	2200	4850	6800	9700
2 dr Sed	450	900	1800	4450	6250	8900
2 dr Tr Sed	450	950	2100	4700	6600	9400
Sed	450	900	1900	4500	6300	9000
Tr Sed	450	950	2100	4700	6600	9400
1939						
F-39 "60" Series, 6-cyl.						
Bus Cpe	350	850	1650	4150	5800	8300
Clb Cpe	350	850	1650	4200	5850	8400
2 dr Sed	350	850	1650	4100	5700	8200
Sed	350	850	1650	4200	5850	8400
G-39 "70" Series, 6-cyl.						
Conv	800	4350	8700	14,500	20,300	29,000
Bus Cpe	350	875	1700	4250	5900	8500
Clb Cpe	350	875	1700	4300	6000	8600
2 dr Sed	350	850	1650	4200	5850	8400
2 dr SR Sed	350	875	1700	4300	6000	8600
Sed	350	875	1700	4250	5900	8500
SR Sed	350	875	1700	4300	6000	8600
L-39, 8-cyl.						
Conv	1200	4950	9900	16,500	23,100	33,000
Bus Cpe	450	925	1900	4550	6350	9100
Clb Cpe	450	950	2100	4700	6600	9400
2 dr Sed	350	875	1700	4300	6000	8600
2 dr SR Sed	450	900	1800	4400	6150	8800
Sed	350	875	1700	4300	6000	8600
SR Sed	450	900	1800	4400	6150	8800
1940						
Series 60, 6-cyl.						
Conv	800	4050	8100	13,500	18,900	27,000
Bus Cpe	350	850	1650	4200	5850	8400
Clb Cpe	450	900	1800	4450	6250	8900
Sta Wag	650	2800	5700	9500	13,300	19,000
2 dr Sed	350	800	1550	3850	5400	7700
2 dr SR Sed	350	825	1600	3950	5500	7900
Sed	350	800	1550	3900	5450	7800
SR Sed	350	825	1600	4050	5650	8100
Series 70, 6-cyl.						
Conv	800	4350	8700	14,500	20,300	29,000
Bus Cpe	450	900	1800	4450	6250	8900
Clb Cpe	450	950	2100	4700	6600	9400
2 dr Sed	350	850	1650	4200	5850	8400
Sed	350	875	1700	4300	6000	8600
Series 90, 8-cyl.						
Conv Cpe	1200	5100	10,200	17,000	23,800	34,000
Conv Sed	1200	5250	10,500	17,500	24,500	35,000
Clb Cpe	450	1150	3600	6000	8400	12,000
Tr Sed	450	1075	3000	5500	7700	11,000

1941
Series 66, 6-cyl.

	6	5	4	3	2	1
Conv Cpe	800	3900	7800	13,000	18,200	26,000
Bus Cpe	450	900	1800	4400	6150	8800
Clb Cpe	450	925	2000	4600	6400	9200
2 dr Sed	350	850	1650	4200	5850	8400
Sed	350	875	1700	4300	6000	8600
Twn Sed	350	875	1700	4350	6050	8700
Sta Wag	650	2800	5700	9500	13,300	19,000

Series 68, 8-cyl.

Conv Cpe	800	4200	8400	14,000	19,600	28,000
Bus Cpe	450	900	1900	4500	6300	9000
Clb Cpe	450	950	2100	4750	6650	9500
2 dr Sed	350	875	1700	4300	6000	8600
Sed	450	900	1800	4400	6150	8800
Twn Sed	450	900	1800	4450	6250	8900
Sta Wag	800	3000	6000	10,000	14,000	20,000

Series 76, 6-cyl.

Bus Cpe	450	925	1900	4550	6350	9100
Clb Sed	450	925	2000	4600	6400	9200
Sed	450	900	1800	4450	6250	8900

Series 78, 8-cyl.

Bus Sed	450	925	1900	4550	6350	9100
Clb Sed	450	950	2100	4700	6600	9400
Sed	450	950	2100	4750	6650	9500

Series 96, 6-cyl.

Conv Cpe	1200	4800	9600	16,000	22,400	32,000
Clb Cpe	450	1150	3600	6000	8400	12,000
Sed	450	1075	3000	5500	7700	11,000

Series 98, 8-cyl.

Conv Cpe	1200	5250	10,500	17,500	24,500	35,000
Conv Sed	1200	5400	10,800	18,000	25,200	36,000
Clb Cpe	500	1250	3900	6500	9100	13,000
Sed	450	1150	3600	6000	8400	12,000

1942
Special Series 66 & 68

Conv	800	3600	7200	12,000	16,800	24,000
Bus Cpe	350	775	1500	3750	5250	7500
Clb Cpe	350	825	1600	4000	5600	8000
Clb Sed	350	800	1550	3800	5300	7600
2 dr Sed	350	775	1500	3600	5100	7300
Sed	350	775	1500	3750	5250	7500
Twn Sed	350	800	1550	3850	5400	7700
Sta Wag	650	2300	5400	9000	12,600	18,000

Dynamic Series 76-78

Clb Sed	350	825	1600	3950	5500	7900
Sed	350	800	1550	3850	5400	7700

Custom Series 98, 8-cyl.

Conv	800	3900	7800	13,000	18,200	26,000
Clb Sed	350	850	1650	4150	5800	8300
Sed	350	825	1600	4050	5650	8100

1946 Oldsmobile "98" convertible, 8-cyl

1946
Special Series 66, 6-cyl.

	6	5	4	3	2	1
Conv	800	3600	7200	12,000	16,800	24,000
Clb Cpe	350	725	1400	3000	4700	6700
Clb Sed	350	700	1350	2800	4550	6500
Sed	350	700	1350	2700	4500	6400
Sta Wag	650	2000	5100	8500	11,900	17,000
Dynamic Series 76, 6-cyl.						
Clb Sed	350	700	1350	2800	4550	6500
Sed	350	700	1350	2900	4600	6600
Dynamic Series 78, 8-cyl.						
Clb Sed	350	725	1400	3000	4700	6700
Sed	350	725	1400	3200	4850	6900
Custom Cruiser 98, 8-cyl.						
Conv	800	3900	7800	13,000	18,200	26,000
Clb Sed	350	750	1450	3400	5000	7100
Sed	350	750	1450	3300	4900	7000

1947
Special Series 66, 6-cyl.

	6	5	4	3	2	1
Conv	800	3400	6900	11,500	16,100	23,000
Clb Cpe	350	700	1350	2900	4600	6600
Clb Sed	350	700	1350	2700	4500	6400
Sed	200	675	1300	2600	4400	6300
Sta Wag	650	2000	5100	8500	11,900	17,000
Special Series 68, 8-cyl.						
Conv	800	3300	6600	11,000	15,400	22,000
Clb Cpe	350	725	1400	3100	4800	6800
Clb Sed	350	700	1350	2800	4550	6500
Sed	350	700	1350	2700	4500	6400
Sta Wag	650	2300	5400	9000	12,600	18,000
Dynamic Cruiser, Series 76, 6-cyl.						
Clb Sed	350	700	1350	2700	4500	6400
DeL Clb Sed	350	725	1400	3000	4700	6700
Sed	350	700	1350	2800	4550	6500
DeL Sed	350	700	1350	2900	4600	6600
Dynamic Cruiser Series 78, 8-cyl.						
Clb Sed	350	725	1400	3000	4700	6700
DeL Clb Sed	350	725	1400	3200	4850	6900
Sed	350	725	1400	3100	4800	6800
DeL Sed	350	750	1450	3300	4900	7000
Custom Cruiser Series 98, 8-cyl.						
Conv	800	3900	7800	13,000	18,200	26,000
Clb Sed	350	750	1450	3400	5000	7100
Sed	350	750	1450	3500	5050	7200

1948 Oldsmobile "98", Club Sed

1948
Dynamic Series 66, 6-cyl., 119" wb

	6	5	4	3	2	1
Conv	800	3600	7200	12,000	16,800	24,000
Clb Cpe	350	700	1350	2800	4550	6500
Clb Sed	200	675	1300	2500	4350	6200

	6	5	4	3	2	1
Sed	200	675	1300	2600	4400	6300
Sta Wag	650	2300	5400	9000	12,600	18,000
Dynamic Series 68, 8-cyl., 119" wb						
Conv	800	3750	7500	12,500	17,500	25,000
Clb Cpe	350	750	1450	3300	4900	7000
Clb Sed	350	700	1350	2800	4550	6500
Sed	350	700	1350	2900	4600	6600
Sta Wag	650	2800	5700	9500	13,300	19,000
Dynamic Series 76, 6-cyl., 125" wb						
2 dr Club Sed	350	700	1350	2800	4550	6500
4 dr Sed	350	700	1350	2900	4600	6600
Dynamic Series 78, 8-cyl., 125" wb						
Clb Sed	350	725	1400	3000	4700	6700
Sed	350	725	1400	3100	4800	6800
Futuramic Series 98, 8-cyl., 125" wb						
Conv	800	3900	7800	13,000	18,200	26,000
Clb Sed	350	775	1500	3700	5200	7400
Sed	350	775	1500	3750	5250	7500
1949						
Futuramic 76, 6-cyl., 119.5" wb						
Conv	800	3900	7800	13,000	18,200	26,000
Clb Cpe	450	950	2100	4700	6600	9400
2 dr Sed	200	650	1250	2400	4200	6000
4 dr Sed	200	675	1300	2500	4300	6100
Sta Wag	500	1400	4200	7000	9800	14,000
Futuramic Series 88, V-8, 119.5" wb						
NOTE: Deduct 10 percent for 6-cyl. models.						
Conv	1200	4800	9600	16,000	22,400	32,000
Clb Cpe	450	975	2300	4950	6900	9900
2 dr Clb Sed	350	750	1450	3300	4900	7000
4 dr Sed	350	750	1450	3400	5000	7100
Sta Wag	550	1550	4500	7500	10,500	15,000
Futuramic Series 98, V-8, 125" wb						
Conv	1200	4650	9300	15,500	21,700	31,000
Holiday	800	3600	7200	12,000	16,800	24,000
Clb Sed	350	775	1500	3700	5200	7400
Sed	350	775	1500	3750	5250	7500
1950						
(All factory prices for top-line models)						
Futuramic 76, 6-cyl., 119.5" wb						
Conv	800	3900	7800	13,000	18,200	26,000
Holiday	650	2800	5700	9500	13,300	19,000
Clb Cpe	350	825	1600	4000	5600	8000
2 dr Sed	200	675	1300	2500	4350	6200
Clb Sed	350	750	1450	3300	4900	7000
Sed	200	675	1300	2600	4400	6300
Sta Wag	650	2000	5100	8500	11,900	17,000
Futuramic 88, 8-cyl., 119.5" wb						
Conv	1200	4950	9900	16,500	23,100	33,000
DeL Holiday	800	3000	6000	10,000	14,000	20,000
DeL Clb Cpe	450	1150	3600	6000	8400	12,000
DeL 2 dr	350	875	1700	4250	5900	8500
DeL Clb Sed	450	900	1800	4400	6150	8800
DeL Sed	350	875	1700	4300	6000	8600
DeL Sta Wag	650	2000	5100	8500	11,900	17,000
Futuramic 98, V-8, 122" wb						
DeL Conv	1200	4500	9000	15,000	21,000	30,000
2 dr HdTp DeL Holiday	650	2300	5400	9000	12,600	18,000
2 dr HdTp Holiday	650	2000	5100	8500	11,900	17,000
2 dr DeL Clb Sed	350	825	1600	4000	5600	8000
4 dr DeL FsBk	350	825	1600	3950	5500	7900
4 dr DeL Sed	350	825	1600	4050	5650	8100
4 dr DeL Sed	350	825	1600	4000	5600	8000
Deduct 10 percent for 6-cyl.						
1951						
Standard 88, V-8, 119.5" wb						
2 dr Sed	350	875	1700	4250	5900	8500
4 dr Sed	350	875	1700	4300	6000	8600
DeLuxe 88, V-8, 120" wb						
2 dr Sed	350	750	1450	3400	5000	7100
4 dr Sed	350	750	1450	3500	5050	7200
Super 88, V-8, 120" wb						
Conv	800	4200	8400	14,000	19,600	28,000

	6	5	4	3	2	1
2 dr HdTp Holiday	550	1550	4500	7500	10,500	15,000
Clb Cpe	350	825	1600	3950	5500	7900
2 dr Sed	350	775	1500	3600	5100	7300
4 dr Sed	350	775	1500	3700	5200	7400
Series 98, V-8, 122" wb						
Conv	1200	4950	9900	16,500	23,100	33,000
2 dr DeL Holiday HdTp	650	2000	5100	8500	11,900	17,000
2 dr HdTp Holiday HdTp	550	1750	4800	8000	11,200	16,000
4 dr Sed	350	800	1550	3900	5450	7800
1952						
DeLuxe 88, V-8, 120" wb						
2 dr Sed	350	750	1450	3400	5000	7100
4 dr Sed	350	750	1450	3500	5050	7200
Super 88, V-8, 120" wb						
Conv	800	4200	8400	14,000	19,600	28,000
2 dr Holiday HdTp	550	1550	4500	7500	10,500	15,000
Clb Cpe	350	825	1600	4000	5600	8000
2 dr Sed	350	775	1500	3600	5100	7300
4 dr Sed	350	775	1500	3700	5200	7400
Classic 98, V-8, 124" wb						
Conv	1200	4950	9900	16,500	23,100	33,000
2 dr Holiday HdTp	650	2000	5100	8500	11,900	17,000
4 dr Sed	350	800	1550	3900	5450	7800
1953						
Series 88, V-8, 120" wb						
2 dr Sed	350	700	1350	2700	4500	6400
4 dr Sed	350	700	1350	2800	4550	6500
Conv	1200	4500	9000	15,000	21,000	30,000
2 dr Holiday HdTp	650	2000	5100	8500	11,900	17,000
2 dr Sed	350	700	1350	2800	4550	6500
4 dr Sed	350	700	1350	2900	4600	6600
Series Super 88, V-8, 120" wb						
Classic 98, V-8, 124" wb						
Conv	1200	5250	10,500	17,500	24,500	35,000
2 dr Holiday HdTp	650	2300	5400	9000	12,600	18,000
4 dr Sed	350	750	1450	3300	4900	7000
Fiesta 98, V-8, 124" wb						
Conv	1500	6000	12,000	20,000	28,000	40,000
1954						
Series 88, V-8, 122" wb						
2 dr Holiday HdTp	650	2000	5100	8500	11,900	17,000
2 dr Sed	350	725	1400	3200	4850	6900
4 dr Sed	350	750	1450	3300	4900	7000
Series Super 88, V-8, 122" wb						
Conv	1200	4800	9600	16,000	22,400	32,000
2 dr Holiday HdTp	650	2800	5700	9500	13,300	19,000
2 dr Sed	350	750	1450	3500	5050	7200
4 dr Sed	350	775	1500	3600	5100	7300
Classic 98, V-8, 126" wb						
Starfire Conv	1200	5700	11,400	19,000	26,600	38,000
2 dr DeL Holiday HdTp	800	3300	6600	11,000	15,400	22,000
2 dr Holiday HdTp	800	3150	6300	10,500	14,700	21,000
4 dr Sed	350	825	1600	4000	5600	8000
1955						
Series 88, V-8, 122" wb						
2 dr DeL Holiday HdTp	550	1550	4500	7500	10,500	15,000
4 dr Holiday HdTp	450	950	2100	4750	6650	9500
2 dr Sed	350	700	1350	2800	4550	6500
4 dr Sed	350	700	1350	2900	4600	6600
Series Super 88, V-8, 122" wb						
Conv	1200	4800	9600	16,000	22,400	32,000
2 dr DeL Holiday HdTp	650	2000	5100	8500	11,900	17,000
4 dr Holiday HdTp	450	1025	2600	5250	7300	10,500
2 dr Sed	350	725	1400	3000	4700	6700
4 dr Sed	350	725	1400	3100	4800	6800
Classic 98, V-8, 126" wb						
Starfire Conv	1200	5400	10,800	18,000	25,200	36,000
2 dr DeL Holiday HdTp	800	3150	6300	10,500	14,700	21,000
4 dr DeL Holiday HdTp	500	1250	3900	6500	9100	13,000
4 dr Sed	350	775	1500	3750	5250	7500
1956						
Series 88, V-8, 122" wb						
2 dr Holiday HdTp	500	1250	3900	6500	9100	13,000

1956 Oldsmobile "98" Holiday

	6	**5**	**4**	**3**	**2**	**1**
4 dr Holiday HdTp	450	950	2100	4750	6650	9500
2 dr Sed	350	750	1450	3300	4900	7000
4 dr Sed	350	750	1450	3500	5050	7200
Series Super 88, V-8, 122" wb						
Conv	1200	4650	9300	15,500	21,700	31,000
2 dr Holiday HdTp	650	2000	5100	8500	11,900	17,000
4 dr Holiday HdTp	450	1150	3600	6000	8400	12,000
2 dr Sed	350	825	1600	4000	5600	8000
4 dr Sed	350	800	1550	3800	5300	7600
Series 98, V-8, 126" wb						
Starfire Conv	1200	5550	11,100	18,500	25,900	37,000
2 dr DeL Holiday HdTp	800	3300	6600	11,000	15,400	22,000
4 dr DeL Holiday HdTp	500	1400	4200	7000	9800	14,000
4 dr Sed	350	875	1700	4250	5900	8500
1957						
(Add 10 percent for J-2 option).						
Series 88, V-8, 122" wb						
Conv	800	4350	8700	14,500	20,300	29,000
2 dr Holiday HdTp	650	2000	5100	8500	11,900	17,000
4 dr Holiday HdTp	450	975	2200	4850	6800	9700
2 dr Sed	350	750	1450	3300	4900	7000
4 dr Sed	200	675	1300	2500	4300	6100
4 dr HdTp Wag	500	1400	4200	7000	9800	14,000
4 dr Sta Wag	450	950	2100	4750	6650	9500
Series Super 88, V-8, 122" wb						
Conv	1200	4800	9600	16,000	22,400	32,000
2 dr Holiday HdTp	800	3000	6000	10,000	14,000	20,000
4 dr Holiday HdTp	500	1250	3900	6500	9100	13,000
2 dr Sed	350	825	1600	4000	5600	8000
4 dr Sed	350	750	1450	3300	4900	7000
4 dr HdTp Wag	550	1750	4800	8000	11,200	16,000
Series 98, V-8, 126" wb						
Starfire Conv	1200	5550	11,100	18,500	25,900	37,000
2 dr Holiday HdTp	800	3300	6600	11,000	15,400	22,000
4 dr Holiday HdTp	550	1750	4800	8000	11,200	16,000
4 dr Sed	450	1000	2400	5000	7000	10,000
1958						
NOTE: Add 10 percent for J-2 option.						
Series 88, V-8, 122.5" wb						
Conv	800	3400	6900	11,500	16,100	23,000
2 dr Holiday HdTp	550	1750	4800	8000	11,200	16,000
4 dr Holiday HdTp	450	900	1900	4500	6300	9000
2 dr Sed	350	700	1350	2700	4500	6400
4 dr Sed	350	700	1350	2800	4550	6500
4 dr HdTp Wag	500	1250	3900	6500	9100	13,000
4 dr Sta Wag	350	825	1600	4000	5600	8000
Series Super 88, V-8, 122.5" wb						
Conv	1200	4650	9300	15,500	21,700	31,000
2 dr Holiday HdTp	650	2300	5400	9000	12,600	18,000

	6	5	4	3	2	1
4 dr Holiday HdTp	450	1000	2400	5000	7000	10,000
4 dr Sed	350	775	1500	3750	5250	7500
4 dr HdTp Wag	500	1400	4200	7000	9800	14,000
Series 98, V-8, 126.5" wb						
Conv	1200	4950	9900	16,500	23,100	33,000
2 dr Holiday HdTp	800	3000	6000	10,000	14,000	20,000
4 dr Holiday HdTp	450	1075	3000	5500	7700	11,000
4 dr Sed	350	875	1700	4250	5900	8500

1959
(Add 10 percent for hp option).

Series 88, V-8, 123" wb						
Conv	800	4050	8100	13,500	18,900	27,000
2 dr Holiday HdTp	450	1025	2600	5250	7300	10,500
4 dr Holiday HdTp	350	825	1600	4000	5600	8000
4 dr Sed	200	600	1200	2200	3850	5500
Sta Wag	200	600	1200	2300	4000	5700
Series Super 88, V-8, 123" wb						
Conv	800	4350	8700	14,500	20,300	29,000
2 dr Holiday HdTp	450	1125	3450	5750	8050	11,500
4 dr Holiday HdTp	450	900	1900	4500	6300	9000
4 dr Sed	200	675	1300	2500	4300	6100
Sta Wag	200	650	1250	2400	4200	6000
Series 98, V-8, 126.3" wb						
Conv	1200	4650	9300	15,500	21,700	31,000
2 dr Holiday HdTp	500	1200	3750	6250	8750	12,500
4 dr Holiday HdTp	450	950	2100	4750	6650	9500
4 dr Sed	350	825	1600	4000	5600	8000

1960

Series 88, V-8, 123" wb						
Conv	800	3900	7800	13,000	18,200	26,000
2 dr Holiday HdTp	450	1025	2600	5250	7300	10,500
4 dr Holiday HdTp	350	825	1600	4000	5600	8000
4 dr Sed	200	600	1200	2200	3850	5500
Sta Wag	200	600	1200	2200	3850	5500
Series Super 88, V-8, 123" wb						
Conv	800	4200	8400	14,000	19,600	28,000
2 dr Holiday HdTp	450	1125	3450	5750	8050	11,500
4 dr Holiday HdTp	450	900	1900	4500	6300	9000
4 dr Sed	350	700	1350	2800	4550	6500
Wagon	350	700	1350	2800	4550	6500
Series 98, V-8, 126.3" wb						
Conv	1200	4500	9000	15,000	21,000	30,000
2 dr Holiday HdTp	500	1200	3750	6250	8750	12,500
4 dr Holiday HdTp	450	1000	2400	5000	7000	10,000
4 dr Sed	350	750	1450	3300	4900	7000

1961
Deduct 10 percent for std. line values; add 10 percent for Cutlass.
(All factory prices for top-line models).

F-85, V-8, 112" wb						
4 dr Sed	150	400	1000	1600	3100	4400
Clb Cpe	200	500	1100	1900	3500	5000
Sta Wag	150	400	1000	1600	3100	4400
Dynamic 88, V-8, 123" wb						
4 dr Sed	200	500	1100	1900	3500	5000
4 dr Holiday HdTp	350	700	1350	2800	4550	6500
2 dr Sed	200	500	1100	1850	3350	4900
2 dr Holiday HdTp	350	825	1600	4000	5600	8000
Conv	800	3000	6000	10,000	14,000	20,000
Sta Wag	200	650	1250	2400	4200	6000
Super 88, V-8, 123" wb						
4 dr Sed	200	600	1200	2200	3850	5500
4 dr Holiday HdTp	350	775	1500	3750	5250	7500
2 dr Holiday HdTp	450	900	1900	4500	6300	9000
Conv	800	3300	6600	11,000	15,400	22,000
Sta Wag	350	700	1350	2800	4550	6500
Starfire Conv	1200	4800	9600	16,000	22,400	32,000
Series 98, V-8, 126" wb						
4 dr Twn Sed	350	825	1600	4000	5600	8000
4 dr Spt Sed	350	850	1650	4100	5700	8200
4 dr Holiday HdTp	350	875	1700	4250	5900	8500
2 dr Holiday HdTp	450	1000	2400	5000	7000	10,000
Conv	800	3750	7500	12,500	17,500	25,000

1962
F-85 Series, V-8, 112" wb

	6	5	4	3	2	1
4 dr Sed	150	400	1000	1600	3100	4400
Cutlass Cpe	200	600	1200	2200	3850	5500
Cutlass Conv	350	825	1600	4000	5600	8000
Sta Wag	150	400	1000	1650	3150	4500
Jetfire Turbo-charged, V-8, 112" wb						
2 dr HdTp	350	875	1700	4250	5900	8500
Dynamic 88, V-8, 123" wb						
4 dr Sed	200	500	1100	1900	3500	5000
4 dr Holiday HdTp	350	700	1350	2800	4550	6500
2 dr Holiday HdTp	350	775	1500	3750	5250	7500
Conv	650	2300	5400	9000	12,600	18,000
Sta Wag	200	500	1100	1950	3600	5100
Super 88, V-8, 123" wb						
4 dr Sed	200	550	1150	2100	3800	5400
4 dr Holiday HdTp	350	775	1500	3750	5250	7500
2 dr Holiday HdTp	350	875	1700	4250	5900	8500
Sta Wag	200	600	1200	2200	3850	5500
Starfire, 330 hp V-8, 123" wb						
2 dr HdTp	650	2300	5400	9000	12,600	18,000
Conv	1200	4650	9300	15,500	21,700	31,000
Series 98, V-8, 126" wb						
4 dr Twn Sed	350	750	1450	3300	4900	7000
4 dr Spt Sed	350	750	1450	3500	5050	7200
4 dr Holiday HdTp	350	875	1700	4250	5900	8500
2 dr Holiday Spt HdTp	450	950	2100	4750	6650	9500
Conv	800	3750	7500	12,500	17,500	25,000

1963
F-85 Series, V-8, 112" wb

	6	5	4	3	2	1
4 dr Sed	200	500	1100	1900	3500	5000
Cutlass Cpe	200	650	1250	2400	4200	6000
Cutlass Conv	450	900	1900	4500	6300	9000
Sta Wag	200	500	1100	1900	3500	5000
Jetfire Series, V-8, 112" wb						
2 dr HdTp	350	850	1650	4100	5700	8200
Dynamic 88, V-8, 123" wb						
4 dr Sed	200	600	1200	2200	3850	5500
4 dr Holiday HdTp	200	650	1250	2400	4200	6000
2 dr Holiday HdTp	350	775	1500	3750	5250	7500
Conv	550	1550	4500	7500	10,500	15,000
Sta Wag	200	500	1100	1950	3600	5100
Super 88, V-8, 123" wb						
4 dr Sed	200	650	1250	2400	4200	6000
4 dr Holiday HdTp	350	700	1350	2800	4550	6500
2 dr Holiday HdTp	350	875	1700	4250	5900	8500
Sta Wag	200	600	1200	2300	4000	5700
Starfire, V-8, 123" wb						
Cpe	650	2000	5100	8500	11,900	17,000
Conv	1200	4500	9000	15,000	21,000	30,000
Series 98, V-8, 126" wb						
4 dr Sed	350	700	1350	2800	4550	6500
4 dr 4W Holiday HdTp	350	775	1500	3750	5250	7500
4 dr 6W Holiday HdTp	350	750	1450	3500	5050	7200
2 dr Holiday HdTp	450	950	2100	4750	6650	9500
2 dr Spt HdTp	450	950	2100	4750	6650	9500
Conv	800	3150	6300	10,500	14,700	21,000

1964
NOTE: Add 20 percent for 4-4-2 option.
F-85 Series, V-8, 115" wb

	6	5	4	3	2	1
4 dr Sed	150	400	1000	1650	3150	4500
Sta Wag	150	450	1050	1700	3200	4600
Cutlass 3200, V-8						
Spt Cpe	200	600	1200	2200	3850	5500
2 dr HdTp	350	700	1350	2800	4550	6500
Conv	450	1000	2400	5000	7000	10,000
Vista Cruiser, V-8, 120" wb						
Sta Wag	150	450	1050	1750	3250	4700
Cus Wag	200	500	1100	1950	3600	5100
Jetstar, V-8, 123" wb						
4 dr Sed	200	600	1200	2200	3850	5500
4 dr HdTp	200	650	1250	2400	4200	6000
2 dr HdTp	350	700	1350	2800	4550	6500

	6	5	4	3	2	1
Conv	650	2300	5400	9000	12,600	18,000
Jetstar I, V-8, 123" wb						
HdTp Cpe	450	1150	3600	6000	8400	12,000
Dynamic 88, V-8, 123" wb						
4 dr Sed	200	650	1250	2400	4200	6000
4 dr HdTp	350	700	1350	2800	4550	6500
2 dr HdTp	350	775	1500	3750	5250	7500
Conv	500	1400	4200	7000	9800	14,000
Sta Wag	200	600	1200	2300	4000	5700
Super 88, V-8, 123" wb						
4 dr Sed	350	700	1350	2800	4550	6500
4 dr HdTp	350	750	1450	3300	4900	7000
Starfire, 123" wb						
2 dr HdTp	550	1750	4800	8000	11,200	16,000
Conv	800	3900	7800	13,000	18,200	26,000
Series 98, V-8, 126" wb						
4 dr Sed	350	750	1450	3300	4900	7000
4 dr 6W HdTp	350	750	1450	3500	5050	7200
4 dr 4W HdTp	350	775	1500	3750	5250	7500
2 dr HdTp	450	950	2100	4750	6650	9500
Conv	800	3150	6300	10,500	14,700	21,000
2 dr Cus Spt HdTp	450	1000	2400	5000	7000	10,000

1965
F-85 Series, V-8, 115" wb

	6	5	4	3	2	1
4 dr Sed	150	450	1050	1700	3200	4600
Cpe	200	500	1100	1900	3500	5000
Sta Wag	150	450	1050	1750	3250	4700
DeL Sed	150	450	1050	1750	3250	4700
DeL Wag	150	450	1050	1800	3300	4800

Cutlass Series, V-8, 115" wb
NOTE: Add 20 percent for 4-4-2 option.

	6	5	4	3	2	1
Cpe	200	650	1250	2400	4200	6000
2 dr HdTp	350	700	1350	2800	4550	6500
Conv	350	825	1600	4000	5600	8000
Vista Cruiser, V-8, 120" wb						
Sta Wag	200	500	1100	1900	3500	5000
Jetstar Series, V-8, 123" wb						
4 dr Sed	150	450	1050	1700	3200	4600
4 dr HdTp	200	500	1100	1900	3500	5000
2 dr HdTp	200	650	1250	2400	4200	6000
Conv	450	1000	2400	5000	7000	10,000
Dynamic 88, V-8, 123" wb						
4 dr Sed	200	500	1100	1850	3350	4900
4 dr HdTp	200	500	1100	1900	3500	5000
2 dr HdTp	350	700	1350	2800	4550	6500
Conv	450	1075	3000	5500	7700	11,000
Delta 88, V-8, 123" wb						
4 dr Sed	200	500	1100	1950	3600	5100
4 dr HdTp	200	550	1150	2000	3600	5200
2 dr HdTp	350	750	1450	3300	4900	7000
Jetstar I, V-8, 123" wb						
2 dr HdTp	350	875	1700	4250	5900	8500
Starfire, 123" wb						
2 dr HdTp	450	1000	2400	5000	7000	10,000
Conv	550	1750	4800	8000	11,200	16,000
Series 98, V-8, 126" wb						
4 dr Twn Sed	200	550	1150	2100	3800	5400
4 dr Lux Sed	200	600	1200	2200	3900	5600
4 dr HdTp	200	650	1250	2400	4200	6000
2 dr HdTp	350	775	1500	3750	5250	7500
Conv	550	1550	4500	7500	10,500	15,000

1966
F-85 Series, Standard V-8, 115" wb

	6	5	4	3	2	1
4 dr Sed	150	450	1050	1700	3200	4600
Cpe	200	500	1100	1900	3500	5000
Sta Wag	150	450	1050	1700	3200	4600
F-85 Series, Deluxe, V-8, 115" wb						
4 dr Sed	150	450	1050	1750	3250	4700
4 dr HdTp	200	500	1100	1900	3500	5000
2 dr HdTp	200	600	1200	2200	3850	5500
Sta Wag	150	450	1050	1750	3250	4700
Cutlass, V-8, 115" wb						
4 dr Sed	150	450	1050	1800	3300	4800

	6	5	4	3	2	1
4 dr HdTp	200	500	1100	1900	3500	5000
Cpe	200	500	1100	1950	3600	5100
2 dr HdTp	350	700	1350	2800	4550	6500
Conv	450	1075	3000	5500	7700	11,000

NOTE: Add 20 percent for 442 option.
    Add 30 percent for W-30.
    Add 10 percent for tri power.

	6	5	4	3	2	1
Sta Was 3S	200	500	1100	1850	3350	4900
Sta Wag 2S	150	450	1050	1800	3300	4800
Cus Sta Wag 3S	200	500	1100	1950	3600	5100
Cus Sta Wag 2S	200	500	1100	1900	3500	5000
Jetstar 88, V-8, 123" wb						
4 dr Sed	150	400	1000	1600	3100	4400
4 dr HdTp	150	450	1050	1700	3200	4600
2 dr HdTp	200	650	1250	2400	4200	6000
Dynamic 88, V-8, 123" wb						
4 dr Sed	150	400	1000	1650	3150	4500
4 dr HdTp	150	450	1050	1750	3250	4700
2 dr HdTp	200	650	1250	2400	4200	6000
Conv	350	875	1700	4250	5900	8500
Delta 88, V-8, 123" wb						
4 dr Sed	150	450	1050	1700	3200	4600
4 dr HdTp	150	450	1050	1800	3300	4800
2 dr HdTp	350	700	1350	2800	4550	6500
Conv	450	900	1900	4500	6300	9000
Starfire, V-8, 123" wb						
2 dr HdTp	350	875	1700	4250	5900	8500
Ninety-Eight, V-8, 126" wb						
4 dr Twn Sed	200	500	1100	1850	3350	4900
4 dr Lux Sed	200	500	1100	1900	3500	5000
4 dr HdTp	200	600	1200	2200	3850	5500
2 dr HdTp	350	750	1450	3300	4900	7000
Conv	450	950	2100	4750	6650	9500
Toronado, FWD V-8, 119" wb						
2 dr Spt HdTp	450	1075	3000	5500	7700	11,000
2 dr Cus HdTp	450	1150	3600	6000	8400	12,000
1967						
F-85 Series, Standard, V-8, 115" wb						
4 dr Sed	150	450	1050	1700	3200	4600
Cpe	200	500	1100	1900	3500	5000
Sta Wag 2S	150	450	1050	1700	3200	4600
Cutlass, V-8, 115" wb						
4 dr Sed	150	450	1050	1800	3300	4800
4 dr HdTp	200	500	1100	1900	3500	5000
2 dr HdTp	200	650	1250	2400	4200	6000
Conv	450	950	2100	4750	6650	9500
Sta Wag 2S	150	450	1050	1800	3300	4800
Cutlass-Supreme, V-8, 115" wb						
4 dr Sed	200	500	1100	1850	3350	4900
4 dr HdTp	200	500	1100	1950	3600	5100
Cpe	200	550	1150	2000	3600	5200
2 dr HdTp	350	875	1700	4250	5900	8500
Conv	450	1150	3600	6000	8400	12,000

NOTE: Add 20 percent for 442 option.

	6	5	4	3	2	1
Vista Cruiser, V-8, 120" wb						
Sta Wag 3S	200	500	1100	1850	3350	4900
Cus Sta Wag 2S	200	500	1100	1900	3500	5000
Cus Sta Wag 3S	200	500	1100	1950	3600	5100
Delmont 88, V-8, 123" wb						
2 dr HdTp	150	400	1000	1650	3150	4500
Conv	450	900	1900	4500	6300	9000
Delta 88, V-8, 123" wb						
2 dr HdTp	200	500	1100	1900	3500	5000
Conv	450	950	2100	4750	6650	9500
Ninety-Eight, V-8, 126" wb						
4 dr Lux Sed	200	500	1100	1900	3500	5000
2 dr HdTp	200	650	1250	2400	4200	6000
Conv	450	1075	3000	5500	7700	11,000
Toronado, V-8, 119" wb						
2 dr HdTp	450	1000	2400	5000	7000	10,000
2 dr DeL HdTp	450	1075	3000	5500	7700	11,000

NOTES: Add 10 percent for "425" Delmont Series.
    Add 20 percent for 4-4-2 option.
    Add 30 percent for W-30.

1968
F-85, V-8, 116" wb, 2 dr 112" wb

	6	5	4	3	2	1
4 dr Sed	150	450	1050	1750	3250	4700
Cpe	200	500	1100	1900	3500	5000
Cutlass, V-8, 116" wb, 2 dr 112" wb						
4 dr Sed	150	450	1050	1800	3300	4800
4 dr HdTp	200	500	1100	1850	3350	4900
Cpe	200	550	1150	2000	3600	5200
2 dr HdTp	350	700	1350	2800	4550	6500
Conv	350	875	1700	4250	5900	8500
Sta Wag	150	450	1050	1800	3300	4800
Cutlass Supreme, V-8, 116" wb, 2 dr 112" wb						
4 dr Sed	200	500	1100	1900	3500	5000
4 dr HdTp	200	550	1150	2000	3600	5200
2 dr HdTp	350	750	1450	3300	4900	7000
NOTE: Deduct 5 percent for 6-cyl.						
Vista Cruiser, V-8, 121" wb						
Sta Wag 2-S	200	500	1100	1900	3500	5000
Sta Wag 3-S	200	500	1100	1950	3600	5100
4-4-2, V-8, 112" wb						
Cpe	350	875	1700	4250	5900	8500
2 dr HdTp	450	1075	3000	5500	7700	11,000
Conv	550	1550	4500	7500	10,500	15,000
Delmont 88, V-8, 123" wb						
4 dr Sed	200	500	1100	1900	3500	5000
4 dr HdTp	200	550	1150	2000	3600	5200
2 dr HdTp	200	650	1250	2400	4200	6000
Conv	450	950	2100	4750	6650	9500
Delta 88, V-8, 123" wb						
4 dr Sed	200	550	1150	2000	3600	5200
2 dr HdTp	350	700	1350	2800	4550	6500
4 dr HdTp	200	600	1200	2200	3850	5500
Ninety-Eight, V-8, 126" wb						
4 dr Sed	200	600	1200	2200	3850	5500
4 dr Lux Sed	200	600	1200	2200	3900	5600
4 dr HdTp	200	650	1250	2400	4200	6000
2 dr HdTp	350	750	1450	3300	4900	7000
Conv	450	1075	3000	5500	7700	11,000
Toronado, V-8, 119" wb						
Cus Cpe	350	875	1700	4250	5900	8500
NOTE: Add 20 percent for Hurst/Olds.						
Add 30 percent for W-30.						
Add 20 percent for 455.						

1969
F-85, V-8, 116" wb, 2 dr 112" wb

	6	5	4	3	2	1
Cpe	200	500	1100	1900	3500	5000
Cutlass, V-8, 116" wb, 2 dr 112" wb						
4 dr Sed	150	450	1050	1700	3200	4600
4 dr HdTp	150	450	1050	1800	3300	4800
Sta Wag	150	450	1050	1700	3200	4600
Cutlass - S						
Cpe	200	600	1200	2200	3850	5500
2 dr HdTp	350	750	1450	3300	4900	7000
Conv	450	1000	2400	5000	7000	10,000
Cutlass Supreme, V-8, 116" wb, 2 dr 112" wb						
4 dr Sed	200	500	1100	1950	3600	5100
4 dr HdTp	200	600	1200	2200	3850	5500
2 dr HdTp	450	900	1900	4500	6300	9000
4-4-2, V-8 112" wb						
Cpe	450	900	1900	4500	6300	9000
2 dr HdTp	500	1250	3900	6500	9100	13,000
Conv	650	2000	5100	8500	11,900	17,000
Vista Cruiser						
Sta Wag 2-S	200	550	1150	2000	3600	5200
Sta Wag 3-S	200	550	1150	2100	3700	5300
Delta 88, V-8, 124" wb						
4 dr Sed	200	600	1200	2200	3850	5500
Conv	450	1000	2400	5000	7000	10,000
4 dr HdTp	200	650	1250	2400	4200	6000
2 dr HdTp	200	650	1250	2400	4150	5900
Delta 88 Custom, V-8, 124" wb						
4 dr Sed	200	550	1150	2100	3700	5300
4 dr HdTp	350	700	1350	2800	4550	6500

	6	5	4	3	2	1
2 dr HdTp	200	650	1250	2400	4200	6000
Delta 88 Royale, V-8, 124" wb						
2 dr HdTp	350	700	1350	2800	4550	6500
Ninety Eight, V-8, 127" wb						
4 dr Sed	200	650	1250	2400	4200	6000
4 dr Lux Sed	200	675	1300	2500	4300	6100
4 dr Lux HdTp	350	725	1400	3000	4700	6700
4 dr HdTp	350	700	1350	2900	4600	6600
2 dr HdTp	350	750	1450	3300	4900	7000
Conv	450	1025	2600	5250	7300	10,500
Cus Cpe	350	750	1450	3500	5050	7200
Toronado, V-8, 119" wb						
2 dr HdTp	350	875	1700	4250	5900	8500

NOTE: Add 20 percent for Hurst/Olds.
　　　　　Add 30 percent for W-30.
　　　　　Add 20 percent for 455.

1970
F-85, V-8, 116" wb, 2 dr 112" wb

	6	5	4	3	2	1
Cpe	200	600	1200	2200	3850	5500
Cutlass, V-8, 116" wb, 2 dr 112" wb						
4 dr Sed	200	500	1100	1900	3500	5000
4 dr HdTp	200	600	1200	2200	3850	5500
Sta Wag	200	500	1100	1850	3350	4900

NOTE: Deduct 5 percent for 6-cyl.

Cutlass-S, V-8, 112" wb

	6	5	4	3	2	1
Cpe	350	750	1450	3300	4900	7000
2 dr HdTp	350	875	1700	4250	5900	8500

NOTE: Add 25 percent for W45-W30-W31.

Cutlass-Supreme, V-8, 112" wb

	6	5	4	3	2	1
4 dr HdTp	200	600	1200	2200	3850	5500
2 dr HdTp	450	1025	2600	5250	7300	10,500
Conv	650	2000	5100	8500	11,900	17,000
442, V-8, 112" wb						
Cpe	450	1000	2400	5000	7000	10,000
2 dr HdTp	650	2000	5100	8500	11,900	17,000
Conv	800	3150	6300	10,500	14,700	21,000
Vista Cruiser, V-8, 121" wb						
Sta Wag 2-S	150	450	1050	1750	3250	4700
Sta Wag 3-S	150	450	1050	1800	3300	4800
Delta 88, V-8, 124" wb						
4 dr Sed	150	450	1050	1800	3300	4800
4 dr HdTp	200	500	1100	1900	3500	5000
2 dr HdTp	200	600	1200	2200	3850	5500
Conv	450	950	2100	4750	6650	9500
Delta 88 Custom, V-8, 124" wb						
4 dr Sed	200	500	1100	1900	3500	5000
4 dr HdTp	200	500	1100	1950	3600	5100
2 dr HdTp	200	650	1250	2400	4200	6000
Delta 88 Royale, V-8, 124" wb						
2 dr HdTp	350	700	1350	2800	4550	6500
Ninety Eight, V-8, 127" wb						
4 dr Sed	200	500	1100	1950	3600	5100
4 dr Lux Sed	200	550	1150	2100	3700	5300
4 dr Lux HdTp	200	600	1200	2200	3900	5600
4 dr HdTp	200	550	1150	2000	3600	5200
2 dr HdTp	350	750	1450	3300	4900	7000
Conv	450	1025	2600	5250	7300	10,500
Toronado, V-8, 119" wb						
Std Cpe	350	875	1700	4250	5900	8500
Cus Cpe	450	900	1900	4500	6300	9000

NOTE: Add 20 percent for SX Cutlass Supreme option.
　　　　　Add 35 percent for Y-74 Indy Pace Car option.
　　　　　Add 30 percent for W-30.
　　　　　Add 20 percent for 455.
　　　　　Add 15 percent for Toronado GT W-34 option.

1971
F-85, V-8, 116" wb

	6	5	4	3	2	1
4 dr Sed	125	250	750	1150	2400	3400
Cutlass, V-8, 116" wb, 2 dr 112" wb						
4 dr Sed	125	250	750	1150	2450	3500
2 dr HdTp	350	700	1350	2800	4550	6500
Sta Wag	125	250	750	1150	2400	3400

Cutlass -S, V-8, 112" wb

	6	5	4	3	2	1
Cpe	200	650	1250	2400	4200	6000
2 dr HdTp	350	825	1600	4000	5600	8000

NOTE: Deduct 5 percent for 6 cyl.

Cutlass Supreme, V-8, 116" wb, 2 dr 112" wb

4 dr Sed	150	450	1050	1700	3200	4600
2 dr HdTp	450	900	1900	4500	6300	9000
Conv	650	2000	5100	8500	11,900	17,000

NOTE: Add 15 percent for SX Cutlass Supreme option.

4-4-2, V-8, 112" wb

2 dr HdTp	550	1750	4800	8000	11,200	16,000
Conv	800	3000	6000	10,000	14,000	20,000

Vista Cruiser, 121" wb

Sta Wag 2-S	125	250	750	1150	2450	3500
Sta Wag 3-S	125	250	750	1150	2500	3600

Delta 88, V-8, 124" wb

4 dr Sed	125	250	750	1150	2450	3500
4 dr HdTp	150	300	900	1250	2600	3700
2 dr HdTp	150	350	950	1350	2800	4000

Delta 88 Custom V-8, 124" wb

4 dr Sed	125	250	750	1150	2500	3600
4 dr HdTp	150	300	900	1250	2650	3800
2 dr HdTp	150	350	950	1450	3000	4200

Delta 88 Royale, V-8, 124" wb

2 dr HdTp	150	400	1000	1600	3100	4400
Conv	350	875	1700	4250	5900	8500

Ninety Eight, V-8, 127" wb

2 dr HdTp	150	400	1000	1650	3150	4500
4 dr HdTp	150	350	950	1350	2800	4000
4, dr Lux HdTp	150	350	950	1350	2800	4000
2 dr Lux HdTp	200	500	1100	1900	3500	5000

Custom Cruiser, V-8, 127" wb

Sta Wag 2-S	150	300	900	1250	2600	3700
Sta Wag 3-S	150	300	900	1250	2650	3800

Toronado, 122" wb

2 dr HdTp	350	775	1500	3750	5250	7500

NOTES: Add 30 percent for W-30.
  Add 20 percent for 455.

1972 Oldsmobile Cutlass Supreme

1972
F-85, V-8, 116" wb

4 dr Sed	125	250	750	1150	2400	3400

Cutlass, V-8, 116" wb, 2 dr 112" wb

4 dr Sed	125	250	750	1150	2450	3500
2 dr HdTp	200	600	1200	2200	3850	5500
Sta Wag	125	250	750	1150	2400	3400

Cutlass -S, V-8, 112" wb

Cpe	200	500	1100	1900	3500	5000
2 dr HdTp	450	900	1900	4500	6300	9000

NOTE: Deduct 5 percent for 6-cyl.

Cutlass Supreme, V-8, 116" wb. 2 dr 112" wb

	6	5	4	3	2	1
4 dr HdTp	200	600	1200	2200	3850	5500
2 dr HdTp	450	1075	3000	5500	7700	11,000
Conv	650	2800	5700	9500	13,300	19,000

NOTE: Add 40 percent for 442 option.
Add 20 percent for Hurst option.

Vista Cruiser, 121" wb

	6	5	4	3	2	1
Sta Wag 2-S	125	250	750	1150	2450	3500
Sta Wag 3-S	125	250	750	1150	2500	3600
Delta 88, V-8, 124" wb						
4 dr Sed	125	200	600	1100	2300	3300
4 dr HdTp	125	250	750	1150	2400	3400
2 dr HdTp	150	300	900	1250	2600	3700
Delta 88 Royale, 124" wb						
4 dr Sed	125	250	750	1150	2400	3400
4 dr HdTp	125	250	750	1150	2500	3600
2 dr HdTp	150	350	950	1350	2800	4000
Conv	350	750	1450	3300	4900	7000
Custom Cruiser, 127" wb						
Sta Wag 2-S	125	200	600	1100	2250	3200
Sta Wag 3-S	125	200	600	1100	2300	3300
Ninety-Eight, 127" wb						
4 dr HdTp	150	300	900	1250	2650	3800
2 dr HdTp	150	400	1000	1650	3150	4500
Ninety-Eight Luxury, 127" wb						
4 dr HdTp	150	350	950	1350	2800	4000
2 dr HdTp	150	450	1050	1750	3250	4700
Toronado, 122" wb						
2 dr HdTp	350	775	1500	3750	5250	7500

NOTES: Add 30 percent for W-30.
Add 20 percent for 455.

1973

Omega, V-8, 111" wb

	6	5	4	3	2	1
Sed	125	250	750	1150	2400	3400
Cpe	125	250	750	1150	2500	3600
Hatch	150	300	900	1350	2700	3900
Cutlass, 112" - 116" wb						
2 dr Col HdTp	125	250	750	1150	2500	3600
4 dr Col HdTp	150	300	900	1250	2600	3700
Cutlass S, 112" wb						
Cpe	150	300	900	1350	2700	3900
Cutlass Supreme, 112" - 116" wb						
2 dr Col HdTp	150	350	950	1350	2800	4000
4 dr Col HdTp	150	300	900	1250	2650	3800

NOTE: Add 10 percent for 442 option.

Vista Cruiser, 116" wb

	6	5	4	3	2	1
2S Sta Wag	150	300	900	1250	2650	3800
3S Sta Wag	150	300	900	1350	2700	3900
Delta 88, 124" wb						
4 dr Sed	125	200	600	1100	2300	3300
4 dr HdTp	125	250	750	1150	2400	3400
Cpe	125	250	750	1150	2450	3500
Delta 88 Royale, 124" wb						
4 dr Sed	125	250	750	1150	2400	3400
4 dr HdTp	125	250	750	1150	2450	3500
Cpe	125	250	750	1150	2500	3600
Conv	350	750	1450	3300	4900	7000
Custom Cruiser, 127" wb						
3S Sta Wag	125	200	600	1100	2250	3200
2S Sta Wag	100	175	525	1050	2100	3000
3S Roy Wag	125	200	600	1100	2300	3300
2S Roy Wag	100	175	525	1050	2100	3000
Ninety-Eight, 127" wb						
4 dr Sed	125	250	750	1150	2450	3500
Cpe	150	300	900	1250	2600	3700
Lux Cpe	150	300	900	1250	2650	3800
2 dr Lux Cpe	150	300	900	1250	2600	3700
4 dr Reg Sed	125	250	750	1150	2500	3600
Toronado, 122" wb						
HdTp Cpe	200	650	1250	2400	4200	6000

NOTE: Add 20 percent for Hurst/Olds.

1974
Omega, 111" wb

	6	5	4	3	2	1
Cpe	150	300	900	1250	2600	3700
Hatch	150	350	950	1350	2800	4000
4 dr Sed	125	250	750	1150	2450	3500
Cutlass, 112" - 116" wb						
Cpe	125	250	750	1150	2500	3600
4 dr Sed	125	250	750	1150	2450	3500
Cutlass S, 112" wb						
Cpe	125	250	750	1150	2500	3600
Cutlass Supreme, 112" - 116" wb						
4 dr Sed	150	300	900	1250	2600	3700
Cpe	125	250	750	1150	2450	3500

NOTE: Add 10 percent for 442 option.

Vista Cruiser, 116" wb

	6	5	4	3	2	1
Sta Wag-6P	100	175	525	1050	2100	3000
Sta Wag-8P	125	200	600	1100	2200	3100
Delta 88, 124" wb						
Cpe	125	250	750	1150	2450	3500
4 dr HdTp	125	250	750	1150	2400	3400
4 dr Sed	125	200	600	1100	2300	3300
Custom Cruiser, 127" wb						
Sta Wag-6P	125	200	600	1100	2250	3200
Sta Wag-8P	125	200	600	1100	2300	3300
Delta 88 Royale, 124" wb						
2 dr HdTp	125	250	750	1150	2500	3600
4 dr HdTp	125	250	750	1150	2450	3500
4 dr Sed	125	250	750	1150	2400	3400
Conv	350	750	1450	3300	4900	7000

NOTE: Add 20 percent for Indy Pace car.

Ninety-Eight, 127" wb

	6	5	4	3	2	1
Lux Cpe	150	300	900	1250	2600	3700
Reg Cpe	150	300	900	1250	2650	3800
4 dr Sed	125	250	750	1150	2500	3600
4 dr Lux Sed	150	300	900	1250	2600	3700
4 dr Reg Sed	150	300	900	1250	2650	3800
Toronado, 122" wb						
2 dr Cpe	200	650	1250	2400	4200	6000

1975
Starfire, 97" wb

	6	5	4	3	2	1
Cpe 'S'	125	200	600	1100	2200	3100
Cpe	125	200	600	1100	2250	3200
Omega, 111" wb						
Cpe	125	200	600	1100	2200	3100
Hatch	125	250	750	1150	2450	3500
4 dr Sed	125	200	600	1100	2250	3200
Omega Salon, 111" wb						
Cpe	125	250	750	1150	2400	3400
Hatch	125	250	750	1150	2500	3600
4 dr Sed	125	250	750	1150	2450	3500
Cutlass, 112" - 116" wb						
Cpe	125	200	600	1100	2300	3300
4 dr Sed	125	200	600	1100	2250	3200
Cpe 'S'	125	200	600	1100	2300	3300
Cutlass Supreme, 112" - 116" wb						
Cpe	125	250	750	1150	2400	3400
4 dr Sed	125	250	750	1150	2450	3500
Cutlass Salon, 112" - 116" wb						
Cpe	125	250	750	1150	2450	3500
4 dr Sed	125	250	750	1150	2500	3600

NOTE: Add 10 percent for 442 option.

Vista Cruiser, 116" wb

	6	5	4	3	2	1
Sta Wag	125	250	750	1150	2400	3400
Delta 88, 124" wb						
Cpe	125	250	750	1150	2450	3500
4 dr Twn Sed	125	200	600	1100	2200	3100
4 dr HdTp	125	250	750	1150	2400	3400
Delta 88 Royale, 124" wb						
Cpe	125	250	750	1150	2500	3600
4 dr Twn Sed	125	200	600	1100	2250	3200
4 dr HdTp	125	250	750	1150	2450	3500
Conv	350	750	1450	3300	4900	7000
Ninety-Eight, 127" wb						
Lux Cpe	150	300	900	1250	2650	3800

	6	**5**	**4**	**3**	**2**	**1**
4 dr Lux Sed	150	300	900	1250	2600	3700
Reg Cpe	150	300	900	1350	2700	3900
4 dr Reg Sed	150	300	900	1250	2650	3800
Toronado, 122" wb						
Cus Cpe	200	650	1250	2400	4200	6000
Brm Cpe	350	700	1350	2800	4550	6500
Custom Cruiser, 127" wb						
Sta Wag	125	250	750	1150	2500	3600

NOTE: Add 20 percent for Hurst/Olds.

1976
Starfire, V-6

	6	**5**	**4**	**3**	**2**	**1**
Spt Cpe	125	200	600	1100	2300	3300
Spt Cpe SX	125	250	750	1150	2400	3400

NOTE: Add 5 percent for V-8.

Omega F-85, V-8

Cpe	125	200	600	1100	2200	3100
Omega, V-8						
4 dr Sed	125	200	600	1100	2250	3200
Cpe	125	200	600	1100	2300	3300
Hatch	125	250	750	1150	2400	3400
Omega Brougham V-8						
4 dr Sed	125	200	600	1100	2300	3300
Cpe	125	250	750	1150	2400	3400
Hatch	125	250	750	1150	2450	3500
Cutlass "S", V-8						
4 dr Sed	125	200	600	1100	2200	3100
Cpe	125	200	600	1100	2250	3200
Cutlass Supreme, V-8						
4 dr Sed	125	200	600	1100	2250	3200
Cpe	125	200	600	1100	2300	3300
Cutlass Salon, V-8						
4 dr Sed	125	250	750	1150	2400	3400
Cpe	125	250	750	1150	2450	3500
Cutlass Supreme Brougham, V-8						
Cpe	125	250	750	1150	2500	3600
Station Wagons, V-8						
2S Cruiser	125	200	600	1100	2300	3300
3S Cruiser	125	250	750	1150	2400	3400
2S Vista Cruiser	125	250	750	1150	2400	3400
3S Vista Cruiser	125	250	750	1150	2450	3500
Delta 88, V-8						
4 dr Sed	125	250	750	1150	2400	3400
2 dr Sed	125	250	750	1150	2450	3500
Delta 88 Royle, V-8						
4 dr Sed	125	250	750	1150	2500	3600
2 dr Sed	150	300	900	1250	2600	3700
Station Wagons, V-8						
2S Cus Cruiser	125	250	750	1150	2400	3400
3S Cus Cruiser	125	250	750	1150	2450	3500
Ninety-Eight, V-8						
4 dr Lux Sed	150	300	900	1250	2650	3800
Lux Cpe	150	300	900	1350	2700	3900
4 dr Regency Sed	150	300	900	1350	2700	3900
Regency Cpe	150	350	950	1350	2800	4000
Toronado, V-8						
Cus Cpe	200	600	1200	2200	3850	5500
Brgm Cpe	200	650	1250	2400	4200	6000

NOTE: Deduct 5 percent for V-6.

1977
Starfire, V-6

Spt Cpe	100	175	525	1050	2050	2900
Spt Cpe SX	125	200	600	1100	2200	3100

NOTE: Add 5 percent for V-8.

Omega F85, V-8

Cpe	100	150	450	1000	1900	2700
Omega, V-8						
4 dr Sed	125	250	750	1150	2400	3400
Cpe	125	250	750	1150	2450	3500
2 dr Hatch	125	250	750	1150	2500	3600
Omega Brougham, V-8						
4 dr Sed	125	250	750	1150	2450	3500
Cpe	125	250	750	1150	2500	3600
2 dr Hatch	150	300	900	1250	2600	3700

NOTE: Deduct 5 percent for V-6.

1977 Oldsmobile Toronado XSR

Cutlass - "S", V-8

	6	5	4	3	2	1
4 dr Sed	125	200	600	1100	2250	3200
2 dr Sed	125	200	600	1100	2300	3300
Cutlass Supreme, V-8						
4 dr Sed	125	250	750	1150	2400	3400
2 dr Sed	125	250	750	1150	2450	3500
Cutlass Salon, V-8						
2 dr	125	250	750	1150	2450	3500
Cutlass Supreme Brougham, V-8						
4 dr Sed	125	250	750	1150	2500	3600
2 dr Sed	150	300	900	1250	2650	3800
Station Wagons, V-8						
3S Cruiser	125	250	750	1150	2450	3500
Delta 88, V-8						
4 dr Sed	125	250	750	1150	2450	3500
Cpe	125	250	750	1150	2500	3600
Delta 88 Royale, V-8						
4 dr Sed	150	300	900	1250	2600	3700
Cpe	150	300	900	1250	2650	3800
Station Wagons, V-8						
2S Cus Cruiser	125	250	750	1150	2500	3600
3S Cus Cruiser	150	300	900	1250	2600	3700
Ninety Eight, V-8						
4 dr Lux Sed	150	300	900	1350	2700	3900
Lux Cpe	150	350	950	1350	2800	4000
4 dr Regency Sed	150	350	950	1350	2800	4000
Regency Cpe	150	350	950	1450	2900	4100
Toronado, V-8						
Cpe	200	500	1100	1900	3500	5000

NOTE: Add 20 percent for XSR model.
Deduct 5 percent for V-6.

1978
Starfire

Cpe	100	175	525	1050	2100	3000
Cpe SX	125	200	600	1100	2250	3200
Omega						
4 dr Sed	125	250	750	1150	2450	3500
Cpe	125	250	750	1150	2500	3600
2 dr Hatch	150	300	900	1250	2600	3700
Omega Brougham						
4 dr Sed	125	250	750	1150	2500	3600
Cpe	150	300	900	1250	2600	3700
Cutlass Salon						
4 dr Sed	125	200	600	1100	2300	3300
Cpe	125	250	750	1150	2400	3400
Cutlass Salon Brougham						
4 dr Sed	125	250	750	1150	2400	3400

	6	5	4	3	2	1
Cpe	125	250	750	1150	2450	3500
Cutlass Supreme						
Cpe	125	250	750	1150	2500	3600
Cutlass Calais						
Cpe	150	300	900	1250	2600	3700
Cutlass Supreme Brougham						
Cpe	150	300	900	1250	2650	3800
Cutlass Cruiser						
2S Sta Wag	125	250	750	1150	2450	3500
Delta 88						
4 dr Sed	125	250	750	1150	2500	3600
Cpe	150	300	900	1250	2600	3700
Delta 88 Royale						
4 dr Sed	150	300	900	1250	2600	3700
Cpe	150	300	900	1250	2650	3800
Custom Cruiser						
Sta Wag	125	250	750	1150	2500	3600
Ninety Eight						
4 dr Lux Sed	150	300	900	1350	2700	3900
Lux Cpe	150	350	950	1350	2800	4000
4 dr Regency Sed	150	350	950	1350	2800	4000
Regency Cpe	150	350	950	1450	2900	4100
Toronado Brougham						
Cpe	200	500	1100	1900	3500	5000

NOTE: Add 20 percent for SXR.

1979
Starfire, 4-cyl.

	6	5	4	3	2	1
Spt Cpe	125	200	600	1100	2200	3100
Spt Cpe SX	125	200	600	1100	2250	3200
Omega, V-8						
Sed	125	250	750	1150	2500	3600
Cpe	150	300	900	1250	2600	3700
Hatch	150	300	900	1250	2650	3800
Omega Brougham, V-8						
Sed	150	300	900	1250	2600	3700
Cpe	150	300	900	1250	2650	3800
Cutlass Salon, V-8						
Sed	125	250	750	1150	2400	3400
Cpe	125	250	750	1150	2450	3500
Cutlass Salon Brougham, V-8						
Sed	125	250	750	1150	2450	3500
Cpe	125	250	750	1150	2500	3600
Cutlass Supreme, V-8						
Cpe	150	300	900	1250	2600	3700
Cutlass Calais, V-8						
Cpe	150	300	900	1250	2650	3800
Cutlass Supreme Brougham, V-8						
Cpe	150	300	900	1350	2700	3900
Cutlass Cruiser, V-8						
Sta Wag	125	250	750	1150	2500	3600
Cutlass Cruiser Brougham, V-8						
Sta Wag	150	300	900	1250	2600	3700
Delta 88, V-8						
Sed	150	300	900	1250	2650	3800
Cpe	150	300	900	1350	2700	3900
Delta 88 Royale, V-8						
Sed	150	300	900	1350	2700	3900
Cpe	150	350	950	1350	2800	4000
Custom Cruiser, V-8						
2S Sta Wag	150	300	900	1350	2700	3900
3S Sta Wag	150	350	950	1350	2800	4000
Ninety Eight						
Lux Sed	150	350	950	1450	2900	4100
Lux Cpe	150	350	950	1450	3000	4200
Regency Sed	150	400	1000	1550	3050	4300
Regency Cpe	150	400	1000	1600	3100	4400
Toronado						
Cpe	200	500	1100	1850	3350	4900

NOTE: Deduct 5 percent for V-6.
        Deduct 10 percent for diesel.

1980
Starfire, 4-cyl.

	6	5	4	3	2	1
2 dr Cpe	150	300	900	1250	2650	3800

	6	5	4	3	2	1
2 dr Cpe SX	150	300	900	1350	2700	3900
Omega, V-6						
4 dr Sed	150	300	900	1250	2650	3800
2 dr Cpe	150	300	900	1350	2700	3900
NOTE: Deduct 10 percent for 4-cyl.						
Omega Brougham, V-6						
4 dr Sed	150	300	900	1350	2700	3900
2 dr Cpe	150	350	950	1350	2800	4000
NOTE: Deduct 10 percent for 4-cyl.						
Cutlass, V-8						
4 dr Sed	125	250	750	1150	2500	3600
NOTE: Deduct 12 percent for V-6.						
Cutlass Salon, V-8						
2 dr Cpe	150	300	900	1350	2700	3900
NOTE: Deduct 12 percent for V-6.						
Cutlass Salon Brougham, V-8						
2 dr Cpe	150	350	950	1350	2800	4000
NOTE: Deduct 12 percent for V-6.						
Cutlass Supreme, V-8						
2 dr Cpe	150	350	950	1450	2900	4100
NOTE: Deduct 12 percent for V-6.						
Cutlass LS, V-8						
4 dr Sed	150	300	900	1250	2600	3700
NOTE: Deduct 12 percent for V-6.						
Cutlass Calais, V-8						
2 dr Cpe	150	350	950	1450	3000	4200
NOTE: Deduct 12 percent for V-6.						
Cutlass Brougham, V-8						
4 dr Sed	150	300	900	1250	2650	3800
2 dr Cpe Supreme	150	350	950	1450	3000	4200
NOTE: Deduct 12 percent for V-6.						
Cutlass Cruiser, V-8						
4 dr Sta Wag	150	300	900	1350	2700	3900
4 dr Sta Wag Brgm	150	350	950	1350	2800	4000
NOTE: Deduct 12 percent for V-6.						
Delta 88, V-8						
4 dr Sed	150	350	950	1450	2900	4100
2 dr Cpe	150	350	950	1450	3000	4200
NOTE: Deduct 12 percent for V-6.						
Delta 88 Royale, V-8						
4 dr Sed	150	350	950	1450	3000	4200
2 dr Cpe	150	400	1000	1550	3050	4300
NOTE: Deduct 12 percent for V-6.						
Delta 88 Royale Brougham, V-8						
4 dr Sed	150	400	1000	1600	3100	4400
2 dr Cpe	150	400	1000	1650	3150	4500
NOTE: Deduct 12 percent for V-6.						
Custom Cruiser, V-8						
4 dr Sta Wag 2S	150	400	1000	1550	3050	4300
4 dr Sta Wag 3S	150	400	1000	1600	3100	4400
Ninety Eight, V-8						
4 dr Sed Lux	150	450	1050	1700	3200	4600
4 dr Sed Regency	200	500	1100	1850	3350	4900
2 dr Cpe Regency	200	500	1100	1950	3600	5100
Toronado Brougham, V-8						
2 dr Cpe	350	700	1350	2700	4500	6400
1981						
Omega, V-6						
4 dr Sed	150	300	900	1350	2700	3900
2 dr Cpe	150	350	950	1350	2800	4000
NOTE: Deduct 10 percent for 4-cyl.						
Omega Brougham, V-6						
4 dr Sed	150	350	950	1350	2800	4000
2 dr Cpe	150	350	950	1450	2900	4100
NOTE: Deduct 10 percent for 4-cyl.						
Cutlass, V-8						
4 dr Sed	150	300	900	1250	2600	3700
NOTE: Deduct 12 percent for V-6.						
Cutlass Supreme, V-8						
2 dr Cpe	150	350	950	1450	3000	4200
NOTE: Deduct 12 percent for V-6.						
Cutlass LS, V-8						
4 dr Sed	150	300	900	1250	2650	3800
NOTE: Deduct 12 percent for V-6.						

Cutlass Calais, V-8

	6	5	4	3	2	1
2 dr Cpe	150	400	1000	1600	3100	4400

NOTE: Deduct 12 percent for V-6.

Cutlass Supreme Brougham, V-8

	6	5	4	3	2	1
2 dr Cpe	150	400	1000	1550	3050	4300

NOTE: Deduct 12 percent for V-6.

Cutlass Brougham, V-8

	6	5	4	3	2	1
4 dr Sed	150	300	900	1350	2700	3900

NOTE: Deduct 12 percent for V-6.

Cutlass Cruiser, V-8

	6	5	4	3	2	1
4 dr Sta Wag	150	300	900	1350	2700	3900
4 dr Sta Wag Brgm	150	350	950	1350	2800	4000

NOTE: Deduct 12 percent for V-6.

Delta 88, V-8

	6	5	4	3	2	1
4 dr Sed	150	350	950	1450	3000	4200
2 dr Cpe	150	400	1000	1550	3050	4300

NOTE: Deduct 12 percent for V-6.

Delta 88 Royale, V-8

	6	5	4	3	2	1
4 dr Sed	150	400	1000	1550	3050	4300
2 dr Cpe	150	400	1000	1600	3100	4400

NOTE: Deduct 12 percent for V-6.

Delta 88 Royale Brougham, V-8

	6	5	4	3	2	1
4 dr Sed	150	400	1000	1650	3150	4500
2 dr Cpe	150	450	1050	1700	3200	4600

Custom Cruiser, V-8

	6	5	4	3	2	1
4 dr Sta Wag 2S	150	400	1000	1600	3100	4400
4 dr Sta Wag 3S	150	400	1000	1650	3150	4500

Ninety Eight, V-8

	6	5	4	3	2	1
4 dr Sed Lux	150	450	1050	1750	3250	4700
4 dr Sed Regency	150	450	1050	1800	3300	4800
2 dr Cpe Regency	200	500	1100	1850	3350	4900

NOTE: Deduct 12 percent for V-6.

Toronado Brougham, V-8

	6	5	4	3	2	1
2 dr Cpe	350	725	1400	3000	4700	6700

NOTE: Deduct 12 percent for V-6.

1982

Firenza, 4-cyl.

	6	5	4	3	2	1
4 dr Sed	150	300	900	1350	2700	3900
2 dr Cpe S	150	300	900	1350	2700	3900
4 dr Sed LX	150	350	950	1350	2800	4000
2 dr Cpe SX	150	350	950	1450	2900	4100

Omega, V-6

	6	5	4	3	2	1
4 dr Sed	150	350	950	1350	2800	4000
2 dr Cpe	150	350	950	1450	2900	4100

NOTE: Deduct 10 percent for 4-cyl.

Omega Brougham, V-6

	6	5	4	3	2	1
4 dr Sed	150	350	950	1450	2900	4100
2 dr Cpe	150	350	950	1450	3000	4200

NOTE: Deduct 10 percent for 4-cyl.

Cutlass Supreme, V-8

	6	5	4	3	2	1
4 dr Sed	150	400	1000	1650	3150	4500
2 dr Cpe	150	450	1050	1700	3200	4600

NOTE: Deduct 12 percent for V-6.

Cutlass Supreme Brougham, V-8

	6	5	4	3	2	1
4 dr Sed	150	450	1050	1700	3200	4600
2 dr Cpe	150	450	1050	1750	3250	4700

NOTE: Deduct 12 percent for V-6.

Cutlass Calais, V-8

	6	5	4	3	2	1
2 dr Cpe	150	450	1050	1800	3300	4800

NOTE: Deduct 12 percent for V-6.

Cutlass Cruiser, V-8

	6	5	4	3	2	1
4 dr Sta Wag	150	450	1050	1750	3250	4700

Cutlass Ciera, V-6

	6	5	4	3	2	1
4 dr Sed	150	400	1000	1650	3150	4500
2 dr Cpe	150	450	1050	1700	3200	4600

NOTE: Deduct 10 percent for 4-cyl.

Cutlass Ciera LS, V-6

	6	5	4	3	2	1
4 dr Sed	150	450	1050	1700	3200	4600
2 dr Cpe	150	450	1050	1750	3250	4700

NOTE: Deduct 10 percent for 4-cyl.

Cutlass Ciera Brougham, V-6

	6	5	4	3	2	1
4 dr Sed	150	450	1050	1750	3250	4700

	6	5	4	3	2	1
2 dr Cpe	150	450	1050	1800	3300	4800

NOTE: Deduct 10 percent for 4-cyl.

Delta 88, V-8

	6	5	4	3	2	1
4 dr Sed	150	400	1000	1650	3150	4500

NOTE: Deduct 12 percent for V-6.

Delta 88 Royale, V-8

	6	5	4	3	2	1
4 dr Sed	150	450	1050	1800	3300	4800
2 dr Cpe	200	500	1100	1850	3350	4900

NOTE: Deduct 12 percent for V-6.

Delta 88 Royale Brougham, V-8

	6	5	4	3	2	1
4 dr Sed	200	500	1100	1850	3350	4900
2 dr Cpe	200	500	1100	1900	3500	5000

NOTE: Deduct 12 percent for V-6.

Custom Cruiser, V-8

	6	5	4	3	2	1
4 dr Sta Wag	200	500	1100	1850	3350	4900

Ninety Eight Regency, V-8

	6	5	4	3	2	1
4 dr Sed	200	500	1100	1950	3600	5100
2 dr Cpe	200	550	1150	2000	3600	5200
4 dr Sed Brgm	200	550	1150	2000	3600	5200

NOTE: Deduct 12 percent for V-6.

Toronado Brougham, V-8

	6	5	4	3	2	1
2 dr Cpe	350	725	1400	3100	4800	6800

NOTE: Deduct 12 percent for V-6.

1983

Firenza, 4-cyl.

	6	5	4	3	2	1
4 dr Sed	150	350	950	1350	2800	4000
2 dr Cpe S	150	350	950	1350	2800	4000
4 dr Sed LX	150	350	950	1450	2900	4100
2 dr Cpe SX	150	350	950	1450	3000	4200
4 dr Sta Wag	150	350	950	1450	3000	4200
4 dr Sta Wag LX	150	400	1000	1550	3050	4300

Omega, V-6

	6	5	4	3	2	1
4 dr Sed	150	350	950	1450	2900	4100
2 dr Cpe	150	350	950	1450	3000	4200

NOTE: Deduct 10 percent for 4-cyl.

Omega Brougham, V-6

	6	5	4	3	2	1
4 dr Sed	150	350	950	1450	3000	4200
2 dr Cpe	150	400	1000	1550	3050	4300

NOTE: Deduct 10 percent for 4-cyl.

Cutlass Supreme, V-8

	6	5	4	3	2	1
4 dr Sed	150	450	1050	1700	3200	4600
2 dr Cpe	150	450	1050	1750	3250	4700

NOTE: Deduct 12 percent for V-6.

Cutlass Supreme Brougham, V-8

	6	5	4	3	2	1
4 dr Sed	150	450	1050	1750	3250	4700
2 dr Cpe	150	450	1050	1800	3300	4800

NOTE: Deduct 12 percent for V-6.

Cutlass Calais, V-8

	6	5	4	3	2	1
2 dr Cpe	200	500	1100	1850	3350	4900

NOTE: Deduct 12 percent for V-6.

Cutlass Cruiser, V-8

	6	5	4	3	2	1
4 dr Sta Wag	150	450	1050	1800	3300	4800

NOTE: Deduct 12 percent for V-6.

Cutlass Ciera, V-6

	6	5	4	3	2	1
4 dr Sed	150	450	1050	1700	3200	4600
2 dr Cpe	150	450	1050	1750	3250	4700

NOTE: Deduct 10 percent for 4-cyl.

Cutlass Ciera Brougham, V-6

	6	5	4	3	2	1
4 dr Sed	150	450	1050	1750	3250	4700
2 dr Cpe	150	450	1050	1800	3300	4800

NOTE: Deduct 10 percent for 4-cyl.

Delta 88, V-8

	6	5	4	3	2	1
4 dr Sed	150	450	1050	1800	3300	4800

NOTE: Deduct 12 percent for V-6.

Delta 88 Royale, V-8

	6	5	4	3	2	1
4 dr Sed	200	500	1100	1850	3350	4900
2 dr Cpe	200	500	1100	1900	3500	5000

NOTE: Deduct 12 percent for V-6.

Delta 88 Royale Brougham, V-8

	6	5	4	3	2	1
4 dr Sed	200	500	1100	1950	3600	5100
2 dr Cpe	200	550	1150	2000	3600	5200

NOTE: Deduct 12 percent for V-6.

Custom Cruiser, V-8

	6	5	4	3	2	1
4 dr Sta Wag	200	500	1100	1950	3600	5100

Ninety Eight Regency, V-8

	6	5	4	3	2	1
4 dr Sed	200	550	1150	2100	3700	5300
2 dr Cpe	200	600	1200	2200	3850	5500
4 dr Sed Brgm	200	550	1150	2100	3800	5400

NOTE: Deduct 13 percent for V-6.

Toronado Brougham, V-8

	6	5	4	3	2	1
2 dr Cpe	350	725	1400	3200	4850	6900

NOTE: Deduct 13 percent for V-6.

PACKARD

1899
Model A, 1-cyl.
Rds — value not estimable

1900
Model B, 1-cyl.
Rds — value not estimable

1901
Model C, 1-cyl.
Rds — value not estimable

1902-03
Model F, 4-cyl.

	6	5	4	3	2	1
Tr	2000	9000	18,000	30,000	42,000	60,000

1904
Model L, 4-cyl.

Tr	1500	7500	15,000	25,000	35,000	50,000

Model M, 4-cyl.

Tr	1500	7500	15,000	25,000	35,000	50,000

1905
Model N, 4-cyl.

Tr	1500	6000	12,000	20,000	28,000	40,000

1906
Model S, 4-cyl., 24 hp

Tr	1500	6000	12,000	20,000	28,000	40,000

1907
Model U, 4-cyl., 30 hp

Tr	1500	6750	13,500	22,500	31,500	45,000

1908
Model UA, 4-cyl., 30 hp

Tr	1500	7500	15,000	25,000	35,000	50,000
Rds	1500	6600	13,200	22,000	30,800	44,000

1909
Model UB UBS, 4-cyl., 30 hp

Tr	2000	8250	16,500	27,500	38,500	55,000
Rbt	1500	6450	12,900	21,500	30,100	43,000

Model NA, 4-cyl., 18 hp

Tr	1500	6000	12,000	20,000	28,000	40,000

1910-11
Model UC UCS, 4-cyl., 30 hp

Tr	2000	8250	16,500	27,500	38,500	55,000
Rbt	1500	6450	12,900	21,500	30,100	43,000

Model NB, 4-cyl., 18 hp

Tr	1500	6000	12,000	20,000	28,000	40,000

1912
Model NE, 4-cyl., 18 hp

Tr	1500	6000	12,000	20,000	28,000	40,000
Rbt	1500	6150	12,300	20,500	28,700	41,000
Cpe	800	3750	7500	12,500	17,500	25,000
Limo	1200	4800	9600	16,000	22,400	32,000
Imp Limo	1200	5250	10,500	17,500	24,500	35,000

1911-12
Model UE, 4-cyl., 30 hp

Tr	2000	9000	18,000	30,000	42,000	60,000
Phae	2000	9300	18,600	31,000	43,400	62,000
Rbt	2000	9600	19,200	32,000	44,800	64,000
Cpe	800	4350	8700	14,500	20,300	29,000
Brgm	800	4050	8100	13,500	18,900	27,000
Limo	1200	4500	9000	15,000	21,000	30,000

	6	5	4	3	2	1
Imp Limo	1200	5100	10,200	17,000	23,800	34,000

1912
Model 12-48, 6-cyl., 36 hp

	6	5	4	3	2	1
Tr	2000	11,400	22,800	38,000	56,000	76,000
Phae	2000	10,500	21,000	35,000	49,000	70,000
Rbt	2000	9900	19,800	33,000	46,200	66,000
Cpe	1200	5250	10,500	17,500	24,500	35,000
Brgm	1200	4800	9600	16,000	22,400	32,000
Limo	1200	5700	11,400	19,000	26,600	38,000
Imp Limo	1500	6000	12,000	20,000	28,000	40,000

1913 Packard, Model 48 touring, 6-cyl.

Model 1-38, 6-cyl., 38 hp

	6	5	4	3	2	1
Tr	2000	8250	16,500	27,500	38,500	55,000
Phae	2000	8400	16,800	28,000	39,200	56,000
4P Phae	2000	8550	17,100	28,500	39,900	57,000
Rbt	1500	6750	13,500	22,500	31,500	45,000
Cpe	1200	4800	9600	16,000	22,400	32,000
Imp Cpe	1200	4950	9900	16,500	23,100	33,000
Lan'let	1200	4800	9600	16,000	22,400	32,000
Imp Lan'let	1200	4950	9900	16,500	23,100	33,000
Limo	1200	5250	10,500	17,500	24,500	35,000
Imp Limo	1200	5550	11,100	18,500	25,900	37,000

1913
Model 13-48, 6-cyl.

	6	5	4	3	2	1
Tr	2000	8250	16,500	27,500	38,500	55,000

1914
Model 2-38, 6-cyl.

	6	5	4	3	2	1
Tr	1500	7050	14,100	23,500	32,900	47,000
Sal Tr	1500	7050	14,100	23,500	32,900	47,000
Spec Tr	1500	6750	13,500	22,500	31,500	45,000
Phae	1500	7050	14,100	23,500	32,900	47,000
4P Phae	1500	7800	15,600	26,000	36,400	52,000
Cpe	1500	6000	12,000	20,000	28,000	40,000
Brgm	1200	5250	10,500	17,500	24,500	35,000
4P Brgm	1200	5250	10,500	17,500	24,500	35,000

2-38

	6	5	4	3	2	1
Lan'let	1200	5400	10,800	18,000	25,200	36,000
Cabr Lan'let	1500	6000	12,000	20,000	28,000	40,000
Limo	1200	5250	10,500	17,500	24,500	35,000
Cabr Limo	1200	5850	11,700	19,500	27,300	39,000
Imp Limo	1500	6000	12,000	20,000	28,000	40,000
Sal Limo	1500	6000	12,000	20,000	28,000	40,000

Model 14-48, 6-cyl.

	6	5	4	3	2	1
Tr	1500	6750	13,500	22,500	31,500	45,000

1915
Model 3-38, 6-cyl.

	6	5	4	3	2	1
Tr	1200	5700	11,400	19,000	26,600	38,000
Sal Tr	1200	5700	11,400	19,000	26,600	38,000
Spec Tr	1200	5400	10,800	18,000	25,200	36,000
Phae	1200	5550	11,100	18,500	25,900	37,000
4P Phae	1200	5850	11,700	19,500	27,300	39,000
3-38 (38 hp)						
Brgm	800	4350	8700	14,500	20,300	29,000
4P Brgm	800	4200	8400	14,000	19,600	28,000
Cpe	1200	4500	9000	15,000	21,000	30,000
Lan'let	1200	4800	9600	16,000	22,400	32,000
Cabr Lan'let	1200	5400	10,800	18,000	25,200	36,000
Limo	1200	5250	10,500	17,500	24,500	35,000
Limo Cabr	1200	5700	11,400	19,000	26,600	38,000
Imp Limo	1200	5400	10,800	18,000	25,200	36,000
Sal Limo	1200	5400	10,800	18,000	25,200	36,000

1914
Model 4-48, 6-cyl., 48 hp

Tr	1200	5850	11,700	19,500	27,300	39,000
Sal Tr	1200	5850	11,700	19,500	27,300	39,000
Phae	1500	6450	12,900	21,500	30,100	43,000
4P Phae	1500	6600	13,200	22,000	30,800	44,000
Cpe	1200	5100	10,200	17,000	23,800	34,000
Brgm	1200	4950	9900	16,500	23,100	33,000
Sal Brgm	1200	4950	9900	16,500	23,100	33,000
Lan'let	1200	5100	10,200	17,000	23,800	34,000
Cabr Lan'let	1200	5550	11,100	18,500	25,900	37,000
Limo	1200	5250	10,500	17,500	24,500	35,000
Imp Limo	1200	5400	10,800	18,000	25,200	36,000
Sal Limo	1200	5400	10,800	18,000	25,200	36,000

1915
Model 5-48, 6-cyl., 48 hp

Tr	1200	5850	11,700	19,500	27,300	39,000
Sal Tr	1200	5850	11,700	19,500	27,300	39,000
Phae	1500	6000	12,000	20,000	28,000	40,000
4P Phae	1500	6150	12,300	20,500	28,700	41,000
Rbt	1500	6750	13,500	22,500	31,500	45,000
Cpe	800	4050	8100	13,500	18,900	27,000
Brgm	800	3600	7200	12,000	16,800	24,000
Sal Brgm	800	3600	7200	12,000	16,800	24,000
Lan'let	1500	6900	13,800	23,000	32,200	46,000
Cabr Lan'let	1500	7200	14,400	24,000	33,600	48,000
Limo	1500	6750	13,500	22,500	31,500	45,000
Cabr Limo	1500	7350	14,700	24,500	34,300	49,000
Imp Limo	1500	7500	15,000	25,000	35,000	50,000

1916
Twin Six, 12-cyl., 125" wb

Tr	1500	6150	12,300	20,500	28,700	41,000
Sal Tr	1500	6150	12,300	20,500	28,700	41,000
Phae	1500	6450	12,900	21,500	30,100	43,000
Sal Phae	1500	6600	13,200	22,000	30,800	44,000
Rbt	1500	6300	12,600	21,000	29,400	42,000
Brgm	800	4350	8700	14,500	20,300	29,000
Cpe	1200	4650	9300	15,500	21,700	31,000
Lan'let	1200	4950	9900	16,500	23,100	33,000
Limo	1200	5100	10,200	17,000	23,800	34,000
Twin Six, 12-cyl., 135" wb						
Tr	1500	6300	12,600	21,000	29,400	42,000
Sal Tr	1500	6300	12,600	21,000	29,400	42,000
Phae	1500	6600	13,200	22,000	30,800	44,000
Sal Phae	1500	6750	13,500	22,500	31,500	45,000
Brgm	1200	4500	9000	15,000	21,000	30,000
Lan'let	1200	5100	10,200	17,000	23,800	34,000
Sal Lan'let	1200	5250	10,500	17,500	24,500	35,000
Cabr Lan'let	1200	5550	11,100	18,500	25,900	37,000
Limo	1200	5250	10,500	17,500	24,500	35,000
Cabr Limo	1200	5700	11,400	19,000	26,600	38,000
Imp Limo	1200	5850	11,700	19,500	27,300	39,000

1917 Series II
Twin Six, 12-cyl., 126" wb

Tr	1500	6150	12,300	20,500	28,700	41,000
Phae	1500	6300	12,600	21,000	29,400	42,000

	6	5	4	3	2	1
Sal Phae	1500	6450	12,900	21,500	30,100	43,000
2P Rbt	1500	6000	12,000	20,000	28,000	40,000
4P Rbt	1500	6150	12,300	20,500	28,700	41,000
Brgm	800	3600	7200	12,000	16,800	24,000
Cpe	800	3900	7800	13,000	18,200	26,000
Lan'let	1200	4950	9900	16,500	23,100	33,000
Limo	1200	5100	10,200	17,000	23,800	34,000
Twin Six, 12-cyl., 135" wb						
Tr	1500	6300	12,600	21,000	29,400	42,000
Sal Tr	1500	6450	12,900	21,500	30,100	43,000
Phae	1500	6600	13,200	22,000	30,800	44,000
Sal Phae	1500	6750	13,500	22,500	31,500	45,000
Brgm	800	3750	7500	12,500	17,500	25,000
Lan'let	1200	5100	10,200	17,000	23,800	34,000
Cabr Lan'let	1200	5550	11,100	18,500	25,900	37,000
Limo	1200	5400	10,800	18,000	25,200	36,000
Cabr Limo	1200	5550	11,100	18,500	25,900	37,000
Imp Limo	1200	5700	11,400	19,000	26,600	38,000
1918-1919-1920						
Twin Six, 12-cyl., 128" wb						
Tr	1200	5850	11,700	19,500	27,300	39,000
Sal Tr	1500	6000	12,000	20,000	28,000	40,000
Phae	1500	6300	12,600	21,000	29,400	42,000
Sal Phae	1500	6600	13,200	22,000	30,800	44,000
Rbt	1500	6450	12,900	21,500	30,100	43,000
2 dr Brgm	800	3900	7800	13,000	18,200	26,000
Cpe	800	4200	8400	14,000	19,600	28,000
Lan'let	1200	5550	11,100	18,500	25,900	37,000
Limo	1200	5850	11,700	19,500	27,300	39,000
Twin Six, 12-cyl., 136" wb						
Tr	1500	6150	12,300	20,500	28,700	41,000
Sal Tr	1500	6300	12,600	21,000	29,400	42,000
Brgm	800	4200	8400	14,000	19,600	28,000
Lan'let	1200	5850	11,700	19,500	27,300	39,000
Limo	1500	6000	12,000	20,000	28,000	40,000
Imp Limo	1500	6300	12,600	21,000	29,400	42,000
1921-1922						
Single Six (1st Series), 116" wb						
5P Tr	800	4350	8700	14,500	20,300	29,000
Rbt	800	4200	8400	14,000	19,600	28,000
7P Tr	1200	4500	9000	15,000	21,000	30,000
Cpe	800	3600	7200	12,000	16,800	24,000
Sed	800	3300	6600	11,000	15,400	22,000
Single Six, 6-cyl., 126" wb						
Rbt	1200	4650	9300	15,500	21,700	31,000
Rds	1200	4950	9900	16,500	23,100	33,000
Tr	1200	4800	9600	16,000	22,400	32,000
Cpe	800	3750	7500	12,500	17,500	25,000
5P Cpe	800	3600	7200	12,000	16,800	24,000
Sed	800	3400	6900	11,500	16,100	23,000
Limo Sed	800	3900	7800	13,000	18,200	26,000
Single Six, 6-cyl., 133" wb						
Tr	1200	5250	10,500	17,500	24,500	35,000
Sed	800	3750	7500	12,500	17,500	25,000
Limo	800	4200	8400	14,000	19,600	28,000
Single Eight, 8-cyl., 136" wb						
Rbt	1200	5250	10,500	17,500	24,500	35,000
Spt Rds	1200	5550	11,100	18,500	25,900	37,000
Cpe	800	4050	8100	13,500	18,900	27,000
5P Cpe	800	3900	7800	13,000	18,200	26,000
Sed	800	3600	7200	12,000	16,800	24,000
Sed Limo	800	4050	8100	13,500	18,900	27,000
Single Eight, 8-cyl., 143" wb						
Tr	1200	5100	10,200	17,000	23,800	34,000
Sed	800	3750	7500	12,500	17,500	25,000
Sed Limo	800	4200	8400	14,000	19,600	28,000
Rds	1200	5550	11,100	18,500	25,900	37,000
1923-24						
Single Six, 6-cyl., 126" wb						
Rbt	1200	4800	9600	16,000	22,400	32,000
Spt Rds	1200	5100	10,200	17,000	23,800	34,000
Tr	1200	4950	9900	16,500	23,100	33,000
Sed	800	3600	7200	12,000	16,800	24,000

	6	5	4	3	2	1
Tr Sed	800	3750	7500	12,500	17,500	25,000
Limo Sed	800	4200	8400	14,000	19,600	28,000
Single Six, 6-cyl., 133" wb						
Tr	1200	5250	10,500	17,500	24,500	35,000
Sed	800	3750	7500	12,500	17,500	25,000
Sed Limo	800	4350	8700	14,500	20,300	29,000
Single Eight, 8-cyl., 136" wb						
Tr	1500	6000	12,000	20,000	28,000	40,000
Rbt	1500	6300	12,600	21,000	29,400	42,000
Spt Rds	1500	6750	13,500	22,500	31,500	45,000
Cpe	800	4200	8400	14,000	19,600	28,000
5P Cpe	800	4050	8100	13,500	18,900	27,000
Sed	800	3900	7800	13,000	18,200	26,000
Sed Limo	1200	4500	9000	15,000	21,000	30,000
Single Eight, 8-cyl., 143" wb						
Tr	1500	6300	12,600	21,000	29,400	42,000
Sed	800	4050	8100	13,500	18,900	27,000
Clb Sed	800	4200	8400	14,000	19,600	28,000
Sed Limo	1200	4650	9300	15,500	21,700	31,000
1925-26						
Single Six (3rd Series), 6-cyl., 126" wb						
Rbt	1200	5100	10,200	17,000	23,800	34,000
Spt Rds	1200	5550	11,100	18,500	25,900	37,000
Phae	1200	5700	11,400	19,000	26,600	38,000
2P Cpe	800	3900	7800	13,000	18,200	26,000
Cpe	800	3750	7500	12,500	17,500	25,000
5P Cpe	800	3600	7200	12,000	16,800	24,000
Sed	800	3300	6600	11,000	15,400	22,000
Sed Limo	800	4050	8100	13,500	18,900	27,000
Single Six (3rd Series), 6-cyl., 133" wb						
Tr	1200	4800	9600	16,000	22,400	32,000
Sed	800	3400	6900	11,500	16,100	23,000
Clb Sed	800	3600	7200	12,000	16,800	24,000
Sed Limo	800	4200	8400	14,000	19,600	28,000
1927						
Single Six (4th Series), 6-cyl., 126" wb						
Rds	1200	5400	10,800	18,000	25,200	36,000
Phae	1200	5550	11,100	18,500	25,900	37,000
Sed	800	3600	7200	12,000	16,800	24,000
Single Six (4th Series), 6-cyl., 133" wb						
Tr	1200	5550	11,100	18,500	25,900	37,000
Cpe	800	3900	7800	13,000	18,200	26,000
Sed	800	3750	7500	12,500	17,500	25,000
Clb Sed	800	3900	7800	13,000	18,200	26,000
Sed Limo	800	4350	8700	14,500	20,300	29,000
Single Eight (3rd Series), 8-cyl., 136" wb						
Rbt	1500	6600	13,200	22,000	30,800	44,000
Phae	1500	6450	12,900	21,500	30,100	43,000
Sed	800	3600	7200	12,000	16,800	24,000
Single Eight (3rd Series), 8-cyl., 143" wb						
Tr	1500	6900	13,800	23,000	32,200	46,000
Cpe	800	4200	8400	14,000	19,600	28,000
Sed	800	3750	7500	12,500	17,500	25,000
Clb Sed	800	3900	7800	13,000	18,200	26,000
Sed Limo	800	4350	8700	14,500	20,300	29,000
1928						
Single Six (5th Series), 6-cyl., 126" wb						
Phae	1500	6750	13,500	22,500	31,500	45,000
Rbt	1500	6600	13,200	22,000	30,800	44,000
Conv	1500	6000	12,000	20,000	28,000	40,000
RS Cpe	800	4350	8700	14,500	20,300	29,000
Sed	800	4050	8100	13,500	18,900	27,000
Single Six (5th Series), 6-cyl., 133" wb						
Phae	1500	7500	15,000	25,000	35,000	50,000
7P Tr	1500	7800	15,600	26,000	36,400	52,000
Rbt	1500	7350	14,700	24,500	34,300	49,000
Sed	800	4200	8400	14,000	19,600	28,000
Clb Sed	800	4350	8700	14,500	20,300	29,000
Sed Limo	1200	4500	9000	15,000	21,000	30,000
Standard, Single Eight (4th Series), 8-cyl., 143" wb						
Rds	2000	8250	16,500	27,500	38,500	55,000
Phae	2000	8550	17,100	28,500	39,900	57,000
Conv	1500	7350	14,700	24,500	34,300	49,000

1928 Packard Roadster

	6	5	4	3	2	1
7P Tr	2000	8400	16,800	28,000	39,200	56,000
4P Cpe	800	4200	8400	14,000	19,600	28,000
4P Cpe	800	4350	8700	14,500	20,300	29,000
5P Cpe	1200	4500	9000	15,000	21,000	30,000
Sed	800	4050	8100	13,500	18,900	27,000
Clb Sed	800	4200	8400	14,000	19,600	28,000
Sed Limo	1200	4500	9000	15,000	21,000	30,000
Custom, Single Eight (4th Series), 8-cyl., 143" wb						
7P Tr	2000	8550	17,100	28,500	39,900	57,000
Phae	2000	9900	19,800	33,000	46,200	66,000
Rbt	2000	9000	18,000	30,000	42,000	60,000
Conv Cpe	2000	8250	16,500	27,500	38,500	55,000
RS Cpe	1200	4500	9000	15,000	21,000	30,000
7P Sed	800	4350	8700	14,500	20,300	29,000
Sed	800	4200	8400	14,000	19,600	28,000
Sed Limo	1200	4650	9300	15,500	21,700	31,000
1929						
Model 626, Standard Eight (6th Series), 8-cyl.						
Conv	2000	8250	16,500	27,500	38,500	55,000
Cpe	1200	5250	10,500	17,500	24,500	35,000
Sed	1200	4500	9000	15,000	21,000	30,000
Model 633, Standard Eight (6th Series), 8-cyl.						
Phae	2000	11,400	22,800	38,000	56,000	76,000
Rbt	3500	12,000	24,000	40,000	60,000	80,000
7P Tr	2000	9900	19,800	33,000	46,200	66,000
Cpe	1500	6750	13,500	22,500	31,500	45,000
Sed	1200	4800	9600	16,000	22,400	32,000
Clb Sed	1200	4950	9900	16,500	23,100	33,000
Limo Sed	1200	5850	11,700	19,500	27,300	39,000
Model 626, Speedster Eight (6th Series), 8-cyl.						
Phae	10,000	50,000	88,000	138,000	175,000	250,000
Rds	10,000	55,000	97,000	152,000	193,000	275,000
Model 640, Custom Eight (6th Series), 8-cyl.						
DC Phae	5000	27,900	51,000	79,000	106,000	136,000
7P Tr	5000	24,100	42,000	68,000	98,000	126,000
Rds	5000	25,500	45,000	73,000	100,000	130,000
Conv	3500	12,000	24,000	40,000	60,000	80,000
RS Cpe	2000	8250	16,500	27,500	38,500	55,000
4P Cpe	1500	7500	15,000	25,000	35,000	50,000
Sed	1200	5100	10,200	17,000	23,800	34,000
Clb Sed	1200	5250	10,500	17,500	24,500	35,000
Limo	1200	5700	11,400	19,000	26,600	38,000
Model 645, DeLuxe Eight (6th Series), 8-cyl.						
Phae	6000	31,100	58,000	88,000	114,000	150,000
Spt Phae	6000	31,900	59,000	90,000	116,000	155,000
7P Tr	5000	27,900	51,000	79,000	106,000	136,000
Rds	6000	30,300	57,000	86,000	112,000	145,000
RS Cpe	2000	9000	18,000	30,000	42,000	60,000

	6	5	4	3	2	1
5P Cpe	2000	8250	16,500	27,500	38,500	55,000
Sed	1500	6750	13,500	22,500	31,500	45,000
Clb Sed	1500	7050	14,100	23,500	32,900	47,000
Limo	1500	7650	15,300	25,500	35,700	51,000

1930
Model 726, Standard 8 (7th Series), 8-cyl.

	6	5	4	3	2	1
Sed	1200	5250	10,500	17,500	24,500	35,000

Model 733, Standard 8 (7th Series), 8-cyl., 134" wb

	6	5	4	3	2	1
Phae	5000	24,800	44,000	70,000	99,000	128,000
Spt Phae	5000	25,500	45,000	73,000	100,000	130,000
Rds	5000	25,500	45,000	73,000	100,000	130,000
7P Tr	5000	24,100	42,000	68,000	98,000	126,000
RS Cpe	2000	9000	18,000	30,000	42,000	60,000
4P Cpe	1500	6000	12,000	20,000	28,000	40,000
Conv	3500	15,000	30,000	50,000	80,000	100,000
Sed	1500	6300	12,600	21,000	29,400	42,000
Clb Sed	1500	6600	13,200	22,000	30,800	44,000
Limo Sed	1500	7200	14,400	24,000	33,600	48,000

Model 734, Speedster Eight (7th Series), 8-cyl.

	6	5	4	3	2	1
Boat	10,000	55,000	97,000	152,000	193,000	275,000
RS Rds	10,000	50,000	88,000	138,000	175,000	250,000
Phae	10,000	51,000	90,000	141,000	179,000	255,000
Vic	3500	18,500	33,000	55,000	88,000	110,000
Sed	3500	14,400	28,800	48,000	76,000	96,000

Model 740, Custom Eight (7th Series), 8-cyl.

	6	5	4	3	2	1
Phae	6000	30,300	57,000	86,000	112,000	145,000
Spt Phae	6000	31,100	58,000	88,000	114,000	150,000
7P Tr	6000	30,300	57,000	86,000	112,000	145,000
Rds	6000	35,100	63,000	98,000	124,000	175,000
Conv	5000	27,900	51,000	79,000	106,000	136,000
RS Cpe	2000	10,500	21,000	35,000	49,000	70,000
5P Cpe	2000	8250	16,500	27,500	38,500	55,000
Sed	1500	7950	15,900	26,500	37,100	53,000
7P Sed	2000	8100	16,200	27,000	37,800	54,000
Clb Sed	2000	8250	16,500	27,500	38,500	55,000
Limo	2000	8850	17,700	29,500	41,300	59,000

Model 745, DeLuxe Eight (7th Series)

	6	5	4	3	2	1
Phae	10,000	50,000	88,000	138,000	175,000	250,000
Spt Phae	10,000	51,000	90,000	141,000	179,000	255,000
Rds	8000	49,000	86,000	135,000	172,000	245,000
Conv	8000	48,000	84,000	132,000	168,000	240,000
7P Tr	8000	47,000	83,000	130,000	165,000	235,000
RS Cpe	2000	11,400	22,800	38,000	56,000	76,000
5P Cpe	2000	10,500	21,000	35,000	49,000	70,000
Sed	2000	9000	18,000	30,000	42,000	60,000
7P Sed	2000	9300	18,600	31,000	43,400	62,000
Clb Sed	2000	9600	19,200	32,000	44,800	64,000
Limo	2000	10,800	21,600	36,000	50,500	72,000

1931
Model 826, Standard Eight (8th Series)

	6	5	4	3	2	1
Sed	1500	7500	15,000	25,000	35,000	50,000

Model 833, Standard Eight (8th Series)

	6	5	4	3	2	1
Phae	5000	25,500	45,000	73,000	100,000	130,000
Spt Phae	5000	26,300	47,000	75,000	102,000	132,000
7P Tr	5000	24,100	42,000	68,000	98,000	126,000
Conv Sed	5000	27,900	51,000	79,000	106,000	136,000
Rds	5000	25,500	45,000	73,000	100,000	130,000
Conv	3500	17,100	31,800	53,000	85,000	106,000
RS Cpe	2000	9300	18,600	31,000	43,400	62,000
5P Cpe	2000	8700	17,400	29,000	40,600	58,000
7P Sed	1500	6750	13,500	22,500	31,500	45,000
Clb Sed	1500	6900	13,800	23,000	32,200	46,000

NOTE: Add 45 percent for 845 models.

Model 840, Custom

	6	5	4	3	2	1
A-W Cabr	6000	32,700	60,000	92,000	118,000	160,000
A-W Spt Cabr	6000	33,500	61,000	94,000	120,000	165,000
A-W Lan'let	6000	34,300	62,000	96,000	122,000	170,000
A-W Spt Lan'let	6000	35,100	63,000	98,000	124,000	175,000
Dtrch Cv Sed	6000	37,000	65,000	102,000	130,000	185,000
Limo Cabr	6000	37,000	65,000	102,000	130,000	185,000
A-W Twn Car	6000	35,900	64,000	100,000	126,000	180,000
Dtrch Cv Vic	8000	40,000	70,000	110,000	140,000	200,000
Conv	8000	41,000	72,000	113,000	144,000	205,000
Spt Phae	8000	47,000	83,000	130,000	165,000	235,000

	6	5	4	3	2	1
Phae	8000	46,000	81,000	127,000	161,000	230,000
Rds	8000	45,000	79,000	124,000	158,000	225,000
Tr	8000	42,000	74,000	116,000	147,000	210,000
Rs Cpe	2000	11,400	22,800	38,000	56,000	76,000
5P Cpe	2000	9000	18,000	30,000	42,000	60,000
Sed	2000	8250	16,500	27,500	38,500	55,000
Clb Sed	2000	8700	17,400	29,000	40,600	58,000
Model 840, Individual Custom						
A-W Cabr	10,000	50,000	88,000	138,000	175,000	250,000
A-W Spt Cabr	10,000	51,000	90,000	141,000	179,000	255,000
A-W Lan'let	8000	43,000	76,000	119,000	151,000	215,000
A-W Spt Lan'let	8000	44,000	77,000	121,000	154,000	220,000
Dtrch Conv Sed	10,000	50,000	88,000	138,000	175,000	250,000
Cabr Sed Limo	8000	44,000	77,000	121,000	154,000	220,000
A-W Twn Car	8000	49,000	86,000	135,000	172,000	245,000
Lan'let Twn Car	8000	41,000	72,000	113,000	144,000	205,000
Conv Vic	10,000	51,000	90,000	141,000	179,000	255,000
Sed	2000	10,500	21,000	35,000	49,000	70,000
Sed Limo	2000	11,400	22,800	38,000	56,000	76,000
1932						
Model 900, Light Eight (9th Series)						
Rds	2000	9900	19,800	33,000	46,200	66,000
Cpe	1200	5400	10,800	18,000	25,200	36,000
Cpe Sed	1200	5100	10,200	17,000	23,800	34,000
Sed	1200	4950	9900	16,500	23,100	33,000
Model 901 Standard Eight (9th Series) 129" wb						
Sed	1200	4800	9600	16,000	22,400	32,000
Model 902 Standard Eight (9th Series) 136" wb						
Rds	5000	20,600	34,800	58,000	91,000	116,000
Phae	5000	27,100	49,000	77,000	104,000	134,000
Spt Phae	5000	27,900	51,000	79,000	106,000	136,000
RS Cpe	2000	8250	16,500	27,500	38,500	55,000
5P Cpe	1500	7500	15,000	25,000	35,000	50,000
Sed	1200	5400	10,800	18,000	25,200	36,000
7P Sed	1200	5550	11,100	18,500	25,900	37,000
Clb Sed	1200	5700	11,400	19,000	26,600	38,000
Limo	1500	6000	12,000	20,000	28,000	40,000
Tr	5000	26,300	47,000	75,000	102,000	132,000
Conv Sed	5000	28,700	53,000	81,000	108,000	138,000
Conv Vic	5000	29,500	55,000	84,000	110,000	140,000
Model 903, DeLuxe Eight, 142" wb						
Conv	5000	29,500	55,000	84,000	110,000	140,000
Phae	6000	30,300	57,000	86,000	112,000	145,000
Spt Phae	6000	31,100	58,000	88,000	114,000	150,000
Conv Sed	6000	31,100	58,000	88,000	114,000	150,000
Conv Vic	6000	31,900	59,000	90,000	116,000	155,000
7P Tr	5000	22,000	36,000	60,000	93,000	120,000
RS Cpe	2000	10,500	21,000	35,000	49,000	70,000
5P Cpe	2000	9900	19,800	33,000	46,200	66,000
Sed	1500	7050	14,100	23,500	32,900	47,000
Clb Sed	1500	7350	14,700	24,500	34,300	49,000
Model 904, DeLuxe Eight, 147" wb						
Sed	2000	9900	19,800	33,000	46,200	66,000
Limo	2000	11,400	22,800	38,000	56,000	76,000
Model 904, Individual Custom, 147" wb						
Dtrch Conv Cpe	10,000	52,000	91,000	143,000	182,000	260,000
Dtrch Cpe	6000	38,000	67,000	105,000	133,000	190,000
Cabr	10,000	51,000	90,000	141,000	179,000	255,000
Spt Cabr	10,000	52,000	91,000	143,000	182,000	260,000
A-W Brgm	10,000	53,000	93,000	146,000	186,000	265,000
Dtrch Spt Phae	10,000	56,000	98,000	154,000	196,000	280,000
Dtrch Conv Sed	10,000	56,000	98,000	154,000	196,000	280,000
Spt Sed	6000	35,100	63,000	98,000	124,000	175,000
Limo Cabr	10,000	57,000	100,000	157,000	200,000	285,000
Dtrch Limo	6000	39,000	69,000	108,000	137,000	195,000
A-W Twn Car	10,000	59,000	104,000	163,000	207,000	295,000
Dtrch Conv Vic	12,250	62,000	109,000	171,000	217,000	310,000
Lan'let	8000	40,000	70,000	110,000	140,000	200,000
Spt Lan	8000	41,000	72,000	113,000	144,000	205,000
Twn Car Lan'let	8000	42,000	74,000	116,000	147,000	210,000
Model 905, Twin Six, (9th Series), 142" wb						
Conv	12,000	60,000	105,000	165,000	210,000	300,000
Phae	10,000	57,000	100,000	157,000	200,000	285,000

	6	5	4	3	2	1
Spt Phae	10,000	56,000	98,000	154,000	196,000	280,000
7P Tr	10,000	54,000	95,000	149,000	189,000	270,000
Conv Sed	10,000	58,000	102,000	160,000	203,000	290,000
Conv Vic	10,000	59,000	104,000	163,000	207,000	295,000
RS Cpe	3500	12,900	25,800	48,200	66,000	86,000
5P Cpe	2000	11,400	22,800	38,000	56,000	76,000
Sed	2000	9900	19,800	33,000	46,200	66,000
Clb Sed	2000	9900	19,800	33,000	46,200	66,000
Model 906, Twin Six, 147" wb						
7P Sed	3500	12,900	25,800	48,200	66,000	86,000
Limo	3500	17,100	31,800	53,000	85,000	106,000
Model 906, Individual Custom, Twin Six, 147" wb						
Conv	6550				value not estimable	
Cabr	7350				value not estimable	
Dtrch Spt Phae	6300				value not estimable	
Dtrch Conv Vic	6650				value not estimable	
Dtrch Sed	6750				value not estimable	
Dtrch Cpe	5900				value not estimable	
Lan'let	7750				value not estimable	
Twn Car Lan'let	7750				value not estimable	
A-W Twn Car	7350				value not estimable	

1933

10th Series

	6	5	4	3	2	1
Model 1001, Eight, 127" wb						
Conv	3500	13,500	27,000	45,000	70,000	90,000
RS Cpe	1500	6000	12,000	20,000	28,000	40,000
Cpe Sed	1200	5700	11,400	19,000	26,600	38,000
Sed	1200	5400	10,800	18,000	25,200	36,000
Model 1002, Eight, 136" wb						
Phae	6000	32,700	60,000	92,000	118,000	160,000
Conv Sed	6000	33,500	61,000	94,000	120,000	165,000
Conv Vic	6000	34,300	62,000	96,000	122,000	170,000
7P Tr	6000	30,300	57,000	86,000	112,000	145,000
RS Cpe	1500	6750	13,500	22,500	31,500	45,000
5P Cpe	1500	6300	12,600	21,000	29,400	42,000
Sed	1500	6000	12,000	20,000	28,000	40,000
7P Sed	1500	6150	12,300	20,500	28,700	41,000
Clb Sed	1500	6300	12,600	21,000	29,400	42,000
Limo	1500	6750	13,500	22,500	31,500	45,000
Model 1003, Super Eight, 135" wb						
Sed	1500	6750	13,500	22,500	31,500	45,000
Model 1004, Super Eight, 142" wb						
Conv	6000	38,000	67,000	105,000	133,000	190,000
Phae	6000	39,000	69,000	108,000	137,000	195,000
Spt Phae	8000	42,000	74,000	116,000	147,000	210,000
Conv Vic	8000	44,000	77,000	121,000	154,000	220,000
Conv Sed	8000	42,000	74,000	116,000	147,000	210,000
7P Tr	8000	40,000	70,000	110,000	140,000	200,000
RS Cpe	2000	9000	18,000	30,000	42,000	60,000
5P Cpe	2000	8250	16,500	27,500	38,500	55,000
Sed	1500	6000	12,000	20,000	28,000	40,000
Clb Sed	1500	6300	12,600	21,000	29,400	42,000
Limo	1500	7350	14,700	24,500	34,300	49,000
Fml Sed	1500	7800	15,600	26,000	36,400	52,000
Model 1005, Twelve, 142" wb						
Conv	10,000	53,000	93,000	146,000	186,000	265,000
Spt Phae	10,000	54,000	95,000	149,000	189,000	270,000
Conv Sed	10,000	54,000	95,000	149,000	189,000	270,000
Conv Vic	10,000	55,000	97,000	152,000	193,000	275,000
RS Cpe	2000	11,400	22,800	38,000	56,000	76,000
5P Cpe	2000	10,200	20,400	34,000	47,600	68,000
Sed	2000	8250	16,500	27,500	38,500	55,000
Fml Sed	2000	8700	17,400	29,000	40,600	58,000
Clb Sed	2000	8850	17,700	29,500	41,300	59,000
Model 1006, Standard, 147" wb						
7P Sed	3500	12,000	24,000	40,000	60,000	80,000
Limo	3500	12,900	25,800	48,200	66,000	86,000
Model 1006, Custom Twelve, 147" wb, Dietrich						
Conv	10,000	57,000	100,000	157,000	200,000	285,000
Conv Vic	10,000	59,000	104,000	163,000	207,000	295,000
Spt Phae	10,000	58,000	102,000	160,000	203,000	290,000
Conv Sed	10,000	59,000	104,000	163,000	207,000	295,000
Cpe	3500	12,900	25,800	48,200	66,000	86,000
Fml Sed	3500	12,900	25,800	48,200	66,000	86,000

Model 1006, LeBaron Custom, Twelve, 147" wb

	6	5	4	3	2	1
A-W Cabr	7000				value not estimable	
A-W Twn Car	7000				value not estimable	

Model 1006, Packard Custom, Twelve, 147" wb

A-W Cabr	6030				value not estimable	
A-W Lan'let	6250				value not estimable	
Spt Sed	6000				value not estimable	
A-W Twn Car	6250				value not estimable	
Twn Car Lan'let	6250				value not estimable	
Limo	6045				value not estimable	
Lan'let Limo	6000				value not estimable	
A-W Cabr	6030				value not estimable	
A-W Twn Car	6080				value not estimable	

1934

11th Series

Model 1100, Eight, 129" wb

	6	5	4	3	2	1
Sed	1500	6750	13,500	22,500	31,500	45,000

Model 1101, Eight, 141" wb

Conv	5000	22,000	36,000	60,000	93,000	120,000
Phae	5000	24,100	42,000	68,000	98,000	126,000
Conv Vic	5000	24,800	44,000	70,000	99,000	128,000
Conv Sed	5000	25,500	45,000	73,000	100,000	130,000
RS Cpe	1500	7500	15,000	25,000	35,000	50,000
5P Cpe	1500	7050	14,100	23,500	32,900	47,000
Sed	1500	6750	13,500	22,500	31,500	45,000
Clb Sed	1500	6900	13,800	23,000	32,200	46,000
Fml Sed	1500	7050	14,100	23,500	32,900	47,000

Model 1102, Eight, 141" wb

7P Sed	1500	7200	14,400	24,000	33,600	48,000
Limo	1500	7500	15,000	25,000	35,000	50,000

Model 1103, Super Eight, 135" wb

Sed	1500	7350	14,700	24,500	34,300	49,000

Model 1104, Super Eight, 142" wb

Conv	6000	31,100	58,000	88,000	114,000	150,000
Phae	6000	31,100	58,000	88,000	114,000	150,000
Spt Phae	6000	32,700	60,000	92,000	118,000	160,000
Conv Vic	6000	32,700	60,000	92,000	118,000	160,000
Conv Sed	6000	33,500	61,000	94,000	120,000	165,000
RS Cpe	3500	12,000	24,000	40,000	60,000	80,000
5P Cpe	2000	10,500	21,000	35,000	49,000	70,000
Clb Sed	2000	10,200	20,400	34,000	47,600	68,000
Fml Sed	2000	10,500	21,000	35,000	49,000	70,000

Model 1105, Super Eight, Standard, 147" wb

7P Sed	2000	11,400	22,800	38,000	56,000	76,000
Limo	3500	12,000	24,000	40,000	60,000	80,000

Model 1105, Dietrich, Super Eight, 147" wb

Conv	6000	32,700	60,000	92,000	118,000	160,000
Conv Vic	6000	38,000	67,000	105,000	133,000	190,000
Conv Sed	6000	37,000	65,000	102,000	130,000	185,000
Cpe	3500	17,800	32,400	54,000	86,000	108,000
Spt Sed	3500	17,100	31,800	53,000	85,000	106,000

Model 1105, LeBaron, Super Eight, 147" wb

Model 1106, Twelve, LeBaron, 135" wb

Spds	7260				value not estimable	
Spt Phae	7065				value not estimable	

Model 1107, Twelve, 142" wb

Conv	3850				value not estimable	
Phae	3890				value not estimable	
Spt Phae	4190				value not estimable	
Conv Vic	4590				value not estimable	
Conv Sed	4750				value not estimable	
7P Tr	3980				value not estimable	
RS Cpe	3820				value not estimable	
5P Cpe	3990				value not estimable	
Sed	3960				value not estimable	
Clb Sed	4060				value not estimable	
Fml Sed	4660				value not estimable	

Model 1108, Twelve, Standard, 147" wb

7P Sed	2000	11,700	23,400	39,000	58,000	78,000
Limo	3500	12,300	24,600	41,000	62,000	82,000

Model 1108, Twelve, Dietrich, 147" wb

Conv	6100				value not estimable	
Spt Phae	5180				value not estimable	

	6	5	4	3	2	1
Conv Sed	6555				value not estimable	
Vic Conv	6080				value not estimable	
Cpe	6185				value not estimable	
Spt Sed	7060				value not estimable	
Model 1108, Twelve, LeBaron, 147" wb						
Cabr	6150				value not estimable	
Spt Phae	7820				value not estimable	
A-W Twn Car	6150				value not estimable	

1935 Packard convertible coupe

1935
120-A, 8 cyl., 120" wb

	6	5	4	3	2	1
Conv	1500	7500	15,000	25,000	35,000	50,000
Bus Cpe	800	4200	8400	14,000	19,600	28,000
Spt Cpe	1200	4500	9000	15,000	21,000	30,000
Tr Cpe	1200	4500	9000	15,000	21,000	30,000
Sed	800	3750	7500	12,500	17,500	25,000
Clb Sed	800	3900	7800	13,000	18,200	26,000
Tr Sed	800	3900	7800	13,000	18,200	26,000
Series 1200, 8 cyl., 127" wb						
Sed	1200	4500	9000	15,000	21,000	30,000
Series 1201, 8 cyl., 134" wb						
Cpe Rds	2000	9900	19,800	33,000	46,200	66,000
Phae	2000	10,200	20,400	34,000	47,600	68,000
Conv Vic	2000	10,200	20,400	34,000	47,600	68,000
LeB A-W Cabr	2000	11,400	22,800	38,000	56,000	76,000
RS Cpe	1500	7950	15,900	26,500	37,100	53,000
5P Cpe	1500	7800	15,600	26,000	36,400	52,000
Sed	1500	6750	13,500	22,500	31,500	45,000
Fml Sed	1500	6600	13,200	22,000	30,800	44,000
Clb Sed	1500	6900	13,800	23,000	32,200	46,000
Series 1202, 8 cyl., 139" wb						
7P Sed	1500	7500	15,000	25,000	35,000	50,000
Limo	2000	8250	16,500	27,500	38,500	55,000
Conv Sed	3500	12,900	25,800	48,200	66,000	86,000
LeB A-W Twn Car	3500	14,400	28,800	48,000	76,000	96,000
Series 1203, Super 8, 132" wb						
5P Sed	2000	8250	16,500	27,500	38,500	55,000
Series 1204, Super 8, 139" wb						
Rds	3500	12,900	25,800	48,200	66,000	86,000
Phae	3500	13,200	26,400	44,000	68,000	88,000
Spt Phae	3500	13,500	27,000	45,000	70,000	90,000
Conv Vic	3500	13,500	27,000	45,000	70,000	90,000
RS Cpe	2000	9900	19,800	33,000	46,200	66,000
5P Cpe	2000	8700	17,400	29,000	40,600	58,000
Clb Sed	2000	8100	16,200	27,000	37,800	54,000
Fml Sed	1500	7950	15,900	26,500	37,100	53,000
LeB A-W Cabr	3500	13,500	27,000	45,000	70,000	90,000
Series 1205, Super 8, 144" wb						
Tr Sed	2000	11,400	22,800	38,000	56,000	76,000
Conv Sed	5000	25,500	45,000	73,000	100,000	130,000

	6	5	4	3	2	1
7P Sed	2000	9000	18,000	30,000	42,000	60,000
Limo	2000	9900	19,800	33,000	46,200	66,000
LeB A-W Twn Car	3500	18,500	33,000	55,000	88,000	110,000
Series 1207, V-12, 139" wb						
Rds	6000	33,500	61,000	94,000	120,000	165,000
Phae	6000	34,300	62,000	96,000	122,000	170,000
Spt Phae	6000	34,300	62,000	96,000	122,000	170,000
RS Cpe	3500	12,900	25,800	48,200	66,000	86,000
5P Cpe	2000	11,700	23,400	39,000	58,000	78,000
Clb Cpe	2000	11,400	22,800	38,000	56,000	76,000
Sed	2000	11,400	22,800	38,000	56,000	76,000
Fml Sed	2000	11,700	23,400	39,000	58,000	78,000
Conv Vic	6000	33,500	61,000	94,000	120,000	165,000
LeB A-W Cabr	6000	34,300	62,000	96,000	122,000	170,000
Series 1208, V-12, 144" wb						
Conv Sed	8000	42,000	74,000	116,000	147,000	210,000
7P Sed	3500	12,000	24,000	40,000	60,000	80,000
Limo	3500	12,900	25,800	48,200	66,000	86,000
LeB A-W Twn Car	6000	39,000	69,000	108,000	137,000	195,000
1936 14th Series						
Series 120-B, 8 cyl., 120" wb						
Conv	2000	8550	17,100	28,500	39,900	57,000
Conv Sed	2000	9000	18,000	30,000	42,000	60,000
Bus Cpe	1200	4500	9000	15,000	21,000	30,000
Spt Cpe	1200	4650	9300	15,500	21,700	31,000
Tr Cpe	1200	4500	9000	15,000	21,000	30,000
2 dr Sed	800	3150	6300	10,500	14,700	21,000
Sed	800	3300	6600	11,000	15,400	22,000
Clb Sed	800	3400	6900	11,500	16,100	23,000
Tr Sed	800	3300	6600	11,000	15,400	22,000
Series 1400, 8 cyl., 127" wb						
Sed	800	4050	8100	13,500	18,900	27,000
Series 1401, 8 cyl., 134" wb						
Rds	3500	12,900	25,800	48,200	66,000	86,000
Phae	3500	13,200	26,400	44,000	68,000	88,000
Conv Vic	3500	14,700	29,400	49,000	78,000	98,000
LeB A-W Cabr	3500	15,000	30,000	50,000	80,000	100,000
RS Cpe	1500	6000	12,000	20,000	28,000	40,000
5P Cpe	1200	5400	10,800	18,000	25,200	36,000
Clb Sed	1200	5400	10,800	18,000	25,200	36,000
Sed	1200	4650	9300	15,500	21,700	31,000
Fml Sed	1200	4950	9900	16,500	23,100	33,000
Series 1402, 8 cyl., 139" wb						
Conv Sed	3500	18,500	33,000	55,000	88,000	110,000
7P Tr	3500	17,100	31,800	53,000	85,000	106,000
7P Sed	2000	8250	16,500	27,500	38,500	55,000
Bus Sed	2000	8250	16,500	27,500	38,500	55,000
Limo	2000	9000	18,000	30,000	42,000	60,000
Bus Limo	2000	8700	17,400	29,000	40,600	58,000
LeB Twn Car	3500	13,500	27,000	45,000	70,000	90,000
Series 1403, Super 8, 132" wb						
Sed	1500	6750	13,500	22,500	31,500	45,000
Series 1404, Super 8, 139" wb						
Cpe Rds	5000	20,600	34,800	58,000	91,000	116,000
Phae	3500	17,100	31,800	53,000	85,000	106,000
Spt Phae	3500	18,500	33,000	55,000	88,000	110,000
Conv Vic	3500	18,500	33,000	55,000	88,000	110,000
LeB A-W Cabr	5000	22,000	36,000	60,000	93,000	120,000
RS Cpe	2000	9900	19,800	33,000	46,200	66,000
5P Cpe	2000	9300	18,600	31,000	43,400	62,000
Clb Sed	2000	9300	18,600	31,000	43,400	62,000
Fml Sed	2000	9000	18,000	30,000	42,000	60,000
Series 1405, Super 8, 144" wb						
7P Tr	5000	24,100	42,000	68,000	98,000	126,000
Conv Sed	5000	25,500	45,000	73,000	100,000	130,000
Series 1407, V-12, 139" wb						
Cpe Rds	6000	33,500	61,000	94,000	120,000	165,000
Phae	6000	34,300	62,000	96,000	122,000	170,000
Spt Phae	6000	34,300	62,000	96,000	122,000	170,000
LeB A-W Cabr	6000	35,100	63,000	98,000	124,000	175,000
RS Cpe	2000	11,400	22,800	38,000	56,000	76,000
5P Cpe	2000	10,500	21,000	35,000	49,000	70,000
Clb Sed	2000	9000	18,000	30,000	42,000	60,000
Sed	2000	8550	17,100	28,500	39,900	57,000

	6	5	4	3	2	1
Fml Sed	2000	8700	17,400	29,000	40,600	58,000

Series 1408, V-12, 144" wb

	6	5	4	3	2	1
7P Tr	6000	34,300	62,000	96,000	122,000	170,000
Conv Sed	6000	35,100	63,000	98,000	124,000	175,000
7P Sed	2000	9000	18,000	30,000	42,000	60,000
Limo	2000	11,400	22,800	38,000	56,000	76,000
LeB A-W Twn Car	6000	35,100	63,000	98,000	124,000	175,000

1937 15th Series
Model 115-C, 6 cyl., 115" wb

	6	5	4	3	2	1
Conv	1500	6750	13,500	22,500	31,500	45,000
Bus Cpe	800	3750	7500	12,500	17,500	25,000
Spt Cpe	800	4050	8100	13,500	18,900	27,000
2 dr Sed	800	3000	6000	10,000	14,000	20,000
Sed	800	3000	6000	10,000	14,000	20,000
Clb Sed	800	3300	6600	11,000	15,400	22,000
Tr Sed	800	3150	6300	10,500	14,700	21,000
Sta Wag	1500	6750	13,500	22,500	31,500	45,000

Model 120-C, 8 cyl., 120" wb

	6	5	4	3	2	1
Conv	2000	8250	16,500	27,500	38,500	55,000
Conv Sed	2000	8550	17,100	28,500	39,900	57,000
Bus Cpe	1200	4800	9600	16,000	22,400	32,000
Spt Cpe	1200	4950	9900	16,500	23,100	33,000
2 dr Sed	800	4050	8100	13,500	18,900	27,000
Sed	800	4200	8400	14,000	19,600	28,000
Clb Sed	800	4350	8700	14,500	20,300	29,000
Tr Sed	800	4050	8100	13,500	18,900	27,000
Sta Wag	1500	7500	15,000	25,000	35,000	50,000

Model 120-CD, 8 cyl., 120" wb

	6	5	4	3	2	1
2 dr Sed	1200	4500	9000	15,000	21,000	30,000
Clb Sed	1200	4650	9300	15,500	21,700	31,000
Tr Sed	1200	4500	9000	15,000	21,000	30,000

Model 138-CD, 8 cyl., 138" wb

	6	5	4	3	2	1
Tr Sed	1200	4800	9600	16,000	22,400	32,000
Tr Limo	1200	5250	10,500	17,500	24,500	35,000

Model 1500, Super 8, 127" wb

	6	5	4	3	2	1
Sed	1200	5550	11,100	18,500	25,900	37,000

Model 1501, Super 8, 134" wb

	6	5	4	3	2	1
Conv	3500	14,100	28,200	57,000	74,000	94,000
LeB A-W Cabr	3500	14,400	28,800	48,000	76,000	96,000
RS Cpe	2000	9000	18,000	30,000	42,000	60,000
5P Cpe	2000	8250	16,500	27,500	38,500	55,000
Clb Sed	1500	6000	12,000	20,000	28,000	40,000
Tr Sed	1200	5550	11,100	18,500	25,900	37,000
Fml Sed	1200	5700	11,400	19,000	26,600	38,000
Vic	2000	11,400	22,800	38,000	56,000	76,000

Model 1502, Super 8, 139" wb

	6	5	4	3	2	1
Conv Sed	3500	18,500	33,000	55,000	88,000	110,000
Bus Sed	1500	6000	12,000	20,000	28,000	40,000
Tr Sed	1500	6150	12,300	20,500	28,700	41,000
Tr Limo	1500	6750	13,500	22,500	31,500	45,000
Bus Limo	1500	6600	13,200	22,000	30,800	44,000
LeB A-W Twn Car	3500	12,900	25,800	48,200	66,000	86,000

Model 1506, V-12, 132" wb

	6	5	4	3	2	1
Tr Sed	1500	7500	15,000	25,000	35,000	50,000

Model 1507, V-12, 139" wb

	6	5	4	3	2	1
Conv	6000	33,500	61,000	94,000	120,000	165,000
LeB A-W Cabr	6000	34,300	62,000	96,000	122,000	170,000
RS Cpe	2000	10,200	20,400	34,000	47,600	68,000
5P Cpe	2000	9900	19,800	33,000	46,200	66,000
Clb Sed	1500	7500	15,000	25,000	35,000	50,000
Fml Sed	1500	7350	14,700	24,500	34,300	49,000
Tr Sed	1500	7200	14,400	24,000	33,600	48,000
Conv Vic	6000	34,300	62,000	96,000	122,000	170,000

Model 1508, V-12, 144" wb

	6	5	4	3	2	1
Conv Sed	10,000	55,000	97,000	152,000	193,000	275,000
Tr Sed	3500	12,900	25,800	48,200	66,000	86,000
Tr Limo	3500	13,800	27,600	46,000	73,500	92,000
LeB A-W Twn Car	8000	44,000	77,000	121,000	154,000	220,000

1938 16th Series
Model 1600, 6 cyl., 122" wb

	6	5	4	3	2	1
Conv	1500	6000	12,000	20,000	28,000	40,000
Bus Cpe	800	3150	6300	10,500	14,700	21,000
Clb Cpe	800	3000	6000	10,000	14,000	20,000
2 dr Sed	450	1150	3600	6000	8400	12,000

	6	5	4	3	2	1
Sed	450	1150	3600	6000	8400	12,000
Model 1601, 8 cyl., 127" wb						
Conv	1500	7500	15,000	25,000	35,000	50,000
Conv Sed	1500	7800	15,600	26,000	36,400	52,000
Bus Cpe	800	4050	8100	13,500	18,900	27,000
Clb Cpe	800	4200	8400	14,000	19,600	28,000
2 dr Sed	800	3400	6900	11,500	16,100	23,000
Sed	800	3600	7200	12,000	16,800	24,000
Model 1601-D, 8 cyl., 127" wb						
Tr Sed	800	3900	7800	13,000	18,200	26,000
Model 1601, 8 cyl., 139" wb						
Roll A-W Cabr	5000	29,500	55,000	84,000	110,000	140,000
Roll A-W Twn Car	5000	27,900	51,000	79,000	106,000	136,000
Roll Brgm	3500	18,500	33,000	55,000	88,000	110,000
Model 1602, 8 cyl., 148" wb						
Tr Sed	1500	6000	12,000	20,000	28,000	40,000
Tr Limo	1500	6750	13,500	22,500	31,500	45,000
Model 1603, Super 8, 127" wb						
Tr Sed	1500	6900	13,800	23,000	32,200	46,000
Model 1604, Super 8, 134" wb						
Conv	3500	13,500	27,000	45,000	70,000	90,000
RS Cpe	1500	7500	15,000	25,000	35,000	50,000
5P Cpe	1500	6750	13,500	22,500	31,500	45,000
Clb Sed	1200	5550	11,100	18,500	25,900	37,000
Tr Sed	1200	5250	10,500	17,500	24,500	35,000
Fml Sed	1200	5400	10,800	18,000	25,200	36,000
Vic	2000	11,400	22,800	38,000	56,000	76,000
Model 1605, Super 8, 139" wb						
Bus Sed	1500	6750	13,500	22,500	31,500	45,000
Conv Sed	5000	25,500	45,000	73,000	100,000	130,000
Bus Limo	2000	8250	16,500	27,500	38,500	55,000
Model 1605, Super 8, Customs						
Brn A-W Cabr	7475				value not estimable	
Brn Tr Cabr	7475				value not estimable	
Roll A-W Cabr	5790				value not estimable	
Roll A-W Twn Car	5890				value not estimable	
Model 1607, V-12, 134" wb						
Conv Cpe	8000	40,000	70,000	110,000	140,000	200,000
2-4P Cpe	2000	10,200	20,400	34,000	47,600	68,000
5P Cpe	2000	9900	19,800	33,000	46,200	66,000
Clb Sed	2000	9000	18,000	30,000	42,000	60,000
Vic	2000	10,500	21,000	35,000	49,000	70,000
Tr Sed	1500	7500	15,000	25,000	35,000	50,000
Fml Sed	2000	8250	16,500	27,500	38,500	55,000
Model 1608, V-12, 139" wb						
Conv Sed	8000	45,000	79,000	124,000	158,000	225,000
Tr Sed	2000	10,800	21,600	36,000	50,500	72,000
Tr Limo	2000	11,400	22,800	38,000	56,000	76,000
Model 1607-8, V-12, 139" wb						
Brn A-W Cabr	8510				value not estimable	
Brn Tr Cabr	8510				value not estimable	
Roll A-W Cabr	6730				value not estimable	
Roll A-W Twn Car	6880				value not estimable	
1939 17th Series						
Model 1700, 6 cyl., 122" wb						
Conv	1200	5550	11,100	18,500	25,900	37,000
Bus Cpe	500	1400	4200	7000	9800	14,000
Clb Cpe	550	1550	4500	7500	10,500	15,000
2 dr Sed	450	900	1900	4500	6300	9000
Tr Sed	450	925	2000	4600	6400	9200
Sta Wag	1500	6000	12,000	20,000	28,000	40,000
Model 1701, 8 cyl., 127" wb						
Conv	1500	7500	15,000	25,000	35,000	50,000
Conv Sed	1500	7800	15,600	26,000	36,400	52,000
Clb Cpe	650	2300	5400	9000	12,600	18,000
Bus Cpe	550	1750	4800	8000	11,200	16,000
2 dr Sed	450	1150	3600	6000	8400	12,000
Sed	450	1150	3600	6000	8400	12,000
Sta Wag	1500	6750	13,500	22,500	31,500	45,000
Model 1702, 8-cyl., 148" wb						
Tr Sed	800	4050	8100	13,500	18,900	27,000
Tr Limo	1200	4500	9000	15,000	21,000	30,000
Model 1703, Super 8, 127" wb						
Tr Sed	1200	4800	9600	16,000	22,400	32,000

	6	5	4	3	2	1
Conv	5000	25,500	45,000	73,000	100,000	130,000
Conv Sed	5000	27,900	51,000	79,000	106,000	136,000
Clb Cpe	1200	5250	10,500	17,500	24,500	35,000
Model 1705, Super 8, 148" wb						
Tr Sed	1200	4500	9000	15,000	21,000	30,000
Tr Limo	1200	5250	10,500	17,500	24,500	35,000
Model 1707, V-12, 134" wb						
Conv Cpe	6000	33,500	61,000	94,000	120,000	165,000
Conv Vic	6000	33,500	61,000	94,000	120,000	165,000
Roll A-W Cabr	6000	31,100	58,000	88,000	114,000	150,000
2-4P Cpe	2000	9900	19,800	33,000	46,200	66,000
5P Cpe	2000	9000	18,000	30,000	42,000	60,000
Sed	1500	6000	12,000	20,000	28,000	40,000
Clb Sed	1500	6150	12,300	20,500	28,700	41,000
Fml Sed	1500	6300	12,600	21,000	29,400	42,000
Model 1708, V-12, 139" wb						
Conv Sed	5395				value not estimable	
Brn Tr Cabr	8355				value not estimable	
Brn A-W Cabr	8355				value not estimable	
Tr Sed	2000	11,400	22,800	38,000	56,000	76,000
Tr Limo	2000	11,700	23,400	39,000	58,000	78,000
Roll A-W Twn Car	6880				value not estimable	

1940 18th Series
Model 1800, 6 cyl., 122" wb, (110)

	6	5	4	3	2	1
Conv	1200	5250	10,500	17,500	24,500	35,000
Bus Cpe	550	1650	4650	7750	10,850	15,500
Clb Cpe	550	1750	4800	8000	11,200	16,000
2 dr Sed	450	1000	2400	5000	7000	10,000
Sed	450	1000	2400	5000	7000	10,000
Sta Wag	800	3400	6900	11,500	16,100	23,000
Model 1801, Std., 8 cyl., 127" wb, (120)						
Conv	1500	6300	12,600	21,000	29,400	42,000
Conv Sed	1500	7350	14,700	24,500	34,300	49,000
Bus Cpe	650	2800	5700	9500	13,300	19,000
Clb Cpe	800	3000	6000	10,000	14,000	20,000
2 dr Sed	500	1400	4200	7000	9800	14,000
Clb Sed	550	1550	4500	7500	10,500	15,000
Sed	500	1400	4200	7000	9800	14,000
Darr Vic	3500	15,000	30,000	50,000	80,000	100,000
Sta Wag	1500	7500	15,000	25,000	35,000	50,000
Model 1801, DeLuxe, 8-cyl., 127" wb, (120)						
Conv	1500	7050	14,100	23,500	32,900	47,000
Clb Cpe	800	3300	6600	11,000	15,400	22,000
Clb Sed	650	2000	5100	8500	11,900	17,000
Tr Sed	550	1750	4800	8000	11,200	16,000
Model 1803, Super 8, 127" wb, (160)						
Conv	2000	11,400	22,800	38,000	56,000	76,000
Conv Sed	3500	12,000	24,000	40,000	60,000	80,000
Bus Cpe	800	3300	6600	11,000	15,400	22,000
Clb Cpe	800	3600	7200	12,000	16,800	24,000
Clb Sed	800	3300	6600	11,000	15,400	22,000
Sed	800	3000	6000	10,000	14,000	20,000
Model 1804, Super 8, 138" wb, (160)						
Sed	800	3600	7200	12,000	16,800	24,000
Model 1805, Super 8, 148" wb, (160)						
Tr Sed	800	3750	7500	12,500	17,500	25,000
Tr Limo	800	4050	8100	13,500	18,900	27,000
Model 1806, Custom, Super 8, 127" wb, (180)						
Clb Sed	800	4350	8700	14,500	20,300	29,000
Darr Conv Vic	5000	24,100	42,000	68,000	98,000	126,000
Model 1807, Custom, Super 8, 138" wb, (180)						
Darr Conv Sed	5000	25,500	45,000	73,000	100,000	130,000
Roll A-W Cabr	5000	22,000	36,000	60,000	93,000	120,000
Darr Spt Sed	3500	13,500	27,000	45,000	70,000	90,000
Fml Sed	1500	6000	12,000	20,000	28,000	40,000
Tr Sed	1200	5700	11,400	19,000	26,600	38,000
Model 1808, Custom, Super 8, 148" wb, (180)						
Roll A-W Twn Car	3500	15,000	30,000	50,000	80,000	100,000
Tr Sed	1500	6750	13,500	22,500	31,500	45,000
Tr Limo	1500	7050	14,100	23,500	32,900	47,000

1941 19th Series
Model 1900, Std., 6 cyl., 122" wb, (110)

	6	5	4	3	2	1
Conv	1200	4800	9600	16,000	22,400	32,000

	6	5	4	3	2	1
Bus Cpe	450	1150	3600	6000	8400	12,000
Clb Cpe	500	1250	3900	6500	9100	13,000
2 dr Sed	450	900	1900	4500	6300	9000
Tr Sed	450	925	2000	4600	6400	9200
Sta Wag	1500	6300	12,600	21,000	29,400	42,000
Model 1900, Dlx., 6-cyl., 122" wb, (110)						
Conv	1200	5550	11,100	18,500	25,900	37,000
Clb Cpe	550	1550	4500	7500	10,500	15,000
2 dr Sed	450	1150	3600	6000	8400	12,000
Sed	450	1000	2400	5000	7000	10,000
Sta Wag	1500	6750	13,500	22,500	31,500	45,000
Model 1901, 8-cyl., 127" wb, (120)						
Conv	1500	6000	12,000	20,000	28,000	40,000
Conv Sed	1500	6300	12,600	21,000	29,400	42,000
Bus Cpe	650	2000	5100	8500	11,900	17,000
Clb Cpe	650	2300	5400	9000	12,600	18,000
2 dr Sed	500	1400	4200	7000	9800	14,000
Sed	450	1150	3600	6000	8400	12,000
Sta Wag	1500	7500	15,000	25,000	35,000	50,000
DeL Sta Wag	1500	7650	15,300	25,500	35,700	51,000
Model 1903, Super 8, 127" wb, (160)						
Conv	2000	10,800	21,600	36,000	50,500	72,000
DeL Conv	2000	11,100	22,200	37,000	52,000	74,000
Conv Sed	2000	11,400	22,800	38,000	56,000	76,000
DeL Conv Sed	2000	11,700	23,400	39,000	58,000	78,000
Clb Cpe	800	3000	6000	10,000	14,000	20,000
Bus Cpe	650	2800	5700	9500	13,300	19,000
Sed	650	2700	5600	9350	13,100	18,700
Model 1904, Super 8, 138" wb, (160)						
Sed	800	3350	6750	11,250	15,750	22,500
Model 1905, Super 8, 148" wb, (160)						
Tr Sed	800	3600	7200	12,000	16,800	24,000
Tr Limo	800	4050	8100	13,500	18,900	27,000
Model 1906, Custom, Super 8, 127" wb, (180)						
Darr Conv Vic	5000	22,000	36,000	60,000	93,000	120,000
Model 1907, Custom, Super 8, 138" wb, (180)						
Leb Spt Brgm	2000	10,500	21,000	35,000	49,000	70,000
Roll A-W Cabr	3500	15,000	30,000	50,000	80,000	100,000
Darr Spt Sed	2000	11,400	22,800	38,000	56,000	76,000
Tr Sed	1200	5250	10,500	17,500	24,500	35,000
Fml Sed	1200	5550	11,100	18,500	25,900	37,000
Model 1908, Custom, Super 8, 148" wb, (180)						
Roll A-W Twn Car	3500	14,400	28,800	48,000	76,000	96,000
Tr Sed	1500	6000	12,000	20,000	28,000	40,000
LeB Tr Sed	1500	6750	13,500	22,500	31,500	45,000
Tr Limo	1500	7050	14,100	23,500	32,900	47,000
LeB Tr Limo	2000	8250	16,500	27,500	38,500	55,000
Series 1951, Clipper, 8 cyl., 127" wb						
Sed	450	1075	3000	5500	7700	11,000
1942 20th Series						
Clipper Series -- (6 cyl.)						
Series 2000, Special, 120" wb						
Bus Cpe	500	1250	3900	6500	9100	13,000
Clb Sed	500	1400	4200	7000	9800	14,000
Tr Sed	550	1500	4350	7250	10,150	14,500
Series 2010, Custom, 120" wb						
Clb Sed	550	1550	4500	7500	10,500	15,000
Tr Sed	550	1650	4650	7750	10,850	15,500
Series 2020, Custom, 122" wb						
Conv	1200	5400	10,800	18,000	25,200	36,000
Clipper Series -- (8 cyl.)						
Series 2001, Special, 120" wb						
Bus Cpe	550	1550	4500	7500	10,500	15,000
Clb Sed	550	1750	4800	8000	11,200	16,000
Tr Sed	550	1800	4950	8250	11,550	16,500
Series 2011, Custom, 120" wb						
Clb Sed	650	2000	5100	8500	11,900	17,000
Tr Sed	650	2300	5400	9000	12,600	18,000
Series 2021, Custom, 127" wb						
Conv	1500	6000	12,000	20,000	28,000	40,000
Super 8, 160 Series, Clipper, 127" wb, 2003						
Clb Sed	650	2800	5700	9500	13,300	19,000
Tr Sed	650	2900	5850	9750	13,650	19,500

Super 8, 160, 127" wb, 2023

	6	5	4	3	2	1
Conv	2000	10,800	21,600	36,000	50,500	72,000

Super 8, 160, 138" wb, 2004

	6	5	4	3	2	1
Tr Sed	800	3750	7500	12,500	17,500	25,000

Super 8, 160, 148" wb, 2005

	6	5	4	3	2	1
7P Sed	800	4050	8100	13,500	18,900	27,000
Limo	800	4350	8700	14,500	20,300	29,000

Super 8, 160, 148" wb, 2055

	6	5	4	3	2	1
Bus Sed	800	3750	7500	12,500	17,500	25,000
Bus Limo	800	4050	8100	13,500	18,900	27,000

Super 8, 180, Clipper, 127" wb, 2006

	6	5	4	3	2	1
Clb Sed	800	3150	6300	10,500	14,700	21,000
Tr Sed	800	3300	6600	11,000	15,400	22,000

Super 8, 180, Special, 127" wb, 2006

	6	5	4	3	2	1
Darr Conv Vic	3500	18,500	33,000	55,000	88,000	110,000

Super 8, 180, 138" wb, 2007

	6	5	4	3	2	1
Tr Sed	800	3400	6900	11,500	16,100	23,000
Fml Sed	800	3750	7500	12,500	17,500	25,000
Roll A-W Cabr	3500	15,000	30,000	50,000	80,000	100,000

Super 8, 180, 148" wb, 2008

	6	5	4	3	2	1
Tr Sed	1200	4500	9000	15,000	21,000	30,000
Limo	1200	4950	9900	16,500	23,100	33,000
LeB Sed	1500	6750	13,500	22,500	31,500	45,000
LeB Limo	1500	7350	14,700	24,500	34,300	49,000
Roll A-W Twn Car	3500	18,500	33,000	55,000	88,000	110,000

1946 Packard Clipper 4 dr sed

1946 21st Series

Clipper, 6-cyl., 120" wb, 2100

	6	5	4	3	2	1
Clb Sed	450	900	1900	4500	6300	9000
Sed	450	950	2100	4750	6650	9500

Clipper, 6-cyl., 120" wb, 2130

	6	5	4	3	2	1
4 dr Taxi	—				value not	estimable

Clipper, 8-cyl., 120" wb, 2101

	6	5	4	3	2	1
Tr Sed	450	950	2100	4750	6650	9500

Clipper, DeLuxe, 8-cyl., 120" wb, 2111

	6	5	4	3	2	1
Clb Sed	450	1000	2400	5000	7000	10,000
Tr Sed	450	1025	2600	5250	7300	10,500

Clipper, Super 8, 127" wb, 2103

	6	5	4	3	2	1
Clb Sed	450	1150	3600	6000	8400	12,000
Tr Sed	500	1200	3750	6250	8750	12,500

Clipper, Super 8, 127" wb, 2106 Custom

	6	5	4	3	2	1
Clb Sed	500	1400	4200	7000	9800	14,000
Tr Sed	550	1500	4350	7250	10,150	14,500

Clipper, Super, 148" wb, 2126 Custom

	6	5	4	3	2	1
8P Sed	800	3300	6600	11,000	15,400	22,000
Limo	800	4050	8100	13,500	18,900	27,000

1947 21st Series

Clipper, 6-cyl., 120" wb, 2100

	6	5	4	3	2	1
Clb Sed	450	900	1900	4500	6300	9000
Tr Sed	450	950	2100	4750	6650	9500

Clipper, DeLuxe, 8-cyl., 120" wb, 2111

	6	5	4	3	2	1
Clb Sed	450	1000	2400	5000	7000	10,000

	6	5	4	3	2	1
Tr Sed	450	1025	2600	5250	7300	10,500
Clipper, Super 8, 127" wb, 2103						
Clb Sed	450	1150	3600	6000	8400	12,000
Tr Sed	500	1200	3750	6250	8750	12,500
Clipper, Super 8, 127" wb, 2106 Custom						
Clb Sed	500	1400	4200	7000	9800	14,000
Tr Sed	550	1500	4350	7250	10,150	14,500
Clipper, Super 8, 148" wb, 2126 Custom						
7P Sed	800	3300	6600	11,000	15,400	22,000
Limo	800	4050	8100	13,500	18,900	27,000
1948 & Early 1949 22nd Series						
Series 2201, 8-cyl., 120" wb						
Clb Sed	450	900	1900	4500	6300	9000
Sed	450	950	2100	4750	6650	9500
Sta Wag	1200	5100	10,200	17,000	23,800	34,000
Series 2211, DeLuxe, 8-cyl., 120" wb						
Clb Sed	450	1000	2400	5000	7000	10,000
Tr Sed	450	1025	2600	5250	7300	10,500
Super 8, 120" wb, 2202						
Clb Sed	450	1150	3600	6000	8400	12,000
Sed	500	1200	3750	6250	8750	12,500
Super 8, 120" wb, 2232						
Conv	1200	5250	10,500	17,500	24,500	35,000
Super 8, 141" wb, 2222						
Sed	800	3150	6300	10,500	14,700	21,000
Limo	800	3900	7800	13,000	18,200	26,000
Super 8, DeLuxe, 141" wb						
Sed	800	3300	6600	11,000	15,400	22,000
Limo	800	4050	8100	13,500	18,900	27,000
Custom 8, 127" wb, 2206						
Clb Sed	500	1400	4200	7000	9800	14,000
Tr Sed	550	1500	4350	7250	10,150	14,500
Custom 8, 127" wb, 2233						
Conv	1200	5700	11,400	19,000	26,600	38,000
Custom 8, 148" wb, 2226						
7P Sed	800	3600	7200	12,000	16,800	24,000
Limo	800	4350	8700	14,500	20,300	29,000
1949-1950 23rd Series						
Series 2301, 120" wb						
Clb Sed	450	900	1900	4500	6300	9000
Sed	450	950	2100	4750	6650	9500
Sta Wag	1200	4800	9600	16,000	22,400	32,000
2301 DeLuxe, 120" wb						
Clb Sed	450	1075	3000	5500	7700	11,000
Sed	450	1125	3450	5750	8050	11,500
Super 8, 127" wb, 2302						
Clb Sed	500	1250	3900	6500	9100	13,000
Sed	500	1300	4050	6750	9450	13,500
Super 8, 2302 DeLuxe						
Clb Sed	550	1550	4500	7500	10,500	15,000
Sed	550	1650	4650	7750	10,850	15,500
Super 8, Super DeLuxe, 127" wb, 2332						
Conv	1200	4650	9300	15,500	21,700	31,000
Super 8, 141" wb, 2322						
7P Sed	800	3300	6600	11,000	15,400	22,000
Limo	800	4050	8100	13,500	18,900	27,000
Custom 8, 127" wb, 2306						
Sed	550	1750	4800	8000	11,200	16,000
Custom 8, 127" wb, 2333						
Conv	1200	5250	10,500	17,500	24,500	35,000
1951 24th Series						
200, Standard, 122" wb, 2401						
Bus Cpe	350	750	1450	3300	4900	7000
2 dr Sed	350	775	1500	3750	5250	7500
Sed	350	750	1450	3500	5050	7200
200, DeLuxe						
2 dr Sed	350	800	1550	3800	5300	7600
Sed	350	775	1500	3700	5200	7400
122" wb, 2402						
M.F HdTp	450	1150	3600	6000	8400	12,000
Conv	650	2300	5400	9000	12,600	18,000
300, 127" wb, 2402						
Sed	450	900	1900	4500	6300	9000

1951 Packard 300, 4 dr sedan, 8-cyl.

Patrician, 400, 127" wb, 2406

	6	5	4	3	2	1
Sed	450	1150	3600	6000	8400	12,000
1952 25th Series						
200, Std., 122" wb, 2501						
2 dr Sed	350	700	1350	2800	4550	6500
Sed	350	725	1400	3000	4700	6700
200, DeLuxe						
2 dr Sed	350	725	1400	3000	4700	6700
Sed	350	750	1450	3300	4900	7000
122" wb, 2531						
Conv	650	2800	5700	9500	13,300	19,000
M.F HdTp	500	1200	3750	6250	8750	12,500
300, 122" wb, 2502						
Sed	450	950	2100	4750	6650	9500
Patrician, 400, 127" wb, 2506						
Sed	450	1150	3600	6000	8400	12,000
Der Cus Sed	500	1300	4050	6750	9450	13,500
1953 26th Series						
Clipper, 122" wb, 2601						
2 dr HdTp	450	1000	2400	5000	7000	10,000
2 dr Sed	350	825	1600	4000	5600	8000
Sed	350	850	1650	4100	5700	8200
Clipper DeLuxe						
2 dr Sed	450	925	2000	4600	6400	9200
Sed	450	900	1900	4500	6300	9000
Cavalier, 127" wb, 2602						
Cav Sed	450	950	2100	4750	6650	9500
Packard 8, 122" wb, 2631						
Conv	800	3300	6600	11,000	15,400	22,000
Carr Conv	800	4200	8400	14,000	19,600	28,000
M.F HdTp	500	1200	3750	6250	8750	12,500
Patrician, 127" wb, 2606						
Sed	450	1150	3600	6000	8400	12,000
Der Fml Sed	500	1400	4200	7000	9800	14,000
149" wb, 2626						
Exec Sed	500	1250	3900	6500	9100	13,000
Corp Limo	550	1550	4500	7500	10,500	15,000
1954 54th Series						
Clipper, 122" wb, DeLuxe 5401						
2 dr HdTp	450	1000	2400	5000	7000	10,000
Clb Sed	450	900	1900	4500	6300	9000
Sed	450	925	2000	4600	6400	9200
Clipper Super 5411						
Pan HdTp	450	1075	3000	5500	7700	11,000
Clb Sed	450	925	2000	4600	6400	9200
Sed	450	925	2000	4650	6500	9300
Cavalier, 127" wb, 5402						
Sed	450	1000	2400	5000	7000	10,000
Packard 8, 122" wb, 5431						
Pac HdTp	500	1250	3900	6500	9100	13,000
Conv	800	3600	7200	12,000	16,800	24,000

	6	5	4	3	2	1
Carr Conv	800	4350	8700	14,500	20,300	29,000
Patrician, 127" wb, 5406						
Sed	500	1200	3750	6250	8750	12,500
Der Cus Sed	550	1500	4350	7250	10,150	14,500
149" wb, 5426						
8P Sed	500	1300	4050	6750	9450	13,500
Limo	550	1650	4650	7750	10,850	15,500

1955 Packard Caribbean Conv

1955 55th Series
Clipper, DeLuxe, 122" wb, 5540

	6	5	4	3	2	1
Sed	350	750	1450	3400	5000	7100
Clipper, Super, 5540						
Pan HdTp	450	1000	2400	5000	7000	10,000
Sed	350	800	1550	3800	5300	7600
Clipper Custom 5560 (352 cid V-8)						
Con HdTp	450	1075	3000	5500	7700	11,000
Sed	450	900	1900	4500	6300	9000
Packard, 400, 127" wb, 5580						
"400" HdTp	800	3000	6000	10,000	14,000	20,000
Caribbean 5580						
Conv	1200	4500	9000	15,000	21,000	30,000
Patrician 5580						
Sed	500	1200	3750	6250	8750	12,500

1956 56th Series
Clipper, DeLuxe, 122" wb, 5640

	6	5	4	3	2	1
Sed	350	775	1500	3750	5250	7500
Clipper, Super, 5640						
HdTp	450	1075	3000	5500	7700	11,000
Sed	350	775	1500	3600	5100	7300
Clipper, Custom, 5660						
Con HdTp	450	1150	3600	6000	8400	12,000
Sed	350	800	1550	3800	5300	7600
Clipper Executive						
HdTp	500	1250	3900	6500	9100	13,000
Sed	350	825	1600	4050	5650	8100
Packard, 400, 127" wb, 5680						
"400" HdTp	800	3000	6000	10,000	14,000	20,000
Caribbean, 5688						
Conv	1200	4500	9000	15,000	21,000	30,000
HdTp	800	4050	8100	13,500	18,900	27,000
Patrician, 5680						
Sed	500	1200	3750	6250	8750	12,500

1957 57th L Series
Clipper

	6	5	4	3	2	1
Sed	200	650	1250	2400	4200	6000

	6	5	4	3	2	1
Sta Wag	200	675	1300	2500	4350	6200
1958 58th L Series						
HdTp	450	950	2100	4750	6650	9500
Sed	200	675	1300	2600	4400	6300
Sta Wag	350	700	1350	2700	4500	6400
Hawk	650	2000	5100	8500	11,900	17,000

PIERCE-ARROW

	6	5	4	3	2	1
1901						
1-cyl., 2-3/4 hp						
Motorette	1200	4800	9600	16,000	22,400	32,000
1-cyl., 3-3/4 hp						
Motorette	1200	5250	10,500	17,500	24,500	35,000
1902						
1-cyl., 3-1/2 hp, 58" wb						
Motorette	1200	5250	10,500	17,500	24,500	35,000
1903						
1-cyl., 5 hp						
Rbt	1200	5550	11,100	18,500	25,900	37,000
1-cyl., 6-1/2 hp						
Stanhope	1200	5850	11,700	19,500	27,300	39,000
2-cyl., 15 hp						
5P Tr	1500	6750	13,500	22,500	31,500	45,000
1904						
1-cyl., 8 hp, 70" wb						
Stanhope	1500	6000	12,000	20,000	28,000	40,000
Stanhope-2P	1200	5700	11,400	19,000	26,600	38,000
4 cyl., 24/28 hp, 93" wb						
Great Arrow 5P Tr	2000	11,400	22,800	38,000	56,000	76,000
2-cyl., 15 hp, 81" wb						
5P Tr	1500	6750	13,500	22,500	31,500	45,000
4-cyl., 24/28 hp 93" wb						
Great Arrow Tr	2000	10,200	20,400	34,000	47,600	68,000
1905						
1-cyl., 8 hp, 70" wb						
Stanhope	1200	5700	11,400	19,000	26,600	38,000
Stanhope	1500	6000	12,000	20,000	28,000	40,000
Great Arrow- 4-cyl., 24/28 hp, 100" wb						
5P Tonneau	2000	9900	19,800	33,000	46,200	66,000
5P Canopy Tonneau	2000	10,200	20,400	34,000	47,600	68,000
5P Vic	2000	9000	18,000	30,000	42,000	60,000
5P Cape Tonneau	2000	9300	18,600	31,000	43,400	62,000
Great Arrow- 4-cyl., 28/32 hp, 104" wb						
5P Tonneau	2000	10,500	21,000	35,000	49,000	70,000
5P Canopy Tonneau	2000	10,200	20,400	34,000	47,600	68,000
5P Vic	2000	9900	19,800	33,000	46,200	66,000
5P Cape Tonneau	2000	10,200	20,400	34,000	47,600	68,000
Great Arrow- 4-cyl., 28/32 hp, 109" wb						
7P Lan'let	2000	8250	16,500	27,500	38,500	55,000
7P Sub	1500	7500	15,000	25,000	35,000	50,000
8P Opera Coach	2000	8550	17,100	28,500	39,900	57,000
4-cyl., 24/28 hp, 100" wb						
Great Arrow Tr	2000	10,200	20,400	34,000	47,600	68,000
Great Arrow Lan'let	2000	9600	19,200	32,000	44,800	64,000
Great Arrow Sub	2000	9000	18,000	30,000	42,000	60,000
4-cyl., 28/32 hp, 104" wb						
Great Arrow Opera Coach	2000	10,800	21,600	36,000	50,500	72,000
1906						
Motorette - 1-cyl., 8 hp, 70" wb						
Stanhope	1200	5250	10,500	17,500	24,500	35,000
Great Arrow - 4-cyl., 28/32 hp, 107" wb						
5P Tr	2000	10,500	21,000	35,000	49,000	70,000
5P Vic	2000	9000	18,000	30,000	42,000	60,000
8P Open Coach	2000	11,100	22,200	37,000	52,000	74,000
7P Sub	2000	10,800	21,600	36,000	50,500	72,000
7P Lan'let	2000	9900	19,800	33,000	46,200	66,000
Great Arrow - 4-cyl., 40/45 hp, 109" wb						
7P Tr	2000	11,400	22,800	38,000	56,000	76,000
8P Open Coach	2000	11,700	23,400	39,000	58,000	78,000

	6	**5**	**4**	**3**	**2**	**1**
7P Sub	2000	11,400	22,800	38,000	56,000	76,000
7P Lan'let	2000	10,500	21,000	35,000	49,000	70,000

1907
Great Arrow - 4-cyl., 28/32 hp, 112" wb

5P Tr	2000	11,700	23,400	39,000	58,000	78,000
5P Limo	2000	10,500	21,000	35,000	49,000	70,000
7P Sub	2000	10,800	21,600	36,000	50,500	72,000

Great Arrow - 4-cyl., 40/45 hp, 124" wb

7P Tr	3500	12,000	24,000	40,000	60,000	80,000
7P Limo	2000	11,400	22,800	38,000	56,000	76,000
7P Sub	2000	11,700	23,400	39,000	58,000	78,000

Great Arrow - 6-cyl., 65 hp, 135" wb

7P Tr	3500	12,000	24,000	40,000	60,000	80,000

1908
Great Arrow - 4-cyl., 30 hp, 112" wb

Tr	2000	10,500	21,000	35,000	49,000	70,000

Great Arrow - 4-cyl., 40 hp, 124" wb

Tr	3500	12,000	24,000	40,000	60,000	80,000
Sub	2000	11,400	22,800	38,000	56,000	76,000

Great Arrow - 6-cyl., 40 hp, 130" wb

Tr	3500	12,900	25,800	48,200	66,000	86,000
Sub	3500	12,000	24,000	40,000	60,000	80,000
Rdstr	3500	12,600	25,200	42,000	64,000	84,000

Great Arrow - 6-cyl., 60 hp, 135" wb

Tr	3500	13,500	27,000	45,000	70,000	90,000
Sub	3500	12,000	24,000	40,000	60,000	80,000
Rdstr	3500	12,900	25,800	48,200	66,000	86,000

1909
Model 24 - 4 cyl., 24 hp, 111-1/2" wb

3P Rbt	1200	5250	10,500	17,500	24,500	35,000
3P Vic Top Rbt	1200	5550	11,100	18,500	25,900	37,000
2P Rbt	1200	5100	10,200	17,000	23,800	34,000
4P Tr Car	1500	6000	12,000	20,000	28,000	40,000
5P Lan'let	1200	5700	11,400	19,000	26,600	38,000
5P Brgm	1200	5850	11,700	19,500	27,300	39,000

Model 36 - 6-cyl., 36 hp, 119" wb

5P Tr	1500	6600	13,200	22,000	30,800	44,000
5P Cape Top Tr	1500	6750	13,500	22,500	31,500	45,000
2P Rbt	1200	5850	11,700	19,500	27,300	39,000
3P Rbt	1200	5900	11,850	19,750	27,650	39,500
4P Tr	1500	6450	12,900	21,500	30,100	43,000
5P Brgm	1500	6000	12,000	20,000	28,000	40,000
5P Lan'let	1500	6300	12,600	21,000	29,400	42,000

Model 40 - 4-cyl., 40 hp, 124" wb

7P Sub	2000	8250	16,500	27,500	38,500	55,000
4P Tr Car	2000	8100	16,200	27,000	37,800	54,000
7P Tr	2000	8250	16,500	27,500	38,500	55,000
7P Lan	1500	7500	15,000	25,000	35,000	50,000

Model 48 - 6-cyl., 48 hp, 130" wb

4P Tr	2000	9300	18,600	31,000	43,400	62,000
4P Cape Top Tr	2000	9600	19,200	32,000	44,800	64,000
2P Tr	2000	9000	18,000	30,000	42,000	60,000
3P Tr	2000	9300	18,600	31,000	43,400	62,000
7P Tr	2000	9900	19,800	33,000	46,200	66,000
7P Lan	2000	9000	18,000	30,000	42,000	60,000
7P Sub	2000	9900	19,800	33,000	46,200	66,000

Model 60 - 6-cyl., 60 hp, 135" wb

7P Tr	2000	11,400	22,800	38,000	56,000	76,000
7P Cape Top Tr	2000	11,700	23,400	39,000	58,000	78,000
7P Sub	2000	11,700	23,400	39,000	58,000	78,000
7P Lan	2000	10,500	21,000	35,000	49,000	70,000

1910
Model 36 - 6-cyl., 36 hp, 125" wb

5P Lan'let	1500	6600	13,200	22,000	30,800	44,000
4P Miniature Tonneau	1500	6300	12,600	21,000	29,400	42,000
5P Tr	1500	6600	13,200	22,000	30,800	44,000
5P Brgm	1500	6000	12,000	20,000	28,000	40,000
Rbt (119" wb)	1500	6000	12,000	20,000	28,000	40,000

Model 48 - 6-cyl., 48 hp, 134-1/2" wb

7P Lan'let	1500	7500	15,000	25,000	35,000	50,000
Miniature Tonneau	1500	7200	14,400	24,000	33,600	48,000
7P Tr	2000	8250	16,500	27,500	38,500	55,000
7P Sub	2000	8250	16,500	27,500	38,500	55,000

	6	5	4	3	2	1
Rbt (128" wb)	1500	7500	15,000	25,000	35,000	50,000

Model 66 - 6-cyl., 66 hp, 140" wb

7P Tr	2000	11,400	22,800	38,000	56,000	76,000
4P Miniature Tonneau	2000	10,500	21,000	35,000	49,000	70,000
7P Sub	2000	11,400	22,800	38,000	56,000	76,000
7P Lan'let	2000	10,500	21,000	35,000	49,000	70,000
Rbt (133-1/2" wb)	2000	10,200	20,400	34,000	47,600	68,000

1911

Model 36T - 6-cyl., 38 hp, 125" wb

5P Tr	2000	10,800	21,600	36,000	50,500	72,000
3P Rbt	2000	10,200	20,400	34,000	47,600	68,000
4P Miniature Tonneau	2000	10,200	20,400	34,000	47,600	68,000
5P Brgm	2000	9300	18,600	31,000	43,400	62,000
5P Lan'let	2000	9900	19,800	33,000	46,200	66,000

Model 48T - 6-cyl., 48 hp, 134-1/2" wb

7P Tr	2000	11,700	23,400	39,000	58,000	78,000
Rbt	2000	10,500	21,000	35,000	49,000	70,000
Miniature Tonneau	2000	10,800	21,600	36,000	50,500	72,000
5P Close Coupled	2000	9000	18,000	30,000	42,000	60,000
5P Protected Tr	2000	10,500	21,000	35,000	49,000	70,000
Sub	2000	11,400	22,800	38,000	56,000	76,000
Lan	2000	11,400	22,800	38,000	56,000	76,000

Model 66T - 6-cyl., 66 hp, 140" wb

7P Tr	3500	12,300	24,600	41,000	62,000	82,000
Rbt	2000	11,400	22,800	38,000	56,000	76,000
Miniature Tonneau	2000	11,700	23,400	39,000	58,000	78,000
5P Protected Tr	2000	11,400	22,800	38,000	56,000	76,000
Close Coupled	2000	9900	19,800	33,000	46,200	66,000
Sub	3500	12,000	24,000	40,000	60,000	80,000
Lan	3500	12,000	24,000	40,000	60,000	80,000

1912

Model 36T - 6 cyl., 36 hp, 127-1/2" wb

4P Tr	2000	10,500	21,000	35,000	49,000	70,000
5P Tr	2000	10,500	21,000	35,000	49,000	70,000
Brgm	2000	9900	19,800	33,000	46,200	66,000
Lan'let	2000	9900	19,800	33,000	46,200	66,000
Rbt (119" wb)	2000	10,200	20,400	34,000	47,600	68,000

Model 48 - 6-cyl., 48 hp, 134-1/2" wb

4P Tr	2000	11,400	22,800	38,000	56,000	76,000
5P Tr	2000	11,400	22,800	38,000	56,000	76,000
7P Tr	2000	11,700	23,400	39,000	58,000	78,000
Brgm	2000	10,500	21,000	35,000	49,000	70,000
Lan'let	2000	10,500	21,000	35,000	49,000	70,000
Sub	2000	11,100	22,200	37,000	52,000	74,000
Lan	2000	11,100	22,200	37,000	52,000	74,000
Vestibule Sub	2000	11,100	22,200	37,000	52,000	74,000
Rbt (128" wb)	2000	10,800	21,600	36,000	50,500	72,000

Model 66 - 6-cyl., 66 hp, 140" wb

4P Tr	3500	12,000	24,000	40,000	60,000	80,000
5P Tr	3500	12,300	24,600	41,000	62,000	82,000
7P Tr	3500	12,600	25,200	42,000	64,000	84,000
Sub	3500	12,300	24,600	41,000	62,000	82,000
Lan	3500	12,000	24,000	40,000	60,000	80,000
Vestibule Sub	3500	12,000	24,000	40,000	60,000	80,000
Rbt (133-1/2" wb)	3500	12,000	24,000	40,000	60,000	80,000

1913

Model 38-C - 6-cyl., 38.4 hp, 119" wb

3P Rbt	2000	9000	18,000	30,000	42,000	60,000
4P Tr	2000	9300	18,600	31,000	43,400	62,000
5P Tr	2000	9600	19,200	32,000	44,800	64,000
6P Brgm	2000	8700	17,400	29,000	40,600	58,000
6P Lan'let	2000	8850	17,700	29,500	41,300	59,000

Model 48-B - 6-cyl., 48.6 hp, 134-1/2" wb

5P Tr	2000	11,400	22,800	38,000	56,000	76,000
Rbt	2000	11,100	22,200	37,000	52,000	74,000
4P Tr	2000	11,400	22,800	38,000	56,000	76,000
7P Tr	2000	11,700	23,400	39,000	58,000	78,000
Brgm	2000	9000	18,000	30,000	42,000	60,000
Lan'let	2000	9300	18,600	31,000	43,400	62,000
7P Sub	2000	9900	19,800	33,000	46,200	66,000
7P Lan	2000	9600	19,200	32,000	44,800	64,000
Vestibule Sub	2000	10,200	20,400	34,000	47,600	68,000
Vestibule Lan	2000	10,200	20,400	34,000	47,600	68,000

Model 66-A - 6-cyl., 60 hp, 147-1/2" wb

	6	5	4	3	2	1
7P Tr	3500	13,200	26,400	44,000	68,000	88,000
Rbt	3500	12,000	24,000	40,000	60,000	80,000
4P Tr	3500	12,900	25,800	48,200	66,000	86,000
5P Tr	3500	12,900	25,800	48,200	66,000	86,000
Brgm	2000	10,500	21,000	35,000	49,000	70,000
Lan'let	2000	10,500	21,000	35,000	49,000	70,000
7P Sub	2000	11,400	22,800	38,000	56,000	76,000
7P Lan	2000	11,400	22,800	38,000	56,000	76,000
Vestibule Sub	2000	11,700	23,400	39,000	58,000	78,000
Vestibule Lan	2000	11,700	23,400	39,000	58,000	78,000

1914
Model 38-C - 6-cyl., 38.4 hp, 132" wb

	6	5	4	3	2	1
5P Tr	2000	9600	19,200	32,000	44,800	64,000
4P Tr	2000	9300	18,600	31,000	43,400	62,000
7P Brgm	2000	8700	17,400	29,000	40,600	58,000
7P Lan'let	2000	8850	17,700	29,500	41,300	59,000
Vestibule Brgm	2000	9000	18,000	30,000	42,000	60,000
Vestibule Lan	2000	9000	18,000	30,000	42,000	60,000
3P Rbt (127-1/2" wb)	2000	9300	18,600	31,000	43,400	62,000

Model 48-B - 6-cyl., 48.6 hp, 142" wb

	6	5	4	3	2	1
4P Tr	2000	11,400	22,800	38,000	56,000	76,000
5P Tr	2000	11,700	23,400	39,000	58,000	78,000
7P Tr	3500	12,000	24,000	40,000	60,000	80,000
7P Sub	2000	11,700	23,400	39,000	58,000	78,000
7P Lan	2000	10,800	21,600	36,000	50,500	72,000
Vestibule Sub	2000	10,500	21,000	35,000	49,000	70,000
Vestibule Lan	2000	10,500	21,000	35,000	49,000	70,000
Brgm	2000	10,500	21,000	35,000	49,000	70,000
Lan	2000	10,800	21,600	36,000	50,500	72,000
Vestibule Brgm	2000	10,800	21,600	36,000	50,500	72,000
Vestibule Lan'let	2000	10,800	21,600	36,000	50,500	72,000
3P Rbt (134-1/2 "wb)	2000	11,100	22,200	37,000	52,000	74,000

Model 66-A - 6-cyl., 60 hp, 147-1/2" wb

	6	5	4	3	2	1
4P Tr	3500	12,600	25,200	42,000	64,000	84,000
5P Tr	3500	12,900	25,800	48,200	66,000	86,000
7P Tr	3500	13,200	26,400	44,000	68,000	88,000
7P Sub	3500	12,600	25,200	42,000	64,000	84,000
7P Lan	3500	12,000	24,000	40,000	60,000	80,000
Vestibule Lan	3500	12,000	24,000	40,000	60,000	80,000
7P Brgm	3500	12,000	24,000	40,000	60,000	80,000
7P Lan	3500	12,000	24,000	40,000	60,000	80,000
Vestibule Brgm	3500	12,300	24,600	41,000	62,000	82,000
Vestibule Lan	3500	12,300	24,600	41,000	62,000	82,000
3P Rbt	3500	12,300	24,600	41,000	62,000	82,000

1915
Model 38-C - 6-cyl., 38.4 hp, 134" wb

	6	5	4	3	2	1
5P Tr	2000	9300	18,600	31,000	43,400	62,000
4P Tr	2000	9000	18,000	30,000	42,000	60,000
2P Rbt	2000	8550	17,100	28,500	39,900	57,000
2P Cpe Rbt	2000	8250	16,500	27,500	38,500	55,000
7P Brgm	2000	8100	16,200	27,000	37,800	54,000
7P Lan'let	2000	8100	16,200	27,000	37,800	54,000
7P Sed	1500	7500	15,000	25,000	35,000	50,000
7P Brgm Lan'let	2000	8250	16,500	27,500	38,500	55,000
Vestibule Brgm	2000	8550	17,100	28,500	39,900	57,000
Vestibule Lan'let	2000	8550	17,100	28,500	39,900	57,000
Vestibule Brgm Lan'let	2000	8550	17,100	28,500	39,900	57,000

Model 48-B - 6-cyl., 48.6 hp, 142" wb

	6	5	4	3	2	1
5P Tr	2000	11,100	22,200	37,000	52,000	74,000
4P Tr	2000	11,100	22,200	37,000	52,000	74,000
7P Tr	2000	11,400	22,800	38,000	56,000	76,000
2P Rbt	2000	10,800	21,600	36,000	50,500	72,000
2P Cpe Rbt	2000	10,500	21,000	35,000	49,000	70,000
Cpe	2000	10,500	21,000	35,000	49,000	70,000
7P Sub	2000	10,500	21,000	35,000	49,000	70,000
7P Lan	2000	10,500	21,000	35,000	49,000	70,000
7P Brgm	2000	10,500	21,000	35,000	49,000	70,000
Sub Lan	2000	10,500	21,000	35,000	49,000	70,000
Vestibule Sub	2000	10,800	21,600	36,000	50,500	72,000
Vestibule Lan	2000	10,800	21,600	36,000	50,500	72,000
Vestibule Brgm	2000	10,500	21,000	35,000	49,000	70,000
Vestibule Sub Lan	2000	10,500	21,000	35,000	49,000	70,000

Model 66-A - 6-cyl., 60 hp, 147-1/2" wb

	6	5	4	3	2	1
7P Tr	3500	13,200	26,400	44,000	68,000	88,000
4P Tr	3500	12,600	25,200	42,000	64,000	84,000
5P Tr	3500	12,900	25,800	48,200	66,000	86,000
2P Rbt	3500	12,300	24,600	41,000	62,000	82,000
2P Cpe Rbt	3500	12,000	24,000	40,000	60,000	80,000
7P Sub	3500	12,600	25,200	42,000	64,000	84,000
7P Lan	3500	12,600	25,200	42,000	64,000	84,000
7P Brgm	3500	12,600	25,200	42,000	64,000	84,000
7P Sub Lan	3500	12,600	25,200	42,000	64,000	84,000
Vestibule Lan	3500	12,900	25,800	48,200	66,000	86,000
Vestibule Sub	3500	12,900	25,800	48,200	66,000	86,000
Vestibule Brgm	3500	12,600	25,200	42,000	64,000	84,000
Vestibule Sub Lan	3500	12,900	25,800	48,200	66,000	86,000

1916
Model 38-C - 6-cyl., 38.4 hp, 134" wb

	6	5	4	3	2	1
5P Tr	2000	10,200	20,400	34,000	47,600	68,000
4P Tr	2000	10,200	20,400	34,000	47,600	68,000
2P Rbt	2000	9900	19,800	33,000	46,200	66,000
3P Rbt	2000	9900	19,800	33,000	46,200	66,000
3P Cpe	2000	8250	16,500	27,500	38,500	55,000
2P Cpe	2000	8250	16,500	27,500	38,500	55,000
7P Brgm	2000	8100	16,200	27,000	37,800	54,000
7P Lan'let	2000	8100	16,200	27,000	37,800	54,000
7P Sed	1500	7800	15,600	26,000	36,400	52,000
Brgm Lan'let	2000	8250	16,500	27,500	38,500	55,000
Vestibule Brgm	2000	8550	17,100	28,500	39,900	57,000
Vestibule Lan'let	2000	8550	17,100	28,500	39,900	57,000
Vestibule Brgm Lan'let	2000	8550	17,100	28,500	39,900	57,000

Model 48-B - 6-cyl., 48.6 hp, 142" wb

	6	5	4	3	2	1
7P Tr	2000	11,700	23,400	39,000	58,000	78,000
4P Tr	2000	11,400	22,800	38,000	56,000	76,000
5P Tr	2000	11,700	23,400	39,000	58,000	78,000
2P Rbt	2000	11,400	22,800	38,000	56,000	76,000
3P Rbt	2000	11,400	22,800	38,000	56,000	76,000
2P Cpe	2000	9900	19,800	33,000	46,200	66,000
3P Cpe	2000	9900	19,800	33,000	46,200	66,000
7P Sub	2000	10,500	21,000	35,000	49,000	70,000
7P Lan	2000	10,500	21,000	35,000	49,000	70,000
7P Brgm	2000	10,200	20,400	34,000	47,600	68,000
Sub Lan	2000	10,500	21,000	35,000	49,000	70,000
Vestibule Sub	2000	10,500	21,000	35,000	49,000	70,000
Vestibule Lan	2000	10,500	21,000	35,000	49,000	70,000
Vestibule Brgm	2000	10,200	20,400	34,000	47,600	68,000
Vestibule Sub Lan	2000	10,500	21,000	35,000	49,000	70,000

Model 66-A - 6-cyl., 60 hp, 147-1/2" wb

	6	5	4	3	2	1
7P Tr	3500	12,900	25,800	48,200	66,000	86,000
4P Tr	3500	12,600	25,200	42,000	64,000	84,000
5P Tr	3500	12,600	25,200	42,000	64,000	84,000
2P Rbt	3500	12,300	24,600	41,000	62,000	82,000
3P Rbt	3500	12,600	25,200	42,000	64,000	84,000
2P Cpe	2000	11,400	22,800	38,000	56,000	76,000
3P Cpe	2000	11,400	22,800	38,000	56,000	76,000
7P Sub	3500	12,000	24,000	40,000	60,000	80,000
7P Lan	2000	11,700	23,400	39,000	58,000	78,000
7P Brgm	2000	11,700	23,400	39,000	58,000	78,000
Sub Lan	2000	11,700	23,400	39,000	58,000	78,000
Vestibule Lan	2000	11,700	23,400	39,000	58,000	78,000
Vestibule Sub	2000	11,700	23,400	39,000	58,000	78,000
Vestibule Brgm	2000	11,700	23,400	39,000	58,000	78,000
Vestibule Sub Lan	2000	11,700	23,400	39,000	58,000	78,000

1917
Model 38 - 6-cyl., 38.4 hp, 134" wb

	6	5	4	3	2	1
5P Tr	2000	9000	18,000	30,000	42,000	60,000
2P Rbt	2000	8700	17,400	29,000	40,600	58,000
3P Rbt	2000	8700	17,400	29,000	40,600	58,000
2P Cpe	1500	6750	13,500	22,500	31,500	45,000
3P Cpe	1500	6900	13,800	23,000	32,200	46,000
4P Tr	2000	8850	17,700	29,500	41,300	59,000
Brgm	1500	6600	13,200	22,000	30,800	44,000
Lan'let	1500	6600	13,200	22,000	30,800	44,000
Sed	1500	6150	12,300	20,500	28,700	41,000
Vestibule Brgm	1500	6750	13,500	22,500	31,500	45,000

	6	5	4	3	2	1
Brgm Lan'let	1500	6750	13,500	22,500	31,500	45,000
Vestibule Brgm-Lan'let	1500	7050	14,100	23,500	32,900	47,000
Fr Brgm	1500	7050	14,100	23,500	32,900	47,000
Fr Brgm-Lan'let	1500	7050	14,100	23,500	32,900	47,000
Model 48 - 6-cyl., 48.6 hp, 142" wb						
7P Tr	2000	10,500	21,000	35,000	49,000	70,000
2P Rbt	2000	9900	19,800	33,000	46,200	66,000
3P Rbt	2000	10,200	20,400	34,000	47,600	68,000
2P Cpe	2000	8250	16,500	27,500	38,500	55,000
3P Cpe	2000	8250	16,500	27,500	38,500	55,000
5P Tr	2000	10,500	21,000	35,000	49,000	70,000
4P Tr	2000	10,200	20,400	34,000	47,600	68,000
Brgm	2000	8100	16,200	27,000	37,800	54,000
Sub	2000	8250	16,500	27,500	38,500	55,000
Lan	2000	8250	16,500	27,500	38,500	55,000
Sub-Lan	2000	8250	16,500	27,500	38,500	55,000
Vestibule Sub	2000	8550	17,100	28,500	39,900	57,000
Vestibule Lan	2000	8550	17,100	28,500	39,900	57,000
Vestibule Brgm	2000	8400	16,800	28,000	39,200	56,000
Vestibule Sub-Lan	2000	8550	17,100	28,500	39,900	57,000
Model 66 - 6-cyl., 60 hp, 147-1/2" wb						
7P Tr	3500	12,900	25,800	48,200	66,000	86,000
2P Rbt	3500	12,300	24,600	41,000	62,000	82,000
3P Rbt	3500	12,300	24,600	41,000	62,000	82,000
2P Cpe	2000	11,400	22,800	38,000	56,000	76,000
3P Cpe	2000	11,400	22,800	38,000	56,000	76,000
4P Tr	3500	12,600	25,200	42,000	64,000	84,000
5P Tr	3500	12,600	25,200	42,000	64,000	84,000
Brgm	2000	10,200	20,400	34,000	47,600	68,000
Sub	2000	10,500	21,000	35,000	49,000	70,000
Lan	2000	10,500	21,000	35,000	49,000	70,000
Sub-Lan	2000	10,500	21,000	35,000	49,000	70,000
Vestibule Sub	2000	10,500	21,000	35,000	49,000	70,000
Vestibule Lan	2000	10,500	21,000	35,000	49,000	70,000
Vestibule Brgm	2000	10,500	21,000	35,000	49,000	70,000
Vestibule Sub-Lan	2000	10,500	21,000	35,000	49,000	70,000
1918						
Model 38 - 6-cyl., 38.4 hp, 134" wb						
5P Tr	2000	10,500	21,000	35,000	49,000	70,000
2P Rbt	2000	10,200	20,400	34,000	47,600	68,000
3P Rbt	2000	10,200	20,400	34,000	47,600	68,000
2P Cpe	2000	8850	17,700	29,500	41,300	59,000
3P Cpe	2000	8850	17,700	29,500	41,300	59,000
2P Conv Rds	2000	10,200	20,400	34,000	47,600	68,000
3P Conv Rds	2000	10,200	20,400	34,000	47,600	68,000
4P Rds	2000	10,500	21,000	35,000	49,000	70,000
4P Tr	2000	10,200	20,400	34,000	47,600	68,000
Brgm	2000	9000	18,000	30,000	42,000	60,000
Lan'let	2000	9000	18,000	30,000	42,000	60,000
Sed	2000	8250	16,500	27,500	38,500	55,000
Vestibule Brgm	2000	8550	17,100	28,500	39,900	57,000
Brgm-Lan'let	2000	8400	16,800	28,000	39,200	56,000
Vestibule Lan'let	2000	8850	17,700	29,500	41,300	59,000
Vestibule Brgm-Lan'let	2000	8850	17,700	29,500	41,300	59,000
Fr Brgm	2000	8700	17,400	29,000	40,600	58,000
Fr Brgm-Lan'let	2000	8700	17,400	29,000	40,600	58,000
Twn Brgm	2000	8700	17,400	29,000	40,600	58,000
Model 48 - 6-cyl., 48.6 hp, 142" wb						
2P Rbt	2000	10,500	21,000	35,000	49,000	70,000
4P Rbt	2000	10,500	21,000	35,000	49,000	70,000
3P Rbt	2000	10,500	21,000	35,000	49,000	70,000
2P Cpe	2000	9300	18,600	31,000	43,400	62,000
3P Cpe	2000	9300	18,600	31,000	43,400	62,000
2P Conv Rds	2000	10,500	21,000	35,000	49,000	70,000
3P Conv Rds	2000	10,800	21,600	36,000	50,500	72,000
4P Tr	2000	11,100	22,200	37,000	52,000	74,000
5P Tr	2000	11,100	22,200	37,000	52,000	74,000
Brgm	2000	9900	19,800	33,000	46,200	66,000
Sub	2000	9900	19,800	33,000	46,200	66,000
Lan	2000	9900	19,800	33,000	46,200	66,000
Sub Lan	2000	9900	19,800	33,000	46,200	66,000
Vestibule Sub	2000	9900	19,800	33,000	46,200	66,000
Vestibule Lan	2000	9900	19,800	33,000	46,200	66,000
Vestibule Brgm	2000	10,200	20,400	34,000	47,600	68,000

	6	5	4	3	2	1
Vestibule Sub-Lan	2000	10,500	21,000	35,000	49,000	70,000
Fr Brgm	2000	9900	19,800	33,000	46,200	66,000
7P Tr	2000	11,400	22,800	38,000	56,000	76,000
7P Sub Lan	2000	10,500	21,000	35,000	49,000	70,000
Model 66 - 6-cyl., 60 hp, 147-1/2" wb						
2P Rbt	3500	12,000	24,000	40,000	60,000	80,000
3P Rbt	3500	12,000	24,000	40,000	60,000	80,000
2P Cpe	2000	11,400	22,800	38,000	56,000	76,000
3P Cpe	2000	11,400	22,800	38,000	56,000	76,000
2P Con Rds	3500	12,000	24,000	40,000	60,000	80,000
3P Con Rds	3500	12,300	24,600	41,000	62,000	82,000
4P Tr	3500	12,600	25,200	42,000	64,000	84,000
5P Tr	3500	12,600	25,200	42,000	64,000	84,000
7P Tr	3500	12,900	25,800	48,200	66,000	86,000
Brgm	2000	10,500	21,000	35,000	49,000	70,000
Sub	2000	10,800	21,600	36,000	50,500	72,000
Lan	2000	10,800	21,600	36,000	50,500	72,000
Sub-Lan	2000	10,800	21,600	36,000	50,500	72,000
Vestibule Lan	2000	11,400	22,800	38,000	56,000	76,000
Vestibule Brgm	2000	11,400	22,800	38,000	56,000	76,000
Vestibule Sub	2000	11,400	22,800	38,000	56,000	76,000
Vestibule Sub Lan	2000	11,400	22,800	38,000	56,000	76,000
1919						
Model 48-B-5 - 6-cyl., 48.6 hp, 142" wb						
7P Tr	3500	12,900	25,800	48,200	66,000	86,000
2P Rbt	2000	11,700	23,400	39,000	58,000	78,000
3P Rbt	2000	11,700	23,400	39,000	58,000	78,000
4P Tr	3500	12,000	24,000	40,000	60,000	80,000
4P Rds	3500	12,600	25,200	42,000	64,000	84,000
5P Tr	3500	12,900	25,800	48,200	66,000	86,000
2P Cpe	2000	10,500	21,000	35,000	49,000	70,000
3P Cpe	2000	10,500	21,000	35,000	49,000	70,000
2P Con Rds	2000	11,400	22,800	38,000	56,000	76,000
3P Con Rds	2000	11,400	22,800	38,000	56,000	76,000
Brgm	2000	10,500	21,000	35,000	49,000	70,000
Brgm Lan'let	2000	10,500	21,000	35,000	49,000	70,000
Fr Brgm	2000	10,500	21,000	35,000	49,000	70,000
Fr Brgm Lan'let	2000	10,500	21,000	35,000	49,000	70,000
Sub	2000	10,500	21,000	35,000	49,000	70,000
Sub Lan	2000	10,500	21,000	35,000	49,000	70,000
Vestibule Brgm	2000	10,500	21,000	35,000	49,000	70,000
Vestibule Brgm Lan	2000	10,500	21,000	35,000	49,000	70,000
Vestibule Sub	2000	10,800	21,600	36,000	50,500	72,000
Vestibule Lan	2000	10,800	21,600	36,000	50,500	72,000
Vestibule Sub Lan	2000	10,800	21,600	36,000	50,500	72,000

1920 Pierce-Arrow Coupe

1920
Model 38 - 6 cyl., 38 hp, 134" wb

	6	5	4	3	2	1
2P & 3P Rbt	2000	9900	19,800	33,000	46,200	66,000
4P Tr	2000	9900	19,800	33,000	46,200	66,000
4P Rds	2000	9900	19,800	33,000	46,200	66,000
5P Tr	2000	10,200	20,400	34,000	47,600	68,000
7P Tr	2000	10,500	21,000	35,000	49,000	70,000
2P & 3P Cpe	2000	8250	16,500	27,500	38,500	55,000
4P Sed	1500	6000	12,000	20,000	28,000	40,000
7P Sed	1500	6300	12,600	21,000	29,400	42,000
Brgm	1500	6750	13,500	22,500	31,500	45,000
Fr Brgm	1500	7050	14,100	23,500	32,900	47,000
Brgm Lan'let	1500	7050	14,100	23,500	32,900	47,000
Tourer Brgm	1500	7050	14,100	23,500	32,900	47,000
Vestibule Brgm	1500	7200	14,400	24,000	33,600	48,000

Model 48 - 6-cyl., 48 hp, 142" wb

2P & 4P Rbt	2000	10,200	20,400	34,000	47,600	68,000
4P Tr	2000	10,500	21,000	35,000	49,000	70,000
4P Rds	2000	10,500	21,000	35,000	49,000	70,000
5P Tr	2000	10,800	21,600	36,000	50,500	72,000
6P Tr	2000	11,400	22,800	38,000	56,000	76,000
2P & 3P Cpe	2000	9000	18,000	30,000	42,000	60,000
5P Brgm	2000	9600	19,200	32,000	44,800	64,000
7P Fr Brgm	2000	9600	19,200	32,000	44,800	64,000
7P Sub	2000	9900	19,800	33,000	46,200	66,000
7P Vestibule Sub	2000	10,200	20,400	34,000	47,600	68,000
7P Fr Sub	2000	9900	19,800	33,000	46,200	66,000

1921
Model 38 - 6-cyl., 38 hp, 138" wb

4P Tr	2000	9900	19,800	33,000	46,200	66,000
6P Tr	2000	9900	19,800	33,000	46,200	66,000
7P Tr	2000	10,200	20,400	34,000	47,600	68,000
3P Rds	2000	10,200	20,400	34,000	47,600	68,000
4P Cpe	2000	8250	16,500	27,500	38,500	55,000
7P Brgm	1500	7500	15,000	25,000	35,000	50,000
7P Limo	1500	7800	15,600	26,000	36,400	52,000
6P Sed	1500	7500	15,000	25,000	35,000	50,000
Vestibule 6P Sed	1500	7800	15,600	26,000	36,400	52,000
7P Lan	2000	8100	16,200	27,000	37,800	54,000

1922
Model 38 - 6-cyl., 38 hp, 138" wb

4P Tr	2000	9900	19,800	33,000	46,200	66,000
7P Tr	2000	10,200	20,400	34,000	47,600	68,000
3P Rds	2000	9900	19,800	33,000	46,200	66,000
7P Brgm	1500	7500	15,000	25,000	35,000	50,000
Cpe Sed	1500	7350	14,700	24,500	34,300	49,000
3P Cpe	2000	8250	16,500	27,500	38,500	55,000
4P Sed	2000	8400	16,800	28,000	39,200	56,000
Lan'let	1500	7350	14,700	24,500	34,300	49,000
Limo	1500	7500	15,000	25,000	35,000	50,000
Fml Limo	1500	7800	15,600	26,000	36,400	52,000
Vestibule Sed	2000	8100	16,200	27,000	37,800	54,000
Sed	2000	8250	16,500	27,500	38,500	55,000

1923
Model 38 - 6-cyl., 138" wb

7P Tr	2000	9000	18,000	30,000	42,000	60,000
4P Tr	2000	8700	17,400	29,000	40,600	58,000
2P Rbt	2000	8250	16,500	27,500	38,500	55,000
3P Cpe	1500	7200	14,400	24,000	33,600	48,000
4P Cpe Sed	1500	6900	13,800	23,000	32,200	46,000
6P Brgm	1500	6750	13,500	22,500	31,500	45,000
4P Sed	1500	6300	12,600	21,000	29,400	42,000
7P Sed	1500	6600	13,200	22,000	30,800	44,000
6P Lan'let	1500	7500	15,000	25,000	35,000	50,000
7P Limo	1500	7800	15,600	26,000	36,400	52,000
7P Encl Drive Limo	2000	8100	16,200	27,000	37,800	54,000
7P Fml Limo	2000	8250	16,500	27,500	38,500	55,000

1924
Model 33 - 6-cyl., 138" wb

7P Tr	2000	9000	18,000	30,000	42,000	60,000
6P Tr	2000	8700	17,400	29,000	40,600	58,000
4P Tr	2000	8400	16,800	28,000	39,200	56,000
Rbt	1500	7800	15,600	26,000	36,400	52,000

	6	5	4	3	2	1
6P Brgm	1500	6750	13,500	22,500	31,500	45,000
3P Cpe	1500	7500	15,000	25,000	35,000	50,000
4P Cpe Sed	1500	7650	15,300	25,500	35,700	51,000
4P 4 dr Sed	1500	7200	14,400	24,000	33,600	48,000
7P Encl Drive Limo	2000	8550	17,100	28,500	39,900	57,000
7P Fml Limo	2000	8700	17,400	29,000	40,600	58,000
6P Lan'let	2000	8700	17,400	29,000	40,600	58,000
7P Limo	2000	8700	17,400	29,000	40,600	58,000
7P Sed	2000	8700	17,400	29,000	40,600	58,000
7P Fml Lan	2000	8850	17,700	29,500	41,300	59,000
7P Limo Lan	2000	8850	17,700	29,500	41,300	59,000
4P Sed Lan	2000	8850	17,700	29,500	41,300	59,000
3P Cpe Lan	2000	9000	18,000	30,000	42,000	60,000
7P Encl Drive Lan	2000	9000	18,000	30,000	42,000	60,000
7P Sed Lan	2000	9000	18,000	30,000	42,000	60,000

1925
Model 80 - 6-cyl., 130" wb

	6	5	4	3	2	1
7P Tr	2000	8250	16,500	27,500	38,500	55,000
4P Tr	2000	8100	16,200	27,000	37,800	54,000
5P Sed	1500	6300	12,600	21,000	29,400	42,000
4P Cpe	1500	7050	14,100	23,500	32,900	47,000
7P Sed	1500	6450	12,900	21,500	30,100	43,000
Encl Drive Limo	1500	7500	15,000	25,000	35,000	50,000
2P Rbt	1500	7800	15,600	26,000	36,400	52,000

Model 33 - 6-cyl., 138" wb

	6	5	4	3	2	1
2P Rbt	2000	8550	17,100	28,500	39,900	57,000
4P Tr	2000	8700	17,400	29,000	40,600	58,000
6P Tr	2000	8850	17,700	29,500	41,300	59,000
7P Tr	2000	9000	18,000	30,000	42,000	60,000
Brgm	1500	7800	15,600	26,000	36,400	52,000
Cpe	2000	8250	16,500	27,500	38,500	55,000
4P Sed	1500	7500	15,000	25,000	35,000	50,000
Cpe Sed	1500	7500	15,000	25,000	35,000	50,000
Lan'let	1500	7800	15,600	26,000	36,400	52,000
7P Sed	1500	7650	15,300	25,500	35,700	51,000
Encl Drive Sed	1500	7800	15,600	26,000	36,400	52,000
Limo	2000	8250	16,500	27,500	38,500	55,000
Lan	2000	8250	16,500	27,500	38,500	55,000
Encl Drive Lan	2000	8400	16,800	28,000	39,200	56,000

1926
Model 80 - 6-cyl., 70 hp, 130" wb

	6	5	4	3	2	1
7P Tr	2000	8250	16,500	27,500	38,500	55,000
4P Tr	1500	7800	15,600	26,000	36,400	52,000
2P Rds	1500	7950	15,900	26,500	37,100	53,000
4P Cpe	1500	7200	14,400	24,000	33,600	48,000
7P Sed	1500	6750	13,500	22,500	31,500	45,000
7P Encl Drive Limo	1500	7500	15,000	25,000	35,000	50,000
5P Sed	1500	6600	13,200	22,000	30,800	44,000
4P Cpe Lan	1500	6900	13,800	23,000	32,200	46,000
5P Coach	1500	6300	12,600	21,000	29,400	42,000

Model 33 - 6-cyl., 100 hp, 138" wb

	6	5	4	3	2	1
4P Tr	2000	9000	18,000	30,000	42,000	60,000
2P Rbt	2000	8700	17,400	29,000	40,600	58,000
6P Tr	2000	9300	18,600	31,000	43,400	62,000
7P Tr	2000	9900	19,800	33,000	46,200	66,000
6P Brgm	2000	8250	16,500	27,500	38,500	55,000
3P Cpe	1500	7050	14,100	23,500	32,900	47,000
4P Sed	1500	6750	13,500	22,500	31,500	45,000
4P Cpe Sed	1500	6900	13,800	23,000	32,200	46,000
4P Encl Drive Limo	2000	8400	16,800	28,000	39,200	56,000
7P Sed	1500	7800	15,600	26,000	36,400	52,000
6P Lan'let	2000	8550	17,100	28,500	39,900	57,000
7P Fr Limo	2000	8550	17,100	28,500	39,900	57,000
7P Sed Lan'let	2000	8700	17,400	29,000	40,600	58,000
4P Sed Lan'let	2000	8550	17,100	28,500	39,900	57,000
3P Cpe Lan'let	2000	8550	17,100	28,500	39,900	57,000
7P Limo	2000	8550	17,100	28,500	39,900	57,000
7P Encl Drive Limo	2000	8400	16,800	28,000	39,200	56,000
7P Encl Drive Lan'let	2000	9000	18,000	30,000	42,000	60,000

1927
Model 80 - 6-cyl., 70 hp, 130" wb

	6	5	4	3	2	1
7P Tr	2000	8400	16,800	28,000	39,200	56,000
4P Tr	2000	8250	16,500	27,500	38,500	55,000

	6	5	4	3	2	1
2P Rds	2000	8100	16,200	27,000	37,800	54,000
4P Cpe	1500	7200	14,400	24,000	33,600	48,000
7P Sed	1500	6300	12,600	21,000	29,400	42,000
7P Encl Drive Limo	2000	8250	16,500	27,500	38,500	55,000
5P Sed	1500	6150	12,300	20,500	28,700	41,000
5P 2 dr Coach	1500	6300	12,600	21,000	29,400	42,000
5P 4 dr Coach	1500	6750	13,500	22,500	31,500	45,000
4P Cpe	1500	7350	14,700	24,500	34,300	49,000
2P Cpe	1500	7050	14,100	23,500	32,900	47,000
7P 4 dr Coach	1500	7050	14,100	23,500	32,900	47,000
7P Limo Coach	1500	7800	15,600	26,000	36,400	52,000

Model 36 - 6-cyl., 100 hp, 138" wb

	6	5	4	3	2	1
2P Rbt	2000	9300	18,600	31,000	43,400	62,000
4P Tr	2000	9600	19,200	32,000	44,800	64,000
7P Tr	2000	9900	19,800	33,000	46,200	66,000
3P Cpe	2000	8850	17,700	29,500	41,300	59,000
4P 4 dr Sed	1500	7500	15,000	25,000	35,000	50,000
4P Cpe Sed	1500	7800	15,600	26,000	36,400	52,000
4P Encl Drive Limo	2000	8700	17,400	29,000	40,600	58,000
7P Encl Drive Lan	2000	8550	17,100	28,500	39,900	57,000
7P Sed	2000	8250	16,500	27,500	38,500	55,000
7P Fr Lan	2000	8400	16,800	28,000	39,200	56,000
7P Sed Lan	2000	8100	16,200	27,000	37,800	54,000
4P Sed Lan	2000	8250	16,500	27,500	38,500	55,000
7P Encl Drive Limo	2000	8400	16,800	28,000	39,200	56,000
7P Fr Limo	2000	8550	17,100	28,500	39,900	57,000
4P Encl Drive Limo	2000	8250	16,500	27,500	38,500	55,000

1928
Model 81 - 6-cyl., 75 hp, 130" wb

	6	5	4	3	2	1
4P Rbt	2000	9300	18,600	31,000	43,400	62,000
4P Tr	2000	9600	19,200	32,000	44,800	64,000
4P Rds	2000	9600	19,200	32,000	44,800	64,000
5P Brgm	2000	8100	16,200	27,000	37,800	54,000
2P Cpe	2000	8250	16,500	27,500	38,500	55,000
5P Clb Sed	2000	8250	16,500	27,500	38,500	55,000
4P Cpe	2000	8400	16,800	28,000	39,200	56,000
5P Sed	1500	7800	15,600	26,000	36,400	52,000
Spt Sed Lan	1500	7950	15,900	26,500	37,100	53,000
Clb Sed Lan	2000	8100	16,200	27,000	37,800	54,000
7P Sed	2000	8100	16,200	27,000	37,800	54,000
4P Cpe DeL	2000	8550	17,100	28,500	39,900	57,000
7P Encl Drive Limo	2000	8850	17,700	29,500	41,300	59,000

Model 36 - 6-cyl., 100 hp, 138" wb

	6	5	4	3	2	1
4P Rbt	2000	11,400	22,800	38,000	56,000	76,000
4P Tr	2000	11,700	23,400	39,000	58,000	78,000
7P Tr	3500	12,000	24,000	40,000	60,000	80,000
Encl Drive Limo	2000	10,500	21,000	35,000	49,000	70,000
7P Sed	2000	9900	19,800	33,000	46,200	66,000
7P Encl Drive Lan'let	2000	10,500	21,000	35,000	49,000	70,000
7P Sed Lan	2000	10,200	20,400	34,000	47,600	68,000
3P Cpe	2000	10,200	20,400	34,000	47,600	68,000
4P Cpe Sed	2000	10,200	20,400	34,000	47,600	68,000
4P Encl Drive Sed	2000	9900	19,800	33,000	46,200	66,000
4P Sed	2000	9000	18,000	30,000	42,000	60,000
6P Encl Drive Limo	2000	10,500	21,000	35,000	49,000	70,000
4P C.C. Sed	2000	9300	18,600	31,000	43,400	62,000
4P Sed Lan	2000	9600	19,200	32,000	44,800	64,000
4P Encl Drive Lan	2000	9300	18,600	31,000	43,400	62,000
6P Fml Limo	2000	10,800	21,600	36,000	50,500	72,000
6P Fr Lan	2000	11,100	22,200	37,000	52,000	74,000

1929
Model 125 - 8-cyl., 125 hp, 133" wb

	6	5	4	3	2	1
4P Rds	3500	12,300	24,600	41,000	62,000	82,000
4P Tr	3500	12,000	24,000	40,000	60,000	80,000
5P Brgm	2000	9000	18,000	30,000	42,000	60,000
4P Cpe	2000	9900	19,800	33,000	46,200	66,000
5P Sed	2000	9300	18,600	31,000	43,400	62,000
5P Twn Sed	2000	9600	19,200	32,000	44,800	64,000
7P Sed	2000	9600	19,200	32,000	44,800	64,000
7P Encl Drive Limo	2000	10,200	20,400	34,000	47,600	68,000

Model 126 - 8-cyl., 125 hp, 143" wb

	6	5	4	3	2	1
7P Tr	3500	12,900	25,800	48,200	66,000	86,000
4P Conv Cpe	2000	11,400	22,800	38,000	56,000	76,000

1929 Pierce-Arrow Roadster

	6	5	4	3	2	1
7P Sed	2000	10,200	20,400	34,000	47,600	68,000
7P Encl Drive Limo	2000	10,500	21,000	35,000	49,000	70,000
4P Sed	2000	9900	19,800	33,000	46,200	66,000
1930						
Model C - 8-cyl., 115 hp, 132" wb						
Clb Brgm	1500	6750	13,500	22,500	31,500	45,000
Cpe	1500	7050	14,100	23,500	32,900	47,000
Sed	1500	6300	12,600	21,000	29,400	42,000
Model B - 8-cyl., 125 hp, 134" wb						
Rds	3500	14,700	29,400	49,000	78,000	98,000
Tr	3500	14,400	28,800	48,000	76,000	96,000
Spt Phaeton	3500	15,000	30,000	50,000	80,000	100,000
Conv Cpe	3500	14,400	28,800	48,000	76,000	96,000
Model B- 8-cyl., 125 hp, 139" wb						
5P Sed	2000	9900	19,800	33,000	46,200	66,000
Vic Cpe	2000	10,200	20,400	34,000	47,600	68,000
7P Sed	2000	9900	19,800	33,000	46,200	66,000
Clb Sed	2000	10,500	21,000	35,000	49,000	70,000
Encl Drive Limo	2000	11,400	22,800	38,000	56,000	76,000
Model A - 8-cyl., 132 hp, 144" wb						
Tr	3500	18,500	33,000	55,000	88,000	110,000
Conv Cpe	3500	17,100	31,800	53,000	85,000	106,000
Sed	2000	11,400	22,800	38,000	56,000	76,000
Encl Drive Limo	3500	12,000	24,000	40,000	60,000	80,000
Twn Car	3500	12,300	24,600	41,000	62,000	82,000

1931 Pierce-Arrow Town Car

1931
Model 43 - 8-cyl., 125 hp, 134" wb

	6	5	4	3	2	1
Rds	3500	15,000	30,000	50,000	80,000	100,000
Tourer	3500	15,000	30,000	50,000	80,000	100,000
Cpe	2000	9900	19,800	33,000	46,200	66,000
Model 43 - 8-cyl., 125 hp, 137" wb						
5P Sed	1500	6750	13,500	22,500	31,500	45,000
Clb Sed	1500	7050	14,100	23,500	32,900	47,000
7P Sed	1500	6900	13,800	23,000	32,200	46,000
Encl Drive Limo	1500	7500	15,000	25,000	35,000	50,000
Model 42 - 8-cyl., 132 hp, 142" wb						
Rds	3500	18,500	33,000	55,000	88,000	110,000
Tourer	3500	18,500	33,000	55,000	88,000	110,000
Spt Tourer	5000	20,600	34,800	58,000	91,000	116,000
Conv Cpe	3500	15,000	30,000	50,000	80,000	100,000
5P Sed	1500	7500	15,000	25,000	35,000	50,000
Clb Sed	1500	7950	15,900	26,500	37,100	53,000
7P Sed	1500	7800	15,600	26,000	36,400	52,000
Clb Berl	2000	8250	16,500	27,500	38,500	55,000
Encl Drive Limo	2000	9000	18,000	30,000	42,000	60,000
Model 41 - 8-cyl., 132 hp, 147" wb						
Touring	3500	18,500	33,000	55,000	88,000	110,000
Conv Cpe	3500	17,100	31,800	53,000	85,000	106,000
Sed	2000	8100	16,200	27,000	37,800	54,000
Encl Drive Limo	2000	9300	18,600	31,000	43,400	62,000
Twn Car	2000	9600	19,200	32,000	44,800	64,000

1932
Model 54 - 8-cyl., 125 hp, 137" wb

	6	5	4	3	2	1
Conv Cpe Rds	3500	14,400	28,800	48,000	76,000	96,000
5P Tr	3500	14,100	28,200	57,000	74,000	94,000
Phae	3500	14,400	28,800	48,000	76,000	96,000
Brgm	1500	7350	14,700	24,500	34,300	49,000
Cpe	2000	8250	16,500	27,500	38,500	55,000
5P Sed	1500	7200	14,400	24,000	33,600	48,000
Clb Sed	1500	7350	14,700	24,500	34,300	49,000
Clb Berl	1500	7500	15,000	25,000	35,000	50,000
Con Sed	3500	14,400	28,800	48,000	76,000	96,000
Model 54 - 8-cyl., 125 hp, 142" wb						
7P Tr	3500	15,000	30,000	50,000	80,000	100,000
7P Sed	1500	7500	15,000	25,000	35,000	50,000
Limo	2000	8250	16,500	27,500	38,500	55,000
Model 53 - 12-cyl., 140 hp, 137" wb						
Conv Cpe Rds	3500	18,500	33,000	55,000	88,000	110,000
5P Tr	5000	20,600	34,800	58,000	91,000	116,000
Phae	3500	18,500	33,000	55,000	88,000	110,000
Clb Brgm	2000	8250	16,500	27,500	38,500	55,000
Cpe	2000	8550	17,100	28,500	39,900	57,000
5P Sed	1500	7800	15,600	26,000	36,400	52,000
Clb Sed	2000	8100	16,200	27,000	37,800	54,000
Clb Berl	2000	9000	18,000	30,000	42,000	60,000
Con Sed	3500	15,000	30,000	50,000	80,000	100,000
Model 53 - 12-cyl., 140 hp, 142" wb						
7P Tr	3500	18,500	33,000	55,000	88,000	110,000
7P Sed	2000	9000	18,000	30,000	42,000	60,000
Limo	2000	9900	19,800	33,000	46,200	66,000
Model 51 - 12-cyl., 150 hp, 147" wb						
Cpe	2000	9300	18,600	31,000	43,400	62,000
Conv Vic Cpe	5000	20,600	34,800	58,000	91,000	116,000
Clb Sed	2000	9300	18,600	31,000	43,400	62,000
Conv Sed	3500	18,500	33,000	55,000	88,000	110,000
Encl Drive Limo	2000	11,400	22,800	38,000	56,000	76,000
A.W. Twn Brgm	3500	13,500	27,000	45,000	70,000	90,000
A.W. Twn Cabr	3500	14,400	28,800	48,000	76,000	96,000
Encl Drive Brgm	3500	12,900	25,800	48,200	66,000	86,000

1933
Model 836 - 8-cyl., 135 hp, 136" wb

	6	5	4	3	2	1
5P Clb Brgm	1500	6150	12,300	20,500	28,700	41,000
5P Sed	1500	6300	12,600	21,000	29,400	42,000
5P Clb Sed	1500	6900	13,800	23,000	32,200	46,000
7P Sed	1500	6450	12,900	21,500	30,100	43,000
7P Encl Drive Limo	1500	7500	15,000	25,000	35,000	50,000
Model 1236 - 12-cyl., 160 hp, 136" wb						
5P Clb Brgm	1500	6900	13,800	23,000	32,200	46,000

	6	5	4	3	2	1
5P Sed	1500	7050	14,100	23,500	32,900	47,000
5P Clb Sed	1500	7650	15,300	25,500	35,700	51,000
7P Sed (139")	1500	7200	14,400	24,000	33,600	48,000
7P Encl Drive Limo	2000	8250	16,500	27,500	38,500	55,000
Model 1242 - 12-cyl., 175 hp, 137" wb						
5P Tr	3500	13,500	27,000	45,000	70,000	90,000
5P Spt Phae	3500	14,400	28,800	48,000	76,000	96,000
7P Tourer (142")	3500	13,800	27,600	46,000	73,500	92,000
5P Clb Brgm	1500	7200	14,400	24,000	33,600	48,000
5P Sed	1500	7350	14,700	24,500	34,300	49,000
5P Clb Sed	1500	7950	15,900	26,500	37,100	53,000
5P Clb Berl	2000	8250	16,500	27,500	38,500	55,000
4P Cpe	2000	8550	17,100	28,500	39,900	57,000
4P Cust Rds	3500	14,700	29,400	49,000	78,000	98,000
5P Conv Sed	3500	13,500	27,000	45,000	70,000	90,000
7P Sed (142")	1500	7500	15,000	25,000	35,000	50,000
7P Encl Drive Limo	2000	9000	18,000	30,000	42,000	60,000
Model 1247 - 12-cyl., 175 hp, 142" wb						
5P Sed	2000	9000	18,000	30,000	42,000	60,000
5P Clb Sed	2000	9300	18,600	31,000	43,400	62,000
7P Sed (147")	2000	9300	18,600	31,000	43,400	62,000
5P Clb Berl	2000	9300	18,600	31,000	43,400	62,000
7P Encl Drive Limo	2000	9900	19,800	33,000	46,200	66,000
5P Conv Sed	3500	13,500	27,000	45,000	70,000	90,000
4P Cpe (147")	2000	10,500	21,000	35,000	49,000	70,000
5P Conv Sed (147")	5000	20,600	34,800	58,000	91,000	116,000
5P Clb Sed (147")	2000	9900	19,800	33,000	46,200	66,000
5P Conv Sed (147")	5000	22,000	36,000	60,000	93,000	120,000
Encl Drive Limo (147")	2000	10,500	21,000	35,000	49,000	70,000
7P Twn Brgm (147")	2000	10,800	21,600	36,000	50,500	72,000
7P Twn Car (147")	2000	11,400	22,800	38,000	56,000	76,000
7P Twn Cabr (147")	5000	20,600	34,800	58,000	91,000	116,000
7P Encl Drive Brgm	2000	11,400	22,800	38,000	56,000	76,000

1934
Model 840A - 8-cyl., 139" wb

	6	5	4	3	2	1
Rds	2000	9900	19,800	33,000	46,200	66,000
Brgm	1500	7050	14,100	23,500	32,900	47,000
Sed	1500	7200	14,400	24,000	33,600	48,000
Clb Sed	1500	7350	14,700	24,500	34,300	49,000
Cpe	1500	7800	15,600	26,000	36,400	52,000
Model 840A - 8-cyl., 144" wb						
Silver Arrow	3500	18,500	33,000	55,000	88,000	110,000
Sed	1500	7500	15,000	25,000	35,000	50,000
Encl Drive Limo	2000	9000	18,000	30,000	42,000	60,000
Model 1240A - 12-cyl., 139" wb						
Rds	3500	12,900	25,800	48,200	66,000	86,000
Brgm	1500	7500	15,000	25,000	35,000	50,000
Sed	1500	7650	15,300	25,500	35,700	51,000
Clb Sed	1500	7800	15,600	26,000	36,400	52,000
Cpe	2000	8250	16,500	27,500	38,500	55,000
Model 1250A - 12-cyl., 144" wb						
Silver Arrow	5000	22,000	36,000	60,000	93,000	120,000
Sed	2000	8250	16,500	27,500	38,500	55,000
Encl Drive Limo	2000	9900	19,800	33,000	46,200	66,000
Model 1248A - 12-cyl., 147" wb						
Sed	2000	9000	18,000	30,000	42,000	60,000
Encl Drive Limo	2000	10,500	21,000	35,000	49,000	70,000

1935
Model 845 - 8-cyl., 140 hp, 138" wb

	6	5	4	3	2	1
Conv Rds	2000	9600	19,200	32,000	44,800	64,000
Clb Brgm	1500	6750	13,500	22,500	31,500	45,000
Cpe	1500	7350	14,700	24,500	34,300	49,000
5P Sed	1500	6900	13,800	23,000	32,200	46,000
Clb Sed	1500	7050	14,100	23,500	32,900	47,000
Model 845 - 8-cyl., 140 hp, 144" wb						
7P Sed	1500	7200	14,400	24,000	33,600	48,000
Encl Drive Limo	2000	8250	16,500	27,500	38,500	55,000
Silver Arrow	3500	18,500	33,000	55,000	88,000	110,000
Model 1245 - 12-cyl., 175 hp, 138" wb						
Conv Rds	3500	12,000	24,000	40,000	60,000	80,000
Clb Brgm	1500	7500	15,000	25,000	35,000	50,000
Cpe	2000	8250	16,500	27,500	38,500	55,000
5P Sed	1500	7650	15,300	25,500	35,700	51,000

	6	5	4	3	2	1
Clb Sed	1500	7800	15,600	26,000	36,400	52,000
Model 1245 - 12-cyl., 175 hp, 144" wb						
7P Sed	2000	8550	17,100	28,500	39,900	57,000
Encl Drive Limo	2000	9000	18,000	30,000	42,000	60,000
Silver Arrow	5000	22,000	36,000	60,000	93,000	120,000
Model 1255 - 12-cyl., 175 hp, 147" wb						
7P Sed	2000	9000	18,000	30,000	42,000	60,000
Encl Drive Limo	2000	9900	19,800	33,000	46,200	66,000
1936						
Deluxe 8 - 150 hp, 139" wb						
Cpe	1500	6750	13,500	22,500	31,500	45,000
Ctry Club Rds	2000	9000	18,000	30,000	42,000	60,000
Clb Sed	1500	6000	12,000	20,000	28,000	40,000
5P Sed	1200	5850	11,700	19,500	27,300	39,000
Clb Berl	1500	6750	13,500	22,500	31,500	45,000
Deluxe 8 - 150 hp, 144" wb						
7P Sed	1500	6300	12,600	21,000	29,400	42,000
Limo	1500	7500	15,000	25,000	35,000	50,000
Metropolitan Twn Car	2000	8250	16,500	27,500	38,500	55,000
Conv Sed	2000	9900	19,800	33,000	46,200	66,000
Salon Twelve - 185 hp, 139" wb						
Cpe	1500	7500	15,000	25,000	35,000	50,000
Ctry Club Rds	2000	10,500	21,000	35,000	49,000	70,000
Clb Sed	1500	6600	13,200	22,000	30,800	44,000
5P Sed	1500	6450	12,900	21,500	30,100	43,000
Clb Berl	1500	7500	15,000	25,000	35,000	50,000
Salon Twelve - 185 hp, 144" wb						
7P Sed	1500	7200	14,400	24,000	33,600	48,000
Limo	2000	8250	16,500	27,500	38,500	55,000
Metropolitan Twn Car	2000	9000	18,000	30,000	42,000	60,000
Conv Sed	2000	11,400	22,800	38,000	56,000	76,000
7P Sed (147")	2000	8250	16,500	27,500	38,500	55,000
7P Encl Drive Limo	2000	9300	18,600	31,000	43,400	62,000
1937						
Pierce-Arrow 8 - 150 hp, 138" wb						
Cpe	1500	6600	13,200	22,000	30,800	44,000
5P Sed	1200	5700	11,400	19,000	26,600	38,000
Conv Rds	2000	9000	18,000	30,000	42,000	60,000
Clb Sed	1200	5850	11,700	19,500	27,300	39,000
Clb Berl	1500	6000	12,000	20,000	28,000	40,000
Fml Sed	1500	6900	13,800	23,000	32,200	46,000
Pierce-Arrow 8 - 150 hp, 144" wb						
7P Fml Sed	1500	7500	15,000	25,000	35,000	50,000
7P Sed	1500	7050	14,100	23,500	32,900	47,000
Limo	2000	8250	16,500	27,500	38,500	55,000
Conv Sed	2000	10,500	21,000	35,000	49,000	70,000
Brunn Metro Twn Car	2000	9000	18,000	30,000	42,000	60,000
Twn Brgm	2000	8550	17,100	28,500	39,900	57,000
5P Encl Drive Limo (147")	2000	8400	16,800	28,000	39,200	56,000
Pierce-Arrow 12 - 185 hp, 139" wb						
Cpe	1500	7200	14,400	24,000	33,600	48,000
5P Sed	1500	6300	12,600	21,000	29,400	42,000
Conv Rds	2000	10,500	21,000	35,000	49,000	70,000
Clb Sed	1500	6450	12,900	21,500	30,100	43,000
Clb Berl	1500	6600	13,200	22,000	30,800	44,000
5P Fml Sed	1500	7500	15,000	25,000	35,000	50,000
Pierce-Arrow 12 - 185 hp, 144" wb						
7P Sed	1500	6750	13,500	22,500	31,500	45,000
Limo	1500	7500	15,000	25,000	35,000	50,000
Conv Sed	3500	12,900	25,800	48,200	66,000	86,000
Brunn Metro Twn Brgm	2000	10,500	21,000	35,000	49,000	70,000
Pierce-Arrow 12 - 185 hp, 147" wb						
7P Sed	2000	8250	16,500	27,500	38,500	55,000
Encl Drive Limo	2000	9300	18,600	31,000	43,400	62,000
Metro Twn Car	2000	10,800	21,600	36,000	50,500	72,000
1938						
Pierce-Arrow 8 - 150 hp, 139" wb						
5P Sed	1200	5400	10,800	18,000	25,200	36,000
Clb Sed	1200	5700	11,400	19,000	26,600	38,000
Cpe	1500	6450	12,900	21,500	30,100	43,000
Conv Cpe	2000	9000	18,000	30,000	42,000	60,000
Clb Berl	1500	6300	12,600	21,000	29,400	42,000

	6	5	4	3	2	1
Fml Sed	1200	5850	11,700	19,500	27,300	39,000
Pierce-Arrow 8 - 150 hp, 144" wb						
Brunn Metro Twn Brgm	2000	8400	16,800	28,000	39,200	56,000
7P Sed	1500	7200	14,400	24,000	33,600	48,000
Encl Drive Limo	1500	7800	15,600	26,000	36,400	52,000
Con Sed	2000	10,500	21,000	35,000	49,000	70,000
Spl Sed	1500	7050	14,100	23,500	32,900	47,000
Fml Sed	1500	7500	15,000	25,000	35,000	50,000
Pierce-Arrow 12 - 185 hp, 139" wb						
5P Sed	1500	7500	15,000	25,000	35,000	50,000
Clb Sed	1500	7800	15,600	26,000	36,400	52,000
Cpe	2000	8700	17,400	29,000	40,600	58,000
Conv Cpe	2000	11,400	22,800	38,000	56,000	76,000
Clb Berl	1500	6750	13,500	22,500	31,500	45,000
Fml Sed	1500	6750	13,500	22,500	31,500	45,000
Pierce-Arrow 12 - 185 hp, 144" wb						
Spl Sed	2000	8250	16,500	27,500	38,500	55,000
7P Sed	2000	8550	17,100	28,500	39,900	57,000
Encl Drive Limo	2000	9900	19,800	33,000	46,200	66,000
Conv Sed	2000	11,700	23,400	39,000	58,000	78,000
Brunn Metro Twn Brgm	2000	10,200	20,400	34,000	47,600	68,000
Pierce-Arrow 12 - 147" wb						
7P Sed	2000	8850	17,700	29,500	41,300	59,000
Encl Drive Limo	2000	10,500	21,000	35,000	49,000	70,000

PLYMOUTH

1928
Model Q, 4-cyl.

	6	5	4	3	2	1
Rds	800	3750	7500	12,500	17,500	25,000
Tr	800	3600	7200	12,000	16,800	24,000
Cpe	450	925	1900	4550	6350	9100
DeL Cpe	450	950	2100	4750	6650	9500
2 dr Sed	350	800	1550	3850	5400	7700
Sed	350	825	1600	4000	5600	8000
DeL Sed	350	825	1600	4050	5650	8100

1929-30
Model U, 4-cyl.

	6	5	4	3	2	1
Rds	800	4000	7950	13,250	18,550	26,500
Tr	800	3800	7650	12,750	17,850	25,500
Cpe	350	875	1700	4250	5900	8500
DeL Cpe	450	900	1900	4500	6300	9000
2 dr Sed	350	875	1700	4300	6000	8600
Sed	350	875	1700	4250	5900	8500
DeL Sed	450	900	1900	4500	6300	9000

NOTE: Factory prices reduced app. 40 percent for 1930 model year.

1931
PA, 4-cyl.

	6	5	4	3	2	1
Rds	800	4100	8250	13,750	19,250	27,500
Tr	800	4000	7950	13,250	18,550	26,500
Conv	550	1800	4950	8250	11,550	16,500
Cpe	450	1000	2400	5000	7000	10,000
2 dr Sed	350	800	1550	3800	5300	7600
Sed	350	850	1650	4100	5700	8200
DeL Sed	450	900	1900	4500	6300	9000

1932
Model PA, 4-cyl., 109" wb

	6	5	4	3	2	1
Rds	800	3650	7350	12,250	17,150	24,500
Conv	800	3800	7650	12,750	17,850	25,500
Cpe	450	1025	2600	5250	7300	10,500
RS Cpe	450	1025	2600	5250	7300	10,500
2 dr Sed	450	900	1900	4500	6300	9000
Sed	450	900	1900	4500	6300	9000
Phae	800	3800	7650	12,750	17,850	25,500

Model PB, 4-cyl., 112" wb
NOTE: Add 5 percent for 6 cyl. models.

	6	5	4	3	2	1
Rds	800	3500	7050	11,750	16,450	23,500
Conv	800	3650	7350	12,250	17,150	24,500
Conv Sed	800	3650	7350	12,250	17,150	24,500
RS Cpe	450	1025	2600	5250	7300	10,500
2 dr Sed	450	950	2100	4750	6650	9500

1932 Plymouth, Model PB Phaeton

	6	5	4	3	2	1
Sed	450	950	2100	4750	6650	9500
DeL Sed	450	975	2200	4850	6800	9700
1933						
PC, 6-cyl., 108" wb						
Conv	800	3350	6750	11,250	15,750	22,500
Cpe	350	875	1700	4250	5900	8500
RS Cpe	450	900	1900	4500	6300	9000
2 dr Sed	350	800	1550	3850	5400	7700
Sed	350	775	1500	3750	5250	7500
PD, 6-cyl.						
NOTE: Add 4 percent for PCXX models.						
Conv	800	3500	7050	11,750	16,450	23,500
Cpe	450	950	2100	4750	6650	9500
RS Cpe	450	1025	2600	5250	7300	10,500
2 dr Sed	350	875	1700	4250	5900	8500
Sed	350	875	1700	4300	6000	8600
1934						
Standard PG, 6-cyl., 108" wb						
Bus Cpe	350	825	1600	4000	5600	8000
2 dr Sed	350	775	1500	3750	5250	7500
Standard PF, 6-cyl., 108" wb						
Bus Cpe	350	875	1700	4250	5900	8500
RS Cpe	450	900	1900	4500	6300	9000
2 dr Sed	350	800	1550	3850	5400	7700
Sed	350	800	1550	3900	5450	7800
DeLuxe PE, 6-cyl., 114" wb						
Conv	800	3650	7350	12,250	17,150	24,500
Cpe	450	950	2100	4750	6650	9500
RS Cpe	450	1025	2600	5250	7300	10,500
2 dr Sed	350	875	1700	4250	5900	8500
Sed	350	875	1700	4300	6000	8600
Twn Sed	450	1000	2400	5000	7000	10,000
1935						
PJ, 6-cyl., 113" wb						
2P Cpe	350	775	1500	3600	5100	7300
2 dr Sed	350	725	1400	3100	4800	6800
Bus Cpe	350	775	1500	3700	5200	7400
2 dr Sed	350	725	1400	3100	4800	6800
Bus Sed	350	775	1500	3600	5100	7300
PJ DeLuxe, 6-cyl., 113" wb						
Conv	800	3500	7050	11,750	16,450	23,500
Bus Cpe	350	850	1650	4150	5800	8300
RS Cpe	450	900	1800	4400	6150	8800
2 dr Sed	350	775	1500	3600	5100	7300
2 dr Tr Sed	350	775	1500	3750	5250	7500
Sed	350	800	1550	3900	5450	7800
Tr Sed	350	850	1650	4150	5800	8300
7P Sed	450	900	1800	4400	6150	8800
Trav Sed	450	925	2000	4650	6500	9300

1936
P1 Business Line, 6-cyl., 113" wb

	6	5	4	3	2	1
Bus Cpe	350	800	1550	3900	5450	7800
2 dr Bus Sed	350	775	1500	3600	5100	7300
Bus Sed	350	775	1500	3700	5200	7400
Sta Wag	550	1500	4350	7250	10,150	14,500

P2 DeLuxe, 6-cyl., 113"-125" wb

Conv	800	3650	7350	12,250	17,150	24,500
Cpe	450	900	1800	4400	6150	8800
RS Cpe	450	925	2000	4650	6500	9300
2 dr Sed	350	800	1550	3900	5450	7800
2 dr Tr Sed	350	850	1650	4150	5800	8300
Sed	350	800	1550	3900	5450	7800
Tr Sed	350	850	1650	4150	5800	8300
7P Sed	450	925	2000	4650	6500	9300

1937
Roadking, 6-cyl., 112" wb

Cpe	350	800	1550	3900	5450	7800
2 dr Sed	200	675	1300	2500	4300	6100
Sed	200	675	1300	2600	4400	6300

DeLuxe, 6-cyl., 112"-132" wb

Conv	800	3650	7350	12,250	17,150	24,500
Cpe	350	850	1650	4150	5800	8300
RS Cpe	450	900	1800	4400	6150	8800
2 dr Sed	350	725	1400	3000	4700	6700
2 dr Tr Sed	350	725	1400	3200	4850	6900
Sed	350	725	1400	3100	4800	6800
Tr Sed	350	750	1450	3300	4900	7000
Limo	450	900	1800	4400	6150	8800
Sub	450	1150	3500	5900	8250	11,800

1938
Roadking, 6-cyl., 112" wb

Cpe	350	800	1550	3900	5450	7800
2 dr Sed	200	675	1300	2500	4300	6100
Sed	200	675	1300	2600	4400	6300
2 dr Tr Sed	350	700	1350	2800	4550	6500
Tr Sed	350	700	1350	2700	4500	6400

DeLuxe, 6-cyl., 112"-132" wb

Conv	800	3650	7350	12,250	17,150	24,500
Cpe	350	850	1650	4150	5800	8300
RS Cpe	450	900	1900	4500	6300	9000
2 dr Sed	350	725	1400	3000	4700	6700
2 dr Tr Sed	350	725	1400	3200	4850	6900
Sed	350	725	1400	3100	4800	6800
Tr Sed	350	750	1450	3300	4900	7000
7P Sed	350	850	1650	4150	5800	8300
Limo	450	900	1800	4400	6150	8800
Sub	450	1150	3500	5900	8250	11,800

1939
P7 Roadking, 6-cyl., 114" wb

Cpe	350	850	1650	4150	5800	8300
2 dr Sed	350	700	1350	2800	4550	6500
2 dr Tr Sed	350	700	1350	2900	4600	6600
Sed	350	725	1400	3000	4700	6700
Tr Sed	350	725	1400	3100	4800	6800
Utl Sed	350	725	1400	3000	4700	6700

P8 DeLuxe, 6-cyl., 114"-134" wb

Conv	800	3800	7650	12,750	17,850	25,500
Conv Sed	800	4000	7950	13,250	18,550	26,500
2P Cpe	450	900	1800	4400	6150	8800
RS Cpe	450	925	2000	4650	6500	9300
2 dr Sed	350	750	1450	3300	4900	7000
2 dr Tr Sed	350	750	1450	3400	5000	7100
Sed	350	750	1450	3300	4900	7000
Tr Sed	350	750	1450	3500	5050	7200
Sta Wag W/C	550	1500	4350	7250	10,150	14,500
Sta Wag W/G	550	1650	4650	7750	10,850	15,500
7P Ewb Sed	350	725	1400	3200	4850	6900
Ewb Limo	450	1000	2400	5000	7000	10,000

1940
P9 Roadking, 6-cyl., 117" wb

Cpe	350	800	1550	3900	5450	7800
2 dr Tr Sed	200	675	1300	2600	4400	6300

	6	5	4	3	2	1
4 dr Tr Sed	350	700	1350	2800	4550	6500
Utl Sed	200	675	1300	2600	4400	6300
P10 DeLuxe, 6-cyl., 137" wb						
Conv	800	3650	7350	12,250	17,150	24,500
DeL Cpe	350	875	1700	4250	5900	8500
4P Cpe	450	900	1900	4500	6300	9000
2 dr Sed	200	650	1250	2400	4200	6000
Sed	350	700	1350	2700	4500	6400
Sta Wag	550	1500	4350	7250	10,150	14,500
7P Sed	350	800	1550	3900	5450	7800
Sed Limo	450	1000	2400	5000	7000	10,000

1941
P11 Standard, 6-cyl., 117" wb

	6	5	4	3	2	1
Cpe	350	800	1550	3900	5450	7800
2 dr Sed	200	675	1300	2500	4300	6100
Sed	200	675	1300	2600	4400	6300
Utl Sed	200	675	1300	2500	4350	6200
P11 DeLuxe, 6-cyl., 117" wb						
Cpe	350	825	1600	4000	5600	8000
2 dr Sed	200	675	1300	2500	4350	6200
Sed	350	700	1350	2700	4500	6400
P12 Special DeLuxe, 6 cyl., 117"-137" wb						
Conv	800	4000	7950	13,250	18,550	26,500
DeL Cpe	350	850	1650	4150	5800	8300
4P Cpe	350	875	1700	4250	5900	8500
2 dr Sed	350	700	1350	2800	4550	6500
Sed	350	800	1550	3800	5300	7600
Sta Wag	550	1650	4650	7750	10,850	15,500
7P Sed	350	800	1550	3900	5450	7800
Limo	450	1000	2400	5000	7000	10,000

1942
P14S DeLuxe, 6-cyl., 117" wb

	6	5	4	3	2	1
Cpe	350	775	1500	3600	5100	7300
2 dr Sed	200	650	1250	2400	4150	5900
Utl Sed	200	600	1200	2200	3900	5600
Clb Cpe	350	700	1350	2800	4550	6500
Sed	200	600	1200	2300	4000	5700
P14C Special DeLuxe, 6-cyl., 117" wb						
Conv	800	3500	7050	11,750	16,450	23,500
Cpe	350	800	1550	3900	5450	7800
2 dr Sed	200	650	1250	2400	4200	6000
Sed	200	650	1250	2400	4150	5900
Twn Sed	200	650	1250	2400	4200	6000
Clb Cpe	350	825	1600	4000	5600	8000
Sta Wag	550	1500	4350	7250	10,150	14,500

1946
P15 DeLuxe, 6-cyl., 117" wb

	6	5	4	3	2	1
Cpe	350	800	1550	3900	5450	7800
Clb Cpe	350	825	1600	4000	5600	8000
2 dr Sed	200	600	1200	2200	3850	5500
Sed	200	600	1200	2200	3900	5600
P15 Special DeLuxe, 6-cyl., 117" wb						
Conv	800	3500	7050	11,750	16,450	23,500
Cpe	350	825	1600	4000	5600	8000
Clb Cpe	350	850	1650	4150	5800	8300
2 dr Sed	200	650	1200	2300	4100	5800
Sed	200	650	1250	2400	4200	6000
Sta Wag	550	1500	4350	7250	10,150	14,500

1947
P15 DeLuxe, 6-cyl., 117" wb

	6	5	4	3	2	1
Cpe	350	800	1550	3900	5450	7800
Clb Cpe	350	825	1600	4000	5600	8000
2 dr Sed	200	600	1200	2200	3850	5500
Sed	200	600	1200	2200	3900	5600
P15 Special DeLuxe, 6-cyl., 117" wb						
Conv	800	3500	7050	11,750	16,450	23,500
Cpe	350	825	1600	4000	5600	8000
Clb Cpe	350	850	1650	4150	5800	8300
2 dr Sed	200	650	1200	2300	4100	5800
Sed	200	650	1250	2400	4200	6000
Sta Wag	550	1500	4350	7250	10,150	14,500

1948
P15 DeLuxe, 6-cyl., 117" wb

	6	5	4	3	2	1
Cpe	350	800	1550	3900	5450	7800
Clb Cpe	350	825	1600	4000	5600	8000
2 dr Sed	200	600	1200	2200	3850	5500
Sed	200	600	1200	2200	3900	5600
P15 Special DeLuxe, 6-cyl., 117" wb						
Conv	800	3500	7050	11,750	16,450	23,500
Cpe	350	825	1600	4000	5600	8000
Clb Cpe	350	850	1650	4150	5800	8300
2 dr Sed	200	650	1200	2300	4100	5800
Sed	200	650	1250	2400	4200	6000
Sta Wag	550	1500	4350	7250	10,150	14,500

1949
DeLuxe, 6-cyl., 111" wb

Cpe	350	775	1500	3600	5100	7300
2 dr Sed	200	675	1300	2500	4300	6100
Sta Wag	350	775	1500	3750	5250	7500
DeLuxe, 6-cyl., 118.5" wb						
Clb Cpe	350	775	1500	3750	5250	7500
Sed	350	700	1350	2800	4550	6500
Special DeLuxe, 6-cyl., 118.5" wb						
Conv	800	3100	6150	10,250	14,350	20,500
Clb Cpe	350	800	1550	3900	5450	7800
Sed	350	725	1400	3100	4800	6800
Sta Wag	500	1300	4050	6750	9450	13,500

1950
DeLuxe, 6-cyl., 111" wb

Cpe	350	775	1500	3600	5100	7300
2 dr Sed	200	675	1300	2500	4300	6100
Sta Wag	350	775	1500	3750	5250	7500
DeLuxe, 6-cyl., 118.5" wb						
Clb Cpe	350	775	1500	3750	5250	7500
Sed	200	675	1300	2600	4400	6300
Special DeLuxe, 6-cyl., 118.5" wb						
Conv	800	3000	6000	10,000	14,000	20,000
Clb Cpe	350	800	1550	3900	5450	7800
Sed	350	725	1400	3100	4800	6800
Sta Wag	500	1300	4050	6750	9450	13,500

NOTE: Add 5 percent for P-19 Special DeLuxe Suburban.

1951
P22 Concord, 6-cyl., 111" wb

2 dr Sed	200	600	1200	2200	3900	5600
Cpe	350	775	1500	3600	5100	7300
Sta Wag	350	750	1450	3300	4900	7000
P23 Cambridge, 6-cyl., 118.5" wb						
Sed	200	650	1250	2400	4150	5900
Clb Cpe	350	775	1500	3750	5250	7500
P23 Cranbrook, 6-cyl., 118.5" wb						
Sed	200	675	1300	2500	4300	6100
Clb Cpe	350	800	1550	3900	5450	7800
HdTp	450	925	2000	4650	6500	9300
Conv	650	2800	5700	9500	13,300	19,000

1952
P22 Concord, 6-cyl., 111" wb

2 dr Sed	200	600	1200	2200	3900	5600
Cpe	350	775	1500	3600	5100	7300
Sta Wag	350	750	1450	3300	4900	7000
P23 Cambridge, 6-cyl., 118.5" wb						
Sed	200	675	1300	2500	4300	6100
Clb Cpe	350	775	1500	3750	5250	7500
P23 Cranbrook, 6-cyl., 118.5" wb						
Sed	200	675	1300	2600	4400	6300
Clb Cpe	350	800	1550	3900	5450	7800
HdTp	450	925	2000	4650	6500	9300
Conv	650	2800	5700	9500	13,300	19,000

1953
P24-1 Cambridge, 6-cyl., 114" wb

Sed	200	600	1200	2300	4000	5700
2 dr Sed	200	600	1200	2200	3900	5600
Bus Cpe	200	650	1200	2300	4100	5800
Sta Wag	200	600	1200	2300	4000	5700

P24-2 Cranbrook, 6-cyl., 114" wb

	6	5	4	3	2	1
Sed	200	650	1200	2300	4100	5800
Clb Cpe	200	650	1250	2400	4150	5900
HdTp	350	775	1500	3600	5100	7300
Sta Wag	200	650	1250	2400	4200	6000
Conv	550	1650	4650	7750	10,850	15,500

1954
P25-1 Plaza, 6-cyl., 114" wb

4 dr Sed	200	650	1200	2300	4100	5800
2 dr Sed	200	650	1250	2400	4150	5900
Bus Cpe	200	650	1250	2400	4200	6000
Sta Wag	200	675	1300	2500	4300	6100

P25-2 Savoy, 6-cyl., 114" wb

4 dr Sed	200	650	1250	2400	4200	6000
2 dr Sed	200	675	1300	2500	4300	6100
Clb Cpe	200	675	1300	2600	4400	6300

P25-3 Belvedere, 6-cyl., 114" wb

4 dr Sed	350	700	1350	2800	4550	6500
2 dr HdTp	350	800	1550	3900	5450	7800
Conv	550	1800	4950	8250	11,550	16,500
Sta Wag	350	700	1350	2800	4550	6500

1955
Plaza, V-8, 115" wb

4 dr Sed	200	650	1250	2400	4150	5900
2 dr Sed	200	650	1250	2400	4200	6000
2 dr Sta Wag	200	650	1200	2300	4100	5800
4 dr Sta Wag	200	600	1200	2300	4000	5700

Savoy, V-8, 115" wb

4 dr Sed	200	650	1250	2400	4200	6000
2 dr Sed	200	675	1300	2500	4300	6100

Belvedere, V-8, 115" wb

4 dr Sed	200	675	1300	2500	4300	6100
2 dr Sed	200	675	1300	2500	4350	6200
2 dr HdTp	450	1075	3100	5550	7750	11,100
Conv	650	2000	5100	8550	11,950	17,100
Sta Wag	350	725	1400	3100	4800	6800

NOTE: Deduct 10 percent for 6-cyl. models.

1956
Plaza, V-8, 115" wb

4 dr Sed	200	650	1250	2400	4150	5900
2 dr Sed	200	650	1250	2400	4200	6000
Bus Cpe	200	600	1200	2300	4000	5700

Savoy, V-8, 115" wb

4 dr Sed	200	650	1250	2400	4200	6000
2 dr Sed	200	675	1300	2500	4300	6100
2 dr HdTp	350	750	1450	3400	5000	7100

Belvedere, V-8, 115" wb (conv. avail. as 8 cyl. only)

4 dr Sed	200	675	1300	2500	4300	6100
4 dr HdTp	350	750	1450	3300	4900	7000
2 dr Sed	200	650	1250	2400	4200	6000
2 dr HdTp	500	1200	3750	6250	8750	12,500
Conv	650	2300	5400	9000	12,600	18,000

Suburban, V-8, 115" wb

DeL Sta Wag	200	650	1200	2300	4100	5800
Cus Sta Wag	200	675	1300	2500	4300	6100
4 dr Spt Sta Wag	350	700	1350	2900	4600	6600

Fury, V-8, (avail. as 8-cyl. only)

2 dr HdTp	650	2000	5100	8500	11,900	17,000

NOTE: Deduct 10 percent for 6-cyl. models.

1957
Plaza, V-8, 118" wb

4 dr Sed	200	550	1150	2100	3700	5300
2 dr Sed	200	550	1150	2000	3600	5200
Bus Cpe	200	500	1100	1950	3600	5100

Savoy, V-8

4 dr Sed	200	550	1150	2100	3800	5400
4 dr HdTp	200	600	1200	2300	4000	5700
2 dr Sed	350	700	1350	2700	4500	6400
2 dr HdTp	350	800	1550	3800	5300	7600

Belvedere, V-8, 118" wb (conv. avail. as 8-cyl. only)

4 dr Sed	200	600	1200	2300	4000	5700
4 dr Spt HdTp	200	650	1250	2400	4200	6000
2 dr Sed	200	550	1150	2100	3800	5400

	6	5	4	3	2	1
2 dr HdTp	450	1125	3450	5750	8050	11,500
Conv	650	2800	5700	9500	13,300	19,000
Suburban, V-8, 122" wb						
4 dr Cus Sta Wag	200	600	1200	2200	3850	5500
2 dr Cus Sta Wag	200	600	1200	2200	3900	5600
4 dr Spt Sta Wag	200	600	1200	2300	4000	5700
Fury, V-8, 118" wb (avail. as 8 cyl. only: 290 hp)						
2 dr HdTp	650	2300	5400	9000	12,600	18,000
NOTE: Deduct 10 percent for 6-cyl. model.						

1958

Plaza, V-8, 118" wb						
4 dr Sed	200	550	1150	2000	3600	5200
2 dr Sed	200	500	1100	1950	3600	5100
Bus Cpe	200	500	1100	1900	3500	5000
Savoy, V-8, 118" wb						
4 dr Sed	200	500	1100	1950	3600	5100
4 dr HdTp	200	550	1150	2100	3700	5300
2 dr Sed	200	500	1100	1950	3600	5100
2 dr HdTp	350	750	1450	3300	4900	7000
Belvedere, V-8, 118" wb (conv. avail. as 8-cyl. only)						
4 dr Sed	200	550	1150	2000	3600	5200
4 dr HdTp	200	600	1200	2200	3900	5600
2 dr Sed	200	550	1150	2000	3600	5200
2 dr HdTp	450	1025	2600	5250	7300	10,500
Conv	550	1750	4800	8000	11,200	16,000
Suburban, V-8, 122" wb						
4 dr Cus Sta Wag	200	550	1150	2100	3800	5400
2 dr Cus Sta Wag	200	600	1200	2200	3850	5500
4 dr Spt Sta Wag	200	600	1200	2200	3900	5600
Fury, V-8, 118" wb (avail. as 8-cyl. only)						
2 dr HdTp	550	1750	4800	8000	11,200	16,000
NOTE: Deduct 20 percent for 6-cyl. models.						

1959

Savoy, 6-cyl., 118" wb						
4 dr Sed	200	500	1100	1950	3600	5100
2 dr Sed	200	500	1100	1900	3500	5000
Belvedere, V-8, 118" wb						
4 dr Sed	200	500	1100	1900	3500	5000
4 dr HdTp	200	500	1100	1950	3600	5100
2 dr Sed	200	500	1100	1850	3350	4900
2 dr HdTp	200	675	1300	2500	4300	6100
Conv	450	1075	3000	5500	7700	11,000
Fury, V-8, 118" wb						
4 dr Sed	200	500	1100	1900	3500	5000
4 dr HdTp	200	550	1150	2000	3600	5200
2 dr HdTp	350	750	1450	3300	4900	7000
Sport Fury, V-8, 118" wb (260 hp - V-8 offered)						
2 dr HdTp	350	875	1700	4250	5900	8500
Conv	450	1150	3600	6000	8400	12,000
Suburban, V-8, 122" wb						
4 dr Spt Sta Wag	200	550	1150	2000	3600	5200
2 dr Cus Sta Wag	200	500	1100	1950	3600	5100
4 dr Cus Sta Wag	200	500	1100	1900	3500	5000
NOTE: Deduct 10 percent for 6-cyl. models.						

1960

Valiant 100, 6-cyl., 106.5" wb						
4 dr Sed	150	450	1050	1750	3250	4700
Sta Wag	150	450	1050	1800	3300	4800
Valiant 200, 6-cyl., 106" wb						
4 dr Sed	150	450	1050	1800	3300	4800
Sta Wag	200	500	1100	1850	3350	4900
Fleet Special, V8, 118" wb						
4 dr Sed	150	350	950	1450	3000	4200
2 dr Sed	150	350	950	1450	3000	4200
Savoy, V-8, 118" wb						
4 dr Sed	150	450	1050	1750	3250	4700
2 dr Sed	150	450	1050	1700	3200	4600
Belvedere, V-8, 118" wb						
4 dr Sed	150	450	1050	1800	3300	4800
2 dr Sed	150	450	1050	1750	3250	4700
4 dr HdTp	200	500	1100	1850	3350	4900
Fury, V-8, 118" wb (conv. avail. as 8-cyl. only)						
4 dr Sed	200	500	1100	1900	3500	5000

	6	5	4	3	2	1
4 dr HdTp	200	550	1150	2100	3700	5300
2 dr HdTp	200	650	1250	2400	4200	6000
Conv	450	1075	3000	5500	7700	11,000
Suburban, V-8, 122" wb						
4 dr DeL Sta Wag	150	450	1050	1750	3250	4700
2 dr DeL Sta Wag	150	450	1050	1700	3200	4600
4 dr Cus 9P Sta Wag	150	450	1050	1750	3250	4700
9P Spt Sta Wag	150	450	1050	1800	3300	4800

NOTE: Deduct 20 percent for 6-cyl. model except Valiant.

1961
Valiant 100, 6-cyl., 106.5" wb

	6	5	4	3	2	1
4 dr Sed	200	500	1100	1850	3350	4900
2 dr Sed	150	450	1050	1800	3300	4800
Sta Wag	150	450	1050	1800	3300	4800
Valiant 200, 6-cyl., 106.5" wb						
4 dr Sed	200	500	1100	1900	3500	5000
2 dr HdTp	200	600	1200	2200	3850	5500
Sta Wag	150	450	1050	1750	3250	4700
Fleet Special, V8, 118" wb						
4 dr Sed	150	450	1050	1750	3250	4700
2 dr Sed	150	450	1050	1700	3200	4600
Savoy, V-8, 118" wb						
4 dr Sed	150	450	1050	1800	3300	4800
2 dr Sed	150	450	1050	1750	3250	4700
Belvedere, V-8, 118" wb						
4 dr Sed	150	450	1050	1750	3250	4700
Clb Sed	150	450	1050	1750	3250	4700
HdTp Cpe	200	600	1200	2200	3850	5500
Fury, V-8, 118" wb						
4 dr Sed	200	500	1100	1850	3350	4900
4 dr HdTp	200	500	1100	1900	3500	5000
2 dr HdTp	350	700	1350	2800	4550	6500
Conv	350	825	1600	4000	5600	8000
Suburban, V-8, 122" wb						
4 dr 6P DeL Sta Wag	150	450	1050	1750	3250	4700
2 dr 6P DeL Sta Wag	150	450	1050	1700	3200	4600
6P Cus Sta Wag	150	450	1050	1750	3250	4700
9P Spt Sta Wag	150	450	1050	1800	3300	4800

NOTE: Deduct 10 percent for 6-cyl. models.
     Add 30 percent for 330, 340, 350, 375 hp engines.

1962
Valiant 100, 6-cyl., 106.5" wb

	6	5	4	3	2	1
4 dr Sed	150	450	1050	1750	3250	4700
2 dr Sed	150	450	1050	1700	3200	4600
Sta Wag	150	450	1050	1800	3300	4800
Valiant 200, 6-cyl., 106.5" wb						
4 dr Sed	150	450	1050	1800	3300	4800
2 dr Sed	150	450	1050	1750	3250	4700
Sta Wag	200	500	1100	1850	3350	4900
Valiant Signet, 6-cyl., 106.5" wb						
2 dr HdTp	200	550	1150	2000	3600	5200
Fleet Special, V8, 116" wb						
4 dr Sed	150	450	1050	1700	3200	4600
2 dr Sed	150	400	1000	1650	3150	4500
Savoy, V-8, 116" wb						
4 dr Sed	150	450	1050	1750	3250	4700
2 dr Sed	150	450	1050	1700	3200	4600
Belvedere, V-8, 116" wb						
4 dr Sed	150	450	1050	1800	3300	4800
2 dr Sed	150	450	1050	1750	3250	4700
2 dr HdTp	200	550	1150	2100	3700	5300
Fury, V-8, 116" wb						
4 dr Sed	200	500	1100	1850	3350	4900
4 dr HdTp	150	450	1050	1800	3300	4800
2 dr HdTp	200	600	1200	2200	3850	5500
Conv	350	825	1600	4000	5600	8000
Sport Fury, V-8, 116" wb						
2 dr HdTp	350	700	1350	2800	4550	6500
Conv	350	875	1700	4250	5900	8500
Suburban, V-8, 116" wb						
6P Savoy Sta Wag	150	450	1050	1750	3250	4700
6P Belv Sta Wag	150	450	1050	1800	3300	4800

	6	5	4	3	2	1
9P Fury Sta Wag	200	500	1100	1850	3350	4900

NOTE: Deduct 10 percent for 6-cyl. models.
Add 30 percent for Golden Comando 410 hp engine.

1963
Valiant 100, 6-cyl., 106.5" wb

	6	5	4	3	2	1
4 dr Sed	150	350	950	1450	2900	4100
2 dr Sed	150	350	950	1350	2800	4000
Sta Wag	150	350	950	1450	2900	4100

Valiant 200, 6-cyl., 106.5" wb

	6	5	4	3	2	1
4 dr Sed	150	350	950	1450	3000	4200
2 dr Sed	150	350	950	1450	2900	4100
Conv	350	700	1350	2800	4550	6500
Sta Wag	150	350	950	1450	2900	4100

Valiant Signet, 6-cyl., 106.5" wb

	6	5	4	3	2	1
HdTp Sed	200	600	1200	2200	3850	5500
Conv	350	725	1400	3100	4800	6800

Savoy, V-8, 116" wb

	6	5	4	3	2	1
4 dr Sed	150	400	1000	1650	3150	4500
2 dr Sed	150	450	1050	1700	3200	4600
6P Sta Wag	150	400	1000	1600	3100	4400

Belvedere, V-8, 116" wb

	6	5	4	3	2	1
4 dr Sed	150	450	1050	1700	3200	4600
2 dr Sed	150	450	1050	1700	3200	4600
4 dr HdTp	200	500	1100	1850	3350	4900
6P Sta Wag	150	400	1000	1600	3100	4400

Fury, V-8, 116" wb

	6	5	4	3	2	1
4 dr Sed	150	450	1050	1750	3250	4700
4 dr HdTp	200	500	1100	1900	3500	5000
2 dr HdTp	350	700	1350	2800	4550	6500
Conv	350	775	1500	3750	5250	7500
9P Sta Wag	150	450	1050	1700	3200	4600

Sport Fury, V-8, 116" wb

	6	5	4	3	2	1
4 dr HdTp	350	875	1700	4250	5900	8500
Conv	450	950	2100	4750	6650	9500

NOTES: Deduct 10 percent for 6-cyl. models.
Add 50 percent for Super Stock II 426 engine.
Add 30 percent for 413.

1964
Valiant 100, 6-cyl., 106.5" wb

	6	5	4	3	2	1
4 dr Sed	150	350	950	1450	2900	4100
2 dr Sed	150	350	950	1350	2800	4000
Sta Wag	150	350	950	1450	2900	4100

Valiant 200, 6 or V-8, 106.5" wb

	6	5	4	3	2	1
4 dr Sed	150	350	950	1450	3000	4200
2 dr Sed	150	350	950	1450	2900	4100
Conv	350	825	1600	4000	5600	8000
Sta Wag	150	350	950	1450	2900	4100

Valiant Signet, V-8 cyl., 106.5" wb

	6	5	4	3	2	1
2 dr HdTp	350	700	1350	2800	4550	6500
Barracuda	450	1075	3000	5500	7700	11,000
Conv	500	1250	3900	6500	9100	13,000

Savoy, V-8, 116" wb

	6	5	4	3	2	1
4 dr Sed	150	400	1000	1650	3150	4500
2 dr Sed	150	450	1050	1700	3200	4600
6P Sta Wag	150	400	1000	1600	3100	4400

Belvedere, V-8, 116" wb

	6	5	4	3	2	1
4 dr Sed	150	450	1050	1700	3200	4600
2 dr Sed	150	450	1050	1700	3200	4600
6P Sta Wag	150	400	1000	1600	3100	4400

Fury, V-8, 116" wb

	6	5	4	3	2	1
4 dr Sed	150	450	1050	1750	3250	4700
4 dr HdTp	150	450	1050	1800	3300	4800
2 dr HdTp	350	775	1500	3750	5250	7500
Conv	450	900	1900	4500	6300	9000
9P Sta Wag	150	450	1050	1700	3200	4600

Sport Fury, V-8, 116" wb

	6	5	4	3	2	1
2 dr HdTp	350	850	1650	4200	5850	8400
Conv	450	900	1800	4450	6250	8900

NOTES: Deduct 10 percent for 6-cyl. models.
Add 40 percent for Super Stock III.
Add 50 percent for 426 Hemi.
Add 60 percent for 426 Hemi 425 hp.

1965 Plymouth, Sport Fury 2 dr hardtop

1965
Valiant 100, 6 or V8, 106.5" wb

	6	5	4	3	2	1
4 dr Sed	150	350	950	1450	2900	4100
2 dr Sed	150	350	950	1350	2800	4000
Sta Wag	150	350	950	1450	2900	4100
Valiant 200, 6 or V-8, 106" wb						
4 dr Sed	150	350	950	1450	3000	4200
2 dr Sed	150	350	950	1450	2900	4100
Conv	350	750	1450	3300	4900	7000
Sta Wag	150	350	950	1450	2900	4100
Valiant Signet, V8, 106" wb						
HdTp	350	875	1700	4250	5900	8500
Conv	500	1250	3900	6500	9100	13,000
Barracuda	450	1075	3000	5500	7700	11,000
Belvedere I, V-8, 116" wb						
4 dr Sed	150	300	900	1250	2650	3800
2 dr Sed	150	300	900	1250	2600	3700
Sta Wag	150	300	900	1250	2650	3800
Belvedere II, V8, 116" wb						
4 dr Sed	150	350	950	1350	2800	4000
2 dr HdTp	200	600	1200	2200	3850	5500
Conv	350	775	1500	3750	5250	7500
9P Sta Wag	150	350	950	1350	2800	4000
6P Sta Wag	150	300	900	1350	2700	3900
Satellite, V8, 116"wb						
2 dr	350	875	1700	4250	5900	8500
Conv	500	1400	4200	7000	9800	14,000
Fury, V-8, 119" wb.; 121" Sta. Wag.						
4 dr Sed	150	350	950	1450	3000	4200
2 dr Sed	150	350	950	1450	2900	4100
Sta Wag	150	300	900	1350	2700	3900
Fury II, V8, 119" wb, Sta Wag 121" wb						
4 dr Sed	150	400	1000	1550	3050	4300
2 dr Sed	150	400	1000	1550	3050	4300
9P Sta Wag	150	350	950	1350	2800	4000
6P Sta Wag	150	300	900	1350	2700	3900
Fury III, V8, 119" wb, Sta Wag 121" wb						
4 dr Sed	150	400	1000	1600	3100	4400
4 dr HdTp	150	400	1000	1650	3150	4500
2 dr HdTp	350	750	1450	3300	4900	7000
Conv	450	1000	2400	5000	7000	10,000
9P Sta Wag	150	350	950	1450	2900	4100
6P Sta Wag	150	350	950	1350	2800	4000
Sport Fury, V-8						
2 dr HdTp	350	875	1700	4250	5900	8500
Conv	450	1075	3000	5500	7700	11,000

NOTES: Deduct 5 percent for 6-cyl. models.
Add 50 percent for 426 Hemi engine option.
Add 60 percent for 426 Hemi 425 hp.

1966
Valiant 100, V8, 106" wb

	6	5	4	3	2	1
4 dr Sed	150	350	950	1450	3000	4200
2 dr Sed	150	350	950	1450	2900	4100
Sta Wag	150	350	950	1450	3000	4200
Valiant 200, V8, 106" wb						
4 dr Sed	150	400	1000	1550	3050	4300
Sta Wag	150	350	950	1450	3000	4200
Valiant Signet						
2 dr HdTp	350	775	1500	3750	5250	7500
Conv	450	950	2100	4750	6650	9500
Valiant Barracuda, V8, 106" wb						
2 dr HdTp	450	1000	2400	5000	7000	10,000
NOTE: Add 10 percent for Formula S.						
Belvedere I, V-8, 116" wb						
4 dr Sed	150	300	900	1350	2700	3900
2 dr Sed	150	300	900	1250	2650	3800
Sta Wag	150	300	900	1350	2700	3900
Belvedere II, V8, 116" wb						
4 dr Sed	150	350	950	1450	2900	4100
2 dr HdTp	200	650	1250	2400	4200	6000
Conv	350	825	1600	4000	5600	8000
Sta Wag	150	350	950	1450	2900	4100
Satallite, V-8, 116" wb						
2 dr HdTp	450	975	2200	4850	6800	9700
Conv	500	1200	3750	6250	8750	12,500
Fury I, V-8, 119" wb						
Sed	150	350	950	1350	2800	4000
2 dr Sed	150	300	900	1350	2700	3900
6P Sta Wag	150	350	950	1350	2800	4000
NOTE: Deduct 5 percent for 6-cyl. models.						
Fury II, V-8, 119" wb						
Sed	150	350	950	1450	2900	4100
2 dr Sed	150	350	950	1350	2800	4000
9P Sta Wag	150	350	950	1450	2900	4100
Fury III, V8, 119" wb						
Sed	150	350	950	1450	3000	4200
2 dr HdTp	350	700	1350	2800	4550	6500
4 dr HdTp	150	450	1050	1700	3200	4600
Conv	450	1000	2400	5000	7000	10,000
9P Sta Wag	150	350	950	1450	3000	4200
Sport Fury, V-8, 119" wb						
2 dr HdTp	350	775	1500	3750	5250	7500
Conv	450	1075	3000	5500	7700	11,000
VIP, V-8, 119" wb						
4 dr HdTp	200	650	1250	2400	4200	6000
2 dr HdTp	350	750	1450	3300	4900	7000
NOTES: Add 50 percent for 426 Hemi 325 hp.						
Add 60 percent for 426 Hemi 425 hp.						

1967
Valiant 100, V8, 108" wb

	6	5	4	3	2	1
4 dr Sed	150	350	950	1450	3000	4200
2 dr Sed	150	350	950	1450	2900	4100
Valiant Signet, V-8, 108" wb						
4 dr Sed	150	400	1000	1550	3050	4300
2 dr Sed	150	350	950	1450	3000	4200
Barracuda, V-8, 108" wb						
2 dr HdTp	450	1025	2600	5250	7300	10,500
2 dr FsBk	450	1125	3450	5750	8050	11,500
Conv	500	1400	4200	7000	9800	14,000
NOTE: Add 10 percent for Formula S.						
Belvedere I, V-8, 116" wb						
4 dr Sed	150	300	900	1350	2700	3900
2 dr Sed	150	300	900	1250	2650	3800
6P Sta Wag	150	300	900	1350	2700	3900
Belvedere II, V8, 116" wb						
4 dr Sed	150	350	950	1450	2900	4100
2 dr HdTp	200	675	1300	2500	4300	6100
Conv	450	950	2100	4750	6650	9500
9P Sta Wag	150	350	950	1450	2900	4100
Satellite, V-8, 116" wb						
2 dr HdTp	450	1000	2400	5000	7000	10,000
Conv	500	1250	3900	6500	9100	13,000

GTX, V8, 116" wb

	6	5	4	3	2	1
2 dr HdTp	650	2300	5400	9000	12,600	18,000
Conv	650	2800	5700	9500	13,300	19,000
Fury I, V8, 122" wb						
4 dr Sed	150	350	950	1350	2800	4000
2 dr Sed	150	300	900	1350	2700	3900
6P Sta Wag	150	350	950	1350	2800	4000
Fury II, V8, 122" wb						
4 dr Sed	150	350	950	1450	2900	4100
2 dr Sed	150	350	950	1350	2800	4000
9P Sta Wag	150	350	950	1450	2900	4100
Fury III, V8, 122" wb						
4 dr Sed	150	350	950	1450	3000	4200
4 dr HdTp	150	400	1000	1600	3100	4400
2 dr HdTp	350	700	1350	2800	4550	6500
Conv	450	1000	2400	5000	7000	10,000
9P Sta Wag	150	350	950	1450	3000	4200
Sport Fury, V-8, 119" wb						
2 dr HdTp	350	750	1450	3300	4900	7000
2 dr FsBk	350	750	1450	3500	5050	7200
Conv	450	1075	3000	5500	7700	11,000
VIP, V-8, 119" wb						
4 dr HdTp	350	700	1350	2800	4550	6500
2 dr HdTp	350	775	1500	3750	5250	7500

NOTES: Add 50 percent for 440 engine.
Add 60 percent for 426 Hemi 425 hp.

1968

Valiant 100, V8, 108" wb

	6	5	4	3	2	1
4 dr Sed	150	350	950	1450	2900	4100
2 dr Sed	150	350	950	1350	2800	4000
Valiant Signet, V-8, 108" wb						
4 dr Sed	150	400	1000	1600	3100	4400
2 dr Sed	150	450	1050	1700	3200	4600
Barracuda, V-8, 108" wb						
2 dr HdTp	450	1000	2400	5000	7000	10,000
2 dr FsBk	450	1025	2600	5250	7300	10,500
Conv	550	1550	4500	7500	10,500	15,000
Belvedere, V8, 116" wb						
4 dr Sed	150	300	900	1350	2700	3900
2 dr Sed	150	300	900	1250	2650	3800
6P Sta Wag	150	300	900	1350	2700	3900
Satellite, V8, 116" wb						
4 dr Sed	150	350	950	1350	2800	4000
2 dr HdTp	350	825	1600	4000	5600	8000
Conv	450	1075	3000	5500	7700	11,000
Sta Wag	150	350	950	1450	3000	4200
Sport Satellite, V8, 116" wb						
2 dr HdTp	450	1125	3450	5750	8050	11,500
Conv	500	1400	4200	7000	9800	14,000
Sta Wag	150	350	950	1450	2900	4100
Road Runner, V8, 116" wb						
Cpe	650	2000	5100	8500	11,900	17,000
2 dr HdTp	800	3300	6600	11,000	15,400	22,000
GTX, V8, 116" wb						
2 dr HdTp	800	3400	6900	11,500	16,100	23,000
Conv	800	3750	7500	12,500	17,500	25,000
Fury I, V8, 119" & 122" wb						
4 dr Sed	150	350	950	1350	2800	4000
2 dr Sed	150	300	900	1350	2700	3900
6P Sta Wag	150	350	950	1350	2800	4000
Fury II, V8, 119" & 122" wb						
4 dr Sed	150	350	950	1450	2900	4100
2 dr Sed	150	350	950	1350	2800	4000
6P Sta Wag	150	350	950	1450	2900	4100
Fury III, V8, 119" & 122" wb						
4 dr Sed	150	350	950	1450	3000	4200
4 dr HdTp	200	550	1150	2100	3800	5400
2 dr HdTp	350	775	1500	3750	5250	7500
2 dr HdTp FsBk	350	700	1350	2900	4600	6600
Conv	450	1025	2600	5250	7300	10,500
6P Sta Wag	150	350	950.	1450	3000	4200
Suburban, V-8, 121" wb						
6P Cust Sta Wag	150	400	1000	1550	3050	4300
9P Cust Sta Wag	150	400	1000	1600	3100	4400

	6	5	4	3	2	1
6P Spt Sta Wag	150	400	1000	1650	3150	4500
9P Spt Sta Wag	150	450	1050	1700	3200	4600
Sport Fury, V8, 119" wb						
2 dr HdTp	350	825	1600	4000	5600	8000
2 dr HdTp FsBk	350	875	1700	4250	5900	8500
Conv	450	1125	3450	5750	8050	11,500
VIP, V8, 119" wb						
4 dr HdTp	350	775	1500	3750	5250	7500
2 dr FsBk	350	875	1700	4250	5900	8500

NOTES: Add 50 percent for 440 engine.
Add 60 percent for 426 Hemi 425 hp.
Add 20 percent for Barracuda/Formula S'.

1969
Valiant 100, V8, 108" wb

	6	5	4	3	2	1
4 dr Sed	150	300	900	1350	2700	3900
2 dr Sed	150	300	900	1250	2650	3800
Valiant Signet, V-8, 108" wb						
4 dr Sed	150	350	950	1350	2800	4000
2 dr Sed	150	300	900	1350	2700	3900
Barracuda, V-8, 108" wb						
2 dr HdTp	450	1075	3000	5500	7700	11,000
FsBk	450	1125	3450	5750	8050	11,500
Conv	550	1550	4500	7500	10,500	15,000
Belvedere, V-8, 117" wb						
4 dr Sed	150	300	900	1250	2600	3700
2 dr Sed	125	250	750	1150	2500	3600
6P Sta Wag	150	300	900	1250	2600	3700
Satellite, V8, 116" & 117" wb						
4 dr Sed	150	300	900	1350	2700	3900
2 dr HdTp	450	900	1900	4500	6300	9000
Conv	500	1400	4200	7000	9800	14,000
6P Sta Wag	150	350	950	1350	2800	4000
Sport Satellite, V8, 116" & 117" wb						
4 dr Sed	150	350	950	1350	2800	4000
2 dr HdTp	450	1000	2400	5000	7000	10,000
Conv	550	1550	4500	7500	10,500	15,000
9P Sta Wag	150	350	950	1350	2800	4000
Road Runner, V8, 116" wb						
2 dr Sed	650	2000	5100	8500	11,900	17,000
2 dr HdTp	800	3000	6000	10,000	14,000	20,000
Conv	800	3300	6600	11,000	15,400	22,000
GTX, V8, 116" wb						
2 dr HdTp	800	3150	6300	10,500	14,700	21,000
Conv	800	3400	6900	11,500	16,100	23,000
Fury I, V-8, 120" & 122" wb						
4 dr Sed	150	300	900	1250	2650	3800
2 dr Sed	150	300	900	1250	2600	3700
6P Sta Wag	150	300	900	1250	2650	3800
Fury II, V8, 120" & 122" wb						
4 dr Sed	150	300	900	1350	2700	3900
2 dr Sed	150	300	900	1250	2650	3800
6P Sta Wag	150	300	900	1350	2700	3900
Fury III, V8, 120" & 122" wb						
4 dr Sed	150	350	950	1350	2800	4000
4 dr HdTp	150	350	950	1450	3000	4200
2 dr HdTp	350	750	1450	3300	4900	7000
Conv	350	875	1700	4300	6000	8600
9P Sta Wag	150	350	950	1350	2800	4000
Sport Fury						
2 dr HdTp	350	775	1500	3750	5250	7500
Conv	450	1000	2400	5000	7000	10,000
VIP						
4 dr HdTp	200	600	1200	2200	3850	5500
2 dr HdTp	350	825	1600	4000	5600	8000

NOTES: Add 40 percent for 440 6 pack.
Add 60 percent for 426 Hemi 425 hp.
Add 10 percent for 'Cuda 340.
Add 15 percent for 'Cuda 383 (not avail. on conv.).

1970
Valiant

	6	5	4	3	2	1
Sed	150	300	900	1250	2650	3800
Valiant Duster						
HdTp	200	500	1100	1900	3500	5000

Duster '340'

	6	5	4	3	2	1
HdTp	350	775	1500	3750	5250	7500
Barracuda						
HdTp	550	1550	4500	7500	10,500	15,000
Conv	550	1750	4800	8000	11,200	16,000
Gran Coupe						
HdTp	650	2000	5100	8500	11,900	17,000
Conv	650	2300	5400	9000	12,600	18,000
Cuda						
HdTp	650	2800	5700	9500	13,300	19,000
Conv	800	3150	6300	10,500	14,700	21,000
Cuda AAR						
2 dr HdTp	800	3600	7200	12,000	16,800	24,000
Belvedere						
Sed	125	250	750	1150	2500	3600
Cpe	150	300	900	1250	2650	3800
Wag	125	250	750	1150	2500	3600
Road Runner						
Cpe	650	2300	5400	9000	12,600	18,000
HdTp	800	3150	6300	10,500	14,700	21,000
Superbird	1500	7500	15,000	25,000	35,000	50,000
Conv	800	4350	8700	14,500	20,300	29,000
Satellite						
Sed	150	300	900	1250	2650	3800
HdTp	450	900	1900	4500	6300	9000
Conv	500	1400	4200	7000	9800	14,000
Wag-6P	150	300	900	1250	2650	3800
Wag-9P	150	300	900	1250	2650	3800
Sport Satellite						
Sed	150	350	950	1350	2800	4000
HdTp	550	1550	4500	7500	10,500	15,000
Wag-6P	150	300	900	1350	2700	3900
Wag-9P	150	350	950	1350	2800	4000
GTX						
HdTp	800	3000	6000	10,000	14,000	20,000
Fury I						
Sed	150	300	900	1250	2650	3800
2 dr Sed	150	300	900	1250	2600	3700
Fury II						
Sed	150	300	900	1350	2700	3900
2 dr Sed	150	300	900	1250	2650	3800
Wag-9P	150	300	900	1350	2700	3900
Wag-6P	150	300	900	1250	2650	3800
Gran Coupe						
2 dr Sed	350	700	1350	2800	4550	6500
Fury III						
Sed	150	400	1000	1550	3050	4300
HdTp	200	600	1200	2200	3850	5500
4 dr HdTp	150	400	1000	1650	3150	4500
Formal	200	675	1300	2500	4350	6200
Conv	450	1025	2600	5250	7300	10,500
Wag-9P	150	350	950	1350	2800	4000
Wag-6P	150	300	900	1350	2700	3900
Sport Fury						
Sed	150	400	1000	1600	3100	4400
HdTp	350	700	1350	2800	4550	6500
4 dr HdTp	200	500	1100	1900	3500	5000
Formal	350	750	1450	3300	4900	7000
Wag	150	350	950	1350	2800	4000
Fury S-23						
HdTp	450	950	2100	4750	6650	9500
Fury GT						
HdTp	450	1000	2400	5000	7000	10,000

NOTES: Add 40 percent for 440 6 pack.
Add 60 percent for 426 Hemi 425 hp.
Factory price for Gran Coupe includes air conditioning.

1971
Valiant

Sed	150	300	900	1250	2600	3700
Duster						
Cpe	150	350	950	1350	2800	4000
Duster '340'						
Cpe	150	350	950	1450	3000	4200

Scamp

	6	5	4	3	2	1
HdTp	200	600	1200	2200	3850	5500
Barracuda						
Cpe	450	1150	3600	6000	8400	12,000
HdTp	500	1250	3900	6500	9100	13,000
Conv	650	2300	5400	9000	12,600	18,000
Gran Coupe						
HdTp	550	1750	4800	8000	11,200	16,000
'Cuda						
HdTp	650	2000	5100	8500	11,900	17,000
Conv	800	3000	6000	10,000	14,000	20,000
Satellite						
Sed	125	250	750	1150	2500	3600
Cpe	200	500	1100	1950	3600	5100
Sta Wag	125	250	750	1150	2500	3600
Satellite Sebring						
HdTp	450	950	2100	4750	6650	9500
Satellite Custom						
Sed	150	300	900	1250	2600	3700
Sta Wag-9P	150	300	900	1250	2600	3700
Sta Wag-6P	125	250	750	1150	2500	3600
Road Runner						
HdTp	550	1750	4800	8000	11,200	16,000
Sebring Plus						
HdTp	450	1075	3000	5500	7700	11,000
Satellite Brougham						
Sed	150	300	900	1250	2650	3800
Regent Wagon						
Sta Wag-9P	150	300	900	1250	2650	3800
Sta Wag-6P	150	300	900	1250	2650	3800
GTX						
HdTp	450	1150	3600	6000	8400	12,000
Fury I						
Sed	150	300	900	1250	2650	3800
2 dr Sed	150	300	900	1250	2600	3700
Fury Custom						
Sed	150	300	900	1250	2650	3800
2 dr Sed	150	300	900	1250	2600	3700
Fury II						
Sed	150	300	900	1250	2600	3700
HdTp	200	650	1250	2400	4200	6000
Sta Wag-9P	150	300	900	1250	2600	3700
Sta Wag-6P	125	250	750	1150	2500	3600
Fury III						
Sed	150	300	900	1250	2600	3700
HdTp	350	700	1350	2800	4550	6500
4 dr HdTp	150	300	900	1350	2700	3900
Formal Cpe	350	725	1400	3100	4800	6800
Sta Wag-9P	150	300	900	1250	2600	3700
Sta Wag-6P	125	250	750	1150	2500	3600
Sport Fury						
Sed	150	300	900	1250	2600	3700
4 dr HdTp	150	400	1000	1650	3150	4500
Formal Cpe	200	650	1250	2400	4200	6000
HdTp	200	600	1200	2200	3850	5500
Sta Wag-9P	150	300	900	1250	2600	3700
Sta Wag-6P	125	250	750	1150	2500	3600
Sport Fury 'GT'						
2 dr HdTp	350	875	1700	4250	5900	8500

NOTES: Add 50 percent for 440 engine.
Add 60 percent for 426 Hemi 425 hp.

1972
Valiant

Sed	150	300	900	1250	2600	3700
Duster						
2 dr Cpe	200	600	1200	2200	3850	5500
'340' Cpe	350	775	1500	3750	5250	7500
Scamp						
HdTp	200	675	1300	2500	4300	6100
Barracuda						
HdTp	500	1400	4200	7000	9800	14,000
'Cuda'						
HdTp	550	1550	4500	7500	10,500	15,000

Satellite

	6	5	4	3	2	1
Sed	150	300	900	1350	2700	3900
2 dr Cpe	200	600	1200	2200	3850	5500
6P Wag	125	250	750	1150	2400	3400
Satellite Sebring						
HdTp	350	875	1700	4250	5900	8500
Satellite Custom						
Sed	150	350	950	1350	2800	4000
6P Wag	125	250	750	1150	2400	3400
9P Wag	125	250	750	1150	2450	3500
Sebring-Plus						
HdTp	450	900	1900	4500	6300	9000
Regent						
6P Wag	125	250	750	1150	2400	3400
9P Wag	125	250	750	1150	2450	3500
Road Runner						
HdTp	500	1250	3900	6500	9100	13,000
Fury I						
Sed	125	250	750	1150	2500	3600
Fury II						
Sed	150	300	900	1250	2600	3700
HdTp	200	600	1200	2200	3850	5500
Fury III						
Sed	125	250	750	1150	2500	3600
4 dr HdTp	150	300	900	1250	2650	3800
Formal Cpe	200	550	1150	2100	3700	5300
HdTp	350	700	1350	2800	4550	6500
Gran Fury						
4 dr HdTp	150	450	1050	1700	3200	4600
Formal Cpe	200	600	1200	2200	3850	5500
Suburban						
6P Sta Wag	125	250	750	1150	2400	3400
9P Sta Wag	125	250	750	1150	2450	3500
6P Cus Wag	125	250	750	1150	2450	3500
9P Cus Wag	125	250	750	1150	2500	3600
6P Spt Wag	125	250	750	1150	2500	3600
9P Spt Wag	150	300	900	1250	2600	3700
1973						
Valiant, V-8						
4 dr	125	250	750	1150	2500	3600
Duster, V-8						
Cpe Sport	150	350	950	1450	2900	4100
340 Cpe Sport	200	600	1200	2200	3850	5500
Scamp, V-8						
2 dr HdTp	150	450	1050	1750	3250	4700
Barracuda, V-8						
2 dr HdTp	450	1075	3000	5500	7700	11,000
2 dr 'Cuda HdTp	450	1150	3600	6000	8400	12,000
Satellite Custom, V-8						
4 dr	125	250	750	1150	2400	3400
3S Sta Wag	125	250	750	1150	2400	3400
3S Sta Wag Regent	125	250	750	1150	2450	3500
Satellite Cpe	150	300	900	1250	2650	3800
Road Runner, V-8						
Cpe	500	1250	3900	6500	9100	13,000
Sebring Plus, V-8						
2 dr HdTp	500	1200	3750	6250	8750	12,500
Fury, V-8						
I 4 dr	125	250	750	1150	2450	3500
II 4 dr	125	250	750	1150	2500	3600
III 4 dr	150	300	900	1250	2600	3700
2 dr HdTp	200	600	1200	2200	3850	5500
4 dr HdTp	150	300	900	1250	2650	3800
Gran Fury, V-8						
2 dr HdTp	200	650	1250	2400	4200	6000
4 dr HdTp	150	300	900	1250	2650	3800
Fury Suburban, V-8						
3S Sport Sta Wag	125	200	600	1100	2300	3300
1974						
Valiant						
Sed	125	250	750	1150	2450	3500
Duster						
Cpe	125	250	750	1150	2500	3600

Scamp

	6	5	4	3	2	1
HdTp	150	350	950	1450	2900	4100
Duster '360'						
Cpe	150	450	1050	1750	3250	4700
Valiant Brougham						
Sed	125	250	750	1150	2500	3600
HdTp	200	500	1100	1900	3500	5000
Barracuda						
Spt Cpe	450	1000	2400	5000	7000	10,000
'Cuda						
Spt Cpe	450	1025	2600	5250	7300	10,500
Satellite						
Sed	125	250	750	1150	2400	3400
Cpe	125	250	750	1150	2450	3500
Satellite Custom						
Sed	125	250	750	1150	2450	3500
Sebring						
HdTp	350	725	1400	3100	4800	6800
Sebring-Plus						
HdTp	350	750	1450	3400	5000	7100
Road Runner						
Cpe	350	875	1700	4250	5900	8500
Satellite Wagon						
Std Wag	125	250	750	1150	2400	3400
6P Cus Wag	125	250	750	1150	2450	3500
9P Cus Wag	125	250	750	1150	2500	3600
6P Regent	125	250	750	1150	2450	3500
9P Regent	125	250	750	1150	2500	3600
Fury I						
Sed	125	250	750	1150	2400	3400
Fury II						
Sed	125	250	750	1150	2450	3500
Fury III						
Sed	125	250	750	1150	2500	3600
HdTp	150	300	900	1350	2700	3900
4 dr HdTp	150	300	900	1250	2600	3700
Gran Fury						
HdTp	150	350	950	1350	2800	4000
4 dr HdTp	150	300	900	1250	2600	3700
Suburban						
Std	125	200	600	1100	2200	3100
6P Cus	125	200	600	1100	2250	3200
9P Cus	125	200	600	1100	2300	3300
6P Spt	125	200	600	1100	2300	3300
9P Spt	125	250	750	1150	2400	3400

1975 Plymouth Fury 2 dr hardtop

1975
Valiant

Sed	125	250	750	1150	2450	3500

	6	5	4	3	2	1
Custom	125	250	750	1150	2500	3600
Brougham						
4 dr Sed	125	250	750	1150	2500	3600
2 dr HdTp	150	400	1000	1550	3050	4300
Duster						
Cpe	125	200	600	1100	2200	3100
Custom	125	200	600	1100	2250	3200
'360' Cpe	150	300	900	1350	2700	3900
Scamp						
HdTp	125	250	750	1150	2450	3500
Brghm	150	300	900	1250	2600	3700
Fury						
HdTp	125	250	750	1150	2450	3500
Cus HdTp	125	250	750	1150	2500	3600
Spt HdTp	150	300	900	1250	2600	3700
Sed	125	250	750	1150	2400	3400
Cus Sed	125	250	750	1150	2450	3500
Suburban						
Std Wag	125	200	600	1100	2200	3100
6P Cus	125	200	600	1100	2250	3200
9P Cus	125	250	750	1150	2400	3400
6P Spt	125	200	600	1100	2300	3300
9P Spt	125	250	750	1150	2450	3500
Road Runner						
HdTp	150	350	950	1450	2900	4100
Gran Fury						
Sed	125	200	600	1100	2300	3300
Gran Fury Custom						
Sed	125	250	750	1150	2400	3400
4 dr HdTp	125	250	750	1150	2450	3500
2 dr HdTp	125	250	750	1150	2500	3600
Gran Fury Brougham						
4 dr HdTp	125	250	750	1150	2500	3600
2 dr HdTp	150	300	900	1250	2600	3700
Suburban						
Std	125	200	600	1100	2200	3100
6P Cus	125	200	600	1100	2250	3200
9P Cus	125	200	600	1100	2300	3300
6P Spt	125	200	600	1100	2300	3300
9P Spt	125	250	750	1150	2400	3400
1976						
Arrow, 4-cyl.						
Hatch	125	200	600	1100	2300	3300
GT Hatch	125	250	750	1150	2400	3400
Valiant, 6-cyl.						
Duster Spt Cpe	125	250	750	1150	2400	3400
4 dr Sed Valiant	125	200	600	1100	2250	3200
2 dr HdTp Scamp Spec	125	200	600	1100	2300	3300
2 dr HdTp Scamp	125	250	750	1150	2450	3500
Volare, V-8						
4 dr Sed	150	300	900	1250	2600	3700
Spt Cpe	150	350	950	1450	2900	4100
Sta Wag	150	300	900	1250	2650	3800
Volare Custom, V-8						
4 dr Sed	150	300	900	1250	2650	3800
Spt Cpe	150	350	950	1450	3000	4200
Volare Premier, V-8						
4 dr Sed	150	300	900	1350	2700	3900
Spt Cpe	150	400	1000	1600	3100	4400
Sta Wag	150	350	950	1350	2800	4000
Fury, V-8						
4 dr Sed	125	200	600	1100	2300	3300
2 dr HdTp	150	350	950	1450	2900	4100
4 dr Sed Salon	125	250	750	1150	2400	3400
2 dr HdTp Spt	150	400	1000	1550	3050	4300
2S Suburban	125	250	750	1150	2400	3400
3S Suburban	125	250	750	1150	2450	3500
2S Spt Suburban	125	250	750	1150	2500	3600
3S Spt Suburban	150	300	900	1250	2650	3800
Gran Fury, V-8						
4 dr Sed	125	250	750	1150	2400	3400
Gran Fury Custom, V-8						
4 dr Sed	125	250	750	1150	2450	3500
2 dr HdTp	150	300	900	1250	2650	3800

Gran Fury Brougham, V-8

	6	5	4	3	2	1
4 dr Sed	125	250	750	1150	2450	3500
2 dr HdTp	150	350	950	1450	2900	4100
2S Gran Fury Sta Wag	150	300	900	1250	2650	3800
3S Gran Fury Sta Wag	150	350	950	1350	2800	4000

1977
Arrow, 4-cyl.
Hatch	125	200	600	1100	2300	3300
GS Hatch	125	250	750	1150	2400	3400
GT Hatch	125	250	750	1150	2450	3500

Volare, V-8
4 dr Sed	125	200	600	1100	2300	3300
Spt Cpe	125	250	750	1150	2450	3500
Sta Wag	125	250	750	1150	2400	3400

Volare Custom, V-8
4 dr Sed	125	250	750	1150	2400	3400
Spt Cpe	125	250	750	1150	2500	3600

Volare Premier, V-8
4 dr Sed	125	250	750	1150	2450	3500
Spt Cpe	150	300	900	1250	2600	3700
Sta Wag	125	250	750	1150	2500	3600

Fury, V-8
4 dr Spt Sed	125	250	750	1150	2400	3400
2 dr Spt HdTp	150	350	950	1450	3000	4200
3S 4 dr Sub	125	200	600	1100	2250	3200
3S 4 dr Spt Sub	125	200	600	1100	2300	3300

Gran Fury, V-8
4 dr Sed	125	250	750	1150	2450	3500
2 dr HdTp	150	350	950	1350	2800	4000

Gran Fury Brougham, V-8
4 dr Sed	125	250	750	1150	2500	3600
2 dr HdTp	150	350	950	1450	3000	4200

Station Wagons, V-8
2S Gran Fury	125	250	750	1150	2400	3400
3S Gran Fury Spt	125	250	750	1150	2500	3600

1978
Horizon
4 dr Hatch	125	250	750	1150	2400	3400

Arrow
2 dr Hatch	125	250	750	1150	2450	3500
2 dr GS Hatch	125	250	750	1150	2500	3600
2 dr GT Hatch	150	300	900	1250	2600	3700

Volare
4 dr Sed	125	250	750	1150	2500	3600
Spt Cpe	150	300	900	1250	2650	3800
Sta Wag	150	300	900	1250	2600	3700

Sapporo
Cpe	150	300	900	1250	2650	3800

Fury
4 dr Sed	125	250	750	1150	2500	3600
2 dr	150	300	900	1250	2600	3700
4 dr Salon	150	300	900	1250	2600	3700
2 dr Spt	150	300	900	1250	2650	3800

Station Wagons
3S Fury Sub	150	300	900	1250	2600	3700
2S Fury Sub	125	250	750	1150	2500	3600
3S Spt Fury Sub	150	300	900	1250	2650	3800
2S Spt Fury Sub	150	300	900	1250	2600	3700

1979
Champ, 4-cyl.
2 dr Hatch	125	250	750	1150	2400	3400
2 dr Cus Hatch	125	250	750	1150	2450	3500

Horizon, 4-cyl.
4 dr Hatch	125	250	750	1150	2450	3500
TC 3 Hatch	150	300	900	1250	2600	3700

Arrow, 4-cyl.
2 dr Hatch	125	250	750	1150	2500	3600
2 dr GS Hatch	150	300	900	1250	2600	3700
2 dr GT Hatch	150	300	900	1250	2650	3800

Volare, V-8
Sed	150	300	900	1250	2650	3800
Spt Cpe	150	350	950	1350	2800	4000
Sta Wag	150	300	900	1350	2700	3900

Sapporo, 4-cyl.

	6	5	4	3	2	1
Cpe	150	300	900	1350	2700	3900

1980
Champ, 4-cyl.

2 dr Hatch	125	200	600	1100	2300	3300
Custom 2 dr Hatch	125	250	750	1150	2400	3400

Horizon, 4-cyl.

4 dr Hatch	125	250	750	1150	2400	3400
2 dr Hatch 2 plus 2 TC3	150	300	900	1250	2650	3800

Arrow, 4-cyl.

2 dr Hatch	150	400	1000	1650	3150	4500

Fire Arrow, 4-cyl.

2 dr Hatch	150	450	1050	1700	3200	4600

Volare, V-8

4 dr Sed	125	250	750	1150	2400	3400
2 dr Cpe	125	250	750	1150	2450	3500
4 dr Sta Wag	150	300	900	1250	2600	3700

NOTE: Deduct 10 percent for 6-cyl.

Sapporo, 4-cyl.

2 dr Cpe	150	300	900	1350	2700	3900

Gran Fury, V-8

4 dr Sed	150	300	900	1250	2650	3800

NOTE: Deduct 10 percent for 6-cyl.

Gran Fury Salon, V-8

4 dr Sed	150	350	950	1350	2800	4000

NOTE: Deduct 10 percent for 6-cyl.

1981
Champ, 4-cyl.

2 dr Hatch	125	250	750	1150	2400	3400
DeL 2 dr Hatch	125	250	750	1150	2450	3500
Cus 2 dr Hatch	125	250	750	1150	2500	3600

Horizon, 4-cyl.

Miser 4 dr Hatch	125	250	750	1150	2450	3500
Miser 4 dr Hatch TC3	150	300	900	1250	2650	3800
4 dr Hatch	150	300	900	1250	2600	3700
2 dr Hatch TC3	150	350	950	1350	2800	4000

Reliant, 4-cyl.

4 dr Sed	125	250	750	1150	2400	3400
2 dr Cpe	125	250	750	1150	2450	3500

Reliant Custom, 4-cyl.

4 dr Sed	125	250	750	1150	2450	3500
2 dr Cpe	125	250	750	1150	2500	3600
4 dr Sta Wag	150	300	900	1250	2650	3800

Reliant SE, 4-cyl.

4 dr Sed	125	250	750	1150	2500	3600
2 dr Cpe	150	300	900	1250	2600	3700
4 dr Sta Wag	150	300	900	1350	2700	3900

Sapporo, 4-cyl.

2 dr HdTp	150	350	950	1350	2800	4000

Gran Fury, V-8

4 dr Sed	150	350	950	1450	2900	4100

NOTE: Deduct 10 percent for 6-cyl.

1982
Champ, 4-cyl.

4 dr Hatch	125	250	750	1150	2400	3400
2 dr Hatch	125	250	750	1150	2450	3500
DeL 2 dr Hatch	125	250	750	1150	2500	3600
Cus 4 dr Hatch	125	250	750	1150	2500	3600
Cus 2 dr Hatch	150	300	900	1250	2600	3700

Horizon, 4-cyl.

Miser 4 dr Hatch	125	250	750	1150	2500	3600
Miser 2 dr Hatch TC3	150	300	900	1350	2700	3900
Cus 4 dr Hatch	150	300	900	1250	2600	3700
Cus 2 dr Hatch	150	300	900	1250	2650	3800
E Type 4 dr Hatch	150	300	900	1350	2700	3900

Turismo, 4-cyl.

2 dr Hatch TC3	150	400	1000	1650	3150	4500

Reliant, 4-cyl.

4 dr Sed	125	250	750	1150	2500	3600
2 dr Cpe	150	300	900	1250	2600	3700

Reliant Custom, 4-cyl.

4 dr Sed	150	300	900	1250	2600	3700
2 dr Cpe	150	300	900	1250	2650	3800

	6	5	4	3	2	1
4 dr Sta Wag	150	300	900	1350	2700	3900
Reliant SE, 4-cyl.						
4 dr Sed	150	300	900	1250	2650	3800
2 dr Cpe	150	300	900	1350	2700	3900
4 dr Sta Wag	150	350	950	1350	2800	4000
Sapporo						
2 dr HdTp	150	450	1050	1750	3250	4700
Gran Fury, V-8						
4 dr Sed	150	350	950	1350	2800	4000
NOTE: Deduct 10 percent for 6-cyl.						
1983						
Colt, 4-cyl.						
4 dr Hatch	150	300	900	1250	2600	3700
2 dr Hatch	150	300	900	1250	2650	3800
DeL 4 dr Hatch	150	300	900	1350	2700	3900
Cus 4 dr Hatch	150	350	950	1350	2800	4000
Cus 2 dr Hatch	150	350	950	1450	2900	4100
Horizon, 4-cyl.						
4 dr Hatch	150	300	900	1250	2650	3800
Cus 4 dr Hatch	150	300	900	1350	2700	3900
Turismo, 4-cyl.						
2 dr Hatch	150	400	1000	1650	3150	4500
2 dr Hatch 2 plus 2	150	450	1050	1800	3300	4800
Reliant, 4-cyl.						
4 dr Sed	150	300	900	1250	2600	3700
2 dr Cpe	150	300	900	1250	2650	3800
4 dr Sta Wag	150	350	950	1350	2800	4000
Reliant SE, 4-cyl.						
4 dr Sed	150	300	900	1250	2650	3800
2 dr Cpe	150	300	900	1350	2700	3900
4 dr Sta Wag	150	350	950	1450	2900	4100
Sapporo, 4-cyl.						
2 dr HdTp	150	450	1050	1800	3300	4800
Gran Fury, V-8						
4 dr Sed	150	350	950	1450	2900	4100
NOTE: Deduct 10 percent for 6-cyl.						

PONTIAC

	6	5	4	3	2	1
1926						
Model 6-26, 6-cyl.						
Cpe	450	950	2100	4750	6650	9500
2 dr Sed	350	825	1600	4000	5600	8000
1927						
Model 6-27, 6-cyl.						
Spt Rds	500	1250	3900	6500	9100	13,000
Spt Cabr	500	1300	4050	6750	9450	13,500
Cpe	350	800	1550	3900	5450	7800
DeL Cpe	350	825	1600	4000	5600	8000
2 dr Sed	350	750	1450	3300	4900	7000
Lan Sed	450	900	1800	4400	6150	8800
1928						
Model 6-28, 6-cyl.						
Rds	550	1750	4800	8000	11,200	16,000
Cabr	550	1550	4500	7500	10,500	15,000
Phae	550	1550	4500	7500	10,500	15,000
2 dr Sed	200	500	1100	1900	3500	5000
Sed	200	650	1250	2400	4200	6000
Trs	200	650	1250	2400	4200	6000
Cpe	350	750	1450	3300	4900	7000
Spt Cpe	350	825	1600	4000	5600	8000
Lan Sed	350	875	1700	4250	5900	8500
1929						
Model 6-29A, 6-cyl.						
Rds	650	2800	5700	9500	13,300	19,000
Phae	650	2300	5400	9000	12,600	18,000
Conv	650	2300	5400	9000	12,600	18,000
Cpe	350	875	1700	4250	5900	8500
2 dr Sed	350	700	1350	2800	4550	6500
4 dr Sed	350	725	1400	3100	4800	6800

	6	5	4	3	2	1
Spt Lan Sed	450	975	2300	4950	6900	9900

NOTE: Add 5 percent for horizontal louvers on early year cars.

1930
Model 6-30B, 6-cyl.

	6	5	4	3	2	1
Spt Rds	650	2800	5700	9500	13,300	19,000
Phae	650	2600	5500	9250	12,950	18,500
Cpe	450	900	1800	4400	6150	8800
Spt Cpe	450	900	1900	4500	6300	9000
2 dr Sed	200	650	1200	2300	4100	5800
4 dr Sed	200	650	1250	2400	4200	6000
Cus Sed	350	825	1600	4000	5600	8000

1931
Model 401, 6-cyl.

	6	5	4	3	2	1
Conv	650	2800	5700	9500	13,300	19,000
2P Cpe	450	900	1800	4450	6250	8900
Spt Cpe	450	1000	2400	5000	7000	10,000
2 dr Sed	200	650	1250	2400	4200	6000
Sed	200	675	1300	2500	4350	6200
Cus Sed	350	750	1450	3300	4900	7000

1932
Model 402, 6-cyl.

	6	5	4	3	2	1
Conv	800	3300	6600	11,000	15,400	22,000
Cpe	450	1025	2600	5250	7300	10,500
RS Cpe	450	1075	3000	5500	7700	11,000
2 dr Sed	200	650	1250	2400	4200	6000
Cus Sed	350	700	1350	2900	4600	6600

Model 302, V-8

	6	5	4	3	2	1
Conv	800	3750	7500	12,500	17,500	25,000
Cpe	500	1200	3750	6250	8750	12,500
Spt Cpe	500	1300	4050	6750	9450	13,500
2 dr Sed	450	1000	2400	5000	7000	10,000
4 dr Sed	450	1025	2600	5250	7300	10,500
Cus Sed	450	1075	3000	5500	7700	11,000

1933
Model 601, 8-cyl.

	6	5	4	3	2	1
Rds	800	3300	6600	11,000	15,400	22,000
Conv	800	3000	6000	10,000	14,000	20,000
Cpe	350	825	1600	4000	5600	8000
Spt Cpe	450	900	1900	4500	6300	9000
2 dr Sed	350	775	1500	3750	5250	7500
2 dr Tr Sed	350	750	1450	3300	4900	7000
Sed	350	800	1550	3850	5400	7700

NOTE: First year for Pontiac straight 8.
Add 5 percent for sidemount tires for all 1933-1938 Pontiac (rare option).

1934
Model 603, 8-cyl.

	6	5	4	3	2	1
Conv	550	1550	4500	7500	10,500	15,000
Cpe	350	825	1600	4000	5600	8000
Spt Cpe	450	900	1900	4500	6300	9000
2 dr Sed	350	775	1500	3750	5250	7500
2 dr Tr Sed	350	750	1450	3300	4900	7000
Sed	350	800	1550	3850	5400	7700
Tr Sed	350	825	1600	4000	5600	8000

1935
Master Series 701, 6-cyl.

	6	5	4	3	2	1
Cpe	350	825	1600	3950	5500	7900
2 dr Sed	350	700	1350	2700	4500	6400
2 dr Tr Sed	350	700	1350	2800	4550	6500
Sed	350	725	1400	3200	4850	6900
Tr Sed	350	750	1450	3300	4900	7000

DeLuxe Series 701, 6-cyl.

	6	5	4	3	2	1
Cpe	350	850	1650	4200	5850	8400
Spt Cpe	450	900	1800	4450	6250	8900
Cabr	550	1800	4900	8200	11,500	16,400
2 dr Sed	350	700	1350	2800	4550	6500
2 dr Tr Sed	350	700	1350	2900	4600	6600
Sed	350	725	1400	3000	4700	6700
Tr Sed	350	725	1400	3200	4850	6900

Series 605, 8-cyl.

	6	5	4	3	2	1
Cpe	450	950	2100	4700	6600	9400
Spt Cpe	450	975	2300	4950	6900	9900

	6	5	4	3	2	1
Cabr	650	2100	5250	8700	12,200	17,400
2 dr Sed	350	700	1350	2900	4600	6600
2 dr Tr Sed	350	725	1400	3200	4850	6900
Sed	350	725	1400	3100	4800	6800
Tr Sed	350	725	1400	3200	4850	6900

1936
DeLuxe Series Silver Streak, 6-cyl.

	6	5	4	3	2	1
Cpe	350	850	1650	4200	5850	8400
Spt Cpe	450	900	1800	4450	6250	8900
Cabr	550	1800	4900	8200	11,500	16,400
2 dr Sed	350	700	1350	2700	4500	6400
2 dr Tr Sed	350	700	1350	2900	4600	6600
4 dr Sed	350	725	1400	3000	4700	6700
4 dr Tr Sed	350	725	1400	3200	4850	6900

DeLuxe Series Silver Streak, 8-cyl.

	6	5	4	3	2	1
Cpe	450	900	1800	4450	6250	8900
Spt Cpe	450	950	2100	4700	6600	9400
Cabr	650	2500	5500	9200	12,900	18,400
2 dr Sed	350	725	1400	3200	4850	6900
2 dr Tr Sed	350	750	1450	3400	5000	7100
4 dr Sed	350	725	1400	3200	4850	6900
4 dr Tr Sed	350	750	1450	3400	5000	7100

1937 Pontiac convertible sedan

1937
DeLuxe Model 6CA, 6-cyl.

	6	5	4	3	2	1
Conv	800	3300	6600	11,000	15,400	22,000
Conv Sed	800	3600	7200	12,000	16,800	24,000
Bus Cpe	350	825	1600	3950	5500	7900
Spt Cpe	350	850	1650	4200	5850	8400
2 dr Sed	200	650	1250	2400	4150	5900
2 dr Tr Sed	200	675	1300	2500	4300	6100
4 dr Sed	200	675	1300	2500	4300	6100
4 dr Tr Sed	350	700	1350	2700	4500	6400
Sta Wag	650	2000	5100	8500	11,900	17,000

DeLuxe Model 8CA, 8-cyl.

	6	5	4	3	2	1
Conv	800	3600	7200	12,000	16,800	24,000
Conv Sed	800	3750	7500	12,500	17,500	25,000
Bus Cpe	350	850	1650	4200	5850	8400
Spt Cpe	450	900	1800	4450	6250	8900
2 dr Sed	350	700	1350	2700	4500	6400

	6	5	4	3	2	1
2 dr Tr Sed	350	725	1400	3200	4850	6900
4 dr Sed	350	725	1400	3200	4850	6900
4 dr Tr Sed	350	775	1500	3700	5200	7400
1938						
DeLuxe Model 6DA, 6-cyl.						
Conv	800	3300	6600	11,000	15,400	22,000
Conv Sed	800	3600	7200	12,000	16,800	24,000
Bus Cpe	350	775	1500	3700	5200	7400
Spt Cpe	350	825	1600	3950	5500	7900
2 dr Sed	350	700	1350	2700	4500	6400
4 dr Sed	350	725	1400	3200	4850	6900
4 dr Tr Sed	350	750	1450	3400	5000	7100
Sta Wag	650	2000	5100	8500	11,900	17,000
DeLuxe Model 8DA, 8-cyl.						
Conv	800	3600	7200	12,000	16,800	24,000
Conv Sed	800	3750	7500	12,500	17,500	25,000
Bus Cpe	350	825	1600	3950	5500	7900
Spt Cpe	350	850	1650	4200	5850	8400
2 dr Sed	350	775	1500	3700	5200	7400
2 dr Tr Sed	350	800	1550	3800	5300	7600
4 dr Sed	350	775	1500	3750	5250	7500
4 dr Tr Sed	350	800	1550	3850	5400	7700
1939						
Special Series 25, 6-cyl.						
Bus Cpe	350	850	1650	4200	5850	8400
Spt Cpe	450	900	1800	4450	6250	8900
2 dr Tr Sed	350	825	1600	3950	5500	7900
4 dr Tr Sed	350	825	1600	4000	5600	8000
Sta Wag	650	2300	5400	9000	12,600	18,000
DeLuxe Series 26, 6-cyl.						
Conv	800	3400	6900	11,500	16,100	23,000
Bus Cpe	350	875	1700	4300	6000	8600
Spt Cpe	450	925	2000	4600	6400	9200
2 dr Sed	350	825	1600	4050	5650	8100
4 dr Sed	350	850	1650	4100	5700	8200
DeLuxe Series 28, 8-cyl.						
Conv	800	3600	7200	12,000	16,800	24,000
Bus Cpe	450	900	1800	4450	6250	8900
Spt Cpe	450	950	2100	4700	6600	9400
2 dr Sed	350	850	1650	4150	5800	8300
4 dr Tr Sed	350	850	1650	4200	5850	8400
1940						
Special Series 25, 6-cyl., 117" wb						
Bus Cpe	350	825	1600	3950	5500	7900
Spt Cpe	350	825	1600	4050	5650	8100
2 dr Sed	350	775	1500	3700	5200	7400
4 dr Sed	350	775	1500	3750	5250	7500
Sta Wag	650	2300	5400	9000	12,600	18,000
DeLuxe Series 26, 6-cyl., 120" wb						
Conv	800	3600	7200	12,000	16,800	24,000
Bus Cpe	350	825	1600	4050	5650	8100
Spt Cpe	350	850	1650	4200	5850	8400
2 dr Sed	350	800	1550	3800	5300	7600
4 dr Sed	350	800	1550	3850	5400	7700
DeLuxe Series 28, 8-cyl., 120" wb						
Conv	800	3750	7500	12,500	17,500	25,000
Bus Cpe	350	850	1650	4200	5850	8400
Spt Cpe	350	875	1700	4300	6000	8600
2 dr Sed	350	800	1550	3850	5400	7700
4 dr Sed	350	800	1550	3900	5450	7800
Torpedo Series 29, 8-cyl., 122" wb						
Spt Cpe	450	950	2200	4800	6700	9600
4 dr Sed	450	950	2100	4700	6600	9400
1941						
DeLuxe Torpedo, 8-cyl.						
Bus Cpe	350	825	1600	3950	5500	7900
Spt Cpe	350	850	1650	4100	5700	8200
Conv	800	3750	7500	12,500	17,500	25,000
2 dr Sed	350	775	1500	3700	5200	7400
4W Sed	350	800	1550	3800	5300	7600
6W Sed	350	775	1500	3750	5250	7500
Streamliner, 8-cyl.						
Cpe	350	850	1650	4200	5850	8400

	6	5	4	3	2	1
4 dr Sed	350	825	1600	3950	5500	7900
Super Streamliner, 8-cyl.						
Cpe	350	875	1700	4350	6050	8700
4 dr Sed	350	850	1650	4200	5850	8400
Custom, 8-cyl.						
Spt Cpe	450	975	2200	4850	6800	9700
4 dr Sed	450	950	2100	4750	6650	9500
Sta Wag	650	2000	5100	8500	11,900	17,000
DeL Sta Wag	650	2300	5400	9000	12,600	18,000

NOTE: Deduct 10 percent for 6-cyl. models.

1942
Torpedo, 8-cyl.

	6	5	4	3	2	1
Conv	800	3600	7200	12,000	16,800	24,000
Bus Cpe	200	675	1300	2600	4400	6300
Spt Cpe	350	700	1350	2800	4550	6500
5P Cpe	350	700	1350	2900	4600	6600
2 dr Sed	200	650	1200	2300	4100	5800
4 dr Sed	200	650	1250	2400	4150	5900
Metro Sed	200	675	1300	2600	4400	6300
Streamliner, 8-cyl.						
Cpe	350	750	1450	3300	4900	7000
Sed	200	675	1300	2600	4400	6300
Sta Wag	500	1300	4000	6650	9300	13,300
Chieftain, 8-cyl.						
Cpe	350	775	1500	3600	5100	7300
Sed	350	700	1350	2800	4550	6500
Sta Wag	550	1750	4800	8000	11,200	16,000

NOTE: Deduct 10 percent for 6-cyl. models.

1946 Pontiac convertible

1946
Torpedo, 8-cyl.

	6	5	4	3	2	1
Conv	800	3400	6900	11,500	16,100	23,000
Bus Cpe	200	650	1200	2300	4100	5800
Spt Cpe	200	675	1300	2600	4400	6300
5P Cpe	200	675	1300	2500	4300	6100
2 dr Sed	200	650	1250	2400	4200	6000
4 dr Sed	200	675	1300	2500	4300	6100

NOTE: All 1946-1954 Pontiacs are sometimes called "Silver Streaks". On some models nameplates bearing this designation appear on the cars, but it is not a true model name. The true model names are "Torpedo" (for conventional styles) and "Streamliner" (for fastbacks and station wagons).

Streamliner, 8-Cyl.

	6	5	4	3	2	1
5P Cpe	350	700	1350	2700	4500	6400
4 dr Sed	200	675	1300	2600	4400	6300
Sta Wag	550	1750	4800	8000	11,200	16,000
DeL Sta Wag	550	1800	4950	8250	11,550	16,500

NOTE: Deduct 5 percent for 6-cyl. models.

1947
Torpedo, 8-cyl.

	6	5	4	3	2	1
Conv	800	3400	6900	11,500	16,100	23,000
DeL Conv	800	3600	7200	12,000	16,800	24,000

	6	5	4	3	2	1
Bus Cpe	200	650	1200	2300	4100	5800
Spt Cpe	200	675	1300	2600	4400	6300
5P Cpe	200	675	1300	2500	4300	6100
2 dr Sed	200	650	1250	2400	4200	6000
4 dr Sed	200	675	1300	2500	4300	6100
Streamliner, 8-cyl.						
Cpe	350	700	1350	2700	4500	6400
Sed	200	675	1300	2600	4400	6300
Sta Wag	550	1750	4800	8000	11,200	16,000
DeL Sta Wag	550	1800	4950	8250	11,550	16,500

NOTE: Deduct 5 percent for 6-cyl. models.

1948
Torpedo, 8-cyl.

	6	5	4	3	2	1
Bus Cpe	200	650	1200	2300	4100	5800
Spt Cpe	200	675	1300	2600	4400	6300
5P Cpe	200	675	1300	2500	4300	6100
2 dr Sed	200	650	1250	2400	4200	6000
4 dr Sed	200	675	1300	2500	4300	6100
DeLuxe Torpedo, 8-cyl.						
Conv	800	3600	7200	12,000	16,800	24,000
Spt Cpe	350	700	1350	2800	4550	6500
5P Cpe	200	675	1300	2600	4400	6300
4 dr Sed	200	675	1300	2500	4350	6200
DeLuxe Streamliner, 8-cyl.						
Cpe	200	675	1300	2600	4400	6300
4 dr Sed	350	700	1350	2700	4500	6400
Sta Wag	550	1800	4950	8250	11,550	16,500

NOTE: Deduct 5 percent for 6-cyl. models.

1949
Streamliner, 8-cyl.

	6	5	4	3	2	1
Cpe Sed	200	675	1300	2500	4300	6100
4 dr Sed	200	675	1300	2500	4350	6200
Sta Wag	450	900	1900	4500	6300	9000
Wood Sta Wag	450	1075	3000	5500	7700	11,000
Streamliner DeLuxe, 8-cyl.						
4 dr Sed	200	675	1300	2600	4400	6300
Cpe Sed	200	675	1300	2500	4350	6200
Stl Sta Wag	450	975	2200	4850	6800	9700
Woodie	450	1150	3600	6000	8400	12,000
Sed Dely	450	1000	2400	5000	7000	10,000
Chieftain, 8-cyl.						
4 dr Sed	350	700	1350	2700	4500	6400
2 dr Sed	200	675	1300	2500	4350	6200
Cpe Sed	200	675	1300	2600	4400	6300
Bus Cpe	350	700	1350	2800	4550	6500
Chieftain DeLuxe, 8-cyl.						
4 dr Sed	350	700	1350	2800	4550	6500
2 dr Sed	200	675	1300	2600	4400	6300
Bus Cpe	350	700	1350	2900	4600	6600
Cpe Sed	350	700	1350	2700	4500	6400
Conv	800	3150	6300	10,500	14,700	21,000

NOTE: Deduct 5 percent for 6-cyl. models.

1950
Streamliner, 8-cyl.

	6	5	4	3	2	1
4 dr Sed	200	675	1300	2500	4300	6100
Cpe	200	675	1300	2500	4350	6200
Sta Wag	450	900	1900	4500	6300	9000
Streamliner DeLuxe fastback, 8-cyl.						
4 dr Sed	200	675	1300	2600	4400	6300
Cpe	350	700	1350	2900	4600	6600
Stl Sta Wag	450	1050	2700	5350	7450	10,700
Sed Dely	450	1025	2600	5250	7300	10,500
Chieftain, 8-cyl.						
4 dr Sed	350	700	1350	2700	4500	6400
2 dr Sed	200	675	1300	2500	4350	6200
Cpe Sed	200	675	1300	2600	4400	6300
Bus Cpe	350	700	1350	2800	4550	6500
Chieftain DeLuxe, 8-cyl.						
4 dr Sed	350	700	1350	2800	4550	6500
2 dr Sed	200	675	1300	2600	4400	6300
Cpe	350	700	1350	2900	4600	6600
Bus Cpe	350	700	1350	2700	4500	6400
2 dr HdTp	450	1150	3600	6000	8400	12,000

	6	5	4	3	2	1
Conv	800	3300	6600	11,000	15,400	22,000

NOTE: Deduct 5 percent for 6-cyl. models.

1951
Streamliner, 8-cyl.

	6	5	4	3	2	1
Cpe	200	675	1300	2500	4350	6200
Sta Wag	450	1100	3200	5600	7800	11,200
Streamliner DeLuxe, 8-cyl.						
Cpe	350	700	1350	2700	4500	6400
Sta Wag	450	1125	3450	5750	8050	11,500
Sed Dely	450	1075	3000	5500	7700	11,000
Chieftain, 8-cyl.						
4 dr Sed	350	700	1350	2800	4550	6500
2 dr Sed	200	675	1300	2600	4400	6300
Cpe	350	700	1350	2700	4500	6400
Bus Cpe	350	700	1350	2900	4600	6600
Chieftain DeLuxe, 8-cyl.						
4 dr Sed	350	700	1350	2900	4600	6600
2 dr Sed	350	700	1350	2800	4550	6500
Cpe	350	725	1400	3000	4700	6700
Bus Cpe	350	700	1350	2900	4600	6600
2 dr HdTp	450	1125	3450	5750	8050	11,500
Conv	800	3300	6600	11,000	15,400	22,000

NOTE: Deduct 5 percent for 6-cyl. models.

1952
Chieftain, 8-cyl., 120" wb

	6	5	4	3	2	1
4 dr Sed	350	700	1350	2800	4550	6500
2 dr Sed	350	700	1350	2700	4500	6400
Sta Wag	450	900	1900	4500	6300	9000
Sed Dely	450	1075	3000	5500	7700	11,000
Chieftain DeLuxe, 8-cyl.						
4 dr Sed	350	700	1350	2900	4600	6600
2 dr Sed	350	700	1350	2800	4550	6500
2 dr HdTp	450	1125	3450	5750	8050	11,500
Conv	800	3300	6600	11,000	15,400	22,000
Sta Wag	450	950	2100	4750	6650	9500
Chieftain Custom, 8-cyl., 122" wb						
2 dr HdTp	450	1000	2500	5100	7100	10,200

NOTE: Deduct 5 percent for 6-cyl. models.

1953
Chieftain, 8-cyl., 122" wb

	6	5	4	3	2	1
4 dr Sed	350	700	1350	2900	4600	6600
2 dr Sed	350	700	1350	2800	4550	6500
Paint Sta Wag	450	925	2000	4600	6400	9200
Wood grain Sta Wag	450	975	2200	4850	6800	9700
Sed Dely	450	1150	3600	6000	8400	12,000
Chieftain DeLuxe, 8-cyl.						
4 dr Sed	350	725	1400	3000	4700	6700
2 dr Sed	350	700	1350	2900	4600	6600
2 dr HdTp	450	1125	3450	5750	8050	11,500
Conv	800	3600	7200	12,000	16,800	24,000
Mtl Sta Wag	450	975	2200	4850	6800	9700
Sim W Sta Wag	450	1000	2500	5100	7100	10,200
Custom Catalina, 8-cyl.						
2 dr HdTp	500	1250	3900	6500	9100	13,000

NOTE: Deduct 5 percent for 6-cyl. models.

1954
Chieftain, 8-cyl., 122" wb

	6	5	4	3	2	1
4 dr Sed	350	725	1400	3100	4800	6800
2 dr Sed	350	725	1400	3000	4700	6700
Sta Wag	450	900	1800	4450	6250	8900
Chieftain DeLuxe, 8-cyl.						
4 dr Sed	350	725	1400	3200	4850	6900
2 dr Sed	350	725	1400	3100	4800	6800
2 dr HdTp	450	1075	3000	5500	7700	11,000
Sta Wag	450	950	2100	4700	6600	9400
Custom Catalina, 8-cyl.						
2 dr HdTp	450	1150	3600	6000	8400	12,000
Star Chief DeLuxe, 8-cyl.						
4 dr Sed	350	750	1450	3400	5000	7100
Conv	800	3750	7500	12,500	17,500	25,000
Custom Star Chief, 8-cyl.						
4 dr Sed	350	825	1600	4000	5600	8000

1954 Pontiac, Custom Star Chief Catalina, 8-cyl.

	6	5	4	3	2	1
2 dr HdTp	500	1250	3900	6500	9100	13,000

NOTE: Deduct 5 percent for 6-cyl. models.
A few 1954 Sedan Delivery trucks built. -- Value inestimable.

1955
Chieftain 860, V-8

	6	5	4	3	2	1
4 dr Sed	200	650	1250	2400	4200	6000
2 dr Sed	200	650	1250	2400	4150	5900
2 dr Sta Wag	200	675	1300	2600	4400	6300
4 dr Sta Wag	200	675	1300	2500	4350	6200

Chieftain 870, V-8, 122" wb

4 dr Sed	350	700	1350	2800	4550	6500
2 dr Sed	200	650	1250	2400	4200	6000
2 dr HdTp	450	1150	3600	6000	8400	12,000
4 dr Sta Wag	200	675	1300	2600	4400	6300

Star Chief Custom Safari, 122" wb

2 dr Sta Wag	550	1550	4500	7500	10,500	15,000

Star Chief, V-8, 124" wb

4 dr Sed	350	750	1450	3300	4900	7000
Conv	800	3900	7800	13,000	18,200	26,000

Custom Star Chief, V-8, 124" wb

4 dr Sed	350	775	1500	3750	5250	7500
2 dr HdTp	550	1550	4500	7500	10,500	15,000

1956
Chieftain 860, V-8, 122" wb

4 dr Sed	200	650	1250	2400	4200	6000
4 dr HdTp	350	700	1350	2800	4550	6500
2 dr Sed	200	650	1250	2400	4150	5900
2 dr HdTp	350	875	1700	4250	5900	8500
2 dr Sta Wag	350	700	1350	2800	4550	6500
4 dr Sta Wag	200	675	1300	2600	4400	6300

Chieftain 870, V-8, 122" wb

4 dr Sed	200	675	1300	2600	4400	6300
4 dr HdTp	350	725	1400	3000	4700	6700
2 dr HdTp	450	900	1900	4500	6300	9000
4 dr Sta Wag	350	700	1350	2700	4500	6400

Custom Star Chief Safari, V-8, 122" wb

2 dr Sta Wag	550	1550	4500	7500	10,500	15,000

Star Chief, V-8, 124" wb

4 dr Sed	350	700	1350	2800	4550	6500
Conv	800	4050	8100	13,500	18,900	27,000

Custom Star Chief, V-8, 124" wb

4 dr HdTp	350	850	1650	4150	5800	8300
2 dr HdTp	550	1550	4500	7500	10,500	15,000

NOTE: (Add 10 percent for optional 285 hp V-8 speed engine).

1957
Chieftain, V-8, 122" wb

4 dr Sed	200	675	1300	2600	4400	6300
4 dr HdTp	350	725	1400	3000	4700	6700
2 dr Sed	200	675	1300	2500	4350	6200

	6	5	4	3	2	1
2 dr HdTp	450	900	1900	4500	6300	9000
4 dr Sta Wag	350	700	1350	2800	4550	6500
2 dr Sta Wag	350	725	1400	3000	4700	6700
Super Chief, V-8, 122" wb						
4 dr Sed	350	725	1400	3100	4800	6800
4 dr HdTp	350	750	1450	3500	5050	7200
2 dr HdTp	450	950	2100	4750	6650	9500
4 dr Sta Wag	350	725	1400	3100	4800	6800
Star Chief Custom Safari, V-8, 122" wb						
4 dr Sta Wag	450	1075	3000	5500	7700	11,000
2 dr Sta Wag	650	2000	5100	8500	11,900	17,000
Star Chief, V-8, 124" wb						
4 dr Sed	350	750	1450	3300	4900	7000
Conv	800	4200	8400	14,000	19,600	28,000
Bonneville Conv*	1500	7800	15,600	26,000	36,400	52,000
Custom Star Chief, V-8, 124" wb						
4 dr Sed	350	750	1450	3500	5050	7200
4 dr HdTp	450	1000	2400	5000	7000	10,000
2 dr HdTp	550	1750	4800	8000	11,200	16,000

*Available on one-to-a-dealer basis.

1958
Chieftain, V-8, 122" wb

	6	5	4	3	2	1
4 dr Sed	150	450	1050	1700	3200	4600
4 dr HdTp	200	500	1100	1900	3500	5000
2 dr Sed	150	450	1050	1700	3200	4600
2 dr HdTp	350	825	1600	4000	5600	8000
Conv	800	4050	8100	13,500	18,900	27,000
4 dr Safari - 9P	200	500	1100	1950	3600	5100
Super-Chief, V-8, 122" wb						
4 dr Sed	200	500	1100	1950	3600	5100
4 dr HdTp	200	600	1200	2200	3900	5600
2 dr HdTp	450	900	1900	4500	6300	9000
Star Chief, V-8, 124" wb						
4 dr Cus Sed	200	550	1150	2100	3700	5300
4 dr HdTp	200	675	1300	2500	4300	6100
2 dr HdTp	450	950	2100	4750	6650	9500
4 dr Cus Safari	350	800	1550	3800	5300	7600
Bonneville, V-8, 122" wb						
2 dr HdTp	1500	6300	12,600	21,000	29,400	42,000
Conv	1500	7200	14,400	24,000	33,600	48,000

NOTE: Add 20 percent for fuel-injection Bonneville.
Add 5 percent for bucket seats.

1959
Catalina, V-8, 122" wb

	6	5	4	3	2	1
4 dr Sed	200	500	1100	1850	3350	4900
4 dr HdTp	200	650	1250	2400	4200	6000
2 dr Sed	150	400	1000	1650	3150	4500
2 dr HdTp	200	650	1250	2400	4200	6000
Conv	650	2800	5700	9500	13,300	19,000
Safari, V-8, 124" wb						
4 dr Sta Wag - 6P	150	400	1000	1600	3100	4400
4 dr Sta Wag - 9P	150	400	1000	1650	3150	4500
Star Chief, V-8, 124" wb						
4 dr Sed	150	450	1050	1700	3200	4600
4 dr HdTp	200	650	1250	2400	4200	6000
2 dr Sed	200	600	1200	2200	3850	5500
Bonneville, V-8, 124" wb						
4 dr HdTp	350	700	1350	2800	4550	6500
2 dr HdTp	450	1000	2400	5000	7000	10,000
Conv	800	3750	7500	12,500	17,500	25,000
Custom Safari, V-8, 122" wb						
4 dr Sta Wag	150	450	1050	1750	3250	4700

NOTE: Add 10 percent for engine options (incl. economy V-8) or bucket seats.

1960
(Add 5 percent for S-D motor).
Catalina, V-8, 122" wb

	6	5	4	3	2	1
4 dr Sed	150	450	1050	1700	3200	4600
4 dr HdTp	200	500	1100	1850	3350	4900
2 dr Sed	150	450	1050	1700	3200	4600
2 dr HdTp	200	600	1200	2200	3850	5500
Conv	800	3000	6000	10,000	14,000	20,000
Safari, V-8, 122" wb						
4 dr Sta Wag	150	400	1000	1650	3150	4500

	6	5	4	3	2	1
4 dr Sta Wag - 6P	150	400	1000	1600	3100	4400
Ventura, V-8, 122" wb						
4 dr HdTp	200	600	1200	2200	3850	5500
2 dr HdTp	350	825	1600	4000	5600	8000
Star Chief, V-8, 124" wb						
4 dr Sed	150	450	1050	1800	3300	4800
4 dr HdTp	200	650	1250	2400	4200	6000
2 dr Sed	150	450	1050	1750	3250	4700
Bonneville, V-8, 124" wb						
4 dr HdTp	350	700	1350	2800	4550	6500
2 dr HdTp	450	1000	2400	5000	7000	10,000
Conv	800	3750	7500	12,500	17,500	25,000
Bonneville Safari, V-8, 122" wb						
4 dr Sta Wag	150	400	1000	1650	3150	4500
1961						
(Add 10 percent for S-D motor).						
Catalina, V-8, 119" wb						
4 dr Sed	150	400	1000	1600	3100	4400
4 dr HdTp	200	500	1100	1850	3350	4900
2 dr Sed	150	400	1000	1550	3050	4300
2 dr HdTp	200	600	1200	2200	3850	5500
Conv	500	1250	3900	6500	9100	13,000
Safari Wag	150	400	1000	1600	3100	4400
Ventura, V-8, 119" wb						
4 dr HdTp	200	650	1250	2400	4150	5900
2 dr HdTp	350	825	1600	4000	5600	8000
Star Chief, V-8, 123" wb						
4 dr Sed	200	500	1100	1900	3500	5000
4 dr HdTp	200	600	1200	2200	3850	5500
Bonneville, V-8, 123" wb						
4 dr HdTp	200	650	1250	2400	4200	6000
2 dr HdTp	350	875	1700	4250	5900	8500
Conv	550	1550	4500	7500	10,500	15,000
Bonneville Safari, V-8, 119" wb						
4 dr Sta Wag	150	400	1000	1600	3100	4400
Tempest Compact, 4-cyl.						
4 dr Sed	150	400	1000	1550	3050	4300
Cpe	150	400	1000	1600	3100	4400
Cus Cpe	150	400	1000	1650	3150	4500
Safari Wag	150	350	950	1450	3000	4200
NOTE: Add 5 percent for Tempest V-8.						
1962						
NOTES: Add 5 percent for Catalina Ventura.						
Add 30 percent for "421" S-D models.						
Tempest Series, 4-cyl., 122" wb						
4 dr Sed	150	350	950	1450	3000	4200
Cpe	150	400	1000	1550	3050	4300
2 dr HdTp	200	600	1200	2300	4000	5700
Conv	350	825	1600	4000	5600	8000
Safari	150	350	950	1450	3000	4200
NOTE: Add 10 percent for Tempest V-8.						
Catalina Series, V-8, 120" wb						
4 dr Sed	150	350	950	1450	2900	4100
4 dr HdTp	150	400	1000	1650	3150	4500
2 dr Sed	150	400	1000	1550	3050	4300
2 dr HdTp	200	650	1250	2400	4200	6000
Conv	450	1000	2400	5000	7000	10,000
Sta Wag	150	350	950	1450	3000	4200
Star Chief Series, V-8, 123" wb						
4 dr Sed	150	400	1000	1550	3050	4300
4 dr HdTp	150	450	1050	1700	3200	4600
Bonneville Series, V-8, 123" wb, Sta Wag 119" wb						
4 dr HdTp	200	600	1200	2200	3850	5500
2 dr HdTp	350	775	1500	3750	5250	7500
Conv	550	1550	4500	7500	10,500	15,000
Sta Wag	150	400	1000	1600	3100	4400
Grand Prix Series, V-8, 120" wb						
2 dr HdTp	450	1150	3600	6000	8400	12,000
NOTE: Add 30 percent for 421.						
1963						
Tempest (Compact) Series, 4-cyl., 112" wb						
4 dr Sed	150	350	950	1350	2800	4000
Cpe	150	400	1000	1600	3100	4400

1963 Pontiac Bonneville convertible

	6	5	4	3	2	1
2 dr HdTp	200	500	1100	1900	3500	5000
Conv	350	750	1450	3300	4900	7000
Sta Wag	150	350	950	1350	2800	4000
LeMans Series, 8-cyl., "326" option.						
2 dr HdTp	200	600	1200	2200	3850	5500
Conv	350	825	1600	4000	5600	8000
Catalina Series, V-8, 119" wb						
4 dr Sed	150	350	950	1450	2900	4100
4 dr HdTp	200	500	1100	1900	3500	5000
2 dr Sed	150	450	1050	1700	3200	4600
2 dr HdTp	350	700	1350	2800	4550	6500
Conv	450	1150	3600	6000	8400	12,000
Sta Wag	150	400	1000	1650	3150	4500
Star Chief Series, V-8, 123" wb						
4 dr Sed	150	400	1000	1600	3100	4400
4 dr HdTp	200	500	1100	1900	3500	5000
Bonneville Series, V-8, 123" wb						
2 dr HdTp	350	775	1500	3750	5250	7500
4 dr HdTp	200	650	1250	2400	4200	6000
Conv	550	1550	4500	7500	10,500	15,000
Sta Wag	150	450	1050	1700	3200	4600
Grand Prix Series, V-8, 120" wb						
2 dr HdTp	450	1025	2600	5250	7300	10,500

NOTE: Add 5 percent for Tempest V-8.
  Add 5 percent for Catalina Ventura.
  Add 30 percent for "421" S-D models.

1964

	6	5	4	3	2	1
Tempest Custom 21, V-8, 115" wb						
4 dr Sed	150	350	950	1450	3000	4200
2 dr HdTp	150	400	1000	1600	3100	4400
Conv	350	825	1600	4000	5600	8000
Sta Wag	150	300	900	1350	2700	3900
LeMans Series, V-8, 115" wb						
2 dr HdTp	450	900	1900	4500	6300	9000
Cpe	350	825	1600	4000	5600	8000
Conv	500	1250	3900	6500	9100	13,000
GTO Cpe	500	1400	4200	7000	9800	14,000
GTO Conv	650	2800	5700	9500	13,300	19,000
GTO HdTp	550	1550	4500	7500	10,500	15,000

NOTE: Deduct 10 percent for Tempest 6-cyl.

Catalina Series, V-8, 120" wb						
4 dr Sed	150	400	1000	1600	3100	4400
4 dr HdTp	150	450	1050	1700	3200	4600
2 dr Sed	150	400	1000	1650	3150	4500
2 dr HdTp	350	700	1350	2800	4550	6500
Conv	500	1250	3900	6500	9100	13,000
Sta Wag	150	350	950	1350	2800	4000
Star Chief Series, 123" wb						
4 dr Sed	150	400	1000	1650	3150	4500
4 dr HdTp	200	600	1200	2200	3850	5500
Bonneville Series, V-8, 123" wb						
4 dr HdTp	200	650	1250	2400	4200	6000
2 dr HdTp	350	825	1600	4000	5600	8000
Conv	650	2000	5100	8500	11,900	17,000

	6	5	4	3	2	1
Sta Wag	200	500	1100	1900	3500	5000
Grand Prix Series, V-8, 120" wb						
2 dr HdTp	450	1075	3000	5500	7700	11,000

NOTES: Add 20 percent for tri power.
      Add 30 percent for "421" S-D models.
      Add 5 percent for Catalina-Ventura option.
      Add 10 percent for 2 plus 2, 7,998 built.

1965
Tempest Series, V-8, 115" wb

	6	5	4	3	2	1
4 dr Sed	150	350	950	1450	2900	4100
2 dr HdTp	150	450	1050	1700	3200	4600
2 dr HdTp	200	500	1100	1850	3350	4900
Conv	350	875	1700	4250	5900	8500
Sta Wag	150	350	950	1350	2800	4000
LeMans Series, V-8, 115" wb						
4 dr Sed	150	400	1000	1650	3150	4500
Cpe	200	650	1250	2400	4200	6000
2 dr HdTp	350	750	1450	3300	4900	7000
Conv	550	1750	4800	8000	11,200	16,000
GTO Conv	650	2000	5100	8500	11,900	17,000
GTO HdTp	550	1550	4500	7500	10,500	15,000
GTO Cpe	450	1150	3600	6000	8400	12,000

NOTE: Deduct 5 percent for Tempest 6-cyl.

Catalina Series, V-8, 121" wb

	6	5	4	3	2	1
4 dr Sed	150	400	1000	1550	3050	4300
4 dr HdTp	200	500	1100	1900	3500	5000
2 dr Sed	150	450	1050	1700	3200	4600
2 dr HdTp	200	650	1250	2400	4200	6000
Conv	450	1075	3000	5500	7700	11,000
Sta Wag	150	300	900	1350	2700	3900
Star Chief Series, V-8, 123" wb						
4 dr Sed	150	400	1000	1600	3100	4400
4 dr HdTp	200	550	1150	2000	3600	5200
Bonneville Series, V-8, 123" wb						
4 dr HdTp	200	600	1200	2200	3850	5500
2 dr HdTp	350	775	1500	3750	5250	7500
Conv	500	1400	4200	7000	9800	14,000
2S Sta Wag	150	350	950	1350	2800	4000
Grand Prix Series, 120" wb						
2 dr HdTp	450	900	1900	4500	6300	9000

NOTE: Add 30 percent for "421" H.O. Tri-power V-8.
      Add 15 percent for tri power.
      Add 10 percent for 2 plus 2.
      Add 10 percent for Catalina-Ventura option.

1966
Tempest Custom, OHC-6, 115" wb

	6	5	4	3	2	1
4 dr Sed	150	350	950	1450	2900	4100
4 dr HdTp	150	350	950	1450	3000	4200
2 dr HdTp	200	650	1200	2300	4100	5800
Cpe	200	600	1200	2200	3850	5500
Conv	350	775	1500	3750	5250	7500
Sta Wag	150	300	900	1350	2700	3900
Lemans Series, OHC-6, 115" wb						
4 dr HdTp	150	400	1000	1600	3100	4400
Cpe	200	550	1150	2100	3700	5300
2 dr HdTp	200	650	1250	2400	4200	6000
Conv	450	900	1900	4500	6300	9000
GTO Series, V-8, 115" wb						
2 dr HdTp	550	1550	4500	7500	10,500	15,000
Cpe	500	1250	3900	6500	9100	13,000
Conv	550	1750	4800	8000	11,200	16,000
Catalina, V-8, 121" wb						
4 dr Sed	150	350	950	1450	3000	4200
4 dr HdTp	150	400	1000	1650	3150	4500
2 dr Sed	150	400	1000	1550	3050	4300
2 dr HdTp	200	650	1250	2400	4200	6000
Conv	450	1075	3000	5500	7700	11,000
Sta Wag	150	400	1000	1550	3050	4300
2 Plus 2, V-8, 121" wb						
2 dr HdTp	350	750	1450	3300	4900	7000
Conv	450	1150	3600	6000	8400	12,000
Executive, V-8, 124" wb						
4 dr Sed	150	450	1050	1750	3250	4700

	6	**5**	**4**	**3**	**2**	**1**
4 dr HdTp	200	500	1100	1900	3500	5000
2 dr HdTp	350	775	1500	3750	5250	7500
Bonneville, V-8, 124" wb						
4 dr HdTp	200	600	1200	2200	3850	5500
2 dr HdTp	350	825	1600	4000	5600	8000
Conv	500	1400	4200	7000	9800	14,000
Sta Wag	150	400	1000	1650	3150	4500
Grand Prix, V-8, 121" wb						
2 dr HdTp	350	825	1600	4000	5600	8000

NOTE: Add 5 percent for Superlifts & Profile Bench Seat.
  Add 30 percent for 421.
  Add 15 percent for tri power.
  Add 10 percent for Ventura Custom trim option.

1967
Tempest, 6-cyl., 115" wb

	6	**5**	**4**	**3**	**2**	**1**
4 dr Sed	150	350	950	1350	2800	4000
Cpe	150	400	1000	1650	3150	4500
Sta Wag	150	350	950	1450	2900	4100
Tempest Custom, 6-cyl., 115" wb						
Cpe	150	450	1050	1700	3200	4600
2 dr HdTp	200	500	1100	1950	3600	5100
Conv	350	775	1500	3750	5250	7500
4 dr HdTp	150	400	1000	1600	3100	4400
4 dr Sed	150	350	950	1450	2900	4100
Sta Wagon	150	350	950	1450	3000	4200
Lemans, 6-cyl., 115" wb						
4 dr HdTp	150	400	1000	1650	3150	4500
Cpe	150	450	1050	1750	3250	4700
2 dr HdTp	200	600	1200	2200	3850	5500
Conv	350	875	1700	4250	5900	8500
Tempest Safari, 6-cyl., 115" wb						
Sta Wag	150	400	1000	1600	3100	4400
GTO, V-8, 115" wb						
Cpe	500	1250	3900	6500	9100	13,000
2 dr HdTp	500	1400	4200	7000	9800	14,000
Conv	550	1550	4500	7500	10,500	15,000
Catalina, V-8, 121" wb						
4 dr Sed	150	350	950	1350	2800	4000
4 dr HdTp	150	400	1000	1600	3100	4400
2 dr Sed	150	350	950	1450	2900	4100
2 dr HdTp	200	600	1200	2200	3850	5500
Conv	350	775	1500	3750	5250	7500
3S Sta Wag	150	350	950	1450	3000	4200
Executive, V-8, 124" wb, Sta Wag 121" wb						
4 dr Sed	150	400	1000	1600	3100	4400
4 dr HdTp	150	400	1000	1650	3150	4500
2 dr HdTp	200	550	1150	2100	3800	5400
3S Sta Wag	150	350	950	1450	3000	4200
Bonneville, V-8, 124" wb						
4 dr HdTp	150	450	1050	1700	3200	4600
2 dr HdTp	200	650	1250	2400	4200	6000
Conv	500	1250	3900	6500	9100	13,000
Sta Wag	150	400	1000	1550	3050	4300
Grand Prix, V-8, 121" wb						
2 dr HdTp	350	700	1350	2800	4550	6500
Conv	550	1550	4500	7500	10,500	15,000

NOTES: Add 10 percent for Tempest 326.
  Add 30 percent for 428.
  Add 10 percent for Sprint option.
  Add 15 percent for 2 plus 2 option.
  Add 10 percent for Ventura Custom trim option.
  Add 5 percent for Brougham trim.

Firebird, V-8, 108" wb

	6	**5**	**4**	**3**	**2**	**1**
Cpe	350	700	1350	2700	4500	6400
Conv	350	825	1600	4000	5600	8000

NOTES: Add 10 percent for V-8.
  Add 15 percent for 350 HO.
  Add 20 percent for the Ram Air 400 Firebird.

1968
Tempest, 6-cyl., 112" wb

	6	**5**	**4**	**3**	**2**	**1**
Spt Cpe	200	500	1100	1900	3500	5000
Cus "S" Cpe	200	600	1200	2200	3850	5500
Cus "S" HdTp	200	650	1250	2400	4200	6000

	6	5	4	3	2	1
Cus "S" Conv	350	750	1450	3300	4900	7000
2 dr LeMans	200	500	1100	1900	3500	5000
LeMans Spt Cpe	200	600	1200	2200	3850	5500
LeMans Conv	350	825	1600	4000	5600	8000
GTO, V-8, 112" wb						
2 dr HdTp	500	1250	3900	6500	9100	13,000
Conv	550	1550	4500	7500	10,500	15,000
Catalina, V-8, 122" wb						
4 dr Sed	150	350	950	1350	2800	4000
4 dr HdTp	150	400	1000	1650	3150	4500
2 dr Sed	150	350	950	1450	3000	4200
2 dr HdTp	200	600	1200	2200	3850	5500
Conv	350	775	1500	3750	5250	7500
Sta Wag	150	400	1000	1550	3050	4300
Executive, V-8, 124" wb, Sta Wag 121" wb						
4 dr Sed	200	500	1100	1900	3500	5000
4 dr HdTp	200	600	1200	2200	3850	5500
2 dr HdTp	200	650	1250	2400	4200	6000
3S Sta Wag	150	400	1000	1600	3100	4400
Bonneville, V-8, 125" wb						
4 dr Sed	200	550	1150	2000	3600	5200
4 dr HdTp	200	650	1250	2400	4200	6000
2 dr HdTp	350	700	1350	2800	4550	6500
Conv	450	1150	3600	6000	8400	12,000
Sta Wagon	150	400	1000	1600	3100	4400
Grand Prix, V-8, 118" wb						
2 dr HdTp	350	700	1350	2800	4550	6500

NOTES: Add 10 percent for Sprint option.
Add 30 percent for 428.
Add 20 percent for 350 (Tempest) or 428 V-8's.
Add 10 percent for Ventura Custom trim option.
Add 5 percent for Brougham trim.

Firebird, V-8, 108" wb						
Cpe	350	700	1350	2800	4550	6500
Conv	350	825	1600	4000	5600	8000

NOTE: Add 10 percent for V-8 or SOHC six.
Add 10 percent for 350 HO.
Add 25 percent for the Ram Air 400 Firebird.

1969

Tempest, 6-cyl., 116" wb, 2 dr 112" wb						
4 dr Sed	150	350	950	1450	2900	4100
Cpe	150	350	950	1450	3000	4200
Tempest 'S' Custom, 6-cyl., 116" wb, 2 dr 112" wb						
4 dr Sed	150	350	950	1450	3000	4200
4 dr HdTp	150	400	1000	1600	3100	4400
Cpe	150	400	1000	1550	3050	4300
2 dr HdTp	200	500	1100	1900	3500	5000
Conv	200	650	1250	2400	4200	6000
Sta Wag	150	350	950	1450	3000	4200
Tempest Lemans, 6-cyl., 116" wb, 2 dr 112" wb						
4 dr HdTp	150	400	1000	1650	3150	4500
Cpe	150	400	1000	1600	3100	4400
2 dr HdTp	200	600	1200	2200	3850	5500
Conv	350	700	1350	2800	4550	6500
Tempest Safari, 6-cyl., 116" wb						
Sta Wag	150	400	1000	1600	3100	4400
GTO, V-8, 112" wb						
2 dr HdTp	500	1400	4200	7000	9800	14,000
Conv	550	1750	4800	8000	11,200	16,000
Catalina, V-8, 122" wb						
4 dr Sed	150	350	950	1350	2800	4000
4 dr HdTp	150	350	950	1450	3000	4200
2 dr HdTp	150	400	1000	1600	3100	4400
Conv	350	775	1500	3750	5250	7500
3S Sta Wag	150	300	900	1350	2700	3900
Executive, V-8, 125" wb, Sta Wag 122" wb						
4 dr Sed	150	350	950	1450	2900	4100
4 dr HdTp	150	400	1000	1550	3050	4300
2 dr HdTp	150	450	1050	1700	3200	4600
3S Sta Wag	150	350	950	1450	2900	4100
Bonneville, V-8, 125" wb						
4 dr Sed	150	350	950	1450	2900	4100
4 dr HdTp	150	400	1000	1650	3150	4500

	6	5	4	3	2	1
2 dr HdTp	200	500	1100	1900	3500	5000
Conv	450	950	2100	4750	6650	9500
Sta Wag	150	300	900	1350	2700	3900
Grand Prix, V-8, 118" wb						
2 dr HdTp	200	650	1250	2400	4200	6000

NOTES: Add 10 percent for LeMans Rally E Pkg.
Add 30 percent for 428 CID V-8.
Add 5 percent for Brougham trim.
Add 40 percent for GTO Judge option.
Add 10 percent for Tempest V-8.
Add 25 percent for Ram Air IV.

Firebird, V-8, 108" wb

	6	5	4	3	2	1
Cpe	350	700	1350	2800	4550	6500
Conv	450	900	1900	4500	6300	9000
Trans Am Cpe	500	1400	4200	7000	9800	14,000
Trans Am Conv	800	4050	8100	13,500	18,900	27,000

NOTE: Add 10 percent for V-8 or SOHC six.
Add 15 percent for "HO" 400 Firebird.
Add 20 percent for Ram Air IV Firebird.
Add 50 percent for '303' V-8 SCCA race engine.
The Trans Am was a mid-year model.

1970 Pontiac, Firebird Formula 400 coupe, V-8

1970

Tempest, 6-cyl., 116" wb, 2 dr 112" wb

	6	5	4	3	2	1
4 dr Sed	150	400	1000	1550	3050	4300
2 dr HdTp	200	500	1100	1900	3500	5000
Cpe	150	400	1000	1650	3150	4500
LeMans, 6 cyl., 116" wb, 2 dr 112" wb						
4 dr Sed	150	400	1000	1600	3100	4400
4 dr HdTp	200	500	1100	1850	3350	4900
Cpe	150	450	1050	1700	3200	4600
2 dr HdTp	200	600	1200	2200	3850	5500
Sta Wag	150	400	1000	1600	3100	4400
LeMans Sport, 6 cyl., 116" wb, 2 dr 112" wb						
4 dr HdTp	200	500	1100	1850	3350	4900
Cpe	200	500	1100	1850	3350	4900
2 dr HdTp	200	650	1250	2400	4200	6000
Conv	350	775	1500	3750	5250	7500
Sta Wag	150	400	1000	1650	3150	4500
LeMans GT 37, V-8, 112" wb						
Cpe	350	750	1450	3300	4900	7000
2 dr HdTp	350	775	1500	3750	5250	7500
GTO, V-8, 112" wb						
HdTp	500	1250	3900	6500	9100	13,000
Conv	550	1550	4500	7500	10,500	15,000
Catalina, V-8, 122" wb						
4 dr Sed	150	350	950	1350	2800	4000
4 dr HdTp	150	350	950	1450	2900	4100
2 dr HdTp	150	350	950	1450	3000	4200
Conv	350	750	1450	3300	4900	7000

	6	5	4	3	2	1
3S Sta Wag	150	350	950	1350	2800	4000
Executive, V-8, 125" wb, Sta Wag 122" wb						
4 dr Sed	150	350	950	1450	2900	4100
4 dr HdTp	150	350	950	1450	3000	4200
2 dr HdTp	150	400	1000	1550	3050	4300
3S Sta Wag	150	350	950	1450	2900	4100
Bonneville, V-8, 125" wb, Sta Wag 122" wb						
4 dr Sed	150	350	950	1450	3000	4200
4 dr HdTp	150	400	1000	1550	3050	4300
2 dr HdTp	150	400	1000	1650	3150	4500
Conv	450	950	2100	4750	6650	9500
3S Sta Wag	150	350	950	1450	3000	4200
Grand Prix, V-8, 118" wb						
Hurst "SSJ" HdTp	350	825	1600	4000	5600	8000
2 dr HdTp	350	700	1350	2700	4500	6400

NOTES: Add 10 percent for V-8 LeMans Rally Pkg.
    Add 40 percent for GTO Judge.
    Add 30 percent for 428.
    Add 5 percent for Brougham trim.
    Add 10 percent for Grand Prix S.J.
    Add 20 percent for Ram Air IV.

	6	5	4	3	2	1
Firebird, V-8, 108" wb						
Firebird	350	875	1700	4250	5900	8500
Esprit	450	950	2100	4750	6650	9500
Formula 400	450	1075	3000	5500	7700	11,000
Trans Am	500	1400	4200	7000	9800	14,000

NOTES: Add 10 percent for V-8, (Firebird).
    Add 25 percent for Trans Am with 4-speed.
    Add 25 percent for Ram Air IV Firebird.

1971

	6	5	4	3	2	1
Ventura II, 6 cyl., 111" wb						
Cpe	150	350	950	1350	2800	4000
4 dr Sed	150	350	950	1450	3000	4200
Ventura II, V-8, 111" wb						
Cpe	125	250	750	1150	2500	3600
4 dr Sed	150	300	900	1250	2650	3800
LeMans T37, 6 cyl., 116" wb, 2 dr 112" wb						
2 dr Sed	150	400	1000	1650	3150	4500
4 dr Sed	150	350	950	1350	2800	4000
2 dr HdTp	150	450	1050	1750	3250	4700
LeMans, 6 cyl., 116" wb, 2 dr 112" wb						
2 dr Sed	150	350	950	1350	2800	4000
4 dr Sed	150	350	950	1450	2900	4100
4 dr HdTp	150	400	1000	1600	3100	4400
2 dr HdTp	200	500	1100	1900	3500	5000
3S Sta Wag	150	350	950	1350	2800	4000
LeMans Sport, 6 cyl., 116" wb, 2 dr 112" wb						
4 dr HdTp	150	400	1000	1550	3050	4300
2 dr HdTp	200	650	1250	2400	4200	6000
Conv	350	875	1700	4250	5900	8500

NOTE: Add 10 percent for 8 cyl.

	6	5	4	3	2	1
LeMans GT 37, V-8, 112" wb						
2 dr HdTp	350	875	1700	4250	5900	8500
GTO						
2 dr HdTp	500	1250	3900	6500	9100	13,000
Conv	650	2300	5400	9000	12,600	18,000

NOTE: Add 40 percent for GTO Judge option.

	6	5	4	3	2	1
Catalina						
4 dr	125	250	750	1150	2500	3600
4 dr HdTp	150	300	900	1250	2600	3700
2 dr HdTp	150	350	950	1350	2800	4000
Conv	350	775	1500	3750	5250	7500
Safari, V-8, 127" wb						
2S Sta Wag	150	300	900	1250	2600	3700
3S Sta Wag	150	300	900	1250	2650	3800
Catalina Brougham, V-8, 123" wb						
4 dr Sed	150	300	900	1250	2600	3700
4 dr HdTp	150	300	900	1250	2650	3800
2 dr HdTp	150	350	950	1450	2900	4100
Grand Safari, V-8, 127" wb						
2S Sta Wag	150	350	950	1350	2800	4000
3S Sta Wag	150	350	950	1450	2900	4100
Bonneville						
4 dr Sed	150	300	900	1250	2650	3800

	6	5	4	3	2	1
4 dr HdTp	150	350	950	1450	2900	4100
2 dr HdTp	150	350	950	1450	3000	4200
Grandville						
4 dr HdTp	150	350	950	1350	2800	4000
2 dr HdTp	150	350	950	1450	2900	4100
Conv	450	900	1900	4500	6300	9000
Grand Prix						
2 dr HdTp	200	650	1250	2400	4200	6000
Hurst "SSJ" Cpe	350	825	1600	4000	5600	8000
Firebird, V-8, 108" wb						
Firebird	450	900	1900	4500	6300	9000
Esprit	450	950	2100	4750	6650	9500
Formula	450	1075	3000	5500	7700	11,000
Trans Am	500	1400	4200	7000	9800	14,000

NOTES: Add 20 percent for V-8, (Firebird).
      Add 25 percent for Formula 455.
      Add 25 percent for 455 HO V-8.
      (Formula Series -- 350, 400, 455).

1972

Ventura, 6 cyl., 111" wb

	6	5	4	3	2	1
4 dr Sed	150	300	900	1250	2600	3700
Cpe	125	250	750	1150	2400	3400

NOTE: Add 20 percent for V-8.

LeMans, 6 cyl., 116" wb, 2 dr 112" wb

	6	5	4	3	2	1
Cpe	150	350	950	1350	2800	4000
4 dr Sed	150	300	900	1250	2600	3700
2 dr HdTp	200	650	1250	2400	4200	6000
Conv	450	950	2100	4750	6650	9500
3S Sta Wag	125	250	750	1150	2500	3600
GTO 2 dr HdTp	450	900	1900	4500	6300	9000

Luxury LeMans, V-8

	6	5	4	3	2	1
4 dr HdTp	150	350	950	1450	3000	4200
2 dr HdTp	350	700	1350	2800	4550	6500

NOTE: Add 20 percent for V-8.

Catalina, V-8, 123" wb

	6	5	4	3	2	1
4 dr Sed	125	250	750	1150	2450	3500
4 dr HdTp	125	250	750	1150	2500	3600
2 dr HdTp	150	300	900	1250	2600	3700
Conv	350	775	1500	3750	5250	7500

Catalina Brougham, V-8, 123" wb

	6	5	4	3	2	1
4 dr Sed	125	250	750	1150	2500	3600
4 dr HdTp	150	300	900	1250	2600	3700
2 dr HdTp	150	350	950	1350	2800	4000

Bonneville

	6	5	4	3	2	1
4 dr Sed	150	300	900	1250	2600	3700
4 dr HdTp	150	350	950	1350	2800	4000
2 dr HdTp	150	400	1000	1650	3150	4500

Grandville

	6	5	4	3	2	1
4 dr HdTp	150	400	1000	1550	3050	4300
2 dr HdTp	150	450	1050	1800	3300	4800
Conv	350	825	1600	4000	5600	8000

Safari, V-8, 127" wb

	6	5	4	3	2	1
2S Sta Wag	125	250	750	1150	2500	3600
3S Sta Wag	150	300	900	1250	2600	3700

Grand Safari, V-8, 127" wb

	6	5	4	3	2	1
2S Sta Wag	150	300	900	1250	2650	3800
3S Sta Wag	150	300	900	1350	2700	3900

Grand Prix

	6	5	4	3	2	1
Hurst "SSJ" HdTp	350	700	1350	2800	4550	6500
2 dr HdTp	150	450	1050	1800	3300	4800

Firebird, V-8, 108" wb

	6	5	4	3	2	1
Firebird	450	900	1900	4500	6300	9000
Esprit	450	950	2100	4750	6650	9500
Formula	450	1075	3000	5500	7700	11,000
Trans Am	500	1400	4200	7000	9800	14,000

NOTES: Add 20 percent for V-8, (Firebird).
      Add 10 percent for Trans Am with 4-speed.

1973

Ventura

	6	5	4	3	2	1
4 dr Sed	150	300	900	1250	2600	3700
Cpe	125	250	750	1150	2400	3400
Hatch Cpe	150	300	900	1250	2650	3800

Ventura Custom

	6	5	4	3	2	1
4 dr Sed	150	300	900	1250	2650	3800

1973 Pontiac Catalina, 2 dr HdTp

	6	5	4	3	2	1
Cpe	150	300	900	1350	2700	3900
Hatch Cpe	125	250	750	1150	2500	3600
NOTE: Deduct 5 percent for 6-cyl.						
LeMans						
4 dr Sed	150	300	900	1250	2600	3700
2 dr HdTp	150	350	950	1450	3000	4200
LeMans Spt						
Cpe	150	400	1000	1650	3150	4500
Luxury LeMans						
Cpe	150	350	950	1350	2800	4000
4 dr HdTp	150	350	950	1450	2900	4100
LeMans Safari, V-8, 116" wb						
2S Sta Wag	150	300	900	1250	2650	3800
3S Sta Wag	150	300	900	1350	2700	3900
Grand AM						
2 dr HdTp	350	750	1450	3300	4900	7000
4 dr HdTp	200	500	1100	1900	3500	5000
NOTE: 1 prototype Grand AM may have had the SD-455 V-8.						
GTO Spt Cpe	350	700	1350	2800	4550	6500
Deduct 5 percent for 6-cyl.						
Catalina						
4 dr HdTp	125	250	750	1150	2500	3600
2 dr HdTp	125	250	750	1150	2500	3600
Bonneville						
4 dr Sed	125	250	750	1150	2500	3600
4 dr HdTp	150	300	900	1250	2600	3700
2 dr HdTp	150	350	950	1450	2900	4100
Safari, V-8, 127" wb						
2S Sta Wag	150	300	900	1350	2700	3900
3S Sta Wag	150	350	950	1350	2800	4000
Grand Safari, V-8, 127" wb						
2S Sta Wag	100	175	525	1050	2100	3000
3S Sta Wag	125	200	600	1100	2200	3100
Grandville						
4 dr HdTp	150	300	900	1250	2600	3700
2 dr HdTp	150	350	950	1450	3000	4200
Conv	350	825	1600	4000	5600	8000
Grand Prix						
2 dr HdTp	150	400	1000	1650	3150	4500
2 dr 'SJ' HdTp	150	450	1050	1750	3250	4700
Firebird, V-8, 108" wb						
Cpe	350	825	1600	4000	5600	8000
Esprit	350	875	1700	4250	5900	8500
Formula	450	900	1900	4500	6300	9000
Trans Am	450	1150	3600	6000	8400	12,000

NOTE: Add 10 percent for V-8, (Firebird).
   Add 50 percent for 455 SD V-8 (Formula & Trans Am only).

1974
Ventura

	6	5	4	3	2	1
4 dr Sed	150	300	900	1250	2600	3700
Cpe	125	250	750	1150	2400	3400
Hatch	150	300	900	1250	2650	3800
Ventura Custom						
4 dr Sed	150	300	900	1250	2650	3800
Cpe	125	250	750	1150	2450	3500
Hatch	150	300	900	1350	2700	3900
GTO	200	600	1200	2200	3850	5500
NOTE: Deduct 4 percent for 6-cyl.						
LeMans						
4 dr HdTp	125	200	600	1100	2250	3200
2 dr HdTp	150	300	900	1250	2600	3700
Sta Wag	125	200	600	1100	2200	3100
LeMans Sport						
2 dr Cpe	150	350	950	1350	2800	4000
Luxury LeMans						
4 dr HdTp	125	200	600	1100	2300	3300
2 dr HdTp	125	250	750	1150	2400	3400
Safari	125	250	750	1150	2450	3500
NOTE: Add 10 percent for GT option.						
Grand AM						
2 dr HdTp	350	750	1450	3300	4900	7000
4 dr HdTp	150	450	1050	1800	3300	4800
Catalina						
4 dr HdTp	125	200	600	1100	2200	3100
2 dr HdTp	125	200	600	1100	2250	3200
4 dr Sed	100	175	525	1050	2100	3000
Safari	125	200	600	1100	2200	3100
Bonneville						
4 dr Sed	125	200	600	1100	2250	3200
4 dr HdTp	125	200	600	1100	2300	3300
2 dr HdTp	125	250	750	1150	2500	3600
Grandville						
4 dr HdTp	125	200	600	1100	2250	3200
2 dr HdTp	150	300	900	1250	2600	3700
Conv	350	750	1450	3300	4900	7000
Grand Prix						
2 dr HdTp	150	400	1000	1650	3150	4500
'SJ' Cpe	200	500	1100	1900	3500	5000
Firebird, V-8, 108" wb						
Firebird	350	750	1450	3300	4900	7000
Esprit	350	775	1500	3750	5250	7500
Formula	450	950	2100	4750	6650	9500
Trans Am	450	1075	3000	5500	7700	11,000
NOTE: Add 10 percent for V-8, (Firebird).						
Add 40 percent for 455-SD V-8 (Formula & Trans Am only).						

1975
Astre S

	6	5	4	3	2	1
2 dr Cpe	100	175	525	1050	1950	2800
2 dr Hatch	100	175	525	1050	2050	2900
Safari	100	175	525	1050	2100	3000
Astre						
2 dr Hatch	125	200	600	1100	2200	3100
Safari	125	200	600	1100	2250	3200
NOTE: Add 10 percent for Astre 'SJ'.						
Ventura						
4 dr Sed	125	200	600	1100	2300	3300
2 dr Cpe	125	250	750	1150	2450	3500
2 dr Hatch	125	250	750	1150	2500	3600
NOTES: Deduct 5 percent for Ventura 'S'.						
Add 15 percent for Ventura 'SJ'.						
Add 5 percent for Ventura Custom.						
LeMans						
4 dr HdTp	100	175	525	1050	2100	3000
2 dr HdTp	125	200	600	1100	2300	3300
Safari	125	250	750	1150	2400	3400
NOTE: Add 10 percent for Grand LeMans.						
LeMans Sport						
2 dr HdTp Cpe	125	250	750	1150	2450	3500
Grand AM						
4 dr HdTp	125	250	750	1150	2500	3600

	6	5	4	3	2	1
2 dr HdTp	150	300	900	1250	2650	3800

NOTE: Add 5 percent for four-speed and bucket seats.
    Add 20 percent for 455 H.O. V-8.

Catalina

	6	5	4	3	2	1
4 dr Sed	125	200	600	1100	2200	3100
2 dr Cpe	125	200	600	1100	2250	3200
Safari	100	175	525	1050	2100	3000

Bonneville

	6	5	4	3	2	1
4 dr HdTp	125	200	600	1100	2300	3300
2 dr Cpe	125	200	600	1100	2300	3300
Gr. Safari	125	250	750	1150	2400	3400

Grand Ville Brougham

	6	5	4	3	2	1
4 dr HdTp	125	200	600	1100	2300	3300
2 dr Cpe	125	250	750	1150	2400	3400
Conv	350	775	1500	3750	5250	7500

NOTE: Add 20 percent for 455 V-8.

Grand Prix

	6	5	4	3	2	1
Base Cpe	150	400	1000	1650	3150	4500
'LJ' Cpe	150	450	1050	1700	3200	4600
'SJ' Cpe	150	450	1050	1750	3250	4700

NOTE: Add 12 percent for 455 V-8.
    Add 5 percent for Custom interior.

Firebird, V-8, 108" wb

	6	5	4	3	2	1
Base Cpe	350	700	1350	2800	4550	6500
Esprit	350	775	1500	3750	5250	7500
Formula	350	775	1500	3750	5250	7500
Trans Am	350	875	1700	4250	5900	8500

NOTE: Add 18 percent for 455 H.O. V-8.
    Add 5 percent for four speed.
    Add $125.00 for Honeycomb wheels.

1976

Astre, 4-cyl.

	6	5	4	3	2	1
Cpe	125	200	600	1100	2200	3100
Hatch	125	200	600	1100	2250	3200
Sta Wag	125	200	600	1100	2300	3300

Sunbird, 4-cyl.

	6	5	4	3	2	1
Cpe	150	400	1000	1550	3050	4300

Ventura, V-8

	6	5	4	3	2	1
4 dr Sed	150	350	950	1450	2900	4100
Cpe	150	350	950	1450	3000	4200
Hatch	150	400	1000	1550	3050	4300

Ventura SJ, V-8

	6	5	4	3	2	1
4 dr Sed	150	350	950	1450	3000	4200
Cpe	150	400	1000	1550	3050	4300
Hatch	150	400	1000	1600	3100	4400

LeMans, V-8

	6	5	4	3	2	1
4 dr Sed	150	400	1000	1550	3050	4300
Cpe	150	400	1000	1600	3100	4400
2S Safari Wag	150	350	950	1450	3000	4200
3S Safari Wag	150	400	1000	1550	3050	4300

LeMans Sport Cpe, V-8

	6	5	4	3	2	1
Cpe	150	450	1050	1750	3250	4700

Grand LeMans, V-8

	6	5	4	3	2	1
4 dr Sed	150	400	1000	1600	3100	4400
2 dr Sed	150	400	1000	1650	3150	4500
2S Safari Wag	150	400	1000	1550	3050	4300
3S Safari Wag	150	400	1000	1600	3100	4400

Catalina, V-8

	6	5	4	3	2	1
4 dr Sed	150	350	950	1450	3000	4200
Cpe	150	400	1000	1550	3050	4300
2S Safari Wag	150	450	1050	1700	3200	4600
3S Safari Wag	150	350	950	1450	3000	4200

Bonneville, V-8

	6	5	4	3	2	1
4 dr Sed	150	400	1000	1600	3100	4400
Cpe	150	400	1000	1650	3150	4500

Bonneville Brougham, V-8

	6	5	4	3	2	1
4 dr Sed	150	450	1050	1700	3200	4600
Cpe	150	450	1050	1800	3300	4800

Grand Safari, V-8

	6	5	4	3	2	1
2S Sta Wag	150	400	1000	1550	3050	4300
3S Sta Wag	150	400	1000	1600	3100	4400

Grand Prix, V-8

	6	5	4	3	2	1
Cpe	200	500	1100	1900	3500	5000

	6	5	4	3	2	1
Cpe SJ	200	550	1150	2000	3600	5200
Cpe LJ	200	600	1200	2300	4000	5700

NOTE: Add 10 percent for T tops & Anniversary model.

Firebird, V-8
Cpe	200	600	1200	2300	4000	5700
Esprit Cpe	200	650	1250	2400	4200	6000
Formula Cpe	200	675	1300	2500	4350	6200
Trans Am Cpe	350	700	1350	2700	4500	6400

1977
Astre, 4-cyl.
Cpe	100	175	525	1050	1950	2800
Hatch	100	175	525	1050	2050	2900
Sta Wag	100	175	525	1050	2100	3000

Sunbird, 4-cyl.
Cpe	150	350	950	1350	2800	4000
Hatch	150	350	950	1450	2900	4100

Phoenix, V-8
4 dr Sed	150	300	900	1350	2700	3900
Cpe	150	350	950	1350	2800	4000

Ventura, V-8
4 dr Sed	150	300	900	1350	2700	3900
Cpe	150	350	950	1350	2800	4000
Hatch	150	350	950	1450	2900	4100

Ventura SJ, V-8
4 dr Sed	150	350	950	1350	2800	4000
Cpe	150	350	950	1450	2900	4100
Hatch	150	350	950	1450	3000	4200

LeMans, V-8
4 dr Sed	150	350	950	1350	2800	4000
Cpe	150	350	950	1450	2900	4100
2S Sta Wag	150	300	900	1350	2700	3900
3S Sta Wag	150	350	950	1350	2800	4000

LeMans Sport Cpe, V-8
NOTE: Add 20 percent for Can Am option.
Cpe	150	400	1000	1600	3100	4400

Grand LeMans, V-8
4 dr Sed	150	350	950	1450	2900	4100
Cpe	150	350	950	1450	3000	4200
2S Sta Wag	150	350	950	1350	2800	4000
3S Sta Wag	150	350	950	1450	2900	4100

Catalina, V-8
4 dr Sed	150	300	900	1350	2700	3900
Cpe	150	350	950	1350	2800	4000
2S Safari Wag	150	300	900	1250	2650	3800
3S Safari Wag	150	300	900	1350	2700	3900

Bonneville, V-8
4 dr Sed	150	350	950	1450	2900	4100
Cpe	150	350	950	1450	3000	4200

Bonneville Brougham, V-8
4 dr Sed	150	400	1000	1550	3050	4300
Cpe	150	400	1000	1650	3150	4500

Grand Safari
2S Sta Wag	150	350	950	1450	3000	4200
3S Sta Wag	150	400	1000	1550	3050	4300

Grand Prix, V-8
Cpe	150	450	1050	1750	3250	4700
Cpe LJ	200	500	1100	1900	3500	5000
Cpe SJ	200	650	1250	2400	4200	6000

Firebird, V-8
Cpe	200	650	1200	2300	4100	5800
Esprit Cpe	200	650	1250	2400	4200	6000
Formula Cpe	200	675	1300	2600	4400	6300
Trans Am Cpe	350	700	1350	2800	4550	6500

1978
Sunbird
Cpe	100	175	525	1050	2050	2900
Spt Cpe	100	175	525	1050	2100	3000
Spt Hatch	125	200	600	1100	2200	3100
Spt Wag	100	175	525	1050	2100	3000

Phoenix
4 dr Sed	100	175	525	1050	2100	3000
Cpe	125	200	600	1100	2300	3300
Hatch	125	200	600	1100	2200	3100

1977 Firebird Trans Am Cpe

Phoenix LJ

	6	5	4	3	2	1
4 dr Sed	125	200	600	1100	2200	3100
Cpe	125	250	750	1150	2450	3500
LeMans						
4 dr Sed	150	350	950	1350	2800	4000
Cpe	150	350	950	1450	3000	4200
2S Sta Wag	150	350	950	1350	2800	4000
Grand LeMans						
4 dr Sed	150	350	950	1450	2900	4100
Cpe	150	400	1000	1550	3050	4300
2S Sta Wag	150	350	950	1450	2900	4100
Grand Am						
4 dr Sed	150	350	950	1450	3000	4200
Cpe	150	400	1000	1650	3150	4500
Catalina						
4 dr Sed	150	350	950	1350	2800	4000
Cpe	150	350	950	1450	2900	4100
2S Sta Wag	150	350	950	1450	3000	4200
Bonneville						
4 dr Sed	150	400	1000	1550	3050	4300
Cpe	150	400	1000	1650	3150	4500
2S Sta Wag	150	400	1000	1650	3150	4500
Bonneville Brougham						
4 dr Sed	150	400	1000	1650	3150	4500
Cpe	150	450	1050	1750	3250	4700
Grand Prix						
Cpe	200	500	1100	1850	3350	4900
Cpe LJ	200	500	1100	1900	3500	5000
Cpe SJ	200	550	1150	2000	3600	5200
Firebird, V-8, 108" wb						
Cpe	200	650	1250	2400	4200	6000
Esprit Cpe	200	675	1300	2500	4350	6200
Formula Cpe	350	700	1350	2800	4550	6500
Trans Am Cpe	350	725	1400	3000	4700	6700
1979						
Sunbird						
Cpe	100	175	525	1050	2100	3000
Spt Cpe	125	200	600	1100	2200	3100
Hatch	125	200	600	1100	2200	3100
Sta Wag	125	200	600	1100	2250	3200
Phoenix						
Sed	125	200	600	1100	2200	3100
Cpe	125	200	600	1100	2300	3300
Hatch	125	200	600	1100	2250	3200
Phoenix LJ						
Sed	125	200	600	1100	2250	3200
Cpe	125	250	750	1150	2400	3400
LeMans						
Sed	150	350	950	1450	2900	4100
Cpe	150	400	1000	1550	3050	4300
Sta Wag	150	350	950	1450	2900	4100

Grand LeMans

	6	5	4	3	2	1
Sed	150	350	950	1450	3000	4200
Cpe	150	400	1000	1650	3150	4500
Sta Wag	150	350	950	1450	3000	4200
Grand Am						
Sed	150	400	1000	1650	3150	4500
Cpe	150	450	1050	1750	3250	4700
Catalina						
Sed	150	350	950	1450	2900	4100
Cpe	150	350	950	1450	3000	4200
Sta Wag	150	350	950	1450	2900	4100
Bonneville						
Sed	150	400	1000	1600	3100	4400
Cpe	150	400	1000	1650	3150	4500
Sta Wag	150	400	1000	1600	3100	4400
Bonneville Brougham						
Sed	150	450	1050	1700	3200	4600
Cpe	150	450	1050	1800	3300	4800
Grand Prix						
Cpe	200	500	1100	1900	3500	5000
LJ Cpe	200	550	1150	2000	3600	5200
SJ Cpe	200	550	1150	2100	3800	5400
Firebird, V-8, 108" wb						
Cpe	200	675	1300	2500	4350	6200
Esprit Cpe	350	700	1350	2700	4500	6400
Formula Cpe	350	700	1350	2900	4600	6600
Trans Am Cpe	350	725	1400	3100	4800	6800

1980
Sunbird, V-6

	6	5	4	3	2	1
2 dr Cpe	125	250	750	1150	2450	3500
2 dr Hatch	125	250	750	1150	2500	3600
2 dr Spt Cpe	125	250	750	1150	2500	3600
2 dr Cpe Hatch	150	300	900	1250	2600	3700

NOTE: Deduct 10 percent for 4-cyl.

Phoenix, V-6

2 dr Cpe	150	300	900	1250	2600	3700
4 dr Sed Hatch	125	250	750	1150	2500	3600

NOTE: Deduct 10 percent for 4-cyl.

Phoenix LJ, V-6

2 dr Cpe	150	300	900	1250	2650	3800
4 dr Sed Hatch	150	300	900	1250	2600	3700

NOTE: Deduct 10 percent for 4-cyl.

LeMans, V-8

4 dr Sed	150	300	900	1250	2600	3700
2 dr Cpe	150	300	900	1350	2700	3900
4 dr Sta Wag	150	300	900	1250	2650	3800

NOTE: Deduct 10 percent for V-6.

Grand LeMans, V-8

4 dr Sed	150	300	900	1250	2650	3800
2 dr Cpe	150	350	950	1350	2800	4000
4 dr Sta Wag	150	300	900	1350	2700	3900

NOTE: Deduct 10 percent for V-6.

Grand Am, V-8

2 dr Cpe	150	350	950	1450	2900	4100

Firebird, V-8

2 dr Cpe	350	700	1350	2900	4600	6600
2 dr Cpe Esprit	350	725	1400	3000	4700	6700
2 dr Cpe Formula	350	725	1400	3100	4800	6800
2 dr Cpe Trans Am	350	750	1450	3300	4900	7000

NOTE: Deduct 15 percent for V-6.

Catalina, V-8

4 dr Sed	150	300	900	1250	2650	3800
2 dr Cpe	150	300	900	1350	2700	3900
4 dr Sta Wag 2S	150	300	900	1350	2700	3900
4 dr Sta Wag 3S	150	350	950	1350	2800	4000

NOTE: Deduct 10 percent for V-6.

Bonneville, V-8

4 dr Sed	150	300	900	1350	2700	3900
2 dr Cpe	150	350	950	1350	2800	4000
4 dr Sta Wag 2S	150	350	950	1350	2800	4000
4 dr Sta Wag 3S	150	350	950	1450	2900	4100

NOTE: Deduct 10 percent for V-6.

Bonneville Brougham, V-8

	6	5	4	3	2	1
4 dr Sed	150	350	950	1450	2900	4100
2 dr Cpe	150	400	1000	1550	3050	4300

NOTE: Deduct 10 percent for V-6.

Grand Prix, V-8

2 dr Cpe	200	600	1200	2300	4000	5700
2 dr Cpe LJ	200	650	1200	2300	4100	5800
2 dr Cpe SJ	200	650	1250	2400	4150	5900

NOTE: Deduct 10 percent for V-6.

1981

T1000, 4-cyl.

2 dr Sed Hatch	125	250	750	1150	2450	3500
4 dr Sed Hatch	125	250	750	1150	2500	3600

Phoenix, V-6

2 dr Cpe	150	300	900	1250	2600	3700
4 dr Sed Hatch	125	250	750	1150	2500	3600

NOTE: Deduct 10 percent for 4-cyl.

Phoenix LJ, V-6

2 dr Cpe	150	300	900	1250	2650	3800
4 dr Sed Hatch	150	300	900	1250	2600	3700

NOTE: Deduct 10 percent for 4-cyl.

LeMans, V-8

4 dr Sed	150	300	900	1350	2700	3900
4 dr Sed LJ	150	350	950	1350	2800	4000
2 dr Cpe	150	350	950	1350	2800	4000
4 dr Sta Wag	150	350	950	1350	2800	4000

NOTE: Deduct 10 percent for V-6.

Grand LeMans, V-8

4 dr Sed	150	450	1050	1700	3200	4600
2 dr Cpe	150	350	950	1450	3000	4200
4 dr Sta Wag	150	350	950	1450	3000	4200

NOTE: Deduct 10 percent for V-6.

Firebird, V-8

2 dr Cpe	350	725	1400	3000	4700	6700
2 dr Cpe Esprit	350	725	1400	3100	4800	6800
2 dr Cpe Formula	350	725	1400	3200	4850	6900
2 dr Cpe Trans Am	350	750	1450	3500	5050	7200
2 dr Cpe Trans Am SE	350	775	1500	3750	5250	7500

NOTE: Deduct 15 percent for V-6.

Catalina, V-8

4 dr Sed	150	350	950	1450	3000	4200
2 dr Cpe	150	400	1000	1550	3050	4300
4 dr Sta Wag 2S	150	400	1000	1550	3050	4300
4 dr Sta Wag 3S	150	400	1000	1600	3100	4400

NOTE: Deduct 10 percent for V-6.

Bonneville, V-8

4 dr Sed	150	400	1000	1550	3050	4300
2 dr Cpe	150	400	1000	1600	3100	4400
4 dr Sta Wag 2S	150	400	1000	1600	3100	4400
4 dr Sta Wag 3S	150	400	1000	1650	3150	4500

NOTE: Deduct 10 percent for V-6.

Bonneville Brougham, V-8

4 dr Sed	150	400	1000	1650	3150	4500
2 dr Cpe	150	450	1050	1700	3200	4600

Grand Prix, V-8

2 dr Cpe	200	650	1200	2300	4100	5800
2 dr Cpe LJ	200	650	1250	2400	4150	5900
2 dr Cpe Brgm	200	650	1250	2400	4200	6000

NOTE: Deduct 10 percent for V-6.

1982

T1000, 4-cyl.

4 dr Sed Hatch	150	300	900	1250	2600	3700
2 dr Cpe Hatch	125	250	750	1150	2500	3600

J2000 S, 4-cyl.

4 dr Sed	150	300	900	1350	2700	3900
2 dr Cpe	150	350	950	1350	2800	4000
4 dr Sta Wag	150	350	950	1350	2800	4000

J2000, 4-cyl.

4 dr Sed	150	350	950	1350	2800	4000
2 dr Cpe	150	350	950	1450	2900	4100
2 dr Cpe Hatch	150	350	950	1450	3000	4200
4 dr Sta Wag	150	350	950	1450	3000	4200

J2000 LE, 4-cyl.

	6	5	4	3	2	1
4 dr Sed	150	350	950	1450	2900	4100
2 dr Cpe	150	350	950	1450	3000	4200
J2000 SE, 4-cyl.						
2 dr Cpe Hatch	150	400	1000	1600	3100	4400
Phoenix, V-6						
4 dr Sed Hatch	150	300	900	1250	2650	3800
2 dr Cpe	150	300	900	1350	2700	3900
NOTE: Deduct 10 percent for 4-cyl.						
Phoenix LJ, V-6						
4 dr Sed Hatch	150	300	900	1350	2700	3900
2 dr Cpe	150	350	950	1350	2800	4000
NOTE: Deduct 10 percent for 4-cyl.						
Phoenix SJ, V-6						
4 dr Sed Hatch	150	350	950	1350	2800	4000
2 dr Cpe	150	350	950	1450	2900	4100
6000, V-6						
4 dr Sed	150	350	950	1450	3000	4200
2 dr Cpe	150	400	1000	1550	3050	4300
NOTE: Deduct 10 percent for 4-cyl.						
6000 LE, V-6						
4 dr Sed	150	400	1000	1550	3050	4300
2 dr Cpe	150	400	1000	1600	3100	4400
NOTE: Deduct 10 percent for 4-cyl.						
Firebird, V-8						
2 dr Cpe	350	725	1400	3100	4800	6800
2 dr Cpe SE	350	750	1450	3400	5000	7100
2 dr Cpe Trans Am	350	775	1500	3750	5250	7500
NOTE: Deduct 15 percent for V-6.						
Bonneville, V-6						
4 dr Sed	150	400	1000	1650	3150	4500
4 dr Sta Wag	150	400	1000	1650	3150	4500
Bonneville Brougham						
4 dr Sed	150	450	1050	1750	3250	4700
Grand Prix, V-6						
2 dr Cpe	200	650	1250	2400	4150	5900
2 dr Cpe LJ	200	675	1300	2500	4300	6100
2 dr Cpe Brgm	200	675	1300	2500	4350	6200

1983

1000, 4-cyl.

	6	5	4	3	2	1
4 dr Sed Hatch	150	300	900	1250	2650	3800
2 dr Cpe	150	300	900	1250	2600	3700
2000, 4-cyl.						
4 dr Sed	150	350	950	1350	2800	4000
2 dr Cpe	150	350	950	1450	2900	4100
2 dr Cpe Hatch	150	350	950	1450	3000	4200
4 dr Sta Wag	150	350	950	1450	3000	4200
2000 LE, 4-cyl.						
4 dr Sed	150	350	950	1450	3000	4200
2 dr Cpe	150	400	1000	1550	3050	4300
4 dr Sta Wag	150	400	1000	1550	3050	4300
2000 SE, 4-cyl.						
2 dr Cpe Hatch	150	400	1000	1600	3100	4400
Sunbird, 4-cyl.						
2 dr Conv	350	875	1700	4250	5900	8500
Phoenix, V-6						
4 dr Sed Hatch	150	300	900	1350	2700	3900
2 dr Cpe	150	350	950	1350	2800	4000
NOTE: Deduct 10 percent for 4-cyl.						
Phoenix LJ, V-6						
4 dr Sed Hatch	150	350	950	1350	2800	4000
2 dr Cpe	150	350	950	1450	2900	4100
NOTE: Deduct 10 percent for 4-cyl.						
Phoenix SJ, V-6						
4 dr Sed Hatch	150	350	950	1450	2900	4100
2 dr Cpe	150	350	950	1450	3000	4200
6000, V-6						
4 dr Sed	150	400	1000	1550	3050	4300
2 dr Cpe	150	400	1000	1600	3100	4400
NOTE: Deduct 10 percent for 4-cyl.						
6000 LE, V-6						
4 dr Sed	150	400	1000	1600	3100	4400
2 dr Cpe	150	400	1000	1650	3150	4500
NOTE: Deduct 10 percent for 4-cyl.						

6000 STE, V-6

	6	5	4	3	2	1
4 dr Sed	150	450	1050	1750	3250	4700
Firebird, V-8						
2 dr Cpe	350	725	1400	3200	4850	6900
2 dr Cpe SE	350	750	1450	3500	5050	7200
2 dr Cpe Trans Am	350	800	1550	3800	5300	7600
NOTE: Deduct 15 percent for V-6.						
Bonneville, V-8						
4 dr Sed	150	450	1050	1800	3300	4800
4 dr Brgm	200	500	1100	1850	3350	4900
4 dr Sta Wag	200	500	1100	1850	3350	4900
NOTE: Deduct 10 percent for V-6.						
Grand Prix, V-8						
2 dr Cpe	200	650	1250	2400	4200	6000
2 dr Cpe LJ	200	675	1300	2500	4350	6200
2 dr Cpe Brgm	200	675	1300	2600	4400	6300

OAKLAND

1907
Model A, 4-cyl., 96" wb - 100" wb

All Body Styles	1200	4950	9900	16,500	23,100	33,000

1909 Oakland, 4P Touring

1909
Model 20, 2-cyl., 112" wb

All Body Styles	1200	4500	9000	15,000	21,000	30,000

Model 40, 4-cyl., 112" wb

All Body Styles	800	4200	8400	14,000	19,600	28,000

1910-1911
Model 24, 4-cyl., 96" wb

Rds	800	3300	6600	11,000	15,400	22,000

Model 25, 4-cyl., 100" wb

Tr	800	3000	6000	10,000	14,000	20,000

Model 33, 4-cyl., 106" wb

Tr	800	3600	7200	12,000	16,800	24,000

Model K, 4-cyl., 102" wb

Tr	800	3900	7800	13,000	18,200	26,000

Model M, 4-cyl., 112" wb

	6	5	4	3	2	1
Rds	800	4050	8100	13,500	18,900	27,000

NOTE: Model 33 1911 only.

1912
Model 30, 4-cyl., 106" wb
5P Tr	500	1400	4200	7000	9800	14,000
Rbt	550	1500	4350	7250	10,150	14,500

Model 40, 4-cyl., 112" wb
5P Tr	550	1500	4350	7250	10,150	14,500
Cpe	450	1025	2500	5150	7150	10,300
Rds	550	1650	4650	7750	10,850	15,500

Model 45, 4-cyl., 120" wb
7P Tr	650	2950	5900	9800	13,700	19,600
4P Tr	800	3150	6300	10,500	14,700	21,000
Limo	650	2950	5900	9800	13,700	19,600

1913
Greyhound 6-60, 6-cyl., 130" wb
4P Tr	650	2950	5900	9800	13,700	19,600
7P Tr	800	3400	6900	11,500	16,100	23,000
Rbt	650	2600	5550	9300	13,000	18,600

Model 42, 4-cyl., 116" wb
5P Tr	500	1250	3900	6500	9100	13,000
3P Rds	500	1225	3850	6450	9000	12,900
4P Cpe	450	1000	2400	5000	7000	10,000

Model 35, 4-cyl., 112" wb
5P Tr	500	1250	3900	6500	9100	13,000
3P Rds	450	1150	3550	5950	8300	11,900

Model 40, 4-cyl., 114" wb
5P Tr	500	1400	4200	7000	9800	14,000

Model 45, 4-cyl., 120" wb
7P Limo	550	1500	4350	7250	10,150	14,500

1914
Model 6-60, 6-cyl., 130" wb
Rbt	500	1400	4200	7000	9800	14,000
Rds	500	1400	4200	7050	9850	14,100
Cl Cpl	550	1650	4650	7750	10,850	15,500
Tr	800	3400	6900	11,500	16,100	23,000

Model 6-48, 6-cyl., 130" wb
Spt	450	1150	3550	5950	8300	11,900
Rds	450	1150	3550	5950	8300	11,900
Tr	500	1300	4050	6750	9450	13,500

Model 43, 4-cyl., 116" wb
5P Tr	450	1025	2500	5150	7150	10,300
Cpe	450	900	1800	4400	6150	8800
Sed	350	875	1700	4250	5900	8500

Model 36, 4-cyl., 112" wb
5P Tr	450	1000	2400	5000	7000	10,000
Cabr	450	1150	3550	5950	8300	11,900

Model 35, 4-cyl., 112" wb
Rds	450	1000	2400	5000	7000	10,000
5P Tr	450	1025	2600	5250	7300	10,500

1915-1916
Model 37-Model 38, 4-cyl., 112" wb
Tr	450	1000	2400	5000	7000	10,000
Rds	450	1000	2400	5000	7000	10,000
Spd	450	900	1800	4400	6150	8800

Model 49-Model 32, 6-cyl., 110"-123.5" wb
Tr	500	1200	3750	6250	8750	12,500
Rds	500	1225	3850	6450	9000	12,900

Model 50, 8-cyl., 127" wb
7P Tr	550	1800	4950	8250	11,550	16,500

NOTE: Model 37 and model 49 are 1915 models.

1917
Model 34, 6-cyl., 112" wb
Rds	450	900	1900	4500	6300	9000
5P Tr	450	1025	2500	5150	7150	10,300
Cpe	450	900	1800	4400	6150	8800
Sed	350	875	1700	4250	5900	8500

Model 50, 8-cyl., 127" wb
7P Tr	500	1250	3900	6500	9100	13,000

1918
Model 34-B, 6-cyl., 112" wb
5P Tr	450	1075	3000	5500	7700	11,000

	6	5	4	3	2	1
Rds	450	1025	2600	5250	7300	10,500
Rds Cpe	450	900	1900	4500	6300	9000
Tr Sed	450	900	1900	4500	6300	9000
4P Cpe	350	825	1600	4000	5600	8000
Sed	350	750	1450	3300	4900	7000

1919
Model 34-B, 6-cyl., 112" wb

	6	5	4	3	2	1
5P Tr	450	1075	3000	5500	7700	11,000
Rds	450	1025	2600	5250	7300	10,500
Rds Cpe	450	900	1900	4500	6300	9000
Cpe	350	775	1500	3750	5250	7500
Sed	350	750	1450	3300	4900	7000

1920
Model 34-C, 6-cyl., 112" wb

	6	5	4	3	2	1
Tr	450	1075	3000	5500	7700	11,000
Rds	450	1025	2600	5250	7300	10,500
Sed	350	750	1450	3300	4900	7000
Cpe	350	800	1550	3800	5300	7600

1921-22
Model 34-C, 6-cyl., 115" wb

	6	5	4	3	2	1
Tr	450	1150	3600	6000	8400	12,000
Rds	500	1200	3750	6250	8750	12,500
Sed	350	750	1450	3500	5050	7200
Cpe	350	800	1550	3900	5450	7800

1923
Model 6-44, 6-cyl., 115" wb

	6	5	4	3	2	1
Rds	450	1075	3000	5500	7700	11,000
Tr	450	1150	3600	6000	8400	12,000
Spt Rds	450	1025	2600	5250	7300	10,500
Spt Tr	500	1200	3750	6250	8750	12,500
2P Cpe	350	725	1400	3000	4700	6700
4P Cpe	350	750	1450	3300	4900	7000
Sed	200	600	1200	2300	4000	5700

1924 Oakland Touring

1924-25
Model 6-54, 6-cyl., 113" wb

	6	5	4	3	2	1
5P Tr	500	1400	4200	7000	9800	14,000
Spl Tr	550	1550	4500	7500	10,500	15,000
Rds	500	1300	4050	6750	9450	13,500
Spl Rds	500	1300	4050	6750	9450	13,500
4P Cpe	350	750	1450	3300	4900	7000
Lan Cpe	350	775	1500	3600	5100	7300
Sed	200	600	1200	2300	4000	5700
Lan Sed	200	650	1250	2400	4200	6000

	6	5	4	3	2	1
2 dr Sed	200	500	1100	1900	3500	5000
2 dr Lan Sed	200	600	1200	2300	4000	5700

1926-27
Greater Six, 6-cyl., 113" wb

	6	5	4	3	2	1
Tr	500	1300	4050	6750	9450	13,500
Spt Phae	550	1500	4350	7250	10,150	14,500
Spt Rds	500	1400	4200	7000	9800	14,000
2 dr Sed	200	650	1250	2400	4200	6000
Lan Cpe	200	675	1300	2500	4350	6200
Sed	200	600	1200	2200	3850	5500
Lan Sed	200	600	1200	2300	4000	5700
Rds	500	1250	3900	6500	9100	13,000

1928
Model 212, All-American, 6-cyl., 117" wb

	6	5	4	3	2	1
Spt Rds	550	1550	4500	7500	10,500	15,000
Phae	550	1650	4650	7750	10,850	15,500
Lan Cpe	450	1000	2400	5000	7000	10,000
Cabr	550	1500	4350	7250	10,150	14,500
2 dr Sed	200	650	1250	2400	4200	6000
Sed	350	700	1350	2800	4550	6500
Lan Sed	350	775	1500	3750	5250	7500

1929
Model Aas, 6-cyl., 117" wb

	6	5	4	3	2	1
Spt Rds	800	3000	6000	10,000	14,000	20,000
Spt Phae	800	3150	6300	10,500	14,700	21,000
Cpe	450	1000	2400	5000	7000	10,000
Conv	550	1750	4800	8000	11,200	16,000
2 dr Sed	200	600	1200	2200	3850	5500
Brgm	350	750	1450	3300	4900	7000
Sed	350	700	1350	2800	4550	6500
Spl Sed	350	725	1400	3000	4700	6700
Lan Sed	350	725	1400	3100	4800	6800

1930
Model 101, V-8, 117" wb

	6	5	4	3	2	1
Spt Rds	800	3600	7200	12,000	16,800	24,000
Phae	800	3750	7500	12,500	17,500	25,000
Cpe	500	1250	3900	6500	9100	13,000
Spt Cpe	500	1400	4200	7000	9800	14,000
2 dr Sed	350	775	1500	3750	5250	7500
Sed	350	800	1550	3800	5300	7600
Cus Sed	350	800	1550	3850	5400	7700

1931
Model 301, V-8, 117" Wb

	6	5	4	3	2	1
Cpe	500	1400	4200	7000	9800	14,000
Spt Cpe	550	1550	4500	7500	10,500	15,000
Conv	800	3000	6000	10,000	14,000	20,000
2 dr Sed	350	800	1550	3800	5300	7600
Sed	350	800	1550	3850	5400	7700
Cus Sed	350	825	1600	4000	5600	8000

PORSCHE

1950
Model 356, 40 hp, 1100cc

	6	5	4	3	2	1
Cpe	1200	4800	9600	16,000	22,400	32,000

1951
Model 356, 40 hp, 1100cc

	6	5	4	3	2	1
Cpe	800	3000	6000	10,000	14,000	20,000
Cabr	800	3300	6600	11,000	15,400	22,000

1952
Model 356, 40 hp, 1100cc

	6	5	4	3	2	1
Cpe	800	3000	6000	10,000	14,000	20,000
Cabr	800	3300	6600	11,000	15,400	22,000

1953
Model 356, 40 hp

	6	5	4	3	2	1
Cpe	800	3000	6000	10,000	14,000	20,000
Cabr	800	3300	6600	11,000	15,400	22,000

1954
Model 356, 1.5 liters, 55 hp

	6	5	4	3	2	1
Cpe	800	3000	6000	10,000	14,000	20,000

	6	5	4	3	2	1
Cabr	800	3300	6600	11,000	15,400	22,000
Model 356, 1.5 liters, Super						
Cpe	800	3150	6300	10,500	14,700	21,000
Cabr	800	3600	7200	12,000	16,800	24,000
1955						
Model 356, 4-cyl., 55 hp						
Spds	800	4200	8400	14,000	19,600	28,000
Cpe	800	3000	6000	10,000	14,000	20,000
Cabr	800	3300	6600	11,000	15,400	22,000
Model 356, Super, 1.5 liters, 70 hp						
Spds	1200	4500	9000	15,000	21,000	30,000
Cpe	800	3150	6300	10,500	14,700	21,000
Cabr	800	3600	7200	12,000	16,800	24,000

1956 Porsche Carrera 356A

1956						
Model 356A, Standard, 1.6 liters, 60 hp						
Spds	800	4200	8400	14,000	19,600	28,000
Cpe	800	3000	6000	10,000	14,000	20,000
Cabr	800	3300	6600	11,000	15,400	22,000
Model 356A, Super, 1.6 liters, 75 hp						
Spds	1200	4500	9000	15,000	21,000	30,000
Cpe	800	3150	6300	10,500	14,700	21,000
Cabr	800	3600	7200	12,000	16,800	24,000
Model 356A, Carrera, 1.5 liters, 100 hp						
Spds	1500	6300	12,600	21,000	29,400	42,000
Cpe	1200	4800	9600	16,000	22,400	32,000
Cabr	1200	5250	10,500	17,500	24,500	35,000
1957						
Model 356A, Standard, 1.6 liters, 60 hp						
Spds	800	4200	8400	14,000	19,600	28,000
Cpe	800	3000	6000	10,000	14,000	20,000
Cabr	800	3300	6600	11,000	15,400	22,000
Model 356A, Super, 1.6 liters, 70 hp						
Spds	1200	4500	9000	15,000	21,000	30,000
Cpe	800	3150	6300	10,500	14,700	21,000
Cabr	800	3600	7200	12,000	16,800	24,000
Model 356A, Carrera, 1.5 liters, 100 hp						
Spds	1500	6300	12,600	21,000	29,400	42,000
Cpe	1200	4800	9600	16,000	22,400	32,000
Cabr	1200	5250	10,500	17,500	24,500	35,000

1958

Model 356A, Standard, 1.6 liters, 60 hp

	6	5	4	3	2	1
Spds	800	4200	8400	14,000	19,600	28,000
Cpe	800	3000	6000	10,000	14,000	20,000
Cabr	800	3300	6600	11,000	15,400	22,000
HdTp	800	3000	6000	10,000	14,000	20,000

Model 356A, Super, 1.6 liters, 75 hp

Spds	1200	4500	9000	15,000	21,000	30,000
Cpe	800	3150	6300	10,500	14,700	21,000
HdTp	800	3150	6300	10,500	14,700	21,000
Cabr	800	3600	7200	12,000	16,800	24,000

Model 356A, Carrera, 1.5 liters, 100 hp

Spds	1500	6300	12,600	21,000	29,400	42,000
Cpe	1200	4800	9600	16,000	22,400	32,000
HdTp	1200	4800	9600	16,000	22,400	32,000
Cabr	1200	5100	10,200	17,000	23,800	34,000

1959

Model 356A, Standard, 60 hp

Cpe	800	3100	6150	10,250	14,350	20,500
Cpe/HdTp	800	3150	6300	10,500	14,700	21,000
Conv D	800	3300	6600	11,000	15,400	22,000
Cabr	800	3400	6900	11,500	16,100	23,000

Model 356A, Super, 75 hp

Cpe	800	3300	6600	11,000	15,400	22,000
Cpe/HdTp	800	3350	6750	11,250	15,750	22,500
Conv D	800	3400	6900	11,500	16,100	23,000
Cabr	800	3600	7200	12,000	16,800	24,000

Model 356A, Carrera, 1.6 liters, 105 hp

Cpe	800	4350	8700	14,500	20,300	29,000
Cpe/HdTp	1200	4800	9600	16,000	22,400	32,000
Cabr	1200	5850	11,700	19,500	27,300	39,000

1960

Model 356B, Standard, 1.6 liters, 60 hp

Cpe	800	3150	6300	10,500	14,700	21,000
HdTp	800	3150	6300	10,500	14,700	21,000
Rdst	800	3600	7200	12,000	16,800	24,000
Cabr	800	3900	7800	13,000	18,200	26,000

Model 356B, Super, 1.6 liters, 75 hp

Cpe	800	3300	6600	11,000	15,400	22,000
HdTp	800	3300	6600	11,000	15,400	22,000
Rdst	800	3600	7200	12,000	16,800	24,000
Cabr	800	3750	7500	12,500	17,500	25,000

Model 356B, Super 90, 1.6 liters, 90 hp

Cpe	800	3600	7200	12,000	16,800	24,000
HdTp	800	3600	7200	12,000	16,800	24,000
Rdst	800	3900	7800	13,000	18,200	26,000
Cabr	800	4200	8400	14,000	19,600	28,000

1961

Model 356B, Standard, 1.6 liters, 60 hp

Cpe	800	3150	6300	10,500	14,700	21,000
HdTp	800	3150	6300	10,500	14,700	21,000
Rdst	800	3600	7200	12,000	16,800	24,000
Cabr	800	3900	7800	13,000	18,200	26,000

Model 356B, Super 90, 1.6 liters, 90 hp

Cpe	800	3600	7200	12,000	16,800	24,000
HdTp	800	3600	7200	12,000	16,800	24,000
Rdst	800	3900	7800	13,000	18,200	26,000
Cabr	800	4200	8400	14,000	19,600	28,000

Model 356B, Carrera, 2.0 liters, 130 hp

Cpe	1200	5400	10,800	18,000	25,200	36,000
Rdst	1200	5850	11,700	19,500	27,300	39,000
Cabr	1500	6600	13,200	22,000	30,800	44,000

1962

Model 356B, Standard, 1.6 liters, 60 hp

Cpe	800	3150	6300	10,500	14,700	21,000
HdTp	800	3150	6300	10,500	14,700	21,000

Model 356C, 4-cyl., 95 hp

Cpe SC	800	3150	6300	10,500	14,700	21,000
Cabr SC	800	3900	7800	13,000	18,200	26,000
Rdst	800	3600	7200	12,000	16,800	24,000
Cabr	800	3900	7800	13,000	18,200	26,000

Model 356B, Super 90, 1.6 liters, 90 hp

Cpe	800	3600	7200	12,000	16,800	24,000

	6	5	4	3	2	1
HdTp	800	3600	7200	12,000	16,800	24,000
Rdst	800	3900	7800	13,000	18,200	26,000
Cabr	800	4200	8400	14,000	19,600	28,000
Model 356B, Carrera 2, 2.0 liters, 130 hp						
Cpe	1200	5400	10,800	18,000	25,200	36,000
Rdst	1200	5850	11,700	19,500	27,300	39,000
Cabr	1500	6600	13,200	22,000	30,800	44,000

1963

Model 356C, Standard, 1.6 liters, 75 hp

	6	5	4	3	2	1
Cpe	800	3000	6000	10,000	14,000	20,000
Cabr	800	3400	6900	11,500	16,100	23,000
Model 356C, SC, 1.6 liters, 95 hp						
Cpe	800	3150	6300	10,500	14,700	21,000
Cabr	800	3600	7200	12,000	16,800	24,000
Model 356C, Carrera 2, 2.0 liters, 130 hp						
Cpe	1200	5400	10,800	18,000	25,200	36,000
Cabr	1500	6600	13,200	22,000	30,800	44,000

1964

Model 356C, Standard, 1.6 liters, 75 hp

	6	5	4	3	2	1
Cpe	800	3000	6000	10,000	14,000	20,000
Cabr	800	3400	6900	11,500	16,100	23,000
Model 356C, SC, 1.6 liters, 95 hp						
Cpe	800	3150	6300	10,500	14,700	21,000
Cabr	800	3600	7200	12,000	16,800	24,000
Model 356C, Carrera 2, 2.0 liters, 130 hp						
Cpe	1200	5400	10,800	18,000	25,200	36,000
Cabr	1500	6600	13,200	22,000	30,800	44,000

1965

Model 356C, 1.6 liters, 75 hp

	6	5	4	3	2	1
Cpe	800	3000	6000	10,000	14,000	20,000
Cabr	800	3600	7200	12,000	16,800	24,000
Model 356SC, 1.6 liters, 95 hp						
Cpe	800	3150	6300	10,500	14,700	21,000
Cabr	800	3750	7500	12,500	17,500	25,000

1966

Model 912, 4-cyl., 90 hp

	6	5	4	3	2	1
Cpe	500	1400	4200	7000	9800	14,000
Model 911, 6-cyl., 130 hp						
Cpe	650	2000	5100	8500	11,900	17,000

1967

Model 912, 4-cyl., 90 hp

	6	5	4	3	2	1
Cpe	500	1250	3900	6500	9100	13,000
Targa	500	1400	4200	7000	9800	14,000
Model 911, 6-cyl., 110 hp						
Cpe	650	2000	5100	8500	11,900	17,000
Targa	650	2300	5400	9000	12,600	18,000
Model 911S, 6-cyl., 160 hp						
Cpe	800	3300	6600	11,000	15,400	22,000
Targa	800	3600	7200	12,000	16,800	24,000

1968

Model 912, 4-cyl., 90 hp

	6	5	4	3	2	1
Cpe	500	1250	3900	6500	9100	13,000
Targa	500	1400	4200	7000	9800	14,000
Model 911, 6-cyl., 130 hp						
Cpe	650	2000	5100	8500	11,900	17,000
Targa	650	2300	5400	9000	12,600	18,000
Model 911L, 6-cyl., 130 hp						
Cpe	650	2300	5400	9000	12,600	18,000
Targa	650	2800	5700	9500	13,300	19,000

1969

Model 912, 4-cyl., 90 hp

	6	5	4	3	2	1
Cpe	500	1250	3900	6500	9100	13,000
Targa	500	1400	4200	7000	9800	14,000
Model 911T, 6-cyl., 110 hp						
Cpe	650	2000	5100	8500	11,900	17,000
Targa	650	2300	5400	9000	12,600	18,000
Model 911E, 6-cyl., 140 hp						
Cpe	650	2300	5400	9000	12,600	18,000
Targa	650	2800	5700	9500	13,300	19,000
Model 911S, 6-cyl., 170 hp						
Cpe	800	3300	6600	11,000	15,400	22,000
Targa	800	3900	7800	13,000	18,200	26,000

1970
Model 914, 4-cyl., 1.7 liter, 80 hp

	6	5	4	3	2	1
Cpe/Targa	450	900	1900	4500	6300	9000

Model 914/6, 6-cyl., 2.0 liter, 110 hp

	6	5	4	3	2	1
Cpe/Targa	500	1400	4200	7000	9800	14,000

Model 911T, 6-cyl., 125 hp

	6	5	4	3	2	1
Cpe	550	1750	4800	8000	11,200	16,000
Targa	650	2000	5100	8500	11,900	17,000

Model 911E, 6-cyl., 155 hp

	6	5	4	3	2	1
Cpe	650	2000	5100	8500	11,900	17,000
Targa	650	2300	5400	9000	12,600	18,000

Model 911S, 6-cyl., 180 hp

	6	5	4	3	2	1
Cpe	800	3300	6600	11,000	15,400	22,000
Targa	800	3900	7800	13,000	18,200	26,000

1971
Model 914, 4-cyl., 1.7 liter, 80 hp

	6	5	4	3	2	1
Cpe/Targa	450	900	1900	4500	6300	9000

Model 914/6, 6-cyl., 2 liter, 110 hp

	6	5	4	3	2	1
Cpe/Targa	500	1400	4200	7000	9800	14,000

Model 911T, 6-cyl., 125 hp

	6	5	4	3	2	1
Cpe	550	1750	4800	8000	11,200	16,000
Targa	650	2000	5100	8500	11,900	17,000

Model 911E, 6-cyl., 155 hp

	6	5	4	3	2	1
Cpe	650	2000	5100	8500	11,900	17,000
Targa	650	2300	5400	9000	12,600	18,000

Model 911S, 6-cyl., 180 hp

	6	5	4	3	2	1
Cpe	800	3400	6900	11,500	16,100	23,000
Targa	800	4050	8100	13,500	18,900	27,000

1972
Model 914, 4-cyl., 1.7 liter, 80 hp

	6	5	4	3	2	1
Cpe/Targa	450	900	1900	4500	6300	9000

Model 911T, 6-cyl., 130 hp

	6	5	4	3	2	1
Cpe	650	2000	5100	8500	11,900	17,000
Targa	650	2300	5400	9000	12,600	18,000

Model 911E, 6-cyl., 165 hp

	6	5	4	3	2	1
Cpe	650	2300	5400	9000	12,600	18,000
Targa	650	2800	5700	9500	13,300	19,000

Model 911S, 6-cyl., 190 hp

	6	5	4	3	2	1
Cpe	800	3400	6900	11,500	16,100	23,000
Targa	800	4050	8100	13,500	18,900	27,000

1973
Model 914, 4-cyl., 1.8 liter, 76 hp

	6	5	4	3	2	1
Cpe/Targa	450	900	1900	4500	6300	9000

Model 914, 4-cyl., 2 liter, 95 hp

	6	5	4	3	2	1
Cpe/Targa	450	1025	2600	5250	7300	10,500

Model 911T, 6-cyl., 140 hp

	6	5	4	3	2	1
Cpe	650	2000	5100	8500	11,900	17,000
Targa	650	2300	5400	9000	12,600	18,000

Model 911E, 6-cyl., 165 hp

	6	5	4	3	2	1
Cpe	650	2300	5400	9000	12,600	18,000
Targa	650	2800	5700	9500	13,300	19,000

Model 911S, 6-cyl., 190 hp

	6	5	4	3	2	1
Cpe	800	3400	6900	11,500	16,100	23,000
Targa	800	4050	8100	13,500	18,900	27,000

1974
Model 914, 4-cyl., 1.8 liter, 76 hp

	6	5	4	3	2	1
Cpe/Targa	450	900	1900	4500	6300	9000

Model 914, 4-cyl., 2 liter, 95 hp

	6	5	4	3	2	1
Cpe/Targa	450	1075	3000	5500	7700	11,000

Model 911, 6-cyl., 150 hp

	6	5	4	3	2	1
Cpe	650	2300	5400	9000	12,600	18,000
Targa	650	2800	5700	9500	13,300	19,000

Model 911S, 6-cyl., 175 hp

	6	5	4	3	2	1
Cpe	800	3400	6900	11,500	16,100	23,000
Targa	800	4050	8100	13,500	18,900	27,000

Model 911 Carrera, 6-cyl., 175 hp

	6	5	4	3	2	1
Cpe	1200	4500	9000	15,000	21,000	30,000
Targa	1200	4800	9600	16,000	22,400	32,000

NOTE: Add 10 percent for RS.
Add 20 percent for RSR.

1975
Model 914, 4-cyl., 1.8 liter, 76 hp

	6	5	4	3	2	1
Cpe/Targa	450	1000	2400	5000	7000	10,000

1975 Porsche 914

	6	**5**	**4**	**3**	**2**	**1**
Model 914, 4-cyl., 2 liter, 95 hp						
Cpe/Targa	450	1125	3450	5750	8050	11,500
Model 911, 6-cyl., 2 liter, 150 hp						
Cpe	650	2300	5400	9000	12,600	18,000
Targa	650	2800	5700	9500	13,300	19,000
Model 911S, 6-cyl., 175 hp						
Cpe	800	3400	6900	11,500	16,100	23,000
Targa	800	4050	8100	13,500	18,900	27,000
Model 911 Carrera, 6-cyl., 210 hp						
Cpe	1200	4650	9300	15,500	21,700	31,000
Targa	1200	5100	10,200	17,000	23,800	34,000
1976						
Model 914, 4-cyl., 2 liter, 95 hp						
Cpe/Targa	450	1125	3450	5750	8050	11,500
Model 912E, 4-cyl., 90 hp						
Cpe	650	2800	5700	9500	13,300	19,000
Model 911S, 6-cyl., 165 hp						
Cpe	800	3600	7200	12,000	16,800	24,000
Targa	800	4100	8250	13,750	19,250	27,500
Model 930, Turbo & T. Carrera						
Cpe	1500	7800	15,600	26,000	36,400	52,000
1977						
Model 924, 4-cyl., 95 hp						
Cpe	450	1150	3600	6000	8400	12,000
Model 911SC, 6-cyl., 165 hp						
Cpe	800	3600	7200	12,000	16,800	24,000
Targa	800	4050	8100	13,500	18,900	27,000
Model 930 Turbo, 6-cyl., 245 hp						
Cpe	1500	7800	15,600	26,000	36,400	52,000
1978						
Model 924						
Cpe	450	1150	3600	6000	8400	12,000
Model 911SC						
Cpe	800	3600	7200	12,000	16,800	24,000
Model 911SC, Targa						
Cpe	800	4050	8100	13,500	18,900	27,000
Model 928						
Cpe	1200	4800	9600	16,000	22,400	32,000
Model 930						
Cpe	1500	7800	15,600	26,000	36,400	52,000
1979						
Model 924						
Cpe	500	1250	3900	6500	9100	13,000
Model 911SC						
Cpe	800	3750	7500	12,500	17,500	25,000

	6	**5**	**4**	**3**	**2**	**1**
Targa	800	4200	8400	14,000	19,600	28,000
Model 928						
Cpe	1200	4650	9300	15,500	21,700	31,000

REO

	6	**5**	**4**	**3**	**2**	**1**
1905						
Two Cyl., 16 hp, 88" wb						
Detachable Ton-5P	550	1550	4500	7500	10,500	15,000
One Cyl., 7-1/2 hp, 76" wb						
Rbt	500	1400	4200	7000	9800	14,000
1906						
One Cyl., 8 hp, 76" wb						
Bus Rbt - 2P	500	1400	4200	7000	9800	14,000
One Cyl., 8 hp, 78" wb						
Rbt-4P	550	1500	4350	7250	10,150	14,500
Two Cyl., 16 hp, 90" wb						
Physician's Vehicle-2P	550	1550	4500	7500	10,500	15,000
Cpe/Depot Wag-4P	550	1750	4800	8000	11,200	16,000
Tr-5P	550	1550	4500	7500	10,500	15,000
Four - 24 hp, 100" wb						
Tr-5P	550	1750	4800	8000	11,200	16,000
1907						
Two Cyl., 16/20 hp, 94" wb						
Tr - 5P	550	1750	4800	8000	11,200	16,000
Limo-7P	650	2000	5100	8500	11,900	17,000
One Cyl., 8 hp, 78" wb						
Rbt-2/4P	500	1400	4200	7000	9800	14,000
Rbt-2P	500	1300	4050	6750	9450	13,500
1908						
One Cyl., 8/10 hp, 78" wb						
Rbt	500	1400	4200	7000	9800	14,000
Two Cyl., 18/20 hp, 94" wb						
Tr	550	1550	4500	7500	10,500	15,000
Rds	550	1500	4350	7250	10,150	14,500
1909						
One Cyl., 10/12 hp, 78" wb						
Rbt	500	1400	4200	7000	9800	14,000
Two Cyl., 20/22 hp, 96" wb						
Tr	550	1550	4500	7500	10,500	15,000
Semi-Racer	550	1550	4500	7500	10,500	15,000
1910						
One Cyl., 10/12 hp, 78" wb						
Rbt	500	1400	4200	7000	9800	14,000
Two Cyl., 20 hp, 96" wb						
Tr	550	1550	4500	7500	10,500	15,000
Four, 35 hp, 108" wb						
Tr-5P	550	1750	4800	8000	11,200	16,000
Demi-Ton-4P	550	1650	4650	7750	10,850	15,500
1911						
Twenty-Five, 4-cyl., 22.5 hp, 98" wb						
Rbt	550	1750	4800	8000	11,200	16,000
Thirty, 4-cyl., 30 hp, 108" wb						
Torp Rds-2P	650	2200	5250	8750	12,250	17,500
Tr-5P	650	2300	5400	9000	12,600	18,000
Rds-4P	650	2000	5100	8500	11,900	17,000
Thirty-Five, 4-cyl., 35 hp, 108" wb						
Tr-5P	650	2900	5850	9750	13,650	19,500
Demi-Ton-4P	650	2800	5700	9500	13,300	19,000
1912						
The Fifth, 4-cyl., 30/35 hp, 112" wb						
Tr-5P	650	2300	5400	9000	12,600	18,000
Rds-4P	650	2000	5100	8500	11,900	17,000
Rbt-2P	550	1750	4800	8000	11,200	16,000
1913						
The Fifth, 4-cyl., 30/35 hp, 112" wb						
Rds-2P	550	1750	4800	8000	11,200	16,000
Tr-5P	650	2000	5100	8500	11,900	17,000

1914
The Fifth, 4-cyl., 30/35 hp, 112" wb

	6	5	4	3	2	1
Tr-5P	650	2000	5100	8500	11,900	17,000
Rbt-2P	550	1750	4800	8000	11,200	16,000

1915
The Fifth, 4-cyl., 30/35 hp, 115" wb

Tr-5P	650	2000	5100	8500	11,900	17,000
Rds-2P	550	1750	4800	8000	11,200	16,000
Cpe-3P	500	1400	4200	7000	9800	14,000

1916
The Fifth, 4-cyl., 30/35 hp, 115" wb

Tr-5P	650	2000	5100	8500	11,900	17,000
Rbt-3P	550	1750	4800	8000	11,200	16,000

Model M, 6-cyl., 45 hp, 126" wb

Tr-7P	650	2800	5700	9500	13,300	19,000

1917
The Fifth, 4-cyl., 30/35 hp, 115" wb

Tr-5P	650	2000	5100	8500	11,900	17,000
Rds-3P	550	1750	4800	8000	11,200	16,000

Model M, 6-cyl., 45 hp, 126" wb

Tr-7P	650	2800	5700	9500	13,300	19,000
Rds-4P	650	2300	5400	9000	12,600	18,000
Sed-7P	500	1400	4200	7000	9800	14,000

1918
The Fifth, 4-cyl., 30/35 hp, 120" wb

Tr-5P	650	2000	5100	8500	11,900	17,000
Rds-3P	550	1750	4800	8000	11,200	16,000

Model M, 6-cyl., 45 hp, 126" wb

Tr-7P	650	2800	5700	9500	13,300	19,000
Rds-4P	650	2300	5400	9000	12,600	18,000
Encl Rds-4P	650	2600	5500	9250	12,950	18,500
Sed-7P	500	1400	4200	7000	9800	14,000

1919
The Fifth, 4-cyl., 30/35 hp, 120" wb

Tr-5P	650	2300	5400	9000	12,600	18,000
Rds-3P	550	1750	4800	8000	11,200	16,000
Cpe-4P	550	1550	4500	7500	10,500	15,000
Sed-5P	500	1250	3900	6500	9100	13,000

1920
Model T-6, 6-cyl., 50 hp, 120" wb

Tr-5P	650	2800	5700	9500	13,300	19,000
Rds-3P	650	2300	5400	9000	12,600	18,000
Sed-5P	450	1150	3600	6000	8400	12,000
Cpe-4P	550	1550	4500	7500	10,500	15,000

1921
Model T-6, 6-cyl., 50 hp, 120" wb

Tr-5P	650	2800	5700	9500	13,300	19,000
Rds-3P	650	2300	5400	9000	12,600	18,000
Cpe-4P	550	1550	4500	7500	10,500	15,000
Sed-5P	450	1150	3600	6000	8400	12,000

1922
Model T-6, 6-cyl., 50 hp, 120" wb

Tr-7P	650	2800	5700	9500	13,300	19,000
Rds-3P	650	2300	5400	9000	12,600	18,000
Bus Cpe-3P	500	1400	4200	7000	9800	14,000
Cpe-4P	550	1550	4500	7500	10,500	15,000
Sed-5P	450	1150	3600	6000	8400	12,000

1923
Model T-6, 6-cyl., 50 hp, 120" wb

Tr-7P	650	2800	5700	9500	13,300	19,000
Phae-5P	650	2300	5400	9000	12,600	18,000
Cpe-4P	550	1550	4500	7500	10,500	15,000
Sed-5P	450	1150	3600	6000	8400	12,000
Cpe-4P	500	1400	4200	7000	9800	14,000
Sed-5P	500	1250	3900	6500	9100	13,000

1924
Model T-6, 6-cyl., 50 hp, 120" wb

Tr-5P	800	3000	6000	10,000	14,000	20,000
Phae-5P	800	3150	6300	10,500	14,700	21,000
Cpe-4P	550	1550	4500	7500	10,500	15,000
Sed-5P	500	1250	3900	6500	9100	13,000
Brgm-5P	500	1400	4200	7000	9800	14,000

1925
Model T-6, 6-cyl., 50 hp, 120" wb

	6	5	4	3	2	1
Tr-5P	800	3150	6300	10,500	14,700	21,000
Sed-5P	500	1400	4200	7000	9800	14,000
Cpe-4P	550	1750	4800	8000	11,200	16,000
Sed-5P	550	1550	4500	7500	10,500	15,000
Brgm-5P	550	1750	4800	8000	11,200	16,000

1926
Model T-6, 6-cyl., 50 hp, 120" wb

	6	5	4	3	2	1
Rds-4P	800	3000	6000	10,000	14,000	20,000
Cpe-2P	500	1400	4200	7000	9800	14,000
Sed-5P	500	1250	3900	6500	9100	13,000
Tr-5P	800	3150	6300	10,500	14,700	21,000

1927
Flying Cloud, 6-cyl., 65 hp, 121" wb

	6	5	4	3	2	1
Spt Rds-4P	800	3300	6600	11,000	15,400	22,000
Cpe-4P	550	1750	4800	8000	11,200	16,000.
DeL Cpe-4P	650	2000	5100	8500	11,900	17,000
2 dr Brgm-5P	550	1750	4800	8000	11,200	16,000
DeL Sed-5P	550	1550	4500	7500	10,500	15,000

1928
Flying Cloud, 6-cyl., 65 hp, 121" wb

	6	5	4	3	2	1
Spt Rds-4P	800	3300	6600	11,000	15,400	22,000
Cpe-4P	550	1750	4800	8000	11,200	16,000
DeL Cpe-4P	650	2000	5100	8500	11,900	17,000
2 dr Brgm-5P	550	1550	4500	7500	10,500	15,000
DeL Sed-5P	500	1400	4200	7000	9800	14,000

1929
Flying Cloud Mate, 6-cyl., 65 hp, 115" wb

	6	5	4	3	2	1
Sed-5P	500	1250	3900	6500	9100	13,000
Cpe-4P	500	1400	4200	7000	9800	14,000

Flying Cloud Master, 6-cyl., 80 hp, 121" wb

	6	5	4	3	2	1
Rds-4P	800	4350	8700	14,500	20,300	29,000
Cpe-4P	550	1750	4800	8000	11,200	16,000
Brgm-5P	550	1550	4500	7500	10,500	15,000
Sed-5P	500	1400	4200	7000	9800	14,000
Vic-4P	550	1550	4500	7500	10,500	15,000

1930
Flying Cloud, Model 15, 6-cyl., 60 hp, 115" wb

	6	5	4	3	2	1
Sed-5P	500	1400	4200	7000	9800	14,000
Cpe-2P	550	1750	4800	8000	11,200	16,000
Cpe-4P	650	2000	5100	8500	11,900	17,000

Flying Cloud, Model 20, 6-cyl., 80 hp, 120" wb

	6	5	4	3	2	1
Sed-5P	550	1550	4500	7500	10,500	15,000
Cpe-2P	650	2000	5100	8500	11,900	17,000
Cpe-4P	650	2300	5400	9000	12,600	18,000

Flying Cloud, Model 25, 6-cyl., 80 hp, 124" wb

	6	5	4	3	2	1
Sed-7P	550	1750	4800	8000	11,200	16,000

1931
Flying Cloud, Model 15, 6-cyl., 60 hp, 116" wb

	6	5	4	3	2	1
Phae-5P	800	4200	8400	14,000	19,600	28,000
Sed-5P	550	1750	4800	8000	11,200	16,000
Cpe-2P	650	2300	5400	9000	12,600	18,000
Cpe-4P	650	2800	5700	9500	13,300	19,000

Flying Cloud, Model 20, 6-cyl., 85 hp, 120" wb

	6	5	4	3	2	1
Sed-5P	650	2000	5100	8500	11,900	17,000
Spt Cpe	650	2800	5700	9500	13,300	19,000
Spt Sed	650	2300	5400	9000	12,600	18,000
Cpe-4P	650	2300	5400	9000	12,600	18,000

Flying Cloud, Model 25, 6-cyl., 85 hp, 125" wb

	6	5	4	3	2	1
Sed	650	2000	5100	8500	11,900	17,000
Vic	650	2300	5400	9000	12,600	18,000
Cpe-4P	650	2600	5500	9250	12,950	18,500
Spt Sed	650	2600	5500	9250	12,950	18,500
Spt Vic	650	2800	5700	9500	13,300	19,000
Spt Cpe	650	2800	5700	9500	13,300	19,000

Flying Cloud, Model 30, 8-cyl., 125 hp, 130" wb

	6	5	4	3	2	1
Sed	800	3150	6300	10,500	14,700	21,000
Vic	800	3400	6900	11,500	16,100	23,000
Cpe-4P	800	3400	6900	11,500	16,100	23,000
Spt Sed	800	3300	6600	11,000	15,400	22,000
Spt Vic	800	3600	7200	12,000	16,800	24,000

	6	**5**	**4**	**3**	**2**	**1**
Spt Cpe	800	3600	7200	12,000	16,800	24,000
Royale, Model 35, 8-cyl., 125 hp, 135" wb						
Sed	800	3400	6900	11,500	16,100	23,000
Vic	800	3600	7200	12,000	16,800	24,000
Cpe-4P	800	3600	7200	12,000	16,800	24,000

1932

	6	**5**	**4**	**3**	**2**	**1**
Flying Cloud, Model 6-21, 6-cyl., 85 hp, 121" wb						
Sed	800	3400	6900	11,500	16,100	23,000
Spt Sed	800	3600	7200	12,000	16,800	24,000
Flying Cloud, Model 8-21, 8-cyl., 90 hp, 121" wb						
Sed	800	3600	7200	12,000	16,800	24,000
Spt Sed	800	3750	7500	12,500	17,500	25,000
Flying Cloud, Model 6-25						
Vic	800	4200	8400	14,000	19,600	28,000
Sed	800	3900	7800	13,000	18,200	26,000
Cpe	800	4050	8100	13,500	18,900	27,000
Flying Cloud, Model 8-25, 8-cyl., 90 hp, 125" wb						
Sed	800	3750	7500	12,500	17,500	25,000
Vic	800	4050	8100	13,500	18,900	27,000
Cpe	800	4050	8100	13,500	18,900	27,000
Spt Sed	800	3900	7800	13,000	18,200	26,000
Spt Vic	800	4200	8400	14,000	19,600	28,000
Spt Cpe	800	4200	8400	14,000	19,600	28,000
Royale, Model 8-31, 8-cyl., 125 hp, 131" wb						
Sed	800	3900	7800	13,000	18,200	26,000
Vic	800	4200	8400	14,000	19,600	28,000
Cpe	800	4200	8400	14,000	19,600	28,000
Spt Sed	800	4050	8100	13,500	18,900	27,000
Spt Vic	800	4350	8700	14,500	20,300	29,000
Spt Cpe	800	4350	8700	14,500	20,300	29,000
Royale, Model 8-35, 8-cyl., 125 hp, 135" wb						
Sed	800	4050	8100	13,500	18,900	27,000
Vic	800	4350	8700	14,500	20,300	29,000
Cpe	800	4350	8700	14,500	20,300	29,000
Conv Cpe	1500	6300	12,600	21,000	29,400	42,000
Flying Cloud, Model S						
Std Cpe	800	3150	6300	10,500	14,700	21,000
Std Conv Cpe	800	4350	8700	14,500	20,300	29,000
Std Sed	650	2300	5400	9000	12,600	18,000
Spt Cpe	800	3300	6600	11,000	15,400	22,000
Spt Conv Cpe	1200	4500	9000	15,000	21,000	30,000
Spt Sed	650	2800	5700	9500	13,300	19,000
Del Cpe	800	3300	6600	11,000	15,400	22,000
Del Conv Cpe	1200	4650	9300	15,500	21,700	31,000
Del Sed	800	3000	6000	10,000	14,000	20,000

NOTE: Model 8-31 had been introduced April 1931; Model 8-21 May 1931.

1933

	6	**5**	**4**	**3**	**2**	**1**
Flying Cloud, 6-cyl., 85 hp, 117-1/2" wb						
Sed-5P	800	3400	6900	11,500	16,100	23,000
Cpe-4P	800	3900	7800	13,000	18,200	26,000
Vic	800	3750	7500	12,500	17,500	25,000
Royale, 8-cyl., 125 hp, 131" wb						
Sed-5P	800	3600	7200	12,000	16,800	24,000
Vic-5P	800	4050	8100	13,500	18,900	27,000
Cpe-4P	800	3900	7800	13,000	18,200	26,000
Conv Cpe	1500	6000	12,000	20,000	28,000	40,000

1934

	6	**5**	**4**	**3**	**2**	**1**
Flying Cloud, 6-cyl., 95 hp, 118" wb						
Cpe	800	3600	7200	12,000	16,800	24,000
Sed-5P	800	3400	6900	11,500	16,100	23,000
Cpe	800	3750	7500	12,500	17,500	25,000
Sed-5P	800	3600	7200	12,000	16,800	24,000
Elite Sed	800	3750	7500	12,500	17,500	25,000
Elite Cpe	800	3900	7800	13,000	18,200	26,000
Royale, 8-cyl., 95 hp, 131" wb						
Sed-5P	800	3750	7500	12,500	17,500	25,000
Vic	800	4050	8100	13,500	18,900	27,000
Elite Sed	800	3900	7800	13,000	18,200	26,000
Elite Vic	800	4200	8400	14,000	19,600	28,000
Elite Cpe	800	4350	8700	14,500	20,300	29,000
Royale, 8-cyl., 95 hp, 135" wb						
Cus Sed	800	4050	8100	13,500	18,900	27,000
Cus Vic	800	4350	8700	14,500	20,300	29,000

	6	5	4	3	2	1
Cus Cpe	1200	4500	9000	15,000	21,000	30,000

1935
Flying Cloud, 6-cyl., 85 hp, 115" wb

Cpe	800	3400	6900	11,500	16,100	23,000
Sed	800	3000	6000	10,000	14,000	20,000

Flying Cloud, 6-cyl., 85 hp, 118" wb

Sed	800	3150	6300	10,500	14,700	21,000
Conv Cpe	1200	4800	9600	16,000	22,400	32,000
Cpe-2P	800	3600	7200	12,000	16,800	24,000
Cpe-4P	800	3750	7500	12,500	17,500	25,000

1936
Flying Cloud, 6-cyl., 85 hp, 115" wb

Coach	800	3150	6300	10,500	14,700	21,000
Sed	800	3300	6600	11,000	15,400	22,000
DeL Brgm	800	3600	7200	12,000	16,800	24,000
DeL Sed	800	3400	6900	11,500	16,100	23,000

ROLLS-ROYCE

1947-1951
6 cyl., 127" wb, 133" wb (1951), 4257 cc
Silver Wraith
Freestone & Webb

Cpe	1500	7650	15,300	25,500	35,700	51,000
Limo	1200	5550	11,100	18,500	25,900	37,000
Saloon	1200	4650	9300	15,500	21,700	31,000
Spt Saloon	1200	4950	9900	16,500	23,100	33,000

Hooper

Drophead Cpe	2000	11,700	23,400	39,000	58,000	78,000
Treviot	1200	5550	11,100	18,500	25,900	37,000
Treviot II	1200	5600	11,250	18,750	26,250	37,500
Treviot III	1200	5700	11,400	19,000	26,600	38,000

H.J. Mulliner

Sedanca de Ville	2000	10,200	20,400	34,000	47,600	68,000
Tr Limo	1200	5700	11,400	19,000	26,600	38,000

Park Ward

Saloon	800	4350	8700	14,500	20,300	29,000

James Young

Limo	1200	5400	10,800	18,000	25,200	36,000
Saloon	1200	4650	9300	15,500	21,700	31,000

1949-1951
6 cyl., 120" wb, 4257 cc
Silver Dawn

Std Steel Saloon	1200	4650	9300	15,500	21,700	31,000

Farina

Spl Saloon	1500	7650	15,300	25,500	35,700	51,000

Freestone & Webb

Saloon	1200	5400	10,800	18,000	25,200	36,000

Park Ward

Drophead Cpe	2000	8400	16,800	28,000	39,200	56,000
Fixed Head Cpe	1500	6150	12,300	20,500	28,700	41,000

1950-1956
8 cyl., 145" wb, 5675 cc
Phantom IV

Park Ward Limo	6000	31,900	59,000	90,000	116,000	155,000

1951-1952
6 cyl., 127" wb, 4566 cc
Silver Wraith
Freestone & Webb

Cpe	1200	5400	10,800	18,000	25,200	36,000

1951-1955
6 cyl., 133" wb, 4566 cc
Silver Wraith
Freestone & Webb

Spt Saloon	1200	5250	10,500	17,500	24,500	35,000

Hooper

Tr Limo	1200	4800	9600	16,000	22,400	32,000

H.J. Mulliner

Tr Limo	1200	5250	10,500	17,500	24,500	35,000

Park Ward

	6	5	4	3	2	1
Limo	1200	5100	10,200	17,000	23,800	34,000

1951-1955
6 cyl., 120" wb, 4566 cc
Silver Dawn

	6	5	4	3	2	1
Std Steel Saloon	1200	4950	9900	16,500	23,100	33,000
Park Ward						
Drophead Cpe	2000	8400	16,800	28,000	39,200	56,000

1955-1959
6 cyl., 123" wb, 127" wb (after 1957), 4887 cc
Silver Cloud

	6	5	4	3	2	1
Std Steel Saloon	800	4350	8700	14,500	20,300	29,000
H.J. Mulliner						
Drophead Cpe	2000	11,700	23,400	39,000	58,000	78,000
Park Ward						
Saloon LWB	1200	4650	9300	15,500	21,700	31,000
James Young						
Saloon	1500	6900	13,800	23,000	32,200	46,000

NOTE: Deduct 30 percent for RHD.

1955-1959
6 cyl., 133" wb, 4887 cc
Silver Wraith
Hooper

	6	5	4	3	2	1
Long wb Limo	1200	5700	11,400	19,000	26,600	38,000
Saloon	1200	5400	10,800	18,000	25,200	36,000
H.J. Mulliner						
Tr Limo	1500	6150	12,300	20,500	28,700	41,000
Park Ward						
Limo	1200	5100	10,200	17,000	23,800	34,000
Saloon	1200	4800	9600	16,000	22,400	32,000

NOTE: Deduct 30 percent for RHD.

1959-1962
V-8, 123" wb, 127" wb (after 1960), 6230 cc
Silver Cloud II

	6	5	4	3	2	1
Std Steel Saloon	1200	4500	9000	15,000	21,000	30,000
H.J. Mulliner						
Drophead Cpe	3500	15,700	30,600	51,000	81,000	102,000
Radford						
Countryman	1500	6150	12,300	20,500	28,700	41,000
James Young						
Limo, LWB	1500	7650	15,300	25,500	35,700	51,000

NOTE: Deduct 30 percent for RHD.

1960-1968
V-8, 144" wb, 6230 cc
Phantom V
H.J. Mulliner-Park Ward

	6	5	4	3	2	1
Landaulette	6000	31,900	59,000	90,000	116,000	155,000
Limo	2000	9300	18,600	31,000	43,400	62,000
Park Ward						
Limo	1500	6900	13,800	23,000	32,200	46,000
James Young						
Limo	2000	10,800	21,600	36,000	50,500	72,000
Sedanca de Ville	6000	31,900	59,000	90,000	116,000	155,000

NOTE: Deduct 30 percent for RHD.

1962-1966
V-8, 123" wb, 127" wb, 6230 cc
Silver Cloud III

	6	5	4	3	2	1
Std Steel Saloon	1200	4650	9300	15,500	21,700	31,000
H.J. Mulliner						
2 dr Saloon	1200	4500	9000	15,000	21,000	30,000
Drophead Cpe	5000	24,800	44,000	70,000	99,000	128,000
Flying Spur	2000	11,700	23,400	39,000	58,000	78,000

NOTE: Deduct 30 percent for RHD.

James Young	6	5	4	3	2	1
4 dr Spt Saloon	800	3900	7800	13,000	18,200	26,000
Cpe	1200	5400	10,800	18,000	25,200	36,000
Tr Limo SWB	2000	8400	16,800	28,000	39,200	56,000
Tr Limo LWB	2000	10,200	20,400	34,000	47,600	68,000
Park Ward						
Drophead Cpe	1500	7650	15,300	25,500	35,700	51,000
Limo, LWB	2000	8400	16,800	28,000	39,200	56,000

NOTE: Deduct 30 percent for RHD.

1965-1969
V-8, 119.5" wb, 123.5" wb, 6230 cc
Silver Shadow

	6	5	4	3	2	1
Std Steel Saloon	800	3900	7800	13,000	18,200	26,000
LWB Saloon	800	4350	8700	14,500	20,300	29,000
Mulliner-Park Ward						
2 dr Saloon	1200	4650	9300	15,500	21,700	31,000
Drophead Cpe	1200	5100	10,200	17,000	23,800	34,000
James Young						
2 dr Saloon	1200	4650	9300	15,500	21,700	31,000

NOTE: Deduct 30 percent for RHD.

1968-1977
V-8, 145" wb, 6230 cc
Phantom VI

Landau	3500	13,200	26,400	44,000	68,000	88,000
Limo	2000	11,700	23,400	39,000	58,000	78,000
Mulliner-Park Ward						
Laudaulette	6000	35,900	64,000	100,000	126,000	180,000

NOTE: Deduct 30 percent for RHD.

1970-1976
V-8, 119.5" wb, 123.5" wb, 6750 cc
Silver Shadow

Std Steel Saloon	1200	5900	11,850	19,750	27,650	39,500
LWB Saloon	1500	6600	13,200	22,000	30,800	44,000
Mulliner-Park Ward						
2 dr Saloon	1500	7650	15,300	25,500	35,700	51,000
Drophead Cpe	2000	9300	18,600	31,000	43,400	62,000

NOTE: Deduct 30 percent for RHD.

1971-1977
V-8, 119" wb, 6750 cc
Corniche

2 dr Saloon	2000	8400	16,800	28,000	39,200	56,000
Conv	2000	11,100	22,200	37,000	52,000	74,000

NOTE: Deduct 30 percent for RHD.

1975-1978
V-8, 108.5" wb, 6750 cc

Camarque	1500	6900	13,800	23,000	32,200	46,000

NOTE: Deduct 30 percent for RHD.

1977-1978
V-8, 120" wb, 6750 cc

Silver Shadow II	1500	6100	12,150	20,250	28,350	40,500

V-8, 123.5" wb, 6750 cc

Silver Wraith II	1500	6750	13,500	22,500	31,500	45,000

NOTE: Add 10 percent for factory sunroof.
    Deduct 30 percent for RHD.

SAAB

1950-1952
2-cyl., 97.2" wb, 764 cc

92 2 dr Sed	200	550	1150	2100	3700	5300

1953-1955
2-cyl., 97.2" wb, 764 cc

92B 2 dr Sed	150	450	1050	1800	3300	4800

1956-1957
3-cyl., 98" wb, 748 cc

93 2 dr Sed	150	400	1000	1550	3050	4300

1958
3-cyl., 98" wb, 748 cc

93B 2 dr Sed	150	300	900	1250	2650	3800
GT 750 2 dr Sed	150	400	1000	1550	3050	4300

1959
3-cyl., 98" wb, 748 cc

93B 2 dr Sed	150	300	900	1250	2650	3800
GT 750 2 dr Sed	150	400	1000	1550	3050	4300

3-cyl., 98" wb, 841 cc

95 2 dr Sta Wag	150	350	950	1450	2900	4100

1960
3-cyl., 98" wb, 748 cc

93F 2 dr Sed	150	300	900	1250	2650	3800

	6	5	4	3	2	1
GT 750 2 dr Sed	150	400	1000	1550	3050	4300
3-cyl., 98" wb, 841 cc						
96 2 dr Sed	125	200	600	1100	2300	3300
95 2 dr Sta Wag	150	300	900	1350	2700	3900
1961						
3-cyl., 98" wb, 748 cc						
GT 750 2 dr Sed	150	400	1000	1550	3050	4300
3-cyl., 98" wb, 841 cc						
96 2 dr Sed	125	200	600	1100	2300	3300
95 2 dr Sta Wag	125	250	750	1150	2500	3600
1962						
3-cyl., 98" wb, 748 cc						
GT 750 2 dr Sed	150	400	1000	1550	3050	4300
3-cyl., 98" wb, 841 cc						
96 2 dr Sed	125	200	600	1100	2300	3300
95 2 dr Sta Wag	125	250	750	1150	2500	3600
2 dr Spt Sed	150	300	900	1250	2650	3800
1963						
3-cyl., 98" wb, 841 cc						
96 2 dr Sed	125	200	600	1100	2300	3300
95 2 dr Sta Wag	125	250	750	1150	2500	3600
Spt/GT 850 2 dr Sed	150	300	900	1250	2650	3800
1964						
3-cyl., 98" wb, 841 cc						
96 2 dr Sed	125	200	600	1100	2300	3300
95 2 dr Sta Wag	125	250	750	1150	2500	3600
Spt/Monte Carlo 850 2 dr Sed						
	150	300	900	1250	2650	3800
1965						
3-cyl., 98" wb, 841 cc						
96 2 dr Sed	125	200	600	1100	2300	3300
95 2 dr Sta Wag	125	250	750	1150	2500	3600
Spt/Monte Carlo 850 2 dr Sed						
	150	300	900	1250	2650	3800
1966						
3-cyl., 98" wb, 841 cc						
96 2 dr Sed	125	200	600	1100	2300	3300
96 Spl 2 dr Sed	125	200	600	1100	2300	3300
95 2 dr Sta Wag	125	250	750	1150	2400	3400
Monte Carlo 850 2 dr Sed	150	300	900	1250	2650	3800
3-cyl., 84.6" wb, 841 cc						
Sonett II	200	550	1150	2100	3700	5300
1967						
3-cyl., 98" wb, 841 cc						
96 Shrike 2 dr Sed	125	200	600	1100	2300	3300
95 2 dr Sta Wag	125	250	750	1150	2400	3400
Monte Carlo 850 2 dr Sed	150	300	900	1250	2650	3800
3-cyl., 84.6" wb, 841 cc						
Sonett II	200	550	1150	2100	3700	5300
V-4, 98" wb, 1498 cc						
96 V4 2 dr Sed	125	200	600	1100	2300	3300
95 V4 2 dr Sta Wag	125	250	750	1150	2500	3600
Monte Carlo V4 2 dr Sed	150	300	900	1250	2650	3800
V-4, 84.6" wb, 1498 cc						
Sonett V4	200	650	1200	2300	4100	5800
1968						
3-cyl., 98" wb, 841 cc (816 cc Shrike)						
96 Shrike 2 dr Sed	125	200	600	1100	2300	3300
96 2 dr Sed	125	250	750	1150	2400	3400
95 Shrike 2 dr Sta Wag	125	200	600	1100	2300	3300
95 2 dr Sta Wag	125	250	750	1150	2400	3400
V-4, 98" wb, 1498 cc						
96 V4 2 dr Sed	125	200	600	1100	2300	3300
96 V4 DeL 2 dr Sed	125	200	600	1100	2300	3300
95 V4 2 dr Sta Wag	125	200	600	1100	2300	3300
95 V4C 2 dr Sta Wag	125	250	750	1150	2500	3600
Monte Carlo V4 2 dr Sed	150	300	900	1250	2650	3800
V-4, 84.6" wb, 1498 cc						
Sonett V4	200	550	1150	2100	3700	5300
1969						
V-4, 98" wb, 1498 cc						
96 V4 2 dr Sed	125	200	600	1100	2300	3300

	6	5	4	3	2	1
96 V4 DeL 2 dr Sed	125	200	600	1100	2300	3300
95 V4 2 dr Sta Wag	125	250	750	1150	2500	3600
V-4, 84.6" wb, 1498 cc						
Sonett V4	200	550	1150	2100	3700	5300
4-cyl., 97.4" wb, 1709 cc						
99 2 dr Sed	125	200	600	1100	2300	3300
1970						
V-4, 98" wb, 1498 cc						
96 V4 2 dr Sed	125	200	600	1100	2300	3300
95 V4 2 dr Sta Wag	125	250	750	1150	2500	3600
V-4, 84.6" wb						
Sonett III	200	650	1200	2300	4100	5800
4-cyl., 97.4" wb, 1709 cc						
99 2 dr Sed	125	200	600	1100	2300	3300
99 4 dr Sed	125	200	600	1100	2300	3300
1971						
V-4, 98" wb, 1698 cc						
96 V4 2 dr Sed	125	200	600	1100	2300	3300
95 V4 2 dr Sta Wag	125	250	750	1150	2500	3600
V-4, 84.6" wb, 1698 cc						
Sonett III	200	650	1200	2300	4100	5800
4-cyl., 97.4" wb, 1709 cc						
99 2 dr Sed	125	200	600	1100	2300	3300
99 4 dr Sed	125	200	600	1100	2300	3300
1972						
V-4, 98" wb, 1698 cc						
96 V4 2 dr Sed	125	200	600	1100	2300	3300
95 V4 2 dr Sta Wag	125	250	750	1150	2500	3600
V-4, 84.6" wb, 1698 cc						
Sonett III	200	675	1300	2600	4400	6300
4-cyl., 97.4" wb, 1850 cc/1985 cc						
99 2 dr Sed	125	200	600	1100	2300	3300
99EMS 2 dr Sed	150	300	900	1250	2650	3800
99 4 dr Sed	125	200	600	1100	2300	3300
1973						
V-4, 98" wb, 1698 cc						
96 V4	125	200	600	1100	2300	3300
95 V4 2 dr Sta Wag	125	250	750	1150	2500	3600
V-4, 84.6" wb, 1698 cc						
Sonett III	200	675	1300	2600	4400	6300
4-cyl., 97.4" wb, 1850 cc/1985 cc						
99X7 2 dr Sed	125	200	600	1100	2300	3300
99L 2 dr Sed	125	200	600	1100	2300	3300
99L 4 dr Sed	125	200	600	1100	2300	3300
99EMS 2 dr Sed	150	300	900	1250	2650	3800
1974						
V-4, 98" wb, 1698 cc						
96 V4 2 dr Sed	125	200	600	1100	2300	3300
95 V4 2 dr Sta Wag	125	250	750	1150	2500	3600
V-4, 84.6" wb, 1698 cc						
Sonett III	200	675	1300	2600	4400	6300
4-cyl., 97.4" wb, 1985 cc						
99X7 2 dr Sed	125	200	600	1100	2300	3300
99L 2 dr Sed	125	200	600	1100	2300	3300
99L 4 dr Sed	125	200	600	1100	2300	3300
99L 3 dr Combi Cpe	125	200	600	1100	2300	3300
99EMS 2 dr Sed	150	300	900	1250	2650	3800
1975						
V-4, 98" wb, 1498 cc						
96 V4 2 dr Sed	125	200	600	1100	2300	3300
95 V4 2 dr Sta Wag	125	250	750	1150	2500	3600
4-cyl., 97.4" wb, 1985 cc						
99 2 dr Sed	125	200	600	1100	2300	3300
99L 2 dr Sed	150	300	900	1250	2650	3800
99L 4 dr Sed	150	300	900	1250	2650	3800
99L 3 dr Combi Cpe	150	300	900	1250	2650	3800
99EMS 2 dr Sed	150	400	1000	1550	3050	4300
1976						
4-cyl., 97.4" wb, 1985 cc						
99L 2 dr Sed	125	200	600	1100	2300	3300
99GL 2 dr Sed	150	300	900	1250	2650	3800
99GL 4 dr Sed	150	300	900	1250	2650	3800

	6	5	4	3	2	1
99GL 3 dr Combi Cpe	150	300	900	1250	2650	3800
99GL 5 dr Combi Cpe	150	300	900	1250	2650	3800
99EMS 2 dr Sed	150	400	1000	1550	3050	4300
99GLE 4 dr Sed	150	300	900	1250	2650	3800

1977
4-cyl., 97.4" wb, 1985 cc

	6	5	4	3	2	1
99L 2 dr Sed	125	200	600	1100	2300	3300
99GL 2 dr Sed	150	300	900	1250	2650	3800
99GL 4 dr Sed	150	300	900	1250	2650	3800
99GL 3 dr Combi Cpe	150	300	900	1250	2650	3800
99GL 5 dr Combi Cpe	150	300	900	1250	2650	3800
99EMS 2 dr Sed	150	400	1000	1550	3050	4300
99GLE 4 dr Sed	150	300	900	1250	2650	3800

1978
4-cyl., 97.4" wb, 1985 cc

	6	5	4	3	2	1
99L 2 dr Sed	125	250	750	1150	2450	3500
99L 4 dr Sed	125	250	750	1150	2450	3500
99L 3 dr Combi Cpe	150	300	900	1250	2650	3800
99GL 2 dr Sed	125	250	750	1150	2500	3600
99GL 4 dr Sed	125	250	750	1150	2500	3600
99GL 3 dr Combi Cpe	150	300	900	1350	2700	3900
99GL 5 dr Combi Cpe	150	300	900	1350	2700	3900
99EMS 2 dr Sed	150	350	950	1350	2800	4000
99EMS 3 dr Combi Cpe	150	350	950	1450	2900	4100
99GLE 5 dr Combi Cpe	150	350	950	1450	2900	4100
99 Turbo 3 dr Combi Cpe	150	450	1050	1800	3300	4800

STUDEBAKER

1903
Model A, 8 hp

Tonn Tr	NA				Value inestimable	

1904
Model A

Tonn Tr	650	2000	5100	8500	11,900	17,000

Model B

Dely Wagon	550	1550	4500	7500	10,500	15,000

Model C

Tonn Tr	650	2300	5400	9000	12,600	18,000

1905
Model 9502, 2-cyl.

Rear Ent Tr	650	2800	5700	9500	13,300	19,000
Side Ent Tr	800	3000	6000	10,000	14,000	20,000

Model 9503, 4-cyl.

Side Ent Tr	800	3300	6600	11,000	15,400	22,000

1906
Model E, 20 N.A.C.C.H.P.

Side Ent Tr	650	2300	5400	9000	12,600	18,000
Twn Car	650	2000	5100	8500	11,900	17,000

Model F, 28 N.A.C.C.H.P.

Side Ent Tr	800	3000	6000	10,000	14,000	20,000

Model G, 30 N.A.C.C.H.P.

Side Ent Tr	800	3400	6900	11,500	16,100	23,000

1907
Model L, 4-cyl., 28 hp, 104" wb

5P Rear Ent Tr	800	3750	7500	12,500	17,500	25,000

Model G, 4-cyl., 30 hp, 104" wb

5P Rear Ent Tr	800	3900	7800	13,000	18,200	26,000

Model H, 4-cyl., 30 hp, 104" wb

5P Rear Ent Tr	800	3900	7800	13,000	18,200	26,000

1908
Model H, 4-cyl., 30 hp, 104" wb

5P Rear Ent Tr	800	3900	7800	13,000	18,200	26,000

Model A, 4-cyl., 30 hp, 104" wb

5P Tr	800	3900	7800	13,000	18,200	26,000
5P Town Car	800	3750	7500	12,500	17,500	25,000
2P Rbt	800	3600	7200	12,000	16,800	24,000
5P Lan'let	800	3900	7800	13,000	18,200	26,000

Model B, 4-cyl., 40 hp, 114" wb

	6	5	4	3	2	1
5P Tr	800	4200	8400	14,000	19,600	28,000
2P Rbt	800	3900	7800	13,000	18,200	26,000
7P Limo	800	4050	8100	13,500	18,900	27,000
5P Lan'let	800	4200	8400	14,000	19,600	28,000
4P Trabt	800	4350	8700	14,500	20,300	29,000
3P Speed Car	800	4000	7950	13,250	18,550	26,500

1909
Model A, 4-cyl., 30 hp, 104" wb

	6	5	4	3	2	1
5P Tr	800	3900	7800	13,000	18,200	26,000
5P Twn Car	800	3750	7500	12,500	17,500	25,000
Rbt	800	3600	7200	12,000	16,800	24,000
5P Lan'let	800	3900	7800	13,000	18,200	26,000

Model B, 4-cyl., 40 hp, 114" wb

	6	5	4	3	2	1
5P Tr	800	4200	8400	14,000	19,600	28,000
7P Limo	800	4050	8100	13,500	18,900	27,000
5P Lan'let	800	4200	8400	14,000	19,600	28,000

Model C, 4-cyl., 30 hp, 104" wb

	6	5	4	3	2	1
5P Tr	800	3900	7800	13,000	18,200	26,000

Model D, 4-cyl., 40 hp, 117.5" wb

	6	5	4	3	2	1
5P Tr	800	4350	8700	14,500	20,300	29,000

1910
Model H, 4-cyl., 30 hp, 104" wb

	6	5	4	3	2	1
5P Tr	800	3900	7800	13,000	18,200	26,000

Model M, 4-cyl., 28 hp, 104" wb

	6	5	4	3	2	1
5P Tr	800	3750	7500	12,500	17,500	25,000

Model G-7, 4-cyl., 40 hp, 117.5" wb

	6	5	4	3	2	1
4/5P Tr	800	4200	8400	14,000	19,600	28,000
7P Tr	800	4350	8700	14,500	20,300	29,000
Limo (123" wb)	800	3900	7800	13,000	18,200	26,000

1911
Model G-8, 4-cyl., 40 hp, 117.5" wb

	6	5	4	3	2	1
7P Limo	800	4050	8100	13,500	18,900	27,000
5P Lan'let	800	4200	8400	14,000	19,600	28,000
4/6/7P Tr	800	4350	8700	14,500	20,300	29,000
2P Rdst	1200	4500	9000	15,000	21,000	30,000

Model G-10, 4-cyl., 30 hp, 116" wb

	6	5	4	3	2	1
5P Tr	800	4200	8400	14,000	19,600	28,000

NOTE: Studebaker-Garford association was discontinued after 1911 model year.

1913
Model SA-25, 4-cyl., 101" wb

	6	5	4	3	2	1
Rds	450	1150	3600	6000	8400	12,000
Tr	500	1250	3900	6500	9100	13,000

Model AA-35, 4-cyl., 115.5" wb

	6	5	4	3	2	1
Tr	500	1300	4050	6750	9450	13,500
Cpe	500	1400	4200	7000	9800	14,000
Sed	550	1500	4350	7250	10,150	14,500

Model E, 6-cyl., 121" wb

	6	5	4	3	2	1
Tr	550	1500	4350	7250	10,150	14,500
Limo	550	1550	4500	7500	10,500	15,000

1914
Series 14, Model 1 SC, 4-cyl., 108.3" wb

	6	5	4	3	2	1
Tr	500	1300	4050	6750	9450	13,500
Lan Rds	500	1350	4150	6900	9700	13,800

Series 14, Model EB, 6-cyl., 121.3" wb

	6	5	4	3	2	1
Tr	550	1500	4350	7250	10,150	14,500
Lan Rds	550	1550	4400	7400	10,400	14,800
2 dr Sed	550	1550	4450	7450	10,400	14,900

1915
Series 15, Model SD, 4-cyl., 108.3" wb

	6	5	4	3	2	1
Rds	500	1300	4050	6700	9400	13,400
Tr	500	1300	4050	6750	9450	13,500

Series 15, Model EC, 6-cyl., 121.3" wb

	6	5	4	3	2	1
5P Tr	500	1400	4200	7000	9800	14,000
7P Tr	550	1500	4350	7250	10,150	14,500

1916
Model SF, 4-cyl., 112" wb

	6	5	4	3	2	1
Rds	500	1300	4050	6750	9450	13,500
Lan Rds	500	1400	4200	7000	9800	14,000
7P Tr	500	1250	3950	6600	9200	13,200
A/W Sed	500	1300	4050	6700	9400	13,400

Series 16 & 17, Model ED, 6-cyl., 121.8" wb

	6	5	4	3	2	1
Rds	500	1400	4200	7000	9800	14,000
Lan Rds	550	1550	4400	7400	10,400	14,800
7P Tr	500	1400	4200	7000	9800	14,000
Cpe	450	1025	2600	5250	7300	10,500
Sed	450	1075	3000	5500	7700	11,000
Limo	450	1150	3600	6000	8400	12,000
A/W Sed	550	1500	4350	7250	10,150	14,500

NOTE: The All Weather sedan was available only in the Series 17.

1917 (Series 18)
Series 18, Model SF, 4-cyl., 112" wb

Rds	500	1300	4050	6750	9450	13,500
Lan Rds	500	1400	4200	7000	9800	14,000
7P Tr	500	1300	4050	6750	9450	13,500
A/W Sed	500	1300	4050	6700	9400	13,400

Series 18, Model ED, 6-cyl., 121.8" wb

Rds	500	1400	4200	7000	9800	14,000
Lan Rds	550	1550	4400	7400	10,400	14,800
7P Tr	500	1450	4250	7100	9900	14,200
Cpe	450	1025	2600	5250	7300	10,500
Sed	450	1075	3000	5500	7700	11,000
Limo	450	1175	3650	6100	8500	12,200
A/W Sed	550	1500	4350	7250	10,150	14,500

1918-1919
Series 19, Model SH, 4-cyl., 112" wb

Rds	450	1150	3500	5900	8250	11,800
Tr	450	1150	3600	6000	8400	12,000
Sed	350	825	1600	4050	5650	8100

Series 19, Model EH, 6-cyl., 119" wb

Tr	500	1250	3900	6500	9100	13,000
Clb Rds	550	1550	4500	7500	10,500	15,000
Rds	500	1200	3750	6250	8750	12,500
Sed	350	850	1650	4100	5700	8200
Cpe	350	825	1600	4050	5650	8100

Series 19, Model EG, 6-cyl., 126" wb

7P Tr	500	1400	4200	7000	9800	14,000

1920-21
Model EJ, 6-cyl., 112" wb

Tr	500	1200	3750	6250	8750	12,500
Lan Rds *	500	1250	3900	6500	9100	13,000
Rds	450	1150	3600	6000	8400	12,000
Cpe Rds **	500	1250	3950	6600	9200	13,200
Sed	350	825	1600	4000	5600	8000

Model EH, 6-cyl., 119" wb

Tr	500	1300	4000	6650	9300	13,300
Rds	500	1300	4050	6750	9450	13,500
4 dr Rds	500	1400	4200	7000	9800	14,000
Cpe	450	900	1800	4400	6150	8800
Sed	350	825	1600	4000	5600	8000

Model EG, Big Six

7P Tr	550	1500	4350	7250	10,150	14,500
Cpe **	450	950	2100	4750	6650	9500
7P Sed	350	875	1700	4250	5900	8500

* 1920 Model only.
** 1921 Model only.

1922
Model EJ, Light Six, 6-cyl., 112" wb

Rds	500	1250	3900	6500	9100	13,000
4 dr Tr	500	1200	3750	6250	8750	12,500
Cpe Rds	500	1300	4050	6750	9450	13,500
Sed	350	825	1600	4000	5600	8000

Model EL, Special Six, 6-cyl., 119" wb

Rds	500	1300	4050	6750	9450	13,500
Tr	500	1250	3900	6500	9100	13,000
4 dr Rds	500	1400	4200	7000	9800	14,000
Cpe	450	900	1800	4400	6150	8800
Sed	350	825	1600	4000	5600	8000

Model EK, Big Six, 6-cyl., 126" wb

Tr	500	1400	4200	7000	9800	14,000
Cpe	450	950	2100	4750	6650	9500
Sed	350	875	1700	4250	5900	8500
4 dr Spds	550	1550	4500	7500	10,500	15,000

1923
Model EM, Light Six

	6	5	4	3	2	1
Rds	500	1250	3900	6500	9100	13,000
Tr	500	1200	3750	6250	8750	12,500
Cpe	350	850	1650	4100	5700	8200
Sed	350	825	1600	4000	5600	8000
Model EL, Special Six						
Tr	500	1250	3900	6500	9100	13,000
4P Cpe	350	850	1650	4100	5700	8200
Rds	500	1350	4100	6800	9500	13,600
5P Cpe	450	900	1800	4450	6250	8900
Sed	350	825	1600	4000	5600	8000
Model EK, Big Six						
Tr	550	1500	4350	7250	10,150	14,500
Spds	650	2000	5100	8500	11,900	17,000
5P Cpe	450	975	2300	4900	6850	9800
4P Cpe	450	975	2200	4850	6800	9700
Sed	450	900	1800	4450	6250	8900

1924
Model EM, Light Six, 6-cyl., 112" wb

	6	5	4	3	2	1
Tr	450	1150	3600	6000	8400	12,000
Rds	450	1150	3600	6000	8400	12,000
Cpe Rds	500	1250	3900	6500	9100	13,000
Cus Tr	500	1250	3900	6500	9100	13,000
Sed	350	700	1350	2800	4550	6500
Cpe	350	750	1450	3500	5050	7200
Model EL, Special Six, 6-cyl., 119" wb						
Tr	500	1250	3900	6500	9100	13,000
Rds	500	1300	4050	6750	9450	13,500
Cpe	450	900	1900	4500	6300	9000
Sed	350	875	1700	4250	5900	8500
Model EK, Big Six, 6-cyl., 126" wb						
7P Tr	550	1800	4950	8250	11,550	16,500
Spds	650	2000	5100	8500	11,900	17,000
Cpe	450	950	2100	4750	6650	9500
Sed	450	900	1900	4500	6300	9000

1925-1926
Model ER, Standard Six, 6-cyl., 113" wb

	6	5	4	3	2	1
Dplx Phae	550	1550	4500	7500	10,500	15,000
Dplx Rds	550	1550	4500	7500	10,500	15,000
Coach	200	650	1200	2300	4100	5800
Cty Clb Cpe	450	1075	3000	5500	7700	11,000
Spt Rds	500	1250	3900	6500	9100	13,000
Spt Phae	500	1250	3950	6600	9200	13,200
Sed	200	650	1250	2400	4200	6000
Cpe Rds	550	1750	4800	8000	11,200	16,000
w/Sed	200	675	1300	2500	4300	6100
Sed	200	650	1250	2400	4200	6000
Cpe	350	700	1350	2800	4550	6500
Ber	450	950	2100	4750	6650	9500
Model EQ, Special Six 6-cyl., 120" - 127" wb						
Dplx Phae	650	2300	5400	9000	12,600	18,000
Dplx Rds	650	2800	5700	9500	13,300	19,000
Vic	350	800	1550	3900	5450	7800
Sed	350	775	1500	3750	5250	7500
Ber	450	1025	2600	5250	7300	10,500
Brgm	350	825	1600	4000	5600	8000
Spt Rds	650	2800	5700	9500	13,300	19,000
Coach	350	750	1450	3300	4900	7000
Model EP, Big Six, 6-cyl., 120" wb						
Dplx Phae	650	2800	5700	9500	13,300	19,000
Cpe	200	675	1300	2500	4350	6200
Brgm	350	700	1350	2800	4550	6500
7P Sed	350	700	1350	2700	4500	6400
Ber	450	1075	3000	5500	7700	11,000
Sed	200	675	1300	2500	4350	6200
Spt Phae	650	2800	5700	9500	13,300	19,000
Clb Cpe	200	675	1300	2500	4350	6200
Shff	550	1750	4800	8000	11,200	16,000
Dplx Shff	650	2000	5100	8500	11,900	17,000

NOTE: Add 10 percent for 4 wheel brake option.

1927 Studebaker, Standard Six Victoria

1927
Dictator, Model EU Standard, 6-cyl., 113" wb

	6	5	4	3	2	1
Spt Rds	800	3150	6300	10,500	14,700	21,000
Tr	650	2800	5700	9500	13,300	19,000
Dplx Tr	800	3000	6000	10,000	14,000	20,000
7P Tr	650	2300	5400	9000	12,600	18,000
Bus Cpe	350	700	1350	2800	4550	6500
Spt Cpe	350	775	1500	3750	5250	7500
Vic	350	700	1350	2800	4550	6500
(P) Sed	200	650	1250	2400	4200	6000
(M) Sed	350	775	1500	3750	5250	7500
Special, Model EQ						
Dplx Phae	800	3400	6900	11,500	16,100	23,000
Coach	350	750	1450	3300	4900	7000
Brgm	350	825	1600	4000	5600	8000
Spt Rds	800	3600	7200	12,000	16,800	24,000
Commander, Model EW						
Spt Rds	800	3400	6900	11,500	16,100	23,000
Bus Cpe	450	900	1900	4500	6300	9000
Spt Cpe	450	1000	2400	5000	7000	10,000
Sed	350	775	1500	3750	5250	7500
Cus Vic	350	875	1700	4250	5900	8500
Dplx Rds	800	3600	7200	12,000	16,800	24,000
Spt Phae	800	3600	7200	12,000	16,800	24,000
Cus Brgm	350	800	1550	3850	5400	7700
President, Model ES						
Cus Sed	450	950	2100	4750	6650	9500
Limo	650	2300	5400	9000	12,600	18,000
Dplx Phae	800	3400	6900	11,500	16,100	23,000

1928
Dictator, Model GE

	6	5	4	3	2	1
Roy Rds	1200	4500	9000	15,000	21,000	30,000
Tr	800	4200	8400	14,000	19,600	28,000
Dplx Tr	800	4350	8700	14,500	20,300	29,000
7P Roy Tr	800	4400	8850	14,750	20,650	29,500
Bus Cpe	350	750	1450	3300	4900	7000
Roy Cpe	450	900	1900	4500	6300	9000
Roy Vic	350	775	1500	3750	5250	7500
Clb Sed	350	725	1400	3000	4700	6700
Sed	200	675	1300	2500	4350	6200
Roy Sed	350	700	1350	2800	4550	6500
Commander, Model GB						
Reg Rds	1200	4650	9300	15,500	21,700	31,000
Cpe	450	1000	2400	5000	7000	10,000
Reg Cpe	450	1075	3000	5500	7700	11,000

	6	**5**	**4**	**3**	**2**	**1**
Reg Cabr	800	3750	7500	12,500	17,500	25,000
Vic	350	875	1700	4250	5900	8500
Reg Vic	450	900	1900	4500	6300	9000
Sed	350	775	1500	3750	5250	7500
Clb Sed	350	775	1500	3750	5250	7500
Reg Sed	450	900	1900	4500	6300	9000
President Six, Model ES						
Cus Sed	450	950	2100	4750	6650	9500
Limo	550	1750	4800	8000	11,200	16,000
Cus Tr	800	3400	6900	11,500	16,100	23,000
President Eight, Model FA						
7P Tr	800	3750	7500	12,500	17,500	25,000
Sta Cabr	800	3900	7800	13,000	18,200	26,000
Sed	450	925	2000	4600	6400	9200
Sta Sed	450	950	2100	4750	6650	9500
7P Sed	450	950	2100	4750	6650	9500
7P Sta Sed	450	1000	2400	5000	7000	10,000
Limo	550	1750	4800	8000	11,200	16,000
Sta Ber	650	2200	5250	8750	12,250	17,500
1928-1/2						
Dictator, Model GE						
Tr	800	3600	7200	12,000	16,800	24,000
7P Tr	800	3650	7350	12,250	17,150	24,500
Bus Cpe	350	750	1450	3300	4900	7000
Roy Cabr	800	3750	7500	12,500	17,500	25,000
Roy Vic	350	775	1500	3750	5250	7500
Clb Sed	350	725	1400	3000	4700	6700
Sed	350	700	1350	2700	4500	6400
Roy Sed	350	750	1450	3300	4900	7000
Commander, Model GH						
Reg Vic	350	875	1700	4350	6050	8700
Sed	350	850	1650	4100	5700	8200
Reg Sed	350	850	1650	4200	5850	8400
President, Model FB						
Sta Rds	800	3750	7500	12,500	17,500	25,000
Sta Cabr	800	3600	7200	12,000	16,800	24,000
Sta Vic	450	900	1800	4400	6150	8800
Sed	350	850	1650	4200	5850	8400
Sta Sed	350	875	1700	4300	6000	8600
President, Model FA						
Tr	800	3900	7800	13,000	18,200	26,000
Sta Tr	800	3900	7800	13,000	18,200	26,000
Sta Cabr	800	4050	8100	13,500	18,900	27,000
Sta Sed	450	950	2200	4800	6700	9600
Sed	450	925	2000	4600	6400	9200
7P Sta Sed	450	975	2300	4950	6900	9900
Limo	650	2300	5400	9000	12,600	18,000
1929						
Dictator GE, 6-cyl., 113" wb						
5P Tr	800	3600	7200	12,000	16,800	24,000
7P Tr	800	3600	7200	12,000	16,800	24,000
Bus Cpe	350	875	1700	4250	5900	8500
Cabr	800	3600	7200	12,000	16,800	24,000
Vic Ryl	450	900	1900	4500	6300	9000
Commander Six, Model GJ						
Rds	1200	4650	9300	15,500	21,700	31,000
Reg Rds	1200	4800	9600	16,000	22,400	32,000
Tr	800	4200	8400	14,000	19,600	28,000
Reg Tr	800	4350	8700	·14,500	20,300	29,000
7P Tr	800	4200	8400	14,000	19,600	28,000
7P Reg Tr	800	4350	8700	14,500	20,300	29,000
Cpe	350	800	1550	3850	5400	7700
Spt Cpe	450	900	1900	4500	6300	9000
Cabr	800	4050	8100	13,500	18,900	27,000
Vic	350	875	1700	4250	5900	8500
Sed	350	825	1600	4000	5600	8000
Reg Sed	450	900	1900	4500	6300	9000
Reg Brgm	450	950	2100	4750	6650	9500
Commander Eight, Model FD						
Reg Rds	1200	5250	10,500	17,500	24,500	35,000
Tr	1200	4500	9000	15,000	21,000	30,000
Reg Tr	1200	4800	9600	16,000	22,400	32,000
7P Tr	1200	4500	9000	15,000	21,000	30,000

	6	5	4	3	2	1
7P Reg Tr	1200	4800	9600	16,000	22,400	32,000
Bus Cpe	350	875	1700	4250	5900	8500
Spt Cpe	450	1000	2400	5000	7000	10,000
Reg Conv	800	4350	8700	14,500	20,300	29,000
Vic	450	1000	2400	5000	7000	10,000
Reg Brgm	450	1075	3000	5500	7700	11,000
Sed	450	1025	2600	5250	7300	10,500
Reg Sed	450	1075	3000	5500	7700	11,000
President Eight, Model FH, 125" wb						
Rds	1200	5550	11,100	18,500	25,900	37,000
Cabr	1200	4950	9900	16,500	23,100	33,000
Sta Vic	500	1250	3900	6500	9100	13,000
Sed	450	1150	3600	6000	8400	12,000
Sta Sed	500	1250	3900	6500	9100	13,000
President Eight, Model FE, 135" wb						
7P Tr	1200	5100	10,200	17,000	23,800	34,000
7P Sta Tr	1200	5100	10,200	17,000	23,800	34,000
Brgm	500	1250	3900	6500	9100	13,000
7P Sed	500	1250	3900	6500	9100	13,000
7P Sta Sed	500	1400	4200	7000	9800	14,000
7P Limo	550	1750	4800	8000	11,200	16,000

1930
Studebaker 53 Model, 6-cyl., 114" wb

	6	5	4	3	2	1
Tr	1200	5400	10,800	18,000	25,200	36,000
Tr	800	4200	8400	14,000	19,600	28,000
Reg Tr	800	4200	8400	14,000	19,600	28,000
Bus Cpe	450	900	1900	4500	6300	9000
Reg Cpe	450	950	2100	4750	6650	9500
Clb Sed	450	900	1900	4500	6300	9000
Sed	350	825	1600	4000	5600	8000
Reg Sed	350	875	1700	4250	5900	8500
Lan Sed	350	875	1700	4350	6050	8700
Dictator, 6 & 8 cyl., 115" wb						
Tr	800	4350	8700	14,500	20,300	29,000
Reg Tr	800	4350	8700	14,500	20,300	29,000
Cpe	450	950	2100	4750	6650	9500
Spt Cpe	450	1025	2600	5250	7300	10,500
Brgm	450	950	2100	4750	6650	9500
Clb Sed	450	900	1900	4500	6300	9000
Sed	450	900	1900	4500	6300	9000
Reg Sed	450	950	2100	4750	6650	9500

NOTE: Add $200 for Dictator 8-cyl.

Commander 6 & 8 cyl., 120" wb
Commander FD

	6	5	4	3	2	1
Reg Rds	1200	5250	10,500	17,500	24,500	35,000
Tr	1200	4950	9900	16,500	23,100	33,000
Reg Tr	1200	5100	10,200	17,000	23,800	34,000
7P Tr	1200	4950	9900	16,500	23,100	33,000
7P Reg Tr	1200	5100	10,200	17,000	23,800	34,000
Cpe	450	1075	3000	5500	7700	11,000
Spt Cpe	450	1150	3600	6000	8400	12,000
Conv Cabr	1200	4950	9900	16,500	23,100	33,000
Vic	450	1000	2400	5000	7000	10,000
Brgm	450	1025	2600	5250	7300	10,500
Sed	450	1000	2400	5000	7000	10,000
Reg Sed	450	1075	3000	5500	7700	11,000

NOTE: Add $200 for Commander 8-cyl.

President FH Model

	6	5	4	3	2	1
Rds	1500	7200	14,400	24,000	33,600	48,000
Conv Cabr	1500	6300	12,600	21,000	29,400	42,000
Sta Vic	500	1400	4200	7000	9800	14,000
Sed	450	1150	3600	6000	8400	12,000
Sta Sed	500	1250	3900	6500	9100	13,000
President FE Model						
Tr	1500	6750	13,500	22,500	31,500	45,000
Sta Tr	1500	6900	13,800	23,000	32,200	46,000
Sta Vic	800	4200	8400	14,000	19,600	28,000
Brgm	500	1250	3900	6500	9100	13,000
Sed	500	1400	4200	7000	9800	14,000
Sta Sed	550	1550	4500	7500	10,500	15,000
Limo	650	2800	5700	9500	13,300	19,000
Sta Limo	800	3000	6000	10,000	14,000	20,000

1931
Studebaker Six, Model 53, 114" wb

	6	5	4	3	2	1
Rds	1200	5400	10,800	18,000	25,200	36,000
Tr	1200	4800	9600	16,000	22,400	32,000
Reg Tr	1200	4950	9900	16,500	23,100	33,000
Bus Cpe	450	900	1900	4500	6300	9000
Spt Cpe	450	1000	2400	5000	7000	10,000
Clb Sed	350	825	1600	4000	5600	8000
Sed	350	750	1450	3300	4900	7000
Model 61 Dictator, 8-cyl., 115" wb						
Reg Sed	350	775	1500	3700	5200	7400
Lan Sed	350	775	1500	3750	5250	7500
Series 54						
Rds	1500	6000	12,000	20,000	28,000	40,000
Tr	1200	5700	11,400	19,000	26,600	38,000
Rea Tr	1200	5850	11,700	19,500	27,300	39,000
Bus Cpe	350	875	1700	4250	5900	8500
Spt Cpe	450	900	1900	4500	6300	9000
Sed	350	750	1450	3300	4900	7000
Reg Sed	350	775	1500	3700	5200	7400
Dictator Eight, Model FC						
Tr	1200	5850	11,700	19,500	27,300	39,000
Reg Tr	1500	6000	12,000	20,000	28,000	40,000
Cpe	350	825	1600	4000	5600	8000
Spt Cpe	450	950	2100	4750	6650	9500
Reg Brgm	350	875	1700	4250	5900	8500
Clb Sed	350	750	1450	3300	4900	7000
Sed	350	775	1500	3750	5250	7500
Reg Sed	350	800	1550	3850	5400	7700
Model 61						
Cpe	450	1000	2400	5000	7000	10,000
Spt Cpe	450	1075	3000	5500	7700	11,000
Sed	350	825	1600	4000	5600	8000
Reg Sed	450	1000	2400	5000	7000	10,000
Commander Eight, Model 70						
Cpe	450	1000	2400	5000	7000	10,000
Vic	450	1075	3000	5500	7700	11,000
Reg Brgm	450	1125	3450	5750	8050	11,500
Sed	450	1025	2600	5250	7300	10,500
Reg Sed	450	1150	3600	6000	8400	12,000
President Eight, Model 80						
Sta Rds	2000	8250	16,500	27,500	38,500	55,000
Cpe	800	3300	6600	11,000	15,400	22,000
Sta Cpe	800	3750	7500	12,500	17,500	25,000
Sed	550	1550	4500	7500	10,500	15,000
Sta Sed	550	1750	4800	8000	11,200	16,000
Model 90						
Tr	1500	7200	14,400	24,000	33,600	48,000
Sta Tr	1500	7500	15,000	25,000	35,000	50,000
Sta Vic	800	3150	6300	10,500	14,700	21,000
Sta Brgm	800	3200	6450	10,750	15,050	21,500
Sed	650	2800	5700	9500	13,300	19,000
Sta Sed	800	3000	6000	10,000	14,000	20,000
Sta Limo	800	3150	6300	10,500	14,700	21,000

1932
Model 55, 6-cyl., 117" wb

	6	5	4	3	2	1
Conv Rds	1200	4950	9900	16,500	23,100	33,000
Reg Conv Rds	1200	5100	10,200	17,000	23,800	34,000
Cpe	350	775	1500	3750	5250	7500
Reg Cpe	350	800	1550	3850	5400	7700
Spt Cpe	350	875	1700	4250	5900	8500
Reg Spt Cpe	450	900	1900	4500	6300	9000
St R Brgm	450	950	2100	4750	6650	9500
Reg St R Brgm	450	975	2300	4900	6850	9800
Conv Sed	1200	4950	9900	16,500	23,100	33,000
Reg Conv Sed	1200	5100	10,200	17,000	23,800	34,000
Sed	450	900	1900	4500	6300	9000
Reg Sed	450	925	2000	4600	6400	9200
Model 62 Dictator, 8-cyl., 117" wb						
Conv Rds	1500	6000	12,000	20,000	28,000	40,000
Reg Conv Rds	1500	6150	12,300	20,500	28,700	41,000
Cpe	550	1550	4500	7500	10,500	15,000
Reg Cpe	550	1750	4800	8000	11,200	16,000

1932 Studebaker, President Conv Sed

	6	5	4	3	2	1
Spt Cpe	800	3300	6600	11,000	15,400	22,000
Reg Spt Cpe	800	3350	6750	11,250	15,750	22,500
St R Brgm	800	3600	7200	12,000	16,800	24,000
Reg St R Brgm	800	3650	7350	12,250	17,150	24,500
Conv Sed	1200	5550	11,100	18,500	25,900	37,000
Reg Conv Sed	1200	5700	11,400	19,000	26,600	38,000
Sed	800	3000	6000	10,000	14,000	20,000
Reg Sed	800	3100	6150	10,250	14,350	20,500
Model 65 Rockne, 6-cyl., 110" wb						
2P Cpe	350	875	1700	4250	5900	8500
5P Sed	450	900	1900	4500	6300	9000
2 dr Sed	350	875	1700	4250	5900	8500
5P Conv Sed	800	4350	8700	14,500	20,300	29,000
Rds	1200	4950	9900	16,500	23,100	33,000
Model 71 Commander, 8-cyl.						
Rds Conv	1500	6000	12,000	20,000	28,000	40,000
Reg Rds Conv	1500	6150	12,300	20,500	28,700	41,000
Spt Cpe	800	3600	7200	12,000	16,800	24,000
Reg Spt Cpe	800	3650	7350	12,250	17,150	24,500
St R Brgm	800	3900	7800	13,000	18,200	26,000
Reg St R Brgm	800	4000	7950	13,250	18,550	26,500
Conv Sed	1200	5850	11,700	19,500	27,300	39,000
Reg Conv Sed	1500	6000	12,000	20,000	28,000	40,000
Sed	800	3000	6000	10,000	14,000	20,000
Reg Sed	800	3100	6150	10,250	14,350	20,500
Model 75 Rockne, 6-cyl., 114" wb						
2P Cpe	450	900	1900	4500	6300	9000
4P Cpe	450	975	2200	4850	6800	9700
5P Sed	450	1000	2400	5000	7000	10,000
2P DeL Cpe	450	975	2200	4850	6800	9700
4P DeL Cpe	450	975	2300	4950	6900	9900
5P DeL Sed	450	1025	2600	5250	7300	10,500
Rds	1200	5250	10,500	17,500	24,500	35,000
Conv Sed	1200	5100	10,200	17,000	23,800	34,000
Model 91 President, 8-cyl.						
Rds Conv	2000	8250	16,500	27,500	38,500	55,000
Sta Rds Conv	2000	8400	16,800	28,000	39,200	56,000
Cpe	800	3750	7500	12,500	17,500	25,000
Sta Cpe	800	3800	7650	12,750	17,850	25,500
Spt Cpe	800	3800	7650	12,750	17,850	25,500
Sta Spt Cpe	800	3800	7650	12,750	17,850	25,500
St R Brgm	800	4050	8100	13,500	18,900	27,000
Sta St R Brgm	800	4100	8250	13,750	19,250	27,500
Conv Sed	2000	8100	16,200	27,000	37,800	54,000
Sta Conv Sed	2000	8250	16,500	27,500	38,500	55,000
Sed	800	3150	6300	10,500	14,700	21,000
Sta Sed	800	3200	6450	10,750	15,050	21,500
Limo	800	3300	6600	11,000	15,400	22,000
Sta Limo	800	3350	6750	11,250	15,750	22,500
7P Sed	800	3000	6000	10,000	14,000	20,000
7P Sta Sed	800	3100	6150	10,250	14,350	20,500

1933
Model 10 Rockne, 6-cyl., 110" wb

	6	5	4	3	2	1
4P Conv	800	4200	8400	14,000	19,600	28,000
4P DeL Conv Rds	800	4350	8700	14,500	20,300	29,000
2P Cpe	450	950	2100	4750	6650	9500
5P Coach	450	900	1900	4500	6300	9000
4P Cpe	450	950	2100	4750	6650	9500
2P DeL Cpe	450	900	1900	4500	6300	9000
5P Sed	450	900	1900	4500	6300	9000
5P DeL Coach	450	950	2100	4750	6650	9500
4P DeL Cpe	450	1000	2400	5000	7000	10,000
5P DeL Sed	450	900	1900	4500	6300	9000
5P Conv Sed	800	4050	8100	13,500	18,900	27,000
5P DeL Conv Sed	800	4200	8400	14,000	19,600	28,000

Model 56 Studebaker, 6-cyl., 117" wb

	6	5	4	3	2	1
Conv	800	4350	8700	14,500	20,300	29,000
Reg Conv	1200	4500	9000	15,000	21,000	30,000
Cpe	450	1150	3500	5900	8250	11,800
Reg Cpe	450	1125	3450	5750	8050	11,500
Spt Cpe	450	1125	3450	5800	8100	11,600
Reg Spt Cpe	450	1150	3550	5950	8300	11,900
St R Brgm	500	1400	4200	7000	9800	14,000
Reg St R Brgm	500	1450	4250	7150	10,000	14,300
Conv Sed	800	4200	8400	14,000	19,600	28,000
Reg Conv Sed	800	4350	8700	14,500	20,300	29,000
Sed	450	1150	3600	6000	8400	12,000
Reg Sed	500	1200	3750	6250	8750	12,500

Model 73 Commander, 8-cyl.

	6	5	4	3	2	1
Rds Conv	1200	4500	9000	15,000	21,000	30,000
Reg Rds Conv	1200	4650	9300	15,500	21,700	31,000
Cpe	450	1150	3600	6000	8400	12,000
Reg Cpe	500	1200	3700	6200	8700	12,400
Spt Cpe	450	1175	3650	6100	8500	12,200
Reg Spt Cpe	500	1200	3800	6300	8800	12,600
St R Brgm	550	1550	4500	7500	10,500	15,000
Reg St R Brgm	550	1600	4600	7650	10,700	15,300
Conv Sed	1200	4500	9000	15,000	21,000	30,000
Reg Conv Sed	1200	4650	9300	15,500	21,700	31,000
Sed	550	1550	4500	7500	10,500	15,000
Reg Sed	550	1650	4600	7700	10,800	15,400

Model 82 President, 8-cyl.

	6	5	4	3	2	1
Sta Rds Conv	1200	4950	9900	16,500	23,100	33,000
Cpe	500	1400	4200	7000	9800	14,000
Sta Cpe	500	1450	4300	7200	10,100	14,400
St R Brgm	550	1550	4500	7500	10,500	15,000
Sta St R Brgm	550	1650	4650	7750	10,850	15,500
Sta Conv Sed	1200	4950	9900	16,500	23,100	33,000
Sed	450	1075	3000	5500	7700	11,000
Sta Sed	450	1125	3450	5750	8050	11,500

Model 92 President Speedway, 8-cyl.

	6	5	4	3	2	1
Sta Rds Conv	1200	5250	10,500	17,500	24,500	35,000
Sta Cpe	550	1550	4500	7500	10,500	15,000
Sta St R Brgm	650	2200	5250	8750	12,250	17,500
Sta Conv Sed	1200	5250	10,500	17,500	24,500	35,000
Sed	450	1000	2400	5000	7000	10,000
Sta Sed	450	1025	2600	5250	7300	10,500
7P Sed	450	1100	3200	5600	7800	11,200
7P Sta Sed	450	1125	3450	5750	8050	11,500
7P Sta Limo	550	1750	4800	8000	11,200	16,000

1934
Model Special A, Dictator

	6	5	4	3	2	1
Cpe	350	825	1600	4000	5600	8000
Reg Cpe	450	950	2100	4750	6650	9500
4P Cpe	350	875	1700	4250	5900	8500
4P Reg Cpe	450	900	1900	4500	6300	9000
St R Sed	350	825	1600	4000	5600	8000
Reg St R Sed	350	875	1700	4250	5900	8500
Sed	350	825	1600	4000	5600	8000
Reg Sed	350	875	1700	4250	5900	8500
Cus Reg St R	450	900	1900	4500	6300	9000
Cus Sed	450	950	2100	4750	6650	9500

Model A, Dictator

	6	5	4	3	2	1
Rdst	800	3600	7200	12,000	16,800	24,000

	6	5	4	3	2	1
Rdst Regal	800	3750	7500	12,500	17,500	25,000
Reg Cpe	450	950	2100	4750	6650	9500
St R Sed	350	825	1600	4000	5600	8000
Cus St R Sed	350	875	1700	4250	5900	8500
Sed	350	825	1600	4000	5600	8000
Reg Sed	350	875	1700	4250	5900	8500
Model B, Commander						
Rds Conv	800	3750	7500	12,500	17,500	25,000
Reg Rds Conv	800	3900	7800	13,000	18,200	26,000
Cpe	450	1000	2400	5000	7000	10,000
Reg Cpe	450	1025	2600	5250	7300	10,500
4P Cpe	450	950	2100	4750	6650	9500
4P Reg Cpe	450	1000	2400	5000	7000	10,000
St R Sed	450	900	1900	4500	6300	9000
Cus St R Sed	450	950	2100	4750	6650	9500
Sed	350	825	1600	4000	5600	8000
Reg Sed	350	875	1700	4250	5900	8500
Cus Sed	350	875	1700	4350	6050	8700
L Cruise	450	950	2100	4750	6650	9500
Model C, President						
Rds Conv	800	4200	8400	14,000	19,600	28,000
Reg Rds Conv	800	4350	8700	14,500	20,300	29,000
Cpe	450	1025	2600	5250	7300	10,500
Reg Cpe	450	1075	3000	5500	7700	11,000
4P Cpe	450	1000	2400	5000	7000	10,000
4P Reg Cpe	450	1025	2600	5250	7300	10,500
Sed	450	950	2100	4750	6650	9500
Reg Sed	450	1000	2400	5000	7000	10,000
Cus Sed	450	1000	2400	5000	7000	10,000
Cus Berl	450	1025	2500	5150	7150	10,300
L Cruise	450	1000	2400	5000	7000	10,000
1935						
Model 1A, Dictator Six						
Rds	800	3350	6750	11,250	15,750	22,500
Reg Rds	800	3500	7050	11,750	16,450	23,500
Cpe	350	725	1400	3200	4850	6900
Reg Cpe	350	750	1450	3500	5050	7200
R/S Cpe	350	775	1500	3700	5200	7400
Reg R/S Cpe	350	800	1550	3850	5400	7700
St Reg	350	725	1400	3000	4700	6700
Reg St Reg	350	750	1450	3300	4900	7000
Cus St Reg	350	775	1500	3600	5100	7300
Sed	350	700	1350	2800	4550	6500
Reg Sed	350	725	1400	3100	4800	6800
Cus Sed	350	750	1450	3400	5000	7100
L Cr	350	750	1450	3400	5000	7100
Reg L Cr	350	775	1500	3700	5200	7400
Model 1B, Commander Eight						
Rds	800	3800	7650	12,750	17,850	25,500
Reg Rds	800	4000	7950	13,250	18,550	26,500
Cpe	350	825	1600	4050	5650	8100
Reg Cpe	350	875	1700	4250	5900	8500
R/S Cpe	450	950	2100	4750	6650	9500
Reg R/S Cpe	450	1000	2400	5000	7000	10,000
Reg St R	350	825	1600	3950	5500	7900
Cus St R	350	850	1650	4100	5700	8200
Reg Sed	350	825	1600	4000	5600	8000
Cus Sed	350	850	1650	4150	5800	8300
L Cr	450	900	1900	4500	6300	9000
Reg L Cr	450	925	2000	4650	6500	9300
Model 1C, President Eight						
Rds	800	4000	7950	13,250	18,550	26,500
Reg Rds	800	4100	8250	13,750	19,250	27,500
Cpe	450	925	2000	4600	6400	9200
Reg Cpe	450	950	2100	4750	6650	9500
R/S Cpe	450	975	2300	4950	6900	9900
Reg R/S Cpe	450	1000	2500	5100	7100	10,200
Reg Sed	450	1000	2400	5050	7050	10,100
Cus Sed	450	1025	2600	5200	7200	10,400
L Cr	450	1075	2900	5450	7600	10,900
Reg L Cr	450	1100	3300	5650	7900	11,300
Cus Berl	500	1300	4050	6750	9450	13,500
Reg Berl	500	1350	4150	6900	9700	13,800

NOTE: Add 10 percent for 2A Dictator models.

1936
Model 3A/4A, Dictator Six

	6	5	4	3	2	1
Bus Cpe	350	700	1350	2700	4500	6400
Cus Cpe	350	725	1400	3000	4700	6700
5P Cus Cpe	350	750	1450	3500	5050	7200
Cus St R	200	675	1300	2500	4350	6200
Cr St R	350	700	1350	2800	4550	6500
Cus Sed	350	700	1350	2800	4550	6500
Cr Sed	350	725	1400	3100	4800	6800

Model 2C, President Eight

	6	5	4	3	2	1
Cus Cpe	450	925	2000	4600	6400	9200
5P Cus Cpe	450	1000	2500	5100	7100	10,200
Cus St R	450	925	2000	4600	6400	9200
Cr St R	450	950	2100	4750	6650	9500
Cus Sed	450	975	2200	4850	6800	9700
Cr Sed	450	1000	2400	5000	7000	10,000

NOTE: Add 10 percent for Model 4A Dictator Six.

1937
Model 5A/6A, Dictator Six

	6	5	4	3	2	1
Cpe Express	350	875	1700	4250	5900	8500
Bus Cpe	350	700	1350	2700	4500	6400
Cus Cpe	350	725	1400	3000	4700	6700
5P Cus Cpe	350	750	1450	3500	5050	7200
Cus St R	350	700	1350	2800	4550	6500
St R Cr	350	700	1350	2700	4500	6400
Cus Sed	350	700	1350	2700	4500	6400
Cr Sed	350	725	1400	3000	4700	6700

Model 3C, President Eight

	6	5	4	3	2	1
Cus Cpe	450	950	2100	4750	6650	9500
5P Cus Cpe	450	975	2300	4900	6850	9800
Cus St R	450	925	2000	4600	6400	9200
St R Cr	450	925	1900	4550	6350	9100
Cus Sed	450	925	1900	4550	6350	9100
Cr Sed	450	950	2100	4700	6600	9400

NOTE: Add 10 percent for Dictator 6A models.

1938
Model 7A, Commander Six

	6	5	4	3	2	1
Cpe Express	350	875	1700	4250	5900	8500
Bus Cpe	350	775	1500	3750	5250	7500
Cus Cpe	350	800	1550	3900	5450	7800
Clb Sed	350	800	1550	3800	5300	7600
Cr Sed	350	800	1550	3900	5450	7800
Conv Sed	800	3800	7650	12,750	17,850	25,500

Model 8A, State Commander Six

	6	5	4	3	2	1
Cus Cpe	350	800	1550	3900	5450	7800
Clb Sed	350	800	1550	3800	5300	7600
Cr Sed	350	800	1550	3900	5450	7800
Conv Sed	800	4000	7950	13,250	18,550	26,500

Model 4C, President Eight

	6	5	4	3	2	1
Cpe	450	1025	2500	5150	7150	10,300
Clb Sed	450	1000	2400	5000	7000	10,000
Cr Sed	450	1025	2600	5250	7300	10,500

Model 4C, State President Eight

	6	5	4	3	2	1
Cpe	450	1050	2700	5300	7400	10,600
Clb Sed	450	1025	2500	5150	7150	10,300
Cr Sed	450	1075	3000	5500	7700	11,000
Conv Sed	800	4400	8850	14,750	20,650	29,500

1939
Model G, Custom Champion Six

	6	5	4	3	2	1
Cpe	350	700	1350	2800	4550	6500
Clb Sed	350	725	1400	3000	4700	6700
Cr Sed	350	725	1400	3100	4800	6800

Model G, Deluxe Champion Six

	6	5	4	3	2	1
Cpe	350	725	1400	3000	4700	6700
Clb Sed	350	725	1400	3200	4850	6900
Cr Sed	350	750	1450	3300	4900	7000

Model 9A, Commander Six

	6	5	4	3	2	1
Cpe Express	450	950	2100	4750	6650	9500
Bus Cpe	350	875	1700	4250	5900	8500
Cus Cpe	350	875	1700	4350	6050	8700
Clb Sed	350	875	1700	4300	6000	8600
Cr Sed	350	875	1700	4350	6050	8700
Conv Sed	1200	4600	9150	15,250	21,350	30,500

Model 5C, State President Eight

	6	5	4	3	2	1
Cus Cpe	450	950	2100	4750	6650	9500
Clb Sed	450	975	2200	4850	6800	9700
Cr Sed	450	1025	2600	5250	7300	10,500
Conv Sed	1200	4700	9450	15,750	22,050	31,500

1940

Champion Custom

Cpe	350	700	1350	2800	4550	6500
OS Cpe	350	725	1400	3100	4800	6800
Clb Sed	350	725	1400	3000	4700	6700
Cr Sed	350	725	1400	3100	4800	6800

Champion Custom Deluxe

Cpe	350	700	1350	2900	4600	6600
OS Cpe	350	725	1400	3200	4850	6900
Clb Sed	350	725	1400	3100	4800	6800
Cr Sed	350	725	1400	3200	4850	6900

Champion Deluxe

Cpe	350	725	1400	3000	4700	6700
OS Cpe	350	750	1450	3300	4900	7000
Clb Sed	350	725	1400	3200	4850	6900
Cr Sed	350	750	1450	3300	4900	7000

Champion Deluxe-Tone

Cpe	350	725	1400	3000	4700	6700
OS Cpe	350	750	1450	3300	4900	7000
Clb Sed	350	725	1400	3200	4850	6900
Cr Sed	350	750	1450	3300	4900	7000

Commander

Cus Cpe	350	875	1700	4250	5900	8500
Clb Sed	350	875	1700	4300	6000	8600
Cr Sed	350	875	1700	4350	6050	8700

Commander Deluxe-Tone

Cus Cpe	350	875	1700	4250	5900	8500
Clb Sed	350	875	1700	4300	6000	8600
Cr Sed	350	875	1700	4350	6050	8700

State President

Cpe	450	950	2100	4750	6650	9500
Clb Sed	450	975	2200	4850	6800	9700
Cr Sed	450	1025	2600	5250	7300	10,500

President Deluxe-Tone

Cpe	450	950	2100	4750	6650	9500
Clb Sed	450	975	2200	4850	6800	9700
Cr Sed	450	1025	2600	5250	7300	10,500

1941 Studebaker, President Skyway 4 dr sed

1941

Champion Custom

Cpe	350	800	1550	3800	5300	7600

	6	5	4	3	2	1
D D Cpe	350	800	1550	3800	5300	7600
OS Cpe	350	800	1550	3900	5450	7800
Clb Sed	350	800	1550	3850	5400	7700
Cr Sed	350	800	1550	3900	5450	7800
Champion Custom Deluxe						
Cpe	350	800	1550	3850	5400	7700
D D Cpe	350	800	1550	3850	5400	7700
OS Cpe	350	825	1600	3950	5500	7900
Clb Sed	350	800	1550	3900	5450	7800
Cr Sed	350	825	1600	3950	5500	7900
Champion Deluxe-Tone						
Cpe	350	800	1550	3850	5400	7700
D D Cpe	350	800	1550	3850	5400	7700
OS Cpe	350	825	1600	3950	5500	7900
Clb Sed	350	800	1550	3900	5450	7800
Cr Sed	350	825	1600	3950	5500	7900
Commander Custom						
Sed Cpe	450	950	2100	4750	6650	9500
Cr Cpe	450	975	2300	4900	6850	9800
L Cruise	450	1000	2400	5000	7000	10,000
Commander Deluxe-Tone						
Cr Sed	450	1025	2500	5150	7150	10,300
L Cruise	450	1025	2600	5250	7300	10,500
Commander Skyway						
Sed Cpe	450	1050	2800	5400	7500	10,800
Cr Sed	450	1075	3000	5500	7700	11,000
L Cruise	450	1100	3300	5650	7900	11,300
President Custom						
Cr Sed	450	1175	3700	6150	8600	12,300
L Cruise	500	1300	4000	6650	9300	13,300
President Deluxe-Tone						
Cr Sed	500	1300	4000	6650	9300	13,300
L Cruise	500	1450	4250	7150	10,000	14,300
President Skyway						
Sed Cpe	500	1450	4250	7150	10,000	14,300
Cr Sed	550	1600	4600	7650	10,700	15,300
L Cruise	550	1800	4900	8150	11,400	16,300

1942

	6	5	4	3	2	1
Champion Custom Series						
Cpe	350	775	1500	3600	5100	7300
D D Cpe	350	775	1500	3700	5200	7400
Clb Sed	350	775	1500	3750	5250	7500
Cr Sed	350	800	1550	3800	5300	7600
Champion Deluxstyle Series						
Cpe	350	775	1500	3700	5200	7400
D D Cpe	350	775	1500	3700	5200	7400
Clb Sed	350	800	1550	3800	5300	7600
Cr Sed	350	800	1550	3850	5400	7700
Commander Custom Series						
2 dr Sed Cpe	450	925	1900	4550	6350	9100
Cr Sed	450	925	2000	4600	6400	9200
L Cr	450	925	2000	4650	6500	9300
Commander Deluxstyle Series						
2 dr Sed Cpe	450	925	2000	4650	6500	9300
Cr Sed	450	975	2300	4900	6850	9800
L Cr	450	1025	2500	5150	7150	10,300
Commander Skyway Series						
2 dr Sed Cpe	450	1025	2500	5150	7150	10,300
Cr Sed	450	1100	3300	5650	7900	11,300
L Cr	450	1175	3700	6150	8600	12,300
President Custom Series						
2 dr Sed Cpe	450	1025	2500	5150	7150	10,300
Cr Sed	450	1100	3300	5650	7900	11,300
L Cr	450	1175	3700	6150	8600	12,300
President Deluxstyle Series						
2 dr Sed Cpe	450	1100	3300	5650	7900	11,300
Cr Sed	450	1175	3700	6150	8600	12,300
L Cr	500	1300	4000	6650	9300	13,300
President Skyway Series						
2 dr Sed Cpe	450	1175	3700	6150	8600	12,300
Cr Sed	500	1300	4000	6650	9300	13,300
L Cr	500	1450	4250	7150	10,000	14,300

1946
Skyway Champion, 6-cyl., 109.5" wb

	6	5	4	3	2	1
3P Cpe	200	675	1300	2500	4300	6100
5P Cpe	200	675	1300	2600	4400	6300
2 dr Sed	200	675	1300	2600	4400	6300
Sed	350	700	1350	2800	4550	6500

1947
Champion, 6-cyl., 112" wb

3P Cpe	200	650	1200	2300	4100	5800
5P Cpe Starlite	350	725	1400	3100	4800	6800
2 dr Sed	200	650	1200	2300	4100	5800
Sed	200	650	1250	2400	4150	5900
Conv	550	1600	4600	7650	10,700	15,300

Commander, 6-cyl., 119" wb

3P Cpe	200	650	1250	2400	4200	6000
5P Cpe Starlite	350	775	1500	3600	5100	7300
2 dr Sed	200	650	1250	2400	4200	6000
Sed	200	675	1300	2600	4400	6300
Conv	550	1800	4900	8150	11,400	16,300

Land Cruiser, 6-cyl., 123" wb

Ld Crs	350	775	1500	3600	5100	7300

1948
Champion, 6-cyl., 112" wb

3P Cpe	200	650	1200	2300	4100	5800
5P Cpe Starlight	350	775	1500	3600	5100	7300
2 dr Sed	200	650	1200	2300	4100	5800
Sed	200	650	1250	2400	4150	5900
Conv	550	1600	4600	7650	10,700	15,300

Commander, 6-cyl., 119" wb

3P Cpe	200	650	1250	2400	4200	6000
5P Cpe Starlight	350	800	1550	3900	5450	7800
2 dr Sed	200	650	1250	2400	4200	6000
Sed	200	675	1300	2600	4400	6300
Conv	550	1800	4900	8150	11,400	16,300

Land Cruiser, 6-cyl., 123" wb

Ld Crs Sed	350	775	1500	3600	5100	7300

1949
Champion, 6-cyl., 112" wb

3P Cpe	200	600	1200	2300	4000	5700
5P Cpe Starlight	350	775	1500	3600	5100	7300
2 dr Sed	200	600	1200	2300	4000	5700
Sed	200	650	1200	2300	4100	5800
Conv	500	1450	4250	7150	10,000	14,300

Commander, 6-cyl., 119" wb

3P Cpe	200	675	1300	2500	4300	6100
5P Cpe Starlight	350	800	1550	3900	5450	7800
2 dr Sed	200	675	1300	2500	4300	6100
Sed	200	675	1300	2600	4400	6300
Conv	550	1600	4600	7650	10,700	15,300

Land Cruiser, 6-cyl., 123" wb

Ld Crs Sed	350	775	1500	3600	5100	7300

1950 Studebaker, Commander Conv

1950

Champion, 6-cyl., 113" wb

	6	5	4	3	2	1
3P Cpe	200	675	1300	2500	4300	6100
5P Cpe Starlight	350	775	1500	3600	5100	7300
2 dr Sed	200	675	1300	2500	4300	6100
Sed	200	675	1300	2600	4400	6300
Conv	550	1800	4900	8150	11,400	16,300

Commander, 6-cyl., 120" - 124" wb

3P Cpe	200	675	1300	2600	4400	6300
5P Cpe Starlight	350	800	1550	3900	5450	7800
2 dr Sed	200	675	1300	2600	4400	6300
Sed	350	700	1350	2700	4500	6400
Conv	650	2500	5450	9150	12,800	18,300

Land Cruiser, 6-cyl., 124" wb

Ld Crs Sed	350	750	1450	3300	4900	7000

1951

Champion Custom, 6-cyl., 115" wb

Sed	200	600	1200	2200	3900	5600
2 dr Sed	200	600	1200	2200	3850	5500
5P Cpe Starlight	350	775	1500	3600	5100	7300
3P Cpe	200	550	1150	2100	3700	5300

Champion DeLuxe, 6-cyl., 115" wb

Sed	200	600	1200	2300	4000	5700
2 dr Sed	200	600	1200	2200	3900	5600
5P Cpe Starlight	350	775	1500	3750	5250	7500
3P Cpe	200	550	1150	2100	3800	5400

Champion Regal, 6-cyl., 115" wb

Sed	200	650	1200	2300	4100	5800
2 dr Sed	200	600	1200	2300	4000	5700
5P Cpe Starlight	350	800	1550	3800	5300	7600
3P Cpe	200	600	1200	2200	3850	5500
Conv	650	2100	5200	8650	12,100	17,300

Commander Regal, V-8, 115" wb

Sed	200	650	1200	2300	4100	5800
2 dr Sed	200	600	1200	2200	3900	5600
5P Cpe Starlight	450	900	1800	4400	6150	8800

Commander State, V-8, 115" wb

Sed	200	675	1300	2600	4400	6300
2 dr Sed	200	675	1300	2500	4350	6200
5P Cpe Starlight	450	900	1900	4500	6300	9000
Conv	650	2900	5800	9650	13,500	19,300

Land Cruiser, V-8, 119" wb

Sed	350	725	1400	3100	4800	6800

1952

Champion Custom, 6-cyl., 115" wb

Sed	200	600	1200	2200	3900	5600
2 dr Sed	200	600	1200	2200	3850	5500
5P Cpe Starlight	350	775	1500	3600	5100	7300

Champion DeLuxe, 6-cyl., 115" wb

Sed	200	600	1200	2300	4000	5700
2 dr Sed	200	600	1200	2200	3900	5600
5P Cpe Starlight	350	775	1500	3750	5250	7500

Champion Regal, 6-cyl., 115" wb

Sed	200	650	1200	2300	4100	5800
2 dr Sed	200	600	1200	2300	4000	5700
5P Cpe Starlight	350	800	1550	3900	5450	7800
Star Cpe	350	850	1650	4150	5800	8300
Conv	550	1800	4900	8150	11,400	16,300

Commander Regal, V-8, 115" wb

Sed	200	650	1250	2400	4200	6000
2 dr Sed	200	650	1200	2300	4100	5800
5P Cpe Starlight	350	875	1700	4250	5900	8500

Commander State, V-8, 115" wb

Sed	200	675	1300	2500	4300	6100
2 dr Sed	200	650	1250	2400	4150	5900
Cpe Starlight	450	900	1800	4400	6150	8800
Star HdTp	450	900	1900	4500	6300	9000
Conv	650	2500	5450	9150	12,800	18,300

Land Cruiser, V-8, 119" wb

Sed	350	725	1400	3100	4800	6800

1953

Champion Custom, 6-cyl., 116.5" wb

Sed	200	500	1100	1900	3500	5000

	6	5	4	3	2	1
2 dr Sed	150	450	1050	1750	3250	4700
Champion DeLuxe, 6-cyl., 116.5" - 120.5" wb						
Sed	200	500	1100	1950	3600	5100
2 dr Sed	150	450	1050	1800	3300	4800
5P Cpe	350	700	1350	2800	4550	6500
Champion Regal, 6-cyl., 116.5" - 120.5" wb						
Sed	200	550	1150	2000	3600	5200
2 dr Sed	200	500	1100	1850	3350	4900
Cpe	350	750	1450	3300	4900	7000
HdTp	350	825	1600	4000	5600	8000
Commander DeLuxe, V-8, 116.5" - 120.5" wb						
Sed	200	550	1150	2100	3700	5300
2 dr Sed	200	500	1100	1900	3500	5000
Cpe	350	875	1700	4250	5900	8500
Commander Regal, V-8, 116.5" - 120.5" wb						
Sed	200	600	1200	2200	3850	5500
Cpe	450	900	1900	4500	6300	9000
HdTp	450	950	2100	4750	6650	9500
Land Cruiser, V-8, 120.5" wb						
Sed	350	700	1350	2800	4550	6500

1954
Champion Custom, 6-cyl., 116.5" wb						
Sed	150	450	1050	1800	3300	4800
2 dr Sed	150	450	1050	1700	3200	4600
Champion DeLuxe, 6-cyl., 116.5" - 120.5" wb						
Sed	200	500	1100	1850	3350	4900
2 dr Sed	150	450	1050	1700	3200	4600
Cpe	350	700	1350	2800	4550	6500
Sta Wag	200	500	1100	1850	3350	4900
Champion Regal, 6-cyl., 116.5" - 120.5" wb						
Sed	200	500	1100	1850	3350	4900
2 dr Sed	150	450	1050	1750	3250	4700
5P Cpe	200	675	1300	2500	4350	6200
HdTp	350	825	1600	4000	5600	8000
Sta Wag	200	500	1100	1900	3500	5000
Commander DeLuxe, V-8, 116.5" - 120.5" wb						
Sed	200	550	1150	2100	3700	5300
2 dr Sed	200	550	1150	2000	3600	5200
Cpe	350	875	1700	4250	5900	8500
Sta Wag	200	600	1200	2200	3850	5500
Commander Regal, V-8, 116.5" - 120.5" wb						
Sed	200	600	1200	2200	3850	5500
Cpe	450	900	1900	4500	6300	9000
HdTp	450	950	2100	4750	6650	9500
Sta Wag	200	600	1200	2300	4000	5700
Land Cruiser, V-8, 120.5" wb						
Sed	350	700	1350	2700	4500	6400
Reg Sed	350	700	1350	2800	4550	6500

1955 Studebaker, President Speedster

1955
Champion Custom, 6-cyl., 116.5" wb						
Sed	150	450	1050	1750	3250	4700

	6	5	4	3	2	1
2 dr Sed	150	450	1050	1700	3200	4600
Champion DeLuxe, 6-cyl., 116.5" wb, 120.5" wb						
Sed	200	500	1100	1850	3350	4900
2 dr Sed	150	450	1050	1750	3250	4700
Cpe	350	700	1350	2800	4550	6500
Champion Regal, 6-cyl., 116.5" wb, 120.5" wb						
Sed	200	500	1100	1950	3600	5100
Cpe	350	750	1450	3300	4900	7000
2 dr HdTp	350	825	1600	4000	5600	8000
Sta Wag	200	550	1150	2000	3600	5200
Commander Custom, V-8, 116.5" wb						
Sed	200	550	1150	2000	3600	5200
2 dr Sed	200	500	1100	1950	3600	5100
Commander DeLuxe, V-8, 116.5" - 120.5" wb						
Sed	200	550	1150	2100	3700	5300
2 dr Sed	200	550	1150	2000	3600	5200
Cpe	350	775	1500	3750	5250	7500
Sta Wag	200	550	1150	2100	3800	5400
Commander Regal, V-8, 116.5" - 120.5" wb						
Sed	200	550	1150	2100	3800	5400
Cpe	350	875	1700	4250	5900	8500
HdTp	450	900	1900	4500	6300	9000
Sta Wag	200	650	1250	2400	4200	6000
President DeLuxe, V-8, 120.5" wb						
Sed	200	600	1200	2200	3850	5500
President State, V-8, 120.5" wb						
Sed	200	600	1200	2300	4000	5700
Cpe	450	900	1900	4500	6300	9000
HdTp	450	1025	2600	5250	7300	10,500
Spds HdTp	500	1250	3900	6550	9150	13,100

NOTE: Deduct $200 for Champion models in all series.

1956

Champion, 6-cyl., 116.5" wb						
Sed	150	450	1050	1700	3200	4600
S'net	150	400	1000	1600	3100	4400
2 dr Sed	150	400	1000	1650	3150	4500
Flight Hawk, 6-cyl., 120.5" wb						
Cpe	350	725	1400	3200	4850	6900
Champion Pelham, 6-cyl., 116.5" wb						
Sta Wag	200	550	1150	2000	3600	5200
Commander, V-8, 116.5" wb						
Sed	200	550	1150	2100	3700	5300
S'net	200	550	1150	2000	3600	5200
2 dr Sed	200	550	1150	2100	3700	5300
Power Hawk, V-8, 120.5" wb						
Cpe	350	850	1650	4200	5850	8400
Commander Parkview, V-8, 116.5" wb						
2 dr Sta Wag	200	550	1150	2100	3800	5400
President, V-8, 116.5" wb						
Sed	200	550	1150	2100	3800	5400
Classic	200	600	1200	2200	3900	5600
2 dr Sed	200	550	1150	2000	3600	5200
Sky Hawk, V-8, 120.5" wb						
HdTp	450	950	2200	4800	6700	9600
President Pinehurst, V-8, 116.5" wb						
Sta Wag	200	600	1200	2200	3900	5600
Golden Hawk, V-8, 120.5" wb						
HdTp	500	1350	4100	6800	9500	13,600

1957

Champion Scotsman, 6-cyl., 116.5" wb						
Sed	150	400	1000	1600	3100	4400
2 dr Sed	150	400	1000	1600	3100	4400
Sta Wag	150	400	1000	1550	3050	4300
Champion Custom, 6-cyl., 116.5" wb						
Sed	150	400	1000	1650	3150	4500
Clb Sed	150	400	1000	1650	3150	4500
Champion DeLuxe, 6-cyl., 116.5" wb						
Sed	150	450	1050	1700	3200	4600
Clb Sed	150	400	1000	1600	3100	4400
Silver Hawk, 6-cyl., 120.5" wb						
Cpe	350	725	1400	3200	4850	6900
Champion Pelham, 6-cyl., 116.5" wb						
Sta Wag	150	450	1050	1800	3300	4800

Commander Custom, V-8, 116.5" wb

	6	5	4	3	2	1
Sed	150	450	1050	1700	3200	4600
Clb Sed	150	400	1000	1650	3150	4500
Commander DeLuxe, V-8, 116.5" wb						
Sed	200	500	1100	1850	3350	4900
Clb Sed	150	450	1050	1700	3200	4600
Commander Station Wagons, V-8, 116.5" wb						
Park	200	500	1100	1850	3350	4900
Prov	200	500	1100	1900	3500	5000
President, V-8, 116.5" wb						
Sed	200	500	1100	1950	3600	5100
Classic	200	550	1150	2000	3600	5200
Clb Sed	200	500	1100	1850	3350	4900
Silver Hawk, V-8, 120.5" wb						
Cpe	450	950	2100	4700	6600	9400
President Broadmoor, V-8, 116.5" wb						
4 dr Sta Wag	200	550	1150	2000	3600	5200
Golden Hawk, V-8, 120.5" wb						
Spt HdTp	500	1250	3900	6550	9150	13,100
1958						
Champion Scotsman, 6-cyl., 116.5" wb						
Sed	150	350	950	1450	3000	4200
2 dr Sed	150	350	950	1450	2900	4100
Sta Wag	150	400	1000	1550	3050	4300
Champion, 6-cyl., 116.5" wb						
Sed	150	400	1000	1550	3050	4300
2 dr Sed	150	350	950	1450	3000	4200
Silver Hawk, 6-cyl., 120.5" wb						
Cpe	350	725	1400	3200	4850	6900
Commander, V-8, 116.5" wb						
Sed	150	400	1000	1600	3100	4400
HdTp	200	500	1100	1850	3350	4900
Sta Wag	150	400	1000	1650	3150	4500
President, V-8, 120.5" wb						
Sed	150	400	1000	1650	3150	4500
HdTp	200	500	1100	1900	3500	5000
Silver Hawk, V-8, 120.5" wb						
Cpe	350	850	1650	4200	5850	8400
Golden Hawk, V-8, 120.5" wb						
Spt HdTp	500	1250	3900	6550	9150	13,100
1959						
Lark DeLuxe, 6-cyl., 108" wb						
4 dr Sed	150	400	1000	1550	3050	4300
2 dr Sed	150	400	1000	1550	3050	4300
Sta Wag	150	400	1000	1550	3050	4300
Lark Regal, 6-cyl., 108" wb						
4 dr Sed	150	400	1000	1550	3050	4300
2 dr HdTp	200	550	1150	2100	3700	5300
Sta Wag	150	400	1000	1550	3050	4300
Lark Regal, V-8, 108.5" wb						
Sed	150	400	1000	1650	3150	4500
HdTp	200	650	1200	2300	4100	5800
Sta Wag	150	450	1050	1700	3200	4600
Silver Hawk, V-8, 108.5" wb						
Spt Cpe	350	850	1650	4150	5800	8300

NOTE: Deduct 10 percent for 6 cyl. models.

1960

	6	5	4	3	2	1
Lark DeLuxe, V-8, 108.5" wb						
Sed	150	400	1000	1550	3050	4300
2 dr Sed	150	400	1000	1600	3100	4400
4 dr Sta Wag	150	400	1000	1600	3100	4400
2 dr Sta Wag	150	450	1050	1700	3200	4600
Lark Regal, V-8, 108.5" wb						
Sed	150	400	1000	1650	3150	4500
HdTp	200	650	1200	2300	4100	5800
Conv	450	1025	2500	5150	7150	10,300
Sta Wag	150	450	1050	1800	3300	4800

NOTE: Deduct 5 percent for 6 cyl. models.

	6	5	4	3	2	1
Hawk, V-8, 120.5" wb						
Spt Cpe	450	900	1800	4400	6150	8800
1961						
Lark DeLuxe, V-8, 108.5" wb						
Sed	150	400	1000	1550	3050	4300

	6	5	4	3	2	1
2 dr Sed	150	400	1000	1600	3100	4400
Lark Regal, V-8, 108.5" wb						
Sed	150	400	1000	1650	3150	4500
HdTp	200	650	1200	2300	4100	5800
Conv	450	975	2300	4900	6850	9800
Lark Cruiser, V-8, 113" wb						
Sed	150	450	1050	1750	3250	4700
Station Wagons, V-8, 113" wb						
4 dr DeL	150	400	1000	1550	3050	4300
2 dr	150	400	1000	1550	3050	4300
4 dr Reg	150	400	1000	1600	3100	4400
Hawk, 8-cyl., 120.5" wb						
Spt Cpe	450	950	2100	4750	6650	9500

NOTE: Deduct 5 percent for 6 cyl. models.
First year for 4-speed Hawks.

1962
	6	5	4	3	2	1
Lark DeLuxe, V-8, 109" - 113" wb						
Sed	150	400	1000	1550	3050	4300
2 dr Sed	150	400	1000	1550	3050	4300
Sta Wag	150	450	1050	1800	3300	4800
Lark Regal, V-8, 109" - 113" wb						
Sed	150	400	1000	1550	3050	4300
2 dr HdTp	350	725	1400	3100	4800	6800
Conv	450	975	2300	4900	6850	9800
Sta Wag	200	500	1100	1900	3500	5000
Lark Daytona, V-8, 109" wb						
HdTp	350	800	1550	3900	5450	7800
Conv	450	1025	2500	5150	7150	10,300
Lark Cruiser, V-8, 113" wb						
Sed	200	550	1150	2100	3700	5300
Gran Turismo Hawk, V-8, 120.5" wb						
HdTp	450	975	2300	4900	6850	9800

NOTE: Deduct 5 percent for 6 cyl. models.

1963
	6	5	4	3	2	1
Lark Standard, V-8, 109" - 113" wb						
4 dr Sed	150	400	1000	1550	3050	4300
2 dr Sed	150	400	1000	1550	3050	4300
Sta Wag	200	500	1100	1900	3500	5000
Lark Regal, V-8, 109" - 113" wb						
4 dr Sed	150	400	1000	1550	3050	4300
2 dr Sed	150	400	1000	1550	3050	4300
Sta Wag	200	550	1150	2000	3600	5200
Lark Custom, V-8, 109" - 113" wb						
4 dr Sed	150	400	1000	1550	3050	4300
2 dr Sed	150	400	1000	1600	3100	4400
Lark Daytona, V-8, 109" - 113" wb						
2 dr HdTp	350	850	1650	4150	5800	8300
Conv	450	1025	2500	5150	7150	10,300
Sta Wag	350	700	1350	2700	4500	6400
Cruiser, V-8, 113" wb						
4 dr Sed	350	700	1350	2700	4500	6400
Gran Turismo Hawk, V-8, 120.5" wb						
2 dr HdTp	450	1025	2500	5150	7150	10,300

NOTE: Deduct 5 percent for 6 cyl.
Add 10 percent for R1 engine option.
Add 20 percent for R2 engine option.
Add 30 percent for R3 engine option.

1964
	6	5	4	3	2	1
Challanger, V-8, 109" - 113" wb						
Sed	150	400	1000	1600	3100	4400
2 dr Sed	150	400	1000	1650	3150	4500
Sta Wag	150	450	1050	1750	3250	4700
Commander, V-8, 109" - 113" wb						
Sed	150	450	1050	1700	3200	4600
2 dr Sed	150	450	1050	1750	3250	4700
Sta Wag	200	500	1100	1900	3500	5000
Daytona, V-8, 109" - 113" wb						
Sed	200	500	1100	1900	3500	5000
HdTp	350	850	1650	4150	5800	8300
Conv	450	1025	2500	5150	7150	10,300
Sta Wag	350	700	1350	2700	4500	6400
Cruiser, V-8, 113" wb						
4 dr Sed	350	700	1350	2800	4550	6500

Gran Turismo Hawk, V-8, 120.5" wb

	6	5	4	3	2	1
HdTp	450	1050	2800	5400	7500	10,800

NOTE: Deduct 5 percent for 6 cyl. models.
     Add 10 percent for R1 engine option.
     Add 20 percent for R2 engine option.
     Add 30 percent for R3 engine option.

1965
Commander, V-8, 109" - 113" wb

Sed	150	450	1050	1750	3250	4700
2 dr Sed	150	450	1050	1800	3300	4800
Sta Wag	200	500	1100	1850	3350	4900
Daytona, V-8, 109" - 113" wb						
Spt Sed	200	500	1100	1950	3600	5100
Sta Wag	200	550	1150	2100	3800	5400
Cruiser, V-8, 113" wb						
4 dr Sed	200	600	1200	2300	4000	5700

NOTE: Deduct 10 percent for 6 cyl. models.

1966
Commander, V-8, 109" wb

4 dr Sed	150	450	1050	1800	3300	4800
2 dr Sed	200	500	1100	1850	3350	4900
Daytona, V-8, 109" - 113" wb						
2 dr Spt Sed	200	600	1200	2200	3900	5600
Cruiser, V-8, 113" wb						
4 dr Sed	200	600	1200	2300	4000	5700
Wagonaire, V-8, 113" wb						
Sta Wag	200	650	1200	2300	4100	5800

AVANTI

1963
Avanti, V-8, 109" wb

2 dr	800	3150	6300	10,500	14,700	21,000

NOTE: Add 20 percent for R2 engine option.
     Add 30 percent for R3 engine option.

1964
Avanti, V-8, 109" wb

HdTp	800	3150	6300	10,500	14,700	21,000

NOTE: Add 20 percent for R2 engine option.
     Add 30 percent for R3 engine option.

AVANTI II

Avanti II, V-8, 109" wb

1965 - 5 Prototypes Made	800	4200	8400	14,000	19,600	28,000
1966	800	3600	7200	12,000	16,800	24,000
1967	800	3600	7200	12,000	16,800	24,000
1968	800	3600	7200	12,000	16,800	24,000
1969	800	3600	7200	12,000	16,800	24,000
1970	800	3600	7200	12,000	16,800	24,000
1971	800	3600	7200	12,000	16,800	24,000
1972	800	3600	7200	12,000	16,800	24,000
1973	800	3600	7200	12,000	16,800	24,000
1974	800	3600	7200	12,000	16,800	24,000
1975	800	3900	7800	13,000	18,200	26,000
1976	800	3750	7500	12,500	17,500	25,000

NOTE: Add 5 percent for leather upholstery.
     Add 5 percent for sun roof.
     Add 6 percent for wire wheels.

1977	800	3750	7500	12,500	17,500	25,000
1978	800	3750	7500	12,500	17,500	25,000
1979	800	3900	7800	13,000	18,200	26,000
1980	800	3900	7800	13,000	18,200	26,000
1981	800	4200	8400	14,000	19,600	28,000

TRIUMPH

1946-48

1800, 4-cyl., 63 hp, 108" wb

	6	5	4	3	2	1
T & C Saloon	200	650	1250	2400	4200	6000

1800, 4-cyl., 63 hp, 100" wb

Rds	450	900	1900	4500	6300	9000

1949

1800, 4-cyl., 63 hp, 108" wb

T & C Saloon	200	500	1100	1900	3500	5000

2000, 4-cyl., 68 hp, 108" wb

Saloon	200	500	1100	1950	3600	5100

2000 Renown, 4-cyl., 68 hp, 108" wb

Saloon	200	650	1250	2400	4200	6000

Mayflower, 4-cyl., 38 hp, 84" wb

Saloon	150	400	1000	1650	3150	4500

2000, 4-cyl., 68 hp, 100" wb

Rds	350	750	1450	3300	4900	7000

1950

2000 Renown, 4-cyl., 68 hp, 108" wb

Saloon	200	500	1100	1900	3500	5000

Mayflower, 4-cyl., 38 hp, 84" wb

Saloon	150	400	1000	1600	3100	4400
Conv	200	600	1200	2200	3850	5500

TRX (New Roadster Prototype) 4-cyl., 71 hp, 94" wb

Rds	975			value inestimable		

NOTE: Car was offered but none were ever delivered.

1951

2000 Renown, 4-cyl., 68 hp, 108" wb

Saloon	200	500	1100	1900	3500	5000

2000, 4-cyl., 68 hp, 111" wb

Limo	200	600	1200	2200	3850	5500

Mayflower, 4-cyl., 38 hp, 84" wb

Saloon	150	400	1000	1650	3150	4500

1952

2000, 4-cyl., 68 hp, 111" wb

Limo	200	600	1200	2200	3850	5500

Mayflower, 4-cyl., 38 hp, 84" wb

Saloon	150	400	1000	1650	3150	4500

20TS (prototype), 4-cyl., 75 hp, 130" wb

TR-1 Rds	555			value inestimable		

NOTE: Only one prototype built.

2000 Renown, 4-cyl., 68 hp, 111" wb

Saloon	200	500	1100	1900	3500	5000

1953

2000 Renown, 4-cyl., 68 hp, 108" wb

Saloon	200	500	1100	1900	3500	5000

2000, 4-cyl., 68 hp, 111" wb

Limo	200	500	1100	1950	3600	5100

Mayflower, 4-cyl., 38 hp, 84" wb

Saloon	150	350	950	1350	2800	4000

TR-2, 4-cyl., 90 hp, 88" wb

Rds	450	950	2100	4750	6650	9500

1954

2000 Renown, 4-cyl., 68 hp, 108" wb

Saloon	200	500	1100	1900	3500	5000

TR-2, 4-cyl., 90 hp, 88" wb

Rds	450	950	2100	4750	6650	9500

1955

TR-2, 4-cyl., 90 hp, 88" wb

Rds	350	875	1700	4250	5900	8500

TR-3, 4-cyl., 95 hp, 88" wb

Rds	450	1000	2400	5000	7000	10,000

1956

TR-3, 4-cyl., 95 hp, 88" wb

Rds	450	950	2100	4750	6650	9500
HdTp Rds	450	1000	2400	5000	7000	10,000

1957
TR-3, 4-cyl., 100 hp, 88" wb

	6	5	4	3	2	1
Rds	450	950	2100	4750	6650	9500
HdTp Rds	450	1000	2400	5000	7000	10,000
TR-10, 4-cyl., 40 hp, 84" wb						
Saloon	150	350	950	1350	2800	4000

1958
TR-3, 4-cyl., 100 hp, 88" wb

Rds	450	950	2100	4750	6650	9500
HdTp Rds	450	1000	2400	5000	7000	10,000
TR-10, 4-cyl., 40 hp, 84" wb						
Saloon	150	350	950	1350	2800	4000
Sta Wag	150	350	950	1450	2900	4100

1959
(**NOTE:** All cars registered after 9-15-58 are 1959 models).
TR-3, 4-cyl., 100 hp, 88" wb

Rds	450	950	2100	4750	6650	9500
HdTp Rds	450	1000	2400	5000	7000	10,000
TR-10, 4-cyl., 40 hp, 84" wb						
Saloon	150	350	950	1350	2800	4000
Sta Wag	150	350	950	1450	2900	4100

1960
Herald, 4-cyl., 40 hp, 84" wb

Sed	125	250	750	1150	2500	3600
Cpe	125	250	750	1150	2500	3600
Conv	150	400	1000	1650	3150	4500
Sta Wag	150	300	900	1250	2600	3700
TR-3, 4-cyl., 100 hp, 88" wb						
Rds	450	950	2100	4750	6650	9500
HdTp Rds	450	1000	2400	5000	7000	10,000

1961
(**NOTE:** All cars registered after 9-15-60 are 1961 models).
Herald, 4-cyl., 40 hp, 91.5" wb

Sed	125	250	750	1150	2500	3600
Cpe	125	250	750	1150	2500	3600
Conv	150	400	1000	1650	3150	4500
Sta Wag	150	300	900	1250	2600	3700
TR-3, 4-cyl., 100 hp, 88" wb						
Rds	450	950	2100	4750	6650	9500
HdTp Rds	450	1000	2400	5000	7000	10,000

1962
Herald, 4-cyl., 40 hp, 91.5" wb

Sed	125	250	750	1150	2500	3600
Cpe	125	250	750	1150	2500	3600
Conv	150	400	1000	1650	3150	4500
TR-3, 4-cyl., 100 hp, 88" wb						
Rds	450	1000	2400	5000	7000	10,000
HdTp Rds	450	1025	2600	5250	7300	10,500
TR-4, 4-cyl., 105 hp, 88" wb						
Rds	450	1000	2500	5100	7100	10,200
HdTp Rds	450	1075	3000	5500	7700	11,000
Spitfire, 4-cyl., 100 hp, 83" wb						
Conv	350	750	1450	3300	4900	7000

1963
TR-3, 4-cyl., 100 hp, 88" wb

Rds	450	950	2100	4750	6650	9500
HdTp Rds	450	1000	2400	5000	7000	10,000
TR-4, 4-cyl., 105 hp, 88" wb						
Conv	350	825	1600	4050	5650	8100
HdTp	350	850	1650	4100	5700	8200
Four, 4-cyl., 40 hp, 91.5" wb						
Sed	125	250	750	1150	2450	3500
Conv	150	400	1000	1550	3050	4300
Spitfire, 4-cyl., 100 hp, 83" wb						
Spt Conv	200	600	1200	2200	3850	5500
Six, 6-cyl., 70 hp, 91.5" wb						
Spt Conv	200	650	1250	2400	4200	6000

1964
TR-4, 4-cyl., 105 hp, 88" wb

Conv	450	900	1900	4500	6300	9000
HdTp Cpe	350	875	1700	4350	6050	8700

1965
TR-4, 4-cyl., 105 hp, 88" wb

	6	5	4	3	2	1
Conv	450	950	2100	4750	6650	9500
HdTp Cpe	450	900	1900	4500	6300	9000
Spitfire MK II, 4-cyl., 100 hp, 83" wb						
Conv	350	700	1350	2800	4550	6500

1966
TR-4, 4-cyl., 105 hp, 88" wb

Conv	450	950	2100	4750	6650	9500
HdTp Cpe	450	900	1900	4500	6300	9000
2000, 6-cyl., 90 hp, 106" wb						
Sed	125	250	750	1150	2500	3600
Spitfire MK II, 4-cyl., 100 hp, 83" wb						
Conv	350	750	1450	3300	4900	7000

1967
TR-4A, 4-cyl., 105 hp, 88" wb

Conv	450	950	2100	4750	6650	9500
HdTp Cpe	450	900	1900	4500	6300	9000
2000						
Sed	125	250	750	1150	2450	3500
Spitfire MK II, 4-cyl., 68 hp, 83" wb						
Conv	350	700	1350	2800	4550	6500
HdTp Cpe	200	550	1150	2100	3700	5300
1200 Sport						
Sed	150	350	950	1450	3000	4200
Conv	200	500	1100	1900	3500	5000

1968
TR-250, 6-cyl., 104 hp, 88" wb

Conv	350	825	1600	4000	5600	8000
Spitfire MK3, 4-cyl., 68 hp, 83" wb						
Conv	350	750	1450	3300	4900	7000
GT-6 Plus, 6-cyl., 95 hp, 83" wb						
Cpe	200	500	1100	1900	3500	5000

NOTE: Add 10 percent for wire wheels.
Add 10 percent for factory hardtop.
Add 5 percent for overdrive.

1969
TR-6, 6-cyl., 104 hp, 88" wb

Conv	350	825	1600	4000	5600	8000
Spitfire MK3, 4-cyl., 68 hp, 83" wb						
Conv	350	750	1450	3300	4900	7000
GT-6 Plus, 6-cyl., 95 hp, 83" wb						
Cpe	200	500	1100	1900	3500	5000

NOTE: Add 10 percent for wire wheels.
Add 10 percent for factory hardtop.
Add 5 percent for overdrive.

1970
TR-6, 6-cyl., 104 hp, 88" wb

Conv	350	775	1500	3750	5250	7500
Spitfire MK3, 4-cyl., 68 hp, 83" wb						
Conv	200	600	1200	2200	3850	5500
GT-6 Plus, 6-cyl., 95 hp, 83" wb						
Cpe	200	500	1100	1900	3500	5000
Stag, 8-cyl., 145 hp, 100" wb						
Conv	450	1000	2400	5000	7000	10,000

NOTE: Add 10 percent for wire wheels.
Add 10 percent for factory hardtop.
Add 5 percent for overdrive.

1971
TR-6, 6-cyl., 104 hp, 88" wb

Conv	350	825	1600	4050	5650	8100
Spitfire MK4, 4-cyl., 58 hp, 83" wb						
Conv	200	600	1200	2200	3850	5500
GT-6 MK3, 6-cyl., 90 hp, 83" wb						
Cpe	200	500	1100	1900	3500	5000
Stag, 8-cyl., 145 hp, 100" wb						
Conv	450	950	2100	4750	6650	9500

NOTE: Add 10 percent for wire wheels.
Add 10 percent for factory hardtop.
Add 5 percent for overdrive.

1972
TR-6, 6-cyl., 106 hp, 88" wb

	6	5	4	3	2	1
Conv	350	825	1600	4000	5600	8000

Spitfire MK4, 4-cyl., 48 hp, 83" wb

Conv	200	600	1200	2200	3850	5500

GT-6 MK3, 6-cyl., 79 hp, 83" wb

Cpe	200	500	1100	1900	3500	5000

Stag, 8-cyl., 127 hp, 100" wb

Conv	450	950	2100	4750	6650	9500

NOTE: Add 10 percent for wire wheels.
    Add 10 percent for factory hardtop.
    Add 5 percent for overdrive.

1973
TR-6, 6-cyl., 106 hp, 88" wb

Conv	350	825	1600	4000	5600	8000

Spitfire MK4, 4-cyl., 57 hp, 83" wb

Conv	200	600	1200	2200	3850	5500

GT-6 MK3, 6-cyl., 79 hp, 83" wb

Cpe	200	500	1100	1900	3500	5000

Stag, 8-cyl., 127 hp, 100" wb

Conv	450	975	2300	4950	6900	9900

NOTE: Add 10 percent for wire wheels.
    Add 10 percent for factory hardtop.
    Add 5 percent for overdrive.

1974
TR-6, 6-cyl., 106 hp, 88" wb

Conv	350	825	1600	4000	5600	8000

Spitfire MK4, 4-cyl., 57 hp, 83" wb

Conv	200	600	1200	2200	3850	5500

NOTE: Add 10 percent for factory hardtop.
    Add 5 percent for overdrive.

1975
TR-6, 6-cyl., 106 hp, 88" wb

Conv	350	825	1600	4000	5600	8000

TR-7, 4-cyl., 92 hp, 85" wb

Cpe	200	650	1250	2400	4200	6000

Spitfire 1500, 4-cyl., 57 hp, 83" wb

Conv	350	700	1350	2800	4550	6500

NOTE: Add 10 percent for factory hardtop.
    Add 5 percent for overdrive.

1976
TR-6, 6-cyl., 106 hp, 88" wb

Conv	350	875	1700	4250	5900	8500

TR-7, 4-cyl., 92 hp, 85" wb

Cpe	200	650	1250	2400	4200	6000

Spitfire 1500, 4-cyl., 57 hp, 83" wb

Conv	200	650	1250	2400	4200	6000

NOTE: Add 10 percent for factory hardtop.
    Add 5 percent for overdrive.

1977
TR-7, 4-cyl., 92 hp, 85" wb

Cpe	200	600	1200	2200	3850	5500

Spitfire 1500, 4-cyl., 57 hp, 83" wb

Conv	200	650	1250	2400	4200	6000

NOTE: Add 10 percent for factory hardtop.
    Add 5 percent for overdrive.

1978
TR-7, 4-cyl., 92 hp, 85" wb

Cpe	200	600	1200	2200	3850	5500

TR-8, 8-cyl., 133 hp, 85" wb
(About 150 prototypes in USA)

Cpe	450	1125	3450	5750	8050	11,500

Spitfire 1500, 4-cyl., 57 hp, 83" wb

Conv	200	650	1250	2400	4200	6000

NOTE: Add 10 percent for factory hardtop.
    Add 5 percent for overdrive.

1979
TR-7, 4-cyl., 86 hp, 85" wb

Conv	350	750	1450	3300	4900	7000
Cpe	200	650	1250	2400	4200	6000

Spitfire 1500, 4-cyl., 53 hp, 83" wb

	6	5	4	3	2	1
Conv	350	700	1350	2800	4550	6500

NOTE: Add 10 percent for factory hardtop.
Add 5 percent for overdrive.

1980
TR-7, 4-cyl., 86 hp, 85" wb

Conv	350	725	1400	3200	4850	6900
Spider Conv	350	800	1550	3800	5300	7600
Cpe	200	675	1300	2600	4400	6300

TR-8, 8-cyl., 133 hp, 85" wb

Conv	500	1250	3950	6600	9200	13,200
Cpe	450	1075	3000	5500	7700	11,000

Spitfire 1500, 4-cyl., 57 hp, 83" wb

Conv	350	775	1500	3700	5200	7400

NOTE: Add 10 percent for factory hardtop.
Add 5 percent for overdrive.

1981
TR-7, 4-cyl., 89 hp, 85" wb

Conv	350	825	1600	3950	5500	7900

TR-8, 8-cyl., 148 hp, 85" wb

Conv	550	1500	4350	7250	10,150	14,500

VOLKSWAGEN

1945
Standard, 4-cyl., 94.5" wb, 25 hp

2 dr Sed	550	1650	4600	7700	10,800	15,400

1946
Standard, 4-cyl., 94.5" wb, 25 hp

2 dr Sed	500	1200	3700	6200	8700	12,400

1947-1948
4-cyl., 94.5" wb, 25 hp

Standard	450	1025	2600	5200	7200	10,400
Export	450	1100	3400	5700	8000	11,400

1949
Standard, 4-cyl., 94.5" wb, 25 hp

2 dr Sed	450	975	2300	4950	6900	9900

DeLuxe, 4-cyl., 94.5" wb, 10 hp

2 dr Sed	450	1025	2600	5200	7200	10,400
Conv	550	1650	4600	7700	10,800	15,400
Heb Conv	650	2500	5500	9200	12,900	18,400

NOTE: Only 700 Hebmuller Cabriolet convertibles were built during 1949-1950.
Add 10 percent for sunroof.

1950
DeLuxe, 4-cyl., 94.5" wb, 25 hp

2 dr Sed	450	975	2200	4850	6800	9700
Conv	500	1225	3800	6350	8850	12,700
Heb Conv	650	2500	5500	9200	12,900	18,400

NOTE: Add 10 percent for sunroof.
Transporter, 4-cyl., 94.5" wb, 25 hp

DeL Van	350	725	1400	3200	4850	6900
Kombi	350	700	1350	2700	4500	6400

1951-1952
(Serial Nos. 170000-Up)
DeLuxe, 4-cyl., 94.5" wb, 25 hp

2 dr Sed	450	900	1800	4450	6250	8900
Conv	450	1100	3400	5700	8000	11,400

NOTE: Add 10 percent for sunroof.
Transporter, 4-cyl., 94.5" wb, 25 hp

DeL Van	350	725	1400	3200	4850	6900
Kombi	350	700	1350	2700	4500	6400

NOTE: Overdrive is standard equipment.
1952-1953
(Serial Nos. 1-0264198-Up)
DeLuxe 4-cyl., 94.5" wb, 25 hp

2 dr Sed	450	900	1800	4400	6150	8800
Conv	450	1100	3400	5700	8000	11,400

NOTE: Add 10 percent for sunroof.

Transporter, 4-cyl., 94.5" wb, 25 hp

	6	5	4	3	2	1
DeL Van	350	725	1400	3000	4700	6700
Kombi	200	675	1300	2500	4350	6200

1953
(Serial Nos. later than March 1953)
DeLuxe, 4-cyl., 94.5" wb, 25 hp

2 dr Sed	350	850	1650	4200	5850	8400
Conv	450	1025	2600	5200	7200	10,400

NOTE: Add 10 percent for sunroof.
Transporter, 4-cyl., 94.5" wb, 25 hp

DeL Van	350	700	1350	2800	4550	6500
Kombi	350	700	1350	2700	4500	6400

1954
DeLuxe, 4-cyl., 94.5" wb, 36 hp

2 dr Sed	350	850	1650	4200	5850	8400
Conv	450	975	2300	4950	6900	9900

NOTE: Add 10 percent for sunroof.
Station Wagons, 4-cyl., 94.5" wb, 30 hp

Microbus	200	675	1300	2500	4350	6200
DeL Microbus	350	700	1350	2700	4500	6400

NOTE: Microbus 165" overall; DeLuxe Microbus 166.1" overall;
Beetle 160.3" overall.

1955
DeLuxe, 4-cyl., 94.5" wb, 36 hp

2 dr Sed	350	850	1650	4200	5850	8400
Conv	450	975	2300	4950	6900	9900

NOTE: Add 10 percent for sunroof.
Station Wagon, 4-cyl., 94.5" wb, 36 hp

Kombi	200	650	1250	2400	4200	6000
Microbus	200	675	1300	2500	4350	6200
Micro DeL	350	700	1350	2700	4500	6400

NOTE: Factory prices given above are estimates.

1956
DeLuxe, 4-cyl., 94.5" wb, 36 hp

2 dr Sed	350	850	1650	4200	5850	8400
Conv	450	975	2300	4950	6900	9900

NOTE: Add 10 percent for sunroof.
Karmann-Ghia, 4-cyl., 94.5" wb, 36 hp

Cpe	450	900	1800	4450	6250	8900

Station Wagons, 4-cyl., 94.5" wb, 36 hp

Kombi	200	650	1200	2300	4100	5800
Microbus	200	650	1250	2400	4200	6000
Micro DeL	200	675	1300	2500	4350	6200

1957
Beetle, 4-cyl., 94.5" wb, 36 hp

2 dr Sed	350	850	1650	4200	5850	8400
Conv	450	950	2100	4700	6600	9400

NOTE: Add 10 percent for sunroof.
Karmann-Ghia, 4-cyl., 94.5" wb, 36 hp

Cpe	450	900	1800	4450	6250	8900

Station Wagons, 4-cyl., 94.5" wb, 36 hp

Kombi	200	600	1200	2200	3850	5500
Microbus	200	650	1200	2300	4100	5800
Micro DeL SR	200	650	1250	2400	4150	5900
Camper	350	700	1350	2700	4500	6400

NOTE: Add 10 percent for sunroof.

1958
Beetle, 4-cyl., 94.5" wb, 36 hp

2 dr DeL Sed	350	825	1600	3950	5500	7900
Conv	450	950	2100	4700	6600	9400

Karmann-Ghia, 4-cyl., 94.5" wb, 36 hp

Cpe	350	850	1650	4100	5700	8200
Conv	450	975	2300	4950	6900	9900

Station Wagons, 4-cyl., 94.5" wb, 36 hp

Kombi	200	550	1150	2100	3800	5400
Microbus	200	600	1200	2300	4000	5700
Microbus DeL SR	200	650	1250	2400	4150	5900
Camper	350	700	1350	2700	4500	6400

NOTE: Add 10 percent for sunroof.

1959
Beetle, 4-cyl., 94.5" wb, 36 hp

2 dr Sed	350	775	1500	3700	5200	7400

	6	5	4	3	2	1
Conv	450	900	1800	4450	6250	8900

NOTE: Add 10 percent for sunroof.

Karmann-Ghia, 4-cyl., 94.5" wb, 36 hp

	6	5	4	3	2	1
Cpe	350	825	1600	3950	5500	7900
Conv	450	950	2100	4700	6600	9400

DeLuxe Sta. Wag., 4-cyl., 94.5" wb, 36 hp

	6	5	4	3	2	1
Kombi	200	550	1150	2100	3800	5400
Micro	200	600	1200	2300	4000	5700
Micro DeL SR	200	650	1250	2400	4150	5900
Camper	350	700	1350	2700	4500	6400

1960

Beetle, 4-cyl., 94.5" wb, 36 hp

	6	5	4	3	2	1
2 dr DeL Sed	350	775	1500	3700	5200	7400
Conv	450	900	1800	4450	6250	8900

Karmann-Ghia, 4-cyl., 94.5" wb, 36 hp

	6	5	4	3	2	1
Cpe	350	775	1500	3700	5200	7400
Conv	350	850	1650	4200	5850	8400

Station Wagons, 4-cyl., 94.5" wb, 36 hp

	6	5	4	3	2	1
Kombi	200	550	1150	2100	3700	5300
Micro	200	600	1200	2200	3900	5600
Micro DeL SR	200	650	1200	2300	4100	5800
Camper	200	675	1300	2600	4400	6300

NOTE: Add 10 percent for sunroof.

1961

Beetle, 4-cyl., 94.5" wb, 40 hp

	6	5	4	3	2	1
2 dr DeL Sed	350	700	1350	2700	4500	6400
Conv	350	825	1600	3950	5500	7900

Karmann-Ghia, 4-cyl., 94.5" wb, 40 hp

	6	5	4	3	2	1
Cpe	350	725	1400	3200	4850	6900
Conv	350	850	1650	4200	5850	8400

Station Wagons, 4-cyl., 94.5" wb, 40 hp

	6	5	4	3	2	1
Sta Wag	200	550	1150	2100	3700	5300
Kombi	200	600	1200	2200	3900	5600
Sta Wag DeL	200	650	1200	2300	4100	5800
Camper	200	675	1300	2600	4400	6300

NOTE: Add 10 percent for sunroof.
Add 5 percent for extra seats (sta. wag.).

1962

Beetle, 4-cyl., 94.5" wb, 40 hp

	6	5	4	3	2	1
2 dr DeL Sed	200	650	1250	2400	4150	5900
Conv	350	825	1600	3950	5500	7900

NOTE: Add 10 percent for sunroof.

Karmann-Ghia, 4-cyl., 94.5" wb, 40 hp

	6	5	4	3	2	1
Cpe	350	700	1350	2700	4500	6400
Conv	350	850	1650	4200	5850	8400

Station Wagons, 4-cyl., 94.5" wb, 40 hp

	6	5	4	3	2	1
Kombi	200	550	1150	2100	3700	5300
Sta Wag	200	600	1200	2200	3900	5600
Sta Wag DeL	200	650	1200	2300	4100	5800
Camper	200	675	1300	2600	4400	6300
Sta Wag DeL	200	650	1250	2400	4150	5900

1963

Beetle, 4-cyl., 94.5" wb, 40 hp

	6	5	4	3	2	1
2 dr DeL Sed	200	650	1250	2400	4150	5900
Conv	350	825	1600	3950	5500	7900

NOTE: Add 10 percent for sunroof.

Karmann-Ghia, 4-cyl., 94.5" wb, 40 hp

	6	5	4	3	2	1
Cpe	350	700	1350	2700	4500	6400
Conv	350	850	1650	4200	5850	8400

Station Wagons, 4-cyl., 94.5" wb, 40 hp

	6	5	4	3	2	1
Kombi	200	550	1150	2100	3700	5300
Sta Wag	200	600	1200	2200	3900	5600
Sta Wag DeL	200	650	1200	2300	4100	5800

1964

Beetle, 4-cyl., 94.5" wb, 40 hp

	6	5	4	3	2	1
2 dr DeL Sed	200	650	1250	2400	4150	5900
Conv	350	825	1600	3950	5500	7900

NOTE: Add 10 percent for sunroof.

Karmann-Ghia, 4-cyl., 94.5" wb, 40 hp

	6	5	4	3	2	1
Cpe	350	700	1350	2700	4500	6400
Conv	350	850	1650	4200	5850	8400

Sta. Wag. (1200 Series), 4-cyl., 94.5" wb, 40 hp

	6	5	4	3	2	1
Kombi w/Seats	200	550	1150	2100	3700	5300

	6	5	4	3	2	1
Wagon	200	600	1200	2200	3900	5600
DeL Wagon	200	650	1200	2300	4100	5800
Sta Wag (1500 Series), 4-cyl., 94.5" wb, 50 hp						
Kombi w/Seats	150	400	1000	1600	3100	4400
Wagon	150	400	1000	1650	3150	4500
DeL Wagon	150	450	1050	1750	3250	4700
1965						
Beetle, 4-cyl., 94.5" wb, 40 hp						
2 dr DeL Sed	200	650	1250	2400	4150	5900
Conv	350	825	1600	3950	5500	7900
NOTE: Add 10 percent for sunroof.						
Karmann-Ghia, 4-cyl., 94.5" wb, 40 hp						
Cpe	350	700	1350	2700	4500	6400
Conv	350	850	1650	4200	5850	8400
Sta. Wag. (1500 Series), 4-cyl., 94.5" wb, 40 hp						
Kombi w/Seats	200	550	1150	2100	3700	5300
Sta Wag	200	600	1200	2200	3900	5600
DeL Sta Wag	200	650	1200	2300	4100	5800
Commercial, (1500 Series), 4-cyl., 94.5" wb, 40 hp						
Panel	200	500	1100	1950	3600	5100
Pickup	200	650	1200	2300	4100	5800
Dbl Cab Pickup	200	600	1200	2200	3900	5600
1966						
Beetle, 53 hp						
2 dr DeL Sed	200	550	1150	2100	3800	5400
Conv	350	825	1600	3950	5500	7900
NOTE: Add 10 percent for sunroof.						
Karmann Ghia, 53 hp						
Cpe	350	700	1350	2700	4500	6400
Conv	350	850	1650	4200	5850	8400
Sta. Wagon, 57 hp						
Kombi w/seats	200	550	1150	2100	3800	5400
Sta Wag	200	600	1200	2200	3900	5600
DeL Sta Wag	200	650	1200	2300	4100	5800
1600 Series, 65 hp						
2 dr Sed FsBk	150	300	900	1250	2600	3700
2 dr Sed SqBk	150	300	900	1250	2650	3800
NOTE: Add 10 percent for sunroof.						
Commercial						
Panel	200	500	1100	1950	3600	5100
Pickup	200	650	1200	2300	4100	5800
Dbl Cab PU	200	600	1200	2200	3900	5600
1967						
Beetle, 53 hp						
2 dr DeL Sed	200	550	1150	2100	3800	5400
2 dr DeL Sed SR	200	600	1200	2200	3850	5500
Conv	350	825	1600	3950	5500	7900
NOTE: Add 10 percent for sunroof.						
Karmann Ghia, 53 hp						
Cpe	350	700	1350	2700	4500	6400
Conv	350	850	1650	4200	5850	8400
Station Wagon, 57 hp						
Kombi w/seats	200	550	1150	2100	3800	5400
Sta Wag	200	600	1200	2200	3900	5600
DeL Sta Wag	200	650	1200	2300	4100	5800
1600 Series, 65 hp						
2 dr Sed FsBk	150	400	1000	1600	3100	4400
2 dr Sed SqBk	150	450	1050	1700	3200	4600
NOTE: Add 10 percent for sunroof.						
Commercial						
Panel	200	500	1100	1950	3600	5100
Pickup	200	650	1200	2300	4100	5800
Dbl Cab PU	200	600	1200	2200	3900	5600
1968						
Beetle, 53 hp						
2 dr Sed	200	550	1150	2100	3800	5400
Conv	350	825	1600	3950	5500	7900
NOTE: Add 10 percent for sunroof.						
Karmann Ghia, 53 hp						
Cpe	350	700	1350	2700	4500	6400
Conv	350	850	1650	4200	5850	8400
1600 Series, 65 hp						
2 dr Sed FsBk	150	400	1000	1600	3100	4400

	6	5	4	3	2	1
2 dr Sed SqBk	150	450	1050	1700	3200	4600

NOTE: Add 10 percent for sunroof.

Station Wagons, 57 hp

	6	5	4	3	2	1
Kombi w/seats	200	500	1100	1850	3350	4900
Sta Wag	200	500	1100	1950	3600	5100

Commercial

	6	5	4	3	2	1
Panel	150	450	1050	1800	3300	4800
Pickup	200	550	1150	2100	3800	5400
Dbl Cab PU	200	550	1150	2100	3700	5300

1969

Beetle, 53 hp

	6	5	4	3	2	1
2 dr Sed	200	550	1150	2100	3800	5400
Conv	350	775	1500	3700	5200	7400

NOTE: Add 10 percent for sunroof.

Karmann Ghia, 53 hp

	6	5	4	3	2	1
Cpe	200	675	1300	2500	4300	6100
Conv	350	825	1600	3950	5500	7900

1600 Series, 65 hp

	6	5	4	3	2	1
2 dr Sed FsBk	125	250	750	1150	2500	3600
2 dr Sed SqBk	150	300	900	1250	2600	3700

NOTE: Add 10 percent for sunroof.

Station Wagons, 57 hp

	6	5	4	3	2	1
Kombi w/seats	200	500	1100	1850	3350	4900
Sta Wag	200	500	1100	1950	3600	5100
Camper	200	600	1200	2200	3900	5600

Commercial

	6	5	4	3	2	1
Panel	150	450	1050	1800	3300	4800
Pickup	200	550	1150	2100	3800	5400
Dbl Cab PU	200	550	1150	2100	3700	5300

1970

Beetle, 60 hp

	6	5	4	3	2	1
2 dr Sed	200	500	1100	1850	3350	4900
Conv	350	775	1500	3700	5200	7400

NOTE: Add 10 percent for sunroof.

Karmann Ghia, 60 hp

	6	5	4	3	2	1
Cpe	200	650	1250	2400	4150	5900
Conv	350	825	1600	3950	5500	7900

1600 Series, 65 hp

	6	5	4	3	2	1
2 dr Sed FsBk	125	250	750	1150	2500	3600
2 dr Sed SqBk	150	300	900	1250	2600	3700

NOTE: Add 10 percent for sunroof.

Station Wagons, 60 hp

	6	5	4	3	2	1
Kombi w/seats	200	500	1100	1850	3350	4900
Sta Wag	200	500	1100	1950	3600	5100
Camper	200	600	1200	2200	3900	5600

Commercial

	6	5	4	3	2	1
Panel	150	450	1050	1750	3250	4700
Pickup	200	550	1150	2100	3700	5300
Dbl Cab PU	200	550	1150	2000	3600	5200

1971

Beetle, 60 hp

	6	5	4	3	2	1
2 dr Sed	200	500	1100	1850	3350	4900
2 dr Sed Super	200	500	1100	1950	3600	5100
Conv	350	775	1500	3700	5200	7400

NOTE: Add 10 percent for sunroof.

Karmann Ghia

	6	5	4	3	2	1
Cpe	200	600	1200	2200	3900	5600
Conv	350	825	1600	3950	5500	7900

Type 3, Sq. Back - 411

	6	5	4	3	2	1
2 dr Sed SqBk	125	250	750	1150	2400	3400
3 dr Sed 411	125	250	750	1150	2450	3500
4 dr Sed 411	125	250	750	1150	2450	3500
2 dr Sed Type 3	125	250	750	1150	2400	3400

Transporter

	6	5	4	3	2	1
Kombi w/seats	150	450	1050	1750	3250	4700
Sta Wag	200	500	1100	1850	3350	4900
Sta Wag SR	200	500	1100	1900	3500	5000
Campmobile	200	600	1200	2200	3850	5500

Commercial

	6	5	4	3	2	1
Panel	150	450	1050	1700	3200	4600
Pickup	200	550	1150	2000	3600	5200
Dbl Cab PU	200	500	1100	1950	3600	5100

1972
Beetle, 60 hp

	6	5	4	3	2	1
2 dr Sed	150	450	1050	1700	3200	4600
2 dr Sed Super	200	500	1100	1850	3350	4900
Conv	350	725	1400	3200	4850	6900

NOTE: Add 10 percent for sunroof.

Karmann Ghia

Cpe	200	550	1150	2100	3800	5400
Conv	350	775	1500	3700	5200	7400

Type 3, Sq. Back, 411

2 dr Sed	125	250	750	1150	2400	3400
2 dr Sed Type 3	125	250	750	1150	2400	3400
2 dr Sed 411	125	250	750	1150	2450	3500
4 dr Sed AT 411	125	250	750	1150	2450	3500
3 dr Wagon 411	125	250	750	1150	2450	3500

NOTE: Add 10 percent for sunroof.

Transporter

Kombi	150	450	1050	1750	3250	4700
Sta Wag	200	500	1100	1850	3350	4900
Campmobile	200	600	1200	2200	3850	5500

Commercial

Panel	150	450	1050	1700	3200	4600
Pickup	200	550	1150	2000	3600	5200
Dbl Cab PU	200	500	1100	1950	3600	5100

1973
Beetle, 46 hp

2 dr Sed	150	400	1000	1550	3050	4300
2 dr Sed Super	150	400	1000	1600	3100	4400
Conv	350	700	1350	2900	4600	6600

Karmann Ghia

Cpe	200	550	1150	2100	3800	5400
Conv	350	775	1500	3700	5200	7400

Type 3, Sq. Back, 412

2 dr Sed SqBk	125	250	750	1150	2400	3400
2 dr Sed Type 3	125	250	750	1150	2400	3400
2 dr Sed 412	125	250	750	1150	2450	3500
4 dr Sed 412	125	250	750	1150	2450	3500
3 dr Sed 412	125	250	750	1150	2450	3500
Thing Conv	200	500	1100	1850	3350	4900

Transporter

Kombi	150	400	1000	1600	3100	4400
Sta Wag	150	450	1050	1700	3200	4600
Campmobile	200	500	1100	1900	3500	5000

Commercial

Panel	150	400	1000	1600	3100	4400

1974
Beetle

2 dr Sed	150	350	950	1450	3000	4200
2 dr Sed Super	150	400	1000	1550	3050	4300
2 dr Sed Sun Bug	150	400	1000	1650	3150	4500
Conv	350	725	1400	3200	4850	6900

Karmann Ghia

Cpe	200	550	1150	2000	3600	5200
Conv	350	775	1500	3700	5200	7400

Thing

Conv	200	500	1100	1850	3350	4900

Dasher

2 dr Sed	125	200	600	1100	2250	3200
4 dr Sed	125	250	750	1150	2400	3400
4 dr Wag	150	300	900	1250	2600	3700

412

2 dr Sed	125	200	600	1100	2250	3200
4 dr Sed	125	200	600	1100	2250	3200
3 dr Sed	125	200	600	1100	2250	3200

Transporter

Kombi	150	400	1000	1600	3100	4400
Sta Wag	150	450	1050	1700	3200	4600
Campmobile	200	500	1100	1900	3500	5000

Commercial

Panel	150	400	1000	1600	3100	4400

1975
Beetle

2 dr Sed	150	400	1000	1600	3100	4400

	6	5	4	3	2	1
2 dr Sed Super	200	500	1100	1850	3350	4900
Conv	350	750	1450	3500	5050	7200
Rabbit						
2 dr Sed Cus	125	200	600	1100	2200	3100
4 dr Sed Cus	125	200	600	1100	2250	3200
NOTE: Add 5 percent for DeLuxe.						
Dasher						
2 dr Sed	125	200	600	1100	2200	3100
4 dr Sed	125	200	600	1100	2300	3300
Hatch	125	250	750	1150	2400	3400
4 dr Wag	125	250	750	1150	2500	3600
Scirocco						
Cpe	150	400	1000	1600	3100	4400
Transporter, Tp 2						
Kombi	150	400	1000	1600	3100	4400
Sta Wag	150	450	1050	1700	3200	4600
Campmobile	200	500	1100	1900	3500	5000
Commercial						
Panel	150	400	1000	1600	3100	4400
1976						
Beetle						
2 dr Sed	150	400	1000	1650	3150	4500
Conv	350	775	1500	3700	5200	7400
Rabbit						
2 dr Sed	125	200	600	1100	2200	3100
2 dr Sed Cus	125	200	600	1100	2250	3200
4 dr Sed Cus	125	200	600	1100	2250	3200
NOTE: Add 10 percent for DeLuxe.						
Dasher						
2 dr Sed	125	200	600	1100	2250	3200
4 dr Sed	125	250	750	1150	2400	3400
4 dr Wag	150	300	900	1250	2600	3700
Scirocco						
Cpe	150	450	1050	1800	3300	4800
Transporter						
Kombi	150	450	1050	1700	3200	4600
Sta Wag	150	450	1050	1800	3300	4800
Campmobile	200	600	1200	2200	3850	5500
1977						
Beetle						
2 dr Sed	150	450	1050	1750	3250	4700
Conv	350	775	1500	3700	5200	7400
Rabbit						
2 dr Sed	125	200	600	1100	2200	3100
2 dr Sed Cus	125	200	600	1100	2250	3200
4 dr Sed Cus	125	200	600	1100	2250	3200
NOTE: Add 10 percent for DeLuxe.						
Dasher						
2 dr Sed	125	200	600	1100	2250	3200
4 dr Sed	125	250	750	1150	2400	3400
4 dr Wag	150	300	900	1250	2600	3700
Scirocco						
Cpe	200	500	1100	1850	3350	4900
Transporter						
Kombi	150	450	1050	1750	3250	4700
Sta Wag	150	450	1050	1800	3300	4800
Campmobile	200	600	1200	2200	3900	5600

VOLVO

	6	5	4	3	2	1
1944-1950						
4-cyl., 102.4" wb, 1414 cc						
PV444 2 dr Sed	350	725	1400	3000	4700	6700
1951						
4-cyl., 102.4" wb, 1414 cc						
PV444 2 dr Sed	350	700	1350	2800	4550	6500
1952						
4-cyl., 104.4" wb, 1414 cc						
PV444 2 dr Sed	350	700	1350	2800	4550	6500

1953
4-cyl., 102.4" wb, 1414 cc

	6	5	4	3	2	1
PV444 2 dr Sed	350	700	1350	2800	4550	6500

1954
4-cyl., 102.4" wb, 1414 cc

PV444 2 dr Sed	350	700	1350	2800	4550	6500
PV445 2 dr Sta Wag	350	750	1450	3300	4900	7000

1955
4-cyl., 102.4" wb, 1414 cc

PV444 2 dr Sed	350	700	1350	2800	4550	6500
PV445 2 dr Sta Wag	350	750	1450	3300	4900	7000

1956
4-cyl., 102.4" wb, 1414 cc

PV444 2 dr Sed	350	700	1350	2800	4550	6500
PV445 2 dr Sta Wag	350	750	1450	3300	4900	7000

1957
4-cyl., 102.4" wb, 1414 cc

PV444 2 dr Sed	350	700	1350	2800	4550	6500
PV445 2 dr Sta Wag	350	750	1450	3300	4900	7000

4-cyl., 104.4" wb, 1583 cc
4-cyl., 94.5" wb, 1414 cc

P1900 conv	450	1075	3000	5500	7700	11,000

1958
4-cyl., 102.4" wb, 1583 cc

PV544 2 dr Sed	350	700	1350	2800	4550	6500
PV445 2 dr Sta Wag	350	750	1450	3300	4900	7000

1959
4-cyl., 102.4" wb, 1583 cc

PV544 2 dr Sed	200	650	1250	2400	4200	6000
PV445 2 dr Sta Wag	350	700	1350	2800	4550	6500
122S 4 dr Sed	125	200	600	1100	2300	3300

1960
4-cyl., 102.4" wb, 1583 cc

PV544 2 dr Sed	200	650	1250	2400	4200	6000
PV445 2 dr Sta Wag	200	675	1300	2600	4400	6300
122S 4 dr Sed	125	200	600	1100	2300	3300

1961
4-cyl., 102.4" wb, 1583 cc

PV544 2 dr Sed	200	650	1250	2400	4200	6000
P210 2 dr Sta Wag	200	675	1300	2600	4400	6300
122 4 dr Sed	125	250	750	1150	2450	3500

4-cyl., 96.5" wb, 1778 cc

P1800 Cpe	350	700	1350	2800	4550	6500

1962
4-cyl., 102.4" wb, 1583 cc

P210 2 dr Sta Wag	200	675	1300	2500	4350	6200

4-cyl., 102.4" wb, 1778 cc

PV544 2 dr Sed	200	600	1200	2200	3850	5500
122S 4 dr Sed	125	200	600	1100	2300	3300
122S 2 dr Sed	150	300	900	1250	2600	3700
122S 4 dr Sta Wag	150	350	950	1450	3000	4200

4-cyl., 96.5" wb, 1778 cc

P1800 Cpe	200	650	1250	2400	4200	6000

1963
4-cyl., 102.4" wb, 1778 cc

PV544 2 dr Sed	200	600	1200	2300	4000	5700
210 2 dr Sta Wag	200	675	1300	2600	4400	6300
P122S 4 dr Sed	125	200	600	1100	2250	3200
P122S 2 dr Sed	125	250	750	1150	2500	3600
P122S 4 dr Sta Wag	150	350	950	1450	2900	4100

4-cyl., 96.5" wb, 1778 cc

1800S Cpe	200	650	1250	2400	4200	6000

1964
4-cyl., 102.4" wb, 1778 cc

PV544 2 dr Sed	200	600	1200	2300	4000	5700
P210 2 dr Sta Wag	350	700	1350	2800	4550	6500
122S 4 dr Sed	125	200	600	1100	2250	3200
122S 2 dr Sed	125	250	750	1150	2450	3500
122S 4 dr Sta Wag	150	350	950	1350	2800	4000

4-cyl., 96.5" wb, 1778 cc

1800S Cpe	200	650	1250	2400	4200	6000

1965
4-cyl., 102.4" wb, 1778 cc

	6	5	4	3	2	1
PV544 2 dr Sed	200	600	1200	2200	3850	5500
P210 Sta Wag	200	650	1250	2400	4200	6000
122S 4 dr Sed	125	200	600	1100	2250	3200
122S 2 dr Sed	150	300	900	1250	2600	3700
122S 4 dr Sta Wag	150	350	950	1450	2900	4100
4-cyl., 96.5" wb, 1778 cc						
1800S Cpe	350	700	1350	2800	4550	6500

1966
4-cyl., 102.4" wb, 1778 cc

	6	5	4	3	2	1
210S 2 dr Sta Wag	200	650	1250	2400	4200	6000
122S 4 dr Sed	125	200	600	1100	2250	3200
122S 2 dr Sed	125	250	750	1150	2450	3500
122S 4 dr Sta Wag	150	350	950	1350	2800	4000
4-cyl., 96.5" wb, 1778 cc						
1800S Cpe	350	750	1450	3300	4900	7000

1967
4-cyl., 102.4" wb, 1778 cc

	6	5	4	3	2	1
P210 2 dr Sta Wag	200	650	1250	2400	4200	6000
122S 2 dr Sed	125	250	750	1150	2450	3500
122S 4 dr Sed	100	175	525	1050	2100	3000
122S 4 dr Sta Wag	150	350	950	1350	2800	4000
4-cyl., 96.5" wb, 1778 cc						
123 GT	200	500	1100	1900	3500	5000
1800S Cpe	350	775	1500	3750	5250	7500

1968
4-cyl., 102.4" wb, 1778 cc

	6	5	4	3	2	1
122S 2 dr Sed	125	250	750	1150	2450	3500
122S 4 dr Sta Wag	150	350	950	1350	2800	4000
123 GT	200	500	1100	1900	3500	5000
142S 2 dr Sed	125	200	600	1100	2250	3200
144 4 dr Sed	125	200	600	1100	2250	3200
4-cyl., 96.5" wb, 1778 cc						
1800S Cpe	350	825	1600	4000	5600	8000

1969
4-cyl., 102.4" wb, 1986 cc

	6	5	4	3	2	1
142S 2 dr Sed	125	200	600	1100	2250	3200
144S 4 dr Sed	125	200	600	1100	2250	3200
145S 4 dr Sta Wag	125	200	600	1100	2300	3300
4-cyl., 96.5" wb, 1986 cc						
1800S Cpe	350	875	1700	4250	5900	8500

1970
4-cyl., 102.4" wb, 1986 cc

	6	5	4	3	2	1
142 2 dr Sed	125	250	750	1150	2400	3400
144 4 dr Sed	125	250	750	1150	2400	3400
145 4 dr Sta Wag	125	250	750	1150	2500	3600
4-cyl., 96.5" wb, 1986 cc						
1800E Cpe	450	900	1900	4500	6300	9000
6-cyl., 106.3" wb, 2978 cc						
164 4 dr Sed	125	200	600	1100	2300	3300

1971
4-cyl., 103.2" wb, 1986 cc

	6	5	4	3	2	1
142 2 dr Sed	125	250	750	1150	2450	3500
144 4 dr Sed	125	250	750	1150	2450	3500
145 4 dr Sta Wag	150	300	900	1250	2600	3700
4-cyl., 96.5" wb, 1986 cc						
1800E Cpe	450	950	2100	4750	6650	9500
6-cyl., 107" wb, 2978 cc						
164 4 dr Sed	125	250	750	1150	2400	3400

1972
4-cyl., 103.2" wb, 1986 cc

	6	5	4	3	2	1
142 2 dr Sed	150	300	900	1250	2600	3700
144 4 dr Sed	150	300	900	1250	2600	3700
145 4 dr Sta Wag	150	350	950	1350	2800	4000
4-cyl., 96.5" wb, 1986 cc						
1800E Cpe	450	1000	2400	5000	7000	10,000
1800ES Spt Wag	450	1025	2600	5250	7300	10,500
6-cyl., 107" wb, 2978 cc						
164 4 dr Sed	125	250	750	1150	2500	3600

1973
4-cyl., 103.2" wb, 1986 cc

	6	5	4	3	2	1
142 2 dr Sed	150	350	950	1350	2800	4000
144 4 dr Sed	150	350	950	1350	2800	4000
145 4 dr Sta Wag	150	350	950	1450	3000	4200
4-cyl., 96.5" wb, 1986 cc						
1800ES Spt Wag	450	1075	3000	5500	7700	11,000
6-cyl., 107" wb, 2978 cc						
164E 4 dr Sed	150	350	950	1350	2800	4000
1974						
4-cyl., 103.2" wb, 1986 cc						
142 2 dr Sed	150	350	950	1450	2900	4100
144 4 dr Sed	150	350	950	1450	2900	4100
145 4 dr Sta Wag	150	400	1000	1550	3050	4300
142GL 2 dr Sed	150	350	950	1450	3000	4200
144GL 4 dr Sed	150	350	950	1450	3000	4200
6-cyl., 107" wb, 2978 cc						
164E 4 dr Sed	150	350	950	1450	3000	4200
1975						
4-cyl., 103.9" wb, 2127 cc						
242 2 dr Sed	150	350	950	1450	3000	4200
244 4 dr Sed	150	350	950	1450	3000	4200
245 4 dr Sta Wag	150	400	1000	1650	3150	4500
242GL 2 dr Sed	150	400	1000	1600	3100	4400
244GL 4 dr Sed	150	400	1000	1600	3100	4400
6-cyl., 107" wb, 2978 cc						
164 4 dr Sed	150	400	1000	1600	3100	4400
1976						
4-cyl., 103.9" wb, 2127 cc						
242 2 dr Sed	150	400	1000	1650	3150	4500
244 4 dr Sed	150	400	1000	1650	3150	4500
245 4 dr Sta Wag	150	450	1050	1800	3300	4800
6-cyl., 103.9" wb, 2664 cc						
262GL 2 dr Sed	150	450	1050	1800	3300	4800
264 4 dr Sed	150	450	1050	1800	3300	4800
265 4 dr Sta Wag	200	500	1100	1950	3600	5100
264GL 4 dr Sed	200	500	1100	1900	3500	5000
1977						
4-cyl., 103.9" wb, 2127 cc						
242 2 dr Sed	200	500	1100	1900	3500	5000
244 4 dr Sed	200	500	1100	1900	3500	5000
245 4 dr Sta Wag	200	550	1150	2100	3800	5400
6-cyl., 103.9" wb, 2664 cc						
264GL 4 dr Sed	200	550	1150	2100	3700	5300
265GL 4 dr Sta Wag	200	600	1200	2200	3850	5500
262C 2 dr Cpe	450	950	2100	4750	6650	9500

WHIPPET

1926
Model 96, 4-cyl.

	6	5	4	3	2	1
2P Cpe	350	800	1550	3800	5300	7600
5P Tr	650	2800	5700	9500	13,300	19,000
5P Sed	350	800	1550	3800	5300	7600
1927						
Model 96, 4-cyl., 30 hp, 104-1/4" wb						
5P Tr	650	2800	5700	9500	13,300	19,000
5P Coach	350	775	1500	3750	5250	7500
5P Rds	650	2300	5400	9000	12,600	18,000
2P Cpe	350	875	1700	4250	5900	8500
5P Sed	350	800	1550	3800	5300	7600
Cabr	500	1400	4200	7000	9800	14,000
5P Lan Sed	350	775	1500	3700	5200	7400
Model 93A, 6-cyl., 40 hp, 109-1/4" wb						
5P Tr	800	3000	6000	10,000	14,000	20,000
2/4P Rds	650	2800	5700	9500	13,300	19,000
2P Cpe	450	900	1900	4500	6300	9000
5P Cpe	350	825	1600	4000	5600	8000
5P Sed	350	850	1650	4100	5700	8200

	6	5	4	3	2	1
Cabr	500	1400	4200	7000	9800	14,000
5P Lan Sed	350	775	1500	3700	5200	7400

1928
Model 96, 4-cyl., 32 hp, 100-1/4" wb

	6	5	4	3	2	1
2/4P Spt Rds	650	2300	5400	9000	12,600	18,000
5P Tr	650	2800	5700	9500	13,300	19,000
5P Coach	350	750	1450	3300	4900	7000
2P Cpe	350	825	1600	4000	5600	8000
2/4P Cabr	500	1400	4200	7000	9800	14,000
5P Sed	350	750	1450	3500	5050	7200

Model 98, 6-cyl.

	6	5	4	3	2	1
2/4P Rds	650	2800	5700	9500	13,300	19,000
5P Tr	800	3000	6000	10,000	14,000	20,000
2P Cpe	450	900	1900	4500	6300	9000
5P Coach	350	825	1600	4000	5600	8000
5P Sed	350	850	1650	4100	5700	8200

1929
Model 96A, 4-cyl., 103-1/2" wb

	6	5	4	3	2	1
2P Rds	650	2300	5400	9000	12,600	18,000
2/4P Rds	650	2800	5700	9500	13,300	19,000
2/4P Rds College	650	2800	5700	9500	13,300	19,000
5P Tr	650	2800	5700	9500	13,300	19,000
2P Cpe	350	825	1600	4000	5600	8000
Cabr	500	1400	4200	7000	9800	14,000
2/4P Cpe	500	1400	4200	7000	9800	14,000
5P Coach	350	750	1450	3300	4900	7000
5P Sed	350	750	1450	3500	5050	7200
DeL Sed	350	775	1500	3750	5250	7500

Model 98A, 6-cyl.

	6	5	4	3	2	1
2/4P Spt Rds	800	3150	6300	10,500	14,700	21,000
5P Tr	800	3300	6600	11,000	15,400	22,000
2P Cpe	350	875	1700	4250	5900	8500
2/4P Cpe	450	900	1800	4450	6250	8900
5P Coach	350	750	1450	3500	5050	7200
5P Sed	350	775	1500	3750	5250	7500
5P DeL Sed	350	775	1500	3750	5250	7500

1930
Model 96A, 4-cyl.

	6	5	4	3	2	1
2P Rds	800	3150	6300	10,500	14,700	21,000
2/4P Rds	800	3300	6600	11,000	15,400	22,000
2/4P Rds College	800	3600	7200	12,000	16,800	24,000
5P Tr	800	3300	6600	11,000	15,400	22,000
2P Cpe	350	825	1600	4000	5600	8000
2/4P Cpe	350	875	1700	4250	5900	8500
5P Coach	350	750	1450	3300	4900	7000
5P Sed	350	750	1450	3500	5050	7200
5P DeL Sed	350	775	1500	3750	5250	7500

Model 98A, 6-cyl.

	6	5	4	3	2	1
5P Tr	800	3400	6900	11,500	16,100	23,000
2/4P Spt Rds	800	3150	6300	10,500	14,700	21,000
2P Cpe	350	850	1650	4100	5700	8200
2/4P Cpe	350	875	1700	4300	6000	8600
5P Coach	350	750	1450	3500	5050	7200
5P Sed	350	775	1500	3600	5100	7300
5P DeL Sed	350	800	1550	3900	5450	7800

Model 96A, 4-cyl.

	6	5	4	3	2	1
2P Cpe	350	825	1600	4000	5600	8000
2/4P Cpe	350	875	1700	4250	5900	8500
5P Sed	350	750	1450	3500	5050	7200

Model 98A, 6-cyl.

	6	5	4	3	2	1
5P Coach	350	750	1450	3500	5050	7200
5P Sed	350	775	1500	3600	5100	7300
5P DeL Sed	350	800	1550	3900	5450	7800

WILLYS

1902-03
Model 13, 1-cyl.

	6	5	4	3	2	1
2P Rbt	650	2300	5400	9000	12,600	18,000

1904
Model 13, 1-cyl.

	6	5	4	3	2	1
2P Rbt	550	1750	4800	8000	11,200	16,000

1905
Model 15, 2-cyl.

2P Rbt	550	1750	4800	8000	11,200	16,000

Model 17, 2-cyl.

2P Rbt	550	1750	4800	8000	11,200	16,000

Model 18, 4-cyl.

5P Tr	650	2000	5100	8500	11,900	17,000

1906
Model 16, 2-cyl.

2P Rbt	550	1550	4500	7500	10,500	15,000

Model 18, 4-cyl.

4P Tr	550	1750	4800	8000	11,200	16,000

1907
Model 22, 4-cyl.

2P Rbt	550	1550	4500	7500	10,500	15,000

1908
Model 24, 4-cyl.

2P Rds	550	1750	4800	8000	11,200	16,000

1909
Model 30, 4-cyl.

3P Rds	550	1550	4500	7500	10,500	15,000
4P Rds	550	1550	4500	7500	10,500	15,000
2P Cpe	500	1250	3900	6500	9100	13,000

Model 31, 4-cyl.

4P Toy Ton	550	1750	4800	8000	11,200	16,000
5P Tourist	550	1650	4650	7750	10,850	15,500
5P Taxi	500	1200	3750	6250	8750	12,500

Model 32, 4-cyl.

3P Rds	500	1400	4200	7000	9800	14,000
4P Rds	550	1550	4500	7500	10,500	15,000
4P Toy Ton	550	1550	4500	7500	10,500	15,000
5P Tr	500	1250	3900	6500	9100	13,000

Willys, 6-cyl.

3P Rds	550	1750	4800	8000	11,200	16,000
4P Rds	650	2000	5100	8500	11,900	17,000
Toy Ton	550	1650	4650	7750	10,850	15,500
5P Tr	550	1650	4650	7750	10,850	15,500

1910
Model 38, 4-cyl., 102" wb, 25 hp

2P Rds	550	1500	4350	7250	10,150	14,500
3P Rds	550	1550	4500	7500	10,500	15,000
4P Rds	550	1650	4650	7750	10,850	15,500
Toy Ton	550	1550	4500	7500	10,500	15,000

Model 40, 4-cyl., 112" wb, 40 hp

3P Rds	550	1650	4650	7750	10,850	15,500
4P Rds	550	1750	4800	8000	11,200	16,000

Model 41, 4-cyl.

5P Tr	550	1550	4500	7500	10,500	15,000
4P C.C. Tr	550	1800	4950	8250	11,550	16,500

Model 42, 4-cyl.

5P Tr	650	2300	5400	9000	12,600	18,000
4P C.C. Tr	550	1750	4800	8000	11,200	16,000

1911
Model 38, 4-cyl.

4P Tr	500	1200	3750	6250	8750	12,500
2P Cpe	450	1075	3000	5500	7700	11,000

Model 45, 4-cyl.

2P Rds	500	1250	3900	6500	9100	13,000

Model 46, 4-cyl.

2P Torp	650	2300	5400	9000	12,600	18,000

Model 47, 4-cyl.

Tr	550	1750	4800	8000	11,200	16,000

Model 49, 4-cyl.

5P Tr	500	1200	3750	6250	8750	12,500
4P Tr	500	1200	3750	6250	8750	12,500

Model 50, 4-cyl.

2P Torp	650	2300	5400	9000	12,600	18,000

Model 51, 4-cyl.

5P Tr (4 dr)	650	2000	5100	8500	11,900	17,000

	6	**5**	**4**	**3**	**2**	**1**
5P Tr	500	1250	3900	6500	9100	13,000
Model 52, 4-cyl.						
5P Tr (4 dr)	650	2200	5250	8750	12,250	17,500
5P Tr	500	1300	4050	6750	9450	13,500
Model 53, 4-cyl.						
2P Rds	650	2300	5400	9000	12,600	18,000
Model 54, 4-cyl.						
5P Tr	500	1400	4200	7000	9800	14,000
Model 55, 4-cyl.						
5P Tr (4 dr)	650	2200	5250	8750	12,250	17,500
5P Tr	500	1400	4200	7000	9800	14,000
Model 56, 4-cyl.						
5P Tr	550	1500	4350	7250	10,150	14,500
1912						
Model 58R, 4-cyl., 25 hp						
Torp Rds	500	1400	4200	7000	9800	14,000
Model 59R-T, 4-cyl., 30 hp						
Rds	500	1300	4050	6750	9450	13,500
Tr	450	1075	3000	5500	7700	11,000
Model 59C, 4-cyl., 30 hp						
Cpe	450	1000	2400	5000	7000	10,000
Model 60, 4-cyl., 35 hp						
Fore-D	450	1125	3450	5750	8050	11,500
Tr	450	1125	3450	5750	8050	11,500
Model 61, 4-cyl., 45 hp						
Rds	500	1400	4200	7000	9800	14,000
4 dr Tr	450	1075	3000	5500	7700	11,000
Tr	450	1025	2600	5250	7300	10,500
Cpe	450	1000	2400	5000	7000	10,000
1913						
Model 69, 4-cyl., 30 hp						
Cpe	450	1000	2400	5000	7000	10,000
Tr	500	1250	3900	6500	9100	13,000
Rds	550	1550	4500	7500	10,500	15,000
4 dr Tr	500	1400	4200	7000	9800	14,000
Model 71, 4-cyl., 45 hp						
Rds	550	1800	4950	8250	11,550	16,500
Tr	500	1400	4200	7000	9800	14,000
5P Tr	500	1250	3900	6500	9100	13,000
1914						
Model 79, 4-cyl., 35 hp						
Rds	650	2000	5100	8500	11,900	17,000
Tr	550	1750	4800	8000	11,200	16,000
Cpe	450	1075	3000	5500	7700	11,000
Model 46, 4-cyl., 35 hp						
Tr	550	1650	4650	7750	10,850	15,500
1915						
Model 81, 4-cyl., 30 hp						
Rds	500	1400	4200	7000	9800	14,000
Tr	500	1250	3900	6500	9100	13,000
Willys-Knight K-19, 4-cyl., 45 hp						
Rds	550	1750	4800	8000	11,200	16,000
Tr	550	1550	4500	7500	10,500	15,000
Willys-Knight K-17, 4-cyl., 45 hp						
Rds	650	2000	5100	8500	11,900	17,000
Tr	550	1750	4800	8000	11,200	16,000
Model 80, 4-cyl., 35 hp						
Rds	550	1550	4500	7500	10,500	15,000
Tr	500	1400	4200	7000	9800	14,000
Cpe	450	1075	3000	5500	7700	11,000
Model 82, 6-cyl., 45-50 hp						
7P Tr	500	1250	3900	6500	9100	13,000
1916						
Model 75, 4-cyl., 20-25 hp						
Rds	500	1400	4200	7000	9800	14,000
Tr	450	1150	3600	6000	8400	12,000
Model 83, 4-cyl., 35 hp						
Rds	550	1550	4500	7500	10,500	15,000
Tr	500	1250	3900	6500	9100	13,000
Model 83-B, 4-cyl., 35 hp						
Rds	550	1500	4350	7250	10,150	14,500
Tr	500	1200	3750	6250	8750	12,500

Willys-Knight, 4-cyl., 40 hp (also Model 84)

	6	5	4	3	2	1
Rds	550	1750	4800	8000	11,200	16,000
Tr	550	1650	4650	7750	10,850	15,500
Cpe	450	950	2100	4750	6650	9500
Limo	450	1000	2400	5000	7000	10,000

Willys-Knight, 6-cyl., 45 hp (also Model 86)

	6	5	4	3	2	1
7P Tr	650	2000	5100	8500	11,900	17,000

1917-18

Light Four 90, 4-cyl., 32 hp

	6	5	4	3	2	1
2P Rds	450	1150	3600	6000	8400	12,000
5P Tr	450	1125	3450	5750	8050	11,500
4P Ctry Clb	450	1075	3000	5500	7700	11,000
5P Sed*	350	775	1500	3750	5250	7500

Big Four 85, 4-cyl., 35 hp

3P Rds	500	1250	3900	6500	9100	13,000
5P Tr	450	1150	3600	6000	8400	12,000
3P Tr Cpe	450	900	1900	4500	6300	9000
5P Tr Sed	350	825	1600	4000	5600	8000

Light Six 85, 6-cyl., 35-40 hp

3P Rds	500	1300	4050	6750	9450	13,500
5P Tr	500	1200	3750	6250	8750	12,500
3P Tr Cpe	450	1000	2400	5000	7000	10,000
5P Tr Sed	450	900	1900	4500	6300	9000

Willys 89, 6-cyl., 45 hp

7P Tr	500	1250	3900	6500	9100	13,000
4P Clb Rds	500	1400	4200	7000	9800	14,000
6P Sed	450	1025	2600	5250	7300	10,500

Willys-Knight 88-4, 4-cyl., 40 hp

7P Tr	500	1400	4200	7000	9800	14,000
4P Cpe	450	950	2100	4750	6650	9500
7P Tr Sed	450	900	1900	4500	6300	9000
7P Limo	450	1000	2400	5000	7000	10,000

Willys-Knight 88-8, 8-cyl., 65 hp

7P Tr	800	3600	7200	12,000	16,800	24,000
7P Sed	450	1000	2400	5000	7000	10,000
7P Limo	450	1150	3600	6000	8400	12,000
7P Twn Car	550	1550	4500	7500	10,500	15,000

*This model offered 1917 only.
NOTE: Factory prices for 1917 were $40 to $600 lower depending on model.

1919

Light Four 90, 4-cyl., 32 hp

Rds	450	1025	2600	5250	7300	10,500
5P Tr	450	1000	2400	5000	7000	10,000
Clb Rds	450	1075	3000	5500	7700	11,000
5P Sed	350	775	1500	3750	5250	7500

Willys 89, 6-cyl., 45 hp

7P Tr	450	1075	3000	5500	7700	11,000
4P Clb Rds	450	1150	3600	6000	8400	12,000
6P Sed	450	950	2100	4750	6650	9500

Willys-Knight 88-4, 4-cyl., 40 hp

7P Tr	450	1150	3600	6000	8400	12,000
4P Cpe	350	875	1700	4250	5900	8500
7P Sed	350	875	1700	4250	5900	8500
7P Limo	450	900	1800	4400	6150	8800

Willys-Knight 88-8, 8-cyl., 65 hp

7P Tr	550	1550	4500	7500	10,500	15,000
4P Cpe	350	875	1700	4250	5900	8500
7P Tr Sed	450	900	1800	4400	6150	8800
7P Limo	450	1000	2400	5000	7000	10,000

1920

Model 4, 4-cyl., 100" wb, 27 hp

2P Rds	350	875	1700	4250	5900	8500
5P Tr	450	900	1900	4500	6300	9000
Clb Rds	500	1400	4200	7000	9800	14,000
5P Sed	350	700	1350	2900	4600	6600

Model 89-6, Willys Six, 6-cyl.

Clb Rds	550	1550	4500	7500	10,500	15,000
7P Tr	550	1500	4350	7250	10,150	14,500
6P Sed	450	950	2100	4750	6650	9500

Model 20 Willys-Knight, 4-cyl., 118" wb, 48 hp

3P Rds	550	1500	4350	7250	10,150	14,500
5P Tr	500	1400	4200	7000	9800	14,000

	6	**5**	**4**	**3**	**2**	**1**
4P Cpe	350	875	1700	4250	5900	8500
5P Sed	350	825	1600	4000	5600	8000

1921
Model 4, 4-cyl., 100" wb, 27 hp

5P Tr	450	1075	3000	5500	7700	11,000
2P Rds	450	1150	3600	6000	8400	12,000
5P Sed	350	875	1700	4250	5900	8500
2P Cpe	450	900	1800	4400	6150	8800

Model 20 Willys-Knight, 4-cyl., 118" wb

3P Rds	500	1250	3900	6500	9100	13,000
5P Tr	500	1200	3750	6250	8750	12,500
4P Cpe	350	875	1700	4250	5900	8500
5P Sed	350	825	1600	4000	5600	8000

1922
Model 4, 4-cyl., 100" wb, 27 hp

2P Rds	500	1250	3900	6500	9100	13,000
5P Tr	500	1200	3750	6250	8750	12,500
5P Sed	350	875	1700	4250	5900	8500
2P Cpe	350	875	1700	4350	6050	8700

Model 20 Willys-Knight, 4-cyl., 118" wb, 40 hp

3P Rds	500	1400	4200	7000	9800	14,000
5P Tr	500	1250	3900	6500	9100	13,000
4P Cpe	450	900	1900	4500	6300	9000
5P Sed	350	875	1700	4250	5900	8500

Model 27 Willys-Knight, 4cyl., 118" wb

7P Tr	500	1400	4200	7000	9800	14,000
7P Sed	350	875	1700	4250	5900	8500

1923-24
Model 91, 4-cyl., 100" wb, 27 hp

2P Rds	450	1000	2400	5000	7000	10,000
5P Tr	450	900	1900	4500	6300	9000
3P Cpe	350	775	1500	3750	5250	7500
5P Sed	350	750	1450	3300	4900	7000

Model 92, 4-cyl., 106" wb, 30 hp

Redbird	350	875	1700	4250	5900	8500
Blackbird*	350	875	1700	4250	5900	8500
Bluebird*	350	875	1700	4250	5900	8500

Model 64 Willys-Knight, 4-cyl., 118" wb, 40 hp

3P Rds	500	1250	3900	6500	9100	13,000
5P Tr	500	1200	3750	6250	8750	12,500
Ctry Clb	450	1075	3000	5500	7700	11,000
4P Cpe	350	775	1500	3750	5250	7500
5P Sed	350	750	1450	3300	4900	7000

Model 67 Willys-Knight, 4-cyl., 124" wb, 40 hp

7P Tr	500	1400	4200	7000	9800	14,000
7P Sed	350	700	1350	2800	4550	6500

*Model offered 1924 only.

1925
Model 91, 4-cyl., 100" wb, 27 hp

5P Tr	450	1150	3600	6000	8400	12,000
2P Cpe	350	775	1500	3750	5250	7500
5P Tr Sed	350	750	1450	3300	4900	7000
5P Cpe Sed	350	775	1500	3600	5100	7300
5P DeL Sed	350	775	1500	3750	5250	7500

Model 92, 4-cyl., 106" wb, 30 hp

Bluebird	350	775	1500	3750	5250	7500

Model 93, 6-cyl., 113" wb, 38 hp

5P Sed	350	800	1550	3900	5450	7800
DeL Sed	350	825	1600	4000	5600	8000

Model 65 Willys-Knight, 4-cyl., 124" wb, 40 hp

5P Tr	500	1400	4200	7000	9800	14,000
2P Cpe	450	900	1900	4500	6300	9000
Cpe Sed	350	875	1700	4250	5900	8500
Sed	350	750	1450	3300	4900	7000
Brgm	350	825	1600	4000	5600	8000

Model 66 Willys-Knight, 6-cyl., 126" wb, 60 hp

Rds	550	1550	4500	7500	10,500	15,000
5P Tr	500	1250	3900	6500	9100	13,000
Cpe Sed	450	950	2100	4750	6650	9500
Brgm	450	1000	2400	5000	7000	10,000
Cpe	450	950	2100	4750	6650	9500
Sed	450	900	1900	4500	6300	9000

1926
Model 91, 4-cyl., 100" wb, 27 hp

	6	5	4	3	2	1
5P Tr	450	1150	3600	6000	8400	12,000
2P Cpe	350	750	1450	3300	4900	7000
5P Sed	350	725	1400	3100	4800	6800
2 dr Sed	350	700	1350	2900	4600	6600
4P Cpe	350	725	1400	3000	4700	6700

Model 92, 4-cyl., 100" wb, 30 hp

	6	5	4	3	2	1
5P Tr	500	1250	3900	6500	9100	13,000

Model 93, 6-cyl., 113" wb, 38 hp

	6	5	4	3	2	1
5P Tr	500	1400	4200	7000	9800	14,000
5P Sed	350	750	1450	3300	4900	7000
DeL Sed	350	775	1500	3750	5250	7500
2P Cpe	350	750	1450	3300	4900	7000

Model 66 Willys-Knight, 6-cyl., 126" wb, 60 hp

	6	5	4	3	2	1
Rds	650	2800	5700	9500	13,300	19,000
7P Tr	650	2000	5100	8500	11,900	17,000
5P Tr	650	2300	5400	9000	12,600	18,000
4P Cpe	350	875	1700	4250	5900	8500
Sed	350	825	1600	4000	5600	8000

Model 70 Willys-Knight, 6-cyl., 113" wb, 53 hp

	6	5	4	3	2	1
5P Tr	650	2000	5100	8500	11,900	17,000
Sed	350	775	1500	3750	5250	7500
2 dr Sed	350	750	1450	3300	4900	7000
Cpe	350	775	1500	3750	5250	7500
Rds	550	1750	4800	8000	11,200	16,000

1927 Willys-Knight, 4 dr sed

1927
Model 70A Willys-Knight, 6-cyl., 113" wb, 52 hp

	6	5	4	3	2	1
Rds	650	2000	5100	8500	11,900	17,000
Tr	650	2300	5400	9000	12,600	18,000
Cpe	450	1000	2400	5000	7000	10,000
Cabr	500	1400	4200	7000	9800	14,000
Sed	350	775	1500	3750	5250	7500
2 dr Sed	350	750	1450	3300	4900	7000

Model 66A Willys-Knight, 6-cyl., 126" wb, 65 hp

	6	5	4	3	2	1
Rds	800	3150	6300	10,500	14,700	21,000
Tr	800	3300	6600	11,000	15,400	22,000
Foursome	800	3150	6300	10,500	14,700	21,000
Cabr	650	2300	5400	9000	12,600	18,000
5P Sed	350	875	1700	4250	5900	8500
7P Sed	450	950	2100	4750	6650	9500
Limo	450	1075	3000	5500	7700	11,000

1928

Model 56 Willys-Knight, 6-cyl., 109.5" wb, 45 hp

	6	5	4	3	2	1
Rds	550	1550	4500	7500	10,500	15,000
Tr	550	1750	4800	8000	11,200	16,000
Cpe	450	950	2100	4750	6650	9500
2 dr Sed	350	725	1400	3100	4800	6800
Sed	350	775	1500	3700	5200	7400

Model 70A Willys-Knight, 6-cyl., 113.5" wb, 53 hp

Rds	650	2300	5400	9000	12,600	18,000
Tr	650	2800	5700	9500	13,300	19,000
Cpe	450	1000	2400	5000	7000	10,000
5P Cpe	450	1000	2400	5000	7000	10,000
Cabr	550	1750	4800	8000	11,200	16,000
2 dr Sed	350	875	1700	4250	5900	8500
Sed	450	900	1900	4500	6300	9000

Model 66A Willys-Knight, 6-cyl., 126" wb, 70 hp

Rds	800	3000	6000	10,000	14,000	20,000
Tr	800	3150	6300	10,500	14,700	21,000
Cabr	650	2800	5700	9500	13,300	19,000
Fml Sed	450	950	2100	4750	6650	9500
Sed	350	825	1600	4000	5600	8000

Model 66A Willys-Knight, 6-cyl., 135" wb, 70 hp

7P Tr	800	3750	7500	12,500	17,500	25,000
Cpe	500	1250	3900	6500	9100	13,000
7P Sed	450	1125	3450	5750	8050	11,500
Limo	450	1150	3600	6000	8400	12,000

1929

(All Willys-Knight)

Series 56, 6-cyl., 109.5" wb, 45 hp

Rds	800	3000	6000	10,000	14,000	20,000
Tr	800	3150	6300	10,500	14,700	21,000
Cpe	450	1000	2400	5000	7000	10,000
2 dr Sed	350	775	1500	3750	5250	7500
Sed	350	825	1600	4000	5600	8000

Series 70A, 6-cyl., 113.2" wb, 53 hp

Rds	800	3150	6300	10,500	14,700	21,000
Tr	800	3300	6600	11,000	15,400	22,000
Cpe	450	1150	3600	6000	8400	12,000
Cabr	650	2300	5400	9000	12,600	18,000
2 dr Sed	350	825	1600	4000	5600	8000
Sed	350	875	1700	4250	5900	8500

Series 66A, 6-cyl., 126" wb, 70 hp

Rds	800	3400	6900	11,500	16,100	23,000
Tr	800	3600	7200	12,000	16,800	24,000
Cabr	800	3150	6300	10,500	14,700	21,000
Fml Sed	450	1075	3000	5500	7700	11,000
DeL Fml Sed	450	1150	3600	6000	8400	12,000
Sed	450	1000	2400	5000	7000	10,000

Series 66A, 6-cyl., 135" wb, 70 hp

7P Tr	800	4200	8400	14,000	19,600	28,000
5P Cpe	550	1550	4500	7500	10,500	15,000
7P Sed	450	1150	3600	6000	8400	12,000
Limo	500	1250	3900	6500	9100	13,000

Series 70B, 6-cyl., 112.5" - 115" wb, 53 hp

Rds	800	3150	6300	10,500	14,700	21,000
Tr	800	3300	6600	11,000	15,400	22,000
2P Cpe	450	1075	3000	5500	7700	11,000
4P Cpe	450	1000	2400	5000	7000	10,000
2 dr Sed	350	775	1500	3750	5250	7500
Sed	350	800	1550	3800	5300	7600
DeL Sed	350	825	1600	4000	5600	8000

1930

Willys Models

Series 98B, 6-cyl., 110" wb, 65 hp

Rds	800	3300	6600	11,000	15,400	22,000
4P Rds	800	3400	6900	11,500	16,100	23,000
5P Tr	800	3600	7200	12,000	16,800	24,000
2P Cpe	450	950	2100	4750	6650	9500
4P Cpe	450	1000	2400	5000	7000	10,000
2 dr Sed	350	750	1450	3300	4900	7000
Sed	350	775	1500	3750	5250	7500
DeL Sed	350	825	1600	4000	5600	8000

Willys-Knight Models

Series 66B, 6-cyl., 120" wb, 87 hp

	6	5	4	3	2	1
Rds	800	4200	8400	14,000	19,600	28,000
Tr	800	4350	8700	14,500	20,300	29,000
2P Cpe	450	1075	3000	5500	7700	11,000
5P Cpe	450	1150	3600	6000	8400	12,000
Sed	450	1000	2400	5000	7000	10,000

Series 70B, "See 1929 Series 70B"
Series 6-87, "See 1929 Series 56"

1931
Willys 98B, "See 1930 98B Series"
Willys 97, 6-cyl., 110" wb, 65 hp

Rds	650	2800	5700	9500	13,300	19,000
Tr	800	3000	6000	10,000	14,000	20,000
Cpe	450	1000	2400	5000	7000	10,000
2 dr Sed	350	775	1500	3750	5250	7500
Clb Sed	350	825	1600	4000	5600	8000
Sed	350	775	1500	3750	5250	7500

Willys 98D, 6-cyl., 113" wb, 65 hp

Vic Cpe	450	900	1900	4500	6300	9000
Sed	350	825	1600	4000	5600	8000

NOTE: Add 10 percent for DeLuxe Willys models.
Willys-Knight 66B, "See 1930 W-K 66B".
Willys-Knight 87, "See 1930 Series 6-87"
Willys-Knight 66D, 6-cyl., 121" wb, 87 hp

Vic Cpe	450	1075	3000	5500	7700	11,000
Sed	450	1000	2400	5000	7000	10,000
Cus Sed	450	1025	2600	5250	7300	10,500

NOTE: Add 10 percent for DeLuxe Willys-Knight models.
Willys 8-80, 8-cyl., 120" wb, 80 hp

Cpe	450	1075	3000	5500	7700	11,000
DeL Cpe	450	1125	3450	5750	8050	11,500
Sed	450	900	1900	4500	6300	9000
DeL Sed	450	1025	2600	5250	7300	10,500

Willys 8-80D, 8-cyl., 120" wb, 80 hp

Vic Cpe	450	1000	2400	5000	7000	10,000
DeL Vic Cpe	450	1025	2600	5250	7300	10,500
Sed	350	825	1600	4000	5600	8000
DeL Sed	350	875	1700	4250	5900	8500
Cus Sed	450	900	1900	4500	6300	9000

1932
Willys 97, "See 1931 Willys 97 Series"
Willys 98D, "See 1931 Willys 98D Series"
Willys 90 (Silver Streak), 6-cyl., 113" wb, 65 hp

2P Rds	650	2800	5700	9500	13,300	19,000
4P Rds	800	3000	6000	10,000	14,000	20,000
Spt Rds	800	3150	6300	10,500	14,700	21,000
5P Tr	800	3000	6000	10,000	14,000	20,000
2P Cpe	450	1150	3600	6000	8400	12,000
4P Cpe	500	1200	3750	6250	8750	12,500
Vic Cus	450	1000	2400	5000	7000	10,000
5P Sed	350	775	1500	3750	5250	7500
2 dr Sed	350	800	1550	3850	5400	7700
Spl Sed	450	900	1800	4400	6150	8800
Cus Sed	450	1025	2600	5250	7300	10,500

Willys 8-80D, "See 1931 Willys 8-80D"
Willys 8-88 (Silver Streak), 8-cyl., 121" wb, 80 hp

Rds	650	2800	5700	9500	13,300	19,000
Spt Rds	800	3000	6000	10,000	14,000	20,000
2P Cpe	450	1075	3000	5500	7700	11,000
4P Cpe	450	1150	3600	6000	8400	12,000
Vic Cus	450	1125	3450	5750	8050	11,500
Sed	450	925	2000	4650	6500	9300
Spl Sed	450	975	2300	4900	6850	9800
Cus Sed	450	1075	3000	5500	7700	11,000

Willys-Knight 95 DeLuxe, 6-cyl., 113" wb, 60 hp

2P Cpe	450	1025	2600	5250	7300	10,500
4P Cpe	450	1075	3000	5500	7700	11,000
Vic	450	1000	2400	5000	7000	10,000
2 dr Sed	450	900	1900	4500	6300	9000
Sed	450	950	2100	4750	6650	9500

Willys-Knight 66D, 6-cyl., 121" wb, 87 hp
1st Series (start Oct. 1931)

	6	5	4	3	2	1
Vic	450	1150	3600	6000	8400	12,000
DeL Vic	500	1200	3750	6250	8750	12,500
Sed	450	1000	2400	5000	7000	10,000
DeL Sed	450	1025	2600	5250	7300	10,500
Cus Sed	450	1075	3000	5500	7700	11,000

2nd Series (start Jan. 1932)

	6	5	4	3	2	1
Vic Cus	450	1150	3600	6000	8400	12,000
Cus Sed	500	1200	3750	6250	8750	12,500

1933
Willys 77, 4-cyl., 100" wb, 48 hp

	6	5	4	3	2	1
Cpe	350	775	1500	3750	5250	7500
Cus Cpe	350	825	1600	4000	5600	8000
4P Cpe	350	875	1700	4250	5900	8500
4P Cus Cpe	450	900	1900	4500	6300	9000
Sed	350	750	1450	3300	4900	7000
Cus Sed	350	775	1500	3750	5250	7500

Willys 6-90A (Silver Streak), 6-cyl., 113" wb, 65 hp

	6	5	4	3	2	1
Rds	500	1250	3900	6500	9100	13,000
4P Rds	500	1400	4200	7000	9800	14,000
Spt Rds	550	1550	4500	7500	10,500	15,000
Cpe	450	1000	2400	5000	7000	10,000
Cus Cpe	450	1025	2600	5250	7300	10,500
2 dr Sed	350	875	1700	4250	5900	8500
Sed	450	900	1900	4500	6300	9000
Cus Sed	450	950	2100	4750	6650	9500

Willys 8-88A (Streamline), 8-cyl., 121" wb, 80 hp

	6	5	4	3	2	1
2P Cpe	450	1000	2400	5000	7000	10,000
Cus Cpe	450	1075	3000	5500	7700	11,000
Sed	450	950	2100	4750	6650	9500
Cus Sed	450	1075	3000	5500	7700	11,000

Willys-Knight 66E, 6-cyl., 121" wb, 87 hp

	6	5	4	3	2	1
Cus Sed	500	1200	3750	6250	8750	12,500

1934
Willys 77, 4-cyl., 100" wb, 48 hp

	6	5	4	3	2	1
Cpe	350	825	1600	4000	5600	8000
Cus Cpe	350	875	1700	4250	5900	8500
4P Cpe	350	875	1700	4350	6050	8700
4P Cus Cpe	450	900	1900	4500	6300	9000
Sed	350	750	1450	3300	4900	7000
Cus Sed	350	775	1500	3750	5250	7500
Pan Dely	450	900	1900	4500	6300	9000

1935
Willys 77, 4-cyl., 100" wb, 48 hp

	6	5	4	3	2	1
Cpe	350	875	1700	4250	5900	8500
Sed	200	650	1250	2400	4200	6000

1936
Willys 77, 4-cyl., 100" wb, 48 hp

	6	5	4	3	2	1
Cpe	350	825	1600	4000	5600	8000
Sed	200	650	1250	2400	4200	6000
DeL Sed	200	650	1250	2400	4200	6000

1937
Willys 37, 4-cyl., 100" wb, 48 hp

	6	5	4	3	2	1
Cpe	350	800	1550	3900	5450	7800
DeL Cpe	350	825	1600	4000	5600	8000
Sed	350	750	1450	3300	4900	7000
DeL Sed	350	775	1500	3750	5250	7500

1938
Willys 38, 4-cyl., 100" wb, 48 hp

	6	5	4	3	2	1
Std Cpe	350	700	1350	2800	4550	6500
DeL Cpe	350	750	1450	3300	4900	7000
2 dr Sed	200	650	1250	2400	4200	6000
Sed	200	650	1200	2300	4100	5800
DeL 2 dr Sed	200	675	1300	2500	4350	6200
DeL Sed	200	650	1250	2400	4200	6000
Cus Sed	200	675	1300	2500	4350	6200

1939
Willys 48, 4-cyl., 100" wb, 48 hp

	6	5	4	3	2	1
Cpe	350	775	1500	3750	5250	7500
2 dr Sed	350	700	1350	2800	4550	6500
Sed	200	650	1250	2400	4200	6000

Willys 38, 4-cyl., 100" wb, 48 hp

	6	5	4	3	2	1
Cpe	350	800	1550	3900	5450	7800
2 dr Sed	350	725	1400	3100	4800	6800
Sed	200	675	1300	2600	4400	6300

1940
Willys Speedway, 4-cyl., 102" wb, 48 hp

	6	5	4	3	2	1
Cpe	350	800	1550	3850	5400	7700
Sed	350	725	1400	3000	4700	6700
Sta Wag	450	975	2200	4850	6800	9700

NOTE: Deduct 10 percent for standard models.

1941

Willys (Americar)

Speedway Series, 4-cyl., 104" wb, 63 hp

	6	5	4	3	2	1
Cpe	350	800	1550	3900	5450	7800
Sed	350	725	1400	3100	4800	6800

Speedway DeLuxe, 4-cyl., 104" wb, 63 hp

	6	5	4	3	2	1
Cpe	350	825	1600	4000	5600	8000
Sed	350	750	1450	3300	4900	7000
Sta Wag	450	1000	2400	5000	7000	10,000

Plainsman, 4-cyl., 104" wb, 63 hp

	6	5	4	3	2	1
Cpe	350	850	1650	4150	5800	8300
Sed	350	750	1450	3500	5050	7200

NOTE: 1942 same as 1941 with app. $80 increase in factory prices per model.

1946-47
Willys 4-63, 4-cyl., 104" wb, 63 hp

	6	5	4	3	2	1
Sta Wag	150	400	1000	1650	3150	4500

1948 Willys Jeepster

1948
Willys 4-63, 4-cyl., 104" wb, 63 hp

Sta Wag	200	650	1200	2300	4100	5800
Jeepster	350	875	1700	4250	5900	8500

Willys 6-63, 6-cyl., 104" wb, 75 hp

Sta Sed	200	650	1250	2400	4200	6000
Jeepster	450	900	1900	4500	6300	9000

1949
Willys 4X463, 4-cyl., 104.5" wb, 63 hp

FWD Sta Wag	200	650	1200	2300	4100	5800

Willys VJ3, 4-cyl., 104" wb, 63 hp

Phae	350	875	1700	4250	5900	8500

Willys 463, 4-cyl., 104" wb, 63 hp

Sta Wag	200	550	1150	2100	3700	5300

Willys Six, 6-cyl., 104" wb, 75 hp

Phae	450	900	1900	4500	6300	9000

Willys Six, 6-cyl., 104" wb, 75 hp

Sta Sed	200	675	1300	2500	4300	6100

	6	5	4	3	2	1
Sta Wag	200	650	1200	2300	4100	5800

1950-51
Willys 473SW, 4-cyl., 104" wb, 63 hp

	6	5	4	3	2	1
Sta Wag	150	450	1050	1800	3300	4800

Willys 4X473SW, 4-cyl., 104.5" wb, 63 hp

FWD Sta Wag	200	550	1150	2100	3700	5300

Willys 473VJ, 4-cyl., 104" wb, 63 hp

Phae	450	900	1900	4500	6300	9000

NOTE: Add 10 percent for six cylinder models.

1952 Willys Eagle, 2 dr sed

1952
Willys Aero, 6-cyl., 108" wb, 75 hp

2 dr Lark	150	400	1000	1650	3150	4500
2 dr Wing	150	450	1050	1750	3250	4700
2 dr Ace	200	500	1100	1950	3600	5100
2 dr HdTp Eagle	200	550	1150	2000	3600	5200

Willys Four, 4-cyl., 104"-104.5" wb, 63 hp

FWD Sta Wag	200	550	1150	2100	3700	5300
Sta Wag	150	450	1050	1800	3300	4800

Willys Six, 6-cyl., 104" wb, 75 hp

Sta Wag	150	400	1000	1650	3150	4500

NOTE: Deduct 10 percent for standard models.

1953
Willys Aero, 6-cyl., 108" wb, 90 hp

4 dr H.D. Aero	200	550	1150	2100	3700	5300
4 dr DeL Lark	150	450	1050	1800	3300	4800
2 dr DeL Lark	200	500	1100	1900	3500	5000
4 dr Falcon	200	500	1100	1950	3600	5100
2 dr Falcon	200	500	1100	1900	3500	5000
4 dr Ace	200	550	1150	2100	3700	5300
2 dr Ace	200	500	1100	1950	3600	5100
2 dr HdTp Eagle	200	650	1250	2400	4200	6000

Willys Four, 4-cyl., 104"-104.5" wb, 72 hp

FWD Sta Wag	200	550	1150	2100	3700	5300
Sta Wag	150	450	1050	1800	3300	4800

Willys Six, 6-cyl., 104" wb, 90 hp

Sta Wag	200	500	1100	1900	3500	5000

1954
Willys, 6-cyl., 108" wb, 90 hp

4 dr DeL Ace	200	500	1100	1850	3350	4900
2 dr DeL Ace	150	450	1050	1750	3250	4700
2 dr HdTp Eagle	200	550	1150	2100	3800	5400
2 dr HdTp Cus Eagle	200	650	1250	2400	4200	6000
4 dr Lark	150	450	1050	1750	3250	4700
2 dr Lark	150	450	1050	1700	3200	4600
4 dr Ace	150	450	1050	1750	3250	4700
2 dr Ace	150	450	1050	1700	3200	4600
2 dr HdTp Eagle	200	600	1200	2200	3850	5500

Willys Four, 4-cyl., 104"-104.5" wb, 72 hp

Sta Wag	150	450	1050	1800	3300	4800

Willys Six, 6-cyl., 104" wb, 90 hp

	6	5	4	3	2	1
FWD Sta Wag	200	550	1150	2100	3700	5300
Sta Wag	200	500	1100	1900	3500	5000

1955
Willys Six, 6-cyl., 108" wb, 90 hp

4 dr Cus Sed	200	550	1150	2100	3700	5300
2 dr Cus	200	650	1200	2300	4100	5800
2 dr HdTp Bermuda	350	725	1400	3100	4800	6800

Willys Six, 6-cyl., 104"-104.5" wb, 90 hp

FWD Sta Wag	200	550	1150	2100	3700	5300
Sta Wag	150	450	1050	1800	3300	4800

Notes

1976 Cadillac Fleetwood Eldorado convertible

Notes

1976 Ford Mustang Cobra II fastback coupe

Notes

1960 Oldsmobile Super 88 convertible

EDITOR PROFILES

KEN BUTTOLPH

Ken can't remember when he wasn't interested in old cars. From the purchase of his first car, a '27 Nash bought in 1957 for $50, and on through some 300-plus vehicles since then he has never owned a new car. He thinks that old cars are a lot more fun.

His present, 40-odd vehicle collection runs the gamut from a Classic '31 LaSalle Fleetwood roadster to a petite Nash Metropolitan. Clearly reflecting its owner's broad automotive tastes the collection includes Corvettes, Kaisers and Chryslers. There are also Eldorados, Toronados, Lincolns and Fords. In addition, there are cars and trucks from both Chevrolet and Dodge parked beside Buicks, Cadillacs, Oldsmobiles, Pontiacs, a Rambler and an Eagle. The composition of the collection is likely to change from one week to the next.

Well-known in the collector car hobby, Ken has travelled extensively in fulfillment of his duties as editor of **Old Cars Price Guide** and research editor of **Old Cars Weekly**.

JIM LENZKE

Jim traces his infatuation with old cars to the time when his older brother helped him, at the age of seven, build a model of a 1903 curved-dash Oldsmobile. He was hooked. Many models later he graduated to a full-sized '49 Mercury convertible and his fascination with the automobile hasn't cooled down yet.

While in college, he used a 1930 Dodge Series DA two-door sedan for daily transportation. Over the years other marques have occupied the Lenzke garage and yard. They have included Pontiacs, Porsches and a Plymouth. Trucks, as well as cars from both Chevrolet and Ford along with a sprinkling of Oldsmobiles, Buicks and a Cadillac have also appeared there.

When he isn't elbow deep in grease trying to keep one of his cars on the road, or looking for another '53 Studebaker Starliner two-door hardtop just like he had in high school, Jim serves as technical editor of **Old Cars Weekly** and senior editor of **Old Cars Price Guide**.